Experimental Psychology

西方心理学名著译丛

实验心理学 上册

［美］伍德沃斯　施洛斯贝格 著　曹日昌 等译

图书在版编目(CIP)数据

实验心理学(上、下册)/(美)伍德沃斯(WoodWorth,R.S.),施洛斯贝格(Schlosberg,H.)著;曹日昌等译. —北京:北京大学出版社,2014.11
(西方心理学名著译丛)
ISBN 978-7-301-24936-9

Ⅰ.①实… Ⅱ.①伍…②施…③曹… Ⅲ.①实验心理学 Ⅳ.①B84

中国版本图书馆 CIP 数据核字(2014)第 231126 号

书　　　　名:	实验心理学(上、下册)
著作责任者:	[美]伍德沃斯　施洛斯贝格　著　曹日昌　等译
丛 书 策 划:	周雁翎　陈　静
丛 书 主 持:	陈　静
责 任 编 辑:	陈　静
标 准 书 号:	ISBN 978-7-301-24936-9/B·1223
出 版 发 行:	北京大学出版社
地　　　　址:	北京市海淀区成府路 205 号　100871
网　　　　址:	http://www.pup.cn
电 子 信 箱:	zyl@pup.pku.edu.cn　新浪官方微博:@北京大学出版社
电　　　　话:	邮购部 62752015　发行部 62750672　编辑部 62767346　出版部 62754962
印 刷 者:	北京宏伟双华印刷有限公司
	720 毫米×1020 毫米　16 开本　61.25 印张　1130 千字
	2014 年 11 月第 1 版　2014 年 11 月第 1 次印刷
定　　　　价:	150.00 元(上、下册)

未经许可,不得以任何方式复制或抄袭本书之部分或全部内容。
版权所有,侵权必究
举报电话:010-62752024　电子信箱:fd@pup.pku.edu.cn

中译本序

实验心理学建立于19世纪中叶。它开始于应用自然科学的方法研究心理学的问题。这就使心理学获得了收集材料的新的手段,使心理学的发展大为加快。从实验心理学的建立到现在仅百年的时间,心理学的发展超过了以往许多世纪。

19世纪中叶以前,心理学研究仅靠一般观察和个人体验收集资料,研究的范围不广。但对于心理活动也发现了一些规律,例如联想律,就是一例。就在今天,有的心理学的分支,其研究方法主要不是实验方法,也获得了重要成就。例如病理心理学中发现:持久的情绪活动常是心理疾病的诱因。这主要是由大量的个案研究,也就是历史的方法得来的。

实验心理学的建立使心理学成了一门独立的科学。但科学的心理学并不能归结为实验心理学,实验方法也不是心理学研究的唯一方法。

实验心理学是从对感知觉的实验研究开始建立的。近百年来,感知觉一直是进行实验研究最多的领域之一。成效也比较显著,对生产和军事的实际应用贡献也较多。这从本书第十至十七章中可以看出来。其次是学习与记忆的实验研究,这也是实验研究进行较多的领域。关于学习、记忆的实验研究,对于教育与训练事业作出许多切实的贡献。再次就要轮到思维和动作活动了。关于情绪的实验研究,早年是不多的,近来发展较快。在情绪激动水平、激动模式等方面,主要的实验工作大部分是近年来才开始的。至于人的意志过程和个性形成等重大问题,除了对于能力的测量部分地应用了实验方法,以及和意志过程有关的随意运动和动机等方面有些实验研究以外,基本上还是实验心理学的空白区域。实验心理学能否在这些领域作出重要的贡献,还有待证明。每一个学实验心理学的学生,有责任扩大实验心理学的阵地,但也要明了实验心理学的局限性。

实验心理学作为一门科学,它所研究的主要问题和大部分的研究成果,如韦伯定律、艾宾浩斯曲线等,并没有阶级性。但传统的实验心理学常受到误用、歪曲,得不到正常的发展,不能充分发挥它应有的作用。例如有人曾用钱币进行大小知觉的实验,观察贫富家庭儿童对钱币大小知觉的差异。结果表明,贫富儿童对不同大小的硬币,都有过高估计的趋向,而贫家儿童远较富家儿童为甚。① 这企图表明,人无论贫富,都是"见钱眼开",穷人又远较富人为甚。又如有人根据有些动物和幼儿在遭受挫折时有不择对象进行攻击的倾向等一类实验事实,提出关于攻击侵略的"理论",认为一切侵略、进攻都是由于遭受压抑、挫折。② 企图使人相信,越是侵略者越值得得到同情和支持。这样为了肮脏的政治目的,根据特殊事例或点滴材料,以偏概全,提出普遍性的结论,就使实验心理学一部分成了伪科学。但这也不能不影响到实验心理学研究工作的科学性。实验心理学的创始人之一——费希纳进行心理物理学的研究是为了证实他的泛灵主义的心物关系论。第一个心理实验室的建立者——冯特更是一个众所周知的唯心主义者。

唯心主义者常对实验研究所得结果给以任意的解释,形而上学思想方法的主要特点在于它的表面性与片面性,这在实验心理学的研究中是经常有所表现的。例如本书原作者在关于逻辑推理的研究中,看到从肯定的大前提和肯定的小前提中,被试有下肯定的结论的倾向,从否定的大前提和小前提中被试有得否定的结论的倾向,作者认为这是"气氛的影响"③。实际上被试从一定的前提得出一定的结论是一个很复杂的过程,作者没有做深入的分析,只把观察到的现象,给予一个名词了事。又如一位英国心理学者研究知觉的恒常性,他观察到在一定的条件下,被试的知觉既不保持完全的恒常性,也不完全反映实验所控制的刺激条件,而是在这两端的中间,研究者把这种现象称之"现象回归"④。其实,被试的知觉总是反映客观现实情况的,它保持相当程度的恒常性还是主要反映一部分的刺激条件,是受许多客观现实条件决定的。在实验室中既可表证完全的知觉恒常性,也可以完全破坏知觉恒常性,这是知觉反映客观现实的最好的证明之一。研究者不深入分析造成实验结果的各种条件,而统称之为"现象回归",仿佛知觉可以不反映客观现实而具有独立的倾向性。

有的学者常在实验结果中选取一部分进行处理,据以做出结论,而对其余部分则置之不理,更表现了形而上学思想的任意性和片面性。例如,有人比较了识记后即行入睡和识记后从事日常工作对记忆保持的影响。结果表明,无论入睡或从事活动,在识记后两小时记忆保持都有大量下降。入睡的在各种时间间隔(1、2、4、8 小时)的保持量都较从事日常活动的为高。研究者只就入睡的和从事活动的记忆保持量的差异得出结论说,遗忘主要是由于新旧印象或联系间

---

① Bruner, J. S. and Goodman, C. C., Value and Need as Organizing Factors in Perception. *J. Abn. Soc. Psychol.*, 1947, 42(33—44).
② Dallard, J. *et al.*, Frustration and Aggression, 1939.
③ 本书第二十六章。
④ 本书第十五章。

的干扰,而不是由于印象或联系的削弱。而对于无论入睡的或从事活动的在识记后两小时的保持都有大量下降这一事实,则不加任何说明。① 另一方面,许多心理学者正是根据在识记后短时间内保持成绩有急剧下降的事实,断言遗忘的主要原因在痕迹的削弱。② 遗忘的完形学说和压抑学说,也主要是根据部分实验材料,以偏概全地做出结论。③

由于对于研究对象理解的片面性,实验心理学史上常发生一些争论,双方各执一词,争论长期不能解决。例如在20世纪初发生过关于没有表象的思想的争论。符茨堡学派认为可以有没有表象内容的所谓"纯粹的思想",铁钦纳学派认为一切思想都有表象内容。双方争论了几十年,伍德沃斯是参加者之一,他在本书中做了一些总结。什么总结呢?不过是一个折中论。他认为在思维活动的初期,大都有表象活动,而在思想内容概括简化之后,表象内容可能消失。④ 对于思维中词的概括作用和形象内容的关系问题竟完全没有提到。又如对于瞬时记忆和长时记忆的关系问题,现代记忆心理学者当中有人着重二者的区别,认为它们是两种不同的记忆;有人着重二者的共同性,认为这是一种记忆。⑤ 很少人从记忆过程运动发展的观点来分析这两种记忆的关系。这样的争论推动了实验研究的开展,但不能使研究工作较快提到一个更高的水平,这不能不说是由于形而上学思想方法的危害。

我们对实验心理学中伪科学部分要严加驳斥,对于它的理论和方法上的错误要给予批判。但对它也不能持虚无主义的态度,认为它一无是处。实验心理学毕竟是一门科学。科学是有继承性的,我们要发展实验心理学,要批判地吸取。这是我们翻译这本书的目的。

本书作者自认为在心理学上属于广义的机能主义学派。所谓机能主义就是实用主义哲学在心理学中的直接应用。他们认为心理活动是有机体适应环境的手段。研究心理现象就是要分析它在有机体对环境的适应中有什么作用。至于心理活动是如何产生的,它如何反映客观现实,这个学派是不关心的。实用主义哲学家认为有效是真理的标准,机能主义心理学者认为适应效用是心理现象的本质。

本书作者对于传统实验心理学的资料就是以实用主义的方式处理的。在

---

① 本书第二十四章。
② Brown, J., Some Tests of the Decay Theory of Immediate Memory. *Quart. J. Exp. Psychol.*, 1958,10(12—21). 又: Sperling, G., The Information Available in Brief Visual Presentations. *Psychol. Monogr.*, 1960,74.
③ 本书第二十四章。
④ 本书原文第一版,1938年,第788—789页。
⑤ Melton, A. W., Implication of Short-term Memory for a General Theory of Memory. *J. Verb. Learn. and Verb. Behav.* 1963,2(1—21).

本书第一版的序言中,伍德沃斯说道:

> "对材料的处理是折中主义的。我自由地从任何研究者的研究中选取方法和结果,不管研究者的理论倾向如何。研究者可能希望为他所属学派的主张建立事实资料的支柱,但当只考虑对一个特殊问题的事实证据时,他的这种希望就是不相干的了。"

编写教科书的人可以从各种研究成果中选取有用的材料,但若认为研究成果和研究者的理论背景可以不相干,那是荒谬的。本书和有些能自成一家之言的实验心理学教科书,如奥斯古德(C. E. Osgood)的《实验心理学的方法与理论》(1953),是很不相同的。所以它更适合作为一本资料书。

我们要使实验心理学为我们祖国的社会主义建设服务,首先要在实验研究工作中贯彻理论联系实际、科学研究为社会主义建设服务的方针。研究选题服从社会主义建设的需要,研究社会主义建设中需要解决的心理学问题。以辩证唯物主义为指导理论,坚持心理是脑的机能、是对客观现实的反映这一基本论点。要从客观世界对人的作用和脑的机制来了解心理活动,不能仅以心理活动解释心理活动,或把心理活动看做可以脱离现实刺激和脑的活动规律而独立的现象。人的心理是在实践活动中,也就是人和客观世界的交互作用中产生的,也是随着实践活动的发展而发展的。在实验心理学研究中要贯彻辩证唯物主义首先是贯彻实践的观点。

要使实验心理学能为社会主义建设服务,也还要在方法上对它进行改造。

实验,是进行科学研究的重要方法。在实验中控制一定的条件,预期一定的结果,从所得结果中观察分析结果中的变化和条件变化间的依存关系,从而找出客观事物的发展规律。实验是科学研究中收集资料的一种手段。这种手段能否有效地运用,要看研究的设计思想如何。那就是研究什么问题,控制什么条件,如何看待结果变化和条件变化间的关系,从结果中获得什么结论,等等。

人的各种心理活动是相互联系和相互影响的,但在心理实验中不能对各种心理活动同时进行研究,只能对一种活动或主要对一种活动进行研究。引起和制约心理活动的内外条件通常是很复杂的,但在心理实验中,为了便于控制,常把条件、特别是外部刺激条件,尽量简化。这种情况使心理学实验中的实验条件和实际生活中的现实条件常有相当的距离,也使实验情况下被试的心理状态与心理活动可能和实际生活中的情况有一定的差异。这形成了实验心理学研究的一种局限性。这种局限性不是不可克服的。由系统地逐步变更实验条件,并把实验研究和用其他方法进行的研究相互对照、补充,就可以克服实验研究的局限性。如果看不到这种局限性,根据片面的实验结果,下普遍性的结论,结果就会走入谬误。只有充分理解并承认实验心理学的局限性,在研究中尽力克服这种局限性,才能使实验心理学更好地发挥它的作用。

对实验心理学在方法论上进行改造,就是在实验研究中应用唯物辩证法。例如,要从各种心理活动的联系、关系中研究心理活动的运动、发展;要分析制约心理活动的外部条件和内部条件,外部条件如何通过内部条件而影响心理活动的发展变化;要分析所研究的心理活动的矛盾、它的主要矛盾和矛盾的主导方面,矛盾双方对立斗争、转化的进程;等等。关于如何在实验研究中运用唯物辩证法,近年来我国心理学者进行了许多有益的试探,但还缺乏成熟的经验。大力开展这方面的研究,运用辩证唯物主义对实验心理学进行改造,还是我们全国心理学工作者的重大任务。

曹日昌

1964 年 9 月 15 日

修订版前言

关于一个活跃的研究领域的这样类型的书,至少应当十年就修订一次,但是在战后的前几年,这种工作并不是怎么理想的。因为一大部分活跃的实验工作者从事某种军事工作,其余的人又超额地负担了大学的教学和行政工作,发表的研究工作的数量曾突然大量减少。但是在战后发表的研究工作的数量立刻开始很快地增加,并且一直在稳步地上升。修订的时机成熟了,现在的两位作者在1949年开始了这一工作。我们曾经希望在两三年内完成修订工作,但是我们发现,需要重写的数量比预期的要大得多。

新版和旧版究竟不同到什么程度呢?我们相信在文体、观点和一般难易水平上是相同的。新版本长一些;虽然有大致相同的页数,但新开本每页上大约多20%的阅读材料与插图。新的参考文献目录比旧的多40%,(新版中2480项,旧版中1770项),现在列入的书籍与论文中有50%是在旧版本中未曾引用过的。按10年排列的文献目录的次数分配图可以表明征引文献的重心是移至新近的作品。为了引用新近的研究成果而又不过分扩大篇幅,我们把一些仍有历史意义的旧材料删去了。在有几章中,对所研究的问题的早期历史有比较完备的论述,我们请读者参看第一版。这个较旧的版本现在还有法文译本可资利用。

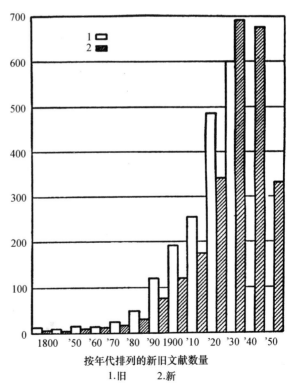

按年代排列的新旧文献数量
1. 旧　　2. 新

对于各章的前后安排,我们采用一种似乎是更合乎逻辑的顺序,不过顺序比较起来是不重要的,在书中有许多互相参照的地方,对于各章可以应用任何顺序。我们把有些旧章拆散了,把它们的材料做了新的安排。大部分关于情感的和关于实验美学的材料删去了,因为在这些领域最近很少有研究工作。反之,对情绪做了广泛的论述,组织成三章,使这个混乱的领域有了某种秩序。新加上了几章:一章是心理量表的编制,一章是辨认学习,一章是和学习联系着的动机。关于学习部分的全部重新组织了,更多地应用了目的在解决基本问题的动物实验的丰富资料。

我们通过两种特殊的途径使各章对学生更为有用。我们更注意把实验方法说得清楚,适于在实验室中应用。由于使材料与有关的理论联系起来,我们也使得各章各节更为明晰。

至于说到普遍的、概括的理论或系统的观点,在全书中我们试图保持一种折中的看法。如果一定要给我们的看法定一个比较系统的名称,我们想,可以把它叫做"机能主义的",带有对客观材料的确实的偏爱,但对于可以帮助心理学家明了机体在和环境的关系中究竟做着什么的、由内省得到的材料也无禁忌。同样的,在看来是有帮助的地方,我们应用了数学的分析,但不认为它是解决任何问题或所有真正的科学理论的关键。我们假定读者都有一些初步的统计学知识,特别是关于心理物理学的几章,对于把传统的方法和现代统计学的处理的结合上做了确实的努力。

在本书中除了上述的改进以外,在参考文献方面还做了重大的改变,即不像旧版中只注出处,而把书籍或文章的题目都列出来了,这样就更便于参考。参考书目是这样排的,同时它也是作者索引。

伍德沃斯(R. S. Woodworth)
施洛斯贝格(H. Schlosberg)
1954年3月1日于纽约之波劳维登斯
(曹日昌　节译)

第一版前言

　　这本书最早可以回溯到 1910 年或者更早一些,当时我为大学的实验心理学课程,把关于练习和记忆的可利用的文献编成了几章阅读资料。这些材料是油印的,年复一年地又增加了意象、联想、反应时间、空间知觉、判断和思维等章。1920 年,在同事波芬伯格(A. T. Poffenberger)教授的协助下,我把这些零散的材料加以整理、补充组织,用两人的名义出版了给大学学生和研究生用的油印本的《实验心理学》教科书。大约在那时我决定更进一步把它正式出版,但还有很多工作需要做。时时要解决关于实验方法和结果解释的难题。同时实验的文献飞跃式地在增加,因此当我有一些进展时,我又总是落在后面更远。1930 年我下了狠狠的决心开始工作。最后,到了今年年初,累积的原稿已经多到可怕的程度,长期容忍我的出版者还给了我几个月的时间做最后的批判的修订。

伍德沃斯(R. S. Woodworth)
1938 年 7 月 22 日于哥伦比亚大学
（曹日昌　译）

目　录

上　册

中译本序 …………………………………………………………………（1）

修订版前言 ………………………………………………………………（1）

第一版前言 ………………………………………………………………（1）

第一章　引论 ……………………………………………………………（1）

第二章　反应时间 ………………………………………………………（8）

第三章　联想 ……………………………………………………………（50）

第四章　注意 ……………………………………………………………（85）

第五章　情绪Ⅰ：表情的动作 …………………………………………（126）

第六章　情绪Ⅱ：能量说 ………………………………………………（154）

第七章　情绪Ⅲ：其他身体变化 ………………………………………（185）

第八章　心理物理学Ⅰ：阈限的测定 …………………………………（220）

第九章　心理物理学Ⅱ：量表法 ………………………………………（270）

第十章　肤觉 ……………………………………………………………（308）

第十一章　化学感觉 ……………………………………………………（342）

第十二章　听觉 …………………………………………………………（370）

第十三章　视觉 …………………………………………………………（413）

下　册

第十四章　形状知觉 ……………………………………………………（463）

第十五章　颜色知觉 ……………………………………………………（489）

第十六章　视觉性的深度知觉 …………………………………………（519）

第十七章　与知觉相关联的眼球运动 …………………………………（562）

第十八章　学习：引论 …………………………………………………（599）

第十九章　条件作用 ……………………………………………………（613）

第二十章　辨别学习 …………………………………………（659）

第二十一章　迷津学习 …………………………………………（693）

第二十二章　学习与作业中的动机作用 ………………………（737）

第二十三章　记忆 ………………………………………………（782）

第二十四章　迁移和干扰 ………………………………………（830）

第二十五章　学习与作业中的经济 ……………………………（884）

第二十六章　问题解决：思维 …………………………………（924）

第一章

引 论

　　为什么有一种"实验的"心理学？在大约一百年前它刚刚产生的时候，实验心理学是作为对旧的关于心灵的哲学的挑战而出现的，这种哲学渴望成为对人的生活有实用价值的自然科学，它迫切地需要事实——许多事实，经过证实的，对于它的理论和希望应用的有关的事实。实验的方法已经在许多其他科学领域里证明了它是一种获得重要事实的异常有效的途径，那时有些有远见的科学家感到这种方法应当在心理学中一显身手。但是这些创始者们自己又面临着一种严重的挑战。他们能作出有真正重大意义的贡献吗？抑或他们的实验心理学注定了并且实际也仍然是一种很小的事业呢？少数零散的有心理学意义的实验是物理学家和天文学家做的；生理学家在对感觉器官的研究中，收集了大量的、至少在心理学范围内有兴趣的事实。而人的心，在许多哲学家和许多自然科学家看来，是永久不能受实验方法的控制的。

　　实验心理学的范围，几十年来，有创造性的建立者的深入的工作表明，它绝不是狭小的。记忆、训练、条件反射被研究了，人类与动物的学习的全部领域被证明是可以用实验方法探讨的。关于思维、发明、解决问题，获得了重要成果。对于情绪、动机甚至意志也可以进行一些工作。差不多对任何形式的人类活动都可进行一些初步的调查，然后就可能有较好的希望找到进行某些确切的实验研究的机会。今天我们要承认，我们还不确切地知道如何对一些巨大的问题进行严格的实验，但我们倾向于认为实验心理学的范围正像心理学本身那样广阔。如今，对实验心理学家最大的挑战是来自活跃的临床、辅导、教育和工业心理学家，特别是研究人格发展与变态问题的心理学家。能够证明在这些重要的领域中实验方法也能应用吗？受过实验室训练的心理学家在这些领域里，特别是有关进一步发展的研究里，也能成为主导人物吗？前途无疑是有希望的，但本书如果把在这些领域进行的实验研究工作也都包括在内的话，那就过于庞大了。

　　为了同样的理由，这本书也没有包括应用测验方法的关于个别差异的研究,这类研究是在20世纪初由实验学者建立的,有着它的现代奇妙的计算相关、变异数分析、因素分析的统计方法。实验学者就是为了检验自己的结果的可靠性,也需要有一定程度的这方面的专门训练。从早期起,同一些心理学家在这两方面的研究中就都作出了贡献,这两方面的联系是密切的,也会继续如此,但是一本书对两方面的研究很难做得很恰当。

实验者的要求

一个实验者企图控制事件发生的条件。如果他能做到这一点,他就比只留心考察事件进程而不加以任何控制的观察者处于更有利的地位。

(1) 实验者可以在他愿意时使事件产生,所以他可充分地做精确观察的准备。

(2) 他可以为了验证,在同样条件下重复他的观察;他可以把他使用的条件描述出来,使别的实验者重复它们,对于他的结果做独立检验。

(3) 他可以系统地变更条件,观察结果中的差异。如果他遵守古老的、标准的"单一变量的规律",他就控制住一切条件,使之固定,只改变他使之成为"实验变量"的一个条件,把它作为决定结果中观察到的变异的因素。

遵守单一变量的规律,并不是不允许同时变化两个或者更多的因素,但实验设计必须使实验者既能分析各种因素可能的交互作用,又能清理出结果中每个单一因素的影响的资料[费舍(R. A. Fisher),1949]。能以控制和变化两个或更多因素的实验设计对于心理学家是很有用处的。可以参看安德伍德的书中(B. J. Underwood,1949年)一些相当简单的个例。

一些名词和符号

在一个心理实验中,一个明显的要求是要有一个有机体作为被试来对刺激做反应。如果我们用字母 S 标志刺激(或复合刺激或刺激情境),用字母 R 标志被试的反应,我们最好用字母 O 标志有机体或被试。我们将这样用斜体字母 O[①]。字母 E 代表实验者。可以用 $S—O—R$ 这些符号,标志一个心理实验,代表着 E(省略了)向 O 的感受器官应用一定的刺激(或情境),观察他的反应。这

---

① 现代更通常的用法是用字母 S 标志被试。本书中因为常要用 S 代表刺激,所以我们用 O 标志被试,以减少混淆。这个 O 字有一段长的历史。它原来代表"观察者"(observer),因为早期的实验主要是在知觉和感觉领域,在实验中被试的任务就是观察刺激,报告他看到什么、听到什么,等等。但是这同一个名词与符号也在反应时间的实验中应用,那里所要求的是动作反应,而并不是被试方面的观察。这是铁钦纳(E. B. Titchener)在他的很有影响的著作《实验心理学》(1901,1905)中的用法。由于他特别重视内省,"观察者"一词和 O 这个符号常暗示着内省的实验。在别处应用显得不恰当。在当前时期"被试"是普遍应用的,但 O 还是好一些的符号。

个公式使人想到一种类型的实验,在那里 E 的目的是发现在刺激和运动反应之间在有机体内部进行着什么过程。巴甫洛夫在狗身上观察到在条件刺激和延缓条件反射之间有抑制状态,就是一个好的例证。用生理学的记录仪器常可揭露在有情绪反应时有机体内部进行的一些情况,内省可以表明解决问题的过程中的一些情况。

在更普遍的,也许整个说来更成功的另一类的实验中,E 并不企图直接观察 O 内部进行的情况,而是希望由改变情境、注意反应中相应的变化而间接地发觉它。让我们看看,E 能改变哪些情况,作为他的实验变量。因为 O 一定会因刺激不同而作不同的反应,所以一定有刺激的变量,影响反应的 S 因素。同样确定的是,被试因当时的情况与意图不同而对同样的刺激作不同的反应,因之又有影响反应的 O 变量,O 因素。在一定的时刻,有机体作出一种反应,这反应取决于那时起作用的刺激和当时在机体内存在的因素。这个一般的说法可以用下列公式表明:

$$R = f(S, O)$$

这个公式的意思是反应 R 是 S 因素和 O 因素的函数,或者说,R 变量依存于 S 变量和 O 变量。在任何特殊的实验中,总是选择特殊的 S 因素或 O 因素作为实验变量,对一些特殊的 R 变量进行观察。

至于对这些变量的控制,我们要承认只要是从环境方面来的刺激,都可以加以控制,因为 E 可以支配包括实验室和仪器在内的直接环境。但是他如何控制 O 变量呢?最初一想,这好像是不可能的。但是考虑一下,饥饿这一例子,这是在动物实验中常用的一个变量。由调节喂食的时间表,就可以控制饥饿。E 所直接控制的是在应用刺激、观察反应进行实际实验或"试验"之前"距上次喂食的时间"。喂食后的时间是一个已存的变量(antecedent variable),A 变量。实验者也许看到不称为 O 变量而称之为 A 变量更方便或更"就事论事",把上述公式改为:

$$R = f(S, A)$$

当然,除非 A 变量影响了试验时 O 的状况,否则它不会有什么效果。O 变量是反应中实际的因素。然而,这些因素也可以是假设的,根据在机体内有什么过程在进行的假设提出来的,应用 A 变量是来检验这种假设。例如,对于将要发生的事件的希望或预期可能是决定对于一定刺激的反应的一个因素。为了检验这个假设,E 就计划一些方法使 O 建立一些强的或弱的、正确的或错误的希望;他设计一种 A 变量来调节 O 的希望这一假设的 O 因素。

对于心理实验中应用的各种变量的初步考查,可以提出有普遍兴趣的几点。

刺激变量

简单的刺激由于作用于不同的感觉器官而在"感觉道"上不同,成为视觉的、听觉的、嗅觉的等。在任何一种感觉道的范围内,刺激可在强度和作用时间上不同。光和音的刺激又各在波长或频率上有别,相应于颜色和音调。气味的刺激在化学成分上彼此不同,味道刺激也是如此。对于光和皮肤刺激,面积或广度是一种变量。这样我们看到,在 S 变量方面是一个宽广的领域,吸引着对感觉、知觉、美学、反应时间等有兴趣的心理学家进行探索。这个领域事实上就是最早的被实验工作者探索的领域之一。

在我们的公式中不仅有简单的刺激,也有复杂的刺激或刺激的组合。空间知觉中,物体的距离、方向、大小和形状依赖于被试利用刺激组合的能力;因此,对于这一种重要的能力的研究者必须在处理这样的刺激组合方面也是专家。

在学习和解决问题的实验中,对于被试的感受器官所接受的实际刺激常是没有全部的记录。你所看到的常是被试所面临的客观情境的一个说明——例如什么特殊形状、大小和在什么特殊照明条件下的一个迷津。当动物在迷津中穿行时所接受的刺激是很难一一详记的,因为在动物行动时,这些刺激是时时变化的。在这种情况下,所记录的不是刺激而只是物体。同样的,也很少企图描述动物的动作反应或肌肉收缩;你看到的是动物活动的外部结果的报导,如进入一定的盲路或避开了它。在这类实验中,习惯上是报导外部的物体和结果,而不是实际的刺激和反应。如果我们认识到:外界物体是如何被感知的和肌肉活动如何导致外部结果这两个重要的心理学问题是未被注意到,这样做也没有什么坏处。

O 变量和 A 变量

赫尔(C. L. Hull,1943,1951)曾对我们所称做的 O 因素,做过有价值的分析。他的庞大的计划要求验明所有的这些因素,对每一个因素都用一个适当的 A 因素应用实验方法加以数量化,并把许多因素结合成为对一种特殊反应的当时的准备状态的规律找出来。赫尔的一些 O 因素有如下列:

(1)习惯强度,一定反应和一定刺激间的联系的强度。这种联系是以从前的学习为基础的。从前的学习就是一种 A 变量或 A 变量的组合。赫尔用 $_sH_R$ 这一符号代表习惯强度。

(2)内驱力,例如饥饿,前面已讨论过。

(3)诱因,预期可得到的奖励或惩罚。

(4)抑制,使一种反应的当时的准备状态削弱的一种因素或因素的组合。未被赫尔特别强调的例子,是疲劳、满足、干扰、恐惧、谨慎等。

(5) 波动，O动作的准备状态中一种不能控制的变异，这种变异可能是依赖于许多小的内部原因，但并不是无法测量的，因为一个个体总是在一定的范围内变异。

(6) 个别差异以及因年龄健康状况和有机状态而引起的差异。

我们还可以加上目标趋向的O因素，这和内驱力有关，但值得分别考虑。在典型的以人为被试的实验中，E给O一定的"指示"，说明要做的工作；从最初起就帮助了实验心理学发展的一种侥幸是人类被试的协作的欣然态度，听从指示、热心地从事要做的工作。像在动物实验中，情况的布置可以保证被试一定要奔向特定的目标，言语指示也就不必要了。

反应变量

如前所述，实验者常是并不企图描述实际的肌肉反应，而是满足于注意达到的反应结果。这在下列几方面是可以有所不同的：

(1) 准确性。例如射击时中靶和失误的计数。在许多关于知觉的实验中，被试的任务是对刺激做尽量正确的观察和报告，他的错误被测量和计量。对于准确性的测量必然同时也是对错误的测量。

(2) 速度或敏捷度。由做一次反应的时间或从事一件复杂动作的时间来表示。当工作包含许多相同的单位时，如对一行数字进行加法计算，测量速度是按下列两种方式之一进行的。

时间限制：在相同的时间内做了多少工作？
工作量限制：做完指定的工作，用了多长的时间？

这些都是速度测量，把全部做的工作范围除以所用的时间，所得的速度是相等的。

(3) 难度水平。这是常在避免过分强调速度的智力测验中应用的一种测量。当实验者备有不同难度等级的各种工作的量表时，就可以将它看做一种反应的量度。这时的问题是：被试可以成功地最高达到量表上的哪一水平？我们在体育竞赛中有撑竿跳的清楚的例子。横竿一直升高，直到运动员跳不过时为止，这样就得出他的成绩。包括不同难度等级的测验项目的比内(A. Binet)智力测验也应用了同样的逻辑原则。我们在记忆广度和注意广度的实验中可以看到另一些例子。编制测量一种特定的活动的难度量度常需要繁重的预备实验的过程。

(4) 概率或频率。当一种特殊的反应有时发生而不是每次试验都发生时，就有概率或频率问题。恰好在"阈限"值的刺激，大约有一半的时间会被察觉到。一种部分地学会了的反应，在10次试验中可能有6次做得出来，那么在这种学习阶段,它的概率就是60%。如果对一种刺激或情境有两种或三种颉抗的反应,每一种竞争者出现的概率可以由一系列的试验确定下来。

(5) 强度或反应的力量,虽然肌肉的活动量和工作的质量的关系是很不简单的,这有时也是一种很有用的 R 变量。我们不能说肌肉反应越强越好,因为智慧的训练常可以节约大量的多余肌肉力量。达到一定的成果,消耗力量越少,效率越高。研究学习的人要注意一种 S—R 连接间的强度,即 $_sH_R$,这和肌肉力量远不是一回事。

保持一种因素固定

实验者的一大部分的初步计划与工作是在防止导致变异的无关动因。他要使除了他愿意研究的以外的一切因素都保持固定。如果他的兴趣在一种刺激变量;他必须消除内驱力、习惯强度等 O 变量的影响。例如,在一个掷射的实验中,E 要研究目标距离的增加对于射中分数变异的影响。这个实验要经过多次的试验,使每种距离都得到一个可靠的平均分数。如果他用一个没有掷射经验的 O,从最小的距离开始,以后逐步增大距离,O 逐渐变得熟练起来,在较大的距离上的成绩要比一开始就用那种距离会好得多。这种练习的效果,掩遮了距离的影响,就要使实验无效。有几种方法可以避免这种错误:① 在试验距离的影响以前让被试充分地练习;② 按均衡的顺序变化距离,在最后使练习的效果均等;③ 使各种不同的距离都有一组被试,各组被试是可比较的、对等的。

应用配对组看来是最好的办法,但各组总不能绝对对等(除非我们有大量同卵双生子可用);用同一些被试比较不同的实验情境下的结果,也有许多优点。如像在许多情况下,只有两种情境,A 和 B 比较,均衡的顺序就叫做"AB-BA 顺序"。

在上述(掷射)例子中,我们使练习的分量保持固定,但是在关于学习的实验中,这正是最重要的,需要变化的 A 变量。在这种情况下,我们就要使刺激和任务的变量保持固定;我们可以在全部的学习期应用同一的距离和同一的目标。作为练习函数的准确性的逐步增长,可以给我们一种学习曲线。这曲线可以用每一天的练习的平均分数绘制,也可利用测验分数,在训练过程中定时插入一些测验。

实验者当然愿意达到具有一定概括性的结论,但他又时常觉得他的职责使他应该承认:只有在他的实验的特殊情况下他才确知他的结论是正确的。他愿意把他在实验中所建立的"扩展"到日常生活中去,但他不能确知在他所测量的那种机能活动——它可能是一定形式的学习,或者知觉,或者动机——方面,他的被试是不是全民中的恰当取样,他也不能确知,他所测量的那种工作是不是那种机能活动的恰当的取样。他对他的结论加以限制是正确的,但从长远看来,实验心理学者集体必须对于他们的成果的普遍意义负起责任。布伦斯维克(E. Brunswik,1947)令人信服地说明了这一点。

定性的与定量的实验

由于我们把重点放在"变量"上,可能给人一种印象,任何有价值的实验研究在性质上必须是定量的。有一些重要的变量,它们的性质是质量的而不是数量的。一个显然的质的差异,就是"感觉道"的差异;在查明环境的活动中各种感觉器官的功能是一个重要的心理学问题。以前的训练,可能在性质上、也可能在分量上有差异:有"强化"的训练和无强化的训练在效果上不同;有"理解"的训练和机械的操练不同。反应也可以既在性质上又在分量上不同:一个动物可能接近一个物体而躲避另一个物体;一个人类被试可以报告他喜欢一种气味而讨厌另一种气味。

现代实验工作者一般的趋向是偏重于定量的工作,所以选择可以使他们达到量化的研究题目。有些心理学家认为在像心理学这样一门年轻的科学中,这种趋向是早熟的;他们觉得这样就给研究工作者设置了许多障碍,把许多基本的科学问题掩盖起来了。如果化学不先对各种元素和化合物发生兴趣,又怎能发展到定量呢?为了揭露重要的问题和提示进行确切测量的假设,定性的考察常是需要的。

(曹日昌 译)

第 二 章

反 应 时 间

实验心理学中最便当可用的反应变量之一就是速度。理由很明显：每个动作都需要时间，而时间是可以测量的。我们能够测量要做一定量的工作所占用的时间，或者我们规定一个时间限度，然后测量在此规定时间内所完成的工作。这两种情况我们都是测量工作的速度。在两方面，速度是一个有用的量数：它可以作为成就的指标，因为你对一件工作越完全精通，你就做得越快；它也可以作为造成一种结果的内部过程的复杂度指标，因为过程越复杂，时间便要得越多。由于这些原因，测量反应时间在实验心理学中便占了一个很重要的地位。反应时间大约是时间测量的最简单的例子。

反应时间并不恰如名词本身可能令人设想的那样。它并不是指执行反应所占的时间，而是指发动明显的反应所需要的时间，反应时间就是 S—R 时间间隔。当刺激一接触有机体时，并不立刻会有反应出来的。刺激能使一个过程发动起来，但是这个过程在有机体内部隐藏着或"潜伏"着，直至它到达肌肉时才对环境产生可以看得见的效果。感官先要发生活动，神经要将它传导到大脑，又从大脑到肌肉，肌肉要收缩，并移动某个外界的对象。在这个过程中，这些步骤都需要时间，而时间花得最多的是在大脑里。工作必须在大脑里做。即使是最简单不过的反应，从感官进来的神经冲动也得积累，构成足够的兴奋来激起大脑运动区，使它向肌肉发出冲动。还有，当反应是要精密地适应于刺激的时候，工作是做了，而且还需要时间来反映标记刺激的确切属性，并组织运动反应。反应时间也称为反应潜伏期，包括感官所花的时间、大脑时间、神经时间和肌肉时间。它是因为多种原因而变化的，而且确是一种反应变量。

反应时间实验

例如要测量一个人对光的反应时间（RT）。在一间光线暗淡的房子里，他坐在一张桌子前。他看见一个幕在他面前，幕的当中有一个洞，光线可以从洞中闪耀出来。先给他这个光看一看,使他明白将要用的刺激。在桌子上有一个电键或开关。给他的指示是当他得到"准备"的信号时,把手指放在电键上,看见光一闪就要立刻按电键。在这个幕的后面,就是在实验者管区内,有一些精密的仪器,用以测量 S—R 时间间隔,第一次的反应时间也许要半秒钟,但试过几次以后,反应时间就减少到 1/5～1/4 秒,即 200～250 毫秒(1 毫秒=10^{-3}秒)。如果刺激是光的话,那么继续练习不会使反应时间比 200 毫秒短得很多;如果刺激是声音或触觉,那么经过一些练习后,反应时间约为 150 毫秒,有些人在多次练习以后,可能短至 100～120 毫秒。对于随意的或习得的运动反应,这似乎是最短的潜伏期了,虽然有些真正的反射,特别像膝腱反射和霎眼反射,是还要快些,它们的潜伏时间约为 40 毫秒。

刚才描写的实验是关于"简单反应"。其所以是"简单",就是因为只呈现单纯的刺激,并且只需要单纯的反应。被试的任务,没有其他选择来增加其复杂性。他预先知道将要到来的刺激是什么,他要做的反应是什么。在另一种反应时间实验中,便有几种可能,不同的刺激要求不同的反应。刺激可能从红光变成绿光,而且次序的变化是没有规则的:每只手有一个电键,共有两个反应键;实验的指示是对红光要用右手反应,但对绿光要用左手反应。这种"分离的"或"选择的"反应的潜伏期要比简单反应的长些,分离反应时间比简单反应时间要长 100 毫秒。下一章所要讨论的联想反应更要慢些,被试的任务更复杂,而且反应时间可以无限度地延长。

程序

反应时间应该测量得相当准确,才可能作为一个定量实验的反应变量。除了我们即要考虑的仪器要求以外,程序中有两个问题可能引起麻烦,在反应时间的以往历史中这些问题是常常引起麻烦的。

(1) 一定要避免掉过早的反应以及其他错误的反应。因为被试是急于反应得越快越好,他的手可能有时"脱离他",在刺激出现前就做一个"反应"了;如果"准备"的信号老是在刺激之前按固定不变的时间间隔出现,那么他就更容易这样做;因此,标准的程序是使这个间隔时间在每次试验时稍微有些变化。也许以为几次未成熟的反应是没有多大害处的——只不过白试几次就是了——但是若有很明显的未成熟反应,那么其他较快的反应也就可能是未成熟的反应。要把错误的反应挑出来是不可能的,唯一可靠的办法就是将这些结果一概不用。要防止未成熟的反应,实验者可以插进一些"检查试验"。例如,他的程序是每次做 20 回,以后就休息一会儿。在每次 20 个刺激中,他插进一个或两个空白,即发出"准备"信号后并没有刺激呈现。如果被试上了当,我们就告诉他那整个 20 次试验都要作为无效。这样他会知道,急于反应也要有分寸。选择的反应就不需要特别的检查试验,因为如果被试太性急的话,他有时就会用不对的手作反应,有时甚至用双手来反应,这样,实验者就得警告他,并放弃这一组的试验。

(2) 更替的反应的数目应该和所要分辨的更替刺激的数目一样,每一种刺激要有一种反应。请考虑下列程序可否作为一个好的实验:光是红色或绿色,但是只有一个反应键,被试被指示着当他一看见红光或绿光的时候就要按键,但也不能早于这时刻。他对光的闪出不应作简单的反应,在他没有弄清楚光是什么颜色的时候,他不应按压。这样的实验似乎可行,但当真的试验之后,结果是很不规则而没有价值的。在程序中没有方法阻止被试溜到简单的反应中去,也无法不使他过分延长他的反应时间,以使他自己确信他的反应不是未成熟的。这种所谓认识的反应试过以后就被放弃,而采用了分离的反应,它有两个反应,对每一个颜色有一个反应,这样就避免了被试陷于简单反应中,同时又使他能够赶快反应而不出差错。

历史简述[①]

反应时间的实验有刚刚一百年的历史,这是在 1850 年为著名的生理学家亥姆霍兹(H. V. Helmholtz)所发明的,他是实验心理学的几方面的破土人。他曾经成功地测量了蛙的运动神经的传导速度(刺激离开肌肉较近的神经,以后再刺激离开肌肉较远的神经,他发现神经冲动要通过较长一段的神经时,肌肉反应的潜伏期就要长一些),他想把这种研究推广到人类的感觉神经上去,他用一个弱的电击来刺激一个人的离大脑很远的皮肤,以后又刺激离大脑很近的皮肤,指示被试在每种情形下,只要他觉得电击就用同一只手反应。用这种方法他虽然能够得到神经传导速度的粗略估计,但他发现这个方法不甚可靠,因为神经传导所占用的时间很短,而整个反应时间是比较长而且变动很大的。

天文学家对于"个人方程式"——在准确时间观察中的人的因素——早就很关心的,他们中间有一个瑞士的希施(A. Hirsch,1861—1865),曾利用新发明的希普计时器(Hipp chronoscope)来测量他所称为视、听与触觉的"生理时间",他得到了简单反应时间的时值,这些时值到今天还算是相当标准的。

荷兰生理学家唐得斯(F. C. Donders)更前进了一步,他在 1868 年尝试测量像辨别和选择的心理过程的生理时间,他使这些过程发生在刺激与反应之间,希望因此测量出它们的时间。简言之,他发明了分离反应时间的实验,发现这样的反应时间要比简单反应时间多 100 毫秒左右。他将这种差别归之于上述的心理过程所需的时间。

---

① 从本书第一版[霍尔特(H. Holt)公司](1938 年版)比较详细的叙述中压缩而成。

奥地利生理学家厄克斯奈(S. Exner),在1873年作了一个重要的贡献,指出了准备定势的重要性。他首先用"反应时间"这个名词。

当冯特(W. Wundt)1879年在德国莱比锡大学(University of Leipzig)开办他的首创的心理实验室时,他认为唐得斯的计算心理操作时间的办法对实验研究指出了一条很有希望的途径。冯特的一长列学生研究了简单的和复杂的反应时间,这些结果本身有时很重要,但是对于像注意、知觉、联想和选择等过程,就没有很成功地得到准确的时间。

在冯特的早年学生中,有两位以后建立了大半都专为研究反应时间的实验室。卡特尔(J. McK. Cattell)在莱比锡对这个问题进行广泛研究以后(1886a,b),继而在宾夕法尼亚(Pennsylvania)和哥伦比亚(Columbia)进行研究,在后一大学的多年间他指导学生进行反应时间的研究,但其倾向与唐得斯和冯特不同,比较客观些。早在20世纪初,科配(O. Külpe)在符茨堡(Würzburg)对简单与复杂的反应发展了一种内省的研究,他的学生证明了准备定势的选择影响。另一位对反应时间有过一系列有意义贡献的是巴黎大学皮埃朗(H. Piéron)的索邦(Sorbonne)实验室[皮埃朗不是冯特的学生,而是比内(A. Binet)的学生]。许多其他心理学家对于反应时间的技术作了重要的贡献,而且找到了一些理论的与实际的应用。

反应时间仪器

虽然不打算把实验室的实际装置的详细情形都弄清楚,我们至少要注意一下仪器的一些问题,并且多少知道如何解决这些问题。要测量的时间是从刺激的开始到反应的开始为止。这两个时间都必须记载在可以表明经过的时间的仪器上或记录在纸上。为了粗略测量一个继续几秒钟之久的反应,一个有1/5秒的准确度的停表就够精确了。我们可以依靠实验者自己来掌握停表,将刺激与反应的时间记录下来。自然,为了测量不到1秒钟的反应时间,就需要更精密的测量和某种自动记录的方法。

假若我们问一种测量要精细到如何程度,那最好的答案要从反应时间的分散情况中去找。假若我们测量了足够数量的反应时间,我们就要将它们归纳成为一个有10~20的组距的分配表。假若反应时间的极距为100~200毫秒,那么组距就不能大于10毫秒,而仪器的精密度最少应达到1/100秒的读数。一个有训练的被试,在简单反应中可以表现更小的分散,所以仪器读数就要更精细些。对任何反应时间工作来说,1/500秒的单位是够精密的;有些最好的仪器,如果在良好的运转情况下,是可以精确到10^{-3}秒的。

描记与"钟表的"记录法

时间描记法是将刺激与反应在一个均匀移动的表面上——记纹鼓上或摄影胶片上——留下两个记号而记录下来,靠测量这两个记号间的距离,并参照移动面的速度,就可以将反应时间计算出来。除非我们知道这种速度是不变的,时间就要同时记录在这个移动面上,例如,用每秒钟振动100次的音叉的振动,数出刺激与反应记号间的振动数,就能找出反应时间。音叉(在不变的温度下)的规律性,使这个方法可以很好地检查其他方法的准确度。但数出振动数是困难的。在钟表法中,刺激与反应都自动地由一个具有规定速度运动的指针记录在仪表盘面或其他刻度上,反应时间就从刻度上直接读出来。主要的问题是要得到均匀速度的运动,并将刺激与反应的时刻记在仪器机构上。

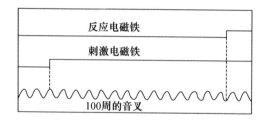

图 2-1 反应时间的一种计时器记录图

三条画线指针是同步的,就是同时在一个横着移动的鼓上在一条直线上画出来。一个画线指针记录一个音叉的振动,而这就是一条"时间线";其他两条线是由电路中的电磁铁开动的,电路中有实验者的刺激电键和被试的反应电键。此处的反应时间是 135 毫秒。

计时器

反应时间的早期工作之所以可能,是因为有希普计时器的发明,这种计时器能够用 1 毫秒的单位来测量反应时间,误差还不及百分之一。这种计时器是由两个基本部分构成的:

(1) 一个迅速运动的时钟机构,在刺激还没有发出时,就让它先开动达到常态的速度,反应后就停止。时钟机构的运转是靠一个重量来供给动力;速度就靠一个每秒钟振动 1000 次的簧片来控制,用它代替平常时钟中的摆或摆轮。

(2) 用一个轻齿和连串的装置来移动实际测量反应时间的指针。在刺激开始的时刻,齿便掷到开动的齿轮上,而在反应时又回到停止的齿轮上。在刺激与反应中间,指针移动的距离就是反应时间。离合器(clutch)的开动与停止是由一对电磁铁来完成的,这对电磁铁都由一根弹簧拉住的。用许多精致的安排使磁铁与弹簧保证平衡,而且每做过 50 次左右反应,经常要校正计时器一次[铁钦纳(E. B. Titchener),1905]。

下一步发展或者是邓拉普(K. Dunlap)或约翰·霍普金斯(Johns Hopkins)计时器(邓拉普,1917,1918),这就是图 2-2 所表示的。这个计时器利用一种同步电动机——现在用以发动我们的电钟的那些马达的祖父。和希普一样,有一个离合器,用来开动并停止指针,但是邓拉普废去了讨厌的弹簧,而把一个转子放在两个平衡的电磁铁之间,以操纵一个摩擦离合器。这就避免了弹簧与电流的相对力量所引起的变化。但是这个计时器还是笨重的,而且改进它的一些尝试已经严重地损害了它的原始的精确度。

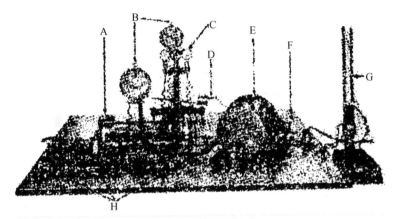

图 2-2　计时器与附件[采自芝加哥斯托尔丁公司(C. H. Stoelting Company,Chicago)]。实验者坐在桌子近旁一边,被试坐在远方一边。A 是橡皮球用来做某些反应;B 是实验者和被试用的语声键;C 是视觉刺激;D 是触觉刺激器;E 是邓拉普计时器;F 是声音刺激;G 是调节计时器的音叉;H 是实验者的刺激键。

现代的电钟有一个体积很小的同步电动机,它的速率是用有调节的照明和电力电路的高度恒定的脉冲(变动不超过 0.1%)维持的。这些发展使得有可能造出一种紧凑而又耐用的计时器,叫做"春田计时钟"(Springfield Timer)(更准确些说,标准电钟公司精确计时钟——The Standard Electric Time Co. Precision Timer Model S-1)。这种计时钟之一及其附属仪器,在图 2-3A 可以看出来。这里用的电动机比一个普通好的电钟内的电动机要稍微重些,而离合器的机构是属于弹簧和电磁铁的联合型,读数以 0.01 秒为单位,准确度约为 1 单位。

为了不同的特殊用途,还有若干其他的计时器。脉冲计数器(邓拉普,1936)借市电电路中的交流电每半周使指针前进一个单位,但是这种计数器声

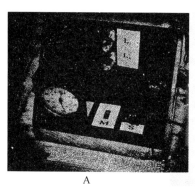 

图 2-3 施洛斯贝格(H. Schlosberg,1947)反应计时钟

A. 从实验者这边看。耳机为听觉刺激用,挂在右上角。L_1 和 L_2 是灯光,相当于选择开关(S)上的 1 和 2 处。M 是总开关或刺激开关,是一种肘节式无声水银开关(toggle switch)。左面是精密计时钟。

B. 从被试这边看。被试在一个简单反应中刚把右方手的肘节式开关拨到"关"(off)的位置,要做一种辨别反应,要用双手和两个肘节式开关。左边放的是一个稳定测验板和铁笔,可以插入灯光下边的电话机插座(pin jacks),板面与板底及仪表盘各成一个 45°的角。

音很响。唯一不响的计时器似乎是根据电荷量的某种测量,就是根据在反应这一时间内以常恒速度积聚着的电荷量的测量。

亥姆霍兹为了这个目的应用了一种电流计。这种计时器最灵活的一种是扎斯帕和安朱斯(H. H. Jasper & H. L. Andrews,1936)设计的。它为电容器上积聚的电荷所决定,而电容器又通过一个真空管控制一个刻度仪表。把一个开关摆在不同位置上,就可以改变电荷积聚的速度,因而也就改变了这个仪器在应用时的时间范围。多克斯和汉伯格(R. M. Dorcus & F. Hamburger, Jr.,1938)及其他一些人都曾设计过这种通用型的计时器。

计时器的误差 这些计时器都不免有误差,所以它们应该常常用一种已知的时间来检查,例如用一个重量在两个接触点间坠落,它们和一般的测量仪器相同,都免不了两种恒常误差:

(1) 两头误差,即开动时的滞后或停止时的过迟。这些误差是绝对的,即不与测量时间的长短成比例。它们好像用尺测量长度时,没有把尺对准对象的两端所得到的误差,许多计时器都有这种误差。

(2) 运转的误差,即运转机构速度不准的结果。这些误差是相对的,即可以用所要测量的时间的百分率来表示的。这可以比作普通用的尺缩短时所形成的误差。这种误差在同步计时器中是微不足道的,像在春田计时钟中所用的那样,除非仪器显然没有适当的工作。

这两种类型的误差,在某一特定时间中可以互相抵消的,因此就有必要选定两三个时距,如 100 毫秒、200 毫秒和 300 毫秒,来校正计时器。将在计时器上所得的读数配合时距画出图来,以它们的平均数画一条直线,那么这条直线的坡度就表示运转误差,直线与纵坐标交叉之点就表示两头误差。对于资料做一番校正,常常比调整计时器来消除误差要容易些。

除了恒常误差以外,计时器在继续几次读数中常有变化,这些误差会在像前一节所说的图上表现得参差分散。这种误差可以由于把计时器保持良好适用情况而减少,但是它们对于一切计时器的准确度来说,却留下了一定的限度,因为这些误差是不能借对于资料做一番校正而消去的。对于一个适当设计的仪器来说,这种误差大概是一个刻度单位左右(施洛斯贝格,1937a)。

刺激与反应键

有了合适的时间测量器,实验者的第二个问题就是如何设计刺激和反应同时开闭的电路装置。设计反应者用的键常常是很简单的事,虽然有时为了适合于某些较复杂的电路需要仔细的设计。过去的标准是一个简单的电报键,被试一得到预备的信号就按电键接通电路,直到刺激出现,就迅速把手抬起以释放电键。假若反应动作是向下压电键,那么要胜过弹簧拉力的按键力量就得大些,这样,指示的时间就会长些。这种变化因素可以采用向上运动的反应而消去。我们可以将电路如此安排,以便向上运动,随着需要能使通过计时器的磁铁的电路中断或接通。

像现在广泛使用的电报键安装在 110 伏电路上,是有电击危险的。它们另一个缺点是实验者有时不当心,就是等到被试反应的时候才将键按住,因而得出错误的读数。安装一种标准的直悬式水银开关就可以避免这两种困难,并且没有声音。关于反应,用一个小的肘节式开关是很方便的。例如这个开关可以这样安装,使被试的拇指靠住架子,并用食指的紧压动作来打动开关,那么对反应时间大概不会受多少影响(见图 2-3B)。

关于分离反应,特别是联想反应,最好用一个说话键,在这里的问题就不简单了。唇键、颚键、颔键和声键,都曾经有人用过,但是它们的困难是发音的运动和声音震动在每一个词上都不同,所以开动键所费的时间便因而不同。声键如处理得当,很可能是最得用的——不然,就只有用扩音器或用有摄影记录装置的示波器(邓拉普,1921)。

刺激键或刺激器应该适应于所刺激的感官,而且除了所要给的一个刺激外,不要发出其他刺激。假若是一个简单反应,视觉刺激器又发出声音,那么反应可能是对声音而不是对光发动的,因为对声音的反应要比对光快些。氖灯开亮或关熄的本身是不需要多大潜伏期的,因此对光的简单反应提供了一个良好的刺激。再者,它又不发出像有些白炽灯泡有的滴答声或嗡嗡声[温特(G. R. Wendt),1938]。如何使计时器和控制装置没有声音就更困难了。最好的解决办法是将被试隔开在一间房子里,或者用一个有声响的电扇,或用一个耳机中的嗡嗡声来掩蔽这些装置的声响。

关于听觉,"音锤"或电报机音响器可以供给一个很方便的音源,但强度常常是不知道的。要得到一个纯音刺激而没有开始时的杂音是不大容易的。詹金斯(T. N. Jenkins,1926)曾用一热线式听筒放入外耳道里,并由交流电发动。电话与无线电工程的现代发展对这类心理学实验提供了便利,但在普通教科书中来讨论这些发展是过于专门了;我们可以从现代文献中找到这类参考材料。

一种触觉刺激键,可以在电路接通或中断的同时,对皮肤发出一种很快的压力。要较好地控制强度,我们可以在一根杠杆上面安着一个很轻微的砝码,使它降落一定的距离,然后打击皮肤[卡特尔和多列(C. S. Dolley),1896]。关于味觉、嗅觉、痛觉和温度觉的刺激,都应该避免刺激触觉感官——这是一个几乎不可能的要求。

最简单的计时器

大多数的计时器是精密的仪器,所以价格都有些昂贵。但是皮埃朗(1928)想出一种测量反应时间的计划,几乎是不花钱的,而且有携带便利、无声和精确的优点。关于视觉反应时间实验,实验者用他的拇指把一根米度尺笔直按在墙上。尺的零点应该放在下面,尺的上端与墙上跟眼睛一般水平的一个记号相齐。被试将他的拇指摆在靠近尺的下端,准备将尺按在墙上,阻止尺往下掉。实验者说"准备",突然将拇指移开,使尺自由下落。被试一看见实验者的拇指移开,他立即将尺按住,使它不往下掉。根据墙上的记号,实验者就可以看出尺掉下若干距离,然后从下面的公式将距离化为时间:

$$T=\sqrt{\frac{2s}{g}},$$

式中 T 是时间,以秒为单位;s 是落下的距离,以厘米或英尺为单位;g 是重力加速度(980 厘米/秒或 32 英尺/秒)。自然,用纸制成一条时间刻度按在尺上,或者直接在尺上画出时间刻度,来代替原来的英寸或厘米会更方便些。时间的刻度可以0.01秒为单位;它们的间隙可以从下列方程式算出来:$s=\frac{1}{2}gT^2$。下面就是几个大概的数值:

反应时间/秒	0.10	0.15	0.20	0.25	0.30	0.35	0.40	0.45
下落距离/厘米	4.9	11.0	19.6	30.6	44.1	60.0	78.4	99.2
下落距离/英寸	1.9	4.3	7.7	12.0	17.3	23.5	30.7	39.0

注意 0.10 秒与 0.20 秒之间隙,是足够辨认一般反应时间到 0.01 秒以下的。

为了测量听觉反应时间,实验者把一个"咔嗒响夹子"(cricket)放在尺上按一下。为了测量触觉反应时间,被试把他的左手食指轻轻地放在实验者按住尺的拇指上。复杂的反应时间就需要实验者做某一种巧妙的释放动作了。

反应时间有赖于刺激

在引论一章里,我们提出了一个一般的图式或公式,作为心理实验的一种指南,我们说:任何时候所要观察的反应,都是为当时影响有机体的外部条件与存在于有机体中的因素所决定。外部因素我们叫做刺激变量,S 变量;内部因素我们叫做 O 变量;反应的可能变化我们叫做 R 变量。在反应时间实验中,反应变量就是反应时间。我们的公式采取下列形式:

$$RT = f(S, O)$$

S 变量为实验者所控制,有系统地使 S 变或不变。O 变量是不能为实验者当时所控制的,但是 O 变量中有些是能由实验者事先安排加以间接控制的,例如:典型的饥饿 O 变量,就可以控制最后一次的喂食到实验时的时间长短。靠实验者的预先安排来控制被试的现状的,我们称之为 A 变量。所以反应时间实验者的工作,是将具体的意义加到下列公式中去:

$$RT = f(S, A)$$

事实上,实验者一般对填充这种空白图式没有多大兴趣,他们的兴趣是在于证明某一特定假设,例如反应时间会被心绪紊乱所延长,或被强的动机所缩短。即使如此,他们的结果仍可适合这个图式。

我们现在的任务是要考虑影响反应时间长度的因素,首先我们要考虑 S 变量。

反应时间有赖于被刺激的感官

这个题目也可以称为反应时间与刺激通道(modality)的关系。从希施(1861—1864)时候起直到现在,几年普遍发现,对光反应的潜伏期比对声音或对皮肤触觉的要长些。关于熟练的成人被试,其典型结果如下:

对不同刺激的反应时间/毫秒	
光	180
声	140
触	140

触觉的反应时间,随刺激地点不同而有差异,较敏感的地方,离大脑较近的地方,一般都倾向于有较快的反应。有时候对手或脸施以电击,其反应时间要比对声音的反应时间短10～20毫秒,但是这种结果不是普遍的。我们很快就要看到,反应时间不仅有赖于刺激的通道,而且有赖于刺激的强度,因此如果采用一个弱音和一个强光,我们就很可能得到对光比对声音较快的反应。

对光的反应时间是随着网膜的哪一部分接受亮光而有所不同。离中央窝的距离越远,反应时间就越长。反应的迅速与视力的敏锐度相平行(视力是用辨认字母和其他小图形测验出来的)。从中央窝往外距离加大,视力就减少,而反应时间就增加。在沿网膜的水平线上,与中央窝的距离相等的靠鼻子半边,比靠颞侧的视力要敏锐些,反应时间也就要短些,如图2-4所表明出来的。

从反应时间看,视觉、听觉和触觉(本身)都可以自成一类的,因为它们都可以分别单独地刺激。对于热、冷、痛、嗅或味,就几乎不可能猝然加以刺激,而不同时刺激其他的触觉感受器。在温度或化学的刺激深入到它们的感受器以前,触觉感受器先感受了机械的刺激。被试在得到温度、嗅或味的感觉若干分之一秒以前,先得着触觉的感觉,但实验者指示他不要对触觉发生反应,而要等到有其他感觉时才反应。要先停住若干分之一秒钟,而又"能尽快地反应"。这对被试来说,是一个很困难的任务,而这样得到的反应时间,就很少像对视觉、听觉和触觉那样的简单反应时间了。

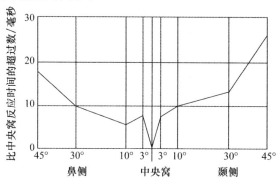

图2-4 沿着网膜的水平线上施用刺激时的反应时间[采自波芬伯格(A. T. Poffenberger),1912资料]。底线水平代表刺激中央窝的反应时间,而曲线则表示,例如,在颞侧离开中央窝10°处(网膜中一与外视野相反),反应时间比在中央窝处要长10毫秒。资料是从两位受训练的被试得来;每只眼分别测验,每点总共有400个反应时间。

在溶液中的味刺激,是由一个小刷子加到舌尖上去,而这个小刷子是装在适当的电路的电键上。从一个很熟练的被试所得的结果如下,[凯叟(F. Kiesow),1903]:

刺激物	反应时间/毫秒
咸(饱和的食盐液)	308
甜(几乎饱和的甘蔗糖液)	446
酸(稀薄的柠檬酸或磷酸)	536
苦(奎宁饱和溶液)	1082

假若酸的溶液要浓些的话,反应也许要快些,苦味反应比较慢的原因是可以用舌尖对苦味刺激感受性相对地迟钝来说明的。

嗅刺激是用一种装置将有气味的气喷进鼻子中,这种装置在刺激的同时就将计时器的电路接通了[莫登豪尔(W. Moldenhauer),1883]。喷气时不可避免的响声与触觉,以及刺激鼻孔的冷觉,都是外加刺激,而且可能引起错误的反应,直到被试已很熟练,于是他们就"确信他们只对嗅味作反应"。为了检查起见,对声音与触觉又做了一系列简单反应时间。两名被试的结果如下:

刺激	被试A反应时间/毫秒	被试B反应时间/毫秒
声音	164	185
触觉	187	214
气味	210	390

这表明对嗅觉有比较慢的反应,但这是否就得到真正的简单反应时间,仍是可以怀疑的。

加在皮肤表面的热或冷刺激,要深入到内部感受器是稍微要些时间的,而达到热感受器的时间又比到冷感受器的显然还要久些,因为热觉的潜伏期比冷觉要长些。对这些刺激的长的"反应时间"(从300~1600毫秒)大部分是深入内部所费的时间。

痛觉刺激加到皮肤上常常引起一种双重感觉,触觉之后跟着痛觉。因此,这里也就和味、嗅与温度觉一般,获得对痛觉刺激的真正简单反应时间是困难的。幸好有时我们可以得到轻微的表面痛觉而没有触觉感觉,假若我们用一个锐利的尖点轻轻地刺激皮肤的话。爱契勒(W. Eichler,1930)为着这个目的,用了冯·佛雷(M. von Frey)的方法:用一根细长的猪鬃(尖端装上荆棘的刺)刺激皮肤,同时计时器也就自动地开动了。这种轻微压力大部分测验中引起触觉和痛觉的双重感觉,但有时只觉得痛。被试对每个刺激——这是必要的——都做简单反应,但以后立刻要报告他感觉到的是双重感觉或只有痛觉。于是这些

反应时间就分为两类。四位被试在只感觉痛时,都一致地有较长的反应时间。它们的平均值是:

  当触觉之后有痛觉时,反应时间是 268 毫秒。

  只有痛觉时,反应时间是 888 毫秒。

这里对触觉的反应慢,原因是刺激特别弱,但是那些只给予痛觉的刺激并不是较弱的,而它们仍引起较慢的反应。

  旋转蒙着双眼的被试,可以作为半规管的刺激。椅子应使旋转得很平稳,加速度也不应太大,以免动觉的刺激作用。巴克斯特和特拉维斯(B. Baxter & R. C. Travis,1938)用这样的方法发现,这种反应时间的变化极大,假若运动是从静止开始的,则中数近 500 毫秒。但他们的实验并不是严格的简单反应,因为他们指示被试依照旋转的方向,用左手或右手来反应,这样就需要简单的辨别作用。对旋转的简单反应时间,可能是 400 毫秒。在这么长的时间中,有一大部分时间可能是积聚足够的物理压力来刺激感受器的。

  为什么对痛的反应这样慢?为什么对光的反应比对声音的反应要长些?总而言之,为什么反应时间会对不同类型的刺激有所不同呢?有几种可能的因素。痛觉的反应时间长,可能是由于服务于这种感觉的细长的感觉神经纤维中的神经传导慢些——或者由于需要积累一连串感觉神经冲动,才能出现痛的感觉。热、冷与味觉的反应慢,至少有一部分是由于刺激深入到感受器需要时间。相反地,声音传进耳中,或压力加到皮肤上,几乎没有时间上的损失就能到达适当的感受器。光自然可以立刻到达网膜上,但锥体与棒体是不为光所直接激动的,介乎其间的光-化学过程就要花相当的时间。

  应用放大动作电流(或一个活动着的感受器、神经、神经中枢或肌肉中的电位变化)的研究,就可能将整个反应时间分解为几个相继的部分。给猫耳朵一个声音:在听觉神经中先有 1~2 毫秒的潜伏期,以后才开始活动,表明在感受器里几乎是不花时间的。通过听神经通路到达脑干向上走:活动便稍微迟一点出现,但从声音到达耳朵起,只要 8~9 毫秒的时间便到达大脑皮质了。我们可以从此推论,听觉反应时间花费在耳朵里或到达皮质的路途上是很少的[堪普(E. H. Kemp),科配(G. E. Coppée)和罗宾森(E. H. Robinson),1937]把光射到眼睛中,皮质视觉区在 20~40 毫秒后便开始活动;但假若撇开网膜,用电流直接刺激视神经,皮质的潜伏期就小到 2~5 毫秒[根据巴特莱(S. H. Bartley),1934 年有关兔子的结果,以及马沙尔(W. H. Marshall),塔尔伯特(S. A. Talbot)和阿笛斯(H. W. Ades),1943 年有关猫的结果]。与耳朵比较,眼睛就要较长的时间才能把它的消息沿神经传到大脑。这样我们就可以解释视觉与听觉反应时间的大部分甚至全部差别了。

在传出方面,从大脑到手指肌肉的神经传导不会超过 10~15 毫秒,但比这更多的时间是消耗在肌肉本身和使反应键动起来的机械过程中;因为肌肉电流所表示的反应时间,比反应键所表示的要短 30~40 毫秒[佛尔寇尔(H. Vörckel),1922](笨重些的肢体,如腿,还要花更多的时间)。假若我们从整个听觉反应时间的 140 毫秒中扣除感觉神经与运动神经通路以及肌肉和手指运动所表示的时间,那么剩下的就是 70~90 毫秒的中枢反应时间。听觉的反应时间至少有一半是花在大脑过程中的。

反应时间有赖于刺激的强度

"强度"这个词在这里是指物理强度与类似的因素,例如视觉刺激的大小和两个以上刺激的积累。主要的事实经常被观察到:刺激很弱,反应时间就长;刺激增加到中等与极强时,反应时间就短些。要是有充足的材料,我们就能作出更具体的结论。反应时间是不是因为强度的增加而继续缩短,或在某一个适当强度时就达到了最小值?这种减少是直线还是曲线式的?简单一点说:我们能列出公式,$RT = f(I)$,用一定的方程式的形式或者至少用一定形式的图解表示出来。为了这个目的,就需要范围很大的刺激强度,从接近刺激阈限的直到感官大约能够安全地忍受的强度的刺激(恰在刺激阈限时,其定义是指能够有 50% 的时候感受到的强度,显然不可能得到反应时间的真正平均值)。

声音强度 在听觉中比其他感觉更可能用相差较大的强度。在索帮(Sorbonne)实验室,绰绰里(R. Chocholle,1945)用了从仅仅可以听得见的,一直到很高强度的各种纯音。两个非常有训练的被试的结果很接近。在刺激阈限附近,他们的反应时间是 400 毫秒左右;在高强度时是 100 毫秒左右,这似乎是到了极限了。在不同的序列中用了低、中、高的音调。我们把这两名被试对 1000 周音调的刺激的平均反应时间作为结果的一个相当好的例子,强度[①]是以阈限上的对数值为单位的:

lg 强度	反应时间/毫秒	lg 强度	反应时间/毫秒	lg 强度	反应时间/毫秒
0	402	1	193	6	124
0.2	316	2	161	7	118
0.4	281	3	148	8	112
0.6	249	4	139	9	111
0.8	281	5	130	10	110

---

① 我们是用功率(power)作为我们的强度的测量。

略为谈谈测量用的单位。用对数单位来表示强度的"对数单位"是一般惯用而且很方便的。增加强度一个对数单位,就是用 10 来乘它;增加 2 个对数单位,就是用 $10^2=100$ 来乘它;增加 3 个对数单位,就是用 10^3 或 1000 来乘它,依此类推。这样来测量强度是方便的,因为它使我们能将距离很大的不同强度紧缩在一个紧密的图表中,而同时这在心理学上讲来也是对的,因为韦伯定律(Weber's law)的逼近真理,即我们知觉的是强度的比例,而不是它的算术差。以声音的强度说,对数单位叫做贝尔(Bel),而 1/10 的对数单位即称为分贝(decibel,dB),增加一个分贝的强度,就是把能量加大 1.259 倍,即 10 的 10 方根。

在强度的对数表中的零,并不意味着强度是零;而是那一特定的强度值可以指定为(因为 $\lg 1=0$),其他的强度都是这一个强度的倍数。虽不一定要如此,但常常是以阈限强度,或者至少是以一个实验中所用的最低强度用作数目尺度上的 1 或对数值上的零。在上面所举的表里面 I(强度)对数值为零,即表示近乎阈限的强度;强度对数值为 1,即表示 10 倍阈限强度;强度对数值为 6,即表示 100 万(10^6)倍阈限强度,依此类推。这样就可以看出在这个实验中是包括广大范围的强度的。

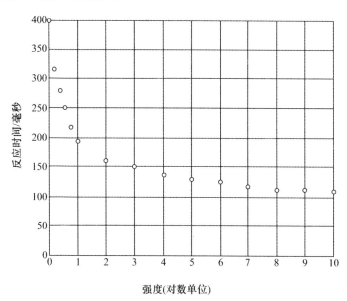

图 2-5 反应时间与强度的分布图[绰绰里的材料,1945]。刺激是一个每秒 1000 周率的纯音,反应时间是两个被试的平均。

从这个表或从图 2-5 中的材料中,除了反应时间随着刺激强度增加而缩短的简单事实以外,我们还能学到什么呢?每逢强度增加 1 个对数单位,反应时间便有一些减少,但减量却越来越小。从实践的观点看,我们可以推论说,在对很弱的刺激而需要快的反应的情况下,刺激的强度稍微增加一点,帮助就很大;但假若刺激已经够强了,再加强时好处就很小了。这些结果的点子形成一根渐渐变平的曲线,好像反应时间是逼近一个极限,而这些熟练的被试似乎在刺激强度为 10 个对数单位(即在阈限上 100 分贝)时,就差不多到达极限了。他们的反应时间极限不可能远在 110 毫秒以下。

不可减小的最小值与可减小的余限反应时间总是大于零,所以一定有一个不可再小的最小值。感受器的刺激,中枢传入和传出的神经传导与肌肉收缩,这些都是需要时间的过程;它们的最小值约为 60 毫秒左右。中间的大脑过程也一定要费些时间,虽然我们还不能直接测量它。更复杂的是这些机构并不永远都用最高效率作用着;反应时间每次都以"随机的"方式或多或少地变化着,因此平均反应时间逼近一个比绝对最小值较大些的极限。假若我们把这些因素都结合起来,结果我们得着一个颇有弹性的极限值,这个极限值只能用实验来发现。按照皮埃朗(1919)的看法,我们可以将任何反应时间看做由两个因素组成:即极限值或"不可减小的最小值",加上一个余数(这个余数称为"可减小的余限")。刺激弱则可减小的余限就大,加强刺激就可以减小余限。

不可减小的最小值在每种实验中一定都不相同——对听觉刺激短,对视觉刺激就长些,对痛觉更长些,选择反应又要比简单反应长些。假若我们回忆一下一个数量实验的基本性质,"极限"的意义就更明白了:在实验中我们将某些因素控制恒定,有计划地改变我们的实验变量,然后注意因变量中所发生的变化。在绰绰里的实验的实践中,态度、刺激的类别和许多其他因素都控制恒定,这些是决定着不可减小的最小值的。以后他注意到反应时间(因变量)如何作为刺激强度(自变量或实验变量)的函数而改变着。反应时间在某一定限度中改变着,这个限度就是这个特殊的实验变量的可减小的余限。如此,可减小的余限有赖于实验变量,但是不可减小的最小值则有赖于控制恒定的因素。

考虑另一实验,我们将刺激控制恒定在中等强度。以后在不等量的练习后测量反应时间,我们发现练习使反应时间减少,而我们的练习曲线,就逐渐逼近一个极限或不可减小的最小值。这个极限和绰绰里的并不相同,因为恒定因素不同。实践上,同样的分析方法,在研究其他的学习曲线上也是有用的。

将结果配合一个方程式

假若结果像图 2-5 所描画的那样整齐,我们就可能用某种特定方程式的数学描写来代替我们示意的 $RT = f(I)$。至少我们能够找出一个"经验方程式"去密切配合结果。这个方程式中包含着这样选择的一些"参数",以使方程式可以适合于曲线,虽然这些参数不是为任何理论的意义而选择的。经验方程式可能有某些实践的价值。绰绰里曾经试过几种类型的方程式,发现其中有一种很密切适合于材料的全部范围。

与经验方程式相对比,一种"理性的"或"理论的"方程式是某种理论、某种假设的体现,这种理论与假设,我们可以从方程式能不能密切适合结果来加以考验。参数的一般性质为理论所决定,但其精密数值必须以能适合材料而定。我们理论中的一个因素是不可减小的极小值或极限,假若我们选择105毫秒为这个例子中的很可能的极限,我们就固定了一个参数。减掉不可减小的最小值,剩下的就是可减小的余限,$RT-105$,还待计算。它开始是一个高的数值,当 $\lg I=0$ 时,我们称它为 A。当强度以对数单位增加时,可减小的余限就一步一步地减少。这个 A 就是第二个参数,第三个参数就是由 $RT-105$ 的逐渐减少的减少度而得来的。这种逐渐减少的减少度(有时候或是增长度),在某些物理与化学的过程中,在生长与学习曲线中,都是常常碰到的。在某些过程中,这种减少度总是剩余值的一定百分比。让我们将这个概念用在我们的问题上。让我们将可减小的余限看做反应时间过程中的迟延量,这个迟延量是一大群迟延因素的结果。迟延可以借增加刺激强度而克服,每加1个强度单位时,便克服迟延的几分之一。现在这里就有一个特定的假设:使强度依等距增加,每步就要克服余下的迟延的一定百分比,例如,增加强度的1个对数单位,总是减少那可减小的余限的 20%;假若在某一刺激强度时,余限是 100 毫秒,则增加 1 个对数单位的强度时,这个余限便减小为 80 毫秒了;再加上第二个对数单位的强度,则 80 毫秒又要减少 20%,即留下 64 毫秒的余限了;第三个对数单位将减少 64 毫秒的 20%……依此类推。总而言之,这个假设假定每加一个对数单位的强度,就将可减小的余限减少百分之几,我们暂称它为 p,留下的比值就是 $1-p$ 或 q,我们将 q 看做我们方程式中的第三个参数。按照我们的假设,作出下表所列的一系列数值:

I	$RT-105$
0	A
1	Aq
2	Aq^2
3	Aq^3
⋮	⋮

因为 q 的指数常常与强度 I 的对数单位值相同,所以我们可以用 I 来代表这个指数,如此就得到了我们要的方程式:

$$RT-105=A\times q^I$$

现在我们就得决定 A 与 q 的数值,以适合上表所列结果。这样的指数方程式最好用相应的对数形式来处理:

$$\lg(RT-105)=\lg A+I\lg q$$

这是一个直线方程式。这种计算可以图解,如图 2-6 所示。

假若通过这些材料点的趋势能画一根直线去配合的话(图 2-6 的单对数图

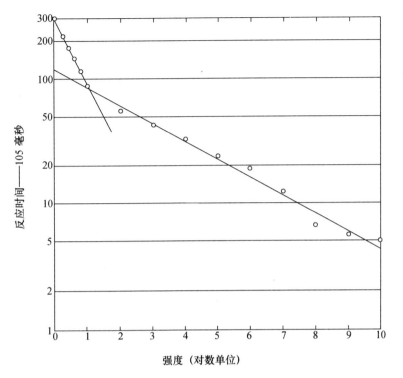

图 2-6 绰绰里材料用单对数图纸（semilong paper）的图示：第一步是选择一个数值，作为反应时间随着强度增加所达到的极限或"不可减小的最小值"；而 105 毫秒就是所选择的一个近似的估计，I 值是画在算术的横坐标上，而相应的反应时间值（105 毫米）是画在对数纵坐标上。然后利用一根线试拉成一条直线，接近并穿过材料的各点，每边大约各留一半材料点，以便符合材料的一般趋向。显然没有一条直线可以适合材料点的全部范围；但是这个范围很容易分为两个部分，就是用一条直线适合低强度部分，而用另一条适合范围的其余部分。

把直线都画进去后，参数 A 和 q 就立刻可以找到。找 A 是读出 $I=0$ 处线的纵坐标值。为短而陡斜的线，我们读出的 $A=285$ 毫秒，而为主要的线，$A=117$ 毫秒。为短线找 q，是读出 $I=1$ 处的纵坐标；因此我们得到 88 毫秒，这就等于 $A\times q=285q$，所以 $q=88/285=0.309$。我们可以读出 $I=10$ 处的纵坐标；因此我们得到 4.6 毫秒，这就等于 $A\times q^{10}=117q^{10}$；所以 $q^{10}=4.6/117$；而查找对数表，我们得到 $q=0.724$。

以这样得到的 A 和 q 数值代入总方程式，$RT-105=A\times q^I$，以便得出图 2-7 中的具体方程式。

纸上),就可以证明结果材料和我们的假设相符,因为我们的理论曲线就是根据这些假设的。但在目前的情况,我们必须承认没有单根直线可以配合材料点的全部范围。反应时间从 $I=0$ 到 $I=1$,下降太急,则不能与全局相称。但我们可以画两条直线,一条配合弱的强度系列,另一条配合强度 1～10 的对数单位的范围。要维持我们的假设,必须把它分割为二种迟延因素:一种在很弱的强度时起作用,强度稍加一点就可以克服;另一种因素则在中等与高强度时起作用,只有逐渐增加强度才能逐渐克服它的。只在低强度才起作用的迟延因素,很可能就是被试需要对弱刺激极用心去听才能听到,以致运动反应不能发生。

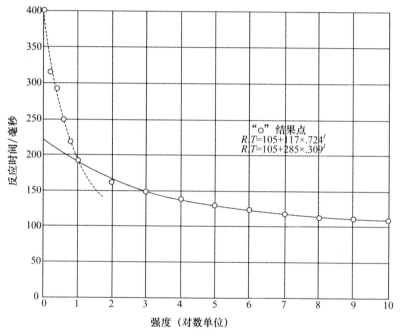

图 2-7 同图 2-5,外加两条理论曲线。这些曲线等于图 2-6 的两条直线,其绘制方法如下:在足够的各点上,读出直线上的纵坐标值;因为这些是 $RT-105$ 毫秒的理论数值,所以每一纵坐标要加上 105 毫秒;把这个总和作为纵坐标值,画在算术单位坐标上,例如当 $I=6$ 单位,直线的纵坐标值是 17 毫秒,必须加上 105 毫秒,才可以得到在 $I=6$ 时曲线上的纵坐标值。

配合的接近程度可以用察看法来判断,或者更精确些的表示是比较在各种 I 的数值处的观察到的和计算出的反应时间数值。

我们的方程式还可以用另一方法,即利用微积分来得到。假设是 $RT-105$ 的减小速度总是和 $RT-105$ 的现有大小成比例的,因此我们就得到这种微分方程式。

$$\frac{d(RT-105)}{dI}=b(RT-105) \quad \text{或} \quad \frac{d(RT-105)}{RT-105}=bdI$$

这是微分方程式的一个熟悉的形式,这个方程式可以积分成为对数形式

$$\lg(RT-105)=BI+C$$

这是和我们上面的对数方程式相同的,其中 $B=\lg q$,而 $C=\lg A$。

总而言之,曲线是从刺激阈限附近急速下降的,这可能是由于克服感觉迟延因素的结果。在中等与高强度时的逐渐下降,可能是由于克服运动迟延的因素所致。要这样解释,我们的分析就和下面快要考虑的反应的感觉类型与运动类型的区别是一致的。我们应该提一下,绰绰里对 2000 周率等的纯音研究的反应结果,和我们所分析的材料一样出现相似的曲线。

光的强度 光的强度变化也许和声音一般大,但在反应时间实验中并没有用过很大的广度,在莱比锡的冯特实验室中,在 1886 年,卡特尔和贝格尔(G. O. Berger)两人都是有高度训练的被试,他们曾经作出过从 1~1000 的范围(即 3 个对数单位)的一系列可靠材料。他们用暗室里的中等强度的光作为最高限,并用熏黑的玻璃片放在光源与被试的眼睛之间以降低强度。他们的最弱刺激也许是大大地超过阈限强度。赫尔(C. L. Hull,1949)将他们的结果配合一种方程式,这种方程式具体表现了强度系按比例而递减的假设,而且这种方程式和结果配合得很近(图 2-8)。

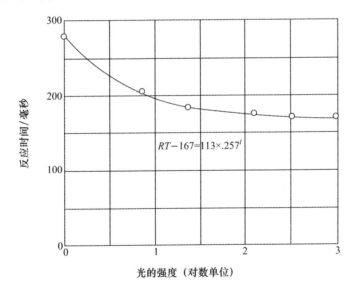

图 2-8 对于不同强度光的反应时间,材料如下(两位被试的平均):

相对强度	1	7	23	123	315	1000
I 的对数单位	0	0.85	1.36	2.09	2.50	3.00
反应时间/毫秒	280	205	184	174	170	169

赫尔的方程式,以我们的术语表示,而且用对数单位表示的 I 代入,如下:
$$RT-167=113\times 0.257^{I}$$

这意思是说,要达到的极限是 167 毫秒,因而可减小的余限,就成为 $RT-167$;此外增加一个对数单位,总是把余限从它前边紧邻的数量减至其 0.257(贝格尔,1886;卡特尔,1886c;赫尔,1949)。

讲到视觉刺激的强度,我们除了强度以外,实在也应该说明它的面积与时距,因为这三个因素在一定程度内是可以相互代替的。假若我们开始用很小的一道亮光,以后加大它的面积,那么我们也就稍微增加了它的表面强度;假若我们开始用的是一个很短时间的光,以后加长时间,那么我们也稍微增加了它的表面强度。这些就是空间与时间的累积效果。在反应时间实验中,弗罗贝格(S. Froeberg,1907)得到了类似的结果;使用从放在阅读距离处的一方块白纸上反射的日光作为刺激物。效果很小,但对有训练的被试,经过多次试验后,结果是可靠的。如:

面积效果					
方块每边/毫米	3	6	12	24	48
反应时间/毫秒	195	188	184	182	179
时间效果					
光的时间/毫秒	3	6	12	24	48
反应时间/毫秒	191	189	187	184	182

有实验证明将时间再加长并不再减小反应时间[卫尔斯(G. R. Wells),1913]。用听觉刺激(纯音)时间是 100 毫秒以及再长一些,反应时间似乎因刺激时间加长而略有增加[格利格(L. W. Gregg)和布洛格顿(W. J. Brogden),1950]。至于为什么这样,目前还不清楚。

比视觉刺激的面积与时间更有力量的因素,是眼睛对光适应或对暗适应的状态。增加眼睛的感受性,和增加刺激强度有相同的效果。而眼睛在黑暗中呆得很久以后,比在很亮的光中只待几分钟后,要敏感得若干千倍。因此我们就可以期望某一特定强度的灯光,不仅在对暗适应后要比在对光适应后似乎亮得多,而且可以得着一个较快的运动反应。这种效果在霍夫兰得(C. I. Hovland,1936a)的实验中就清清楚楚证明出来了。他的恒常刺激是一个 20 毫米(1 英寸的 4/5)直径的圆块,放在被试眼前 12 英寸远的距离,为 250 支烛光所照明着。被试在墙的背景上望着这个刺激,墙是完全黑的或者是用 200、150、100、50 英尺烛光照明;被试的双眼都是先适应于墙的照明的;而被试每次在刺激出现以前都长久望着墙壁,以便能够适应于它的照明。在被试熟练于这种情况后,他们的平均反应时间(五名被试,每人每种条件试验 100 次)如下:

适应水平/英尺-烛	200	150	100	50	0
反应时间/毫秒	154	146	144	140	131

我们可以将适应水平的系列看做相当于强度的系列(虽然我们不能计算与适应水平相应的准确强度)。在对暗适应后显著短的反应时间,可以作为对一个很

强的视觉刺激可能预料到的反应时间的一种指标。

刺激的累积 同时刺激的联合,可以比这些刺激中任何单独的刺激引起一个快些的反应。像上面所说的,增加视觉刺激的面积或时间效果加快,可能是由于累积作用,甚至增加强度的效果,原因也在这里,因为刺激强些,在感官中引起更多数目的感觉细胞起作用,并且在每个细胞中在每秒钟产生更多的神经冲动[阿准(E. D. Adrian),1932]。波芬伯格(1912)曾供给一个有趣的累积的例证。同样的光,双眼刺激的反应时间要比单眼刺激短些,而且三名被试的结果都有同样可靠的差别表示出来:

被 试	反应时间	
	单眼/毫秒	双眼/毫秒
T	201	185
P	175	160
A	191	178

对反应时间的这种效果是有些稀奇的,因为单眼刺激和双眼刺激,从表面光度来看,是没有什么差别的。布里斯(C. B. Bliss,1893)注意过在听觉中也有相似的效果。同样的声音传进两只耳朵,或只限于一只耳朵,其结果是不同的:对单耳刺激的反应时间是 147 毫秒,对双耳刺激是 133 毫秒。然而在这里结果并不稀奇,因为当两耳收到声音时,声音的主观强度(音响)是要大些。

假若两个刺激,例如一个光与一个声音同时发出,要指示被试只对光反应是没有用的,因为如果要他做真正的简单反应,他是不能彻底执行的。他会对声音做反应,这样就作出比对光做的反应要快些的反应。唯一的问题是在同时有光的刺激,他能不能对声音刺激反应得快些,回答是"不",正像邓拉普和卫尔斯(1910),还有托得(J. W. Todd,1912)所发现的。在托得的实验中,三个刺激曾经单独地一个一个地给予,也曾经联合给予。其结果如下:

刺 激	被试的反应时间/毫秒			
	平均	M	P	T
光	168	176	186	176
电击	141	135	152	143
声音	135	132	160	142
光与电击	139	137	151	142
光与声音	133	135	159	142
声音与电击	125	122	145	131
光、声音、电击	120	124	138	127

光的刺激并不加速对声音或对电击的反应,但声音与电击联合时,要比单独一个刺激作用时引起更快些的反应。

对一个刺激的停止或对其强度的变化的反应

对一个刺激的停止可能引起一种典型的快反应吗？从通常经验中是不该遇到特别困难的,但是假若以为反应是为能量加到感官所引起的,那么能量停止了,怎样会成为有效的刺激呢？几名实验者得到对光的停止的反应时间,并且发现它并不比对同样光的出现的反应时间长些,也许还要短些。武卓(H. Woodrow,1915)用光或声音做刺激,试过五名被试,结果是对停止与出现刺激的反应时间是相同的,其中一个被试的平均值可以作为例证,

	出现时间/毫秒	停止时间/毫秒
声音的强度		
中等	119	121
弱	184	183
阈限	779	745
光的强度		
强	162	167
弱	205	203

对刺激能量的停止的反应快些,从"刺激-反应"的观点看似乎是一种矛盾。这种表面上的矛盾是刺激的定义不适当的结果。严格地讲,刺激应该经常定义为落在感受器上的能量的变化。对于视觉刺激作用的情况来说,这是特别清楚的:眼睛对于落在网膜上的稳定的光很快发生平衡(适应)。一个人甚至可以记录一只非哺乳类动物眼睛的网膜在一个稳定的光源结束时的电"反应"(参看视觉一章),其耳朵没有类似的"关闭效果"。要解释对声音结束的反应,我们可以假设,在神经系统中有某一种高级中枢像网膜一样起着作用,而且只要传入能量是稳定的它就很快进入平衡;但是当突然的变化使它失去平衡时,便发生反应。这个问题不是只限于反应时间实验,在后面几章中,我们可以注意到,由于变化或刺激间的关系而引起反应的许多例子。

武卓发现对某个刺激的出现或停止的反应时间是差不多相同的,但是刺激更强些时,反应时间就更短些。他的推论和我们刚才所说的差不多相同。他认为大脑是一种能量平衡的系统,出现或停止一个刺激都会扰乱这种平衡,因此使运动冲动发放出来。我们可以说,不论刺激的出现或停止都简直像一种震荡在起作用,这种震荡释放了准备中的运动反应。强刺激的停止就成为一个较大的震荡。

总体说来,近来的证据倾向于停止亮光比出现亮光英寸的反应要快些,詹金斯(1926)所发现他的五名被试的结果就是如此,对亮光出现的反应时间平均

是 230 毫秒,但是对亮光停止的只有 200 毫秒。在暗室中有一道亮光,每 4 秒钟开亮或熄灭一次,而被试在每次开亮或熄灭时就出现反应。詹金斯提供的一个可能的说明,就是眼睛在黑暗中容易失去他的注视点,因此开亮就比熄灭的感受要差些。

这种可能的错误来源是可以设法避免的,如在斯坦因曼(A. Steinman,1944)的一个实验中,她要被试不是对亮光的完全开亮或熄灭反应,而是对强度的变化反应。她用的刺激物是一个直径为 1 英寸的磨砂圆玻璃上明度的增减,这块圆玻璃安置在被试前面 2 英尺的一个相当光亮的屏风中间。当这块圆玻璃被(从后面)照明时,被试一看见玻璃上明度增加或减少就要立刻反应。当明度是从 4.5 英尺烛光增加到 5.5 英尺烛光时,六名训练有素的被试的平均反应时间是 205 毫秒;假若变化是相反的,即从 5.5 英尺烛光减到 4.5 英尺烛光时,他们的反应时间只有 188 毫秒。变化量越大,反应就越快。但是对刺激量减弱的反应时间总是一致地比对同一数量的加强要小些,(图 2-9)。

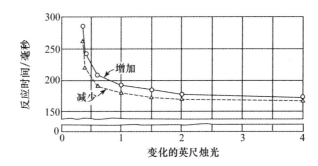

图 2-9 对光的强度的突然增加或减少的简单反应时间与改变量的关系(斯坦因曼,1944)。改变是从 4.5 英尺烛光往上,往下到 4.5 英尺烛光。材料是据一名被试的典型的结果画出来的。

对刺激减弱的反应格外快,也许就是视觉所特有的,因为绰绰里(1943)对于声音强度的上下变化,就没有发现这种差别。在视神经的电位差的记录上,网膜的"熄灭效果"是要比"开亮效果"强些。关于这方面的问题,斯坦因曼推荐了哈特莱恩(H. K. Hartline,1938)和巴特莱(1939)的研究工作。

反应时间有赖于机体

我们已经考虑了影响反应时间的主要刺激因素,现在我们要提出 O 变量,即当刺激来临的时候存在机体中的诸因素。这些是由于 A 变量(即前行的实验变量)而变生的,因为这些变量是受实验者的准备操作所控制的。一个 A 变量已经被注意过了。被试的对光适应或对暗适应的状态,是为事先在亮光中或在黑暗中暴露眼睛所控制的。作为一个机体在视觉刺激时的状态,这显然是一个 O 变量的例子;因为它为事先在亮光中或黑暗中暴露眼睛所控制,这就可以作为 A 变量了。

实验者对于被试的指示算为一个 A 变量,而且是很重要的 A 变量,因为没有指示,被试就没有对一个完全无害的视觉或听觉刺激物赶快用手反应的动机。

额外的动机加速反应

因为在反应时间实验中,被试为反应得越快越好的愿望所鼓动,这就好像任何附加的动机似乎没有作用了。但约翰孙(A. M. Johanson,1922)曾设想过也值得试一试奖罚的效果。一种激励是只在每次试验后将反应时间告诉被试,所以被试知道他做得好或坏,因而得着一种轻微的奖或罚。一种较严厉的惩罚是将一个电路通过被试的按键,当他的反应慢过一定的允许时间时,其手指便自动地受到一次电击,而允许的时间是随着反应时间因训练而变短逐渐减少的。在这里"奖赏"就是不受电击。这三种条件——没有额外的激励,结果的知识和电击——是循环试用的,以免除练习效果。图 2-10 用一个分配曲线形式将实验结果表示出来。我们可以看到,甚至训练有素的被试也一直都在"竭尽其能",但在额外动机的鼓舞下还是加快得多。我们可以说,他们的准备定势因而大大加强了。

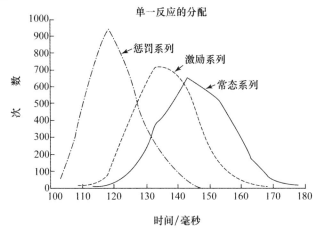

图 2-10 在激励影响之下的反应时间分配的改变(约翰孙,1922)。听觉刺激。在"激励系列"中,告诉被试他的最后一个反应时间;在"惩罚系列"中,如果反应全是慢的,他的手指受到一次电击。每条曲线代表 3600 单一反应的分配,这是从三名被试得来的,他们的时间差不多是相同的。

反应时间中准备定势的因素

"简单"反应时间实验的特征,是被试预先知道将要来临的刺激是怎样的,他要做的反应是什么。就是在选择的与联想的反应中,他也知道将要来临的刺激与反应的一般性质。反应的迅速几乎自然而然地完全有赖于准备的充分与否。这个准备,一部分是随意的、并为实验者的指示所控制的;但是我们也要看到一部分是非随意的,是因情势的急迫本身而使个别被试不得不反应的。

即使没有任何准备,一个骤然的刺激可以引起被试的注意,被他认识了或知觉了,因而引导到一种适当动作的选择。最初研究反应时间的一些学者们,假设这些注意、认识与选择的过程,在实验室反应中是存在的,而简单反应时间就是这系列过程所需要的总时间的一种测量。这就是冯特的看法。对反应时间工作有很多经验的另外一些人,例如厄克斯奈和卡特尔,得到了完全不同的概念。他们以为在反应时间实验中的反应很像反射,而且实际上就是暂时的"有准备的反射"。

阿赫(N. Ach,1905)和瓦特(H. J. Watt,1905)在科配实验室的内省研究中,赞成这后一种看法。如果叫被试在每次反应之后立刻报告他的经验,他发现在 S-R 间隔之中,只发生着很少的经验可以报告出来,虽然在准备时期即预备信号之后和刺激之前,他可以报告很多经验。他是觉察到要预备去反应将来到的刺激,而且要做不同的准备,去做不同种类的反应。正像这些研究者们所建议的,分为三个连续的时期是有用的:前期,即从预备信号到刺激;主要的时期或反应时间,即从刺激到明显的运动反应的开始时;后期,即从明显反应的开始到其终结。假若我们将时间经过用一根从左到右的直线为代表,在这根线上画下一点 P 来代表预备信号,S 代表刺激,R 代表反应的开始,我们就有一个方便的空白图,可以填上关于经历的过程的一切知识:

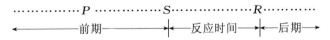

改变前期的长短

被试对反应的预备是如何控制和变化的呢?很可能一部分有赖于前期的长短。假若前期太短,被试就来不及预备;但是假如前期太长,他的预备又可以松懈下去。大家普遍认为,一个 2 秒钟左右的前期是恰好的,但每次试验时要稍微变化一下,以免被试将他的反应与刺激同步起来。每个人确实是有差异的,有些人喜欢短一点的前期,而有些人喜欢长一点的前期。根据某些实验,[小林和松井(T. Kobayashi & M. Matsui),1938]在发动赛跑时,前期最好是短到 1.5 秒。

推尔福得(C. W. Telford,1931)试过1/2秒的前期。听觉刺激是用1/2,1,2和4秒的间隔,形成一个连续的系列,这些间隔是按照随机的次序混合起来的,除了前面的刺激以外,没有预备信号。在每次反应后,被试知道另一个刺激就会立刻跟着而来。29名未受过训练的被试的平均结果如下:

刺激间的间隔(=前期)	$\frac{1}{2}$秒	1秒	2秒	4秒
平均反应时间/毫秒	335	241	245	276
标准差/毫秒	64	43	51	56

如标准差所指出的,虽然差异很大,但是在1秒与2秒时的反应时间确实比在1/2秒或4秒时短些,1秒的间隔是够好的了。

武卓(1914)将前期延长到20～24秒,用听觉刺激对三名训练有素的被试进行试验。即使前期在一系列试验中总是每次相同,或者不规则地变化,而且不用警告,反应时间是有差别的。假若在一系列的试验中,前期都是相同的,因此被试可以适应其长度,最好的长度是2～4秒;假若前期不规则地变化,就没有最好的长度,而且反应总是慢些——差不多等于有规则系列中最长的前期那样慢。这三名被试预备状态的最高效率是不在2秒钟以下很多,而且不比再加2秒钟维持得更长些。

在前期中的肌肉紧张 一个有所期待的人有一般的肌肉紧张,这是很自然的。甚至像大腿的四头肌这样远的一条肌肉,在一个手的反应的前期也会膨胀和硬起来,而当反应之后它就放松了。这样的结果可以从机械的记录得到[福瑞曼(G. L. Freeman,1931,1934)]。

肌肉紧张可从肌肉稍微活动时所发生的电流或电位而得到更精确的记录。一个电极安在肌肉上面的皮肤上,可以透露出这些电位;并把它们放大而且摄成照片。这种技术为戴维斯(R. C. Davis,1940)所利用,他发现执行手的运动的前臂肌肉,在前期中变紧张了。他证明在前期的肌肉紧张与从反应时间结果所推测的准备定势的性质中,有某些有意义的平行之处,例如:

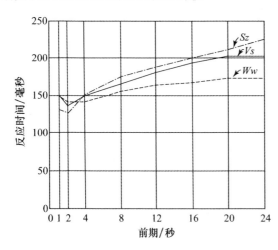

图2-11 对声音的反应时间,在一个系列试验中前期都是相同的(武卓,1914)。不同被试的曲线是分别画出来的。

(1) 肌肉紧张从预备信号以后 200～400 毫秒开始,一直增加到反应时为止。

(2) 在前期末尾的肌肉紧张越高,反应就越快。

(3) 当前期是规则的而且对短的反应时间是最有利的长度时,则肌肉紧张最大。

戴维斯下结论说,预先的肌肉紧张是实际反应动作的发动阶段。这至少是确切的准备活动,大致可以视为巴甫洛夫型的条件反射。

卡策尔(R. A. Katzell,1948)用了相似的技术来记录几根肌肉的紧张:咬肌、左右前臂的两头肌、手的屈肌、大腿和小腿。每次试验都指示被试用某只手或脚的动作来反应。除了执行运动的一些肌肉以外,在其他肌肉中也产生肌肉紧张,而参加的肌肉在前期与反应中都大致相同。肌肉的活动模式是相似的,但在前期自然要比较弱一些,因为在前期中肌肉运动是被防止了,因而避免了过早反应。肌肉的准备因此就是具体的。

肌肉紧张为机警的一种指标　在若干实际情况中,当一个人昏昏欲睡或机警欠灵的时候,有一个机关使他警觉起来,这是很有用的。有些单调的任务会使一个工作者陷于不注意的状态,以致可能引起很严重的后果。特拉维斯和肯尼迪(J. L. Kennedy,1947,1949)考虑到可能使肌肉的电位来做这种必要的警卫工作。他们将小电极贴在前额的皮肤上,每只眼睛上一个,来接收来自额部肌肉的电活动。这种电位经过适当扩大后可以通到一种装置,当额部肌肉紧张降到一定水平之下,这种装置便会发出一种警告的信号。显然的问题是:"这些额上的电位反映实际的机警程度的准确性如何?"这些研究者进行了许多测验来回答这个问题。在一篇论文中(肯尼迪和特拉维斯,1948),他们报告要求被试做一种继续追踪运动的工作,移动控制杆使指针追踪一个滑动的目标,正好像司机转动方向盘,使他的车子行驶在一条巷子当中一般。他们使那个机警指示器,在肌肉紧张降到某一特定水平时,射出一道警告的红光。被试就得将自己的脚从一个踏板上抬起,作为对红光的反应。使红灯开亮的肌肉紧张水平高低有所改变,他们测量在各种肌肉紧张时的反应时间。结果如图 2-12 所示。当额肌的肌肉紧张降到很低的水平时,就有很多极慢的脚的反应,甚至有几次没有反应,正好像会使一个瞌睡的卡车司机掉到坑里去的一样。追踪的分数也有同样的趋向,当肌肉紧张很低的时候,落在极低分数后面。其他视觉任务也表示有多少相同的趋向。在非视觉的任务中,额上肌肉紧张是不是也可以作为一个机警的指标,这还要待以后进一步的探讨(参阅"情绪Ⅲ")。

感觉与运动的准备　一个人要对某一特定刺激用某种特定运动来很快地反应,就必须准备:① 去接受那一特定刺激;② 去做那一特定运动;③ 接受了那个刺激才去运动。这里有感觉的准备、运动的准备和我们所谓的将刺激对好

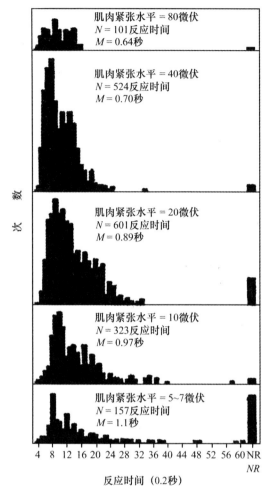

图 2-12 五种肌肉紧张水平的反应时间的次数分配(肯尼迪和特拉维斯,1948)。水平以肌肉紧张的微伏表示。图中的 NR 表示没有反应的次数。

反应的预备开动。在反应时间实验中的被试,平常对于刺激与对于反应都差不多同样地准备着——我们可以这样说,这是一种平衡的准备。

在冯特实验室中,在反应时间实验工作很早的历史中,郎格(Ludwig Lange, 1888)就找到了可能使他的被试采取不平衡的准备形态,或是感觉的或是运动的。他们可以集中注意在所要接受的刺激上,或在所要做的动作上。感觉准备比运动准备所得到的反应要慢些。在郎格的被试中要慢 100 毫秒左右,而自然的或平衡的准备就得到一个中值的反应时间。在以后的研究者中,有些人没有发现一点差别,但是总的说来,结果是倾向于真有差别的,只是差别量不等,一般都比郎格的 100 毫秒少得多。现在已经不像过去那样相信指示被试采取感觉的或运动的定势是那么重要了,因为被试是不会贯彻遵循这样的指示的,除非实验条件使人倾向于这种或那种准备。

有些情况是有利于运动定势的,有些情况是有利于感觉定势的。运动定势在十分强调尽可能迅速反应的指示下是有利的,但是假若被试太心急了,他会产生不成熟的反应;如果他被一个捉弄的测验所捉住,受到警告,他就回到更平衡的定势中。继续很久的训练有利于运动的定势,但刺激要够强并且够清楚才行。假若刺激太弱,需要仔细地去听或瞧,那么定势就变成感觉的,而反应时间就长了。嗅觉、味觉和痛觉的刺激都是这样,这些刺激都得和相随而来的触觉刺激仔细区别开。最后,选择反应需要感觉定势,因为要能保证适当的反应,各种刺激就先要区别开。

分离的反应

当不同的刺激需要不同的反应时,这个任务是"非此即彼"的性质——因而叫"分离反应"这个名称。其他普通用的名称有"辨别反应"和"选择反应"。从唐得斯(1868)时代起,选择反应分为两大类,叫做 b 反应与 c 反应(a 反应是指普通的简单反应)。

b 反应的一例:对红色的用右手反应,对蓝色的用左手反应。

c 反应的一例:红色的就反应,但蓝色的不反应。

选择反应比简单反应时间要长些,约长 20～200 毫秒,b 反应又要比 c 反应稍微慢些。在 b 反应中,两种运动反应是处在准备状态中,但是他们任何一名都不能达到"一触即发"的准备状态,假若要避免错误反应的话。在 c 反应中,运动的准备也必须保持住,因为积极的刺激只在部分的试验中发现,而且必定不能和消极的刺激相混淆。

选择反应时间与选择数成正比 这种说法的主要根据是墨克尔(J. Merkel,1885)的一个老的实验,他用阿拉伯数字 1～5 为刺激,使右手的五个手指按顺序来反应;而用罗马数字Ⅰ～Ⅴ为刺激,使左手的五个手指按顺序来反应。在任何单一系列的实验中,这些刺激的 2、3 甚至任何数目都用过。下表列出九名被试的平均反应时间,其中有一个人的结果被删掉了,因为正如维尔斯(W. Wirth,1927)在一篇关于反应时间工作的重要总结中所指出的,这个人的特别短的时间,由于有许多错误反应而归于无效。

选择数	反应时间/(毫秒)
1(简单反应)	187
2	316
3	364
4	434
5	487
6	532
7	570
8	603
9	619
10	622

刺激越相似,分离反应时间越长 分辨两个很相似的刺激,自然比分辨两个很不同的刺激要多花时间。但是一个人很难预测分辨红色与黄色,要比分辨

红色与绿色需要的时间长些。一个人总以为在两种情况下,差别是可以"立刻"觉察出来的。这个问题经韩蒙(V. A. C. Henmon,1906)用实验测验过。被试有两个电键,每只手一个;被试面前呈现两种颜色,一个在左,一个在右;他用与所呈现的颜色同一边的手去反应。当红色与另一种颜色呈现时,他总是对红色反应,如果红的在右边,就用右手反应,红的在左边,就用左手反应。这是 b 反应的方便形式。下表是一个被试的结果。

要辨别的刺激	平均反应时间/毫秒	平均机误/毫秒
白与黑	197	1.1
红与绿	203	1.2
红与黄	217	0.7
红与橙黄	246	0.7
红与(橙黄+25%红)	252	0.8
红与(橙黄+50%红)	260	0.8
红与(橙黄+75%红)	271	0.8
线长 10 与 13 毫米	296	0.9
线长 10 与 12.5 毫米	298	0.8
线长 10 与 12 毫米	305	0.8
线长 10 与 11.5 毫米	313	0.9
线长 10 与 11 毫米	324	1.0
线长 10 与 10.5 毫米	345	1.0
声音相差 16 周	290	1.3
声音相差 12 周	299	1.3
声音相差 8 周	311	1.3
声音相差 4 周	334	1.4

这些刺激差别,即使是其中最小的,也是大大超过差别阈限以上的,而且在一个知觉的实验中,如果有错误的话,这些差别为数也就很少。但是在较小些的差别中,就需要较多的时间,才能看见并且利用来控制运动反应。对于这样一个重要的结论,除了韩蒙的证据以外,从冯·克莱斯和奥厄巴赫(J. von Kries & F. Auerbach,1877)关于辨别声音方向所需要的时间的实验中,以及从勒蒙(V. W. Lemmon,1927)关于辨别多些数目的和少些数目的亮光所需要的时间的实验中,我们获得相似的结果(图 2-13)。这最后的一个实验和我们通常列于"领会广度"下的某些实验很相似。近来的研究表明,反应时间在这个领域中也是很有价值的工具。

即使在美学领域中,我们也找到了相似的结果。两种颜色并排呈现,被试所喜欢的颜色在哪一边,他就用哪一边的手去反应。对于被试来说,两种颜色的美感价值相差越大,选择反应的时间也就越快[达希尔(J. F. Dashiell),1937;希浦列等人(W. C. Shipley)等,1945,1946]。

错误反应 当两个刺激很难辨别时,对错误刺激的反应就多些,如我们在图 2-13 所看到的。虽然反应已经慢下来了力求避免错误,但情况依然如此。

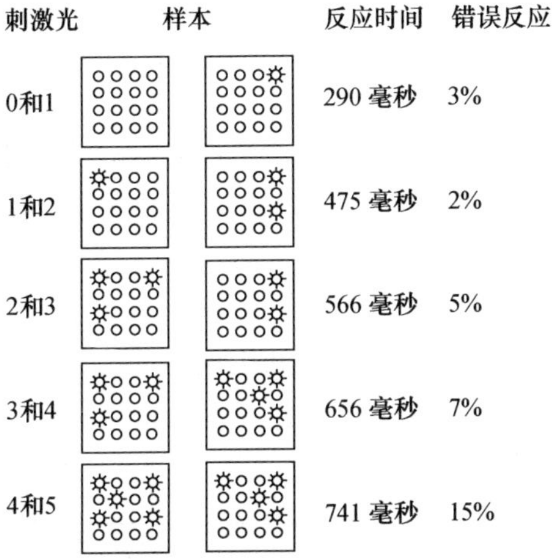

刺激光	样本	反应时间	错误反应
0和1		290 毫秒	3%
1和2		475 毫秒	2%
2和3		566 毫秒	5%
3和4		656 毫秒	7%
4和5		741 毫秒	15%

图 2-13 两个方架靠拢在一起,每个方架上有 16 个小灯泡对着被试(勒蒙,1927)。被试的工作是按架子下面一个电键,每一次试验要求他按开亮较多灯泡的那个架子下的电键。平均数是从 113 名大学生中得到的,每一位要对每一种刺激组合做 40 次反应。结果表明,最容易的辨别,就是 0 和 1 个开亮的灯泡,要 290 毫秒,而辨别越难,反应时间就越长。错误的增加的情形是相似的。

c 反应中的错误反应曾为吉布森(E. J. Gibson,1939)所研究。用电动震动器作为触觉刺激,放在被试的背上。在背脊中间一条垂直线上,每隔四英寸安装了四个震动器。被试首先熟悉每个震动器的感觉,以后指定最顶上的或者最底下的一个震动器作为阳性刺激,也就是说指示被试只对这个刺激反应,而不对其他刺激反应。在最初的 50 次试验中,只给阳性刺激,被试(18 名大学生)反应逐渐加快,直到相当快的程度。从此以后就夹杂了一些阴性刺激,在每 4 个阳性刺激中,约有一个阴性刺激,只是次序是杂乱的。现在就出现错误反应了,反应就转慢,平均从 170 毫秒转慢到 233 毫秒。错误反应本身并不慢;相反的,它们比正确反应还快些。错误反应,像在简单反应时间实验中的未成熟反应一样,无疑是在被试的运动准备太急而不能控制时发生的。阴性震动器与阳性震动器距离越近,错误反应的次数就越多;例如,最近的产生错误反应占全数的 25%,其次近的占 14%,最远的只有 9% 了。这样的结果与上面所说的 b 反应实验是相符合的。

别的方面的平行性　在标准的分离的反应时间实验和那些通常列入"条件作用"和"学习"的实验之间,存在着有趣的平行性。例如,吉布森的c反应实验,差不多是巴斯和赫尔(M. J. Bass & C. L. Hull,1934)早先所做的一个实验的翻版,不过他们用的是条件皮肤电反应,而不是手的反应。两方面的实验都是计划来研究泛化梯度的,而泛化梯度在学习理论中曾经受到颇大注意,而且可以追溯到巴甫洛夫的狗的实验。条件作用实验的泛化梯度,和c反应的相似性梯度是相同的。

b反应与辨别箱实验之间的平行性,在施洛斯贝格和索洛蒙(H. Schlosberg and R. L. Solomon,1943)的报告中是可以清楚地看到的。他们的白鼠在一个黑-白辨别中受到十分好的训练——给予一个黑门和白门去选择,它们总是选择白的(并且在里面发现食物)。如果用一个浅灰色门偶尔代替白色的门,动物总是选择它;而且代之以一种中等灰的以及甚至于一种深灰的,结果是同样的。我们可以设想,刺激泛化是彻底的,但是一种梯度还是在反应时间或"潜伏期"中出现了。其结果大致如下:

选择门	潜伏期/秒
黑和白	4
浅灰与黑	6
中等灰和黑	10
深灰和黑	15

在较慢的反应之前有显著的犹豫。这些潜伏期比起人类分离反应时间来是长得多了。这一事实并没有告诉我们任何东西足以说明白鼠与人类的相对快慢,因为条件是很不同的。但是梯度有同样的性质。

反应时间中的练习因素

简单反应是如此简单的一种任务,以致我们可能希望一个人几乎在第一次,或者在几次尝试以后就可以立即达到最高速度(他的"不可减小的最小的"反应时间)。实际上,一般的被试,就在几天之久排着几百次的试验中,还是会继续改进的,虽然在开头50次或100次以后的进步并不很大。在第一天后的进步约有10%,这是被不同的实验者所共同观察到的。分离反应,特别是较复杂的那些,在练习一天以后,有高到30%~40%的进步的。在这里也像上文所说过的强度系统一样,可以用一种理性方程式来配合这种练习曲线的。我们可以类似于上面一样想象,每天的工作是克服依然留下的"迟延因素"的一定的百分比,而且根据这个假设,我们可以引出方程式的一般形式来。显然的极限或不可减小的最小值必须从相对的意义来理解,那只是对某些实验条件而言,因为正如我们已经知道的,附加的激励,可以使就是练习有素的被试的反应时间再行缩短。

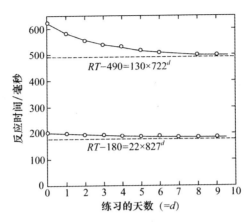

图 2-14 对视觉刺激的简单的和分离的反应时间的练习曲线[从布兰克(G. Blank),1934]。下面的曲线是对一个小电灯泡的开亮的简单反应时间,上面的曲线是有 5 个选择的一种分离的反应时间:有 5 个反应电键,记着 1~5 的号数;在任何一次试验,第 1、2、3、4 或 5 的小灯泡开亮了,被试以按适当的电键对它们做反应。有 30 名被试,每位被试每天做 60 次反应,每一材料点是 1,800 次反应的平均数。算出曲线的方法,在图 2-6 和 2-7 下面已经解释了。简单反应的极限,假设为 180 毫秒;分离反应的极限为 490 毫秒,这是在实验条件下得到的。相似的"生长函数"可以配合许多其他的练习曲线。

反应时间中的年龄因素

在整个发育阶段直到 25 岁时,反应时间是逐渐缩短的,起初减得快,以后慢些,这符合于练习曲线的"生长函数"的类型(图 2-15)。幼小儿童,由于他的神经通路短,一般活动力大,可以指望有很短的反应时间,特别是因为所要求的反应是这样"简单"。事实上,要从 3 岁以下的儿童身上得到一系列很好的简单反应几乎是不可能的。幼童的反应是如此散漫不齐,所以够不上称为高度整合的动作,虽然这种限制的动作我们仍称为简单反应[鲁利亚(A. P. Лурия),1932;古迪诺弗(F. L. Goodenough),1935]。由于情绪激动与一般肌肉紧张所致的更极端的迟延因素,大半在七八岁时就消失了,但在未到成人阶段以前,这方面仍可以有些发展的。

达到成人阶段以后,反应时间维持到 60 岁没有多大变化,但在 60 岁以后反应时间就慢慢地延长了(图 2-16)。年老的效应,在反应时间中,要比在其他

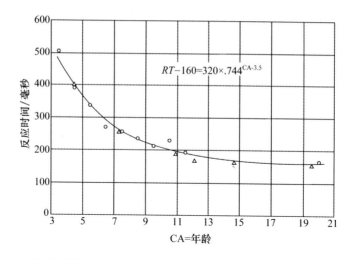

图 2-15 发展时期的反应时间[材料从古迪诺弗,1935;琼斯(H. E. Jones), 1937]。对一种听觉刺激的简单反应。所引的两位作者用的是相似的仪器和步骤,经过二次初试之后,每名被试做 20 次反应。三角代表琼斯的材料,圆圈代表古迪诺弗的材料。反应时间所接近的极限假设是 160 毫秒,这是一组人在实验条件下的平均数。好几位别的实验者得到了较短时期的相似的曲线,反应时间是简单的和分离的[吉尔伯特(J. A. Gilbert),1894;克拉帕瑞(E. Claparéde),1925;菲利浦(B. R. Philip),1934;葛尔德法布(W. Goldfarb), 1941]。

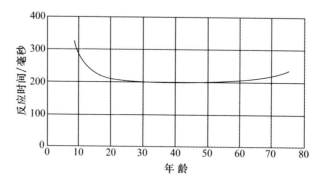

图 2-16 从小到老的反应时间(材料从迈尔斯,1942)。对声音的简单反应。贝利斯的材料(1932—1933)也得出相似的曲线。

运动速度和敏捷性的测验中较为不显著,而且个人间的差异很大,这或者是由于有些人比别人老得快些[迈尔斯(W. R. Miles),1942]。一种奇怪的事实就是,男孩与成人要比同一年龄的女性的反应时间短些[古迪诺弗,1935;贝利斯

(C. J. Bellis),1932—1933]。有一个事实对于这些年龄曲线的理解,有某种重要性——白鼠对于一种电击的反应时间,表现一种相似的曲线。反应潜伏期在刚出生后是59毫秒,在头三个月中减到28毫秒,而且直到大约2岁的时候还是保持这个水平,但是在下一年就又增加到56毫秒了。年老的效应显然不能归之于内分泌因素,比较可能是由于神经系统变化的结果[布罗第(E. B. Brody),1941]。

差异的因素

即使将一切实验因素——刺激的类别与强度,前期的长短,给被试的指示以及其年龄与过去的练习——都控制不变,但仍然不能预测一个人在一特定时间中的反应时间该是多少。有些 O-变量是实验者所不能控制的。第一,各人的反应时间像其他方面一样,各不相同。未经练习的人,其简单反应时间的平均值的分配情况(图 2-17)大致是对称的和"常态的"。练习以后,有些人比另外一些人进步得多些,他们在分配图中的地位变动就很大,头几次试验与500次试验之后所达到的水平的相关系数,实际上等于零(布兰克,1934)。但即使在长期练习后,个别差异仍然存在。

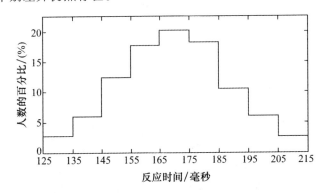

图 2-17 对于声音的简单反应时间的集体分配[材料从菲萨尔(A. Fessard),1926]。这一集体有1000名男人,在巴黎申请做机器工的登记者。每位做30次反应,画出的是平均数。分配曲线的两尾都不是很完整的,因为有几个极端例子(总次数的3.5%)没有画在图中。

检查一个人的体格是否可能预测一个人的反应时间呢?根据史密斯和包亚尔斯基(H. C. Smith & S. Boyarsky,1943)的一些预测,这是可能的。用50名大学生做被试,他们得出每个人的身高—体重指数(将身高除以体重的立方根),而且经过一些练习以后,再测量他们对高音的简单反应时间。一般说来,对于他们身高来说是比较重的人,其反应要比那些相对轻的人慢一些——145

毫秒对136毫秒——但是两者间的相关系数只有0.28,太低了,不足以作任何接近的预测。这些作者把他们的发现和谢尔登(W. H. Sheldon,1940)的概念——体格的内形态、中形态和外形态因素联系起来。

大概没有人曾经认真地试用一个人的一般行为作为预测他的反应时间的根据。躁狂-抑郁症患者的行为可能使你预料。在其抑郁状态下,反应时间很长,而在躁狂状态下反应时间较短。但试验结果,反应时间在两种情况下都相当长[卫尔斯(F. L. Wells)和凯黎(C. M. Kelley),1922]。精神分裂症患者的退缩性态度可能使你预料他们的反应慢,测验结果表明他们的反应时间实在很长,平均是在半秒钟以上[罗德尼克(E. H. Rodnick)和沙口(D. Shakow),1940]。

试验与试验间的差异 不仅个人间有差异,就是同一个人的反应时间也是每天不同,甚至是每时刻不同。赫尔(1942)称为"行为的起伏波动"(behavioral oscillation)是有机体的一般特征,是不能用任何单一因素来解释的。在心理的水平上,可以看出某些变化的因素。被试的注意会转移;转瞬即逝的情绪可以扰乱他的适应;他的感受性可以变化;他的定势可以或多或少转移到感觉的或运动的方面;他的肌肉可在它们的行动准备状态下发生起伏波动[梯芬(J. Tiffin)和威萨佛(F. L. Westhafer),1940]。

体温的变化。例如一天中每个小时内体温有细微变化,也曾发现其对反应时间有影响[克莱特曼(N. Klaitman)、梯特尔包姆(S. Titelbaum)和费沃森(P. Feiverson),1938]。一名训练有素的被试,其体温和反应时间曾经在不同时刻内被测量过许多次,结果是在116个个案中有95人的体温上升而反应时间下降:当体温是97.5°F时,简单的听觉反应时间平均是137毫秒;当体温是98.9°F时,反应时间平均是124毫秒。简单的视觉反应时间也有相似的变化,在分离的c反应中(对绿色反应,对红色不反应),变化更大些。在体温较低的时候是290毫秒,而在体温较高的时候是233毫秒。变化量与从化学过程的温度系数中所预期的很符合,这样就可以推测,在一种反应中的大脑过程是紧密地有赖于化学活动的。

范·比尔沃雷特(J. J. van Biervliet,1894)发现了类似的事实——一个人脉搏快时的反应要比脉搏慢时快些,虽然并不是人人都是如此的。紧张的肌肉运动,假若不进行到极度疲劳,也可以缩短反应时间。但是厄贝尔(E. R. Elbel,1940)发现,当锻炼只是锻炼俯卧撑——与上凳子的时候,就很少有这样的效果;但是当锻炼是运动项目,如拳击或篮球时,他就得到这种效应。他主张使反应加速的是竞赛的情绪刺激作用,而不仅仅是肌肉运动。缪尼赫(K. Münnich,1940)曾试过身体姿势的效果。他把被试紧紧绑在椅子上,然后他将椅子向前、向后、向右或向左转到与地面平行的位置,甚至倒转过来,并在每种位置上,测验被试对声音的简单反应时间。被试发现有些位置很不好受,而且很不舒适,但是他们的反应时间很少受到影响。对于这些不利的位置,他们似乎用额外的努力得到了补偿。

实际或者模拟上升到稀薄空气中因而产生的缺氧症,能使反应时间稍微加长,但是住惯在安第斯(Andes)高山上的人对稀薄氧能作某种生理上的适应,而且其反应时间就像住在近海平面的人们一样短[麦克法兰(R. A. McFarland),1937;哈恩(H. Hahn),1942]。在急速上升的时候来测验被试,就显出更大的心理的补偿,被试用额外的努力来克服发生缺氧的困难,但是氧变得太稀薄的时候,这种补偿也就无济于事了。

用一般剂量时,药的效果是很小的。咖啡因能加速敲击之类的纯运动性动作,但对反应时间的影响很小[席灵(W. Schilling),1921],只是用大剂量才使分离反应加速[霍灵沃斯(H. L. Hollingworth),1912]。克勒培林(E. Kraepelin,1883)用中等剂量的酒精,得着双时相的效应,起初在短时间内反应加快,随后就反应变慢了。剂量大些,那就只有迟延作用的时相出现。如果酒醉的程度是用血液中所含的酒精量来测量,那么当酒精达到0.35%时,简单反应时间就要增长10%;当血液中的酒精成分达到相当高的数字,即1.4%时,反应时间就增长24%了[斯特劳布(W. Straub),1938]。

但在这些已知的生理因素中,没有一个可以解释,在半个钟头直至几分钟的实验中所出现的反应时间的起伏波动现象。在最好的情况下,一个训练有素的被试在一次实验中的变异度,假若用他的反应时间的标准差来测量的话,能达到他的反应时间平均值的10%～13%(绰绰里,1945;斯坦因曼,1944)。假若刺激很弱,标准差就可能大得多,其分配情形可能是很偏斜的,有些特别慢的反应很分散。实验延长到2天以上,标准差和偏斜度可能增加(图2-18),因为被试是在进步,把他的不大有效率的反应大部分抛在后面了。

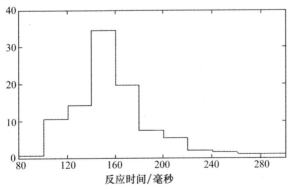

图2-18 一名被试对熄光的简单反应时间的分配(材料引自詹金斯,1926)。这名被试对于反应时间的工作过去有一些经验,在两天内做了400次反应。

反应时间分配的形式 但是即使在纯一的材料中,我们也该预料到反应时间的分配是偏斜的。这似乎是我们在这章前面分析的必然结果,因为反应时间越接近最小值,要使它再缩短就愈加困难了。当我们用时间做心理过程的测量时,这种现象会层出不穷的;必须是相对的,而不是绝对的增加,才能得到固定的效果。变成相对单位最容易的办法,是将时间分数变成对数单位(或者用纵坐标对数的方格纸,有同样的效果)。这种方法将在"联想"(第三章)中说明;这里只需指出用对数的时间量法,就可以纠正像图 2-18 的分配的偏斜度。再者,用这种量法常常发现一场实验与另一场实验间,或者一种条件与另一种条件间的变异度是不变的。这个结果是由于标准差很可能是平均数的恒定百分比,当将数据变成对数,这种关系就以单位距离出现了。

理想地说,我们应该先将不可减小的最小值从每个反应时间中减去,以后才可以把余下的可减小的余限值变成对数。但要得到近平常态分配,并不常常需要这样额外的精细手续。但是我们应该记得,许多统计的技术都是根据数据是按常态分配这样的假设而来的。在本章中,我们不得已采用了可能是偏斜分配的平均数来做我们分析的根据;发表平均数同时也发表中数,只是近来的趋势。中数比平均数有优点,因为它总是一个具体的(和典型的)数值;作为这种数值,它可以变成任何想要变成的尺度,例如对数尺度。反之,平均数就得假定原来的数值是直线式的,因而单位是不能变换的;例如,平均数的对数就不等于原来数值的对数的平均数。

相关与反应时间的用途

当我们发现两种作业相关是正的,我们就知道它们中间必有某种东西是共同的。这样相关方法就可以增加我们对反应时间中的因素的知识。要彻底深入相关的分析法是在本书范围以外的事。各种反应时间彼此间的相关表明是有相当大的正相关,各种研究所得到的结果就是大小不一致。

至于光、声音和触觉的简单反应时间之间的相关,已经报告出的是在+0.43～+0.85 之间[席斯克(T. K. Sisk),1926;拉尼尔(L. H. Lanier),1934;福布斯(G. Forbes),1945]。至于简单的与分离的反应时间之间的相关,都稍微低些,是+0.30～+0.70[勒蒙,1927;拉尼尔,1934;席绍尔(S. H. Seashore)等,1941]。总而言之,就是说,一个人对于一种刺激反应快,对于另一种刺激反应也快。我们或许会下结论说,共同因素是手指动作,对于所有的刺激来说,它是相同的。那么让我们变化动作,同时把刺激保持固定,像 R. H. 席绍尔和 S. H. 席绍尔(R. H. Seashore & S. H. Seashore,1941)所做的那样,被试是 50 名男大学生。被试对一种声音作反应,每只手和每只足各做 50 次,而且随即再来第二遍 50 次，统统在一次试验中完成，中途插入某些短的休息。平均反应时间如下：

反应部位	平均反应时间/毫秒
右手	147
左手	144
右足	174
左足	179

两只手的差别并不显著，两只足也是如此，但是足比手慢些。两手之间的相关是+0.92；两足之间的是+0.93；手和足之间的稍微低些，是+0.81。一种咬的动作也曾经试验过；它的反应是和手的反应完全一样快，而且和手或足的相关是大约+0.85。这些相关是高得足够证示，在通常的反应时间测验的全部范围内，个人一致性是很大的；个人是一个因素，就像因素设计法(method of factorial design)也已经证显示出的那样[巴克斯特(B. Baxter)，1942]。在不同人身上有一种反应时间快的特征，但程度各不相同。但是我们不能扩大这种反应时间特征成为一种普遍的速度特征，因为通常的反应时间和许多速度测验仅仅有很低的相关。

瞄准反应

在通常的反应时间实验中，反应动作并无别的事情可做，只有立刻启动而已。如果动作是要追逐一个圆形路线，反应时间就长些，而且它和通常的反应时间的相关是降低得很多[帕考德(S. Pacaud)，1942]。如果动作是瞄准一个目标，反应时间就加长。有一个这类实验，目标仅仅是指向一条线，横放在起点的右边或左边一定的距离。这条线是清楚看得见的，所以被试能够在前期瞄准。动作的信号是一个蜂鸣器的响声，但是 12 名男大学生的平均反应时间是 250 毫秒，比对一种听觉刺激的通常的简单反应时间确实要长些[布朗和斯拉特-哈弥尔(J. S. Brown & A. T. Slater-Hammel)，1949]。

刚刚描写的实验是"目标追踪"的一种简单化了的说法。当一名枪手在一只运行的船上或飞机中，正在训练他的视线对准一个目标时，目标随时地都在转移位置，而且他会快快地转移他的目标。他的反应时间将是"分离的"，因为他并不预先知道转移位置的方向和程度。在实验室中可以布置一种相似的情境，图 2-19 就表示一种简单方法。

当所有的转移位置是在同一方向时，这个实验中的反应时间平均大约是 250 毫秒；在别的实验中插入些向右和向左的移动位置，反应时间就比较长些[泰勒和伯明翰(F. V. Taylor & H. P. Birmingham)，1948]。主要移动动作维持的时间比反应时间短些——这一个事实有某种重要性，指出这种主要动作是

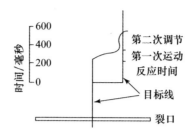

图 2-19 追踪目标的反应时间[从席尔利和泰勒(L. V. Searle & F. V. Taylor),1948]。目标是一条短线,从一个裂口可以看得见它,裂口是与短线成直角。短线是印在一张纸上,纸是按一定的均匀速度(约每秒 3 英寸)移动着,与裂口成直角,而且朝向被试,被试拿着一支铅笔,画在露出的那条短线上。这个目标保持固定不动,因为短线总是直的,但是等到某一点时,这条短线就跳到右边 1 英寸(譬如说),因此就移动了目标的位置。被试快快移动他的铅笔头靠近纸到达目标的新位置,因而把他的动作和反应时间都描画在纸上了。

一个单位,而不是由两个不同的反应所组成的,就是朝向目标的一种始动,差不多快要遇到目标时的一种停住反应。如果停住反应是分开的,它会有它自己的反应时间,而且正在运动的时候,时间是不够这种反应时间的。在这种工作中,被试并不有意开始朝向着目标,并且当他看到目标已近在手边时也并不会停止,而是他把一种整合的动作模式立刻行动起来,这种动作模式将会差不多达到了目标。当他接近目标而且看到他会错过时,他就立刻做一种矫正适应。记录指出,这种矫正必定是在主要动作还在进行中时就引起的。

系列反应

追踪实验有许多变化是可能的。目标可能来回移动,时间间隔不规则。当它移动到右边而且立刻回到左边,第一个反应时间是大概正常的,但是第二个是太长了,好像有机体不能够赶上第二个目标,直到第一个动作至少已经开始行动起来才能够赶上[文斯(M. A. Vince),1948a]。还有,指示被试对一个单一的听觉刺激作反应,按压一个电键而且立刻放开它,所测量的时间是从刺激到按下动作的开始(反应时间),而且也是从那一点到放开动作的开始["彭左的恢复时间"(Ponzo's recovery time)]:反应时间和恢复时间大概相等的,但是它们之间的相关差不多是零[赖伊(B. Lahy),1939]。

这些结果暗示,一系列快速反应由一系列刺激引起,其所需时间并不完全有赖于反应时间。事实上,简单的反应时间和这种一系列作业,如敲击、划字和颜色命名的相关,离零并不太远,因此反应时间显然并不是一个人的连续工作的速度的一种满意的指标。连续工作的速度常常是受到很大的起伏变化,这在"注意"一章(第四章)中将要讨论到。

应用

反应时间有学术的与实际的应用。反应时间方法在心理学的几个部分中都可以利用。潜伏期短就表示反应趋势强,或者说没有矛盾的趋势。我们已经注意到反应时间怎样可以用来研究动机、分心与辨别。在心理物理学和其他知觉的研究中,记录反应的时间也常常是有用的[卡特瑞特(D. Cartwright),1941a;萨尔茨曼(I. J. Saltzman)和加尔纳(W. R. Garner),1948]。在学习与记忆中的许多问题都可以用这个方法来研究,正如可以用对的反应的百分数这种更为普通的方法来测量一样;因为即使反应都对了,学习仍可继续,反应的潜伏期还会变得更短些[萨克曼(H. Sackman),1949]。

反应时间方法的实际应用是多种多样的。汽车司机需要赶快刹车就平均需要 450 毫秒,其中一半时间是属于反应时间本身,其他一半是被脚从加速器到刹车踏板的动动花费了。刹车时间随着人与条件而改变[穆德(W. Moede),1933;德-赛尔瓦(H. R. DeSilva),1938]。飞行员在着陆时,他的眼睛来往集中在着陆跑道与仪表板上;眼睛调节的反应时间因人而异,平均约为 200 毫秒(特拉维斯,1948)。在体育运动中也有应用,如赛跑时的起跑与足球的抢球(迈尔斯,1931b)。在日常生活中,连串反应要比实验室的简单的与分离的反应普通些,但是任何紧急情况不论大小,只要是需要紧急反应的,这些反应也就发生了。

(陈立 译)

第 三 章

联　　想

前一章已指出,反应时间的方法可以应用于研究范围广阔的心理过程。如果扩展这种方法,使其包括运用词作为刺激物和反应,则它就变成联想实验的一种形式。这种联想实验可以溯源于英国联想心理学派。这个学派乃是第一批尝试研究学习心理学的人。

历 史 背 景

在古希腊哲学家的著作中,早已注意到思想进程中各种观念的次序。亚里士多德特别指出,一种观念的发生必伴以另一种与它相似的或相反的观念的发生,或伴以另一种在过去经验中曾经与它一道出现的观念的发生。这三种观念的联系(在空间上或时间上的相似、对比、接近)后来就被看做是三条基本的"联想定律"。正如瓦仑(H. C. Warren)在其《联想心理学史》(1921)一书中所指出的,只有到了 18 世纪和 19 世纪,关于联想的问题才受到充分的研究。在这两世纪中,许多英国哲学家把联想看做是心灵的基本机制。作为经验主义者,他们尝试以过去的经验去解释一切心理生活。他们的理论在许多细节上是互不相同的,但是其一般轮廓可略述如次:一切知识的源泉是由外部世界的影响所产生的感觉。各种感觉,以及它们的较弱的摹写,即意象或观念,都是通过联想的自动过程而勾连在一起的。联想主义者企图制定必要的细节以便解释甚至是最复杂的思维过程。应该着重指出,这一切都是"空谈心理学",而这种心理学乃是以每一个哲学家对其自己的经验的仔细推究为根据的,而不是由实验室实验加以证实的。虽然如此,这些人发展了一个异常一致的和详尽的体系,对今日的心理学产生了深远的影响。

在一本定名为《实验心理学》的书中,我们将不以较多的篇幅来描述一种没有以控制观察为主而建立起来的体系,而将注意到联想心理学发展了某些原理——这些原理后来被认为是适用于现代学习实验的。也许可以说,布朗(T.

Brown,1820)最清楚地阐述了这些原理。布朗未采用为洛克(J. Locke,1700)所首次援用的联想一词,而运用了暗示这一词,但不论他采用什么样的名称,其定律是相同的。布朗渴望避免为与其同时代的人所坚持的联想的伪生理学含义;正像某些现代心理学家一样,他要一种独立于生理学之外的心理学。

布朗主张有三条基本定律,即亚里士多德的在时间上和空间上的相似、对比和邻近。除此之外,他还确立了数条从属的定律。这些定律的前三条是:① 久暂律;② 鲜明律——这往往被称为明晰律;③ 次数律。这些定律显然是指在过去的经验中各种观念曾由于接近而结合起来。因之,它们乃是学习定律。除了这三条从属的定律之外,还有:④ 新近律——这乃是遗忘律;⑤ 免除联想竞争律——这一定律往往被忽视,但在后面的各章中我们将会看到,在任何学习实验上都必须考虑到交替性的可能反应的存在。其他的定律或因素是指:⑥ 个体间的素质差异;⑦ 同一个体在不同时间内的情绪变异;⑧暂时的健康状况等;⑨先前的生活和思想习惯。

最初的实验

在今天我们看来,奇怪的是联想主义者们竟然没有看到实验工作对于考验和发展他们的体系是有用的。在有关联想和记忆方面的任何实验开展之前,19世纪的实验工作已有了相当的进展。只是到了盖尔顿(F. Galton,1879—1880),才开始联想的实验。他准备了75个刺激词(多数是名词),把每一个刺激词写在一张纸片上,并把这些纸片搁置一边达数日之久。然后他一次取出一张,并把它放在一本书之下,但不全部地被这本书覆盖起来。当他把身体向前倾斜时,就能够看到这些刺激词中的一个。当他看到一个刺激词时,他就立刻开动马表,而当这个刺激词唤起两个不同的观念时,他就立刻停止马表。他即刻地复习这两个观念,并在其记忆中找寻这两个观念的来源以及它们和刺激词的联系。按照这种方式,他看完了全部75个刺激词,一共进行4遍,各遍相隔约1个月。在整理他的实验资料时,他发现他在总时间为660秒中共重现了505个观念,也就是说,每1.3秒回忆一个观念。然而,这505个被回忆出来的观念并不是全不相同的,因为在刺激词的四遍呈现中,有57个观念出现两次,36个观念出现三次,29个观念出现四次。那些重现数次的观念大多来自他在儿童期和少年期就有的观念,而那些只出现一次的观念则多来自成人生活,有时候来自十分新近的事情。他把这些重现出来的"观念"作了如下的分类:

重现出来的"观念"	占比/(%)
过去事项的视觉意象或其他意象	32.5
"历史性的重现",引出一件事项或一种态度(如"谦卑")	22.5
纯粹言语性的反应(如名称、短语、引语)	45.0

盖尔顿看出这种实验是繁重的，但又是具有启发性的。他说："如果把许多实验者所做的种种实际记录详细地刊印出来，那将会是很有益的……但是，如果只把一个人自己的记录单独地刊印出来，那就太不合理了。这种种实际记录特别清晰地暴露出一个人的思想的基础，并且能够比他可能愿意公诸于世的东西更明晰地和更真实地揭露他的心理结构。"

盖尔顿是一个对数量方法具有强烈倾向的科学工作者，我们可以看到他在这一研究中运用了三种处理联想实验资料的数量方法：① 联想反应时间；② 同一联想反应重复的次数；③ 联想反应的分类以及每一类联想反应的次数的统计。后来的实验工作者多采用这三种数量方法。

盖尔顿的开头工作迅速地在 1879 年在莱比锡建立的冯特（W. Wundt）的心理实验室得到响应。在这个实验室里，特劳绍尔特（M. Trautscholdt）在 1883 年对于实验者说出刺激词和记录时间的技术装置作了改进。卡特尔（J. McK. Cattell，1886a，b；1887）创制了一种语音键，使被试的口语反应落入语音键，从而在反应时间计上看出被试的反应时间。卡特尔和布莱安特（S. Bryant，1889）把这种技术装置加以简化，即应用一系列的刺激词，通过视觉呈现的方式出示于被试，并用马表测量被试全部反应（例如，10 个反应）的时间。盖尔顿的研究仅涉及"自由联想"，而特劳绍尔特和卡特尔则扩展这种实验以包括各种形式的"控制联想"。在自由联想中，被试可自由地作出任何由刺激词所引起的反应，而在控制联想中，被试受到特定的限制，只能作出某种特殊形式的反应，例如对刺激词作反义词的反应。

显然，这些实验只涉及先前形成的联想，而没有接触到新联想的形成。这一类的实验（包括许多将在本章后面谈到的实验）对记忆和思维中的联想的活动提供了相当多的知识，但它们对于提高我们关于在各词之间或各项目之间形成联结的实际过程的知识，贡献很少。这种失败有两个很好的原因。

联想实验的限制

第一，各种联想已在被试的过去经验中形成起来，而现在的实验并不能揭露它们是怎样形成起来的。当被试对"桌"这个刺激词作出反应而说出"椅"这一词时，常识也会告诉我们：他曾常常看到桌和椅在一起，而我们也能够用专门的术语如"接近"和"次数"重述这种说法。但是我们不能够从实验资料再前进一步。从任何一个要求理解学习过程的观点看来，当我们采用联想实验时，我们是从错误的一端开始的。对于这个目的，艾宾浩斯（H. Ebbinghaus，1885）的记忆实验提供了一个较佳的开端。他令被试学习新的材料，然后尝试去回忆它。在记忆实验中，以及在其他直接地涉及学习的实验中，实验者能够深思熟虑地变化这一类条件，如"接近"、"次数"、"新近"等等，并追寻这些因素对于联想的实际形成的影响。在下面关于记忆和学习的各章中,我们将会看到各种记忆实验和学习实验对于联想心理学家们所看到的各种因素或"定律"的相对重要性,提供了许多有价值的知识。

联想实验的第二个限制,是这种实验主要是属于言语性质的。联想实验中所用的各种刺激物虽然可以是实物或图画,但它们通常是词,并且被试的反应一定也是词。现在姑且假设桌和椅之间的原初联想是这两种实物之间的联想而不是这两词之间的联想。每一种实物都和它的名称相连接,因此,联想实验中的实际过程应该是:名称甲—实物甲—实物乙—名称乙。在其他的场合,一个联想是在两个词之间直接地建立起来的,例如"黑—板"这一联想是一种纯粹言语性的联想。实验资料并不区分言语性的联想和有意义的联想。"观念的联想"这一古老的标准语词主要地是指各种常见的场合,即想到一件事物,使你立刻地想到另一件事物,不幸得很,各种观念本身并不便于做精确的实验控制和测量,例如不便于做反应时间的测量。当我们避开了各种观念而径直接触确定的刺激物和动作反应时,我们就有某种机会来设计一些在不可避免的限制内又是有益智慧的实验。

现在,研究者设计各种联想实验,都要求使它们能提供数量的结果。这种现代的趋势(实际上与盖尔顿的时代同样古老)在罗宾森(E. S. Robinson)的《今日的联想理论》一书(1932)中以及在黑尔格德(E. R. Hilgard)的《学习理论》一书(1948)中得到了发挥。[①] 各种"联想定律"企图把使一个联想比另一个联想更强有力和更有用的诸种因素等同起来。"相似"这个因素显然是一种数量多少的事情;同样,"次数"和"新近"这两个因素也是如此,甚至"接近"这个因素(通常被看做是联想定律中最根本的定律)也是如此。留待实验者去做的工作应该是:一方面必须确定"相似"、"次数"、"新近"这些因素之间的精确关系,另一方面必须确定各种联想的有效力量。

联想实验上采用的方法

在我们仔细地考察各种各样的联想实验之前,最好把联想实验所运用的基本方法扼要地描述一下。在联想实验上有自由联想和控制联想的区别,还有连续联想和不连续联想的差异。把这两方面结合起来,就有四种联想实验的方法。

不连续的自由联想　在这种实验中,当实验者呈现一个刺激词时,被试立即地以在其脑中浮现出来的第一个词来作反应。实验者可以用口语呈现的方

[①] 黑尔格德著《学习理论》一书于1948年出版,于1956年刊行修订版——译者注。

式或视觉呈现的方式来呈现刺激词,被试则用口语的方式来作反应,而实验者就把反应词记录下来。实验者还用马表或计时器去测量联想反应时间。借助于灵巧的语音键或唇键,可以开动和停止计时器。应用这些使反应时间的测量精细化的装置并不经常地提高测量的准确性,因为语音键在反应词的重音音节达到之前可能不会觉察到,而唇键则可能由于被试的预备性开口动作而开动起来。并且,有些被试不能够避免发出与反应词没有关联的音(如被试在说"红色"一词之前先发出"Uh"这个没有关连的音,而变成"Uh——红色"),因而在他们说出真正的反应词之前就停止了反应时间计。或许可以说,最可靠的手续是把记录时间的事情全部地交由实验者的两手来进行。这就是说,给他以一个快速转换器或键,让他练习在他说出刺激词的时候就关闭键,而当被试开始说出反应词的时候就再度开启键。诚然,这样测量起来的时间就包括了被试的联想反应时间和实验者的简单反应时间,不过后者的反应时间是很短暂的和恒常的,并且在必要时可以用减法把它消除出来[施洛斯贝格(H. Schlosberg)和海涅曼(C. Heineman),1950]。

不连续的控制联想　这种方法和上述第一种方法不同之处仅在于实验者给予被试的指导语。实验者告诉被试要以某种特殊的方式来对刺激词作反应;如说出刺激词的反义词,或说出刺激词所指的实物的一个部分的名称。这种工作是在事前指定的,因此被试对任何可能到来的刺激词要作出特定的反应,早有思想准备。

虽然区分自由联想和控制联想是方便的,但是它们的差异只是程度上的不同。在"自由"联想的情境中也有某种控制,因为被试只以单词作反应,而不以他在自由谈话中所运用的句子作反应,并且他通常都注意说出那些不会泄露其私事的单词。考夫卡(K. Koffka,1912)看到了,要使他的被试采取一种真正被动的态度,摆脱任何种类的心向或不随意控制的影响,差不多是不可能的。并且在"控制"联想的情境中也往往有某种自由,因为实验者指定的工作并不限制被试对每一种刺激词只作出单一的正确反应。说出刺激词的反义词的测验,其受限制的程度是很高的;但说出整体的一个部分的测验,其受限制的程度就较低。限制的程度可以被看做是一种实验变项,以便发现控制对反应的速度有什么影响。

连续的自由联想　这里,实验者呈现一个刺激词,而被试通常都是尽可能迅速地以一系列的单词作反应。实验者要求被试不要把房间里的各种东西列出清单或采用任何这一类的办法,而只让每一个他所说出的词去引起其次的各词。举一个例子说,就是"狗—猫—马—马车—车轮—轮胎—橡皮—橡皮擦—等等"。在连续的联想实验中总存在着这样一个问题:每一个词究竟是不是唯一地为与其最接近的一个先行词所决定? 在这个例子中,"狗"和"猫"这两个词对引起"马"这一反应可能起着作用,但是"马"这一词对引起"马车"这一反应可能是起作用的。

对于连续出现的5个或10个词的系列。我们可以用马表记录其时间,也可以让这一系列的词在某种长度的时间内连续发生,而实验者数着被试的反应。有时候可以令被试写出他的反应,但是书写活动使联想过程大大地减慢;甚至被试口说其反应,也会落后于联想的速度。有时避免这种困难的方法是令被试在每一次想到一个词时就画一个记号或按压键。这种方法能揭露联想的速度,但不能揭露联想的内容(除非被试能够经常即刻地在事后回忆出各反应词)。包斯菲尔德和塞奇威克(W. A. Bousfield & G. H. W. Sedgewick,1944)运用了一个键,从而画出一条累积曲线,表示着整个系列的反应的速度。这一条曲线将出现在本章的稍后篇幅中。现代电子记录技术提供了种种有趣的可能性[威尔赞诺和范星格(M. Verzeano & J. E. Finesinger),1949]。

连续的控制联想　这种方法是和连续的自由联想实验法相似的,它们不同之处在于前者要求被试以某种方式限制他的联想。这种联想实验中的控制往往是和刺激词结合起来的,例如"说出和'滑冰'相联系的各词。"实验者必须在"滑冰"这一刺激词出现之时开动马表。

就时间的记录而言,连续的控制联想以及连续的自由联想这两种方法和前面所述的"系列法"是相同的,其差异只是在这两种连续的方法中,被试对一个刺激词发生一连串的反应;而在"系列法"中,他面对着一系列的刺激词,以迅速相继发生的顺序,分别地对每一个刺激词作反应。因此,"系列法"系属于不连续的联想的范畴。

概　念　体　系

无数联想实验的结果,如果缺乏适当的概念为助,以便把它们组织成为一个系统,那就会变成许多没有关联的零碎知识。既然我们必须涉及对某些刺激物的某些反应,我们可以采用如下反应时间的一般公式:$RT = f(S, O)$。① 我们已看到,单纯的反应时间依赖于刺激物的变项(如刺激物的强度)和有机体的变项(如被试的预备心向)。联想反应当然依赖于刺激物,并且如我们刚才指出的,它也依赖于被试的预备心向或控制。这种控制的因素在很大的程度上是由指导语所支配的,并且由于这样,这种控制的因素不仅在自由联想和控制联想中是不同的,而且在各种不同形式的控制联想的这一项工作和另一项工作中也是有所不同。因此,它够得上被列为一种实验变项。其他重要的有机体变项

---

① RT为反应时间,S为刺激物,O为有机体,f为函数——译者注。

是：从前在任何刺激词和各种可能的反应词之间已形成的种种直接的和间接的联想。此外还有好几个其他的有机体变项,如前述布朗所列举的最后4个变项是,不过在多数的实验中,都假设把这些变项保持得恒常不变。如果我们让"Asn"代表"从前形成的联想"这个因素,以"P"表示"预备心向"这个因素,那么,我们的问题就是按照下列的公式去计算反应时间:

$$RT = f(S, Asn, P, \cdots)$$

赫尔(C. L. Hull)的公式(1943,1951)企图包括决定一种学得的反应的一切因素。在他的公式中,"H"(表示"习惯力量")相当于我们的公式中的"Asn",而"D"(表示"内驱力")也在某种意义上同我们的公式中的预备心向"P"这个因素相似。赫尔心目中的"内驱力"就是饥、渴、性及逃避痛苦。这些强烈的原始内驱力在联想实验的某些实际运用上可能是重要的,但在实验室里,被试的驱动通常不是那么"原始的",因为被试的驱动系依赖于指导语和被试合作的意愿,即有迅速作反应的心向,或有说出实物的名称的心向,或有说出每一个刺激词的反义词的心向。

我们已看到,在联想实验中,"S"和"P"都是实验变项;但是"Asn"又是怎么一回事? 在一项学习实验中,"H"这个因素是或多或少地受实验者的控制的,因为他能够变化被试在回忆测验之前形成一种联想的机会的次数、新近性等等因素。可是在一种联想实验中,从前的学习是没有被加以控制的,因之,"Asn"不是一种实验变项。它不是受实验者所控制的。但是,实验者可以从实验的结果推断联想的力量。倘若某一刺激物迅速地和多次地引起某一反应,那么,在它们之间所形成的联想必定是强有力的。从次数和速度这些反应方面的变项我们可以推断联想的力量,但这种推断只有在预备心向这个因素保持恒常不变的条件下才是可能的。譬如,如果我们要知道"新—旧"这一联想是否比"聪明—愚笨"这一联想更强有力,我们可以把这两个刺激词一齐包括在一种控制联想测验中或包括在一种自由联想测验中,但是不可以把一个刺激词包括在一种测验中而把另一个刺激词包括在另一种测验中;我们必须使"P"这个因素保持相同。

联想的力量的指标

在不连续的自由联想的一个典型情境中,实验者呈现一个刺激词并记录被试所作的反应和反应时间。从这个情境以及其他相似的情境,实验者作出关于这两个词之间的联想性连接的力量的某些推论。我们能够根据什么指标而作出这么一种推论呢?

联想的反应时间 一般的假定是:反应愈快,联想性连接愈强。这个假定具有一种"表面的正确性",即它只是意味着这种情况是合乎道理的。这个假定还有下述的事实作支持：在学习一对新词的过程中，反应时间随着学习的进展而减少。然而，这里有着一件错综复杂的事情。被试通常对任何一个刺激词虽然只作出一个反应，但是任何一个刺激词却能够引起许许多多不同的反应。这里必定有某种"抑制"或"干涉"的内部过程，从而使一种反应能够阻止其他一切的反应；并且，这种干涉可能是交互相易的，即没有成功的、竞争着的反应词必倾向于阻止或延迟那个最终发生的反应词。所以，我们可以说，联想的反应时间是标志着相对的联想力量，而不是标志着绝对的联想力量。延缓反应词的发生，还有另一个原因，即从刺激词到反应词的联结可以不是直接的而是包含着一些没有说出的介于其间的词。虽然如此，这些错综复杂的事情并不损坏反应时间作为联想力量的一种指标的价值。

反应的次数、共通性 联想的力量的第二个指标是被试对某一刺激物所作的特别反应的次数（这是一种"次数"不同于联想定律中的"次数"）。假设刺激词是"猫"，在 10 次试验中有 8 次的反应是"狗"，有 2 次的反应是"鼠"，那么，推论是：对这名被试来说，"猫—狗"的联想是较强的联想。不幸的是，10 次的试验必须分布在几个星期或几个月进行，才能防止被试单纯地记住其从前的反应。在这种处境中，实验者只有求助于一种在心理实验上时常运用的方法。他以同一的刺激词去试验 10 名被试或更多的人，并把他们看做是一个单位。如果 10 名被试中有 8 名作出"猫—狗"的反应，那么，这就表示：对于这 10 名被试作为一个整体来说，这种联想是强有力的。这种方法只有在下述条件下才是正确的：这一整体是由在年龄上、在从前形成有关的联想的机会上完全相等的若干个体所组成的。

总括起来说，以一个词去对另一个词作反应的过程并不是像初看起来那么简单。所幸我们能够作扼要的如下叙述：通过过去的经验，刺激词曾同许多不同的反应词发生过联系，并且能够引起它们之中的任何一个。当刺激词被呈现出来时，各种可能的反应互相竞争，而其中最强有力的连接取得胜利并支配外现的反应。一种反应取得胜利的次数和速度，与反应本身的力量成正比例，并与这种反应的各竞争者的力量成反比例。但是对一种特殊的反应的心向能够发生一种决定性的影响。在本章的其余篇幅中，我们将会从许多运用联想法的研究看到这里所描绘的图景。

我们可以比较明确地把各种实验研究的结果纳入于四个主要条目，即：不同反应的次数或共通性；联想的分类；联想的反应时间；实际的应用（如在临床和侦察方面的应用）。我们将依照这个顺序分述如后。

对同一刺激词的不同反应的次数或共通性

当研究者大量地进行了自由联想实验后（卡特尔和布莱安特，1889），人们逐渐地明白了：任何一个熟悉的刺激词必从许多个体(虽然不是从全部的个体)引起相同的反应；对同一刺激词的不同反应的相对次数是一种有趣的事件，要求给予解释。德国萨姆和马贝(A. Thumb & K. Marbe,1901)的研究是一项早期的重要研究。他们用做刺激词的是一些属于家庭关系的名词(如"父"、"侄")、形容词(具有其常见的反义词的)、代名词、动词、副词(如"这里"和"现在")，以及1~10的数字。他们把这各类的词混杂起来后加以排列，用口语呈现的方式呈现这些刺激词，以引起口语的反应。在他们考验了8名被试以后，发现差不多每一个刺激词都有其合意的反应。对"父亲"一词(德文)，其最常见的反应是"母亲"；对"昨天"一词，其最常见的反应是"今天"。对最初的9个数字的每一个，其共通的反应是其次的一个较大的数字；对各形容词，其最普通的反应是意义相反的形容词。运用同一系列的刺激词于课室实验中，实验者可以预料(在学生们写出了反应词之后但尚未向实验者汇报之前)对每一个刺激词的最普通的反应。要使这种预料成功，被测验的各组必须是相同人口之中的良好取样。爱斯帕(E. H. Esper,1918)曾指出，同样的实验在美国和在德国都能够获得成功。

肯特-罗萨诺夫的次数表

肯特和罗萨诺夫(G. H. Kent & A. J. Rosanoff,1910)希望为自由联想的应用于发现个体的特点(特别是变态的特点)提供一个基础，曾选择了100个常见的英文名词和形容词(虽然其中有一些可看做是动词)，并以口语呈现的方式把它们呈现给1000名正常的被试。这些被试多数是具有不同教育程度和不同职业的成年男女。实验者要求每一个被试对每一个刺激词只用一个词作反应，即以"除了刺激词以外的你所发生的第一个词"作反应。如果被试以一个短语或重复刺激词或它的某种文法变式来作反应，那么，实验者就把该刺激词放在全部刺激词系列的末尾并再度呈现出来。这两位研究者把从这1000名被试得来的结果集合起来，就制成了一个表，揭示着对每一个刺激词的一切反应及每一个反应的次数。对"针"这一刺激词的反应载于下表中。

对刺激词"针"的反应

1000名被试中的次数	反应词	1000名被试中的次数	反应词
160	线	4	布
158	扣针	4	缝补
152	尖锐的	4	针织品
135	缝上	4	尖锐
107	缝纫	3	物品
53	钢	3	纤细的
40	尖端	3	金属

续

1000名被试中的次数	反应词	1000名被试中的次数	反应词
26	工具	2(每一词)	书,纽扣,衣眼,外衣,裁缝,损伤,皮下的,工业,刺,小的,刺疼,厚的,薄的
17	眼		
15	顶针		
12	有用的	1(每一词)	血,破损,骆驼,编织,裁剪,勤勉,刺绣,便于使用的,帮助,孔,家,主妇,劳动,长的,有磁性吸力的,材料,修补,钉,装饰品,补丁,针插,发光的,拖鞋,缝饰,外科医生,缝纫师,使用,运用,武器,电线,妇女
11	刺痛		
9	尖的		
7	棉花		
6	工作		
5	用具		
5	器具		
1000			

对于每一个刺激词,研究者都制成了一个同样的表。关于计算个体的分数,曾使用过三种方法。

(1) 单纯地计算"个别反应"的数目。所谓"个别反应",就是在各表中具有零的次数的反应。"个别反应"在形式上或意义上的某些变异必须算作相当于那些实际上在表中出现的反应词,而对于这些有疑问的情况也提供了其计分的规则。只具有普通学校教育的常态的人,对上述100个刺激词所作的"个别反应"平均为5.2个;而受过高等教育的被试,或许由于他们有较多的词汇,却有较多的"个别反应",即平均为9.3个。但是某些患有精神分裂症的病人,其反应显得同各相应的刺激词不相连贯和不相关联,他们竟作出了多达25%～50%的"个别反应"。

(2) 计算个体作出的高次数的反应的数目。这是近乎上述方法的颠倒。

(3) 最完备的方法似乎是求个体的反应的中数次数值。这种方法指出个体的自由联想总的来说同人口中多大的一部分是相一致的。如果这个中数值是高的,这就表示个体的反应倾向于普通的反应;如果这个中数值是低的,这就表示他的反应趋向于异常的反应(这些反应可能是具有特别高的程度的,反常的,或不相连贯的)。

其他的联想次数表

以相同的刺激词,但用不同的被试或"人口"来重复肯特-罗萨诺夫实验,是有理由的。只有把个体同他自己的人口相比较,这种比较才是恰当的。一名大学一年级学生在联想实验中的各种反应,只有把它们同自大学一年级学生们得来的次数表相比较,才能作出恰当的比较。谢灵伯(P. E. Schellenberg,1930)搜集了明尼苏达(Minnesota)大学的刚入学的学生 929 人的一套常模。这一套常模的简要形式载入廷克尔和贝克(M. A. Tinker & K. H. Baker)合编的《实验心理学方法概论》一书(1938)。武卓和罗威尔(H. Woodrow & F. Lowell,1916)制成了美国明尼阿普利斯(Minneapolis)市 1000 名 9～12 岁的学童对 100 个刺激词的反应的次数表。这 100 个刺激词中有 90 个是采用肯特-罗萨诺夫的。他们以口语呈现的形式呈现各刺激词给一组一组的儿童,并令他们写出其反应。奥康诺(J. O'Connor,1928)运用肯特-罗萨诺夫的刺激词并获得了 1000 个成年男子(多数是从事工业方面的成人)的口语反应。因此,共有四类大的取样可资比较:儿童,代表一般成人人口(在 1910 年)的男子和女子,从事工业工作的男子及大学一年级学生。当把这四种次数表加以比较时,某些显著的差异就表现出来。例如,儿童很少举出刺激词的反义词,而成人则常常地这样作反应。由于这些集团差异关系到联想反应的分类,我们将在下面加以论述。至于反应的次数值作为联想的力量的一个指标,我们将在谈到反应时间这个指标时一并加以探讨。

联想的分类

倘若你考察一下被试对一个刺激词的各种反应,如上面肯特-罗萨诺夫的次数表中所列的各种反应,你就会发觉差不多所有的反应似乎都是足够通情达理的。许多反应可以归因于相似的联想或对比的联想,并且也许全部的反应都可以归因于接近的联想。我们可以看到刺激词和反应词之间的比较明确的关系:一种关系是等位的关系,即反应同刺激词具有同位的关系,例如针—扣针;一种关系是超位的关系,例如针—工具;一种关系是从属的关系,例如针—缝补。此外,还有全体和部分的关系,客体和性质的关系,以及好几种其他的关系。自初期的联想实验以来,对于各种反应都必加以归类,有时候归类多至 15 类,有时候少至 5 类,视分类的用途而定。分类的一个期望的用途往往是为了临床的目的。从个体的自由联想的性质也许可揭露出他的智能上的、情绪上的特点。有些个体给出许许多多具有情绪性质的反应或至少具有评价性质的反应,如针—损伤,而这种趋势可能具有临床上的意义。有些被试好像迫不及待地要对各刺激词下定义或至少表示他们懂得这些刺激词,好像他们是在参加一项词汇测验似的。

刺激和反应的意义关系

在本书的第一版中曾提出下列四种分类已足供多数实验的需要:

(1) 定义(包括同义词和超位词)。

(2) 完成和断定。

(3) 等位和对比。

(4) 评价和个人联想。

第一类可以称为"达到"式的反应,第二类为"停留"式的反应,第三类为"跳开"式的反应。这三类的反应都是事实性的反应,不同于第四类富有情绪色彩和个人性质的反应。兹举对"针"这个刺激词的各种反应的分类作为例子列于下表:

第一类	"工具","用具","器具","物品",或者"缝纫"
第二类	"尖锐的","钢","尖端","眼","工作"
第三类	"线","扣针","顶针","棉花","布"
第四类	"损伤","刺","刺疼","血",或者"有用的"

墨菲(G. Murphy,1923)提出了关于第二类和第三类的区别。他看到了"实现一种观念"和"增添一种新观念"之间的差异。

第三类作为相似的反应词和相反的反应词的联合,可能引起某种异议。不过,相反的反应词实际上乃是等位词。譬如:"上"和"下"都是直线的方向;"过去"和"现在"都是时间;"聪明"和"愚笨"都是智力水平。如果把像"男人"和"手"这样的刺激词包括在一种相反反应测验中,那么,给出像"女人"和"足"这样的等位反应词就没有可非议的地方了。但是,把反义词和等位词归为同一类,其最主要的理由是这两类的反应词所起的作用大致相似。如果一名被试在自由联想测验中很少举出反义词,那么,他大致也必很少举出等位词。在各种各样的取样中,反义词的数自和等位词的数目之间的相关系数自+0.42至+0.90[康拉德和哈理斯(H. S. Conrad & D. Harris),1931;克罗斯兰(H. R. Crosland),1929;凯黎(T. L. Kelley),1913;墨菲,1921;奥康诺,1934]。

任何一种分类体系的一个重要问题,乃是这种分类体系能否被运用得前后一致。在这个问题上,上述的四种分类是否能被运用得前后一致,我们尚未确证。卡沃斯基和伯特厚德(T. F. Karwoski & F. Berthold Jr.,1945)以及卡沃斯基和沙赫特(J. Schachter,1948)曾编制并试验了一种大致相似的分类体系。这种分类体系应用于大学生的反应词的分类似乎是很令人满意的。他们报导,一群大学生被试中90%的反应都可加以分类,并且两个有资格的评判员只有在大学生被试中的约20%的反应的分类上才发生意见不一致的现象。这一点也许使读者感到惊异,认为这种分类体系是比较难以令人满意的。但是,如果没有借助于对每一名被试为什么作出每一种反应的广泛解释,我们怀疑任何分类体系能够导致在反应的分类上更佳的一致。兹将他们在1948年发表的论文中所提出的分类体系举述如下:

1. **一般的同一性**

(1)基本的相似性　实例：巨大的—大的,说—讲,故事—轶事。反应词的意义是和刺激词的意义相同的。

(2)机能的同一性　实例：鸡—鸡蛋,律师—案件,女孩—服装。反应词的意义是不同于刺激词的,但它们在一种重要的活动上有着机能性的联系。

(3)一般的同一性　实例：白菜—蔬菜,黑暗—颜色,杀—破坏。反应词对于刺激词作出了概括化。刺激词的意义经常地被包括在反应词的意义中,但是反应词的意义经常地包含着刺激词以外的其他意义。

2. 特殊的同一性

实例：海洋—太平洋,朋友—汤姆,圆的—地球仪。反应词只是刺激词所规定的一类词中的若干词之一。

3. 附随的关系

实例：早餐—桌,湖—小艇,山—滑雪鞋。这些刺激词和反应词并不必然互相包括或互相包含,但它们在日常经验中部有共通的关系,被看做是相同的客体或动作。

4. 根本的对比或对立

实例：黑—白,上—下,爱—憎。刺激词的意义是和反应词的意义直接地对立的。

这种分类体系和前面所述的另一种分类体系是不能够完全地互相配合的,但是这里所说的第一大类"一般的同一性"中的"基本的相似性"和"一般的同一性"两小类可以看做是前一种分类体系中的第一大类的定义,而这里所述的第四大类可以看做是前一种分类体系中的第三大类的"对比词"。显然,在这里所述的分类体系中没有等位词的地位,但是按照前面的安排,可以把等位词和对比词归纳在一起。

反应的表面性的量表

在许多场合,特别是在临床的场合,有必要知道被试究竟是在作着迅速的、表面的联想,还是在让他本身在情绪上卷入于联想实验的情境中。为了这一类的目的,以及为了分析某些理论上的问题。有必要采用反应的表面性的量表。这种量表横贯着上述的分类体系。

(1)最有意义的。指刺激词唤起一种特别的经验。

(2)刺激词唤起一种特别的客体,虽然不是唤起对这一客体的特别经验。

(3)刺激词没有任何言语习惯或纯属言语性联想的帮助而唤起一种有意义的联想。

(4)刺激词唤起一种常见的言语性联想,如短语的完成或词的复合。

(5)单纯的回声式的联想。指一种最表面的反应。

蔡痕(Th. Ziehen,1898,1900)曾重复测验了一些男童,测验是在 9～14 岁的若干时距内进行的。他发现反应的类型随着年龄的增长而趋于更表面化。对特别经验的回忆从全部反应的 24% 降为 11%,而含有对特别客体的回忆(包括上述量表的第 1 级和第 2 级)的反应则从 82% 降为 14%。

融(C.G. Jung,1919)发现某些受教育较多的成人倾向于作出表面的反应,特别是上述量表的第 4 级。他们认为联想实验"完全是一种言语性的实验";"他们力图保持一种现成的言语兴奋,以便附加到第一个出现的词上去,而没有更仔细地深入到刺激词的意义中去。"受教育较少的被试比较倾向于说出某种和刺激词所指的客体有关的有意义的东西,把它看做是表现他们的知识的一种问题或挑战。融发现,依每分钟摆动 60 次的节拍器的时间用铅笔画记号的干扰,倾向于使反应更加表面化。在疲劳的情境下[阿沙芬堡(G. Aschaffenburg),1897],在酒精的影响下[克勒培林(E. Kraepelin),1892;史密斯(W. Smith),1922]以及在对自由联想实验有较多练习的条件下[卫尔斯(F. L. Wells),1911;瑞施纳(A. Wreschner),1907—1909],反应也趋于更加表面化。

联想上的组别差异

现在让我们回到前述的肯特-罗萨诺夫的次数表。我们首先要问:出现次数最多的反应对于不同的组来说,是不是相同的呢?我们发现许多令人惊异的变化。兹从肯特-罗萨诺夫次数表中举出几个例子如下:

刺激	反应	被试反应次数		
		1000 名儿童	1000 名男子和女子	1000 名从事工业的男子
桌子	吃	358	63	40
椅子		24	274	333
黑暗的	夜间	421	221	162
光明的		38	427	626
男子	工作	168	17	8
女子		8	394	561
深的	洞	257	32	20
浅的		6	180	296
软的	枕头	138	53	42
硬的		27	365	548
山	高的	390	246	171
小山		91	184	364

从上列的资料看来,很少儿童对"黑暗的"或"软的"这一类刺激词说出其反义的反应词,可是半数以上从事工业工作的男子却对它们说出反义的反应词。(为什么从事工业工作的男子比一般男子和女子更加明确地表现出成人式的反

应呢?对于这一点,在缺乏关于这两种取样的构成的确切知识的条件下,我们只能猜想猜想而已。)同样的变化也出现在下面的等位反应上:桌—椅,男子—女子,山—小山。被试儿童们倾向于"停留"在所提起的事物的周围:他们说出某种和该事物有关的东西,完成或扩充刺激词所表达的观念。反之,被试成人们却一下就跳到一种有关的平行的观念。这种差异,虽然不必适用于每一个个体或任何一个个体的每一种反应,却是典型的差异。

为了表示向反义的反应词的转化乃是成人的特征,我们考察了肯特-罗萨诺夫的次数表中的20个具有常见反义词的形容词,发现了各类被试举出反义词的反应的平均次数如下:

被 试	反应次数
儿童	43
男子和女子	298
从事工业的男子	473

为了表示向等位词的转化,我们首先可以考察对肯特-罗萨诺夫的次数表中的黑、白、红、黄、绿、蓝等六种颜色名称所作的反应如下:

反 应	被试反应次数		
	1000名儿童	1000名男子和女子	1000名从事工业的男子
某种有颜色的物体	530	348	243
"颜色"这一词	232	218	208
另一种颜色	33	291	414

对于被试儿童来说,像"红—蓝"这一类的反应是很少见的,但对于成人来说,它们却是常见的。下列的资料乃是向等位词的转化的一些其他例子:

刺激	反应	被试反应次数		
		1000名儿童	1000名男子和女子	1000名从事工业的男子
手	足	0	239	321
男孩	女孩	33	319	509
士兵	海员	0	58	102
医生	律师	1	36	161
狮	虎	13	102	237
绵羊	羔羊	108	187	241
盐	胡椒	29	142	213
干酪	牛油	49	136	194
窗	门	2	57	107
街	路	60	91	124
市	镇	110	258	452
月亮	太阳	14	120	194

在被试成人方面,等位的反应和对比的反应有较多的次数。这种现象不应被解释为成人有一种以等位词和反义词进行思维的强烈趋势。通常进行的联想实验明显地是一种词的实验。如果实验者不用颜色名称而用实际的颜色呈现于被试大学生们之前[多克斯(R. M. Dorcus),1932],要求他们写出除了颜色名称以外他们所想到的第一个词,那么,他们的反应词多数是有颜色的物体的名称,并且他们很少举出各种等位的颜色。我们不要设想看到一种颜色,一般地就会引导成人想到另一种颜色,但是,如果被试的任务是作出词的反应,一种颜色名称往往倾向于引起另一种颜色名称。一般地说,被试成人反应中的反义词和等位词的次数并不意味着"对比的联想"或平行的联想就是成人思维的独有特征,因为联想实验是和词的运用分不开的。

被试儿童们作为一组,其趋势是"停留"在刺激词(及其意义)的周围,而被试成人的趋势则是一下"跳开"到反义词或等位词的反应。这些趋势或许是属于内驱力或心向的范畴,而不是属于联想的力量的范畴。

两组大学生的比较

上面所说的组别差异不能够完全地归因于被试各组的构成成员,因为两组被试大学生如果在不同的条件下受测验,他们可以表现出差异。下表列举肯特-罗萨诺夫的100个刺激词中的最初10个单音节刺激词,对每一个刺激词的最常见的反应,肯特-罗萨诺夫的被试成人取样中对这个反应的次数(百分数),谢灵伯的次数表中对这个反应的次数(根据明尼苏达大学925名一年级学生的材料),以及从布朗大学初级实验班200名被试男女学生得到的对这个反应的次数(施洛斯贝格未发表的资料):

刺激	反应	次数,占所有反应的百分数/(%)		
		肯特-罗萨诺夫	明尼苏达	布朗
黑暗的	光明的	42.7	49.5	76.5
男子	女子	39.4	39.5	78.0
深的	浅的	18.0	25.0	37.7
软的	硬的	36.5	33.5	61.6
房	家	10.3	28.5	11.0
黑色的	白色的	33.9	45.0	80.9
手	足	20.4	15.0	42.7
短的	长的	27.9	33.5	37.7
水果	苹果	25.9	28.0	37.7
平滑的	粗糙的	27.7	31.0	38.2

从明尼苏达大学学生得来的反应次数同肯特-罗萨诺夫原表中的反应次数

很相似;然而布朗大学学生在这些最共通的反应上表现出有较多的次数(除了"屋—家"之外)。两组被试大学生的差异,其原因可能是由于实验的不同条件。明尼苏达大学学生在写出他们的反应时所受到的要求作迅速反应的压力较小。在另一方面,布朗大学学生以口语反应的方式对实验者呈现出来的刺激词作反应,而实验者显然是在记录他们的反应时间和反应词。因之,他们大致要形成这样一种心向,即迅速地作出反应,比较表面地作出反义词和等位词的反应。造成这两组大学生的差异,内驱力的因素或许要多于联想力量的因素。

联想反应时间

在前面我们已指出,联想力量的指标有二。截至现在为止,我们已讨论了这两个指标之一,即对刺激词的反应的次数或共通性;并且我们较多地注意到了它的限制而较少地注意它的价值。不久我们将更多地谈到它的积极方面。现在我们转到其他一个更明显的指标,即反应时间。关于联想反应时间的最完备的研究仍然是卡特尔的控制联想的研究(1887)。后来所作的比较不完备的研究已肯定了这些早期的发现。卡特尔以两个具有高度训练的人为被试。既然联想反应是被试口说出来的,而且联想反应是借助于唇键和语音键而计时的,我们需要以简单口头反应时间作为基线。从卡特尔的两名被试(1886a),我们有了如下的平均数:

对光线的简单口头反应时间	175毫秒

控制联想时间

现在我们将按照反应时间增长的顺序呈现几类联想反应。在考虑这几类联想反应时间的时候,读者必须记住,刺激词和联想反应之间的时间依赖于几个因素:联想的力量,联想的直接性,及来自各种竞争着的联想的可能干涉。可以假设内驱力的因素保持着恒常不变,因为被试在每一种场合都形成一种作出特种反应的心向。

阅读反应时间 对一个印刷的字母、词或数字所作的阅读反应,对于一个有经验的读者来说,乃是完全直接的反应,并且是免于各种竞争着的联想的影响的。当他的视线集中在"猫"这一词上,他好像实际上看到了该词(而不是看到该词的复杂符号),并且除了阅读该词之外,不会再有其他反应发生。在实验中,实验者以字母、词及数字呈现于被试之前,而后者的反应是大声地读。卡特尔从他的两个有训练的被试得到如下的平均反应时间:

	平均反应时间/毫秒
阅读单个字母	409
阅读短词	388
阅读长词	431
阅读一位数	360
阅读两位数	396
阅读三位数	443

测量上述的反应时间虽然是从刺激词的出现算起至口语反应的开始止，显然阅读较长的词和数字的反应时间是较长的，这可能是因为对它们的感知需要较多的时间。但是我们注意到，阅读一个常见的短词和阅读一个字母是一样迅速的。这是阅读心理学上的一个重要结果。

说出颜色和物体的名称　实验者向被试呈现一种颜色或一件熟悉的物体的图画，要求后者作出的反应是说出它的名称。平均反应时间如下：

	平均反应时间/毫秒
说出一种颜色的名称（用10种颜色为刺激物）	547
说出一种物体的名称（用26张图画为刺激物）	511

为什么说出各种颜色或物体的名称比阅读它们的名称需要较长的时间呢？看见各种物体，特别是看见各种颜色，比看见文字更容易［伦德（F. H. Lund），1927］，而且在两种场合的说话动作过程是相同的。其差异必定是由于中介的联想过程有所不同。看见一个词和说出这个词之间的联想是不受竞争着的联想的影响的，这在前面已申述过；反之，对一种颜色或物体的通常反应大致是说出其名称以外的某种东西。

有限制的和部分有限制的"其他词"的联想　实验的指导语要求被试对每一个刺激词作出的反应是说出某个其他的词。在自由联想实验（下面即将加以论述）中，只要反应词是任何其他的词，那都是正确的，但在控制联想实验中，反应词则必须和刺激词具有某种关系才行。这种限制可以是完全的限制，因之，只有一个反应词才是正确的；这种限制也可以是部分的限制，容许不止一个正确的反应。在加法测验中，其反应是完全限制的，在举出刺激词的反义词的测验中，其反应是差不多完全限制的；在动词—物体的测验中，其反应所受的限制较少。关于控制联想实验的一个最显著的事实是被试对适当的刺激词所作的正确的反应是迅速的，并且伴有较少的错误反应。被试对于实验者所指定的工作已形成了一种心向，而这种预备心向很有效地发生作用；它促进某些联想，并抑制具有同等强度的其他联想［瓦特（H. J. Watt），1905；梅（M. A. May），1917］。

兹将卡特尔(1887)从其两个有训练的被试得来的平均时间表列如下①,其中凡是完全有限制的反应均用"△"这个符号加以标明。

	平均反应时间/毫秒
△ 两个一位数的相加	690
△ 两个一位数的相乘	870
国家—城市(如英国—伦敦)	780
△ 城市—国家	810
△ 月—季(如七月—夏季)	770
季—月	910
△ 月—下一个月(如五月—六月)	780
△ 月—前一个月(如五月—四月)	1210
△ 名人—职业(如拉斐尔—画家)	820
△ 作者—语言(如荷马—希腊语)	790
语言—作者	1000
作者—书籍(如荷马—伊里亚德)	1330
全体—部分(如屋—门)	920
名词—形容词(如岩石—硬的)	790
动词—客体(如瞄准—枪)	920
动词—主体(如游水—鱼)	1050
属—种	1040

这些"其他词"的反应明显的是比卡特尔所发表的阅读反应和说出名称的反应缓慢一些;而且部分有限制的反应倾向于比完全有限制的反应缓慢一些。(几乎可以把"国家—城市"的联想看做是完全有限制的联想,因为当实验者说出国家的名称时,通常在被试的脑海中就只浮现出某一城市作为唯一可能的反应。)当然,并不是一切有限制的反应都是迅速的和容易的:乘法比加法是缓慢一些,得出某月之前的月份比得出某月之后的月份也是困难一些。这些差异可能是由于从前形成的习惯使然的。一般地说,要为任何一类特殊的联想反应确定任何明确的反应时间,是很少有理由的,因为同一类的联想反应的不同例子差异极大。在联想实验中所选用的刺激物都必须是常见的和容易的。总的说来,有限制的反应比部分有限制的反应迅速一些。这一点表现在图3-1上。

连续的联想的计时 包斯菲尔德和塞奇威克(1944)运用前面论述连续的联想时提出的方法,记录了连续的联想的速度。图3-2表示他们所作的一种记录。联想是部分有限制的:实验者要求被试说出某一类客体的名称,如各种鸟、美国的各城市或大学里的同学。所表现出来的累积记录最初迅速地上升,但随

---

① 卡特尔发表出来的各表都是载着"回忆时间",即引起所要求的词必需的时间。计算这种时间的方法是从全部的联想反应时间减去对各词所作的说出名称的反应时间,而他的两个被试的这种说出名称的反应时间平均为409毫秒。为了使我们全部的反应时间资料便于作直接的比较,我们已将这个409毫秒加到已发表出来的数字中去。

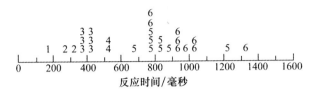

图 3-1　卡特尔资料中几类反应的平均反应时间的分配

1＝对光线的简单言语反应　2＝选择性的反应　3＝阅读的反应　4＝说出名称的反应　5＝有限制的"其他词"的反应　6＝部分有限制的"其他词"的反应

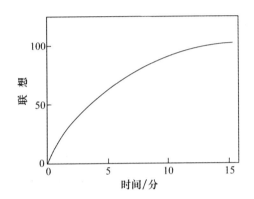

图 3-2　连续的控制联想的时间分配(包斯菲尔德和塞奇威克,1944)。实验者要求被试尽可能快地说出美国各城市的名称。每一次被试说出一个城市的名称时,实验者就按键一次。这个键使记纹笔尖在记纹鼓上上升,每一个反应升高一级。各反应的次序越快,记录的升高就越迅速。根据这样的假设,即反应的速率总是和留存着的反应储备成正比,就用一个方程式来配合曲线。这种曲线配合是用一种不同的方法来做成的。其极限是不能直接决定的,而必须根据增长的速率加以计算。

着被试用完了他的可利用的反应储备而逐渐地降低速度。曲线的倾斜度表示反应的速率,曲线越高越陡,各反应之间的距离就越小。所得到的曲线可以用两种可能的假设(加上某种数学)使其很好地配合出方程式：

(1) 每一个人都具有某种有限的反应储备,他接近这个限度,但没有完全地达到这个限度；

(2) 在相继而来的每一分钟中,他使用了还没有使用过的反应储备的同一部分。

这两个假设和在生长机能的其他应用上,如在反应时间和学习上所作的假设是基本上相同的。

在实验中,当被试找到一连串互相关联的项目(如某一国家的各城市)时,则实验所得到的曲线往往表现出一些小小的起伏,并且往往有一种迅速的开始。如果我们同意强有力的联想首先出现,那么,可以说强有力的联想也就是迅速的联想,具有较短的反应时间。包斯菲尔德和巴克莱(W. D. Barclay, 1950)紧紧地抓住这一点,指出反应越是共通的,它就出现得越早。

自由联想时间

许多实验者曾利用马表或计时器去记录自由的"其他词"的反应的时间,并且常常地(不是经常地)得到了偏态的分配,并曾看到了偶然的反应延缓3~10秒。反应时间的中数通常是在1秒以上、2秒以下。这里举出从适当人数得来的几个平均数:

阿沙芬堡(1895):1150毫秒。

融(1919):1800毫秒;男子,1600毫秒;女子,2000毫秒。

瑞施纳(1907):1600毫秒。

H.卡森和E. B.卡森(H. Cason & E. B. Cason,1925):1520毫秒。各个别平均数的分配有标准差(SD)=400毫秒。

墨菲(1917):1276毫秒,但在重复练习刺激词的系列的条件下,降为1033毫秒。

门泽拉斯(P. Menzerath,1908)以及卫尔斯(1911a)在许多天内重复着测验,发现平均数从1750毫秒下降到1200~1300毫秒。这个结果是比较显著的,因为在相继而来的每一天里实验者都使用新的刺激词。练习的效果并不在于加强特定的刺激—反应的连接。随着练习的增多,很长的反应时间就逐渐地少了,虽然如卫尔斯所看到的,最低限度的反应时间保持在1200毫秒左右。平均速度上的增长也许是由于对实验已有较好的适应,避免内部障碍已有较大的自由程度,以及采用更加容易的和"表面化的"反应形式。卫尔斯在长实验的结束时重复了原初的刺激词系列,他观察到下列反应上的变化:

刺激词	练习前的反应	时间/秒	练习后的反应	时间/秒
银行	建筑物	2.6	英国	1.8
车轴①	中心	2.2	油*	1.2
铺开	距离	3.4	床	1.4
姊妹	安娜	5.0	兄弟	1.4
受苦	虚弱的	2.2	痛苦	0.8

① 车轴=axle,油=grease,但在美国俚语里,"axle"和"grease"结合而成"axle grease"时另有新义,即"奶油"——译者注。

上表所列的练习后的反应都是"表面化的"反应,因为这些反应和刺激词的关系都只是短语的完成,词的复合,或常见的对偶。这一类的反应都是由言语习惯促成的。随着练习的增多,被试虽然也继续作出某些具有较少言语习惯的反应,但他倾向于以这一类反应为满足,因之,减少了他的平均反应时间。

上面列举的全部反应时间平均数都是从成人们得来的。儿童们在自由联想上是缓慢一些。一个研究者安德逊(M. Anderson,1917)得到了如下的结果:

年龄	被试人数	平均反应时间/毫秒		
		各个别中数的平均数	最快的个别中数	最慢的个别中数
8岁	15	2600	1600	5000
10岁	26	2300	1400	5000
12岁	22	1700	1000	3000
14岁	18	1570	1000	3000
成人	10	1500	1000	2200

麦吉西(W. McGehee,1937,1938)发现从7岁至10岁并没有显著的年龄差异,但是女孩比男孩缓慢一些(其反应时间的中数分别为2.59秒和1.94秒)。在最共通的反应的次数上并没有相应的差异。

刺激词的词类不同,自由联想时间也有所不同。这表现在下表中。这个表还可以表示这些反应时间的平常趋势。

刺激词	平均数(毫秒)					
	1	2	3	4	5	6
抽象名词	979	1480	1950	1310	1852	
具体名词	779	1330	1670	1175	1426	1640
形容词		1450	1700	1140	1353	1550
动词	910	1440	1900	1237	1526	1675

来源:1. 卡特尔和布赖安特(1889),口键,单一反应,两个被试的平均数。

2. 同上研究者,10个刺激词的系列,对整个系列计时。两个被试每一词的平均时间。

3. 融(1919),单一反应,以马表计时,26个成人被试的平均数。

4. 瑞施纳(1907),语音键,单一反应,17个受过教育的成人的平均数,每一人对来自每一词类的150~200个刺激词作反应。

5. 克李(H. W. Crane,1915),单一反应,唇键,30个大学生的平均数,被试对每一类的10~50个刺激词作反应。

6. 门泽拉斯(1908),语音键,8个受过教育的成人的平均数,每一类约有50个刺激词。

反应的形式不同,例如自我中心的反应,叙述词的反应,对比词的反应等,自由联想时间也有所不同。但主要的事实是:具有较多言语性的反应比具有较有意义的和较多个人因素的反应快一些。

在自由联想中或在控制联想中何者反应较快？ 对于每一种情况,都可以提出一种先验的争论理由。"第一个被唤起的词"比起一个受限制的反应来,应该是快一些。这就是瑞施纳根据他的资料(1907)所得出的结论。不过,他在其控制联想的测验中使用了许多困难的刺激词。由于给予被试以一种困难的工作(如要求被试说出"轻率的"或"寂寞的"这两词的反义词),人们能够把有限制的反应延迟到任何时间长度。但是,既然被试已形成了对刺激词作反义词的反应的心向,而这种心向对引起反义词的反应一定是有效的,因之,它能够助长正确的反应以抵抗不正确的反应,那么,这种心向就能够通过消除联想的竞争和干涉而加速正确反应的发生。梅(1917)观察到,自由联想和控制联想之间的反应时间并没有什么差异。但是,决定性的问题显然是：究竟对同一刺激词的同一反应是在自由联想中快些还是在控制联想中快些？试以"黑暗的"这个刺激词为例。这个刺激词在自由联想中通常必引起它的反义词。如果被试对这个刺激词作出反义词的反应已形成了心向,那么,这个刺激词是否能更迅速地引起这种反应？现在我们已有直接的证据可资证明这个刺激词能更迅速地引起这种反应。贝卡和爱略特(L. M. Bakar & D. N. Eliott,1948)选用了10个刺激词。他们从预备测验中知道他们的大多数被试(大学生)对这10个刺激词必作出反义词的反应。借助于一种喉头传声器,他们测量了对每一个词的反应时间。每一名被试首先对半数的刺激词进行自由联想,然后对其余半数的刺激词作反义词的反应。这两半的刺激词都被互相轮换,以便在每一种情况下各有被使用的均等机会。例如"东方"这一刺激词引起了"西方"这一反应,在自由联想中,其反应时间的均数为839毫秒,而在控制联想中,其反应时间的均数则为717毫秒。这是一个可靠的差异。这个差异乃是最大的差异,但是对于上述10个反义词的反应的每一个来说,也出现有某种同一方向的差异。不仅如此,在部分—全体的联想的实验上也得到相同的结果。

自由联想时间和反应次数的关系

初想起来,在个体作出某种反应的反应时间和作出同一反应的别人的人数之间应该没有任何重要的关系。可是色姆和马贝(1901)却发现次数较多的反应是较快的反应这种事实。他们说这种关系是一种"定律",并称它为"马贝定律"。这种关系已为其他几个研究者所证实。他们的资料已被包括在图3-3中。H. 卡森和E.B. 卡森(1925)曾用相关系数的方法检验了上述的结果。他们求出一种反应的反应时间和肯特-罗萨诺夫所提供的该反应的次数值之间的相关系数。他们分别地求出每一个个体的100种反应的相关系数,并在其所考验的28名个体的每一名之中发现相关系数是负的,其限域是从$-0.11 \sim -0.59$,平均为-0.33左右。这种负的相关意味着反应的次数值愈大,它的反应时间就愈短。

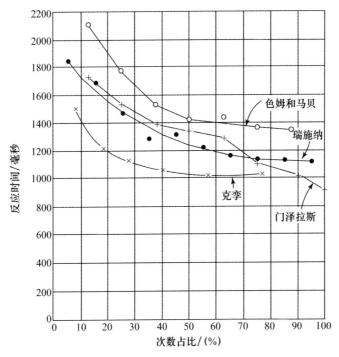

图 3-3 四种人口取样中的自由联想反应时间和反应次数的关系。资料的来源：色姆和马贝(1901)——8个被试和140刺激词；瑞施纳(1907)——20个被试和750个刺激词；克孪(1915)——30个被试和145个刺激词；门泽拉斯(1908)——8个被试和215个刺激词。本图总结了20000个以上的反应。门泽拉斯应用"einmal—zweimal"(一次—两次)、"rechts—links"(右—左)、"tick—tack"(嘀—嗒)、"bim—bam"(乒—乓)这些特别熟悉的言语联合而获得了100%次数，由于这个缘故，他的反应时间曲线在最高次数的地方并没有变平。

次数和联想时间的数学关系 当我们要准确地表述联想力量的这两个指标之间的关系时，我们就感到早期的资料是不适当的，因为它们不顾及这一类工作中可能有的偏态分配。实验者们只报导出反应时间的均数。从统计学的观点看来，两种分配必须是相似的，才可供比较。如果把自两种不同的分配得来的均数加以比较，那是不正确的，反应时间的资料通常都是偏态的，因之，几个长的反应时间就使均数大于众数或中数。为了获得适当的资料，施洛斯贝格和海涅曼(1950)从一个心理学的初级实验班的204名学生收集了联想反应时间和反应词。他们个别地记录了被试的反应，并运用一个由实验者开动的0.01秒的精确计时器记录了被试的反应时间。为了免除由长的刺激词所引起的延缓，他们只采用肯特-罗萨诺夫的刺激词系列中的单音节词。他们首先关心的是反应时间的分配。图 3-4A 表示从最初40个被试得来的1000反应时间的分配。这个图被绘成为一种累积曲线,它的纵坐标表示百分位,它的基线表示反应时间。如果反应时间的分配是常态化的,则曲线必是对称的累积次数曲线。然而它明晰地在其上端被拉长了。

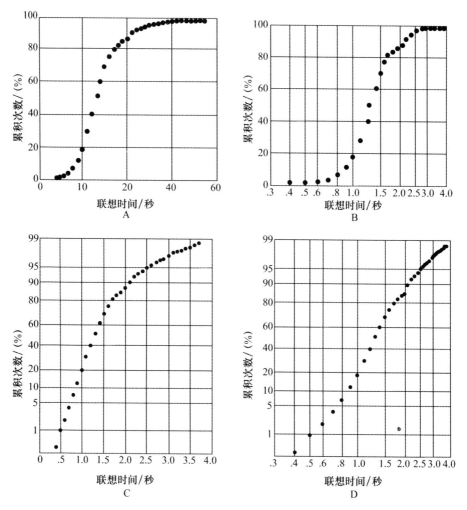

图 3-4 4 幅图上画着相同的 1000 个联想反应时间的累积分配(施洛斯贝格和海涅曼,1950)。在图 A 和图 B 中,百分数绘在线性的纵坐标上,前者的基线是线性的,但后者的基线则是对数的。在图 C 和图 D 中,纵坐标被间隔为若干单位,这样将使常态曲线变为平直(概率纸):前者的基线是线性的,而后者的基线则是对数的。注意图 D 上绘成的各点近似于一条直线,这表明了联想时间的对数接近于常态分配。

关于利用概率纸来考验一种分配的常态性的进一步知识,见本书关于心理物理方法的研究。要进行这种考验,还可借助于一个变百分数次数或 P 值为 SD 分数或 Z 值的表格。

在图 3-4B 中，用同样的资料在对数的基线上绘制起来。这样绘成的曲线看来是很对称的。但是为了更好地考验分配的常态性，最好是采用一种绘图方法使一种常态分配表现为一条直线，因为人们对一条线是否平直的判断比对一条累积次数曲线是否对称的判断能够做得更准确些。有一种绘图纸（概率纸）由于使各百分位聚集于近中央之处并向边缘散开出去而符合于常态分配。图 3-4C 和图 3-4D 就是在这种绘图纸上绘成的。图 3-4C 有一条算术的基线，正和图 3-4A 的基线一样。从图 3-4C，我们看到一个事实：这样的绘图方法并没有给出一条直线。这就表明了原始反应时间的分配是很偏态的。但当我们把一条对数的基线和概率纵坐标联合起来，如图 3-4D 所示，我们就开始得到某种像一条直线的东西。这种考验表示了：反应时间的对数有着十分常态的分配，因之，可以正当地利用反应时间的对数于各种分配的比较上。对具有不同程度的共通性的各种分配，以及对混合的分配，都给予同样的考验；凡是采用反应时间的对数的一切分配都是十分常态的（图 3-5）。

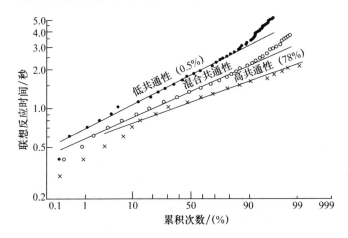

图 3-5　三种共通性程度的联想反应时间的分配（施洛斯贝格和海涅曼，1950）。纵坐标是对数的，而横坐标则被间隔以便为一种具有常态分配的变项的累积图示提供一条直线。圆圈表示混合共通性的 1000 个反应；圆点是根据 630 个独特的反应绘成的；而叉形则是根据具有 78% 共通性的 312 个反应绘成的。

施洛斯贝格和海涅曼在指出对数的形式是可利用的最佳形式之后，他们又把反应时间的对数的中数作为共通性程度或次数的函数而绘成曲线。其结果揭载于图 3-6 中。图中通过各点绘成的直线乃是他们所能找到的配合最佳的简单直线，但是还有不少的分散。反应时间的对数和共通性之间的相关系数是 -0.80。这个相关系数是特别高的；它表明了这两个变项具有很密切的关系。图 3-6 上的公式乃是：这种关系的数学的陈述。

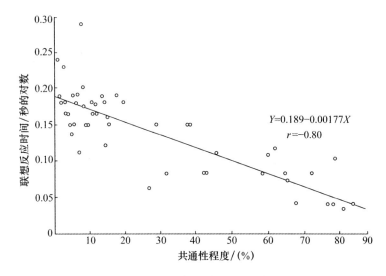

图 3-6　联想反应时间和共通性程度的关系(施洛斯贝格和海涅曼,1950)。每一点代表在某种共通性程度上发生的一切反应的反应时间的对数的中数。在方程式中,Y 以秒的对数计,X 以百分数计。

上面所作的分析把联想的速度和共通性看做是反应上的同一因素(即联想的力量)的两个指标。如果这两个指标都是测量联想的力量的尺度,则它们彼此必具有正的相关,而事实上它们彼此确具有正的相关,这一事实就表明了它们确有一个共同的基础。一个联想愈强有力,它就愈常活动并且活动得愈快。依照前述的联想实验的限制,我们在这里并不探究联想力量的种种原因,如有关的过去经验的次数和新近性。克李(1915)曾提出这样的意见,即一个组的共通性系指个别经验的次数。这个意见具有某种优点。如果在一个组中"东方—西方"的联想具有高度的共通性,这就证明了个别的儿童必常常地接触到这个联合,因而可能在这两个词之间、在特定范围内的这两点之间形成了一个强有力的联想。但是从我们现在的观点看来,重要之点乃是:在动物实验上多运用这两种反应变项作为学习进步的两项指标(即反应的速度和次数),而这两项指标也是人类言语行为上采用的联想力量的正确指标。

联想反应时间中各因素的内省分析

正当由刺激物引发出来的精力在大脑中形成充分的兴奋以跨过动作反应的阈限时,许多错综复杂的事情发生了。内省的报告可以提供这些错综复杂的事情的某些象征。由内省报告出来的因素如下:

直接性　是一个因素。在一个自由联想实验中,当被试进行内省时[阿沙芬堡，1895；蔡痕，1898；科迪斯（G. Cordes），1901；梅耶尔和奥尔斯（A. Mayer & J. Orth），1901；门泽拉斯，1908］，他可以报告他的反应词是通过一个间接的过程而得到的，因为他首先想到某种实物、情境或"思想范围"，然后从其中浮现出反应词。反应时间上各种巨大的差异都是这样得到解释的。我们有理由相信：阅读的反应比说出物体名称的反应是更为直接的，而任何"其他词"的反应则是更加间接的。另一种可由"直接性"加以解释的事实乃是：当刺激词和反应词都由言语习惯连接起来时，迅速的反应就发生了。

干涉 是一个重要的因素。有时候被试报导出两个或两个以上的反应竟争着要说出来，其中一个阻碍另一个。同单纯的阅读反应比较起来，这一类的干涉可能常常妨碍各种说出事物的名称的反应。有限制的联想也可能消除那些对自由反应或部分有限制的反应起妨碍作用的干涉。在完全有限制的联想中，心向能够促进某种特别反应的发生，但是在准许有较多自由的场合，可有两个或两个以上的反应互相竞争。

有时候干涉是以分心的形式出现的：刺激词可以使被试想起某种有趣的经验，他对这种经验想了一会儿，以致疏忽了他应该作反应的工作。有时候一种愉快的或不愉快的情绪也会延缓反应的发生。有时候被试报导出一个短暂的空白时期，在这个时期中好像没有什么东西发生，因而在引出反应上没有什么进展。这些空白时期可能表示某种干涉的发生。没有这一类的干涉，并且有着一种利于发生较表面化的反应（或至少是不合个人因素的反应）的心向，迅速地自由联想就能够发生。

自由联想实验的侦察和诊断用途

自由联想测验曾被利用为从其他各嫌疑犯中辨认出罪犯的一种方法，以及发现构成神经症的基础的情结的一种方法。这里不打算讲述在这些努力上取得成功所必需的特殊技能，但是从一种扼要的描述中我们可以搜集到一些具有重要心理学意义的事实。

侦察有罪的经验

发生了一个偷窃案件。实验者可以选用一些刺激词来测验犯罪者。这些刺激词必须是能够使犯罪者想起犯罪的情景和境况。如果实验者能够找到 20 个关键性的刺激词，他就把它们同 80 个无关重要的刺激词混合起来，然后以口语呈现的方式把这 100 个刺激词呈现给被试，要求被试以第一个被唤起的其他词对每一个刺激词作反应。实验者迅速地呈现这 100 个刺激词，使得由一个刺激词所引起的任何情绪纷扰都可以转移到随后的各反应并影响它们。实验者记录被试的反应词及其反应时间,仔细地观察被试的情绪表现,有时候还做心理电反射的记录或血压的记录。其理论是:关键性的刺激词必引起一些能直接地揭露有罪经验的反应;如果这一类的反应被压抑下去,关键性的刺激词必引起被试较长的反应时间和各种情绪表现。

自从魏尔太墨(M. Wertheimer,1905)介绍这种侦察实验以后,在实验室里曾经多次进行虚拟的"犯罪"的侦察实验,有时候也在对一个实际案件的各种嫌疑的考验中进行这种侦察实验。有些心理学家发现这种侦察实验是不可靠的(克孛,1915),其他的心理学家却得到了极佳的结果(克罗斯兰,1929)。

控制被试的必要性 一个人正在尝试答复其罪行的问题时,如果联想测验只施于这个人,则这种测验显然是不可靠的。但是,如果联想测验施于许多人以发现其中哪一个人是有罪的,那么,这种测验是比较可靠的。对关键性的刺激词的过长反应时间乃是主要的指标之一。从这一指标我们可以看到比较许多被试的结果,实有其必要。有一个在宿舍里偷窃的案件(克罗斯兰,1929),实验者用联想测验来侦察这个犯罪者。兹举这个犯罪者(后来他承认了偷窃)对全部刺激词系列中间部分的一小部分刺激词的反应及其反应时间(见下表):

刺激词	反应	反应时间/毫秒
面包	牛油	2.6
旗	美国的	2.1
裤子的臀部口袋	衬裤	5.2
光明的	黑暗的	2.3
德文	英文	2.1
牛奶	牛油	2.1
茅屋	干酪	2.1
笑	哭	3.0
猫	狗	1.8
书桌的抽屉	书桌	4.5
海洋	雨	2.3

这个被试对两个关键性的刺激词的反应时间是长得令人怀疑的。但是我们必须预期到的是对这一类比较特殊的刺激词的反应比对一般的刺激词的反应在时间上必定长一些。我们看到,七名其他的被试参与同一的联想测验,其对"裤子的臀部口袋"的平均反应时间是2.5秒,而对"书桌的抽屉"的平均反应时间是1.7秒。在前一种情形中,他们对"裤子的臀部口袋"的平均反应时间多于他们对非关键性的刺激词的平均反应时间;而在后一种情形中,他们对"书桌的抽屉"的平均反应时间并不比他们对非关键性的刺激词的平均反应时间为多。犯罪者对全部刺激词系列中的20个关键性的词的平均反应时间约两倍于

他对非关键性的刺激词的平均反应时间。反之,其他七名被试在对关键性的刺激词和对非关键性的刺激词的反应时间上表现出比较微小的差异。除了反应时间以外,实验者也考虑到其他的指标,并把它们联合起来成为测量犯罪概率的一种单一统计方法。这种方法适当地运用起来,乃是很繁难的;无论如何它不能够侦察出每一个犯罪的人;并且偶然地它还可能错误地断定犯人,例如一个人多少知道犯罪的情况,但他本身并没有犯罪。但是这种方法在许多案件中已成功地导致犯人的供认。

课室侦察 作为一种课室实验或实验室实验,有罪的经验的侦察经常地引起人们的兴趣。教师的大量思想系集中在思考这样的一些"犯罪",即它们能够引起充分的情绪,以致对关键性的刺激词的联想发生速度或内容上的变化,但又没有超越法律和道德的界限。不过,对于这些实验的最重要的反对意见也许就是:这一类经验的侦察更多的是一种艺术而还不是一种科学,因为在几种指标发生矛盾时实验者必须运用判断以决定它们之中何者是最重要的。当实验者成功地侦察到了犯罪者的时候,全班的学生认为这种方法是不会有错的;但当他失败了的时候,他们就走到相反的极端。这种困难在某种程度上是可以避免的,其途径是:简化实验,反复对几名"嫌疑犯"进行实验,并以统计方法处理实验结果。要做到这一点,最实际的方法是令每一名被试阅读五个短篇故事,例如亨利(O. Henry)所写的一些,然后实验者给予每一名被试以100个刺激词,其中的20个和每一个故事有关,并试图去找出他所阅读过的是哪一个故事。在实验者处理反应时间的时候,有一种错误是他可能发生的。同某一故事具有特别联系的一个刺激词,例如故事中的一个角色的非常少见的姓名,往往使那些没有阅读过该故事的学生发生很慢的反应时间,其原因是他们没有形成和它的联想。因此,聪明的办法是在统计的处理中把这一类的刺激词分开出来,因为一个长的反应时间乃表示无罪而不是表示隐蔽起来的有罪的经验。

侦察情结

融和里克林(F. Riklin, 1904;参看融, 1919)介绍了自由联想测验的这种用途。这里所谓的"情结",乃是各种含有紧张、失败、不满意或犯罪感的因素的意愿、情绪和记忆所构成的一种系统。它往往是一种恋爱事情,有时候是一种商业困难或家庭纠纷。当被试不能够容易地想起他的种种情结时,这种种情结就被看做是"受压抑了的"和"无意识的"。其他的情结都是完全有意识的,但是被试关于这些情结却保持沉默无言,并且可能没有认识到它们和任何神经症的苦恼的联系。心理治疗工作者在其找寻困难的原因中,有时候从联想测验得到了各种有用的线索。

情结的发现和罪犯的侦察,乃是一个类似的问题。然而,它们之间也有一个重大的差别。侦察者知道罪行,但不知道犯人;心理治疗工作者知道犯人,但不知道"罪行"。心理治疗工作者事前并不知道什么刺激词是适合于个别的例案的,但他能够设计诱导出各种在临床实践中常常遇到的情结——从性生活及其挫折、从对自己的个人外貌或能力的不满、从抱负的失望、从经济的困难等等所发生的情结。因此,预计要冲击这一类情结的刺激词和一些假设为中性的刺激词就被包括在刺激词的系列中。被试在一间肃静的房间(有时候是一间局部的暗室)里舒适地坐于椅上或靠在椅背上,而检查者则如在其他利用自由联想的场合一样,要求被试对每一个刺激词作出反应,即说出第一个被唤起的其他词。当以 100 个刺激词的系列做完第一遍检查时,又再做第二遍检查,其方法是要求被试尝试回忆他在第一轮时对每一个刺激词所作的反应。

一个情结是否已被任何一个特别的刺激词所接触到,其证据是由反应的独特特点所提供的。反应的独特特点被称为"情结标志"(融,1919)。这些情结标志如下:

> 反应时间长或完全地没有反应
> 在反应之前重复着刺激词或以重复刺激词作为唯一的反应
> 误解刺激词
> 反应是和刺激词没有明显的关系的,是特意找出的,是属于极端
>   个人性质的,或仅是一种回声式的联想
> 有激动或窘迫的表现,发笑或作微笑、口吃、感叹,作悄悄说话或
>   大声叫喊的反应

当某一刺激词在重现测验中出现时,不能回忆对该词的原初反应。如果一种情结的激动曾扰乱了第一次试验中联想的顺利涌现,那么,要回忆已作过的反应,可能是困难的。

在采用联想测验的同时,也可以记录被试的心理电反应。当他发生情绪激动时,心理电反应大致要表现出很大的偏转度。

情结标志的正确性的实验检验　　要对一种情结标志的真实性作某种估计,其方法有二:其一是对被揭露出来的情结作追踪的研究,看看这种情结对于个别的被试是不是真正的情结;其二是一种情结标志和其他情结标志相检验。第一种方法类似"效度"(validity)测验,第二种方法类似"信度"(reliability)测验。

心理治疗工作者经常地运用追踪的方法。他最终接触到被试的情结。但他之接触到被试的情结,乃是通过一个曲折的途径而达到的,以致人们最后不明白那最终被揭露出来的情结是否造成那作为情结标志的情绪纷扰。对采取合作态度的正常被试进行直接的追踪研究,能够较好地检验情结标志的正确

性。凡曾试行过这种追踪研究的地方[杜利(L. Dooley),1916],其结果都指出:各种情结(也许不是无意识的情结)都在实际上为联想实验中的某些刺激词所冲击;发生延缓反应;不能反应或不能回忆一种反应,以及发生直接的情绪表现,这一切都是激动一种情结的结果。但不永远都是这样。没有任何一种情结标志是绝对可靠的。

长的反应时间有时候乃是暂时性的干涉或分心的结果,同任何一种情结没有什么联系[格罗萨特(F. Grossart),1921;卫尔斯,1911a,1927]。

不能重现某些原初的反应词这种现象诚然是会遇到的;得到回忆的满分差不多是记忆上的一种奇迹。

窘迫或激动的表现有时候乃是由于触动了某种新近的经验。检查者本身或整个的实验手续都可以引起被试的兴致,特别是在呈现刺激词系列的最初部分,被试还没有安定下来从事工作的时候,尤其如此[胡巴德(L. M. Hubbard),1924]。

一种情结标志和其他情结标志相检验的方法,是融(1919)所采用的一种方法,旨在说服那些对"不能回忆反应词就是一种情结的表征"表示特别怀疑的人们。他指出,不能回忆这一情结标志在很大程度上是和其他的情结标志相关联的。

赫尔和卢果夫(L. S. Lugoff,1921)进一步地发展了这种研究方法。他们利用了融的100个刺激词以测验成年男女各50名。他们相信这各50名的成年男女乃是美国常态中产阶级人口的一个良好取样。他们以任何一个被试的每一个单个反应为一个单位,观察它是否表现出一种或一种以上的情结标志。然后他们又问:一种情结标志和另一种情结标志的相符程度,或一种情结标志和联合在一起的其他一切情结标志的相符程度,是否大于通过偶然机会所能得到的相符程度?如果是的话,究竟大多少?对于这个问题的答案就是一种"联想系数"。总的来说,他们通过这种统计手续得到了正的"联想系数"的结果。他们求得的每一种情结标志和联合在一起的其余三种情结标志之间的"联想系数"如下:

	联想系数
刺激词的重复	+.59
刺激词的误解	+.47
长的反应时间	+.41
反应词的有缺点的重现	+.26

在这四种情结标志中,每一种情结标志和其他三种情结标志一样,在揭露

同一的情绪纷扰上看来都具有某种信度。我们可以称它为一种情结或以某种更广泛的名词称它。头两种情结标志似乎是较佳的标志,然而它们却是少见的。"同一反应词的重复使用"在从前被看做是一种良好的标志,也是很常见的,但它和其他的情结标志竟没有任何一致的地方。刚才列举的数字被看做是信度系数,但它们并不能鼓舞我们对这种测验怀有巨大的信心。并且进一步的研究(胡巴德,1924)已指出一些无关的因素在发生作用。单是一个刺激词在100个刺激词的系列中的位置就是一个因素;因为实验者按照不同的次序排列各刺激词以测验不同的被试,总的说来,长的反应时间出现在刺激词的系列的中间部分,而不能重现及"大声发笑和微笑"却不均衡地来自刺激词的系列的最初部分,因此,当它们在刺激词的系列中出现得晚些,那就意味着更多的东西。刺激词的文法形式也会产生反应上的差异,因为名词比形容词引出的情结标志较少,而形容词又比动词引出的情结标志较少。在一连串的单个词的刺激物出现之后,一种新的刺激词又出现,如"to sin"(犯罪)或"to part"(分开)或"caring for"(照料),被试可能感到奇异,并且可能单纯地由于惊异而产生情结标志。

各种研究中提出的最能唤起情结的刺激词,各有所不同[康克林(E. S. Conklin),1927;赫尔和卢果夫,1921;卫尔斯,1927],但是总的来说,这些词倾向于提出生活的这些方面:

  恋爱和婚姻

  友谊

  争吵和愤怒,不公正

  嘲笑,蔑视,怜悯

  危险

  消费,金钱

  死亡

联想测验作为一种投射技术

从1940年起的十年间,"投射技术"的应用有了极迅速的发展。像罗夏测验(Rorschach Test)和主题统觉测验(Thematic Apperception Test)这一类的测验同自由联想具有某种相似性。以一种墨迹或一种比较不确定的图画呈现给被试,要求他自由地作口语反应。既然刺激物和指导语都不对被试施加限制或控制,则他的反应的方向和内容必定多半是由他自己过去的经验和现有的情结所决定的。这样,投射技术就和荣格的自由联想测验的诊断形式很相似。对投射技术的新兴趣已传播到联想方法上来,使联想方法在1930—1940年间表现出有从临床实践中消失的征象。这里将举述这些新发展的几点。具有临床兴趣的读者可参阅韩德(J. McV. Hunt)主编的《人格与行为错乱》一书(1944)或拉帕坡特(D. Rapaport)、吉尔(M. Gill)和沙发尔(R. Schafer)合编的《诊断性心理测量》一书(1946)。

联想测验的多答择一的形式 为了避免自由联想的记分和分类上的主观因素,好几个研究者曾企图改造联想测验成为客观形式。特尔曼和迈尔斯(L. M. Terman & C. C. Miles,1936)在其所编制的一套男性征和女性征对比测验中包括了一个联想测验,其中每一个刺激词之后列举着4个可能的反应词,要求被试从这4个反应词中选择和刺激词"配合得最好"的一个。马勒(J. B. Maller,1936)采用了一种相似的形式,其中有两种选择:一种被看做是常态的,另一种被看做是变态的。马拉木德(D. I. Malamud,1946)在给马勒的测验的各个项目重新加权之后,他发现,马勒的测验能够正确地辨认100名变态人的87%和常态人的77%。克劳恩(S. Crown,1947)把马勒的测验从200个项目减少到50个项目,却没有减损其效度或信度。他发现,8个或8个以上"变态"反应的削减分数能够辨认200名神经症患者的81%,而错误地挑选了一组被设想为常态被试的27%(当然,划分常态被试和神经症患者的界线并不如这种区别所指的那么明确。)。克劳恩赞成采用这种测验作为分清常态人和变态人的一套测验的一部分。

这些强制性的选择测验似和原初的自由联想方法相去很远,并且丧失了包含在自由反应中的许多信息。如果有一种适合于自由联想的可靠的记分系统,那将是可喜的事情。前面我们已举述卡沃斯基和伯特厚德(1945)关于联想的分类。他们看到这种分类能够和几种多答择一式的联想测验一样给出可靠的结果。

同形异义字和同音异义字作为刺激词 在拼写或发音上相似、但在意义上很不相同的词可以使自由联想测验在区别不同背景和不同兴趣的人们上发挥更大的作用。古迪诺弗(F. L. Goodenough,1942,1946)曾编制了男性征和女性征对比测验。例如以视觉呈现的方式呈现出来的刺激词"bow"(弓、弯曲、蝴蝶花结、蝴蝶领结、点头、鞠躬、屈服、眼镜框)①,通常从女孩方面而不是从男孩方面引起"hair ribbon"(发带)之类的反应,而男孩发生的反应则比较容易是和射击有关。佛利和麦克米伦(J. P. Foley Jr. & Z. L. MacMillan,1943)呈现口说的刺激词——包括具有法律的、医学的以及日常意义的词,如"complaint"(控诉、疾病)*,"expiration"(呼气、死亡、满期)*及"cell"(sell)(细胞、墓穴、茅舍、密室)*(销售、出卖、背叛、推荐)*等。他们用这种测验法测量218名学习法学、医学、文学艺术的大学生。他们发现,各专业组的被试作出的反应都是和他们的

---

① 译者注。

专门领域相一致的。这两位研究者的兴趣是在于他们的结果的理论意义而不在于他们的结果的实践意义。他们的结果证明了特殊的过去经验对现在的联想反应具有影响。自从联想主义者的时代以来,这一领域里的多数研究者都默认这种影响,但是在联想的研究中很少对这种假设作实验性的检验。要得到大多数这一类的研究,我们必须转到本书后面关于学习和记忆的各章。

(吴江霖 译)

第 四 章

注　　意

在"反应时间"和"联想"两章中曾讨论到要求对一个单一刺激作出反应的一些实验。但是我们经常是显然处在一个可能刺激的汪洋大海中,其中每个刺激都能引起一个或多个反应。尽管这样,我们的行为还是一贯的和整体的;不相干的和冲突性的刺激一般地并不引起反应来干扰当前行动的进程。这个选择因素一向被叫做注意。

许多日常观察和非正式的实验都与这个题目有关。这些观察和实验可以、并且也许应当加以整理成为具有较确定的形式,以便于严格的实验者能引用这些结果,而不必只说:"这是大家早已知道的。"可是,下列的事实可以认为是大家都知道的。

我们能够对刺激和外在物体和事件,对我们自己的行动、或观念,加以注意。

我们可以把一个复杂的可见到的物体作为一个整体而加以注意,或者我们也能对该物体的一小部分或该物体的某一属性(例如颜色或形状)加以注意。同样的,在听觉范围内,我们能够对一个复杂的声音作为整体加以注意。或者注意一个音乐的和弦中的某一个音,或者注意像响度或音调等某一属性,或者注意声音似所由来的方向。

当我们注意一个可见的物体时,为了看得清楚,我们极趋于直对着它瞧,对准焦点而且把两眼辐合在它上面。但是也可能不对着一件物体看而却注意它。

当我们注意来自一个物体的声音时,譬如一个人在说话,我们倾向于面向而且注视着声音的来源。但是也还有其他办法:我们可以闭上眼睛以避免视觉上的干扰;或者瞪眼瞧着某件东西,而并不知道所看的是什么。

时常,但不是永远如此,我们可以根据一个人为了去看、去听、去嗅、去尝、或去接触而作出的动作适应来推断他在注意什么东西。对于动物,我们可作同样的推测,也许还更有把握。在动物中,我们可以把"注意"看做一个包括这些动作适应的总名称;可是人可以对着一件东西盯着看而所注意的却是别的东西,往往还是不在眼前的东西。一只蹲在老鼠洞口的猫,或者一只等待着人扔皮球的狗,就把注意时所特有的动作准备描绘得很清楚。

尽管注意在实际上确实存在,可是它在系统心理学中的身份多少年来就没弄清楚,也未经肯定。早期的心理学家们把注意当做和意志接近的官能,这种能力在有些人是强些,在有些人则弱些,可能是潜伏的,需要有强烈的动机才能把它引起。许多机能心理学家、教育家和精神病学家的看法也和这差不多。联想心理学家们坚决反对任何这种看法,他们愿意承认只有感觉的刺激和联想是力量。格式塔心理学家们也认为注意的任何力量都是场力以外的东西,而照他们看来,场力是人类活动中的动力因素。行为主义者把注意看做只是一个传统的心理学上的概念而加以排斥。

铁钦纳(E. B. Titchener)主张心理学的任务是研究意识的经验,他反对机能派的基本研究途径,他要去研究的,是他所谓的"注意度"(attensity),他认为那是一种感觉经验的属性,可以同色调或响度相比拟。铁钦纳用注意度这个词所指的是我们时常叫做清楚(clearness)、生动(vividness)、突出(prominence)或持续(insistence)等的特性。但这和看清一件物体的清楚性不一样,因为一个在间接视觉中的模糊形状也可以有很高的注意度,只要(因为我们注意它)在当时它在我们的意识中突出而压倒了其他的一切。

问　　题

尽管在理论上有这许多怀疑和混乱,人们还是在继续研究从有关注意和不注意的日常事实上产生的若干问题;也创设了一些特殊的心理实验来试图解决这些问题。这些实验可以概括写成下列的一般公式:

$$R = f(O, S_1, S_2, S_3, \cdots)$$

公式中的 R 代表某种选择性反应,例如在几个同时出现的东西(用 S_1、S_2、S_3 做标记)中看其中的一个,而这些东西在某一方面,例如颜色或位置,是彼此不一样的。上列公式所说的是:反应取决于刺激和 O 变量(例如个人原有的训练和目前状态)。一个重要的 O 变量就是被试可能要去完成的任务。在这个基础上可以分别列出几个问题。

(1) 注意的决定因素。像自由联想和控制联想一样,我们可以分出自由注意和控制注意。在自由注意中没有指定的任务,问题只是:哪一个刺激会"抓住注意"而引起选择性反应。

(2) 注意的摇摆和起伏。在一个或多个刺激在一定时间内维持不变时,反应的强度可能有起伏,反应也可能由对一个刺激转到对另一个刺激来回摇摆。这样问题的公式就应该加上一个时间因素 t,如下:

$$R = f(O, t, S_1, S_2, S_3, \cdots)$$

（3）分心。这里我们必须谈到控制注意，因为被试是在从事某一项工作，也可以说是对刺激 S_1 作出反应 R_1 的任务，而不相干的刺激 $S_2, S_3 \cdots$ 则倾向于使被试分心到任务以外去。关于这种情况的公式可以写成：

$$R = f(O_1, S_1, S_2, S_3, \cdots)$$

公式中的 O_1 是为了完成 $S_1 - R_1$ 这个任务的心向(set)，而其他刺激是使他分心的刺激。

（4）兼顾的注意——同时做两件事。被试企图同时做两件事，可以用 $O_1 O_2$ 来代表这个双重任务的心向，公式可写成：

$$R_1 R_2 = f(O_1 O_2, S_1, S_2)$$

问题在于：$R_1 R_2$ 到底会不会发生；如果发生的话，它们的效率有多高。

（5）注意广度或领会广度。这里被试的任务是要对一群刺激作出一个单一的全面反应。这个工作往往只是去感知并说出刺激的数目。公式可以是：

$$R_n = (O_n, S_n)$$

公式中的 O_n 是为了感知刺激数目的心向，R_n 是对于刺激数目 S_n 的反应。

注意的决定因素

当两个物体呈现到感官时，什么东西使我们注意其中的一个而不注意其中的另一个？什么因素在发生作用，使一个刺激比另一个刺激占优势？这显然是实验心理学者的一个问题，也是应用心理学中某些部门的一个重要问题。怎样才能吸引注意和使它持续，对于通过任何途径做广告的人、采用警告信号或交通标记的安全工程师、博物馆馆长、报纸的标题和版面编辑、教员，而且事实上对于一切要争取群众注意的人来讲，都是一个非常现实的问题。登广告和编广告的人首先确信心理实验的价值，而且很多探讨注意的决定因素的工作都和广告问题直接有关的。

实验者要首先考虑哪些因素值得一试。正如在反应时间实验中的情形一样，有些 S 因素和 O 因素可能是相当重要的。大小、强度、颜色、运动等都是 S 变量，有时也叫做外在的决定因素。熟识、情感上的吸引以及个人的经常兴趣和临时兴趣显然是 O 变量，即内在的决定因素。我们怎样给新奇事物分类呢？它看起来好像是一个外在的决定因素，然而它显然又以被试的过去经验为转移。总之，新奇事物常常是一种获得注意的有效因素。在选好了一系列可能的因素后，实验者的问题是：① 如何呈现这些不同的刺激，和 ② 用什么 R 变量作为选择性注意的指标。这些问题相互之间具有密切联系，下列的典型实验就会说明这一点。

当时的口头报告

作为这类实验的一个非正式的入门,先注视某一物体,再看有什么别的物体显得最清楚,在"争取注意"。达伦巴赫(K. M. Dallenbach,1923a,b)在注视点的两侧同时呈现两个亮点,要求被试说出哪一点显得比较清楚或有较强的注意度。他的结果表明:较亮的一点占优势;如果这两点在明度以及其他一切方面都相等,位于注视点上方或左方的一个点子就占优势。

有人很别致地采用当时的口头报告在实际行车中来测验对路标的观察。汽车在生疏的道路上快速行驶,驾驶员见到路标就马上说出来,实验者坐在车里记下他的报告。一个路标竿上要是有几个乡镇的名称,首先看见的是最上面的一个[福布斯(T. W. Forbes),1939]。

记忆测验

(1) 回忆。被试先翻阅一本杂志,或一本为了突出某些因素而制成的假杂志,事后叫他回忆看过的一切广告。他当然想不起偶然曾引起他注意的一切东西,所以必须综合许多被试的报告才能估计不同项目的注意值。

(2) 再认。在被试读了或翻阅了一本杂志以后,把一些类似的广告和那杂志里的广告混在一起,要被试指出他在杂志里见过的那些广告。许多回忆不起来的项目却可以被认出来的。这种通过记忆来测验注意值的办法,已经被广泛地应用了许多年。

眼动和注视

把两件东西妥当地安排在一个陈列窗中,使过路的人能见到;实验者从一个单向屏幕后面观察他们的眼睛。实验者能够相当准确地看出哪一件东西首先抓住过路人的注意,哪一件东西使他们注意的时间最长。在实验室中也可作同样安排。被试们应当不知道实验的目的,才能毫无拘束地想看哪里就看哪里。在实验设计中,几个吸引注意的因素事先都平衡好了[尼克松(H. K. Nixon),1924,1926]。

利用特制的照相机,可以很准确地指出眼睛注视了什么地方和在那里看了多久。把洗出的影片投射到原来的布局上,就可以画出在察看一组图画或一页广告时眼睛直接注视的地方。图4-1就是照这样画出来的一个例子。像在阅读时一样,眼动的记录使我们看出一些口头报告中从来没有的重要行为细节[哈克曼和吉尔福(R. B. Hackman & J. P. Guilford),1936;柏兰特(H. F. Brandt),1937,1945;卡斯莱克(J. S. Karslake),1940]。

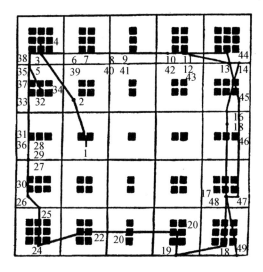

图 4-1　一个被试在察看一页图画时注视点的顺序(柏兰特,1940)。

关于注意的决定因素的结果

在广告问题应用的各种方法提供了相当一致的结果。我们不去详细地引用这些结果,读者可以参考应用心理学的教科书[如布尔特(H. E. Burtt),1948]。这里只提到少数最肯定的材料。

S 因素　由于利用这些吸引注意的因素,例如大的篇幅、优越的位置或颜色,涉及费用问题,这方面的数量化的结果是重要的。譬如说,把广告面积加大一倍就要付出加倍的刊登费,而问题就在于:这样做会不会使注意值增加一倍。按照用眼动方法和记忆方法对这问题的研究的答案,把篇幅增加一倍并不使注意值增加 100%,而只增加 40%～60%[柏兰特,1945;鲁道夫(H. J. Rudolph),1947]。

前面曾提过一件奇怪的事,那就是位置的影响。一页的上半比下半得到更多的注意,左半比右半得到更多的注意,所以一页的左上侧的 1/4 可能要比右下侧的 1/4 多占三倍的优势。如果我们要考查某些别的因素,例如大小或颜色,那就得把位置的影响设法抵消掉。例如,要把彩色图画或广告和黑白的图画或广告的注意值加以比较,那就必须在优势位置上和非优势位置上同样地都摆上彩色的项目。

作为吸引注意的手段,彩色一般说来是有一些价值的,用空白的边缘框出一张图画或一段读物来使它"孤立"(isolation)也是一样。这一切 S 因素并不具有绝对价值,而只有相对价值。倘若所有广告都是彩色的,彩色的效果也就消失了;甚至在一本杂志中,如果差不多都是彩色的材料,一个黑白的项目倒会因为它的新颖而显得突出。袖珍本杂志中的整页广告可以像报纸上的整版广告一样吸引注意。

机体因素(O factors) 除开对事物的熟识程度和当时的心向以外(这些当然是因人而异和每天不同的),还有一些更为可靠的兴趣,乃是注意的强有力的决定因素。编写广告的人总想办法利用人们的好奇心,性的兴趣,安全的愿望,事业的成就,声望,娱乐以及对于婴孩、儿童和一般地对别人的兴趣。心理学家也已经应用他的方法衡量过这些兴趣的相对注意值。

注意的摇摆和起伏

显示一个刺激场(field of stimuli),第一个反应是受制约于决定注意的各种内外因素(例如前面提到的几种)彼此间的平衡。现在假定这些刺激不变;我们也许会预期注意可以维持不变,反应也不会发生变动。实际上在多数情况下并不如此,而是注意在摇摆,反应也在很快地变动着。因为外在的决定因素始终不变,所以我们推断某个或某几个内在因素一定在变化。注意的摇摆和起伏有很多种。已经设计了几种类型的实验去记录这些现象,并尽可能地对之加以解释。实验的基本方法是在一定时间内维持刺激场不变而去记录反应的变动。

注意的一般摇摆

我们把将要首先考虑的这种注意摇摆叫做"一般的"(ordinary),以别于下文要考虑的特殊波动(oscillations)。假定你在看一张相当复杂的图画,画的是风景或一群人,你将逐个地看图画中的各个部分,或许会一再地回过来重新看某些特别有趣的东西。这种摇摆有多快? 你可以进行粗略的估计,办法是计量你自己看几件东西所费的时间,你可能发觉对每件东西用一秒钟是个从容不迫的速度。一个一个地数出 20 件东西所用的时间,就可能得出每秒钟看两件或两件半、甚至三件的速度。

虽然简单地数出东西的数目是一个相当快的过程,但还没有眼睛在图画上的自由扫动来得快。用一种适当的摄影机把眼的转动照下来,就可以看出眼睛注视一处的时间,一般说介乎最短大约是 100 毫秒和不确定的最长的一两秒之间。根据大量的成人取样测出来的结果,分配是偏态的:众数在 230 毫秒左右,中数在 240 毫秒左右,平均数在 310 毫秒左右。作为对视野注意的一般摇摆速度的一个相当可靠的估计,我们不妨认为每次注视的众数值是 230 毫秒,或者每秒 4 次[巴斯维尔(G. T. Buswell,1935)]。

默读是人类动作最快的过程之一,这时眼睛的注视比在看图画时还短些,在熟练的默读者中,众数在 210 毫秒左右,而在某些特快的默读者中,可以低到 170 毫秒。可见眼睛移动的速度可以达到每秒 5 次之多,我们当然不好把这里的注视看做是注意的单位,因为读者的注意是集中在意义上,而不是在印刷的单字上。

如果我们不问注意能移动得多快,而问注意能停留得多久,我们可以从比灵斯(M. L. Billings,1914)的实验得到一个估计。他把一张图画摆在被试的面前,叫被试看画片中的某一个特殊东西,并要他当注意离开那东西时按一下电键。通过电路,转鼓上就留下一个记录,同时另外还有时间的记录。在注意出现第一次摇摆以前,平均可维持 2 秒钟的时间,但是这中间的差别是从最短的 1/10 秒到最长的 5 秒左右。当然,对于一件复杂的东西的注意,可能长于 5 秒钟,但是只能在把注意从这件东西的一个部分转移到另一部分的情况下才有可能。

交变图形形状的波动

一张交变图形(ambiguous figure)看来可以代表两种物体中的任一个。熟悉的例子有立方体的轮廓、楼梯和类似的两可透视图形。在持续的察看时,交变图形似乎在不断地改变形状或位置。这种波动在一定的范围之内可以加以控制:如果你把眼睛稳定地注视在你所希望向你突出的那一个角上;而在你要那形状改变时就注视另外一个角。但是这种控制很不圆满,因为有时你动了眼睛而形状丝毫不变,而有时候虽然眼睛保持不动,照样看到图形的改变。波动的速度可长可短。在持续的观察中,一般是先慢而后越来越快。从年轻成年人的取样中所得到的平均速度是每分钟 15～20 次[霍令沃斯(H. L. Hollingworth),1939;杜兴(L. Tussing),1941]。

在一个大规模的实验中格连(J. S. Glen,1940)先使十名具有正常视觉的年轻成年人练习观察两可的立方体图形中形状的摇摆,并在每摇摆一次时按一下电键来做记录。被试之间差别很大,从一个人每分钟只报告 3.7 次自发的交变,到另一个人每分钟报告 47.5 次。这组被试的中数是在每分钟 15 次左右。如果被试们设法使形状快变,速度的中数可增高一倍;如果他们设法使形状尽量不变,速度的中数则降低到一半(即降低到每 8 秒钟变一次)。他们报告,是用眼睛注视来控制的。作为实验一部分的摄影记录下的眼睛转动确实表明:当被试们设法使形状变快时,眼动就加多;当设法使它不变时,眼动就较少。一般说来,眼动较多的被试也多看见几次形状的改变,虽然这中间的相关程度很不高。眼动究竟起什么作用?这个问题确实不简单,因为眼动的次数比所报告的摇摆次数要多得多,并且似乎集中在产生摇摆的时候,也可以在它以后或在它以前。

用点子图形(dot figures)也可看出类似的波动,在连续注视时,点子的组合就似乎发生变动。波动速度的差别很大,有时快到每分钟 20~30 次,有时则慢到每分钟 5~10 次。

网膜对抗现象是所有各种波动现象中最奇特的一种。这里的速度取决于不同的刺激因素,例如刺激的强度;每分钟摇摆 12 次可以认为是一种代表性数值。

这一切"特殊"的波动现象——网膜对抗、点子图形、交变透视图形等等,和我们所谓"一般的"注意摇摆大不相同。这些特殊现象要慢得多,一般每分钟从 5 次到 30 次,而看画片或景致时的眼动则每秒有 4 次(每分钟 240 次)。这种一般的摇摆在行为中有积极作用。当你看着一件东西时,你在间接视觉中瞥到另一件东西,于是眼睛就转向那里。这里有一个目标或诱因,你想把一件东西看清楚;但是在网膜对抗或交变图形中,并没有什么目标或诱因,除非是被试为了要使摇摆的速度加快的那个人为的目标。在模棱两可的图形和网膜对抗现象中,摇摆之所以较慢,可能是由于没有任何导致摇摆的积极诱因。

可以解释交变图形中和网膜对抗现象中之摇摆现象的一个因素,可能是由于产生了疲劳、适应或餍足(satiation)。一个交变图形是一个复杂刺激物,可能引起两个知觉反应中的任何一个:其中一个反应一开始占了优势,而且一直维持到累积了足够的疲劳或餍足,以至于把优势移转给另一个反应;那个反应也照样引起疲劳和餍足一直到优势又重新回到头一个反应。只要刺激继续存在,就一直这样来回摇摆着。这种疲劳或餍足因素在一般的注意摇摆中也起些作用。因为,为什么眼睛在一幅画的某些部分停留得比在别的部分久一些呢?眼睛多半是在较有兴趣的东西上停留得久些,一旦兴趣消失,眼睛就从那里移开。照这个理论看,在一般的注意摇摆中就有两个因素在起作用:在间接视觉中瞥见的东西的吸引力和对于目前所注视的东西的部分餍足;而在交变图形和网膜对抗现象中,只有餍足这一个因素在起作用。

感觉上的起伏

当耳科专家乌尔班齐赤(V. Urbantschitsch)在 1875 年检查一个被试的听力时,他观察到:把一只表放在耳朵刚刚可以听到一点声音的距离,被试并不是一直都听到声音,而是时而听见,时而听不见。在微弱的视觉和触觉中,不久也看出有类似的起伏现象。这个现象被称为"注意的起伏"。"注意波"包括一个正时相(那时觉得有刺激)和一个负时相。

为了更好地控制微弱的听觉刺激,可以用听觉计来代替表。一个视觉刺激如果面积很小(例如从远处看白色表

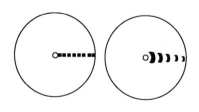

图 4-2 混色轮上用的麦森(Masson)盘。

面上的一个黑点)或在明度上和背景相差很少(这是利用混色轮,如图 4-2 所示,就很容易做到),结果只能刚刚被看得出。为了提供轻微的触觉刺激,人们曾经用过微弱的电流,或把轻的软木塞放在皮肤上。

起伏速度的差别很大。一般的平均数是一个全波占 8～10 秒,个别的平均数在 3 秒到 6 秒之间[斯劳特(J. W. Slaughter, 1901);泰勒(R. W. Taylor, 1901)]。即使在同一个人身上,起伏的速度也是很不稳定的,这一点可以从马贝(K. Marbe. 1893)的结果上看出。他要求被试在看白色背景上的一个小黑点,而依次序记录了每次起伏的波长,结果如下,时间以秒计:17,4,14,3,9,8,6,11,13,9,8,13,6,7。

整个波动中正时相和负时相的长短也有不规则的变化,从爱克纳(H. Eckner,1893)的下列连续系列中就可以看出此点:

正时相	2.4	4.0	4.0	2.9	3.7	8.1
负时相	6.8	0.6	4.1	5.2	4.3	11.5

威尔斯马(E. Wiersma,1901)在一个实验中找出了一点规律性。他把这块表有时拿到离被试耳很远,简直差不多听不见;有时又放得很近,差不多总能听见;有时把表拿在上述两者之间。每个测验延续 300 秒。下表指出被试听见这块表的总时间:

刺激的相对强度	听见表的时间/秒	
	被试 W	被试 H
1	102	126
1.2	164	213
1.5	190	221
1.8	226	245
2.3	257	283
3	284	299

正时相的持续时间是随着刺激的增强而加长。在视觉刺激方面,也得到类似的结果。

概括说来,解释这些起伏要假定整个感受器官必须工作得十分完善才能觉察到一个微弱的刺激,工作效能上的任何临时失效就使感觉中断。这些起伏可能在感官中,也可能在脑中,也可能在两处同时产生。有的研究者探讨过某一种可能的因素,另一位研究者又探讨过另一种可能的因素。

肌肉的不稳定性　要把耳朵对于听表的嘀嗒声提到最高效能,或许中耳的小肌肉需要把鼓膜拉紧,使它有恰当的张力。如果这几块肌肉一松弛,声音就会听不到。但是,这个因素的重要性马上被乌尔班齐赤(1875)打了折扣。他观察到割去了鼓膜的人们照样有着和别人相同的听觉起伏。同样地,控制眼睛水晶体的睫状肌的动作不稳定固然可能引起视觉的起伏,但是这个因素的重要性也被下列事实[佩斯(E. A. Pace),1902;斯劳特,1901;费瑞(C. E. Ferree),1906]驳倒了。阿托品(atropin)麻醉了睫状肌的时候,起伏仍然产生。甚至切除了水晶体的病人也同样有这种起伏。

感觉的适应 触觉和视觉有一特点,即适应或感觉的"疲劳"的现象:在刺激完全没有变动的时候,感觉可以部分地或全部消失。适当地控制一个触觉刺激并使其完全稳定的时候,感觉就逐渐消失而不再恢复[福瑞伯格(A. D. Freiberg),1937a]。在不太精确的工作中,被试的轻微动作将会使刺激碰到其他的感受器,从而重新引起感觉。这样就产生了感觉的起伏。

视觉的起伏或许也可以由同样的方式而产生。稳定地注视着的一个有明有暗的图形,不久就会淡下去。用单纯的灰色视野替代刺激图样时所产生的负后像,也显示了这样部分地淡下去的过程。用这个作为指标,佩斯(1902)发现网膜的适应在正时相期内发生,到了负时相期内又恢复。费瑞(1906,1913)的详尽实验证实了关于视觉起伏的这个看法。他的实验指出了有利于起伏的条件和有利于适应的条件之间是完全平行的。

眼睛的移动

网膜的适应不可能完全说明视觉起伏的现象。它可以说明感觉的消失,但却不能说明感觉又重新产生。网膜何以能从它的适应状态恢复过来呢?答案是:它所受的刺激必须有所改变;即使处在刺激维持不变时,也有一个改变网膜所受刺激的可靠办法,那就是只要把眼睛移动一下。只要移动了眼睛所注视的那一点,刺激图样马上会落在网膜上的一个新地点,一个对那个明暗图样还未产生适应的地点。这样就提供了视觉起伏的一种适当的说明:感觉的消失是由网膜有了适应所引起的,而感觉的重新产生则是由眼睛的移动所引起的。但是眼睛是否真的像这个理论所要求的那样地移动呢?吉尔福的实验(1927)提供了若干证据,说明确实是如此。他在实验中同时记录了感觉的起伏和眼睛的移动。他用摄影记下眼睛的移动;在同一影片上也记录下被试对于刺激图样的每次消失和重新出现所做的手指动作信号。结果并不像所希望的那样清楚,因为眼动并不局限于感觉起伏的任一时相,而是在感觉快要重新产生时最为频繁。这就是说,在正时相期内,比较稳定的注视有助于适应;而在负时相期内,眼动越多,就更有助于恢复。

"网膜适应"这个术语所指的是视觉器官最边缘部分的适应,即是网膜的棒体和椎体那些接收器的适应。适应(或餍足)也可能在较高一级中产生,如在大脑皮质的视区中。吉尔福设计了一个实验来探讨这个可能性。仪器的安排是

使在刺激图样变成看不见而被试按下电键的时候,可能发生下列三种情况中之一种:

(1) 刺激维持不变,直到眼睛有些动。结果:刺激图样在 10～12 秒钟以后重新出现,这是被试起伏中负时相的一般持续时间。

(2) 刺激马上被移到网膜上的另一位置,从而接触到了新的棒体和椎体,以及新的皮质。结果:刺激图样在 1 秒钟左右重新出现。

(3) 刺激马上被移到另一只眼睛的网膜的对应点上,从而接触到了新的棒体和椎体而不涉及新的大脑皮质,因为大家知道两个网膜的对应点是连接到大脑皮质同一点的。结果:刺激图样在 3 秒钟时又重新出现。

比较这些情况,被试看不见刺激的时间长短不同。网膜和大脑皮质都继续处于疲劳状态时是 10 秒;网膜和皮质都清新时是 1 秒;当网膜清新而皮质疲劳时是 3 秒。这个比较说明被试看不见刺激的原因有一部分在于大脑皮质,是由于皮质的疲劳、适应、或餍足等等情况所引起的。

刺激图样中较亮和较暗的部分之间的边缘对比是另一个需要考虑的因素。在形状视觉中,这个对比起着很有价值的帮助作用。有人认为对比的影响不是在网膜的棒体和椎体中产生,而是在网膜的神经突触中,图样的不同部分在那里才能产生必要的相互作用。傅莱和罗伯森(G. A. Fry & V. M. Robertson, 1935)提供过几项使人信服的证据,说明这个因素比感受器的适应和眼动更为重要,而适应和眼动都是次要的。他们提到的一点是用透镜把刺激图样的边缘弄得模糊不清,就使负时相的持续期延长。焦点对得愈准确,能看到图样的时间就愈长。再则,一个复杂图样的不同地方的边缘不是同时地出现和消失的;如果,感受器的适应引起消失而眼动引起感觉恢复,那么两种现象在各地方的边缘都应该同时发生。

所有这些在视觉起伏方面的严格的实验工作,对于当初引起这一系列的整个研究的听觉起伏问题关系不大。用现代发声仪器做的一些严谨实验已经再度证实了听觉起伏的真实性。听觉感受器似乎并不产生什么适应,从这方面找不出原因,肌肉动作和对比的影响似乎也不起作用。主观上听到的噪音(耳鸣)很难做准确的观察,它可能就是产生听觉起伏的一个重要的因素(福瑞伯格,1937b)。

血液循环可能是个因素　动脉的血压在正常情况下的微小波动,即是所谓的特劳勃-黑令波(Traube-Hering Wave),用血压计在手臂做的血压图记录中可以看到这种波。这种波的周期,虽然是有些变动的,大体上和变动更大的所谓"注意波"的周期相符合。这种符合引起人们揣测:注意的起伏也许是以影响大脑效能的血压的波动为转移。早年的实验者[邦色(F. G. Bonser),1903]同时记录了这两类波,发现了时相对时相的某种对应现象。日后的精密检查发觉了许多例外,几乎使这个看法不能成立。格瑞菲特和戈登(C. H. Griffitts & E. I.

Gordon,1924)记录了一个微弱视觉刺激的出现和消失,而发现这方面的起伏几乎和特劳勃-黑令波的起伏无甚关系。尽管如此,在特劳勃-黑令波在顶点时消失的现象要稍多些(从统计方面计算还是一个可靠的差别),而在特劳勃-黑令波上升时则视觉重现要稍多些。从生理学上说,这样的一种分配情况并无意义,但是所得的材料还是符合这样一种看法:大脑血液循环和变化总还不免是我们这里所谈的感觉起伏现象中的一个因素。

持续工作中效率的波动

有人从一个很不同的角度来探讨起伏这个问题。对工作和疲劳进行研究的人们注意到速度和准确程度经常发生波动,例如在一系列的反应时间中或打靶的命中率上就有这种情况。这些波动一般不大;但是在连续进行同一工作的过程中,总还是有些时候效率会暂时降低,或是反应时间特别延长,或是打得离目标很远。被试本人有时觉得在一个短时期中被阻挡不能前进和不能正常工作,在指出颜色名称的测验中很清楚地有这种犹疑的时期[伍德沃斯和威尔斯(R. S. Woodworth & F. L. Wells),1911]。

在另一个早期实验中[斯特金格(O. Sterzinger),1924],任务较为困难,因而工作不够完美的时候也就很多。被试面前有如下一长系列的单字母和字母组:

  abc fg h lnm nob ra b edif glo r ua wa amn o lo gm no e l
  bb ban ac ha ho u es ab c d n erah fgh abc pm n ofm n o opp el i
  u k xp pfab cam nob a fgh sgli b emno fan nix bw a bc abc
  sal t ra o eo n u s e fgh ra bg fl abc cid ah a abc csa ab c

然后叫他们把事先分别学会了的三项工作同时进行,这三项工作是:

(1)划去在两个元音中间的每个单个字母。

(2)划去和它前面一个字母相同的每个字母。

(3)划去紧跟着另一组两个字母组后面的每组两个字母。

被试可以按他自己的速度进行,但是不准退回来补划。结果有许多因遗漏未划而产生的差错,斯特金格还认为这些差错带些周期性。成功的反应似乎是连续集中地发生,那种集中的情况比单凭机会就能遇到的要多些。有些被试倾向于在做对3个正确反应后漏掉一个,别人又是在每4个正确反应后漏掉一个,好像他们是习惯于在注意做了几个动作后要放松一下一样。

比尔斯(A. G. Bills,1931,1935a,1935b,1937)曾经广泛地研究了这些一时性的差错或障碍。他的实验要求被试迅速作出一长串的很容易的反应,例如:在一行数目字上交替地加3减3,或连着写 *ababab* 等等。有些实验中是要求说出反应,有些是要他们写出,在这两种反应中都有产生障碍的现象。他给障碍下了一个客观的定义:前后两个反应之间的时距如果比被试在同一工作时期内的平均时距长了一倍或更多,就算是一次障碍现象。因此他这里所指的是特别冗长的反应时间。

毫无疑问,这种障碍是实际存在。工作是按照相当一致的速度进行,产生了几个或多个反应,但是忽然发生一两个很慢的反应,此后又恢复了寻常的速度。问题就在看这些差错彼此之间的间隔是否有规律。假如是有节奏的,那节奏也一定不是一种简单的节奏,譬如每隔12个反应产生一次障碍,而且可能是一种复合的节奏,慢波上重叠着一个快波。在这类分析中比尔斯至少取得一些进展。他的假设也许更为重要。他认为障碍是一个推迟疲劳的自然休息时期。如果这话是对的,那么实验者安排一些短暂休息就应当能够代替障碍起作用。在一个实验中(1935b),叫被试说出名称的颜色刺激是按每秒2个刺激的高速度在显示器上呈现出来。但是每分钟有4次休息,每次1.5秒。照这样的安排,工作了5分钟,几乎没有发生什么障碍。

另一个推测(比尔斯,1937)是:吸入的空气中氧含量的降低会使障碍增多。理由是,脑的活动经常需要氧气的不断供应,快速的脑力工作过分消耗氧的供应,一时缺乏氧气就会引起障碍。实验指出,当吸入的空气中氧含量降到正常量的60%或更少时,障碍确实增多;并且当氧含量降低时,"疲劳作用"(工作进行越长,障碍越多的现象)更为显著。

维沃尔(H. B. Weaver,1942)在这方面继续做了实验。他在被试面前放一个屏幕,上面有一个小圆窗口,可以呈现四种颜色中的一种,被试手边有对每个颜色的各别反应键。窗口出现红色时,他按压红色的那个键,一按键颜色马上变了,从而要求另一个反应;照这样做,一直到做完1000个刺激。这个仪器把反应记录在一条按固定速度转动的纸带上,并且记下所有错误。被试必须纠正这些错误,颜色才会改变。实验者事后可以在纸带上依次量出每个反应时间。100名被试大学生的反应时间的中数是800毫秒,男女两性几乎一样。每100个刺激中平均有3~4个错误,这些错误反应是过分匆忙的结果。很长的反应时间(障碍)不如比尔斯的实验中那么多。1000个反应中平均只有17个,个别差异的范围很大,最多的有两三名被试发生85次障碍,最少的有两三人没有发生一次障碍。在第二天的工作中,没有什么疲劳影响,但是有大的练习影响。障碍似乎是由于不同反应间的干扰所引起的。

注意的测验 可以用来做注意的测验的有许多种相当简单的工作:从杂乱排列的字母中划去指定的字母,做加法的演算,照着说明做指定的事,等等。我们不必去管它们的实际应用,但是这中间有两个发展的方向可能会有理论上的重要性。其中的第一个是对于连续加法演算这类任务的工作曲线的分析方法。

菲尔坡特(S. J. E. Philpott,1932)指出,如果用对数底线的坐标纸上画出曲线,这种工作的效率表现出有规律的周期性。就是说,高峰或效率最高的时刻彼此之间的间隔是按几何级数越来越长,例如高峰是在工作开始后的45、90、180和360秒的地方。这个方法在另外的实验里[恩特慧瑟(W. H. Entwhistle),1937;瓦伯吞(F. A. Warburton),1943]也得到了良好的结果。这些周期究竟说明什么,目前还不清楚。

数量分析的第二方向可以拿威滕博恩(J. R. Wittenborn,1943)的研究来说明。他用了许多相当简单的测验,并且用了因素分析法来整理结果。他的测验中有两个似乎只是衡量进行持久脑力工作的能力。一个是:他口头说出一长串成对的字母,叫被试在一张表格上按照那对字母是元音—辅音,或辅音—元音,或元音—元音划出不同的记号。另一个测验也大致相同,不过用的是数目字。因素分析指出,这两个测验充分地包含着一种新的因素,这个新的因素和前人公认的照样背诵的因素、知觉的因素或视觉空间的因素并无关系。这就使人们倾向于推断说,如果真有个什么东西可以称做"注意",那它就是这个因素!或者至少是普通一般人用这个术语所指的东西。可是读者一定懂得,这个因素,或任何其他单一的因素,都不足以说明一切被叫做注意的摇摆或起伏的事情。

分　　心

你正在从事某项要求集中注意的工作,可是与这事无关的刺激插进来而使你分心,就是说,使你注意那件东西而不注意你当时进行的工作。你也许会停止你的工作而去注意这些额外的刺激,你也许会努力继续你的工作。这时发生什么结果呢?你的工作会受影响吗?如果受影响,有多大影响?一般人自然都假定,如果外来刺激是强烈的或具有决定注意的强有力因素的任何特征,工作必然多少要受影响。但是也还有其他的可能:① 对这工作可以投入更多的精力;② 可以用自动的反应来对付额外刺激,而不需要注意。

有关分心的实验为数很多,其进行方式可以用前面提出过的公式代表:

$$R_1 = f(O_1, S_1; S_2, S_3, \cdots)$$

公式中的 O_1 代表从事某项工作的被试;S_1 代表属于该项工作的刺激;R_1 代表对于这些刺激的适当反应;$S_2, S_3, \cdots$ 代表与这事无关的刺激,即引起分心的刺激。这里的主要问题是 R_1 反应,要看这些反应在速度上和准确度上受多大损失。这是一个实际问题。但对理论也同样感兴趣的人要问:对于引起分心的刺激发生了什么反应,因为看来它们一定要引起某种反应的。

一个分心刺激不得直接干扰正在进行着的工作。如果工作的要求是比较两个音,一些无关的声音就不只是分心的刺激,因为它们会盖住原来要比较的音。在这种情况就要用视觉上的分心刺激。当工作需要用眼睛时,一般是用听觉上的分心刺激。

用容易奋激的年轻成人做这种实验时,结果往往是,在被试用很短的时间适应了情况以后,分心刺激并不引起分心。豪魏(H. B. Hovey,1928)的实验是这类实验中很有说服力的一个。根据大学二年级一个班学生在一种"陆军甲种"智力测验(Army Alpha test)中的成绩,把他们分成两个配对组。6星期后,控制组在正常情况下受另一种陆军甲种测验,而实验组在有听觉的和视觉的分心刺激的情况下受同样测验。所安排的分心刺激很强。7个不同声音的电铃在房间的不同地方断续地响着;此外,还有4个响亮的蜂鸣器、2只风琴管、3只口笛、一个随时被敲打的圆形金属锯和一只放着畅快音乐的留声机。房间后面安一个聚光灯不断地到处照射,虽然不直射到被试的眼睛。实验者的同伴吵吵闹闹地走进来,穿些奇装异服,还拿着新奇古怪的仪器。这些情况都使参加实验的人感觉讨厌和疲乏,但对他们的测验成绩却几乎没有影响。和控制组的同学比起来,他们虽然稍差一些,但这差别算不了什么。这两组在第一次测验中平均成绩相等,在第二次测验中的平均成绩如下:

	平均成绩
控制组(在正常情况下工作)	137.6
实验组(在分心情况下工作)	133.9
由于分心而产生的显而易见的损失	3.7

在一个类似的实验中[史密斯(K. R. Smith),1951],分心的刺激是一个大响声(100 db),一阵一阵地响,每次连续响10~50秒,中间隔一些短时间的安静。要做的工作是核对数目、核对名字和做纸板图形测验。分心组比控制组做得稍快一些和稍欠准确一些,但是这些差别微小到看不出什么实际的重要性。

分心是怎样被克服的

肌肉的努力 照道理说,可以假定要克服分心必须在工作中投入较大的力量。摩尔根(J. J. B. Morgan,1916)对这假定做了一个测验。他要求被试连续做像打字一样的动作,把每次手指动作的力量记录下来。被试面前有10个标了数字的反应键,他的任务是:每见到一个字母,就要根据复杂的密码把这字母译成一个数目;再按适当的键,仪器上马上又出现另一个字母……就这样一直继续做下去。被试手指反应的时间和力量以及他的呼吸动作都有自动的记录。他一个人呆在工作室里,但实验者可以从一个小孔中观察他的行为。当被试安安静静地工作了一段时间以后,忽然从房间的各方面响起铃声、蜂鸣器声和唱机声。他继续工作下去,过了一会儿,声音停止,工作的最后一段又是在安静的情况中完成的。图4-3是其中一部分的结果。

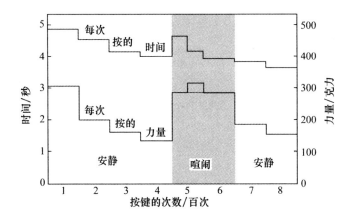

图4-3 在一系列反应测验中的动作的速度和力量(材料引自摩尔根,1916)。六名被试的中数值。每人不间断地做了800个反应:做最初的400个反应时,房间是安静的;做以后200个反应时,房间是吵吵闹闹的;在做最后200个反应时,房间又是安静的。

我们看出:在开始的安静期内,每次按键的时间逐渐减少。这个练习效果由于有了声音就中断了。声音所引起分心的影响继续了一段时间,但在喧闹期结束之前,分心已经大致被克服了,在那以后就继续有了练习的效果。被试按键时用的力量,在实验开始时是强的,但由于练习的效果逐渐变弱。可是,声音一来,按键的力量又上升到原来的水平,并且在声音持续期间一直是强的。呼吸记录(图中没有画出)和实验者从小孔中的观察揭露了被试有过言语活动,尤其在有喧闹的时候。被试常常高声说出字母和数目。他在努力克服分心和取得相当成功的时候,是在工作中投入了更多的肌肉力量,这一点是清楚的。可是我们并不知道所增加的肌肉活动是怎样来克服分心的。

福特(A. Ford,1929)做了一个类似的实验,得到相似的结果,如图4-4所示:在喧闹期间,肌肉活动有所增加,对分心的抵抗也是成功的。被试在声音刚开始时受到扰乱,但很快就恢复原状。当他们对于声音已经适应之后,突然安静又使他们受惊和暂时受扰乱。

适应 在你对无关的刺激像 S_2,S_3 等有倾向去作反应,从而使你对 S_1 刺激的反应受到干扰时,你对 S_1 刺激的反应便投入更多的肌肉力量,这肯定是很自然的,甚至还是一种本能现象。可是,所加的肌肉力量既不是这项工作

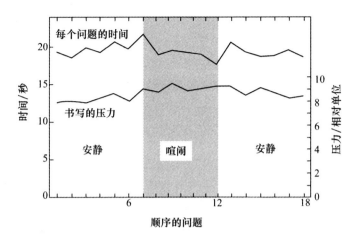

图 4-4 做每个问题的时间中数值和书写时的压力的中数值：41 个被试，共 183 组试验（材料引自福特，1929）。在每组试验内，6 个问题在安静中进行，然后 6 个问题在声音喧闹下进行，最后 6 个问题又在安静中进行，问题与问题之间没有休息。每个问题要求从一行字母中找出那中间夹杂的大约 7 个一位数，把它们加起来，再写下总和，下面举出一个例子：

Gd7Fc8NfEaW9MBcPT5FzA4NvCXz6MKhgP9xtb

每个问题所费的时间和写总和时手的压力都被测量下来。

在喧闹中做的第一个问题是比较慢了，但其余的 5 个问题不是那样。声音忽然一停，第一个问题又比较慢了。许多被试说：既然已经习惯于有声音，突然安静使他们受惊和暂时受扰乱。在有声音时和有声音以后，手指的肌肉压力比有声音以前要强些。

图中显不出练习的效果，因为已经把每隔 1 星期的三组结果在这里加以综合。从前一组到下一组，速度上还是有相当进步的。

本身所必需，那又有什么用呢？我们可以猜想，这个 S_1—R_1 活动因此就成为一个更重大的事件，更能支配这个机体使它不受干扰。但是，说在工作中投入更多的力量就克服了分心，还只说对了一半。因为如果工作在同样的分心情况下一天一天地继续下去，另一种适应就会产生，不需额外的努力也一样能维持工作的成绩。

为了要了解在喧闹环境中工作是否不断地消耗工作者的体力，人们想出了一种新型的实验。用一个呼吸仪器上所测定的氧消耗量来衡量被试所用去的体力。把呼气中的氧含量和吸气中的氧含量作比较，就看出被试的活动消耗了多少氧气。工作是做加法，分心的刺激是像许多打字机在一起打字的嘈杂声。典型的实验安排是每天在喧闹下工作 20 分钟，在安静下工作 20 分钟。在开始的几天中,在喧扰下工作时氧气消耗量比在安静工作时要多,但到了第七天,在这两种环境下的氧气消耗量却一样了。被试已经对于喧闹声有所适应。在几个实验中都得到了这个重要的结果[哈梦(E. L. Harmon),1933;福瑞曼(G. L. Freeman),1939;波芬伯格(A. T. Poffenberger),1942]。

使你能在喧闹的室内安静地读书和几乎全不理睬任何日常分心事件的这种适应,显然是有赖于叫做"消极适应"的这种学习过程。任何新奇或吸引人的刺激很可能引起和当时工作有矛盾的反应。两个 S—R 反应组合间的竞争,造成肌肉上的紧张,这在皱眉和咬牙时可以清楚地看到。人们通常认为这些是坚强的自动注意的标志。这些超额的肌肉紧张消耗体力,也就是物质的力量,而这消耗可从氧气消耗量上量出来。但如果主要工作有了坚强的动机,学习还是会有结果,而原来引起分心的刺激就变成了一些背景中的刺激,对于工作的进行还有帮助。这种背景刺激的重要性在另一章中将要加以讨论。

有关分心各实验结果中的差别

上面这段分析,使我们在见到不同实验者所得的结果而觉得其中似有矛盾时,能够看出一些道理。芬德列克(P. Fendrick,1937)报告在学生们读书时放唱片确实引起分心;用正误测验(true-false test)来衡量他们对读物的理解,发现普遍都降低了。相反地,亨德森、克鲁斯和巴罗(M. T. Henderson, A. Crews & J. Barlow,1945)的一个实验,在放送流行歌曲时给被试以一个标准的阅读测验[纳尔逊-丹尼(Nelson-Denny)],结果在词汇部分看不出损失,虽然在段落的理解上有些损失。古典音乐没有任何影响。

必须记住,这些都是一些平均的结果,个别的人时常在同一实验中表现出相反的结果[卡森(H. Cason),1938]。这些个别差异可能部分地是由于对这些分心刺激有了经验。但是被试的态度也很重要,贝克(K. H. Baker,1937)的实验证明了这点。被试的工作是口算连续加法:由某个数目,例如23开始,先加6,再加7,再加8,再加9;再以6,7,8,9依次往上加,一直到30秒钟后实验者叫停为止。每天做20道这种题目:做10道题目的时候,没有声音;做另外10道的时候有留声机放送舞蹈唱片或放送12个人同时说话的唱片。工作继续了10天。在40名被试中,告诉10个人,在喧哗声时效率会有损失;告诉另外10个人,在那时期效率会有增长;告诉另外10个人,在那时期效率会先降低而在有了几天经验以后又会增长;剩下的10个人是控制组,不给他们任何暗示。三个实验组结果和预期的现象相符。在控制组中就看不出这方面或那方面的显著影响;尽管由于自发的心向和态度,其中还是有些个别差异。这个实验清楚地说明了对于分心刺激的反应是一件很复杂的事,它主要以像期望和动机那样的 O 变量为转移。如果在你工作时有噪声使你生气,那么这种内在的分心比噪声本身会起更坏的影响。

同时做两件事情

我们用上面这个不着边际的标题来包括通常归到注意的分工这名称的一类研究。在同时做两件事情时,注意是否真有分工,这问题我们现在不试图回答。注意的分工意味着同时对两项分开的活动集中注意。如果有一项是自动的,不假思索就能顺利地进行,注意的分工就无必要。如果两项工作组合成为一个整体的操作,注意的分工也不需要。如果两项工作从广义上说是同时在进行,实际是迅速地倒换着做,严格说来还是没有注意的分工。不管注意这个概念能否有一个完全科学的定义,一个人有时是同时在做两件或更多的事情这个事实,的确给心理动态提出一个很重要的问题。

我们应该说一个人经常在同时做一件以上的事情。除开呼吸、心跳和消化等生理活动以外,他总是在站着或走着的同时也在看、在听,或是像这样地从事一种以上的活动。这样的同时活动是彼此独立地进行着呢,还是必然成为一个整体活动中的组成部分呢,这是一个合理的问题。

同时工作之间的相互影响

这个问题的实验,在1887年早就开始了。当时保罗汉(F. Paulhan)试图一边口里背诵一首熟悉的诗,一边写出另一首熟悉的诗,他发现可以做到。有时他会写出一个正在背诵着的字,但是总起来说这种相互的干扰不多。在不打断滔滔不绝的口头背诵时,他就迅速地重温一行要写下的诗句,然后不需要再加注意便把这一行写出来。他能在用纸笔做很简单乘法的同时,背诵一首诗,两方面都不降低速度。但是一件带有任何困难的工作,就会因为同时在进行即使像背诵一首熟悉的诗这样自动化的工作,而要做得慢些。比内特(A. Binet, 1890)以及扎斯叟和凯内斯(J. Jastrow & W. B. Cairnes,1891—1892)都发表过类似的结果。后两人甚至发现一个人在一边用一只手急速地敲打时,能更快地加数目和读书。比内特观察到要两手各做不同动作的困难,除非把这些动作组合成为扫地、劈木头,或产生类似的统一结果的动作。

双重工作的效率

一般说来,两件工作同时进行,其中之一或两者总要受到一些不良影响。所以,自由联想的测验如果和计数的工作同时进行,联想的反应多半都限于押韵和填字(黑—板)的低级水平,多半是对刺激字的声音作出反应,而不是对刺激字的意义作出反应[斯倍赤(R. Speich),1927]。

在某些职业中,例如电话接线员,必须同时做两件或更多的事,或在两个或更多的操作之间迅速地来回调换。检查做这类事情的能力的职业测验曾经被人试用过,斯特金格(1928)就是一个例子。他在被试加一行单位数字的时候,对他讲一个故事。然后叫他停止做加法,来尽量写下他所记得的故事。做控制测验时就只做加法,或只讲故事,这样他就能把双重工作和单一工作的成绩加以比较。有一个被试的成绩如下表所示:

被试的工作	被试的成绩
(A) 加对的数目(单一工作时)	52
(B) 加对的数目(双重工作时)	43＝A 的 83%
(C) 回忆起故事中的项目(单一工作时)	31
(D) 回忆起故事中的项目(双重工作时)	10＝C 的 32%

上面的 83% 和 32% 必须设法加以合并,使其成为同时做两件事的一种统一的效率指数。这两个百分数的算术平均数不解决问题。因为:假定一个被试完全不能同时做这两件事;假定他完全为故事所吸引而忘了做加法;这样他可以在故事上得100分,而在加法上得零分。用算术平均数算他得到50%,其实在合并这两个活动上应当给他零分。这个正是我们所企图测量的。克服这种困难的办法是计算这两个百分数的几何平均数而不求算术平均数。这样一算,上列材料的指数是 $\sqrt{0.83 \times 0.32} = 0.52$。斯特金格的 26 名被试的指数是从 0.30 一直到 0.90,全体的平均数在 0.60 左右。达姆巴赫(K. Dambach,1929)用 10 岁的儿童做类似的实验,他所得到的指数有几个超过 1.00,说明至少有一件工作在合作时比在单作时结果更好。

飞行员的职业是另一个需要同时做两件事情的行业。一名模拟飞行员的某些工作的实验,要求被试在不断有干扰的情况下,把两个圆形仪表的指针调整到盘面的中央。两个盘面相距愈远,则双重工作愈困难。成绩是看有百分之几的时间两个指针同时都在中央;61% 是最好的平均成绩[菲兹和西蒙(P. M. Fitts & C. W. Simon),1949]。在反应时间的题目下曾提到过与此类似的实验。

肌肉紧张有助于脑力工作吗?

在解决一个难题,做一件生疏的动作或准备做一项重要的事情时,我们差不多总还有另外一项活动,那就是使肌肉紧张(福瑞曼,1934)。比尔斯(1927)从大学生方面得的结果说明这种肌肉紧张是有积极意义的。被试在紧张状态时每手握着一个握力计,并且在上面加以稳定的压力。在松弛状态英寸,他两手轻松地放在膝盖上。在这两种状态下,他尽力以最大速度去记忆、做加法或念不相关联的字母。在紧张状态下比在松弛状态下成绩要好;而从整个实验来说,差别在统计学上是可靠的。其他研究者[萨特曼和卡森(E. N. Zartman & H. Cason),1934;布洛克(H. Block),1936]的结果就比较不一致。布洛克用同样的被试做多次测验,他发现每个人自己的结果都不一致,因为一个人某一天可以在对握力计上加有相当强的握力时工作得最好,而另一天可以只用微弱握力甚或不用握力而工作得更好。看来不可能为一个人,或为整个团体定出一个最适宜的紧张度,更肯定地不能说肌肉紧张愈大,脑力工作成绩就愈好。我们在前面提到过,被试的态度或期望是分心实验中的一个因素;在这里也许是一样。

能够同时集中注意做两件事吗?

前文所提到的一切实验中并没有从正面去解决这个问题,因为并没有排除迅速倒换工作的可能性。有了感觉后像和记忆后像就可以照这样倒换工作。用既微弱而又短暂的刺激可以减少后像的作用。在一个实验中[马戈尔(A. Mager),1920;泡利(R. Pauli),1924],对被试每只手上的一个手指施以微弱压力,要求他说出哪一个的压力较强;同时,让他很快地看一下几根短线条(数目是从3～6根),要求他说出是几根。两件工作都是非常容易。分开来做几乎都可以有100%的正确反应;但是,同时进行这两项工作时,结果是:

	占　比
两件事都做对的	占12%
一件事做对的	占60%
两件全没有做对的	占28%

结论是:同时进行两个需要注意的认知活动即使可能,也不常见。

除了报告中常提到的所谓"同时"进行两件工作实际是在轮流替换这一点以外,有时还可能把两件工作合并成为一件单一而协调的工作。能照这样做时就成为解决问题最有成效和最合适的办法[威斯特法尔(E. Westphal),1911;绍尔恩(M. Schorn),1928]。

注意广度或领会广度

除了感觉方面的某些实验以外,心理学中有一个最古老的实验是发源于一个哲学问题,即心理是否能同时领会比一个更多的东西。如果"心"是一个单一体,它怎么能同时做两件事或同时注意两件不同的东西?可是如果不能把两件东西掌握在一起,又怎样能够比较或区分这两件东西呢?现代心理学家对这个问题的兴趣不大,但他们对这个问题所引起的一些实验倒有兴趣。要从实验方面检查,就得把这问题具体化;实际上,这问题就成为数的知觉的问题,而在心理学上是具有重要性的。

早期实验

关于注意广度的第一个有明确报告的实验只不过是一个非正式的演示。汉密尔顿(Sir William Hamilton,1859)在他著名的"形而上学"讲演的一讲中,时常对他的学生们说,如果他们在地上撒一把石弹子,他们会"发现很不容易立刻看到 6 个以上,或者至多不过 7 个石弹子,而不混乱;但是,如果把石弹子放成 2 个、3 个或 5 个一堆,能掌握的堆数就和掌握的个别石球的数目一样多,因为在心目中你是把一堆看做一个单位。"

在 1871 年对这个问题进行严肃研究的是杰翁斯(W. S. Jevons)。一般都把他归为逻辑学家和经济学家而不是心理学家。他认为"这个问题照我们目前能看到的来说,乃是心理学中能付诸实践的极少数的问题之一。"他把一个白色盘子放在一个较大的黑色盘子中间,扔下一把黑豆子,使有些豆子落到白盘里。豆子刚一落下,他就"立刻估计"白盘里的豆子数,记下他的估计,然后数一下实际的数目。他照这样做了 1000 多次。

杰翁斯很惊奇地发现,他有时连 5 个豆子都会弄错;但是他特别注意到,豆子越多,错误越大。他想,问题在于找出一个规律,来说明全部实际数目和他的估计数目(我们会说:刺激和反应)。他算出对每行,即对每个实际数目的估计的平均数及估计的分散程度,一直到实际数目是 8 为止。估计的平均数大致不差,在这以后,估计一般是偏低。实际数目越大,估计的分散程度(标准差)越大。

还可能进一步把表列的材料加以整理。对每一个实际数目。我们能求出全部的估计数目的范围和每个估计数目的概率。我们也可以反过来问,"对所做的每一个估计,实际数目的范围有多大?每个实际数目的概率是什么?"要回答这问题,我们可以按横行加起来,把其中每行中的各个次数化为该横行总次数的百分数。照这样算出,当杰翁斯说"9 个豆子"时,有 50% 的机会,那实际数目是 9,有 18% 的机会。实际数目是 8,有 25% 的机会是 10,有 7% 的机会是 11,而有比 1% 还小的机会那实际数目是 12。在法庭上或其他地方,时常有人对他所看见的东西的数目作出估计。我们就要判断实际数目可能是多少和这些可能数目的范围有多大。像杰翁斯这样把全部材料列成总表,就使人们可以从统计学方面进行许多类似的分析处理。

统计项目	实际数目												
估计数目	3	4	5	6	7	8	9	10	11	12	13	14	15
3	23												
4		65											
5			102	7									
6			4	120	18								
7			1	20	113	30	2						
8					25	76	24	6	1				
9						28	76	37	11	1			
10						1	18	46	19	4			
11							2	16	26	17	7	2	
12								2	12	19	11	3	2
13										3	6	3	1
14										1	1	4	6
15											1	2	2
总次数	23	65	107	147	156	135	122	107	69	45	26	14	11
估计的中数	3.0	4.0	5.1	6.1	7.1	8.0	8.9	9.7	10.5	11.5	12.2	13.1	13.7
估计的标准差	0.0	0.0	0.3	0.4	0.5	0.7	0.7	0.9	1.0	0.9	1.0	1.3	1.0
正确的百分数/(%)	100	100	95	82	72	56	62	43	38	42	23	29	18

广度的计算

在杰翁斯以后和以前的研究者最关心的还是去测量"广度"。一眼看去,也就是一瞬间的知觉活动,能够掌握多少豆子或其他形状一样的东西、并且正确地说出来?杰翁斯认为这个广度一定随时有变化。当他正确地说出是 8 个豆子时,那时的广度至少是 8;但是当对这个数目判断错误时,那时的广度就比 8 要小些。广度是一种阈限,应当用心理物理学的方法去计算,尤其应当用"常定刺激法"(Method of Constant Stimuli)去计算,如芬伯格(J. W. Fernberger)在 1921 年所指出的那样。由于广度是一个变量,我们就还有一个尺度去衡量它的平均数值(或中数值)和它的分散程度。为了这个目的,从杰翁斯的表中,我们只抽出对每个实际豆子数目所作出正确反应的百分数,我们问:有 50% 的机会他能估计得对的是什么数目?对于这一名被试来说,那就是他的中数广度。

图 4-5 中"常态累积曲线"的显著偏斜性和曲线的长尾端向上的情况,意味着有两种反应可能混在一起:一种是对较小数目直接发生的准确知觉,另一种是对一些大得无法准确地知觉的数目所作出的估计。

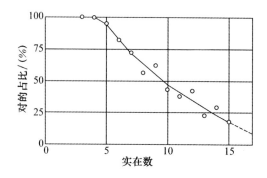

图 4-5 用图解法整理过的杰翁斯的材料。小圈是得到正确估计的百分数。图中曲线是配合那些材料的最近线。曲线具有一条偏斜的常态累积曲线(ogive)的一般形状。50%的横线在相当于9.7个豆子的地方和曲线交叉,所以9.7是杰翁斯的中数广度值。同样地,可以指出上四分值和下四分值所在的地方。

速示器

要使实验的效果良好显然必需更好地控制刺激变量。速示器满足了这个要求。那是一种用限制刺激呈现时间的办法来使被试只能"很快地看一下"的仪器。最简单的一种速示器是一块有重量的板子,像一扇窗门一样,在框架中落下来,板上有一个空洞,从洞中可以露出一些黑点、字母或其他刺激材料。最好在仪器前面加上一个屏幕,限制注视的范围,使眼睛可以事先适当地对准而不致倾向于跟随着注视落下来的板子。理想的情况应该是使呈现刺激的卡片和在它出现以前和出现以后眼睛所看见的场景有同等的明度,以便减少后像的产生。惠坡尔速示器(Whipple tachistoscope,1914)是这类仪器中很好的一种,用的是摆锤发动的旋转盘,免不了相当笨重,但却安静无声,设计上也解决了许多技术问题。

另一种办法是切断一条光源使它只在规定时间限制内照亮刺激卡片。人们常用的一种这类仪器是多治(1907a,b)发明的。仪器上用一块半涂水银的镜子,亮着一盏灯泡时,这镜子反射出呈现刺激以前和以后的场景,给刺激时只要很平稳地把灯光移到刺激材料上去,使被试能透过镜子看见它。但是把刺激材料印在胶片或幻灯片上或许是个最有伸缩性的办法。用一块带缺口的圆板、一个摆锤甚至用一个照相机快门尽量安放在最接近光线集中点的地方来切断光源,使全部材料同时呈现。这类仪器对于个人实验或课堂团体实验同样适用。越来越多的人倾向于用照相的办法来预备做呈现用的材料。除开人脸或风景

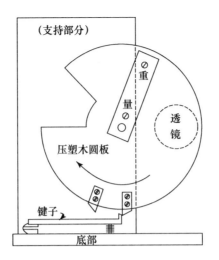

图 4-6 一架典型的转盘快门。一个缺了一块扇门的圆板是提供短暂照明很方便的装置。如果这个缺口迅速地切过光源,则光就是突明突灭,而不是渐增渐诚。缺口的大小可加以改变,以改变闪光的长短。圆盘可用马达转动,也可像本图所示在上面加放重量,使它像一个摆锤一样动。这样的快门可把普通幻灯放映机及其映幕改成一架很可靠的速示器,适用于个人工作或课室工作。

在上面的图中,圆盘被卡定在重量板相当于表面上一点钟的地位。当你把键一按,圆盘就可以顺时针方向转动,把重量差不多一直带到相当于表面十一点钟的地位;第二个卡子就碰上键头而阻止它摆回来。然后可把圆盘向前转到原来地位。卡住它来做下一次呈现。呈现的材料是照在影片上的;2 英寸×2 英寸式的幻灯机上前面的镜头正在圆盘的后面,如图中的虚线圈所示。缺口的位置是使它在圆盘转动最快的时候切过光源,这就是说,当重量是在相当于表面 6 点钟地方的时候。闪光的持续期约 50 毫秒。在光照弱的房间里,对 50 人的班次,用一台 200 瓦的放映机就很合用了。

以外,用照出该材料的底片或许是最好的,那样使呈现时在匀均暗色的幕上现出光亮的点子或线条。

闪光的时间一般是控制在肯定比 200 毫秒短,使它比眼睛从一个注视点转到另一个注视点的反应时间还短。这方面的理论概括可能是:一次注视,只能有一下注意或一个注意的"活动"(act or stroke of attention);至少在接连计数或拼字时的那种连续注视不会发生。如果相应地增强光的明度,闪光的时间完全可以缩短到 1 毫秒以下。

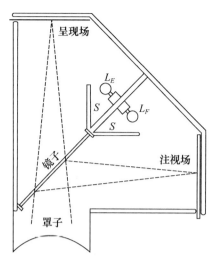

图 4-7 镜子速示器的略图。观察者向罩子里看。当一盏灯（L_F）开亮时,他只看见在半涂水银的镜子上反射出来的注视场。呈现材料时,关上 L_F,同时开亮 L_E,使只能透过镜子看见呈现场;呈现一结束,又开亮 L_F,同时关上 L_E,就再度显出注视场。

照这个略图装置不能解决均匀照明、杂散光线或灯光滞后等问题。多治（Dodge, R.）的原式样（1907a 和 b）是把光线从图中右上侧的窗子引进来,在 L_E 和 L_F 的地方安上镜子。光源由一块像图 4-6 中的有缺口的圆板所控制。

同时看几件东西的数目广度

由于仪器方面和统计方面的技术日益完善,领会广度这个一百年以来的老问题又重新被提出来了,并且已经有了充分材料,足以在某些明确的条件下提供答案。这些条件必须加以指明,因为它们影响广度的大小。

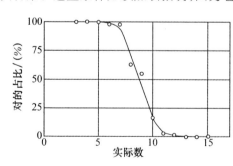

图 4-8 一个修匀的常态累积曲线图。说明在呈现的点数增加时,正确判断减少。

实验的要求如果只是正确地说出黑点的数目,而白卡片上散布的黑点是以 100 毫秒的时间呈现在中央凹的清楚视野中的时候,敏锐的成人的平均广度是在 8 个左右。个人的平均数低的可到 6 个,高的可到 11 个;而每个人每次的数目和他的平均数的差距有大有小,从各人标准差（SD）的大小不同这个事实就可看出这点。这些结果列在下列表中,图 4-8 中一名被试

(表中的被试 G_3)成绩显出相当整齐的曲线。

确定一个数目的不同方法

最明显的方法是把豆子、点子或其他东西数一数。但是数"一、二、三、……"是一系列的步骤,而不是注意广度或领会广度这概念所指的一个单一的知觉活动。在 $\frac{1}{10}$ 秒的时间中,不可能照这样数出几个。如果光线相当强,感觉当然会比刺激更经久。即使如此,也只能数对少数的几个。如果能够见到一大群点子很清楚的后像,你在数它们时会纠缠不清,因为你不能像数真实东西一样逐个地加以注视。不用计数,甚至对大数目都可作出一个迅速的估计,可是得承认你的估计只是差不多而已。小数目似乎是能被直接知觉到的:例如两件东西就看成一对,三件或四件也能同时看见,等等。问题是:照这样办能做到什么程度而同时对于那数目仍有把握。有时,正如我们第一次所引的汉密尔顿那段话所说,你能把一群东西看成是分为若干的小堆。

对于点数的领会广度[①]

呈现的点数	被试													团体平均数
	G_1	F_3	F_1	O_5	G_3	O_1	O_4	O_6	O_3	O_2	F_4	F_2	F_5	G_2	
2				100		100	100	100	100	100					
3	100			100	100	100	100	100	100	100				100	
4	100			100	100	98	100	98	100	100	100	98	90	98	
5	100			100	100	95	97	98	98	99	96	94	80	78	
6	100	99	99	97	98	86	82	90	94	94	91	87	62	49	
7	97	97	95	84	98	69	65	88	68	77	70	58	42	38	
8	84	92	80	79	63	57	63	49	59	58	22	9	34	3	
9	83	76	58	51	55	32	23	8	16	10	5	0	21	2	
10	74	63	43	34	16	20	13	3	2	0	0	0	17	4	
11	68	48	24	27	3		2			0				0	
12	58	24	16	17	2		0	0						0	
13	5			0										0	
14	8			0										0	
15	3			0										0	
平均数	11.30	10.49	9.65	9.39	8.85	8.07	7.95	7.84	7.87	7.88	7.34	6.96	6.96	6.22	8.34
标准差	2.15	1.73	1.81	2.03	1.32	1.82	1.72	1.19	1.28	1.10	1.05	1.02	2.25	1.43	1.56

[①] 材料引自芬伯格(1921);奥伯利(H. S. Oberly,1924);格兰威尔和达仑巴赫(A. D. Glanville & K. M. Dallenbach,1929)。

如果黑点实际上是分成几堆,则一下能见到的数目可以大大增多(福瑞曼,1916)。这件事情可以从一个课堂演示中看出来。若是映出一张幻灯片,片上包括5组黑点,每组各5点,各组的排列和每组中五点的排列都像纸牌上的点(梅花形),大部分学生会正确地说出这是25点。他们并不是看到25个点子,而是看到5个各有5点的组;因为,如果有一组里缺了一个点子,它是很难得被发觉的。

即使实际上点子并没有排成清楚的组,被试时常能把它们组合,从而所掌握的数目就超过他的平常广度。芬伯格的被试之一(即前面表中的 F_3)成功地在100毫秒或更短时间中看到10个点子,它们自然地分成为4点、3点和3点的三组。在奥伯利(1924)实验中,在每次呈现之后,被试报告他们是否觉得曾经数过、组合过或直接觉察到点子的数目。根据这些报告(结果见图4-9),最小的数目往

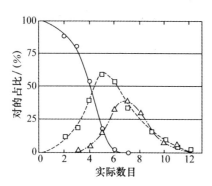

图4-9　看出用速示器呈现的点子的三种方法[材料引自奥伯利,1924,和库坡(S. F. Cooper),1928]。10名被试的平均结果。超过6点,直接知觉法就不成功;超过10点,则任何一种办法都没有多大用处。

　　○——○　直接知觉法
　　□——□　组合法
　　△——△　数数法

往是被直接知觉到的,不大不小的数目(5和6)是用组合办法,较大的数目就是差不多一半用组合办法一半用计数的办法。

决定数目广度大小的因素

最初大家显然都认为"注意广度"是一个固定数量。正像别的阈限一样,实验指出注意广度是在一个平均值的上下随时变动。除开在似乎固定的条件下有这种起伏以外,还有些因素肯定地有提高或降低平均广度的影响。组合就是这样一个因素,实际情况中安排的组合是个S因素,被试能把许多点子自己加以组合就是一个O因素。和这紧密联系的是先前训练这个O因素。许多研究,包括上述的研究在内,都指出有了练习可以扩大广度。训练可分两种:一方面是在速示观察上养成了某种一般的技能;一方面是多次见到某一实验中的那些点子,熟悉了就易于看出来。

刺激因素　在广度实验中,通常的办法是让被试有良好条件看清点子而不致因为照明不够或时间过短而影响广度。亨特和席格勒(W. S. Hunter & M. Sigler,1940)曾探讨这些因素的影响。他们把照明从很微弱逐渐调整到相当强烈,把时间从4毫秒逐渐调整到4秒。他们想知道,用这种办法,广度会不会从

看不见一个点子变到能看见10点或者更多。这样的问题需要大量实验材料。此处实验的两个变量是光强度(I)和呈现时间(t)。每一个$I\times t$的组合,可得出一条像图4-8所示的常态累积曲线。他用了两名经高度训练的被试,从每人得到60条以上这样的常态累积曲线,从每条常态累积曲线得出一个50%标准的广度。这一切的广度被综合成一张总图(图4-10),图上指出得到从一个点子到12个点子的广度时所需要的照明强度和呈现时间。举例来说,要得到一个6点的广度,你可以用强的照明和短的时间;也可用较弱的照明,但按比例地放长的时间。从这些曲线是以45°的坡度向下降这一点看,可以说明如果$I\times t$的乘积不变,广度是固定不变的。所以有效的S因素既不只是I,也不只是t,而是这两

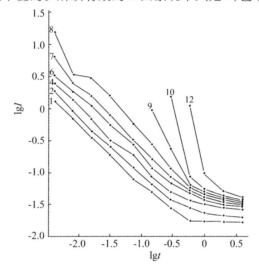

图4-10 数目广度是以照明的强度(I)和呈现时间的长短(t)为转移(引自亨特和席格勒,1940)。标有1,2,3,……9,10,12等数字的那些斜线是等广度的恒值线。用光强度和呈现时间这两个变量的对数值来标绘时,只要这条线以45°角向下倾斜,$I\times t$的乘积数就是不变的。如果光强到足以补偿短暂的呈现时间,即使用最短的时间也能得到8点及8点以下的广度。但是这样的补偿关系在8点以上不发生作用,必须放长时间。

从本图还可看出另一个重要的规律性。用任何一个等长的时间,要看到较多的点子就需要较强的光。这结果后来为施洛斯贝格(H. Schlosberg,1948)以及卡斯泊森和施洛斯贝格(R. C. Casperson & H. Schlosberg,1950)所证实。这是和视觉敏锐度有关的,我们知道,从微弱的照明逐渐增加到相当强的照明时,视觉敏锐度相应地增高了。如果光是那么微弱,以致在那时看见一个点子的机会只有50%;又如果投射在另一个网膜点上的第二个点子能被看见的机会也是一样。如果这两个机会是互不相干的,那么同时要看见两点的机会是50%的50%,即25%。要见到两点的机会也达到50%的阈限,就需要更强的光。因为这里涉及双眼视觉的问题,所以还需要比较复杂的解释。

者乘积所代表的光量。这个结果和著名的本生-罗斯科定律(Bunsen-Roscoe law)相符。虽然如此,我们也还是看出 9,10 和 12 点的广度还是需要有相当长的呈现时间,使被试能用以数点子或组合,才能达到。

测定对数目的反应的时间

在一个典型的注意广度实验中,被试眼前出现一些点子,他说出一个数目字作为反应。有哪些反应变量可供研究呢? ① 可以简单地记下他的反应是对还是错,用对的反应所占的百分数来计算广度。② 可以记下他所说的数目字,列出他对每个刺激数目所说出的不同数目的分配情况,像杰翁斯所做的那样。③ 可以像在反应时间实验中那样测定反应的时间。

这些反应时间有什么用处呢?它们可使我们看出,对低于广度的那些小数目的反应是否确实比对刚刚超过广度的那些稍大数目的反应来得快呢。一种很自然的猜测是:认出三点不应当比认出两点多费时间,因为两者都在广度范围以内;并且,如果广度是 6 点的话,那么一直到 6 点为止,所用的时间应当一样,但是 7 点肯定地要多费时间,因为要数一下或者加以组合。

事实上,即使在广度的范围以内,反应时间也还是逐渐增加的;从瓦仑(H. C. Warren,1897)和布尔顿(B. Bourdon,1908)开始的一系列的实验者都证明了这点。瓦仑的两名被试每次看点子的时间是 131 毫秒。说出反应的时间在 1 个点子时是 560 毫秒,在 5 个点子时增加到 951 毫秒,在 6 个点子时到 1175 毫秒。布尔顿仔细地去测定单单说出数目字的时间,他发现有些数目字发动语言键比起别的数目字来要快一点;但是对这个因素做了调整以后,数目越小,反应还是越快。

冯·斯利斯基(V. Von Szeliski,1924)在实验步骤上做了些修改,使被试对超过广度的数目能作出正确反应。他要求被试确定点子的确实数目,而把时间延长使他能做到这点。照这样测定的时间严格说来并不是反应时间,因为在开始呈现时他并没有完全受到刺激,而要等到眼睛转动探索以后才行。但是,有了这种修改的实验提供了某些良好结果。所测出的时间(从开始呈现到被试发生反应)是随着点子数的增加而逐渐延长;在冯·斯利斯基的实验中至少到 9 个点子的时候是这样,而在亨特(1942)的一个类似实验中至少到 18 个点子还是这样。在这两个实验的结果中,曲线在 6~7 个点子的时候有不相衔接的现象,原因可能在被试确定数目的方法有了改变。萨尔茨曼和卡纳(I. Saltzman & W. R. Carner,1948)的结果有一些不同。五名被试的平均反应时间形成一条匀称的曲线,没有显明的不相衔接的情况(图 4-11)。他们的结论是,被试确定数目的过程,至少从 1 点~10 点基本上是相同的,所谓"广度",只不过是一种方便的统计学计算而已。

作为上面这个与众不同的结论的反驳,下列各论点应当加以考虑:① 因为较大的数目确实是数出来的,如果说认出数目的过程始终一样,我们就必须推断最小的数目也是数出来的,可是这个结论和其他可靠的证据相抵触。② 个别人的曲线中所具有的不相衔接的现象,在综合几个人的结果时便不显露了,因为彼此的广度有大有小。③ 看不出不相衔接的现象还有另一原因,同一个人对于接近他的广度的数目有时要去数一数,有时又直接去看,或者不如说,他的广度随时有些变化。

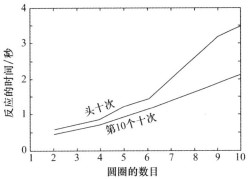

图4-11 正确地认出东西(此处是同心圆)的数目所需要的时间(引自萨尔茨曼和卡纳,1948),五名被试的平均成绩。

④ 从一个点子到5或6个点子(都在广度范围内)的反应时间有所增加这一事实,和在不连续的反应方面公认的事实是很吻合的。辨别红和黄比辨别红和绿要多费一些时间,虽然这两种辨别的确都是直接的,都不要靠任何类似于计数的过程来完成。差别越大,就越容易看出来:1个点子和2个点子之间的(相对)差别是大于2个点子和3个点子之间的差别,以此类推。在看出是5个点子时,必须把这个数目与4个和6个区分开来;在看出是2个点子时,只要看出是2个点子而不是1个或3个,那是比较容易辨别的。

数目的估计

有些实验并不像上述的那样要求被试确定一群东西的确实数目,而只要他在很快地看一眼之后估计数目是多少。在估计东西的数目时,你不计数而能辨别出来的那个属性,斯蒂文斯(S. S. Stevens,1939)把它叫做"众多性"(Numerousness)。你可以用很少、不少、许多等词来做很粗糙的等级;也可以用些数目字,可是这些数目的含意只作为近似值而已。在一次课堂实验中,塔维斯(E. H. Taves,1941)要求被试学生们看从2个到180个的点子,每次看的时间只有200毫秒。他要求被试估计点子的数目,并说明对那个估计的准确性自己有多大把握。一直到6个点子,估计差不多都是全对,也几乎是全有把握。在6~7个点子以上,被试们的估计开始发生分歧,把握迅速地减少直到毫无把握。在塔维斯的另一个实验中,在6~8个项目附近的不衔接现象清楚地表现出来。他要求被试轮流看一群较多的点子和一群较少的点子,叫被试把较少的一群加以调整,使它看起来似乎是较多的那群的一半。如果我们标绘这些结果(图4-

12),把较大数放在横坐标上,把那些看来似乎是大数的一半的数目放在纵坐标上,那么可以看出被试这样对半分出来的结果,一直到6~8个点子,是和算出来的结果完全符合。可是超过了这个阶段,估计的那些半数比实际的要超过20%,10的一半是估计在6个左右,20的一半在12左右,50的一半在30左右,100的一半在58左右。当被对半分开的点子的数目达到8个左右时,每一个函数(或"曲线")都有一个不相衔接的现象。用这种短暂的呈现,被试没有时间去计数,他们所用的方法是从对较小数目的确实知觉转到对较大数目的近似估计。

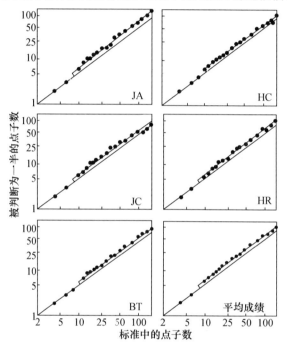

图4-12 五名被试做折半调整的结果和他们的平均成绩(引自塔维斯,1941)。长的斜线上的点子标明和算出来一样准确的判断,而另外一条线的点子标明大约超过20%的折半调整。由准确到近似的这个转变是相当突然的。

蒙特赫立欧克大学(Mount Holyoke College)的利赛(T. W. Reese),佛勒克曼(J. Volkmann)和他们的同事们进一步发展了这方面的研究。他们综合采用了反应时间技术和速示器技术来研究计数、估计和他们叫做的"急瞥"(subitizing)的情况。他们杜撰的这个字是从拉丁文的"忽然"一字造出的,意思是指在极短的时间看出小的数目。考夫曼(E. L. Kaufman)、劳尔德(M. W. Lord),利赛和佛勒克曼(1949)的一个实验运用从1~20个的一些点子,每次只呈现200毫秒。在材料投射到屏幕时开动计时器,等到被试向传声器说出报告时才停。和我们的预料相符,一直到5个点子,这些报告几乎总是对的,5个点子以上,错误越来越多。反应时间的曲线与萨尔茨曼和卡纳所得到的反应时间曲线(图4-11)相符合,即说出是5个点子比说出是一个或两个点子要费较长的时间。但是超过6个点子,在用这样短的时间给被试看的情况下,所现出的点子的数目对于反应时间不发生显著影响。从图4-13可看出这个不衔接的现象,该图中一个坐标是反应时间的中数,另一坐标是点子数目(图的底线用的是对数值,以免曲线的左端过于拥挤)。这里显然涉及两种机能,一种是一直到6个点子为止在继续发生作用,然后相当突然地让位给另一种机能。被试衡量他自己对判断的准确性有多大把握时,也有一个类似的中断现象。

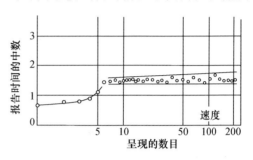

图4-13 作为点子数目函数的作出报告的时间中数(引自考夫曼,劳尔德,利赛和佛勒克曼,1949)。当时呈现时间是短促的(200毫秒),而且要求被试要尽快作出反应(团体成绩)。

如果在被试说出判断以后,告诉他实际数目是多少,他的错误会迅速地减少。一名曾经过高估计那些较大数目的被试会纠正这个倾向,甚至会矫枉过正;一名曾经低估数目的被试,也会有类似的情况。但是这种训练并不能取消急警和估计之间的区别,甚至也不能把两者之间的转变推迟。错误依然在原来那么大的点子数目上出现[闵特恩(A. L. Minturn)和利赛,1951]。

在这一系列实验的另一个里,杰森、E. P. 利赛和 T. W. 利赛(E. M. Jensen, E. P. Reese & T. W. Reese,1950)采用了记时的方法,但有一个重要的差别,即投射到屏幕上的那群点子一直保留到被试报出数目为止。因此他有机会去计数,一直到6个点子,结果和第一个实验一样,在6个点子时曲线发生不衔接的现象。可是较大数目的函数大不相同:它不是像图4-13里那样一直是平坦的,而是随着点子数目的增加按加速度上升。这点差别很有道理,因为如果你估计50个点子和估计25个点子同样容易,但是你数较大的数目就需要较长的时间,甚至还不只是按比例加长,因为你很可能在计数中发生错乱。

这些实验说明,基本公式 $R = f(N)$ 过于简单了。当 N 小于6时,我们发现一种关系(函数);当 N 大于6时,就根据当时条件是有利于估计还是有利于计数而产生另外两种关系(函数)之一。无论在衡量反应时是看它的准确性,还是看被试自己的把握,或是测定反应时间,都同样有这些区别。这里我们就有了几乎是可能得到的最清楚的证据,说明的确有一个明显的过程,而它的上限是在6个单位左右。我们说它是急警限度或注意广度,都无关紧要,重要的事实是:实际上有这么一种过程而它的上限是可以测定的。

视觉上和听觉上连续刺激的数目广度

打电报时的"点"是一个很短促的声音或闪光,"线"则稍长一些。摩斯电码(Morse Code)中的某些信号完全是由点构成:·代表 E,··代表 I,···代表 S,····代表 H,和·····代表 5。报务员必须十分迅速地分辨这些信号。这个广度有实际的重要性,尤其在战时。陶布曼(R. E. Taubman, 1950)在一个大规模研究中,通过计时器连续呈现出一个到十个短促的音或闪光,叫被试说出是几个。呈现的速度越快,错误就越多,50%正确性的广度也越低。由于产生正后像的原因,快速呈现的闪光就混在一起,无从分辨。耳朵受刺激后恢复要快得多,因此可以应付较快的速度。从材料中可看出广度大致如下:

试验条件	广度
每秒闪光次数	
2	大于 10
3	约在 6 左右
4	约在 4 左右
5	约在 4 左右
7	约在 3 左右
每秒声音次数	
8 或 10	大于 10
12	约在 7 左右
14	约在 5 左右
16	约在 4 左右

对于较大的数目倾向于估计过低,尤其在速度较快时是这样,见图 4-14。

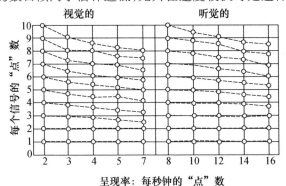

图 4-14 对于视觉上或听觉上的一系列"点子"的数目的估计(引自陶布曼,1950)。横线指刺激的数目,小圈指平均反应数目。从 5 个被训练得很好的被试的估计算出他们每人的平均,图中的圈是这些平均数的中数值。刺激的数目越大,呈现得越快,则低估的倾向越大;在视觉方面的这种低估倾向显然比听觉方面要大些。

人们在受到每秒 10～30 次的闪光刺激时产生一种闪烁的感觉。当被试试图数它们时,他觉得自己是在数某种很肯定的东西,可是他所数到的主观闪光每秒中不超过 6～8 次。例如,一系列的 5 个闪光,在客观速率是每秒 10 次时会看成只闪 3 次;但是在客观速率是每秒 30 次时会看成只闪 2 次。视觉机制就是这样的[齐桑和怀特(P. G. Cheatham & C. T. White),1952]。

对于印刷体的字和字母的广度

到此为止我们所考虑的问题基本上是数目广度。豆子、点子或其他东西都是彼此一样,如果被试报告出正确的数目,他的任务就完成了。如果叫他说出的不仅是数目,他的任务想必会更为艰难,他的广度会小些。格兰威尔和达仑巴赫(1929)的一个速示实验中证实了这点。他们给被试看不同的材料,要求他们作出不同程度的报告。三名被试的平均结果如下:

	平均结果
点子数目的广度	8.8
读出的字母的广度	6.9
举出几何图形的名称的广度	3.8
既要说出图形又要说出颜色的广度	3.0

在阅读实验中速示器的应用可以追溯到卡特尔(J. McK. Cattell,1885)的创始工作,他发现在适当的照明下,每次只看很短的时间。可得出下列结果:

能够读出 3～4 个不相连贯的字母,

能够读出 2 个不相连贯的短字,

能够读出 4 个有联系的短字。

因为两个短字就已经超过了字母广度的范围,更不必提 4 个字的句子,又因为卡特尔在他的反应时间实验中发觉读出一个熟悉的短字能像读出一个单独字母一样快,那么很显然读出一个字的时候不是逐个字母拼出来的。阅读者是怎样认出一个字呢?卡特尔的推论是,那一定是由于"整个的字形"。他的结果为厄尔德曼和多治(B. Erdmann & R. Dodge,1898)所证实。这两位作者发现不相联系的字母的广度是 4～5,而熟悉的字即使长到 12～20 个字母,却只要用 100 毫秒的时间看一次就可以读对。他们推断"字的大致形状"一定是认出一个字的主要的线索,在注视点附近的少数看得清楚的字母是辅助的线索。他们所谓"字的大致形状"指的或许是一个印出来字的外部轮廓,而卡特尔的"整个的字形"就也包括字的内部的直线和曲线的结构。就外部轮廓来论,下列的两行字母是相像的:

consonants
commumfs

但是它们内部结构的差别就足以使其不至于混淆。

当儿童的阅读能力有了进展时,他们就熟悉许多字形,他们看字的广度就比看不相联贯的字母的广度增长得快得多(图4-15)。

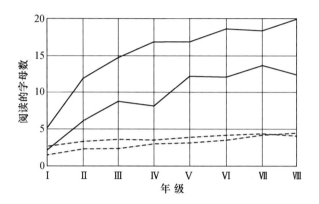

图4-15 字母和字的速示广度随年级而上升的情况[引自霍夫曼(J. Hoffmann),1927]。根据教师所判断,每年级的学生的智力分为上中下三等:中等占一半,上、下等各占1/4。曲线指出上下两等学生的平均广度,中等的那一半学生的广度和全体的平均数在每对曲线的中间。实线——看熟悉的字的广度;虚线——看混杂的辅音字母的广度。两种广度都以一个字母作为一个单位。看字的广度比看字母的广度增长得较快和较多。

厄尔德曼和多治的一个重要发现是,阅读时所见到的材料并不是在眼动时得到的,那完全是在眼睛停止不动而注视的时候得到的。眼球从一个注视点到下一个注视点的短促跳动,实际上是一个速示器在不断地迅速地时开时关。实验者用的速示器能限制被试,使他只看一次,而如果时间是缩短到使眼睛来不及换到新的注视点,就可以把他限制在一个单独的注视点上。用这个办法,实验者就可以找出一次单独注视能读出多少和发生什么错误。

印错和读错 从人们试图阅读冗长的字或印错的字时所发生的错误,可以得到一些最好的证据来说明我们是用什么线索来认出字词。皮尔斯伯瑞(W. B. Pillsbury,1897)给被试看一些用打字机打成的字,其中有的漏掉一个字母,有的用一个错的字母代替正确的字母,有的字母上打上"×"弄得模糊不清。漏掉的字母只在40%的情况中被发觉,错的字母只在22%的情况中被发觉,弄模糊了的字母只在14%的情况中被发觉。但是这些改动还是给了被试一定的印象,从他们当时说的话中可以看出,例如:

呈现的字母	读出来的字	被试说的话
fashxon	fashion	"没有看见 i 这个字母。"
foyever	forever	"有一根头发在 r 上面。"
verbati	verbatim	"最后两个字母似乎有点不清楚。"

从他们所说这些话来看,阅读者常常是看到一些细节,但他在读字时并不理睬它们。现在如果当他不能利用时,他都能看见这些细节;那么在一个未经改动的字中,他一定也能看到那些正确的细节,并且由此而构成整个的字形。所以,在一个短促的呈现中所得到的视觉印象,必然要比"字的大致形状"这句话所指的完全得多和详细得多。

上述各实验者都得到一个有趣的现象,很有力地支持这个结论。尽管一名被试只能在所看过的字母中说出少数几个,他却坚决相信在呈现的那一瞬间他曾清楚地看见了所有的字母。他在能作出报告以前就忘记了一些字母,因为只凭记忆不能保持这许多不相联系的项目。除非他这个印象是错误的,否则他在那一刹那中已经得到了阅读任何熟识字词的充分线索。如果在不到 1 秒钟的时间内,他看见了整个字和它的各部分,他就得到了他所要的一切线索了。

叔曼(F. Schumann,1921—1922)对字词知觉的这个可能的解释曾认真地加以探讨。他给被试看一系列的字母,叫他们加以广泛的注意。结果是看得清楚的字母并不限于接近注视点的 3～6 个。他的学生瓦格纳(J. Wagner,1918)给被试看一系列的字母,每次看 100 毫秒,要求被试对整个系列加以注意。下面是两个例子:

在 100 毫秒中所看的一系列字母	报告出来的字母
Lnzdwrrtschnfts	Lzdtschfts
Varwczhukzewpot	Vawhuzkpot

被试的确是读出每系列的头、尾和某些中间的字母。照这些结果看来,在良好条件下所看见的"整个的字形"是足以使人认出字词的。一个字并不是逐个字母拼出来的,但即使在很短的呈现时,所有的字母还是可以清楚地被看到的。

像数目广度一样,字母或字的阅读广度是以 O 因素和 S 因素为转移的。O 因素中有:事先对字母和对字的熟悉程度以及为扩大广度而进行的事先训练。用速示器上集中练习可以相当地扩大广度[韦伯(C. O. Weber),1942;任绍(S. Renshaw),1945],也是提高阅读习惯的效率的有效方法[苏瑟兰(J. Sutherland),1946;盖茨(A. I. Gates),1947]。在 S 因素中有:闪光的亮度和时间长短——或者在通常的短促时限内,不如说是 $I \times t$ 的结合。S 因素中还有字体的大小和形式等等影响字体清晰的因素,和字母与纸张背景之间的明度对比[佩特森和廷克尔(D. G. Paterson & M. A. Tinker),1927,1947]。至于下一节要讨论的那个重要因素,应该放在哪一类中可能还有些争执。

间接视觉在阅读中的作用 一件东西离注视点越远,它的形状就越看不清。离视觉的清晰中心很远(即:按网膜来说,离中央凹很远的地方)的字母就读不出来。但是在能看清形状到不能看清形状之间,没有一条明晰界限,而是逐渐过渡的。①

如果你把眼睛盯着一行字的第一个字母,而尽量顺着往下阅读这行字,你可能清楚地看到一个长字或两三个短字;再往下,就只能得到一些较为模糊的印象。因为人们很有倾向把注视点移向感兴趣的东西,所以这个非正式实验很靠不住,除非有人在监视着你的眼睛。汉密尔顿(F. M. Hamilton,1907)用速示器来避免从这方面产生的错误。他用短促的时间给人看一整行的印体字,要求被试读出那行的起始部分和尽量地看其余部分。典型的结果是:看出了头一个字或两个字,和大致说出有点像下一个字的东西。例如,下一个字是"flowers",被试猜成"follows"。

可以用速示器来测定在多么远的地方能读出单独的字母。事先给被试以一个看得见的注视点,然后在注视点的左边或右边出现一个字母,而被试事先不知道这字母将在哪一边出现[儒迪格(W. C. Ruediger),1905]。或者可以把两个字母同时在左右两边同等距离的地方出现,要求被试把这两个字母都报告出来[武卓(H. Woodrow),1938]。这两个实验的结果(图4-16)一致地指出:离开注视点的距离增加时,正确的知觉就逐渐以常态累积曲线的规律而下降。具体的数值要取决于所用的字母的大小等等条件。重要的事实是:稍微间接的视觉就足以帮助阅读一串字母。一名优秀的阅读者在看报时平均是每行用4次注视。

间接视觉中邻近的字母之间的掩蔽或相互干扰 科尔铁(W. Korte,1923)曾经发现,比起一个单独字母来,一群字母更需要接近注视点才能被读出。就拿一个字来说,虽然在中央视觉中,它能和一个字母一样迅速地被读出来,在稍微间接的视觉中就不那么清楚。这就需要加以解释:如果那些单独字母能读出来,为什么由那些字母组成的字又不能呢?肯定是有某种干扰。武卓(1938)在他的一个实验中曾观察到在成对的字母方面有这种影响,他认为"邻近的字母比远隔的字母引起更大的混乱或更多的相互抑制。"为了直接了解这种影响,请

---

① 最好用角度来表示离注视点的距离。阅读距离(或观看距离)是12英寸时,1英寸长的印刷物等于5°视角;$\frac{1}{5}$英寸(5毫米)等于1°视角。概括言之,每个横侧距离相当于观看距离的$\frac{1}{60}$时,它就等于1°视角。这些近似值一直到15°为止是相当准确的。

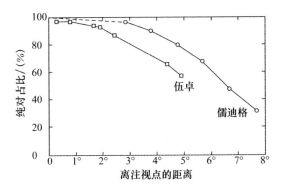

图 4-16　正确地读出在注视点略偏左或略偏右出现的字母的百分数（引自儒迪格，1905；武卓，1938）。儒迪格给的字母或是 n 或是 u，他叫被试在没有把握时试猜一下。他的实验里的"纯对"是指对的百分数减去错的百分数。武卓用了 26 个字母中的全部，所以不必去考虑碰巧成功这一因素。

注视下面每一行里中间的黑点，同时设法读出在它两边的字母（别让你的眼睛移动！）：

```
          t        •        s
        n t e      •       h s x
       n  t  e     •      h  s  x
          o        •        w
        m o a      •       n w i
       m  o  a     •      n  w  i
```

难道不是夹在当中的字母比在两头的字母来得更模糊吗？这种影响可能是由于对比的关系。明度的对比使在两头的那些字母显得黑些，从而使它们更突出些。字母旁边要是有相当的白色面积，就能加强这个有利的对比作用。在间接视觉中要看清楚东西很可能特别需要对比作用。所谓"掩蔽"看来是由于缺乏对比的缘故，虽然我们目前还没有准备来强调这个说法。

兴趣对于阅读广度的影响　在普通阅读中，上下文的有利影响是大家都知道的。如果和内容有联系，一个长字也容易读出。进行校对工作的人，一定不能对材料内容太感兴趣，否则就难以发觉其中印错的地方。普斯特曼（L. Postman），布伦纳（J. S. Bruner）和麦金尼（E. McGinnies, 1948）的速示实验中所指明的个人兴趣的因素，和这个 O 因素是接近的。他们的做法是：在无法看清的照明条件下，先只用 10 毫秒时间使被试看一个字；然后逐步地延长每次的时间，直到被试能正确地读出那个字为止。按照斯普浪格（Spranger）所提出的六种兴趣（理论的、经济的、美学的、社会的、政治的、宗教的）分类，每类用了 6 个刺激字。每个被试的兴趣侧影图解(profile)是用阿尔波特-魏尔农(Allport-Vernon)的价值量表(1931)测定的。问题是：和被试的主导兴趣有关的字，是否比那些离他的兴趣较远的字能在较短的一瞬间被认出来。回答是肯定的。25个被试的平均成绩是，最感兴趣的字需要的时间是65毫秒，而不感兴趣的字却需要97毫秒。在麦金尼(1949)的一个类似实验中，一系列的刺激字中包括一些社会上认为不雅的字，像"小肚子"和"母狗"，夹杂在一些普通的字中间；看出那些"不雅"的字平均需要98毫秒，而看出普通的字只需要53毫秒。这个差别是可靠的。

但是，认出一个字的难易差别原因是否就在个人兴趣呢？索洛蒙(R. L. Solomon,1951)指出，熟识可能是一个因素。例如你对于宗教越是感兴趣，你就会越多读宗教方面的文献，也就更多看到宗教方面普通的字。而不雅的字在阅读中是不常碰到的。照这样看，这些实验只不过提供一些生动的例子，说明知觉是根据减少了的线索而产生的一种学习得来的反应而已。有关一件事物的以往经验越多，就越能够不需要那么多的线索而照样把它认出来。这个因素无疑地会影响前面提到的一些结果，但是还不足以解释某些观察到的事实。叫被试在每看一次之后去尽量猜对。当他们读错一个和他们的主导兴趣有关的刺激字时，他们的猜测总还是符合于兴趣这方面的；而对于一个不感兴趣的字或"不雅"的字，他们一猜就会离题很远，似乎是在有意无意中对这个无兴趣的或不雅的题目产生一种抗拒。在上面提到的第二个实验中，被试对见到的字进行猜测时，他的心理电反射(PGR或GSR)受到测量；认不出的字如果是他所讨厌的字，心理电反射就比遇到一个普通的字要强烈些。也许他们在儿童期因为说"不雅的字"受过处罚，被试似乎是在力求避免去认出这些字。这问题当然需要进一步的研究，但是这些创始性的实验可能为在人格和社会心理学的研究中有效地采用实验心理学里的一个老的标准方法开辟道路。尽管如此，还是应当提出警告：上述的那些作用，在稍加变更的条件下似乎不易使它照样发生。

总　　结

读者一定都明白，本章所提到的一些问题，绝对不能用某个叫做"注意"的单独的官能或机能来理解。每个问题必须从有关的刺激和反应来分析。

为了避免任何主观因素，不妨看：一个比较低级动物的所谓注意。一只猫蹲在老鼠洞口(决定注意的一个有效因素)。这只猫可以说明我们在注意这一领域中所遇到的大多数问题。第一，它的眼和耳是对准了老鼠洞来取得最多的刺激(清楚度，注意度？)。呼吸变成嗅(sniff)，以便得到最大的气味的刺激。一方面由于有了这些适应，或许也由于阈限的降低或某些神经中枢活动水平的提高,老鼠洞那里来的任何刺激就有力量决定一个反应。降低了对某些刺激的阈限,结果必然提高其他的阈限;这只猫不会因室内有人走动而分散它对当前工作的注意,或因有人叫它名字而分心。但是,它也可能暂时不看洞口而去搔痒,这可以说是注意的分工(或者不如说是注意的交替)。警惕性较大的时期至少可以和注意的起伏相比拟。至于有什么情况可以和注意的广度相比,就不那么明显了。

　　这个例子提出了我们在研究人类被试时易于忽略的注意的一个方面,即动作的一方面。猫的肌肉紧张状态是这样安排的,使它随时可纵身跳起。这中间包括有全身的高度紧张,也有四肢的特殊准备。许多倾向于行为主义的心理学家曾经强调过这些紧张状态(tonic set)的重要性[参看帕斯卡尔(F. C. Paschal, 1941)的总结]。可是他们在强调感受器和反应器的适应时,却时常把中枢神经系统忘记了。[莫热尔(O. H. Mowrer),1941]。感受器和反应器的适应是靠中枢神经系统不同阶段的综合和抑制过程的复杂相互作用而组成整体。等到我们能进一步了解在整体调节中的神经机制时,有关注意的各种问题也许终究会弄清楚的。在这以前,心理学家要不迷失方向,还不如像观察猫守鼠洞一样从机能方面着手。

(沈迺璋　译)

第 五 章

情绪Ⅰ：表情的动作

情绪这一章,大概在心理学家们所从事研究的工作里产生了比任何其他研究对象都多的无益争论。可是,他们绝不能对这章置之不理,因为它包括一组很重要的现象。请看在所有新旧文学里,都贯穿了情绪状态的描述。在这些描述里,我们可以找到情绪的三种不同方面:第一,一个发怒的人,是以特殊方式的举止来表现动作——他的举止粗暴而有威力,常常不顾情况下的礼貌要求,或者是"如魔附体"一般而"不顾一切地暴怒"。第二,他以急促呼吸和面红耳赤表现了许多内部生理变化的明显征象。最后,他能报告他有特征性的内省体验。这些内省体验,许多已经可以追根到底,是生理上的变化,比如口干舌燥、心跳加快和呼吸急促。在文献方面,已经收集了许多例证[古拉斯(H. Kurath),1921;堪诺(L. Kanner),1931]。

印象法

心理学家们,在不同的时期,曾经对上述每一方面感到极大兴趣。早期实验家(1900前后)曾希望用印象法来达成内省的情绪体验的系统描述。给被试一个刺激物,被试报告他的体验。冯特(W. Wundt,1896)曾建议一个情感的三因次(dimension)体系,就是传统的愉快和不愉快的一个因次,一个他叫做兴奋和安静的因次,以及紧张与松弛的因次。情绪是一种复杂的意识状态或过程,它以这些情感作为特征并且还包括很多身体感觉。冯特的学生铁钦纳(E. B. Titchener,1909)只把愉快和不愉快看做是原始情感,其余的都由感觉组成。在那时的一般见解是,情绪的核心是引起身体变化而产生感觉的一种意识状态。

詹姆斯(W. James,1884,1890)提供了一个有革命性的提法。他认为情绪中的愤怒和恐惧首先是一种本能行为,其次才是因各样身体反应所引起的一群感觉体验。生理学家郎格(C. G. Lange,1885)独立地提供了一个大略相似的学说。詹姆斯-郎格学说曾经因为和常识性的情绪见解正正相反,而引起了相当的风波。这个学说认为,我们在树林里看见了一只熊的时候,就导致狂奔、急促的呼吸和心跳等等,由于这些身体变化而引起的感觉,再和对这个物体(或情境)的知觉融合在一起,所产生的体验就是恐惧。换句话说,第一是对危险的知觉,其次是逃奔反应,最后才是恐惧的感情。然而我们必须指出,詹姆斯和冯特与铁钦纳一样,都认为情绪体验是心理学的主要事实,那时心理学的定义是意识的描述科学。

表情法

虽然这些早期心理学家主要关注的既不是生理过程,也不是行为,可是二者都作为情感和情绪的指标而引起了某些注意。因而,他们采用了表情法,并且在发展记录呼吸、脉搏和血管变化的仪器上,独出心裁地作了很大的努力。实验家和比较具有哲学倾向的心理学家不同,前者并不太计较描写器上的记录是精神状况的表现还是身体状况的指标;而后者在身心交互作用论和身心平行论的对立问题上是忧心忡忡的。我们可以遵循习惯来谈情绪的"表现",而不牵涉到任何这种哲学上的问题,甚至不涉及詹姆斯-郎格学说。

生理上的变化

卡侬(W. B. Cannon)在平滑肌和腺的自律神经系统的反应上的卓越研究,对身体变化之谜做了许多解答。这些变化是詹姆斯和其他人等都曾认为对一种情绪的体验是如此重要的。更进一步的研究发现了在间脑中的一小部分,就是下丘脑,对于集成情绪行为的重要性。于是导致了卡侬-巴尔德的情绪学说[参阅巴尔德(P. Bard),1934]。这个学说认为情绪的意识体验是由于从下丘脑到大脑皮质的向上冲动,而不是由于从肌肉来的回路冲动(詹姆斯-郎格)。二十多年来,倡导詹姆斯-郎格学说和卡侬-巴尔德学说的人们的争辩充满了文献;在某种情状下,这是没有结果的辩论,原因是辩论者都试图一把抓住感觉出来的情绪的性质。心理学家们和生理学家们都逐渐地对生理上的和行为上的变化发生了更多的兴趣,而停止了对意识体验的忧虑了。

情绪的启动学说

由于大量研究和思考的结果,前景已正在起始开朗,启动学说(activation theory)的名词[林斯利(O. B. Lindsley),1951]是可以和任何一个好学说的名字相比的,这个学说,是可以用来做进一步的研究,而能综合许多已经积累了的事实的。我们可以先概述这个学说,然后再详细地介绍。

启动这个名词,它的意义是比使活动起来要多一点的;字典上告诉我们,它也有使能反应(激活,活化,激动)的意义。这对我们所理解的被称做情绪的机体状态或者是一个很好的名词;发怒的人对刺激作过分的反应。所以强烈的情绪代表着启动性连续体的一端;那相反的一端,就是启动性最小的状态,存在于睡眠者那里,他对刺激不起反应(如果我们要说得精确些,应当把死亡,而非睡眠,做启动性的零点状态,因为睡眠的人对强激刺物是有反应的。但是心理学家们普通是不研究在沉睡以下的起动性水平的有机体的!)。

启动学说是直接由研究大脑电活动而产生的。这个学说认为大脑皮质的活动是由一个较低的中心,就是下丘脑的冲动而引起的。可是,如果我们把启动这个名词普遍化了,把它应用到整个有机体上,和有机体的许多重要过程上,我们就可以有一个好的综合概念,用来把包括在情绪内的许多和表面上分歧的事实结合起来。这个学说在这个比较一般的形式上并不是根本新奇的。在许多地方,它是情绪的能量动员说的一种。卡侬(1915),当他揭示身体在恐惧和愤怒的时候如何准备做意外的行动时,就强调了情绪的能量动员方面。杜飞(E. Duffy,1934,1941,1951)在她的关于情绪的有启发性的论文里,曾经重视能量的动员。不过,因为能量动员有许多涵义,而能引起混乱,所以我们似乎应当采用启动性这个更广泛的名词。

为说明我们所指的起动性水平的连续体的意义起见,我们最好先从靠近启动性水平零点的例子说起,就是睡眠的人。他的大脑皮质是比较不活动的,在脑电图上只显示了电活动的慢波。肌肉是松弛的,并且向中枢神经系统送回很少量的冲动,自律神经系统的交感或应急部分是不活跃的。所有这些变化的结果是睡觉的人对普通刺激物并不起反应,他是在"无意识"状态里。

现在假如闹钟响了。这是一个强有力的刺激物,并且攻破了高的阈限。于是发生了大肌肉的反应而把冲动反馈到中枢神经系统里去。在自律神经系统里也有了冲动,肾上腺也有些分泌物,即一种"兴奋剂"。在平滑肌里结果所生的变化也有冲动的反馈,大约是经过大脑和脑干的交织通路,就是网状结构。这些神经束的一个极重要的末梢就是下丘脑,它扩大了这些返回的冲动,并且启动了大脑皮质。这时脑电波就显示了大脑皮质是在高度水平上活动着(林斯利,1951)。简言之,这个个体是醒了,并且对刺激起了反应。当他工作的时候,启动性水平逐渐增高,最后达到一种机警注意的状态,在这时候,对许多刺激物和适当反应都有优越的辨别力。

但是启动性水平仍然远在它的上限下面。假如有人把我们的被试在工作中需要的一本书拿走了。他有点生气,就是肌肉活动水平上升些,自律神经系统的活动也增多了些,同时他的丘脑下部向大脑皮质反馈了更多的冲动。启动性的适度增加,可以促进他以更多的精力来寻找这本书,但这会妨碍其他重要的活动。例如,他可以忘记打一个重要的电话。最后,如果他找了几次还找不着这本书,他或者变成了暴怒。现在他的启动性极高,随着发生了粗暴的行为。不过行为已经不是恰当地和刺激物适合,它变成了"盲目"的并且不协调了。反馈的和化学的变化的增加这样地刺激了下丘脑,以至于它不再受大脑皮质的约束。他的反应简直仿佛他没有大脑皮质,好像没有学习过办公室的常规和有礼貌的行为[达儒(C. W. Darrow),1935]。只有等到他的启动性水平已经降落到比较常态的时候,他才能恢复以前的工作效率。

以这个时间顺序使情绪整个改观了。我们不必再把情绪看成是占有有机体的一种特殊状态;它不过是启动性连续体的一端罢了。但是这并不意味着我们应当随着杜飞和其他人所提的建议,取消情绪这个名词,因为它是应用于高度反应状态的一个有用的名词。但是我们必须记住,在清醒状态下总有多少不同程度的启动性(如果你愿意,可以称其为情绪)存在。显著地缺乏这种启动性的个体是迟钝的、无感情的。其实我们将要察觉到启动性是情绪的,也是内驱力的核心问题。这对于喜爱文字的人不足为奇,因为情绪和动机这两个名词全是从拉丁语干 mot-来的,意思就是活动[查阅李泊(R. W. Leeper),1948;韦布(W. B. Webb),1948]。

情绪的分化

到现在为止,我们只讨论了一般的情绪;并且采用了愤怒来说明情绪里能量的关系。但是任何完全的描述必定涉及有多种情绪存在的这个显明事实。如布瑞杰斯(K. M. B. Bridges,1932)所提示的,这一点可能是正确的,就是新生婴儿只显露了一种模式,兴奋。但是这个原始状况不久就分化成欢喜和苦恼,并且分化作用继续下去,以至于最后到达成人的一大堆不同的情绪和有情绪色彩的态度。这种分化大都是把学习来的模式像移花接木般地加在基本冲动模式上的结果,而这种基本模式是天然存在于神经系统的结构内的。但是无疑的是有若干种基本模式存在的。所以刺激和割除的实验[摩尔根和斯特拉(C. T. Morgan & E. Stellar,1950);丹普赛(E. W. Dempsey),1951]曾经表明,下丘脑的不同部位和它的有关结构是和不同情绪和内驱力的组织有关的。还有在丘脑下部以下和以上的许多其他神经结构也和情绪行为有关。总结是这样:在多种情绪状态中我们发现了某些组织和分化;启动性是既同某个有机模式有特殊关系,又和整个反应机构有普遍关系。在我们丢书人的例子里就有这种特殊性的证据。他变得对和那本书有关的所有事物都增多了反应,而对任何其他的刺激对象减低了敏感。在像饥饿这种内驱力的状态下,也对知觉和行为发生同样的尖锐化和局限性;一个饥饿的人对和食物有关的东西都发生反应,而对其他东西置之不理。我们将要看到这个原则可以解释以下的动物行为:一只口渴的白鼠,虽然它必须把食丸推到一旁以便接近水瓶,可是它并没有学会找到食丸的所在地。诚然,我们在多种强烈情绪状态中可以遇到"钻牛角"的极端例子。只要是雄牛一味盲目地冲来,斗牛勇士就相当地安全;所以在一个斗牛场合里的前段节目是故意地激起牛的暴怒。简单地说,情绪既可以是有组织的,也可以是紊乱的。温和的情绪因为可以减除无关的行为,所以既可组织协调的行为,又可向它供应能量。但是当启动性水平上升的时候,行为就增多了粗暴,越来越多的局限了感觉场。在强烈的情绪之中,行为是由较低中枢的天然神经形式组成的,而不是大脑皮质的后天学习来的模式组成的[参考李泊,1948;亥布(D. O. Hebb),1949;杨(P. T. Young),1949]。在某种意义之下,所有行为都是有组织的或是模式化了的;当我们说行为紊乱时,我们是依据它达到有机体所面临的某些特殊目标的效率,而来对它进行估价的。这是一个必胜的赌博,可以说对每一种工作,都有一个适量的启动性水平;读一本轻松的小说需要的是低的水平,解决一道数学问题就要较高的水平,踢足球就要更高的水平了。低于适量水平,有机体就缺乏能量、坚持力和集中力;而高于这个水平,他的操作就缺乏了准确性。就一个工作而言,这都是紊乱的行为。

因此,很清楚,在整个情绪论题中有两个问题交织在一起。一个是情绪的组织或是模式,我们将在这一章里讨论。另一个问题,关于启动性水平,将延到下两章内讨论(参阅杜飞,1934,1941,1951,以下两章深受她的著作的影响)。

面 部 表 情

文献和常识都提示我们,寻求情绪模式化的显明地方就是面部。面部的肌肉和皮肤是极富于活动性的。更进一步来讲,面部肌肉和皮肤是与重要感觉器官,与呼吸,与饮食有关联的。最后,任何可以和这些重要机能有关的面部变化都可以任人一览无余。所以,我们可以希冀,面部变化对控制他人是极有用的;它们可以变成交通的一种形式。也有其他反应,例如语音和手势也可以成为有社会性的刺激物,不过这些都没有受到较有系统的研究。所以,我们将要用大部分的注意力来讨论面部表情。

问题

曾经从事这类工作的生物学家和心理学家们已经做过了多种问题的研究。这些问题大体可以分成两类。

面部表情有多少模式?这里包括以下的问题:可以认识的不同面部表情的数量,人们判断面部表情的一贯性,什么样的表情是容易混同的,判断表情的人所用的方法和各种不同表情的客观测量与描述。我们将要看出,模式化和分化是比一般人所相信的少得多,例如,愤怒和恐惧是时常被一个观察者弄混了的。

面部表情的模式是先天的还是后天的?解决这类问题已从下列方式入手:比较不同文化和国籍的团体,比较不同的年龄,将盲人和常人的表情对比。我们将要看到,和差不多任何其他的行为类别一样,在面部表情里,先天、后天的因素都有。

我们已经知道要讨论的问题是什么以及答案的大概方向,所以让我们来审查几篇比较有代表性的研究。当我们叙述这些研究的时候,我们必须记住,面部表情不只限于我们叫做暴怒或恐惧的心理状态的表情而已。每个"表情"是构成情绪的复杂模式的一个不可分割的部分,这种复杂模式包括神经的、肌肉的和腺体的变化。

前辈

在这方面的研究工作中,心理学家之前是解剖学家、画家和演员。大解剖学家贝尔爵士(Sir Charles Bell,1806,1844),是以发现脊椎神经的感觉的和运动的不同的根(root)而著名的。他指出解剖学对画师的重要性,特别重要的是要了解产生不同表情的许多颜面肌。至于关于这些颜面运动基本上是表情的还是实用的问题,他相信后者是比较好的一般理论。当一条狗发怒而露齿示威时,这是一种实用的动作。由生理学上说,面部运动和语言运动一样,是和呼吸的一般机能有关的。可是贝尔相信,特别属于人类(更好的说是属于灵长类)的某些肌肉,像可以"皱眉"的皱眉肌,或是可以使口角下垂的三角肌,除了为表现情绪上更精微的程度以外,并没有其他的作用。

早期研究表情的最伟大学者是达尔文(Charles Darwin)。他继《物种起源》和《人类的起源及性选择》之后写了一部《人类和动物的表情》(1872),这部书对于心理学和进化论都是一个贡献。达尔文反对贝尔的学说,认为每个面部运动都是原始"有用的"。他相信表情作用是根据他的表情三原则的任何一种而从实际功用演变来的。

(1)"有用的联系习惯"原则。许多表情运动是实用的运动的残余或遗迹。最初是为获得实用效果,这些运动变成了自动性习惯并且甚至可以遗传。但是由两方面可以取得更改。在刺激物这一方面,运动和情景联系在一起了,这些情景只是和原始的激动原因有些类似性;在反应这一方面,运动是弱化了和变低了,以至只有原来的实用动作的遗痕存在。

(2)"对立"原则。相反的冲动有相反动作的倾向。如果一种情绪产生某种运动;相反的情绪,甚至从来没有任何实际价值,也将产生相反的运动。

(3)"兴奋神经系统对身体有直接作用"的原则。就是神经活动溢入一切现有的运动途径。肌肉的颤抖就是一个例子。

第一个原则是最有达尔文主义的代表性的。成人抑郁的表情是由婴儿率直的啼哭变低变弱而来的。啼哭的声音部分是实用的求救,而颜面部分在起初是和声音相连接的。张大了的嘴要使用司口角下垂的肌肉,口角下垂这个小小动作保留着作为忧抑的表示,可是发声的啼哭是被淘汰了。同理,起初是和紧张的实用动作相连接的闭紧了的口,现在仍然保留着成为用脑力或作决定时的表现。在愤怒的时候,掀起上唇来暴露出犬齿。可能是在猿类搏斗时在实用上的露齿示威的遗迹。

达尔文的对立原则可以用来解释笑。笑是和啼哭相反的,因为啼哭包括抽搐的间歇性吸气,而笑包括同样的向外呼气。

德国解剖学家皮德里特(T. Piderit, 1859)曾经在智利居住多年。他在达尔文以前和以后都写过关于面部表情的著作。和贝尔一样,他要使解剖学对绘画家和雕刻家有些用处。他在许多绘画当中,查觉缺乏协调的面部表情。这个引起他把脸部的全部表情分解成为脸面几个部分的元素性的表情。他相信把这些元素联合起来就可能保证一个协调的全体。

皮德里特的学说认为表情动作不仅是实用动作的残余,不用追查个体的或是种族的历史就可以发现它们有现在的用途。他相信颜面肌是感觉器官的附属物,有帮助和阻碍接受刺激物的作用。正像眼的睁闭可以辅助或是阻止接受视觉刺激一样,鼻子的某些位置可以帮助嗅气味,而另一些位置则可以使难闻的气味不致侵入。一个甜东西可以由于舌头和唇紧贴前部牙齿而"饱尝滋味",苦味可因舌头由口腔上部缩回而减少。

皮德里特在发展他的学说时,提到一个东西在想象到的时候,和在器官实际感受到的时候,所引起的颜面反应应该一样。当一个人有不愉快的思想时,嘴就好像是躲避苦味,眼部就好像是躲避不愉快的景象,鼻子就好像是躲避一种臭气;当一个人有愉快思想时,就引起眼睛的睁大,一张"甜蜜"的嘴,如果此人有一个充分灵活的鼻子的话,就有一个闻香样式的鼻子。总之,阻挠接受刺激物的动作是不愉快情绪的表现。接受动作可以是注意力或是愉快的表示。睁圆了眼睛表示注意,突然扬起来的眉毛是惊奇,极端的扬眉是惊愕,半闭了的眼睛是漠不关心。皮德里特同样承认倾听或其他注意表现时的张嘴、固执的嘴(这里和达尔文的意见一致)以及赞扬或挑选时把嘴唇向前伸等表情。此等要素的各种结合是可能的。

皮德里特用图画来说明他的分析。虽然是简单线条的图画,正面像和侧面像,删除了可以暗示情绪的附加物。可是这种赤裸裸的简单图形,可以给予所拟的元素性表情以最公尤的现实考验。

面部表情的判断

实验心理学家从达尔文和皮德里特得到了启示。达尔文自己贡献了一个典型实验。他搜集了一些用来代表几种情绪的照片,并"不用一句说明的话",他把照片给20名判断者来看,要他们评定所表示的情绪是什么。他的判断者对某些照片有一致的见解,可是在其余的照片里,见解很少相同。虽然达尔文本人在第一次审查照片的时候,别人告诉他照片上所代表的情绪是什么,他已经完全满意了,可是,他对评判者意见不一致的照片,结论是:它们并没有真正表现应当有的情绪。这个实验使他相信暗示是揣度面部表情的一个因素。

波令和铁钦纳(E. G. Boring & E. B. Titchener,1923)根据皮德里特的图形制造了能互相调换的脸面部分,可以插进一个人类侧面像里。用成批不同的眉毛、眼睛、鼻子和嘴拼成了360个综合像。奇怪的是他们发现了几乎每一个综合像,即或在部分上有矛盾,也有被试认为是一种真正的表情。当被试体会了这个实验的精神,他在各别脸面部分里见到了皮德里特的元素,也在拼成的面部见到了可以辨认的表情。

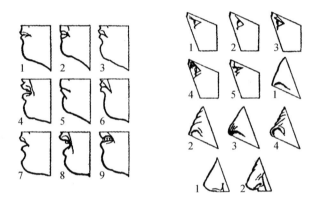

图 5-1　皮德里特面部表情图(波灵和铁钦纳,1923)。

嘴:1. 正常的;2. 甜蜜的;3. 惨苦的;4. 很不愉快的;5. 固执的;6. 固执而不愉快的;7. 注意的;8. 不愉快和注意的;9. 咆哮或嘲笑的。

眼:1. 正常的;2. 得意的;3. 注意的;4. 非常注意的;5. 不注意的,退缩的。

眉:1. 正常的;2. 注意的;3. 不愉快的或思索的状态;4. 不愉快的注意。

鼻:1. 正常的;2. 不愉快的注意。

可是疑问仍然存在,就是被试如果不事先得到实验者的指示或暗示,这些综合表情是否可以传递同样的意义。伯兹拜(D. E. Buzby,1924)和芬伯格(S. W. Fernberger,1928)曾经用实验来考验这个问题。把皮德里特的一些面部图形给被试学生们看,同时给他们一张情绪名称表,他们要为每个面部表情选择一个最恰当的名称。结果在下表列出,被试们的意见彼此之间不很相同,和表情的理论上的意义也不完全吻合。如果我们认为面部图形是对的,而实验是对揣度面部表情能力的考验,那么我们的结论就是这些被试学生的能力不强。如果我们假定在这种情形下,一大群没有成见的被试的汇合判断是正确的,我们的结论就必须是这样：这些面部图形并不很表现所应当显示的表情。可是，这些表情的被人猜对的数目并不是相等的。"沮丧"的脸很少给被试"沮丧"的印象，它隐示着简单的注意倒是更多些。如果我们把26%的"惊愕"和14%的"惊奇"算上，"惶惑"的脸普通是可以传达类似"惶惑"的印象的。我们必须认识到这些情绪词在应用上的笼统性。

图 5-2 皮德里特图形的综合像：17，惶惑；18，惊异（波令和铁钦纳，1923）。

面部表情有的是可以加以不同的解释的，所以有暗示的余地。芬伯格(1928)曾做了暗示一个"假"解释以观其效果的尝试。他给几组被试学生（共658名）看同样的五张面孔，给每张面孔指定一个"假"的表情名称，要求被试判断每张面孔所表达的指定的情绪是好、相当好、不好和一点不像。他的结果列在下页的大表里。

除了暗示和面孔所要代表的表情极端的矛盾以外，暗示发生了效力。大约只有暗示是由一个人所处的情景和由他的全面反应所传递出来的时候，暗示才影响我们通常从面部来揣度一个人的情绪。"从面部来揣度情绪"大部分等于把情绪揣度到面部里边。正像芬伯格说的，实验结果"指出如果完全脱离了一般的、全部的刺激情景，只从一个抽象的面部表情的知觉上，对一个个体的情绪状态能做的确定是微乎其微的。如果表明了刺激情况，我们是按着那个情况而不是按着面部表情来判断情绪状态。"

模拟的面部表情的判断

皮德里特侧面像不仅是"脱离了整个情景"，而且它们是轮廓画。或者我们判断真面孔的照片能更准确些。照片可以避免了安海姆(R. Arnheim,1928)的批评，他推论到皮德里特研究面部表情的分析方法完全不中用，但是，他的推论离自己的证据太远了。他的证据是他制造了有些部分完全一样的侧面影像，而发现了部分经过不同的综合，就变了样。

一位具有一些解剖知识的画师鲁道夫(H. Rudolph,1903)，为供给艺术家们的使用而研究了面部表情，发表了几百张一位男演员模拟各种不同表情的照片。这是经他修过底版和多少被他理想化了的照片。他本人的理论是所有面部表情都根据几种原始型式——基本上是接近或者退避的动作。他的演员被试有一副很易变动和富于表情的面孔，这组照片乃是心理学家曾取用的"仓库"。费勒基(A. Feleky,1914,1922)和鲁克密克(C. A. Ruckmick,1921,1928)搜集了女性模拟表情的照片。大概最好的一批是弗罗斯-惠特曼(J. Frois-Wittmann,1930)所搜集的。胡林和卡茨(W. S. Hulin & D. Katz,1935)把弗罗斯-

惠特曼最好的72张照片发表了,其中的24张(已经缩小很多)见图5-4(p149)。

1382名被试学生看皮德里特面孔表情图像的情况[1],[2]

所用的名称	呈现面孔所代表的表情				
	惶惑的	沮丧的	恐怖的	憎恶的	厌弃的
高兴的	e	1	e	0	e
不高兴的	3	1	4	2	e
固执的	2	e	9	1	e
注意的	45	0	1	0	11
惊奇的	18	e	1	0	14
不注意的	1	e	5	0	3
沮丧的	5	3	2	e	6
恭敬的	5	0	3	e	5
可亲的	2	e	e	0	2
惶惑的	8	2	1	e	32
惊愕的	2	7	e	0	26
恐怖的	e	57	0	e	e
暴怒的	e	11	e	e	0
不赞许的	4	2	14	7	1
憎恶的	2	2	34	9	e
愤怒的	e	2	1	e	0
蔑视的	1	3	19	33	0
厌弃的	$\frac{1}{99}$	$\frac{10}{101}$	$\frac{6}{100}$	$\frac{48}{100}$	$\frac{0}{100}$

暗示对面部表情解释的效果(芬伯格,1928)

所要表示的表情	沮丧的	恐怖的	憎恶的	厌弃的	惶惑的
暗示的反应	惊奇的	注意的	不高兴的	蔑视的	恭敬的
没有暗示而选择这个反应的百分数	18	0	4	33	5
接受暗示后的百分数*	74	10	77	95	70

* "接受暗示的百分数"认为面孔对所暗示的情绪是表达得好或相当好。

① [伯兹贝(1924);和芬伯格(1928)]。

② 上表左边的词是准备好了的,每个被试是要由表里选出一个他认为恰当的词来形容五个面孔的每一个。数目是词被选的百分数,"e"代表不及百分之一的一半。

实验过程是摄取演员所模拟的表情来表达某种情绪,然后在没有成见的被试当中试一试能不能认出来。有时给被试一张情绪名称表,有时他可以随意用他自己的词汇。

朗菲尔德(H. S. Langfeld,1918)采用了鲁道夫的 105 张模拟表情照片,他指导他的 11 名被试给每张照片一个说明表情的名称,其中最成功的被试达到 58％的"准确"(名称和演员的意向吻合),最不成功的有 17％。这些低的百分数已经使后来的著者认为面部表情是不能很成功地被猜出来的,但是我们将看到,仅仅的用百分数做准确度是很不恰当的测量方法。

朗菲尔德也试验了暗示,他第二次再把照片给被试看,并且加上一个声称是正确的名称(其实有一半是不对的),同时问这个名称是否可以用。即使被试在以前曾经给同一张照片一个正确名称,也常常接受不正确的名称。一名被试接受了多至 47％的不正确的暗示,另一名则低至 16％。总起来说。暗示有相当的影响——这和用皮德里特面型所得的结果一致。

另一个重要结果是通过暗示和训练得到的进步,阿尔波特(F. H. Allport, 1924)用幻灯让 12 名被试女大学生看 14 张最好的鲁道夫照片,平均有 49％的正确性;然后实验者作了一个关于面部表情的简短而广泛的讲解,包括颜面肌的解剖学和面部每一部分对下面每一类型情绪的作用:痛苦和忧伤、惊异和恐惧、愤怒、厌恶、快活以及态度方面的(包括怀疑,决定,等等)表情。在这次讲课以后,又把以前的照片给学生看,平均分数就上升到 55％。

桂尔福特(J. P. Guilford,1929)重复了这个实验。他采用 96 张鲁道夫照片,分成大致相等的 4 组,15 名被试的平均分数如下:

	平均分数/(％)
第一组,在指导前	27
第二组,在研究颜面肌以后	27
第三组,重复出示附有正确名称的第二组照片以后,并且在学习了阿尔波特的 6 组表情和他的分析以后	32
第四组,用特殊的指导去分析	39
第一组,最后再做一次	41

这种经过训练而在判断面部表情方面所得进步的含义是很不确定的。阿尔波特的推断认为,说明面部表情的能力是由学习而来的,而不是天生的,不同个体的不同能力是由于他们对这件事有不同注意力的结果。那些一开始就有好分数的人比较一开始有低分数的人进步得少。他认为,解释这个事实可以假设分析的训练并不能帮助那些就面部的整体来揣度表情的人,而这种揣度面部的方法或者是最好呢。附带说一下,这是个别差异由于训练而减少的少数例证之一。

至于试图诊断面部所表现的情绪的方法,朗菲尔德和其他实验者都曾经搜集了内省材料。根据评判者们所能说出的,有两种主要的方法:一种是模仿面部表情的姿态,同时注意"感觉如何"——神入法(method of empathy);或者,另一种是想象一个适合那种姿态的情境。但两种方法中并没有一个是可靠的。

说明模拟的面部表情可以准确到如何程度?

由这几个实验里所得到的"正确"判断的低百分数,似乎可以有根据来作以下的结论:揣度面部表情大都是一个神话,因为我们在实际生活中是靠着一个人所处环境和他所说的和所做的事,而不是单靠其面部来发现他的情绪。

真实情况是在这个极端的结论和一般见解之间的,理由是这些实验都将一件不公正的事强加于被试。在大多数情况下,一位演员,把他以为可以代表一个特殊情绪的表情模拟出来,而被试所要做的是必须猜出这个情绪来。如此实际上存在着双重的分歧的机会。更加上还有同义字的问题发生。如果任凭被试去自由运用情绪名词,那么实验者就必须决定以下的名词中哪一个是对暴怒的正确判断:暴怒,愤怒,激怒,愤慨,怨恨等等。逃避这种决定的一种方法是给被试一张适用于不同情绪的有限制的名称表,并且尽量地免除同义字。更可以进一步地改善这个局面,就是不管演员的原意是要照片代表什么表情,而是只要被试的回答和大多数的被试相符,就算他对了。下一步自然的是要发现哪些照片是被大多数的被试弄不清楚的。弗罗斯-惠特曼(1930)采用了这个方法来寻求每种表情间的关系。比如他发现暴怒一方面是和恐怖有密切关系,一方面和愤怒与仇恨有关系。最后的阶段是完全取消名称。布利哈姆(C. C. Brigham,1932)和胡林与卡茨(1935)令被试决定哪些照片可以算是一类的,用这样极端的方法所得的结果有一点难办。因为实验者最后所得的表格表示一张照片(比如说是第 23 号)各有多少次是被试认为和第 35、18、46 等照片一样。这样的表格并不太能告诉我们被试能判断面部表情的准确程度。

判断面部表情的量表

某些表情比其他的更相似这件事实暗示着所有的错误并不相等。我们所需要的是一个量表,用它来给被试一些"虽不中亦不远的"成绩,在本书第一版里,伍德沃斯(R. S. Woodworth)曾经制造了这样的量表。这是他仔细地审查了100 名被试判断 86 张照片的成绩分配而后制出的,该数据曾经由费勒基(A. Feleky)详尽地发表(1922)。经过一些尝试和错误,他觉得下面的量表还令人满意:

| Ⅰ 喜爱,幸福,快乐 | Ⅱ 惊讶 | Ⅲ 恐惧,痛苦 |
| Ⅳ 愤怒,决心 | Ⅴ 厌恶 | Ⅵ 蔑视 |

这个量表在这一点上还令人满意,就是大多数被试认为一张照片是恐惧,其他一些被试或者认为是一些邻近的梯级(step),例如惊讶或是愤怒,可是很少有人认为是距离很远的喜爱或是厌恶。用这个粗略的量表,原来数据里判断和模拟表情之间的相关系数变成0.92,这个比起以前的研究所显示的面部表情判断来要显示出较高的准确性。这个量表对使用其他照片所搜集的其他数据的整理也起了很好的作用[鲁克密克,1921,盖茨(G. S. Gates),1923]。我们以后还要提到这个直线性量表。

另一个计算判断分数的方法

堪诺(1931)提供了其他证据,说明一位演员在照片上的面部模拟表情,是可以相当好地辨认出来的。用费勒基的某些照片来给409名被试学生看,他并没有给被试情绪名称表,可是给他们下列指示:① 给每张照片一个最好的名称;② 说明演员所反应的大概是什么情境;③ 猜测演员随着他的面部表情大概要说什么话。把所有这些反应都计算在内,每人是用一个有10个分数点的量表来算分数;从7分起,都算是及格。差不多每人都做得比概率机遇好,几乎每张照片都得到了比概率机遇好的成功反应。照片在这方面很不相等,比如惊讶有77%的被试辨认出来,恐惧有70%,恐怖有62%,羞耻有53%,暴怒有50%,疑虑有27%,怜悯有19%。

儿童对模拟表情的判断

盖茨(1923)用6张鲁克密克所搜集的照片来试验3~14岁的儿童。大概正确的判断百分数是随着年龄逐渐增加的。把儿童词汇宽大地容纳在内,笑容照片甚至在3~4岁的时候也有70%的正确判断。在10岁的时候就增加到100%了;相反地,惊讶和蔑视在3~5岁的时候几乎是没有说对了的。不同年龄儿童所达到的对各面部表情照片的50%水平的正确判断的情况如下:

模拟表情	年　龄
笑容	3岁以下
痛苦	5~6岁
愤怒	7岁
恐惧-恐怖	9~10岁
惊讶	11岁
蔑视	14岁以上

在几种表情的相对难度方面,被试儿童和成人是不同的。对被试儿童最困难的是蔑视,可是在被试成人中差不多这是最容易的一个。然而大笑对儿童和

成人都大致是最容易的。对愤怒的判断一般有低的成绩和广阔的分布。在费勒基和鲁克密克照片里(而不在鲁道夫的照片里),惊讶可以不难辨认。在愤怒的习惯表情上可能有文化上的区别;同时,演员们有他们的特长,有的比较成功地模拟一种表情,另外有些人对其他表情比较成功。

自然的面部表情

我们即使承认演员可以用面部来表达各种不同的情绪,可以到某种可辨认的程度,可是我们不能就说日常生活中人的面孔是自然富于表情的。大概舞台上的表情有强烈的沿袭成风的因素,就如同普通成人的面部行为有强烈的控制和抑制的因素一样。如果我们摄取儿童和成人在情绪激动下的自然表情照片,并且和处理模拟表情照片一样,令没有成见的观察者来判断这些照片,这可能是值得的。困难是怎样在已经知道的情绪情况下获取照片。

谢尔曼(M. Sherman,1927)在假定可以产生下列不同情绪的情景下,摄取了生下几天婴儿的电影:

暴怒(限制婴儿头部的活动)	恐惧(突然失掉了支持)
痛苦(针扎)	饥饿(喂奶逾时)

即使具有婴儿全身的照片和有关的电影镜头,尝试判断这些影片的学生和其他观察者们也不能分辨这几种情绪情况。显然,在这样小的年纪,对所有的这些不愉快的环境,实际上等于只有一种表情。

舒勒兹(R. Schulze,1906,1912)用了年岁较大的儿童,得到较好的结果。他在儿童面前放了可以引起不同情绪的画片。当他们正观看画片的时候,给他们照了相,然后把照片给判断者们看,要求他们尽力地指出儿童所看的一定是什么画片。判断者得到了某些成功,所复制的照片无疑地显示了面部表情的特征性差别。

邓拉普(K. Dunlap,1927)在实验室里给予被试成人一些刺激物,这些刺激物蓄意要引起大笑、吓一跳、疼痛、厌恶、紧张和松弛,然后摄取了自然面部表情的照片。他对眼睛和口部的相对表情力特别有兴趣。他给同一名被试拍了两张表现不同情绪的照片,从中间把照片横剪断,然后把一张的上部和另一张的下部配合起来。大体上的结果是这样:综合的表情是受口部的影响最大;一个有镇静眼睛和大笑的嘴的面孔,无疑的是表示着大笑。大笑的嘴统制了面孔;在相当的程度下,厌恶的嘴、吓一跳的嘴、疼痛的嘴和紧张的嘴有同样的作用。邓拉普的照像显示着自然流露的面部表情是随被试的情绪状况而不同的。柯曼(J. C. Coleman,1949)做过一个大致相同的实验。不过他用的不是照片而是电影。他发现眼口部分的相对效率是因各种表情而不同的[同时参阅弗罗斯-

惠特曼,1930;哈纳瓦尔特(N. G. Hanawalt),1942,1944]。

自然面部表情的客观分析

兰迪斯(C. Landis,1924)做了一个特别彻底的尝试来把真正的情绪引入实验室里。在一个3小时的实验里,他引进了16个情境,目的在于产生各种情绪,最后建立一个强度兴奋和发怒的状态。他获得了发怒这一情绪,可是并没有获得任何特别愉快的情绪。他的被试们对待这件事很认真,而且大约是准备着来忍受而不是来享受的。他们大多数是心理学家,在另一位心理学家面前,为了帮他的忙而来尝些不愉快的体验。大概是因为这个缘故,面部的表情在不同的情境里并没有显著的差异。在面部的皱纹里流露了相当多的肌肉紧张,并且顺着苦恼体验的进展而增加起来。大部分时间眼睛是半闭着,上唇是向上撇着或是向下撇着。甚至在必然是很不愉快的情境里也出现了笑容。

兰迪斯对几个情境里所摄的影片,作了分析的、客观的研究,好来决定在每个表情里哪些肌肉是在活动。他寻求对特殊情绪有特征的肌肉动作的模式。最理想的肯定结果是获得一个在同一情境下所摄的全数面孔都呈现的模式,而这个模式决不呈现在基本上不同的情境里;最理想的否定结果是在所有的情境里和所有被试口中说出来的情绪里,他们肌肉收缩的模式都一样。实际的结果在这两种理想极端的中间,根据兰迪斯的论断,是近于否定结果这一方面的。他的结论是"根据这个实验的材料,除了笑容以外,没有获得其他的表情。笑容有足够数量的照片,我们可以认为是任何情境的标准表情。"可以有表现个人特征的,而不是表现情绪特征的表情或是面部姿态。但是我们必须承认,实际上所引起的情绪广度是相当小的,被试们大约并没有自由地流露他们的情绪,而且分析上用的数据是难以用任何公认的统计方法来处理的。有一副没有表情的面孔的人可以经历多种的体验而不流露他的情绪,可是一副天真的面孔可能是极富于表情力的。所以柯曼(1949)摄制了12名被试的影片,他的场面大致和兰迪斯的相同。他发现最好的两名被试所呈现的画面,是很可以前后一致地来判断的。

关于无所不在的笑容,可以有两种解释。弗罗斯-惠特曼指出,如像把一个活白鼠的头割掉的场面(兰迪斯所用的一种)很可能含蓄着多少暴虐的快乐(sadistic pleasure)。大概一个较合理的解释是,在一个社会环境里笑是任何强度情绪的典型的"泛滥"表情,克林伯格(O. Klineberg,1938,1940)指出中国人在发怒时用笑来做表情,也有冷笑等等。

快速摄影机的照片

理想的自然姿态照片大概是要从实际生活中,在被试不知道的时候摄取。

这是要比预计的更不容易获得的照片。如果说报纸和杂志士的所谓快速照片的相当大的一部分实际上是扮演的,这是相当可靠的。可是穆恩(N. L. Munn,1940)利用了这个来源从"生活"和"展望"两种杂志搜集来 14 张相当好的照片。在一项研究中,他要求被试们判断只是呈现面部时的表情。学生们对情绪的判断至少是和其他人判断模拟表情的照片一样好。实际上,如果我们审查他所发表的表格,可以看到,照伍德沃斯量表的名词来说,结果中的分布度倒是相当小的。

不久,穆恩又令人再看这些照片,可是这时他用的是整幅照片,如此就提供了一些关于表情所出现的情境的知识。有时这种辅助材料显著地促进了判断能力。例如参加麻袋赛跑①的一位姑娘,其面孔是自始至终地被判断为烦恼。可是当照片的其余部分也包括在内的时候,判断就变成了紧张和果敢。这个改变大约包括了半个量表尺度的变化。对另一张只给看面孔的照片,判断是由惊讶延伸到厌恶,只有一点怒态。可是当被试们看见了这张面孔属于一个人,他正抓住一个罢工破坏者的大衣领子,判断就大量地集中在愤怒和仇恨了。这是相当地明显了,就是这样的情境上的线索是很重要的,不仅仅可以照我们量表的名词使判断更为敏锐,并且也可以显露出制量表时所丢失的微妙变化。

双手在表情中的地位

除了情境,还有其他弄清面部表情的意义的因素。其中之一就是手势。有技巧的演员们常常是更多地依赖于手势的,并且在许多不同文化里,人们无限制地利用着手势[克利奇利(Mc. D. Critchley),1939;艾佛阮(D. Efron),1941]。卡麦卡尔、罗伯茨和威赛尔(L. Carmichael, S. O. Roberts & N. Y. Wessel,1937)曾做了实验来考验只用双手来做表情的有效程度。一位有技巧的演员从屏风后面伸出了他的双手,他们摄取了这样手势的影片和照片。几组判断者可以辨认手部照片所表达的情绪大致和其他几组被试所能辨认面部表情的成绩一样好。影片的平均结果不比照片好。在影片里似乎有些失之于繁琐,这就抵消了动作可能带来的好处[参阅杜森伯瑞和诺尔(D. Dusenbury & P. H. Knower),1938]。

语音的表情

虽然根据日常经验而不是根据实验证据,我们也可以认为语声是判断情绪的另一线索。谢尔曼(1927,1928)发现一名观察者不能单独从声音来判断一个

---

① 人捆在麻袋内竞走比赛。——译者注。

婴儿的啼哭是因为饥饿、腹痛或被拘束,这些区别要比一名婴儿的啼哭和他的咿咿咕咕或笑声之间的区别小些。我们肯定可以从声音说一个人是否在笑,在某些实验家证明相反的一面以前,我们也相信可以辨认其他的语调和语气,如像果决的声调、嘲笑的声调、劝哄的声调等等。

语音可以有响度、音调、音色、抑扬的不同,抑扬就是音调的滑动。如果说"提高嗓音"——这指的是提高音调或响度,或是二者都提高——是自然地发生在兴奋的状态里,这是不会错的。很显然,婴儿越是"激动"就哭得越响些,这是用不着学习的。

当情绪状况起了变化的时候,音色也随着起变化。这是因为我们有"甜蜜的声音"和"粗暴的声音",我们相信这些是可以辨别和说明的。但是在这一点上科学证据是最少的。

梅瑞(G. N. Merry, 1922)曾经用唱片研究过音调的变化。他采用了记录演员和演说家的热情奔放的演说唱片的方法,发现音调是有非常的流动性的。这些艺术家远远不是用一种单调音,在他们的语音表情中,整个声音广度的一大部分是忽高忽低地活动着。叟泽恩(E. H. Sothern)在施洛克(Shylock)的演说中显示了多于两个八度音程的广度,而他的一个音调变化或声音的滑动就大到比一整个八度音程还多些。我们不知道这种声调的抑扬顿挫有多少来自天然情绪的表现,多少是由于表演的惯技。

普遍认为声音是因为兴奋而"颤动"的。颤动必定是响度的迅速消长,或者是音调的迅速起伏。这两种颤动不仅仅是在情绪紧张时有,而是随时都有。音调永远有些微微的摆摇。就是最好的歌唱家,也很少维持一定的音调能超过半秒钟之久[史恩(M. Schoen), 1922]。

像其他的音乐演奏一样,歌唱是打算表示情绪的,所以歌声是会经被用来考查情绪是如何被实际表现出来的。州立艾奥华(Iowa)大学席绍尔(C. E. Scashore)实验室发表过一系列对歌声的研究。对职业歌唱家的歌声中所听到的特殊的"铃音",即所称的颤音,特别加以注意。颤音是震颤效果的一种,虽然不能叫震颤,因为震颤是公认为不登大雅之堂的,而颤音则被最好的歌唱家所采用。这两者只是在程度上有区别而已,颤音比较细致些和把握得更好些。

颤音包括歌声音调的一种周期性的抑扬或是响度的周期性的消长,或是两样俱全。一种人为的颤音可以用机器产生出来,这台机器可以对一个原本稳定的乐音起这两种作用中的任何一种。梯芬(J. Tiffin, 1931)曾经研究过这种"合成的"颤音,他利用迅速连续的闪光投射到一个光电管上,这个光电管通过一个放大器而推动一个扬声器。他周期性地加速或是延缓闪光的连续,因而获得一种音调的颤音;周期性地增减闪光中的光量,因而获得一种响度的颤音。如此,他使乐音产生每秒5～8次的脉动,这个脉动的乐音,听来就是颤音。究竟是由于乐音振动率的变动,还是乐音强度的变动引起了脉动显然无关紧要;一名观察者不能立刻分辨出这两种脉动来。即使在客观事实上音调是在振荡,但也好像是乐音的音调并没有振荡;它好像是在维持着一种稳定的音调,可是在一种不能确定的方面是在脉动着。一个甚至小到每秒钟1～2周的周期性变异,在一个420周的乐音里,可被一个普通人听做是一种脉动。

歌唱家所发出的音调变化远远地超过这个。根据梅特菲萨尔（M. F. Metfcssel,1928)的测量,十一位大歌唱家的唱片的平均脉动率是每秒钟7次。有造诣的歌唱家,虽然表面上是维持了一个恒定音调的乐音,实际上他是让他的歌声在那个音调的上下变动,上下变动大约各有1/4个乐音的差别,全部差别的宽度大约有1/2个乐音,然而他做得如此地迅速而平稳,以至于在听者所得到的效果是一种脉动的或是"铃音"的乐音。

颤音的速率和宽度都因不同歌唱家而不同,也是随时不同的。卓越的歌唱家的速率每秒钟有5～10次脉动的改变,可是并不常常超过每秒钟6次和8次的限度。宽度的改变是从0.1～1.35个全音,可是并不常常超过0.25和0.85个全音的限度。

根据克瓦勒瓦瑟（J. Kwalwasser,1926)的意见,没有喉音训练,许多儿童的歌唱里也出现颤音,可是这很少在成人里出现。受过一些训练的歌唱者倾向于掌握有1/4全音宽度的颤音,为大歌唱家颤音的一半;未经训练者的歌喉并不比受过训练者维持他们的音调更贴近些,不过是在不规则地摇摆着,所以并不给出颤动的效果。训练有素的歌唱者没有颤音就不能歌唱,他们甚至不能把颤音减少到相当小的程度。可是要让他们把颤音扩大起来的时候,他们大约可以把平常的颤音宽度增大一倍。

瓦格纳（A. H. Wagner,1930)的实验揭示了运用颤音的学习过程。他发现有些男孩经过初期对发音和歌唱的训练以后就可以获得它。他们起始是有节奏地喘气,在一个有技巧的歌唱教师的指导下,经过几堂课以后,就可以产生一种脉动的乐音。经过一些训练后颤音依然缓慢的成人,可以用一个节拍器去教他们,可把速率增加到每拍有三四次脉动。

在我们面前摆了这许多关于颤音的事实,我们要把颤音算做情绪的表现吗？史恩在1922年的最初兴趣是以"声音的颤动"和我们常在强烈兴奋中看到的肌肉颤动的假定关系作根据的。可是似乎是,颤音实际上很是一种技术,并且职业歌唱家几乎是无时不在利用它而并不太管适合不适合某一支歌曲的特殊情绪。歌唱家实际上在发颤音时所感觉到的情绪,大约是一种熟练感而不是一种被"震动"了的感觉。

判断模拟的声音表情可以到如何的程度?

对于我们的目的来说,观察判断者们是否能很好地辨认由声音所刻画的情绪,这是更要紧的。杜森伯瑞和诺尔(1939)灌制了由某些人用各种情绪的腔调来念由 A 到 K 字母的唱片。判断者能认出所要表示的情绪,大约和他们通常辨认模拟的面部表情时一样的好。诺尔(1941)把唱片从后向前放,发现他们做得仍然比概率的机遇好。声音的速度似乎是比声调更重要。其他采用比较复杂的演说内容的实验,可以得到稍好一些的辨认结果[费尔班克斯和普罗诺沃斯特(G. Fairbanks & W. Pronovost),1939;费尔班克斯和霍格林(L. W. Hoaglin),1941]。

总的一点

我们必须记住,在所有这些报告里单纯的因素是单独分开研究的。面部表情,手势或声音表情单独地可能仅只引起对情绪的相当的辨认,可是在正常生活中,所有三者都配合起来,另外加上一个实际的情况。这些成分的总和很可以导致对情绪良好的辨认。还有另外一种因素,是特别被亥布(D. O. Hebb,1946)所强调的。他检查了耶尔克斯(R. M. Yerkes)实验室里黑猩猩情绪行为的广泛的客观记录,这些客观记录很少表示出使人能以辨认一个特殊黑猩猩的特殊情绪的一贯性。可是一位曾经用某一个黑猩猩做实验的人,学会了很准确地来判断它的情绪状态——这是用像黑猩猩那样强壮的一只动物做实验时很重要的技能!亥布的论点是,一个人以直觉过程来辨认动物和人的情绪,就是说,他学会了利用大量的可以预料该特殊动物下一着的举动的微妙线索。一个人就是在模式的因素难以适当地分析的时候,也可以辨认一个极其复杂的模式,这是不必怀疑的。我们将在"知觉"一章里找到很多例证。心理学家的任务的一部分是来确定什么样的模式是可以辨认的,而在对这些模式作些分析以前,他是不能停止工作的。亥布的讨论不应当使我们放弃分析面部和其他表情的尝试。它应当让我们认识到,面部表情仅仅是一个具有悠久历史的动物身上发生的行为的连续过程的一部分。

面部表情的基本因次

可是一个人应当怎样去分析面部表情呢?我们看到了大量多少是定性的试验。如果采用皮德里特的模型,或是一次只判断半个面孔。为了一个适当的分析,除了性质以外我们还应当获取某些数量因次。伍德沃斯的直线量表是这种量化的第一步,因为这个量表可以使我们说出两种不同表情的距离有多远。

可是如果我们要利用这种量表,显然要做的事是试用量表作为一种搜集数据的方法,而不能在数据已经在某种不很容易变成量表数值的情况下搜集来了以后,再去应用它。否则,我们就像素这个人似的,他量了一个距离是"三步和我脚长的一半",然后试着把这个距离用英寸表示。

施洛斯贝格(H. Schlosberg,1941a)试用这个量表①来搜集对弗罗斯-惠特曼照片的判断。他把 6 个匣子摆成一排,每个匣子上面贴上量表阶段的名称。另外有第七个匣子,标志着"分散",被试可以把不能划分到量表的 6 个梯级里任何一个梯级的照片,投到这个匣子里。45 名被试把 72 张费罗斯-惠特曼照片每人划分三次。每一张照片一共被判断 135 次。在下表里陈列了判断的结果(要注意在这里我们为节约篇幅只从原来的表格里列出每个第五号照片,所以只有 15 张而不是 72 张照片)。我们暂时不考虑表里的最后 4 个纵列。

让我们看大约位于表格中间作为第一号的那张照片。被试有 50 次判断把它放在(Ⅱ)惊讶底下,可是它多少伸入到附近的类别里。这正是我们可以料到的:有些判断者把它和(Ⅲ)痛苦、恐惧或和(Ⅳ)决心、愤怒相混了,有少数人称它为(Ⅰ)喜爱等。可是要注意的是,没有人犯这样严重的错误——把它放到(Ⅴ)厌恶或是(Ⅵ)蔑视里。有了这个判断的分配,我们可以计算每一张照片判断结果的众数类别(在表里用黑体排印的数目字),平均量表位置和平均差。它开始像一个真正的量表。

量表的圆形性质

可是现在在看第一张即第 6 号的照片,它的众数类别是(Ⅰ)喜爱等,它只略微洋溢到下一梯级(Ⅱ)惊讶里。可是它在最后一个梯级(Ⅵ)蔑视里,却着实有一个很大的数目。这就意味着量表的一端"蔑视"必定是紧追着另一端,"喜爱"等。我们立刻想到光谱,在光谱的两端,红和堇(指浅紫)是彼此相似的。在视觉里,我们用一个圆形量表,即色圈来应付这个问题。大约我们面部表情的量表也是圆形的。注意一下表格里的最后两张照片(第 13 号和第 15 号),其延伸也和这一见解相符。

---

① 在编号数目后边列入六纵列中的数值代表照片被放入直线量表的每个匣子里的次数(总次数 135),第七个匣子(分散的)没有列入。下两纵列是量表位置的平均数和平均差,它们是照着量表是圆形的这个假设计算的。如此,第 6 号的众数是在第Ⅰ类别里:这个数值是当假设的平均数来用,并经过从这数值以上(第Ⅱ梯级)和从这数值以下(第Ⅵ、Ⅴ梯级等)的差异调整。施洛斯贝格的数据(Schlosberg,1941a)。

再下两纵列分别记入了在愉快-不愉快轴上和注意—厌弃轴上的评定平均数,预见位置的数值是根据这个计算的(参阅本文和图 5-3)。最后纵列是误差,即预见和实得量表位置二者平均数之差(施洛斯贝格数据,1952)。

对72张弗罗斯-惠特曼面部表情照片里15张的描述

编号	I 喜爱快乐幸福	II 惊讶	III 痛苦恐惧	IV 决心愤怒	V 厌恶	VI 蔑视	平均数	平均差	轴 愉快—不愉快	轴 注意—厌弃	量表位置 预测数值	量表位置 误差
6	**67**	5	0	2	2	52	0.55	0.58	7.0	4.2	0.62	0.07
68	**118**	1	0	1	0	4	1.00	0.07	7.2	4.7	0.85	0.15
52	**80**	9	4	0	2	7	1.00	0.32	6.5	3.8	0.32	0.74
10	39	**62**	8	0	1	3	1.65	0.58	7.0	7.0	1.75	0.10
26	2	**98**	22	1	0	1	2.20	0.35	5.0	7.0	2.50	0.30
1	5	**50**	18	22	0	0	2.65	0.81	4.4	6.1	2.97	0.32
54	0	0	**119**	2	3	0	3.06	0.12	2.3	6.0	3.67	0.61
35	7	21	**59**	37	0	0	3.00	0.69	5.6	7.6	2.28	0.82
33	1	0	**70**	20	10	0	3.47	0.71	1.8	6.1	3.70	0.73
60	0	0	4	**110**	7	5	4.10	0.25	1.3	6.8	3.58	0.52
63	2	10	5	**72**	29	15	4.21	0.74	3.2	6.4	3.38	0.83
16	2	0	5	**88**	7	10	4.34	0.53	2.6	6.9	3.37	0.97
40	3	1	9	17	**91**	12	4.86	0.50	2.4	4.6	4.15	0.71
13	5	1	2	10	12	**90**	5.74	0.53	4.8	3.6	5.35	0.39
15	50	0	0	3	12	**54**	6.27	0.61	6.2	4.3	6.47	0.20

其他系列的模拟表情也显示圆形性质吗?

有人可以争辩说弗罗斯-惠特曼习惯于在他的快乐里混进了些蔑视,或者反之,这可以说明量表是圆形性质的缘故。于是我们必须审查其他系列的照片。费勒基(1922)的原始数据在这一点上不能下结论,因为她的被试们对照片的判断在量表两端只有很少的延伸。可是堪诺(1931)采用费勒基的照片而应用到其他的被试身上,提供了和圆形量表相符的数据。两张在蔑视里有众数的照片,显示了意料到的向厌恶和快乐等的对称扩延。

布朗(M. L. Brown)在一篇没有发表的优等论文里曾将32张鲁克密克(1921)系列的照片应用到分类匣的方法上。她发现了快乐等4张照片和蔑视里的2张照片扩张到量表的两端以外。她另外也试用了32张假定是杂志上的快速照片(参阅穆恩1940),这些照片对量表越过两端的扩延,没有提供多少证据。大约是因为这些照片相对地不模棱两可才被采用发表的。

圆形面

读者可以回忆,色圈实际上是一个圆形面,其中颜色是沿着圆周标度的,而饱和度(saturation)是由中心向外移动而变异的。这样,我们可以用一个饱和的蓝色做起点,渐渐地向中心移动,经过蓝灰色到灰色。如果沿着同一个轴继续向前,走出了灰色,就进入了不饱和的黄色群而最后达到一个纯黄。一定还有别的轴,一个典型例证是由红到蓝绿。利用这两个轴,可以描述全部色面并找着任何样本的位置(虽然可能需要一个第三因次,就是亮度)。

或者可以把我们的面部表情排列在这样的一个面上,把较显著的表情放在靠近圆周处而把中性的表情放在靠近中心的地方。要这样做我们需要两个轴。我们把弗罗斯-惠特曼照片按圆形量表排布起来,我们会想到主轴是愉快和不愉快,由梯级Ⅰ(喜爱、幸福、快乐)到Ⅳ(愤怒,决心)。愉快—不愉快通常被人认为是情感或情绪里基本因次。另外的一轴是比较不容易寻找和起名的。我们可以叫做注意—厌弃。注意可以惊讶为例。惊讶的时候,双目、鼻孔,甚至有时口部都是张开的,好准备来接受刺激。相反的一端厌弃可以在厌恶和蔑视里看到,在这里,双目、嘴唇和鼻孔都是紧闭的,好像有把刺激拒之于门外的意思。可以注意到,简单的不注意是处于这两个极端的中间状态,这好像彩色圆面上的灰色似的。

圆形面的绘制

如果这两个轴是适当的,我们就可以利用它们来决定每张照片在圆面上的方位。假如我们令我们的判断者用一个九点量表来评定72张弗罗斯-惠特曼照片,量表的9个点包括由愉快到不愉快的距离。然后用一个类似的量表,再作一次注意—厌弃的评定。我们就可以用每张照片在愉快—不愉快和在注意—厌弃上的平均评定来形容它。图5-3显示弗罗斯-惠特曼的系列照片是如何分布在圆形面上的。要注意,两轴是用做绘制这些轨迹的坐标。圆形量表已经围着圆面定明界限,同时作图的线说明我们如何可以利用某张照片的坐标来预测它的量表数值。在1952年施洛斯贝格获得了这样的评定,并且把预测的量表数值和在1941年直接在量表上用匣子分类方法所获得的结果相比较。在两个不同的实验中,预测的和先前获得的数值的相关系数分别是0.94和0.92。

为了更透彻地证明这点起见,这个实验曾经用鲁克密克照片试过。预测的和实得的数值的相关系数是0.96。更有一点,预测的误差大约只有半个量表梯

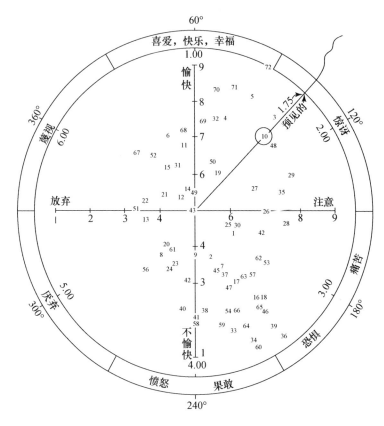

图 5-3　72 张弗罗斯-惠特曼照片中每一张在一个圆形面积上的位置(施洛斯贝格，1952)。第 10 号照片(圈起来的)可以作为所采用的方法的示范。我们把它绘制在愉快-不愉快轴数值=7,注意-厌弃轴数值=7 的地方,这是根据评定量表决定的。用一根线从两轴的交点(5,5),通过绘制点伸到边外,然后把它的位置按度数找出,被 60 除后得到预测的圆形量表数值(1.75)。这个数值可以用先前从直接按量表分类时所得的数值(1.65)来比较。这张照片可以叫做"愉快的惊讶",同时预测的和实得的数值全把它放在伍德·沃斯量表的相应梯级上。

级,可是预见机遇要比这个误差大三倍。对量表进行某些逻辑上的调整之后,预测平均误差就缩减到 0.33 量表梯级。

　　预测圆形量表是考验圆面位置一般信度的一种便利的方法,然而圆面可能在实际上是描述这一系列照片的较好方法。让我们来讨论图 5-4。在这个图形里大约有三分之一的弗罗斯-惠特曼照片是贴在它们适当的地位了。要注意表情是如何地在大体上保持一定的质量,可是由半径越向外,表情就越增加强度。由第 43 号(中心)到第 36 号(右下方)的一系列照片是一个好的例子。伍德沃斯量表对这种强度上的变异并没有采取措施,它强使一名判断者同样地对待一幅比较中性的照片(比如第 43 号)和一张强度表情的照片。结果是中性照片几乎是只凭机遇被分配到匣子里去了,同时在它们的位置上显示了高度的平均变异(施洛斯贝格 1941a;第一表)。这是拿轴位来预测量表位置准确性的一种局限:用量表位置本身来描述照片,比用圆形面积上的位置来描述它们,几乎一定是不那么准确的。

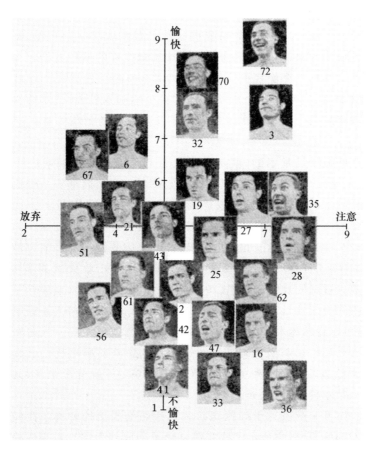

图 5-4 弗罗斯-惠特曼的一系列标准照片的位置(施洛斯贝格,1952)。这个陈列包括在图 5-3 的圆面上边缘上的那些照像和所能贴下的位于中心区的照片。这 24 张照片的预见平均误差是半个量表节段,恰好是和 72 张全组的误差一样。在这一系列里最坏的预见一张是在两轴交点的第 43 号。

面部表情的遗传和学习

到现在为止,我们已经看见了许多可以辨认的模式。可是在判断者能作出很精确的验证以前,必须是要联合起被试的面部表情、手势、声音、对刺激情境的材料和他过去的历史。诚然,即使这些线索都具备了,要分辨我们通常在一个被人称道的演说里所遇到的情绪和态度的许多精微色调,仍然是大多数的判断者的能力所不及的。此外,如果我们取消了对刺激情境的知识,大多数的判断者就作了很多的错误判断,例如把愤怒和恐惧这样的情绪混淆起来。或者好一点的做法是寻觅几个像我们质量表上的梯级似的基本模式。就是这些类别也逐渐地彼此合并起来,这个事实暗示有更少的基本模式,就是愉快—不愉快和注意—厌弃的两个基本因次。我们以上对面部表情判断的分析已经到了这一步了。

然而这些模式是基本的,就是说因为它们是由神经组织或机构所决定的呢,抑或它们是我们学习来的模式呢?我们是在一个用面部表情作交流工具的社会里生长起来的,或者我们仅仅的由模仿我们的同伴们而学会这些模式的吧。在本章的前一部分,我们所引用的许多实验曾经把这个问题作为背景。这说明了为什么要研究自然而非模拟的表情,就是因为模拟的表情可能偏于习俗惯例,更多的是学习结果。舒勒兹(1906,1912)用儿童被试的实验,邓拉普(1927)用成人被试的实验和穆恩(1940)用速摄照片的实验,全显示了自然和模拟表情在模式上大致是一样的。可是我们可以争论说,任何人一经学会了表情以后,他就可以自然地利用它,也一样地可以故意地利用它。兰迪斯(1924)的研究是试着利用极端刺激物来冲破这个学习的影响。虽然我们已然看到有理由来怀疑实验结果的普遍性,可是,我们可以理解这个结果的启示,其在于最多只有一两个基本模式存在。

从另一方面来解决这个问题是研究儿童面部表情的发展。我们可以回忆谢尔曼(1927)的研究,它显示了婴儿在电影里的面部表情有极少的模式。但是我们不知道,这是因为婴儿太年幼而不能有分化的情绪呢,还是仅只因为他们还没有时间来从成人那里学习表情呢。这是一个常见的成熟和学习对立的问题,并且通常是很难解决的。然而,侥幸的是我们有一个相当好的办法以区分面部表情领域里的各种因素。

盲人的面部表情

如果面部表情是学习来的,那么盲童因为没有机会来向他们的同伴们模仿,应当是显著地不如有视觉的儿童。1932年古迪诺弗(F. L. Goodenough)研究了一个 10 岁的盲哑女孩的表情。她每天观察这名儿童的生活习惯并且摄取了她的标准表情照片。古迪诺弗发表了一系列的电影片中的画面。这套影片所摄的场面始于从小女孩的脖子旁把一个小玩偶掉下去。小女孩吓了一跳的惊讶,不久就变成了兴致勃勃的注意,当她要把这玩偶拾起来而屡次不成功的时候,她流露了果断、恼怒和失望的表情;最后的成功带来了显著的快乐。甚至由原影片的粗劣放大照片看来,所有的这些表情都似乎是相当清楚的,在这个场面里并没有观察到恐惧,但有时也可以看到它。我们注意到,在这个研究里仅有两个没有提到的量表节段,就是厌恶和蔑视。我们可以猜测一种强烈的气味会引起她的厌恶来,可是这个盲哑女孩很可能不会显露一种老于世故的蔑视表情。如此,量表的节段除了一种以外,其余的基本模式似乎都存在着,因为一个盲哑女孩没有机会用模仿来学习面部表情。

盲童和有视觉儿童的比较

有人曾经做了大组的盲目的和有视觉的儿童间的比较研究。杜马(G. Dumas,1932;参阅 1948)发现,盲童在实验者的要求下,他们形成自然面部表情的能力是很不恰当的,可是他们能在正常的情形下流露出正常的表情来。米斯千科(M. N. Mistschenk,1933)发现,盲童就是动转他们的颜面肌的能力也是低劣的,就更不必谈表情了。如果只有极少数的基本模式,这些模式是依赖于上至下丘脑的较低中枢的[参阅魏恩斯坦及本德尔(E. A. Weinstein & M. B. Bender),1943],它的活动只有在作为真正情绪行为的一个协调部分方被引起的话,则关于盲童的这些结果恰恰是我们可能意料到的。盲童可能具有这些基本模式,可是因为他们从来没有看见过他们自己的或是任何别人在动作过程中的面孔,所以他们在自动控制颜面上有所缺欠。

这些研究向兰迪斯挑战,因为他未曾发现正常成人在情绪紧张下有恒常性的模式。所以他的学生汤姆逊(J. Thompson,1941)决定把从 7 个星期到 13 岁的各个年龄的盲目和正常儿童摄成电影记录,一共有 26 名盲童,和在年龄上、教养环境上和智力商数上都搭配得相当好的一个正常儿童的参照组,许多影片是在正常情境中摄取的。可是为了获得足够的影片,就得增加些像把儿童的气球扎破一类的蓄意刺激。然后放映了这些完成的影片,并且分析了关键肌群动作的数量。研究了大笑、微笑和哭泣这三种表情。在这两组儿童之间有些不同的迹象。例如,年幼的盲童大笑和微笑都似乎是比较强而有力的。可是突出的印象是在自然表情中盲童和正常儿童的面部动作的数量是相同的。两组儿童表情的模式过程也是一样的。他要求判断者说出这些影片所表现的情绪名称,并说出附加上的几个代表愤怒、生气、不快和发愁的镜头的情绪名称。这些判断者们说出盲童表情的名称似乎至少是和对待有视觉的儿童一样的成功。可是似乎在盲童的表情里却有些特异之处，因为有对盲童工作经验的人，是特别善于辨认他们的情绪的。

盲人的自动面部表情

这个实验给我们相当清晰的证据以说明在面部表情里有某些基本的先天的模式存在。证据也说明这些模式是在"真正"的情绪情境中出现的。可是仍然有问题存在，就是盲童是否能故意形成面部表情。兰迪斯的另一位学生福尔赫(J. S. Fulcher,1942)解决这个问题。他选用了大约由 5 岁到 20 岁年龄范围的盲目的和有视觉的被试。他们的影片是在一个划一的背景里，由一部藏在屏风后面的摄影机来摄取的，这为的是减少分散他们的注意力。实验者在屏风后面告诉他们说"先假装你是非常的快乐，并且你能有多快乐就作出你有多快乐的样子！"当实验者看见被试作出表情来时就摄取电影。摄取发愁、愤怒和恐惧的步骤和以上相同。

分析完成的影片的时候，发现了因年龄不同而产生的有趣变化。最年幼的盲童和正常儿童在颜面动作的数量上或在表情的适当性上并没有巨大的差异。但是正常儿童在表情的逼真方面和动作的数量上都随年龄的增长而有进步。可是年龄在盲童身上如果有作用的话，那是一个相反的趋向。这是在对成熟问题的研究上一个常见的结果。一个先天的模式进展到一定的水平以后，除非和学习的行为结合在一起，就不再向前进展了。较幼的儿童大约是并没有在直接"自动"的形式下来活动他们的颜面肌；更可能的是他们在想象一个比如恐惧的情景，并且把表情当做一个实际情绪的一部分而显示出来。较大的有视觉的儿童，因为他们在日常生活中学会了表情的细致差别，所以可以远远地超过这点。我们可以来猜测，如果福尔赫曾经要被试做些类似厌恶、惊异和很多别的较微妙的表情，那么，盲童和有视觉的儿童的区别，可能大为显著。

面部表情的文化差异

克林伯格(1938,1940)曾经强调文化与文化之间在面部表情的意义上存在有显著差异这个事实。我们可以认为，这一点是遗传和环境对立问题上拥护后天这一边的论证。可是当我们读完他从中国文学里搜集的几张形容情绪的一览表，我们常常突出地感觉到也可以在我们自己的文化里找到类似的情形。比如，睁圆的眼睛或者是一种表示暴怒的奇怪方法，可是一位美国母亲当她的小儿子自动地吃了第二块糕点的时候，她就"竖起眉毛"来表示不高兴，又当怎样理解呢！我们已经提到在东方文化里微笑意味着烦恼或是遗憾，可是你要想起，当你受到谴责的时候，你不是也采取憨笑的吗。在研究这一问题以后，我们相信人类有某些基本情绪模式的存在，可是特殊的文化选择并强调了这些模式里的不同因素。当面部表情是用来作交流心意的习惯工具时,这一点特别正确。由这些沿袭成风的表情到从年幼的盲童里所获得的基本模式是一个遥远的距离;也许可令人惊奇的事实是,在一名久经世故的成人或是一名演员的习惯表情里,这些基本模式会相当完美地出现。

(徐飞锡 译)

第 六 章

情绪 Ⅱ：能量说

在面部表情一章,我们发现情绪是比人们所预期的更少分化。面部表情本身,即使排除了情境的线索,也可以很好地从愉快—不愉快和注意—拒绝两个轴线来描述;虽说我们的工作可能会做得更好,如果加上第三方面轴线,即启动水平(Level of Activation)去包括强度方面。但是面部表情只不过是在企图了解情绪中曾经研究过的许多种身体变化之一。心理学家和生理学家曾经广泛地研究过许多生理的机能,希望从其中找到符合于常识所能区分的各种情绪状态的一些模式。我们将在以后两章专论他们的发现。不过我们现在要提醒读者,当他想从身体内部去寻找时,他将发现足以区分情绪的很少证据。他所能找到的只是启动或能力动员水平相对的普遍增加,粗略地相当于外行人所说的"紧张"或"激动"的增加。

启 动 机 制

曾经指出,强烈的情绪状态的一个显著特征是高度的活动与反应水平。当一个人处于情绪状态时,他的启动水平是高的,与此相比的,中等的启动水平是正常状态时的特点,而在睡眠时的水平是很低的。在我们考察可以作为启动水平的度量的各种指标之前。我们可以先考察一下与建立这水平有关的生理机制。

自律神经系统

卡侬-巴尔德(Cannon-Bard)的情绪论所强调的事实是:强烈的情绪使有机体在紧急时期产生强有力的活动。在这种情况下,呼吸和循环的加速,从肝脏中释放出血糖,以及大量的其他变化使肌肉有更多能量,而神经也有变化,增加了对刺激的反应性。几十年来都认为这些变化的大多数是属于自律神经系统的。这个系统在脑中有它的高级中枢,它是和中枢神经系统的高级中枢相连接的,丘脑下部可能是最重要的区域之一。但是自律神经的末梢分布,在机能上是和中枢神经系统的神经分离的。

在自律神经系统的三部分中,头盖部和荐(骶)部的神经系统合起来叫做副交感神经系统,而中间的或胸腰部的神经叫做交感神经系统。从脊髓分出的交感联结纤维是有髓鞘的,和所有其他来自脑和脊髓的传出纤维相似。它们通至交感神经节并在该处与无髓鞘的节后纤维相联结,而后者再继续将神经冲动传至内脏、血管、腺体,毛发竖起肌和虹膜的瞳孔放大肌。交感神经节链索向上下两端延伸而稍偏倾于脊椎,其神经冲动能从任何一神经节扩展到所有其他各节。这种扩展作用使交感系统的动作成为一个单位,因此它倾向于提高启动的一般水平。

副交感系统较少扩展而其动作也较不统一。它的神经节直接位于或近于它所联结的器官。而不是在单一的神经链索中,它的动作是较特定的。因为一般地说,每一自律器官都接受交感与副交感两种神经纤维,而它们的作用又是相反的(例如血管的收缩与扩张)所以副交感系统特殊的与局部的动作就能调节以交感系统为背景的任何器官的机能。

依照卡侬的说法,副交感系统负责正常代谢机能;而交感系统是一个救急的系统,使身体处于"战时"状态,能为强烈的动作而动员力量。的确,在怒和怕时,交感系统的机能就处于高的水平,而"和平的"活动,如消化,是通过副交感系统而实现的。不过我们要留神这种二元的观点,因为两种系统是以复杂的方式相互作用着[林斯利(D. B. Lindsley, 1951)]。在那里总有某种程度的启动或能力动员;有一定数量的扩展的交感系统作用经常存在着,并且作为背景使副交感系统的影响引起局部变化。

记着斗争与和平的比较有一个极大的好处:它粗略地指引我们了解这两个系统对特殊器官的影响。多数的器官都有来自两个系统的神经纤维;像消化腺这类的器官,它与"和平的"活动相联系,它受副交感系统的刺激,受交感系统的抑制。对心脏来说,这种关系正好相反,交感系统加速心跳达到一个紧急的水平,而副交感系统则使其降低到中等的速度。这样的区别在各种机能中都适用——我们可以试图预测图6-1左边两个系统对结构和机能的影响。

从图6-1左边所列的许多器官等的名称中,可以找到为了引人注目划有横线的肾上腺,可以看到它是完全受交感神经所刺激的。交感神经末梢释放出一种物质,交感素,来控制它所联结的效应器。部分的肾上腺,如肾上腺髓,其作用和大量密集的交感神经末梢一样,能释放出大量类似的化合物,肾上腺素,直接输送到血流中去,并通过它快速地到达所有其他的效应器。肾上腺有仿交感作用,它能产生类似直接刺激交感神经所得到的结果,即加速呼吸和心搏率等。因此肾上腺素的作用乃是增加和延长由交感神经冲动而引起的能量动员。自然,

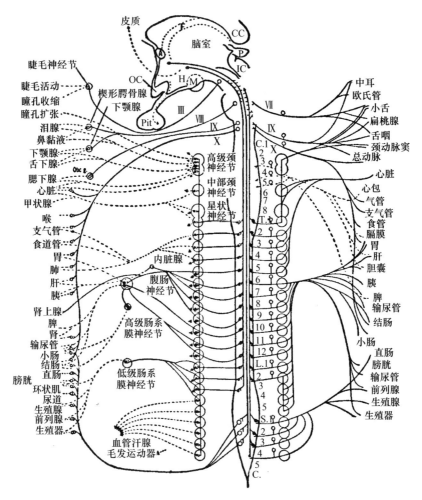

图 6-1 自律神经系统的示意图[采自林斯利,1951;梅特勒(F. A. Mettler,1948);布卡南(A. R. Buchanan,1948);斯特朗和爱尔温(O. S. Strong & A. Elwyn,1943);加以修改]

图中示出中枢发端和周围末梢,后者包括交感及副交感传出通路(在左边),以及内脏传入通路的发端(在右边)。较大的圆圈代表属于接近脊椎附近的交感链索以及一些旁的神经节。副交感神经系统的前神经节细胞神经元和后神经节细胞神经元的细胞体是以极小的敞开的圆圈表示的;交感神经系统的细胞体是用黑点表示。从交感链索神经节发射出去的箭头代表到血管、汗腺和动毛的后神经节细胞纤维。图形左边的虚线代表传出后神经节细胞纤维;右边的是横膈膜神经的非自律纤维。

图中符号：A＝前连合(anterior commissure)　　M＝乳头体(mammillary bodies)
　　　　　　CC＝胼胝体(corpus callosum)　　　　OC＝视交叉(optic chiasma)
　　　　　　F＝穹窿(fornix)　　　　　　　　　　P＝松果体(pineal body)
　　　　　　H＝丘脑下部(hypothalamus)　　　　　Pit＝垂体(pituitary or hypophysis)
　　　　　　IC＝下丘(inferior colliculus)

还有一些其他重要的腺体,如脑垂体,它的机能是和自律神经系统相结合的,但是它的作用并不那样广泛;肾上腺和情绪的关系是那么明显,以致它已引起许多研究[参阅堪特利尔和汉特(H. Cantril & W. A. Hunt, 1932)]。

反馈机制

我们叙述了不少关于自律神经的活动,这是因为许多年来在生理学和心理学研究中,都曾经强调自律神经系在情绪中的作用。最近在启动图景中的另一个因素被承认,那就是:从内感受器和本体感受器传回的感觉冲动。由自律神经活动引起的大量内脏变化,刺激内感受器,它的神经冲动似乎是通过网状物质而返回到丘脑下部。同样地,产生情绪时肌肉紧张水平的增加也反馈了大量的神经冲动。这种由反应引起的刺激的重要性在詹姆斯-郎格(James-Lange)情绪说中已被肯定了,但是当许多人在失去了用内省法去研究情绪的兴趣时,他们同时也就忘记了这一点。当我们更深入地去研究神经机制时,这些反馈机制的重要性才重新被强调(林斯利,1951)。在掌握它的细节之前,我们仍然要经过长期研究,但是一般的图景是逐渐明确了。血流中的化学变化给予神经中枢和肌肉更多能量,同时这些中枢又从内脏和骨骼肌传来许多返回的神经冲动,从而增加了中枢的活动,引起更多的肌肉活动,如此循环往复,活动与重复活动像螺旋般地上升。幸亏,副交感神经系统具有自制机制,它能制止正在上述情况下所发生的活动,我们就不会总是终结于强烈的情绪状态。

由此,有机体在任何一瞬间都是平衡于某些特殊的启动水平。这里也有其他名称来描述这种水平,例如,能力动员水平、激动水平、紧张水平、机警水平、努力水平等等。这些名词只是在被局限的范围内才有用,但最好的名称是启动水平,它是通常被理解为与"情绪"相伴随的许多身体变化的共同因素。

启动的一般水平作为一个构思

到此可以强调说启动的一般水平或能量动员是一个构思。它十分相当于把荣盛的一般水平应用于一个村社。我们并不难同意于某一村社的荣盛水平的高低,但这并不等于说在这一个村社中所有家庭都是同等的顺利。经济学家能供给关于荣盛的一般水平的指标;其中有些指标较其他指标更有价值,但是没有一种指标能被称为是理想的。一般说,最好的指标是基于社会的经济生活的关键过程,例如银行和主要的工业。同样地,我们也不难确定某个人是高度活跃或处于半睡状态中,而这样说并不意味着他的一切机能都同等的活跃。生理学家和心理学家已经发现了不少关于启动水平的有用指标,不过我们不能期望找到某一种指标是完全适合的。最好的指标还是要建立在主要的机能上,例如丘脑下部的和交感神经活动。

有机体的启动水平,正如社会的荣盛水平一样,不只是统计学的抽象,因为一般水平是部分系统水平的重要决定者。自律神经系统给予启动的一般水平几种良好的指标,而同时它又是作为决定和控制这种水平的主要结构。皮肤电传导是测定它的活动的最好指标之一。我们将在本章内来讨论这种指标,而在下一章去论述其他指标。

皮肤电传导

最广泛应用的启动水平的指标是皮肤电传导(或它的倒数,阻抗),这种指标通常是在手掌上测定的。关于这个指标曾经引起了热烈的讨论:例如,它的生理基础,测定它的最好的仪器和测定它的最适宜的单位,①最后还涉及它是否能测量"情绪"这一问题。我们知道头三个问题已有比较一致的意见,但是最后一个问题并不是一个好问题。如果我们用启动来代替情绪,我们就可以作肯定的回答。我们会看到皮肤电传导的范围可以从睡眠时的低水平到强烈激动状态,如愤怒时的高水平,同时它也能足够灵敏地察觉出在一个安静的室内新的声音所引起的轻微反应。

我们在涉及实验的详情之前先弄清楚几个名词。皮肤的电传导时时在变化着。我们可以测定在某一时候它的绝对水平,也可以测定由于刺激的结果所引起的迅速变化。皮肤电传导的绝对水平过去并没有受到应有的注意。其实,它似乎是启动的一般水平的一种好的测量,因为当被试活跃时电传导就高,而在松懈时电传导就低。它并没有特殊名称,虽然当它被用做迅速变化的参照点时,有时被叫做基础电传导(basic conductance);从另一方面说,皮肤电传导的迅速变化曾被广泛地研究过,但有名称太多的缺点。心理电反射(psychogalvanic reflex—PGR)是最早的名称,但是许多人不中意它作为心理的或反射的含义,而从物理的观点说,就是名词中"电"的这部分也是不正确的。皮肤电反应(galvanic skin response—GSR)稍好些,而皮电反应(electrodermal response—EDR)是最妥当的。GSR这个缩写名称目前很普遍,因此,我们拟采用它;不过我们为了和较早的文献保持联系,也偶然用 PGR。

皮肤电反应受到这么多的注意是由于当受到刺激之后它就迅速地和灵敏地发生变化。一个突如其来的大声,会在几秒钟内使皮肤电传导剧烈增加,而在半分钟后又几乎完全回复到原来的基础水平。用来测量它的仪器一经问世,

---

① 我们说皮肤电传导,还是说皮肤电阻抗?逻辑上说,二者是没有区别的,因为一个只是另一个的倒数,但却容易引起混乱。传导更适合于我们的目的,因为它随我们所希望测量的活动水平直接变化,而阻抗的升高却意味着水平的降低。

就比较易于操作,而且它并不会使被试感觉不便。通常总认为 GSR 而不是皮肤电传导的基础水平才是测量情绪的。但从我们现在的观点看来,GSR 仅只测量瞬间的和短促的活动,仅只测量一种过渡性的发作,这种发作能预期对被试的要求的增加。

两种基本现象

1888 年费利(C. Féré)把两个电极接到前臂上,并把它与弱电源和一个电流计串联。他发现当被试被音叉、气味或在他的眼前的彩色玻璃所刺激时,电流计就迅速偏转。费利把这个现象和干燥的皮肤因摩擦而产生静电这一事实混淆起来,但幸而他和物理学家达森瓦尔(A. d'Arsonval)进行合作。有一种熟习的电流计是以达森瓦尔命名的。达森瓦尔(在 1888 年)把这个现象弄明白了,并强调汗腺分泌的重要性。不过当我们借助于电流计和外在(或体外)电源来测量皮肤电传导的增加时,我们仍然说它是费利现象。

1890 年塔尔察诺夫(J. Tarchanoff)发现,他可以无需借助于外在电源而得到类似的电流计偏转。几乎可以说,皮肤上任何两个部位和电流计连接起来,都会显出电位差而使电流计的指针从中点移动。在电流计的指针停止摆动后,一个刺激又会引起重新的运动。到底后一种偏转是由于皮肤上两个区域间的电位差,还是由于皮肤电传导的变化,到现在也还没有完全搞清楚。但是我们知道,塔尔察诺夫和费利所发现的现象大概都有赖于同一基本生理过程[杰弗雷斯(L. A. Jeffress, 1928)]。塔尔察诺夫的方法只用身体内的电位,因为它只需要一个电流计和一对电极,操作比较方便,所以仍然偶尔用它。但费利的方法有某些优点:它能测量皮肤电传导的绝对水平以及变化,而且它似乎是较为可靠的,因此绝大多数近代的实验都应用这种方法。

实验技术

虽然这种现象的真实性是容易表证的,但是,GSR 应用于任何严格的心理学研究上需要有良好的技术。下面几段将考虑一些重要的实验室细节。

测量方法 在讨论电的测量时,我们觉得用电阻欧[姆](ohms)比用电传导姆欧(mhos)较为便利,因为使用的仪器是以电阻定标的。

一般说来皮肤电阻是相当高的。自然你所得到的数值是依存于不同的条件:例如,电极的种类和大小、皮肤的部位(如手掌或前额)以及当时的启动水平。一个直径为 1 英寸的润湿电极接在手掌时,通常会产生从 1 万～10 万欧[姆]的电阻,而使用直径为 1/4 英寸的电极时,则产生 100 万欧[姆]以上的电阻。由强的电刺激所引起的 GSR 会降低其电阻到原有基值的半数,但对言语刺激则仅仅降低 5%。依据欧姆定律(即电流=电动势/电阻,或安[培]=伏

[特]/欧[姆]），我们可以计算出由于应用的电动势（通常是1~2伏[特]）所推动而通过皮肤的电流。这种电流的范围大约在1~100微安[培]（百万分之一安[培]，10^{-6} 安[培]）之间。旧式的动圈镜式的达森瓦尔电流计是完全适宜于测量这样微弱的电流，因为它的变化并不太快。事实上平常用的指针型电流计，一个像在汽车上用的但更加精密化的安培计，具有几个微安培的整个刻度范围是可以使用的；除了最小的GSR之外，它有足够的灵敏度来测量基础的电阻水平。我们有了这样的仪器，就可以使用具有几个伏[特]的外加电源；较高的电压会使皮肤发痒和不舒服。

最简单的仪器是用一个手电筒电池（1.5伏[特]）和一个微安培计以及两个电极串联以完成电路。但是这样还不能很准确地测量广大范围内的电阻——例如从1万~几百万欧[姆]。这个问题是可以解决的，当发现电阻低时，可以用分压器来减少电压。实验者可以借助于特制电键而从几个灵敏度的范围内选出一个来。电流计的刻度和电传导成直线性关系。这样的电路就测量基础电阻来说是既不昂贵而又便利的，但是它并不十分适宜于GSR。假如基本电阻是这么一种样子使指针停在100刻度上50的地方，而GSR降低这个电阻的5%；但是实际上GSR只显示出2.5刻度的改变，它是远少于仪器的正确记录。

惠斯通电桥是测量GSR最通用的电路。使用它时，可以调节有刻度的电阻器到零点来抵消未知的（即被试的）电阻；然后从电阻器的刻度上读出被试的电阻。GSR使电阻降低（或增加电传导），因而使电流计的指针离开零点，实验者可以重新平衡电桥或者看指针的偏转度来测定GSR的大小。这是一种很灵敏的安排方法。

电子电路 上述简单装置在实际使用时是笨拙而且有点不稳定。自从真空管放大器改进后，不久即有些较好的电路，它们允许用较弱电流通过电极，在记录方面也有较廉的和坚固的电流计。因此就有可能用墨水笔记录计来记录GSR，而不像使用旧式的镜式电流计时需要用照相或手描来记录。

在这些仪器中，有的用直流放大器。它们在测量真正的皮肤电阻时有优越的地方，但是使用直流放大器时在技术上会碰到一些困难［楚布拉德和格林兹（H. Trueblood & W. Grings, 1950）］。另一方面，较为熟知的放大器，如无线电收音机中的，是较容易制造和较为稳定的，但是它们所测量的是"表面电阻"（阻抗），是真正的欧姆电阻和电容（电池壁的电容作用）的结合。不幸的是，电容伴随着输送皮肤的交流电的频率而变化，因之表面电阻也随着改变［福布斯和兰迪斯（T. W. Forbes & C. Landis），1935］。事实上，只要实验者不想去比较他从不同种类的电路中得到的绝对电阻的数值，那么，任何较新的电路都能满足要求。由于电子学迅速的发展，所以对于采用一个标准的电路而取得一致的意见被推迟了。一个电路，正如日新月异的飞机一样，当它在被应用的时候就已经过时了![参阅哈格德和盖尔伯兰德(E. A. Haggard & R. Gerbrands,1947);拉赛和西格尔(O. L. Lacey & P. S. Siegel,1948)]。

电极 用不活泼的金属制成简单的圆片通常可作为电极之用。或者最简单的方法是以绝缘线锌在两枚(如价值2.5角的)银币上,每个手掌放一枚银币并用橡胶带拴紧。一种改进的办法是用塑料制的手表带来代替橡皮带,并在金属和表带之间放点海绵质橡皮,使压力均匀以及和皮肤有良好的接触。更好的接触办法可以通过一个湿的圆片纸币在皮肤和银片之间而获得。手的动作干扰了接触;如果一只手在实验时必须做工作,那么,电极就可以安置在另一手的手掌和手背上去。这似乎是一种较不灵敏的方法,因为GSR在手掌上最强,两个电极分别放在两个手掌上是胜过于把它们分放在一个手掌和另外一点上去。无论放在什么区域,放置电极的皮肤一定要干净而没有油。

虽然这种电极是被广泛地使用着,它却有极化的毛病。即是说,由于电流不断通过,电极上很快淀积了薄薄一层离子(ion),这就显著地增加了它的电阻。所以精确的实验工作最好用非极化的电极,例如由银、氯化银和任吉氏糊(Ringer's paste)串联起来。要把银圆片上薄薄地敷上一层氯化银,可以把它们和蓄电池组成干电池的正极相连接,并把它们浸入玻璃杯盛载的稀盐溶液中,一直到电解使它们变成灰色为止;电源的另一极也要浸入溶液中,以完成电路(也可以连接在银片上)。把电极浸入溶液之前,要把它的接触面磨光,因为即使是上面留有指纹,都会阻碍其均匀地敷上氯化物。在溶液中浸几分钟就够了,因为敷上太厚一层的氯化物反而容易脱落。然后将氯化过的电极小心地敷上一层大约1/16(0.0625)英寸厚的任吉氏糊。并用上面建议的方法之一把电极连接在皮肤上。可以制造大量的任吉氏糊而把它储存在不透气的瓶中。它是由大约等量的浆土(白黏土)和甘油混合而成的,它可以用任吉氏(或生理盐)溶液加以稀释。上述的成分中,头两种可以在药店买到,而任吉氏溶液则在任何生理实验室中都很多。后者的精确成分并不很重要,即使把一茶匙的普通食盐放入1品脱(pint,1品脱=0.5683升)的水中来代替也可以。有些工作者以商用的电极胶质物(jelly)来代替上述的糊。这样的做法是有问题的,因为电极胶质物含有刺激剂;它是为了在使用心动电流描绘器时能把皮肤电阻减低到最小,而我们现在的目的是希望测量正常的皮肤电阻。如果你一定要省点事,那就宁可省去氯化这一步工作,而不能不用特殊的糊。有些工作者用锌和氯化锌制造电极(氯化锌可以是溶液状也可以是浆糊状的)。

即使是使用最好的电极,也仍然在皮肤本身中有极化而结果就使皮肤电阻改变。交流放大器的优点之一是它们在这一点上较少困难。极化也可以在使用直流电路时减低到最小度,如果把低的电流,或者,除了正在测皮肤电阻时,把电流关闭也可以办到。

还要依次讨论电极大小和位置这两个问题。电极越小,则得到均匀接触的机会越大。但是仪器的灵敏度有一定限度,因为电阻的变化和接触面的大小成反比例。如果被试在实验时必须使用两手,那么,把电极接到足掌上去也会得到同样好的结果。本书作者之一[施洛斯贝格(H. Schlosberg)]曾经用 1 英寸大的银片与糊制成的电极连接到每一脚底的凹处,并且用海绵质橡胶和胶带缚紧,再穿上便鞋以保持两足温暖;这样就可以在被试坐着进行各种工作时,间歇地记录其电阻的变化达 3 小时以上。眼眉是另一个放置电极的好地方,但是可能比手掌和足蹠较不活动[康克林(J. I. Conklin),1951]。手腕和手背是比较不活动的,而且在手的运动时这些部位包含的肌腱将改变电极接触。在这样不规则或弯曲的表面,使用很薄的能弯曲的银片做电极是有好处的。

测量的单位　测量电阻最明显的单位是欧[姆]。但是,在基础电阻水平为 5 万欧[姆]时得到的 1000 欧[姆]的 GSR 是否相当于基础电阻水平为 2 万欧[姆]时得到的 1000 欧[姆]的 GSR 呢?人们可以采用百分比的变化而不用绝对值的变化。获得相对的单位的另一种方法就是把一切测量都转化为对数值。也许电传导是我们应当测量的。或者是均等电传导与基础电传导的对比,或者是电传导的对数。经常有这种情况,我们选择我们的单位,因为所使用的仪器的单位刻度就是这一种的(通常是用欧[姆])。应当有较好的理由作为选择单位的依据。达儒(C. W. Darrow,1934)发现出汗量因电传导的区域而变化,他宁愿选择微姆欧(micromho)作为单位(1 个微姆欧的电传导相当于 100 万欧[姆]的电阻)。后来(1937a)他指出他使用电传导的对数的理由。最近哈格德(1945,1949)获得了大量的基础电阻的测量和用言语刺激所引起的 GSR,并把这些材料做了各种统计的处理,试图发现在不同的基础水平的情况下哪一种单位能给予最一致的 GSR。在多数的常用指标中,证明了电传导的对数为最好,但是更加复杂的换算会使得它更为完善。拉赛(1947)以及拉赛和西格尔(1949)发现了以电传导单位来测量基础水平和 GSR 所得到的分数是合乎常态分配的,而且电传导的对数变化也适用于 GSR。施洛斯贝格和史坦利(H. Schlosberg ＆ W. C. Stanley,1952)检查过从各种水平得到的有关电传导 24 个小的分配。电传导单位给予近似常态的分配,但是由电传导的平方根所得的结果还要好些。从各方面的目的看,电传导单位所给的分配是相当正常的,电传导看起来在满足大多数目的时是足够了,但是把它转化为平方根可能更为可取,因为任何时候精细的统计处理都基于成绩的真正的常态分配这一假设。上述讨论的结果是在人们把得到的记录相加或平均之前,应当把它们转化为电传导或者是电传导的平方根($\sqrt{C}$),然后可以任意地作较精细的统计分析。首先,可以把我们的仪表改用姆欧以代替欧姆;不然的话,可以预备好电阻的倒数表和电传导的平方根表以减少换算的工作。应该指出,应用计算尺可以在一次操作中从电阻求出相应的电传导或电传导的平方根$\sqrt{C}$来。附带说,对测量单位那么小心考虑是关于这一特殊科学研究成熟的表征;可惜太少的心理测量曾经这样被分析过[斯蒂文斯(S. S. Stevens),1951b]。

读者也许会认为单位的问题并不重要,但是成绩如何计算却有很大差异。例如,有两名被试,每人在受到电击前及电击后的电阻都被记录下来(引用拉赛和西格尔的材料,1949)。我们先把这样得到的4个电阻记录列入第一行,然后把这些电阻用不同的单位来表明,并注意电击前和电击后差异的变化。

	电阻(R)以欧[姆]为单位			电传导(C)以微姆欧为单位			
	R	%	对数	$\sqrt{C}$	C	%	对数
被试 A							
基础水平	100000	100	5.00	10	100	1.00	3.2
电刺激后	50000	50	4.70	20	200	1.30	4.5
差(GSR)	50000	50	−0.30	10	100	+0.30	1.3
被试 B							
基础水平	10,990	100	4.04	91	100	1.96	9.5
电刺激后	9,344	85	3.97	107	118	2.03	10.3
差(GSR)	1,646	15	−0.07	16	18	+0.07	0.8

这两名被试对电击所产生的GSR的强度如何比较呢?以简单的电阻作单位,则A的反应约30倍于B的;如以百分比或电阻的对数作比较,则A的反应强于B的3倍。但是若以电传导为准则,那么B具有稍大的反应。从电传导百分比的变化说,A占显著的优势;而从电传导的对数说,A的优势就小了(这里可注意的是如果不管数量的正负号,那么AB每人在电阻的对数和在电传导的对数上都给予相同的GSR的测量)。如果我们所选择的单位,可以使同一基本材料中所表示的被试A的反应大约是从2/3~30倍于被试B的反应,则清楚地可看出单位的选择具有最大的重要性。

在各种研究中曾经使用许多不同单位这一事实,使研究结果难以比较。正如我们在上面说过的,任何可能的地方我们将用电传导为单位。但是如果平均数是由电阻为单位来计算时,要想把这样的平均数转化为电传导就会引起误解;因为从单位的算术我们也晓得许多倒数的平均数大不相同于一个平均数的倒数。任何时候我们使用数目字时,都将坚持原来报告中所用的单位。我们在图中也同样的说明原来的单位,不过是把纵坐标的数字倒转过来,从而图的上端标明最高的电传导。

皮肤电传导的局部确定因素

在本书的第一版中,曾经用了相当大的篇幅来证明GSR是汗腺活动的结果。由于这个结论现在已一般地被承认了,我们就可以在这个生理的问题上只作简要的叙述[见麦克里瑞(R. A. McCleary,1950)关于这方面的新近文献的详论]。最容易理解而且也最容易被抛弃的理论是肌肉论(muscular theory)。这个理论认为GSR是由于肌肉活动在电极下所显示的电位变化[西迪斯和纳尔逊(B. Sidis & L. Nelson),1910]。肌肉收缩时不管是局部的或一般的,确实是能记录出良好的GSR。因为肌肉收缩伴随着"肌肉电流"或锋形电位,而所得到的GSR可能是那一区域皮肤下的肌肉的总电位。根据这一点就能很好地解释塔尔察诺夫和费利效应。但是肌肉论遭遇到致命的异议;因为如果把电极插在皮肤下面从而消除了电路中的皮肤电阻时,也就几乎失去了一切基础电阻和GSR[里希特(C. R. Richter),1929a]。和角质的皮肤相比,血液、淋巴和润湿的皮下组织是极少电阻的。所以我们要在皮肤中去寻找电传导的变化。肌肉活动时所产生的GSR与其说是由于实在的肌肉电位,不如说是由于肌肉活动时能力动员的结果。

现在我们已经把电传导的变化紧密地和皮肤联系起来了,但是还有两种不同的理论来解释它,即血液循环论和汗腺分泌论。因为情绪激动时皮肤的小血管是在舒张与收缩的,我们可以假定循环的血量变化的结果会使皮肤电传导随着发生变化。达儒(1927)曾做过有关血液循环论的鉴定实验,他同时获得了有关GSR局部容积、血压和汗腺分泌的记录。他发现在GSR和容积间并没有一致的关系,这就暗示着促使皮肤电传导发生变化的已不是由于血管舒张,也不是由于血管缩小。相反地,GSR和汗腺分泌是有关的。这个实验虽然不像麦道尔(R. J. S. M'Dowall,1933)的实验那样对复杂的血液循环论提出不可克服的困难,但它无疑的是有利于汗腺分泌论的。达儒的进一步研究指出,在电传导变化后的1秒钟就发现皮肤上有汗,而电传导变化的大小也很好地和汗腺分泌的实际量相适应(1934,1936)。但是我们要注意,促使电传导变化的是汗腺分泌反应而不是汗的本身。这一点是时常被那些晓得盐水是电的良好传导体的人所忽视,他们假定汗的作用仅只是把皮肤润湿而使皮肤和电极更好地接触。如果是这样的话,我们就会在使用我们所推荐的糊电极时得到很少的GSR,因为即使是简单的银圆片也会很快地被湿透。糊电极的优点在于它减少由于汗的累积而引起的缓慢的电传导变化到最小限度,并给予稳定的接触而有利于测量基本的变化。这些变化的真实性质现在还不明白,但是我们晓得正当分泌活动时期之前以及正在活动时,腺体细胞中发生电的变化。这样的变化,例如汗腺膜的解除极化和增加渗透性,是可以说明塔尔察诺夫和费利效应的[邵勒斯(R. H. Thouless),1930]。

汗分泌的直接测量

如果皮肤电传导是这样紧密地与汗分泌联系着,那么,我们也许直接去测量汗的分泌比去测量皮肤电传导还要好些。这种建议的困难在于汗分泌量是如此之微小,以致我们很难去测量它。达儒(1934)和迈尔斯(W. R. Miles)[见温格和吉尔凯斯特(M. A. Wenger & J. C. Gilchrist),1948]曾经用精巧的仪器去测量它,这种仪器是用易湿的纤维做成,因此当纤维被润湿时,它就改变了张力。席尔沃曼和包尔(J. J. Silverman & V. E. Powell,1944)曾提出一种较便利的方法:利用两种化学物的反应,一种在皮肤上变干而另一种在滤纸上变干。当这样处理过的纸碟紧压在皮肤上时,出的汗会溶解微量的化学物而发生化学反应。结果染上一种沉淀物,它的密度随着出汗量而变化。温格和吉尔凯斯特曾比较上述的染色法和皮肤电传导的结果,同时也和好几种有关自律神经系统活动的测量相比较,如血压和口腔温度。他们在251名被试中得到这些测量。发现手掌电传导比染色法所得到的结果更为可靠,同时前者和其他自律神经系统的活动也有较好的相关。因此即使是确定启动的一般水平,皮肤电传导似乎也是较好的方法。至于论到GSR的本身,任何直接测量汗分泌的企图,不是失之于太不方便,就是过于缓慢而不能追踪起动的急速变化,而这一点可以从电流计上明显地表示出来。

皮肤电传导的神经学

大量的证据表明,汗腺是受交感神经系统的节前纤维所支配的(麦克里瑞,1950;林斯利,1951)。在这个系统倾向于整体活动的情况下,任何一点上的皮肤电传导都可以测量交感系统的活动。我们曾经指出,交感系统是情绪的基础或者更具体地说是启动的基础。因此皮肤电传导是启动的有价值的测量。但是如果认为交感系统总是整体地发生作用,而一切皮肤表面都给出完全相等的GSR的话,那就错了。例如,里希特(1924,1926,1929b,1931)曾经指出在睡眠时手掌和足掌的电传导倾向于降低而其他区域则倾向于升高。我们要记住出汗是去掉多余的热的一种方法;活动意味着更多的肌肉活动,因而就产生更多的热,这就会表现在皮肤电传导的普遍增高。很明显地,手掌的区域代表特殊形态的汗分泌,它是和启动紧密联系着的。事实上,达儒(1936)建议过手掌的GSR是准备动作必要的组成部分,这是和工人在拿工具把柄前吐点唾沫在手上的习惯相类似。

皮肤电传导,也像其他自律的机能一样,是受脑中枢所控制的。丘脑下部是起作用的(汪敬熙和里希特,1928),甚至大脑皮质——特别是前运动区[朗沃赛和里希特(O. R. Langworthy and C. P. Richter),1930]——也起一定作用。因为这同一个前运动区又是控制抓握动作的,这里就有些偶然的事实来支持达儒的关于GSR是准备活动的理论了(1937b)。

CSR 的局限性

我们已简略地讨论了有关神经生理学的某些复杂问题,但是我们要指出限制着把皮肤电传导作为起动的测量的两种事实。首先要指出的是:肾上腺正与这种仿交感神经的物质所预期的作用相反,似乎是抑制了 GSR(达儒,1936)。因此在强烈情绪时,GSR 也许不适宜于测量启动水平的变化。达儒(1936)建议在启动水平高时,血压可能是较好的测量。

另一种局限性是由于出汗和温度的关系。在很热的日子里甚至手掌也参与普遍出汗的,因此,即使肌肉松弛,也会给予很高的电传导。而且在极冷的时候,电传导又会降低。这样看来,只有当被试停留在正常室温中足够长的时间使他适应于它,而且电极是放置在比较不受室温微小变化所影响的手掌或足掌上,皮肤电传导才能可靠地测量启动水平[杜飞(E. Duffy)和拉赛,1946]。不过这两种局限性并没有严重地限制皮肤电传导在心理学的研究上的广泛应用,我们在下面就讨论这种应用。

皮肤电传导的心理决定因素

皮肤电传导水平的缓慢变化

如果皮肤电传导是通过交感神经系统的起动的一种测定,那么,我们就应该可以表示出皮肤电传导的变化直接依存于机警的程度。手掌电传导在睡眠时应该是低的,睡眠是在一个活着的人的生活中所能想象的最缺乏情绪状态的时候。有好些研究都已经指出了手掌电传导在睡眠时是低的,但是一旦醒觉,它就很快地升高[法马和钱伯斯(E. Farmer & E. G. Chambers,1925);里希特,1926;福瑞曼和达儒(G. L. Freeman & C. W. Darrow,1935)]。兰迪斯和福布斯(1933)只能在手掌上证实这一结论,而且也并非总是在那里表现着这种情况。琼斯(H. E. Jones,1930a)试验了 8 名一岁内的婴儿的足掌电阻,得到了良好的 PGR;但是在睡眠时这种反应并没有变化。

产生这种有点含糊的结果的原因可以从里希特和他的同事[里希特和乌朱夫(C. P. Richter & B. G. Woodruff,1942);里希特,乌朱夫和伊顿(C. P. Richter, B. G. Woodruff & B. C. Eaton,1943)]一系列的实验中见到。他们设计了一种很简单的皮肤电阻(dermohmeter),它包括一对 4.5 伏特的电池(无线电的"C"电池),其输出额可以用电位器来改变;而电流则依次通过两个电极和一个微安培计(20 微安——μA)。一个"中性"电极是由锌片及硫酸锌组成,像耳环一样地连接在耳朵上,这个电极穿入皮肤以减少电阻;另一个探察电极是由一个有便于抓握的柄的半英寸锌圆片所制成。调节电位器使之当探察电极放在低的电传导部位,如在适当的冷室内的手腕时,安培计的指针很少偏转。但是当探察电极在各点上试探而朝向手掌,它就突然的走进高的电传导区域,这表现在安培计的指针有显著的偏转。通过这样的方法,他们就能够描绘出高电传导区域的分界线。在正常室温的情况下,这个分界线包括整个手掌、足掌、面部以及不规则的区域,如唇、鼻和眼的部位。如果被试浸在冷水盆中而受凉,这个分界线就会缩小;最后的高电传导区域是在手指尖、脚趾和口各个部位,而手掌上的一小部分则几乎到最后还是高的电传导区域。相反地,如果被试浸入热水盆中,这个区域就会扩大。高的电传导区域在面部会扩展到一切无发的部分,即使是秃头的人,这个分界线也会扩展到接近头发的半英寸处。

关于温度的变化已说了这许多。就我们现在的目的来说,我们感到特别有兴趣的是睡眠中所表现的电传导变化的模式和受冷时的情况极为相似。例如,婴儿在睡眠时表现着高的电传导区域只局限于口和唇部,而觉醒时这个区域就扩展到面部的其余部分。类似上述的研究不可能在成人中进行,因为电极会使他们觉醒。

里希特和他的同事并不特别关心在某一区域范围内皮肤电阻的差异;他们想要寻找高出某种人工定出的电传导水平的分界线或区域的界限。可是假如在某一瞬间皮肤上各点的电传导的不同正如有山的海岸的各点高度不同一样。如果电传导的整个模式在变化的条件下有起伏的话;那么,里希特所测量的只是在"水平线以上"的区域的大小,或者是在他所定出的电传导水平之上的区域的大小。现在已有材料足以证明,不同的皮肤电传导的这种模式以及它在绝对水平上上下移动。纽曼恩(E. Neumann,1950)在一篇和法弗曼(C. Pfaffmann)合作的未发表的论文中,曾很小心地测量在不同的环境温度下这样的模式。她把一系列的小电极放置在从指尖到上臂而排成一线,并用多接点电开关使能在改进的电桥电路上测量一系列的电阻(见图6-2)。在冷室内指尖和手掌的电传导高,但是再往上至手腕和手臂处电传导就降低了。当被试适应于室内的正常温度时,所有各区域的电传导都增高,但是它们仍然保持其相对值。如果继续增加室内温度以致使人觉得很不舒服时,这种模式又改变了。在这种情况下,虽然手掌的电传导仍然继续有所提高,而上臂的数值却表现出更显著的增加。

这些变化看起来好像很复杂,不过它们可以归纳为两条一般原理:

(1) 一般的身体皮肤电传导,主要反映着身体的温度调节机制。因此当身体需要散发热时,皮肤电传导就高(出汗);而身体需要保存热时,皮肤电传导就低。它较少依存于起动的程度。

(2) 手掌(和足掌)也参与温度的调节,但主要是在极端的温度情况之下。

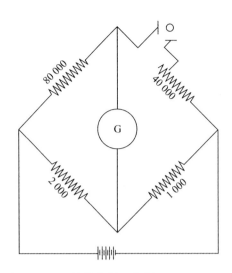

图 6-2 测量电阻水平和 GSR 量的惠斯通电桥（Wheatstone bridge）。当与电流计连接的四方形的对角上的电位相等时，就没有电流通过电流计 G。其余两角，因为是直接与电池组的两极连接，其电位有一定的差异。沿着两极间的两个电路中任何一个，其电位差的降低与通过的电阻成比例。就所指示的电阻来说（40000 欧[姆]是被试的电阻加上可调节的线圈的电阻），在电桥两端的电位相等。如果被试的电阻降低，则平衡受到障碍，从而有电流通过电流计而使指针摆动。实验者可以增加电阻一直到电流计的指针回到零点，并记录增加了多少电阻。从增加已知的电阻可以计算电流计偏转的幅度，那么由于 GSR 而使被试的电阻暂时下降也就可以测量了。

实际应用时，多数的电路比上图所示的要复杂得多，要准备电流计的分流器，用已知的电阻代替被试的电阻，以及把电流的变化放大等等。

电流计的偏转可以从刻度上读出来，或者当它有偏转时用手描画在记动器上（偏转速度足够慢，容许这样描记），或用照相的装置把它照下来。

在正常的温度范围内，手掌（和足掌）特别反映着启动的水平。因此这些区域是放置电极适宜的地方。

现在我们回到睡眠时皮肤电传导是高还是低这一问题。当被试在睡眠状态下休息时，手掌和足掌的电传导应当是降低的，不过身体其余部分的电阻的高低则更多地依存于被试盖了多少张毯子！有时不能在睡眠中发现低的手掌电传导，这是由于和冷的身体上所得到的结果进行比较，或者是由于记录时有一个电极是放置在非手掌、非足掌表面的缘故。

催眠时的皮肤电传导　催眠和睡眠表面上相似的这一事实暗示着我们可能在被催眠者身上找到低的电传导。戴维斯和堪特（R. C. Davis & J. R. Kantor,1935)使被试进入轻微的催眠状态,并暗示他,他将熟睡或者他将不能移动他的手臂或腿。睡眠的暗示,正如我们所预期的那样,倾向于降低电传导;但是在较警觉的(积极的)不动的情况下却倾向于提高电传导。作者认为"从皮肤电阻的表现来说,催眠的不活动情况与睡眠相似;而催眠的活动情况则和觉醒状态相似。"

活动时皮肤电传导的变化

瓦勒(A. D. Waller,1919)和威赫斯勒(D. Wechsler,1925)在被试觉醒的时候,从早到晚的一定时间间隔内测量其手掌的电传导。他们发现皮肤电传导在早晨低,到了中午就升高到顶点,而在晚上又降低了。这种变化正好和克莱特曼[(N. Kleitman 1950);详见克莱特曼和拉穆萨罗普(A. Ramsaroop,1948)]所观察到的体温(口腔的)在一日间的微小变化相适应。当被试的工作效率达到最高峰时,他的皮肤电传导和体温也似乎是最高。克莱特曼认为有些人的高峰是在早晨,而另一些人则在下午。这种机敏水平或能量动员在一天中的变化,无疑是代表了日常活动时外在与内在刺激的累积作用。在早晨它需要经过一些时间才能建立起来,而在达到高峰之后它又因为疲劳的缘故而降低。脑力工作者的高峰比体力劳动者来得晚些。习惯也发生一定的作用,因为除了过多的外在刺激的影响外(例如说,"不要急于回家,现在还不到睡觉的时候"),在接近平常睡眠的时候,能量水平就会开始下降。

工作的影响

从能量动员的水平在一天中慢慢变化这一事实看来,当被试变换他的工作时,它也应当随着变化。这样的变化是容易证明的。我们可以考虑一下在一个典型的实验中皮肤电传导的进程。在给被试戴好记录仪器,准备开始实验时,他的手掌电传导一般说是高的,而在他等待着实验者对他布置或指示什么时,皮肤电传导就缓慢地上升;如果实验者用电击或大声刺激他,就会产生PGR而提高皮肤电传导水平;当宣布休息时,水平倾向于降低。只有在宣布实验即将重新继续时,他的水平才又重新上升[参阅达儒和黑斯(C. W. Darrow & L. L. Heath)特别详细的记录,1932]。如果实验每天重复地做,被试的皮肤电传导在每次开始试验时就会逐天降低,它在同一天的实验进程中虽然会升高,但仍然是比第一天的记录低些。当被试习惯于试验的情境时,他的交感神经系统的作用就减少了。皮肤电传导在积极的智力工作中是高的,而在干扰的情境下工作时则会更高(戴维斯,1934)。

在一次试验中皮肤电传导的增高不能说是由于电流通过皮肤所引起的任何局部作用,因为即使实验只是在开始与结束时,在短促的时间内通过电流,记录电流计这种变化还是同样存在的。[赛紫和金德尔(H. C. Syz & E. F. Kinder,1928);戴维斯,1934]。这种电传导的变化是与镇定、安心、紧张的智力工作、习惯化以及其他心理因素有关的。

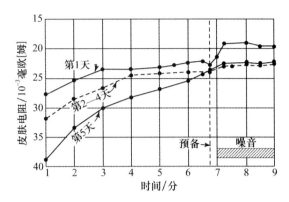

图6-3 指尖皮肤电传导的变化[根据戴维斯,1934]。开始几分钟的静待,然后给予准备的信号,最后给予大而粗的噪音刺激。曲线是根据8个成人被试的平均数绘出的。曲线上升表示电阻降低,也就是电传导增加。在等待时电传导逐渐升高,而在给予准备信号后则升高得较快;最高的是在真正受到噪音刺激的时候。传导一天一天地下降,表示着习惯于这种情境。

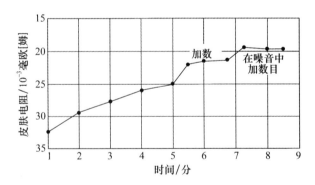

图6-4 皮肤电传导的增加[根据戴维斯,1934]:首先表现在等待工作开始时,其次是在最高速度进行加法时,最后是在大的噪音干扰中进行加法时(噪音使加法的速率降低约10%)。

如果所做的工作既不要求速度或很大的努力,又不会有任何"威胁被试的自我"的话,我们会预料到在操作时或重复做同一工作时交感神经系统的活动会逐渐减少。被试大约在开始时要领会工作性质,因而伴随着高的手掌电传导;但当他晓得工作时,皮肤电传导就降低了。当短期休息后重复该种工作,或特别是在休息了一天之后,我们会预期到某些关于启动(皮肤电传导)的原始性的恢复,但随后又继之以电传导的降低。这种适应现象或休息的作用很明显地表现在图6-5所示的杜飞和拉赛(1946)的结果中。当他们测定被试对声音强度的下阈(最弱可听的音)时,每隔15秒记录手掌的电传导一次。实验者开始使用比阈限高得多的声音,然后逐步降低直至到达阈限为止,这样的手续约需4~9分钟。休息2分钟后又重复同样手续。

这个实验的结果和图6-3、图6-4所表现的结果形成明显的对比,那里在工作中表现着皮肤电传导的增高。发生什么情况,清楚地依存于被试如何对待所做的工作。当他被激动着开始工作时,他的皮肤电传导通常会有显著的升高。如果他觉得工作困难,他的皮肤电传导大约会继续增加;但是如果他的工作进行得顺利,他就会放松一些,皮肤电传导也就逐渐降低。

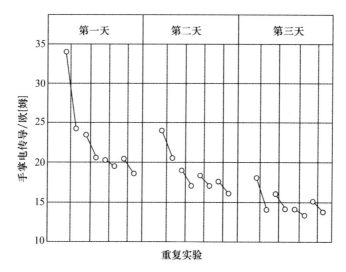

图6-5 在4天重复刺激阈限的实验中手掌电传导的降低(根据杜飞和拉赛,1946)。把一系列的短促的乐音给10名被试女大学生听,并要求她们表示是否听见了声音。当声音降低了强度,这种工作就逐步困难起来,但是在每一个别实验中,手掌电传导从最初2.5分钟仍降到最后1.5分钟,图中的斜线就是联结每次试验时两个测量。

其他研究的结果,虽然在细节上有差别,但大致也得到相似的图景。例如史坦利和施洛斯贝格(1953)①曾测量较长时间内皮肤电传导的变化。被试在2.5小时的实验时间内轮流地做5种测验,如反应时间稳定测验和注意测验等,并在这些测验之间插入较长的除法计算工作。每一种较长的测验和算术的工

---

① 引用的报告描述了实验,并提供了测验记录,但传导的测量尚待发表。

作开始时,都显示着皮肤电传导忽然升高。当被试习惯于该种工作时,皮肤电传导就逐步下降。但是这个实验的时间较长而且工作费力。因此各种测验或工作循环重复时并未表现出皮肤电传导水平的降低。相反,在前半小时,一般传导水平却增加了,因之某一种测验在第二循环时皮肤电传导水平高于同一测验在第一循环时的水平。这似乎是准备活动的效应(warm-up effect),因为在最后2小时的试验中,皮肤电传导的一般水平还算是相当恒定的(除上面指出的在某一测验中的变化,以及不同难度测验间的变化外)。实验的结果还稍微显示出一般水平在每次试验临近终结时有稍许上升的趋势,这或许表征着被试以额外努力去克服增长着的疲劳。事实上,我们希望能从皮肤电传导的记录中试探出这种增长着的努力,因为它曾经被认为是使疲劳作用的测量复杂化的因素。可惜这种特殊的企图并没有很成功,因为这是一个难题,我们以后还要再碰到它。

皮肤电传导的急速变化

我们曾经指出,大部分有关皮肤电传导的研究是关于被称为PGR,GSR和EDR等的急速变化。许多这类研究,特别是早期的研究,从技术的观点看来缺点是很多的。他们把不能联合在一起的各种东西都强求得出它们的平均数并作出图解,例如记录电流计的简单偏转而没有注意到皮肤电传导的基础水平。这些缺点有时会妨碍对细节的解释,但对于许多主要方面也存在着大量不正确的处理。正是这些主要方面是我们所要讨论的。

由感觉刺激得到的GSR 当获得这种反应遭遇到困难时,通常总认为是由于所使用的电器不适当。如果有好的仪器装置,那么在使用强电击或手枪发放的声音刺激时,一定能得到这种反应。其他可靠的刺激是:捏或刺皮肤,打击面部,突然地碰到皮肤、腋窝。气味和闪光也曾经用过而获得成功。似乎任何形式的刺激都能引起PGR,它们并不需要很强,虽然较强的刺激更有把握引起反应。如果说每一到达有机体的刺激都能引起这种反应,那就未免过甚其词了。每一瞬间都有刺激来临,但是在一次试验中实验者不给任何刺激而被试有"自发的"反应,那只是偶然才发生的。

并不是一切刺激都同样有效(图6-6)。如果可从刺激引起反应的百分数的大小来衡量,或者(如果仪器是适当的话)可以从电流计的偏转幅度来度量,我们可以预料到与反应的幅度相关的另一种测量,就是反应的速度。但是戴维斯(1930)却发现,强的和弱的刺激所引起的PGR的潜伏期几乎相等,虽然强刺激所引起的反应幅度大于弱刺激所引起的。视刺激所引起的潜伏期长于听刺激所引起的。更具体地说,声音的潜伏期是1.7秒,而光的为2.1秒。这样的结果使我们联想到光刺激的反应时间长于音刺激的反应时间这一事实,同时也使我们想到声音比闪光更易于引起惊动这一日常生活中所见到的现象。

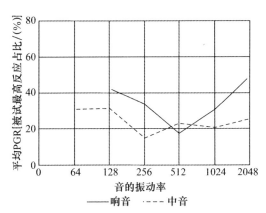

图 6-6　依据对不同音高但在主观上音强相同的纯音的平均 PGR［米斯巴赫（L. E. Misbach），1932］。先从一组被试中试出等音强的纯音，然后用这些相等的纯音作为试验第二组被试的刺激。这些纯音刺激按机遇的次序给予被试，而且每一声音是逐渐发响的，以免引起被试的惊恐。高音和低音所引起的 PGR 的频率和幅度都高于中音所得到的结果。图中数据点来自所获得的反应平均量乘次数，每一位被试的反应量首先作为他实际反应最大量的百分数来表示。经过修匀就会使中等强度的纯音的曲线相当平坦，而在大声的曲线却在中心的地方下陷（64 周的纯音不能放高响度水平）。

如果把电极放在足趾上，就很容易从猫的身上得到 PGR；同样也能从幼狗以及其他几种动物中得到。当猫处于觉醒状态时，捏或刺皮肤是一种有效的刺激。即使猫在被麻醉的情况下［汪敬熙，潘荣基，鲁干惠（C. H. Wang, J. G. Pan & T. W. Lu, 1929）］，当电刺激直接使用到具有大量感觉神经的后腿时，也可以在猫的前腿得到可靠的 PGR。

刺激强度的作用　许多试验都表明强刺激所引起的 PGR 大于弱刺激所引起的，但是我们还可以进一步来审查两者的关系。霍夫蓝德和里孙（C. I. Hovland & A. H. Riesen, 1940）测量过从零到绝对阈限上 120 分贝的 5 个纯音的（塔尔察诺夫）GSR 的幅度。他们把 20 名被试分为几组，以平衡各种强度测验先后的差别。每种刺激强度的反应只做 3 次测量，以避免试验次数过多而发生适应的影响（见下文）。他们的结果描绘在图 6-7 中。从图中可以看出 GSR 的对数随着刺激强度的增加而有规则地升高。参看"宋"尺度（sone scale，响度单位 son），可以看出主观音强的增加也很与此相同，甚至于曲线的微小弯曲部分也是如此。也许 GSR 会成为另一种心理物理学的方法！

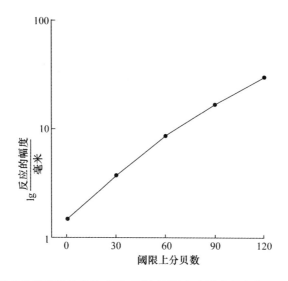

图 6-7 依据对各种强度纯音的 GSR 的幅度(塔尔察诺夫的电位法)(霍夫蓝德和里孙,1940)。纵坐标代表反应的幅度以毫米为单位(对数的);横坐标代表在阈限上的分贝数,所用的纯音是 1000 周/秒的。

适应效应

作为一种心理物理学的方法来说,GSR 至少有一个严重的缺点——因为除非连续的刺激之间有很长的时间间隔,实验继续进行时,反应就会很快地降低。法马和钱伯斯(1925)发现,如果被试一天接着一天地深入实验,最后即使用强刺激也会不引起 PGR。但是如果在乡村很好地休息一个周末使其复原,则 PGR 又随之重新出现。戴维斯(1930)相当准确地测量了 PGR 的大小并发现它在每隔 1 分钟重复一次刺激(氖灯闪光)时会降低。下面是 15 名被试的平均反应:

刺 激	平均反应
第一次闪光	1099 欧[姆]的阻力降低
第二次闪光	268 欧[姆]的阻力降低
第三次闪光	190 欧[姆]的阻力降低

G. H. 西瓦德和 J. P. 西瓦德(G. H. Seward & J. P. Seward,1934)曾以 12 名成人为被试,每天使用强电击刺激 5 次,刺激间相隔 1 分钟,并记录电刺激所引起的皮肤电阻与 PGR、呼吸的变化和一般的身体运动。他们企图由此发现在一天内的实验以及从一天到另一天的实验中到底有多少适应和习惯的成分。每天都报告他对电击的强度以及由它所引起的不愉快感觉的主观估计。从这

些估计中可以看出适应的存在，因为在长期实验进程中，电击变为没有那么不愉快和没有那么强了，焦虑和恐怕的程度降低了，电击更少被当做干扰而更多地被当做局部的客观刺激了。这种适应现象也出现在身体运动、呼吸和 PGR 的记录中。如以第一天的记录为 100。我们在全部实验中选取某些代表实验日的结果如下：

实验日期	1	8	15	22	29
身体运动	100	91	47	19	11
呼吸	100	84	66	26	14
PGR	100	82	81	81	75

我们看到了 PGR 的幅度逐周降低，但是它降低的程度远少于由电击所引起的肌肉反应。从下表所列的平均相对值中也可以看出，在同一实验时间内也有逐步适应的趋向。

电击号数	1	2	3	4	5
身体运动	100	64	55	50	50
呼吸	100	77	70	64	60
PGR	100	78	71	69	69

在这里又一次表现出 PGR 的适应较少于由电击所引起的肌肉反应的适应。

在联想测验中，重复使用同样的字表，也会使 PGR 降低；甚至在同一字表内的字，特别是较为中性的字也有逐渐降低的趋势，那些在字表后的字比起在字表中较早出现的相似字给予较小的电流计偏斜（琼斯和威赫斯勒，1928）。

在这些实验中无疑的牵涉到两种现象。一种因素是对一般情境的习惯，这是从电传导的基础水平的降低而得到证明的。当被试更加松弛时，他较不易为每一刺激所激动。但也还有第二种因素，即对特殊情境的习惯，赛尔斯（R. Sears）在 1933 年指出这种效应，他发现换用完全不同的刺激会使原来对某一重复过的"适应掉了的"GSR 重新恢复起来。孔伯斯（C. H. Coombs, 1938）进一步研究出适应的细节。他应用 6 种不同的听觉刺激并使被试一种接着一种地适应于它们。他一共用了 187 名被试来平衡实验的系列，以使他的结果确实不是由于某一特殊刺激的特殊影响。首先，他发现 GSR 在最初几次重复某一刺激时即急速地下降，以后则降低得较慢；其次，他发现有某些迁移或一般效应，其中在对每次都含有一个新的刺激的连续系列的适应进行得比较快；最后，他指出每隔 15 秒钟重复一次刺激比每隔 30 秒钟才重复一次能引起更快地适应。我们可以提到另一研究结果作为进一步的参考：GSR 的强度与被试对刺激惊骇程度的判断有关,但和他对刺激的愉快或不愉快的判断的关系则并不十分密切。

坡特尔(J. M. Porter, Jr. 1938a)的研究更深入于从蜂鸣器到光的不同感受器的适应作用。他在被试接受过一系列的蜂鸣器刺激(每隔30秒刺激一次)而表现出GSR完全适应于它们时,开始给予类似的一系列光刺激而得到一种新的"消退"曲线——虽然是在消除了蜂鸣器刺激的较大原始效应之后(用抵消-平衡顺序法)结果显示了第二个曲线短于第一个的倾向。我们在这里再一次看到GSR的适应因特殊刺激而不同,同时这种结果也表现着对其他突然刺激的某些泛化。

从这些研究中,我们明白了GSR的力量依存于刺激的强度和新异性。读者将回忆到在本书前边一章中把刺激的这两方面称之为注意的决定因素。这并不是由于偶然的巧合,因为GSR、注意、机敏和启动都是密切联系着的题目。事实上,有一项研究曾经用GSR来确定不同广告的作用;据调查,引起最大的GSR的广告也就是最有效的畅销者[爱克斯特兰和吉里兰(G. Eckstrand & A. R. Gilliland),1948]。如果我们将心理学材料的传统分类做根本改变,我们很可以把曾经在"注意"一章中讲过的许多材料放到这里来论。但是读者在这个时候也要知道题目和章节只不过是把行为有关的方面做方便的归类,只是在编排系统中做人工的分类而已。现在心理学的分类和许多其他的分类系统一样,是未达到理想的。但是新的分类也同样需要和其他的节目交错参考,因为心理的材料是一个复杂的整体。因此我们最好仍然保留旧的系统,因为人们已经晓得从那里去找有关的材料了。不过我们要善于从各方面交错去找参考资料;在理论上有某些最卓越进展是由那些不肯被固定的分类所蒙蔽以致看不到新的相互关系的人们做出来的。

GSR的条件刺激

许多实验者曾观察到不一定真的使用感觉刺激物才能得到GSR。只要预告电击即将被使用,就可以使电阻突然的或逐渐地降低,而且威吓被试即要重复使用电击、针刺或大的声音刺激,有时会引起比使用真的刺激时得到更大的反应。从这些事实我们预料到GSR很容易形成条件反射,而实验也证明了是这样的。与强的电击重复地结合几次无关的滴答声,就形成了对滴答声的条件GSR,但是单独地在短时间内重复呈现几次滴答声就会使已形成的条件反射消退(达儒和黑斯,1932)。使用微弱的光作条件刺激也可以得到类似的结果[斯威泽(S. A. Switzer),1933]。事实上,GSR是在成年人中最易形成的条件反射之一。对于3~9个月的婴儿,可以使用弱电击、大声、喂奶时拿走奶瓶或突然撒手不抱他等作刺激形成非条件性GSR;但是视觉刺激物则不产生这样的作用,直到形成了条件反射之后。把弱光与弱电击结合地刺激几次之后,就可以形成对弱光的条件性 GSR,这种条件反射一经形成,就可以保持 7 个星期(琼斯,1928,1930a,b)。

条件性的 GSR 易于形成和测量,已经使它成为研究条件反射各方面的便利工具。从被试不能按要求来控制 GSR 这一意义来说,它是不随意的,但这并不是说它不依存于指导语、定势和态度。例如,如果实验者对被试说"这部分试验已经完毕,所以我将取消电击。"然后很快地关闭一个电钮,有些被试的条件性 GSR 立刻就消失——这部分地要依靠被试是否相信实验者的话。如果实验的情况是那么复杂,以致被试从来就不知道会发生什么的话,那么这种实验就可以得到最圆满的结果。

威尔赫和库比斯(L. Welch & J. F. Kubis,1947)及席夫、道干和威尔赫(E. Schiff,C. Dougan & L. Welch,1949)的复杂的实验设计可作为范例。他们用 54 个无意义音节按照混合的次序呈现在幕上,其中有一个无意义音节在每呈现第二次时则用蜂鸣器的大声刺激来强化。在这样局部强化的情况下,被试在试验几次之后就对临界的无意义音节形成了条件性 GSR。有趣的是,被试达到条件反射形成的标准的速度似乎是和焦虑(从临床的意义说)有关。在所有 81 名正常的被试成年人中,除了 4 名之外,都需要使用 14 次或更多次的蜂鸣器刺激才能达到形成条件反射的标准;但是大多数曾经被诊断为有焦虑症的病人,则需要较少的次数就成了。同样地,一个精神病院中的一组儿童患者平均要 18 次蜂鸣器刺激才能形成条件反射,但正常儿童组却平均要 35 次才成。这种差别不能说是由于焦虑的被试具有较大的反应性,因为条件作用的标准是连续 3 次出现条件性 GSR,它们是高于其他无关的无意义音节所引起的反应。这方面的研究对于更好地理解条件作用和焦虑似乎都是大有前途的。

自由联想测验中的 PGR

不管我们是否认为 PGR 可以测量启动或情绪,有一点是明确的,即那些使被试激动的刺激字会引起一个反应。彼得逊和融(F. Peterson & C. G. Jung,1907)认为 PGR 和缓慢的言语反应一起可作为良好的"情结指示者"(Complex indicator);而他们的结果也证明了这一点。史密斯(W. Smith,1922)说出 100 个刺激字作为自由言语反应的刺激,并得出结论,认为 PGR 是对于情绪的一个很好的指示者。下表列出 50 名受过教育的被试的结果:在他所用的字表中,有 10 个字给予 PGR 的最大平均数,而另外 10 个字则给予最小的平均数。表中的数目字表示电流偏转的相对量值。

等 级	PGR	等 级	PGR
1 接吻	73	91 红萝卜	18
2 爱情	59	92 埋葬(酱果)	18
3 结婚	58	93 饥饿	18
4 离婚	51	94 白	18
5 名字	49	95 玻璃	18
6 女人	40	96 给予	17
7 创伤	38	97 花	16
8 跳舞	37	98 池塘	15
9 惧怕	37	99 铅笔	15
10 骄傲	37	100 游泳	14

琼斯和威赫斯勒(1928)曾用过多数上述的字去试验35名被试学生,而从反应的量值说,他们得到几乎同样的刺激字的顺序。

PGR和报告出来的情绪的相关

直到现在,我们还只是从刺激方面来研究PGR。现在要把问题转向——PGR作为活动的一部分,这个活动的全部又可能是什么呢,有没有必要把这种全部活动当做情绪来看? 如果是这样的话,PGR的振幅就应该适应于情绪的强度。卫尔斯和福布斯(F. L. Wells & Forbes,1911)用字当做刺激,并且要求被试主观地估计每一字所引起的情绪反应的强度。这种估计用A,B,C,F四级来标明,而以A表示最大的强度。结果A级字引起了最大的PGR的平均量值,其次是B级字,依次递减,但其中也有许多例外。PGR的量值不能当做测量单个经验中所报告出来的情绪程度的指标。威赫斯勒(1925)与赛紫(1926b)也基本上得到同样的结果。赛紫使用暗示各种生活情境的字和短语作为刺激。被试是医学院学生,他们在开始时只倾听刺激而不作任何言语反应,但是等到所有的刺激都重复了两遍之后,就给他们一张印有刺激字和短语的表,并且要求他们标明哪一个刺激曾经引起了情绪。下表列出曾经用过的几个刺激,并且把每个刺激曾使被试引起PGR的百分数以及被试报告说这个刺激引起了他们的情绪的百分数都列了出来。

刺激字	表现有PGR的被试占比/(%)		报告有情绪的占比/(%)
	第一次听见时	第二次听见时	
36 被试的名字		84	68
被试的姓	74	40	28
接吻	72	40	34
芳华虚度	48	20	4
未付的账单	36	24	2
欺骗	28	22	10
母亲	26	12	30
愚笨	18	24	0

第二次听见时电反应的百分数的降低,证明我们曾经注意到的适应的作用。作者特别强调了第一和第三栏之间的差别。一方面,PGR 出现了多次而没有任何可记起来的与报告出来的情绪;另一方面,曾经多次报告说引起了情绪,但并没有 PGR。没有一个人会犹豫,而是立刻承认当他听见"母亲"这个字时正如他听见"未付的账单"这刺激一样会体验到情绪。赛紫从这些不一致的结果所下的结论和一般人所预料的恰好相反。他并不因为 PGR 时常和言语报告有出入而非难 PGR 为不中用;相反地,他承认 PGR 是测量情绪更好的指标,而认为言语报告是不可靠的。

赛紫用未报告出来的情绪来说明报告和 GSR 间的矛盾,也许是正确的,但是任何曾经试用 GSR 与联想字实验的人,都会碰到各种使人烦恼的问题。例如,一名学生曾经试图用个案历史中的字和姓名作刺激物来测量精神病患者的 GSR。他的第一个病人是精神分裂症的女人。实验者把她丈夫的名字和其他刺激字混合起来呈现给她几次:有时候她对丈夫的名字给予很大的反应;另外一些时候,她对丈夫的名字并没有反应。对于熟悉精神分裂症行为的人来说,这是无足为奇的,因为她丈夫的名字并不是每一次试验时都透入而起作用。这就提出了一点:GSR 的大小只是测量刺激引起被试反应的广度[参考麦克迪(H. G. McCurdy),1950];它是全部反应的一部分。在复杂情境下它可能无法预测个别事例,正如它不能预测任何全部反应一样。GSR 的这种变异性无疑地曾经使许多试用过它的人感到失望,正如使我们刚描述的那名学生感到失望一样。但是如果留心实验设计,并足够注意被试的态度以及刺激和记录的仪器的话,是可以消除某些变异性的;其余部分则必须通过统计的控制来完成。麦克迪在纵览了许多这类的研究之后,强调指出,GSR 反应和报告出来的情绪强度之间有经常的高度相关。

GSR 对愉快和不愉快的关系

如果我们考虑到报告出来的情绪的类别而不只是它的强度,也许我们会得到较好的进展。可以找到的最明显的区别是愉快和不愉快,而或许抓住这个问题的最容易的方法是使用愉快和不愉快的气味作刺激。绍克和孔伯斯(N. W. Shock & C. H. Coombs,1937)记录了 40 名男孩和 40 名女孩对 16 种气味中每种气味所引起的 GSR。他们也要求儿童把气味依照最愉快到最不愉快分五级来评价。结果是女孩对两极端的气味引起最高的 GSR,而对于中间(无关的)这一类气味的 GSR 则降低了;男孩对于最不愉快的刺激表现良好的 GSR,但是对于其他类的刺激只有较小的反应。被试是 12 岁半的儿童,也许几年之后这些男孩会对香水气味发生较大的兴趣。

戴星格(D. W. Dysinger,1931)曾用字作刺激来做比较实验。在三次实验进程中,他呈现150个刺激字,这些刺激字的选择目的在于能代表从最愉快(如"亲爱的","休假")通过无关的(如"筐子","作")而到最不愉快(如"自杀","呕吐")。在每个刺激字呈现之后,要求被试说出它使他愉快或不愉快,用五级来估计;同时用电流计来记录他的PGR。从13名被试(可以比较)的结果合起来看,我们发现当刺激字是"无关的"时,其平均的PGR也最小,如下表的平均记录:

刺激的作用	PGR 平均记录
最愉快	129
愉快	98
无关	79
不愉快	101
最不愉快	147

[表中这些数据的平均标准误差(SD_m)约为6,其单位是任意选定的]。这里表现出不管是愉快或不愉快,其PGR都有所增加,这一点是特别有趣的。

拉尼尔(L. H. Lanier,1941a,b)在判断时加上了另一类混合情调。他认为这类判断会表示着"情感的冲突",而这种情感的冲突会表现出高的GSR以及增加判断的时间。他的假设是对的,有如下面的数值所证明:

判断的范围	GSR 平均记录			
	无关的	愉快的	不愉快的	混合的
归入各类的反应百分数	15.4	50.2	24.4	10.0
GSR 中数/欧[姆]	166	165	177	263
判断时间中数/秒	2.38	1.79	1.89	2.73

拉尼尔并且从即刻和延缓认知记忆测验中表现出"混合的"类别具有较大的力量,属于这一类的字显著的表明有较好的保持。

在上述的材料中还有一点值得评述。请注意"无关的"所引起的GSR几乎和"愉快的"等同,这是没有预料到的结果。也许可以从对无关字需要较长的判断时间这一点来发现其理由。这种判断似乎是不容易下的,可能引起小小的额外紧张。

在更多的分化的情绪状态中的GSR

在使用语文刺激的这类的许多实验中,起动的水平或许比较低些,因为大学生能在表面的水平上来反应。贝利(N. Bayley,1928)和裴特森(E. Patterson,1930)使用较为多样的刺激。贝利的刺激主要的是企图引起惧怕的,它包括:大声(哨笛声,手枪声),拿着燃烧着的火柴直到火烧到手指,做错算题时受到电击,准备从手指上取出滴血,阅读恐怖的故事,有关实验室仪器的口试,随后保证口试并非重要的,一块巧克力糖,宣告实验已"结束"。裴特森企图用以下一些方法来引起惊异而不是惧怕,如:给被试一个盛有水银的瓶子;当被试预期在镜子里看到一个骷髅头时,结果看见的是自己的面孔;念鬼怪故事给被试听,在其中插入从数学书上摘录的一个句子;在倾听柔和的音乐时,把一叠白铁片掉落在地上。当这些情况是依照被试报告其所引起的情绪强度而分类时,在这种情绪强度和 PGR 的数量之间有良好的正相关,即从 0.53～0.88(裴特森)。当依照情绪的种类而分时,上述两个研究都同样地指出:平均的 PGR 在惊恐时为最大,在悬念着所预期的事时次之,而在安心和对无关的刺激时为最小。有一名被试在实验时听到他被选为荣誉学会会员的消息而报告说,他感到"喜悦",同时也表现出极大的 PGR。

另一个实验是阿贝尔(T. M. Abel,1930)做的,他把 PGR 和即刻的言语报告结合起来:在实验时要求被试解决各种问题并叫他报告他的"态度"或"他正在作用着的机体的状态"。报告分为两大类:即关于"处境困难"的报告或克服困难的感觉;以及关于解决问题时"安闲"或平稳进行的感觉。这两类的 PGR 记录如下:

在"处境困难"时有 76%

在"处境安闲"时有 16%

作者的结论是:PGR 与其说是情感或情绪的指标,不如说是有机体直接趋于克服困难的态度的指标。而这种机体的态度通常被体验为"处境困难"。

兰迪斯和汉特(1935)曾经指出,PGR 发生于这么多样式的心理状态中,因此有可能从仅只适于引起这种状态的刺激而错误地就认为它和任何一种心理状态都有关系。这些作者呈现了各种刺激物企图引起惧怕、欢乐、性的情绪、愉快和不愉快以及其他状态,要求被试在每次反应之后"口头描述在刺激作用时你的意识中发生了什么"。当电反应是依照被试所报告的心理状态而分类时,以欧[姆]为单位的平均 PGR(已把 PGR 的频率和数量考虑在内)的结果如下:

报告的主观状态	平均 PGR/欧[姆]
紧张	1248
惊恐、惊异、惧怕	846
混乱	740
欢乐	514
预期	401
抑制、不确定	319
不愉快	260
努力	169
愉快	105

作者们认为,PGR 并不特别地依附于任何一种意识状态,而"和其他一切相比是更近于和惊恐或紧张相联系着。"[参阅巴格齐和格林沃德(B. K. Bagchi & D. U. Greenwald),1937]。

智力工作时的 PGR

PGR 并不局限于我们平常所说的情绪状态。我们所说的 PGR,如皮肤电阻的缓慢增加以及电流计在短时内的偏转,都发生于加法、学习无意义音节或解决问题的时候。普里杜斯(E. Prideaux,1920)指出,在智力工作时,PGR 不一定仅只是智力劳动的结果,因为正如他所说的,"时常强烈的情感产生于对问题觉得惊异或者是由于对问题可能解决得不正确而感到窘迫不安与可能的烦恼。"威赫斯勒(1925)作过类似的评论,他认为被试"感觉到他是在被试验,因此由于他回答的正确程度他就会给人以好的或不好的印象。"他要求被试解答7+3+6×5-6……这一类的问题,并发现被试 PGR 在开始和终结时最大,即是说最大的 PGR 是在着手解决问题以及说出回答的时候,而不是在计算工作进行的时候。

赛尔斯(1933)曾用 24 名女大学生作被试来研究心算时的 PGR。他对被试提出三种不同的要求:① 容易的算题不限定时间做完,也不要求速度;② 容易的算题要求快速地做完;③ 较困难的算题。当全部 20 道算题都是容易而且不慌不忙地完成时,PGR 显示着逐渐降低;当最初的 10 道算题是容易的而最后 10 道算题是难的时候,在开始解决困难的算题时 PGR 突然增加;当所有的算题都是容易的,而最初 10 道要求不慌不忙地做,但最后 10 道则要在限定的时间内做完,在开始努力加速计算时 PGR 就忽然增加。简言之,在继续同类工作时,PGR 逐渐降低;但是当转移到较快速或较困难的工作时,PGR 就会突然增加。而从较快速或较困难转移到较和缓的工作时也会有突然减低的趋势。

读者也许能回忆到上面说过的在重复难和易的心理物理的判断时,皮肤电传导水平有显著变化;它们似乎是和 GSR 的变化相平行的。不过这里有一个不易解决的问题:增加的基础电传导是否会引起非真实的高 GSR,还是仅只表示着反应水平的增高? 对于这个问题,我们并没有真正圆满的回答。赛尔斯的 GSR 变化中的一部分可能是由于没有考虑到皮肤电阻的基础水平的结果,但这还不是全部事实。斯陶特和库比斯(V. Staudt & J. F. Kubis,1948)发现,就语文问题所引起的 GSR 来说,当被试以休息状态坐着或躺着时,其 GSR 是小于当他处于肌肉紧张或态度紧张时——这两种不同的情境会分别地有利于低的和高的电导。然而这些研究者曾对基础水平做了某些校正,因为他们用的是相对的变化($\Delta R/R$)而不是皮肤电阻变化的绝对测量。这些结果与高的启动水平引起较大的反应这一似乎可信的观点是相一致的。

在巴特列特(R. J. Bartlett,1927)的工作中我们发现一个例证,它充分说明了要想在连续的智力活动时确定引起 PGR 的刺激是需要细致分析的。在一个实验中被试默语或大声地尽快地数"1,2,3……"。结果是大声数时产生较大的电流计偏转。但是仅只大声地说话并不使电流计发生偏转,可见并不是由于言语运动而引起 PGR 的。从小心观察中发现了在大声地计数时,被试会说错,因而巴特列特认为电流计的偏转是由于这种错误以及可能由此而伴随的"可能失败的感觉"。

PGR 与身体运动的结合

一个很有把握地从被试得到电流计偏转的方法是叫他做深呼吸或咳嗽。在平常安静的呼吸时并没有 PGR 发生,但是在深呼吸时它是经常产生的。除了咳嗽之外,其他的呼吸运动,包括打喷嚏、叹气、笑、咳一下和打呵欠也都引起 PGR。克拉帕瑞(E. Claparède, 1931)指出,打呵欠是和伸张相联系的。虽然这样的试验可能还没有做过,但无疑地 PGR 会伴随着伸张运动而产生。克拉帕瑞力主打呵欠和伸张是带有觉醒作用的准备运动。紧张是有 PGR 伴随的另一种运动,它产生于其他强有力的肌肉运动[斯塔奇(D. Starch),1910b]以及在瞄准射击或反应时间实验所要求的快速或准确的运动。从这些观察,我们可以概括地说,PGR 伴随着有力的或注意的肌肉运动,并且也是这些运动的准备。

对未认识的刺激所引起的 GSR

在"注意"一章中曾经指出了被试认识和他们占优势的兴趣有关的字比其他的字较易于认识。此外,麦金尼(E. McGinnies,1949)显示出被试对"猥亵的"字产生比平常更高的认识阈限(即是说他需要较长的呈示时间)。他把这种增加阈限说成是由于知觉的自卫这一种臆说的机制。但是我们很难理解被试如何能在他知道什么字之前就阻止自己不去认识那个字。很明显地,我们需要另外的证据来说明这种机制的存在。麦金尼认为,他可以通过 GSR 来提供这样的证据;因此他把禁止使用的字和常用的字在速示器中呈现,并记录其反应。正如所预期的一样,当被试报告说他不知道这些是什么字并且把它们误读时,这些禁止使用的字产生了强的 GSR。对这种试验结果立即有人建议用另外的解释——他们认为被试实际上是认识这些字而给予 GSR 的,不过在可尊敬的实验者面前,他犹豫而不愿说出禁用的字罢了[豪渥斯和索洛蒙(D. H. Howes & R. L. Solomon),1950;麦金尼,1950]。

为了校对这个问题,拉扎鲁和麦克里瑞(R. S. Lazarus & R. A. McCleary,

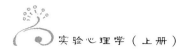

1951)决定把无意义音节给予情绪的意义——不涉及社会上所禁止的情绪。他们把10个无意义音节呈现给被试,其中有一半是伴随着电击的。在这些带有决定性的音节已经很好地形成条件性的GSR之后,所有的音节都在大约阈限时距中呈现。在这些不利的显示条件下,许多音节都不能被认识,但是带有决定性音节却很明显的比其他中性的音节给予较大的GSR。这个实验的设计很好地把不需要的因素(如练习量等)去掉,因此实验对作者所说的潜觉或"不知道的自主辨别"提供了鲜明的证据。

从表面上看,这些结果是很使人困惑的,因为这就意味着被试可以不知觉到刺激而刺激却能引起情绪反应。但是这困惑大部分是由于思维中会有二元形式的残余的结果。它假定**自我必需首先知觉**一个字然后开始发出情绪反应。这些实验实际显示的是刺激纵然不能引起正确的言语反应,但可以引起较低水平的反应。这类的事情在知觉中经常发生,例如:我们认识面孔但不晓得其特殊面貌,我们会投球与接球,但是球所走的轨道就是物理学家也觉得复杂而难于预期。很明显,被试总是在没有完全意识到细节时而进行反应。

GSR对心理学的意义

我们提过PGR能否测量情绪这一问题,并且认为这是一个提得不怎么好的问题。我们所述的一切都证实了这种判断。但是大量的研究论文,且不说许多研究时间,都曾因试图解答这个问题而被浪费了。在1930年左右心理学家会议上曾经讨论过GSR的问题。经过六位与会者认为GSR不是情绪的良好测量之后,威赫斯勒指出,困难的地方在于情绪而不在于GSR。我们应该不再把情绪当做一种特殊的心理或行为状态而冠之以大写的"E",这种想法完全是继承了前科学时期把心理学区分为**知,意,情**三类的看法。而我们应该是用情绪来描述具有高度活力的、活跃的、紧张的或被启动的人。从这种意义说,基础皮肤电传导水平和GSR两者都是情绪的良好测量,因为它们反映了从睡眠到大怒的各种程度的启动以及反映活动的准备。对突然发生的刺激或者从舒张转变到富有挑战性的任务时,皮肤电传导当然也会发生变化。被试在准备增加庞大的活动时简单地表现着一般的启动。快速的变化就是GSR。如果威胁是假的,皮肤电传导会返回到原来的水平;如果继续活动是必要的话,它就可以停留在高的水平上。在这些情况下,GSR可能不是测量着传统的情绪,但是它测量了行为的更加基本的方面。

皮肤电传导测量的灵敏和方便已经使它们成为启动水平的通用指标了,但还有其他可用的测量。我们将在下一章讨论。

(陈汉标 译)

第 七 章

情绪Ⅲ：其他身体变化

皮肤电反应作为启动水平的便利指标来说，曾经受到仔细注意，同时它也许是可能得到的最好的一般量度。但是如果启动这个概念是合宜的话，我们应该可以通过半打不同的过程来测量它的水平，从而注意它们之间的一致是如何地完好。再者，在不同的情绪中也很可能有某些生理的差异：依照诗人和小说家的看法，惧怕时面色苍白而愤怒时则面色通红。当你遍读这一章时，对这样的生理分化你将很难找到什么更多的证据。而你所能找到的，与其说是情绪状态的种类的差别，不如说是情绪状态强度的标志。

循　　环

身体细胞的工作能力依靠着供给它们燃料和氧气以及排除它们所产生的废物的系统是否适宜。流过一个器官的血液量是一个决定性因素，但是它显然是难于测量的。此外，我们所需要的是适合全身循环的一般指标。让我们观察循环系统各部分，并且看看到底有哪些指标是可能被测量的。

心搏

心脏是空穴的肌肉，它之所以使血液波动而注入到动脉管中去，正如自动器上的橡皮球的作用一样。它和橡皮球相似的另一个地方在于入口（静脉）和出口（动脉）处有防止血液倒流的阻止瓣。心脏收缩或挤压的时期叫做收缩期，而松弛的时期叫做舒张期。很明显地，在一定时间内从这个系统送出的血液量依存于心脏的强度和速度。心脏动作的这些以及其他特征可以用如下几种方法观察到。你可以把耳朵紧靠着被试的胸部或者借助于听诊器倾听心声。用一个小的扩音器紧靠着胸部可以策动放大器和扬声器而使许多人都听到。如果传声器的输出策动一个计数器或他种记录装置，你就有一个能在夜晚睡眠时记录心搏的心搏计了。

在收缩时的心肌也有电的变化,较为大量的动作电位早就在我们所熟知的心动电流图(从德文缩写为EKG)中记录下来了。现代的电子放大器有可能用便利的袖珍仪器得到详细记录。事实上这些电位如此之大,它从其他器官侵入而妨碍了放大器的记录(参阅图7-7)。

第三种记录心动作的方法是通过它的机械作用,即动脉搏。每一收缩期都发出一个波浪而通过动脉,它是可以无需借助于仪器就能被感觉到和计算出来的,或者可以用脉搏描记器来做详细记录。

血压

心搏的力量策动血液通过由大到小的动脉,再到微毛细管;而继续到由小到大的静脉,最后回返到心脏。因为细小无毛的动脉(或者毛细管)的阻力和心动作在动脉中所建立的压力的关系,压力量就依存于心的输出量以及它遭遇到的阻力。再者,在每一脉搏波中都有最高与最低的压力:最低的叫做舒张压,因为它和心的舒张期相适应;而最高的就叫做收缩压。这两种压力的相差就是脉搏压,有时候把它当做由心搏所完成的有用工作的测量。按照粗略的准则,脉搏压、舒张压和收缩压是按1:2:3的比率而一齐变化的。如以毫米水银柱为压力的单位,则收缩压/舒张压的典型值为120/80,其中两值之差即40,就是脉搏压。通常只测定收缩压。

在动物中可以把压力计插入动脉而直接测量其血压。测量人的血压的标准方法是较为间接的。实验者用装有大气囊的带或袖缚到被试的臂或腿上,从而发现到底要打进多少压力到气囊中去才能与血压正好抵消。从倾听缚带下的动脉所发出的声音可以找到下列三个时期:

(1) 外压或袖带压低于舒张压。此时听不见什么,因为血液继续通过动脉。

(2) 外压在舒张压和收缩压的水平之间。实验者听见有规则的砰然之声或重声,因为只有在收缩压高涨时血液才能通过被阻的区域。

(3) 外压高于收缩压水平。此时又听不见什么了,因为没有血液能通过袖带。

从第一期到第二期的转变点是舒张压,而从第二期到第三期的转变点是收缩压。两者都可以从测压计中读出。现代的表壳式的压力计仍然和旧式的一样,以毫米水银柱为单位。这种包括了量计、袖带和压球的仪器就叫做血压计。

一个熟练的实验者能在1分钟内完成好几次测量,并使其准确度达到1~2毫米。但是能否有任何满意的方法得到血压的继续不断的记录,这就值得怀疑了。可以使缚在臂上的袖带胀大,使之达到收缩压和舒张压的水平之间,从而记录压力的变化。用这种方法得到的记录是很有用处的(如在下面要讨论的说谎的探测),不过它们并不是单纯血压的记录了。它们代表血压和手臂容积间复杂相互作用的结果。

容积的变化

除了心搏率和血压之外,还有第三种可能从循环这一方面去找启动水平的指标。各部分的血液的分配经常在变化着,从而也引起了各部器官的容积的变化。由于动脉壁的平滑肌的收缩和舒张就产生了局部的血管缩小和血管舒张。这些变化和其他循环机能一样,是由自律神经系统控制的。有机体在不活动状态时,腹部的大血管舒张而容纳大量血液;但在压缩时它们就缩小而迅速地把血液注入心脏,同时心脏又把血液循环到活动的肌肉和脑中去。使用体积描记器或容量记录器可以试探出其中的一些变化。例如,把手臂放入瓶内并把瓶口封闭使其不透气,把一条管子的一端通入瓶内而另一端在瓶外与记录气鼓或其他装置相接,这样就可以记录手臂的血管缩小和血管舒张时所引起的容积变化。这种仪器对于心理学家来说,早几年比现在较为通用,因为容积的变化是由于各种原因,包括外部温度的结果。当被试十分温暖时,突然的大噪声会使其手臂的血管缩小;但是当他的手臂对冷的周围已经发生血管缩小的反应时,那么噪声刺激就不再生效了。

循环的神经控制

心肌和动脉的平滑肌的活动并不完全依靠它们的神经,而是即使这些神经被切断时,它们仍能继续活动。但是由于有机体的变动着的需要就要求能在增加和降低循环的活动这两方面来控制它。对于心脏来说,迷走神经(副交感系统)抑制或降慢心搏而交感系则加速它,这是依照这两种自律神经系统的"和平"与"战斗"的机能而决定的。动脉的情况较为复杂;交感系使消化器官的血管缩小以及肌肉的血管舒张,而副交感系则具有相反的作用。

当血压升高时,它刺激在主动脉和颈动脉窦中专司"压力计"(pressure gauge)的感受器,后者作用于髓质中的中枢而产生心脏和动脉舒张的反射,从而降低血压。除了这种自身调节之外,循环和其他体内环境稳定的过程有一共同点,就是受丘脑下部的控制[摩尔根和斯特拉(C. T. Morgan & E. Steller), 1950;林斯利(D. B. Lindsley),1951]。循环也能反映皮质的情况,并反回去借改变脑的氧气供应而来改变皮质活动的水平。

睡眠时循环的变化

正如我们在讨论皮电反应(GSR)时一样,我们须从最低活动水平的睡眠来开始处理循环因素和指标。这样我们就有一基线来检查继续增高水平到情绪状态时所发生的变化。包阿和葛尔德史密特(E. P. Boas & E. F. Goldschmidt,

1932)从 100 多名被试成年人的各种活动中得到心搏率的连续记录。"基础心搏率"是在和测定基础代谢率的同样条件下得到的,即是说,在被试消化、吸收了晚饭后经过整夜的休息,在早晨觉醒之后仍然躺在床上并未开始一天的活动之前记录的。男被试的平均心搏率是 61,而女的则为 70。就从事平常室内职业的人来说,男的平均率为 78,女的为 84,但有很大的个体差异。睡眠时的心搏率并不比醒时的基础率少得很多,男的平均为 59,女的平均为 65。有些被试的心搏率在睡眠时降低到 40,有的在肌肉活动时增高到 170 或更高。在睡眠时,特别是在觉醒前的浅睡时,噪音能使心搏率暂时加速。当被试躺在床上辗转反侧时,脉搏也会增高。在觉醒的时候心搏率有时会快速升高,有时则从觉醒前开始逐渐升高一直到觉醒了之后。整夜睡眠期间的心搏率曲线是因人而异的:有人很早就降低到低的水平并保持着这种水平一直到觉醒时为止,有人则表现着逐步降低一直到觉醒为止;还有另外一些人,则显示着有较大的起伏,而在觉醒前 1 小时开始渐渐上升。从心搏率来判断,似乎有不同方式的睡眠和觉醒。

兰迪斯(C. Landis,1925)记录了被试男大学生在入睡时、睡眠时和觉醒时的血压。通常在入睡时 2~3 分钟内收缩压从 108 降到 94 毫米水银柱;这种典型的结果,即使被试是以斜倚在床上来代替平卧时也可以得到。正常而安静的觉醒表现着血压逐渐升高,即在 2 分钟的时间内从 94 逐渐升到 108 毫米水银柱。当被试被闹钟惊醒时其升高更是迅速——例如在 50 秒钟内就从睡眠时的 92 升高到 114。这种突然升高会在过 20 秒后随即降低到 104。但是这种景象也不是不变的,有时候即使是被闹钟所惊醒而血压的上升还是逐渐进行的。

谢帕德(J. F. Shepard,1906,1914)的实验是很广泛而周密的,因为除了心搏率、呼吸率和手容积之外,他还能记录两名青年人的脑容积的变化。他们因为头部受伤颅骨曾被锯开,颅骨的一部分被去掉而头壳在破孔处被缝起来。这样就和婴儿的囟门一样,可以从其中感觉到脑的搏动。在颅骨的开孔上覆盖一块软木塞,它牢附着在接受气鼓的橡皮膜片上,同时这气鼓是通过空气传导与一活塞记录器相连接。在被试试做过几次并能适应于这种仪器装置之后,就把正式的实验当做日常的事,他们有时候整夜在实验室睡眠而同时他们的脑容积、手臂容积和呼吸也就被记录下来。

谢帕德的实验设备是全面而准确的,他得到的许多记录都显示着一致的结果。因此,虽然他的结果不同于早期较不完善的实验所得到的结果,但他的结果可能是正确的。就和其他实验者相同的方面说,他发现在睡眠时一般的血压低而手容积大。这些结果显示着睡眠时一般血管舒张的现象。血管舒张甚至还在脑中表现出来,因为在锯开的小孔上面的皮肤膨胀得足以清楚地显示在记录上。当然,在颅骨完整无伤时,脑组织虽然可以通过脑神经和血管的出口而有少许膨胀,但脑容积不能有很大的变化。但是很明显,血管有足够的松弛以抗衡一般血压的降低而有余,因此在颅骨的容量许可的地方——在这案例中是通过被锯开的小孔,在脑容积上是会有一种净增加的。我们可以这样设想:当循环的一般水平缓慢下来时,血管舒张是防止脑过分降低血液供应的一种保护的方法。脑很需要依靠良好的血液供应,甚至超过肌肉对血液供应的依靠。

从这些以及其他研究[克莱特曼(N. Kleitman),1939]所现出的图景表明睡眠时的启动水平一般说是低的,但脑容积增加,一般的末梢血管舒张,血压和心搏率降低,呼吸缓慢、有规则而深沉(见下面),以及体温下降。所有这些指标在睡眠几小时之后达到它们的最低水平,而临近平常要觉醒的时候又增大起来。但是外在刺激,即使实际上没有弄醒被试,也可以暂时地使其水平升高。由此,谢帕德发现这样的刺激会使脑容积暂时减低,有时则在减低前先有少许增高——这种差异可能是依存于到底血压增加是在血管舒张的变化之前抑或是在变化之后。

惊恐、惊异和突然转换注意

在这里我们首先要提到谢帕德在他的锯开颅骨的被试在觉醒状态下所得到的结果。这时刺激会引起脑容积增加,而不像在睡眠时之引起其减低。突然的大噪声引起复合反应:脑容积首先是上升,其次是稍稍下降,最后又上升。能惊动人的同一刺激也引起手容积的上升并随即下降;而最终的结果是脑容积升高,手容积降低。

这种似乎复杂的结果并不是不能给出说明的。我们有理由来假定腹部的大血管以缩小来反应引起惊动的刺激,结果就使流向心脏的血液增加以及增加了血液向动脉的输出额。首先影响手和脑的是增加它们的容积。但手的血管缩小会很快地降低其容积,而我们可以假定脑的血管缩小是比较地不生效用,因此,最后的结果还是增加了脑容积。整个事情是一致的交感系的反应。但是,我们怎样去解释当睡着被扰乱时脑容积的降低呢?我们只需进一步假定脑血管在睡眠时是那么松弛,以致当它们因对惊骇的刺激发生反应而缩小时,相当于起了很大变化并足够抗衡心脏输出的增加。

对于惊骇的刺激,如大笛声或手枪声,心搏率会突然增高又很快地回到正常状态[伯格和比贝-森特(R. L. Berg & J. G. Beebe-Center),1941],血压也有同样的情形。

预期

尼森(A. E. Nissen,1928)获得两名病人在牙科椅上的血压记录。当牙科医生进入室内时,血压突然升高;事实上这时血压的升高是比他开始被施手术时更为常见的事。即使是预先几分钟宣告的预期着的无关刺激,都会提高脉搏率,增加脑容积以及降低手容积(谢帕德,1906)。

肌肉活动时和活动后的变化

绍克(N. W. Shock,1944)报告了由于让儿童跑上四层楼梯而得到的一些有趣的变化。这个试验是加利福尼亚大学关于青年生长研究的一部分,后者包括了许多年来对同一些儿童的一系列生理的测量[见琼斯(H. E. Jones),1939,1943]。图 7-1 是一名 14.5 岁的男孩的记录。这个记录显示着在恢复期而不是在活动期的变化,因为记录是在男孩到达了楼梯的顶点之后开始的。不过我们可以假定活动前的水平是和半小时的恢复后所得到的水平相近似。活动很明显地提高了收缩压而降低了舒张压,因此就给予脉搏压两重的增加。脉搏率在活动时也较高。一般的图景是当活动时心脏的活动大大增加,而在休息时恢复得比较慢。这种缓慢恢复的情况代表着身体是"工作过度"了,在组织的自身中正修补着活动时所造成的损失,排除着废物和重建着局部的养料供应。我们在后面将对其他两条曲线,即呼吸容积和氧消耗,多谈一些;它们是同一个一般图景中的一部分。

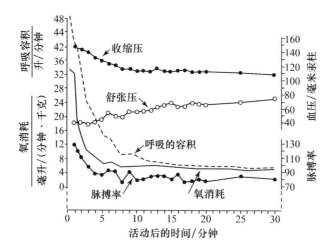

图 7-1 运动后的生理变动及其恢复(绍克,1944)。恰好在基线开始以前的地方,一名 14.5 岁的男孩曾跑上四层楼阶梯(58.5 英尺)。不同的量度可参看相应的纵坐标的尺度。有的曲线显出在末尾处稍倾一些,这意味着它们尚未确实达到它们的基础水平。

心理活动

肌肉活动增加心搏率和血流的速度,这具有很好的生理的理由。心理活动似乎会涉及某些肌肉活动,因此也会增加血液循环。心算时很少牵涉到肌肉活动,所以循环的增加也不明显。事实上,在这个特殊的试验中,由于肌肉长期不活动而使心搏率有可能低沉。在其他种类的脑力工作中,特别是在竞赛和赶时间的条件下,发现了脉搏率有些增高。

激动

有许多实验证据使我们完全明白了激动能加速循环。梯格尔斯太特(C. Tigerstedt, 1926)测量了13名被试大学生在参加6小时重要考试前后的血压,曾发现了考前的平均数很高(165毫米),考后的平均数还是高的(152毫米)。在另一个试验中,他让大学生出来面向全班讲话,并给予评语,同时记录这名学生的血压。在这种实验条件下所得到的10名大学生的平均血压是166毫米。然后这些学生一连好几天都个别地到教授那里去报到,并把其血压记录下来。他们这几天的平均血压依次为152、140、139、130、129毫米汞柱,而最后一天的记录已经降低到和年轻成人的标准相近似了。梯格尔斯太特认为,在这一系列的试验中,最初几天的高血压是受到第一次测量血压时的激动情况的残余的影响的,是一种条件反应。

布朗和范·吉尔德(C. H. Brown & D. Van Gelder, 1938)曾总结在考试前有关循环和呼吸的其他测定。这些作者自己曾测量过许多学生。有一组17名四年级大学生,在两天的心理学考试的前后,记录了他们的循环和呼吸,结果比他们在正常状态时增加了下列的数值:

	第一天		第二天	
	考前	考后	考前	考后
收缩压	15毫米	2毫米	4毫米	0
脉搏率	23次	5次	16次	4次
呼吸率	3周	-1周	1周	0

正如鲁利亚(A. P. Лурия, 1932)所指出,各人对考试的预期反应不同,有的人是比较不受这种影响的。

兰迪斯和古列特(R. Gullette, 1925)通过长系列的实验把一种情绪情境累加到另一种情绪情境之上,虽然他们没有得到不同情境的不同反应,但证明了在整个实验情境中一般的反应是高血压。在企图产生严重的情绪紊乱时,兰迪斯(1926)诱使三位心理学家两天不进食,一夜不睡,然后给予他们所能忍受的最强的电刺激,而且这种刺激一直继续到他们不能再忍受为止。这种试验情境引起许多症状——胃收缩和直肠收缩的抑制,喘息、恶心和闭口不言,显著地流汗,行为不协调——与这些激动的标志出现的同时并表现出血压的显著升高。

引起循环变化的刺激并不只限于不愉快的激动这一事实,已经在包阿和葛尔德史密特(1932)的记录中表示出来了。在这些记录中,证明了他们的心动速度描记器的广泛应用,在一对夫妻性行为时,他们得到有关心搏率的完整记录,从而发现了当情欲高潮时,心搏率(每分钟 143~146 次)也达到了高峰。在研究比较温和的愉快激动时,他们的被试是一位倾听留声机唱片歌曲的男人,这首歌曲在他的心目中是和他所十分爱慕的女人有关的。结果在倾听这首歌时,他的心搏率从 64 增高到 121。

对于心理学家来说,把任何强烈的愉快情绪引进实验室中是一个困难问题。被试需要很好地适应于记录的仪器,以致他忘记了他是在被别人记录着。这一点似乎可以使用心动速度描记器而得到相当的成功。被试也需要在这种情境中忘其所以,忘记这是一个实验。这些需要可以通过看电影的情境来达到。

司各特(J. C. Scott, 1930)放演 40 分钟的电影给 100 名医学院二年级的学生看,他们不是集体看,而是单独地被领到实验室去看的。影片的内容包括有关爱情的一幕:有一段演出主角被虐待而可能引起观众的愤怒;第三幕映出城市因地震而被毁以及主角正处于危险之中,希望通过这景象来引起观众惧怕。这三幕之间插入为时约 10 分钟的比较无关的片子。被试单独一个人坐在室内看影片,同时他的血压是用泰柯斯(Tycos)血压计记录的。这种血压计虽然不能得到连续不断的记录,但也可以使实验者得到间歇的血压记录。在看完电影之后,被试回想在看到不同的剧情时曾经引起他任何程度的情绪,并把这种估计报告出来。从这些报告中可以看出,性的情绪是最成功地被引起了,同时也表现了几乎每一名被试的血压都确实升高。应该记住,适度的血压变化,即在升高或降低 10 毫米之内,是可能无明显的情绪的或生理的原因而发生的。在这个实验中,被试曾几次来过实验室中做血压记录,所以他们已经适应于实验室的情境了。

在惊吓和激动时有关腹部的血管缩小的纯粹的生理实证是从一个对于狗的实验中得到的[巴克罗夫特和弗劳瑞(J. Barcroft & H. Florey),1929;德鲁利,弗劳瑞和弗劳瑞(A. N. Drury, H. Florey & M. E. Florey),1929]:通过初步的手术,把狗肠里层的一小部接到皮肤上去,而同时仍然保留它自己固有的神经和血管,因此一部分肠的黏膜就显露出来。每当这条狗被惊吓时,例如有陌生人走近它,它的黏膜就变白并显示着血管缩小。这种反应的潜伏期为 4~5 秒,远远超过了惊吓的外部标志。这种事实,正如作者所建议的,可能是反对詹姆斯-朗格(James-Lange)情绪论的有效论点。再者,这条狗由一位他的朋友牵着而同时由另一位朋友在远处叫唤它:在这种情境下,狗的黏膜变白,而从外表行为看,它是激动而不是惧怕或愤怒。

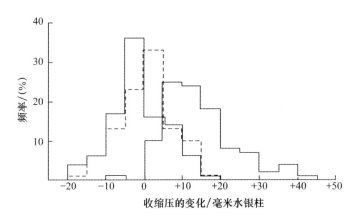

图 7-2 观看至少引起"中等"性情绪(100 名被试中有 88 人是这样报告的)的电影时收缩压的变化(材料引自司各特,1930)。预期引起惧怕和愤怒的情节按照内省报告来说是不很成功的。图示反应的分配。(图例:——性情绪,——惧怕,……愤怒)。

微差的变化

我们曾经叙述过的多数实验都指出了循环变化和启动水平或"激动"间的关系。我们可以进一步追问,到底有没有与各种情绪状态相适应的不同模式的变化。关于这一点,我们很少有明确的证据。S. 沃尔夫和 H. 乌尔夫(S. Wolf & H. G. Wolff,1942,1943)的研究是这类少量研究中最为突出的一个。他们有一名有胃瘘的病人,瘘管就是直接通到胃的一个体外开口,以便喂食,因为在一个事故之后他的咽喉被封闭了。他们雇用他做技术员,因此有机会在不同情绪中观察胃的里层血管的以及其他的变化。在烦恼或惧怕时,胃黏膜变为苍白,而同时胃的运动和消化腺的分泌两者都被抑制;但是在通常被描述为敌意、愤怒和焦虑的状态时胃黏膜则变为红色,而同时增加胃的运动和胃酸的分泌。这些作者强调这一事实,即改变胃的机能是一般身体模式的一部分而不是交感神经系冲动(sympathetic discharge)的单纯结果。他们的结果可以供给我们区别愤怒与惧怕的线索。但是我们在到达全部理解这些及其他情绪状态的生理变化的详情之前,还要走漫长的道路。

呼 吸

呼吸的主要机能是促使肺更换空气。吸入的空气是通过肺里的毛细管而供应氧气到血流中去,而同时又收集血液中从活动的组织里带来的二氧化碳。因为一切肌肉动作都涉及氧气的消耗和二氧化碳的产生,同时也因为呼吸的速率和深度在这一点上能很好地适应于身体的需要,所以呼吸就成为启动水平的优异指标。

呼吸的神经肌肉机制

主要的呼吸器是属于骨骼系统而不属于自律神经系的。在横隔膜、肋骨间和腹部的肌肉都是横纹肌,它们是直接被中枢神经系统所控制。从颈脊出来的横隔膜神经通到横隔膜并且是呼吸的主要运动神经。主要的感觉神经是迷走神经,它供应感觉神经纤维到肺。这些神经纤维由于吸气时肺组织的伸展而受到刺激,并作用于髓质中的呼吸中枢,可以抑制该中枢而节制吸气。吸气的刺激似乎起于中枢之内而受到静脉血的局部作用。在血液中二氧化碳过多会刺激该中枢而引起强的活动;但是经过几次深而快速的随意吸气,就会减少血液中二氧化碳的含量,从而降低呼吸中枢的活动,使呼吸暂时停止。颈动脉窦和主动脉中的化学感受器也起一定作用。他们测量血液中二氧化碳的含量而对呼吸起一些调节作用。

这种机制虽然是相对自制的,但它几乎对任何感觉神经的刺激都起反应。冷的刺激突然作用于皮肤,正如出其不意地吸入强烈的气体,如阿摩尼亚或氯气一样,会引起屏息反射。刺激鼻或喉会使经常的呼吸节律中断而打喷嚏或咳嗽。在吞咽时,呼吸运动被抑制了。皮质对延髓中枢的影响可以从随意控制呼吸中,在说话或唱歌的特殊呼吸中,以及在注意倾听微弱的声舌或注意突然产生的有趣思想时所引起的呼吸暂停这些事实中看出来。简言之,我们在这里有一个作为代谢机能的自律反射机制,但是它对于有机体的行为中所进行的一切也是易于反应的。

呼吸的记录

由于呼吸是一种总体的反应,所以记录起来并没有什么困难。一般说有两种记录方法:一种是依据吸入和呼出的空气的容积或其他方面的记录,另一种是依据胸围和腹围的变化。

容积记录 一个典型的方法是医生办公室内所用的方法。被试戴上口罩呼吸,并将呼出的气送入与口罩相连的桶或气量计中而测定呼气时所送入的空气的容积。这种仪器有时用来测量肺活量或一次呼吸时所能吸入的最高空气量,作为身体健康的一种指标。

同样的仪器稍微改造一下就能适用于新陈代谢的测量,这是活动水平的指标中最好的一种。桶内放置一种物质能把呼出的空气中的二氧化碳转化为固体而使其几乎不占有任何空间。如果被试继续从与这样的桶相连的口罩中吸入与呼出空气,那么,当被试用完桶中的氧气,桶内的水平面就会逐渐降低(见

图 7-1)。这种仪器通常是测量基础代谢的,这是在休息的情况下能量消耗率的有用测量(参看基础心搏率)。这种仪器的另一些形式还可以很好地测量任何种类的活动所需要的代谢"消耗"。但是作为启动的测量来说,这种方法有两个缺点:① 它是笨重的,因为它需有一个面罩或口罩和一个巨大的桶或袋;② 它不能反映快速的变化,因为被试在能力动员的刹那时虽招致"氧气缺乏",但在几分钟后又"还给它"而复原了。

还有另一种方法也可以记录空气的容积。这种方法不是把呼吸送入桶中,而是像现代的人工呼吸器一样把被试安置在桶中。戈拉和安托诺维奇(F. L. Golla & S. Antonovitch,1929)就曾经用过这样的一种身体容积描记器。被试的头通过一个孔而伸出桶外,并以橡皮封口围绕颈的周围而使之封闭。这样就使被试吸气时,由于胸部和腹部的运动,等量的空气就从桶中排出,而这些被排出的空气量能用适当的计量器记录下来。在某些情况下,这样的安排可能是胜过于用口罩和桶的方法,因为它可以使被试较少意识到自己的呼吸。如果给他某些似乎有理的理由,如"这只是测量你失去了多少热量"以说明为什么要把他安置在容积描记器中,那么,他甚至于不晓得他的呼吸是在被记录着。

呼吸描记器 比较方便的是直接测量胸部运动的装置。所有这类的装置都应用一条缚带或链围绕着胸或腹的一部分。缚带的末端附有一种仪器,它能在胸围变化时伸展并把这种伸展转化为某种信号。这样,缚带就可以牵引一系列的接触点记录在电描记器上[H. 卡森和 E. B. 卡森(H. Cason & E. B. Cason),1933]。或者缚带可以作用于一个电阻器,正像某些现代化的汽车上的汽油表一样。更常用的是一种利用空气来记录的方法。这类方法中较旧的一种是用气鼓或者是以弹簧来加强的橡皮管。不过这些已经大部分为用于防毒面具中的折叠的软管所代替了。这是一种直径约 1 英寸的薄橡皮管,这样的构造使它易于伸展而不会损坏。1 英尺左右这样的管除一端与一细橡皮管相连接外,管的两端都被封闭。这条细管引到气鼓或小风箱上去,后者附在熏烟鼓、或墨水记录器或照相记录上使用的描昼杠杆装置,与这种记录的同时,还可以加上心电电流图或其他精密的测量。橡皮管稍微伸展地围绕着胸部,而管的两端与缚带相连绕着背部。当被试呼进气时,橡皮管伸展,增加了它的容积,于是就将记录气鼓或小风箱的头吸得低下来。

呼吸记录的度量

在呼吸的记录中,横距代表时间,直距则直接代表气鼓内压力的变化。它们比较间接地表示呼吸幅度的变化,也就是说吸入与呼出的空气的容积,以及由于呼吸肌的活动而引起的胸或腹的位置的变化。要从呼吸记录中得到任何有关肌肉收缩或空气容积的绝对测量还需要仔细地校准,但是呼吸幅度的变化可以从含有连续记录的曲线中读出。例如,能很确定地检查出在一系列的浅呼吸之后跟着有一次深呼吸。

呼吸曲线中时间这一特征能相当准确地测量到。吸入和呼出的开始点通常都可以被定位,而从这些点我们就可以确定呼吸周期的时间以及它所包括的两个时相,即吸入与呼出。在吸入或呼出之末的间歇还不能很好地划分,而最好是把它当做前一时相的一部分(图 7-3)。

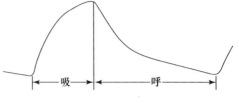

图 7-3 呼吸曲线的单一周期图。

呼吸速率和幅度的变化

每个人都知道,肌肉运动会促使呼吸加速与加深。很有趣,卡侬(W. B. Cannon,1932)曾经指出呼吸和循环的增加是在肌肉活动开始时出现而并不要等待到真正已发展成为氧气缺乏或二氧化碳过多的时候。这里有肌肉的需要的一种生理预期作用。是不是想象的或暗示性的肌肉活动也有同样的作用而能使呼吸增加呢?呼吸运动可以随意加速,但是问题在于是否在激动的"心理状态"时它们会不随意地增加。瑞沃尔特(F. Rehwoldt,1911)让他的被试借回忆或想象某些情绪体验,例如戏剧中的情节,来引起一种情绪。他发现,当被试报告说产生激动时他的呼吸也增加。实验者共同承认在激动时呼吸倾向于快速和深沉。这是呼吸和情绪间最明显已知的关系。愉快和不愉快表现着不是增加就是降低呼吸。一般来说是增加,这显然是因为愉快和不愉快的刺激容易引起激动的缘故。

另一种明显的关系表现在暂时的注意和呼吸的部分或完全抑制之间。突然的刺激会使被试"屏息"。如果他倾听着微弱的声音,停息呼吸能消除呼吸障碍的声音;如果他尝试着读出远处的字母,如果呼吸运动暂停就会注意得较稳定(一个优良的射击手当射击时是停住呼吸的);从胸部发生的运动感觉可能是一种愁闷,这是在剧烈的脑力工作时要避免的[苏特尔(J. Surer),1912]。在连续的脑力工作中,不管是多么注意,这种呼吸的抑制很自然不会继续下去,但呼吸却会倾向于浅而快速。斯卡格斯(E. B. Skaggs,1930)曾比较在安静松弛时和在几种活动时的呼吸,并指出具有很大变化的结果:

(1)和休息时的情况相比较,心算乘法时的呼吸一般说是快而浅。

(2)在焦虑预期时,呼吸率倾向于增加而其深度则正常。

(3)在震骇或惊异之后,也是呼吸率高,深度差不多正常,而呼吸则较为不规则。

这些结果是可以说明的,如果我们假定:① 在脑力工作中,不伴随着肌肉活动的增加,其最高的效能的获得,可以通过尽量使呼吸安静而同时又保持氧气的正常供应;② 在激动时,实际上增加了肌肉活动,从而就需要增加呼吸,或者至少要为肌肉活动做生理的准备。

至于不规则的呼吸,深度或速率有变化或两者都有变化,我们知道一个肯定的原因,即在说话时要使用呼吸。弗斯勒(H. R. Fossler, 1930)发现呼吸率在说话时比在休息时较不规则。呼气的时间延长很多,而且从一个周期到另一个周期之间变化很大;吸气的时间缩短,而且也有相当的变化。理由是显然的——我们总希望继续不断地说话,但是我们却一定要停止说话来进行呼吸。声带是由于呼气而操作的,而这种呼气是在经济地进行着,并且在说话的间歇中用快速的吸气来补充呼气的不足。

布拉兹(W. E. Blatz, 1925)把真正的惧怕偷运入实验室中,这是一个很有兴趣的实验。他让并不疑心而蒙着眼睛的被试坐在一张灵巧的椅上,而突然把椅子往后倾倒到几乎平躺的位置,同时用呼吸描记器记下他的呼吸以及用心动电流描记器记下他的心搏的速率和力量。被试共 21 人,心脏均有确定的变化。脉搏从 84 陡增到 104,一般地又很快地降到 87,接着只回升到 97,此后逐渐慢下来但仍然不规则。心搏的力量也增加,而且在被试躺着休息 6 分钟后仍然是高的。

被试在另一天回到实验室重做实验。他预期着椅子会降落下来,所以在椅子真正往后倒之前就表现了强而快的脉搏。当椅子真的往后倒时,心脏的变化和第一次试验时相同——即同种类的变化,但其变化的程度较小。被试并没有像第一次往后倒时做明显的运动以使自己免于危险。同时他们报告说,在第二次倾倒时并不觉得惧怕。作者由此得出结论说,真正的惧怕要求有外在的逃避反应和内在的机体变化。

至于呼吸的影响,呼吸率从椅子往后倒之前的每分钟 14 周期降低到椅子往后倒后即刻的每分钟 11 周期;它恢复到正常呼吸率的过程是开始较快,而往后则是逐渐的。可是它并不像平常那样和心搏率平行地升降。椅子往后倒的第一个作用是使吸气的时间加长。如果椅子往后倒时正是吸气的时候,那么吸气的时间就加长;如果椅子倒时正是在呼气的时候,那么呼气运动就马上停止而被吸气所代替。这种"屏气"的情况似乎和任何突然转换注意时所产生的我们所熟知的呼吸暂停的逾常形式相类似。

吸气和呼气的相对时间

这最后一种作用以及从前提过的在说话时有长的呼气,这两者暗示着有可能科学地利用吸气和呼气的时间比率。斯托令(G. Störring, 1906)是第一位做这种建议并证明它是有成效的学者。他引用了吸气呼气比率，I/E，其中 I 是吸气的时间，E 是呼气的时间。有些作者在测量 I 或 E 时略去停顿的时间不计，另一些人（如上面所介绍的）又把它们包括进去，即把 I 伸展到呼气运动开始时为止，而把 E 也伸展到第二次吸气开始时为止。使用不同的测量方法会产生迥然不同的结果。

从统计学上说，I/E 比率并不是一个良好的测量。它应用于个别案例是可以的，但是当个别的比率相差较大时就不宜于把它们作为根据来求出平均数；虽然几何均数，或是比较简单的中数，都可以使用而不歪曲所得结果。一个较简单而易理解的测量是这里所推荐的 I 分数。I 分数是以整个呼吸周期的时间来除吸气的时间而得到的。它表示着吸气所占的时间的比例。因为吸气通常是在呼吸周期中积极的肌肉活动时期，所以 I 分数就表示着在这种供应空气的必要的工作中到底要花多少时间。为新陈代谢的目的而使用空气自然是持续不断的过程；但是为发音而使用空气则一般说来只局限于呼气的时候。在说话时的 I 分数表示着需要多少时间去吸入空气才能发音。根据弗斯勒（1930）得到的 13 名被试的记录，在说话时所有被试的 I 分数的平均是 0.163，个人的平均则在 0.090～0.258 的范围内。这是说，我们在说话时，为了要供应所需要的空气而平均牺牲了约 1/6 的说话时间。在平常安静地呼吸时，I 分数平均为 0.40～0.45，即略低于呼吸总时间的半数。

倘若 I 和 E 的测定是包括全部呼吸周期的话，那么，I 分数和 I/E 比率之间就有一简单的算术的关系存在着。例如，若 I 为 1 秒而全部周期为 3 秒；则 I 分数 $=1/3=0.33$，I/E 比率 $=1/2=0.50$。当这些测量项目之一有所增加，则其他也增加；但是 I/E 的变化会大些——我们可以说，夸大了。I 分数的绝对极限是从 0～1.00，而 I/E 则无上限。

关于 I/E 比率，一些早期研究结果为：

（1）在做需要集中注意的脑力工作，如心算乘法时，I/E 比率是低的，越是感觉到紧张的注意，则比率越低（苏特尔，1912）。在为时短促的需要集中注意的脑力工作中，I 分数的平均数是 0.30。

（2）当被试报告说有紧张的感觉时，I/E 比率就倾向于低值［卓森斯基（L. Drozyński），1911］。

（3）在激动时 I/E 比率是高的，同时 I 分数超过 0.60（瑞沃尔特，1911）。

（4）在装扮惊异时，即是说当被试想象一个奇异的或可惊的情境并且从面部和姿势上来表达他的情感时，则比率会很高［费勒基（A. Feleky），1916］；6 名被试的 I 分数的平均为 0.71，其范围为 0.62～0.78。被试倾向于把其呼吸保持在吸气的状态。这是与布拉兹（1925）把椅子往后倒之后所得到的结果相同的；他的被试在椅子刚刚倒下后的 I 分数的范围由 0.50～0.80。

(5) 在笑时它是很低的(费勒基,1916),I 分数的范围由 0.18～0.28,其平均为 0.23。这个数字接近于上述说话时的平均,而 I 分数之所以较小,其原因也是相同的:就是说在笑和说话时,都是吸气很快,然后在发音时一点点地呼出。

现在把各种情况下的平均 I 分数扼要表列如下:

各种情况	平均 I 分数	各种情况	平均 I 分数
在说话时	0.16	在笑时	0.23
在需要注意的脑力工作时	0.30	在休息的条件下	0.43
在激动时	0.60	在装扮惊异时	0.71
在突然受惊吓时	0.75		

歌唱时比说话时需要更多的"呼吸力",而且只允许很短的时间做补充供应空气之用,所以 I 分数降低到很小的数值。

近年来对于 I/E 比率或 I 分数的兴趣降低了,部分原因是由于启动的其他测量方法更为便利而且也许更为圆满。但是呼吸的记录对于试图解释它的人来说,确实是一种巨大的挑战,因为它们对于各种心理的变化都极其灵敏;而问题就在于如何能从记录中找到所希望的信息。I/E 比率只是一种方法。呼吸记录曲线中所表现的幅度、形状、曲线下边的面积,以及其他方面也可以提供可能的测量。不过,要测量记录以得到所有这些变量是要花很多时间的。

肌 肉 紧 张

从常识的意义说,紧张这个字大致相当于我们所说的启动水平。我们避免像这样不精确地使用"紧张"这个字,因为这个字更适当的应用于骨骼肌的长期收缩或肌肉张力的状态。我们的手、腿、躯干和颈的肌肉继续不断地接受神经冲动,以致它们总是处于部分收缩的状态。一般说作用相反的肌肉排成一对,如屈肌和伸肌。在一对肌肉的两个成员之间其紧张度有很好的相互作用,因此,当一种肌肉舒张时,另一肌肉就收缩,这样就能保持四肢的控制,但并不耗费能量。谢林敦(C. S. Sherrington, 1906)曾经把这种关系描述为交互神经支配。

姿势张力

但是,除了这种交互动作之外,这一对肌肉的两个成员也可以改变其紧张或张力水平。在睡眠时其水平低,因为我们处于舒张状态[贾克布森(E. Jacobson),1938]。当我们较为活动时,身体上一切肌肉的紧张水平就都建立起来了；并且在我们变为更加活跃时，它就继续增高。在一定范围内说，这种张力是有助于控制运动的，因为这时候不那么松弛了。但是如果紧张过高，那就会影响动作的协调。在描画直线时，如果手臂过于松弛，描出的线就会弯曲不直；但是如果手的肌肉太紧缩，就可能产生痉挛性的跳动或震颤。如果你试做这个实验，你会觉察到肌肉紧张并不局限于手臂而是扩展到全身的。这时两颚紧闭，眉皱着，背直着以及颈可能发硬。好几方面的证据都表明颈肌是肌肉张力的一般水平的关键指标。它们在运动协调上的重要性可以追溯到曾经被马格努斯（R. Magnus）和他的同事很好地分析过的姿势机制［马格努斯，1924；杜色尔·德·巴润尼（J. G. Dusser de Barenne），1934］。必须记住：① 头部是一个重的结构，而它的平衡在很大程度上决定了全身的平衡；② 头部包括大多数重要的距离感受器，它时常转向这边或那边来预期着总的身体运动（如眼的运动）。头—颈—躯干的这些关系对于人类和动物都是同样重要的［亚历山大（F. M. Alexander），1932；琼斯和肯尼迪（F. P. Jones and J. L. Kennedy），1951］。这一切都暗示着颈是研究肌肉紧张的关键所在。但是，肌肉紧张可以在身体各部分都观察到。它们代表着特殊反应所依据的基础；肌肉紧张的一般水平是动作的一种准备，是一般启动的一个方面。

张力水平不仅只是机敏的结果；它是产生机敏的机制之一。正如我们在上一章开始时所指出的，从肌肉到中枢神经系统，特别是丘脑下部的运动冲动的回返，是这些中枢的活动水平的很重要的因素（克莱特曼，1939，1950）。在这里，颈肌又是十分重要的，因为它们送回不相称的冲动。很清楚，各种骨骼肌的紧张水平可以作为启动水平的良好指标；而事实上，我们通常也把"紧张"这个字当做"神经过敏"的同义词来看。现在让我们转到肌肉紧张的测量问题。

肌肉紧张的测量

有很多不同的方法可以测量肌肉紧张，因此在我们考虑代表性的实验之前，就不拟把所有的方法都详加介绍。不过，对于这些方法我们可以只从它们如何分类来很快地初步考察一下。首先，我们可以测量局部的肌肉紧张，如臂或腿，或者我们可以把身体作为整体来测量其紧张的一般水平。作为中间的阶段来说，我们可以测量关键区域的局部紧张，如测量颈或眉部，并希望通过它们能反映出一般的紧张程度。或者我们注意于紧张的模式，如右臂对左臂紧张度的比较等等。其他主要的划分是根据所用的一般方法而定。它可能是直接的方法，例如紧握铅笔时所用的力量。另一种成为更多人使用的直接方法是从肌肉记录出的电位差。电位差是每一肌肉收缩的一个不可缺少的方面，而这些电位差能够用现代的电子放大系统很好地记录下来。此外还有一些间接的方法：我们已看到反应时间也可以作为紧张的测量。另一间接的方法是反射的测验：

当医生测验你的膝反射时,他是在测量紧张的一般水平(还有其他方面我们不必在此讨论)。最后,一切方法中最间接的是关于代谢率,或总的氧气(这里指的是燃料)消耗的测量。每一种方法都各具优点和缺点,因此,方法的选择取决于所研究的问题的性质以及在研究时所能得到的设备。

克服干扰

关于肌肉紧张的一些早期工作是这样做的:被试在干扰的情境中工作,而同时记录他击键或使用铅笔时的压力。这些实验在"注意"一章中俱已详细阐述过,所以,这里只简单提一下。就我们现用的术语来说,这些实验指出,噪声和其他干扰引起情绪状态或提高启动水平是有必要的,如果被试要继续他的工作的话。至于在增加启动的其他情况下,被试逐渐变得适应于新的情境,而且即使有噪声,也很快地能和从前一样很好地工作而不再产生过分紧张。有些这类的研究曾以测量新陈代谢率来确定能力的消耗。值得注意的是即使研究的是手和臂的局部紧张,但经常被解释为一般的身体紧张;大约紧握铅笔时经常伴随着闭嘴、直背以及一切其他多余的运动,这在儿童初学写字时是很明显的。

肌肉紧张作为努力的一种测量

这些早期的实验提示着肌肉紧张可能是努力的良好测量,这是在学习和效率的实验中很难控制的一种因素。而肌肉紧张可以给我们一种提示:为什么有些被试比其他人学得快些。再者,它可能澄清屡次发现的事实,那就是被试经常表现着在工作曲线中有末期增高的现象,或者在做了使人疲劳的工作之后再来一短时期的试验,但试验结果并没有表现出一般所预期的效率降低的趋势[比尔斯(A. G. Bills),1927;瑞安(T. A. Ryan),1947;巴特莱和朱特(S. H. Bartley & E. Chute),1947]。这些在效率上例外变异的明显的解释是用额外的努力,动员他的力量,以及提高他的启动水平以补偿疲劳。

大量关于肌肉紧张水平的研究都希望能由此而解决关于努力这一尚无圆满定义的主观因素。虽说这些实验并不是经常在情绪这个题目下来处理的,但是很明显,它们与我们现在所讨论的问题有关。可惜努力这一问题,实际上比初看起来要更加复杂,因此最好把研究的次序倒转过来。首先我们要问什么是我们期望得到的,然后才去检查几个典型的实验。读者如果想深入研究,可以在戴维斯(R. C. Davis,1942)和考尔兹(F. A. Courts,1942)关于早期研究的评论中找到详尽的文献。福瑞曼[(G. L. Freeman),1948a,b]对这个问题有很好的讨论,虽说他的一般图景是比实验结果似乎能证明得更为明确些。

工作时变化着的肌肉紧张的假设的图景

从偶然的观察,我们可能预期到类似下面的图景。让我们从一名正在休息和松弛的被试开始。当给他一种工作时,其肌肉紧张应该升高到一定水平以反映他对这一工作的难度的估计。当他实际进行工作时,他可能发现这种工作比他所预想的要难些或容易些,因而重新调节他的肌肉紧张水平以便和实际情况相适应。如果在工作开始时他出了许多错误,其肌肉紧张就会升高;但是如果工作顺利进行,其肌肉紧张就应当慢慢降低。如果所做的是还要学习的工作,被试就会逐渐发觉相继尝试时容易些,而重复肌肉紧张水平原有的进程,但是在较低的绝对水平上。也可能模式有一种变化,水平也有一种变化;而身体紧张的一般水平的降低可能更甚于直接和工作有关的肌肉。这就引出了我们的第一个困难。我们从反映一般紧张的部分,如颈,所记录出的结果,可能不同于我们在镜画时从手臂所得到的结果。

一种和形式训练无大关系的工作,如消去指定的数字,或长系列的除法,当被试在一般情境中能适应与松弛时,仍然会表现出肌肉紧张的降低。这些变化是和进行心理物理学的工作时的皮肤电传导的变化相平行的[杜飞(E. Duffy)]。但是临近工作的终结时,一般所谓的疲劳可能发生。不过有些工作却很少证据以证明这种工作已经使有关的系统积塞着废物了;像这类的工作情况与其说是疲劳,不如说是厌倦或无聊,而实质上只不过是肌肉紧张降低的结果。在其他的工作上,例如在工作描记器上举重,可能在有关的肌肉中真的累积了代谢的废物,因而就降低了反应——虽然大部分的损耗仍然是由于中枢的因素而不是由于肌肉的本身。在所有这些情况中都可能通过增加努力来克服局部的失调;这样,启动的一般水平就提高了,同时也表现在与举重无关的肌肉增加紧张和多余活动上。

在基本论题上的差异　肌肉紧张可能因个人不同和工作不同而有差异。你的"紧张"的对象会对任何新的工作过分估计其困难,因此,一开始就具有高的肌肉紧张水平。如果他能获得成功,其水平就会降低。你的松弛和自信的对象在工作开始时有低的肌肉紧张水平;但是在他开始工作之后,其水平可能升高。不过这些预期的变化不一定在所有的被试中都这样:紧张的被试可能对任何失败有过火的反应,而松弛的人也可能在工作中由始到终都"从容不迫"。从不同的人所得到的结果勉强把它们总括一起,就会得出暧昧的或令人误解的结论。由此我们看到了在这一方面研究的困难的一个主要原因;另一种困难也同样是明显的:那就是我们不能把从不同工作中所得到的结果随意地合并起来。

效率作为肌肉紧张水平的函数

肌肉紧张的这些预期的变化是以效率随着启动水平而增加这一假设为基础的。但是从曲线上看可能并没有表现出工作效率随着肌肉紧张增加而有规则地增加。也可能有一个最适宜的紧张水平——它最适宜于某一个人在做某一种工作的某一特殊时期,如果他的肌肉紧张水平是高于或低于这一最适宜的水平,那就会产生不良的作业。这种概括似乎是可取的,但是很不容易取得证明[比尔斯和斯陶发赫(J. C. Stauffacher),1937;斯陶发赫,1937;考尔兹,1939,1942;布洛克(H. Block),1936]。当你试图计划一个实验设计来试探这个概括时,你就会明白困难的所在了。你有太多的变量!首先,你得确定每一个被试最适宜的肌肉紧张水平,然后看是不是工作成绩在最适宜的水平两边都有规律地降低。这个程序需要在工作中重复操作时多次测量其肌肉紧张水平。但是在重复同一工作的同时,可能就产生练习的影响,或者是增加兴趣和信心,或者是对工作厌恶等等,所以这个工作对于作业者来说已经不再是同样的工作了。很不容易用实验设计来平衡掉这种影响。因此有些研究者就试图把许多被试依照其原始的肌肉水平分为高、中、低三组,并要求他们去做简短的实验;但是其结果并没有显示出什么区别。最明显的结果之一是从一名被试那里得到的,他的皮肤电阻和反应时间曾经被记录为100段时间,这些记录的获得是分散在许多天中每天的各个时期里,同时被试的主观条件也从半睡状态到极端紧张都包括在内[福瑞曼(G. L. Freeman),1940]。这些结果标绘在图7-4中,它显示着快速反应有相当明显的最适宜的启动水平,虽说作业成绩在最高的水平上差异是极大的。我们需要研究各种不同的工作,试验不同的人,以及应用更直接的方法来测量肌肉紧张,然后才能证实上述的结果(参考"注意"一章)。

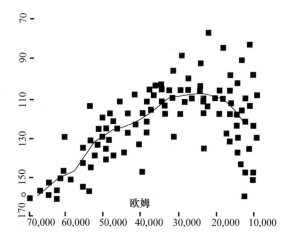

图7-4　一名被试在各种不同的机敏状态中其手掌皮肤电阻与反应时间(依据福瑞曼,1940)。图中每一个点代表在某一时期中5次听觉反应时间的平均数以及同一时期的皮肤电阻的测量。

局部紧张的肌电描记器记录

在我们曾经提到过的实验中,大多数是应用简单的机械方法来记录肌肉紧张的。近年来更有前途的方法已被发展了,那就是放大与记录当肌肉收缩时所产生的电位。这些电位在维持姿势的张力(背景)收缩以及在运动时的时相(快速的)收缩两者中都发现到。现代的放大器可以处理简单的电极与皮肤表面连接而产生的电位,特别是使用少量的电极胶糊的时候。一般说,这里所用的活动电极是小于在测量 GSR(皮电反应)时所用的,它的直径大约是半英寸。

贾克布森(1951)曾简要地综述了这些记录方法的发展,他在这方面是一位创始者。在 1930 年前所用的方法是很不灵敏的,但是就在那个时期电子放大方面迅速发展起来。贾克布森在 1939 年把电流整流了因而能用刻度盘读数以代替旧式的费许多工夫从几英尺长的记录中去数锋值电位的工作。他在 1940 年为进一步改善这种仪器而增加了一个电容器,并能把 0.5~2 秒多的时间内的读数平均出来。更新近的改进是使每次在电容器上累积了一定量的电荷时就使这电荷放电;而这种"星点"(pips)就表现在记录上,而且可以计算出来,正如我们要测量水管流出多少水时而计算其装满了多少桶水一样[斯蒂文斯(S. S. Stevens),1942;瑞安,科特利尔和比特尔曼(T. A. Ryan,C. L. Cottrell & M. E. Bitterman),1951]。电位的平均记录可以用墨水笔的装置记录下来,而这些星点可以加到同一记录中去,也可以用一个电学装置直接算出。因此,关于技术上的问题差不多都解决了,但是,使用的人仍然要具有相当的生理和电学知识才能确实免除人为的错误。

思维时的肌肉变化

大部分早期的工作是关于意识和肌肉紧张之间的相关的研究。在那个时候,许多心理学家都认为意识和肌肉比意识和脑有更直接的联系[朗菲尔德(H. S. Langfeld),1931;霍尔特(E. B. Holt),1931]。贾克布森训练他的被试完全松弛而使多数的骨骼肌基本上都不紧张。在这种情况下,他们的"心象是空白的"。但是如果被试有移动他的手臂的念头,电位就表现在他手臂的肌肉上。同样的,眼部的肌肉紧张是伴随着视觉意象的(见贾克布森,1932;1938;1951 其中附有更多的参考文献)。玛克斯(L. W. Max,1934,1935,1937)做过类似的研究,不过有一些有趣味的革新,他从因聋而哑的人的手臂肌肉上得到记录。当他们想着在说话时,或者梦着他们正在说话时,其肌肉就有紧张的电的标志而使其手指活动。手指就是聋哑者的语言器官!

这些实验明白地表示了意识是紧密地与肌肉活动联系着的,但它们并没有证明像有些意识运动论的说法那样,意识居留在肌肉之中。一个较为保守的解释是,肌肉紧张的变化是和起动过程相适应的神经中枢紧密联系着的;正如我们所经常强调的那样,由于中枢活动的结果就引起肌肉紧张,而它们又把冲动送回中枢去,因而增加了这种活动。因此,这些实验也可以当做启动的额外事例,不过是局部的机制的启动,而不是较大的系统的启动。

一般肌肉紧张时的肌动电流记录

在这一章中我们的兴趣在于一般、普遍性的启动而不在于局部的肌肉紧张。因此,如果电极放置在适当的位置的话,电位就可以作为肌肉的一般紧张状态的有用指标。一个放置电极的好地方是前额,这在"反应时间"一章中已指出了。把电极放在那里可以给机敏的一般水平一个优越的指标[肯尼迪和特拉维斯(R. C. Travis),1947,1948;特拉维斯和肯尼迪,1947,1949]。

另一个有关一般肌肉紧张的最近的研究是由瑞安、科特利尔和比特尔曼(1950,1951)诸人所做的。他们在脚、手、颈背以及耳垂(用银耳环电极)各处得到同时的记录。被试的任务是指出成对的由几个字母组成的系列(如 *ccooco* 与 *ccocco*)是相同还是不同。在一些工作期间,被试还要从显示字母的窗口稍上方受到 100 瓦[特]的灯泡的眩光。因为有些被试对这眩光的反应是使其工作缓慢下来,而另外一些人则加速其工作,因此就要用机械呈现测验材料的方式,即以固定的每 3 秒钟呈现一种测验材料的速度来强制工作的恒定速率。也曾遇到我们已经提到过的其他困难,特别是条件的程序和个别差异,还不能完全克服。尽管如此,研究的结果指出了由于眩光的结果,电位(从所有被测验过的区域来说)增加了。实验者的结论是:肌肉的电位可以作为在视觉工作中所付出的努力总量的客观指标。

我们希望这种一般方法能帮助我们解决在各种条件下决定各种工作的效率这一复杂的问题。不过这个方法并不能马上解决我们的问题,还需要许多慎重的考虑和实验。因为我们所研究的是个别有机体的复杂反应,每一个机体对于所指定的工作来说,都有他自己过去历史经验和现在的态度。因此,有人说肌肉紧张和有关启动水平的其他测量变幻莫测,这是不足为奇的,它们都是有机体对情境反应的一部分。

其他变化和指标

现在我们已经讲过作为情绪或启动水平的指标的主要的身体变化了。还有一些其他的身体变化过去还研究得较少。我们将选出一些,作简单的讨论,并列出一二种参考资料。其他参考书目可以在林斯利(1951)的论文中找到。

皮肤温度

这个可以用温差电偶放置在皮肤上来测量。这种方法并未被广泛应用,不过爱赫(A. F. Ax,1951)在最近的实验中建议这是有可能的。他发现在强烈情绪下,特别是在愤怒时会降低手和面部的温度。皮肤温度的降低大部分决定于血管收缩。

口腔温度

传统的华氏温度计98.6度的数值只是口腔温度的一个粗略平均数;而实际的数值可能相差到1度左右。克莱特曼(1950)以及克莱特曼和拉穆萨罗普(A. Pamsaroop,1948)曾建议过把口腔温度作为活跃的一种测量。这似乎是可取的,因为身体活动的增加就意味着产生更多的热。但是我们不应该忘记我们的身体有装备在内的恒温器来调节体温,因此所建议的指标是以这个维持恒常状态的机体部分失调为基础的。克莱特曼的有些研究是大有前途的,但这种工作还需要扩充。

瞳孔反应

眼的虹膜是由自律神经系统控制的。痛和强烈的情绪会使其扩张[本德尔(W. R. G. Bender),1933]。这是一种很不易记录的反应,而其基本的变化则由于经常的微小起伏而致模糊不明。

唾液分泌

唾液是比较易于收集的[温格和爱令顿(M. A. Wenger & M. Ellington),1943]。交感神经系统的冲动使唾液的流出减少,但其浓度增加。这种变化据说在原始民族中是用来作为侦察说谎的指标的;因为与说谎有关的惧怕会使被怀疑者的唾液分泌干涸,以致他不能把干米饭吞咽下去。

胃肠活动

卡侬(1915)关于强烈情绪在紧急时或能量动员机能的研究是这方面实验中最早的一个。他指出原来放松的猫在看见狗时会使其正常的消化运动受到抑制。这就意味着强烈的情绪能抑制正常的"和平时期"的活动,例如消化的活动。在人类,这种变化可以在胃内灌满了不透明的钡溶液之后用荧光镜来检查。另一种方法是训练被试吞咽一个橡皮球,并以小橡皮管接到气鼓上来作记录(图22-1)。

震颤与稳定

多数肌肉都有微小的震颤,其频率的变化大约随肢体的重量而不同。伸直的手指每秒振动 10～12 次[特拉维斯和亨特(L. E. Travis & T. A. Hunter),1931]。震颤可以通过机械的、光的或电的方法来测量[别瑞恩(F. K. Berrien),1939]。另一个方法也可以叫被试把棒插入孔中,当棒与孔的边缘接触时就会通电而把接触的次数记录下来。自从惠波耳(G. M. Whipple,1915)时代起,稳定和震颤就被用来研究各种问题,例如研究药物和疲劳的作用[塔夫茨学院(Tufts College),1949]。在强烈的情绪时,震颤就增加其幅度(参看"怒得发抖"或"胆怯而抖");但是在明显的松弛时,也可能增加震颤与不稳定。因此稳定和启动水平的关系似乎像倒写的 U 形曲线。换句话说,精确运动的控制和许多其他作业一样,只是在某些最适宜的启动水平时才达到最好的成果,而在水平的两极端就变为不协调了。

眨眼

自动眨眼的频率似乎随着情绪的以及它种紧张而增加。它曾经被用来测量视觉工作时所付出的努力或所产生的疲劳,不过,这是一个很可争论的问题[廷克尔(M. A. Tinker),1947;比特尔曼,1944,1945]。

血液化学

许多关于体内维持恒常状态的机制都涉及血液和其他体液的变化。从这些机制参与情绪这一点来说,任何上述变化之一都可作为有用的指标。我们在前一章已叙述过一些这类的机制了[参看丹普赛(E. W. Dempsey),1951;林斯利,1951]。

脑电图

现在我们来谈谈脑电图这种技术,它可能迟早会发展为测量情绪的有价值的指标。到现在为止,它的主要作用是:① 一种临床和诊断的工具;② 一种研究丘脑下部、丘脑和皮质之间的关系的方法。我们所着重的是第二点,因为情绪的起动论主要是以"脑波"的工作为依据。如果把电极附贴在头皮上,并与电子放大器相连接,那就有可能来记录"脑电波",即记录与脑的作用过程相联系的电的变化。自从伯尔(H. Berger,1929)证明了 α 节律(alpha rhythm)之后,主要的脑电波已为大家所知晓了。他所证示的 α 节律是一系列有规则的相当强的电波,其频率约为每秒 10 次。它们主要是从头的后部记录下来的,不过也只有被试是舒张和不注意时才出现。这种 α 节律似乎代表着大脑和丘脑处于"闲散"的情况,因为当它们被刺激时,特别是视觉刺激,这种节律就消失了。这时候它们被小而快速的电波所代替,这也许是因为脑细胞在活动时,彼此之间步调不一致,因而它们的作用不再能总合成为大的电波了。这种α节律的被破坏的情况很明显地在图7-5中表示出来。一般说,任何刺激,只要能引起注意,都可以阻止α节律的出现。一种蜂鸣器的声音就可以奏效,不过只能试几次,因为被试不久就会适应于这种音响。光的刺激适应较少,这或许是因为α节律主要的是来自枕叶视觉区的缘故。

突然的刺激并不是阻止α节律出现的唯一方法;当被试处于忧虑状态时,它不会出现。在忧虑或焦虑时的记录很像图7-5右下方的记录那样,它是听见蜂鸣器之后所得到的记录。这样的记录被称为"启动了的",大脑为来自丘脑下部的上行的冲动所激动了。而丘脑下部的冲动又是由于一个焦虑的人所特有的自律的和反馈的冲动所引起的。林斯利假定极高的启动水平会抑制大脑的活动,这可以解释在强烈的情绪时我们会部分地丧失调节的能力[见达儒(C. W. Darrow),1946的评论]。

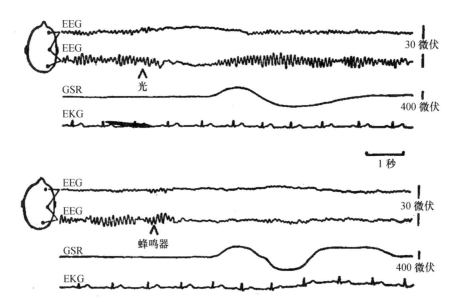

图7-5 突然的光和声音的刺激对脑电波(EEG)、皮电反应和心电图(EKG)的影响[林斯利(Lindshey),1950,1951]。上边的EEG记录是从大脑前半得到的,下边的EEG是从大脑后半,包括视区得到的。电记录的尺度在图的右面标明。光和蜂鸣器两种刺激都在潜伏期0.4秒之后阻碍α节律,但GSR的潜伏期则为1秒或比1秒更长。

启动的模式

我们已经把各种系统和过程分别处理了,检查其中的每一种是否可以作为起动的一般水平的指标。这样做是类似于经济学家在考虑着把银行存款、典型的工资和收入等作为一个村社一般荣盛水平的可能的指标。但是现在是要考虑把这些指标综合起来,看看它们能一致到如何程度的时候了。

曾经有少数的研究是同时记录了两种或两种以上的测量的。这些测量结果之间的相关差异很大,从不重要的相关到接近极限的可靠的相关都有。盖斯基尔和科克斯(H. V. Gaskill & G. M. Cox, 1941)的研究代表一个极端。他们应用方差分析(analysis of variance)和分差分析(analysis of covariance)处理心搏率和血压的变化的材料;他们认为一种单纯简易的情绪指标是不存在的,因为在他们的研究结果中,并没有找到一种简单变量的迹象。相反极端的结果如下:被试的呼吸率和镜画试验时手的肌肉紧张的相关为0.84[泰尔福德和斯陶利(C. W. Telford & A. Storlie), 1946]。脑电波和皮电反应的相关大约为0.50[达儒、约斯特、索洛蒙和梅尔根纳(C. W. Darrow, H. Jost, A. P. Solomon and J. C. Mergener), 1942],它和心搏率的相关也差不多是这样[哈德莱(J. M. Hadley), 1941]。伯格和比贝-森特(1941)发现用手枪声做刺激所引起的心搏率和骨骼肌运动的相关很小,心搏率和惊动的相关也很小。这些相关是由于心脏反应本身的信度低(0.53)而受到限制。

有时候是需要在同一被试重复试验时测量其两种机能的结果来决定它们之间的关系。霍夫蓝德和里孙(C. I. Hovland & A. H. Riesen, 1940)用一系列不同强度的电击刺激八名被试中的每一个,并记录其皮电反应以及中指的体积容量,结果得到皮电反应和血管缩小之间的8个相关系数,由0.32~0.71,其中数为0.55。

我们怎样去解释被假设为启动水平的指标,而这些测量结果之间的相关竟有那么大的差别呢?关于这一点有许多答案。首先我们可以追问原始的测量是如何处理的。除了关于适当的仪器和测量这些问题之外,还有选择适当的测量单位这一问题。我们曾经在讨论皮电反应时对这一问题花了一些工夫;很明显地,我们究竟应用电阻或是电导作为我们的测量,这其中就有很大的区别。此外,则每一种测量是否在它的适宜的范围内被使用也是一个问题;我们回想到达儒曾建议在低的和中等的启动水平时,可以使用皮电反应作为指标,但是在高的水平时,就用血压较为适当。

启动模式的个别差异

启动模式差异的另一种原因是由于个体。福瑞曼和帕斯曼(J. H. Pathman,1942)曾记录了手枪声作刺激所引起的手掌的皮电反应,当时被试是躺在记录他的身体运动的床褥上。他们报导说,那些有显著外表反应的被试,其皮电反应表现不会延长得很久。这或者是一个足以说明普通的信念的事例,那就是说:那些能够自由表达他们的情绪的人比起那些"把它们封闭起来"而且表现着没有外在变化的人会被扰乱得少些。同样地,温格(1941,1942,1943)也报告过两种不同因素的证据,尽管他是从另一种完全不同的方法而得到这种结果的。他曾经测量60名被试儿童的若干种生理变量,并把它们作因素分析。从这些测量间的相关说,大多数可以归结为二种独立的因素,即Nu(神经的、自律的)和Mu(肌肉的)。把多种测验的分数给予适当的加衡之后,他能发展两种合成分数而使每种因素有一种合成分数,这样就可以用两个数目来描述每一个被试。经过一年后重复测验的结果,只有少数被试的分数有着显著的改变,而且这些改变似乎是吻合于被试对于其社会环境的适应有了真正的改变。这种方法似乎是很有前途的(温格,1948)。

马拉穆和沙戈斯(R. B. Malmo & M. S. Shagass,1949)从另一方面去研究启动的一般水平的模式。他们选择了74名精神病患者作研究对象,其中有的在过去有心脏病,而另外的则时常患头痛。所有这些病人都给予由辐射热投射到前额而引起疼痛的"困扰测验"(stress test),同时把他们的心搏率、呼吸和颈部的电位记录下来。测验结果表示出时常埋怨说头疼的一组病人,虽然多数在测验开始时并不觉得头痛,但是在测验时其颈部的电位显然比其他组的人高些,而有心脏病的这一组则显示出在测验时有较大的心搏率和呼吸的变化。这些结果暗示着有些被试对任何困扰的情境都以增加众所周知的和头痛有关的颈部肌肉起动来反应(乌尔夫,1948);而另一些被试则以内脏变化来反应。在最容易为一般启动水平的变化所影响(或引起)的那些系统中,被试之间的这种差异,就可以很好地解释为什么各种测量之间的相关并不一致地偏高。

情绪的区分

自从心理学家开始研究情绪发生时的身体变化时起,就曾经希望能够找到一些身体变化的模式来区分这一种情绪和那一种情绪。曾经有过一些有希望的开端,但是它们的最后结果并不很好,这些模式在启动的一般水平中消失了。现在要来估计最近的两个研究还为时过早。其中之一是沃尔夫和乌尔夫(1942,1943)在研究有胃瘘的病人时所发现的愤怒和惧怕的区别。他们的成功,部分是由于他们的被试当时是一名正式雇员,而这位雇员对于他和雇主的关系真正感觉到愤怒或焦虑。

在平常的实验室的实验中,很不容易布置引起情绪的佳境,使它逼真到可以使一般的被试信以为真。爱赫(1951)似乎是成功的。首先他使被试完全相信仪器的装置只是记录他的心搏率、血压、手掌出汗、呼吸和皮肤温度;然后他"偶然地"给予被试轻微的电击而即刻装作很激动的样子和一位助理商量,这样似乎能很圆满地引起被试惊怕。愤怒的情绪是用责备被试不合作等等而诱导起来。当分析这些结果的时候,他发现舒张压的升高以及手和面部皮肤温度的降低,在愤怒时较大于在惧怕时。相反地,收缩压、心搏率和手掌出汗,则在惧怕时显出增加的多于在愤怒时。如果进一步的研究也得出这样的结果的话,我们将了解到为什么愤怒和惧怕的生理上的区分曾经愚弄了我们半世纪之久。把愤怒与惧怕相比较,其区别在于有关各系统的启动的相对程度,而不在于被激动的系统。换句话说,同样的变化可以出现在两种情绪中,但是有些变化在愤怒时较为显著,而另一些变化则在惧怕时较为显著。事实上,这两种情绪都是以高的一般启动水平为特征的。

惊恐模式

有一种容易在实验中引起的明确而典型的模式,那就是任何强而非预料所及的刺激都会产生一种惊恐反应。引起这种反应的最有效而方便的刺激,似乎是发放一支 0.22 英寸口径无弹药的手枪。由这种刺激所引起的生理变化包括了我们曾经讨论过的作为启动水平的指标的一切测量。不过它们表现的时间是很短促的:心搏、呼吸、皮肤电导等都在被引起的大约半分钟后又恢复到正常状态了。由这种刺激所引起的骨骼肌的变化更为迅速;这时整个身体各部有一种一般化的收缩,它进行得这么迅速以致要用超速的电影机才能拍照下来。兰迪斯和汉特(Landis & W. A. Hunt,1939)对惊恐模式曾做过详尽的分析。

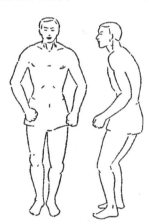

图 7-6 由发放手枪所引起的惊恐模式(兰迪斯和汉特,1939)。

惊恐的总的模式可以从图 7-6 看出来。眨眼是其中最稳定的元素,而且也是最迅速的反应,它的平均潜伏期为 40 毫秒。其他反应依照它们的平均潜伏期的长短排列如下:张口(69 毫秒),头朝前运动(83 毫秒),颈肌(88 毫秒)。反应波在 200 毫秒内影响到肩部和腹部,而达到脚跟。大肌肉在很短的 0.3 秒内恢复到惊恐前的位置——因此需要有每秒 1000 格(画面)的快速电影摄影机才成。

另一种更为便利的方法就是通过动作电位来记录惊恐反应。琼斯和肯尼迪(1951)把电极附在颈、眉、背、腹、手和脚等部位而记录了 60 名被惊恐的人。他们发现,其潜伏期大致相当于兰迪斯和汉特所得到的,不过所有的均稍为低些,因为动作电位发生于肌肉收缩的开始,而测量的肢体需要一些额外的时间来克服惰性并开始运动。琼斯和肯尼迪的研究中所得到的最有趣的结果之一,就是第一个反应(除了眨眼之外)最可能在颈肌中发生。这个事实和作为关键结构的颈的重要性是一致的(图7-7)。

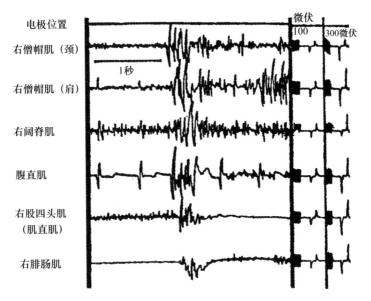

图 7-7　惊恐反应时肌肉动作电位记录(琼斯和肯尼迪,1951)。箭头表示以微伏记录的度数。两次心跳(心电图)出现在腹部记录和在它上面的两个记录中。

兰迪斯和汉特从许多不同种类的被试在不同的指示下,使用不同强度的刺激,记录其惊恐模式。惊恐发生于他们在一个动物园中测验过的一切哺乳动物。在各种精神病者中,只有患癫痫症的病人惊恐模式才有明显的缺损。而他们之所以不能表现惊恐的理由还是不明白的。这种模式是不容易消退或适应的。正如事实所表明的那样,一群有经验的射击手至少从眨眼、而经常也从头和面部表现出惊恐的样子。因此惊恐可以说是一种高度稳定的和迅速的模式反应。

惊恐的较后时相　戴维斯(1948)在对强烈刺激作反应时进行了一些肌电动图的记录。他发现了两个组成部分,一个是快的,另一个是慢的,分别叫做 a 和 b。a 这一组成部分大约就是汉特和兰迪斯所说的惊恐模式;b 这个组成部分的潜伏期约为1秒,这相当于皮电反应的潜伏期。林斯利(1951)建议 b 组成部分和皮电反应两者都代表从丘脑下部而来的冲动,它们表示着一般起动的准备。最后的反应可能还要迟些才能到来,因为皮质之被启动而产生反应是适应于整个情境的。所以惊恐模式只是单纯而短促的片断,它代表在较久的情绪状态中所见到的多数特点;它显示着一般启动水平增加,以及几乎涉及身体一切部分的反应模式。

测　　谎

启动水平的各种特点,曾经广泛地在测谎中被采用。我们在"联想"一章中已叙述其基本方法。要求嫌疑犯对刺激字或问题作反应,其中有的刺激是和犯罪的细节有关的,而另一些是无关的。如果他是有罪的,他大概晓得一般人所不知道的详情,而他在企图掩盖他所知道这些细节的时候就会露出证据来。在联想方法中,这些证据表现在：

(1) 对与案情有关的刺激字作了有意义的或不正常的语言反应；
(2) 对关键刺激字的反应时间加长；
(3) 对关键刺激字的反应时间有很大的差异。

这种联想时间的方法工作得相当良好,不过是较为麻烦,而且也不足以十分信赖的。因此做了一些企图,通过加添情绪的各种指标来改进这种方法,他们的假设是：任何想避免陷于负罪反应的努力都会使其启动水平增加。我们将以一些篇幅来讨论这个问题,因为它可以把我们在这一章和上一章曾经讨论过的许多问题都结合起来。

皮电反应

在听讲演的人们前,借助于皮电反应的记录来侦查瞒骗,已成为最能使人信服的表演之一。电流计应当安置在全班的人都能看到它的偏转的地方。表演时发动一位自愿做被试的人出来,并把电极附在适当的地方,然后叫他从10张扑克牌中任选一张,并在牢记那一张牌是什么之后把它放回去。然后告诉被试要努力设法不让实验者发觉到底他所看的是哪一张牌。把那10张牌一一给他看。每看一张时就问他这一张是否是他看过的,而他总是说"不是"。当他每次回答的时候同时有皮电反应,但是回答到所看过的那张牌时,电流计的偏转一般说是最大。虽然这样的试验也有时会失败,但就侦查像上述情况下所产生的轻度瞒骗来说,皮电反应还算是相当有效的方法。鲁克密克(C. A. Ruckmick,1938)曾报导在扑克牌的侦查试验中,83%是成功的。

在实际测谎的时候,皮电反应的效果是没有那么令人满意的。萨墨斯(W. G. Summers,1939)曾相当成功地应用它而认为在一个有经验的解释者手中它几乎是无误的。但是其他人则认为它不太可靠[马尔斯顿(W. M. Marston),1938；因宝(F. E. Inbau),1942]。也许困难的地方在于皮电反应过分容易为偶然的刺激所引起,因此就模糊了由瞒骗所引起的变化。一个记录皮电反应的单元可以附在基拉(Keeler)式多项描记器上,有些操作者是如此地使用它,即必须和启动水平的其他指标,如呼吸和血压等,联系起来。因宝曾提到一种实际应用,如果一切指标都在某一个问题上表示出被怀疑者是在说谎,那么皮电反应的记录通常是足够明显地来说服嫌疑犯,他已经露出马脚,因而他便认了罪。认罪通常是我们的主要目的,同时是测谎的可信的标准。

瞒骗时呼吸的标志

呼吸在测谎中之所以大有前途,是由于下列两个理由:① 在启动水平增加时,它是一种极端快速而灵敏的指标;② 它与回答问题这一动作紧密地联系着。从急促的、断续的以及在呼吸模式中的其他变化,诚然能找出许多瞒骗的人,但是心理学家却倾向于寻找一些数量的指标,例如 I/E 比率。本努西(V. Benussi,1914a)安排一个试验如下,把被试放置在法庭中的证人的境地,给他看写有一定排列次序的字母、数目字或两者都有的卡片,并且要求他依照卡片上的秘密信号来给出关于他所看到的卡片内容的真实或虚伪的证言。检查的"律师"审问他,到底在卡片上他看到的是字母还是数目字,一共有多少个,怎样排列的?最后还要他依次读出字母。但是如果他的任务是要说谎的话,他就应该对于任何一个问题都给予伪造的回答,而且同时还要竭力使坐在他面前的"陪审员"相信他的证言是真实的。陪审员就要试图从证人的一般行为来判断他是在说谎还是说真话,而进行实验的裁判员则完全从他的呼吸记录来判断证人的话是否真实。

陪审员在本努西所做实验中的判断并不胜过单纯由机遇所得的结果,但是本努西在 100 次的实验中,从呼吸记录几乎得到百分之百的正确判断。他完全是应用 I/E 比率为判断的根据的(I 分数自然也给他同样好的结果)。他比较每次回答前和回答后的比率,在被试反应前和反应后都即刻记录其呼吸的变化 3~5 个周期。在 10 次实验的取样中,有一半是说谎的,有一半是说真话的,其 I 分数的中数如下:

实验情境	I 分数的中数	
	回答前	回答后
说真话时	0.39	0.32
说谎话时	0.40	0.50

说真话和说谎话的证言之间的呼吸的差别,可能是由于说谎者要使他的谎言前后一致,以逃避陪审员的侦查,因而必须要做较困难的智力工作的缘故。为了检查这种可能性是否正确,本努西修改他的实验,以便在实验前证人和陪审员之间双方都预先知道对某一张卡片的回答究竟是真话或是假话。智力工作还是和从前相同,不过情绪的情境就比较平淡了。结果是在这种假装说谎时

的 I/E 比率和说真话时的比率表现相同。本努西得出结论说：真正说谎时的呼吸为情绪的情境所支配。因为 I 分数无论在说真话或说假话之前主要是一样的，我们所要寻求解释的是为什么做了证言之后就有差别。在说谎后 I 分数的增加可以解释为由于（忍住的）激动的结果；在说真话后 I 分数的降低可能是由于被试立即注意地期待着下一个问题的缘故。

本努西发现自动控制呼吸并不妨碍把呼吸作为测谎的指标，因此他希望这种测验将证明有实用价值。可是那些曾经重复这个实验的人[布尔特（H. E. Burtt），1921；兰迪斯和古列特（R. Gullett），1925]并没有得到很满意的结果。这可能是由于他们并没有复制本努西的实验所要求的同样的情境的缘故。对被试连续发问如何快以及强迫他回答如何迅速，都可能使结果有所不同。

瞒骗时的血压

在本努西已经应用他的呼吸试验来检查说谎之后，不久马尔斯顿（1917）就应用血压作为指标来进行类似的实验。他用 10 名大学生作为被试，在"陪审员"面前作证。假定被试的朋友被告发为一个罪犯，而被试企图建立一个被告不在犯罪现场的证明（alibi）来营救他的朋友。被试可以选择现成的"真实"的不在现场的证明，也可以自己捏造一个"假的"，由陪审员当面审问。陪审员根据其对被试的真实或虚伪证据的印象而作判决。在审问前以及审问时，被试的血压由实验者记录下来；而实验者则完全根据血压的升高来作判决，而且在 107 次的判决中有 103 次是正确的。真实的证人显示着其血压只有很小的升高，而且不会超过 5 毫米水银柱；但是说谎者的血压则逐渐增高而最高平均增加 16 毫米。这些美国的大学生，正如本努西的实验中的欧洲人一样，证明了他们都是相当胜任的说谎者，因为陪审员所得到的正确判决只

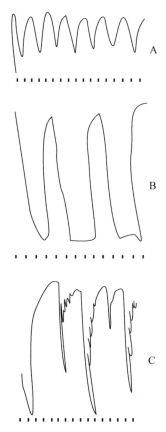

图 7-8 装扮某种情绪时的呼吸曲线（费勒基，1916）：A. 正常；B. 装扮"惊讶"；C. 装扮笑。曲线需从左往右看（吸气使曲线下降，而呼气上升；时间以秒为单位；说话时的曲线和笑时的相似，但较无规则）。

有 50%～50% 的机遇。这些大学生喜欢说谎话（在实验的情况下）而不愿意单

调无味地说老实话。他们所报告的情绪包括了欺骗陪审员的兴趣,一种冒险的感觉,惧怕以及因为被"律师"追问有时觉得愤怒。

马尔斯顿认为,血压增高是由于做谎言证人时的情绪状态而不是由于说谎时所伴随的智力活动。在控制实验中被试做紧张的智力工作——算题、做功课、编造一个故事——他的被试不但没有表现出大的血压增加而且经常降低了血压。在后来的一个实验中(1932),他研究在各种或多或少是激动的情境中血压的变化,发现在大多数这样的情境中血压都有相当的提高。下面是他的结果:

实验情境	平均增高/毫米	
	10名男人	10名女人
蒙着眼睛休息	11	19
读故事	9	15
读困难的心理学书籍	8	14
读报纸	5	19
与第一次见面的一位异性谈话	14	28
叙述两周前读过的故事	7	15
叙述个人的激动的体验	9	20
叙述过去24小时内自己的行动	6	24
盘诘所读过的故事	7	13
盘诘激动的体验	7	16
盘诘过去半天的本人的行动	12	28

至少在实验室的情况下,把血压作为瞒骗测验而同样得到良好结果的。还有查培尔(M. N. Chappell,1929)的实验,他的真-或-假不在场证明的实验是和马尔斯顿的实验相类似的,不过没有任何陪审员在场。查培尔实验中说真话者的血压平均增高5毫米,只有少数人增高12毫米以上;可是说谎者平均都增高19毫米,而且只有少数人的增加数是不到12毫米的。把12毫米作为临界值以区分好人和坏人,得到了87%的正确估计。

查培尔在他的控制实验中发现:① 在能使被试感到不安的智力测验中,其血压会增高;② 在心算时如无任何顾虑,则血压不会增高;③ 即便是作出不正确的回答,如果不是在测验的情境下,也不会使血压增高。查培尔的结论认为,如果发生血压增高的话,它是由于激动的缘故,而不是由于说谎。因此"当瞒骗的情境促使了激动的发生而同时又能消除产生激动的其他原因时",这种测验就因而能成功地被应用了(参见下面的基拉式多项描记器)。

鲁利亚的技术

苏联心理学家鲁利亚(1932)曾发现在应用联想法来测谎时,手指的不随意运动的记录是一项有价值的助手。他认为说谎这一动作牵涉到两种反应的矛盾,即真话和假话。这种矛盾会使行为发生紊乱。不过为了要很好地测量这种紊乱情况,首先要找出某些能够被引起紊乱的简单的行为模式。鲁利亚建立了这样一种模式,告诉被试在用词反应的同时按压一个键,把另一只手放在另一个同样按键上保持不动。按键实际上就是橡皮球,安排使得可以记录所有的压力变化以及主要的按压。另外还加上一个信号标针,以便测量联想反应时间。这个标针大致是由实验者操作的,他把刺激与反应的时刻标记下来。图 7-9 是这种记录的取样,图的说明与其放在这里倒不如附在图的下面更为方便。不过我们在这里不妨总述一下在各种记录中所表现出的不同种类的线索。也许可以说最明显的线索是在反应键上表现出一种未成熟的动作,这就表示着反应词几乎是滑口而出的。在反应的时期中,按键的压力也可能是很不规则的,时常表现有手的震颤。"不活动的"那只手可能也表现了有不规则的压力或者震颤出现在它的按键上,有时甚至像指导被试只能用另一只手做的那样按压下去。鲁利亚的方法其实是一种临床的方法,它牵涉到有关矛盾的许多个别线索的结合与估价的问题,因此其使用的成功或失败大部分要依靠分析这些记录的研究者的技术了[参看摩尔根和欧基曼(M. I. Morgan & R. H. Ojemann),1942]。

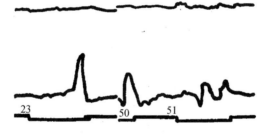

图 7-9 作为犯罪标志的左手(上线)和右手(下线)的反应和按键压力的记录(鲁利亚,1932)。底线表示联想反应时间,而图中的号数代表刺激词。被试被告用带子勒死一名女人。图中的第一个字,23 号,在俄文是火车,但被误听为另一相似的词,含有带子的意义,它的反应词是"带",其反应时间稍为长些(3.2 秒),而且右手压力有不规则的表征。第二个字,50 号,是水,其反应词是湖,反应时间 1 秒,从手的反应记录中没有明显的不规则的表征,正和预料中与犯罪不相联系的词所表现的一样。但是下一个字带子(51 号)便发生大量的行为紊乱:左手的记录发现震颤,右手至少开始了两次不完全的按压反应。语言反应为好与皮外衣,反应时间为 4 秒。可以注意到这两个反应词都和刺激词不相联系。

多项描记器的记录

当报纸上报导"测谎器"的使用时,他们通常都指基拉式多项描记器而言。在这种意义上说,一个多项描记器只是一种手提的用墨水描记的仪器,它可以记录呼吸、血压的变化(查培尔,1931)以及联想反应时间。有些多项描记器还包括皮电反应。当然,多项描记器不是一个"测谎器",正如显微镜不是一个"测菌器"一样——在任何情况下仪器的作用只是供给专家进行解释的资料。这并不仅仅是一种强辩,因为必须强调指出,解释多项描记器的记录需要特殊训练与经验。

多项描记器的发展成为适合于瞒骗的常规研究的工具可以追溯到拉尔逊(J. A. Larson,1923,还见于 1932)。1926 年,基拉做了一些改进(见因宝,1942)。基拉式多项描记器是警察工作中常用的工具。因宝曾很好地描写实际使用这种仪器的方法。

多项描记器的应用　有多种不同的方法来进行审问。或许其中最富有戏剧性的是紧张高峰的方法,我们已经用因宝的一个记录(图 7-10)来图解说明。这种方法使嫌疑犯注意"暗中追追着他"的关键问题而建立紧张状态;就是说,他表现出肯定增高的启动水平。一旦关键问题过去之后,他就逐渐地松弛下来。紧张高峰可以从血压曲线中看出,有时也会从呼吸中表现出来。

另一种方法是有关与无关问题的方法。在这里对嫌疑犯讯问一系列问题,其中有些是和犯罪无关的。瞒骗从记录上的各种扰乱表示出来,例如,在做了(非真实的)回答之后立刻抑制了呼吸并增加了血压。事实上,这个方法是用来挑选嫌疑犯的,他后来有紧张高峰记录,如图 7-10 所示。在他被测验之前,曾经用有关与无关问题的讯问方法,把两名原来被认为比他有更大嫌疑的人澄清了。

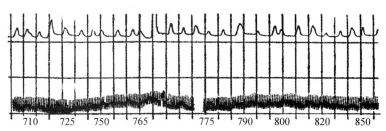

图 7-10　测谎的紧张高峰方法(因宝,1942)。一人被怀疑偷了约 750 元的一卷钞票。(被窃者不确知其数)。把多项描记器接上嫌疑犯身上,追问他是否晓得被窃的数目"是否 710 元?"、"是否 725 元?"等等,正如图 7-10 中血压(下边的曲线)下面所示的数目。从图中可以看到血压水平增高,一直到追问的数目达到 765 元;此后追问到更大的数目时,血压水平开始下降(不把在 775 元之前的空白计算在内,这时记录的笔没有墨水了)。从呼吸的记录(上边的曲线)中也可以看出,当追问到是否偷了 765 元时,曲线表现出不正常的深吸气(C 的记号)。后来发觉偷的数目正好是 765 元!这个记录是缩短了,全部追问是从 650 元起一直到 850 元。

测谎器试验的实际效用 首先要谈的问题是关于它的准确性。我们应当把这个问题局限于交到一个有训练的人手中使用,而不是交到某一位只读过一种测谎器指导手册的人手中使用。基拉式多项描记器的发行人已经认识到这样的训练和经验的需要,因此在发行仪器的同时,他们还安排了仪器使用的训练,作为交易的一部分。因宝估计在有资格和有训练的人的手中,70%的案件能正确地被判断为无罪或有罪;另外20%表现出很少反应或者是很不一致的反应,因此一位慎重的研究者将不愿下判断;其余的10%代表真正的错误,而这些错误,大多数是有利于嫌疑犯的。

这就使我们提出了我们对于这样的结果作如何处理的问题。对于它们是不是被允许作为法庭证据,也许不是很重要的。因为这是一个复杂的法律问题。这种测验的更加重要的作用是澄清无罪的嫌疑犯。避开人道的价值不谈,这种试验能为警察局省去很多时间,以便做有关犯罪的其他工作。这种测验对于找出线索、同谋者等也有用处,而这些是可以加强对于案件的处理的。最后,嫌疑犯时常在看见了记录如何使他露出马脚而认罪。威克、科雷顿和特罗维罗(W. Wicker, E. E. Cureton and P. V. Trovillo, 1953)的讨论就是关于测谎的法律和其他实用方面的。

总　　结

在一切有关测谎的方法中,其目的是使犯罪的人——而且只是犯罪的人——在回答和案情有关问题时,而不是在回答控制的问题时,会表现出增加启动水平("情绪")。启动水平的任何指标都可以用来测量这种增加;应用好几种指标是胜过于只应用一种指标的。最后,必须指出,需要有特殊的训练与经验去解释所得到的记录;测谎器是一种艺术,而不是一种实验室的科学。

不过测谎是结束"情绪"一章的一个适当的题目,因为通过测谎的研究,显示出有关情绪中身体变化的艰辛而有时会使人失望的实验,已经变成为至少是一种很实际的和有用的技术了。可以说,测谎的研究使启动水平有了用途!

（陈汉标　译）

第 八 章

心理物理学 I：阈限的测定

费希纳(G. T. Fechner)，实验心理学的主要前驱之一，在 1860 年发表关于《心理物理学》的篇幅巨大的著作时，尝试着以科学的方式求出心理和身体之间或心理界和物理界之间的关系。作为一位物理学家和数学家，他希望在物理刺激和它引起的意识感觉之间发现某些确定的数量关系。首先，他必须设计出进行实验和对数据作统计处理的合适的方法。他的书有一大部分属于这些"心理物理学方法"，这些方法至今仍如此命名，虽然它们早已失去了费希纳所赋予它们的形而上学的意义。

我们不需要对形而上学或甚至对关于"感觉"以及它能否被测量的长期、激烈的争论进行探讨。在操作上，实验可以径直前进并且很容易符合于我们的公式，$R = f(S, O)$，或 $R = f(S, A)$。在这里，R 是被试对 S 的特有的口头报告，而 S 在任何时候是一个特定刺激。被试在事前受到对刺激作某种报告的指示。离开了这个指示，他就会感到茫然；显然，指示就是一个重要的 A 变量，而被试对它的心向(set)就是相应的 O 变量。例如，刺激 S，可能是在波的振幅或波长方面物理因次不同的几个声音中的一个，而指导语指明所要观察的因次。但是由于被试不能够直接观察音波，他被指示用说出"这个音比标准音较响或较弱"或"它在音高方面比标准音较高还是较低"的方法对响度或音高作报告。响度与波的振幅相对应，音高与波长相对应，但是它们的关系并不是简单的和直线性的，这个我们在后面的一章中将要看到。响度和音高依赖于耳和脑内的听觉器官的特性，它们是感觉因次。因此，在操作上讲，"感觉"在心理物理学实验中意味着这样一些因次，如声音的响度和音高，光的亮度和颜色。

反应，R，并不永远是口头报告。指导语可能要求被试去调整一个声音，使它和另一个音高相匹配，或者是在一个声音改变音高时立刻用手去反应。指导语仍然是需要的。的确，巴甫洛夫发现了一个用条件反射方法对动物进行心理物理学实验的途径。在行为主义的早期，华生(J. B. Watson, 1916)曾建议条件反射方法可能很好地应用于人类实验室，因为在他看来"较响"或"较黄"这些词句都沾染着主观主义的成分。他想要免除指导语。但是,条件作用的程序对于人类对象是一个很大的时间浪费,可以告诉人,他应该做什么;并且如果需要,可以给他对于一种因次,如音高作反应进行一个小小的事前练习。同时我们应该指出,当被试报告一个光比其他光更黄一些,或一个音在音高上比其他音更高一些时,就他自己看来,他似乎是完全客观的,丝毫也没有内省的态度。他是在观察着刺激,正如同在任何物理实验中一样。不过这数据是用来研究他的辨别能力的。

目前,心理物理学方法和在传统上同样地在各种不同方式上得到应用。本章专门研究各种阈限或最小的辨别值。下一章将述及各种感觉因次的度量。

阈限

阈限(threshold,拉丁语称 limen)一词的主要含意,正如我们可以猜想到的:是把引起一种反应的刺激与引起另一种反应的刺激区分开来的界限。例如,把一个很轻的东西慢慢地放在被试的手掌上。如果这个重量在一定数值以下,他的报告是"不,我没有感觉到。"但是如果这个重量在试验中一次又一次地增加着,它最终达到一个数值,引起了被试的积极反应:"是,我现在感觉到了。"这时重量的值是跨过了下阈,有时称刺激阈,缩写为 RL(来自德文"Reiz Limen",因心理物理学是从德国开始的)。

任何阈限都需要反复测量而求其平均,因为阈限的确切定位是随时改变的。感受性的这种随机变化在每一种感觉领域中都可以发现,并且在听觉中很容易演示。把你的表放在离一耳相当远的地方,使你刚刚能够听到表的嘀嗒声,这时声音就会每隔几秒钟发生增大或减小的变化。由于这种变化,一个阈限经常是一个统计值。习惯上把下阈定义为在 50% 的试验次数中引起积极反应的刺激值。

但如果在我们的实验中,超过了刺激阈还继续增加重量,则将会发生什么结果呢?被试将报告重量愈来愈重,我们可以测定一个差别阈,缩写为 DL(来自 difference limen),它也被称为最小觉差(j. n. d.)。这个值是对于下述问题的一个回答,"在 50% 的试验次数中能够被正确报告的重量的最小增加量是多少?"从刺激阈开始,我们可以辛勤地测定出来为了向上前进一个最小觉差所必须增加的重量;然后再测定出为产生第二个最小觉差再需要增加的重量,这样做下去,直到我们在经验上把全部刺激的范围分成许多差别阈单位。但是我们当然希望发现能够把我们的计划归结为定律的某些规律性。我们可能设想最小觉差永远相等,例如是 1 克,但是这个假设与事实并不符合。

我们可能发现,对于手掌上的 50 克重量要引起最小觉差,1 克是足够大的增加量。但是从 100 克重量开始,为了使差别能够被觉察,我们就需要增加 2

克。如果从 200 克重量开始,就需要增加 4 克。最小觉差似乎永远是起始重量的 2%。这个比例关系由韦伯(E. H. Weber,1834)指出,因此被称为韦伯定律。韦伯定律可以用几种方式陈述,其中最简单的一种可能是:"为了产生最小觉差,一个刺激必须增加它本身数值的一个常定的分数。"这个分数时常写成 $\Delta I/I$,其中 I 表示强度,ΔI 表示刚刚能够引起"较强"报告的刺激增加量。这个分数可以被变换地称为韦伯分数(Weber's fraction)、韦伯比值(Weber's ratio)和韦伯常数(Weber's constant)。因此,韦伯定律可以表示为 $\Delta I/I=K$。

现在来谈一个明显的问题,"韦伯常数的常定性如何?"我们下面将要看到,在大多数感觉中,对于强度的中等范围韦伯常数是相当恒定的。它在不同感觉上差别很大,小的如亮度的 0.016 和大的如响度的 0.33。因此它为不同感觉的辨别能力提供了一个很有价值的指标。韦伯分数愈小,辨别愈敏锐。

当刺激物的强度继续增加时,最小可觉的增加量也变得愈来愈大。这种增加不能够无限地进行;每一种感觉都有它的限度,超出了这个限度它不引起再大的感觉。这个限度是上阈(terminel threshold),缩写为 TL。上阈在不同感觉中有不同的定义。对于皮肤压觉和声音响度,它意味着刚开始引起痛觉的刺激强度。对于音高,它意味着在其上不再能够听到声音的振动频率(大约是每秒 20000 周)。

上述初步情况可以总结为图解形式(图 8-1)。可用两种假定的感觉为代表,一个非常敏锐,其韦伯分数是 0.01;另一个是中等的,其韦伯分数是 0.05。图 A 和图 B 表示对这数据作图的两种方法。在图 A 中差别阈是用刺激强度作

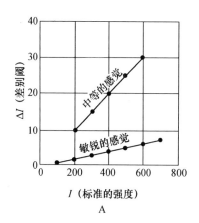 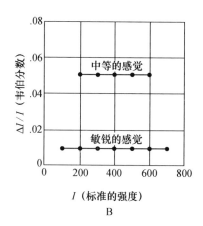

图 8-1 对一个刺激值范围的阈限作图的两种方法。每一幅图上画着两种假定的感觉,各有一个假定的刺激阈、差别阈和上阈。基线表示标准刺激的强度 I。在图 A 上纵轴是 ΔI,或是标准刺激上最小可觉的绝对变化;在图 B 上纵轴是 $\Delta I/I$,韦伯分数,或是最小可觉的相对变化。见正文。

图的;随着刺激强度增加,差别阈也按比例增加,得出一条从刺激阈开始上升到上阈的直的斜线。两条直线意味着在两种感觉的全部范围内韦伯定律都适用,斜度较大的直线表示它的差别阈较大,它的辨别能力较小。在 B 图中画的是同一组数据,但是在纵坐标上用的是韦伯分数 $\Delta I / I$。两条直线仍然是直的,但是由于韦伯分数在强度范围内保持恒定,因而是水平的。两种感觉的差别表现在不同的水平上,比较敏锐的感觉由于韦伯分数较小位置较低。

这两种感觉必然是假定的,因为没有真实的感觉在全部刺激范围内都服从韦伯定律。韦伯分数大致经常在中部范围比在较低和较高的两端小些。我们应该有一个压平了的 U 字形线,或多或少近似于图 8-14 的音高曲线,代替图 B 中的水平线。这条直线是一个简化的模型真实的感觉可与之相比较。

心理物理学方法

阈限在感觉的研究中,在韦伯定律的考验中以及在全部知觉领域中都是显然重要的。在能够测量它们以前,必须有可用的精确的实验方法和统计方法。有三种基本方法,它们在某些方面相似,而在其他方面却全然不同。它们在呈现一个常定的标准刺激(St)和一个可变的比较刺激(Co)去进行比较上是相似的。同时,它们在指示被试在报告中应用规定的分类上也相似。在测定刺激阈时,像上文业已指出的,标准刺激是零,比较刺激是弱的,报告的类别是"有"和"没有"。在测定差别阈时,标准刺激是一个某种强度的刺激,比较刺激可能大于或小于或等于标准刺激,而规定的报告类别则可能是"较大"、"较小"和"相等"。基本的心理物理学方法的简单概要如下。

(1) 极限法。在这个给阈限定位的唯一直接方法中,比较刺激是以短小的梯级(step)接近和离开标准刺激的,而当被试从一类反应改变为另一类反应时,记录下这个梯级。

(2) 均差法。被试调整比较刺激使它和标准刺激看起来相等。他反复地如此作,几次调整结果的平均数和变异性,能够测量他的辨别的精确性。

(3) 次数法。每一个比较刺激和标准刺激比较许多次,数出不同反应类别的相对次数。如此处理几个比较刺激值,用内插法或统计处理找出一类反应与另一类之间 50% 的阈限的位置。

在以下的篇幅中我们的目的是使学生能够以合适的仪器,用每一种基本方法进行有效的实验,并且用统计处理数据。应用的数学将不需要超出初等代数和常态曲线统计学基础的任何东西。为了避免陷入细节,学生应该先掌握正规字体的各段文字,然后再开始读小字排印的各段,它们主要涉及基本方法的变式。如果心理物理学专家都能赞同一种方法,而把其他方法当做历史往事,则问题可能会简单一些。但是这样会有一些东西被漏掉,因为不同的方法向被试提出不同的任务,并且测量着不同的作业。由于这个原因用极限法求出的阈限不能够用其他方法重复。但是只要在一整个研究中使用同一方法,任何一个基本方法都可以用来考验韦伯定律和研究其他问题。

极 限 法

测定阈限的这个直接方法曾被冠之以不同的名称:最小可觉刺激或差别法,最小变化法,系列探索法。最后一个名称表示了程序上的特点,它由"递减"和"递增"系列组成,每一系列包括足够的范围以便确定从一类反应到另一类反应的瞬时转换点(momentary transition point)或阈限的位置。

刺激阈(RL)

例 1 表示用极限法测定低音阈限的程序和计算方法。指示被试当他听到声音时报告"有",听不到声音时报告"没有"(不管仪器可能发出的偶然听到的噪音)。第一纵列由上向下读,记录着他在一个递减系列中的反应。实验者从一个每秒 24 周的刺激开始,被试报告"有";实验者每次减 1 周逐渐把刺激降低,被试继续回答"有";直到刺激降到 14 周时,他才报告"没有"。因此这一系列的阈限落在 15~14 周之间,取 14.5 作为阈限(T)值写在这一列的下面。

其次,实验者从远在已经指出的阈限之下的 10 周开始一个递增系列。这一次反应在 15~16 周之间从"没有"改变为"有",获得了 15.5 周的 T 值。交替递减和递增系列继续进行,直到实验者对 T 值的相对一致性感到满意为止。实验者变化着毗连系列中的起始点,借以避免被试落入一定常规。临近阈限的判断是困难的,甚至一个正直的被试也可能形成一个习惯,利用某些似乎使他的任务变得容易的偶然线索。

现在谈到刺激阈(RL)的最后确定。T 值可以任用下列三种方法之一求出平均,其中两种已经表示在表的下部:

(1) 将在上面一条横线以下横跨书页的所有单个 T 值相加再行平均;平均数(M)为 14.5 周/秒,即刺激阈。这个分配的标准差(SD)测量被试作业的变异性。

(2) 在第二条横线以下先平均每一对 T 值(一个来自递减系列,一个来自随后的递增系列),得出一个中性的 T 值,然后将这些平均数加以平均。最终的刺激阈一定相等,但是由于排除了来自不同系列方向的差别,因此标准差较小。

(3) 平均所有递减系列的 T 值,得一个递减的刺激阈;再同样求出递增的刺激阈。两个平均数的平均就是最终的中性刺激阈,其值一定与上述方法所求得的相等。但是递增的与递减的刺激阈由于一定的"常误"可能不相同。习惯误差是在递减系列中坚持报告"有",或在递增系列中坚持报告"无"的倾向;期待误差恰好与此相反。递增和递减系列相互交替的最初目的就是在任何一种常误存在时,把它平衡掉。

例1 用极限法测定刺激阈

[数据来自铁钦纳(E. B. Titchener),1905,Ⅱ]

刺 激 /(周/秒)	可听到的音高的下阈 交替地递减和递增系列							
	↓	↑	↓	↑	↓	↑	↓	↑
24	有							
23	有							
22	有		有					
21	有		有					
20	有		有				有	
19	有		有		有		有	
18	有		有	有		有		
17	有		有		有	有	有	
16	有	有	有		有		有	
15	有	无	有	有	有	有	有	有
14	无	无	无	无	*?	无	?	有	?	无
13		无		无		无		无		无
12		无		无		无		无		无
11		无		无		无		无		
10		无		无				无		
9		无						无		
8		无						无		
7				无				无		
① T=	14.5	15.5	14.5	14.5	14.5	14.5	13.5	14.5	14.5
	M= 14.5; SD=0.45								
② 平均 T=		15.0		14.5		14.5		14.0	14.5
	M= 14.5; SD=0.32								

*? = "怀疑",作为从前一个判断符号的改变计算,见正文。

对于刺激阈平均值的可靠性,在这个例子中,我们可以用通常的公式 $SD_M = SD_{dist}/\sqrt{N-1}$ 求得平均数的标准误差。但是这里的 N,即求平均用的 T 值的数目非常小,因而可靠性是低的。虽然如此,仍然能很好地指出这个被试的声音下阈有很大的概率是介于每秒14和15周之间。沿着水平线看表中的结果,我们可以看到他的刺激阈根本没有高到16或低至13周/秒的机会。

差别阈(DL)

每一次试验中呈现两个刺激去作比较,一个是标准刺激(St),一个是比较刺激(C_o)。规定有三类反应,它们可以用"＋"、"＝"和"－"来表示。"怀疑"(?)反应被计算为"相等"。给 T 点定位的规则(或习惯)如下:在递减系列中,只考虑第一次从正到任何"非正"的改变和第一次从"非负"到负的改变;同样地,在递增系列中找出第一次从负变为"非负"和第一次从"非正"变为正的地方。

举例说明的数据见例 2。实验者从远高于标准刺激的比较刺激开始进行一个递减系列。当比较刺激值是 5 时,被试的反应从"正"改变为"相等"。实验者继续递减系列直到比较刺激值为 3 时,第一个负判断的产生。将两次改变产生之处的梯级间距平分,我们就得到了这一系列的 $T(+)=5.5$ 和 $T(-)=3.5$。最后两纵列的分数表示了对某些不规则系列所应用的规则。最好严格地遵循规则,不然就根本抛弃非常不规则的系列。

例 2　用极限法对差别阈的计算

比较刺激值 (C_o)		交替地递减和递增系列中的反应							
		↓	↑	↓	↑	↓	↑	↓	↑
	8	＋	＋		＋	＋	＋		
	7	＋	＋	＋	＋	＋	＋	＋	＋
	6	＋	＋	＋	＝	＝	?	＋	＋
标准刺激值 (S_t)	5	＝	?	－	＋	＋	＋	?	?
	4	＝	－	－	－	－	＝	＋	＋
	3	－					－	＝	＝
	2	－	－						
	1	－						－	－
$T(+)=$		5.5	5.5	5.5	4.5	6.5	4.5	5.5	3.5 平均 $T(+)=5.125$
$T(-)=$		3.5	4.5	5.5	4.5	4.5	3.5	2.5	2.5 平均 $T(-)=3.875$

通常 $T(+)$ 和 $T(-)$ 意味着平均值:

$IU=$ 不肯定间距 $=T(+)-T(-)=5.125-3.875=1.25$

$DL=$ 差别阈 $=\dfrac{1}{2}$ 不肯定间距 $=0.625$

$PSE=$ 主观相等点 $=\dfrac{T(+)+T(-)}{2}=\dfrac{5.125+3.875}{2}=4.5$

$CE=$ 常误 $=PSE-S_t=4.5-5.0=-0.5$

将此表化为平均数值,我们便得到了 $T(+)$ 和 $T(-)$ 的平均数。它们把比较刺激的全部范围分成三个部分:一个是上部,其中正的判断占优势;一个是下部,其中负的判断占优势;还有一个中间的"不肯定间距"(IU),在其中正的和负的判断都不占多数(由于有"＝"和"?"反应)。这时我们采取不肯定间距的一半作为差别阈的最好估计量,以不肯定间距的中点作为"主观相等点"(PSE)的最好估计量。这个中点在理论上正是比较刺激表现得最与标准刺激相等的点,或者说是正判断与负判断恰好平衡的点。使人惊奇的是主观相等点和标准刺激相一致的情况非常少。如果它在标准刺激以上,就产生了一个正的常误(CE);如果在标准刺激以下,就是负的常误。在本例中,主观相等点在标准刺激以下,因而常误是负的。这里我们看出比较刺激值必须扩展到标准刺激的两侧,以便产生一个不受常误影响的差别阈。在求差别阈时必须把常误平衡掉。但是常误本身是一个令人感兴趣的问题,在本章的末尾将要谈到。

极限法的变式 极限法通常被描述在按梯级变化刺激时使用。在有些情况下,为每一个新的梯级都要调整仪器,有如在一个亮度实验中实验者必须改变滤光器一样,是有困难的。他可以求助于系列组法(Method of Serial Groups),这时不是使比较刺激在每一梯级上只出现一次,然后进入下一梯级,实验者代之以连续呈现同一个比较刺激若干次(被试并不知道),如果它在 10 次中有 9 次判断为正[斯特拉敦(G. M. Stratton),1902a],或者在 3 次中有 2 次判断为正[忒恩(F. C. Thorne),1934],就把这个梯级算作正。对接近于 $T(+)$ 和 $T(-)$ 的比较刺激值集中精力,他可以获得对于瞬时阈限的很好的测量;同时这样就可能去追踪一个阈限的变化过程,例如暗适应过程。

如果比较刺激是连续地而不是按梯级地增加或减少,被试的任务就是当他的判断从一类改变为另一类时及时地作出反应。这里除去没有要平分的梯级间距外,在其他方面阈限的计算没有改变。

有时,例如在暗适应状态下亮度差别阈的测量中,被试不能接受长的递减系列,因为它将提高适应水平。这时如果实验者先作一个对不肯定间距的约略的预先测定,然后只用扩展到稍微超过不肯定间距的相对短的系列进行实验,这种困难便可减至最小。这种方法广泛地应用于实际阈限测定,这也就是通常作者们所指的"改变了的极限法"。在这种情况下另一种选择是使用次数法。

由上所述,极限法显然是一个适应性很大的方法。它可以用于十分不同的刺激并达到十分不同的研究目的。它还具有一个决定性的优点:它是能够清楚地表现出规定"阈限"这个概念的操作的一种方法。也就是它直接地表现出刺激在什么地方跨过了把一类反应与另一类反应分开来的界限。因此它是对于这个概念的参考实验。

平均差误法

平均差误法也称为均等法(Equation Method)或调整法(Adjustment Method)。在它的最典型的形式中,被试被指示去调整一个比较刺激直到它看

起来与给予的标准相等。他反复地这样做。对结果的处理包括使用日常统计方法进行的计算:

(1) 比较刺激被调整的位置的平均数。它直接给出主观相等点,并且 $PSE-St$ 可给出常误(CE)。

(2) 各个调整的位置的标准差(SD)。如果需要,可以用普通的公式 $PE_{dist}=0.6745SD$ 求出分配的机误(PE_{dist})。或者用四分位法求出四分位差(Q)。这个机误(PE)或 Q 虽然不是确切地,但却相当于极限法的真实差别阈[吉尔福(J. P. Guilford),1936]。如果在一个研究中一贯地使用标准差,它便可以完美地作为辨别的一种测量,或韦伯定律的一种考验。我们用第一和第三个四分位点(Q_1 和 Q_3)之间的间距,或 $M-PE$ 和 $M+PE$ 之间的间距作为不肯定间距。测量的可靠性可以用通常的统计方式估计。

这个一般方法具有一些优点。一个已经讲过,即对数据的正规统计处理。另一个是对被试来说实验程序是自然的并且径直前进的,虽然被试希望知道自己的错误。他的兴趣可以得到保持因为他自己操纵着比较刺激值。此外,这个方法给出了对他的反应的直接测量。事实上,这最后一个优点好像有些虚伪,因为被试在企图作出一个更好的匹配以前,尝试了几个位置的调整,并且对其中每一个都进行了判断。他可能跨过了当时他认为相等的点,因而作出了一个相反的校正运动。如果他很谨慎,或者他的主观相等点随时有很大的改变,他可能在一个单个的位置调整上花费过多的时间。这时他大概可以学习去使一个相当快的调整就产生满意的结果;或者可以学习实用的"跨射法"的步骤,稳定地移向一个方向,记下他的瞬时的 $T(+)$ 和 $T(-)$,然后再把差别平分。或者更好地可以由实验者操纵比较刺激,使它不断地在一个方向上变化,递增或递减;然后在被试长时间不能决定时,强迫他作出"相等"的判断。

凯洛格(W. N. Kellogg,1929)曾做了一个关于这种方法与次数法相比较的详细研究。两种方法都被证实能够很好地应用于测量响度和亮度的辨别。在响度上的平均差误法实验中,用电动计时器提供下列的声音时序:标准刺激延续 0.5 秒,间歇 0.5 秒,比较刺激延续 0.5 秒,在重复以前休息 2.5 秒。在休息期间被试调整比较刺激,使之与标准刺激趋于相等,在相继的休息期间,他继续调整直到满意为止,但是不许作相反的调整。他用转动一个小手轮的方法调整比较刺激的强度,这个手轮的特定位置与特定的声音响度之间是没有任何联系的。标准刺激的强度在全部实验中保持恒定。实验者首先从一个此标准刺激高的强度开始给比较刺激,被试要把它向下调整以使两个声音听起来同样响。实验者记录这个第一次尝试的结果,然后用一个要被试向上调整的一个弱的比较刺激开始另一个尝试。每个试验日作一个由 10 个递增和 10 个递减的尝试所组成的方块(block),计算出它们的平均数和标准差,以标准差代替测量辨别力的差别阈。标准差显示了一天一天地变小的趋势,这个练习效果表明了在任何重大的心理物理学研究中,在要被试正式工作以前给他们一些事前练习的重要性。

在用声音作比较时几乎必须是一前一后地呈现,而光最好能够同时一边一个地出现。在凯洛格对亮度辨别的平均差误实验中,被试看一个被垂直黑线分割的小圆光,一半是恒定的标准刺激,另一半是可调整的比较刺激。这个全部视野每次暴露1秒钟,然后有2秒钟的间隔,在间隔期间被试调整比较刺激,使它趋向于和标准刺激相等,有如在响度实验中一样。如前所述,标准差一天一天地减小,表现了强的练习效果。

巨大的创造性在于有时需要设计出能够使被试调整比较刺激的仪器。大家熟知的盖尔顿棒(Galton-bar)是一个相当简单的例子:被试调整一个标记的位置以平分一条直线。在一个这方面比较复杂的例子中,被试调整一条水平线,使它看起来与一条垂直线相等;而实验者的兴趣在于错觉的量,即常误的大小。

在我们结束均差法以前,有两点需要说清楚。这个方法的突出的特点不在于由被试去作调整,因为实验者实际上也可以操纵仪器。它的主要要求是被试去判断在什么时候比较刺激与标准刺激相等。第二点紧随第一点之后:被试的相等判断通常应该落在不肯定间距之内,它们的分配的机误或四分位差应该比极限法求得的差别阈较小。两种方法的结果不能够直接进行比较。

次　数　法

如果一个刺激处在经常被知觉到和永远知觉不到的刺激之间的过渡地带,显然它会在有些时间而不是全部时间内被知觉到。它能被知觉到的次数是尝试次数的一定百分数,并且它愈强,这个百分数愈大。如果它被知觉到的次数占50％,它就是刺激阈的位置。我们希望能够画出全部过渡地带的图。我们选择适当数目的刺激强度——通常是5个或7个这样的刺激,它们均匀地分布在从很少被觉察到几乎经常被觉察的范围内。由于我们在实验过程中应用这些相同的刺激,所以这个程序叫做常定刺激法。我们以随机顺序反复地呈现这些刺激,被试每一次要报告他是否知觉到了刺激;因此另一个名称叫正误示例法,然而这个名称已经有些过时了。当我们把结果登记成表时,我们将发现每一个刺激被报告的次数,从这里产生了最常用的名称,次数法。用标出这些次数的方法我们可以获得一个全部过渡地带的图,但是我们仍然需要用统计方法去确定哪一个刺激得50％的次数从而成为刺激阈。

在确定差别阈时,步骤大体与此相同。由于刺激差别的存在,在这里次数法有时也称为常定刺激差别法,但是最普通的名称还是常定刺激法。

为什么我们需要这个附加的方法?均差法在有些场合下是不适用的,例如在举重的辨别中,因为刺激不是由被试或者由实验者轻易地连续调整的。极限法带来习惯误差和期待误差,它们在次数法中,由于刺激按随机顺序出现,故可以避免。此外,极限法忽略了被试的大部分反应,而只应用每一个递增和递减系列中的一两个转换点。次数法可以利用全部的反应。它可能要求大量的试验次数,但是每一次试验只用很少的时间。这种实验需要细心地计划。一般需要一个事前的预试,以便指出什么样的相等间距的刺激系列可以恰当地包括被试的过渡地带。

下面我们主要涉及次数法数据的处理。关于处理的充分数学讨论可以见吉尔福(1936)和本书的第一版。这里我们只希望给学生提供处理数据的相对简单的方法,并且表明它们是合理的。

用常定刺激法测定刺激阈

例3表明一组典型的数据。问题是去发现为引起一个深度效应所需要的最小的双眼视差。实验者借调整一个表盘来改变视差,这个表盘调好的5个位置给出了作为常定等距的视差量。它们就是我们的"常定刺激"。这里我们不需要深入地去探讨这个实验的重要意义。

例3 实体深度中双眼视差的刺激阈[1],[2]

行	表盘单位	270	300	330	360	390
1		(7)−	(1)+	(4)−	(2)−	(5)+
2		(13)−	(8)−	(6)+	(3)+	(15)+
3		(17)−	(10)−	(9)−	(12)−	(22)+
4		(18)−	(11)−	(14)+	(21)+	(23)+
5		(24)+	(16)+	(19)+	(25)+	(28)−
·		·	·	·	·	·
·		·	·	·	·	·
·		·	·	·	·	·
19		(94)−	(97)−	(87)+	(90)−	(92)+
20		(100)−	(99)−	(98)−	(96)−	(95)+
总计+		1	3	11	13	18
比例数,$p(+)$		.05	.15	.55	.65	.90

[1] 理查兹(W. J. Richards)慨允引用;

[2] 括号内的数字表示呈现的顺序。

在记录表格中实验者在每一个刺激之下准备了 20 个空格,在每一个格子里记录一个判断(十或一,即有或没有)。他在进行这组记录时,可以按照或不按照事先确定的"随机"顺序进行。在这个实验中顺序是事先确定的,而且用较小的数目字事先写在每个空格的前面。如果不用这个计划,实验者在给刺激时必须小心避免任何系统性顺序。他不需要先作完水平的一行再开始下面的一行;他有时应该立刻重复同一刺激,因为在机遇顺序中每一个刺激跟在自己后面与跟在其他刺激后面的机会一样多。

在获得了数据以后,实验者数出每一纵列中的正判断,并且用每一个刺激被试验的次数去除,在这里是用 20 去除,得出正判断的比例数或相对次数 $p(+)$,写在这一列的底部。为了核对他可以同时数出负判断并算出比例数 $p(-)$,但是由于每一列中的 $p(+)+p(-)=1.00$,所以负判断没有更多的用处。上述说明只是在实验者拒绝接受"怀疑"的报告时是正确的。这样的第三类判断(怀疑)会使问题复杂化,这一点在差别阈实验中我们将会看到。在目前,我们假定实验者没有记录任何"?"判断,只是说"好,我停一会儿再给你这个刺激",并且暂时把这个格子空下来。

实验者现在具有 5 个相等间距的刺激(S)值,每一个都有获得一个"十"反应的概率。阈限是什么呢?按逻辑上讲,刺激阈是在 50% 试验次数中获得正反应的刺激值。由于没有一个被应用的刺激得到 0.50 的比例数,实验者必须设法计算出一经试验就会得到 0.50 比例数的刺激值。这个刺激值的计算有几种方法,其中有一些是相当复杂的。图示法是最有益的方法,如果把数据仔细画在足够大的坐标纸上,可以得出足够精确的结果。如果你只想掌握一种方法,试用平均 z 分数配合 S-z 作图。

S-p 作图中的简单内插法 据刺激值(S)分列在横轴上,百分数值(p)列在纵轴上。用直线连接各数据点。在 25%、50% 和 75% 各水平上作水平横线,记下这三条水平横线与数据线相交的位置。这样就可以计算出,当 S 是大约 326 时达到了刺激阈或 50% 水平。这同一结果当然也可以用计算任一中数的算术方法求得。在这里大约中数(Mdn)为

$$300+\frac{30\times(0.50-0.15)}{0.55-0.15}=300+\frac{30\times 35}{40}=326。$$

但是对数据的这种处理具有两个明显的缺点:

(1) 刺激阈只是从两个数据点计算出来的,而其他数据点都被忽略了。现在不同刺激所得到的 p 值是会具有取样误差的;其中有一些可能稍高,有一些可能稍低。如果应用了更多的数据,这种不规则性就会对刺激阈的计算产生比较小的效应。这样做的方法之一就是图下面所表示的:由于中数在常态分配中处于 Q_1 和 Q_3 的正中间,所以用这 3 个数的平均数就会比只用中数更准确

一些。

(2) 连接各点而成的齿状折线不可能表现真实的函数。过渡地带的比较真实的图应该是一条修匀的曲线。

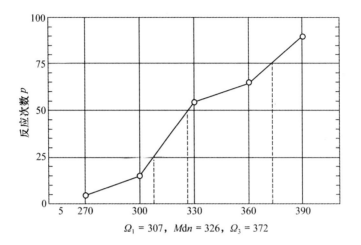

图 8-2　s-p 作图和直线内插法的图示。垂直虚线表示中数和四分位数的位置。这三个数的平均数,即 $(307+326+372)/3=335$,提供了对刺激阈的估计量;$Q=(372-307)/2=32.5$,是对于被试的阈限的变异性的测量。标准差可以从 $p=0.16$ 或 0.84 的水平中求出;在这里是 $(383-301)/2=41$。

手画的累积曲线(ogive)所表现的数值　一条直线如果能够相当好地配合各数据点,它将是一条理想"曲线"。但是通过这些数据能画出配合得最好的正规曲线可能是一条累积曲线。几百个类似的次数实验,其中有一些试验次数很多,指出了累积曲线是适当的曲线。理论也作了同样的题。示当一个生物体的机能(或结构)变化时,它倾向于表现出一个大致常态分配的数值,正如大家熟知的常态分配曲线一样。累积曲线只不过是常态曲线的总合或累积的形式,正如图 8-3 及其说明中所示。

图 8-3 的图实际上是被试的变动的阈限值的累积次数分配。它可以用减法还原成为正常的分配图。现在这样,它是被取样误差歪曲了的累积曲线。因此一个合理的计划就是试图配合这 5 个数据点画出一条累积曲线来。图 8-3 的曲线提供了一个一般的范型,尚有某些规则和核对方法必须遵循:

曲线应该相当接近地通过这些数据点,使其中一些在线上面,一些在线下面(因为小的取样比大的取样误差的可能性较大;并且有些误差可能在正的一侧,另一些在负的一侧)。

在 50% 或接近 50% 水平时倾斜度最大。

从 $p=0.30\sim0.70$ 之间曲线几乎是一条直线。

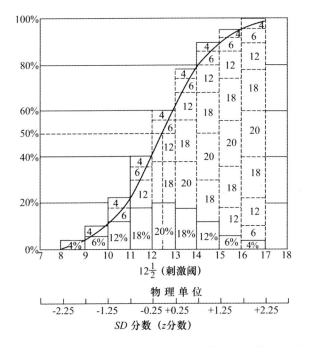

图 8-3　常态累积曲线：下阈。立于基线之上由实线所绘柱体代表假定的阈限值的常态分配。每个柱体的高度表示阈限位于相应刺激值之间的试验的百分数，例如在 11 和 12 之间是 18％。但是，当阈限在 12 以下或全部柱体的总合值是 18＋12＋6＋4＝40 时，刺激强度 12 是有效的。柱体这样的累积，由虚线表示，产生了常态的累积曲线。由于这条累积曲线是用百分数的累积值画出来的，因此其高度就表示了阈限低于（或等于）任何相应刺激值的试验的百分数。在 50％ 处所画的细线与累积曲线相交于 12.5 处，12.5 就被认为是平均的刺激阈（RL）。

　　基线下面标出了距离；实际的刺激值是按照平均数为 12.5，标准差为 2.0 来加以选择的。这个图取了 100 左右次的试验；如果有数千次，就会看到累积曲线仅只接近于 0％ 和 100％，而不会在实际上达到这个限度。

约在 $p=0.16$ 和 $p=0.84$ 的地方曲度最大。

　　曲线在左端变平接近于基线，在右端接近于 100％ 的线。理论上，这两条水平线是"渐近线"，累积曲线永远不会完全达到它们；实际上，在实验所应用的刺激系列的界限之内时常达不到它们。

　　中数应该恰好是在 Q_1 和 Q_3 的正中间，因为累积曲线正如一般常态分配曲线一样，对它自己的中点是对称的。

　　依靠尝试错误，可以作出一条合乎这些规定的手画的累积曲线，虽然不同的人会得出多少有一些不同的曲线。图 8-4 表示了一个这样的尝试。

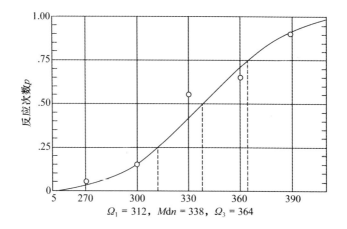

图 8-4 为配合于 S,p 材料点手画的一条累积曲线。除 $Q=26$ 以外,可以用记出累积曲线通过 $p=0.16$ 和 $p=0.84$ 水平的两点的方法求出标准差（SD）。这样我们得出 $M-SD=301$ 和 $M+SD=375$;$SD=37$。Q 和 SD 不是十分合乎理想比例的这一事实表示这条画成的曲线不是一条完美的累积曲线。

S-p 作图向 S-z 作图的转换 一条好的累积曲线是不容易画成的,尤其在我们试图使它尽可能接近地通过数据点时。如果我们能够把纵轴转换一下,使要画的合适的曲线将是一条直线,可能更令人满意。在"联想"一章中我们讲过一种类型的作图纸,它的纵轴在中间部分压缩,而在顶端和底端扩展;常态分配的数据如果用累积的百分数在这种纸上作图将产生一条直线。简单地把 s 值画在基线上,p 值画在纵轴上,就可以画出配合最好的直线来。你仍然需要使用判断,因为这个转换并不排除取样误差。最好的画直线的方法是在图上拉直一条线绳,调整它直到你满意地认为它已经尽可能接近地通过了各个点时再把它画下来。不必过分地注意 p 值在 0.05 以下和在 0.95 以上的点,因为这种作图对于极端的 p 值是过于敏感的。

除去调整作图纸上纵轴的空间间距的方法以外,我们可以用转换 p 值为标准(z)分数的方法在通常的作图纸上达到同样的结果。0.50 的 p 值相应于 z 分数 0.00,我们从中间向两端工作,用 SD 作梯级,z 是正值还是负值依赖于 p 是在 0.50 以上还是以下。更细致的转换表可查统计书,但对于大多数心理物理学实验,一个简略的表就已适用了。转换表和概率纸上都没有相应于 $p=0$ 和 1.00 的 z 值,因为数学上的累积曲线永远达不到渐近线。

当我们在图上定位并画出了直线以后,把直线通过 $z=0$ 和 $+1$ 或 -1 三条水平线的点投射到基线上,就得出了 M 和 SD 的指示值。如果需要,借助于在 $z=\pm.67$ 位置上所画的水平线,还可以求得刺激阈的数值分配的 Q 或 PE。这样一些差异性的测量是必要的。

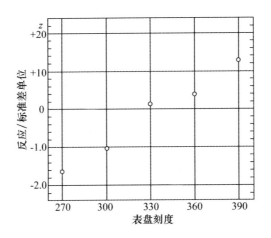

图 8-5　S-z 作图上的数据点。图上画着表示平均数和平均数上下各 1 个和 2 个标准差水平的各横线。在图上拉直一条线绳,使它尽可能地与数据点相配合,然后把这条直线与 0、+1.00 和 -1.00 三条水平线相交的位置精确地标记下来。这样就可以颇为精确地估计出 M 和 SD 的值。

即使用眼睛配合的直线也还有问题。不同的人对它的定位可能多少有些不同。并且它所由产生的判断过程不能被严格地解释,因此不能被很好地复制。很需要有给这条直线定位的某种确定的程序,以及求 M 和 SD 的数值的确定方法。下面是三种相当简单的程序:

(1) 利用平均 z 分数。

我们全部所需要的是直线上两个明确限定的点,有了这两个点就可以画出直线。下面是一条可以拥护的规则(对 5 个点的数据),它利用全部数据设立了两个点:取 3 个最低的 S 值的平均数(中间的数),并且以 3 个相应 z 值的平均数作为它的 z 值;同样地取 3 个最高的 S 值相应 z 分数的平均数作为这 3 个 S 值的中间一个数的 z 值。在 S-z 图上标出这两个求得的 S 和 z 点,通过它们画一条直线,延长至图的两端。记下这条直线通过 $z=0$、+1 和 -1 三条水平线的位置,就可以获得 M 和 SD(图 8-6)。

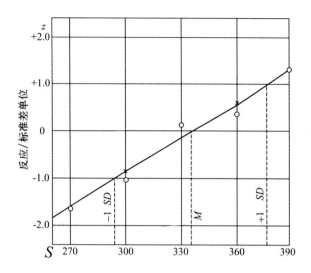

图 8-6 用平均 z 分数求得的两点直线。需要的计算列于下表

S	z	
270	−1.64	
300	−1.04	对 300 的平均 z, −0.85
330	+0.13	
360	+0.39	对 360 的平均 z, +0.60
390	+1.28	

在图上定出 $S=300, z=-0.85$ 和 $S=360, z=+0.60$ 的两个点,用一条直线把它们连接起来,这条直线与三条水平线相交的点给出了 $M=335, SD=335-294=41$。

用算术方法不用画图也可以获得同样的结果。由于 300 是在平均数以下 $0.85SD$,而 360 是在平均数以上 $0.60SD$,因此从 300 到 360 的距离,即

$$60S \text{ 单位} = 0.85 + 0.60 = 1.45SD; SD = 60/1.45 = 41.4$$

又因为平均数位于 300 以上 $0.85SD$ 处,所以 $M=335.2$。

从 p 值到 z 值的转换表

p	01	02	03	04	05	06	07	08	09	10
z	−2.33	−2.05	−1.88	−1.75	−1.64	−1.55	−1.48	−1.41	−1.34	−1.28
p	11	12	13	14	15	16	17	18	19	20
z	−1.23	−1.18	−1.13	−1.08	−1.04	−0.99	−0.95	−0.92	−0.88	−0.84
p	21	22	23	24	25	26	27	28	29	30
z	−0.81	−0.77	−0.74	−0.71	−0.67	−0.64	−0.61	−0.58	−0.55	0.52
p	31	32	33	34	35	36	37	38	39	40
z	−0.50	−0.47	−0.44	−0.41	−0.39	−0.36	−0.33	−0.31	−0.28	−0.25

续

p	41	42	43	44	45	46	47	48	49	50
z	−0.23	−0.20	−0.18	−0.15	−0.13	−0.10	−0.08	−0.05	−0.03	00
p	51	52	53	54	55	56	57	58	59	60
z	+0.03	+0.05	+0.08	+0.10	+0.13	+0.15	+0.18	+0.20	+0.23	+0.25
p	61	62	63	64	65	66	67	68	69	70
z	+0.28	+0.31	+0.33	+0.36	+0.39	+0.41	+0.74	+0.47	+0.50	+0.52
p	71	72	73	74	75	76	77	78	79	80
z	+0.55	+0.58	+0.61	+0.64	+0.67	+0.71	+0.74	+0.77	+0.81	+0.84
p	81	82	83	84	85	86	87	88	89	90
z	+0.88	+0.92	+0.95	+0.99	+1.04	+1.08	+1.13	+1.18	+1.23	+1.28
p	91	92	93	94	95	96	97	98	99	99.5
z	+1.34	+1.41	+1.48	+1.55	+1.64	+1.75	+1.88	+2.05	+2.33	+2.58

（对于任何偶数的 S 值，规则是把这些数值分成上下两半，求出每一半的平均 S，并且以相应 z 值的平均数定为它的 z 值。当 S 值是任何奇数时，方法相同，只是中间的一个 S 和它的 z 值被使用两次，上下两半各用一次）。

上述求平均的步骤是可取的，因为 z 分数和 S 值的关系是直线的，SD（当求出时）是 S 单位的某一数目，因此一定 S 分数的平均与它们的 z 分数的平均，指示着同样的数量。但是由于 S 和 p 的非直线关系，正如在图 8-3 的例子中所看到的，平均 p 分数的方法就不适用了。

（2）用"最小二乘方"所作的直线。

我们已假定阈限是按照概率定律变化的，因此它的瞬时值除去取样误差外是常态分配的。以此为基础，我们用常态 z 值代替获得的 p 值，这样除去取样误差外，数据点就落在一条直线上。现在配合这样一系列数据点的一条直线的最好方法，就是最小二乘方的标准统计方法。这种方法确定出一条直线，使各数据点的（垂直）离差平方后相加，所得平方和将是一个最小的数值。在本书第一版指出了确定配合最好的直线的公式；同时也指出了如果实验中所用的 S 值（等距的）的数目是奇数，如 5 个或 7 个，这个一般公式可以大大地简化。需要将 s 值化为我们在这里所称的 x 值，用 $x=0$ 代表中间的一个 S 值，用 $x=-2$，−1 和 +1，+2 代表其他 S 值（对于 5 个 S 值）。然后公式就变成了下列的形式：

$$SD = \frac{\sum x^2}{\sum (xz)} i; \quad M = S_0 - \frac{\sum x^2 \sum z}{n \sum (xz)} i$$

在这里 i 代表梯级间距，S_0 是用 $x=0$ 代替的中间刺激的值。这两个数值对于再代回来和还原成原始刺激量尺是必要的。n 是实验中所用的 S 值的数目。如果像常定刺激法中所常用的 $n=5$ 或 7，这个公式还可以进一步简化。当 $n=5$ 时，$\sum x^2 = 2^2 + 1^2 + 0^2 + 1^2 + 2^2 = 10$；当 $n=7$ 时，$\sum x^2 = 28$。代入这个常数，我们就得到下列公式：

$$\text{对于 } n=5: SD = \frac{10}{\sum(xz)} i; \quad M = S_0 - \frac{2\sum z}{\sum(xz)} i$$

$$\text{对于 } n=7: SD = \frac{28}{\sum(xz)} i; \quad M = S_0 - \frac{4\sum z}{\sum(xz)} i$$

在我们的例子中，M 和 SD 计算如下：

	S	x	z	xz
	270	-2	-1.64	$+3.28$
	300	-1	-1.04	$+1.04$
$S_0 =$	330	0	$+0.13$	0
	360	$+1$	$+0.39$	$+0.39$
	390	$+2$	$+1.28$	$+2.56$
		$\sum z =$	-0.88	$+7.27 = \sum(xz)$

$$SD = \frac{10}{7.27} \times 30 = 41.3$$

$$M = 330 - \frac{2(-0.88)}{7.27} \times 30 = 337.3$$

当 M 和 SD 这样被确定出来以后，在 S-z 图上把 M 定位在中间的水平线上，$M+SD$ 定位在中间以上 $1SD$ 的水平线上，就可以画出配合最好的直线了。

缪勒-乌尔班（Müller-Urban）加权 对于最小二乘方法的提炼由缪勒（G. E. Müller,1904）提出，乌尔班（F. M. Urban,1909,1912）完成。它的目的在于计算上取样误差，这些误差在 S-z 作图中可能影响数据点的确切定位。考虑的是两个相反的因素：① p 值的机遇误差在 p 接近 0.5 时，可能比接近 0 或 1.00 时为大；② 不过在 p 接近 0 或 1.00 时，p 的误差造成 z 分数的更大差别。这两个相反因素所造成的总合效应如下，例如在 0.40 和 0.60 之间的 p 当转换为 z 时应当此 0.04 或 0.96 的 p 转换为 z 时加权 3 倍。应用这种加权的公式在波灵（E. G. Boring,1917）、吉尔福（1936）和本书第一版中都已有记述。算术的方法是繁复而诡谲的，除非对于大量的数据，一般是很少有价值的，因为用这种加权方法所求得的平均数经常很接近于用简单计算方法所求得的结果。

过去文献中有很多结果是用 h 代替 SD 来做说明的。h 被称做"精度"（precision），它和 SD 的简单关系为

$$SD = \frac{1}{h\sqrt{2}} = \frac{0.7071}{h}$$

如果我们愿意用 PE 代替 SD 作为差异性的测量，我们可以应用公式 $PE_{\text{dist}} = 0.6745 SD$ 来求。从 h 和 SD 的相反的关系中我们看到，散布愈小，精度愈大，并且从永远知觉不到向经常被知觉到的转化愈尖锐。事实上，h 是累积曲线临

近 $p=0.50$ 近似直线部分的斜率。

（3）斯皮尔曼（C. Spearman）分配法。

正像可以用加法把分配曲线合成一条累积曲线（图 8-3）一样，也可以用减法把累积曲线还原为一条通常的分配曲线。运用减法我们可以求出被试的阈限落在每一个梯级间距中的是什么百分数。当他对于一定刺激发出一个正的反应时，他的瞬时阈限就位于这个刺激强度以下的某处。因此，在我们的例子中，我们知道瞬时阈限落在 330 以下的机会是试验次数的 55%，在 300 以下是 15%；这样，它在 300～330 梯级间距中的百分数就是 55%－15%＝40%。与此相似地也可以求出其他梯级间距的百分数，见图 8-7。

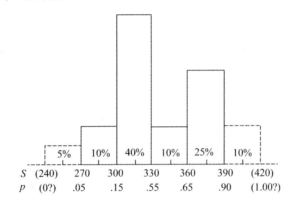

图 8-7　阈限值的次数分配，产生于例 3 的次数数据。用每一个梯级间距的上限的百分数减同一梯级的下限的百分数所得余数作为每一个梯级间距的次数。最低一个梯级间距的下端与最高一个梯级间距的上端是不肯定的，它们延长到实验中所使用的刺激范围以外。

中位点	次数（f）	结果
255	5	
285	10	
315	40	
345	10	$M=336$
375	25	$SD=40.4$
405*	10	
	$N=100$	

分配的每端有一些不肯定。我们知道，5% 的阈限值在 270 以下，但是我们只能假定这全部 5% 都处在 240～270 梯级间距以内。这个假定可能是够用的，但对于上端要假定所有的 10% 都处在 390 以上，属于另一个相等间距之内，那就似乎不可能了。这里我们看到了这种方法的弱点或局限性；这只有在下述情

---

* 原版为 305，有误——译者注。

况下才能完全避免,即实验者已把他的刺激系列扩展到在下端足以大致达到 0% 的水平,在上端足以大致达到 100% 的水平。

但是这种计算的本身是简单又精确的。每一个用百分数表示的次数被记在它的梯级间距的中间,如图 8-7 下面所列表格,然后用通常的程序计算出 M 和 SD 的值。

斯皮尔曼还指出了用一个纯"总合"过程直接地从 p 值求出同样结果的方法。这种方法要求较少的计算,但是有些巧妙。在本书第一版有过描述。我们从它推导出了一个对 M 值的简单核对方法。把原始 $p(+)$ 值列为一纵列,$p(-)$ 值列为另一平行的纵列,求出每一纵列的总合,然后利用我们在下例中所给的公式。

S	$p(+)$	$p(-)$
270	0.05	0.95
300	0.15	0.85
330	0.55	0.45
360	0.65	0.35
390	0.90	0.10
平均 $S=330$	$\sum p(+)=2.30$	$\sum p(-)=2.70$
$i=30$		

$$M = 平均 S + \frac{i}{2}\left[\sum p(-) - \sum p(+)\right]$$
$$= 330 + 15 \times [2.70 - 2.30]$$
$$= 330 + 15 \times (+0.40)$$
$$= 336$$

对于计算的 M 和 SD 的可靠性　任何计算方法都给出了一个分配的标准差 (SD_{dist}),我们用 N 的平方根去除这个标准差可以得出平均数的标准误差 (SD_M)。唯一的问题是采取什么作为 N 的数值。当使用斯皮尔曼计算时,答案似乎很清楚:N 就是事件的总数。对于利用全部事件去计算平均数的其他方法似乎也应该使用这同样的 N。有时人们主张采用一种比较保守的方法:用每一个刺激试验的次数作为 N,这在我们的例子中就是 20。当然,如果实验者对大量的被试进行了测验,他可以求出组的 M 和 SD,并且用被试的数目作为他在估计可靠性中使用的 N。

计算方法的比较　如果我们使用各种不同方法得出了有很大差别的结果,我们可能必须得出结论说常定刺激法不能够求出可靠的阈限。下表列出各种不同方法所求得的结果:

	平均数或中数	标准差
直线内插法	326	41
同样方法,应用 Mdn, Q_1 和 Q_3	335	
手画累积曲线	338	37
S-z 作图上的手画直线	(留给读者)	
用平均 z 分数	335	41.4
用最小二乘方公式	337	41.3
用斯皮尔曼分配	336	40.4

除去用直线内插法只根据一部分数据所求得的第一个中数的数值以外,这些方法比我们根据图 8-2 所表示的不规则分配所预期的结果具有相当大的一致性。最后三个"可取的"方法肯定的是紧密一致的。在上例中每一个方法都和另一个方法同样的好。哪一个更好一些,这将依赖于设计实验的方式。

如果刺激系列大致能够扩展到过渡地带的极限,使实验中没有割断尾端的误差,最好使用斯皮尔曼方法。这里不需要分很多梯级,但是梯级间距必须够长,使它们能够包括了全部过渡地带。否则,求得的标准差一定太小,而平均数可能离开了它的真实数值。

如果使用 z 方法中的任一个,刺激系列最好限制在过渡地带之内,这样可以使 p 值大约落在 0.15~0.85 之间(在这个限度内缪勒-乌尔班加权不起重要作用)。

如果刺激数目是奇数,通常使用 5 或 7,最小二乘方公式具有一个小优点,因为这时全部数据都受到了同样的利用。

当刺激值是偶数,如 4 或 6 时,最好使用平均 z 分数的方法,从较低的一半数据点得出一个平均点,从较高的一半数据点得出另一个平均点,而不需要把中间一点利用两次。

在任何情况下,应该用 p 分数或 z 分数作图,图可以用来作为算术工作的一种核对,还可以表明是否能够合理地取得一条常态累积曲线,或者摆在面前的数据是否不能正当地用常态曲线的统计去处理。累积曲线可能表现出一定的偏态,具有一个长长的上端尾部,这提示着基线应该使用对数单位作量尺。如果预先看到这个结果,刺激本身就应该按照相等的对数间距(等比的)来安排。如果没有图,必须仔细地计算对每一个平均 z 的正确的平均 S。无论如何,图给人一个对于实验结果的很好的全面检验。

对于各种不同方法进行练习的举例 下面是一些假设的数据,刺激用秒表示,试据以测定阈限:

S/秒	30	50	70	90	110
p	0.04	0.12	0.36	0.86	0.94

首先作一个 S-p 图,根据"目测"尽可能地配合一条最好的累积曲缐,并读

出它的中数和四分位差。然后,利用转换表画一张 S-z 图,尽可能配合最好的一条直线,并读出平均数和标准差。最后用 3 个标准方法计算平均数和标准差。你将很感兴趣地看到用目测配合的数值和用这些方法计算出来的结果是如何地一致。下面是用标准方法所求得的正确答案。

方　　法	平均数/秒	标准差/秒
用两个平均 z 点	73.7	21.5
用最小二乘方公式	73.0	22.6
用斯皮尔曼方法	73.6	21.3

用常定刺激法求得的差别阈

刺激阈和差别阈,这两种阈限几乎可以用同样的话来下定义。在一种情况下要求被试去辨别零刺激(完全没有被知觉的刺激)和一个被知觉到的微弱刺激。在另一种情况下,要求被试去辨别一个固定可觉刺激,即标准刺激,和一个比标准刺激稍强(或弱)一些的刺激。在无论哪一种情况下,当使用次数法时,实验者总是选择少数的几个刺激,通常是 4~7 个,以随机顺序把它们多次地呈现出来。他数出被试对每一个刺激的正的反应的次数,然后使用上述方法之一确定出平均阈限和它的变异性。

在这样一个实验中,被试受到要用某些规定的分类去反应的指示。当使用两类反应时,结果表示了一类和另一类反应间的转换点的平均数(或中数)。它是一个介乎二者之间的阈限。当使用三种类别的反应时,就要确定两个介乎类与类之间的阈限。有时类别的数目和类别之间阈限的数目还会更多一些。确定任何阈限的数学程序都相同。基本的问题在于被试能否以一个坚持的和明确的态度使用规定的类别。于是,在我们将这个结果的常数和用其他方法获得的差别阈、不肯定间距等进行比较以前,必须仔细地考虑被试做了什么。

两类反应:正的和相等　标准刺激可以是一个具有固定强度的、被试的网膜已经适应了的光线;比较刺激是这个光线对于网膜中央的短时间的加亮。在短时间的增量出现以前给一个预备信号。如果被试觉察到了这个增量,他就说"是",否则说"否"。介乎类别之间的阈限标志着又像是被觉察到、又像是没有被觉察到的增量的值,因此增量(ΔI)的平均数就是差别阈。在假定上任何"时间误差"都被程序自动地排除掉了,因为光的每一个增量的来和去都在若干分之一秒钟以内完成,所以在每一个比较刺激以前和以后都有标准刺激。茅勒 (C. G. Mueller, 1951)曾经用这种方法在光的强度的很大范围内测定了韦伯分数。听觉差别阈测定中的"颤音技术"与此相类似。

如果将这个方法运用于提重,应该告诉被试比较刺激有时与标准刺激相等,有时比标准刺激重,因此他将在反应中运用这两种类别。如果他有时报告比较刺激似乎比标准刺激轻,这个反应作为相等处理,因为所测阈限的确是处在类似于极限法中的"正"和"非正"之间。时间误差可能显示不出来,除非另有一个要求辨别相等和较轻的伴随实验;这样我们可以将两个实验结合以产生两种类别的阈限,从而得到一个对较重的差别阈、一个对较轻的差别阈、一个主观相等点和一个常误。任何一个差别阈本身由于可能受到常误的影响,都不能够恰当地表示差别阈限。

两类反应:正和负　与其按前一节的描述作两个相互补充的实验,为什么不把它们合并成为一个呢?这样做的方法有几种,但是最简单的一种可能是使用一系列扩展到标准刺激以上和以下的比较刺激,要求被试表达"较大"或"较小"的反应。大多数的被试愿意放弃"相等"判断,如果告诉他们在不能够肯定的时候去猜;如果被试偶然地作出了"怀疑"反应,告诉他这一对刺激以后还要重复。甚至在通常大学生的实验室的实验中,这个方法也能得出有用的结果,如图8-8中的报告。

用这种方法所获得的类别之间的阈限明显地处在"正"和"负"之间。因此它不是差别阈。它是主观相等点,而主观相等点减标准刺激即等于常误($PSE-St=CE$),如前所述。在严格的意义上说,这个方法并不能得出差别阈,但是我们能够计算出某种非常近似于通常所谓差别阈的东西。在50%处的M或PSE代表没有可能辨别的差别,而100%则表示完全的辨别;取其中点,75%是一个有一半试验次数被觉察的差别,标志着差别阈。因此Q_1和Q_3(图8-8)表示着在PSE以上和以下各一个差别阈,而且可以用机误作为差别阈。四分位数之间的范围等同于不肯定间距。这里差别阈是一个代替值,和用其他方法所获得的差别阈并非严格的相同,但是只要对于全部实验都使用这同一方法,它就可以用于比较在不同情况下或不同感觉的感受性。对于标准差也是如此,它有时可以当做一个对辨别能力的测量来应用。

三类反应:"正"、"相等"和"负"　假定实验者在一个提重实验中规定或者允许有三类反应:较重、相等和较轻。他的目的大约是测定出两个介乎类与类之间的阈限,有如在极限法中一样。一个区分负和相等,另一个区分相等和正反应。更精确地讲,也和极限法中一样,一个从"非负"中区分出"负",另一个从"非正"中区分出"正"。为了这个目的,实验者需要中间的那一类,如果被试经常反应"正"或"负"就会破坏了他的实验。

实验者的目的也可能只是为了适应一个在没有其他印象的情况下坚持要求允许回答"相等"或"怀疑"的被试。然后实验者必须设法把相等反应区分为正的和负的次数,以便把三类反应缩减为两类,然后用上述两类反应实验的方法处理数据。他可以按照费希纳的方法把对于每一个比较刺激值的相等反应平分为正的和负的反应。或者他可以根据另一个早期的建议,按照正的和负的次

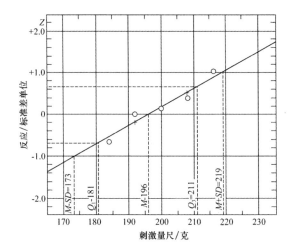

图 8-8 学生提重实验的结果〔根据法弗曼（Carl Pfaffmann）的数据〕。重量是装有适量铅丸和石蜡的大口丸药瓶。标准刺激是 200 克，5 个比较刺激是 184、192、200、208 和 216 克。被试被遮住眼睛，前臂放在一个架子上使手处在可以依靠手腕运动提起一个小瓶的位置。实验者沿着一个转台的边缘放置重量，并且每一次把它们之中的一个移至被试的手下面，先给标准刺激再给比较刺激，每次放好了重量以后说"预备"。被试的动作包括提起一个重量并且迅速地把它放下。在实验者与被试两人都经过一个短短的练习以后，这项工作以一个有规则的速度向前进行，在标准刺激和比较刺激之间是 1～2 秒，每一对与另一对刺激之间约隔 5 秒。这些细节的一致性可以促进稳定的结果。实验者记录被试的正和负判断，对每一个刺激共得 20 个判断，结果如下：

比较刺激	184	192	200	208	216
总计（＋）	5	10	11	13	17
百分数（＋）	25	50	55	65	85
p	0.25	0.50	0.55	0.65	0.85
z	−0.67	00	＋0.13	＋0.39	＋1.04

我们将画一个正判断的 s-z 图，并且利用在图上用"×"号所表示的两个平均 z 分数，对数据点配合出一条直线。在这条斜线通过 $z=0$ 的水平线处，我们得到 M；在它通过 $z=\pm 1$ 的水平线处，我们得到 $M\pm SD$；在它达到 ± 0.67 水平处，我们得到 $M\pm PE$。如此我们得到了（从图上尽量读得近似）$M=196$ 克，$SD=23$ 克，$PE=15$ 克。由于 M 在这里是 PSE，我们可以求得常误，$CE=PSE-St=196-200=-4$ 克。

虽然这些数据不能提出很强的对规律性的要求，但不同的计算方法也产生了近乎相同的 M 和 SD 的值（从而自 SD 计算出来的 PE 也近乎相同）。这些数值表示如下：

方法	M	SD	PE
平均 z 分数，算术计算	196.1	22.9	15.3
最小二乘方公式	196.3	21.0	14.1
用缪勒-乌尔班加权	196.3	21.6	14.5
斯皮尔曼分配	197.6	14.8	9.9

我们包括了斯皮尔曼方法，主要目的是提出一个警告：对最低 p 值没有接近零的地方、最高 p 值没有接近 1.00 的地方的这种数据，不能使用这种方法。这种分配的尾部削除可能不会严重地使平均数位置移动，但是用斯皮尔曼方法，它们一定要产生一个虚伪的小的 SD，因为对平均数的大的离差没有代表出来。上表还指出了另一个重要之点：用平均 z 分数或最小二乘方公式的相对简单的方法，与应用缪勒-乌尔班加权的复杂公式给出了大致相同的结果，原因之一在于所有的 p 值都位于加权差别不大，因而就是不重要的中部范围之内。

数的比例来划分它们(如果对于某一个比较刺激值有 45 个正的反应，15 个负的反应和 40 个相等反应，这 40 个相等反应就应该分成 3∶1，将其中 30 个归于"正"，10 个归于"负"，因此改正过的百分数就是"正"的 75% 和"负"的 25%)。从心理学角度看来，这个方案中没有一个是完美无疵的，因为如果引导被试去猜测正或负而不使用相等的回答，他猜对的机会要大于错误的机会，但是不如他对判断更确信时多[福勒尔顿和卡特尔(G. S. Fullerton & J. McK. Cattell)，1892]。如果实验者只想利用两类反应，他应该引导被试用猜测的方法自己把他的相等反应区分为正的和负的。

如果实验者想应用这个数据去计算从"正"到"非正"和从"负"到"非负"两个阈限，他的工作是非常清楚的。仅只取出"正"反应的次数，他就可以用上述任何一个方法确定出 M、SD 和 PE。这个 M 代表什么呢？它是从"正"到"非正"之间的平均转换点，有如我们在极限法中所标明的 $T(+)$。用同样的方法，他可以取出"负"反应的次数，并用它确定 $T(-)$。

现在我们看，在 $T(+)$ 和 $T(-)$ 之间有什么呢？这就是不肯定间距 IU，在这里无论正的或负的判断都不占有显著的多数。如前所述，不肯定间距之半就是差别阈。

由于一些常误的原因，不肯定间距通常并不恰恰以标准刺激为中心。主观相等点在哪里呢？① 最好的方法是以不肯定间距的中点，以 $T(+)$ 和 $T(-)$ 的正中间作主观相等点；② 从逻辑上讲，主观相等点也应该是正判断和负判断具有相等次数的点，即图 8-9 上正的曲线和负的曲线的交点；③ 仍然从逻辑上讲，主观相等点也应该是相等判断获得最多次数的点，即在完全正规的数据中，相等判断的分配的平均数。在相当正规的数据中，用这三种方法确定出来的主观相等点非常接近，如图 8-9 所示。

不肯定间距的不稳定性

究竟不肯定间距是大是小，则依赖于相等判断的总次数。如果被试作出很多相等判断，他的不肯定间距就大；如果少就小；如果没有就等于零。由于差别阈是不肯定间距的一半，因此它同样地依赖于相等判断的数目。用这样一个差别阈作为被试的辨别敏锐度的测量会带来好笑的结果。如果恰巧被试是一个非常自信的人，他可能只埋头于正的和负的判断，而避免使用"相等"作为犹豫不决或过分谨慎的标志。这样他就得到了一个很小的差别阈，并且因此被评定为具有敏锐的辨别力，虽然他的正的和负的判断可能表现出很坏的辨别。在另一极端，一个谨慎小心的人除非他能够完全肯定时，他不轻易作出正的或负的判断；因此，虽然他的辨别力可能很好，但是他得到了很大的差别阈。很明显，上述结果与通常的理解并不一致，因此它使得对常定刺激作三类反应的方法显得无效。

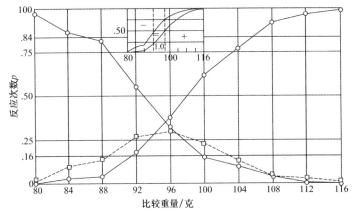

图 8-9 [数据引自布雷斯勒(J. Bressler),1933]一个三类反应的提重实验的结果。反应类别是较重、相等和较轻。标准刺激为 100 克。各种百分数的次数如下:

S/(%)	80	84	88	92	96	100	104	108	112	116	120
p(+)	0	0.03	0.04	0.18	0.38	0.62	0.77	0.92	0.97	0.99	1.00
p(=)	0.02	0.10	0.14	0.27	0.30	0.23	0.13	0.04	0.01	0	0
p(−)	0.98	0.87	0.82	0.55	0.32	0.15	0.10	0.04	0	0	0

对于中间的 5 个刺激值(92～108)各有 500 次试验,对于两端次数较少,减为 100 次。曲线相当规则,用上述各种方法,甚至包括简单插法,都可以得到几乎相同的 M 和 SD 等。下面是各计算值:

	$T(+)$	$T(-)$	$PSE=\frac{T(+)+T(-)}{2}$	$DL=\frac{T(+)-T(-)}{2}$	平均 $SD=\frac{SD(+)+SD(-)}{2}$
简单内插法	98.0	92.9	95.4	2.6	7.0
缪勒-乌尔班	98.3	92.9	95.6	2.7	7.4
斯皮尔曼	98.4	93.3	95.8	2.5	6.8
最小二乘方公式	98.4	93.7	96.0	2.4	7.6
两个平均 z 分数	98.4	93.9	96.1	2.3	7.5
5 个中间刺激的					
最小二乘方式	98.0	92.3	95.3	3.0	7.9
两个平均 z 分数	98.2	91.9	95.1	3.1	8.0

用正负曲线的交点确定的 PSE 是 95.5,当采用相等分配的 M 作为 PSE 时其值相等。用 $PSE-St$ 测定出来的常误是大约 -4.5 克,表示了负的时间误差(因为比较刺激是在标准刺激之后提举的)。DL 大约 2.5 克,它只达到先前建议可以代替 DL 用的、由 SD 计算出来的分配的机误的一半。不同种类的差别阈应该分别看待!

表中最后两行表明用 5 个中间的刺激是否可以和整个系列一样得到同样好的结果。它们提供了和全部系列近乎相等的结果,虽然差别阈和标准差大一些,在选择比较刺激系列时,实验者可以擅自考虑到预期的常误,以便系列的中心落在主现相等点上,而不落在标准刺激上。这样就可以获得 p 值较好的平衡。

上端嵌入的小图更清楚地表现了我们对于三类反应的数据是如何处理的。$p(+)$ 的曲线与大图中的一样。我们不画 $p(=)$ 和 $p(-)$ 两条曲线,代替它们作了表示 $p(+)$ 和 $p(=)$ 总合的一条曲线;实际上它正是倒转了的 $p(-)$ 曲线。$p(+)$ 曲线的 50%点的位置是 $T(+)$,总合曲线的 50%点是 $T(-)$。如果我们通过这两点画两条垂直虚线,它们所包含的面积相当于相等判断所占面积。这个垂直带就是不肯定间距。

当使用斯皮尔曼计算时,获得的不肯定间距与下列公式

$$IU = i\sum p(=)$$

所求得的相一致。

如果你把图下面所列的 $p(=)$ 的值相加,其总和是 1.27。乘以等于 4 克的组距(i),可得出 $IU=5.08$ 克;这个数值的一半就是差别阈。当使用其他计算方法时,这个公式并不完全正确,但是 IU 和差别阈经常紧密地依赖于相等判断的总次数。

如果实验者只对不肯定间距和主现相等点以及由它们推导出来的差别阈和常误感兴趣,他可以用上述方法获得不肯定间距,并且从相等判断的平均数中求得主观相等点。这时他全部所需要的只是 $p(=)$ 的数据。

更进一步,被试对于相等判断的态度在一个长时间的实验中可能改变方向。它可能在从一个实验条件转到另一个实验条件时有所改变。如果辨别变得比较困难,被试可能放弃相等判断,因为他认为他全部能够掌握的只是两类反应。因此他的差别阈降低了,而困难的条件就显得对辨别有利了。这种错误的结果曾经在文献上出现过。

不肯定间距是一个对态度的测量 根据上述事实,芬伯格(S. W. Fernberger,1913a)曾经用适当的指导语控制被试对于相等判断的态度。他希望用这种方法改变不肯定间距的大小和以它的一半大小来限定的差别阈的大小。他的实验是标准刺激为 100 克的提重实验,指导语应用了下列三种不同的形式:

使用指导语目的	指导语内容
① 有如通常所给的中性的指导语:	
	较重意味着第二个重量比第一个重。
	较轻意味着第二个重量比第一个轻。
	相等意味着第二个重量和第一个相等。
② 为了减少相等判断数目的指导语:	
	较重意味着第二个重量比第一个重。
	较轻意味着第二个重量比第一个轻。
	不知道意味着尽管被试努力地去发现差别,他仍不能够说出哪一个较重。
③ 为了增加相等判断数目的指导语:	
	较重意味着在每一对重量中第二个肯定地比第一个重。
	较轻意味着在每一对重量中第二个肯定地比第一个轻。
	相等意味着第二个似乎与第一个相等或者不能肯定。

下表列出 4 名被试的平均结果:

	减少相等	中性	增加相等
不肯定间距	2.12	4.34	9.80
差别阈	1.06	2.17	4.90
标准差	6.67	6.20	7.29
主观相等点	94.73	95.46	95.34
常误	−5.27	−4.54	−4.66

上表显示了三个重要的结果:

(1) 当有意识地用指导语减少或增加相等判断的次数时,对差别阈发生很大的影响。虽然如此,不同的被试受影响的程度不同,并且没有一个一般的标准。芬伯格得出结论认为,不同的人在使用相等判断上的差别虽然一部分受指导语的控制,还有一部分是气质的差异。

(2) 标准差和常误不太受指导语的影响;它们相当稳定,好像不受指导语、态度和气质等因素很大的影响。

(3) 差别阈和标准差及常误不是紧密联系的。因此它所测量的是某些不同于判断的精确性的东西。它直接测量着被试使用中间类别的倾向,间接测量着影响这种倾向的因素的复合。它并不测量被试的差别感受性、即他的辨别力的敏锐度。

以上所述丝毫也不贬低在极限法中用不肯定间距的一半所限定的差别阈的价值。在一个递增或递减系列中,被试被推动着去发现相等点然后越过它去,但是在常定刺激的随机顺序中,被试没有这样清晰的诱因。常定刺激法中的不肯定间距不是一个对辨别力的测量,而是一个对态度的测量。库勒[(E. Culler),1926]与其他人都指出了这个困难,并且建议用正判断曲线的机误作为正差别阈 $DL(+)$,负判断曲线的机误作为负差别阈 $DL(-)$。将这两个数值可以合成一个平均的差别阈,它与我们在两类反应的实验中所主张的"代替的差别阈"基本相同。唯一的差别在于必须作出对两条曲线的两组计算。主观相等点将仍然是 $M(+)$ 和 $M(-)$ 的平均。

在常定刺激法中是否允许有一个中间类别呢?这个问题如芬伯格(1930)所评论的曾经被过去的心理物理学者们反复地热烈讨论过。据说有些被试愿意使用两类反应,而有些却愿意使用三类。公布的结果(如凯洛格,1930)指出了任何一种方法都可以得出几乎相等的差异性,这个差异性是用标准差测量的,或者用被建议作为差别阈的代替的机误测量的。只要实验者不管传统的差别阈,而用差异性作为对辨别力的测量,少量的或者甚至很多的相等判断都不会破坏实验。

或许最好是对一个没有经验的被试说明:所要辨别的差别很小,没有任何一个人能够在每一次尝试中都判断正确;并指出他不必害怕很快地作出判断甚至去猜测,因为只要他很好地加以注意,猜测正确的机会要比错误的机会多。最有说服力的证明来自布朗(Warner Brown,1910,1914)所作的两个研究。这两个研究都运用了两类反应的方法。在一个提重实验中(图 8-10),他获得了一条平滑的累积曲线,尽管使用了不常见的小的梯级间距。曲线只表示了两处下降,而且那是不重要的;在曲线的最倾斜部分,每一克的增量在正判断的百分数上有一个明显的效应——这与用机误表示的差别阈是比 4 克稍多一点的事实无关。因此本实验所获得的韦伯分数大约是 1/25,这个数值与其他实验者所获得的数值颇相一致。很明显地,这个被试在只允许两类反应之下表现了很好的辨别力。自然,为了获得一条这样平滑的曲线是需要很多的试验次数的。

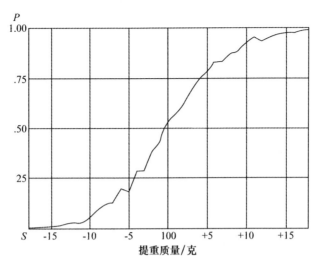

图 8-10 在一个两类反应的提重实验中,较重反应的相对次数(数据引自布朗,1910)。标准刺激是 100 克,比较刺激范围从 $-18 \sim +18$ 克,分成 1 克的梯级(邻近标准刺激是两个 1/2 克的附加梯级)。运用常定刺激法,对每一个刺激值进行了 700 次试验。

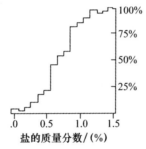

图 8-11 一个味觉刺激阈的实验(布朗,1914)。应用的盐溶液的强度范围从 $0 \sim 1.5\%$,以 0.1% 一梯级。被试对每一浓度做过 80 次试验,判断放在她舌头上的溶液的味道是否是咸的,图中画了这项结果。溶液愈浓,报告有味道的次数愈多,这个关系大致维持到浓度等于零,因此,在绝对意义上并没有刺激阈,而只有一个能够给予味感觉和不能给予味感觉的溶液之间的平均转换点。

图 8-11 表示了布朗关于味觉刺激阈的实验结果,这个实验也是应用了小的梯级间距,而且只允许两类反应。一个味觉实验乃是一项缓慢的工作,因为在进行另一次试验以前必须先把前一次试验遗留下的味道清除掉。因此,对每一个刺激强度只有 80 次判断。虽然如此,曲线仍然显示了稳定的上升,只有在接近两端、累积曲线相当平并且容易下降的地方产生了两个小的下降。

正如图 8-9 的三条曲线所表示的一样,无疑地三类判断法提供了诱人的结果。但从整体上讲,两类判断法之一却应该在心理物理学里受到偏爱;它既省时,又省事,所得结果又都可用。

单一刺激法

当进行常定刺激的实验时,被试在每一次试验中都把比较刺激与标准刺激进行比较。表面上看来这就是他所作的全部工作。虽然如此,当他已经熟悉于比较刺激的范围时,每一个刺激都可能好像是类似绝对的(quasi-absolute)、大的、小的或中等的[马丁(L. J. Martin)和缪勒,1899]。如果不继续使用标准刺激,他仍然能够自信地应用这些类别。单一刺激法[魏沃尔和蔡纳(E. G. Wever & K. E. Zener),1928;佛勒克曼(J. Volkmann),1932]就是利用了这些"绝对印象",并且因完全取消标准刺激而节省时间。准备一系列刺激,例如是5个,并且用随机顺序反复地呈现,指示被试把它们分为一定的类别,例如在重量的情况下分成重的、中等的和轻的。实验者可以用增加很重和很轻或甚至更多的梯级来增加规定的类别,或者用拒绝接受中等判断的方法限制反应为两类。这种方法本质上和下一章所要研究的评定等级法(rating method)相同。

数据的处理可以使用常定刺激法中所使用的同样计算方法。确定出介乎类与类之间的阈限,它们的平均数和标准差(或机误)(图8-12)。如果只允许用两类反应,就只能得出一个阈限,如常定刺激法的两类反应实验一样。如果应用三类反应,就有两个阈限:从重到不重,和从轻到不轻。当应用 A、B、C、D 四类反应时,就有一个 A 和非 A 之间的阈限,一个 D 和非 D 之间的阈限,以及一个在 A+B 和 C+D 之间的中间阈限[洛捷斯(S. Rogers),1941]。这个中间阈限,就是对 A 或 B 发生 50%反应,和对 C 或 D 也发生 50%反应的刺激值。在类别的数目是任何偶数的情况下,这个中间的类别间的阈限可以称为刺激系列的主观中点。当类别的数目是奇数时,主观中点何在呢?它是中间一类的中点。正如常定刺激中的主观相等点一样。当我们将刺激系列的主观中点与客观中点相比较时,它表现出某些近似于常误的东西。只有在应用两类反应时分配的机误可以作为差别阈,同时任何偶数的类别可以缩减为两类,处理的方法是把它较低的一半作为负反应,而把较高的一半作为正反应。当类别的数目是任何奇数时,表现了我们在三类反应的常定刺激实验中所遇到的相等判断的问题。

对于通常的心理物理学的目的,问题是单一刺激能否得出某些类似于由古老的方法所表现的辨别的敏锐度的东西。实验结果表现的精确性与常定刺激所得的相同(魏沃尔和蔡纳,1928;芬伯格,1931b;法弗曼,1935)。用一种修订过的单一刺激法,甚至可以获得更为敏锐的辨别,这种方法要求被试用物理单位,如克、英寸或分贝,进行估计,虽然这对被试来说是比较费力的[布雷斯勒,1933;朗(L. Long),1937]。结果可以用次数法或均差法——这里是估计量的平均差误——来处理。

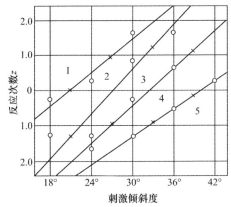

图 8-12 "五类"数据的 S-z 作图。根据用"x"表示的两个平均 z 点作出了各条阈限的直线。数据是假设的。指导语:"你将看到倾斜度不同的直线,你要把它们分成五类:第一类斜度最小,第五类斜度最大。在经过对实验中所使用的倾斜的范围作少数几次练习以后你将会熟悉它们。"

斜线是类别之间的界限,斜线之间用数字标明的面积表示被试应用五类之中每一类的位置和次数。从斜线通过中间水平线之点,我们可以得出介乎类别之间的阈限的平均数;从它们通过中央以上和以下的两条水平线的点,我们可以得出标准差。直线愈倾斜,表示被试愈确切地和坚持地应用这类反应。如果刺激彼此间差别非常大,以致被试能够经常对最小刺激应用第一类反应,对次一个应用第二类反应,依此类推。这样,他的类别之间的界限就将是垂直线(SD 值全等于零)。

图下的表显示了数据的处理方法。算出每一个刺激值的 20 次反应中各类的次数。将这些次数化为 p 值。每一列 p 值是自上而下累积的。如果用这些累积的 p 值作图,我们将得出 4 条粗略的累积曲线。在每一列里是自上而下地用 S-z 数据点作图,在顶端的是负的 z 值。当 $p=0$ 或 1.00 时没有相应的 z 值,但是在我们的表上每一行都有 3 或 4 个可用的 z 值,对它们的处理与图 8-5 和 8-6 同。

		18°	24°	30°	36°	42°
少数几次预试后的反应		2	2	3	5	5
		2	2	4	3	4
		1	2	3	5	5
		2	1	4	4	5
		1	2	3	5	5
		·	·	·	·	·
		·	·	·	·	·
		·	·	·	·	·
		·	·	·	·	·
次 数 (依类划分)	$f(1)$	12	8	1	0	0
	$f(2)$	6	10	3	1	0
	$f(3)$	2	1	8	4	1
	$f(4)$	0	1	6	9	7
	$f(5)$	0	0	2	6	12
p 值	$p(1)$	0.60	0.40	0.05	0	0
	$p(2)$	0.30	0.50	0.15	0.05	0
	$p(3)$	0.10	0.05	0.40	0.20	0.05
	$p(4)$	0	0.05	0.30	0.45	0.35
	$p(5)$	0	0	0.10	0.30	0.60
累积的 p 值	$p(<2)$	0.60	0.40	0.05	0	0
	$p(<3)$	0.90	0.90	0.20	0.05	0
	$p(<4)$	1.00	0.95	0.60	0.25	0.05
	$p(<5)$	1.00	1.00	0.90	0.70	0.70
类别间阈限	$M=21.0$; $SD=6.3$					
	$M=27.1$; $SD=4.8$					
	$M=32.4$; $SD=5.7$					
	$M=40.1$; $SD=7.8$					

用单一刺激和常定刺激所求得结果的相互一致表现在图8-13中。

惯用的次数法的变式

在有些情况下,每一次都改变刺激是不方便的。沙阿德和黑尔森(D. J. Shaad & H. Helson,1931)发现对于提重和触觉两点阈在同一时间内集中于一个刺激值是非常令人满意的。他们在应用10~25次判断以后才改变刺激。近年来这个方法在听觉工作中应用得很多。如果我们连续地呈现标准刺激,每3秒左右引入一个短时间的增量,这样就可以很快地收集到判断。在这种情况下更容易安排仪器,使它在每一系列内的每一次试验中都将给出相同的增量。在这种情况下获得的判断,时常比用随机的比较刺激值获得的判断更为稳定。甚至当各次试验是间断的,而不是连续的时候,这种修订过的方法对实验者和被试也都似乎是更容易些[克斯特(T. Koester),1945;克斯特和绍恩菲尔德(W. N. Schoenfeld),1945]。例如,假定标准刺激是1000周,它将和1000.5和999.5周各成对使用约20次,然后实验者再换为另一组对称的比较刺激,如1002.5和997.5等。这和费希纳的最初的"正误示例法"很相似。同样的一般方法可以用于单一刺激。克斯特和绍恩菲尔德用随机顺序呈现两个刺激,如1001.5和998.5,让被试判断高或低的方法得到了很好的结果。累积曲线可以从两个固定的点构成,尤其是如果选择的就是对高产生25%和75%正确判断的刺激值的时候。

对数与直线刺激系列。刺激系列通常是这样选择的,以使它具有相等梯级并且对称地分布在标准刺激的两侧。例如,在提重实验中,标准刺激是200克,比较刺激是184、192、200、208和216。这些是相等的算术梯级;如果韦伯定律是正确的,或者我们应该使用相等的对数梯级。考验的方法似乎是刺激系列能否提供一条反好的累积曲线,或用z分数画成一条直线。色斯敦(L. L. Thurstone,1928b)曾断言心理物理学的判断如果用直线刺激量尺作图,将不是常态分配的。这个断言没有受到图8-9所示数据或者布朗试验次数很多的提重数据的重新作图所支持。但是对这个感觉韦伯分数是小的,大约是1/25或1/50,因此,一个相对短的系列的重量范围就足够达到正负差别阈了。这样一个短的系列不足以作为区别对数间距和算术间距的基础。较好的考验可能是在一个差别阈大的感觉领域,例如味觉里,这里比较刺激系列必须较大。法弗曼(图8-13)应用了一个直线系列的比较刺激,因此它应该可以作为对色斯敦的断言的一个好的考验。但是当把这数据画在具有直线基线量尺的s-z图上时,却没有出现预测的偏态的迹象。这可能是由于被试关于直线系列的经验通过某种系列效应歪曲了他的判断;看一看用对数系列的比较刺激会得到什么样的累积曲线,将是令人感兴趣的。

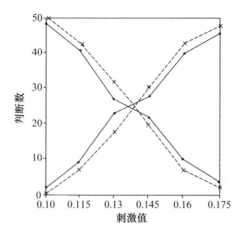

图 8-13 用常定刺激法和单一刺激法所获得的对氯化钠的心理测量的函数(法弗曼,1935)。在每一种方法中运用了 6 个比较刺激。在常定刺激法中使用了两类反应的方法,图上两条实线表示对于较大和较小刺激的函数。在单一刺激法中,要求被试对于每一个刺激标出 1~6 之间的一个数目,6 表示最强;然后用 1、2、3 结合以与 4、5、6 结合相对待的办法将反应归结为两类,并用虚线作图。对于这个被试单一刺激法得到了更为平滑的曲线。用乌尔班的方法计算三个被试中任何一个人的结果,都不能够表现出哪一种方法更好一些,但是单一刺激法节省了大量时间,因为它只包含了半数的刺激,而且大大地减少了在味觉实验中很棘手的适应效应。

在一定感觉领域中通常是使用对数系列的。例如,在听觉中,其响度的差别阈大约是 1/11,我们经常使用对数单位,即分贝。视觉滤光器经常用另一个对数单位——密度——来刻度。二者都得到良好的累积曲线。最好的忠告可能是这样的:任何时候只要方便就使用对数刺激系列,特别是在差别阈大的时候。然后用 s-z 作图,以系列梯级作基线,检验它是否有任何偏态,偏态可以指示有必要转换成另一种量尺。

阈限的性质

所有我们讨论过的方法都是以关于阈限的性质的一般见解为基础的。让我们把这种见解弄清楚。作用于受纳器的一个刺激,引起一系列的冲动,在大脑中枢发生了一种效应。这种中枢效应的大小将随着刺激的强度、受纳器的感受性、传导通路的效率和中枢的活动水平背景而变化。如果在一次试验中中枢效应大于一定的最小量(见下面),中枢将发生冲动,产生一个反应,即"我听见了"。引起这个最小效应的刺激就是这一次试验中的刺激阈。但是上述因素的复合将在各次试验中随机地改变着,产生了一个瞬时阈限的或多或少的常态分配。这个分配的平均数标志着刺激阈的最典型的值;各种不同的心理物理学方法只不过是为了测量这个典型值和它的变异性,而使用的取得数据和处理数据的不同方法。

现在再谈一谈差别阈限,在它那里有两个刺激,每一个都产生着一个随机改变着的中枢兴奋。假定我们用两个客观强度相等的刺激作为标准刺激和比较刺激,作 100 次试验。如果没有常误,两个兴奋的分配将是一致的,具有相同的平均数和标准差。统计学告诉我们,一对随机选择的兴奋之间的差别将是常态分配的,其平均数是零,其标准差等于任何一个单独分配的标准差的 $\sqrt{2}$ 倍。正差别和负差别的次数相等。如果我们应用的是禁止使用相等判断的常定刺激法,被试将把他的判断分为较大和较小各 50 次。

进一步考虑比较刺激比标准刺激稍强一些的 100 对刺激。从比较刺激所得到的兴奋的分配将向上方移动;虽然标准差可能保持相等,但是平均数将提高一些。现在,差别的分配的平均数是正的(有利于比较刺激),我们可能得到 60% 较大和 40% 较小的判断。用几个不同的比较刺激值进行试验,我们可以确定出刺激的差别,这种差别必须能够使平均数位移到足以提供给我们 75% 较大的判断,而且把这种刺激的差别称为差别阈。这个差别阈的绝对大小依赖于上面所讲的兴奋差别的分配的标准差的大小。简言之,差别阈是所考虑的特定感觉领域的变异性的测量。

以上我们一直假定被试能够作出清楚的辨别,从来不报告两个兴奋相等,这是由指导语强迫他的。但是如果我们允许有一类相等的反应,那么当两个兴奋的差别小于一定数量时,他就会报告相等。在一种意义上,被试是在设立一种无意识的"临界比率",在效果上,就是说这个差别还没有大到能够得出关于一个刺激真实地比另一个刺激更强的可靠的证明。临界比率的大小决定着不肯定间距,而它本身又依赖于我们在前面所讲过的因素的复合。基本上它大概产生于下述事实:被试必须有一些从恒定的环境刺激中改变兴奋水平的方法,这个机制是天生的抑或学习到的,在这里我们不需要讨论。最近的证明指出,在某些感觉的刺激阈中也包含有类似一种临界比率的东西。例如,在视觉和听觉中,有一个自发性的感官释放(sense-organ discharge),应用通讯理论中的现代术语,就是有一种"噪音水平"。由刺激所引起的传入的神经信号,必须显著地高于这个噪音水平才能够被报告出来。

辨别是否按梯级的形式进行? 阈限变异性的这种理论从经典的心理物理学者的时代起,就以某种形式被接受下来了(参见福勒尔顿和卡特尔,1892;波灵,1917;色斯敦,1927b;吉尔福,1927)。只要我们认为神经冲动是像电路里一般电流一样地工作,增加或减少它的强度以反映刺激变化,它就不提出理论性问题。但是,只要我们认识到神经冲动是全或无式的,那么预期感觉也是以一种梯级的方式在变化着,就似乎是合理的了。例如,假定一个短的触觉刺激的强度刚刚能够引起10个冲动;逐渐地增加刺激强度将不引起感觉强度的增加,直到刺激强到能够引起11个冲动时,被试才将感觉到一个触感觉的突然增加。一般假定这些分立的梯级没有得到表现是由于它们很小,并且被沉没在受纳系统的变异性之中。但是在1930年倍开西(G. von Békésy)表明:如果实验的设计是为尽量减小变化,那就可以在听觉阈限中找到这些梯级的证据。斯蒂文斯、摩尔根和佛勒克曼(S. S. Stevens, C. T. Morgan & J. Volkmann, 1941)在响度和音高方面都获得了类似的结果。与这些结果相合的理论通常叫做辨别的量子说(quantum theory)。在这个学说中,量子或梯级是由有机体而不是由刺激所决定的。这个学说与黑赫特(S. Hecht)的视觉的量子说相反,在后者量子是在刺激中,与物理学家对光的概念相一致。

为了演示这些梯级,需要很特殊的条件,使变异性减低到最小。福林(B. M. Flynn, 1943)某些时候能够获得它们的证据,但在其他一些时候却又失败了。密勒和加尔纳(G. A. Miller & W. R. Garner, 1944)得到了类似的结果。克斯特和绍恩菲尔德(1947)发现他们的数据虽然是在顺利的条件下取得的,但时常离开量子说的预期结果。所有这些实验都是属于听觉的,在其他感觉领域中没有关于这个学说的适当考验。我们能够在理想的条件下,在一种感觉领域中演示强度梯级是有兴趣的,但是更重要的是认清任何类似梯级的机制通常要受被试的感受性的波动的掩蔽。因此,甚至如果心理物理学的累积曲线恰好是一段修匀的梯级,但在大量的实验中,它是修匀到能够当做累积曲线来处理的。

阈限和韦伯定津

心理物理学的学生容易得到这样的印象:它是为了自己而作为方法学的示例的。对于确定阈限所用的最好方法比对于结果本身好像有更多的争论和讨论。在某种限度内这个评定是真实的。但无论如何,由于两项简单实际的事物,这个印象是过分夸张了。首先,对于各种不同感觉在一切可能条件下已经测定出来的阈限一览表能够扰乱一个课本,而且是极其干燥无味的。因此,这些表格可能已编成手册[托夫次学院(Tufts College), 1949;斯蒂文斯(S. S. Stevens), 1951a]。下文的一个总结性的表格易于把人引向错误,要记住表中所载的数值代表的是每一种感觉的最适宜的区域的韦伯比率($\Delta I/I$),并且只是对感觉道精确性在最好情况下的粗略测量。

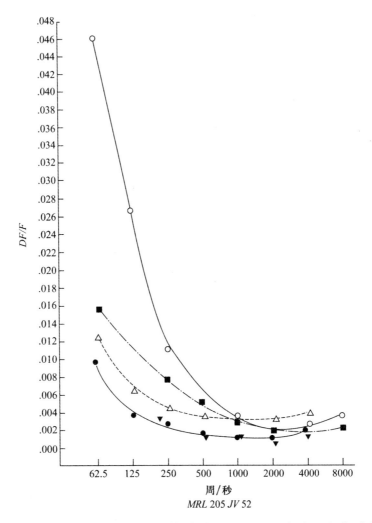

图8-14 关于频率(每秒周波数)的音高辨别(DF/F——频率增量/频率)[哈理斯(J. D. Harris),1952]。倾斜度大的曲线是用逐渐的或正弦的方式迅速交替标准刺激和比较刺激以产生颤音的方式获得的结果。这条曲线长久以来被认为是正确的;它可以被描写成能表示在标准刺激直到250周以前差别阈都是一个固定(大约是3)的周波数,韦伯定律在250周以上一直有效。

其他曲线是由标准刺激和比较刺激在离散的对偶中呈现的更惯用的常定刺激法获得的。它们指出韦伯分数在250周以上是常定的,大约是0.002,在较低频率中有些提高。

图中:○────○休尔与皮杜尔佛(E. G. Shower & R. Biddulph)──正弦曲线式的
　　　■─·─■休尔与皮杜尔佛──遽止式的
　　　△────△杨(P. T. Young)
　　　●────●哈理斯
　　　▼　　　克斯特(T. Koester)

人们通常在"心理物理学"的标题下找不到详细的结果的第二个原因在于这种结果只有与我们关于一个感觉领域的其他知识相联系时才是有意义的。因此,它们分散在"视觉"、"听觉"和"深度知觉"各章中,仅只举述少数。换言之,心理物理学方法是我们用以获得关于感觉如何工作的许多知识的工具;良好的计策在于准备好我们全部工具,以便对于所遇到的各种问题都有现成合适的方法在手。

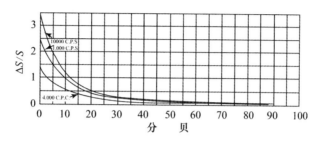

图 8-15　在声音强度的辨别中对韦伯定律的考验[引自李兹(R. R. Riesz),1928]。声音是用一个特殊的电话耳机借一个振荡器的交流电所产生的纯音。与这个电流相结合的有第二个在振动频率上相差 3 周/秒的较弱的电流,而且在主音上引起拍音(beat)或强度的波动,波动的量是由改变第二个电流的强度来控制。对被试提出的问题是能否听出拍音。刺激增量(ΔS)是在主音从接近刺激阈到接近痛觉阈的强度的全部范围内的各种不同振动次数上测定的。结果发现当纯音较高,大约是 2500 周,即比音阶上的中央 C 音高 3 个多八度音程时,韦伯分数最低(辨别最好)。在这个区域内耳朵对于很微弱的声音最敏感,即刺激阈最低。对音高的辨别同样地也是在高音区域中最好。12 名被试的平均。"C.P.S."＝每秒周波数。

韦伯定律

　　无论如何,总有人可能提出关于一般阈限的某些问题。最常见的就是关于在刺激的不同绝对值时差别阈的大小问题。通常的回答就是我们在本章开始时所讨论的韦伯定律。差别阈真是刺激量的一个恒定的分数吗?最小觉差是相对的吗?从图 8-14～图 8-17 表明不同感觉道的结果。这些图是采取了图 8-1B 的作图方法:用韦伯分数与标准刺激量相对应地作图。在这种图上面,当曲线是一条与底线平行的直线时,韦伯定律保持真实。在全部图上,除去第一图以外,为了压缩范围,底线都是用对数单位表示的。总结结果的最好的简单方法可能就是说韦伯分数在刺激值的中等范围内相当恒定,但是在两极端,接近刺激阈和上阈时它便迅速增长。确实并没有示意认为差别阈是一个不依赖于刺激量的绝对值,因为在那种情况下,曲线将从左上角开始逐渐落向底线,永远达不到水平状态,更少可能再度上升。

	最小的韦伯分数[1]
*音高,在每秒 2000 周时	0.003＝1/333
深度压觉,在 400 克时	0.013＝1/77
*视觉亮度,在 1000 光量子时	0.016＝1/62
*提重,在 300 克时	0.019＝1/53
*响度,在 1000 周/秒,100 分贝时	0.088＝1/11
嗅觉,橡皮,在 200 嗅单位时	0.104＝1/10
皮肤压觉,点,在每平方毫米 5 克时	0.136＝1/7
味觉,咸,在每立升 3 克分子量时	0.200＝1/5

* 将这些值与图 8-14 至 8-17 进行比较

[1] 波灵,朗飞尔德和威尔德(E. G. Boring, H. S. Langfeld & H. P. Weld),1948。

如果我们是在寻求关于判断的一条普遍而确切的规律,显然不是韦伯定律。有一些其他定律曾经被提出过。福勒尔顿和卡特尔(1892)提出了平方根定律,即差别阈是随刺激的平方根,而不是随刺激的本身而增长。这个定律并没有保持得更好——如果保持得一样好的话。伍德沃斯(R. S. Woodworth,1914)提出这两个定律的折中在理论上是稳固的,很多数据的确都落在这两个定律所预期的数值之间。最后,吉尔福(1932)建议了一个更概括的 n 次幂定律,它可以写成 $\Delta S = KS^n$,读作"一个刺激的最小可觉增量等于这个刺激的 n 次幂乘以一个常数。"在韦伯定律中 n 是 1;在平方根定律中 n 可能是 1/2。K 和 n 的实际值对于一个特定的感觉可以用曲线配合法去确定。这样一个高度概括化的定律将符合于绝大部分数据。但是它好像是过于一般化的一条定律,因而不具有什么理论上的重要性。

关于韦伯定律是否保持有效的问题,曾经进行了大量的争论。如果我们停止顾虑它是否是判断的一个普遍的定律,则答案是简单的。在大多数感觉的中间范围——包括强度和性质两方面,虽然它最初只是对强度提出的——它可以作为一个粗略的经验的概括。从任何方面看来,这些中等范围正是感觉的工作区域。例如,正常的会话恰好处在音高和响度曲线(图8-14,8-15)的平的部分。这个论点和其他类似的论点,包含着一些有兴趣的循环的争论,但是韦伯定律提供给我们一个关于重要感觉范围的辨别能力的有价值的描述,这也仍然是真实的。正是如此,它是非常有用的。

如果我们记得阈限的求得方法,韦伯定律保持得很好的事实并不值得惊奇。它主要是一个关于刺激的效果的变异性的测量。在大多数生物现象中,变异性倾向于和所包含的数量的大小成比例。这不是韦伯定律的一个最终说明。我们应该做的是去研究每一种感觉领域中 S-R 过程的生理学细节。这种研究将不仅对韦伯定律,而且也对图 8-14～8-17 所表示的各种曲线的实际形状作出最终的解释。在某种程度上,这些已经能立即做到了,我们在不同感觉的各章中

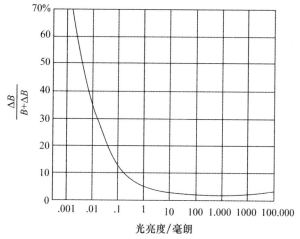

图 8-16 亮度上的韦伯定律[数据取自克尼希和布罗得韩(A. König & E. Brodhun),1888,由那亭(P. G. Nutting),1908 用毫朗伯(mL)①再度计算]。用最小觉差测定一个小圆形视野的上半和下半的辨别。数据来自一名被试。

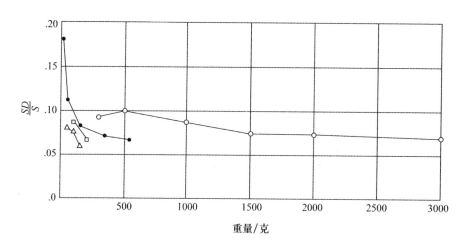

图 8-17 提重上的韦伯定律(几位作者的数据)。重量用一只手连续提起。常定刺激法。被试的数目:费希纳,1;布朗,1;武卓(H. Woodrow),5;奥柏林(K. W. Oberlin),5。由几位作者用 h, Q 或完全的分配所表示的结果,在这里都化做了标准差。可以看到这些结果与标准差的绝对值,尤其是与刺激改变时的韦伯分数的进程是非常一致的。图中○ 费希纳,1860;△ 布朗,1910;□ 武卓,1933;● 奥析林,1936。

---

① 光亮度(光通量)单位 1 毫朗(millilambert)=0.929 英尺朗伯(ftL)=3.183 烛光/平方米=10 流明(lm,即 10 cd·sr)

将会见到。而对于这个定律本身,任何学生在任何科学中如果超出了初步水平,都曾遇到很多"在一定限度以内"有效的"定律"[例如,胡克定律(Hooke's Law)]。它们在预见和描述的水平上是很有用处的。

常误和系列效应

心理物理学除了测定韦伯定律以外尚有其他兴趣。有时是偶然的,有时是用特定的实验设计去试图发现对于量的判断如何进行,并且如何进行得如此准确。有些东西可以从被试方面的内省中学习到,如被试为了作出精细的辨别并避免误差而想出来的目标、标准和任何技巧。但是这个过程通常是非常流畅而迅速的,难以用内省来考查,因此,研究者被迫去依赖客观的材料,例如在不同实验条件下所产生的误差。

在打靶练习中准确性可以得到校正是真实的,这在任何作业中也是真实的;有很多误差,这样或那样地分布着,但是通常它们分布在一个方向比另一个方向多些。靶上被射的各点分布得围绕着一个点,这个点并不是靶心。如果能够确定这个中心点的位置,并且测量各点的分布,那么这就可以从准确性上对作业进行很好的分析了。心理物理学方法提供了这种分析,它们得出了变异性的一些测量,并且确定了主观相等点的位置。主观相等点离开标准(或靶心)的距离和方向组成了被试作业的常误。

常误时常在实践上具有重大意义。在打靶时你希望知道自己的瞄准大多数是太高了还是太低了;因为如果你知道了你的常误,你就可以作出明智的校正。常误也可能是理论上的兴趣,它可以指出在一个作业中的重要的刺激(S)因子和被试(O)因子。在心理物理学中它们有助于了解判断过程。这样,极限法的递增和递减系列分别怂恿着射击过远和射击过近。分别称为习惯误差和期待误差。在其他方法中,尤其是在常定刺激法和单一刺激法中,最有兴趣的例子是时间误差(TE)和系列效应。当一个刺激在时间上跟随着另一个刺激,用第二个和第一个相比较,即比较刺激跟随着标准刺激时,易于发生时间误差或时序效应。当有几个不相等的刺激出现在当前所要判断的刺激以前时,易于发生系列效应。虽然这些效应实际上是完全不同的,但是要获得任何一种效应而不受另一种效应的沾染,是需要一定谨慎小心的。总之,时间误差(通常)是由于第一个刺激的关系而过高地估计第二个刺激的倾向;而系列效应则是根据一个刺激在量上与整个系列的关系,对它产生过高或过低估计的倾向。

时间误差

为了在它的纯粹的形式中得到这种效应,我们假定只具有两个刺激,比较刺激跟随着标准刺激,并且二者在客观上相等。如果比较刺激被判断为比标准刺激大,我们就有了被称为负时间误差的东西。这个看起来似乎不合习惯的用法,如果我们运用主观相等点和前面的公式,$CE = PSE - St$ 来思考它,便可自行得到矫正。负号的意义可能在均差法中,在那里被试调整比较刺激使它看起来与标准刺激相等时表现得最为清楚。如果他把比较刺激调整得小于标准刺激(在平均上),他的时间误差显然是负的;他的主观相等点比标准刺激小,并且表示标准刺激的效应量在从标准刺激至比较刺激的时间间距中缩小了。在常定刺激法中,被试从来不直接说出相等点似乎在哪个位置,但是如果他把比较刺激判断为比标准刺激大,而客观上二者相等时,实际上也就是他在说标准刺激比这个比较刺激小,因而他的主观相等点显然在标准刺激以下,于是他的时间误差便是负的。

当比较刺激在客观上与标准刺激相等时,时间误差的一个约略的但是广泛可用的测量是从正判断和负判断的百分数求得的。保持符号正确,从负的百分数中减去正的百分数,这个差别称为 D(差别)百分数。如果比较刺激是以标准刺激为中心对称地安排的(例如用重量 92、96、100、104 和 108 克,标准刺激是 100 克),则 D 百分数可以从全部实验中正判断和负判断各自的总百分数中求得。用正规方法计算所得的主观相等点,能提供一个更适当的测量。

痕迹和心向是时间误差的因素

当费希纳(1860)在他的关于提重的大规模实验中发现负时间误差时,他提出了一个表象消退的解释。标准刺激被提起和放下,肌动觉停止了;过几秒钟以后提起比较刺激,并且用它引起的感觉与第一次提重时留下来的肌动觉表象相比较;这个表象已经消退了一些,第二个显得较重。这个看起来合乎逻辑的解释在关于提重[叔曼(F. Schumann),1898,1902;芬伯格,1919]和声音比较[惠坡尔(G. M. Whipple),1901,1902;柯勒(W. Köhler),1923;尼达姆(J. G. Needham),1934a]的细心的内省研究中没有站得住脚。这个假定的表象在很多情况下是观察不到的。柯勒建议用痕迹代替这个学说中的表象。他把痕迹想成是大脑中的一种电的过程,它可能是"沉默"或无意识的,但是在感觉印象已经停止的部位仍能起作用。的确,只要是一个先前的刺激被记住或者用于判断一个后来的刺激,那就必定有某种痕迹,并且这个痕迹很可能在从标准刺激到比较刺激的时间间距中减弱。因此我们便有了负时间误差的痕迹消退说。

与痕迹一起起作用的还有被试的积极态度。被试并不是将要简单地接受比较刺激;他在准备着从某一方面去判断它。他已经对判断"一切齐备"了。在提重实验中,可以看到这种心向的最具体的例子。被试已经顺应于所使用重量的颇为狭窄的范围;他知道比较刺激和标准刺激相差不多。缪勒和叔曼(1889)

对这个作业提出了一个可能的机制。被试用一个刚刚在事前发现适合于提起标准刺激的肌肉力去提比较刺激。如果比较刺激被提起来得快而且容易,它就似乎轻一些,并且被判断为比标准刺激轻;如果它抗拒并且提升起来很慢,它似乎就重,并且被判断为此标准刺激重。(这个学说可以很好地解释形重错觉,它使一个空的糖盒子好像比一个实际重量相等的铅块要轻些。大物体看起来重,在提起它时就使用了比提小物体所使用的较大的力量。)现在如果被试提比较刺激比提标准刺激时更为小心和谨慎,他就会提供一个偏于"较重"的判断,从而表现了负时间误差。一般说米,我们可以附言:比较刺激的表面强度可以由于我们对它比对标准刺激更集中注意而得到提高[纽霍尔(S. M. Newhall), 1923]。

侥幸,缪勒-叔曼学说可以作为一个直接考验的对象,如佩因和戴维斯(B. Payne & R. C. Davis, 1940)所作的。他们在判断重量时用导出并放大被试前臂的电位(动作电流)的方法记录了提重的肌肉的动作。"较重"的判断主要发生在比较刺激比标准刺激被较为强有力地提起的时候;"较轻"的判断主要发生在比较刺激比标准刺激被较弱地提起的时候。标准重量本身的力量在改变着,当它较弱时,它在它后面留下一个比较弱的肌肉张力,在提举比较刺激之前,延续3秒钟。当被试开始去提比较刺激时肌肉张力愈弱,比较刺激所发出的抗拒力就愈大,因此被试就要更用力地去提起比较刺激,这个提举的活动是一个对所遇到的抗拒的反应;而抗拒力则依赖于最初的张力(逆转的关系),并依赖于比较刺激的重量(直接的关系)。佩因和戴维斯得出结论,认为缪勒-叔曼学说是可取的,但是用周围解释比用中枢心向解释更好。这个实验中(单一的)被试所表现的负时间误差似乎是与提重运动相联系的,因为主观相等点恰好落在标准刺激和比较刺激相等的地方。图上有一些征兆表明:比较刺激比标准刺激是从一个稍低的张力水平开始的,并且在感觉到比较刺激的抗拒力以前,比较刺激提起来得略慢一点。如果这是真实的,这些因素将能阐明负时间误差。

听觉时间误差

在响度方面,很多实验者都和普斯特曼(L. Postman, 1946)的大规模实验一样,发现了相当强的时间误差。运用常定刺激法以纯音为一系列,噪音为另一系列。在两种情况下,他都发现当标准刺激和比较刺激之间的时距短(1或2秒)时,出现正时间误差;当时距较长(4和6秒)时,出现负时间误差。柯勒(1923)获得了一个类似的结果:在1.5秒时产生正时间误差,在3秒时大致是零时间误差,而在6和12秒时是负时间误差。虽然如此,柯勒发现正的时相在实验连续重复时便消失了;尼达姆(1934b)甚至发现在练习几天以后,时间误差曲线本身可以反转过来,变成在一个短时距之后出现负时间误差,而在一个长时距之后出现正时间误差(图8-18)。无论心向或痕迹消退都不能以任何明显的方式解释这个特性。

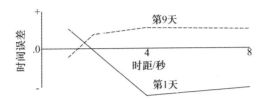

图 8-18　由实验连续重复所改变的对响度的时间误差曲线(数据引自尼达姆，1934b)。6名被试的平均曲线。在第一天当标准刺激和比较刺激之间的时距是1秒时，时间误差是正的；在2秒、4秒和8秒时，则是负的。到第9天变成在最短的时距时，时间误差是负的；而在较长时距时，出现正时间误差。

当判断的是音高而不是响度时，没有时间误差出现。普斯特曼(1946)在维持条件和被试都相同的情况下，用他的上述响度实验和另一个音高实验做了对比。克斯特更运用练习过的和没有练习过的被试，以几种方式改变程序。这些研究者没有一个能够表证出时间误差，无论是正的或负的。这个结果用听觉学说可以得到解释。不同音高的音似乎在皮质的听觉区具有不同定位，但是只在响度上不同的音必然定位相同。在任何定位上所留下的痕迹可以消退或减弱，但是它很少转移到其他定位，即痕迹很少能在音高上变高或变低。总之，痕迹消退的时间误差可能发生在强度判断上，但是不发生在像音高和色调这类感觉的性质上(斯蒂文斯，1939)。

视觉时间误差

光的强度通常是一边一个地同时出现，它可能具有空间误差而没有产生时间误差的机会。当两个光点相继地呈现给网膜的同一部位，中间只有一个短的时距时，第二个的强度是受到低估的[福勒尔顿和卡特尔，1892；劳恩斯坦(O. Lauenstein)，1933]。这个正时间误差容易用网膜适应解释：标准刺激在它后面留下了一些对光的适应，因此比较刺激是被一个感受性较低的网膜来接受的。当先后的光呈现给网膜的不同部位，即注视点左右各20°时，获得了一个负时间误差[克利泽(G. Kreezer)，1938]。在这里，相继性刺激肯定地影响了皮质的不同定位，一个在左半球，一个在右半球——这个事实使人替相继性比较想象出一个似乎合理的皮质机制这一工作更加复杂化了。

痕迹确实如何能够起作用是一个困惑的问题。第一个刺激遗留下来的兴奋的剩余水平可能被第二个刺激推向上或向下，因此产生较大或较小的印象。然而，更可能的是第二个刺激在全部情况中把水平向上推；否则，第二个刺激将根本不被感觉到。显然,痕迹是以某种另外的方式起作用的,在我们目前对于在感觉中枢进行着什么还是无知的情况下,是不容易想象的。我们还必须记住,有一个为了作判断反应的运动的准备在与感觉痕迹一齐起作用。在应用两类判断作选择时,有两个运动反应做了或多或少的准备,当两个刺激客观上相等时,准备得更好的一个占优势[戴维斯,1952;参考普雷斯敦(M. G. Preston),1936]。

标准趋向内插刺激的同化作用

通常自标准刺激至比较刺激的时距是空的。如果被试正在比较被提的重量,他在这时距中保持手部的安静。如果他曾提举一个内插重量,我们可以预期有下列两种效果之一:① 任何重量都可能提高痕迹的水平,因此趋向于一个正时间误差;或者② 一个重的重量与此相同,而一个轻的重量却具有相反的效应。吉尔福和帕克(D. G. Park,1931)发现后者是正确的。他们的标准刺激是200克,比较刺激的范围是从185~215克,他们获得的主观相等点是192.5克,即−7.5克的时间误差。但是有一个100克的内插刺激时,主观相等点便被推下到188.2克;当内插刺激为400克时,又把主观相等点向上推到199.2克,因而大致取消了负时间误差,虽然没有得出可以预期的正时间误差。他们的被试们报告说:如果试图不管内插刺激,他们显然能够成功地在很大限度内保持标准刺激的痕迹不受内插刺激的影响。虽然如此,在一定程度上标准刺激的痕迹是"同化"于或趋向于内插刺激的。

同化作用这个术语是由柯勒的学生劳恩斯坦(1933)所引用的。他在响度方面获得了与吉尔福和帕克在重量方面得到的类似的结果。标准刺激的痕迹被吸引向上趋向于响度强的内插刺激,向下趋向于响度弱的内插刺激。他怀疑痕迹是否以被动的方式消退或衰减。他认为从标准刺激至比较刺激的空的间距是一个"零刺激",它吸引着标准刺激的痕迹,因而产生通常的负时间误差。后来的证明指出同化作用是一个真实的因子,但是正在衰退的痕迹也是真实的。普拉特(C. C. Pratt,1933a)做了一个决定性的考验。他用从各种高度向一个木块落下的"声摆"产生不同强度的声音。标准刺激到比较刺激之间的间距是4秒。在三个系列的实验中,他内插了一个响度强的、弱的或零的声音。标准刺激是从45°落下。产生的主观相等点如下:

用响度强的内插声音……………………48.19°
用响度弱的内插声音……………………42.19°
用安静的时距……………………………44.14°

因此,标准刺激的痕迹被同化于强的和弱的内插声音,而不趋向于零的内插。同化作用不能说明使用空间距时通常的时间误差。普拉特得出结论说:消退的痕迹是一个真实的事实,虽然它的生理学尚不清楚。时序是一件事,同化作用是另一件事。同化作用属于我们即将讨论的系列效应。

系列效应

被试面对着这样一个情境,他要在先前的一系列或一组其他刺激的背景上,对一个特定的刺激,也就是当时的比较刺激作出判断。一齐属于这种情境的有下列几种效应。

(1) 系列是对单一刺激进行判断的参照结构(frame)。在单一刺激法中不给标准刺激,但是当每一个比较刺激出现时要用绝对类别去作判断,例如 H, M 和 L(H—高,M—中,L—低)。对前几个比较刺激很多是随机判断的,但是被试不久就使自己顺应于所遇到的刺激的范围,并且前后一致地使用了与客观刺激颇相符合的分类。如果实验者后来改变了刺激的范围,例如取消最低的而增加几个较高的,被试不久又能够重新调整分类的数值因而赶上要求[魏沃尔和蔡纳,1928;特雷赛尔特(M. E. Tressalt),1947]。

(2) 结构的变位。当具有 H、M、L(高、中、低或重、中、轻)三种类别可用于单一刺激的判断时,从逻辑上讲高和低应该得到相等次数的使用,而主观相等点应该位于刺激系列的中间。否则一定是系列以外的某些因子影响了判断。这种因子之一就是过去的经验。一个习惯于提举重物的肌肉健壮的少年可能发现实验系列的全部重量都相当轻,从而使用"L"(轻)类比"H"(重)类判断的次数较多些(特雷赛尔特,1948)。如果在一个响度系统中所用的全部声音与日常的声音范围相比都比较弱时,使用"L"(弱)类判断的次数就会多于"H"(强)类判断(普拉特,1933b)。在被试顺应于真实的刺激系列以后,这些效应可能很快地消失。另一个不这样容易去掉的额外因子是消退的痕迹。正如在常定刺激中标准刺激的痕迹衰退一样,在单一刺激中,全部刺激系列的联合的痕迹可以衰退,从而产生一个负时间误差,使纯粹的系列效应复杂起来。魏沃尔和蔡纳(1928)以及芬伯格(1931b)在重量的实验中,普拉特(1933b)在适度的响度实验中,都记载了在单一刺激中"H"判断占优势。但是,在音高判断中没有这种情况,正像它应该符合于在这种质的因次(qualitative dimension)中没有负时间误差一样[楚曼(S. R. Truman)和魏沃尔,1928]。

(3) 结构的压缩。刺激系列的联合痕迹逐渐衰退,其中所包含的各个刺激彼此吸引,最后引向系列的平均数。这个"集中趋势"最初是霍灵沃斯(H. L. Hollingworth),1909,1910 所发现的;后来易普生(G. Ipsen,1926a)再次发现,并给以我们现在所采用的名称"系列效应"。为了弄清楚这种压缩,我们必须或多或少地超出正规心理物理学方法之外。我们必须采用多于一个的标准刺激。最好我们以系列中的每一个刺激都各作一个时期的标准刺激,以便去发现它是否受到吸引走向整个系列的中心。如果它是这样地受吸引,在被试尝试去再现它时,他对低的标准的再现将过高,而对高的标准的再现将过低。这个是霍灵沃斯用一个均差法的合适的变式所发现的。用常定刺激法的一个类似的变式,系列中每一个刺激都被用来当做标准刺激,后面跟随着一个客观上相等的比较刺激;这个比较刺激将更多地被判断为比一个低的标准刺激更低,而比一个高的标准刺激更高,因为每一个标准刺激都被引向系列的中心了(武卓,1933)。我们可以说,每一个标准刺激都被同化在系列之中了,因此比较刺激是在和整个系列进行对比。

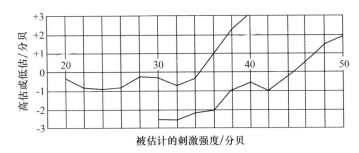

图 8-19 在声音强度估计中的系列效应(引自修订过的期的数据,1937)。每一个刺激量是一个约 1000 周/秒的乐音。上边一条曲线表示当以恰恰出现在每一个比较刺激之前的 30dB(分贝)的声音为标准时,被试对 20～40dB 范围内声音强度的估计。与此类似地,下面一条曲线表示以出现在每一个比较刺激以前的 40dB 音为标准时,被试对 30～50dB 系列的估计。标准刺激和比较刺激各响 0.5 秒,它们之间有 0.5 秒的间距。被试用分贝对每一个比较刺激的强度作估计。在全部实验开始时使被试熟悉所应用的刺激的全部范围的 dB 值,并且在每一试验日开始时,给武以 10、20、30、40、50 和 60dB 的"参照"(anchor)刺激,并且把它们估计正确。被试知道全部刺激都处在 10～60dB 之间,他也知道标准刺激在一系列中是 30dB,在另一系列中是 40dB,但是不使他了解每一系列的确切界限,因为这种了解会限制他的估计范围而引起"末梢误差"(end error)。曲线在对 20dB 和 50dB 的估计中仍然表现了某些末梢误差;除了由于破试避免极端估计的倾向外,20dB 点应该更低一些,50dB 点应该更高一些。

曲线是由 4 名被试对曲线上海一个点共作 360 次估计平均得来的. 对于每一点的平均数的标准差大约是 0.2dB。

这些曲线揭露的主要结果是:① 在每一系列中估计都是内部一致的,并且与刺激强度有很好的相关;② 在每一系列中较低的强度被低估,较高的强度被高估;以及 ③ 在从 30dB～40dB 这一段重叠的范围中,同一刺激在高的系列中比在低的系列中受到低估。每一个刺激都是对照着它所处的系列的背景而被估计的。

压缩效应可以由修订为用物理单位进行估计的单一刺激法最完全地表现

出来。如果对一系列声音的强度用分贝作估计,最小强度的刺激受到低估,而最强的受到高估(朗,1937)。如在图 8-19 中可以看到的,当系列从 30 分贝扩展到 50 分贝时,30 分贝的刺激被低估 2.5 分贝;而 50 分贝的刺激被高估 2 分贝。

系列效应可以用不同的方式陈述。我们可以说被试建立起一个与刺激系列配合得很好的类别量尺。这个类别量尺容易受到刺激的痕迹消退的影响而向下改变位置,也可以由过去的(或内插的)关于比系列中刺激较大的刺激的经验所影响而向上改变位置。类别量表容易被压缩趋向于系列的平均数,因比较高的类别被用于没有高到要求那么高的评定等级的比较刺激,而较低的类别则被用于没有低到需要那么低的评定等级的比较刺激,即高的比较刺激被估价过高,低的比较刺激被估价过低了。

由刺激的加权平均数推算主观相等点的位置变动

为什么主观相等点在很多实验中比比较刺激的算术平均数小?痕迹消退只是一个部分的解释。约翰孙(D. M. Johnson,1944a)和黑尔森(1947)曾经提议几何平均数(GM)可能是一个更合理的平均数,这是由于刺激的感觉效应至少是约略地与物理强度的对数成比例这个事实(费希纳定律)。最简单的事例是在单一刺激法中,它可以用下列公式表示:

$$\lg GM = Av \lg Co$$

在这里 Co 代表要去判断的刺激,Av 表示要去求对数的算术平均数,即找出每一个比较刺激的对数,把这些对数相加,用比较刺激的数目去除,然后查出商的反对数。当你这样计算出比较刺激的几何平均数时,你会发现(至少在一个重量实验中)它还是太大;实际的主观相等点要比根据公式预见到的值还小。大概这里的差别就是负时间误差,因此 $PSE = GM + TE$。

在很多实验中被试在比较刺激系列的刺激之外还会遇到其他刺激。其中可能有一个标准,如在常定刺激法中一样,或者有一个被计划去改变痕迹的内插刺激,或者有一个在比较系列的顶端、底端或中部的"参照物"(anchor)(洛捷斯,1941)。黑尔森极力主张这些刺激倾向于提高或降低"适应水平",一个从视觉工作中引用来的概念,并且与主观相等点或者与整个系列的机能上的中点相等(适应水平是一个比主观相等点更一般的术语,因为它可以用于单一刺激,那里并没有使比较刺激可以与之"在主观上相等"的标准刺激。在后面的一些章里,我们还将遇到适应水平,但是为了当前的目的,我们将仅限于熟知的主观相等点)。但是返回来讲"参照"刺激——它们大约比获得被试最大注意的比较刺激具有较小的效应。当每一个给出的比较刺激是与之成对的标准刺激的 3 倍,而且所取的时间误差等于系列的梯级间距(i)的 3/4 时,就获得了对实验数据最好的配合。这样,黑尔森推导了一个经验公式如下,在缩写记号上略有改变:

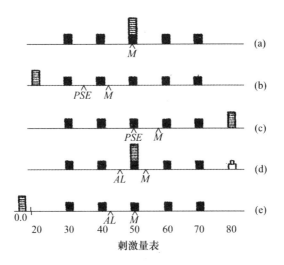

A 常定刺激 M=50，CE=0.
B 单一刺激，每次给一个低的参照物(20克)，M=42.5，PSE=35，CE=-12.5.
C 同上，只是参照物80克，M=57.5，PSE=50，CE=0.0.
D 常定刺激，内插刺激在80处，但是由指导导稍微加重。M=53.3，PSE=45.8，CE=-4.2.
E 与(C)相同，只是参照物在量尺以外，并且不加重，M=5，PSE=42.5，CE=-7.5.
(M=平均数，PSE=主观相等点，AL=适应水平)

图8-20 主观相等点是一个实验中全部刺激的重心。在桌子上放一根米尺，并且用3盎司(oz)的重量沿米尺放在相应的各标记上，代表30、40、50、60和70单位的比较刺激强度。如果在每一个比较刺激以前给一个50单位的标准刺激，我们必须在50标记处加上5个附加重量，但是这些应该仅只是1盎司重相当于公式中标准刺激的小重量。现在拍起这根负重的米尺去求它的重心，它将在一支铅笔滑到50厘米标记下面时取得很好的平衡。这表示了被试对于去判断次一个比较刺激的准备状态；任何呈现在50的主观相等点以上或以下的比较刺激将使米尺向它这一侧倾斜，而获得一个正或负的判断。以上我们一直没有考虑到时间误差；把它计算在内，在这里和在下述图解中我们仅只想象所有的刺激(重量)以10厘米梯级间距的3/4滑向零点。因此主观相等点在每一种情况下都是在平均数左方0.75i处，这个平均就是刺激的加权平均数。（米尺本身被假定为没有重量的，因此它的重心完全由放在它上面的重量来决定。）

图(b)表示在单一刺激法中在每个比较刺激之前有一个低的参照刺激的情景。参照物与图(a)中的标准刺激同样处理，每一次试验中用1盎司的重量。低的参照物以一个可以预计的量将主现相等点向下拉，并且它与时间误差相结合产生了一个大的常误。但是，一个位于比较刺激系列以上的参照物[图(c)]提高了主观相等点，可能恰好抵消了时间误差，或者甚至进而产生了一个正的常误，有如在"同化作用"实验中一样。参照物离开比较刺激系列的中点愈远，根据公式它引起主现相等点的位置改变愈大。

但是让被试不去注意的内插刺激必须给以较小的重量[图(d)]。它们对于主观相等点具有较小的同化作用。最后，图(e)表示普拉特的具有空的标准刺激至比较刺激间距的实验结果，零的参照物是在量尺以外因而对平衡没有影响。不被视为任何刺激的东西，它是完全被忽略的。其他刺激，当它们显然是额外刺激时，可以完全不放在图内。

$$\lg(PSE + 0.75i) = \frac{3Av\lg Co + \lg St}{4}$$

他进一步推敲了这个公式,使它也能够解释标准刺激以外的内插刺激,并且求出为了配合一定数据应该给这个内插刺激加权的数量(黑尔森,1947)。

为了我们的目的,这种研究可以用来孤立时常并合在一起作为"常误"的某些因子。它们可以借助于用一个米尺表示出刺激改变的物理因此而得到说明。严格地说我们应该有一个用对数划分的尺,但是米尺也将够用(图 8-20)。①

(张厚粲 译)

---

① 在这里和在下一章中所描述的问题时常在工业中遇到。例如,制作食品和饮料的人可能希望知道一个在制造方法上的改变是否能够引起一个能够觉察的味道变化,或者这个新产品是否此旧的更受人喜爱。有很多实际技术得到了发展;虽然它们时常是独立建立起来的,但是与我们讲过的标准的心理物理学方法很相似。一种很流行的方法在本质上是一个三种刺激的次数法,称为三角考验(Triangle Test);被试试尝三种样品,其中有两种相同,只有一种有少许差别,让被试辨别出这种单独的味道。如果一组被试所得结果显著地比机遇好,就认为两种物质有差别。文献散布在各种技术杂志中,关于这方面的一般看法可见于一本 1954 年出版的《食物接受方法》(Food Acceptance Methodology)讨论集,这本书是(美国)国家研究委员会和军需部倡议的。陶逊和哈理斯[(E. H. Dawson & B. L. Harris),1951]提供了一篇早期的摘要。

第 九 章

心理物理学 Ⅱ：量表法

前一章谈的是测定我们的感官敏度或感受性的方法,涉及绝对阈限和差别阈限。现在我们的任务是度量每一感觉的全部范围,把它制成量表,以便我们能说这个声音比另一个声音响两倍,或者这个灰色距离黑和白一样远。当然,有很好的物理量表用来测量刺激,但是我们还需要另外一些东西;我们需要心理量表来测量感觉和知觉。例如,假设一个无线电工程师要设计一架收音机,使它的响度是一个竞争的牌号的两倍。如果他只是把物理的输出加倍,他将为他所增加的响度只比一个最小觉差大一点而感到失望,因为韦伯的响度常数大约是1/3。要使响度加倍,他必须增加多少物理输出呢?怎样回答像这样一类的问题,将是在这一章中我们所要讨论的。它们具有重要的理论和实践的意义。

在我们谈到实际的方法以前,我们必须指出有几类量表,即使对物理的度量来说也是一样:

(1) 顺序量表只是把事物按次序排列起来。在日常经验中可用赛跑为例;我们知道得第二名的比得第一名的跑得慢些,比得第三名的快些,但是等级并不告诉我们这三个选手之间的差别有多大。我们将要看到,把大量的排成等级的材料加以统计的处理,可使之发展为相当有用的量表,但未加处理的顺序量表则是很原始的测量方法。

(2) 等距量表又进了一步,并且允许我们说,在两个项目或两个个体之间相差多少。例如,在普通温度计上,60°和70°的差别与70°和80°的差别一样。但是这些量表没有真正的零,因此不能用它们进行绝对测量;说80°F比40°F热两倍是没有意义的。

(3) 比例量表既有真正的零,也有等距。在物理学中用的绝对温度量表就是一个例子,但更熟悉的例子是英寸、磅和夸特(quart,1 夸特＝1/4 品脱＝0.1421升)。完全可以说,8 英寸的棍子比 4 英寸的长两倍。这是量表的理想的类型。

我们怎样制定有相等单位和真正零的心理量表呢?或者我们可以从物理

量表中得到一些启发。假设你要测量一些小东西的长度,但手边又没有尺子。你可以取一张纸,把它对折起来找出一个边的中点。你可以继续把它分成四分之一、八分之一等等,作出一个有相等单位的量表。当你用这个自制的尺子来测量你的物体以后,你可以比较它们的相对长度,就像你用英尺测量的一样。对于感觉我们能不能这样做呢?无疑,我们可以要求被试判断一个声音的响度是另一个声音的两倍,还是它的一半。我们也可以要求他选出一系列的灰色卡片,使它们看起来增加的明度距离相等。这种建立心理量表的直接方法似乎是行得通的,但是直到最近心理学家们——更不必说物理学家了——还是以怀疑的眼光看待它。那是十分"主观的",并且你不能借助于在它们之间的直接比较,来核对在量表上不同部分的单位的大小。在我们临时制作的纸的长度量表上,可以用量表的任何部分测量同一物体,并且仍然得到相同的结果。对于感觉,你不能丝毫不差地这样做,但是在我们的讨论中我们以后将要看到,在感觉单位的均等方面有内部的核对。

由于这些怀疑,许多工作者采取了建立感觉量表的间接方法。我们以华氏刻度表示温度的物理量表,就是一个间接的量表。温度的单位、刻度,是依据它对于温度计中水银柱的影响来规定的。换言之,我们是借助于相等的长度单位——温度计上各记号之间的间隔——来测量温度的。或者我们可以找到一些类似的间接单位来建立感觉量表。曾经使用过几种单位:差别阈限(D. L.),反应时(reaction time)和判断的可信度(confidence of judgment)。以后我们将描述实际的方法;这里我们必须指出,经常有这个问题:即间接测量是否提供我们一个好的心理量表。现在用间接方法制作量表的技术比用直接方法的技术发展得更高,并且它们已经为我们提供了一些很有用的量表。但是当前的趋势似乎是接受以直接的方法作最终的核对;如果间接的和直接的量表法,对相同的感觉因此产生不同的量表,则接受直接的量表作为正确的量表。

差别阈限量表

费希纳定律(Fechner's law)

制作感觉量表的最熟悉的方法可回溯到费希纳(G. T. Fechner, 1860),他认为韦伯定律提供了心理测量的线索。那是一个依据最小觉差梯级的间接方法。因为韦伯定律指出差别阈限是标准刺激的一个固定分数,随着强度的增加,这些最小觉差的梯级也必然增高。例如,料想一个假设的感觉,其绝对阈限为 8 个单位,韦伯分数为 1/2;每一个新的最小觉差的刺激值为前一个刺激值的 1.5 倍。这从下表中的前两行数字可以看出来。

这些结果画在图 9-1 中。很清楚,随着最小觉差的梯级增高,在刺激值方面

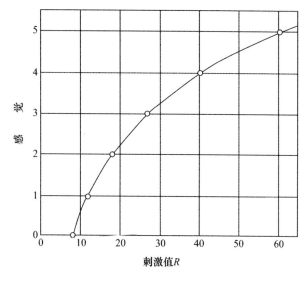

图 9-1

需要的增加量越来越大。但这个问题很难直接用算术来处理,虽然我们选择的绝对阈限值和韦伯分数都尽量少带小数,但到第五个梯级数字就显得累赘了,在小数增加得太多以前,我们就必须开始削减小数。用对数就方便得多。相应的对数值写在上表的第三行中;可以看出对数的增加量(上表最末一行)是不变的。这是因为我们总是乘一个固定的数值(1.5),这可以借助于加上这个数值的对数(0.176)来实现。当我们以刺激值的对数为横坐标画图时,我们就得到一条直线而不是一条弯曲的线,如图 9-2 所示。

最小觉差的梯级	刺激值	刺激的对数	对数的增加量
0(绝对阈限)	8.0	0.903	0.176
1	12.0	1.079	0.176
2	18.0	1.255	0.176
3	27.0	1.431	0.176
4	40.5	1.607	0.177
5	60.75	1.784	

当我们只涉及强的和弱的感觉的相对强度时,显然用对数就特别方便:不需要把中间的梯级加起来,我们就可以计算出产生任何感觉水平所需要的刺激值的对数。把梯级的数目和增加量的对数(即韦伯分数加 1 的对数)相乘,再把它和绝对阈限值的对数相加,我们就可以得到所需要的刺激值的对数。费希纳为进行这种演算写了几个公式,其中最熟悉的公式为

$$S = K \lg R$$

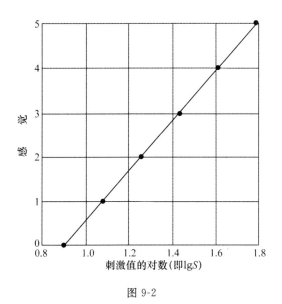

图 9-2

R 是刺激这个词的德文缩写，我们可以把这个公式读为：感觉的强度的变化和刺激的对数成正比。

费希纳所做的是假设：① 最小觉差是感觉的一个相等增加量，不管它是在怎样的绝对水平上被测定的；② 强的感觉是量表上在它以下的所有最小觉差梯级之总和。对这两种假设都曾提出过异议，并且对于费希纳是否用他的公式测量了心(mind)这个哲学问题，有过许多无结果的争论。但是如果我们不管这个问题，我们就可以看到他的真正贡献：对于建立感觉量表他给我们提供了一个有用的方法。差别阈限至少是一个特定的并且明确规定了的单位，不管它被测定的强度水平如何；最小觉差量表告诉我们，在两个刺激强度之间有多少可辨别的梯级，这常常是很有用的。再者，我们必须记得差别阈限归根结底是刺激有效性的离中趋势的一种度量。因为在许多生物和心理过程中，离中趋势的大小是这个过程的强度的一个固定分数，我们有许多量表是以离中趋势作为单位的；在心理测验中标准分数(标准差分数)的应用，或许是这种用间接方法制作量表的一个最熟悉的例子。因此，累积的最小觉差量表有资格成为一种有相等单位的度量。各个梯级是相等地被知觉的。

如果我们以差别阈限作为量表的根据，我们可以把个别的差别阈限单位加起来，我们也可以用更方便的、对数形式的公式来计算。如果我们涉及的是非常弱或非常强的刺激，在那里韦伯定律不太适合，那么相加的方法就更准确些；对于中等范围的刺激，用对数的处理是满意的，因为在那里差别阈限是一个相当固定的分数。恰好中等范围通常是较重要的范围。

费希纳的公式有些过于简化以致不便应用。我们可以用一对普通的公式

把实际运算说明得更详细些。设

$S=$ 任何刺激值；

$S_0=$ 被选作起点或假定为零的特殊刺激值，和温度计上的零类似；

$r=$ 固定的刺激比例，任何刺激值必须乘上它才能在量表上升高一个知觉单位（$r=$ 韦伯分数 $+1.0$）。知觉单位是根据被试的反应来规定的，可以是差别阈限、标准差或者别的东西。

$n=$ 从 S_0 到 S 之间的知觉单位的数目。那么，

$$S = S_0 r^n$$

$$\lg S = \lg S_0 + n \lg r$$

$$n = \frac{1}{\lg r}(\lg S - \lg S_0)$$

把这个一般的公式用于任何特殊的感觉领域，我们需要一个明确规定的知觉单位，和与这个单位相当的 r 数值。我们必须选出一个假定的刺激值，S_0，类似于温度计上的零，在它以上和以下我们计算我们的知觉单位。这是我们所需要的一切，对数公式只是为了方便，并不包含韦伯定律以外的假设。

例如，要在音乐量表上找出任何一个指定频率的位置，我们可以把 260 周的中央 C 当做我们的零，并且把音阶（$r=2$）当做我们的知觉单位。最后一个方程式可简化为 $n=3.322(\lg S-2.415)$。如果 $S=10000$ 周，从方程式可得到 $n=5.265$。这就是说，10000 周的乐音在中 C 以上 5.265 个音阶[参看米寇斯和黑尔森（W. C. Michels & H. Helson），1949]。

费希纳定律的用处

在 1915 年以前曾建立了一些感觉量表[参看波灵（E. G. Boring），1942]。但在这以后 20 年的客观的心理学家们，对于像感觉量表这样"主观的"东西没有什么兴趣[波灵，1942，1950；莫菲（G. Murphy），1949]。但在这个期间曾把这个定律所包含的事实用于实际工作。例如，电话工程师发现用分贝（decible——dB）作为单位来说明听觉刺激的强度很方便；分贝是一个对数单位的 1/10，大体上和差别阈限相当。摄影和光学工作者往往使用以密度（density）计算的滤光器，也是用对数量表。门色尔（A. E. D. Munsell）根据色调、明度和饱和度的最小觉差梯级，建立了一个说明颜色的三度系统。

感官生理学家通过应用电记录技术也发现了有关的事实。1946 年儒士（T. C. Ruch）总结其结果如下：

无论它的来源如何，费希纳的方程式似乎表明了感官作用的一个基本特征。在强度的一定范围内，放电频率是刺激的对数的一个直线函数。这在肌梭方面已由马秀斯（B. H. C. Matthews）证明，在鲎鱼（Limulus）眼方面已由哈特

莱思(H. K. Hartline)和格雷汉(C. H. Graham)证明。它是否说明一切形式的感官的作用还不能肯定[儒士(Ruch,T. C.),1946;还可参考摩尔根(C. T. Morgan),1942]。

电记录技术在听觉方面的应用,提供了许多关于动物的耳蜗功能的精确报道。在这里提出了一个明显的挑战,这些结果和用心理物理法在人身上得到的结果比起来如何?为了答复它,可以尝试一下"主观的"直接方法,例如把响度减半和加倍,现在有生理学的材料可以核对这些判断。让我们谈谈这些制作感觉量表的直接方法。

分 段 法

感觉比例的方法,如同波灵(1942)所称呼它们的,1890年左右墨克尔(J. Merkel)就已经应用了;这个方法是把一个感觉量加倍来试图建立一个量表。这个方法并未受到很大的注意,直到1930年斯蒂文斯(S. S. Stevens,1936)指出它在建立响度的比例量表方面的价值。在这个领域中得到的结果给人的印象是这样深刻,以致这个方法在其他方面也被广泛地应用了。现在许多人把它看做建立主观量的量表的基本方法。虽然曾经核对过1/3、3/4、×2、×3的办法和减半的方法一样,但较为可取的做法是减半而不是加倍。让我们从听觉方面的实验开始,然后再谈到这个方法在其他领域中逐渐的扩展。

响度量表

斯蒂文斯从邱尔查(B. G. Churcher,1935)那里得到了启发,后者曾把几种研究结果综合起来,为工业上的噪音测量建立了一个响度量表。所用的方法如下:

(1) 给被试一个具有某种响度的固定的乐音,让他调整另一个乐音,直到后者的响度为前者的一半时为止。这个方法曾在整个强度范围内用几种数值重复过。

(2) 恰好一个乐音刺激双耳比刺激单耳其响度似乎加倍(假设两个耳朵的敏度相同)。因此,我们可以找到使乐音像它刺激双耳时一样响必须给予单耳多少刺激能。

达到一个乐音的"减半响度"(half-loudness)水平还有两个次要的方法,并且所有四种方法产生了大约相同的数值。所以假定被试对某一乐音的响度减半可以作出满意的判断是合理的。

在建立任何量表以前,我们必须确定我们的单位。例如,1英尺是被规定为一个标准物体的长度,这个标准物体是被小心地保存在一个中心地点,它的复制样本存放在各种不同的地方,例如度量衡局。这个人为的单位一经确定,整个的长度量表就被固定下来了。这只对于比例量表来说是正确的,在那里有一个真正的零点;对于等距量表,如华氏温度表,就需要两个点,如水的冰点(32°)和水的沸点(212°)。因为"宋"(sone)①量表被假定为比例量表,一个点就够了。斯蒂文斯(1936)规定,1 宋是一个 1000 周的乐音在绝对阈限(在听觉中为了其他目的所使用的一个参考点)以上 40 分贝的响度。建立一个量表,我们是一步一步进行的:我们的 1 宋的乐音是被判断为像一个 40 分贝的乐音所产生的响度的一半,因此这个刺激强度的响度是 2 宋。同样,我们找到 4 宋的分贝等值(55dB)等等,如在图 9-3 中的实线所表示的;并且把我们的量表可以往上扩展到我们所希望的高度。然后从我们的参考标准往下做,从而得到 1 宋以下的乐音的响度,但这从图 9-3 中的曲线上看不出来。

关于宋量表,令人惊异的事情是它在高强度水平增长的方式。第一个 40 分贝只达到 1 宋,但到 80 分贝的水平时已达到 25 宋,再增加 20 分贝就达到 80 宋的响度。把这个增长的情况和根据费希纳定律所得到的直线式的增长加以比较;如果感觉随刺激的对数增加,我们应当得到图 9-3 中的虚线,因为基线已经是对数单位(分贝)了。显然,费希纳定律所预期的 1 个响度量表和我们用把听到的响度减半的方法所得到的量表很不相同。但是如果我们根据韦伯分数在低强度比在高强度时要大些这个事实来修改费希纳定律,我们将得到什么呢?考虑到这个情况,我们可以建立一个累积的差别阈限曲线;斯蒂文斯(1936)曾证明这个曲线是图 9-3 中两条曲线折中的情况。

这三条曲线中哪一条是"真正的"响度量表呢?这也许不是一个好问题,因为我们对量表的选择可能依赖于我们赋予它的用途。无疑,费希纳式的量表即通常的分贝量表,在声学和电话工作中是有用的。累积的差别阈限量表告诉我们在量表上任何两点之间,有多少可辨别的梯级。但是宋量表有一个主要的优点,它符合这个观察到的事实:在低强度范围内,刺激的分贝水平有相当大的增加时,对于响度影响很小;而对高强度,增加几个分贝可使响度大为增加。这就等于说,宋量表从它以各种乐音的相对响度的直接判断为根据,和它与直接判断相符合方面看来,有一定程度的近真性。

作为对于减半法的进一步的核对,可以尝试另一种分段法。在某种意义上,宋量表是借助于把在零刺激和各种标准之间的间隔分为两半而建立的。我们也可以尝试把两个响度不同(例如 60 分贝和 100 分贝)的乐音之间的间隔分成两半,得到一个中点。这个间隔的上半和下半又可以二分,产生 1/4 和 3/4 点。现在把 1/4～3/4 的间隔二分,我们应当回到原来的中点;实际上我们间接

---

① 响度单位。——编辑注。

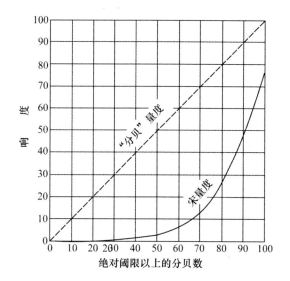

图 9-3 响度作为刺激强度的函数［根据斯蒂文斯和戴维斯（S. S. Stevens & H. Davis），1938 重画］。实线代表被判断的响度（宋）的增加量，它是以分贝为单位的刺激强度的函数。为了使数值易读，图中纵坐标采用直线的，但通常的画法是用对数单位，以便使曲线的下部成为展开的。虚线代表按费希纳定律所预期的响度的增长；因为纵坐标是直线的，基线是对数的，这个函数必然是一条直线。费希纳线的斜度依赖于所选单位的大小。为了方便起见，我们采用 1 分贝所产生的响度变化作为单位。一个累积的差别阈限曲线，在位置和形状上，将处于这两条曲线之间。

确定的中点太高了一点，如同盖及（F. H. Gage，1934）和纽曼、佛勒克曼（E. B. Newman & J. Volkmann）与斯蒂文斯，在 1937 年所表明的。这个偏差并不严重，似乎是由于一些常误造成的。总之，这些结果可以作为宋量表的有效证据［但参考加尔纳（W. R. Garner），1952a, b］。这个方法是一个老方法，叫做感觉等距法（method of equal sense distances）。

音高量表

受到制成功响度的宋量表的鼓励，斯蒂文斯、佛勒克曼和纽曼（1937）在音高方面尝试了这个方法。在音乐上用的量表是一个对数量表，如连续的八度所表明的：256、512、1024……周。在中等范围内，它们在音乐上是相等的，虽然远在 1883 年史通普（K. Stumpf）就观察到上面的八度比下面的八度在知觉上显得大些。这个问题引起一个实验。在这个实验中固定的和变异的刺激以 2 秒的间隔交替呈现。被试的任务是用一个曲柄调整变异刺激，直到它听起来音高为固定刺激的一半为止。这个实验是由五名被试对 125～12000 周范围内的 10 个频率进行的。对于每个频率的调整结果,在这些被试之间有相当的一致性。被判断为音高减半的刺激值的几何平均数,在图 9-4 中画在一个对数横坐标上。可以看出,它们表现为一个平滑的曲线,这说明被测量的是一个稳定的函数。

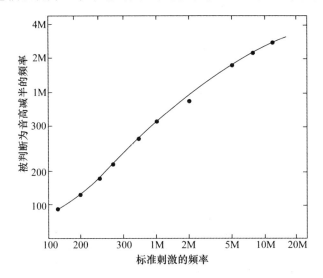

图 9-4　被判断为音高减半的刺激值与标准刺激频率图(斯蒂文斯、纽曼和佛勒克曼,1937)。图中每一个点的纵坐标上的数值代表这个点的横坐标上的数值被判断为音高减半时的乐音的频率。用对数的单位是为了压缩曲线的上端。

现在谈谈心理音高的等距量表的计算方法。我们将说明一个图解法,它比我们所描述的规定宋的粗略方法更准确些,但有些不易执行。画一个坐标图如图 9-5 所示,在这里基线上是频率,在纵坐标上是心理的单位"美"(mels,M)①,为了紧缩曲线的上部二者均用对数单位。指定 1000 周的乐音的音高为 1000 美,作为一个参考点。根据定义,被判断为音高减半的乐音为 500 美,实验找出它相当于 558 周。因此把 500 美的数值(纵坐标)画在 558 周处(基线)。测定 250 美点,用图 9-4 的放大图,找出为 558 周的音高一半的乐音的频率,画在图上。为了计算1000美以上的数值,需要把这个过程反过来。找出这个乐音的刺激值,当它的音高减半时产生 1000 美;从图 9-4 纵坐标上 1000 周处引一条(与纵轴垂直的)线与曲线相交,从交点再引一条(与纵轴平行的)线与基线相交,从这个交点就可以读出这个数值来。这就是 2000 美的刺激值,并且可以用它来

---

① 高音单位。它是听觉的属性,是一种心理量。——编辑注。

计算 4000 美的刺激值等等。把这些点用平滑的线连接起来,如图 9-5 所示,最终的量表就用图解表示出来了。

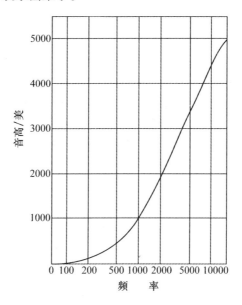

图 9-5　以美为单位(纵坐标)的、基线上的频率的音高(斯蒂文斯、纽曼和佛勒克曼,1937。)。这条曲线是从图 9-4 推演来的,推演方法见正文。

这条曲线给我们提供了另一个机会来检查费希纳定律。如果费希纳定律适合,这个曲线应该是一条直的对角线,因为在纵坐标上画的是相等的感觉单位,在基线上画的是频率的对数。费希纳定律的简单形式在这里不适合。但是如果根据韦伯分数的各种大小加以校正,把差别阈限的总合画在纵坐标上,就可以得到与美量表十分一致的曲线。

在原来的美量表上有一些小的误差。斯蒂文斯和佛勒克曼(1940)对它做了一些内部的核对,结果发现困难的发生乃因有些被试对零音高不能形成一个稳定的观念。因此实验者给被试一个他可利用的很低的音高,他可以随时使它发音。并且告诉被试这个乐音实质上是处于零音高的地方,这似乎解决了困难。在某种意义上,这是把方法从"减半"改成为"一个间隔的二等分",但这两个方法是很相似的。或许二者最大的差别在于常用的减半法,在设想上提供了一个真正的比例量表;不只是等距的,而且具有一个零点。或者美量表只是一个等距量表,像华氏或摄氏温度计一样;在那种情况下,它的零点只是一个任意规定的和便于参考的点。无论如何,这个实验提供了建立量表的方法(和缺点)的一个很好的例子。

其他感觉道

为什么累积的差别阈限量表和音高的"减半"量表一致,而和响度的不一致呢?斯蒂文斯、佛勒克曼和纽曼提出了一个可能的解释。音高的改变,根据听觉的区域学说(place theory),包含着在基膜上兴奋位置的变化。因此音高的差别阈限依赖于被刺激的面积在空间上的区分,而且这些距离可以像英寸一样地加起来。但在响度方面,差别阈限和主观量似乎依赖于不同的机制。这提出一个有趣的问题。费希纳曾建议一个感觉量代表差别阈限单位的总和;把它引伸到定性(质)的方面,像音高、色调,来得晚些(波灵,1942)。但在听觉方面,这个原则似乎对于质(音高)适合,而对于量(响度)不适合。在其他感觉方面怎样呢?

重量的主观量表 哈帕(R. S. Harper)和斯蒂文斯(1948),曾用减半的方法建立一个被知觉到的重量的量表,其单位用唯咯(veg)表示。累积的最小觉差量表和新量表并不一致;以唯咯计算的在 300 克处的最小觉差大约是在 100 克处的最小觉差的 10 倍。在唯咯量表中有什么明显的产生歪曲的原因呢?或许被试犯了铁钦纳(E. B. Titchener)所谓的刺激错误;那就是把刺激的物理重量减半,而不是把它所产生的感觉量减半。当我们涉及熟悉的物体象重量时,这种误差应该特别厉害。我们不只对正式的物理量表有广泛的经验,以致我们可以用磅来做粗略的估计,而且我们也知道两本书和一本书比起来"觉得"重多少等等。这种对于可以加减的物体的一生的经验,好像要歪曲任何直接以生理的感觉过程为根据的重量的主观量表。铁钦纳主张等距量表与费希纳定律不相符合乃由于刺激错误,如果这是正确的话,那么唯咯量表就应该代表对数量表(费希纳)和直线量表(物理的)的折中情况。但如图 9-6 所示它并不是这样。图中粗线表明以唯咯为单位的主观量(纵坐标)如何作为以克为单位的刺激(基线)的函数而增加。为了便于比较,我们增加了一个直的斜线代表和物理量表一致的主观量表,还增加了一个和费希纳定律一致的对数曲线。显然,唯咯量表不是它们二者的折中,它甚至向相反的方向弯曲。我们还增加了标明"嗙嗯"(ponder)的第四条曲线。这是以塔巴克(Taback,1940)一个未发表的实验为根据的,并且它似乎是以类似建立唯咯量表用的方法得到的。幸而洛捷斯(S. Rogers,1941)提供了足够的有代表性的数值,从而可以建立一个以常数调整过的使其中数和唯咯一致的曲线。"嗙嗯"量表看起来和唯咯量表一样,只是由于刺激错误的原因,变平了一些。从各方面考虑,似乎费希纳式的量表和由减半法建立的重量量表有根本的差别,在响度方面也是这样。

味觉 路易斯(D. R. Lewis,1948)为四种基本味觉(咸、甜、酸、苦)建立了主观量表,其方法和结果与响度量表和重量量表十分相似。在文献中有可以利用的咸、甜和苦的最小觉差量表;在每种情况下新量表和旧量表均不相符。其差别和一向的方向一样,即当刺激变强时最小觉差的主观大小增加得相当有规则。

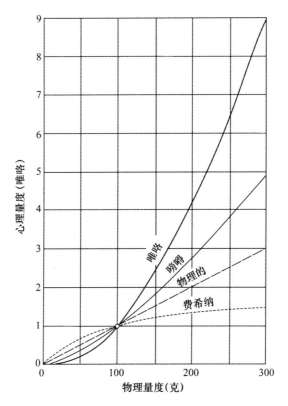

图 9-6　各种重量量表。唯咯和唠唰曲线是和美量表(图 9-5)一样制定的。因为这两个量表的单位不同,纵坐标必须加以调整以便各曲线可在 100 克处相交。如果被试能根据克或其他物理单位正确地判断重量,则所产生的量表将如标以"物理的"斜线所示。另一方面,如果费希纳定律适合的话,则将得到相反的曲线。为了和前两条曲线在 100 克处相交,对后两条曲线的斜度曾做过调整,相应的纵坐标为了简化起见被省略了。唯咯量表在 700 克处升到 40 唯咯,这只是对于用手及前臂运动的举重而言。

这个工作随后在不同感觉道之间进行交叉比较(cross-modality comparisons)研究[比贝森特和瓦德尔(J. G. Beebe-Center & D. Waddell),1948,比贝森特,1949]。例如,要求被试选出一个氯化钠溶液,它的咸度和蔗糖的甜度一样,这是可能的。用这种方法他们可以把所有四种性质的量表连在一起。此外,尚需把这个单位[1 噶唡(gust)]规定为 1/100 的蔗糖溶液的主观强度。一且把甜量表这样定标在一个刺激值上，所有四种量表就都可以根据刺激浓度加以说明。根据这样画出的图（图9-7），你可以知道如何制作一种硫酸奎宁的溶液，使它的苦的程度和指定浓度的酒石酸的酸的程度一样！用这些量表，比贝森特制作了一套标准，并且用它们来检验和描述像果酱、咖啡和酸菜这一类东西的味觉强度。我们又看到主观量表可以有些实际用处。

认为嚣呵量表比近似值还精确些似乎还嫌太早。在味觉方面（在重量方面也是一样）必须提供被试一个有限范围的比较刺激，他必须从其中选出一个他判断为标准刺激的强度的一半的刺激来。完全可能，被试选作"一半的"刺激的是这一系列的比较刺激的中点，而不是标准刺激强度的一半。我们还记得黑尔森曾提出一个公式来计算这个中点，主观相等点（PSE）或"适应水平"（adaptation level）。除了对咸感觉以外，用这个公式计算出来的数值，或者甚至比较刺激的简单的几何平均数，和路易斯用减半法得到的数值十分一致。同样，这个刺激的几何平均数，对于哈帕与斯蒂文斯的唯咯量表和对于他们自己的材料来说，都一样地适合。初看起来，这似乎说明被试根本不是把感觉减半；他只是选出一个与给予他的刺激所引起的适应水平相应的刺激。但实际上并不是这样；麦克柳德（S. MacLoed——私人通信）发现如果没有被试认为适合的、足够强的比较刺激，他将不选出"一半"的刺激。必须对于范围较广的比较刺激进行预备实验来确定"一半"的刺激在什么地方，然后围绕这个数值规定比较刺激的范围，再对它作更精确的测定。这样，比较刺激的中点和上述的"一半"的点的偶合，乃是预备实验的结果。但比较刺激的系列对"一半"的数值有一些影响，仍然是可能的。这个困难在烦难的交叉感觉判断上特别大，例如使一个甜溶液和酸溶液在主观强度上相匹配就是如此（比贝森特和瓦德尔）。

在嚣呵量表中第二个产生误差的原因可能是简单的感觉的适应。在路易斯的实验中被试永远是先尝标准刺激，漱口以后立刻就尝一个比较刺激。这样，在仍然对较强的标准刺激保持适应的背景上，比较刺激会显得太弱一些。麦克柳德（1952）曾用糖溶液重作减半的实验，但在两个刺激之间间隔1分钟。这又可能引起时间误差（TE），为了防止这个新误差又进行了一些控制。但无论如何麦克柳德的曲线，比起图9-7中的蔗糖曲线来，曲线上部弯曲比较厉害。

明度 到现在为止我们已经发现，强度的主观量表，在三种不同的感觉中，都一贯地和费希纳定律不相符合。有一个质的（音高）量表和累积的差别阈限的曲线相合。在视觉明度方面怎样呢？这个因次可以看做一个强度的因次，因为它主要和物体反射的光量有关。但在某些方面它又像一个质的因次。当我们涉及颜色物体时这就特别明显，在这里一般人往往把强这个词既用来指饱和度，也用来指明度。

韩斯（R. M. Hanes, 1949a, 1949b）曾用减半法评量一小片光的明度。在这

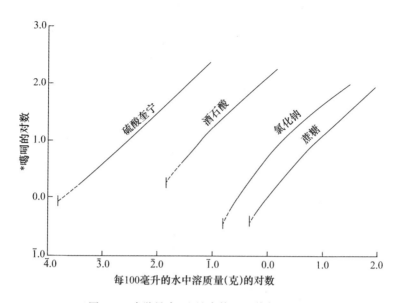

图 9-7 味觉量表（比贝森特和瓦德尔，1948）

＊1 噶啊＝在 100 毫升水中 1 克蔗糖溶液的主观强度。

两个研究中，他涉及的范围从 0.0001 到 500 毫朗伯——一个 1∶5000000 的比例，而用纸得到的比例则只达到 1∶20。韩斯规定 1 毫朗伯为 100 咘叻（bril），并且以通常的方式来计算 50 咘叻、200 咘叻等等的刺激的等值。最终的量表的主要部分如图 9-8 所示。其纵坐标以咘叻为单位，基线以光子（phontons）为单位，这是一个考虑到瞳孔大小的单位。曲线上的圆点是引用特罗蓝［（L. T. Troland），1929—Ⅱ］所画的累积的差别阈限的曲线。对于这个因次来说，主观上相等的单位和在强度量表上各点的差别阈限显得十分一致。实际上我们把差别阈限乘以 1.61 就可以把它换算为咘叻①。这说明它们二者测量的是同一类物理量，就像英寸和厘米二者都是测量长度一样。

韩斯对于量表做了许多内部的核对，例如要求被试估计标准刺激的 1/3、2 倍和 3 倍。这些估计比"减半"困难些，并且会产生更多的不稳定的结果，但它们离开原来根据减半法制成的咘叻量表所预期的并不太远。如果我们要求主观量表成为一个和长度、重量的物理量表可比拟的真正的比例量表，这些内部的核对是很重要的。它们的效果很少是圆满的这个事实，常被拿来当做一种论据来反对主观量表的确实性，但这或许只是反应了在实验情景中特殊因素的影响，如比较刺激系列的影响，或者被试在想象类似 1/3 这种分数有困难所产生

---

① 本书原文为"把咘叻乘以 1.61 就可以把它换算为差别阈限"，但这种说法恰好与图 9-8 的注解中说的相反，经查对韩斯原文，图 9-8 的注解是正确的，故从后说。——译者注。

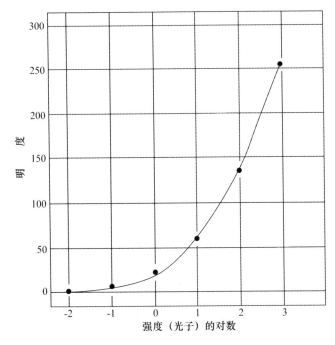

图9-8 明度函数(实线)和明度的累积差别阈限(圆点)的关系(韩斯,1949a)。纵坐标是以差别阈限为单位,乘以1.61即为哂昉。基线是网膜上照度的单位。

的影响;韩斯发现想象3/4特别困难。总之,现在的感觉量表是有点粗糙,就像我们前面所描述的用折纸做的尺子一样,但他们基本上是正确的。

较复杂的因次的主观量表

到现在为止,我们把讨论只局限于传统的感觉因次的减半上,在这方面我们有其他材料,如差别阈限和生理学的知识,我们可以用来和新量表进行比较。现在让我们谈谈减半法在其他方面的应用。减半技术的最早用途之一是建立一个点子的众多性(numerousness)量表[塔维斯(E. H. Taves),1941]。我们已经讨论过这些结果,因为这个量表大约在六个点子上表现出有间断或不连续性,并且这种情况被拿来当做注意或领会广度的重要性的证据。塔维斯用了典型的减半法。他呈现包含2~180个点子的卡片,要求被试选出一个卡片,它所包含的点数为呈现的卡片上点数的一半。被试没有时间去数点子;他只是根据印象去选择。图4-12表明塔维斯得到了一个有规则的量表。众多性和其他强度的作用一样,差别阈限在主观上也是不相等的。

利赛(T. W. Reese,1943)在仔细地审查了构成测量的基础的理论以后得出的结论是,这种类型的相等单位的量表比任何其他类型的更接近于所要求的标准。然后他着手建立了三种十分不同的量的量表：视觉的速度，记忆广度项目（数字）的主观困难，复择词汇项目的主观困难。他在所有三方面都是成功的。在视觉速度的实验中，他要求被试调整一个变异刺激的速度，使它的闪光速度为标准刺激的一半。结果在函数中表现出一个间断，和塔维斯发现的十分相似，即间断在每秒钟 5 次闪光处。利赛证明这里包含着两个不同的过程：在间断点以下，被试是判断每一个闪光的持续时间，并用加倍法；在间断点以上，他是直接判断速度，并用减半法。

把减半法扩展到像记忆广度或测验项目的主观困难这样的因次上，并没有什么新的困难。然而，令人感兴趣的是我们是在建立一个没有物理对应物的主观因次。这说明心理度量不依赖于物理量表这个事实，我们所需要的只是描述被测量的项目的一些方法。一个或者几个项目可以用做主观量表的参考点，所有其他的项目，无论旧有的和新添的，可排列在量表的适当的点上。我们以后将要看到，对于别的制作量表的方法，如评价法来说也是一样；当这样用的时候，把这种方法称之为心理测量法比叫做心理物理法更恰当些。

在我们讨论其他方法以前，最好是先对主观度量的"减半"法做一番估价。近年来它受到了较多的注意，因为相对地说这是新的方法。再者，它似乎是建立比例量表的一种直接方法而非间接方法，这使它具有一种"近似的确实性"（face validity），这是其他方法所不具备的。当它和个别感觉的生理机制的更基本的知识加以比较时，将是这个方法的最终考验。我们必须把两个问题分开：

(1) 这个方法基本上正确吗？

(2) 把它应用于特殊的主观因次时将产生什么误差？把一块巧克力糖棒"凭眼睛"来分是把它分成两半的有效方法，但是这样分出来的两份并不常常恰好相等。

感觉等距法

有许多方法被试可用来选择或调整一系列刺激，以便它们在某个连续体上区分出主观上相等的距离。其中第一种方法，二分法（bisection），曾于 1850 年为普拉托（Plateau）所用。他让画家画一个灰色，使它正好在白和黑的当中——换言之，即在白和灰之间与灰和黑之间在主观上有相等的距离。这个方法曾由德伯夫、缪勒和铁钦纳（J. L. R. Delboeuf, G. E. Müller and E. B. Titchener, 1905, Ⅱ, ⅱ；参看波灵，1942）所发展。其基本目的是检验费希纳定律。如果中点和几何平均数相符，而不是和算术平均数相符，费希纳定律就对了。中点有时和一种平均数相符，有时和另一种平均数相符，有时处于两种平均数之间。我们将不去讨论过去的争论，这在铁钦纳上述一书中占了很大篇幅。显然，这个方法也会产生我们在分段法中所讨论的误差。的确,将一个间隔加以二等分的方法和把一个数量减半的方法是很相似的。唯一的差别是减半法可使量表有一个真正的零,如上面我们已经看到的。

散佛(Sanford)的实验

当然没有理由把实验局限在二分法上;我们可以把一个主观距离按需要分成许多相等的间隔。比如在散佛的重量实验中(铁钦纳,1905,Ⅰ)把范围在5克和100克之间的108个信封分成五堆,在各堆之间保持在感觉上相等的距离。如果把放在每一堆中的重量的平均数画在对数的纵坐标上,在基线上画直线的单位(主观量),根据费希纳定律它们应成为一条直线。图9-9是根据一个"典型的"被试的材料画出的(铁钦纳,1905,Ⅱ),它和费希纳定律相当一致。

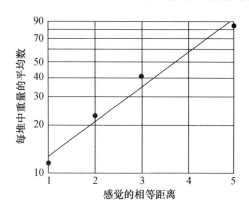

图9-9 5个在感觉上等距的堆,每堆的平均重量(散佛的一个实验材料,由铁钦纳报告,1905,ⅱ)。直线表示如果费希纳定律适合,各点应处的位置。

但在这个实验中有两个错误的地方:第一,铁钦纳用了每堆的算术平均数;如果最终用刺激的对数量表,开始时就应该把刺激值的对数值加以平均,得出几何平均数。如每堆中包括的重量的范围不大,其结果实际上或许没有什么差别,但整个的统计处理应该前后一致,不应该开始时把原始材料加以平均,而最后又用对数量表。

第二个困难是重量本身的分配。26个小的重量彼此只相差0.2克,而最重的25个却彼此相差2克。这里我们又遇到系列影响的老问题,但这次影响十分厉害。如果被试把5堆安排成只使每堆有相同数目的重量,这个系列就成为每堆的平均重量,将和实际上得到的结果很相似。换言之,其结果往往被原来的刺激选择所决定。这个困难不是这个方法所特有的,因为每一个制作心理量表的人都会遇到这个困难。在有些领域中它可以被减少,这就是让被试调整一个连续的变异刺激直到它的强度使他满意为止,如同在斯蒂文斯、佛勒克曼和纽曼(1937)把音高减半的实验中所做的一样。但你不能借助于转动曲柄很容易地以连续的方式改变重量。或者次好的办法是让被试从一个很大的堆中每次拿一个重量,其理论根据是他将不会从一个大堆中选一个小样本均等地分配在他的量表上。但解决这个困难的最好办法是以已知的方式改变刺激的系列,看看这个变化对最终的量表有什么影响。在我们的系列影响的讨论中,我们已经做了一些初步工作,在那里我们以讨论一个米尺的模型而告终。现在让我们再回到这上面来。

不对称量表的偏差

    米尺的模型向我们很好地说明当参照点(anchor)(或者关于那件事额外的比较刺激)加在系列的一端时,这个系列的主观相等点或中点所发生的情况。换言之,对于只有一个类间(inter-category)阈限的两个类别的判断来说,它是足够了。但有时在我们的计算中要用几个类别,并且算出 $N-1$ 个类间阈限。在这种情况下,我们常常发现不平衡的刺激系列会使我们整个的判断量表发生偏差,使有些类别紧缩并使另一些类别伸长。这些偏差可用约翰孙(D. M. Johnson,1944a)的某些工作来简洁地说明。他用了举重实验、重量的分配以图 9-10 中在各图下面的基线上的点子表示。

    上面两条曲线代表正常系列的结果:左边的用两个类别,右边的有四个类别。把两个类别分开的单一的累积曲线显得是对称的,如所期望的,主观相等点因时间误差而有所移动。在右图中三个类间阈限相当均匀地分开。但是请注意在第二对图中发生的事情,在那里比较刺激集中在系列的下端:在左边的两类法表明累积曲线只是向下移动,它的主观相等点有相应的移动,如我们的米尺所预期的。然而,四个类别的图表明累积曲线移动的更厉害:所有 3 条累积曲线都向下移,最下面的一类有最大的紧缩。第三对图表明比较刺激集中在重的一端,正好有相反的影响。

    约翰孙制出一个对数的公式,以近似的方式来处理曲线的移动,黑尔森的加权的几何平均数对于预期两个类别的结果做得很好。

    我们可以借助于引入不真实的参照点,使类别阈限产生更显著的变化。例如,在洛捷斯(1941)判断线的斜度实验中,实验者要求被试用 6 个类别,把斜度最小的算第 1 号,最大的算第 6 号。在判断每条线以前,实验者总是呈现一个参照点,并告诉被试参照点的斜度应称为第 6 号。刺激的斜度总是在 10°～40° 范围内变化。在第一个系列中,参照点是 40°,得到了很规则的结果。但在以后的系列中,实验者把规定为第 6 号的参照点,移出被判断的刺激的范围越来越远。判断的量表,似乎随着参照点在一端伸长,但在另一端仍然保持与刺激范围的下端接触。因此,当参照点为 60°时,量表伸长到如此的程度,以致被试只

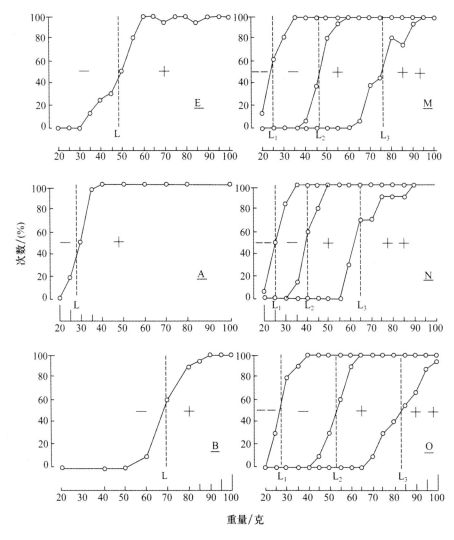

图 9-10 两个类别和四个类别判断的心理测量函数(根据约翰孙,1944a)。垂直的点线代表阈限或类别之间的转折点,以 50% 为根据。上面两图是以比较重量平均分配的正常系列为根据的;当中两图表示重量集中在系列的下端所产生的影响,重量的分配如基线上的点子所示;下面两图是以重量集中在系列的上端为根据。

用四个类别就可以包括刺激的范围。但这种伸长不是始终如一的,有时量表似乎不再受一个很不真实的参照点的影响。洛捷斯发现不同被试表现出不同的中止点;简而言之,他认为对于一个矛盾的刺激系列和对于参照点刺激的反应可能是一种个别的人格特点。

参照点对其他材料的影响

这些结果不是线的斜度量表所特有的。洛捷斯在重量方面做了类似的实验并且得到了同类现象。在后来的一个研究中，麦嘎威（H. R. McGarvey, 1943）用文字材料得到了十分类似的结果。她用了两类项目：在一个实验中用职业的社会威望，在第二个实验中用讨厌的行为方式。用这样的材料时，对于刺激物来说，没有像克或度这样的任何物理量表。在麦嘎威开始她的主要实验以前，她曾经收集了许多可能的项目，并且用评价法（rating method）把它们制成量表：她用了画图法，以被试判断为极端的例子而固定下来。然后她选 12 个项目作为她的系列刺激，在 6 个等距的间隔处每处有两个项目；把另外的刺激作为参照点——全都是以被试的初步评价为根据——系列刺激是和参照点并用的。各项目一经这样评量，它们就如同在洛捷斯的实验中的重量或线条一样地使用。文字材料和简单的物理的东西一样也受到同样的参照点的影响，这个事实可以作为证据来说明我们涉及的乃是判断的某些一般规律。

在一个早期的实验中，汉特（W. A. Hunt）和佛勒克曼（1937）证明，在颜色的愉快和不愉快的判断中，参照点的影响起着大体相似的作用。在这个实验中他们用了一个想象的参照点，被试被指示尽量去想最愉快的颜色，并把它指定为七这一类别（他们用了七点量表）。汉特（1941）把参照点的影响的研究扩展到，既用真实的也用想象的参照点来判断象牙雕刻、绘画和"罪恶"（crimes）。虽然这些实验不像罗捷斯和麦嘎威的那样细致，但它们确实表现出现象的普遍性。佛勒克曼做了许多有关的实验，但只见诸口头报告的摘要中；佛勒克曼的学生麦嘎威(1943)，曾把它们较详细地描述过。

感觉等距量表测量什么东西？

参照点的影响的研究有助于强调这个事实，即等距量表是明显地受它建立时候的条件的影响。这对于那些企图用这个方法找出任何关于感觉基本过程的人，应该是一种警告。但是采取适当的预防措施，这个方法可以产生好的效果，甚至能把一个感觉因次制成量表。这可以用纽霍尔（S. M. Newhall, 1950）在描述一个便于收集判断的方法时所提供的一些结果作为说明，其方法和结果都表示在图 9-11 中。在这种情况下，是给被试一个包含 12 个灰色的样品的纸条，其范围是从白到差不多黑。这个以门色尔（Munsell）"明度值"作标记的纸条，为了方便起见画在图的上部。还给被试一张方格纸和一些小的作记号的东西——扣子就行。他在每一个竖行中放一个作记号的东西并且调整它们，直到他认为它们的垂直距离和在它们的明度之间的感觉距离相当时为止。然后主试记下每个作记号的东西在纵坐标上的相对位置，这就直接地得到在一个主观量表上各刺激的位置。

图 9-11 中的圆圈代表 10 个被试用上述的刺激系列所得到的结果的平均值。在这种情况下,我们对于刺激的许多情况是了解的。它们是从门色尔量表[门色尔、斯楼安(L. L. Sloan)和戈德勒夫(I. H. Goodlove),1933]中选出来的。在门色尔量表中其单位代表在一个累积的最小觉差量表上相等的梯级。此外,我们知道明度的最小觉差量表和用减半法建立的量表是一致的。因此,如果纽霍尔的方法和其他的结果一致的话,我们可以画出各记号所应该处的位置。预期的位置是用虚缘表示的。注意纽霍尔是用一个不平衡的系列(在 6 以前相差一个单位,从 6~9 相差半个单位)对这个方法进行了严格的检查。最终的系列影响只在刺激系列从一个单位跳到半个单位的转折点的地方产生一些小的偏差。纽霍尔用另外两个不规则的系列,至少得到了同样好的"吻合"。其结果不是由于暗示,因为没有告诉被试任何关于样品的事,只要求他去判断它们。

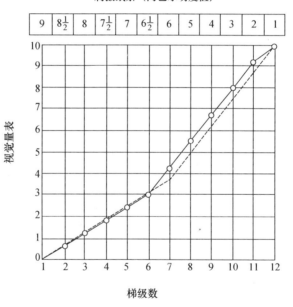

图 9-11 一个评价视觉量表的距离的方法(根据纽霍尔,1950)。图上面的纸条是由 12 个灰色的样品做成的。给每个样品指定一个记号,被试安排这个记号,以便使它们之间的垂直距离和各样品之间的主现距离成比例。每个圆圈代表每个记号的平均位置,而记号的位置是根据图上面标有门色尔明度值梯级的特殊纸条所作的调整的结果。因为前 6 个样品以一个单位递增,而后 6 个样品只递增半个单位。记号的理论上的位置应和虚线一致。

这个方法有些像应用于制作量表的调整法。这和只允许做一次判断的方法不同,它允许被试在量表上任意调整记号的位置,在记下结果以前重新调整的次数随他的意愿而定。无论如何,在判断视觉明度时,无疑它似乎是减少了系列影响,并且产生的结果和累积的最小觉差法与减半法得到的结果一致[但和费希纳以及米寇斯和黑尔森(1949)的对数公式或者和福勒尔顿和卡特尔(G. S. Fullerton & J. McK. Cattell,1892)的反射的平方根的量表不符]。把这个方法在重量方面试试将会很有意思。对于重量来说,费希纳定律、累积的最小觉差和减半法都产生不同的结果;如果纽霍尔的棋盘法和这些其他方法之中的一个一致的话,将有理由假设两种方法都避免了系列影响,并且真正做了一件对制作感觉因次的量表有益的工作。

评价量表(rating scales)

到现在为止,我们所讨论的大部分研究工作叫做心理物理学的研究;那就是它们涉及物体的心理评量,而这些物体是可以安排在一个物理的连续体上的。比如,我们可以画图表明宋(心理的)和分贝(物理的)之间的关系。我们能用物理学的术语说明我们的刺激物,对于研究各种常误是一个很大的帮助。但是,如同我们前面所指出的(参看麦嘎威,1943),即使没有合适的物理的连续体可以把刺激物安排在它上面,我们也可以把心理量表建立得很好。这样的量表常称为心理测量(Psychometric)的量表。或许这类量表的最熟悉的例子就是评价量表。

盖尔顿(F. Galton,1883)似乎是第一个制出这种类型量表的人。他的目的在于把一个断然是心理的机能,意象的明显性,加以数量化。梅贾(D. R. Major,1895)用了一种评价量表来测定颜色的情感值。从这以后,评价量表就断续地在实验心理学中用于各种目的。但平常人对于用评价量表来描述和评价人格特点更为熟悉。很少人上过中学而没有被评价过,并且这个方法广泛地应用于工业、军队以及任何要求以数量描述人的地方。许多量表都是业余的产物,但也建立了常误减到最低限度的、较好的量表,并且成为很好的测量工具。

理想的评价量表是有等距的。根据我们所知道的关于等距法(Method of Equalappearing Intervals),很清楚,如果使评价量表有相等单位或者有一个稳定的参考点,它必须被固定下来。困难在于怎样做到这一点。一个典型的方式是用描述的形容词,例如:

特劣　劣　中常　好　特好

评价者,当然要从上列形容词中找出对于被评价的人最适当的描述。唯一的困难是评价常集中在中间的类别上,除非评价者是一个经常的乐观主义者或悲观主义者。为了分散开和使评价稳定,描述的短语常常用得更特殊些,甚至开列出行为的典型项目。或者告诉评价者要使每一类别代表,例如,大学中人数的20%。把量表固定下来的另一些办法是用评价者所熟知的特殊的个体作为每一类别的参照点。虽然采用了这些措施,如果评价者对许多个体评价时,其评价的结果仍易于接近一个常态分配。但我们永远不能肯定,这是表明一种在评价者心目中的"系列影响",还是表明许多特点都是常态分配的这个事实。这里没有外部的核对。

较多的注意是放在常误,如"灵光"作用(halo effect),以及判断者之间的个别差异上。这些系统误差可以借助于量表的制作使之减少到最低限度,或者用标准分数加以调整。① 如果对评价量表进一步的知识有兴趣的读者,应参看吉尔福的书(J. P. Guilford,1936)。他将发现在评价量表和单独刺激法之间有许多类似的方法。实际上主要的差别不在于这两个方法之间,而在于它们所用来评量的材料的类型。用单独刺激法研究判断的规律似乎是较好的方法,因为这个方法用的刺激可以从物理上加以控制和说明。当所涉及的重要的刺激物和品质不能用这个方式说明时,则评价量表是最方便的方法。

对 偶 比 较

至少两个公认的量表法——相对的量表(relative scaling)——可以追溯到费希纳在实验美学方面的先驱的工作(1876)和他的选择法(method of choice)。这个基本的方法是用他的长方形的美感的研究说明的。他准备了用卡片做的长方形,两边的比例的范围从正方形到很窄的长方形,并把它们零乱地散放在桌子上。他找了几百名被试,要求其各自分别地选出最好看的形状,也选出最不好看的。然后他可以用选择的相对次数作为——如他所论证的——每个长方形的真正美感的指标。合意的选择大多数都落到系列的中部[接近"黄金分割"(golden section)],不合意的选择在系列的两端。

选择法的两个发展较高的形式,称为等级排列法(ranking method)和对偶比较法(method of paired comparison)。如果费希纳让被试把所有的长方形排成一行,使最好看的在一端,最不好看的在另一端,这个等级次序将会提供许多附加的情况。如果他一次只呈现两个长方形,让被试选出较好看的,并对所有可能成对的长方形都做同样的选择,他就会比他的简单选择法得到更多的情况。或者他可以取某一个长方形作为标准,把其他长方形作为比较刺激与标准

---

① 处理从评价量表得到的结果的一个方便的方法是把一个判断者的评价变成等级,然后再按等级排列法处理。

刺激同时呈现,按照恒定刺激法的方式使被试判断比较刺激比标准刺激更好看些或者更不好看些。在研究美学或别的评价时,最后这种方法从心理学的观点来说不是很好的,因为被试对屡次出现的标准刺激会看腻了。从逻辑上和数学上我们将看到对偶比较法可化为恒定刺激法,而且等级排列法可化为对偶比较法。

对偶比较法是由寇恩(J. Cohn, 1894)在他的颜色爱好的研究中介绍出来的。它常常被看做是得到价值判断的最适宜的方法。被试的任务每次都被简化到极点,因为在他面前只有两个样品。他从某一方面比较它们,换另一对再比较,这样继续下去直到所有的样品都被判断过为止。如果每一个样品和每一个另外的样品配对,则配出的对的数目是 $\frac{n(n-1)}{2}$,10 个样品则为 45 对,20 个样品则为 190 对。这个工作有时可以合法地简化;一个办法就是把一个长系列的样品分为两个或者更多个相重叠的系列。

对偶比较:数据和处理

Ⅰ. 记录格式

		样 品									
		A	B	C	D	E	F	G	H	I	J
样品	A	·	A	A	A	A	A	A	A	A	A
	B		·	B	B	E	B	B	B	B	J
	C			·	D	C	C	C	C	C	C
	D				·	E	D	D	D	D	J
	E					·	E	E	E	E	E
	F						·	F	F	I	F
	G							·	G	G	G
	H								·	I	J
	I									·	J
	J										·
	C 分数	9	5	6	5	7	3	4	0	2	4

Ⅱ. 计算

	样品按 C 分数渐增的顺序排列									
	H	I	F	J	G	D	B	C	E	A
C 分数	0	2	3	4	4	5	5	6	7	9
$P = C/(n-1)$	0	.22	.33	.44	.44	.56	.56	.67	.78	1.00
z	?	−.77	−.44	−.15	−.15	+.15	+.15	+.44	+.77	?
$C' = C + 0.5$	0.5	2.5	3.5	4.5	4.5	5.5	5.5	6.5	7.5	9.5
$P' = C'/n$	.05	.25	.35	.45	.45	.55	.55	.65	.75	.95
z'	−1.64	−.67	−.39	−.13	−.13	+.13	+.13	+.39	+.67	+1.64

在准备各对的呈现次序时,实验者可借助于把每一样品在某些对中放在第一位,在另一些对中放在第二位以防止时间和空间误差。为了个别实验他可以准备一个空白的记录表,和上面填好的记录格式一样。每一个样品在横行和竖行中都占一个位置。例如,如果被试认为 G 比 B 好,就把 G 字母写在竖的 G 行和横的 B 行的交点。当所有的选择作完以后,实验者计算 G 有几个(G 或者在竖的 G 行中或者在横的 G 行中),并记在竖的 G 行的下部。这样他就得到了他的选择分数(C 分数)。如果共有 10 个样品,那么每个就和其余 9 个进行比较;为了求出选择分数的百分数或 p 分数,每个 C 分数都除以 9,或者一般地说都除以 $(n-1)$。结果可以核对:C 分数之总和必须等于 $\frac{n(n-1)}{2}$;p 分数的平均值必须等于 0.50。

对偶比较数据的处理

因为被试是在每一对样品的两个成分之间进行选择,所以实验是两个类别的,以此而论和恒定刺激法的两个类别的实验一样。我们可以把这两个类别叫做"成功"和"失败"。每个 C 分数说明特定的样品成功的次数,相应的 p 分数说明它成功的百分数。对什么说是成功呢?我们可以说对整个的范围来说是成功,这个范围包括所有全部的样品。样品 A 对这个范围来说得分 100%,样品 H 是零。成功-失败的阈限不是固定于某一位置,因为 22% 的样品在样品 I 以下,另有 22% 在样品 E 以上。在这方面,结果又和恒定刺激法的数据相似。

虽然这种数据并不说明价值的绝对零,但它们使我们可以估计样品之间的间隔的相对大小。我们能把 p 或次数的梯级当做价值的梯级的测量吗?在一个用恒定刺激法的实验中,"样品"可以用物理的单位测量,我们知道在次数量表的中部,如从 $p=0.30$ 到 $p=0.70$ 相等的次数梯级和相等的物理的大小的梯级相当,但接近次数的极端则不是这样。我们发现把阈限值假定为一个常态分配并且把 p 换算为 z 值是可能的。但必须注意,成为常态分配的是反应而不是刺激。在举重实验中,重量的分配是很平的(矩形的),但大于-小于的阈限的分配是常态的。

因此,以下述的根据来处理对偶比较的数据是合理的:这个实验相当于一个用恒定刺激做的实验;特定的样品的范围代替了单个的标准刺激;并且 p 值可以换算为 z 值。

用 z 值评量对偶比较的结果是色斯敦(L. L. Thurstone,1927a,b,1928a,1948)的功绩。他用这种程序之所以是正当的是根据吉尔福(1928,1936)所提供的种种理由。吉尔福认为必须做进一步的细致的工作。我们说过,每个样品对于这个范围来说,得到某个 C 分数。但这个范围应该对所有的样品是一样的,然而我们却不曾这样考虑这个问题,每个样品是和不同的范围对比的。对

样品 A 来说，这个范围包括 A 以外的所有样品；对样品 B 来说，这个范围包括 B 以外的所有样品，等等。为了改正这种范围不等的情况，我们可以说，A 和它本身比不分胜负，B 和它本身比不分胜负，等等。这样，每一样品的 C 分数可以增加半分，并且每一样品是和所有的 n 个样品比较，而不是和 $n-1$ 个样品比较。因此，我们就得到如在表的下部所列的 C'、p' 和 z' 各值。这个程序的一个好处是它避免了没有用的 p 值，0 和 1.00。在一个认真的评量工作中它将产生多大差别，我们在下面就要讨论。

单个人的爱好，对于一个有效的量表来说，将是一个不可靠的基础；因此需要若干个体的一个良好取样。把任何一个样品的各个人的 C 分数加起来并加以平均，则产生那个样品的一组人的 C 分数；这个分数除以 $n-1$ (n 为样品的数目) 则得到 p，并且 p 可以换算为 z 值。(稍微不同的程序也是可以的。可以求出每人的 z 值，平均以后得到一组人的 z 值。问题是这些较麻烦的程序，在最终的量表中是否产生显著的差别。)

佛尔格曼 (E. E. E. Folgmann, 1933) 关于音乐家们对于不同作曲家的音乐爱好的研究，可以作为一个以对偶比较的材料为根据认真评量工作的例子。评判者是菲列得尔菲亚 (Philadelphia)、波士顿 (Boston)、明尼亚波利斯 (Minneapolis) 和纽约的音乐爱好者管弦乐队的 308 名成员。19 位作曲家的名字成对地印在一张纸上，每一个名字和每另外一个配成对；指示语是"在每对作曲家中选出一个名字并在其下面画一条线，你所选的名字应该是，他的音乐，一般地说，你更喜欢些；而不要考虑他的人格或伟大……为了使这个实验正确，绝对不要漏掉一对，即使不容易选择的也别漏掉。"

佛尔格曼发表的表格表明了当每一位作曲家和另外一个比较时他被选择的百分数。67% 的音乐家觉得贝多芬 (Beethoven) 比布拉姆斯 (Brahms) 好，90% 觉得他比柴可夫斯基 (Tschaikovsky) 好，等等，他的平均 p 分数是 0.872。觉得维克多·赫伯特 (Victor Herbert) 比贝多芬好的有 3.6%，觉得他比舒伯特 (Schubert) 好的有 5%，等等，他的平均 p 分数是 0.128。

以"音乐家们对 19 位作曲家所评量的爱好"为标题的表格，首先列出每位作曲家的平均 p 分数以及相应的 z 分数。表格的其余部分列出用不同方式处理材料的结果。显然从这些材料中找不到绝对零和最高限度，因为这个实验只限于所给予的样品范围，并且只能使我们在所给予的最高和最低的样品之间的范围内划分，并在这个范围内找出每一样品的位置。如果把最上面的样品算做 100，最下面的算做零，则每一样品的位置可在这 100 个单位的范围内调整，并且可以对于用不同评量手续得到的结果进行公平的比较。

在"未换算的 p 量表"项下，在 0～100 的范围的调整按以下方式进行：贝多芬 (p 为 0.872) 和赫伯特 (p 为 0.128) 分别放在 100 和 0 处，因此，0.872～

0.128 之差别叫做 100。例如，p 为 0.650 的舒伯特的位置在哪里呢？显然，他是处于我们的零以上 0.650～0.128 的地方，他的位置可用 (0.650～0.128)/(0.872～0.128) 这个比例来计算，这就使他在量表上处于 70 的地方。对于其他作曲家，也用同一手续处理。我们同样可以在 100 的范围内调整 z 分数，从赫伯特到贝多芬整个 z 的范围是 2.28，并且舒伯特在赫伯特以上 1.53。最后两行是分别地按照吉尔福和色斯敦的建议处理了 p 和 z 值以后再做同样的调整的。

吉尔福的建议已经描述过了。佛尔格曼用的色斯敦的程序是把每一格中的 p（如贝多芬比布拉姆斯为 67%）在平均以前换算为 z。这个程序对很高或很低的 p 值有较多加数或太多加数的影响。实际上三种 z 型的量表最终的差别很小，这从表的最后三行中可以看出来。"未换算的 p 量表"和其他的量表不同，当中的 1/3 伸长，两端的 1/3 紧缩。如果 p 值的范围较大，例如从 0.05 到 0.95 而不是从 0.13 到 0.87，则这个影响将会更大。用 z 分数无疑是可取的，但"直接的 p-z 换算"似乎和其他的一样好。

这些量表不应当被误解。他们并不说明，例如，贝多芬被判断为比门德尔松（Mendelssohn）好两倍。他们只说明门德尔松的位置处于赫伯特和贝多芬的中间。数字可标出一个连续体上的距离，有些距离比别的长些，并且对偶比较的材料提供了这些相对距离的测量。在葛里格（Grieg）和麦克斗维勒（Mac-Dowell）之间的大的间隙可由没有包括在佛尔格曼的名单中的有价值的作曲家填充起来。

音乐家们对 19 位作曲家所评量的爱好

作曲家	原始分数		调整到 0～100 的范围内			
	p	z	未换算的 p 量表	直接的 p-z 换算	吉尔福换算	色斯敦换算
贝多芬（Beethoven）	.872	+1.14	100	100	100	100
布拉姆斯（Brahms）	.798	+.83	90	87	87	88
瓦格那（Wagner）	.774	+.75	86	83	84	85
莫扎特（Mozart）	.772	+.75	86	83	83	86
巴赫（Bach）	.748	+.67	84	79	80	79
舒伯特（Schubert）	.650	+.39	70	67	67	71
海顿（Haydn）	.591	+.23	62	60	60	61
德比西（Debussy）	.565	+.16	59	57	57	59
舒曼（Schumann）	.527	+.07	54	53	53	54
门德尔松（Mendelssohn）	.479	−.05	47	48	48	48
柴可夫斯基（Tschaikovsky）	.422	−.20	39	41	41	42
贝利欧兹（Berlioz）	.399	−.26	36	39	38	39

续

作曲家	原始分数		调整到 0～100 的范围内			
	p	z	未换算的 p 量表	直接的 p-z 换算	吉尔福换算	色斯敦换算
C. 弗朗克(C. Franck)	.370	−.33	32	35	35	36
肖邦(Chopin)	.357	−.37	31	34	33	35
维迪(Verdi)	.325	−.45	27	30	30	31
斯特拉温斯基(Stravinsky)	.305	−.51	24	28	27	28
葛里格(Grieg)	.291	−.55	22	26	25	26
麦克斗维勒(MacDowell)	.129	−1.13	0	0	0	1
赫伯特(V. Herbert)	.128	−1.14	0	0	0	0

等级排列法

这个方法的另一名称是顺序排列法(order of merit)。两个名称差不多都是自明的；被试按照一个指定的因次把许多样品排列成一个顺序的系列。这样就得到一个单一的等级顺序。同一些样品通常由不同的被试排列几次或多次，计算出每一样品的平均等级。这是一个很方便的方法，除非样品的数目太多。通常把整个一组样品一起呈现，并且允许被试随意处置，只要他排出一个单一的等级顺序就行。当有许多样品时，可让他在排列最后的等级以前，先粗略地把它们分成几类。

一个完备的等级排列法的形成应归功于卡特尔(J. McK. Cattell, 1902, 1903)，而且由他的几名学生把它加以改善，并应用于各个方面[萨谟涅(F. B. Sumner)，1898；桑代克(E. L. Thorndike)，1904；卫尔斯(F. L. Wells)，1907；斯特朗(E. K. Strong)，1911；霍灵沃斯(H. L. Hollingworth)，1911a, b, 1914；最后一篇论文评论了所有以前的这方面的工作]。同时，斯皮尔曼(C. Spearman, 1904)曾经指出如何用等级顺序来测量相关——是对这个方法的一个重要的贡献。

卡特尔对等级排列法的主要用处是依据他们的同事的判断来鉴定每一自然科学中的领导人物。他邀请了 10 名有代表性的心理学家，把在美国的、有资格称为心理学家的 200 人排出等级。这 10 名评判者是分开地、独立地进行工作的。然后卡特尔计算出分派给每一位心理学家的 10 个等级的平均数。1903 年他发表了一个最高的平均等级的一览表，并且在 1933 年公布了人们的名字。我们的表把 51 个名字和他们的等级结合起来。名单中有些人是哲学家而不是心理学家,并且有些接近或超过我们名单的下端的是在当时还没有出名的年轻人。至于这个名单的意义,我们还是引用卡特尔的原话(1903)来说明更好些:

应该清楚地看到,这些数字只能提供他们宜称所提供的东西,也就是10位有资格的评判者综合的意见。它们表明这些人在专家中的声誉,不一定表明他们的能力和成就。常误,例如由于一个人的名气比他应得的大些或小些所引起的,是没有被消除。然而,一个人的工作,除了最有资格评判的人的估计之外也没有别的标准了。

这里我们没有像一个常态分配那样的东西;我们只有这样一个分配的上端,只有它上部的1/4,而这上部的1/4是属于那些获得学位和教学职位的人的一个被选择组的。我们不可能用这样的材料来建立一个在下部有绝对零的、成绩或名誉的量表。我们可以做得稍微好些,即把处于最高位的人作为参考点并问谁的名气为维廉·詹姆斯(William James)的一半。但这又是另外一个实验了。对于他们所处的平均等级,我们能做些什么呢?

让我们问为什么靠近名单下部的平均等级那样接近呢?假设我们有10个重量,彼此都显著地不同,要求若干个被试把它们排出等级。每名被试将把它们排成同样的顺序,并且平均等级将就是1,2,3,……9,10。但假设我们用10个相等的重量做同样实验:每一名被试将把它们排列成不同的顺序,并且平均等级都将差不多相等。现在让重量差别很小,以便每一名被试都容易产生一些误差:则平均等级将处于上述两个极端之间,并且它们将十分接近客观重量的真正顺序。

这里有一个有用的原则。让有足够数量的有资格的评判者对同一些样品评定等级,如这些样品差不多相等,则平均等级也将差不多相等;如这些样品相差很大,则平均等级也将相差很大。总之,平均等级,在顺序和间隔两方面,和样品将十分一致。

因此,在心理学家的名单中,我们的推论是,第2、3、4号在当时所看到的心理学上的功绩是差不多相等的;下面3个人同样如此,并且,在名单最后的6个人也是如此。我们也可以推论,如卡特尔所主张的,当平均等级差不多相等时,确切的顺序是很不肯定的。

为了较完满地运用等级排列法,必须有一定数目的样品,全都被每一评判者评定等级。如同在本书第一版中所指明的,这样才可以测量在所有评判者之间一致或不一致的程度。现在我们将指明,作为对量表的一个贡献,如何从等级排列法得出,像从对偶比较法得出同样的量表。等级可以化为选择的次数(C),也可以化为 p 值和 z 值。

1930年著名的美国心理学家的平均等级

（卡特尔，1903，1933）

1.0 詹姆斯（William James）	41.6 多治（Raymond Dodge）
3.7 卡特尔（J. Mckeen Cattell）	42.9 梅斯路普（James H. Hyslop）
4.0 闵斯德堡（Hugo Münsterberg）	44.7 席绍尔（Carl E. Seashore）
4.4 赫尔（G. Stanley Hall）	44.9 斯特朗（Charles A. Strong）
7.5 鲍尔得温（J. Mark Baldwin）	45.5 皮尔斯（Arthur H. Pierce）
7.5 铁钦纳（Edward B. Titchener）	46.4 麦独孤（Robert MacDougall）
7.6 罗益士（Josiah Royce）	47.1 梅耶尔（Max Meyer）
9.2 赖德（George T. Ladd）	48.0 林德立（Ernest H. Lindley）
9.6 杜威（John Dewey）	49.3 刘巴（James H. Leuba）
11.6 札斯叟（Joseph Jastrow）	49.6 安吉尔（Frank Angell）
12.3 散佛（Edmund C. Sanford）	49.9 皮尔斯伯瑞（Walter B. Pillsbury）
16.8 卡尔金斯（Mary W. Calkins）	51.1 牛包德（William R. Newbold）
17.1 布赖安（William L. Bryan）	52.6 法然德（Livingston Farrand）
17.9 福勒尔顿（George S. Fullerton）	53.3 尼克尔斩（Herbert Nichols）
18.7 斯特拉敦（George M. Stratton）	54.5 叔尔曼（Jacob G. Schurman）
19.3 桑代克（Edward L. Thorndike）	54.5 华施本（Margaret F. Washburn）
19.6 德拉巴（Edmund B. Delabarre）	56.2 伍德沃斯（Robert S. Woodworth）
21.6 斯克瑞布彻（Edward W. Scripture）	56.3 法兰兹（Shepherd I. Franz）
21.8 拉德-佛兰克林（Christine Ladd-Franklin）	56.5 武尔夫（Harry K. Wolfe）
22.4 马沙尔（Henry Rutgers Marshall）	58.6 克雷顿（James E. Creighton）
24.5 翟德（Charles H. Judd）	59.0 伽地纳（Harry N. Gardiner）
27.0 安吉尔（James R. Angell）	59.0 伞塔亚纳（George Santayana）
29.5 威特玛（Lightner Witmer）	59.2 步克涅耳（Edward F. Buchner）
37.5 巴特里克（G. T. W. Patrick）	59.2 阿姆斯特朗（Andrew C. Armstrong）
37.7 瓦仑（Howard C. Warren）	59.6 伯尔顿（Thaddeus L. Bolton）
40.4 哈理斯（William T. Harris）	

等级排列法和对偶比较法的紧密关系

如果一名评判者把某一样品排在所给予的 10 个样品的最上端，显然他觉得它比其余 9 个好；如果把它排在第二位，就是他觉得它比另外 8 个好，等等。因此每一个等级（R）可以换算为一个选择分数（C）。一般说来，用 n 个样品，则

$$C = n - R$$

并且因为这个方程式对于由评判者们所分派给同一样品的所有等级都是合用的，所以它对于那个样品的平均选择分数（M_C）和平均等级（M_R）也都适用，因此

$$M_C = n - M_R$$

有了 M_C 值,我们可以按照下列公式把它们换算成 p 值。

$$p = \frac{M_C}{n-1}$$

并且从每一 p 值,我们可以从表中得到相应的 z 值。

如果我们想用吉尔福校正的选择分数,我们可以用像在对偶比较法中一样的办法得到 p' 值,这和用嘎雷特(H. E. Garrett,1953)提出的公式

$$PR = 1 - \frac{R - 0.50}{n}$$

所得到的熟悉的百分位等级完全相等。

化为选择分数的等级

(数据取自卡特尔 1906 年对当时 10 位著名的天文学家的研究;这些数据在本书第一版也引用了。)

评判者	样 品									
	A	B	C	D	E	F	G	H	I	J
Ⅰ	1	2	4	3	9	6	5	8	7	10
Ⅱ	1	4	2	5	6	7	3	10	8	9
Ⅲ	1	3	4	5	2	8	9	6	10	7
Ⅳ	1	3	4	5	2	6	10	8	7	9
Ⅴ	1	9	2	5	6	3	4	8	10	7
Ⅵ	1	4	9	2	5	6	7	3	10	8
Ⅶ	1	3	5	10	2	6	9	7	8	4
Ⅷ	1	3	5	7	6	4	8	10	2	9
Ⅸ	1	2	8	4	9	6	3	7	5	10
Ⅹ	1	2	4	5	9	8	6	3	7	10
等级的总和	10	35	47	51	56	60	64	70	74	83
M_R	1.0	3.5	4.7	5.1	5.6	6.0	6.4	7.0	7.4	8.3
$M_C = n - M_R$	9.0	6.5	5.3	4.9	4.4	4.0	3.6	3.0	2.6	1.7
$P = M_C/(n-1)$	1.00	.72	.59	.54	.49	.44	.40	.33	.29	.19
z	?	+.58	+.23	+.10	−.03	−.15	−.25	−.44	−.55	−.88
$M_C' = M_C + .5$	9.5	7.0	5.8	5.4	4.9	4.5	4.1	3.5	3.1	2.2
$p' = M_C'/n$	.95	.70	.58	.54	.49	.45	.41	.35	.31	.22
z'	+1.64	+.52	+.20	+.10	−.03	−.13	−.23	−.39	−.50	−.77

核对:平均 M_R <u>必须</u> $(n+1)/2$.

平均 M_C <u>必须</u> $(n-1)/2$.

平均 p <u>必须</u> 1/2.

平均 M_C' <u>必须</u> $n/2$.

平均 p' <u>必须</u> 1/2.

平均等级和次数的百分数量表的确实性

有时对等级排列法提出反对的意见是因为等级只是序数,不能用于数量的目的。当然我们承认用等级评量是要受被判断的样品的范围所局限,并且不能找出绝对零,而没有零,量表就不是完全数量的了。我们不能说一个样品比另一个好两倍,就如同我们不能说80°F(或C)比40°F(或C)热两倍一样。但是我们认为平均等级有时比序数更多一些东西。当单独一个判断者评定样品的等级时,他并没有指出他们的间距。有些可能距离近些,另外的距离远些,但所有他能说的是每一样品比那些在他下面的等级具有较多的特定的品质。然而,平均等级却不是一个单独判断者的产物。它们是一组判断者的(或者有时是同一人重复的、独立判断的)产物。虽然单独判断只限于序数,但一组的判断则可制出一个更精细的量表。它用分数的平均等级,有的离得近,有的离得远;如果客观上知道间距的话——如同已经指出的重量的情况一样,则可看出其平均等级和样品的实际间距是十分一致的。

平均等级,如我们所已经证明的,可以换算为次数,并且可以像在对偶比较法中和在恒定刺激法中处理其他次数一样地加以处理。即使在恒定刺激法中,原来的单独的结果也是一个序数。比较刺激被判断为大于或小于标准,但并没说明大多少或小多少。单独判断是不能用的,但当每一比较刺激和标准刺激比较20次,这个次数就超出了序数。如果一个比较刺激只有60%的次数被判断为大于标准刺激;而另一个被判断为大于标准刺激的次数是90%,则后者在心理连续体上就位于标准刺激以上更远的地方。整个这一组方法都是根据一个心理原则,这个原则是没有被包括在数字的逻辑之中的——除非这个逻辑包含变异性和次数的研究。

用次数法建立一个任何心理因次的量表不是一件轻而易举的工作。这个量表应有相同的单位一直达到零。我们应该像桑代克和他的学生们评量学校的技能,如写字、作文时作的那样[桑代克,1910;希利嘎斯(M. B. Hillegas),1912],从收集许多种样品开始,其范围从接近零(对于写字来说就是乱划)的样品到所能得到的最好的样品。我们不应当要一个随机的样本或常态分配,这在中间范围内将包含许多不能分辨的样品。我们应该要大致是相等的各种程度的好的和坏的样品,我们应该把我们的样品给数量适当的有资格的判断者去评判。我们可以用减半的方法,或者评价法,或者把样品作对偶比较,或者把它们排成等级。为了除去多余的和麻烦的样品,我们可以考虑平均等级以及判断者们分派给每一样品的等级的分散情况。任何表现出没有一点分散情况的样品,应该取消——除非我们把它当做在量表顶部或底部的参照点——并且一般说来，我们应该采用表现出等级的分散情况差不多相等的样品。这样，我们可以避免某些色斯敦(1927a)所指出的不能随意利用75%的阈限的困难。我们最后的量表可以包括那样一些样品，即其中每一个都有75%的判断把它放在它下面一个的上面。

反应时在制作量表中的用处

到目前为止，在大部分的讨论中，我们对于反应的次数寄予很大的信赖。但是次数只是反应强度的一种度量，如我们在"条件反射"和"学习"各章中将要看到的；另一个很有用的度量是潜伏时间。我们也已经指出，一种潜伏时间，就是反应时，在简单反应中，它与刺激的强度和在辨别反应中它与刺激的差别有规则的关系。而且我们知道，联想反应时和反应的共同性(次数)在联想实验中是紧密相关的量数。因此，在心理物理的实验中，把反应时作为与次数可以互相代替的量数似乎是适当的。

在1902年当卡特尔写一篇以"知觉时间作为强度差别的一种度量"为题的论文时，这种可能性对他是明显的。从那时以来，曾有过若干实验，但是就方法来说，并没有发展到极限。一般说来，这些研究曾用下面的两种方法之一：

(1) 在一个较广的刺激强度范围内测定反应时，然后根据反应时的单位把这个范围制成量表。

(2) 测定产生相同反应时间的在不同水平上的刺激差别，然后在假设这些刺激差别代表在主观上相等的增量这个基础上来制作量表。

通过反应时来直接评量感觉的强度

在绰绰里(R. Chocholle)的实验中，我们看到有可能写出一个公式来表明反应时和一个听觉刺激的物理强度之间的关系。不必重复这个公式，我们可以指出它所根据的假设：

(1) 刺激应该用对数的单位说明(分贝)。

(2) 反应时包括两部分：① 一个不能缩减的最小量，代表在神经系统中某种固定不变的延搁；② 一个可以缩减的界限，代表刺激作用所需要的时间。

(3) 把刺激增加一个对数单位，将把反应时减少现有的可以缩减界限的一个固定分数。

如此推定，如果我们把可缩减的界限的对数作为纵坐标，以刺激的对数作为横坐标画一个图，我们将得到一个具有负斜率的直线。这个结果和所预期的是一致的，如果我们作另外的假设，即假设我们一经达到很低的刺激强度时，在态度或定势(set)方面将有所改变。这看来似乎证明假设的真实性，并且第一个假设主要的是费希纳定律是正确的！因此，至少我们在费希纳式的量表方面和宋量表对比起来得到一个小的胜利。

明度 这个感觉的因次应对反应时方法提供一个好的测验,因为我们已经有三种量表法在结果上基本一致:韩斯的咘叻量表(Hanes' bril scale),累积的最小觉差量表和纽霍尔的调整法。但都和费希纳的简单对数量表不同。赫尔(C. L. Hull,1949)对于卡特尔(1886)关于反应时作为明度的一个函数的一些旧材料,曾用过一种对数可缩减界限的分析方式,得到一个相当满意的曲线。但他还进了一步。他已经测定了在反应时和一般化的反应强度反应潜能,sE_R 的量表之间的关系[葛赖德士通(A. I. Gladstone)、山口(H. G. Yamaguchi)、赫尔和费尔辛格(J. M. Felsinger),1947]。把反应时的公式代入 sE_R 的公式,他可以计算作为刺激强度的函数的 sE_R。不幸,最后的量表既不符合于咘叻量表,也不符合于费希纳量表;以咘叻为单位的明度在高强度时比一个对数量表增加得快些,然而以 sE_R 为单位的"明度"是以一个负加速的函数增长。这不应看做是任何较为传统的方法的失败,因为赫尔利用旧的人类的材料,却用一个修订过的色斯敦的方法从一个白鼠学习问题的潜伏时间得来的公式加以处理!赫尔有些过分热心,即使称它为"初步的近似值"(first approximation)。

我们曾描述了建立直接从反应时转化为感觉量表的公式的两种企图。虽然结果有些失望,但可能我们需要用这个一般的方法进行更多更好的实验。但在我们有它们以前,我们只好满足于用反应时制作间接量表的比较广泛的工作。

通过反应时制作间接量表

在这里基本的假设是同样难的辨别将有同样的反应时。这个方法可回溯到卡特尔。韩蒙(V. A. C. Henmon,1906)在线条的长度、颜色和音高方面采用过它。他确实发现相等的相对差别有相当固定的反应时。再者,用相当强的刺激,对于给定的相对刺激差别来说,反应时趋向于降低一些,正像韦伯分数一样。

曾有过几位研究工作把反应时直接和判断的次数的累积曲线加以比较。最广泛的研究之一是由约翰孙在1939年进行的,他用了恒定刺激法中两个类别的方法。他的材料是线的长度、词的意义、手的位置、图形的再认,但最广泛的结果是关于线的长度的。刺激是画在卡片上的一条粗的黑色水平线,两端各有一条短的垂直线,还有另一条垂直线把水平线分为两段。左边一段永远是50毫米,用做标准刺激;右边一段是比较刺激,其变化范围为40～60毫米,每次变化为2毫米。刺激以一个改装过的多治(R. Dodge)速示器呈现。被试的任务是借助于按两个键中的一个来给信号说明哪一段长些。反应时是以0.01秒为单位记录下来的。在每次反应以后,被试用在一条线上画记号的方法来表明他判断正确的信心。在线的中间画一记号表示完全没把握,画在最右(左)边表示完全肯定右(左)边一段长些,居间的各点表示肯定的各种程度。三名被试之一的结果画在图 9-12 中。标有%L 的累积曲线是以判断为长于标准的百分数为根据的、熟悉的心理物理的函数,应参看最左边的纵坐标。标有 C_M 的累积曲线是对于每一比较刺激所作的 10 个判断的平均信心的估价。它的纵坐标(从左数第二个)的范围从-100~+100,分别相当于右段或左段长些的判断的肯定程度。它的零点(完全不肯定)与 L%累积曲线的 50%点相交,在那里被试是在"猜"了,但它从零点向两端延伸得更远些。这说明当刺激差别还没有大到足以使被试绝对肯定他的判断时,他就可以作到 100%的正确判断。

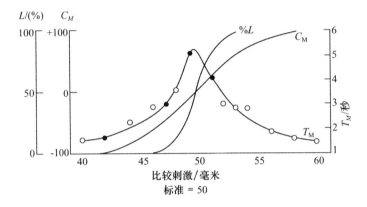

图 9-12　信心、时间和次数的函数(约翰孙,1939)。

图中,标有 T_M 的是反应时的曲线。可以注意到它在比较刺激值为 50 毫米(和标准刺激相等)处达到顶峰。附带提一下,这个顶峰比起另外两个曲线来显得常误少得多。从这个曲线上可以看出,反应时作为刺激差别的一个平滑的渐减的函数而下降。另外,在刺激差别产生 100%的正确判断的地方,甚至判断有 100%的把握时,反应时仍然下降。正是这个特点使反应时有可能用来为大于差别阈限的刺激差别找出等值。

约翰孙对这个实验的主要兴趣似乎在于信心和速度之间的关系。他得出的结论是,"当怀疑或不肯定以等差的方式增加时,判断的时间以等比的方式增加"。两者都是判断困难的明显的量数,在许多方面完全可以和更为熟悉的判断正确的百分数的累积曲线相比。

对于变化的反应时

辨别反应的实验和熟悉的心理物理实验是十分类似的,即二者都要求在两个刺激之间,或者在一个刺激和某些参考点,如适应水平或主观相等点之间进行辨别。这使问题复杂化了。但是有一种恒定刺激法允许用简单的而不用辨别的反应时。常常用呈现一个连续的乐音并借助于增量或减量的办法使它忽然改变来测定音高和响度的差别阈限。为什么不测量对这些变化的反应时呢?皮艾朗(H. Piéron,1937)在明度方面采用过这个方法,福林(B. M. Flynn,1943)在音高方面用过它。最广泛的实验是斯坦因曼和万尼尔(A. Steinman & S. Veniar,1944)合作的实验,以及斯坦因曼(1944)自己做的实验。我们还记得,被试是对一个小刺激范围的照度水平的突然变化进行反应。图 2-9 表明在一个照度的水平下,反应时和变化大小的关系;我们可以画一整套这样的曲线,包括一个很大的强度范围,画法和我们以不同的标准刺激值为横坐标画次数的累积曲线一样。当用次数的累积曲线时,如果我们采取只涉及增加量的简单情况,我们规定有 50% 的次数觉察到增加量为差别阈限。然后我们在每种强度水平,以标准刺激除差别阈限计算韦伯分数。以类似的方式,我们可以用反应时的某些暂定值来规定一个新的基线的常数,这可以写作 DL_T。或许可以找出一个相当长的反应时,它将产生一个和平常的差别阈限相等的 DL_T 值。但是这将牺牲反应时的主要价值,反应时曲线远在次数曲线达到 100% 以后仍然下降。因此,完全可能选择一个和十分大的刺激增加量——例如 10 或 20 个差别阈限相当的反应时的数值。我们可以用这些大的"同样快地被觉察到的"间距来制作量表,并且可以在大的刺激差别上来考验韦伯定律。

在明度方面这个实验的结果和用比较传统的方法得到的结果实质上是一致的。二者均表现出 $\Delta I/I$ 是相当固定的,但在中等强度时有达到最小值的趋势。这个方法似乎是一个好的方法,并且提供了用第三种方法制作量表的希望,既不根据等距也不根据相等变异性的单位。用所有三种方法在明度方面得到的结果是一致的;现在把等-反应时法(equal-RT method)用在响度方面将是很有趣的,因为在这方面另外两种方法是十分不一致的。可惜,这种实验尚未进行。

情感距离的反应时量表

在制作量表方面,最富挑战性的领域之一,就是关于爱好和不爱好的问题,在这方面我们没有适当的方法把刺激以物理的单位数量化。我们看到对偶比较法曾广泛地应用于制作颜色爱好的量表。对这些材料如何用反应时的方法呢? 达希尔(J. F. Dashiel,1937)和希浦列、科芬与哈德赛尔(W. C. Shipley,J. I. Coffin & K. C. Hadsell,1945)曾采用过这个方法;我们将讨论一下较近的实验。其基本方法是呈现给被试一对颜色,让她以按两个键中的一个来表示她的爱好。至于按哪一个,则依赖于她爱好右边的还是左边的颜色而定。一个快门用来呈现刺激并开动一个计时器,按电键可以使它停止并得到以 0.01 秒为单位的反应时。40 名被试每人对每一个可能成对的颜色均做 6 次反应,各对颜色呈现的次序和位置都是随机的。共有6种颜色可配成15对。

当把反应时列成表时,发现被试在平均反应时上彼此有很大的差别。这种差异性掩盖了颜色爱好的效果;借助于把每一被试的所有的反应时都用她自己的平均反应时的百分数来表示,则此变异性可以消除。然后把每一个颜色配对的这些数值加以平均。图9-13是以这些相对的反应时为纵坐标,以用标准差为单位的情感距离为基线画成的。这个基线是根据爱好的分数以色斯敦用于对偶比较的方法的变式计算出来的。可以看出对爱好记分的两种方法实质上是一致的,如由图中各点聚集在一条直线的周围所表示出来的。两种量数有较大的相关($r=-0.86\pm0.045$)。这里我们又发现用反应时制作量表的方法是有前途的,但现在仍处于一个稍微粗糙的形式之中。

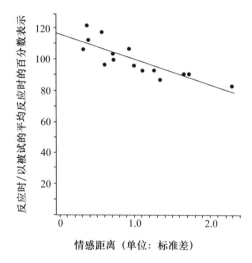

图9-13　辨别反应时作为刺激之间的情感距离的一个函数(希浦列等,1945)。参看正文。

量表法的总结

以总结各种量表法作为这一章的结束可能是适当的。似乎有三"组"方法,还有一些混合的方法。

一组方法是以主观量的直接判断为根据。在分段法中,被试或者选择或者调整一个刺激,使它的主观量为另一刺激的1/2(或者某种别的分数或倍数)。借助于在不同强度水平重复这种判断,我们可以建立一个量表,并有理由称其为比例量表(ratio scale)。那就是,它有一个真正零和相等梯级,这样它可以告诉我们说,一个感觉比另一感觉强2倍(或者10倍)。另一种直接的量表法是感觉等距法,在那里给被试安排了 3 个或更多的刺激,使它们的主观距离相等。这个方法产生一个等距量表,但没有一个绝对的零点;它使我们能说,A 和 B 的差别与 B 和 C 的差别或者 E 和 F 的差别一样,但不能说 B 比 A 强两倍。这些直接方法的基本弱点是它们对各种常误十分敏感。

第二组方法是以下面的原则为根据的,即相同的判断的变异性可以用来在一个主观量表上测量相等的距离。费希纳定律和累积的最小觉差量表属于这一类,因为它们是以差别阈限为根据的;而差别阈限最终是一个变异性的量数。这些方法产生等距量表,没有绝对零,但它们可以是很有用的。它们是间接的方法,并且依赖于这个假设,即差别阈限或标准差单位在整个量表上在心理方面是相等的。这是一个说得通的假设。

第三组方法是以反应时为根据的。我们还不能使 $RT = f(S)$ 这个方程式很确定,但我们已前进了一步。或许更有成效的是用相等的反应时来说明刺激连续体上的相等的梯级的方法。反应时法的主要用处可以说是用它来评价其他两种方法的结果,因为它既不依赖于主观量的判断,也不依赖于变异性。

评价法、对偶比较法和等级排列法都不能简单地归入上述三类。一个简单的评价量表和感觉等距量表相似,因此可算做直接的方法,但一个发展得好的评价量表往往以统计处理为基础,是用变异性作为单位的。同样我们可以把直接从对偶比较或等级排列得来的简单的刺激顺序转换为一个具有相等的变异性梯级的量表。因此,这三种方法常常被放在我们的第二组方法中。

有这些建立量表的不同方法,人们不禁要问哪个是最好的方法。这或许不是一个好的问题。我们选择方法将依赖于被评量的刺激,以及我们制作量表的目的。常常几个方法可以产生很相似的结果,特别是当我们借助于乘一个常数使两个量表的长度相等时更是如此。或许最显著的不一致存在于分段法和最小觉差量表之间,当用它们为响度、重量和味觉的强度因次制作量表时。说这两种方法测量的是不同的过程,或者其中一个是错误的还嫌太早。但是在现在,重要的事情是我们有了一些好的方法用来建立有用的主观量的量表。

(陈舒永 译)

第 十 章

肤　　觉

　　动物机体最显著的特性之一是具有特殊感受器,感受(或"适合")不同的物理和化学刺激物(agents)。有的感受器适合于感受一定波长范围内的光,有的适合于感受一定范围内的音波,其他则适合于感受化学刺激物。这些多样的感受性不仅是引人注意的,而且对于机体与其环境的交互作用是重要的。它使机体能对环境中发出光、音或化学刺激的物体发生反应。即使没有任何学习能力,机体也能避开强光或是趋向一种食物;而且由于学习能力,机体就出现了这样的可能性,即对环境里种种物体获得广泛的适应性反应。

信号作用
　　一个物理或化学的刺激物作用于一个适当的感受器叫做一个刺激。它亦可被叫做一个信号。用生理学的讲法,它是一个刺激,因为它激起感受器的活动并在感觉神经、神经中枢、运动神经和肌肉或其他效应器内引起了一系列的活动。用心理学的讲法,它是一个信号,因为运动反应是适应于供给刺激的环境。在巴甫洛夫对一只狗所作的条件反射实验里,被食物所迅速和经常追随着的乐音已变为食物的信号,并且使狗能对食物作出提前的唾液适应(我们这样说,并不假设狗有有意识的预料)。

　　作为被试的人能对受到的刺激作出言语报告,就比狗高明一筹。对他来讲,两种报告是可能的:他可能说,"我听到一个低的嗡嗡声正在变强";或者他可能说,"一架飞机是向这方向飞来"。在第一个例子里,他是报告着一个刺激而未注意到它的意义或信号价值;而在另一个例子里,他是在报告着一个物体,这个物体是被一个刺激对他发出了信号意义。需要被试报告刺激的实验在感官研究里是很多的并且时常叫做感觉的实验,而需要报告被某一刺激所指明的事物或客观事实的实验则属知觉研究范围之内。

　　常被用作替代"信号"的其他词为符号(sign)或线索(cue),我们谈到关于一个物体距离的"视觉符号"。我们问,一只鼠在迷津内是依靠什么"线索"找到它的出路,我们并且排除它的视觉线索、嗅觉线索等等来寻找一个答案。这个方便的词是已经从动物扩展到人类的实验室,以致我们谈到距离的视觉线索和方向的听觉线索,虽然"导线"(clue)这个词也许是更符合于一般用法的[哈帕和波灵(R. S. Harpcr & E. G. Boriog),1948]。

一个信号的意义在绝大多数的情形下是需要学习的,经常是通过类似条件反射的作用——但并不是在所有情况下都是如此。在皮肤上的定位,可以看到物体的方向,一个音的方向来源,和或者其他的空间事实是可以用"先天的"信号加以说明的。

由于所有为数众多的外界物体和事实必须加以信号化,许多种类的刺激确是必须的,而机体一定要能辨别这些刺激。刺激之间在强度上是有差别的,而被试在强度基础上去辨别它们的能力,已经在心理物理学的几章里阐述过了。刺激也有种类上的差别——光、音等,而机体是具有感受几种物理与化学刺激的感受器的。关于这些感官,它们的神经联络以及机体辨别作用于它们的许多在质和量上有差别的刺激的能力的研究是属于感官心理学和它的姊妹科学,即感官生理学的范围。

在与心理学有关的意义上,那么,我们就得说一个机体是作为接受或感受着各种信号,并且依照它们的意义进行反应。在 $R = f(S, O)$ 这个公式里,O 因子是指机体(O)接受刺激(S)的能力和知觉到刺激的意义的能力。在生理学的意义上,我们就得说感官是通过感觉神经纤维把信号传送到脑子里去。一种感官接受的刺激在种类、强度和位置上是有差别的。要把这些差异辨别出来并且在机体的行为中加以利用,就必须从感官到脑有某种适当的发生信号作用的系统。人们会问,有什么足以证明脑能辨别一个刺激是与其他刺激在种类、强度或位置上有差别呢?这个问题是困难得多,而且正因为它在所有的感觉研究里是基本的,在这里要用几段文字从生理学上来阐明这个问题。

感觉神经传导

感受器的基本机能是通过属于特定感官的感觉神经,把刺激作为信号,传导到中枢神经系统去。传导器的单位是神经纤维,信号的单位则是一个单纯的神经冲动。真正的信号是由几个或很多神经纤维所传导的许多冲动组成的。

神经冲动

神经系统有些像是一个极端复杂的电话系统。外在站(感官、肌肉)与交换机(神经中枢)之间的连接是由多数的电线(多数的神经)供给,而这些神经是由许多纤细的传导器(神经纤维)组成的。每条神经纤维的直径极小,是非用显微镜看不见的；但有些则很长，从足指达到脊髓。

电线的比喻必须到此为止。神经纤维是具有生命的组织，是由原生质组成并由它自己的细胞体维持其生存。神经纤维不像电线的导电，被动地把能传导过去，而是有它自己贮藏在整个神经纤维里的能供给。一小部分能在纤维表面供作急用，而大部分则作为储备。当这表面在一个点上被刺激激动时，相关纤维的一个局部反应即出现，消耗着局部的可用的能的供给，并在邻近表面地区激起一个同样的反应。这一局部激动，沿着纤维连续地传导，即形成神经冲动(nerve impulse)。这一局部过程的主要部分是一种电的变化；纤维表面的活动部分，即冲动那时的所在地，与该表面的邻近部分相比，是转为阴性的。这种动作电位(action potential)可用适当的电极、扩大器和记录器收集和记录下来。关于神经和感官活动的大部分现代知识，是通过这样的记录得到的。

神经传导过程曾经被比作一条火信或一条导火线的燃烧，因为这两种过程都含有被局部活动所引起的能的继续消耗。当一粒火药燃着以后，发动它邻近的火药，又依次燃烧到第三粒火药，如此继续下去，直到所有火药都被烧尽，所有可用的能都被耗尽为止。就其结果而言，这两种过程都具有"全或无"(all or none)的本质特性。那就是说，传导活动的强度只依赖于可用的能的数量，而绝不依赖于发动这种过程的力(刺激)的强度。这是真实的，并非所有的火信或所有的神经纤维都有同量的可用的能；粗的火信、粗的神经纤维，传导较大的激动并且把它传导得更快些。这是更真实的，任何神经纤维内的可用的能是随着神经冲动的强度和速度的相应变化而发生改变。但是，这个"全或无"定律依然是适用的，因为神经纤维是用所有的能去反应，或是毫不反应(假使刺激是太弱的话)。

神经冲动的速度常被看做每秒100米，但这几乎是最高速度，只是大的神经纤维才能达到。细的纤维传导速度慢得多，在冷血动物里降到每秒1米。

介乎导火线与神经纤维之间，我们尚可找到其他的比喻，然而至少有一个基本的差别——在每次冲动之后，神经纤维能恢复它的原状。可以回忆到，在局部活动出现处，纤维表面当时可用的只是一小部分的贮藏的能，一旦其被此单独的神经冲动用尽了，它就由内部的储备迅速地补充起来。而这一补充需要花费些时间，第二个冲动不能即刻跟来，故此纤维被称之为处于绝对不应期相(absolute refractory phase)内的。在1或2毫秒内，纤维已经复原到一种程度足够让一个很强的刺激引起一个很弱的冲动，并且在这跟来的相对不应期相(relative refractory phase)内有一个可用的能的逐渐成长，使刺激阈下降着和冲动的强度与速度增长着。一条大的纤维在大约12毫秒后才恢复常态；而在细的纤维里，这整个过程是比较慢的。

刺激强度的相关

现在我们将研究刺激强度怎样能从一个感官用信号通知到脑。刺激的外部能可以直接地冲击到一条感觉纤维的末梢上或是到特殊化的受纳细胞上。在任何情况下它引起局部兴奋过程,而这兴奋在神经纤维里创立起冲动。兴奋保持下去,可是在纤维还没有从第一次、至少有了部分的恢复之前,第二次冲动是不能再照样继续下去的。一个中等强度的刺激可以在相对不应期相的中途创立第二次冲动,譬如说它是在第一次之后的 5 毫秒出现。这次新冲动有它自己相对不应期相,它阻挠着第三次冲动的出现,直到另一个 5 毫秒过去之后。所以沿着神经纤维的连续的冲动约每 5 毫秒一次,亦即其频率(速度)为每秒钟 200 次。一个较弱的刺激将会产生相同作用,不过在第二次冲动前,此纤维在每次冲动后必须更充分地恢复。譬如说,需要恢复的时间为 10 毫秒,才能使弱的刺激生效。因此,神经纤维每秒钟内能传导 100 次冲动。给这绝对不应期相 2 毫秒的恢复时间,使最强的刺激可在每秒内兴奋起 500 次冲动。为了得到完全的恢复,再给它 10 毫秒多余的时间,刚刚超越刺激阈的最弱而有效的刺激,会在每秒钟内兴奋 1000 /12＝83 次冲动。更低的速度是可由接受刺激的受纳细胞影响到一条神经纤维上去的,并且这种受纳细胞有它们自己的相对长的不应期的。那么,显而易见,刺激强度的等级是会被单独的神经纤维所传导的神经冲动的频率反映出来的。

第二个刺激强度的神经相关是被兴奋了的纤维数目。刺激越强,则受影响的神经纤维数目亦越多。例如,皮肤是与丰富的感觉纤维联系着的。把一个铅笔尖轻轻地压在手腕上,这要造成一个小的凹处,兴奋着几条感觉神经纤维;把它压得重些,则凹处扩大以致使更多的纤维活动起来。因此,刺激强度是被每秒钟的冲动总数作成了信号而达到神经中枢的,这个总数依赖于兴奋了的纤维数目以及单独的神经纤维的冲动频率。

感觉适应

至此我们假设了那样的一种稳定的状态,以致把感受器里的兴奋量看做恒定的,并且把神经纤维看做保持着恒定的复原时间。即使外界刺激不变,这样的恒定是很少存在的。第一,在前后一致的刺激时期内,受纳细胞的兴奋水平总是有下降的特性;而在某些感受器里它下降得很快。此外,即使神经纤维也要稍稍加慢它的复原,它的不应期随之加长。最后结果是,在连续一致的刺激情况下,感觉纤维里面的冲动率下降。这种"适应"在几种感官,例如在视、嗅和触觉里,是习见的事实,而它的生理机制可能并不总是一样的。上述的名词是用在心理学的其他地方,但在意义上是有各样的差别。但在这里所谈过的已足以说明这件事实,变化(change)是刺激的一个很重要的方面。这个普遍问题的更专门的阐明,曾经由儒士(T. C. Ruch, 1951)讨论过。如果有人想掌握感觉适应以及在此我们只是很简略叙述过的其他现象,最好是参阅这个专题的一位领军贡献者阿准(E. D. Adrian, 1928, 1932)的两部专著。

记录神经活动

在我们讨论中所提及的神经冲动大都是通过它们所产生的电的变化而加以记录的[布灵克(F. Brink, Jr.), 1951]。当冲动在神经纤维的某部分上进展时,这个活动的部分与其附近不活动的部分相比,是变为负电荷的。这种变化叫做锋式电位(spike potential),或是负变(negative variation)。意义与此相近的名词,动作电流(action current)和动作电位(action potential),也包括跟着锋形电位出现后的微小的电变化。这种锋形本身可以有大约1毫秒的时间延续和100毫伏的强度(虽然它的大部分的强度是被局部的短路而消失了,因此所余者只有几个毫伏可以记录下来)。在一个长时期里,必须从神经干作记录,那里的许多纤维的个别成分合并起来,就可以输出一个颇大的总的动作电流。那时的问题是要搞清楚在一条纤维里究竟发生怎样的变化。但是在20世纪20年代里,真空管或"无线电"的迅速发展,把研究工作者从这种束缚里解放出来了。他们可以把动作电流放大到100万倍,并且利用扩大器的输出,来发动极快的记录器。其中之一,即阴极射线视波器(电视仪的影幕),基本上是没有惰性的。从1930年起,由于研究工作者找到了更好的方法去运用新的工具,我们对感觉纤维的知识已经有了很大的进步。所剩下的问题之一就是设计制造和利用小的电极,从神经干里密集在一起的许多纤维中,挑选出一条纤维的输出。另一个困难是某些纤维表现自生的放射——它们在没有外界刺激时能放射出散漫的冲动,而这些冲动来自它们自己的新陈代谢过程。在这样的例子里,刺激的影响是在改变放电的频率,因此被试的刺激阈限,更确切些说,是作为差别阈限看待的。如借用交通工程方面的术语,可说成:"信号力量"一定要在"噪音水平"之上才能被分辨出来。我们对感官研究越多,就越能认识到神经系统是在经常的活动中,而且认识到外界刺激只是改变和控制这种活动。这些问题在几种感觉的论述中将再次出现。

部位信号

勘定一个物体在环境中的部位的能力,是超越我们目前所想讨论的问题范围的。它属于知觉标题下而不是属于感觉的。我们是在探讨皮肤上或网膜上的部位并且探讨感觉的部位信号是什么。作用到皮肤上的两个刺激可以在质和量上是相同的,但在部位上是可以分辨出来的。射到网膜的不同点上的两个视觉刺激也是如此,并且是在视野里被看成不同的视点。因为网膜是如实地投射到大脑皮质的主视区上;而皮肤投射到体觉区上,部位-信号系统(locality-signaling system)似乎是显而易见的。皮肤或网膜的每一部分输送神经冲动到大脑皮质的相应部分,并且感觉的部位信号仅依赖于大脑皮质接受冲动的那一部分。但是,这是一个复杂的问题。如果认为皮肤的每一点是由一条单独的感觉神经纤维支持着,这是不正确的;相反,皮肤的每一点接受着来自一条以上的神经纤维的末梢细枝,而每条纤维的细枝连接在不止一个皮肤点上。例如,每个毛发感受器是由2~7条感觉神经纤维的末梢细枝支持着,而每条纤维分配到几根毛发上。因此,这个"一条纤维对一个点"的简单学说必须抛弃,而应支持这样的学说:每个皮肤点在皮质上所占有的位置应当认为是从皮肤区域传来并达到皮质的最大集中的冲动的那一部分[陶尔(S. S. Tower,1943)]。但是,刺激部位的信号化是被神经冲动投射到接受面的大脑皮质"图"(cortical map),这仍然是正确的。

质量的信号

初看来,在这里似乎是没有什么问题。如果皮肤接受一个热刺激,它当然要作为热的信号而达到脑。网膜如果接受一个红或蓝刺激,它将自然地把颜色信号传达到脑。但是进一步的思索使这问题变得有些严重,因为神经纤维并不把热或色传导到脑。它们只传导神经冲动。

远在1826年对神经冲动知道很多之前,伟大的生理学家缪勒(Johaonnes Müller)提出了特殊神经能(specific nerve energies)的一个学说(波灵 1929,1942)。此学说认为,每种感觉神经有其活动的特殊形式,因而视神经是发出光和色的信号,听神经是发出声音性质的信号,嗅神经是发出气味性质的信号,等等。这个学说可由这样一句话鲜明地表示:"假使我们能把听和视神经交叉地移接起来,我们可能看见雷而听到闪。"这样的一种实验显而易见是办不到的,但是有些满意的替代者。例如,把眼睛用力转向左方并且轻轻地按压右眼睑的外角。在这种情形下,你刺激一只眼睛的网膜的外侧,你就看到在视野的左边有一黑盘。① 你得到符合于接受刺激的感受器的视感觉,而不是符合于按压刺激。相似地,多数的感受器可以被电流所刺激,而所得到的感觉说成是触、痛、光或声音,同样是符合于被刺激的感受器的。类似这样的不适当刺激的事实是合乎缪勒的学说的。

然而按照我们现有神经冲动的知识,要真正接受缪勒的概念是不可能的。一切神经冲动,包括感觉的和运动的,基本是一样的,都是沿着神经纤维而传导

---

① 不但看见黑盘,而且看到围绕着黑盘的周围有一道亮光——译者注。

的电化学活动。它们的不同之处在于被刺激所引起神经活动的频率与纤维的数目,正如我们在上面所看到的,这些变量发出强度的信号。它们所达到的皮质区是不同的,并且网膜刺激之所以引起视觉而不是听觉的感觉,因为它把神经冲动传导到枕叶而不是颞叶。有些事实支持这种观点。打一下头的后部,即在枕叶上打一下,使人看到光的闪烁。要是以为不同感觉的特殊性质是依赖于在脑中的感觉的定位,似乎是有理由的。在那种基础上,我们可以设想红、蓝和绿的感觉之间的差别是依赖于它们在整个视区里面的更精细的定位。这就又使我们想到,这样精细的定位是替部位信号打下了基础。在视区之内我们需要两套分枢(subcenters),一套是供色觉用的,而另一套是供网膜上的空间定位的。因而定位学说相当复杂化了,虽然并不是不可能的。另一种可能,由于神经纤维的粗细不同,以及神经冲动在数量和时间结构上相应的差异,把不同性质的刺激变为不同的信号。在肤觉里是有些证据支持这种可能的。

肤觉的分界

约有半世纪以上,心理学家一直主张,除传统的"五种感觉"以外尚有其他,并且主张这个数目应当增加到差不多十种。有很重要的肌肉觉,在内耳里有半规管的感受器,有来自胃和别的内脏器官的可辨的感觉。并且为什么要抛弃这五种感觉说法,其另一个理由是,传统的"触觉"可以证明它包括着几种感觉的。要了解这种结论是怎样得到的,一般地讲,我们可以问,"感觉"的意义是什么。为什么我们说"视"是一种感觉,而"听"是另一种?下述几个标准可以把它分为两种不同的感觉:第一,它们有明显的不同的感官——眼与耳。每种有它自己的神经,并且在这些神经里的冲动是传导到脑的不同的区域;再者,这两种感官各对其特殊刺激反应;最后,它们所产生的感觉在质上是有显著差别的,所有的颜色是同属的(belong together),并且与乐音和噪音显然不同。根据这些差别,我们不怀疑,视与听是两种不同的感觉。

同样的标准是用来分辨味与嗅的,但是这里碰上些困难。它们的感官显然不同,但二者之感觉是易于混在一起,因而谈到一只橘子的"味道"(taste)的时候,所言者大都是指气味(odor)。困难在于两种感官受到同一刺激物的刺激。好的实验控制必须把化学刺激限制在一个单纯的感官上。

我们从皮肤得到各种感觉性质,包括触与压、热与冷、痛与痒、硬与软、粗糙与平滑、湿与干,但是其中有些可能是混合物或者甚至是知觉到的外界物体的性质。实验的进行是要控制各种刺激并使它们接触到皮肤的小部分,为的是要发现那些对不同刺激引起不同反应的细小感官。

皮肤感觉点

试验皮肤是逐点进行的,问题在于不同点是否对不同刺激进行反应,不同点是否产生不同的感觉。如果你在手腕无毛的表面上打一个带有黑线格的戳子(图10-2,320页),并以专用的刺激对它加以查勘,你发现某些点对压、某些对热、某些对冷,并且很多别的点对针刺引起反应——这样测验出来的"反应能力"(responsiveness)就是你每次认识刺激的能力。对这些点的创造性的发现给我们提供一个显明的事实,不同的研究者几乎在同时获得了同样的结果。三位生理学家——瑞典人布利克斯(M. Blix)、德国人高尔德施尼德(A. Goldschneider)和美国人唐纳孙(H. H. Donaldson)——几乎在同一时期进行了这样的实验并照上述次序从1883年到1885年间发表了他们的结果。直到另一位德国生理学家冯·佛雷(M. von Frey,1894)的研究发表之前,痛点的充分论证尚未获得。

冯·佛雷的实验是要决定痛觉是否可与压觉分开。他当然了解,强压大都会引起痛而轻压只引起触的感觉。因此如果痛觉和压觉是两种独立的感觉,可以设想压觉可能有较低的阈限。为解决这个问题,他需要用一系列按强度分等的微弱刺激。为达到这个目的,他找到应用人和其他动物的直的毛发。他用1英寸或较长的种种直毛紧捆在轻的木柄一端。将毛发未捆住的一端对直皮肤加以按压,因而使毛微微弯曲。它对皮肤加上了一定的压力。压下天秤的一边称盘的一根细毛,仅能举平另一边秤盘上的1毫克重量;一根硬毛则能举平100毫克。皮肤上任何点的阈限是由确能引起感觉的最弱的毛发所决定的。每根毛发的直径是利用显微镜量出来的,并且对每平方毫米所使用的压力加以计算。用最后这个定量法所表达出来的不同皮肤表面(一名被试)的阈限如下:

压觉的刺激阈限

皮肤 不同部位	刺激阈限 (克数/毫米^2)	皮肤 不同部位	刺激阈限 (克数/毫米^2)	皮肤 不同部位	刺激阈限 (克数/毫米^2)
舌尖	2	指尖	3	指背	5
前臂前面	8	手背	12	腓或小腿	16
腹	26	前臂后面	33	腰	48
足掌厚处	250				

这样的阈限部分是依赖于皮肤的厚度,而另一部分则依赖于神经分配的数量。在测量皮肤本身的敏度之前,将有毛发的部分剃光,因为一根发毛有杠杆作用,它可能把刺激传到它的根部周围的神经末梢,而且任何足以弯曲一根短毛的压力通常也将会引起一种感觉的。

为了进行更精密的勘探,冯·佛雷在腿的皮肤上选择了 1 平方厘米的小区域。他最初用微弱毛发去试探它,并找到了几个表现触觉的小点。在使用更硬些的毛发时,他找到了约 15 个点发生反应,每点的阈限为每平方毫米的 33 克,或少些。一直把刺激从 33 克增加到每平方毫米的 200 克,很少发现更多的感受点;但在 200 克之上,许多点产生针刺和痛的感觉。因而有两种小点:一种具有低阈限而产生触或压的感觉,另一种具有高阈限而产生痛的感觉。这两种小点的分布是不同的,因为压点是聚集在毛根的周围,而痛点分散在皮肤的表面。压点大都是在毛发"迎风方面"的一边,亦即紧靠在毛囊的上面。但有些很少的压点,即使在毛发的表面,也并不靠近任何毛发;在没有毛发的表面上,仍然有许多压点(冯·佛雷,1894)。

冯·佛雷用一根很尖的针刺在许多痛点和压点上,从前者得到了剧痛,从后者所得的一般只是压的感觉。在那些对针刺产生既有痛而又有压的地方,痛和压的感受器大约是同时存在的。

在眼球前面(角膜和结膜),感觉的小点是很多的,它们的阈限是低的,但感觉总是疼痛的、散漫的,而且在刺激停止后这种感觉仍然存在一个时期。这些表面似乎是有痛觉而没有压觉。

不同区域之间的痛觉阈限是有很大差别的,但是这些部位的差别不是与各部位的压觉阈限的差别相平行。几种痛觉的阈限如下:

痛觉的刺激阈限

不同部位	刺激阈限 (克数/毫米²)	不同部位	刺激阈限 (克数/毫米²)	不同部位	刺激阈限 (克数/毫米²)
角膜	0.2	结膜	2	腹	15
前臂的前面	20	前臂的后面	30	腓	30
手背	100	足掌	200	指尖	300

为了研究温度小点,用秃头的铜棍对皮肤加以勘探。这铜棍是时常泡在水里并且保持着比肤温较热或较冷几度的温度。更恒定的刺激温度可以得自一种空心金属护温套,通过它流通着所需要的一定温度的水(图 10-1)。要把水维持在一定的温度上,需要用一种相当精致的装备。最近发现了一种小的电"铒笔",借着变阻器(rheostat)去减少电流的流动,它们就能保持在一种很能令人满意的温度以便进行热的刺激。为了研究冷觉,方便的办法是把一根铜棍经过橡皮塞穿入一个盛满冰和水的大试管中。铜棍插入试管的部分越多,用作刺激的一端将会越冷。可以用橡皮管把试管遮掩起来,以防"流汗"(sweating)。

用一个凉的刺激加以试探,皮肤在一定的点上而不在其他点上产生凉或冷的感觉;用一个热的刺激加以试探,它在一定的点上而不在别的点上产生热的感觉。经常被找到的冷点多于热点。

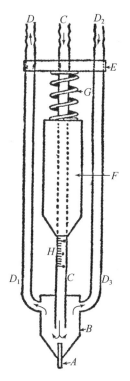

图 10-1　改进的温度刺激器[达仑巴赫(K. M. Dallenbach),1927]。把冷水(8~9℃)或热水(42~44℃)通过管 C 挤入 B 室。并从 D_1 和 D_2 流出。伸出的铜刺激点 A 的直径为 1 毫米,当实验者把它放到皮肤上时,它可被实验者见到。由于 B 室的水,使 A 点保持着一定的恒温。实验者握着柄 F,通过弹簧 G 支持着仪器的重量,并且使它降落在皮肤上直到这柄达到量尺 H 一定的刻度上。因此 A 在皮肤上的压力得到了控制。

一般地讲,痛点的数量是最多的,其次是触点或压点,再次是冷点,最后是热点。皮肤曾经由斯初格厚德(H. Strughold)和他人加以广泛的勘探,这些结果已由冯·斯克拉姆里克(E. von Skramlik,1937)搜集起来,这里引用他的几个数据。

每平方厘米的皮肤感觉点

部　位	感觉点/厘米^2			
	痛	触	冷	热
额	184	50	8	.6
鼻尖	44	100	13	1.0
胸	196	29	9	.3
前臂的掌面	203	15	6	.4
手背	188	14	7	.5
拇指球	60	120		

这些结果指向一种假定,每个感觉点有感受某一种特殊刺激的感受器。人们会希望找到热感受器是在热点里,冷感受器在冷点里,痛感受器在痛点里。提出三个能用实验来解决的问题:① 点的感受性是否稳定,因而同一个点永远产生同一的感觉? ② 显微镜能否显露出每种点有一种特殊的末梢器官? ③ 每种点当它不仅被"适当的"或正常的刺激所激起,而且在运用电或别的"普通"刺激时,是否都产生它的特殊感觉? 对这三个问题的正面回答将证实肤觉的斑点性的分布。

感觉点的稳定性(或不稳定性)

最早的研究者一定留下了这样的一个印象,他所发现的稳定的点,在重新加以测验时,产生同一的感觉。但是当实验室里一个学生已经在手背上用图圈出一个小的区域,在图上记录着每个冷点的位置,并且在另一天重新检查这块区域时,他发现前后结果的一致性是相当差的。用同一刺激他得到差不多同样多的冷点,但不是在完全相同的部位。即使有经验的心理学家,在重新检查部位的结果时也只是找到相当的一致。

另一种使人感到麻烦的事实是,增加刺激的强度就增多点的数目。比皮肤稍热或稍冷些的刺激,只产生几个热点或冷点;而较热或较冷到几度的刺激,却产生一个更大的、可是仍然是有限度的数目[海萨尔(F. Heiser),1932]。这一事实在固定点的假说里能得到照顾,如假设某些感受器的感受性大于其他感受器,并诉诸一个无可怀疑的事实,即一个强刺激的物理效应在皮肤上扩散到相当大的面积。增加压力即增加被伸张的皮肤的面积,提高一个刺激的温度即增加皮肤受热的面积;因此一个强刺激可以达到距刺激所在处相当远的感受器。

然而我们必须承认这两个事实——点的显然不稳定性和点的数目因刺激的增强而增加——是与另一个可取的假说更相符合的。这个假说抛弃了肤觉的斑点分布,并只假设了皮肤的感受性随点而异,在一个点里是随时而异的。这个假说是值得记住的。

已经看到的不稳定性可能是由于实验的错误。达仑巴赫(1927)找到许多错误的根源,其中有些错误是很难避免的。把结果制成图记时,因为不准确而产生错误。必须有准确的记录,因为相距只有1毫米的两个点就可以产生不同的感觉。为达到认清的目的,打在皮肤上的戳子,虽然是用不易消退的墨水,但如不用绒布圈加以保护,几天就会被摩擦掉。在皮肤松弛的地方,图一定不准确的。温度刺激的压力一定要保持一致,刺激的时间也要一致;在测量和重新测量时,皮肤的温度应当是一样的。皮肤的温度增长1度,那它对温刺激的感受性就不够灵敏了。如温度降低1度,则它对凉的刺激的感受性也不够灵敏了。由于许多导致错误和变异的因素,就不可能希望有两个完全一致的图。达仑巴赫用了一种改进的仪器,能对温度和刺激部位作精确的控制,获得了能胜任这种工作的被试们的大力协助,以及由于事先防止可能发生的疏忽,他得到了相当一致的结果。这在图10-2里能看到。

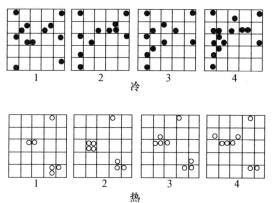

图10-2　同一区域,测绘冷点4次,测绘热点4次,这在大约一个星期的四天内进行的(自达仑巴赫,1927)。测绘的区域是在被试上臂的一个平方厘米。黑点代表冷点,小圆圈代表热点。每一方格包含4个测量点。

如果允许某种不同伸张,把热点的测量从皮肤表面深入皮肤内部达到一个感受器,这4个"热"点图表示完全一致。在这4个热点图内,恰恰可以这样说明有3个感受器。

至于冷点,它们为数太多,以致不允许对测量结果作出如同上面的估价,但它们有4个冷点(平方毫来),当每次测量时得到积极的反应。而78个点每次得到消极的反应。即使这种测量上很小的符合,比偶然的机会所得到的要好得多,这就是说,有一种假说,认为以一定的刺激强度测量各点,将有一定的百分数得到积极的反应,但反应点的正确位置则完全是一种偶然的机会(刺激中约有12%得到冷觉,并且在这基础上没有一个点将连续得到四次积极的反应——并不像图中所看到的有4个这样的冷点——而只有60个,并不像图中所看到的有78个,将前后一致地得出消极的反应)。

虽不能作最后的结论,但证据总是倾向于支持部位化的感受器和斑点的感受性。在另一种实验方式里,没有试将一个区域内所有的热点或冷点图模绘出来,只是把特别敏感的点加以标志以便事后再行刺激,并且被证明了是很可靠的。潘德尔敦(C. R. Pendleton,1928)小心地勘定了36个冷点,后来发现它们之中只有2个点没有产生冷觉。

寻找肤觉的感受器

任何皮肤感觉的学说是不完善的,除非它能指出作为压感受器、痛感受器、热感受器和冷感受器的解剖结构。它同样是不完善的,除非它能准确地说明这些结构怎样受它们相应的刺激的影响。曾经用过两种方法来寻找这些感受器。间接的方法是对这四种感觉在皮肤上的分布和各种神经末梢的分布加以比较,更直接的方法是切除这些点,检查在它们里面有什么神经末梢。

(1) 间接方法

皮肤的组织学的检验揭露了几种神经末梢:

① 自由-分枝神经末梢。它是感觉神经末梢最普通的一种,几乎在皮肤里到处都有。

② 毛发感受器。每条毛发的根是埋藏在一堆神经末梢里,这就不难了解毛发怎样把压力传导到围绕着它们的根的神经末梢而成为压觉的感受器。毛发的高度感受性能从它们对这些神经末梢所起的杠杆作用而得到理解。

③ 迈斯纳球(Meissner corpuscles),从皮肤上不长毛发的部分找到的。它们通常是被认作为压觉服务的,并且甚至叫做"触觉小体"(touch corpuscles)。

④ 克劳斯末梢球(Krause end bulbs)。圆形,每个球体(像迈斯纳球)含有一条感觉神经纤维的末梢,包围在皮肤细胞构成的一个小囊里。

⑤ 其他圆筒形和别的形状的末梢球。

⑥ 环层小体(pacinian corpuscles)。形大并有极发达的囊,发现在皮下组织里(和别处),而不是在皮肤的本身。

至于分布的区域,自由神经末梢到处都是,毛发感受器在所有长毛发的表面,迈斯纳球小体分布在不长毛发的区域。至于末梢球的分布,则是显然有限制的,因为它们不易用显微镜找到,并且在皮肤的组织学研究中很少提及。

外部皮肤的一切部分具有这四种感觉。但口腔和喉咙的黏液膜却不如此,眼球前部也不如此,外部生殖器官的某些部分也不如此。曾经勘探过这些区域,希望对温度和痛的感受器有所发现。

冯·佛雷(1895)发现,角膜中部产生的感觉,即使微弱到不能说是痛的程度,然而却有痛的特性而不是触的特性,亦即具有长的潜伏期和慢的消失。那里的神经末梢完全是属于自由-分枝的一种。那么,在那区域里,自由神经末梢显然是痛的感受器。更进一步的事实,在这外部皮肤上自由神经末梢和痛觉二者的普遍分布证实了这种相关。但是这些自由神经末梢也可以控制痛觉以外的感觉。

角膜外缘,除痛觉外,产生冷感而不产生热觉,并且在这里克劳斯末梢球体是普遍的。冯·佛雷因此下了一个结论,这些圆的克劳斯末梢球体大约是冷的感受器。至于在外部皮肤里这样的球体数目是否足够控制它的冷觉,他认为这仍然是一个需待解决的问题。

冯·佛雷的眼球实验曾经斯初格厚德(1926)重复并加以改进。他用的刺激器是一个上面有一层薄棉绒的驼毛刷子,把它先浸到温的生理盐溶液里,再甩掉盐水,然后把它放到角膜或结膜上面。他试验过眼睑的外皮,靠近角膜一边的结膜,经常被下眼睑遮起的和靠近角膜下边的结膜,以及角膜的下部周缘,所得到的结果列于下表。

试验的部位	刺激的温度/℃						
	28~30	31	32~38	39~46	47~51	52~55	56~68
睑的外皮	冷的	无	温的	温的	热的	烧—热的	烧的
结膜,边的	冷的	无	无	无	冷的	烧—冷的	烧的
结膜,下边的	无	无	无	无	无	烧的	烧的
角膜,周缘	冷的	无	无	烧的	不能忍受的—灼烧		

这里眼睑外皮所产生的可以说是一系列常态或有规则的温度感觉变化,其生理零度是在31℃。从31~46℃之间结膜旁边不产生温度觉,对此的解释是它没有温觉,但是它对相当热的刺激产生"诡冷觉"。"烧的冷"(burning cold)是被解释为由高温引起的诡冷觉和痛觉的一种混合物。

被试验过的结膜的第二部分里没有冷觉,也没有温觉,并且它对温度的唯一反应是烧的感觉,而这是由于温度高到一种程度引起了痛觉感受器的活动。

角膜周缘表现冷觉,没有温觉,并对痛觉的阈限是低的。

眼的内角,即泪腺肉阜,的确产生温觉,并且也有不存在于结膜和角膜的压或触觉。我们从眼部所得到的压和温觉是从这内角和眼睑的外皮与其周缘得来的。

总结:痛觉存在于角膜和结膜的整个表面,而在角膜中心,痛觉是唯一存在的感觉。角膜的周缘和结膜的大部分也有冷觉,但是没有温和压觉。

冯·佛雷(1895)和赫尔(P. Hauer,1926)曾经试验过龟头和阴蒂,因为在这些部位里有圆形末梢球体和"生殖器的小体",它们可能只是同一东西的变形。痛觉是存在的,压觉据说是不存在的,温觉虽然存在但是不发达,冷觉存在且很发达。因此就增强了冷觉与圆形末梢球体的关系。

在口腔里,在腮内面对第二个白齿的一小块黏液膜特别缺乏痛觉[凯叟(F. Kiesow),1894]。在咽喉的一定部分(扁桃腺和内壁)痛觉是唯一存在的感觉。冷觉是此温和压觉更广泛地存在于这一部分。在鼻内,所有肤觉延伸于鼻孔内部约有1厘米,而痛觉则更深入1厘米[施利维和斯初格厚德(H. Schriever & H. Strughold),1926]。在口、喉和鼻中,不同形态的神经末梢与肤觉的紧密相关尚没有被研究出来。

(2) 直接方法对感觉点下面的皮肤或黏液膜检验

眼球的结膜对冷是有高度敏感的,它有许多克劳斯末梢球体;并且就所在的区域而言,冷点和末梢球体的分布是相同的:冷点多的地方末梢球体也就多。但是这样的相关是间接的证据。斯初格厚德与卡尔比(H. Strughold & M. Karbc,1925)用体内(intravital)染色法,即采用一种能染神经组织的染料,名叫甲烯基青(methylene blue),对这个问题做了直接钻研。进行的步骤是把一滴甲烯基青液点到眼睛里,并且通过显微镜观察结膜,直到可看到神经纤维和感受器为止。必须等待2~3小时染料才能发生效力,并且当末梢球体出现的时候,这种染料使眼睛暂时失去冷觉和痛觉。然后把看到的末梢球体小心地制图,并在第二天当染料业已消失而感受性已经恢复的时候,按照图形把冷的刺激运用到它们的部位上去。几乎所有已经勘定有末梢球体的各点都产生冷觉。这种结果似乎替眼睛解决了这一问题:它的圆形末梢球体一定是冷的感受器。

关于外部皮肤这个问题还不能认为是解决了:① 对皮肤的末梢球体尚无确凿可靠的组织学的证据。② 几位研究者,从唐纳孙(1885)到潘德尔敦(1928)曾用过直接方法,通过勘定冷点,加以切除,对切除的小块皮肤加以染色和检验它们的神经末梢。所有这些研究者都留神地发现末梢球体,但是并没有看到一个。一个可能的例外是威德尔(G. Weddell,1941),他在一个单独切除下来的冷点里找到了两组神经末梢像是克劳斯末梢球体。瓦拉什(F. M. R. Walshe,1942)曾经批判地检查了这个证据,认为这些克劳斯末梢球体就是冷觉感受器的主张,是可以成立的。它们成群出现,像触点中的迈斯纳球似的。

(3) 温和冷感受器在皮内的深度

假如对感受器的深度能加以勘探,它们应更易于被发现和加以认识。久已相信,温的感受器是在比冷的感受器更深的地方。有几点证据支持这个看法。

第一,对温的反应时间是比对冷的长些——温约为.18秒,冷约为.15秒。似乎是,当温刺激到皮肤上,它需要较长的时间才能达到温的感受器——比冷刺激到冷的感受器所需的时间要长些。

第二,温点是赶不上冷点的锐利和分明的。因为温的传导一定要扩散,一种居处较深的感受器比居处较浅的感受器能从较宽大的面积得到刺激。

第三,当用电渗法对皮肤加以可卡因麻醉——用电流把皮肤上的可卡因液传导到皮肤组织里面——现在我们知道,在最初几分钟内皮肤的表层首先受到麻醉剂的作用,当麻醉剂继续作用时,其作用是越往后越深入。施利维(1926)发现:3分钟的电导可卡因作用对冷觉的损坏是相当大的,但对温觉却没有什么影响;8分钟后冷温两种感觉都消失了。痛和触觉经常都是最后消失[科明斯(S. B. Cummings),1938]。

第四，现在已经有了关于热从皮肤传入和传出以及与此相伴而生的温度感觉的事实[巴载特,麦克格龙和布罗克赫斯特(H. C. Bazett, B. McGlone & R. J. Brocklehurst),1930]。在皮肤表面和不同深度的温度是用热电偶(thermocouples)与电流计连接起来加以测定,电流计指针的偏转记录在移动的感光纸上。首先在前臂的背面找到一个冷或温点。然后把一只锐利的针横着穿透冷或温点下的皮肤约达1毫米深度。将针拔出后,把一细金丝的圈穿入孔内,并且恰在点下造成一个温度接合点;用X光线照相像帮着进行这种调节。把另一个热电偶直接放到皮肤的温点或冷点上,然后把一个温或冷的刺激放到要研究的点上,当被试感到温或冷时即刻作出反应;在感光纸上记录着温或冷刺激的作用时间、被试的反应时间和皮肤表面以及在皮下一定深处的温度变化。

通过皮外层热传导的速度的衡量,是当深度热电偶接连的电流计显示任何温度上的升或降的时刻,进行记录而得出的。内热导是每秒1毫米少些,而外导(即冷的透入)是慢一些。

在深度1毫米的温度,在应用温刺激1秒钟后就开始升高。在应用短暂的刺激时它仍然继续升高,甚至在除去外界刺激后仍有几秒钟的升高(图10-3)。

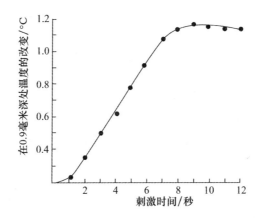

图10-3 距皮肤表面.9毫米深的温度的改变,比皮肤温度高7.5℃的温度应用5.4秒[材料自巴载特、麦克格龙和布罗克赫斯特(H. C. Bazett, B. McClone & R. J. Brocklehurst),1930]。第一秒钟内部温度几乎不受任何影响;逐渐以每秒0.18℃的进度稳定地升高7秒钟,即达顶峰,然后开始降落。温觉区域有温点存在,温的感觉具有1.17秒的潜伏期。

被试以一个可变的反应时,1秒或1秒多来对温或冷感觉作信号。一个0.15秒的常数定量是对真实反应时的,余下的是作为热或冷施加到表面达到感受器所需的时间,它们的深度是从传导的速度计算出来的。虽然几个实验得出不太相同的结果,标志冷感受器最可能的深度仅仅是0.15毫米±0.1毫米,对温感受器是0.6毫米±0.2毫米。这些深度将对乳头或发生层(malpighian layer)的冷感受器定位,以及在真皮内的温感受器定位。

作者们发现皮肤的血管状态与热或冷的透入很有关系,提出毛细管的结构对冷感受器的激发可能是一个重要的因素。

另一个分解肤觉的方法

在一条切断的神经的复生期内,当皮肤重新获得它的感受性时,有些不规则的变化。而这些变化使一位杰出的英国神经学家黑德(Henry Head)认为,对复原过程比在病例中更有可能加以精细的研究。在1903年他请一位外科医生切断了他前臂的一条皮肤神经,并在以后几个月里细心地勘探了这一相应皮肤区域:最初,只有深部觉(deep sensitivity),来自皮下感受器和神经;这部分对只重几克的压力起反应,在增加压力后,它还能产生钝痛。肤觉复原的第一期是黑德叫做先起粗觉(protopathic sensitivity)的出现,这是一种初期的现象,对强的刺激表现强而不快的感觉,但对中等强度的刺激则不表现反应;最后被他叫做后起精觉(epicritic sensitivity)的加于那粗觉的上面,恢复了肤觉的常态。黑德相信他的结果反驳了冯·佛雷的感觉点学说(黑德,1920)。

当然,这个新异的学说引起了很多争辩,并激起别人在自己的臂上切断神经[特罗特尔和达维斯(W. Trotter & H. M. Davies),1909;波灵,1916,1923,1942;拉尼尔、卡尼和威尔逊(L. H. Lanler, H. M. Carney & W. D. Wilson),1935]。一般讲,后来的研究发现恢复期之间的界线并不及黑德所找到的那样分明。无疑,各种感觉的不规则的恢复是会有的;而对这种情形,似乎能用神经支配的逐渐复原是从感觉脱失的麻痹区域的边缘向内部扩散而予以解释的。几种来源不同的证据指明,皮肤的某一个点可以受几条不同的神经纤维支配[比少普(G. H. Bishop),1946],这些纤维的集合活动,可以说明在割断神经后产生的某些复杂现象(波灵,1923)。

如果对皮肤神经加以暂时封闭,这些复杂现象是能得到消除的。如用局部的麻醉剂注射到神经的周围(比少普,1944),切断血液的供应[路易斯(T. Lewis),1942];或是对神经加压迫[拉菲尔(G. Raffel,1936)](当你的一条腿放在另一条腿的上面相当久之后,就会产生一种偶然的封闭,使上面的那条腿发生麻痹)等方法就可以做到暂时封闭。这些暂时封闭对一种肤觉比对另一种肤觉发生更快的作用。局部麻醉使肤觉按照触、痛、温和冷觉的顺序消失,并按照相反次序得到恢复。别的方法可产生不同的顺序。但一切都说明这四种感觉各有其独特的机制。甚至已经有了相当的进展为它们指出皮肤神经中各种特殊形式的纤维。粗大神经纤维似乎是"传送"(carry)触觉,而较细小的纤维是与温和痛有关的。痛可能利用两种纤维:中等的和小的无髓鞘纤维;前者可能是支配针刺,而后者是支配钝痛的(比少普,1946)。

皮肤感受点的不适当的刺激作用

任何感受器的"适当的"刺激即是对感受器特别敏感的刺激。光线是网膜的适当刺激。压觉的适当刺激是皮肤的弯曲或伸张。温和冷,粗略地说,是温度觉的适当刺激。而痛的适当的刺激是重压,对皮肤的穿刺,强热,有刺激性的化学物质,等等。痛的刺激似乎是任何伤害皮肤或是快要伤害皮肤的东西。痛觉,换句话说,有一个高的阈限并且对任何外部刺激是不特别适应的。按照特殊性的原理,当冷感受器在任何时候受到任何刺激作用时,我们一定得到冷的感觉,并且其他感受器也是如此。

冯·佛雷(1894)发现断续电流在痛点上引起穿刺的感觉,而在压点上引起急转或是敲打的感觉。压点反映多至每秒100次振动的刺激的震荡的特性,不管刺激是电的还是机械的,后一种刺激是由振动的音叉发出的。痛点则与此相反,甚至当振动慢到每秒钟5次的时候还产生连续的感觉。

凯叟(1895)曾将机械和电流刺激运用到温度点上去。他先勘定和标记所能找到的最灵敏的温点和冷点。一根秃头软木棍刺激到一个灵敏的冷点时,产生一次暂时的冷感觉;刺到一个温点,则产生持续较久的温感觉。这些结果不是每次都能得到的,但最多约为试验次数的50%。用电流刺激时,它的成功数接近于75%。

电流刺激比其他刺激具有一个决定性的优点,它的强度和持续时间能被适当地控制。这四种肤觉对电流刺激所表现的阈限可能有某些性质上的差别,这将暗示它们相应感受器的机能差别。强阈限(产生刺激效果的最小电流)并不是太有希望的,因为它是随皮肤的阻力而有变异的。但是关于产生刺激作用所必需的最短持续期是怎样呢?这种时间测量就是**时值**(chronaxie)。它是电流刺激所需要的持续期,其强度为阈限值的二倍。几位研究者[内夫与达仑巴赫(W. S. Neff & K. M. Dallenbach),1936;琼斯(F. N. Jones),1940;琼斯和琼斯(M. N. Jones & F. N. Jones),1941]曾经确定过压痛、温和冷的时值。它们是照上面的顺序增加的,很像这些感觉在神经麻醉封闭下消失的顺序。

诡冷觉和综合烫觉

最有兴趣的现象之一是从一个温的刺激所产生的冷的诡觉。这种发现又需追溯到冯·佛雷(1895)。他先勘定和画出几个冷点,然后用一个热刺激作用到每个冷点上,在它们之中有些反应出一种冷的感觉。在大多数的区域里,要用相当高的温度(45℃)去激发冷点,但33℃经常是足以产生轻微的温觉了。

诡冷觉不是用**显著**(broad)的热刺激所能得到的,显然是因为受了这样的刺激的温感受器掩盖了冷点。但是散伯格(T. Thunberg,1901)发现,诡冷觉是能用部位刺激作用于适当暖和过的(warmed)皮肤得到的。他把一个高达45℃的温度放在前臂前面2分钟,紧跟着用一个48℃的刺激,最初引起一个纯粹冷觉,然后又发生了些温觉。这种显然奇异的结果可解释为温感受器对45℃的适应,而对48℃的微弱的反应。温感受器的微弱反应使这区内的冷感受器不被掩盖地表现出它们的感觉。

诡温觉曾经多次报导过,但是很难得到。

诡冷觉是我们作这样主张的证明,一个相当热的刺激作用于一个区域,即在那个区域里引起温和冷两个感受器的感觉。阿儒兹(S. Alrutz,1908)曾经建议过,同时刺激温和冷感受器产生烫(heat)的感觉。一个更高的温度也要激发痛的感受器。阿儒兹自生理零度以上作出下列的感觉表:

正当在生理零度	无温度感觉
正当在温的阈限	刚温
再稍高些	确实的温
在诡冷觉阈限	烫像是温
再稍高些	烫像是冷
正当在痛觉阈限	烧烫
再高些	纯粹痛

烫和烧烫阈限温度有些是因人而异,并随环境的温度而不同。劳恩斯坦(E. Lowenstein)和达仓巴赫(1930)在100名被试中确定了当室温是20~25℃时的这些阈限,发现烫的阈限范围为40~46℃,其平均数为42~43℃;烧烫的阈限范围为43~51℃,其平均数大约为46~47℃。

从同时刺激邻近的温与冷感受器所得到的烫的感觉的最清楚的证实,是综合烫觉(synthetic heat)的实验。在这实验里不用真正的高温度,而是使温点接受相当温的刺激,冷点接受相当冷的刺激。几位实验者成功地用了这样的实验:一个有效的办法是把一种铜管做成的"温度焙器"(temperature grill)作用于前臂的前面,焙器的管子是平行的,相距几个毫米,并且在间隔的管子里通过流动的温水和冷水,使它们变成温的和冷的。但被试不知道刺激的性质[布尔内特(N. C. Burnett)与达仓巴赫(1927)]。

第一种感觉经常是冷的,跟着就是热觉,而热觉常在几秒钟后消失,并又让位给冷觉。在一个10~15秒的刺激的某一个时候,温的感觉也是常被经验到的。

使用冷、温(不是热)和弱的电击同时刺激,可得到综合的烧烫觉(burning heat)[费拉尔(S. C. Ferrall)和达仓巴赫(1930)]。

纵然对诡冷觉和综合的烫觉有这一切引起深刻印象的证据,但这问题还没有结束。詹金斯（W. L. Jenkins,1938b）发现,在四名被试中只有两人报告过诡冷或温,在 9000 次刺激中只作出 27 次这样的报告。在更进一步的研究中(1938c),少数没有训练的被试从温加上冷或是从温加上冷和电击,得到"综合的烫觉",这里尚有别的事实与阿儒兹的学说不符。显然,实验的结果是十分依赖于刺激的条件,包括被试的态度。这种差异能迅速地用一简单办法加以演示。把一打小铜柱钉到两块支板的每块支板上,因此它们像两把梳子,使柱齿之间有足够的距离以便使这两柱板能互相啮合在一起。现在把一块柱板泡到冷水里,并把另一块泡在温(不是热)水里。然后拿出来,洒掉多余的水,并使两种小柱啮合在一起,成为互相间隔的温和冷。令被试赶快将他的手腕横在它们的上面,当这条线画出时,即成为

<u>温冷温冷温冷温冷温</u>

有的被试把手臂拖开,好像是被烫了;有的不过报告"热";其他被试报告,"温加上冷"。

对综合烫觉的争辩可能有一个比较简单的解决办法。让我们假定一个热的物体确实刺激温、冷和痛的感受器。我们已经看到,在这三者之中对冷的反应时间是最短的。因此假设我们接触到一个热的物体,冷将是最早突然出现,跟着是温,然后是痛。要是我们认为是热,当冷和少许的温掺和进来的时候,我们立即缩回我们的手,并且报告"热"。但是我们如果继续保持皮肤与焙器的接触,我们立即辨别出这些间隔小柱的有规则的形式,它是与从一个热面或液体所产生的无定型(hit-or-miss pattern)的温觉,和诡冷觉大不相同。

皮肤冷觉的集中学说

在另一系列的研究中,詹金斯(1940,1941)曾经找到证据,而这些证据要求对温度觉的斑点学说加以修正。他用一种逐次制图的技术:这包括对大约 50 个点中的每个点作重复刺激,每个点分配在几个时间内给以 24 次或更多次的刺激。从每次刺激得到 3 个(强冷)降至 2 个和 1 个(弱冷)一直到 0(中性的)的报告。因此,每个肤点可以有一个综合分数,代表着它的感受性。按照斑点学说,直接在一个冷感受器上面的各点应是很敏感的;邻近的点由于扩散才影响这感受器,它们的感受性应该是差些。一般地讲是如此的。感受点与其感受性较差的邻近点同时受到刺激,要比单独刺激任何一点产生较高的效果。但詹金斯发现这样刺激两点,所得到的效果是经常低于只刺激那一个感受性较高的点。詹金斯认为,他的结果要求在一定的区域里应当有大量的感受器,而不是几个点。刺激某一特定区域所得的刺激强度依赖于在这个区域下面各个活动点的平均集中。

肯定的,所有的囊状末梢器官的数目是远不能满足詹金斯的学说的。因

此,他假定那些为数较多的自由神经末梢是温度感受器。实则,它们也能为触和痛觉服务。或者我们是过于着重那些比较明显的末梢球体了。但是如果自由末梢神经是为所有的四种肤觉服务的,它们之间在某些方面一定有所分化,而这是我们还没有发现的。现在有相当多的证据,证明在皮肤里有四种比较独立的和在机能上各有不同的感觉系统,支配着温、冷、触和痛觉。

发射热

对于温度觉,大多数的研究工作是用刺激物体真正接触到皮肤来作的。略有不同的结果是用发射热得来的[哈第与欧培尔(J. D. Hardy, T. W. Oppel),1937]。首先,如刺激的面积是比1平方英寸小得多,在达到痛的阈限之前是得不到温度觉的报告的;这个面积大约有接触刺激器的尖头(1毫米)的700倍。其次,从两个区域得来的结果有显著的集中,因而发射热作用于两手的阈限是比任何一只手独自接受刺激时低。这种发现与詹金斯(1940)所报告的用接触刺激器得不到集中,形成鲜明的对比。詹金斯(1951)提出,这些差别可能意味着发射和接触刺激作用是有不同的机制。但是把这些差别归之于接触刺激作用的触觉成分的不同,将是更合理的。当用一个接触刺激器时,清楚地局部化的压刺激作用可能"限制"(tie down)比较模糊的温度感觉;在缺乏这种有稳定性的触觉成分的情况下,发射的温度是比较难以认识到的。

痛

任何一种强度过高的刺激,几乎都会从身体的任何部分引出痛觉。因此,久已相信,痛是一种特性,它是由于任何感受器接受了过度刺激所产生的(参阅达仑巴赫,1939)。但是某些方面的证据,例如这样的事实——特殊的神经损伤是会消除痛觉但不扰乱触觉,或消除了触觉而不扰乱痛觉,指向一种独立的痛感。皮肤的痛点的发现给这个看法以强有力的支持。痛感受器无疑是广泛地分布于整个皮肤内和其他有感受能力的组织内的自由神经末梢。对这些末梢加以拉扯,就会产生痛觉[给尔达尔德(F. A. Geldard),1950]。这样产生的冲动是在特殊的神经束里传导的,外科医生有时切断这些神经以排除经常性的疼痛。甚至有这样的报导,有人天生地缺乏痛觉,每当割破或烧伤时自己还不知道[包义德和聂(D. A. Boyd Jr. & L. W. Nie),1949]。

痛无疑是一种独立感觉。相当可能,应当把它看做多样的而不是单样的。本章内我们已经讨论过由于刺激一个痛点所引起的痛,可以叫做针刺的痛,它并不是特别不快的。用更强的刺激作用于一个较大的面积,它的性质变为钝痛或酸痛(aching pain)。当一条暴露出来的神经遭到逐步增强的电流刺激时[帕特尔和威德尔(R. E. Pattie & G. Weddell),1948],也发生同样的变化。从发酸的肌肉或膨胀的膀胱而来的痛,可能还是有些不同。我们不能说,这些是在一种单一感觉中的不同的属性;我们也不能说,这些是不同的感觉。由于在痛与对痛的反应之间常有的混淆,这个问题变得更为复杂。在微弱的电击传递到皮肤上去的时候,这是容易观察到的;当一个"神经质"的人觉察到这种电击像一个微弱的间歇触觉,如像接触到一个振动的音叉时常常立即把手猛地扯开。是否我们把这个叫做条件反射或幻觉,这并不重要。这是肯定的,当我们试图用数量方法去研究痛觉的时候,这些反应导致无限的混乱。这些问题在近代医学里,是越来越变得重要了。近几年来大量的研究是致力于痛觉的。许多是用哈第-乌尔夫-戈德尔(Hardy-Wolff-Goodell)仪器作的,从这种仪器放射出一点发射热到前额上涂黑的部分,据说产生了高度稳定的阈限[参阅乌尔夫和沃尔夫(H. G. Wolff & S. G. Wolf),1949]。要全面论及关于感觉和对感觉的反应之间的混淆的大量文献,就会把我们带到太远的领域了。在爱德华(W. Edwards,1950a)的评论里就罗列了101种论文。

肤觉的适应

所有这些感觉表现"负适应"(negative adaptation)的现象:在一种刺激连续不变的作用下,在一段时期后,这些感觉就停止产生它们所特有的感觉。从日常经验中,我们可想象痛觉是不易适应的,但在一般情形下,刺激是或多或少间歇的,这就给这种感觉以恢复的间隔时间。一个具有2.5～25克压力的尖针作用于前臂时,产生皮肤痛而没有引起深部压觉;这样的痛一般是在10秒和100秒之间消失。消失的过程可能因为一个曾已消失的痛的偶尔重新出现而复杂起来。一个典型的例子提出下列次序的报告:"① 尖锐强烈的痛,② 尖锐的痛,③ 痛,④ 钝痛,⑤ 微痛,⑥ 压的感觉,⑦ 微压的感觉,⑧ 痒痒,⑨ 没有什么。"停止刺激后,痒、针刺、热等等后觉(after-sensation)常常是相当强的[卫尔斯与黑星顿(E. F. Wells & L. B. Hoisington),1931;朋斯(M. Burns)与达仓巴赫,1933]。当几枚针同时作用于前臂直径为15毫米的面积上,适应的时间可能需要长达5分钟,但是在几乎所有的例子里,适应终于是完全的[司东(L. J. Stone)与达仓巴赫,1936]。

压觉的适应

"触的本身"是极易发生适应的。戴上一只手套并使手完全不动,强的最初的压觉很快就消失,直到几乎感觉不到手套,除非因为动脉的搏动使刺激断续出现。

根据实验,对前后一致的压力所产生的适应是沿着如在图10-4中头几秒钟

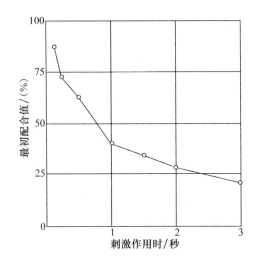

图 10-4 在前后一致的刺激作用期间压觉的迅速消失[仿冯·佛雷与葛尔德曼(M. von Frey & A. Goldman),1915]。前臂上两个邻近点接受刺激,其中一个刺激的压力是前后一致的,延续 4 秒钟;另一个刺激是在第一个前后一致的刺激延续期间某一瞬间忽然作用于邻近点。在一系列的试验里,对瞬间出现的压力加以调整,直到它的强度被判定为在同一时间内与第一个前后一致的刺激的强度相等。瞬间忽然出现的刺激可作为衡量对前后一致的刺激所引起的感觉逐渐消失的尺标。纵坐标表示瞬间出现的压力被判定为与前后一致的刺激相等的最初配合值的百分数。在作用 3 秒钟后,第一个前后一致的压力刺激值已经降到它的最初配合值的 20%。

内的趋势发展的。一个更简单的实验回答了这个问题,即究竟要经过多长的时间才能觉察出一个前后一致的压力呢?轻轻地放一个重量在皮肤上,并且让它在那里直到被试发出不再感觉到它的信号为止。最初是把一个纸盘放在被刺激的地方,以便避免温度感觉的产生。所发现的适应时间是颇有变化的,随着个人、重量和被刺激的皮肤部分而不同。从八名被试所得到的平均数例如下表。

虽然适应最轻的压力的时间为 2 秒,似乎是很短,但仍有理由相信,感受器,或其中的某几个感受器,是几乎立即适应一个完全前后一致的(无变化的)刺激。它们可能只对达到感觉神经纤维的末梢的那些压力的变化积极地反应。较长的适应时间可能代表皮肤的逐渐机械的顺应,带动了新的感受器或使某些感受器的刺激成为间歇的[阿准,1932;卡特尔与霍格兰(McK. Cattell & H. Hoagland),1931]。

对前后一致的压力所表现的适应时间

[齐格勒(M. J. Zigler,1932)]

用的重量 /毫克	不同刺激部位的适应时间/秒			
	手背	前臂	额	腮
50	2.42	2.31	5.07	5.71
100	3.82	3.28	6.22	6.37
500	6.01	4.86	9.96	11.63
1000	6.71	5.60	10.43	13.51
2000	9.52	7.76	16.03	19.36

其实,在这一点上有些清晰的证据。纳飞和瓦勾纳(J. P. Nafe & K. S. Wagoner,1941)装备了一个精细的杠杆系统,使落到皮肤上的一个轻的重量的频率能得到放大得很大的记录。最初这个重量很快降落,并且逐渐地变慢,直到它与皮肤的张力达到平衡。当降落率达到零的时候,被试报告他不再感觉到这个重量。如果部分的重量突然被移去,其余部分的重量慢慢地上升,在它未达到一个新的平衡前,又一次产生着一种触觉。因此,确实认为,肤压是一种"不动即停"(dead beat)的感觉,只是在皮肤变形的情况下表现反应。但是来自皮下感受器的深部压觉,特别是那些在肌肉里的,表现很少的适应。虽然你坐在椅子上长久不动,但仍能感觉到椅子的压力。假使肌肉里的感受器没有这种抗拒适应的特性,你就不会保持一定的身体姿势。

皮肤压觉的迅速适应是主动的触觉比被动的触觉优越的理由之一。织品的质地的细微差别是能被认识到的,如果它们在手指上面移动,或是手指在它们上面移动。但是只把手指放在上面,是很难说出粗沙纸与细沙纸的不同的,并且即使有任何差别,它们几乎立即就消失了。总之,大多数日常的"触觉"实质上是按时间顺序形成的知觉的混合物(perceptual blends),它是与肌肉感觉连接起来的皮肤压觉和皮肤温觉。

温度觉的适应

在一个舒适的房间里,寻常是很少有热或冷的感觉来自皮肤的任何部分,虽然不同的部分是有不同的温度的。这个事实表明温度觉的某些适应。皮肤的暴露部分常有30～32℃的表面温度,即86～90°F。比体内温度低几度。暴露的部分适应于它们自己的温度,而它们自己的温度是主观温度表的"生理零度"。

生理零度不是固定的;皮肤的各部分是有不同的,并且即使在同一部分里,随着皮肤的表面温度而有变化的。假如32℃是手的表面温度,对同样温度的水,手是既不觉到热也不觉到冷。把手放到35℃的水里,你最初觉得它肯定是热的,但是继续浸到几分钟后,它变为中性的。假设再把手放到32℃的水里,就会觉得后者是冷的而不是中性的了,生理零度是被提高了;并且把手放在比手的表面温度低几度的水里,同样地能使生理零度降低。

同样的温度可同时对一只手是热的而对另一只手是冷的,如同在韦伯(E. H. Weber,1846)的经典性适应实验里所发现的。有三桶温度不同的水,20℃、30℃和40℃。把一只手放在热水里而另一只手放在冷水里各约1或2分钟,然后把双手放在中间温度的水里。

韦伯的实验使他得到了温度觉的适当刺激的学说。他主张,热的感觉是从肤温的增高产生的,冷的感觉是从肤温的降低产生的。感受器的温度假如是固定不变的,那么,不论是什么样的温度,就不会有热觉或冷觉。

一个与此相反的学说是由黑灵(E. Hering,1877)提出的。他主张,当皮肤适应于任何一种温度时,一个比它高的温度成为热的刺激;而一个比它低的温度成为一个冷的刺激。

在研究温度觉的许多实验里,大部分是持有这两种学说的见解的,但是还没有得到一般地可被接受的决定——除了一点,那就是,这两个学说都没有能够阐明触及达到感受器的刺激的真实的物理性质。我们可以承认这个决定,并利用这些实验的材料,因为它们对几个重要的实际问题提供了些线索,例如:① 在什么温度范围内,热觉和冷觉是能得到适应的? ② 它们对温度所表现的适应有多快? ③ 当它们对某一种温度表现适应时,这两种温度觉的变化速度是否一致? 在适应期内,生理零度是否有变动? ④ 生理零度是否确具有某种幅度,而这种幅度随着对温度的适应发生变化? ⑤ 在对一个高的或低的温度表现适应时,温度觉的整个量表是否全部向上或向下移动?

适应的限度 事实是复杂的。如果把手放在水里而水的温度比普通的皮肤温度只高或低几度,热或冷的感觉就会减小并在几分钟内即消失。如果把手放在远远超过45℃(113°F)的水里,烫热即刻成为不能忍受的,并且显然的痛觉直至皮肤的表面被烫坏是不能对这样高的温度表现适应的。要是把手放在低至10℃(50°F)的水里,冷的感觉会长时间地存在并永远不会消失。这些事实的本身足以表明,适应的可能范围是有限度的,虽是这些精确的限度可能是难以确定的。

阿保特(E. Abbott,1914)曾发表过,用内省法叙述对一个冷的刺激(约为20℃)表现适应的过程:

在较长或较短的时间内,这是有赖于个人的,感觉里几乎没有任何可以观察到的变化,随后温度觉就很快地消失了……但是这第一次的消失是不持久的。感觉又回来了,并且像有一种波动……在适应变为完全的或永久之前的一个短时期。感觉在每次回来的时候变得更弱些,延续的时间变得更短些。

所有阿保特的被试在较长或较短时间接受 17.5～40℃ 范围内的任何一种温度之后,报告了温度觉的完全消失。

盖尔兹(E. Gertz,1921)得到有些相似的结果。他发现当手放在冷水里的时候,适应是间歇地进行,冷感在消失着;用较弱的强度重新出现着,最后完全消失。对温水的适应是进行得更平稳些。但是当冷水在 18℃ 以下时,照盖尔兹的发现,认为永远没有完全消失的冷觉。与深部压觉组成的一种冷的深部感觉——简言之,一种麻木感——甚至在皮肤本身已经不再表现冷觉时,还是继续存在的。要决定冷觉是从皮肤还是从手的深部来的不是一件容易的事情,由于这个原因,要勘定皮肤适应的正确的低温限度是困难的。盖尔兹倾向于把皮肤适应的低限放在约 16℃,必须不低于 12℃。他把高限放在 41～42℃。我们不久将有机会再提到他的结果。

适应的速度 所用的温度离正常的皮肤温度越远,皮肤对它表现适应所需要的时间就越长。荷姆(K. G. Holm,1903)和盖尔兹(1921)用过一个"温度调节器"(一种使某一皮肤区域变热或变冷的仪器),保持温度恒常不变直到皮肤不再觉得它是热还是冷为止。下表指明对感觉消失所需要的时间。

运用的温度/℃	热感觉或冷感觉的持续时间/秒	
	(荷姆)	(盖尔兹)
45	152	
40	126	162
30	31	
25	47	52
20	72	102
15	112	126
10	165	
5	210	

这里的主要结果是,当运用的温度离皮肤最初的表面温度(这里是 31～32℃)越远,适应的时间越是继续地增长。荷姆的结果似乎是特异的,或者是例外的,因为他报告说对高达 45℃ 和低至 5℃ 的温度有完全的适应。但是,刚才谈过,他的主要结果大概是正确的,纵然并没有真正完全的适应。

在另一个有兴趣的实验里,盖尔兹设法缓慢地改变所运用的温度,使人感觉不到热或冷。当向上或向下变化 10℃ 时,在整个进行中需要 35～45 分钟,这样的结果是达到的。这个阈限大约是每分钟内要有 0.2℃ 的变化。

我们不能从所引用的结果推论,从手泡在热水或冷水里的时候开始,直到水不再觉得是热或冷的时候为止,适应进行速度是始终如一的。适应曲线不是一条直线。要决定这条曲线的性质,需要另一种实验,如在图 10-5 下所叙述的。

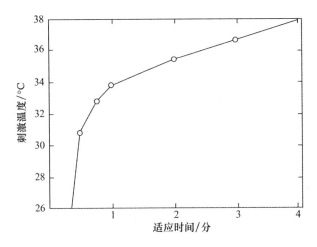

图 10-5 温度适应的进展[从哈恩(H. Hahn)1930 的材料]。两只手最初放在 38℃的水里 5 分钟,使对这温度表现适应。然后把左手移到 26℃的水里以使它适应于这个新的温度,但同时右手依然放在 38℃的水里。半分钟后,一系列的测验证明,已经有了部分适应的左手对 26℃水的感觉,正如曾经保持在 38℃水的右手对一试验桶的 31℃的水的感觉,是一样的冷。横坐标指示从开始放到 26℃水里的时间;纵坐标指示测验桶的温度,而这个温度对右手是同已经部分地适应于 26℃的左手相同的。在 4 分钟终了时,26℃对左手是觉得如同 38℃对右手一样;双手都觉得是中性的,这时适应才是完全的。曲线的上升倾向表示趋向完全适应的近似值。这条曲线像生长曲线。哈恩曾对任何开始的温度和任何最后的温度之间的适应过程,得到一条与此形状相似的曲线,其中只有一点不同,即对过高或过低温度是永远达不到完全适应的状态。

热觉和冷觉的同时适应——生理零度的移动

承认两种温度觉,我们一定要问,是否对冷的适应的意义只是指冷觉的适应,或者是否热觉也可对低温表现适应。冷觉的对冷适应的意义是,对冷的阈限已经是从表上往下推。热觉的对冷适应即可看做是,对热的阈限也是从表上往下推的。因此,如果 20℃不再觉得是冷(或凉),那么冷觉已对 20℃表现适应了;如果 21℃或 22℃的温度现在觉得是热,则热觉也是对 20℃表现了适应。一种感觉可能只是自己表现了适应。假设是这样的话,对 20℃的适应的意义即可能是在 20~32℃之间的温度对皮肤既不是冷的也不是热的;中性地区就会扩大而包括降到适应温度的所有的温度。

这个问题的事实是,在冷适应里,在适应温度以上的温度都觉得是热的,而在热适应里,在适应温度以下的温度都觉得是凉(cool)的。散伯格(T. Thunberg,1901)报告过,当皮肤暴露在 11℃的温度里一个时间,另一个 12℃的温度引起清楚的热感觉；而当皮肤已适应于39℃时，比它稍低些的温度都引起冷的感觉。在这些适应着的温度里，中性点(neutral point)可能比引起适应的液体的温度差1度。遇到极端的温度，与上面不符合的事实变得更为显著；盖尔兹(1921)发现，运用45℃的时候使热觉对41℃表现适应，而使冷觉对39℃表现适应。

中性区的宽度

盖尔兹的实验揭露了这样的事实，实际上存在着一个中性区(neutral zone)，而不是一个点。从我们所知道的关于心理物理学的知识会告诉我们这一点的。我们可以把热觉和冷觉当做独立的感觉，并且从中性点确定每个方向的绝对阈限(RL)。或是，我们可以把产生适应的温度作为指标，并用恒常刺激法(method of costant stimuli)在它的上面和下面确定一个差别阈限(DL)。这就是库勒(E. Culler, 1926a)所用的方法。双手的指头用相同的方法。把双手指头泡在一桶水里，使它们最初在3—5分钟内对一种温度表现适应。然后把它们换到两个测验桶里，在每个桶里各放2秒钟，并且在进行一个相同的测验之前，它们又换到起适应作用的桶里12秒钟。被试的任务是要说出这两个桶中哪一个比较热些。两桶之一总是在适应温度上，而另一个桶是比适应温度高或低一度的零数(或有时相同)。对这样的后果进行计算，就得出在某个适应温度上面和下面的热觉与冷觉的阈限。

对一个适应温度所得的结果[1],[2]如下：

比较温度/℃	24.20	24.15	24.10	24.05	24.00	23.95	23.90	23.85
判断的占比/(%)								
比较热些	100	75	58	31	18	10	00	00
相等	00	19	32	35	37	28	15	8
比较冷些	00	6	10	34	45	62	85	92

[1] 适应温度=24.00℃，每个比较温度是和这个温度相比。
[2] 用求和法计算这些材料，得到：
　　热的阈限在24.079，标准差=0.079
　　冷的阈限在23.992，标准差=0.094
　　差别　　0.087度

假如愿意把介乎热觉和冷觉之间的50%阈限差别作为中性区的标准，我们就有0.087℃这个很小的数据，这是比0.1℃还小的。我们在前面看到，这种不肯定间距①是可疑的,因而我们需要考虑其他标准。主观相等点(PSE,即 point of subjective equality)两边的一个标准误差,将为中性区估计的广度的两倍(0.079+0.094=0.173)。或是把其他两类之间的相等判断分为二,并且把四分值(quartiles)插入,这样就得到约为 20℃ 的中四分值(interquartile range)的广度。一切这些估计都相当地小于盖尔兹所得的结果;心理物理学的方法似乎是逼着被试尽其所能作出最好的辨别。

适应温度/℃	中性区广度	中数标准差(Median SD)
44	0.166	0.241
40	0.156	0.163
36	0.117	0.096
32	0.079	0.076
28	0.071	0.077
24	0.081	0.099
20	0.112	0.131
16	0.143	0.128

库勒用几个适应温度所得到的结果如上。应当注意的是,标准差和中性区的广度大略是相同的,这二者都在 30℃(86℉)这一适应温度上达到最小值,而这是邻近于手的正常温度的。

在对高、低温度适应中感觉量表(sensation scale)的失真

到此为止,我们已经看到,在适应中生理零度向上或向下移动,也看到当适应温度距离皮肤的正常温度较远时,中性区就加宽。最后这一事实使我们预料到由于温度的差别引起某些感受性的消失。一个比生理零度高(或低)5℃ 的温度,不论生理零度因适应而迁移位置怎样的多,将永远使人觉得是一样的热(或冷)吗?很精细的实验才能回答这个问题,但现有的材料(看图 10-6)表示感受性的消失,例如,8℃ 的热(或冷)对于已有适应的手觉得只是如同 5℃ 对于正常的手一样的热(或冷)。

有限面积里的适应

对温度适应的多数研究是用大面积进行的。当用较小面积时,关于几个感受点的强度的次序得到了一些不同的结果。一个单独的热点或冷点能相当迅速地被间歇刺激所破坏[勒文(H. A. Levine)和达仓巴赫,1936]。当刺激器增大时,适应所需要的时间也随之增加——但这样的增加是与刺激器的周长有

---

① 即以上所说的阈限差别——译者注。

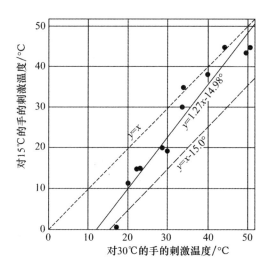

图 10-6 对于具有不同适应的手的相等的刺激温度[材料来自胡梅尔(E. Hummel,1926)]。y 手已适应于 15℃,x 手已适应于 30℃。这种适应是不可能完全的,因为两手(两食指)在每次测验前只泡了 1 分钟。它们从适应桶里拿出来,赶快用毛巾擦干,即刻放到两个测验桶里,然后由被试判断那个测验桶是比较热的。在一系列这样的测验里,对于适应不同的两手得出一个方程式。在这图里每个圆点记录一个这样的方程式,直坐标表明作用于对冷适应的手的温度,横坐标表明作用于正常手的主观的相等温度。$y=x$ 这条虚线表明如果两手从相同的测验刺激得到相同的感觉时,材料的各点所应落到的位置。另一条虚线,$y=x-15$,表明假使适应已经发生了完全的作用时,这些点所应占据的位置。这条直线是 y 在 x 上的回归线,是对实验材料最适合的一条直线。这条线的坡度表明,就一般的平均数而言,作用于冷的手的温度中 1.27℃ 的差别,只等于作用于正常的手的 1.00℃ 的差别。这里,适应作用似乎做了两件事情:使生理零度降落到一定的度数,以及减弱对冷适应的手的感受性。几个其他实验曾得到与这个结论相符合的结果,虽然证据还是很不够的。

关,而与它的面积并无关系。因而一个方形或圆圈所需要的适应时间就长于一个具有同样接触面积的圆盘(詹金斯,1938a)。当受刺激的面积是被一个圈形恒常温度带围绕着,以致某种特殊温度使周围皮肤起了适应的时候,这个问题就变得更加复杂了(詹金斯,1937)。这些结果最后必须归纳到某种温度觉学说里,但直到现在尚无人提出一个令人满意的学说来。纳飞(纳飞,1934;纳飞和瓦勾纳,1936)曾对这样的一个学说做过尝试。它侧重温度刺激对于脉管的效应。皮肤由受许多细小而丰富的血管供养着,而这些血管在皮肤温度的变化下,无疑地要收缩或膨胀。这些变化大概是有其重要性的,但是似乎不像纳飞所建议的(参阅詹金斯,1939,1951),它们代表温度觉的整个机制。或者我们最后将使综合点的学说(Spot Theory),詹金斯的集中学说和脉管学说合成为一种学说。

对放射热(痛)的适应

虽然许多适应的实验是难以适合于一种热觉和冷觉的学说,关于痛觉的描写已开始有了它的意义。哈第、戈德尔和乌尔夫(1951)利用放射热的方法发现皮肤的最初温度越低,就需要增加更多的热才能引起痛觉。从他们的材料看,他们计算过,痛是在皮肤温度达到约为 45℃(113℉)的时候产生的。这就是皮肤组织开始破坏的温度。因此,对放射热的痛觉阈限是一个相当固定的温度;它不像热觉和冷觉阈限,它是不随着适应而变化的。我们又一次有了证据,痛觉是一种独立的感觉,它是被能以破坏皮肤组织的刺激所引起的。

皮 肤 知 觉

到现在为止,我们主要讨论了组成复杂整体即被称做物体的简单要素的分析;总而言之,只是讨论了感觉而不是知觉。热、冷、压和痛是皮肤刺激的直接效果,经常具有来自皮肤深部或肤下压觉和包括在动作里的各种感受器的增加成分。只是在实验室里研究人员对刺激的严谨控制和专门训练,企图将这些成分孤立起来。未受过训练的被试经常要犯刺激错误(stimulus error)。铁钦纳(G. B. Titchener,1909)提出一个更好的名词,叫做物体错误(object error)。这错误包括所注意和报告的是物体或客观事实,而不是刺激或简单感觉。

两点阈限

在两点阈限里,犯物体错误的倾向得到了很好的例证。用一对"触仪",以具有可调整距离的两点同时作用于皮肤,只应用一个点作为检验。在一个知觉实验里,被试的任务是去辨别是一个点还是两个点。在一个感觉的实验里,他的注意是指向从每次刺激作用所产生的确实效应,并且报告这印象是紧密的、延长的、哑铃式的,还是清晰地成对的(波灵,1921)。在后面的实验里,假如被试企图判断两点还是一点正在起着作用,他就会犯物体错误。然而两点和一点不是刺激吗?不是的,因为一个刺激的定义是指它与感受器的关系而言——光线不是一个刺激,除非当它射到网膜上去。触觉刺激包括皮肤形状的改变和被作用的感受器的伸张。被试在描述感觉时要尽量和刺激发生密切联系。

两点阈限在舌尖上最小(1 毫米),并且在背、股和上臂的某些部分是最大的,在这些部分竟达到 68 毫米。它表现大的练习作用。

一个久已发现而又似乎奇怪的事实是，在同一区域的两点阈限超过定位的误差。在前臂靠近腕部的掌面这个区域的两点阈限约为14毫米，而定位的误差则约为4毫米。在决定定位误差时，主试触及皮肤上的一个点，然后蒙着眼睛的被试用一尖棍去触碰这同一个点。或者，使它更像测量两点阈限的情形，实验者连续触及两个点而被试断定是"同一地点"或是"不同地点"。用这个方法所得到的定位误差约为两点阈限的1/4。齐格勒(1935)得到这种结果并作了以下的解释：当一秃头作用于皮肤时，刺激作用不限于这一点，因为周围的皮肤是有些被伸张了。从直接触到的点作为中心，感受器接受到的刺激量一定是会减少的。定位大概是决定于具有最强刺激作用的中心，而同时整个被伸张的区域的作用是在产生一个广泛的印象和掩蔽着两点的存在（也要参阅波灵，1930）。关于用其他方法研究定位以及定位的常差的结果，可参阅科尔(L. E. Cole,1929)、胡林(W. S. Hulin,1935)、格拉尼和瓦克(U. B. Grannit & W. W. Walker,1936)。关于两点阈限值，可参阅赖德和伍德沃斯(G. T. Ladd & R. S. Woodworth,1911)、冯·司克拉姆里克,(1937)。两点阈限和定位误差的历史显示某些很有趣的争论。波灵在1942年会对此作比较详细的讨论。近年来这些方面的研究是很不活跃的，但有个时期它们对解决肤觉的基本机制似乎已具端绪。

粗糙和平滑的知觉

试图把一个比较简单的知觉分出它的感觉成分的最全面的研究之一，是由卡茨(D. Katz,1925)进行的。从一大类的纸里，他选定一个有14个等级的表，在一端从有光纸（矾水纸）开始，中间通过写字纸、图画纸、吸墨水纸和包裹纸，一直到很粗糙的布纸。在两张被比较的纸上面各放一块4英寸×6英寸的纸板，上边开有窗子，通过窗子可用手指去抚摸这两张纸，眼睛是蒙起来的。被试根据粗糙和光滑，能辨别所有的这些纸，并很少错误。当叫他加以形容这些纸，他能相当成功地说出大多数纸的性质。

在检查这些纸的时候，被试自发的步骤是把指尖的腹部(finger-ball)在纸面上来回移动。当要求他不用这样的动作，把手指放在纸上，并即刻拿开的时候，他是不能知觉到粗糙和光滑，虽是这种探索发觉了坚硬与柔软。似乎是皮肤和纸之间的摩擦供给了粗糙和光滑的线索。为了决定主动的动作是否是必须的，把纸装到转动的桌子上并在被试的不动的手指下转动，结果是他仍能辨别这些纸，虽然赶不上用主动的手指动作那样的精确。用一木棒如同执笔般地加以查勘，这些纸是能相当精确地被辨别出来。涂在手指上的一层薄的醇精火棉胶很少妨碍知觉，但是涂上一层液体胶质就对所有的纸都觉得同样光滑。

因粗糙表面的高低不平印在手指上的上下跳动的动作,足够形成一个刺激吗?卡茨发现一块轻微地蚀刻过的玻璃觉得粗糙,它表面的高和低虽仅达.001毫米,过小不足以形成一个空间刺激,但是通过摩擦足够对皮肤产生不规则的振动。这些振动甚至是可以听到的,因此必须用棉花塞住耳朵,以便把知觉限制在触觉刺激范围以内。

皮肤的振动知觉

只要在哼一个音调的时候把鼻孔半闭,就可以顺利地表演皮肤的振动感觉。用手指制止一个音叉或钢琴弦的声音,你就觉到振动。使一个音叉振动并且把它的柄或脚部作用于皮肤,就会较久地觉到振动。为了测量皮肤的振动知觉,最适当的仪器是用无线电振荡器发动的振动机,可控制振动的频率和振幅并具有扩大变化的充分可能性[诺德森(V. O. Knudsen),1928;罗伯茨(W. H. Roberts),1932;给尔达尔德和吉尔墨(F. A. Geldard & B. von H. Gilmer),1934;雨果尼(A. Hugony),1935]。给尔达尔德(1940)曾用了一种微微不调合的观测器的光和一架双眼显微镜,使这问题的研究获得进一步的发展。假使刺激是定在 100 赫[兹],而光线是在 101 赫[兹],实验者就能正确地衡量皮肤在每秒钟内上下振动一次时的运动情况。用这样的装置,在知觉里可研究下面几个问题。

(1) 可以知觉到的频率的广度,与在每一频率上的振幅阈限。在用低频率时,例如每秒钟 10 次的频率,所感觉到的是跳动而不是振动;在达到振动感觉时似乎是没有准确的过渡点。更有趣的是上阈限的问题,但是结果证明。倘若高频率的振幅是足够大的话,就没有上阈限。被试把他的指头轻轻地放在振动器上,当它接受到作用时把它报告出来。通过振幅的变化,实验者用心理物理学的极限法去决定每种频率的刺激阈限。在每秒钟 200～300 周范围内,振幅即使小到.001 毫米仍然能被感觉是振动,而这是感受性最大的范围。用高到每秒钟 12000 周的频率,当振幅足够强的时候,曾经得到正面的报告[诺德森,1928;古德菲罗(L. D. Goodfellow),1933;赛兹凡德(W. Setzepfand),1935;给尔达尔德和魏次(F. A. Geldard & J. Weitz),1948]。

(2) 可以知觉到的频率差别。皮肤在任何程度上能重复耳朵对微小差别的频率的辨别能力吗?从低的和从高的频率作用于皮肤所得的感觉是有质的差别的,较小的差别,例如介乎每秒钟 200～225 周之间的差别,经过一些练习之后是能被正确地判断出来的。在积极训练之后,400 和 420 周能被辨别出来的,但是频率、振幅以及能之间的相互关系就有可能使频率以外的其他东西提供了差别的线索(诺德森,1928;罗伯茨,1932)。

(3) 通过皮肤"听"话。扩大的语言振动能被手指觉得,不同的词和短语在专门练习之后也能得到辨别。虽然这大概是强度的结构而不是频率的结构提供了这种辨别的线索,这些触觉振动对聋人在唇读(lip-reading)的练习里和在学着操纵他们自己的语音里有一定的用处[高尔特(R. H. Gault),1927,1936]。

(4) 有一种单独的振动觉吗? 许多不同方面的事实曾引导某些作者肯定有一种单独的振动觉,或是皮肤的或是肤下的。在审查一切证据之后,给尔达尔德(1940)令人信服地指出,振动不是别的而只是普通压觉的一种时间—空间的结构。压觉能够很快的适应而这就使它成为一种"不摇摆的"(dead-beat)感觉;那即是说,它只是在振动体的每个单纯冲撞起实际作用期间表现反应。在这个程度上,它类似耳朵,把冲动撞到听神经去,而这些冲动是与每秒钟多到几千次振动的刺激完全同时发出的。实在的,我们将看到,魏沃尔(E. G. Wever,1949)用做支持听觉的"神经同时冲动学说"(volley theory)的某些证据是从皮肤振动感觉的研究得来的。皮肤是如此有弹性,以致作用于一个点的振动一定要广泛地扩散开来;诚如给尔达尔德用观测器以及魏次(1939)用留声机拾音器所作的观察所证明,这种扩散是真正会发生的。因此,大的皮肤区域和许多压感受器是可用以满足神经同时冲动学说所提出的轮替活动的要求的。一条神经纤维不需要在每秒钟内有 100 次以上的放射速度;因为一条神经有几百条纤维,只要刺激的每一次振动把几百条神经纤维中的几条发动起来,就能让整条神经振动,达到 12000 赫[兹]。压觉的优良装备足以处理皮肤的振动知觉,因而没有寻求其他感受器的必要。这些冲动的综合作用是应当归之于脑,但我们将会看到,知觉还有其他方面的事实对脑所提出的要求是比这一点更为重大! 对感官所作的研究越多,我们就势必越重视高级神经中枢的任务。当我们在下面几章中继续谈到更为复杂的感觉时,这种必要性就变得越加显明了。

(孙国华　译)

第十一章

化 学 感 觉

刺激这一词使我们想到物理的能,如压力、空气振动或辐射的能。然而有许多刺激,最好用化学的术语来说明。普通食盐、醋、苯和硫化氢就是例子;而相应的感觉机构则应分在化学感官的题目下。除味觉和嗅觉外,有理由认为还有更为原始的普通化学感觉[派克尔(G. H. Parker),1922]。大多数生活在水中的有机体,由变形虫到蛙,当某些化学药品使用到几乎任何一部分身体表面上时,就能作出反应。正因如此,它们回避了有害的物质,并求得食物与配偶。在陆栖动物中,这个普通化学感觉大都只限于在湿润的表面,显著的是口、鼻和眼的膜。用刺激性物质刺激这些表面,通常会引起防御反射,如眼的流泪或整个身体的回避运动。由于同样的动因,温和的刺激却可以增加对于食物的兴味;很多种香料如胡椒的功用似乎是"现出"平淡的食物的滋味。

味觉和嗅觉是高度发展了的感觉。各有它自己的特殊受纳器并产生各种特质。但要分别真正的味觉与嗅觉并区分两者与普通的化学感受性,是需要细心的观察和实验的。困难是三种感觉的受纳器全部位于相通连的口腔和鼻腔中。譬如,一大口的橘子汽水将同时刺激起所有的下列成分:

味觉——酸、甜。

温度觉——冷。

普通化学感觉——一种微弱的刺痛或刺感,如在饮一切汽水饮料中所觉得的。

触觉和运动觉——由于液体的物理特性所产生的一种颇复杂的压觉模式。

嗅觉——一种复杂并可说是具有水果气或芳香气的特质。

这种分析并不是特别容易做的,因为所谓橘子汽水的"味"是这一切要素混合起来的总体。但显然,温度的和触的那些成分和我们在皮肤感觉一章中所研究的一样。嗅觉可以在尝液体之先用鼻嗅一下杯中的气味而认识出来。或者用棉花堵塞鼻孔,可以将它消除——虽然仍不免有不可靠之处,因为吞咽时可能引起咽喉后面空气的逆流,这样将使气味的粒子好像从后门侵入鼻腔。堵塞鼻孔的最好方法是得重感冒,于是食物失掉了"气味",因为它们不能侵入嗅上皮。自然,我们可以用简单的碳酸汽水作刺激以区分出化学感觉或让橙汁苏打水继续起作用直到"无味"为止。若将鼻孔堵塞,喝满一口淡的、微温的橙汁苏打水,所剩余的全部就是真正的味觉——酸加甜。

倘若我们选择其他的例子,则分析工作将更加困难。对于气味特别是这样。可以没有多大问题地说,普通的化学感受性,甚至味觉,都归入许多我们一概叫做气味的东西。有人怀疑,例如用氯仿的甜气可能使得口中相应的受纳器受真正的刺激;确实的,像氨那样一种"气味"刺激、强烈呛人的成分,其由于化学感官的自由神经末梢受刺激所致者较由于嗅觉细胞受刺激所致者为多。

在谈到味觉和嗅觉之前,让我们讲完关于普通的化学感觉的讨论。它的受纳器存在于口和鼻内的自由神经末梢,是由三叉神经所操纵的。因此它与味觉或嗅觉有区别,并且假定为与触觉也有区别。虽然某些作者以为它也是与痛觉有区别的,但他们的根据不能令人完全相信[法弗曼(C. Pfaffmann),1951]。既然无鞘的神经纤维能被有害的化学药品刺激起,也能被切割所刺激起,则在黏膜内分支的神经末梢也可以同样被刺激。再则,这种感觉的性质与痛是一致的。没有明显的理由说普通的化学感觉,至少在口腔和鼻腔中的化学感觉,与痛觉有些什么不同。假如有人对于撒些胡椒到食物中引起痛感以增加气味,感到难于解释,他应当记着痛是一种感觉,并不见得一定是不愉快的。轻微地刺痛口腔,可以刺激唾液流出;至少这种刺痛会给奶油汤一种特性,否则它便淡而无味。

许多世代的研究人员在设计来显示造成各种类型的食物和饮料的特殊气味的各种不同成分的实验中,在实验室曾经花了许多时间。这种实验是很有用的,假如它只用以指明:将鼻孔堵塞,一个人就不能分辨磨细的咖啡和面包碎片。有些较细心的观察者能分析出触觉和动觉的线索,使他们能判断质地、松脆、软硬等等。但各种物体的香味和气味的全部描写不是科学的任务,而是对商业生产物的品质负责者的工作范畴。在这类论题上,有许多可供利用的实用知识[孟克利夫(R. W. Moncrieff),1944]。但很难将事实从传说中分别出来。这个领域对于心理物理学方法的应用,前途是有希望的,但要着重控制无规则的变量。关于食品的描写和评价,现时更多使用被试的"表格"(panels)[参看法弗曼和施洛司贝格(C. Pfaffmann & H. Schlosberg),1953]。

味 觉

如果细密地检查舌头,就会看见上面覆盖着许多小突起,即乳头(图 11-1)。最多的是丝状乳头,它们似乎与轮胎上的防滑突起有同样的功用。其余尚有供味觉用的三种不同形式的乳头：蕈状乳头散布在舌面，叶状乳头在边沿，大环状乳头排列成人字形，在近舌根处。每一个味觉乳头包括一个或更多的味蕾，后者在口中别处也有，在儿童时期特别多。在一个典型的味蕾中有几个纺锤状的受纳细胞，每一个这种细胞有一毛状末端，由蕾的细孔伸出到口腔中。这些毛细胞是味觉的受纳器，它们与神经纤维相连接，由第Ⅶ和第Ⅸ脑神经传入脑干，而在再前进达到身体感觉的大脑皮质的途中联合起来。

味的属性

长时期以来一般人同意味的基本属性只有四种：咸、酸、甜、苦。有些作者将加上碱味[哈恩（H. Hahn）、库库里斯（G. Kuchulies）和太格（H. Taeger），1938]。这个碱味或许是几种味的复合物，甚至包括触或痛在内[克洛恩（N. W. Kloehn）和布洛格顿（W. J. Brogden），1948]。如果仅有四种基本味，我们可望找出只发生一种味而不发生其他各种味的某些味蕾来。预备四种强烈的适当溶液。寻常的食盐（NaCl）是最好的咸刺激，醋或任何稀酸用做酸刺激，糖将用为甜刺激，奎宁或苦木（quassia）可以用为苦刺激。用细刷子放几滴这些溶液在舌面所选定的区域上。在每次试行之后，必须揩抹舌头并屡次漱口。苦刺激应当留在最后用，因为它是趋向于长久不消失的。

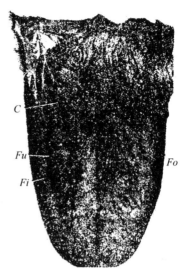

图 11-1　舌，显示出乳头。味蕾是位于大环状（C）、蕈状（Fu）和叶状（Fo）乳头内，但不在丝状（Fi）乳头中[引自温滋尔（A. Wenzl），从瓦仑和卡麦卡尔（H. C. Warren & L. Carmichael），1930 复制]。

由这实验所得结果，并不能得出所欲达到的结论，但它们表现出某些特点。少数的蕈状乳头只对甜生反应，其他只对酸，更有些对咸，但似乎没有一种是专对苦的。这些乳头，多数对几种溶液生反应，但是我们必须记住每一乳头可能有几个味蕾，每一个味蕾包含几个毛细胞。倘若我们考虑舌的各个区域，不只是个别的乳头，我们将见到舌的各部分有各种差别的感觉。苦刺激最有效的处所是在舌根，邻近环状乳头并沿着舌两边的后面部分；甜刺激则恰恰相反，只刺激舌尖和前面的两边；酸刺激约在舌边的中间处发生最大的效力；舌的前部最容易感到咸味。舌的上面中央部分是十分没有感觉的（图 11-2）。

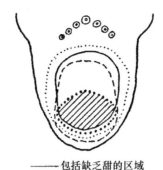

———— 包括缺乏甜的区域
……… 包括缺乏苦的区域
----- 包括缺乏咸的区域
····· 包括缺乏酸的区域
◎◎◎ 大环状乳头

图 11-2 舌上面略图[根据亨宁(H. Henning),1927]。用各种线标明不发生四种味觉的各个区域。

味觉神经冲动

倘若有四种受纳细胞,每一种反应一种基本味,很合理的假定是它们的特点系保持在脑神经中,这些脑神经将由此得到的冲动传到脑。这样我们可望发现某一神经纤维只对咸作反应,另一神经纤维只对酸作反应等等。法弗曼(1941)记录了猫的味觉神经各种单一纤维的冲动。某些纤维只是当用淡薄的酸洗舌头时才发生反应。另一些单一纤维对酸和咸二者发生反应,而第三类则能接受酸和苦的两种刺激。在这项研究中,对甜刺激没有得到反应,但几乎可以决定这是由于记录的技术困难所致。十年后,法弗曼(私人通讯)已能够从猫、兔和鼠寻出"甜"冲动。安德孙、蓝德格仁(S. Landgren)、欧尔生(L. Olsson)和邹特曼(Y. Zottermann,1950)用狗来作研究,报告了这类冲动。我们必须记住,这是一件困难的事,从单独的纤维中寻出冲动,并且从"噪音"(noise)背景上区分出这些冲动,"噪音"来自神经电位的增益放大。由脑来做这个工作似乎更好些。脑不只是对"酸"纤维作适当的反应,它必须将各种混合的信号"翻译"出来;倘若酸-咸混合纤维奋起而无酸纤维参加,则刺激物经由消除过程而必定是咸的。

电刺激,虽然为将来的分析实验中是有前途的,然而到现今为止,除酸而外,不发生纯粹的味;酸味可能是由少许唾液经电解放出氢离子的结果而不是由于直接的刺激[冯·司克拉姆里克(E. Von. Skramlik),1926]。几年前韦恩伯(M. Weinberg)和爱仑(F. Allen,1925)报告间歇的电刺激发生间歇的味,很像闪动的光。进一步,他们查出四种不同的融合频率,假定与四种基本味相应。但是别人不能证明这些结果[琼斯(M. H. Jones)和琼斯(F. N. Jones),1952]。

一般说来,舌上电刺激发生很难描写的感觉,因此,我们现在坚持用化学刺激的办法比较好。

对于四种味的差别刺激

虽然选出产生四种滋味的物质是容易的,但发现真正的味刺激却是一件很不相同的工作。说出某物质将发生某种味,就如同说明一朵花看来是红的、另一朵看来是蓝的那么容易。在这里我们的真正目的与研究视觉时相似,那时我们问什么光的波长是红和蓝的刺激,并继续问这些波长在网膜上的光化学物质里引起什么变化。我们必须承认,我们的味觉(以及嗅觉)化学是障碍多端的课题,在许多方面还没有多大的进展。我们能够开始做的,是搜集些带有某一滋味的物质并且试着发现它们有些什么共同性。

酸 这个刺激是很鲜明的。一切发生很纯酸味的稀酸类有一共同特性:当它们在溶解时,它们的分子离解成两部分,氢的阳离子(H^+ 离子)和一个阴离子。如盐酸离解为 H^+ 和 Cl^-。这 H^+ 离子似乎成为酸刺激。

咸 食盐显然是发生纯咸味的唯一物质。有许多其他东西发生咸加甜、苦或可能引起触痛的成分。标准的咸物质是一种阳离子——钠、钙、锂、钾——和下列之一的阴离子——Cl^-、Br^-、I^-、SO_4^{2-}、NO_3^-、CO_3^{2-} 的化合物。阴离子和阳离子二者在产生咸味上看来是重要的[或许这些咸的物质中只有一种被广泛地用来代替 NaCl 作为食盐的是氯化锂;若量大了则似乎可以引起疾病——汉龙等人(L. W. Hanlon *et al*.,1949)]。

甜 不幸得很,我们不能掌握造成甜的物质的化学特性。蔗糖(甘蔗或甜菜糖)是碳水化合物;葡萄糖也是这样,但它不太甜;至于淀粉,那是全无甜味的。酒精是甜的,糖精肯定也是一样,虽说它们的化学成分很不相同;再则,如毒性盐类、"铅糖",除了它们的甜味以外,绝不是糖。

苦 我们对苦的了解也并不比甜更多些。最典型的苦物是生物碱,如奎宁,但是某些金属的盐类也是苦的。甚至有某些物质,如苯基硫脲(phenyl-thio-carbamide)对某些人觉得非常苦,对另一些人则几乎没有味道[布来克司里和沙蒙(A. F. Blakeslee & T. NSalmon),1935;力丸(J. Rikimaru),1937;寇恩(J. Cohen)和欧登(D. P. Ogdon),1949]。苦的物质和甜的物质,在某些情况中,在化学组成上是非常相似的。

有理由可以相信,甜和苦的机制有密切的联系,它们与对简单电解质起反应的酸和咸有区别。甚至可能有一个简单的苦-甜的机制,若使其偏向某一方,将发生甜味;偏向另一方,则发生苦味。这是一个要求研究者解决的问题,但他必须在这一方面有广泛的知识!

刺激阈限

对某一物质的最小浓度能够尝出来,那要依靠很多因素,如施用溶液的面积,溶液的温度和所使用的心理物理学的方法。今举一例来说明,溶液制备方法在平时最多是用百分比浓度。通常计算是将物质的量,用溶剂的量来除它;2克的 NaCl 在 100 毫升(mL)的水中为 2%的溶液。如果想要更准确些,则用溶液的全量来作除数;在上述的情形里,即是 2/102。

特别是我们要比较不同的物质时,一种更有用的方法为物质的量(摩尔)浓度(molar concentration)。倘若以一物质的以克计的分子量(molecular weight)加于1000 毫升(mL)的水;则溶液浓度为每升 1 摩尔。于是任何物质的相等的物质的量(摩尔)浓度溶液包含有同等数目的分子。规度溶液①(normal solution),除了用二离子之一的价数加以校正以外,与摩尔量相同。倘若我们对刺激化学有兴趣,则物质的量浓度在比较两种物质的效果时,也许是最好的方法。

倘若仅表示四种基本味的相对感受性,一般刺激的绝对阈限的大概观念是有些价值的。下面的材料给甜味以两种值,因为糖和糖精是不同的。

物　　体	味	百分浓度	物质的量浓度
蔗糖	甜	0.7	0.02
氯化钠	咸	0.2	0.035
盐酸	酸	0.007	0.002
糖精	甜	0.0005	0.00002
硫酸奎宁	苦	0.00003	0.0000004

刺激的方法　使用刺激有三种方法。最简单的叫做慢饮法:实验者拿给被试一杯特殊溶液,让它尝,并口头报告。因为大部分舌面都包含进去了,用这方法就能发生最低阈限。在各次实验的中间,必须注意吐出溶液和漱口,以清洁口腔。再则,需要训练被试能以一定的方式慢饮和吐出,以保证各次实验的一致。两次实验之间,至少有半分钟的间隔,以避免适应的后果[麦克柳德(S. MacLeod),1952]。

在研究单独面积时可用滴下法。用一支毛笔、吸管或注射器在所要刺激的地方滴下一定量的溶液。更好是用哈恩和昆特尔(H. Günther,1932)所使用的味觉计(gustometer)。味觉计主要是一个放在舌面上的 U 形管。把 U 形管弯处向下开的一孔放在舌上所要实验的部分,使刺激溶液由管的一端流入,浸渗到要实验的部位,从另一端流出。交替地应用供液管,可使一种溶液更换别一

---

① 这里指当量浓度,当量＝分子量/化合价,现已禁用——编辑注。

种溶液来得很快。例如,一定温度的水可以突然用同等温度的盐溶液来代替,这样便可消除在滴下法或慢饮法中受温度和接触线索的影响。或者一种强的适应溶液可以立刻用一种弱的实验溶液来代替,以便决定后一种是否仍然能尝得出来。

差阈、量表、方程式

差阈显然由于物质、浓度和使用方法而不同。有些早期的关于单一刺激法的研究已经在味觉上做过,并在第八章中做过评述。因为精确值完全依靠特殊的条件而定,在这里将它们列出来似乎没有意义;对于大多数物质,说 $\Delta I/I$ 大约是中间范围(mid-ranges)的 1/5,已经够了。如在大多数感觉中一样,$\Delta I/I$ 在强度的中间范围保持相当地恒常,在两极端它究竟怎样越出恒常,还是没有解决的问题[霍威(A. H. Holway)和赫尔维赤(L. M. Hurvich),1937;赛杜拉(A. Saidullah),1927;科拍拉(A. Kopera),1931;布亚斯(Z. Bujas),1937]。

回忆第九章中所讲的事实,比贝森特(J. G. Beebe-Center)和他的同事曾做过一个看来组距相等的量表,以表示滋味的强度,并称单位是 1 个味度(gust)。这量表可以作交叉品质的比较(cross-quality comparison)并且调节一种盐的溶液使尝起来是咸的,以及调节糖的溶液使尝起来是甜的,二者皆以多少味度来表示。比贝森特(1949)用这个量表考查过很多寻常的食物和饮料。其结果之一是:在啤酒和酸菜中,位于相当高量表值的苦和酸被认为是愉快的。再说,如使用引起微痛的调味品,我们发现在单独存在时被认为不愉快的感觉;当它们变为形成熟悉滋味的混合感觉的一部分时,则为人所爱好。

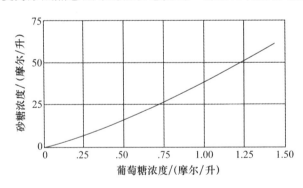

图 11-3 等甜的砂糖和葡萄糖溶液[引自堪麦隆(A. T. Cameron),1947]。在曲线上的每一点,由横线表示葡萄糖的浓度,判断它等于纵线上砂糖浓度的甜味。在横线上的数字经常大些,这事实表示葡萄糖的甜味比之于同样浓度的砂糖低些。

甚至不用这样的量表,自然也可以判断一种溶液比另一种更甜些,并在两种糖中作出甜的方程式。今在图 11-3 中举一个这样的例子。

这些结果,就各种不同的但判断为等甜的糖溶液(和其他各种物质)来说,倘若将浓度加一倍,甜味也就加了一倍的话已经是足够了。但是我们从心理量表上所作的实验知道这是不正确的。既然我们有这样一个味觉量表——它是根据对一种溶液所下的实际判断,说那溶液的甜度尝起来为别一溶液的一半来制定的——一个很有兴趣的问题便产生了。假定我们用二等分的方法作成蔗糖的甜量表,称它的单位为"蔗糖甜度"("sucs")。于是作一个相似的但是独立的关于葡萄糖的量表,把这些单位叫做"葡萄糖甜度"[噶啊(gust),即1%葡萄糖溶液]。现在假设我们查得10单位蔗糖甜度的溶液被判定与8单位葡萄糖甜度的溶液的甜度相等。是否5单位蔗糖甜度的溶液能与4单位葡萄糖甜度的溶液匹配呢?是否2.5单位的蔗糖甜度等于2单位的葡萄糖甜度?麦克柳德(1952)做过这个实验,证明依照预料的匹配,所得出的结果很好。若进一步的研究,仍能得出这样的匹配,我们就有理由在叙述味觉时可以更广泛地应用这种类型的量表了。

适应

关于味觉的一种最显著的事实,就是味觉以很快的速度发生适应。在开始一点点地喝饮料时,尝到是甜的或是酸的;到一杯将尽时,常觉得是无味的。对比也同样被人们所注意:在吃过冰激淋之后尝起酸菜来是非常酸的。前人在这些变化上曾做不少细心的研究。哈恩(1934)曾做过特别清晰而又细致的各种实验。他使用味觉计,以一定浓度的氯化钠施于一小块舌面上,经过1～30秒,立即更换另一种测验浓度。在一系列的这种实验中决定了刺激的阈限。当适应时期延长时,阈限升起很快,以后就比较慢些。对于三种适应的浓度,其结果表示于图11-4中。这一被试在30秒内对于甚至15%的溶

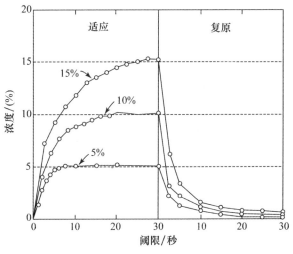

图11-4 味觉的适应和复原[哈恩(H. Hahn),1934,据法弗曼,1951复制]。适应溶液为5%,10%,15%浓度的氯化钠,而刺激阈限的决定则用同样盐的较淡溶液。每一点的纵轴表示在底线所示时距的适应后的阈限。复原的曲线皆由适应30秒之后开始;在容许的30秒之内并没有达到完全复原。且有个别差异。

对于咸的适应是最为显著的,其次是对于甜;对于酸和苦则相当少。适应速度上的差异不如可能达到的完全适应的差异大,或不如达到阈限的最大变动的差异大。静止的或未适应的阈限,依下面的比例高于适应后的阈限:

咸 300倍　　苦 2～30倍
糖 6～20倍　酸 1.6倍

液,有完全的适应。要得到复原的曲线,则用清水代替适应的溶液,经过一定的时间后,再使用测验的溶液。

对于糖溶液的适应几乎同样快。然而把这个实验概括到日常经验上是一种错误。很少有将物质不间断地应用到同一小块舌面上的事;通常你总将它们移动,刺激的范围和强度随时不同,这样就阻碍着很快的适应。但我们若要了解受纳器怎样工作,那么,就必须用控制的刺激。

嗅 觉

感受器和刺激

嗅觉感受器是在两小片淡黄色的嗅上皮内,位于两鼻道的最上端。它们不在呼吸空气的主要路上,而为鼻的隆起处所保护,隆起处岔开空气,使其潮润,并清除微尘。嗅上皮本身为黏液掩盖着。由于遮蔽的结果,带有气味的空气只能以回旋式的气流达到感受器。用鼻吸气时加强这些回旋。前面我们指出过,口中食物的气味经由鼻的后门也能上达感受器。嗅上皮不能为人接触到,这是研究嗅觉最严重的一个难关。

真正的感受细胞是在嗅上皮内,由毛状尖端伸入黏液中。细胞的数目是很大的,在兔类每一小片上有5000万个[爱里森(A. C. Allison)和瓦魏克(R. T. T. Warwick),1949]。这些细胞的轴突直接穿过那分隔开鼻腔上部和脑腔的有孔筛板,于是轴突与圆头形嗅球相连接,从这里由联络纤维引到脑的其他部分。在每一边的这种排列都是双重的;由于鼻孔有两个,相应的嗅上皮也有两片,中间以隔膜分开,并且有两个嗅球。

因为嗅刺激物必须到达感受器的处所,显然它们是由空气载运的。倘若不是气体,一个有气味的物质至少必须是有挥发性的。无论如何,挥发性无需特别标明,因为嗅觉是非常敏感的。在每公升的空气中仅有 4×10^{-8} 毫克的浓度的乙硫醇便能够察觉出来。但是就在这种极稀的浓度上,每一次吸入就有几百万个分子。如果这些分子被吸入后,在感受器表面上依次排列起来,将成为一张颇完备的薄膜。真正的情况或许就是这样(孟克利夫,1944)。

寻常的东西,如花、干酪和橡皮不是单纯气味的物质;气味是由于某些挥发性的成分发出的而不是物品的整体发出的。甚至带有特殊花气的香精油,通常是几种化合物的混合物。许多这类的化合物是合成的,用来造仿制的香味和香精。但是仿制品常与原来香味不同,显然是由于天然本质中尚存在一些微量的附加化合物。在研究嗅觉中,即使不增加使用复杂的混合物,实验者的困难已经是够大的了;对于基本的研究,使用简单的化合物是较合理的。化合物愈简单愈好,因为只要杂有少量的不纯净物,便会大大地改变气味。

气味性质的分类

寻常经验使我们拥有多种没有组织的气味,而且并没有开始使它成为一个科学系统。在味觉中我们有普通的名称,甜、酸、苦和咸,这对科学的分类是很适当的。在颜色中我们有相似的一套普通名称,同样使我们容易在色盘上排列各种色调。在听觉上用高低的名称来描述音高系列的单因次的特性。但在嗅觉上,普通的经验和语言并没有给我们一些线索去形成一个系统。我们说到适意的和不适意的气味,但是适意包含各种性质的气味,不适意也是一样。我们说到"甜"的气味,"甜"在这里并不意味着只是适意的,因为樟脑的气味,虽然是适意的,它却不是"甜"的;嗅觉的甜是否是单纯味觉的,或指某种真正嗅觉的性质,还不清楚。我们说到"刺鼻的"或"辛辣的"气味,但是这里我们混淆了嗅觉和其他鼻部的感觉。我们也说"香辣的"和"腐烂的"气味,这里我们趋向于真正嗅觉的分类。

查阅字典,找出什么是某些化学物质,如噻吩、牻牛儿醇、柠檬醛或乙酸乙酯的气味,则深感我们缺乏有关气味的词汇。如果有某种系统或分类表(scheme)以供化学家或植物学家参考,使他们能指出一种气味的性质,这样做假如没有其他好处的话,仅在交换意见这一点上也是很有帮助的。

第一个致力于满足这个需要的科学家,是瑞典植物学家林奈(C. Linnaeus, 1756),他将气味分为七类,即

气 味	举 例
芳香气	荷兰石竹
花香气	百合
麝香气	麝香
蒜气	蒜头
山羊臭气	缬草
臭气	臭虫
作呕气	腐肉

林奈分类的使用超过一世纪以上。兹瓦丹美克(H. Zwaardemaker, 1895, 1925)将某几类再分为细目,并增加两个新类,即水果气(etherial)和焦臭,使林奈的分类更加完备,这样就不至辜负现代有机化学的产物。兹瓦丹美克在1925年的分类共有九类和许多细目。

亨宁(1915—1916,1924)对兹瓦丹美克的排列法做了根本修订,而建立六类气味:花香气、水果气(水果)、树脂气、香辣气、腐烂气和焦臭(烧焦了的)。

亨宁对他的分类申明两点:① 不仅是分类,事实上是一个体系;② 与从前

任何人对于气味性质所作的研究比较,有它更完备的实验作根据。他说,在气味的各方面,他第一次做到了真正心理学的研究。

刺激的操纵

如亨宁作的那样有系统的分类,应做的事就很多了,像随便嗅嗅厨房食物间里的气味那种办法是不够的。必须有一大组有气味的物质,按照每个能够互相比较的次序去排列。要细心操纵这些物质,否则会立即使全屋充满了混杂的气味。通常是将每种物质的少量盛入各自的小瓶中。瓶的大小约能盛1盎司(ounce),它既能容纳几滴或少许的物质,又能容纳充分的空气来吸收气味。瓶口要有容得下一嗅的宽度。重要的是瓶塞要紧闭,并且在这次吸气与另一次吸气之间要塞住瓶口。近来用的塑料盖的丸药瓶或许比较旧日作为标准仪器的毛玻璃塞为好。瓶子应在储藏室里盛入试验的物质,并且在拿进实验室之前,要用酒精、热水或过氧化氢细心揩净。实验台要相当大,使各瓶之间有足够宽的距离,并且应当有瓷的或金属的台面,可以抗得起冲洗和热水。特别重要的是,室内要有很好的通风。

为进行粗略的定性工作,常用有气味的物质的分类法。有些是固体的,如碘的晶体、樟脑、沥青和干酪。药剂师能供给多种的"精油",如冬青油、杜松油、丁香油、柠檬油等等。这些香料分配在平淡、无气味的油中,比较有酒精味的"蒸馏物"或"香精"更符合于我们的目的。某些挥发性的液体,如乙醚、丙酮和酒精与一些新配制的香料将使样品变得完全。许多这类东西是复杂的物质,对于精细的研究用纯粹的化学药品会更好些。

气味角柱

亨宁在这种研究方式中,使用了415种不同的气味。他所常用的方法,是让被试去嗅一种未指名的物质,要他报告其气味像什么。前后实验之间相隔几分钟,以避免气味的扰乱和混淆。起初各名被试提出彼此很不相同的和空泛的报告,但是经过相当练习之后,他们便能认出那种气味,把它归入一类(如"烹调香料"),并指出它与一些什么气味相似。即使认出的气味有错误,这些错误仍是有意义的,因为混淆只在两种相似气味之间发生。

观察者在作这样判断时,能力有显著的差别。亨宁最后选择六名良好的被试,并对他们寄予主要的信赖。在他们之间,似乎也有很好的一致,但在这样困难的材料上所作的任何实验中,这种一致可能是由于受指导语和训练的间接影响而被迫形成的。

虽然这实验的详情不清楚,亨宁以建立起一个角柱形而结束,假定它代表各种相似的和不同的气味(图11-5)。亨宁嗅角柱的意义可从前面[花、果、树、香（FERS）]（图11-6）开始来阐明。依照亨宁的意思，四角并不代表基础的气味，它们是在性质的无间断连续中的转折点：即沿着底边黄樟开始向左进行，肉豆蔻、胡椒和肉桂似乎更近于香料气。但你似乎从桂皮转了一个角，而它的近邻丁香、月桂和麝香草，显然成为花香气。因为有四个这样的角，我们便进行到完成一个四方形面为止。

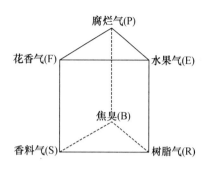

图 11-5　嗅角柱（亨宁 1915—1916，1924）英文的名称由麦克唐纳尔（M. K. Macdonald, 1922）所提出，有用 6 个不同的字母作为突出气味的方便符号的长处。

某些气味似乎不属于边沿上。如侧柏（arbor vitae）与四类气味多少皆有相似，因此它在这个面的当中。其他一些气味不属于前方的面。由于加上两个新类，腐烂气和焦臭，我们使图形成为三维的，共有三个面。烟草的烟味属于花、腐、焦、香面（FPBS）；由于烟草的杂质不一样，距离花香气、香料气、腐烂气和焦臭四角的远近有各种的不同。鱼鳞据说是在果树焦腐（ERBP）面，处于腐烂气与树脂气之间。

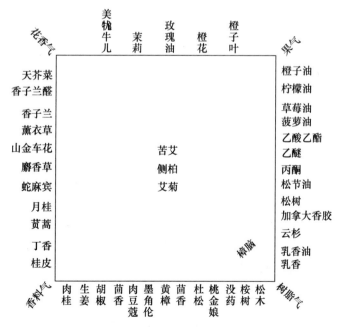

图 11-6　花果树香（FERS）气味正方形，亨宁嗅角柱的一部分。

嗅角柱是中空的，它不同于颜色的实体。每一纯粹气味位于一个边上或面上,只有混合气味在内部。再则,依照亨宁的意思,每一纯粹气味是单纯的。黄樟位于肉桂和杉木之间,这指出它与其他两种气味相似,但它不能由两种气味混合产生。在互相类似气味中,有单独存在的特殊现象,给常人和科学家以同样的深刻印象。这可与音调现象相比拟,D 音是一个 B,C,D,E,F 等音的序列的一部分,但不能由邻近两个音混合而产生。这就提示着可能有许多不同类型的受纳细胞在嗅上皮内,每一个"适合于"一种不同的刺激(参考"听"的位置论)。

检查气味角柱的正确性

亨宁所说的角柱有使紊乱状态获得秩序之望。因此它立即在其他实验室中受到考验。结果并没有在细节方面证实那个图形。它显然需要很多的修正,但迄今看来它还是最好的描述。某些实验将总结如下:造成问题复杂的原因看起来乃是由于混合的物质,各种非嗅觉的感觉和观察者的不同所致。

麦克唐纳尔(1922)和芬德列(A. E. Findley,1924)以有系统的方法,进行测验各种气味对于嗅觉角柱上六种突出气味的相似情形。用来作突出气味的刺激物如下:

麦克唐纳尔		芬德列
花香气	茉莉油	茉莉油
水果气	柠檬醛	柠檬油
树脂气	桉树油	松节油
香料气	茴香精	肉桂
腐烂气	噻吩	硫化氢
焦臭	吡啶	沥青油

除了这些标准之外,还有分类安排的各种有气味的刺激物,用来与标准相比较。先行提出一个标准气味(放在一个大口瓶内,将瓶拿在被试的鼻下)于是再提出作为研究的气味(比较气味),最后用第二个标准;被试决定比较的气味是更类似第一个或第二个标准。这判断被假定为全部根据气味的性质,没有顾到(气味的)强度,或由于冷或刺痛所伴随的鼻腔的各种感觉。每一比较气味是这样与各种可能的一对标准相比,在实验期间需要作两次或三次。

这种类型实验最显著的结果,除了判断的变量很大之外,就是几乎每一个比较气味有时说来与每一个标准都相似。如蒎(pinene),一种存在于松节油和杜松油中的化学单元,显然是树脂气类很好的代表,有时却被说成更类似花、果、香、腐和焦的标准。我们必须在角柱里面给它一个指定的地位,那里假定是空的,只有混合气味才放在那里。用同样的准则,每一种气味测验后,都属于里面,因此角柱的全部理论似乎被破坏了。

亨宁对此批评的回答(1924)说,角柱是表示气味感觉的关系,不是气味刺激的关系,并且同一刺激在不同的时间发生不同的感觉。这个答辩并不能应付麦克唐纳尔(1922)指出的困难,他做了第二次实验,只用在花果树香方形角上的4个标准,对在这个范围内,而与腐或焦显然不相同的11种刺激,要被试指出每一种在方形内或沿边上的地位。被试虽可以指出一些刺激有地位,但觉得这工作很困难。主要的困难是一定的气味经常似乎属于方形的内部但与方形所有四角却不相像。例如肉豆蔻和牻牛儿醇似乎在果和香之间,要求在沿着果香对角线上得一位置,然而它们不像树,也不像花;果香对角线的中央也就是花树对角线的中央,依照角柱的逻辑,一种在果香间的气味同时必定在花树的中间。更有其他气味与花、果和香相似,因此属于四方形的内部,而与树不相似。仅仅角柱的几何学并不适合于表示某些事实上的相似。

另一个困难是花、果和香彼此的相似,胜过它们与树的相似,因此,花果香树面不是正方形而是一纸鸢图形①。看起来焦和腐也更相近似些。因此这个整齐的角柱远不能适当地代表各种嗅觉的实际关系。

黑尔曼(J. Herrmann,1926)要求他的被试参照亨宁的六种突出气味来说明很多种气味时遭到强有力的反对。他们觉得,以这种特殊方式来说明各种气味是很不自然的,他们不承认亨宁的六种比几种其他气味——譬如,薄荷和樟脑更突出些。黑尔曼断定真正的角是不存在的,而且怀疑到日常联想是形成亨宁的六种基本气味假定的突出特性的原因。

海萨德(F. W. Hazzard,1930)查出,训练得好的被试能够找着许多气味在嗅角柱上的地位,至于某些气味(肉桂油、沥青、洋芫荽脑)则没有地位。他们又自由地说明对气味的体验,大多用"质地、容量、明度、范围和时间进程"等术语来表白。他们能沿着不下于10个量表或尺度来指定气味的地位:松——紧,轻——重,光滑——粗糙,软——硬,薄——厚,利——钝,明——暗,活泼——迟缓,表面——深入,小——大。香料气味是锐利的、明亮的和活泼的,至于腐烂气味是钝的和迟缓的;花香气味是软的、松的,质地轻的,而焦臭气味则与它相反。这些"质地"可能提示在全部鼻腔感觉中可能有的皮肤觉成分。

伴着嗅觉的各种感觉

前曾说过,鼻的内部具有触、痛、温和冷的肤觉,而具有味蕾的喉头则接受由鼻所吸入的空气。考虑到这些事实,吸入的物质可以使人"嗅"到甜、酸、刺、温和冷,这是不足为奇的。

氨的锐利、辛辣或刺痛的"嗅"确实是由于鼻的痛受纳器受刺激而发生的。薄荷脑的清凉或清新的"嗅"则是从冷的受纳器产生。氯仿的甜的"嗅",无疑是

---

① 即◇形——译者注。

由喉头的味受纳器所发生的；而醋的酸"嗅"或许由同样的根源得来。

亨宁查得没有训练过的被试，不会区别气味的本身和在嗅时从其他方面所得来的感觉。关于这个事实，他说过芥子油的刺痛，茉莉的甜，大蒜的凉，天芥菜的温和，以及某些香气的柔软，沉重或黏压感觉。在气味分析上的训练，可能造成分出气味性质的一部分而不是全部分。

这些伴随着嗅的感觉曾由冯·司克拉姆里克(1925)特别细心研究过。他搜集了200种有气味的化学物体，对几名被试做实验，在这个数目的气味中除50～60种只能使人感到气味外，其余各种除气味外并使人感到能认得出来的感觉。其中50种以上是使人感到锐利或刺痛的，大约30种是凉的，30种是甜的，少数是温的，并有少数是酸的。

冯·司克拉姆里克的主要问题，是在单鼻腔的刺激中能否指出纯气味究竟由左鼻孔还是右鼻孔进入。他的步骤是用两个瓶同时放在两个鼻孔下，一个盛有气味的物质，另一个盛蒸馏水。被试闭上眼睛，当瓶正放在其位置时，忍住呼吸，继而作一次深长吸气，由口呼出。随即要他报告气味是在哪一个鼻孔内。这实验的结果很奇特。有些刺激是很容易指出地位的，另一些则根本不能指出地位来。那些能够指出来的，除嗅之外，还引起其他感觉，那些不能指出地位来的，是纯粹的气味(有少数例外和可疑的情形，在这些情形里不能决定那气味是否是完全纯粹的)。看来嗅觉中枢不能区分左和右，而味觉和三叉神经的机构则能作出那种区分。

在纯粹气味中有代表亨宁六类中的五类；如：

花香气：牦牛儿醇(玫瑰)，松油脑(百合)；

水果气：柠檬萜(柠檬)；

树脂气：蒎(松节油)，松柏油之一种(杜松)；

香料气：丁香酚(丁香)，茴香脑(茴香)；

腐烂气：吲哚和粪臭素(粪的气味)。

几种不纯粹的气味举例如下：

气味加甜：氯仿，溴仿，碘仿，乙基氯，硝基苯。

气味加酸：醋酸，丙酸，丁酸和戊酸。

气味加冷：樟脑，薄荷脑，酚，桉叶醇，黄樟酯(黄樟)。

气味加温：乙醇，丙醇，戊醇。

气味加痛(刺痛)：氯，溴，碘，氨，二氧化硫，二甲苯，甲苯，甲酸和醋酸，丙酮，吡啶，烟碱，噻吩。

由于伴着嗅觉的各种感觉的发现，使气味性质的分类必须修改，或至少要为提出非嗅觉成分的因子而重行实验。倘若将非嗅觉的成分除去之后，则某些分类可以合并。甚至全部花果树香面可合并成为一类，如果辛辣(痛觉)、凉爽

(凉觉)和甜(味觉)的因子能够提出来。结果可能是简化气味性质系统,或者可能识别出那些和非嗅觉成分相混合时并不显著的基本气味[康苗洛(K. Komuro),1921;欧马(S. Ohma),1921]。

对于叙述气味的配合技术

依靠个人的记忆来企图说明出现的气味,不如代之以有系统的标准作直接的比较,更能使人满意。克洛克(E. C. Crocker)和亨德森(L. F. Henderson,1927)依据四种成分发展了这样一项技能:① 花香气,② 酸,③ 焦臭和④ 辛酸气(山羊的)。每一成分可能依靠它自己的受纳器的式样,虽然这种假设或许是不必要的。无论怎样,大多数的气味将包括一切的成分,不过程度不同罢了,而且任何气味能够被指出在每一种成分中的强度,因而指定它在系统中的地位。对每一成分可用一套分为八级的标准来衡量,用浓度的相等的对数距离来分等级。任何一定的气味在每一成分的八点量表上进行配合。如此,则玫瑰气味可能是6423,突出的成分为花香气,它的强度为6,但有些酸出现,辛酸气比较少些,并有微量的焦臭。甚至不需要很多的学习,一名观察者就能够一贯地应用这个系统[波灵(E. G. Boring),1928;克洛克,1945]。这样一个系统在实用情况中是很有价值的,而且在香气工业中,不下500种物质曾经用这种标准等级来分配过[克洛克和邸隆(F. N. Dillon,1948]。

对于这量表的适当性,可能提出一个问题。大学生用每一量表的8个标准来排列强度的次序[洛斯(S. Ross)和哈里满(A. E. Harriman),1949]。由15名观察者所得出平均等级,除花香气量表表现很大的差异而外,与标准等级是很符合的。然而这量表的各级极不相等,并且个别的等级次序的差异很大。二等分法的技术可能供给较好的一套量表。

克洛克-亨德森分类表,除开商业的价值而外,我们要问它对于根本了解嗅觉有无贡献。这里的回答似乎是否定的。没有证据说只有四种基本的性质或四种形式的受纳器。事实上,我们所考查过的和在后来将包括入的一切证据都提示基本性质的数目大大超出四种。

气味的相互作用

将气味性质作有系统的分类,主要困难之一是关于刺激的相互作用。两个或更多的刺激同时出现,可以得出6种不同的结果;由于两种刺激同时送入一个或两个鼻孔(一个鼻腔,两个鼻腔)或每一个鼻孔送入一种物质(双鼻腔的刺激),有时会发生差异。读者将想起两个鼻孔是分开的受纳器,每一个联系着它自己的嗅神经。

(1)最普通的结果是两种刺激气味的混合或融合。混合虽与各成分的气味相似,但是一个单一的印象。如紫罗兰与 H_2S 相联合,可以发出同两种成分相似的混合气味。在气味上彼此相似的成分愈多,它们愈易混合并且愈难把成分彼此区分开来(亨宁,1924)。

(2) 当成分刺激发出很不相同的气味时,虽然可能融合,但通常的结果,是两种气味相继出现(亨宁)。

(3) 用两鼻腔同时刺激法,两种气味继续嗅,多少与竞争相似,虽然没有如同双眼竟视那样清楚,但依照冯·司克拉姆里克(1925)所说,它与寻常注意的迁移相似,称为竞争是不恰当的。

(4) 两种气味可以同时被嗅着,然而又是分开的。它们可能作为一种范型出现,类似乐音的和谐音,或者作为两种不同的和不相关联的气味被嗅着。依照亨宁所说,这种高度的区分,只能由双鼻腔同时刺激而得着;而冯·司克拉姆里克发现同样的结果可以由单鼻腔,也可以由双鼻腔同时刺激而获得。他确定说由一种刺激方式所得到的一切印象,也能够同样地由其他方式求得。

(5) 一种气味可以全部掩盖其他气味,尤其当一种气味较另一种为强时。

(6) 中和或"补偿"。在这种情形中,联合刺激不发生任何气味。在这个中和的主张上有很大的争论。兹瓦丹美克(1859,1925)查出,由细心地选择刺激和细心许定它们的强度,他能得到完全的中和。铁钦纳(E. B. Titchener。1916)证实了兹瓦丹美克的结果,认为完全没有气味的时间每次持续得很短。亨宁(1924)完全否认这种现象并且说在任何情况下他从未得着过这种现象;但他没有说明他是否曾把这件事透彻地和耐心地考验过。若某些气味刺激的相互关系果然与补色刺激的相互关系一样,则这种关系在嗅觉理论上便非常重要了。但是到现在为止,我们从这个源泉可以说明的事实或所得的指引却很少。

当我们开始使用两个不同的刺激时,复杂的相互作用便发生。在考虑这个事实时,我们怎样能够肯定,甚至于一个简单的物质不发生一种真正是几种不同的生理成分相互作用发生出的气味呢?这个问题使孤立任何"原始"性质很困难。

嗅觉的阈限

从研究气味的相似和差异来孤立原始的气味,这样的企图并不十分成功。我们或许由考查感受性对于各种气味的变化更能得到进展,这样的变化是能由适应某一强烈气味而引起的。于是有长久的或暂时的局部嗅觉缺失的情况,这些情况可能在不同气味的关系上有所阐明。倘若在适应或嗅觉缺失中某一组的气味完全失掉,这说明它们必然是在同一的单独的受纳机构上。

另一可能的指引,是选择适应或由于继续不断地将物质的气味送给受纳器所产生的气味性质的改变。硝基苯起初嗅来像苦杏仁,逐渐变到沥青油的气味。尚有其他的显著例子。这个理论自然是物质具有合成的气味,因为一个成分适应在其他成分之前。为做到使用气味感觉的变迁成为良好的研究,刺激的定量法是实验室所要求的。许多随时提出来的技术中少有满足一切要求的。

冲淡技术 从物理的观点叙述刺激强度的最好方法,是用蒸气压力法,或将一定数量的有气味的物质置于一个单位容量的空气中,使空气通过嗅上皮表面,但它所包含的量如果用来作直接的测量又太小了。为着避免这个困难,一种更好的方法就是在一间房里,放出少量挥发性的物质,给以充分的时间,使它与空气完全混合。已知放出的量和房间的大小,我们便能计算出浓度来。这是决定硫醇阈限的方法。另一法为继续将物质冲淡,将一定的分量放在瓶里,并让它散开,于是将其中的一部分移到另一瓶中,等等(法弗曼,1951)。

没有气味的环境 在实验进行中,甚至于在实验开始前一小时左右吸烟或嚼口香糖将提高阈限。背景上有气味,无疑是错误的重要根源。一种驱除的方法为无气味箱(camera inodorata)法——一个能容被试伸头入内的玻璃箱(康苗洛,1921)。被试必须剃光头发和用凡士林涂满面部,以消除他自己的气味。更实用的是由福司物(D. Foster)、司考费尔德(E. H. Scofield)和达仑巴赫(K. M. Dallenbadch,1949)所描写的气味室(olfactorium)——用玻璃和不锈钢造成的一间房和前室,因此可用蒸气——驱除一切气味的唯一实际方法,来将它彻底清洁。观察者穿上可以烘干的胶制外衣。将那经过适当的滤、加热器和气体洗涤器的、有一定温度和湿度的空气压入室内。把一定分量的刺激加进这个气流中——流动气味计(flow-meter odorimeter)的原理。从像这样理想的环境所得的阈限与其他方法比较起来无疑要低很多。不过我们尚不知道这方法将发生什么别的结果。

刺激阈限

除适应的背景有不同的程度外,更有许多其他因素影响于阈限,如温度、冲淡剂和方法。但用一种方法来决定一些不同物质的阈限,则它们相对的效果能够被查出来,少数物体的代表值如下,它们是爱里森和卡茨(S. H. Katz,1919)用流动气味计获得的;在原著中报告了更多的物质,后来经法弗曼(1951)重行做过。

物　　质	含量/(毫克/升空气)	物　　质	含量/(毫克/升空气)
乙醚	5.83	水杨酸甲酯	0.100
四氯化碳	4.53	戊酸	0.029
氯仿	3.30	丁酸	0.009
乙酸乙酯	0.69	丙硫醇	0.006
乙硫醇	0.046	人造麝香	0.00004

首先四种是花香气或果气,戊酸和丁酸以及硫醇是臭气;它们有时被加入

到无气味的气体中作为一种紧急的信号。水杨酸甲脂是冬青油。麝香是难分类的,它被广泛地应用来作为香料的基础。

嗅觉计 倘若想得到刺激强度的绝对值,各种冲淡方法是最好的。但是为着许多用途,比较简略的相对测量法是合宜的。为达到这个目的,最便当的仪器是兹瓦丹美克的嗅觉计(图 11-7),它包括两个玻璃管,其中一个套在另一个上,如同套筒一样。内管约 3/8 英寸粗、5 英寸长,末端弯起,适于放进鼻孔的入孔处。套筒内可以衬进一种有气味的固体物,或衬一种蓄有气味液体的吸收物质。若把套筒尽量向内推进,内管就由套筒的另一端伸出,并且吸入没带气味物质的空气。但若把套筒推出一点,如图中所示,那进来的空气就须在进入内管之前,经过有气味物质的固定面,并从那里到达鼻孔。套筒愈向外露出,则气味愈强。通常在内管上刻出分度数值,直接指出暴露部分是多少厘米长。为便利起见,恰在内管的弯曲处,设置一个屏障以遮蔽被试的视线,而内管则穿过屏障而出。仅有一支内管的仪器是很少用的,经常是有两支内管,为每一鼻孔备一支。又可以有联络的机构使两种气味得以传入一个鼻孔等等。

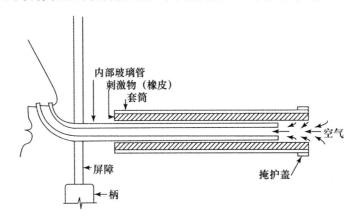

图 11-7 兹瓦丹美克嗅觉计的剖面略图。此种装置的目的是在使用它时释放出比较弱的橡皮气味。在内管上刻划度数,以便可以看出刺激物有多大面积露出在流入的空气中。这里套筒的左端离尺度之末端是 3 厘米,这就指明在套筒他端有 3 厘米的刺激物露出在流入的空气中。在套筒两端通常有掩护的盖,以防气味泄出。这样的套筒同时可以使用两具。

因为物质的刺激价值显然是不同的,时常要用一个比较的单位使它们相等。普通单位是嗅单位(olfactie),即为了发出仅仅能够感知到的气味所必须暴露出来的物质的量。用 2、3 或 4,等等来乘这个面积(或看它上面所记的直线刻度,厘米数,因为这管全部粗细一致),我们就能得着 2、3、4 等等刺激的嗅单位。这单位对于说明适应是特别有价值的。倘若把有气味的物质细心地标准化,这单位的稳定度足以适用于研究阈限的日复一日的变化。

喷射法　对于我们曾经叙述过的一切方法的基本缺陷是被试决定着他所吸入的空气分量和他吸入的方式。突然深深吸一口气,比正常呼吸能使更多的刺激到达深远的嗅上皮。为了避免这种变量的来源,埃尔司伯(C. A. Elsberg)和勒威(I. Levy,1935—1936)发展了喷射技术(图11-8)。一个紧闭栓塞的瓶装有一根入口管和一根出口管。将两管密闭,由瓶底的气味液体所发的气味,使瓶中空气成为饱和。将已知分量的空气注射入瓶中而造成压力。于是打开出口管允许少量载有气味的空气喷射出来,经管嘴进入鼻孔。阈限用 MIO,即能确认的气味的最小量来表示,并以放进鼻孔中有气味的气体的分量来表明。这装置似乎能产生稳定的阈限,在医疗上是有用的。但当人们真正要去认识其中刺激的变数时,那物理学的情况便转变得复杂了,只就一点来说,压力比较容积更为重要〔杰洛姆（E. A. Jerome），1942〕。物质的挥发性是十分重要的〔埃尔司

图11-8　埃尔司伯的喷气装置。瓶内盛着有气味的液体或固体。用瓶上左边的小注射器引入一定分量的空气,使瓶内压力增高。放松出口管口的螺旋钳夹,则有气味的气体被压入鼻孔中。

伯,布雷沃尔(E. O. Brewer)和勒威,1935—1936〕;这只是说在给予压力下某一些物质将较别的物质放出较多的分子;而关于刺激的基本过程,它向我们说明的实在很少。为着根本的分析,在现今喷气技术的物理变数尚未彻底寻出之前,一种冲淡法似乎较为可取些〔温泽(B. M. Wenzel),1949〕。

勒马格南(J. Le Magnen)的方法　在喷气法中似乎合有三种基本变数:有气味物质的浓度,气味进入鼻孔的速度和进入鼻孔的分量。简单的压力瓶用来分别这些变数不是最满意的装置。勒马格南(1942—1943,1944—1945)发展了更有效的方法。浓度是由注射定量有挥发性物质到固定容积的空气中去控制的。吸入的速度是由训练被试以特定速度去吸气来控制的,被试受着当时看得见的标准计或管嘴中小汽笛声音高度的指示去调节他吸气的速度。保持不变的压力,则在盛气体瓶中放一浮标,空气被吸去了,它便下降。用这样的仪器,他能指出阈限与吸入的总量无关,当吸入速度稳定时,深深吸气的效果不比浅浅吸气的为大。吸入速度对阈限浓度的影响是要复杂些。当速度在正常吸气范围之内时,增加速度一倍,则减少阈限浓度二分之一。到此为止,最有意义的事是在每一单位时间内,进入鼻腔中的分子数的多寡。但当被试猛烈吸气,而其速度相当于平常吸气发声时,则感受性表现出突然的增加。明白的解释是,

由快速吸气造成回旋的气流,带着大量的气味到达嗅上皮。当被试已在吸气发声的范围内再增加速度一倍,则再将阈限浓度减至一半。简单说,嗅刺激的主要决定因素是在每一单位时间内到达嗅上皮的有气味物质的分子数。

差别阈限

因为兹瓦丹美克的嗅觉计和埃尔司伯的喷射瓶能使刺激强度很快地变化,所以对于决定差别阈限就成为一个适宜的装置了。早年大多数关于嗅觉差别阈限的工作是用嗅觉计作出的。在1898年甘布(E. A. McC. Gamble)用最小觉差法来决定17种固体和13种液体的差别阈限。韦伯分数($\Delta I/I$)约从1/6到1/2。甘布总结说,虽然物体与物体间有巨大的变异性,但韦伯定律是适用于嗅觉的,并指出那分数是在1/3和1/2之间。

赫满笛斯(J. Hermanides)——[参看温泽,1949]求得九种物质的分数,由0.25～0.62;它们在两种不同的强度上似乎已然恒定了。另一方面,齐格勒(M. J. Zigler)和霍威(A. H. Holway,1935)则报告不够恒定,而有显著的离差。他们采取单一刺激法,用六种基本强度:10、50、100、200、300和400嗅单位(弹性橡皮气味)进行实验。所得分数由最弱范围内的1.0左右减到400嗅单位处的0.17。虽然这个研究是仅在一种物质上做的,但它似乎是用嗅觉计作的研究中最为广泛的。

使用兹瓦丹美克嗅觉计,并不能确定气味分子的浓度一定是与暴露的面积按直线关系共同增加的。当进入的空气经过暴露时,由于气味的蒸汽而不断增加它的饱和量,因而空气从第十厘米处拾起的分子可能比从第一厘米处拾起的少些。这将趋向于在较高的强度处扩大了表面的差别阈限;强度增加则差别阈限降低的这个事实,指明错误是不大的。

温泽(1949)致力于求得更好的刺激数量,应用了一种改变了的喷射技术。她用颇精细的仪器,使喷气的时间、压力和温度得以控制。自变数为压力;当时间和温度皆为常数时,她用传入鼻腔中的分子数便能计算阈限。她用单一刺激充分研究过苯乙醇的一种浓度,得到0.15～0.18的韦伯分数,指出了较细的辨别。但是在对一位被试所施的控制实验上,她并未放置有气味的物质于容器中,仅要他来估计喷气的压力。为压力所获得的心理测量函数与对于气味所获得的在根本上是相同的。于是很有这样的可能:被试们一直是在辨别空气的压力,而不是辨别嗅觉的强度。被试们相信自己是在判断气味的强度,他们可能是在这样做,但嗅觉是有"借重于"其他感觉的倾向的恶名的。温泽的研究指出在这样困难的领域内,是需要控制实验的。

嗅觉适应

既然我们有些熟悉适用于嗅感受性的各种数量的测量方法,并且在求得了刺激阈限或差别阈限后,我们就可以进行感受性变化的研究,这些变化是可归之于受纳系统中的变化的。除掉这些对被试的因素的固有兴趣外,我们还常希望这些变化能阐明嗅刺激的基本性质。

在这些感受性的变化中最为人所熟知的是适应,这种适应可以从持续地暴露于一种气味致使刺激阈限增高看出来。在最早的这种变化的量的研究中有一个是兹瓦丹美克在 1895 完成的——他证明在适应中有两种基本因素,即受刺激的时间和所适应的气味强度。当受中等强度橡皮气味的刺激时,对这种气味的刺激阈限在 15 秒内增为二倍,在 45 秒内增为四倍;但是受更强烈橡皮气味的刺激,则阈限的增高还要快些。第三个因素是气味的种类,因为对橡皮的适应比对安息香(它多少带有树脂气)要慢些。

交叉适应(互相适应)

在说明气味性质的思想上占支配地位的学说是特殊受纳器的理论,它可能使人预料由对一种气味的适应可以扩散到对有关的其他气味上。依照这种理论,某些气味是相似的,因为它们对于单一型的受纳细胞施以强烈刺激,我们称这种细胞为 A;这些相似气味中的相异之处,是由于另外一些类型细胞所受的相对微弱的刺激,这些类型的细胞我们用小写字母 b,c,d 等记之。倘若这个理论是正确的,连续暴露于一种气味,例如刺激 Ab 的气味,就会使这些细胞适应它或疲劳,因而它们将不反应。于是那刺激 Ac 的相似的气味,由于缺少 A 反应,就会表现出局部适应。最细心研究这件事的是欧马(1922)——他用了许多种香气做实验。当对樟脑有很好的完全适应,对桉油精和丁香油精(丁香)的刺激阈限便相当地增高,但对于苯甲醛(苦杏仁)的刺激阈限则没有产生影响;而且对于后一种刺激所获得的适应并没有把对前三种刺激阈限增高许多。他总结说:他已经区分开两种生理学的气味因素,并用同样方法,在一般香气类中他更辨别出第三种(枸橼)。他的分析与亨宁角柱的花果树香面所示的有些不同。

用交叉适应技术作更进一步的细心研究或许能解决气味分类的困难问题。不幸它是一个艰难的程序,而且有陷入某种绝境的危险。对于这方法已有重新令人感兴趣的征兆。勒马格南(1948a)曾在一些有相似气味的物质中研究交叉适应的效果。譬如,苯甲醛和苯甲腈,两者嗅起来都像苦杏仁;对苯甲腈作 10 分钟的适应,提高了苯甲醛的阈限,并使它被嗅时如同黄樟酯(黄樟);当黄樟酯成分也被适应了之后,就有一种残余物嗅起来如同吲哚(茉莉,橙子花)。这就提示有三种或更多类型的受纳器被苯甲醛刺激着:一种是分给苯甲腈的类型;一种是分给黄樟酯的类型和那残余的类型,即与吲哚相应的类型。自然,没有理由假定说任何一种类型是纯的,例如苯甲腈本身便可涉及几种类型。勒马格南相信各种类型的受纳器可由任何一种气味刺激起来。这样,要去确认理论上的少数嗅觉元素,显然是困难的。

嗅觉缺失

　　与适应相对照,嗅觉缺失是比较长久的失去嗅觉。一种缺失是由于有气味的气体被阻碍传达到嗅上皮的结果,如由感冒流鼻涕所致。这样一般的缺失较诸局部嗅觉缺失,即失去某种特殊气味的感受性,是没有什么意义的。某些缺失是由于受纳器不断地接触有气味的物质,如烟草的烟气。一个大烟瘾者决心戒烟,过了几日,他常惊讶地感到他所遇到的多种气味的新世界。

　　感受性的各种变化可能由于传染病或血液中发生化学变化而来。通常认为怀孕会使嗅觉敏感度增高——嗅觉过敏(hyperosmia)——并不是真实测验的结果[汉森和格拉斯(R. Hansen & L. Glass),1936]。但是,自然,这里可能有一种对强烈气味的不寻常的厌恶。测验指出刚在月经前或正当其时感受性要增加(埃尔司伯、布雷沃尔和勒威,1935),但是这个变化不一定是由于激素对受纳器发生的作用;脑瘤能使人发生局部嗅觉缺失(埃尔司伯,1937)。中枢神经机能的变化很可能改变对气味的反应。

　　对于麝香气味的感受性是很容易发生奇异变化的,这些变化可能证明很有用。天然麝香有好多种,多数用于作香料;它们都有相似的气味,但某些被试只对一种发生嗅觉缺失,而对其他各种则没有[基尔洛提(M. Guillot),1848a,b]。勒马格南(1948b)在一系列目的在于解释这些变化的研究中,查得大多数的男子、男孩和少女对麝香缺乏感觉,至少是可以相对地这样说,而大多数妇女则报告说麝香有强烈的气味。再则,妇女的感受性在月经周期各阶段间的差异很大:在卵的形成时期阈限低落,可以下降到它的正常值的1/1000。勒马格南以为这些变化是由于血液中激素的变化,并以为嗅觉感受器对麝香气味发生敏感是由某种激素所引起。这样的易感状态不限于对麝香气或对激素的作用。青霉素的注射使人对这种物质的气味发生敏感。这类研究的结果指出,嗅觉刺激机构将被证明为与复杂的细胞反应有关,这些反应产生于过敏症和免疫中,某些细胞可能对特殊的嗅觉物质变得敏感。

　　其他局部嗅觉缺失可见于常人中。为求得这些情况,裴特森[(P. M. Patterson)和劳德尔(B. A. Lauder),1948]将小瓶盛着有臭气的硫醇分给在校儿童,他们拿去测验父母和朋友。被测验过的4000名被试中,17人不能嗅到这种标准的溶液;于是用较强的硫醇溶液并用代表亨宁角柱其他五角的气味来测验他们。这些工作人员对于遗传发生兴趣,在局部嗅觉缺失中,找到一些遗传因素的证据;但这种获得个案的研究方法,对研究嗅觉者来说,在使用上也是有价值的。局部嗅觉缺失和选择适应是有希望的先导,但随之而来的定量工作却是艰巨的,这暗示着:有待于长期的努力,胜过于对嗅感觉机制的任何突然的了解。

刺激和受纳过程的性质

到现时为止,我们很少说到与气味本质有关的刺激因次。延迟的原因是简单的:有气味的物质数以千计,并且变异多端。情况是与视觉和听觉十分不同的;在后两种感觉中只有一个简单的因次,即振动频率(或波长),频率主要是分别与音高和色调的质的因次有关。但是,嗅觉的刺激是很复杂的,因此先行更多地熟悉嗅觉全部,再来研究刺激,似乎更好些。

我们对于所谓的*传送因素*(transport factors)已经谈了一些,某种刺激物必须达到嗅上皮的近旁才能被嗅着。它可能是纯粹的气体,如硫化氢,在这个实例里没有特别的问题。倘若物质开始是挥发液,它的蒸发分子进入空气中,就同气体一样起作用。最后,物质以较大的粒状分散在空气中(如同烟气或微尘状),以固体形式到达嗅膜。决定某种气味感受性的主要变量之一是这个传送因素的效率。刺激的方法必须最后控制这个因素,这样,刺激才能以嗅膜上的气体压力或物质的浓度来表达。这里有某些困难是出于这些涉及物质的微量所固有的,但它们不过是技术上的物理学的困难而已。

在物质到达嗅上皮之后,我们的麻烦就开始了。很困难的事情则是研究出为什么某些物质是有气味的,而另一些物质却没有气味。

化学的组成

通向嗅觉刺激知识的第一步是由化学家所提供的,他们的工作,在于抽出有气味物质的主要成分,并确定它们的组成和分子构造。我们不说香子兰是一种有气味的物质,而说香草素,$C_8H_8O_3$,即存于香子兰中的化合物,是其气味的主要原因;我们不说紫罗兰,而说紫罗兰酮,$C_{13}H_{20}O$;我们不说玫瑰,而说它们的主要的气味成分,牻牛儿醇,$C_{10}H_{18}O$;而且我们不说洋葱,而说$C_6H_{12}S_2$。这些化学物质是能从它们各自的花、果等等之中提炼出来的;或者在许多情况下,能够从十分不同的来源如煤焦油,用化学方法配制出来的。冯·司克拉姆里克(1925)作出约 200 种有气味物质的化学式。孟克利夫(1946)研究得更多。

全部化学元素约 90 种,仅仅约 16 种似乎能够在产生气味中起一些作用[海克来夫提(J. B. Haycraft),1889]。这 16 种,依照它们的化学族区可分为:

1. 氢　　　　　　2. 碳,矽　　　　　3. 氮,磷,砷,锑,铋
4. 氧,硫,硒,碲　5. 卤素:氟,氯,溴,碘

只有卤素族(和臭氧 O_3)是有气味的元素。大多数有气味物质是碳的化合物,内中也含有氢、氧、氮——三种中的一种或更多。

在每一族之中相同的化合物有相同的气味。例如,卤素族中,这些元素本身有多少相似的气味,而同族的化合物,氯仿($CHCl_3$)、溴仿($CHBr_3$)和碘仿(CHI_3)也有相似的气味。由氯经过溴到碘,原子量和原子的其他性质逐步变化;而且与这个化学系列相应的有一个气味的系列。溴的气味"浓于"氯,而碘的气味更浓些。同样,溴仿的气味是在氯仿和碘仿之间。

有许多系列的同族有机化合物,表现出气体性质与气味力量的等级,后者用刺激阈限值的逆量来计算。系列中"较低级"的化合物,分子量小或轻,气味小;中级的有较多的气味;而更高级的则是不挥发的,并且没有气味。下面是这样一种含有脂肪酸的系列:

系列次第	酸的名称	分子式	含量/(0.001阈限/升)	气味的性质
1	蚁酸	CH_2O_2	25.	辣的
2	醋酸	$C_2H_4O_2$	5.	酸的
3	丙酸	$C_3H_6O_2$	0.05	酸的
4	丁酸	$C_4H_8O_2$	0.001	有恶臭的
5	戊酸	$C_5H_{10}O_2$	0.01	有恶臭的
6	己酸	$C_6H_{12}O_2$	0.04	有恶臭的-芳香的

阈限值引自帕西(J. Passy,1893),气味的性质是兹瓦丹美克(1922)报告的。

随着分子体积的增大,直到丁酸,其阈限都稳定地降低着,过此阈限便稍稳定下来;直到系列的14号蔻酸,$C_{14}H_{28}O_2$左右,它和更高的各种酸相同,是没有气味的。[1]

分子的构造

至此我们已求得了某种规律,但有许多令人困惑的事实。虽说相似的化学物质发出相似的气味;然而反过来说,却是不真实的,因为有些十分不相似的化学物质也可能发出相似的气味。我们不能说哪一个元素为某一类的一切气味的原因;也不能说有任何一种化合物、任何一种原子团为其原因。看来应像帕西(1892)所极力主张的那样,我们必须考虑到分子的构造。他的论据是不同气味或不同气味的力量都可以在同分异构体(isomers)(如丁醇和异丁醇)中得出,其分子含有同样的原子,但原子的排列不同。

亨宁(1924)主张物质的气味依靠三种因素:① 分子核,如苯环(benzol ring);② 连接在核上的原子团和③ 连接的方式和方位。他相信他能为下面的分子构造和气味种类的关系很好地证明自己的主张:

---

[1] 把各分子式更适当地写出时,应将羧基COOH分开,这是脂肪酸的特性,蚁酸应写作HCOOH,醋酸为CH_3COOH,丙酸为CH_3CH_2COOH,丁酸为$CH_3CH_2CH_2COOH$等等。这样就指明了这些分子的开链(open chain)性质,尤其是较大(较长)分子的开链性质。

花香气：连接在开链或苯环的邻近的分子上的两个原子团[在后一种例子中是邻位取代(orthosubstitution)]；

香料气：具有对位取代(parasubstitution)的苯环；

树脂气：具有交链的苯环(或具有额外侧链的开链)；

水果气：连在环上或开链上的开叉的原子团；

焦臭气：包括 1 个 N 原子的杂环(heterocyclic ring)；

腐烂气：这里通常出现其他元素，硫，硒，碲，砷，锑，铋，磷；但在含粪的气味，强烈吲哚和粪素中，氮代替了这些元素起主要作用。

亨宁承认，这些规则有例外并且也只是初步的接近而已。兹瓦丹美克(1922)以为这些规则虽属空论，但颇有兴趣。麦克唐纳尔(1922)给亨宁的化学理论以详细的叙述，并指出有某些困难。

光谱上紫外线的吸收

即使这些相似的一些规则建立起来了，我们仍然不知道刺激，但是我们需要知道这些原子团或分子构造怎样在嗅觉受纳器上起作用。它们可能以某种振动来起作用(海克来夫提，1889；兹瓦丹美克，1922)：原子或原子团的振动，或电子的振动。电子的波动是由有气味的气体的吸光带在分光器的测验中显露出来的。黑宁克司(A. Heyninx, 1919)，经过搜集了那些有气味物质的吸光带上的已知事实之后，很满意于所得的足以证实嗅觉刺激振动论的结果。

所说的振动是在紫外线区域中的，波长由 360～200 纳米；在此范围内他绘出一个完全的气味光谱：溴素位于邻近一端处，波长为 330；各类气味依次排列如下：

气　味	举　例
腐烂气	CS_2 在 320
恶臭	丁酸在 280
焦臭	酚在 270,混合二甲苯在 265,萘在 260
香料气	蒿在 255,肉桂在 240
花香气,水果气和树脂气（很少分开）	牻牛儿醇在 220,丙酮 210,樟脑在 210。

当有气味的物质吸入鼻内并与受纳器相接触时,于是,依照这个理论,那物质特具的电子振动便刺激那些受纳器,并且依照振动的速度不同而刺激它们。此理论不过是一种可供参考的假设而已;若认为它有任何更高的价值,则尚嫌过早。它与曾经提出过的其他规则一样,看来是有不少例外的。

红外线的理论

近来的注意指向于有气味物质的光谱上的红外吸收线[白克(L. H. Beck)和迈尔斯(W. R. Miles),1947]。人体细胞,由于它们的温度,放射出 4^{-20} 微米的波长,而大多数有气味的物质吸收这个范围内被选择的波。嗅觉细胞倾向于放射这样的波,但它们的放射通常被那嗅上皮所在的窄室或裂缝中的空气所包围。现在让这小室内充满有气味的气体,此气体吸收某些热线,以便于更自由地放射。这样嗅细胞就失去了热,而这个开始的冷却,依照理论,刺激了细胞并发生冲动,那些冲动沿着细胞出轴突进入大脑。我们能够想到这里有不同的嗅细胞,因为它们有不同的大小和形状,可以使其适合于不同的波长,这样就从不同气味的物质得到刺激。该理论最简单的形式并不完全与事实一致,即某些视觉的同分异构体有同样的吸收光谱,但具有不同的气味[杨(C. W. Young)、佛莱彻尔(D. F. Fletcher)和莱特(N. Wright),1948]。但白克(1950)提出了一些外加的刺激特性,即受纳细胞表面中的溶解性,这可以说明气味的差异。现在来评价这个理论未免太早了。无疑地,分子的构造是气味的原因,是吸收光谱的原因,但其间的因果关系可能不就像这个理论所假定的一样(法弗曼,1951)。

嗅觉神经的冲动

关于某些感觉,许多知识可能用"接电线"(tapping the wires)方法,把受纳器受刺激时感觉神经的电位记录下来而获得。此手续在嗅觉实验上是不容易做的,因为感觉纤维是由受纳器起,经过薄的骨层,直接进入脑的嗅球中的。但阿准(E. D. Adrian,1942,1948)用此方法仍然得到某些成就:他将电极针插入到被麻醉动物的嗅球中,为查出各种冲动,且在受纳器中割除一两个神经原的突触。他查出刺猬是最适用于这种实验的动物,但也从兔和猫上得到过记录。

某些纤维似乎对进入空气的压力起反应,因为它们主要是当吸气时才奋起。但是其他纤维则是在把有气味的物质放近鼻时才激动。它们显然不是专对某些特殊气味而反应的;同一纤维对多种气味都起反应,不过在潜伏期和激动速度上有所不同。动物对于气味,对于它们自然生活中最至关重要的气味表现出最高的感受性。因此,兔子对草的气味、猫则对肉类的气味给予最强的反应,所得结果与许多其他研究所提出的复受纳器(multireceptor)观点相符合,但阿准本人却选择了模式理论(pattern theory)。他指出,在嗅上皮中有以百万计的细胞,并且提出这种感觉与视觉或听觉同样的复杂。我们人类虽善于利用物体的和外界情况的嗅信号,但总容易认为嗅觉是简单和比较不重要的。在某些动物身上,它是很重要的,它供给很多复杂的知识,它在这方面很接近于其他距离感觉。我们可能曾在那些确实牵涉精细的中央机构的受纳器中试做过一些手术。或许紫罗兰的气味与紫罗兰的视觉同是模式知觉。我们很容易认识的许多气味可能不是与音阶上的音调类似,而是与不同乐器的音质(音色)或与母音和子音类似,后者就物理学说来是复杂模式,但当我们听到它们时,很容易识别出来。

总　　结

食物在口内或气体在鼻中可以刺激几种感官,包括非化学感官的压觉和温度觉感官。原始的"一般化学感官"证明是一件简单的事物。它的受纳器是自由神经末梢,在一些别的方面它与见于身体别处的痛觉感官相似。它的刺激物是激起自由神经末梢的任何化学物。

味觉感官经证明是较高地组织起来的,它有特殊的受纳器。味有四种基本性质:酸、咸、甜和苦。我们知道对酸的刺激,并且找到仅只对这刺激起反应的神经纤维,可以假定对这种刺激有一特殊形式的受纳器。咸是稍微复杂一些,但也还好。我们对苦和甜的知识,仍然是不能令人满意的。

关于嗅觉,我们知道一连串的许多事实,但不幸它们尚未能使自己系统化。或许困难是在于对重要的刺激因次的控制,甚至我们关于这些因次的知识仍很不足。我们正开始得到对刺激的好的物理控制,并且有机化学和生物化学的急速进展会对我们有利。我们有某些具有希望的端绪,特别是对相似的气味的感受性的许多变化,如由适应、由身体中的化学变化和局部嗅觉缺失所引起的。但嗅感官的复杂性显然是远远超过我们所设想的。为解决它的许多问题,通力协作的研究是必要的。

(曾作忠　译)

第十二章

听　　觉

现代的听觉方面的"奇迹"——电话、留声机和无线电收音机——已经不再像它们最初和公众见面的时候那样引起人们的口张目呆地惊异了；如果有谁对于它们究竟怎么能够把言语和音乐中的复杂声音再产生出来感到兴趣的话，那么这些发明的科学的和工程学的原理都已经在书籍中记载下来了，对于一切运用智慧的学习是公开着的。远远比它们更令人感到不解的，倒是一个无穷世代以来一直为人们所使用着的小东西，也就是那个青豆一般大的结构：人的内耳。它会从空气中拾起声音，分析它们的复杂性，使我们得以对于音高、音强和音色的微妙的变化起反应。内耳如何达成这些业绩，就不仅是查考书籍的事情，而是一个科学问题。很多世纪以来，它就一直是一个迷人的问题：亥姆霍兹（H. V. Helmholtz）在 1863 年详细地论述了一个最早的可以说得通的学说，但是他的这个共鸣说的若干暗示还在更早 250 年的时候就已经有过了［波灵（E. G. Boring. 1942）；倍开西与罗森布里特（G. V. Békésy & W. A. Rosenblith, 1948）；魏沃尔（E. G. Wever, 1949）］。早期的思想家们只有很少的事实来做他们的学说的根据，但是上一世纪却提供了巨量的事实资料。

研究的路线

　　心理物理学的路线　　实验者控制物理刺激，并测量有机体辨别不同的声音的能力。这样的实验适合于我们的公式 $R = f(S, O)$，其中 R 代表某种辨别反应，诸如听觉的范围、各种阈限、刺激之间的相互作用和语声的清晰度等类的问题，都受到了细密的注意。这些研究工作的动机通常是出于实际上的某种需要：电话工程师在从事于改进通讯设备的时候，发现他必须研究人类的听觉能力和限制；武装部队面对面地碰到了在现代战争的猛烈的响声中传递清晰的消息的问题。但是这些实际的目的也并非仅有的一些动机：任何人在从事听觉方面工作的时候都可能被牵涉到耳官究竟怎样工作的问题里面去，因而涉入以听觉学说为目标的研究工作中来。

解剖学的路线　内耳的听觉部分,所谓"耳蜗"——由于它的形状而如此被命名——不是一个容易描写的结构。它只占据 5 毫米×9 毫米的空间。它是极端复杂的,埋在骨头内部,具有胶状体的重要的细微结构。在做显微镜切片以前,必须把内耳"固定"下来,或者说把它硬化,而骨头部分又必须软化。尽管有这些技术上的困难,关于耳蜗解剖学的还不坏的知识是已经取得了的。早期的听觉学说主要地就是以解剖学为根据的。

电生理学的路线　现代电子管放大和记录设备给研究工作开辟了全新的道路,这是我们在前面已经提到过的。我们现在能够观察由于刺激耳蜗而产生的电的变化,甚至于能够把所产生的神经冲动跟踪到深入神经系统的内部。这件事情的最初真正成功了的尝试,是由希望解决两个主要学说——共鸣说和电话说——的争论的心理学家们在 1930 年所完成的。二十年中在许多不同的实验室中用这种方法所进行的研究对耳官究竟怎样工作的问题做了很多的说明,但是并没有给任何一个学说以确定的支持。

这三种方法实际上可以互相结合,再加上一些辅助的方法,对耳官怎样工作的问题展开了一个整合起来的攻势。用所有这些方法来进行的研究工作正在加大速度继续下去。所发现的事实的一大部分可以用一个包容广大的、把上面所说到的两个学说的某些方面结合起来的学说统一起来,就像魏沃尔(1949)所做过的那样。这个统一的学说虽不一定是"最后的真理",同时它也绝不是简单的,但是至少它能够把这复杂领域中多样化的事实整合起来。

这里无需重复初级心理学教本中可能加以叙述的那些关于听觉的基本事实。读者应该熟悉关于物理刺激的种种事实:具有振幅(强度)和频率这两个因次的单纯正弦波;较高的部分振动在乐音的场合是谐音的,而在噪音的场合则是非谐音的;由复杂波分析而成的单纯波的谐音系列;共鸣作用;以及声波在空气中的传播。还有相应的心理学事实:音强的感觉因次,相应于物理的强度;音高相应于振动频率;一种乐器的音色和言语的元音性质相应于一个复杂波的成分;而耳官(或脑)也有一些分析能力,这可以由人们能够分析一个和弦,能够听出一个乐器的音色中的某些副音而得到证明。

物理学的符号

我们需要有表明听觉刺激的频率和强度的一些便于使用的方法。频率或振动次数是以每秒周波数来测量的。一个周波原先称为一次复振(double vibration),就像摆锤的一次往复摆动一样,从中间位置摆到一边,又通过中间位置摆到另一边,再回到中间位置。一个频率,例如每秒 1000 周波,通常写作 1000 cps,或 1000 赫[兹]。音阶也可以用来表明频率,中间 C 音代表 256

~（音乐家们把乐器定调得稍高一点，它们的中间 C 音是 260~左右）。上行一个八度音程，频率就加上一倍；下行一个八度音程，频率就减去一半。可以听见的最低的乐音是 20~左右；最高的乐音是 20000~左右。

至于强度，它可以用能量或压力的绝对单位来测量。但是人们发现：一种有些类似于八度的相对量值使用起来是很方便的。八度是频率上的 2 与 1 之比，而贝尔（bel）则是能量上的 10 与 1 之比。这个单位是由电话工程师们所创用的，并且是以电话的发明者的姓氏来命名的。分贝（decibel，简写做 dB），即一个贝尔的十分之一，是适合于心理学目的，在大小上很方便的单位。能量上 10 与 1 之比就是一个贝尔或 10 dB；能量上 100 与 1 之比就是两个贝尔或 20 dB。因为 lg 10＝1，lg 100＝2 等等，所以贝尔是一个简单的对数单位，借助于对数表就易于运用的。如果要运用分贝尺度，先从两个刺激的能量比值开始，求它的对数，就得到贝尔数，再乘以 10，就得到分贝数（如果一个刺激的能量是另一个的 3 倍，你找出 lg 3＝0.4771，乘以 10，得到 4.771 dB，这就是两个刺激的相差，或比值）。如果，这也是常有的事，你的测量仪器所指示的是压力单位，例如伏［特］，而不是能量单位，那就必须给压力的比值乘方，得到能量的比值；或者你也可以径直找出压力比值的对数，再乘以 20，这样也就得到了以分贝计的能量差（如果你的较强的一个刺激的伏［特］数 15 倍于较弱的一个，你找出 lg 15＝1.1761，再乘以 20，得出能量差是 23.522 dB）。

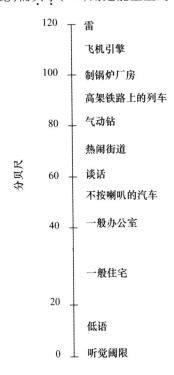

图 12-1 能量水平，在参照水平（每平方厘米 0.0002 达因）以上用分贝（dB）数来计量［斯蒂文斯与戴维斯（S. S. Stevens & H. Davis），1938］。

说一个刺激有 40 dB 的能量正好像说一个城市的位置是 40 哩一样。你会问："离开什么地方 40 哩？"你也应该问："在哪一个零点或参照水平以上（或以下）40 分贝？"你可以找出你的被试的刺激阈限，然后在那个零点以上来计算分贝。或者你也可以采用一个大家同意的零点。在声学和听觉领域中公认的参照水平是每平方厘米 0.0002 达因（dyne），从能量方面讲就是每平方厘米 10^{-16} 瓦［特］。对于一个 1000~的乐音而言，这也约略等于人们的平均的刺激阈限。所以在心理学的研究工作中这是一个很方便的零点［席维安与怀特（L. J. Sivian & S. D. White，1933）］。图 12-1 给我们以从这个零点算起的、某些为我们所熟悉的声源的强度的大致的观念。

上述少数的心理学基本事实可以作为听觉学说的一个背景,我们还要把更多的事实联系到它们上面去。首先我们要把必须的解剖学的事实介绍过来。

耳蜗和听神经

图 12-2 是耳官的极简略的图解。声波从外听道进入耳中,使鼓膜(耳鼓)振动起来。这个振动经由图上画为黑色的三个小骨,按顺序是椎骨、砧骨、镫骨,而通过中耳。镫骨的底板经由卵圆窗与内耳的液体相接触。耳鼓和小骨的作用是从外部空气的轻介质收集振动,并给予它们以足够的冲力来使得较重的内耳液体也跟着振动。

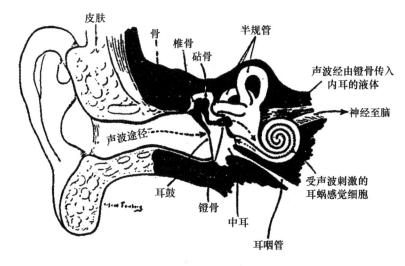

图 12-2　耳的简略图解(戴维斯,1947)。说明见本文。

内耳是由埋在骨头内部和充满液体的膜管所组成。只有它的下半,即耳蜗,是与听觉有关的。耳蜗是一个蜷曲起来的管子,或者毋宁说是两个半管,因为底膜把它在纵的方向上分割开来,使它在横断面上现出一个圆圆的 B 字形。底膜支持着感觉细胞。一层很薄的膜又延伸在这些细胞之上,因而组成一个内管,即耳蜗导管(中道)。图上箭头表示从镫骨来的压力波在一个半管(升道或前庭道)中上行,达到它的顶点,即底膜缺失的地方(蜗孔)以后,穿过去,到另一个半管(降道或鼓室道)中下行;最后在第二个箭头所指示的正圆窗的地方传入中耳的空气里面。一个压力波通过从卵圆窗到蜗孔,又返回正圆窗的全部距离,只需要 1 毫秒的时间的一部分。

底膜上有克蒂氏器官(organ of Corti),它的横断面像图 12-3 所示那样。把这个器官的全长都做成切片,会得到好几千张。接受器,或毛细胞,与听神经纤维之间有突触式的连接。那些具有敏感性的毛也许是固着在胶状的盖膜之中,组织学家关于这一点不能说得很确定,因为在准备这些组织来作检查的时候,那些最细致的结构不免受到扰乱。无论如何,一般是假定升道中液体的振动直接透过底膜而达到降道,这样就加毛细胞以振动性的压力。毛细胞在这种情况下受到刺激以后,就在与之相连接的神经纤维中激起冲动。但是这个复杂的机制究竟如何工作,还是一个只能从理论上去加以猜测的问题,目前我们只好以如上所述的极端简略的描写为满足了。

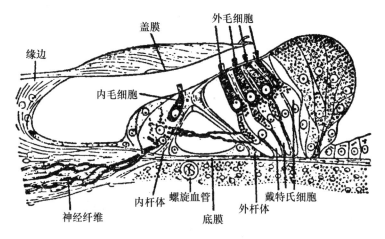

图 12-3 人耳克蒂氏器官[利克雷(J. D. Lickley),1919]。外毛细胞大约是比内毛细胞更敏感的感受器。

听 觉 学 说

克蒂氏器官怎样能够对于从 20～到 20000～的可以听见的频率作不同的反应,并且把不同的消息传到脑子里面去,使得被试能够辨别不同的乐音呢?这是听觉学说所试图回答的主要问题。此外,它还必须说明:被试怎样能够辨别不同的音强?

共鸣说

这个学说通常称为亥姆霍兹学说,因为是他首先做了系统的叙述(1863,1870)的。这个学说是地点说的一种形式,因为它认为音高是决定于被某一种频率刺激着的克蒂氏器官的特殊部分。你可以把一个竖琴来当做它的放大了的标本。让一个人对着竖琴唱出某一个稳定的音;竖琴上定调于这个音高的琴弦就会共鸣起来,或谐振起来,正像一个摆锤会被一串有适当的时间间隔的轻触所推动而摇摆起来一样。你的标本还会需要一些电线来把竖琴的每一根琴弦和一个"报知器"(脑)连接起来,使得任何一根振动着的琴弦能够把它的信息送进去。在亥姆霍兹的学说中,共鸣要素是底膜的横纤维,而毛细胞和与之相连接的神经纤维则是传送消息的机制。它们传报给脑:是底膜的哪一部分在振动,也就是说在传报给脑:乐音的音高是怎样的。按照"全或无"法则,乐音的强度是必须用每秒钟送入的神经冲动的数目来传报的。当你增加刺激的强度时,可以假定,你会在每一根神经纤维上得到更多的冲动,同时也得到更多的纤维来参加这个消息的传报。所以你有一种与音强相关联的东西。

底膜在靠近蜗孔的一头是最宽的,而在靠近卵圆窗的一头是最窄的。想来最长的横纤维是定调于最低的频率,而最短的纤维是定调于最高的频率,正像竖琴上那样。与此相适应,共鸣说把低音归属于靠近蜗孔的一带,把高音归属于靠近卵圆窗一带,而把中间音归属于介乎其间的地方。我们会看到,这种假定是得到了一些实验的支持的。

但是总起来说,那种吸引人的、单纯的共鸣说是已经站不住脚的了。不论是解剖学的细节,或是刺激的生理效果,都不容许我们假定底膜的横纤维是定调得很准确的:它们是与别的纤维交织起来的,又被它们上面的细胞和四周的液体所阻尼。有一种重要的意见[格雷(A. A. Gray,1900)]认为发生振动的必定是底膜的颇长的一段,其中某一点的振动是极大的,传报到脑中去的消息就从这一点发出。在今天似乎最好是从共鸣说所隐含的过分简单化中脱身出来,并且改称为地点说。克蒂氏器官的不同地带大概是被不同的频率刺激到最大的程度(倍开西,1950)的,这使得某一种形式的地点说仍被广泛地接受着[佛莱彻尔(H. Fletcher,1953)]。最彻底的非共鸣的地点说大约是梅耶尔(M. F. Meyer,1950)的那一种。

电话说

这个与物理学家路塞福(W. Rutherford,1886)的名字相联系的学说是一种频率说:它假定外部声音的频率印在接受器上,由它们传递给神经纤维,再由神经纤维传递给脑。进来的波在每一个与接受器相连结的神经纤维中产生一个冲动。音强是联系于受到刺激的接受器和神经纤维的数目——振动愈强,它们在升道中上行得愈远,刺激毛细胞也愈多。在高频率上这个学说遇到了困难,因为它假定听神经纤维能够传导相应于可以听见的最高的频率的冲动数。这种最高的频率在人类是20000~,在白鼠[高尔德与摩尔根(J. Gould & C. T. Morgan,1942)]和在蝙蝠[戈兰布斯与格利芬(R. Galambos & D. R. Griffin,1942)]还要多些振动。但是据现在所知,没有一种哺乳动物的神经纤维是能够传导每秒1000次以上的冲动的。绝对的不应期相造成了一定的限制。而听神经细胞似乎也不是例外,因为当戈兰布斯与戴维斯(R. Galambos & H. Davis,1943,1944,1948)把单一个听神经原中的冲动记录下来的时候,他们发现最高频率是每秒400次,随后迅速减少到150~200次,甚至在对于强的高频率乐音的反应也是如此。

齐射原则

魏沃尔与布雷(C. W. Bray)在他们的创始性的研究工作中(1930a,b,c,d)用拾取一个麻醉了的猫的听神经中的神经冲动的方法来检验这些相敌对的学说。他们把神经中的电势放大,然后让它们通过一个受话器,并在这个受话器中倾听着:他们听到了与刺激猫耳的乐音相同的乐音,并且发现直到4100~听神经中的冲动都与刺激有同样的频率。这以后的实验证明了:除了神经电势而外,魏沃尔与布雷也拾起了耳蜗电势;但是,无可怀疑的,直到每秒几千周波的、与刺激的振动合拍的频率,在神经电势中还存在着。如果构成神经的神经纤维只能传导较低的频率,那么整条神经又为什么能够传导这些高频率呢?

设想有一队士兵,以上起子弹来很慢的来福枪装备着,其中有些人动作快些,另一些人则慢些。如果队长给充分的时间来让全队上好子弹,再发出放枪的命令,那么他会得到一次全队的齐射;如果他的命令是:"上好子弹就放",那么他得不到齐射,来福枪会不规则地相继发出响来。设想,如他对他的士兵说,只许在有命令的时候放枪,而后每隔一个短的时间就发出命令一次。在他第一次发出命令放枪时,譬如说有四分之一的人预备好了,放了枪,又开始重上子弹;在第二次发出命令时,另一个四分之一的人放了枪;在第三次命令时,又一个四分之一;在第四次命令时,连最慢的人也预备好了并放了枪;在第五次命令时,第一个四分之一的人再度地预备好了。这样一来,队长就得到了快速发生的齐射,比任何个别的士兵所能够来得及放的更快一些。但是如果他过分地增加齐射的频率,他的系统就会破裂而成为杂乱的放枪了。

在听神经纤维中,"再上弹药"的时间自然就是当纤维从一次发射恢复过来的时间,也就是相对的不应期。虽然纤维没有完全恢复,在这个时期内它也会发射,只要刺激是够强的。因此,增加听觉刺激的强度就会增加每一次齐射中参加发射的纤维数,而每秒内齐射次数却还是一样,因为每一次齐射是对于刺激中单一个波的反应。所以齐射频率是音高的信号,而每一次齐射中参加的纤维数是音强的信号。

这个齐射原则是由一簇互相联系着的实验证据所充分确立了的。它主要地只是对听神经(还有皮肤感觉神经)中所发生的事件的描写。它指出:这一条神经怎样能够传导同步的冲动直到4000~左右的频率,这是远远地超过了单一根纤维的能力的;但它还是比可以听见的频率的上阈,即20000〜,低得太多,相差了 2 个八度(魏沃尔,1949)或甚至是 3 个[斯蒂文斯与戴维斯(S. S. Stevens & H. Davis,1936,1938)]。所以,即便有了齐射原则,也不能够帮助频率说解决最高频率方面的困难。

齐射说

这是由魏沃尔命名的(1949),命名的来由是因为这个学说确定地依赖于齐射原则。它可以说是一种地点-齐射说,或一种地点-频率说,因为它也利用地点原则,即克蒂氏器官的不同的地带能够对音的不同频率起反应的原则。像刚才所说过的那样,齐射原则是无法应付高频率的,而地点原则却无法应付低频率,这些低频率看起来并非只刺激着克蒂氏器官的某一个小部分,而是刺激着它的广大地带。因此,综合起来的这个学说,假定高频率是由克蒂氏器官上发生振动的地点或部分来传报到脑中去的,低频率是由神经中的齐射频率所传报的,而中间频率则是由两种信号的某一方式的结合来应付。魏沃尔认为最可能的情况是:地点对于从最高频率到 400〜左右都是重要的,而齐射频率对于从最低频率到 5000〜左右都起作用。因此在 400〜至 5000〜的中间范围内,两种因素以互相补充的方式发生作用(图 12-4)。

魏沃尔(1949)能够善于利用齐射说来把听觉中的多种已知事实编织起来。他希望旧学说的主张者们会看到:这至少是达到大家可以接受的学说的一个步骤。有些证据表明着舆论是朝这个方向前进的。强调地点原则的心理学家们承认齐射频率可能是低频率的音高信号[纽曼(E. B. Newman。1948,1950)],所以争论的主要区域在中间频率。

耳蜗电势作为接受器活动的指标

当正在用声音刺激耳官的时候,从听神经上引导出来的神经纤维电势必然是混有从耳蜗发生的通过组织而扩布的更强的电势(除非采取特殊措施来除掉它们)。这样的事实曾被叟罗与戴维斯(L. J. Saul & H. Davis,1932)所确实表证出来。耳蜗电势对于神经电势的实验虽然是一种惹厌的东西,在研究末端器官的时候却具有正面的价值。把一个电极装在正圆窗上最容易拾起它们,它们与神经电势之间的差异有几方面:它们没有刺激阈限;在某个有机体所能听见的频率范围内,哪怕是最弱的声音也能够产生它们。在动物死亡以后,它们仍然可以产生,不过在一个多小时以内逐渐变弱;而神经冲动则在动物死亡的时候立刻消失。关于耳蜗如何接受声音,我们所得到的是这样的一幅图景:当一个波在通过克蒂氏器官、压迫毛细胞的时候,它产生了电势;这个电势作用于神经末端,而如果它有足够的强度,就在神经纤维里引起冲动(参看斯蒂文斯与戴维斯,1938;魏沃尔,1949)。

听觉的因次

我们现在转到心理物理学的实验。基本的感觉因次,音高和音强,是应该与刺激的因次、频率和强度互相关联起来加以探究的。我们首先要致力的是决定刺激阈限和差别阈限。并非声音的全部频率都可以听见,我们要确定从上限到下限的可以听见的频率的范围。也并非一切强度都可以产生听觉,我们要确定每一个振动频率的最低的可以听见的强度——因为强度阈限是随着频率的不同而有很大的变化的。

听觉范围——刺激阈限

我们的第一件工作是找出可以听见的频率和强度的范围。为了这个目的,我们要尽可能使用不带有副音和暂时杂音的纯音;否则我们就不能够断定一个反应究竟是由哪一种频率所引起的。这种理想的刺激在过去是用音叉和高音笛所近似地、但也只是近似地产生出来的。现代的电子管振荡器,通过放大器输入到耳机或扬声器,把事情做得好多了。这些较新的仪器给实验者以对于刺激的绝妙的控制,使他能够按照精密地确定了的数值来变化刺激的两个因次。一种典型的进行方式是保持频率恒定,改变强度,直到能够确定刺激阈限为止;然后把同样的步骤也施之于从最低到最高的、可以听见的乐音的范围中其他的代表性的频率。为了我们的目的,使用耳机比扬声器好些。但即便在使用耳机的时候,实验室也需要相对的隔音来避免外来噪音的掩蔽作用。耳机的声音在耳鼓上所产生的压力,就是我们所要测量的刺激强度。

图12-4是一系列标准实验的结果。它表明产生乐音感觉的刺激频率和强度范围,并且包括了在音高和音强的两个因次上的全部乐音感觉。在耳官最为敏感的频率范围,即从1000~到4000~,它对于难以置信的低强度都起反应,这是一个惊人的事实。在这一个范围内,如果感受性更大一些,那倒会是无益的,因为那时候呼吸和循环的轻微的声音都会经常扰乱我们!以1000~的频率为例:在每平方厘米0.001达因的微小压力时,它就可以被听见;压力增大,乐音就愈来愈响亮,但是一直到压力达到每平方厘米1000达因左右,乐音才成为强烈到难以忍受。这个上阈有时称为压感阈限(threshold of feeling),在图上以靠近上边的一条横线来表示。所以耳官能够在压力的100万倍的变化范围中有效地起反应。如果以能量来表示,数字就更令人吃惊,因为能量是按压力的平方来变化的。耳官所能够颇为安全地听到的最强的乐音,相当于它所能够听

见的最微弱的乐音所包含的能量的 T(10^{12})①倍——能量变化有范围是120 dB,像图的右边的尺度所示。

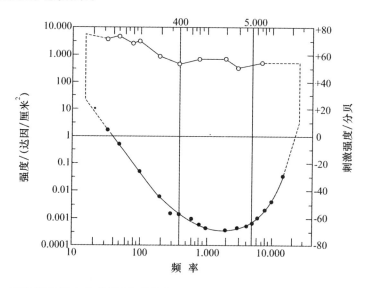

图 12-4 听觉的两因次的范围[仿魏格尔(R. L. Wegel,1932);魏沃尔(E. G. Wever),1949]。上边的界线表明高到在耳部产生痛觉或压觉的刺激强度。这是安全强度的极限快要达到了的警告。下边的曲线表明在各频率上引起最小的乐音感觉的强度,这比上边的强度小多了。左边的强度尺以压力的绝对单位计;右边的是以能量的相对单位计的,并且是从一个中央值上行和下行测度。这是由具有正常听觉的10名被试的资料画出的。

就齐射说而言,中间区域是地点和齐射频率对于听觉都重要的频率范围,而两旁表明单是地点(右边)或单是齐射频率(左边)提供音高的信号。单是齐射原则不能说明感受性(阈限)曲线。魏沃尔计算了整个底膜和它的各部分(依赖于它们的定位以及它们的细胞和液体的负荷)的机械共鸣大概的效果,以及毛细胞和神经纤维数量和兴奋性大概的效果,然后演绎出一个理论的感受性曲线。这条曲线以惊人的精密程度符合于经验的曲线。

曲线在2000～左右有一个强度阈限的极小值,在这一点的两旁曲线都以加速度上升;在200～以下和10000～以上耳官十分迅速地丧失了感受性;在曲线的上端,频率的极限是在20000～左右达到的,或者比这还高一点(在年轻人是如此,并有些个别差异)。

频率的低限不是这么容易决定的。这时需要高强度的刺激。在它的作用

---

① 原书是 million,系 trillion 之误。——译者注

下,由于声波在耳官本身中的失真,产生了主观陪音。有时听到了某种声音,却并不是那个应该与刺激频率相应的低音。魏沃尔与蒲雷(1937)用一种"活塞音笛"(pistonphone)——活塞的运动频率可以调节的小型听筒——解决了这个问题。结果所得到的空气的压缩波通过管子而传导到耳朵里。当频率降低到100~以下时,乐音就显得粗糙起来:在30~左右,它变为断续性的;在15~左右,能够听见的音高完全消失,因此可以认为它是乐音感觉的最低频率(而不是20~这个方便的完整的数字)。

"感觉阈限"只是安全强度的大约水平。在这水平以上发生痒、痛或别种不愉快的感觉,它们大概是从外耳和中耳而不是从耳蜗发生出来的。它们促使被试奋起离开声音现场,从而保护了耳蜗,使它不受过度的负荷。在为聋人设计助听器的时候,这个阈限具有实际上的重要性。它的绝对水平在各个实验中有些变动,想来是依赖于被试个人的容忍性。

强度的下阈是比较稳定的。在一个振荡器——放大器——耳机的装置上试验十名大学生,求得他们的阈限的平均值,并将你所得到的结果与图12-4的曲线相比较,你就差不多可以依据这种对照来给你的装置刻度定值。用这种方法可以把你的仪器上的相对量值,如"1伏[特]以下的15 dB",转化为绝对量值了。这个简单的方法的有效性是基于这样的事实:多数25岁以下的人的听觉是正常的,并且差不多是相等的。如果你的被试中有谁的听觉不健全,他的结果与别人比较就会显得突出,应该不予计算——这是颇为少有的场合之一。在这样的场合,因为与一般趋势不合而弃去实验资料是合法的。

听觉辨别

作为一种登记仪器,耳官有一种已经证明了的好处,就是能够感受广大范围的声音振动,广大范围的频率和强度。但是它的差别感受性,它对于不同的频率和不同的强度作出不同的反应的能力,又敏锐到怎样的程度呢?这对于一名心理物理学家来说显然是一个寻常的、照例的问题,可是它对于听觉学说和听觉在有机体行为中的实际应用也有重大的关系。几十年来的实验者们运用了种种不同的心理物理学方法和刺激用具。晚近的研究利用了电子管设备所提供的纯音和它们的精细的变化,由此,一种新的心理物理学方法,"颤音"技术("warble" technique)出现了。代替着用短促的时间间隔分开了的各个标准刺激和比较刺激,施用了连续不断的、在频率上或强度上具有每秒若干次颤抖的乐音。观察者的任务是报告他是否听到了那个颤音,而实验者的任务则是决定引起观察者报告听见了颤音的频率上或强度上的最小的差别。这个非常快的方法比那些常用的方法要得出较小的差别阈限——但这并不是一个缺点,只要我们所比较的全部阈限都是用同样的方法来决定的。

音高的差别阈限　当我们从事于检验韦伯定律的时候,我们曾把一些较早的结果集合在图 8-14 中。这个图表明韦伯分数 $\Delta F/F$ 在中等频率范围,例如说从 400～到 4000～是微小而颇为恒定的,但在频率范围的两极端它增加得很快。休尔与皮杜尔佛(E. G. Shower & R. Biddulph,1931)用颤音技术所获得的极好的资料显示出同样的图景,不过曲线上升在 8000～而不在 4000～处。因为我们现在是谈到听觉而不是韦伯定律,我们可以不去管韦伯分数,只简单地问:当音高上升时,音高的刚可觉察的差异如何变化(假定它变化的话)? 我们在图 12-5 看到,一直到 2000～这个差别阈限还是很稳定的,但随即很快地上升。我们还看出另外一件事情:音高的差别阈限不仅依赖于频率,也依赖于刺激的强度;乐音愈强,差别阈限愈小。

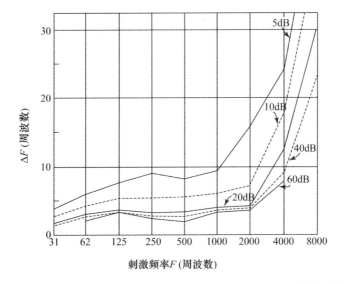

图 12-5　音高差别阈限的绝对大小作为刺激频率和强度的函数[休尔与皮杜尔佛(E. G. Shower & R. Biddulph),1931 的资料]。五名青年男子的平均结果。在低强度(5 dB 和 10 dB)差别阈限相对地大些。从 31 到 2000,包括 6 个八度音程的范围(在钢琴上,比这低的还有几个半音,比这高的还有整个八度。)曲线差不多都是平的,只除去 5 dB 强度的那一根。在 2000～以上,差别阈限增加得非常大。

如果我们想把音高差别阈限的精确数字在一个听觉学说中加以利用,上述的这个事实使我们困惑,因为我们简直不知道应该选取哪一个强度水平来进行工作。另一个困难是个别差异,有的人在音高辨别上比别人敏锐得多。练习有很大的影响。如果我们计算所有从最低到最高的乐音的相继差别阈限数,那么当我们给音高感觉敏锐的被试听强音时计算所得的数目,可能 10 倍于给音高感觉迟钝的被试听弱音时计算所得的数目。但是音高辨别的数量方面的事实在听觉学说中总应该有一点用处,因为耳蜗把音高传报到脑中的可惊的能力是一个必须加以说明的事实。人们做过一切努力来使数量资料适合于地点说[斯蒂文斯、戴维斯与路里(S. S. Stevens, H. Davis & M. H. Lurie, 1935)],或联合的齐射与地点说(魏沃尔, 1949)。

音强的差别阈限 我们看见了:音高的差别阈限是因刺激的频率和强度两者而变的。音强的差别阈限也是如此,这是在图 8-15 上已经表明出来的。强度大时韦伯分数是大约 1/3(或小些),而强度小时这个分数要大得多。在接近绝对阈限的地方,刺激必须加倍(或更大)才可以被觉察为较强。这一个图也表明,在用 4000~的乐音试验时,强度的辨别要比用 1000~或 10000~的乐音试验时敏锐些;在 500~以下,强度的辨别是迟钝多了,这是下面所列举的该作者的一部分结果[李兹(R. R. Riesz, 1928)]所表明的。他的结果回答"以 dB 计的、使一个乐音发生颤抖的最小的强度差别是多少?"的这个问题。他提出了两个强度水平和多种频率的答案:

频率/赫	31	62	125	250	500	1000	2000	4000	8000	
10 dB 水平	7.4	5.3	4.2	3.4	2.8	2.4	2.0	2.3	3.2	dB
40 dB 水平	1.8	1.3	1.0	0.7	0.6	0.6	0.6	0.7	0.9	dB

总括起来说,耳官所表现出来的最大效率,是在我们平常认为很高的频率上,即 2000~左右,这比女高音的"高 C"还要高一个八度。

音强作为刺激强度和频率的函数

这个问题是我们曾在心理物理学中讨论过的,是被斯蒂文斯与戴维斯(1938)和魏沃尔(1949)所详细论述过的。我们也许预期:音强按刺激强度的比例而增加,但是这与实际的情况相差很远。记着费希纳(G. T. Fechner)的法则,我们也许预期:音强与刺激强度的对数成正比,但是这个猜测又远非真理。如果费希纳的法则适用于音强,那么,任何 1 dB(这是一个相对的单位)的增加应该给出音强的同一增量,而不问原有强度是如何。实际上强乐音的 1 dB 的增加比弱乐音在强度上同样程度的增加听起来要大得多。另一方面,相等的绝对的强度增量在弱乐音听起来要比在强乐音大些。所以把音强与刺激强度关联起来的函数是在直线与对数曲线之间。这个刺激强度-音强关系曾被佛莱彻尔与门森(H. Fletcher & W. A. Munson, 1933)和被丘尔查(B. G. Churcher, 1935)联系于电话通讯和减少杂音的实际问题而加以研究过。研究的结果也有一些理论上的意义,因为这些结果不是像我们从耳蜗活动的电生理学事实所预期的那样:耳蜗电势随着刺激强度作直线式的增加;只要刺激方面的输入不过分强,耳蜗输出与刺激输入是成正比的;我们可以说,耳蜗是一个真实度很高的微音器。但是耳蜗的输出必须激发神经纤维,这个奇特的音强函数可能是反映着增多每一根神经纤维的发射频率以及增多参加齐射的纤维数的复杂过程。

强度与频率的相互作用 音强不仅依赖于刺激强度,也有些依赖于频率。一个观察者可以配比两个乐音的音强,虽然它们的音高不同。在佛莱彻尔与门森(1933)的一个重要的实验里,一个 1000 赫[兹]的在阈限上 40 dB 的固定强度的标准乐音与一个 100 赫[兹]的比较乐音相继发声,被试可以把后者的强度加以调节,直到他听来两个乐音是同样强的时候。为了使两个乐音听起来同样强,他给了 100 赫[兹]的乐音以多于 1000 赫[兹]的乐音 25 dB 的强度。用很多次像这样的配比画成一族等音强的等高线:在音强水平很低时,等高线与图 12-4 上的阈限曲线——这个可以称为极小音强等高线——相似;但是音强水平愈高,等高线就愈平。所以低水平的音强表现出一种为高水平的音强所不具有的显著的频率影响。一个想发出尽可能大的响声的男孩,可以或者用鼓,或者用哨笛,做得同样地满意。

所以音强在一个不太小的程度上依赖于声音振动的频率。而人们发现音高也在一个轻微的程度上依赖于刺激的强度。当一个大音叉的振动逐渐消失时,乐音听起来好像升高一点儿。这个效应为人所知道已超过一百年。斯蒂文斯(1935)在高频率发现一种相反的效应。他使频率稍有差别的两个乐音相间出现,并命令被试调节一个乐音的强度,直到两音听起来音高相等的时候。在中等频率范围 1000~3000 赫[兹],强度对于音高没有影响;在低频率,增加强度倾向于降低音高;在高频率则倾向于升高音高。这些效应曾被摩尔根、加尔纳与戈兰布斯(C. T. Morgan, W. R. Garner & R. Galambos,1951)所证实,但是他们发现音高的改变就平均而言是很小的,并且因不同的个人而有很大差别。双耳刺激对于音高也有相似的轻微影响。实验方法是把一个强的乐音相间地送给双耳和单耳,改变单耳刺激的频率来配比双耳刺激的音高[塞楼(W. R. Thurlow. 1943a)]。强度对于音高的这些影响既不是地点说,也不是齐射说所能够明确地预言的。而双耳效应则把全部现象的大概的来源归属于神经中枢而不是耳蜗。

持续时间 另一个对于音强和音高可能有影响的刺激变量是持续时间。一个强度恒定的刺激所引起的感觉在 200 或 300 毫秒之内音强增大(门森,1947);直到这个时限为止,你可以把时间和强度平衡起来而得到同样的音强,只要 $I \times T$ 之积保持恒定(像视觉明度一样)。可是甚至只在很短的时间倾听一个乐音也就使那个音的阈限暂时升高。以中等强度发出一个乐音 300 毫秒,经过仅有 80 毫秒的静寂期以后,再发出强度大为减低的同一个乐音 30 毫秒,让被试报告他是否在第二次也听到乐音。第一个,或者"招致疲劳"的乐音愈强,在其后的阈限也愈高。但如果你把静寂期延长,你就会发现在不到半秒钟之内,疲劳的消除已经完全[哈里斯、阮斯力与凯尔赛(J. D. Harris, A. I. Rawnsley & P. Kelsey, 1951);阮斯力与哈里斯,1952]。这些持续时间上的效应在耳蜗电势上不能找到,但是可能在神经纤维的刺激过程中发生。

持续时间以一个不同的方式影响音高。如果一个乐音是极为短促,就听不出确定的音高。在低频率,要确定音高只需少数周波,但是在8000~的频率需要150周波。按持续时间来讲,这里没有很大的差别。为确定音高所需的时间在100赫[兹]的乐音大约是30毫秒,在1000赫[兹]的乐音大约是10毫秒,而在8000赫[兹]的乐音大约是20毫秒[滕布尔(W. W. Turnbull, 1944);魏沃尔,1949]。

基本的 S-R 相关　不应该让频率、强度和持续时间的这些复杂的相互作用把基本的相关弄模糊了。音强主要是决定于刺激强度,虽然耳官对于某些频率是比对于别的频率敏感得多。音高结合于刺激频率是更密切一些,同时强度对于它也有些微小的影响。听觉机构在重要的中部范围是频率和强度的惊人的高效率分析器,虽然在两个极端,它的忠实程度要差些。

单纯乐音的其他的可能因次

作为一个刺激,单纯乐音只有频率和强度这两个因次(此外是持续时间),而它所引起的感觉则有音高和音强这两个相应的因次。感觉还能够有别的因次吗?我们不能预先否定这种可能性,因为耳官和神经中枢可能引进来别的变量。有人建议了一些心理因次:音量、明度、密度、调性和元音性质。这些可能的因次对于很多著名的心理学家来说,一直是悬而未决的问题,像波灵(1942)所指出的那样。基本的问题在于:所建议的因次究竟是单纯乐音感觉的变化的基本方式呢,或者不过是音高或音强的另一种名称。例如音量这个名词,通常是作为音强的同义语而被使用着,像在收音机上那样,但是在心理学上它的意义是量度或大小。强乐音似乎是大的,弱乐音似乎是小的。但是低乐音也似乎是大的,而高乐音也似乎是小的。为了试验这个因次是否真正存在,实验者可以改变刺激因次的一种,要被试说出两个乐音之中哪一个的音量大些。问题在于被试是否能够一贯地作出这样的判断,以及所得到的差别阈限与音高或音强的辨别实验中所得到的差别阈限是否有所不同。

利奇(G. I. Rich, 1916, 1919)用上述方法改变刺激频率,结果是像图12-6那样。他的被试以相当的一贯性判断了音量,其差别阈限要比音高的差别阈限大得多。利奇作出结论:音量是一个真正的因次。经过相似的实验,他又进而补充道:明度与音高是同一个因次;而元音性质是否一个真正的因次,还有些不明白。

要把音量从音强分开来,还需要一个以强度为刺激方面的变量的平行实

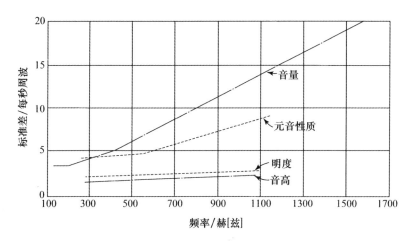

图 12-6 使刺激在频率上改变,在不同系列的实验中比较所发出的乐音的音高、明度、元音性质和音量[利奇(G. I. Rich),1919 的资料]。标准差的数值是从这样的单纯乐音辨别实验结果中计算出来的。问题在于,不同的系列的实验中,标准差的数值是否有充分的差异,使我们有理由承认乐音感觉不同的因次的存在。音量的资料实际上太少一点,不能画出可靠的曲线。

画这些曲线时我们使用了利奇的"精密度"或"h"的资料,把它们化成标准差。利奇的差别阈限数值显示出差不多同样的关系。

验。这样的实验也得到了正的结果[哈尔瓦森(H. M. Halverson,1924);第密克(F. L. Dimmick,1933)],所以音量的地位是十分确立了的。

斯蒂文斯(1934a,b,c)对于这个问题采用了另外一种研究方法,那就是像求作音强等高线时所用的平衡方法,使得频率和强度彼此平衡起来。变动从一个振荡器到一个扬声器的输出的频率,使得两个不同音高的单纯乐音每分钟 40 次快速交替地发出来。有时双数次出现的乐音比单数次出现的乐音在音高上要高些,因之在音量上要小些,但是被试可以借助于一个可变电阻器来增加它的强度,从而增加它的音量。又或双数次出现的乐音在音高上要低些,因之在音量上要大些,这时被试可以减少它的强度,从而减少它的音量。用这种方法画出了一根等音量等高线,如图 12-7 所示。被试能够以某一程度的自信心和规律性来作这些等值判断。他能够不顾及音高和音强两方面的不相等而表明音量相等。所以音量是有了一个因次的标志,表明它是特殊的而不同于其他的因次。用同样方法画出了"密度"的等高线。高乐音常被报告为比低乐音更密,强乐音常被报告为比弱乐音更密,所以密度也是已经确立了的。但明度则似乎与密度完全一样(波灵与斯蒂文斯,1936)。

妥玛斯(Garth J. Thomas,1949)用与斯蒂文斯相同的方法证实了等音量等高线,并且把它扩展到更广大的频率和强度范围。他的被试能配比 200～22 dB,1000～62 dB 和 4000～100 dB 这三个乐音的音量。对于这样困难的一种工作而言,个人之间的差异以及同一个人在不同时候的差异是惊人地小。这个发现说明了音量作为一个因次的稳定性。

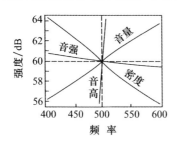

图 12-7 用刺激强度的差别来补偿频率差别所获得的不同频率乐音的等音量、等音强、等密度和等音高线(斯蒂文斯,1934b)。长方形框代表强度和频率这两个物理因次,曲线则是等音量线、等密度线等等。音量线表明按照几个被试的平均,以下的刺激发出同一音量的乐音:

  400～56 dB

  450～58 dB

  500～60 dB

  550～62 dB(接近)

  600～63.5 dB(约计)

别的线也表明相似的意义,例如一个大约 508～64 dB 的乐音与 500～60 dB 的标准乐音有同样的音高。

实验结果似乎允许我们把音量和密度加入到单纯乐音感觉的因次中去。它们也许依赖于耳官或听神经中枢里面的某种生理过程,但同样可能的事情是:它们学会了的知觉反应,由联想而获得的。在我们的全部生活中,我们感觉到自己发出的深沉的乐音在我们的胸腔中膨胀和扩散开来,而高的乐音则与喉咙的缩小联系着。像波灵(1942)所说过的那样,音量的最后基础还是一个只能加以猜测的问题。

调性 单纯乐音的这一个因次,是指一个乐音与它的八度音之间的相似性。中间 C 音和在其上的次一个 C 音听起来很相似,比中间 C 音和在其上的次一个 G 音要更相似些,虽然就音高而言,中间 C 音和 G 音是接近一些。一种易于想到的说明是从副音结构得来的:中间 C 音的基本音和全部副音在次一个 C 音的副音和它们之间的差音之中都重现出来。所以在物理学的意义上,相隔八度的普通乐音都是非常相似的。但是单纯的乐音,虽然没有副音,却仍然显出调性。而调性也不可能是我们所学会了的某种东西。布莱克威尔与施洛斯贝格(H. R. Blackwell & H. Schlosberg,1943)发现大白鼠在制约逃避的情境中把相差八度的乐音弄混淆了——可以假定,这里不会有音乐方面的过去经验:可能主观陪音起了作用,但是我们还没有调性的确定的说明。

元音性质 在这里我们的问题是:有没有一个一定的频率的简单乐音是像元音 oh 的声音一样,另外一个频率的乐音是像 ah 的声音一样,等等。毫无疑问,人类发声器官所产生的复杂的乐音中有元音存在;而关于简单乐音的问题,则在与这些复杂乐音的分析相联系时会获得更好的理解。

简单乐音的组合

一个单纯乐音或一个简单的正弦波——就像物体在真空中下落一样——是具有基本的科学重要性的事情,但是在日常生活中却不是经常遇到的。达到耳官的声音实际上永远是复杂的;然而它们之中有很多为我们所熟悉,并且成为环境中事物的标志。我们按照音色而辨认出一种乐器,按照所产生出来的特殊的噪音而辨认出风和雨,按照复杂的语言的范型而辨认出口说的词句。

音色

提琴、笛、喇叭会发出不同的声音,虽然它们是以相等的音强演奏出同一个乐音。这些声音怎样会有差别的呢?这些乐器乃至一切声源所发出的波,都是由不同频率的简单的波,称为部分音(partials),或基本音(fundamental)与陪音(overtone)所合成的。在乐音的场合,高部分音是基本音的谐音,这些谐音部分音的频率成 1∶2∶3∶4……的比例。由男低音所唱出的或任何乐器所演奏出的 100～乐音在空气中包含着 100、200、300、400、500 等频率的复杂波。在亥姆霍兹(1862)看来,这些部分音在不同的乐器中可能有一些相对强度上的变化,因而产生出各种音色。他用共鸣器来验证他的假说。所谓共鸣器是一些能够对于不同的频率的声音起反应的、不同大小的空心球。每一个共鸣器上有一个大口来让空气振动传递去,又有一个小孔可插入被试的耳中。当一个从任何声源发出并进入共鸣器的复杂波中包含了这个共鸣器所定调的频率时,它就会鸣奏起来。用这种方法,亥姆霍兹发现一种乐器的声音中某些部分音较强;而另一种乐器中,另外一些部分音较强。经过练习以后,被试无需共鸣器也能够"听出"陪音。所以音色是依赖于陪音结构,依赖于部分音的强度范型。这个结果是被现代电谐音分析器的运用所充分地证实的。

只有很少关于音色的心理物理学的研究工作,其原因是不难看到的。因为一个基本音可能与 10 个或 20 个陪音相结合,其中每一个都能够在强度上变化,要有系统地研究这一切效果是一件做不完的工作。一种比较可以实行的、用现代实验设备来做的实验方法,是把一个或更多的部分音完全滤去,然后看这种差别能不能被发觉。这里有一个有趣的"缺失基本音"的实例。佛莱彻尔(1929,1934)使 10 个频率是 100 赫[兹],200 赫[兹],300 赫[兹]……,1000 赫[兹]的发生器同时输送到一个受话器或扬声器上。这个合成音具有饱满丰富的音色和 100 赫[兹]的音高,把基本音除去在音高或音色上都没有明显的影响。通常的解释是要我们注意高部分音在耳中所产生的 100 赫[兹]的差音:300 赫[兹]-200 赫[兹]=100 赫[兹],400 赫[兹]-300 赫[兹]=100 赫[兹],

等等。杰佛雷斯(L. A. Jeffress, 1940)发现假如用风琴管来做这个复杂乐音的来源,实验就没有那么圆满。除掉基本音的时候,对于很多被试来讲,音高似乎上升了八度。佛莱彻尔发现如果在上述的复合物中除掉一个高部分音,那就会在音色上产生一点微小的差别。

噪音

作为一种要被消除的对象,虽然噪音的名声是不很好的,实际上很多噪音却是重要的和有区别的信号。噪音与乐音不同,它没有明白确定的音高。一个杂乱的乐音的集合具有噪音的效果。在一个乐音中,所有的部分音的频率是基本音频率的整倍数,正如上述 100 赫[兹],200 赫[兹],300 赫[兹]……的例子那样。在一个噪音中,构成它的那些频率之间没有这样简单的关系。它的振动称为非周期性的(aperiodic),且不能分析为规则的正弦波。把一个真空管中电子的不规则的发射加以放大,可以产生单纯的噪音;由此而得到的扬声器的不规则的振动产生一种连续的"shh"音,有时称为"白噪音",因为像白光一样,它把全部的频率都结合在一起了。但是在这个意义上,大多数的噪音都不是单纯的,因为它们都包含一些突出的乐音成分。如果你用拳头打桌子,听觉的能量是集中在低频率的,而所发出来的声音就与摇动一串钥匙所得到的由许多高频率混杂起来的声音大不相同。铜鼓和"木琴"所发出的声音大约是在乐音与单纯噪音之间的声音。

元音的声音

我们在这里遇到了与音色的场合同样的问题:当这些声音之间频率和强度都是相同的时候,它们怎样能够有差别的呢?发声器官实在就是一种乐器,不仅在强度和频率上,还在一种类似音色的特性上都可以调节。声带产生乐音,经过喉咙和口发出来。亥姆霍兹(1862)认为喉咙和口腔是作为一个可调节的共鸣器而起作用的,按照它空间的大小和形状而加强着人声中的不同的部分音。当我们把口腔缩小来说出"bit"这个字的时候,口腔对于 2500 赫[兹]左右的一些较高的频率起共鸣作用;而不管这个乐音的基本音是男低音的 100 赫[兹],女高音的 500 赫[兹],或是一个"无声"的低语,即一个大部分是高频率所组成的微弱的噪音。当我们说出"true"这个字的时候,较大的几乎密闭起来的口腔对于 325 赫[兹]左右的频率起共鸣作用。

赫尔曼(L. Hermann, 1890)提出了一个稍微不同的学说。某一种位置的口,是定调于某一种频率的。他认为这就在人声的复杂乐音上增加了一种口腔乐音的频率,而不是加强了人声的乐音中的某些部分音。他称这个特殊的口腔音为共振峰(formant)。两种学说的信奉者之间有过很多的争论,但共鸣作用的物理学是有利于亥姆霍兹的。共振峰这个字现在通常不按某种学说的特殊涵义而使用。

可以用两种方法来给这两个学说作实验性的检验,这也就是不管学说而找出元音的声音成分的两种方法;第一种方法是把元音发音出来,记录和分析所产生的振动;另外一种方法是呈现一些已知的频率成分,让听的人报告出他听到了什么元音没有。

说话声音中的元音的分析 把一个说话的人所产生的振动记录下来,然后给它作谐音分析[密勒(D. C. Miller),1922;佛莱彻尔,1929;斯坦贝尔格(J. C. Steinberg),1934;布莱克(J. W. Black),1937];又或用声谱仪使一个元音的频率带变成可以看见的东西[斯坦贝尔格与佛伦齐(J. C. Steinberg & N. R. French, 1946);颇特,科卜与格林(R. K. Potter, G. A. Kopp & H. C. Green,1947)]。记录表明:由不同的人所发音的同一元音会有稍微不同的一些频率。这是可以预料到的,因为听到的声音也有一些变化。每一个发音上的差别是相当于喉咙和口腔位置上的一个差别,因此也就相当于被加强的频率带上的一个差别。但是不同的实验至少在把元音排成一个顺序上是一致的,这些元音的频率带的大约位置如下:

元	音	频率带/(赫[兹])	元	音	频率带/(赫[兹])
u	(如 true)	约在 325	e	(如 ten)	约在 2000
oo	(如 book)	约在 420	i	(如 tin)	约在 2200
o	(如 go)	约在 500	i	(如 machine)	约在 2500~3000
aw	(如 jaw)	约在 730	m,n,ng		约在 250
a	(如 father)	约在 1000	s		约在 5000~9000
a	(如 bat)	约在 1800			

近来的分析把较低的频率带分为两个共振峰,再加上一个较高的[杜恩(H. K. Dunn,1950)]。需要强调的是:每一个元音的特征是具有2~3个频率带,而不是一种频率。即便是很仔细地发音出来的单独的元音也是复杂的,而且多少是可变的。当它构成说出来的一个单词或一个句子的一部分的时候,它就更加是复杂而可变的。我们可以从图12-8所示的振动的视觉记录上看出来。要阅读这样一种形式的文字会是一种艰苦的工作,需要多次训练。但是耳官给我们提供了听觉的资料,而脑立刻就辨认出声音的范型。这种听知觉无疑在儿童时代的早期就已经受到了很多的训练。

纯乐音具有元音性质吗? 如果元音o(像在go里的)在500赫[兹]处有一个强的频率带,那么这个频率的纯音就应该带有o性质。柯勒(W. Köhler, 1909)提出了这个假设,但是在最初他抱着很大的怀疑。他发现他的被试在少许练习之后认为他们在某些纯乐音中听出了元音,因此他采用了以下这种心理物理学方法来避免暗示:他在升系列和降系列中把频率逐步改变,要被试在最清楚地听到了o性质时就报告;对于别的元音,也在它们的相应的频率带做了同样的试验。他的四名被试听出各种元音性质的纯乐音十分一致,它们差不多相当于各个说出的元音的显著的频率带。

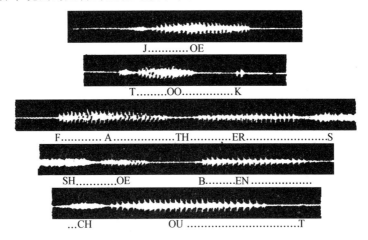

图 12-8　标准句"Joe took father's shoe bench out"语音波形的示波器图[李克里德,宾德拉与波拉克(J. C. R. Licklider, D. Bindra & I. Pollack),1948]。这个句子具有很多不同的元音和辅音。

在输入受话器或扬声器之前,把电振荡"削波",即截除上下两方的高峰,只剩下中部。这时刺激就变成了一系列的"方波"。原有的频率以及字和句的时间范型都保存下来了。当充分放大时,物理效应是牺牲了语声中的低频率来增强高频率。它听来是一种有些奇怪的语声,但是可以听懂,并且比正常语声更不受强烈的噪音所扰乱。

利奇(1919)——在其关于元音性质的实验结果(见图 12-6)——发现去训练他的被试以及避免可能的暗示都很困难。他倾向于拒绝把元音性质当做纯乐音的一个因次。甚至柯勒的被试也说,在纯乐音中所听到的元音比说话时的元音要显得稀薄些。饱满的元音性质也许只有在复杂的乐音中才存在。

把相当于共振峰的极少数纯乐音作适当的混合,可以产生逼真的综合元音。为了这个目的,过去曾用过音叉或风琴管,但电振荡器是最为方便的了。

频率的消除　如果在元音或辅音中有某些频率带的存在,那么把这些频率带滤去就会使得语音难于或不可能辨认。把高频率消除有令人惊异的巨大效果。没有 1000 赫[兹]以上的频率,那就只剩下少数的单词能够辨认;而只要有 1000 赫[兹]以上的频率全都存在,那么几乎一切单词都可以辨认(佛伦齐与斯坦贝尔格,1947)。高频率的消除把大部分的辅音消灭了;而如果你说出一个句子,却不把其中的辅音发音出来,你会承认,它的可听懂的程度一定很低。7000 赫[兹]以上的频率对于言语却不重要,虽然它们对于某些噪音的辨认是十分重要的。如果我们把语音频谱在 1900 赫[兹]处分成上下两部,这两部对于语音可听懂的程度会是同样重要的。当把任何一部输送到听者的耳中时,用来做试验的单词或音节的70%可以被正确地知觉。可听懂度的其他因素——说话声音的强度和音高,说话的速度,杂音的干扰和说话者与听者的训练——都已经在李克里德与密勒(J. C. R. Licklider & G. A. Miller,1951)的评论中谈到了。困难条件下的通讯是一个严重的军事问题。上一次战争中,哈佛心理-声学实验室的工作的颇大一部分是研究在不损害言语的可听懂程度的条件下,你能够给它做些什么。标准的方法是在各种不利的情况下呈现单词表上的单词,并决定听者所能够正确地知觉的百分比[漪干(J. P. Egan,1948)]。电话工程师们早已关心着这一类的通讯问题,并且给言语知觉的心理学这一门科学作出了可注意的贡献。

耳官的缺点

虽然耳蜗是一个惊人地忠实的接受器或微音器,它却也的确把一些特殊现象带进了听觉中,这些现象可以说是"主观"的,但绝不是想象的。它们是从耳官本身发生的确定的感觉现象。最好的例子是差音,但是我们可以首先注意音拍(音的升沉——beats),这种比较简单的例子。音拍其实还不完全是主观的,因为它们是由于进入耳中的物理波动之间的干涉。

音拍

假设有发出单纯乐音的两个不同的声源;其中的一个保持在256周波,而另外一个的频率逐渐升高。当一个声源发出256赫[兹],而另一个发出257赫[兹]时,听的人只听见一个乐音,但它的音强是不稳定的,即当两个音同相时它变大,异相时它变小。听的人每秒钟听到一个增强、随后又减弱的单位。当较高的声源发出258赫[兹]时,每秒钟就有两个这样的单位。单位的数目永远等于两个声源的振动频率之差。一直到每秒有8个的时候,这些音拍可以由一个注意倾听的人计数。当拍数再增加时,和缓的增强与减弱就让位于一种冲击,不仅听到,而且在耳鼓处感觉到。当较高的声源达到每秒284周波时,音拍就变成一种不愉快的急响。这时有每秒284拍-256拍=28个拍,多到不能清楚地计数了;再继续增加时,拍变得比较不显著,但整个乐音效果变得十分粗糙。

间音 当两个拍的原初乐音在振动频率上只相差每秒几个周波时,听到的是单一个乐音,音高介于两个原初乐音之间。当差别增大,例如达到(256—272)赫[兹]那样的差别时,这个间音逐渐变弱,而原初乐音又变成为可以分别听到的了。

差音

当两个纯乐音同时以400赫[兹]和500赫[兹]频率发声的时候,一个仔细听的人还可以听到一个第三音,在音高方面是低得多。在这个场合,他可以把它和一个 100 赫[兹]的乐音相配比。而一般说起来,可以把这个第三音与一个频率等于两原初乐音之差的乐音相配比。但这还只是"第一差音"。

如果命 $l=$ 较低的原初乐音的频率;$h=$ 较高的原初乐音的频率;$D_1,D_2\cdots=$ 第一、第二……差音的频率;则有

$$\left.\begin{array}{l}D_1=h-l\\D_2=2l-h\\D_3=3l-2h\\D_4=4l-3h\end{array}\right\}\text{如差数为负,去负号。}$$

在以下的场合差音最容易听到:① 当它们不太低,所以也就是当原初音颇高(例如从 500 到 2000 周波)的时候;② 当原初音有适当的强度的时候;③ 当原初音有相等的强度的时候。振荡器的乐音最能提供后两种条件。

用加入一个额外的、同音高的物理乐音,并调节它的相位的方法,可以增强或消除一个差音。在某一个相位,增强了的差音达到极大的音强,而在与此相差半个波长的另一个相位,差音就被消除掉了,或达到极小的音强。用这种干涉法,差音的相位和它的强度都可以决定。既然具有这些确定的物理特征,差音就无疑是一种在耳官中发生的物理振动了[路易斯与拉尔森(D. Lewis & M. J. Larsen,1937)]。

拍差音 假使两个声源同时发出 400 赫[兹]和 600 赫[兹]的乐音,它们之间就是一个"纯五度"音程。第一差音的频率(赫[兹])是 $600-400=200$,即在较低的一个原初音之下一个八度。第二差音的频率(赫[兹])是 $2\times400-600=200$,与第一差音相同。现在把五度调得不完全准确,把它升高成为 601 赫[兹]。第一差音的频率(赫[兹])是 $601-400=201$,第二差音的频率(赫[兹])是 $2\times400-601=199$。这两个差音现在是相差两个周波,即每秒会发生两拍。一般说起来,当两个原初乐音是调成某一种纯音程,例如八度、五度、四度、大三度等等的时候,差音就重合、缺失,或在彼此之间以及对于原初乐音都成为谐音。但是如果原初乐音没有调成任何纯音程(具有简单的频率比例),那么差音就在相互之间产生拍,使得乐音的复合体成为不谐和的。

和音

还有一族的音,它们的频率等于原初音之和,按照着公式 $h+l,2l+h$ 等等。它们与差音是相似的,不过比较弱一些,高一些。通常把和音和差音算在一起,称它们为并合音。

主观陪音或耳谐音

如果给耳官一个简单的正弦波,当它通过中耳与内耳以后,它还会是简单

的吗？或者耳官的物理特性会给它加上一些陪音吗？一种精细的耳谐音测验方法是当一个稳定的乐音在发声的时候把一个可以调节的"探试乐音"同时送入耳中。两个音都是纯乐音，简单的正弦波。假设我们的问题是："一个400赫的纯乐音是否会产生800赫的主观陪音？"如果这个陪音果然存在，它一定会与一个800赫左右的探试乐音产生拍；而当这个探试乐音准确地定调为800赫时，拍又会消失。实验的结果的确是如此。当原初乐音是400赫的时候，在800赫，1200赫，1600赫和2000赫都发现有主观陪音（佛莱彻尔，1929）。

但单是这一个实验并不能够证明主观陪音的存在，因为结果也可以用差音来解释。当原初乐音是每秒400周波，而探试乐音是每秒798周波的时候，第一差音会是398赫而第三差音会是396赫，两者会产生拍。如果我们假定有高级次的差音，我们就可以解释所观察到的拍，而无需假定主观陪音的存在。但是我们也可以跟随亥姆霍兹（1862），假定主观陪音的存在，然后把差音都限为第一级的。第二差音 $2l-h$ 显然是 h 和 $2l$ 之间的第一差音，而 $2l$ 则是 l 的第一陪音。一切差音都会是第一级的，只要真有主观陪音的存在。要确实知道主观陪音的存在，我们只能够诉之于倾听着的被试的仔细的观察，或者找出一种观察内耳中的振动的方法。

耳蜗的微音器效应提供了所需要的工具。当仅把两个正弦波送入耳中时，从耳蜗正圆窗上拾起的电势经过适当的放大显出了令人惊异的频率系列。全部的主观陪音都可以从复杂的电势中分析出来，还有差音与和音也都存在（斯蒂文斯与纽曼1936b；魏沃尔与布雷1938）。

乐音的掩蔽

一个声音在另一个声音的跟前可能难于听见，这是熟知的事情。早一些时候的科学研究结果表明：低乐音可以掩蔽或隐藏一个较高的乐音，但是反过来就不可能。而较晚近的结果（佛莱彻尔，1929）则表明上下两种方向上的掩蔽都是存在着的，最大的效应表现在频率稍高或稍低于掩蔽音的乐音上。被掩蔽音的刺激阈限因掩蔽音的同时存在而升高，而这种阈限的升高就为掩蔽作用提供了一种测量。800赫的乐音对于400赫的乐音只稍有些微掩蔽作用；当被掩蔽音从400升高到800赫时，掩蔽量增加，在800赫处产生极大效应；在高于这个频率时，掩蔽量又低落。在掩蔽音临近处的频率可以听到两音之间的拍，这些拍把被掩蔽音的存在给显示出来了，并且把它的刺激阈限降低了。在图上，掩蔽音和它的陪音的频率处都有一个尖形的低落。

这些现象对于听觉学说的意义

不论从地点说或从频率-齐射说都不能够预言这些现象。要作这样的预言,还需要关于像耳蜗这样的构造在遭受不同频率和强度的振动时的物理学方面的更多知识。大致说起来,地点说把耳官看成一个分析器,而频率说把它看成一个传递器。作为一个分析器,耳官会把一个复杂波的组成频率拾起来,并把这种分析的结果传报到脑;作为传递器,耳官就仅仅把进来的频率印在神经上,然后任凭脑来进行必要的分析。齐射说承认这两种方式的作用都是可能的。

讲到音拍现象,如果底膜是严格地定调子每一个可以辨别的频率,它们就不会存在;那时耳官就会简单地把两个进入耳中的频率传报到脑。但是地点说也承认内耳的反应沿底膜有些微散布,因此就可以解释音的拍。例如对 256 赫和 276 赫起反应的两点之间的小面积会同时被这两种频率所振动;而当它们每秒钟相互进入同相与异相 20 次时,这个中间面积上的振动就会时强时弱,每秒钟产生 20 次拍。齐射说则简单地指出达到耳官的复杂振动的实际上的时强时弱,并且假定耳蜗按照瞬间振动的幅度而引起一个大些或小些的神经纤维齐射。

并合音和耳谐音是进入波在耳官中某处传导失真的结果。如果耳鼓和听骨不能够十分完善地跟随一个强烈的正弦波而振动,耳蜗就会收到一个失真的波,并把它分析成为部分音,正像它分析一个从外部空气中来的复杂乐音一样。这是亥姆霍兹的解释。按照这个解释,没有耳鼓和听骨是不能得到这些效果的。但是魏沃尔、蒲雷与洛伦斯(E. G. Wever, C. W. Bray & M. Lawrence, 1940a,b)在一个除去了耳鼓、椎骨和砧骨的动物的耳蜗反应中找到了全部的耳谐音和并合音。这个结果表明失真的大部分一定在耳蜗的内部,想来可能是在毛细胞本身的运动中产生的。地点说是否能够说明这一个情况,目前还不清楚。读者可以参看魏沃尔与洛伦斯(1954)关于中耳机能的详细的论述,以及主观陪音与差音并非在中耳而是在耳蜗中产生的证据。

因为音高互相接近的乐音倾向于互相"掩蔽",掩蔽效应就可能是由于克蒂氏器官上相邻部分的相互作用,而掩蔽效应的散布甚至能够被人用来沿底膜的长度划定频率[魏格尔与雷因(R. L. Wegel & C. E. Lane, 1924)]。但是像图 12-9 所示,掩蔽效应的散布实际上是太宽了,如果要把这个效应容纳在一个严格的地点说之中。戈兰布斯与戴维斯(1944)在记录耳蜗核——听神经进入延脑后的第一个神经细胞站——中单一个神经元的神经冲动时,发现了一种可能与掩蔽问题有关的新的抑制效应。当这个神经原正在对于一个刺激耳官的频率起反应时,加上另外一个频率有时抑制了反应。这种实验结果看来是揭露了抑制性的相互作用在听神经单位之间的存在,类似于在视觉中所发生的那样。

除了掩蔽效应可能有些实际上的妨碍以外,耳官的这些缺点通常都无害于听觉资料在行为中的利用。差音与和音像视觉后像一样,是被人习惯地加以忽视的,对于多数人来说,要去观察它们反而比忽视它们更困难一些。

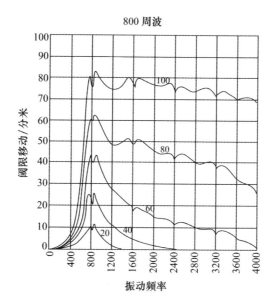

图 12-9 掩蔽效应［佛莱彻尔（H. Fletcher），1929］。掩蔽音是 800 周波的纯乐音；在任何一次试验中被掩蔽音有固定的频率，它的强度逐渐增加到现察者刚好能够觉察。各条曲线表明在 800 周波乐音的掩蔽效果之下，不同频率的被掩蔽乐音的刺激阈限移动。每一根曲线表明掩蔽音在以 dB 计的一定强度时所获得的结果。

聋

在我们多少熟悉了听觉心理学以前，我们会想，对于一切的频率而言，耳聋是全或无的现象。自然，由于出生以前发育的不健全而起的全聋病例是有的。但更常见的是表现为在某些频率上或全部频率上刺激阈限增高的听力损害，或者说部分耳聋。最精密的和能够发现真实情况的听力测验，是用电子管仪器所做的，现在已经有多种测听器可以在市上买到。

听力测验

一个典型的测听器是由一个振荡器再加上别的东西所构成的。这个振荡器可以发生八种频率，从 128 赫到 16384 赫，相隔都是八度，只需转动一个圆盘就可以得到它们之中的任何一种。用一个衰减器可把强度在 100 dB 或 120 dB 的范围以内加以改变；一个耳机把电波转化为空气振动；一个信号灯光和压钮使被试能够在听见声音时作一个不出声的表示。在掩蔽测验中也可能有一个骨传导器和蜂鸣器。全部的仪器装置在一个方便的匣子里。

在实验室中装置自己的振荡器-衰减器-耳机仪器组,然后给它刻度,并把一名被试的阈限与图 12-4 上的标准相比较——这会是很有益的事情。在图 12-4 那样的图上,任何听力损失是由某一频率上高出标准阈限的一点来表示的。但在一个诊疗所中这会是很麻烦的手续。测听器的读数直接是听力损失。正常的阈限被给以零 dB(zero dB)值,是空白听力图上靠上边的一条水平线(图 12-10)。纵坐标上从正常线往下读是以 dB 计的听力损失。

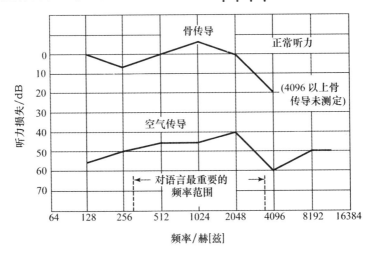

图 12-10 一个耳的听力图,表明显著的传导性耳聋(戴维斯,1947)。这个病例也许还有一些神经性耳聋,这是由空气传导曲线在较高频率未能上升到正常听力标准所表明出来的。

耳聋的类型

中耳传导机制的损害是耳聋的一种原因。耳鼓可能因一个旧的疤痕组织而变厚,听骨则又可能被永久性或暂时性的沉淀所"胶结"。这些情况通常产生一种曲线在左边较低而在右边近乎正常的听力图,这是由于要求耳鼓和听骨作较大运动的低频率的听力损失最大。发觉这一类型的耳聋的方法是把骨传导器装置在头颅骨的上面,使振动通过头颅骨传递到耳蜗内的液体,而毫不依赖中耳。这种刺激内耳的方法有另外的一套刺激阈限。如果一个人用耳机测验的结果表明有听力损失,而用头颅骨传导器测验的结果没有听力损失,他的毛病就是中耳传导性耳聋,可以用具有骨传导的受话器的一种助听器来获得很大的补偿。

从互相敌对的听觉学说的观点看来,更有兴趣的是另外一种类型的听力损失,称为内耳聋,或"神经性耳聋"。它的特征是高频率的损失。我们到老年的时候都会发生这个类型的渐进的听力损失(图 12-11)。它并不完全是由于神经要素方面的损坏,因为靠近克蒂氏器官底部的毛细胞常会发生退化。现在还不明白为什么内耳是以这样一种方式来变老。

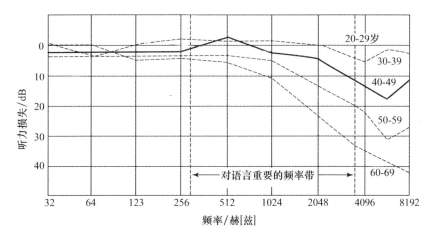

图12-11　不同年龄组的平均听力图,表明高频率损失[戴维斯,1947;资料采自班赤(C. C. Bunch),1929]。在这方面有很大的个别差异。

所谓神经性耳聋,还可以有另外一种形式,那就是听力损失限于一定的频率范围,即所谓的"音洼"。而如果听力图上表明着有听力损失的面积大,没有听力损失的面积小,那就是所谓的"音岛"。音洼和音岛似手提供了另一种机会来画出底膜定位图。

如果我们能够把听力图上所表明的损失和耳蜗特殊部分的组织学变化关联起来,我们就可以把相当于某一个频率或频率带的地点确定下来。这里面的困难在于获得所需要的病人死后的耳蜗检查和死以前的听力图的资料。克劳、吉尔德与波尔伏格特(S. J. Crowe, S. R. Guild & L. M. Polvogt, 1934)收集了这一类病例的最多的资料。图12-12是他们所画出的耳蜗定位图。这个图实际上只画出了一半,这是有理由的。起源于耳蜗的低音的耳聋比较罕见,而能够到手的少数病

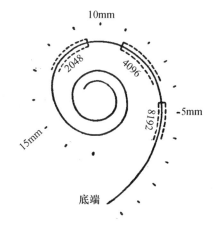

图12-12　根据病理学资料的高乐音耳蜗定位[克劳,吉尔德与波尔伏格特(S. J. Crowe, S. R. Guild & L. M. Polvogt), 1934]。如果从耳蜗底端开始10毫米距离以内的神经纤维和感受器都萎缩,2048～以上的乐音就有听力损失或完全不能听见。当4096～还可以听见的时候,萎缩部分就不会扩展到距离底端这么远的地方。

例又没有能够显示出地点说所预言的顶部趋向于退化的图景。

刺激所产生的耳聋

如果不能够在人类中找到低音的耳蜗性耳聋的病例,为什么不试图在动物中产生这样的病例呢?很早人们就已经知道,把耳官长期暴露在强烈的噪音中会招致听力的损害。这种耳聋称为"锅炉工人的耳聋",它在现代战争中成为一个严重的问题,虽然使用称为"护耳"的耳塞可以把损害减到极小的程度。用动物来做的实验包括下面这些步骤的一部分或全部:

(1) 用电击做无条件刺激,给动物形成呼吸的或退缩的条件反射,经由这样的实验画出动物的正常听力图。

(2) 把动物继续暴露在一个很强的乐音中好几天。对于不同组的动物用不同的频率。

(3) 重新制约动物来克服可能发生的任何消退,获得一个新的听力图。

(4) 从正圆窗取得对于不同频率的"耳蜗反应图"。

(5) 杀死动物,作组织学的检查来确定耳蜗遭受损害的部位。

这样的实验说起来似乎简单,实际上它是非常艰难而且费时的。但是在1930年前后有些人做了好几个这样的研究[欧普吞(M. Upton,1929b);芬齐与库勒(G. Finch & E. Culler. 1934a);霍顿(G. P. Horton,1934,1935);堪普(E. H. Kemp,1935,1936)],但结果是不明确的。某一频率的强烈刺激所产生的耳聋完全不限于这一个频率,而是一般的和散布颇广的。强烈的振动有时把克蒂氏器官的大部分从底膜撕开来(斯蒂文斯,戴维斯与路里,1935)。槌击动物的头颅骨是损害克蒂氏器官的一个有效的方法[舒克内西(H. F. Shuknecht,1950);舒克内西、内夫与坡尔曼(H. F. Shuknecht, W. O. Neff & H. B. Perlman,1951)],结果所得到的听力损失与耳蜗伤害近似于在人类的神经性耳聋(图12-10)中所找到的那样。还有一种手术是把动物的听神经割断一部分(内夫,1947;魏沃尔与内夫,1947),其结果也是与图12-12一致的,它表明高音是在基部有颇为确定的定位,而低音则没有确定的定位迹象。图12-12的半幅图代表着目前我们关于沿底膜的频率定位的,有理由可以断言的一切的东西。如果要说明低频率如何传报到脑中去,齐射原则大约是必要的。

简言之,直截了当的"地点"说的行不通似乎是不幸的。实验家很希望听觉机能的尽可能多的部分是在耳蜗实现着的,因为他在那里有办法插手。他却看不出有什么办法来发现脑如何把频率转化为音高,如何辨别乐音、分析和弦,或在复杂的乐音中听出陪音。但是脑中枢却断然是具有能力来应付感觉刺激的非常复杂的范型的,这在言语知觉上是十分清楚的了。齐射说要给脑所增加的负担大约不能是压断骆驼背脊的一根干草吧。

听空间知觉

物理上,因为耳官的刺激是来自一个距离以外,所以把它归于距离接受器的一类;行为上,因为听觉资料使有机体能对于远处物体作适当的反应,所以把听觉归于距离感觉。一只动物会把头、眼睛、耳朵转向声源;人还能够指向它或说出它的方向。而对于一个发声物体的距离的反应,当然比对于它的方向的反应欠精密和欠规则一些,可是实际上通常还是够好的。

这里出现了一个心理学家所要解答的问题:他要发现这种行为所依据的线索。一个物体的距离通常是被人所听到的声音的音强所表明的;如果声音变强或变弱,我们就知觉到物体是趋近还是离开我们,虽然这个线索也可能使我们发生错误。至于发声物体的方向,那么心理学家的问题就困难了,耳官的结构也没有提供任何解答。不管它从哪一个方向来,声波都必须通过外耳听道、听骨和那个弯曲的耳蜗道路的某些部分才达到接受器。原来的声音的方向还能够有些什么样的痕迹留下来呢?我们几乎要声称声音的方向是不可能听出来的,除非在熟悉的环境中对于熟悉的声源也许有些例外的情形。

声笼或声音定位测验器

早期的实验者们试图确实证明:在标准情况之下,声音的方向是可以知觉的。他们把被试的两眼蒙起来,用一个持领器来固定头的位置;把被试放在有吸音装置的房子里,或在室外试验,来使回声减少到最小,并且使声源在不同的方向时仍在同样的距离。有时把被试的头放在硬金属丝构成的圆周或球面的中心,使实验者得以在确定的部位来发出声音。可以用一个或多个受话器发声,并且在声笼的任何一点发声。皮尔斯(A. H. Pierce, 1901)曾综述了这种类型的早期研究。

结果中有一点是完全清楚的:左和右实际上是从来不相混淆的,也不与头的中切面延展到空间的平面上的任何一点相混淆。如果把中切面两旁 2°~3° 都算做是在中间,那么观察者差不多可以毫无错误地判断一个声音是在左边、右边或中间。他还能判断声源离开中切面多远(多大的角度),虽然当声源从中切面上移向两侧时这个判断的正确度随之降低。

结果中还有一点也是同样清楚的:当左右辨别是很好的时候,上下和前后的辨别却很不好。从上面来的声音常被听成像是从下面来的,从下面来的声音也常被听成像是从上面来的;从前面和后面来的声音的辨别也有相似的情形——除非把头转动。

左右辨别特别好会使人想起双耳听觉的重要性。塞住一耳果真使定位受到颇大的损害。一耳全聋的人常有这样的历史:刚聋以后定位极差,稍后有些进步,但是仍次于正常,有时发生左右混淆,而这在正常的双耳听觉中几乎是完全不存在的[斯塔奇(D. Starch,1908)]。

用动物做的相似的实验也得到了相似的结果。要说狗和猫有优于人类之处,那只是它们更善于觉察一个声源的方向罢了[恩格尔曼(W. Engelmann. 1928)]。

从声笼实验的结果看来,方向知觉的线索决定于具备两个分开的耳朵是很明白的。反听器(pseudophone)实验有力地证实了这个结论[杨(P. T. Young。1928);威利,印格里斯与皮尔斯(C. F. Willey, E. Inglis & C. H. Pearce, 1937)]。利用在头顶上绕过去的管子,每一只耳朵得到了应该达到另一只耳朵的声音;当声源是在左边的时候,听起来像是在右边。

可能的双耳方向线索

两耳之间的主要差异是它们不在同一个地方。因此问题就在于发现由于这个位置上的差异产生了什么刺激上的差异。几何学和物理学都表明这里是存在着某些差异的,实验者的任务是要确定在这些刺激上的差异之中,哪一些实在是方向的线索。

图 12-13 当声源是挨近头部时的双耳距离差异。声音走过 $90°-\theta$ 来达到近耳,走过 $90°+\theta$ 来达到远耳;所以差异等于 2θ。如果 θ 是 $30°$,差异是 $60°$,或从耳到耳的圆周一半的 1/3,即 27.5 厘米的 1/3,或 9.17 厘米。

这事情的几何学是很简单的。当声源在头的中切面延展到空间的平面上任何一点的时候,声波达到一耳的路线与达到另一耳的路线就有同样的长度和弯曲度(头的微小的不对称的地方很少影响)。但是从中切面以外的任何声源达到两只耳朵的路线却在长度和弯曲度上有差异,像在图 12-13 和图 12-14 中所示的那样。

声音达到较远的一耳所必须多走的距离是一个重要的资料,称为"双耳距离差异",用符号 D_s 来代表。假如声源靠近一耳,声波就必须走大约 11 英寸(27.5 厘米)才能绕过头来达到另一耳。这是极大可能的距离差异。

从任何声源到头中心的线与中切面成一个角相交,命这个"方向角"为 θ。如果头是直立的,而声源与两耳在同一水平,θ 就是声源方向与直前方向之间的角。例如 $30°$ 偏右。假定头是一个球,双耳距离差异就可以颇为精密地计算出来,像图 12-13 和图 12-14 所示。下列公式给出

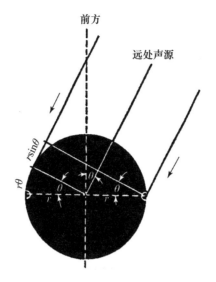

图 12-14 当声源在若干尺以外的距离,声波几乎平行地达到两耳时的双耳距离差异。辅助线显示公式 $D_s=r(\theta+\sin\theta)$ 的几何学。

r 是头半径,即 8.75 厘米,因为圆周的一半是 27.5 厘米;$\sin\theta$ 之值要在三角函数表中查出,例如 $\sin 30°=0.50$。在公式中角 θ 必须以弧度(radian)计,弧度是一个半径叠置在圆周上的长度(圆周的一半 = 3.1416 弧度,又 = 180°,因此 1 弧度 = 57.3°)。所以 30° = .52 弧度。代入公式,得到本例中的 $D_s=8.75(0.52+0.50)=8.93$ 厘米。

任何方向的双耳距离差异:

(1) 当声源在头的近处时,D_s(以厘米表示)$=8.75\times 2\theta$。

(2) 声源在远处时,D_s(以厘米表示)$=8.75\times(\theta+\sin\theta)$。

这个几何推理还不限于通过两耳的水平面才适用。因为假设声源是在两耳的水平面以上,那么想象这个图(任何一个)在双耳的轴上转动,使得声源和声波进入两耳的路线都在图的平面上。如果头是一个球,这个图还会是一样的。因而给以与中切面所成的同一个方向角,声源的双耳距离差异就会是一样的。空间里的前、上、后、下各方有着同一个方向角的点是无数的,它们全都有同样的双耳距离差异。那么,被试以两耳去听,究竟能够获得多少信息呢?仅仅是声源在他的左方或右方,以及按方向角来讲偏左或偏右到多大的程度而已。双耳听觉材料并不能使他区分出具有同一方向角的来源。他会经常把前、上、后、下各方向的声音混淆起来。在每一个方向角上有一个圆锥面——"方向发生混淆的圆锥"——在这个面上的任何一点就双耳听觉而言是同样的。

在这些几何学的事实中可以找出哪些可能的声音方向知觉的线索呢?声

音达到一耳需要比达到另一耳走得远些的事实,意味着一耳得到声音较另一耳稍迟;也就是说存在着一个双耳时间差异。声音多少要绕过我们的头才能够达到较远的一耳的事实,意味着较远的一耳得到较弱的刺激,也就是说存在着一个双耳强度差异。

双耳时间差异 声音以大约每秒1130英尺的速度在空气中传播。这就是每秒344米,或每毫秒34.4厘米。相当于每1厘米的双耳距离差异有 $1/34.4 = 0.029$ 毫秒的时间差异。因此距离差异可以归结为时间差异 D_t:

（1）当声源在头的近处时,D_t(以毫秒表示)$= 0.254 \times 2\theta$,因为

$$8.75 \times 0.029 = 0.254$$

（2）声源在远处时,D_t(以毫秒表示)$= 0.254 \times (\theta + \sin\theta)$

这些公式给出了任何方向上的声音的极大和极小的时间差异。

在上与下之间或前与后之间没有时间差异,但在左与右之间总是有时间差异。问题是这样小的时间差异果真能够成为声音方向知觉的有效线索吗？甚至最大的差异也小于1毫秒,而可能发生的一些精密的辨别(中切面的左边或右边 3°)会仅仅需要利用0.03毫秒的差异。

双耳时间差异是一个物理学的事实,对于咔哒声或任何声音的突然开始都适用。但是对于持续的乐音又如何呢？除了在它开始的时候以外,它似乎是同时地作用于两耳,然而它却可以正确地被听出是从某一个方向来的。问题的解答是,一个"持续"的乐音是由波浪所构成,每个波都先达到近耳,因而我们所计算出来的时间差异对于每个相继而来的波峰都适用。但是对于高频率的连续乐音这一个方向线索却失效了,像图12-15所示的那样。

图12-15 双耳时间线索对高频率乐音的失效。设声源偏右62°,D_t 按我们的表为0.5毫秒。对于一切振动频率,时间差异是一样的。当频率是1000～,波峰间隔是1毫秒的时候,每一波峰在达到近耳以后0.5毫秒才达到远耳;但同时也是在次一波峰达到近耳以前0.5毫秒达到远耳。因为听觉机制没有方法来认清楚个别的波,它不能够知道(我们可以这样说)声音是从左边还是从右边来的。设频率增加到1250～,波峰会先达到远耳;然后经过0.300毫秒才达到近耳,就像声音是偏左35°一样。所以在双耳时间差异的基础上,可以预期混淆和错误的印象的发生。

声源在不同的方向(和距离)时的双耳时间差异
以毫秒计的时间差异

方向角	时间差异/毫秒		方向角	时间差异/毫秒	
	声源在头的表面上时	声源在远处时		声源在头的表面上时	声源在远处时
0°	0	0			
1°	0.009	0.009	40°	0.355	0.341
2°	0.018	0.018	45°	0.400	0.379
3°	0.027	0.027	50°	0.444	0.416
4°	0.036	0.036	55°	0.488	0.452
5°	0.044	0.044	60°	0.533	0.486
10°	0.089	0.088	65°	0.577	0.518
15°	0.133	0.132	70°	0.622	0.549
20°	0.178	0.176	75°	0.666	0.578
25°	0.222	0.218	80°	0.710	0.605
30°	0.266	0.260	85°	0.755	0.630
35°	0.311	0.301	90°	0.799	0.653

当声源在耳轴之后时，从后方计算方向角；如 $\theta=100°$，改用 $180°-100°=80°$。

双耳强度差异(比率) 我们似乎在寻找一些含糊的方向线索，然而却有一个很好的非常明显的线索。近耳所受到的刺激不是更强一些吗？离声源愈远，声音愈弱。当声源是十分靠近我们的头的时候，强度差异会是易于觉察的。但是我们也能听出远处声音的方向。如果你计算一下对于 1000 英尺(304.8 米)的距离加上 10 英寸(25.4 厘米)所产生的强度差异是多少，你就会承认这个因素只能够是次要的了。

"声音阴影"(sound shadow)效应是一个可能性更大一些的双耳绪索。达到远耳的波多少要绕过我们的头(图 12-14)；而达到近耳的波却不受到这种削弱的影响，因此刺激在近耳是强一些。如果声源在中切面上任何处——直前方、上方或后方——两耳就会受到相等的刺激：所以声音在两耳有相等的强度就表明声源在中切面上的某一个地方；声音在一耳较强就表明声源在它的那一边的某一个地方。如果声源更偏向右(或左)方，达到左(或右)耳的波会经过更厉害的弯曲，因而损失更多的力量，故双耳强度差异的程度会表明方向角的大小。同样的"方向发生混淆的圆锥"对于强度差异和对于时间差异是一样适用的。

到此为止，一切似乎有利于强度线索。但是还有一个物理因素要加以估计。只有短波长的高频率的声音才产生可以觉察的阴影。长波绕过头去时很少损失。这种情形有些像水面的小波会被岩石所挡住,而大波则可以绕到它的后方那样。100～的声频的波长是 1130/100＝11.3 英尺,这为了顺利地绕过头去断然是够长的了。波愈短(频率愈高),双耳强度差异愈大。按照席维安与怀特(L. J. Sivian & S. D. White,1933)所确定的阈限,离开中切面 15°的声源所产生的双耳强度比率如下:

乐　　音	双耳强度比率
300～＜1 dB	1.26∶1
1100～＝4 dB	2.51∶1
4200～＝5 dB	3.16∶1
10000～＝6 dB	4∶1
15000～＝10 dB	10∶1

这些资料指出：对于 3000～以下的纯乐音强度线索不会有什么价值。但是如果我们听的是复杂的声音,由于在声音阴影中损失了高频率陪音,就会有音色上的差异。

可能的双耳线索的实验方法

在日常听觉中,各种双耳差异是同时起作用的。从左边来的一个声音达到左耳比达到右耳要早一些,刺激左耳比刺激右耳要强一些,并且要有更丰富的陪音。在全部线索同时起作用时,你不能判别究竟哪一个是声音定位的有效线索。所以实验家设法控制这些因素,来呈现一种在两耳有同样强度的时间差异,或呈现一种时间上没有先后之分的强度差异。

应该注意到,这时候实验者是使用着互相矛盾的线索,如果两耳得到相等的强度,而在时间先后上有差异,那么强度这一个线索表明声源在中切面上,而时间先后这一个线索则提示声源是偏在某一边。所以问题是听的人依从哪一个线索。

一整系列的实验曾被人设计出来分析声音方向知觉的各个不同的线索。这些实验的性质被两耳分开的这个术语(dichotic,希腊文"分开"加"耳")扼要地表达出来了。每一耳经由小管或电话线路受到分开的刺激。

在两耳分开的实验中所用的小管类似双耳听诊器,由被试戴上。插在被试两耳的外听道中或装置在靠近两耳的两根小管被连成一根,向着声源所在的地方开口,并且尽可能接近它。如果使得一根小管长于另一根,就得到时间差异；部分地闭塞住两根小管之一,就得到强度差异。这种形式的仪器在早期的实验研究中用得很多,至今也还有一些优点,例如其中并非是最小的一个优点就是做实验的学生很容易懂得他在如何处理声波。

电话式的两耳分开实验仪器使用两个耳机,各有分开的线路,线路中有放大器或衰减器来控制强度，有可变电容器来产生双耳时间差异。两耳共同的声源是一个产生各种已知频率的振荡器，两耳所得到的频率永远是相同的。声波的组成，它的陪音结构，可以由滤波器或别种方法控制到一定的程度。用一个可调节的接触器来隔断两个耳机的线路，可以在它们里面产生具有合于需要的任何时间差异的咔哒声。必须仔细地选择两个耳机来得到同样性质的喀哒声。这样的咔哒声同时呈现给两耳就会融合起来而被听成单一个咔哒声（本书的第一版有很多关于仪器的早期文献。）。

用咔哒声实验的结果

当克莱姆（O. Klemm, 1919, 1920）开始用两耳分开的咔哒声来做实验的时候，他十分自然地假定，几个毫秒的双耳时间差异大约是能对知觉发生影响的最小差异了，但是他发现虽然绝对同时的咔哒声是被定位于中切面，小到只有1毫秒的时间差异已足以使被试确信把声音定位于一侧；在先得到刺激的耳朵那一边听到了单一个融合了的咔哒声。克莱姆改进了接触器，以更小的时间间隔发出了咔哒声。他吃惊地发现，仅仅百分之几毫秒的差异已足以使咔哒声被确实地定位于一边。他怀疑发生了实验误差，但仪器在物理上已证明是精确的，而心理学的资料，虽然显出个别差异，也都是差不多一致的。

别的研究者稍加改变地重复着这个研究，发现最小有效的双耳时间差异在不同的个人身上变动于0.03与0.3毫秒之间。当时间差异增加时，被试报告说声音移动到一边，差异是0.65毫秒的时候，声音到了很靠近耳朵的地方。当时间差异继续增大时，它停留在这里，直到大约2.5毫秒，这时候单一的咔哒声分裂为两个，一边听到一个[威特曼（J. Wittmann, 1925）；班尼斯特（H. Banister, 1926b）；特瑞姆布（O. C. Trimble, 1928）；瓦拉赫，纽曼与罗森次外格（H. Wallach, E. B. Newman & M. R. Rosenzweig, 1949）]。

很多学者，包括许多早期实验者，倾向于认定强度差异是真正重要的线索。冯·霍恩波士特尔与魏尔太墨（E. M. von Hornbostel & M. Wetheimer, 1920）两人也许最先强调时间差异的重要性。他们得出这个结论是依据下面这样的平衡实验：让右耳先得到咔哒声（例如早0.1毫秒），并使两耳咔哒声强度相等，这时声音被定位于右边。然后让强度变为有利于左边，但这时所听到的声音却仍然在右边，一直到强度差异变得很大。所以一个小的时间差异胜过了与它对抗的大的强度差异。

在完全放弃强度线索以前，还应该试一试相反的实验。克莱姆（1920）用时间差异等于零和强度差异（比率）等于3∶1来开始。这时声音被定位于强度大的一边。加入一个时间差异使较弱的刺激较早地到达。这样来补偿强度差异所需要的时间差异约为0.6毫秒。这是一个颇大的数值。威特曼（1925）在重复这两种平衡实验时证实了这两种结果,并且作出结论说:时间差异和强度差异两者在短促声音的定位中都是有力的因素。

双耳时间差异的几何学和物理学使我们能够作出一些很确定的预言,这些预言是由两耳分开的咔哒声实验所完美地证实了的。在下表上,0.65毫秒的时间差异应该是声源正对一个耳朵的,而在双耳分开呈现的咔哒声的时间差异等于这么大的时候,被试果真把声源定位在这里。表上当时间差异等于0.03毫秒时,声源应该离开中切面大约3°;而声笼实验的结果果真表明3°是能够知觉到的最小的方向角。从双耳强度差异的物理学大约不可能作出这样确定的预言,一部分的原因在于这个差异依赖于方向角和声音的波长这两个因素。

用持续乐音实验的结果

当我们能够得到一种仪器来把一个乐音分别地送入两耳并且来控制时间差异和强度差异的时候,我们就很容易观察到一些有趣的现象。如果两种差异都等于零,就可以听出乐音是从中切面来的,通常是从直前方来的。如果时间差异等于零,乐音就被定位于有较大的强度的一边,反过来也一样。当强度保持相等,而时间差异逐渐加大时,乐音就似乎向一边移动。但时间差异不能超过半周波。所以对于低频率而言,时间差异可以增加到足够的程度来把声音移近一个耳朵,然后再转回到另一边;但对于高频率而言,最大的时间差异也仅仅能够把声音从中切面移开60°、45°,或更少。最后,平均起来约在频率是1500～的时候,时间差异的线索就开始完全失效[休兹(J. W. Hughes,1940)]。

在这些实验中有时可以听到定位于不同地方的两个声音。当时间差异增加到半周波,以致原来领先的一个耳朵失去这种优势的时候,有时听到两个乐音,在每一个耳朵的地方各有一个。又或如果时间差异有利于某一边,而强度差异则有利于另一边,也可能听到两个乐音,一边一个[班尼斯特(H. Banister, 1926a)]。再或时间差异等于零,而强度在左耳大得多的时候,也可能听到两个声音,一个在前方,一个在左边(哈尔瓦森 1922a,b)。在这些例子中,耳官所受到的刺激是与两个位置不同的声源在空中所给予的相当。

这些用持续乐音所获得的结果和用咔哒声所获得的结果是一致的。时间差异常是主要的线索,只要它有机会起作用。在持续乐音的场合,它的作用却受到一些限制。偏在一边的声音在开始发生的时间有一个清楚的时间差异,但在高频率的声波成串地相继发生时,这个差异就变成混淆不清的了。

双耳位相差异 在持续乐音的场合,双耳时间差异也可以说是一种位相差异。当频率是1000～时,每一周波延续1毫秒,因而0.50毫秒的时间差异也就是1/2周波或180°的位相差异。但如果频率只有500～,同样的时间差异就只有1/4周波,也就是90°的位相差异。仅有位相差异不能成为方向知觉的线索,因为它同时依赖于乐音的方向和它的频率这两个因素。可是在过去,位相差异曾被认为是一个重要的线索,这也许是因为产生时间差异的一个方便的方法就是把传入一个耳朵的乐音的位相推迟。需要一个很好的实验来表明仅有位相的差异并不相干。沙克斯比与盖及(J. H. Shaxby & F. H. Gage, 1932)使用了平衡或"求中"法:被试调节各个因素,直到他觉得声音是从中切面上(通常从直前方)来的。效果就像他直接面对着似乎存在的声源——这是给声源定位的最精密的方法。使用"声音定位器"来决定飞机或潜水艇所在的方向时,所用的就是"求中"法。在沙克斯比与盖及的实验中,某种强度差异使乐音离开中央,被试调节位相以便使它移回中央来。强度差异愈大,所需的补偿位相(时间)差异也愈大。最重要的结果是,为了补偿某一强度差异,所需的时间差异在不同频率时差不多是同样的,而所需的位相差异却随着乐音的频率而变。

例如,平衡一个 6 dB 的强度差异,以位相差异和时间差异表示的下列调节是必须的:

	频率/赫[兹]		
	500	800	1200
位相差异/周波	0.005	0.009	0.012
时间差异/毫秒	0.010	0.011	0.010

而平衡一个 14 dB 的强度差异则需要以下的调节:

	频率/赫[兹]		
	500	800	1200
位相差异/周波	0.011	0.019	0.025
时间差异/毫秒	0.023	0.024	0.021

按照上述结果,在时间因素和强度因素之间有确定的关系,但任何以位相对抗强度的确定的平衡是不存在的。所以起定位因素的作用的不是位相,而是双耳时间差异。

野外的乐音定位

两耳分开的实验具有浓厚的实验室风味,在我们的日常生活中的听觉是否也适用同样的因素和同样的限制,总不免存在一些疑惑。在持续的纯乐音的场合,在低频率时,重要的线索是时间而不是强度,在高频率时,则反过来,这是否还适用呢?如果还适用,那就可以作出某些预言,像斯蒂文斯与纽曼(1934,1936a)所指出的那样。在野外,低乐音和高乐音都应该能够准确地定位,但从 1500 到 3000 或 4000 周波的中间频率的乐音应该不能够准确定位。在这个中间范围定位应该不准确,因为不论时间差异或强度差异都不起很大的作用。这些实验者让被试坐在屋顶上的一个很高的椅子上,在这里回声是尽可能地避免了。他们把一个扬声器固定在一根 12 英尺长的杆子的末端,这根杆子可以在被试的两耳的水平无声地转动到任何一个角度。从 60 赫到 10000 赫的十分纯的频率可以输入扬声器而在它开始与终止时不发生咔哒声。乐音在前后、左右和它们之间的许多方向上发出。被试的任务是在每一次刺激之后说出声源的位置。左右相反的错误实际上从来不发生。前后反过来的实例则是常有的;但是只要方向角报告得正确,就不把这算做错误。

从图 12-16 上可以看出主要的预言是证实了。此外,还有两种结果是具有理论上的重要性的:

(1) 前后相反的错误虽然在低频率常见,在高频率差不多不存在。外耳的构造是这样的:它应该投下声音的阴影,使得从后方来的声音比从前方来的同样声音弱些;但是,像我们已经看到的,只有在高频率才有这样的阴影投下。但是这个前后的强度差异即便在最好的时候也不能够像一个双耳差异那么直接,它是一个声音相继在前方和后方发出时的差异,依赖于被试对于两个位置上的声源的过去经验。

(2) 定位的误差在靠近中切面时最小,靠近两耳,即方向角为 90°时最大。早期的声笼实验(皮尔斯,1901;斯塔奇,1908)也得到了这样的结果。它有一个很好的理论说明,因为当声源在 90°附近的位置作前后移动时,双耳时间差异和强度差异都改变得很慢。在研究了这件事情的几何学和物理学以前,我们也许预料,在头的两侧声音定位最准确,而在前方和后方声音定位最不准确——这样的设想刚好与事实相反。

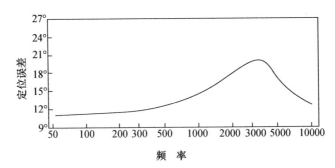

图 12-16 野外(近乎)纯粹的乐音的定位(斯蒂文斯与纽曼,1934)。横坐标上是频率的对数尺度,纵坐标表示两个被试的方向判断以度计的平均错误。

应该考虑与斯蒂文斯和纽曼的实验及图 12-16 有关的另一点。如果时间差别和强度差别在中频率区域变得无效,为什么错误曲线不升得更高呢?为什么左-右相反主要是在这一区域里没有呢?而且为什么,正如这些研究者和许多其他研究者所发现的,咔哒声比延续的乐音能更确切的被定位呢？咔哒声的突然开始对双耳时间差异很有利；而且虽然在这一实验里乐音的开始是没有任何喀哒声的,但乐音仍然具有一个开始,而这一开始就会有一个双耳的时间差异,至少可以作为右方或左方的线索。总之,好像双耳时间差异是日常生活中最普遍和确切的声音方向的线索了。

我们不可以设想一位观察者注意到了这种时间差异,从而推断出声音的方向。方向的线索不过是毫秒的一个小部分,这作为时间间隔是知觉不到的。我们不得不以生理学术语来进行思考。我们可以想象出一个神经机制,它控制着肌肉的运动来把头和眼睛朝向声源转动。如果神经冲动只从一耳来到,神经机制就把头转向它那一边。当神经冲动先从一耳来到时,对那一边的初期反应会保持它的优势,直到被从另一耳来到的反压力所推翻。这种优先效应已经被瓦拉赫、纽曼与罗森次外格(1949)清楚地证明了。说明双耳强度差异的作用时不需要假定另外的神经机制,因为较强的刺激由于冲动的总合会以较少的迟延通过突触,而在效果上变成时间差异[格尔登(E. Girden,1940)]。

在谈到过的这一切实验中,假定被试的头保持不动,这种限制在日常听觉和声音定位时是不存在的。当双耳的差异等于零表明一个声音是在中切面上某处的时候,一个人可以转动他的头来产生双耳差异,以便更确定地指出声源的位置：把头向左右转动(在纵轴上),他就能够区别前和后；把头向一侧偏转(在前后的水平轴上),他就能够区别上和下。用同样的方法,他能够区别任何一个"方向发生混淆的圆锥"上的各部分。仿效着在正常情况之下由头部运动所产生的双耳变化而进行的综合实验(瓦拉赫,1938,1940)证明了这些双耳变化确实是被利用于声音的定位。

当你看见声源的时候,视觉线索通常证实着方向的双耳线索。在实验室中可以作出使视觉线索与双耳时间差异相冲突的装置。视觉上声源是在直前方,而听觉上也许它必须偏左 10°～20°,然后你才相信你的耳朵[威特金,瓦普纳与勒文塔尔(H. A. Witkin, S. Wapner & T. Leventhal,1952)]。

距离的听觉线索

一个声音的音强在表明声源的距离上断然是有一些价值的,虽然也有这样的事实：一个弱的声音从近处发出,一个强的声音从远处发出。这个线索似乎依赖于声音的熟悉性。耳官所接受的声音的音色可能提供一个更普通的距离线索,因为一个复杂声音中的高频率易于在传播中损失掉。一个富于高频率的声音表明声源在近处(冯·霍恩波士特尔 1923)。

回声 视觉与听觉之间有一种值得注意的对比。我们在知觉物体时所加以利用的光线,大部分是反射的而不是从光源发来的,我们通常所"看见"的是反射光的物体,而不是太阳或一盏灯;但我们所"听见"的则通常是声源,而不是反射声音的物体。二者的区别却不是我们所倾向于设想的那样分明,因为通常反射的声音与从声源直接收到的声音是混合起来了。经过了这种改变的声音显示出环境的声学特性。当你的汽车在桥下经过或火车通过隧道的时候,你会听出这是桥或隧道。人类是喧嚷的动物,以他们的语声、脚步声、号角声、鼓声、锯子声、锤子声、枪声和车辆声来表现。所发出来的声音,按照反射表面的距离,经过或多或少的迟延以后,又反射回来。在室内,声音只经过很少数的毫秒以后就反射回来与原发的声音融合起来;在室外,这个间隔就可能是几秒,因之你区别出第二个声音来,这就是回声。反射回声的物体有多远呢?运用声音在空气中传播速度的知识和一个马表,你就可以计算出这个距离来。即便没有这些准确的知识和计算法,你也会得到关于反射声音的物体的距离的大概印象。你就像听到了那个物体,并把它的距离和方向加以确定。你也听出了那个物体与你之间的空间。如果没有它,也不能有远处的回声。环境的这些听觉线索在黑暗中,在雾中,在水上和在别种对于视觉不利的情况下,是特别有价值的。

夜间飞行的哺乳动物——蝙蝠,是非常善于避开障碍物的。如果把它的耳朵塞起来,它就会朝物体撞碰。声音的记录表明,它在飞行时发出了高频率的叫声,而如果把它的口塞起来,使它不能够发出这些叫声,那么它也就不再能够避开障碍物了。这种叫声的频率在每秒 50000~(即 50000 赫[兹])左右;每一次叫声延续大约 20 毫秒,而发出叫声的频率达到每秒 30~50 次。这种间歇性的高频率声波连小的物体也反射得很好,显然它们使蝙蝠能够确定物体的方向和距离。所以蝙蝠是在使用着一种听觉上的雷达(格利芬与戈兰布斯 1941;戈兰布斯与格利芬,1942;戈兰布斯,1943;格利芬,1944,1950)。

盲人如何避开障碍物 很多盲人成功地在城市中寻路,他们能够发觉墙壁、开着的门和其他物体的方向和距离。如果你问他们是依靠什么线索,他们可能又提出"颜面视觉"的旧的理论。他们不知道怎样会觉得面前有物体存在,并且倾向于设想这个物体发出某种波浪,而他们的颜面则对于这种波浪已经敏感化了。还有一些盲人相信线索是听觉性质的。黑兹(S. P. Hayes, 1935, 1941)综述了多种曾为人所提出过的学说。达仑巴赫和同事们[苏帕、柯岑与达仑巴赫(M. Supa, M. Cotzin & K. M. Dallenbach 1944);沃尔彻与达仑巴赫(P. Worchel & Dallenbach, 1947)]做了决断的努力来识别出那些线索。他们的实验方法是把一块直立的绝缘体纤维板(masonite)放在一个长廊中的可以随意变动的地方,领被试到距离它或远或近的地方,让他朝向板走去,一直到他能够发觉它的存在时;然后再向前走去,一直到他走到与板最接近但不与它相碰的地方。两名被蒙着眼睛的正常被试经过一些练习之后能够在 3~4 英尺的距离知觉到板,并且能够走到距离它 1 英尺以内而很少发生相碰。两名盲人比这做得更好，其中的一名是好得多。为了检查被试是否在猜测，在实验中也有时不使用障壁，但当障壁不在前面时没有一个被试声称感知到它。当被试必须脱去鞋在地毯上行走的时候，他们的成绩变坏了，当时他们就企图尽可能用脚来发出响声。当用厚绒面幕把头围上但不接触皮肤以消灭理论上可能的面部压力波——这对于听觉稍有干扰——的时候，能力也稍受损害，但确实还是存在着。可是如果把两耳塞住，能力就完全丧失了。如果耳朵被塞住，即使让颜面接受压力波也没有用。到此为止，这些实验否定了颜面线索的重要性，并且证明了听觉线索的重要性。但是某些早期学说所主张的主要线索是外耳皮肤和耳鼓所受压力波的可能性仍然存在。因此研究者们找到了一些既瞎又聋、但还颇有自信地、颇能成功地来往步行的人。这些人在实验室的测验中却完全失败。所以最后的结论是："盲人的障碍知觉"是依赖于听觉续索的。

作为对于这一系列内容广泛的实验的简略的小结，我们可以把在每一种情况下发生与板相碰的次数的百分比列举于下表。

	与板相碰的次数/(%)
不加面幕或塞耳的盲人	5
加面幕的盲人	7
塞耳的盲人	100
盲聋人	68

盲聋人与暂时塞耳的盲被试明显的优越性是由于盲聋人常在障壁之前 3 英尺、6 英尺或甚至于 12 英尺远就停步，意味着他们不能够更走近一些而不与障壁相碰。这些被试能够从地板的不规则性得到可以利用的线索，能够依据经他们好好探试过的地板来给一个墙定位，但他们断然没有利用颜面线索或耳线索。面颊上的气流和温度刺激在不很一致的环境中无疑可以表明物体的存在。蒙着眼睛的聋人像盲聋人一样，不能感知一个障碍物并避免与它相碰[沃尔彻与贝瑞(J. H. Berry),1952]。蒙着眼睛的大学生能相当快地学习去发现路上的障碍物，其中有些人，甚至于在同时还塞住耳朵的时候也能获得几分成功。这个测验是在大学里的室外进行的，那里有时候可以获得各种不同的微妙的线索[阿梦撕(C. H. Ammons),沃尔彻与达仑巴赫,1953]。但是在没有视觉的时候，最可靠的和最可确定的线索是由被试自己发出去又从障碍物反射回来的声音，像他在地板上或人行道上行走时的情况那样。在这种听觉雷达中，起重要作用的只有 10000～和更高的频率的乐音或成分(柯岑与达仑巴赫,1950)。

杰洛姆与普罗商斯基(E. A. Jcrome & H. Proshansky,1950)设计了一种盲人避开障碍物与在若干距离以外知觉物体的能力的定量测验。他们在一个9英尺宽的长廊中，在不规则的位置上，竖立了各种宽度的薄板。被试的工作是在这些障碍物之间通过而不碰到它们。在任何一次试验中有 6 块薄板实际上是竖立着的,另外 6 块则只在地板上作出记号来表示。这些记号当然不会给一名盲人以线索。问题是:与这些划在地板上的记号相比,被试是否更善于避开真正的障碍物。当他塞住了耳尖的时候,答案是"否";但是当他的耳朵没有被塞住的时候,答案是"是"。因此在这个避开障碍物测验中听觉线索是有确定的价值。另一个在一定距离外知觉物体能力的测验中,被试的工作是在他的观察点上决定是否有一块薄板存在于一定的距离上。只在一半次数的试验中才竖立了真正的薄板。如果在真有薄板的试验中有 90% 的次数他报告说知觉到了薄板,而在并无薄板的试验中也有 20% 的次数他做了这样的报告,他的净成绩就是 90%－20%＝70%。距离增大时,净成绩的分数减少,像以下四名盲被试的中数净成绩所表明的一样:

物体距离/英尺	3	4	5	6	7	8	9
净成绩中数/(%)	94	87	87	85	72	50	42

由于这些能力有很大的个别差异,这种测验在失明的士兵的职业指导上是能够有用处的。

(龙叔修　译)

第十三章

视 觉

因为视觉对行为与经验的显著和丰富的贡献,它受到的生理学者与心理学者的注意,如同所有其他感觉合并起来受到的那样多。有些研究是在描述的或"现象学的"水平上作出的,这是关于物体如何显现,它们看来像什么一类的报告[参看吉布森(J. J. Gibson),1950a,b]。这种研究时常是很有用的,因为它处理日常的物体,它以平常人可以懂的名词叙述。可是分析起来,对物体的知觉证明是一种很复杂的过程,包含着许多不同的感觉成分,以及过去学习的效果。许多研究工作者宁愿研究较简单的或更一般化的过程,如形体的或空间的知觉。这些过程对另一些研究者还是太复杂了,他们要研究最简单的感觉成分。他们的问题是:当一个光点落到眼睛上时发生什么现象。在供给我们对于视觉的一个全面叙述时,这一切水平上的研究都是重要的,没有任何单一水平上的研究是充分的。因为我们必须从一点开始,本章我们要讨论简单的感觉过程,在以后几章内逐渐上升到更复杂的知觉过程。

视 觉 刺 激

虽然基础教科书中[如穆恩(N. L. Munn),1946,1951;波灵(E. G. Boring),朗菲尔德(H. S. Langfeld)和威尔德(H. P. Weld),1939,1948]对于视觉的基本事实已经给了相当详尽的叙述,此处还需对于刺激、感受器与基本性质作一简略的描写。刺激是源于太阳、灯泡等光源的辐射能。光能有时直接来到眼睛,不过经常是经过某些物体的反射。幸而光能是照适度的直线进行的,这就使它可以形成与它所由反射的物体表面相似的网膜形象。

现在考虑单一的光线,现代物理学把它当做一种粒子或量子的流,我们以后可以看到这种辐射能的概念对于处理视觉的一些问题是有方便之处的。但是为了我们大部的目的,古典物理学上波的概念是更方便的。牛顿(I. Newton)在1704年报道三棱镜把一道白光分解成由红到紫的光谱,也即三棱镜把组成白光的混合光波展开成为一束光波，其中每一部分在波长方面都是单一的。这些波长都经精确地测量过。可见光谱的波长是从紫色一端380纳米(nm,或10亿分之一米，10^{-9}米)到红色一端720纳米，以后我们要时时提到这些标准数字，图13-1表明相当于各主要颜色的光波波长。

图13-1 相当于光谱上主要色调的波长，由一种色调到其邻色的变化是逐渐的，例如橙色的波长范围是任意定的[采自拉德-佛兰克林(C. Ladd-Franklin)，1929年；赫尔维赤与詹姆森(L. M. Hurvich & D. Jameson)，1951]。但有三种颜色对任何观察者都是异常稳定的；观察者可以重复一致地把蓝、绿或黄定在距其平均位置不过几个纳米之处。这三色叫纯色或原色。纯红色是在光谱之外的，但可以由光谱上的红色与较短波长的光波混合得到，紫色也如此。

光谱的极限常定为380与720纳米，但这些数字是任意定的，因为光谱在每一端都是"逐渐消失"的，像图中用虚线表示的。

在专门的著作中，用物理学的名词描述刺激，如"580纳米的辐射能"，比心理学的名词如"黄光"更为恰当。这种区别不仅是名词上的，因为物理学的说明是更确切的。甚至一个正常的观察者也要把红字用到光谱上相当大的范围内，而色盲的观察者的用法就会大不相同。但是在对刺激的精确描述是不必要的情况之下，常用的颜色名字也颇能适用，并且对于一般读者的确是更有意义的。因此，在本书中，情况许可时就用普通名字，而不为了名词上的纯洁而用一些冗长的语句。

单纯的光

在这一方面还有另一个问题，在日常生活中我们很少遇到单纯的光，就是在实验室里我们也常是处理相当宽的光带(bands)。其中包含着相当范围的波长。多数的一级光源可以发出可见光谱上所有波长的光线，如光线显现黄色或蓝色，就是发光的光谱偏于一端或另一端。如果在颜色视觉的研究工作中一个人要用相当有限的波长的光带，他可用三棱镜把白光分解开，而只用光谱中他需要的一部分。在多种情况下，这都是一种麻烦的方法，而滤光片是比较方便的。这只是一张透明的玻璃或塑料，它可吸收一些波长，并使另一些波长通过。通过的光带是比较宽的，其中平均的波长决定颜色。例如红色玻璃纸，除了红色以外，也可通过黄色与蓝色区域的一些光能。因为黄色抵消了蓝色，透过的光好像一个狭窄的光带或通过单色红滤光片的一样的红色，但在暗适应中它是不同的,它也会毁坏照相的底片。近来有了很好的单色滤光片,需要精密的控制波长时一定要用它们。

得到颜色的第三种方法是应用有色表面。一些染料有吸收一些光带而反射另一些光带的性质。当白光落在这样一个表面时,我们自然就仅看到那反射到眼睛来的波长的光。反射的光带常比通过滤光片的要宽一些,但眼睛同样地把它们平均起来。如果光带很宽包括了光谱的一大部分,颜色就显得浅淡(desaturated)。如果投射的光在全光谱上都大致均匀地反射出来,就浅淡到极点,表面就成为白的、灰的或黑的,这决定于反射的总量,也决定于以后要讨论的其他一些现象(对比、适应、常性等)。

到现在为止,我们可以把视觉和听觉对比一下作为总结。基本的质的向度是色调,相当于音高。色调的物理上的相应物是波长,这正和音高一样(虽然在听觉中波长的倒数,频率更为常用)。浓度是一种比较复杂的向度,和波长的单纯或纯洁有关,它和音色相当,或更恰当一些是和听觉中无噪音相当。除了这些质的向度以外,在两种感觉中都有一种强弱的向度,这是与刺激的能量的水平联系着。这在视觉中是明度,在听觉中是响度。现在让我们对强弱的向度作更详尽的考虑。

强度的测量

辐射的能量的水平依赖于波的振幅,但这不是一种实际的测量单位。一光束的全部能量可以用物理的仪器测定,但通常是用心理物理方法。刺激眼睛的原始光源的能力常以烛光为单位,也就是和古老的"标准"蜡烛比较。有好几种方法做这种比较,最简单的是图 13-2 中所表示的。现在我们用一只精细计算过的电灯泡代替蜡烛,但原则还是一样的。

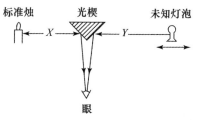

图 13-2 测量一个光源能力的简单方法。"未知"灯泡从光楔移动直到两个表面看来明度相同。以标准烛的强度作单位,我们可以应用逆律 $1/X^2 = U/Y^2$ 计算未知灯泡的强度;反过来,我们也可以调整标准烛的距离 X,以便获得匹配。

为了多种目的,我们对于从一个光源射出来的光,不及对于要观察的表面上一个单位面积上光的总量兴趣更大。这以 英尺-烛 表示。距离一只标准烛 1 英尺远的表面上的照明的水平就是 1 英尺-烛。因为照明依和光源的距离的平方而减弱,所以在 2 英尺远时是 1/4 英尺-烛,3 英尺远时是 1/9 英尺-烛。你的桌子上大概有 2～20 英尺-烛的照明水平,你用一只摄影家使用的轻便小型光电光度计就可以测量出来。也有用公制单位系统的:1 米-烛是距离 1 标准烛光 1 米的表面上的照明水平。

不是所有落在表面上的光都反射出来,白纸要吸收约 20%,只反射 80%;黑纸可以只反射投入的光的 3%,只是反射出来的光才落到眼睛上。因之需要另一个单位来描述表面上的明度。现在美国用的标准单位是英尺-朗伯(foot-lambert),有时叫做视英尺-烛(apparent foot-candle),这是距离一标准烛光 1 英尺远的完全反射的表面上的明度。如果一个表面反射投射光线的 50%,用 6 英尺-烛照明,它就有 3 英尺-朗伯的水平[在专门技术的文献中你会遇到另一个单位毫-朗伯(milli-lambert),约等于 1.06 英尺-朗伯,毫朗伯是从米制求得的,等于 10 视英尺-烛]。

实际的测量总是用仪器的[如麦克伯撕(Macbeth)照度计],它可以比较一个视野的两部分:一部分是未知的表面;另一部分是一个可变视野,它的明度可以从仪器上的刻度直接读出来或计算出来。

为了记住这些名词,用一个例子把它们都连贯起来。有明度 40 烛光的光源,由于逆方律,它可以照明距离 2 英尺远的一个幕,幕上照明为 10 英尺-烛$[40×(1/2)^2]$。如果幕的反射率是 30%,它的明度就是 3 英尺-朗伯。

应用这些测量时,我们必须记住它们都是借助于人的眼睛。我们将来会知道眼睛对于辐射的某些区域,如黄,比另一些区域如红、蓝,要更敏感一些,所以一个等能光谱的中间部分显得最亮。这就是说我们要测量绝对的能量,标准和比较的刺激都要用同样的颜色,不同颜色(heterochromafic)的比较是困难的。但是由于我们主要的兴趣是在辐射能对于眼睛的影响,所以常要使两种不同波长的光在眼睛看来相等,而不计它们的物理能量[对于视觉刺激及其相关物的讨论,参看翟德(D. B. Judd),1951]。

眼睛

因为在许多基础教科书中都有叙述,这里无需对眼睛简单的解剖事实做什么说明(穆恩,1951;波灵,朗飞尔德与威尔德,1948)。读者一定记得眼睛在许多方面和照相机相像[参看瓦尔德(G. Wald),1950]。在这一章中和我们最有关系的主要部分是网膜,略约相当于照相机中的胶片。在这个锥体与棒体感受细胞的镶嵌或网络物上影像结成焦点,发出信号由视神经传到大脑。在下节中我们会看到,视觉的许多特征是和这些细胞的性质、排列和连接关联着的。愿意对网膜的解剖作进一步了解的读者可参看波里雅克(S. L. Polyak,1941)的著作。皮瑞因(M. H. Pirenne,1948)对这个题目也有很好的讨论,瓦尔德(1950)写过一部很好的通俗论著。

棒体与锥体的视觉

一种颜色感觉的明度、色调和浓度不仅决定于刺激,在很大的程度上也依赖于感受器官和它的情况。根据现在已经当做事实的一种学说[冯·克莱斯(J. von Kries),1929],感受器官是"两重"(duplex)的。网膜中包含有两种类型的感受细胞,棒体和锥体,是解剖的事实。所有的证据表明两种细胞的机能特征不同。棒体能适应于很弱的光,在这方面远胜于锥体。棒体仅有光-暗的感觉;它们不能以不同色调的感觉反应不同的波长。对于精确的形状的知觉,棒体也没有什么贡献。对于这些说法的证据我们将在下面看到。

棒体与锥体解剖上的差异

虽然这两种感受器是很相似的,它们也有一些重要的区别:

(1) 棒体比锥体小一些,显得发展的水平低一些。

(2) 在中央凹中没有棒体,只有密集的锥体。没有棒体的区域在水平方向不超过 2°,在垂直方向更小一些。一个 18 毫米直径的钱,在手臂的距离投影,恰可遮着这个区域——中央凹[1],在中央凹以外棒体开始出现,和锥体成反比例,越近边缘越多,不过就在边缘上也还有少数的锥体。

(3) 在和神经的联系上,锥体占优势。几个邻近的棒体进入一个神经节细胞,这样连接到一根视神经纤维上。但至少在中央凹每个锥体都有它自己到间脑的单独通路。

(4) 在棒体中有"视紫"(visual purple),锥体中没有。这种物质在亮光下很快地褪色,在弱光或黑暗中又逐渐复原。它一定和暗适应有关。这一假说为暗适应的眼对于不同波长的光的反应速度和视紫对不同波长的吸收的程度密切连系这一事实支持着[黑希特(S. Hecht),1934]。

(5) 夜间出没的动物主要有棒体,很少锥体。这一事实最先指示出棒体是弱光的感觉器官[舒勒次(M. Schultze),1866]。

两重作用说的病理学的证据

有些病人患"夜盲",他们不能有很好的暗适应。有时这是由于食品中缺乏维生素甲,有时这是由于网膜后部色素层细胞的衰退[杜克-厄尔德(W. S. Duke-Elder),1939]。不过在任何情形下结果都是缺乏视紫,因而妨碍暗适应。还有一种情况是"昼盲"(day blindness),患者在强光下感到痛苦,视觉不足。这

---

[1] 中央凹的直径约为半毫米——译者注。

种人是完全色盲的——好像锥体没有得到发展，也不起作用似的。在这情况下中央凹部分应当是全盲的——这种推测为多数检验的结果所证实。患者要看一物体时必须把眼睛向一边斜一些，他们一般地有眼球回动与注视不稳定的现象（拉德-佛兰克林，1929）。

两重作用说的实验证据

如果棒体对很弱的光作出反应，那么这样的光就不能引起中央凹的反应，所有人的中央凹都是夜盲的。为了试验这个假说，先使眼睛对暗适应，再向中央凹投入一线弱光。这需要很准确的注视，不然光会射到中央凹以外而落到一些棒体上。通常不用单一的注视点，而用一个由微弱发亮的光点组成的环。如果以全部的环为注视对象，环的直径是3°，环的中心就会正对着中央凹。试验的光在环的中心出现。用这样的实验测量出来，在暗适应下中央凹的阈限比中央凹的周围要高得多（冯·克莱斯，1897b）。你在晚上看一个弱光的星或一只船，斜一些看会好一些。这对于在战争中要在夜间观察事物的人是一点重要的知识。

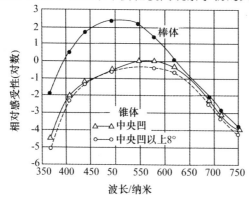

图13-3 眼睛对不同波长的感受性[采自翟德(D. B. Judd)，1951；瓦尔德(G. Wald)，1945]。三条曲线分别代表棒体、边缘锥体、中央凹锥体的感受性，以中央凹对波长555纳米刺激的阈限为单位，以阈限的倒数为感受性。左边纵坐标的数字是以对数表示的感受性，可以看出来棒体比锥体对靠近光谱紫色一端短波部分感受性较高。

一个很弱的光谱没有可见的颜色，只有逐渐不同的明度。它的最大明度是在波长500纳米处，而不像在较亮的光谱中是在560纳米处。在微弱的照明下暗适应的眼睛的光谱亮度曲线是和在任何照明情况下全色盲的眼的一样的（见图13-3）。棒体显然比锥体更适应于较短的波长的光。

一个很早就知道的相关的事实，是所谓的朴金耶现象(Purkinje phenomenon)。如果在很好的照明下一张红纸和绿纸或蓝纸看来明度相等，拿到弱光下绿的和蓝的就会显得明度更大一些。在强光下锥体在视觉中起作用较大，在弱光下棒体的贡献则较多。所以结果在强光下红色的明度大，在弱光下绿和蓝显得更亮一些。由于棒体对于无色感觉的作用，在弱光下绿和蓝不仅明度大些，也显得白一些。如果把刺激局限于无棒体的部位，或夜盲的患者，就会没有朴金耶现象[冯·克莱斯与纳格尔(W. A. Nagel)，1900；

克劳施(A. Kohlrausch),1931]。

暗适应的眼对于弱光的反应叫做"微光"视觉("scotopic" vision)(即暗视觉——darkness vision),它几乎全部是棒体视觉。锥体占优势的对强光的反应叫做"强光"视觉("photopic" vision)。要除去所有棒体视觉,你必须把刺激局限于中央凹;要去掉所有的锥体视觉,你必须在暗适应锥体的阈限以下进行工作。从图13-3的曲线,你可以看出如果把刺激限于红的一端,就可准确地排除大部分的棒体视觉。

光适应与暗适应

视觉有几种方法补偿光线的强度。最显著的变化是瞳孔的大小,但适应的大部分是产生于网膜。关于瞳孔适应的速度和范围的一些材料见图13-4和图13-5。这些材料只是平均数量;个别差异很大,也因年龄而异,同一个人一天与另一天也有一些变化。图中表现的最大范围还仅是4倍;应当用它的平方,因为瞳孔的面积决定进入的光的量,这样我们得到的范围是16。这一定还远不足平衡照明水平可能发生的变化,那是10个对数单位,或100亿倍。

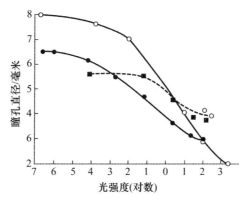

图13-4 瞳孔的直径是照明的函数[瓦格曼与纳赞森(I. H. Wagman & L. M. Nathanson),1942]。空心圆曲线是根据利伏斯(P. Rccvcs)的材料制成,代表人眼。实心圆曲线和方块曲线分别代表人和兔的眼。每个点代表6~10只眼的结果,这样就消除了个别差异,这些差异会使曲线显得很不规则。这些曲线代表完全适应后瞳孔的大小。达到完全适应状态的速度见图13-5。

网膜用平衡补偿的方式进行范围很广的适应。每个人都熟知网膜适应的效果:对于一种较弱或较亮的照明"习惯"以后,人就比最初看得清楚的多。视紫在曝光后褪色,而较长地暴露在黑暗中时又行恢复。这种事实可以表明光适应和暗适应是在网膜中,而不是在大脑皮质中进行的。另一种有关的事实是一只眼可以有光适应,而同时另一只眼有暗适应。

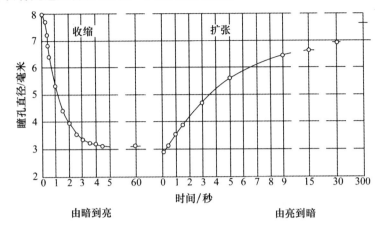

图 13-5　瞳孔收缩与扩张的进程,根据六名被试的平均结果(根据利伏斯,1918a 材料制成)。先要求被试在黑暗中停留相当久以得到事实上瞳孔的完全扩大,然后把眼睛暴露在 100 毫朗伯亮度下,间隔地进行摄影,这样得到收缩的曲线。扩张的曲线是由几次的实验得来的。先使瞳孔事实上完全适应于 100 毫朗伯的光,然后要被试在黑暗中停留一定时间,再借助闪光对眼摄影,瞳孔对光的反应比对暗的反应是远较迅速的一种过程。

　　光适应或暗适应的过程可以用决定刺激阈限的方法来研究。阈限就是在一定时间内可以感知到的最小强度的光。无棒体的中央凹的阈限需要分别测定,因为棒体比锥体适应弱光的范围是远较大的。在皮培尔(H. Piper,1903)的一个实验中,测量用的视野是一块 4 英寸见方的乳白玻璃,距离被试的眼睛 1 英尺远,从后面照明。仪器放在暗室中,实验前被试先在室外活动一刻钟,使他得到光适应。被试进实验室后就测定他的阈限。乳白玻璃上的照明逐渐变化,直到他能刚刚看到它。被试停留在暗室中,每隔一定时间测定阈限一次,到他的阈限相当稳定时为止,这样通常需要 40～60 分钟。这样测定的阈限的水平只是他初进暗室时的阈限的 1/3500。就是这样初次测定的阈限还一定是太低的,因为在测定阈限的过程中的一两分钟内,被试已经有了相当程度的暗适应了。测定阈限的一种快速的方法[克劳施引用博兰卡德(Blanchard),1931],是使被试在一定时间内注视一个已知明度的大面积视野,获得适应,然后把视野完全变暗,只留下中心一小部分,看被试能否看见这中心的一小部分。变化中心部分的亮度就可以测定阈限。由这种方法得到的结果充分表明在极端的黑暗中比在极端的亮光下的感受性要高 100 万倍。因为这些实验中所用的视野都是相当大的,远超出无棒体的中央凹范围之外,所以所得的结果适用于棒体而未必适用于锥体。

锥体的适应 要把视野局限于中央凹才能研究。黑希特(1921)用一个从后面照明的红色小十字作为测量的视野。视野广度有 2.5°视角，这还不够小，不能把视野限于无棒体的区域。但应用红光［用喇膝滤光片(Wfattea filter)只透射光谱的红色一端］无疑是有效的，因为棒体对红光是相对地不能感受的。被试先用眼睛注视一个明亮的表面 5 分钟以获得光适应。注视的表面暗下来，被试只要抬头向仪器中观察红色十字，看到时给一个信号。这样很快地得到第一次测定。被试留在黑暗中隔一定间隔进行重测。结果表明锥体的暗适应是迅速的，但也是有限的。它在 3 分钟内就完成，感受性只有光适应下的 100～200 倍。库克(T. W. Cook, 1934a)得到相似数量的变化，这种变化是在 8 分针内完成的，虽然它继续延长了 10 分钟。黑希特的结果见图 13-6。

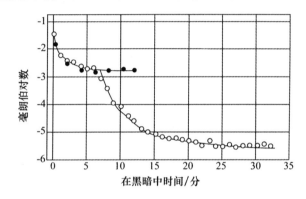

图 13-6 感受性是暗适应时间长短的函数（黑希特，1921；1934）。用黑点组成的上面一条曲线代表中央凹部分暗适应的发展，是锥体的曲线。用圆圈组成的下面一条曲线是用网膜全部注视白光的结果，代表棒体的感受性。曲线在 7 分钟时分开，代表着这时棒体的较缓慢的适应超过了迅速而有限的锥体的适应。

G. W. 16 Ⅲ 28（○用眼睛全部看白光，●用中央凹看红色十字）

莱特(W. D. Wright, 1934)没有测定刺激的阈限，他求得了在双眼视野中两个并列的单眼视野在明度上的相等式。一只眼睛保持着暗适应，另一只眼睛注视着一个光亮的表面。分别给两只眼睛两个不同的试验视野，而求它们的相等式。为了得到一个方程式，对于光适应的眼比对暗适应的眼需要一个较亮的试验视野。当光适应的眼由于停留在黑暗中由光适应恢复（或变为暗适应）以后，形成相等的两个试验视野的客观差异就减少了。暗适应的过程在前两分钟几乎是成直线式的发展，所以开始的感受性可以用曲线延伸法求出来。开始的感受性就这样根据不同时间暴露于光线的结果而确定。莱特就是用这种方法间接地求得了很难直接求得的光适应曲线。根据这项资料，中央凹的光适应过程是非常快的，它在暴露于光线一分钟之后就几乎全部完成了。

带红色护目镜时的适应 在第二次世界大战期间,迈尔斯(W. R. Miles,1943)对于双重作用学说的意义做了一种很有趣的应用。由图 13-3 可以看出来红光(620 纳米以外的)对于锥体是一种相当有效的刺激。如果一个人戴着可以透射这一光带(620 纳米以外的红光)的特制红色护目镜,他可以用他的锥体阅读而使棒体相对地不受室内光线的刺激而保持适应状态。利用这个方法就避免了在执行夜间任务之前要在黑暗中等待半小时的苦恼。他只要在真正的黑暗中停留 5 分钟就可以完成(暗适应)曲线的最后一部分,这是红色护目镜做不到的。当然,他要在黑暗中察看时,他就必须摘掉护目镜,因为护目镜滤掉了短波的光线,而短波的光线正是对暗适应的棒体的最有效刺激。如果他必须走到一个发亮的地方,他可以重新戴上护目镜,这样保存着大部分的暗适应。根据同样的原则仪表盘和图表室内都应该用红色照明;人们可以在这种光的照明下看得相当清楚而不牺牲暗适应。这种方法只有一个困难,就是在图表上的颜色线或仪表上的颜色数字,红色线条不能从白色背景上区别出来,蓝色看成像是黑的。黑希特和夏云(1945)应用各种滤光片和照明对于适应做了大量的实验研究。

视紫的作用

到现在为止我们主要限于对人的视觉的讨论,在一些情况下我们也可以提出用动物做的实验,它们得到同样的结果。例如布朗(R. H. Brown,1937)在兔子身上用建立对光的呼吸条件反射的方法得到微光感受性和强光感受性的曲线,这和他另外看到的兔子有颜色感觉的结果一致。在从人得到的结果相当满意时没有什么理由叙述动物的实验,但在有一些实验中只能应用动物,特别是我们要研究网膜中的情况时更是如此。

很重要的一系列实验是关于视紫(Visual purple——Rhodopsin)作用的。很久以前就知道在暗适应眼的棒体中可以找到这种化学物质,而在光适应的眼中只可找到少量的。如果从蛙的眼中提出大量的这种物质,就可以在实验管中研究它。就是由这种方法找到视紫所能吸收的光谱和眼睛的微光感受性的曲线基本上相同[黑希特,史拉耶尔(S. Shlaer)和皮瑞因,1942]。还有,褪色的视紫的分量是和吸收的光线的分量成比例的。明显的结论就是,视紫的分解或褪色就是刺激过程的第一阶段。这种反应是可逆转的,分解的产物还能再形成视紫。这些在眼睛中表证过[培斯金(J. C. Peskin),1942],在试验管中也表证过[黑希特,彻撕(A. M. Chase),史拉耶尔与海格(C. Haig),1936]。这里无法讨论由视紫的分解到视神经兴奋冲动中间的历程的详细情况,特别是因为有各种不同的说法[黑希特,1934;巴特莱(S. H. Bartley),1941,1951;瓦尔德,1942,1950]。但是有两点是相当清楚的:① 由光分解的视紫的分量决定视觉反应的强度;② 在光适应和暗适应中棒体的感受性是决定于现有的视紫的分量。在锥体中可能也有相当的化学物质,但因为它的分量很小,很难进行研究[布里斯(A. F. Bliss),1946]。

夜盲

从这些以及有关的研究中得到一些有特殊实践意义的知识。从古代就知道有些人是夜盲的,他们不能有很好的暗适应。当视觉刺激的化学过程的事实被找出以后,就看出维生素甲是这个过程周期中的一部分;事实上维生素甲就是视紫所由形成的先驱。可能有些夜盲是由于缺乏维生素甲。黑希特和曼德包姆(J. Mandelbaum,1938)证明35天服用缺乏维生素甲的食物就可以使暗适应的最低水平大约提高两个对数单位。这意味着感受性有100倍的损失!这个研究结果发表以后不久,英国的夜战航空员就都大量地吃富有维生素甲的胡萝卜。大部分的胡萝卜可能被浪费了,因为没有任何证据说明过多的维生素会比仅够的最少量的维生素给予更好的视觉,正常的食物就能供给航空员足够的维生素。不是所有的夜盲都由于缺乏维生素甲,因为在棒体机制中可能有其他缺陷。

网膜电波图(electroretinogram)

黑希特和别的研究者据以建立其理论的事实材料是来自从蛤蜊到人的各种动物的实验。蛤蜊(Mya)对于光有很明显的反应,吸管收缩。刺激越强,它的反应就越快。这样,黑赫特(1934)就记录了反应时温度变化的系数,这对于光适应和暗适应的性质是很有价值的研究线索。

在试管中研究的视紫大部分是由蛙身上提取的,这就很需要知道这种动物眼睛的机能是否和我们的相似。解剖上是相似的,锥体与棒体的存在也相似。里格斯(L. A. Riggs. 1937)证明了蛙的暗适应曲线上有一个转折点(图13-7),暗示着相当于人的锥体与棒体的曲线(图13-6)。

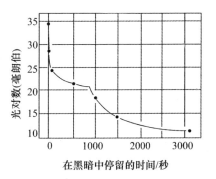

图13-7 蛙的暗适应曲线(里格斯,1937),可以引起一定高度的网膜电位的光强度。注意它和人的暗适应曲线的相似。

里格斯如何知道在一定水平的适应中蛙是否看见了一个弱光的刺激呢?他可以用而没有用学习的或天生的较大的行为反应作指标,但他却直接测量了眼睛。网膜和一切有感应性的组织一样,受刺激时显出电的变化或电位变化。把这种变化记录下来就形成网膜电波图。电波有许多位相,波形决定于引起它的光的颜色、强度、时间等因素(图 13-8)。我们不准备对于波形和它可分析出的成分作详尽的叙述[格拉涅(R. Granit),1935],但我们要指出它最显著的特征是大的 B 波。里格撕就是应用这种电波作为反应的指标制成图 13-7 中的暗适应曲线;他任意决定了 B 波的一定高度作为阈限反应,然后找出来在暗适应的不同阶段必须多少光才能达到这个高度。

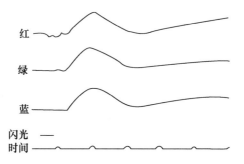

图 13-8　人的网膜电波图[里格斯与约翰孙(E. P. Johnson),1949]。对于三种不同颜色的闪光的电的反应并入一个图中。闪光持续 0.04 秒,可以由下面的标志 0.1 秒时间的线中看出来。值得注意的是所有三条曲线都有同样占优势的 B 波,只是红色的曲线有显著的早期下沉。

网膜电波图在动物身上研究了半个世纪之久。因为早期的记录工具不够灵敏,需要直接从网膜收集电波。有了现代的电增幅器,电极就不需要进入眼睛了。只需要把一薄束潮湿的纤维搭在角膜上,另一个接触装置在动物身上另一部分就够了。哈特莱恩(H. K. Hartline)、格雷汉(C. H. Graham)(参看他们 1934b 的摘要)和格拉涅以及其他许多人都应用了这种方法。

人的网膜电位

网膜电波图可以告诉我们网膜活动的许多情况,但是它和视觉是怎样的关系呢?动物实验不能告诉我们实际上光是否被看见了。回答这个问题最好的方法是在心理物理的实验中用人作被试,应用同一闪光刺激同时得到报告和网膜电波图。里格斯、贝瑞(R. N. Berry)和魏纳尔(M. Wayner),(1949)成功地完成了这一困难的任务。他们成功的秘密是在一个接触透镜中埋藏了一个电极(里格斯,1941)。把这样一个透镜的玻璃的或塑料的外壳附着在眼球上,经过几个钟头不妨碍正常的视觉;同时,由于充满于透镜和眼球之间的自然的分泌物使电极和角膜保持着电的接触。用一根细丝引到相当的增幅器上,把电的变化用照相记录下来。图 13-8 的曲线就是用这样方法获得的网膜电波图上描下来的。结果证明用 B 波确定的人眼感受性曲线和同时由口头报告的微光视觉曲线是很相似的。

多种的线索都指明反应的大部分是由微光视觉机制发出的。反应的高度随着网膜棒体的暗适应而逐渐增加[阿准(E. D. Adrian),1945;约翰孙,1949;里格斯与约翰孙,1949]。夜盲的人不能表现反应的正常的增加,因为他们棒休感受器官不能在黑暗中恢复感受性。

可以由图 13-8 中看出来,人的网膜电波图对不同波长有特殊的变化。最显著的区别是正好对红光的主要 B 波之前的微小下沉。据阿准(1945,1946)的意见,这种初期的电位偏离是由于眼的强光视觉机制,在较小的程度上对其他色光的反应中也是有的。在对红光是几乎完全不能反应的甲型色盲观察者的网膜电波图中是没有初期偏离的[阿明顿(J. C. Armington),1952]。简言之,初期的偏离虽然可能是起于强光视觉机制,网膜电波图的主要部分首先代表微光视觉的机制,特别是在暗适应的眼中更是如此。

时间与空间的因素

刺激时间

直到现在我们还没有提到刺激的久暂,可是刺激持续的时间也许和强度同样重要。照相的人在光线弱时就应加长曝光时间。他就这样认识了所谓本生-罗斯科定律(Bunsen-Roscoe Law): $I \times T = C$;也就是说,光的强度(I)和时间(T)的乘积决定它的效果。这个定律是从光对于麦苗的生长到眼中视紫的分解,一切光化学过程的拱心石。是光的量($I \times T$)决定它的效果。因此,一个持续百万分之一秒的电火花看起来就和持续百分之一秒的强度只有它的万分之一的光是一样的明亮。

我们回想一下我们所知道的关于网膜中的化学过程,就知道,不能把这个定律应用到刺激持续到无限长的时间。我们记得视紫的分解是可逆转的,这样化学物质是可由复原过程而恢复的。在人眼中有 50～200 毫秒,回复反应(back-reaction)就可开始。这个时间叫临界时间(critical duration)[格雷汉和马嘎利亚(R. Margaria),1935]或网膜活动时间(retirlal action time——皮瑞因,1948)。只要刺激作用的时间是在这个限值以下,强度和时间的简单乘积决定刺激的效果;当刺激的时间超过了临界时间,那么强度就成了效果的唯一决定因素。在图 13-9 中清楚地表现了在决定刺激阈限时的这种情况。在研究明度辨别、视觉敏度,以至记录网膜电位时,只要我们考虑视觉刺激强度的效果问题时,就会看到同样的事实。在从鲨鱼的复眼视神经的电流所得到的结果也和图 13-9 中的曲线很相似,主要的区别只是转折更突然些(哈特莱恩,1934)。在实际研究工作中这些事实的意义是很显然的。如果你要求稳定的阈限,或者用半秒钟或更长的曝光时间,或者仔细地控制刺激时间在 1/25 秒(0.04 秒)以下,这样就可避免曲线突然转折的那个不确定的区域。短的呈现时间有一种优点,可以避免眼的运动,眼的运动可把刺激带到新的网膜上,这就把事情弄得更复杂了。

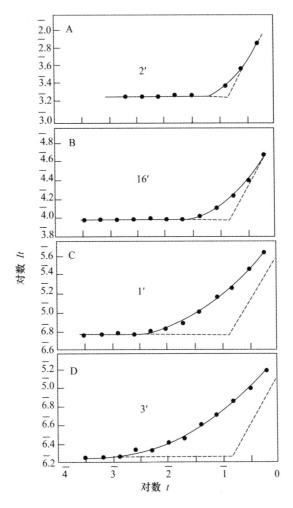

图 13-9　四种面积的强度-时间曲线(格雷汉和马嘎利亚,1935)。纵坐标代表光的量,强度×时间,在按横坐标士所表示的久暂呈现时就恰可看到。为了使图集中,两坐标都用对数单位。在最小的面积中(最上一图),时间对数直到 -1.0 时($T=0.1$ 秒)本生-罗斯科定律还适用,曲线和底线平行,这表示 $I \times T$ 还是固定值。当曝光时间超过临界时间时,曲线以整数单位上升。这表示时间不是决定阈限的因素了,$I \times T=C$ 的公式变成 $I=C$。注意,图中在逐步增大的网膜面积曲线在临界时间点的转折就不很突然。这是因为在大面积中,网膜中的各种成分交互作用,掩盖了简单的关系。点线代表如果没有空间因素的交互作用时曲线上各点应当占的位置。

空间的积累

如果一个表面有一致的客观明度,其中一小块看起来就不如较大面积的一块明亮。如果把看到的面积从一小点增大到约占视角半度的面积,外观的明度(apparant brightness)就要增加,再继续增加面积,效果就很小了。从一个较宽的表面上比从一个有同样明度而较窄的表面上,要有较多的光进入眼睛。研究累积作用,要求无论是从较宽的面积或从较窄的面积,都可投射恰可看到的同等量的光。在测量感知性时,面积和明度应当是可以互换的。如以 I 代表明度,以 A 代表面积,以 K 代表常数,若有完全的累积,那么一定的可感知性就可用下列公式表现出来:$I \times A = K$。这个公式有时叫做瑞科定律(Ricco's Law),对于它的真实性,心理学上还有争论。

皮埃朗(H. Piéron, 1929)曾设计一个实验,企图测量限于中央凹区域内的空间累积的作用。把刺激局限于中央凹不是一件容易的事情,因为注视是时常摆动的,特别是在微弱的光线下更是如此。皮埃朗没有单一的注视点,而用了一个包括四个红色点的小方块,他看到这样可以比较容易地维持对方块的空白中心的注视。在这个中心处,时时呈现一个微弱的圆形光点,对不同大小的光点都进行明度阈限的测定。当光点的直径增加时,阈限降低,直到直径增加到超过 1°,这大约已是中央凹的直径了。累积作用并不是完全的,因为需要的明度 I 降低并不像面积增加那样快。实际的情况,并不是瑞科定律所描述的那样,更概括一些的表达,应当是:$I \times A^m = K$。这里有一个指数,m,它代表累积作用的程度:如果 $m=0$,面积无影响,也就是没有空间累积作用;如果 $m=1$,就像以前说过的,累积作用就是完全的。皮艾朗的结果,得到 $m=0.3$,这表示在中央凹区域累积作用是很不完全的。其他实验研究证明在中央凹以外累积作用的程度较高,越靠近网膜的边缘,m 值越大。同时,离开中央凹越远,可以产生累积作用的刺激面积的限度也越大。

这些关于机能方面结果可能是决定于解剖方面的事实,因为在网膜边缘区域,几个感受细胞接连一个结节神经细胞和一根视神经纤维。离中央凹越远,从感受组织中的神经冲动越有较大会合。

在分散的刺激点之间也有累积作用,如两点同时接受同样强度的刺激,要比只有一点接受刺激的阈限要低一些。可是这两点不能离开太远,在中央凹不能超过 10′;在中央凹以外相当距离范围内,不能超过 2°。在这里我们也可以看到在边缘比在中央凹有较大的累积作用[贝特尔(R. J. Jr. Beitel),1934]。

关于两刺激点的实验指出,在较大距离时累积作用要小。在较大的刺激区域,有较多的成分可以累积起来,但因为它们距离较远,累积就不能很完全了。当刺激的区域在很大的范围内变异时,这两种因素①交互作用,也就使皮埃朗的

---

① 累积和分离——译者注。

公式不能适用了,因为指数 m 不能作为一个常数了[格雷汉,布郎与摩特(F. A. Mote),1939;格雷汉与巴特列特,1939,1940]。

空间累积若不被一种相反类型的交互作用所抵消,它一定要损伤视觉的敏锐度。格雷汉和格拉涅(1931)就看到在两个相邻近的刺激点中较亮的点对于较暗的点有一种抑制或削弱的作用。暗点可以增强邻近亮点的外观明度,亮点却可减弱邻近暗点的外观明度。对这种类型的有趣的交互作用的详尽讨论,可参看格雷汉的著作(1934b)。

由以上可以看到,交互作用的效果是很复杂的。在阈限值的照明情况下,简单和累积作用特别重要;但在较高水平的照明下,抑制和散漫光线的出现却又很重要[傅莱与巴特莱(G. A. Fry & Bartley);巴特莱,1935]。

中央凹内的交互作用

中央凹内比较少有交叉连接的神经纤维,我们可以设想在这个区域交互作用是最少的。已有实验研究证明实际是这种情况(参看格雷汉,1934b)。中央凹内分开的各点彼此独立的程度是相当可观的。我们举一种实验研究说明这一点。在"注意"一章我们叙述了亨特-席格勒(Hunter-Sigler,1940)的实验,实验结果表明,看清两个点子比看清一个需要较多的光;点子的数目若增加,需要的光就更多。因为所有点子都在中央凹区域内,这似乎是交互的抑制作用,不过这也许是一个简单的统计问题[施洛斯贝格(H. Schlosberg),1948]。我们记得阈限总是用一定的概率来确定的。一个光点在一种强度的水平上可能在试验中的25%的次数中被看到,在另一种强度水平上在50%的次数中被看到;在更高的照明水平上在75%的次数中可以看到。亨特和席格勒在暴露不同数目光点的实验中,以50%的正确的观测报告作为阈限的标准。假定在一个有多数点子的平面上对每一个点子的知觉是一件独立的事,在一种强度下我们可以在50%的次数中看清一个点子,也就是在有一个点子的平面上我们有0.5的正确观测报告,那么在有两个点子的平面上就只有$0.25(0.5^2)$的正确报告了。这同掷铜钱的问题是一样的。如果掷一枚铜钱,正面向上的机会是0.5;则掷两枚铜钱,正面都向上的机会就是0.5^2;掷 n 枚铜钱,正面向上的机会就是0.5^n。再回到光点的实验上来,如果我们想对两个点子有50%的正确观测的次数,我们必须用一种足够的光的强度,它可使每一个点子有较高的正确观测的概率(p),这个概率实际应当是$\sqrt{0.5}$,或大约0.7。如果用 n 个光点而要有50%的正确观测次数,那么就要有足够的光使每个点可有$\sqrt[n]{0.5}$机会被正确看到。所以很容易看出来,为什么不提及相互作用的效果,当光点的数目增加时,要求50%的正确观测报告,也要用较多量的光。

卡斯迫森(R. C. Casperson)和施洛斯贝格(1950)为了检验上述的说法,在一种照明的强度水平上用两名被试做了深入的研究。根据上述说法预计：照明的强度固定，对2～7个点子的正确观测报告是随同一个点子的正确观测概率的n次乘方而变异的。实验结果是和这个预计相符合的。这或者可以作为一种相当合理的证据，说明在相当于分散的各光点的小的中央凹区域内表现很少交互作用。这证据也提示它们的感受性是彼此独立变化的，并不是如瞳孔大小，注意的水平等共同因素决定的结果。可是最近我们不得不考虑到，造成心理物理累积曲线的变异的来源也许不完全是一种被试机体的因素(O-factor)；根据量子论，阈限是由于刺激的本质属性的变异。让我们来看一下这种理论。

视觉阈限的量子理论

现在我们知道，在我们把刺激限于短的呈现时间和狭小的区域，决定阈限的主要因素就是光的总量($I×T×A$)。对暗适应的眼来说，实际需要的量是非常小的，约为$5×10^{-10}$尔格(1尔格$=10^{-7}$焦[耳])。皮瑞因把这点形象化了，他指出，如把一颗豌豆下坠1英寸(2.54厘米)时的机械能变为光能，就可使全世界古往今来的人都可获得一个弱的视印象(1948)。

以前我们指出过，现代物理学家认为光是量子(quanta)形成的，量子是不能再分割的粒子。量子是很小的能量单位。黑希特和他的同事们(详见下文)计算出上段所说的最小的有效光刺激包含54～148个量子。大约一半的量子在经过由角膜、水晶体、眼内液体的反射或吸收而消失了，其余的26～70个也未必都能碰上锥体和棒体的感受末端。可以用几种方法表示出来，可能有80%的量子在通过各部分时被网膜外部的黑色色素层吸收了。所以我们也许只剩下原来的5～14个量子成为实际的阈限刺激。完成空间累积的区域大约包括500个棒体细胞。大约10个量子散布在500个棒体之间，很少机会能有一个以上的量子碰上同一个棒体。这样看来，一个量子似乎就可以在一个棒体细胞内引起最低限度的光化学变化，但还不足使我们觉察到一闪光亮。显然需要5～14棒体细胞内的效果累积起来才可达到反应的阈限。许多棒休细胞在解剖上是连接在一起，这是使棒体视觉如此敏锐的原因之一。事实上很难设想网膜有可能比现在更敏感。如果一个量子碰到一个棒体，就足以使我们看到一闪光，我们的视野就会变得相当混乱了，因为总有许多感觉刺激是同时起作用的。几个棒体细胞的效果要累积起来才能产生感觉，这也是必须使"信号力量"(signal strength)超过"噪音水平"(noise level)，信号才能被察觉的另一事例。

全部看出这种光辉分析的意义，现在还为时过早，不过在黑希特、史拉耶尔和皮瑞因的著作中(1942)，以及黑希特(1944)和皮瑞因(1948)的较通俗的说明中已经指出了一些。我们可以指出一点，而不作详尽的说明。在我们关于心理物理学的讨论中，我们看到阈限是一种统计的概念。我们提到下阈是引起一定的百分比,如60%或75%的反应的刺激强度。较强的刺激有较高的次数引起反应,较弱的刺激引起反应的次数也较少。典型的心理测量的函数是一个累积曲线。所谓看到次数的曲线(frequency-of-seeing curves)就属于这一种。一般认为产生这类曲线的随机变异是由于观察者内部的因素。但是如果量子是不连续的粒子,它们冲击个别的棒体只是机遇事件,那么变异就在刺激方面而不在观察者方面。做了这个假定,上述作者们,对于特殊情况下的心理测量函数的详尽形式做了一些有趣的预测。当然,现在还不能把观察者感受性变异的概念作为心理物理学实验中的一个因素去掉,但把一些变异归各于刺激的本质也是可慰藉的。

明　　度

差别阈限

到现在为止我们考虑的大多数实验都是关于刺激阈限(RL)的强度方面或下阈,它对于研究视觉基本过程是一种有用的工具。一旦把这些弄明白了,就可以把它们延伸到其他现象方面去。关于这一点的很好的例证是对于明度差别阈限的研究。一种明度上的差异要多大才可被察觉到? 在这里韦伯定律($\Delta I/I = K$)适用吗? 我们已经看到,在刺激强度很低时韦伯比例很高,在(对数的)刺激(强度)范围的上半部,比例变得很小,也无大变化(图8-16)。1888年克尼希和勃劳亭(A. König & E. Brodhun)就得到这种结果。让我们分析一些最近的实验,看看结果是怎样得出的以及它们有什么意义。

或许进行实验显然最方便的方法,是给被试一个小的圆形视野,在中间用一条细线分成两个半圆。应用适当的光源、透镜、滤光片等,分别地、独立地照射两个半圆视野。被试的工作是报告哪个半圆视野更亮一些。这里就发生了如何观察的问题:如果两个半圆视野同时照亮、允许被试反复观察、进行比较,那就会出现适应和后象等复杂的作用问题。或者让被试注视视野的中心,把视野只照射一个短暂时间,如1秒,也许好些。但这里预先呈现的视野又成问题了,如果它是暗的,被试就形成部分的暗适应了。当然实验者可以决定不管实际刺激的强度水平如何,把预先呈现的视野保持一定的强度。这正是凯洛格(W. N. Kellogg,1929)所做的。

格雷汉和堪普(1938)应用了另一种方法。他们用同样所需要的强度照明两半个视野,让被试注视视野中心。当被试准备好以后,他扭开一个快门,使另一附加的闪光照到一边的视野上,被试报告是否看到附加的闪亮。附加的闪亮每次出现时都可变化强度和时间。试验者这样决定差别阈限,他们得到一条和克尼希与勃劳亭所得的很相似的曲线。事实上,格雷汉和堪普得到了一系列的每一种时间的 $\Delta I/I$ 和 I 关系的曲线(图 13-10)。

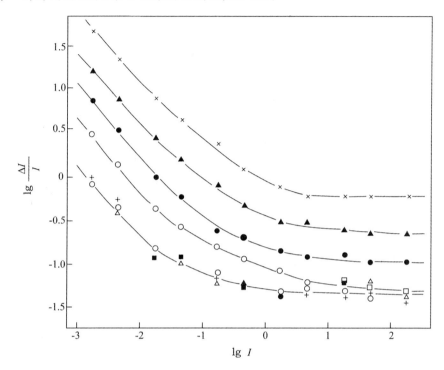

图 13-10 韦伯比例($\Delta I/I$)和标准刺激强度(I)的关系[格雷汉和堪普(E. H. Kemp),1938]。每条曲线表示在注明的闪光时间内所得的结果。注意三个较长的时间得出同一曲线;它们已经超过临界时间。图中曲线比图 8-16 中的曲线看来下降更快一些,因为这里纵坐标上用的是对数数值单位。(图中:× 0.002 秒,▲ 0.005 秒,● 0.013 秒,□ 0.030 秒,+ 0.080 秒,△ 0.200 秒,○ 0.500 秒)

如果把这些材料用另一种方法处理一下,可以看出一种很有趣的事实。试把(在附加闪亮出现以前的)两半个视野的强度水平作为适应的强度。这是合理的,因为在附加闪亮出现以前,被试已经注视视野中心相当时间。我们应当得到一系列的 $I\times T$ 和 T 的曲线,大致类似格雷汉和马嘎利亚的曲线(图 13-9),每条曲线代表一种适应的不同水平。从图 13-11 可以看出来,这正是我们所得到的,甚至还包括监界时间内的突然转折。由这种想法提出来,差别阈限是和刺激阈限紧密联系着的;在任何情况下刺激过程都是依赖于在临界时间内一定数量的感受物质的分解。所需要的光的量($I\times T$)依赖于适应水平,也依赖于有效的感光物质的数量。当格雷汉和巴特列特(1940)研究刺激面积的大小对于明度差别阈限的影响时,也得到了同样的结果。较大的刺激面积要比较小的面积产生较小的韦伯比例($\Delta I/I$),这表明在刺激面积内室间的累积对差别阈限和对刺激阈限是一样重要的。

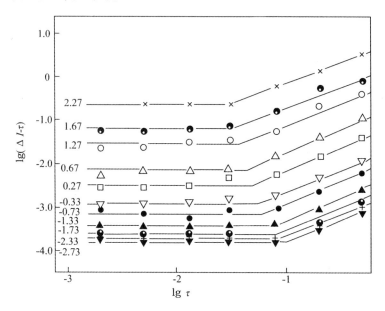

图 13-11 $I \times T$ 差别阈限和不同的适应水平(格雷汉和堪普,1938)。

明度量表

上述一些实验距离解决把明度当做一个向度的问题还远。在我们讨论心理量表的编制时,我们提到,可以从白到黑找一系列的灰色,每一等级间的差异可以和其他等级间的相等。这样一个亮度的量表,实际上和一个由最小可觉差别单位集合起来形成的量表是一致的,也就是费希纳的定律的实质,如果不是形式。图 13-12 是一条最小可觉差别的总合曲线。值得注意的有趣的事实是:无论是明度量表,还是最小可觉差别量表都和实际上用了几十年的门色尔(A. H. Munsell)颜色分类体系的等值量表(value scale)很相似[参看亚丹斯(E. Q. Adams),1922]。

令人惊奇的是用小光点的严谨控制的实验结果适用于用一组的灰纸的实验,特别我们知道那些灰色是在不同的背景("周围刺激物")上,不同的照明条件和因眼的运动而形成特别复杂的情况下被视察的。

断续的光:闪光与融合

如果眼睛是一种完美的记录光的工具,那么当刺激是断续的时候,应当产生一种断续的感觉。那就没有"网膜的时滞"(retinal lag)。在每一闪光开始的

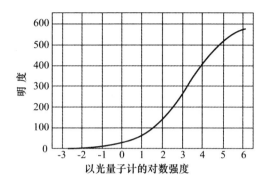

图 13-12　明度(＝耀度—brilliance)作为对数刺激强度的函数[特罗兰(L. T. TroIand),1930]。基线单位是光量子,它计算了光的强度和瞳孔的大小,因此代表网膜的照度。纵坐标表示一个给定强度是在刺激阈限之上有多少最小可觉差别(j. n. d.)的等级。

时候,网膜的反应即应立刻全力开始,当闪光熄灭时反应也立刻停止。这对于任何包含生物结构的工具都是要求太高了,事实上无论在刺激的开始和终止都有时滞。在断续的照明条件下,对知觉物体,这种时滞是一种优点,而不是缺点。如果眼睛在时间上有完全的分辨力(resolving power),在现代交流电的灯光下,任何物体都要显得闪烁不定了。

有规律的断续的光可以看做是有周期的,一个周期包括一个亮的和一个暗的时相。频率用每秒周数计量。频率低时,观察者看到一系列的闪光,频率逐渐增加时,视印象就逐渐变为粗的闪烁、细的闪烁,最后成为完全固定的光。一切闪烁停止时的频率称为融合频率(fusion frequency)。融合频率越高,就表示光记录机制的工作效率越高,它的时间上的分辨力也越强。

融合频率是受刺激的许多变异因素制约的:正(亮)时相的强度和两个时相的差异;两个时相的时间比例;闪光照射区域的面积;和网膜受刺激的部位。

如果负(暗)时相在强度上是零,融合频率就随正时相的强度而增加。增加的情况可由以下列公式表示的对数曲线描绘出来:

$$n = a\lg I + b$$

式中 n 为融合频率,单位周/秒;I 为正时相的强度;a 和 b 为两个参数,在一定的实验条件下是两个常数,当然也因观察者个人和时间不同而稍有差异。这个公式叫做费瑞-帕特律(Ferry-Porter Law),它和韦伯-费希纳律是一样形式的,这种相似性表明融合频率也可以作为外表强度的一种测量。

融合频率在很低的强度时可以低到每秒 5 周,在高强度时可以高到 50 或 55 周/秒。在电影放映中,网膜接受的是断续的刺激,因为在两个图片之间有一个暗的时相。普通放映的速度大约是每秒 20 个图片;银幕亮度太大时,可以产生不愉快的闪烁。现代的放映机在两个图片之间截断照射一次,在每张图片上截断照射两次,这样每秒钟就有大约 60 次的闪光。

在上列公式中 n 是 I 的对数直线函数,用 I 的对数画成的融合频率线应当是一条直线。但这个定律不仅在感受器负荷太大时的高强度下失效,在棒体担负大部工作的低强度时也要失效,或者说在一定的低强度时失效,这时明度感觉主要由锥体转移给棒体了。如果用红色光线把刺激限于中央凹区域,着重看锥体的机能,费瑞-帕特律在相当广泛的强度范围内都是有效的(黑希特,1934)。

融合频率也随闪光照耀区域的面积的扩大而增加,和随强度提高而增加一样[格拉涅和哈帕(P. Harper),1930],二者具有同样的对数关系:

$$n = C \lg A + d.$$

式中 A 代表面积,C 和 d 是两个参数。大的面积具有较高的融合频率这一事实是空间累积的进一步的证明,也表明空间累积可以协助提高时间上的分辨力。

融合频率在网膜的不同部位是不同的。经常说在边缘比在中央视觉中为高。用一个颜色混合盘在直接(中央)视觉下调到融合频率,然后把眼睛稍稍移向一边,这时可以看到在间接(边缘)视觉下闪烁又出现了。在这个实验中网膜的很大部位接受着断续刺激。如果把刺激限于很小的区域,结果就相反了(格拉涅和哈帕,1930):在中央凹融合频率最高。锥体比棒体有更高的融合频率,前述实验的普通结果是由于边缘视觉中有较大空间累积效果。

空间累积效果可以用闪光的方法很好地表现出来(格拉涅,1930)。用 4 个小点同时闪亮,测定融合频率,再看一点闪亮时的频率。四点的比一点的融合频率要高。如果四点比较靠近,刺激网膜的边缘,这种差别最大。如果我们问空间累积如何提高融合频率,答复是它有增强间歇刺激的正时相强度的效果。

周期中亮和暗时相的相对时间对于融合频率有一定的影响,这种影响是相当复杂的。亮的时相越长,由于时间的累积它的有效强度也就更为增高;如果暗的时相长,(网膜的)恢复越完全,暗的时相也就越接近于零[克伯(P. W. Cobb),1934]。

当断续光的两个时相不仅强度不同,而且波长也不相同时,闪光现象就不显著了。在一个色盘上放上明度相同的红绿两色,在色盘转动速度小时,可以看到一些闪光现象;在转动速度大时,若有任何闪光现象,就完全是由于明度的差异了。这个原理应用在闪光光度的测量上:在色盘上转动一个有色光和一个白光,改变白色的强度求得最小的闪光现象,这时两个光的实际有效强度就相等。这样得到的数值,和对两种色光的明度作直接比较时所得不完全一致[托夫次(F. L. Tufts),1907]。

达到融合频率以后,再提高频率,如增加色盘转动的速度,在感觉上不产生变化。闪光融合所产生的感觉和全周期均匀一致的光流所产生的一样,这是早已证明的塔尔伯特-波拉图律(Talbot-Plateau Law)。例如,一个色盘上有 1/4 的白色,3/4 的黑色,假定黑色的明度是零,假定白色的明度在一定的照明条件下是 100 毫朗伯,那么融合后的面上的实际明度就是 100 毫朗伯/4＝25 毫朗伯。如果"黑色"的部分反射的光有 4 毫朗伯,那么在转动时它就为融合后的明度增加 3/4×4 毫朗伯＝3 毫朗伯,成为(25＋3)毫朗伯＝28 毫朗伯。这个原理在颜色混合中是经常应用的。

一个人所能看到的闪光的频率越高,他的视觉机构可靠性和效率也就越高。这种效率是随年龄而衰退的,在 55 岁以上的人闪光融合频率是相对的低的,这是平均结果,也有个别例外[米夏克(H. Misiak),1947,1951]。从视知觉更实用的观点看来,融合有时是一种方便,而闪烁是可厌的,例如在电影和电视中就是如此。在视觉似动现象中,融合是一个因素。

我们已经说到的足以表明:融合临界频率(critical fusion frequency,即 c.f.f.)是比我们想象的远为复杂的现象。它是一种装置简单、容易进行的实验。观察者的工作也很容易,但不幸,很难把获得的结果归纳到一个统一的视觉理论中去。虽然对它的意义我们还未完全理解,融合临界频率却是一种很有用的研究工作的工具,因为它和许多视觉现象密切地联系着(格雷汉,1934b;巴特莱,1951)。对这个题目的研究我们有一个实际上很完全的有注释的文献目录[兰迪斯(C. Landis),1953]。

视 觉 敏 度

当你"测验眼睛的时候",实际上就是测量你的视觉敏度。你站在距离一个上面有许多行大小不同字母的标准视力图 20 英尺远的地方。如果你能念出正常视力 20 英尺的那一行,你的视力就是 20/20;如果你只能念出较大字母的一行,那是正常视力在 40 英尺处能读出的,你的视力就是 20/40,等等。这种测验对于检查你的眼睛是否有可以用戴眼镜来矫正的缺点是够好的,但对于研究网膜最后的分辨力是不够的。不同的字母由于它们的形状不同有不同的难度。为消除这种变异,可以用一种有缺口的圆圈(兰多耳特的 C——Landolt C)代替字母,在检查时可以转动它的位置。或在检验的图片上可以有一行一行的圆圈,每个圈的缺口都在不同位置。被试总是有同样的任务,辨别同一缺口的位置。把缺口的大小定为几英寸或几毫米是没有意义的,因为刚可看到的缺口的大小是随着它和眼睛的距离而变化的。实验和几何学都指明,在这里我们所需要的单位是一个角度;是由缺口或任何物体对眼睛形成的角度。这叫做视角(visual angle)。如果我们知道眼睛的大小,视角可以直接转换成网膜上的距离,更确切地说,从水晶体后面的节点到网膜的距离。视角是一种反比的基准;

视角越大,敏度越差。所以,通常都用视角的倒数表示敏度,用弧度的分秒计算。一枚硬币(直径20.6毫米)在233英尺(71米)处成一个1分(1/60度)的角,相当视觉敏度1.0。这是在好的条件下的数值;如果照明差一些,你需要缩短一半的距离才能看出缺口,这样视角也就大一倍。视觉敏度也就小一倍,因为它是大一倍的角度的倒数。

测量敏度的实验室方法

有许多测量敏度的其他方法,其中许多都是从亥姆霍兹(H. V. Helmholtz, 1856—1866)的古典工作中派生出来的,亥姆霍兹希望用这些方法确定网膜的分辨力。记着,网膜是感受细胞的一种镶嵌组织,眼睛的敏度应当和这些元素的空间配置上的精密度有一定的关系。如你把它和报纸上浓淡色印的照片相比,许多问题就可清楚一些。就是用肉眼看,也可看出这些照片是由小点子的组合形成的。在有些精美的杂志上,用的是细密的点子的组合,只有用放大镜才能看出来,在这样的照片中可能表现大量的精细的细节。眼睛所形成的可以假定基本上也是这一类的照片。所以可以把网膜上的精细镶嵌与眼睛可能分辨出的精细细节相比较。

我们可以试用的第一种方法是最小视点(minimum visible)。多么小的一点可能看得出来?在黑暗背景上的很亮的一点,是不能告诉任何关于网膜元素的空间配置的,因为这个小点只要刺激一个感受器,我们就可看到了。一颗星星,就它的实际视角说,就是用望远镜看,也是小得不可测量的。它的外观大小或量度(magnitude)是由它的亮度决定的,因为它的光可能散布到网膜的几个元素,这样看来就比一点要大得多。

最小视点方法的另一种形式是用白色背景上的一个黑点。这里的理由是这个黑点必须能掩盖一个感受器,使它在受到刺激的感受器的大群中成为未受刺激的一个。这里的困难是,甚至最好的眼睛也不是完美的(光学)仪器。眼中的许多介质都可使光散布,在眼睛里面四处反射。另外一个严重的缺点是由衍射(diffraction)产生的,这是光波的干扰作用的一种物理现象。最后,眼睛经常地有轻微的震颤或生理回动(physiological nystagmus),这使映像在网膜上跳动(jiggle)。所以我们所谓"未受刺激的点"实际上只是一个模糊的圆块,比一个单一的锥体要大一些。如果要看得见黑色的点,至少一个感受元素要可分辨地比它的四周少受些刺激。这种分辨要依靠明度差别阈限,也制约于点和它的周围视野的大小和亮度。

在图13-13里表示了由于三根直径不同的黑金属丝在网膜上产生的光的分布,从这里可以看到由于一个物理因素所产生的映像的扩散数量如何。可以注意到就是在最小视点之上的最粗的一条金属丝也只使一个锥体的照度减少

75%。可以看到的最细的一根丝只对向一个0.5秒的弧(黑希特与闵兹,1939)这只有一个锥体的直径的1/60(坡里雅克,1941)。我们可以设想这一根丝是由一个比它的四邻少受一些刺激的锥体所代表的,犹如(我们回到报纸上的图片的比喻上来)由一行稀疏的小点子形成的一根线一样。

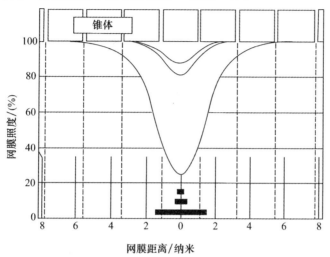

图13-13 在一个白色视野中三条不同粗细的金属丝在网膜照度上产生的模式[黑希特和闵兹(E.U.Mintz),1939]。图的下部三条黑实线代表金属丝的直径。图上部的空方格表示网膜镶嵌中锥体的空间分布。注意光如何从四周向掩蔽的区域散布。如果我们把背景的照度水平作为100%,最细的可看到的黑色金属丝只把一行的锥体的照度降低5%;粗一些的金属丝形成浓些和宽些的映像,也影响比一行为多的锥体。

测量敏度的另一种通用的方法是最小可分法(minimum separable)。问题是:两个点子要距离多远,它们才能看成是两个而不是一个。从逻辑上说,这种分离至少需要当中有一个未受刺激的锥体细胞,不然我们会看成一个大点子。为了避免光的扩散,我们用两个黑点代替两个白点。当然,这种最小可分的测量也可以用两条平行线代替两个点子。也可以用黑线白线交替的栅状图片,一种敏度栅图(acuity gratiag)。被试要说出黑白线是垂直的、水平的还是斜交的。结果和用最小视点的黑点所得的大致相同;虽然实际数量受照明的影响,这些线必须距离30秒才能分开(格雷汉与库克,1937)。另一种更为精密的方法是用做微差敏度(vernier acuity)的,被试要判断一个线的两段是连续的还是交错的,如:———————— ————————

敏度作为照明的函数

也许关于视觉的最有趣的是图 13-14 中所示的结果,这是根据克尼希在 1897 年所得的结果绘制的。注意敏度显著的增加,成为照度的函数。在图的左下方,在低照明条件下较低的敏度数值显然是由于在这个水平只有棒体的活动。但是为什么曲线平稳地上升? 如果我们坚持古典的镶嵌说法的解释,这好像是光线增加时网膜上就有越来越多的感受器的活动(更精细的镶嵌)。事实上这就是黑希特(1934)的解释。他假定个别的感受器在感受性上有显著的差异。在低照明的情况下,只有少数分散的感受性高的元素投入活动。在照明增强时,就可跨过低的阈限,使越来越多的元素投入活动。这个理论也可以解释为什么敏度的曲线像一条概率累积曲线:他假定锥体和棒体的感受性是一种常态分配,所以当光线加强时,使越来越多的感受器活动起来,形成总的或累积式的曲线。

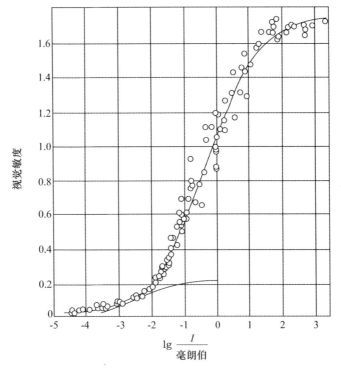

图 13-14 视觉敏度作为明度的函数(黑希特,1934)。小圈代表克尼希 1897 年的材料,由黑希特重新整理,以毫朗伯为单位。两条曲线分别代表棒体和锥体的概率累积曲线。

第二种理论也是根据概率的,但指的是光量子击中感受器的概率。照明越强,光量子越多,越有多的感受元素活动,也就形成越精细的镶嵌(皮瑞因,

1945,1948)。这里还有另外一个因素。我们还记得由于光的散射可以破坏亮的或暗的区域的严格界线,这里提出在相邻区域间强度差别阈限的问题。另一个熟知的事实是,随照明的增加韦伯比例 $\Delta I/I$ 显著地缩小。因此在照度增加时,被试更容易分辨网膜上相邻区域间明度上的差异。在明度辨别的实验中,在高的照明水平时,$\Delta I/I$ 比例大约是 1% 或 2%。黑希特和闵兹计算出来,为了说明他们可看到最细的金属丝的敏度,$\Delta I/I$ 比例必须是 5%。结果符合程度是很好的[参看巴特莱,1951;森德斯(V. L. Senders),1948]。

所有这些因素在决定视觉敏度上都有一定的作用。问题是确定每个因素的相对重要性。最后的答案现在还看不到,但趋势是注重敏度和明度辨别的关系。这些关系帮助我们对在敏度材料中重复出现的两个老朋友有所了解。一个是在图 13-14 中清楚地显示棒体-锥体的转折。由曲线的构造表现出:正像我们在许多其他曲线中看到的一样,全部曲线是两条分别的曲线的总合,棒体和锥体的曲线。另一位老朋友是本生-罗斯科定律。格雷汉和库克(1937)做过一个 $I\times T$ 和 T 对照的研究,在几条曲线中每一条用一种不同程度的敏度作为参数,所得到的曲线事实上和图 13-11 中的一样。这些结果表明:一直到临界时间,任何一个特殊水平的敏度都是由一个恒定的 $I\times T$ 的乘积来维持的;过了临界时间 I 就成了唯一的决定因素。

还有一位"老朋友",就是适应。如果试验的视野强度很低,同时网膜已经适应于高的强度,那么什么也看不见,视觉敏度将是零。一个面的有效明度决定于当时的适应水平,以及物理的照明。在克瑞格(K. J. W. Craik,1939)的一个实验中,眼睛先适应于在一定照明下的空旷的视野,一个试验域呈现一极短时间,被试要报告他看了两条平行的黑线还是一条线。一般说来,眼睛适应于和试验域大致相同的水平时敏度最好。但是你也可以预期,暗适应眼睛的敏度对于一个暗的不如对于一个适当照明的试验域更好——这是棒体视觉和锥体视觉对比的问题。另一个相同的因素是试验目标周围或附近区域的明度,这是熟知的强光炫目的效果,晚间开汽车的人都熟知的。

中央与边缘的视觉敏度

有好几种理由使着中央凹的视觉敏度比视野的外周部分要好得多(图 13-15)。第一,锥体细小一些,在中央凹更密集地聚在一起。其次,中央凹的锥体和高级中枢有直接的联系,而边缘的感受器要聚集成组,以致一条单一的神经纤维要有较大的感受区域。在这个感受区域内中央神经系统不能区分不同的点,因为它们引起的神经活动是在同一神经纤维内。最后,在中央凹的锥体-棒体层形成的实际映像,比在边缘形成的要清晰。一个光学系统的中心部位也总是工作得最好,边缘的映像又为中央凹以外掩盖棒体与锥体的神经层弄得模糊起来。

要计算某一种因素对图13-15中敏度曲线的特殊影响,有许多问题,但只要把这些因素罗列出来也就可使我们明白为什么在我们的眼角之外看得不很清楚。

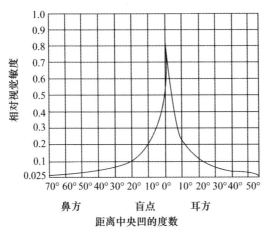

图13-15 网膜不同部位的视觉敏度[自查布尼斯(A. Chapanis,1949c),仿魏尔太姆(Wertheim),1894]。注意纵坐标的单位是相对的视觉敏度,数值是中央凹敏度的百分数而不是绝对的单位。视神经离开眼睛的地方没有感受器,图上用黑色区域代表,标明"盲点"。

因为敏度在实际问题中是很重要的,有许多关于如印刷字母和数字的大小与形式、照明光的颜色、邻近区域的明度等刺激因素和如疲劳、缺氧等被试机体因素对于敏度的影响的研究。在查布尼斯(1949c)《潜水战争中人的因素》一书的第一章中,对于这些和视觉的其他实际方面的问题有比较详尽的讨论。

我们离开把视觉敏度当做网膜镶嵌的精细度的一种量度的古典理论已经有相当长的距离了。我们现在知道视觉敏度代表着许多因素交互影响的动力结果,这些因素包括从纯粹物理的光的散射,经过网膜与高级水平的相互影响直到作为知觉特点的高级神经过程。

颜 色 视 觉

现在我们对于强度和明度的事实清楚了,我们可以处理复杂的颜色视觉问题了。人类和白日飞行的鸟以及有些高等哺乳动物一样,有根据波长进行辨别的能力,正如根据光的强度辨别一样。换成 $R=f(S,O)$(即反应=刺激和被试因素的函数)的术语,我们可以说,人可以用红、绿、蓝等字词作反应,作为刺激在波长方面差异的函数。用改变刺激,我们可以研究引起的反应字词的系统变化,结果可以用一个三维(三向度)的纺锤形,系统地表示出来(图13-16),所有颜色都可以在上面有代表点。

第一向度、色调(hue)在光谱系列中是熟知的(红、橙、黄、绿、蓝、堇),在图中用水平的圆圈代表,因光谱一端是弯回转向另一端,红色接近堇(浅紫)(加上光谱上没有的紫色成为一个整圈)。必须把这个圆圈看做是一个圆面的圆周,灰色是圆心,使我们有地方表示那些不浓的颜色,如灰蓝、棕色等,由圆心放射的向度是浓度(saturation)。我们知道颜色还可以在第三向度,明度(brightness)上有差别:这作为一个垂直的向度,从黑到白加入在图中。这就形成图 13-16 中的纺锤体或双锥体,尖在黑白两端,这表明异常明亮和异常暗的颜色是不浓的。

甚至图 13-16 中的概略图形对于了解颜色视觉的事实也是很有用的,因为它很好地表明了许多不同的关系与规律。加以一定的改变,还可以作出更精确的预测来。因此,可以把圆圈倾斜一些,使黄色高于蓝色,以表示很浓的黄色比很浓的蓝色的明度要显得大得多。这个圆也可以改成偏心的或不规则的,表明有些色调在相对的不很浓时最好。也许最精确的圆形是门色尔(1915)所设计的,他还创制了一套相应的颜色术语。在他的图形中纺锤体变成一种很复杂的形状。

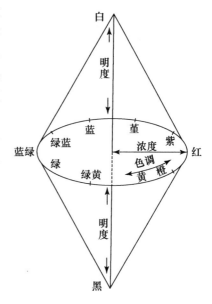

图 13-16　颜色关系或向度示意图（穆恩,1951）。说明参看正文。

其他表示颜色的方式是根据颜色混合的规律拟制的(见下文)。它们代表如红、绿、蓝三种原色,可以混合起来形成几乎所有的颜色这一事实。但是有些这样混合形成的颜色是很不浓的;在图 13-16 中从蓝到绿划一条线,要在圆圈边缘之内相当的距离穿过,表示是一种灰色的蓝绿混合物,而不是一种饱和的色调。如果用三原色描述全部的颜色圈,我们必须用想象的"超饱和"(imaginary "supersaturated")的红、绿、蓝形成一个大的三角形的三个尖,三角形要足以包括整个颜色圈。为了实用的目的要逐一指明各种颜色时,此方法是普遍采用的。图 13-20(本书第 450 页)就是这种三角形最早的一个说明(参考翟德,1951)。

颜色视觉的理论

在开始讨论这个领域里已经做过的众多而详细的实验研究以前,让我们试行想象:为了分辨不同波长,我们必须有什么样的机制。从可见度曲线的实验中,我们得到一种很好的启发。用直线纵坐标把图 13-3 重画成图 13-17,为了把问题简单化,图中又加了几条线。假设一种想象的动物,它只有一种类型的棒体细胞和一种类型的锥体细胞,每种细胞各有像图中曲线所表示的特殊感受性。这样一种动物也可以很好的辨别颜色。红与堇(浅紫色)可以很容易地分别出来,因为一种只刺激锥体,另一种只刺激棒体。橙色和黄色的特点相对地说主要是锥体的刺激,蓝色则主要对棒体才有效。但是考虑一下黄绿色,它要以同样程度刺激棒体和锥体,这就不能和白光有区别,因为白光也是同样程度地刺激两种感受器。换句话说,这种动物就是绿色盲。再看,如果这个假想的动物要排列图13-16颜色圈中的各种颜色,它把从红到堇排成一条直线,它就很满意了,红和堇对它来说,是很不同的色调。这里很清楚地看出来,要有正常的颜色视觉,还需要有第三种感受器,它的最高的感受性要在黄绿区域。

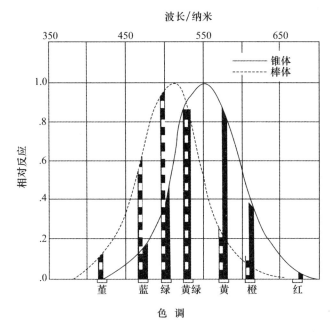

图13-17 两种元素的视觉体系如何辨别一些颜色。假定这两种类型的元素具有不同的感受性曲线,正如图13-3中锥体和棒体曲线一样。如不同颜色激起的每种过程的范围用垂直柱形表示,实线柱形代表"锥体",虚线代表"棒体"。可以看出黄绿色引起的两种过程是相等的,和白色光引起的一样。

到这里我们最好丢掉我们假想的动物,不然我们就要认真地设想棒体也和颜色视觉有关了。但是我们还可以保持有几种不同类型感受器的概念,每种有它自己的感受曲线。假定它们都是锥体。我们经常只得到一条锥体的感受曲线,这个事实是没有异议的。事实上,很仔细地测量锥体感受性曲线就可看出很明显的一个以上的峰形,这表示普通熟知的曲线只是三条分开的曲线绘制平滑了的总合(夏云与格雷汉,1951)。把这样复杂的曲线分析成它的成分并不是一种很安全的工作,我们必须依靠从许多途径汇合来的证据来建立一种视觉学说。一条很有希望的途径来自格拉涅(1945,1947),他从覆盖着网膜的神经层上收集了电波,试图用微电极收集单个神经单位的电流。他把一个单位隔离开以后,就可记录它对不同波长刺激的反应而绘制出感受性曲线。他用了不同的材料,找到了四种不同的感受曲线,峰位分别在红、绿、蓝和黄区域。如果用这种艰难方法的研究进一步证实了他的结果,我们最后就会达到一种四因素说以代替更通用的三因素说。虽然用三种原色已经足够说明颜色视觉的许多种现象,但也有一些间接的证据支持四色说,所以这也不是严重的反面理由。我们考查一下证据将会看到,杨(Young)所创立、亥姆霍兹(1856—1866)所发展的三因素说,今天仍然是占优势的。四因素说是为黑灵(E. Hering,1874)所提出,拉德-佛兰克林(1929)把这两种学说做了很有趣的结合(参看翟德,1951;巴特莱,1951)。

颜色混合

已经叙述过色调决定于波长,这是很确定的。除了强度和边缘视觉的一些效果,每种波长都产生特定的色调。但这个原则的反述却不是真实的。每一种色调并不只和一种特定的波长联系着。我们从波长580纳米的纯粹光线得到的黄色,一样可以从波长570和590纳米的混合光线得到,也可以从平均波长580纳米的无限的混合光线中得到。从适当的波长的混合光线中可以得到任何色调,事实上我们看到的绝大多数颜色都是混合光线产生的,因为纯粹的光线很少能达到眼睛。

从混合光线得到的颜色感觉的浓度常不如从纯粹光线得到的,但在两种情况下,色调都是单一的。这种效果和在听觉中混合两种波长(或频率)所产生的完全不同。同时奏出 do 和 mi,你并不能听到 re;但是把红和黄重叠起来,你所得到的不是红-黄的和弦,而是一种中间色调,橙色。颜色混合不是感觉的混合,而是刺激的混合,它引起一种单一的感觉。虽然黄色确实是一种单一的色调,却可以由混合红光和绿光而得到,而混合黄和蓝则可得到白色。

颜料的混合

画家要反对前段的最后一句话,因为从丰富的经验中他知道,混合黄和蓝色颜料得到的不是白色,而是绿色。但是我们却很容易证示,把黄光和蓝光一同投射在幕上或直接照在眼睛上,如果两种色光的比例适当,可以得到无色的白;如照其他比例,可以得到黄色或蓝色,永远不会出现绿色。混合光和混合颜料有很重要的物理上的区别,混合光是相加,混合颜料则是双重的减。颜料的颜色是颜料吸收了一定波长的光线以后所余的光线的色调。黄色颜料吸收一定的光线,蓝色颜料吸收另一些光线,两种颜色混合则吸收两组的光线:让我们用两个滤光片,一个让黄光通过,另一个让蓝光通过。如果这些滤光片是纯正单色的(monochromatic),黄滤光片除了黄光以外把其他光线都完全吸收,蓝色滤光片则吸收蓝色以外的一切光线;如果把两个滤光片重叠起来,任何光线就都不能通过。如果这些滤光片,和多数的颜料一样,不是纯正单色的,当它们重叠起来就可以让一些混合的光线通过,如果比例适当,就可以引起绿色的感觉。

混合颜色刺激的方法

如果我们要把一种波长的光加到另一种波长不同的光上去,不能应用混合颜料的方法。我们可以从光谱上抽取两种光绝,把它们重叠起来投射到铅白光的幕上,或把它们照射到网膜的同一部位上。我们必须能够用灰滤光片或其他方法,调整两种光线的强度。

用一套透光率已知的良好的滤光片可以代替光谱的各部分,这样对多数实验研究要求的精确度不会有什么损失,而对于实验者则增加很大的便利。

为表征目的和有些定量性质的工作,普通的色盘也就够用了。用两个或更多的不同颜色的交叉纸盘,当转速超过闪光临界频率时,就可以混合,产生一种平稳的混合色。混合色在色调和明度方面的特点,是按色纸盘上各种颜色的比例而居于中间的。这种方法的主要困难是在色盘上用的颜色纸,反光情况总难相同。它发射出一条条宽的光带,因之混合色总是很不饱和的。混合普通的红色和绿色,如所预期的,产生黄色,但它是那么一种灰黄色,以致多数观察者会要把它叫做棕色或黄褐色。如果我们熟悉色纺锤体所描述的各种关系,同时对于颜色纸的浓度也不要求过高,就可看到色盘上的现象遵守颜色混合的一般规律。一个显著的例外是用光线混合时明度是各成分明度的总和;而用色盘时,混合色的明度是居于各成分明度之间。如果我们认识到色盘上的各种成分只是一部分显示着,上述情况也就不算什么例外了。因此,如蓝和黄混合时,每种都只显示一半,把每一种颜色的一半的明度相加,混合色的明度自然也就是总和明度的一半。

大部分定量的工作是用透射光做的,在白色面上混合起来。用这种方法可能作出颜色方程式(color equation)来。混合色的感觉效果可以和一个标准比较,所用标准可以是一种单纯的光,本身也可以是一种混合光。虽然主要的兴趣时常是在色调,明度或浓度也可以比较,因为如果其他特性不相等的话,几乎不可能确定确切的颜色方程式。方程式应当表明,混合色是无法和标准相区别的。要获得黄色和红-绿混合物之间的完全对等,我们必须准备加添白色以降低黄色的强度和浓度。

颜色混合的研究结果

如果照不同的比例混合红与黄,我们就会得到红与黄之间的所有橙色色调。如果混合红与草绿,就会得到橙、黄、黄绿等所有色调。似乎我们已经找到一条规律:混合光谱上任何两色就会得到两色中间的色调。但是当我们再进一步,把红色和一种蓝绿混合起来时,我们得不到中间色调了。如果在这个混合物中红色占的成分重,我们会得到不够浓的深浅不同的红色;如果蓝绿的比例大,就得到不饱和的浓度不同的同样的绿色;如果红色和蓝绿比例适当,我们得到白色或灰色。红与这种特殊的蓝绿称为互补(complementary)色。如果我们更进一步,照不同比例混合红与蓝,我们得到紫色和堇色的各种色调。在光谱上,这些颜色并不在红与蓝之间;但是在颜色圈上,它们是在"那一面"的中间。

用其他成对的颜色做实验,我们得到同样结果。当两种颜色在波长方面差别比较少,它们的混合产生中间色调;如果波长的差别足够大,它们就互为补色;如果差别再大,就产生紫色。两种成分混合所产生的颜色总是处在颜色纺锤体上连接两种成分间的直线上(图 13-16),在线上的确切位置决定于两种成分的相对比例。所以颜色纺锤体是用一种方便的方式总结了颜色混合的事实。

对补色的系统研究表明有一些个别差异(图 13-18)。下面是一些数值:我们看到,在 570 黄绿和 497 蓝绿之间的纯正绿色没有补色波长。要用绿色得到一种无色的混合物必须用两种其他波长,一种长的,一种短的。绿色是紫色的补色,紫色是红与蓝的混合色。

混合三种波长得到所有色调

为了建立颜色感觉的理论以及为了着色印刷和彩色照相,都很需要知道最少要用几种颜色,由不同的混合就可以产生颜色圈上所有的色调以及白、灰和无色的感觉。从已经叙述过的用两种颜色的实验,我们知道两种颜色是不够的。我们至少要用三种,其中任何两种都不能互为补色。如果我们选取一对补色如黄与蓝,那么第三种混合可以得到紫色和堇色,但不能得到绿色;如果选取绿色,我们只能得到黄-绿-蓝系列,不能得到红、紫或堇。一对补色和其他一个成分只能给我们颜色圈上一半的色调。如果我们选取红、蓝和波长在 497 与 570 纳米范围内的黄绿或纯绿,把这三种混合可以得到所有的色调。波长不需要特殊地确定,只在一定范围内就可用。每一成分都是其他两种成分混合色的补色,所以把三种混合就可以得到白色。

颜色混合三角形

选取了三种适当的波长成分,它们按照不同比例的混合物就可配合颜色圈上一切的色调。每次的配合就可表明为了配合一定的橙色或黄色所需要的红

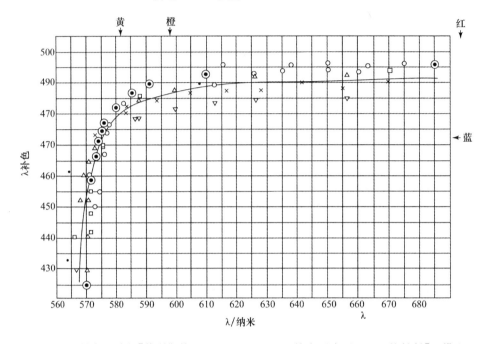

图 13-18 补色的波长[普利斯特(I. G. Priest),1920,补充了辛登,1923 的材料]。横坐标是补色中较长波长的,纵坐标上是较短波长的。655 纳米的红的补色,不同观察者所得的结果,在 485~495 纳米范围内;495 纳米绿蓝色的补色的范围是由 585~655,也就是由黄到红。由普利斯特计算大部分成对补色的数值部在曲线上,但后来辛登测量的结果在曲线的上部需要一些调整。λ=波长。

补色的波长:● 亥姆霍兹,○ 克尼希,+ 传得兰堡(W. Trendelenburg),× 安及耶尔(Angier),△ 冯·克莱斯,▽ 冯·佛雷(Von Frey),□ 狄特利奇(C. Dieterici)(取自亥姆霍兹《生理光学》第三版第二卷),⊙ 辛登(R. H. Sirden),1923

与绿的比例,或配合一种蓝绿所需要的绿与蓝的比例,或配合一种紫色或堇色所需要的红与蓝的比例。为了配合白色,我们确定红、绿和蓝的比例。如果我们暂时没有白色和色调的不同浓度的差别,我们可以把所有的结果用一个三角形表示出来,三个角尖代表三种成分,所有的色调都在边上,以边上不同的位置表明所需要的混合色(从代表黄色的角尖到代表红和绿角尖的距离要和为配合黄色所需要的红绿两色的分量成反比)。为了表明浓度,我们和在颜色圈内一样,把白色放在三角形的里面。像图13-20所表明的以及特罗兰(1930)所阐述的,很多关于颜色的知识可体现在三角形内。

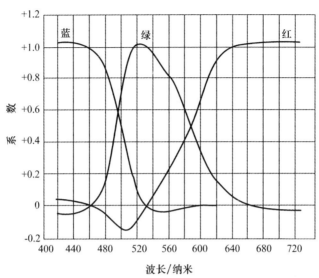

图13-19 为了配合光谱上各色调所需的红(650)、绿(530)和蓝(460)的比例(采自特罗兰1930;材料取自莱特)。十名被试的平均结果。以产生白色所需要的三种成分的分量作为各种成分的单位,纵坐标上的"系数"就是这样求得的。数字表明,三种成分,照红:绿:蓝=1:1:1的比例混合产生白色。如果要配合波长600的颜色,三种成分的比例,大约是0.74:0.28:0。当一种成分的曲线到0以下时,那就表示有关的光谱色比混合色的浓度要高得多,要掺上一些补色使它变淡一些才能配合。例如要配合波长500纳米的颜色,可用蓝和绿的混合,但需要在光谱色中加上一些红色以降低它的浓度。

蓝色的色调强度比起它的低明度来要大得多,如果图中的曲线要改成明度单位,蓝色曲线就要缩到几乎看不见了。

色盲

对于显然只是单纯棒体视觉的全色盲,一切波长和一切混合的光只有明度上的区别,没有色调的差异。为了配合光谱上的所有部分,只有一个成分就够了,这个成分可以是被试可见光谱内的任何波长。全色盲的人是很少的。男人中比较常见的是红绿色盲,他们容易把绿色和棕色以及把粉红和淡蓝混同起来。在颜色混合的实验中,红绿色盲只需要两种成分:一种在光谱中红色的一半,一种在蓝色的一半。把这两种成分按不同的比例混合,他就可以用来配合所有色调和浓度。在颜色混合中,红绿盲的眼睛是两色的。正常的眼睛是三色的。

杨-亥姆霍兹(Young-Helmholtz)的颜色视觉,也就是锥体视觉的学说,是从三种成分可以产生包括白色在内的一切颜色这一事实出发的。它假定三种不同的感觉器来作三种原始的颜色反应,红、绿与蓝或堇。它认为两色视觉是缺少了三种原始反应中的一种,红色或绿色。所以红-绿色盲应当有两种,红色盲与绿色盲。这种预测在颜色混合特别是用红绿混合配合黄色的实验中得到了证实。在这种实验中有些色盲者,需要特别多的红色,表明它们对于红色光线是感觉迟钝的,这是第一原色盲(protanopes)或红色盲;而另一些色盲者则相对地对绿色感觉不灵敏,他们是第二原色盲(deuteranopes)或绿色盲。绿色盲者的光谱明度曲线(图 13-17)和正常人的是一样的,而在红色盲者看来红色的明度比正常人看的要低一些。有些三色视觉的人和红色盲者一样,觉得光谱的红色一端明度稍差,在这一方面,正常人和红色盲之间有许多等级(托夫次,1907;克劳施,1931)。红色盲可能包含两种颜色视觉的缺陷:一是对红色的感受性降低,一是由三色视觉降为两色视觉。根据对红色盲的这种解释,就可以对和杨-亥姆霍兹学说不一致的一种

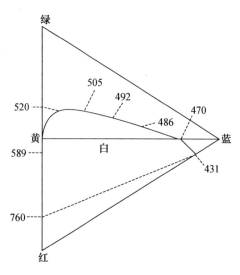

图 13-20 稍经修改的颜色混合三角形,表明理想的饱和绿色与蓝色和稍带紫色的红色的混合(仿克尼希和狄特利奇,1892)。光谱上的各色都按顺序在组实线上排列着,紫色在粗虚线上。在粗线之内是不很饱和的颜色,在粗线之外是比光谱色更浓的颜色。从光谱线上画到白色点的直线上包括具有同一色调的各种色彩。如把这条线通过白色点再延长,我们就得到补色的各种色调。

在三角形内的任何一点都代表具有一定浓度的一种色调,明度是暂不考虑的。在连结任何两点的直线上,有着以这两种特殊颜色按不同比例混合所得的混合色。在光谱线上取两个点,如589 纳米的钠黄色和492 纳米的蓝绿色,连接成一直线,找出代表这两种颜色依同样分量混合所得结果的这条线的中点,再由白色点通过这个中点画一直线到光谱线上,看那一点上代表的混合色是什么色调。

事实作一个公平的判断,这一事实是根据直接证据看来,两色视觉就是黄-蓝视觉。有些人被证明只有一只眼睛是红绿色盲,所以他们可以直接对两色视觉的眼和三色视觉的眼的颜色感觉做比较。根据他们的报告,在两色视觉中,光谱

中红-橙-黄-绿这一半并不是像杨-亥姆霍兹学说所要求的一样,并不是降为各种红色色调或绿色色调,而是变为不同浓度的黄色。两色视觉的这种情况是和正常眼睛在间接视觉中所感觉的一样。一种红色或绿色刺激逐渐从中央凹移向边缘就失掉红色或绿色色调,形成一种暗黄色,最后到极端边缘时变成无色的。在距离中央凹的一定距离上,黄和蓝还可保持原有的色调,而红与草绿则变成暗黄色。

图 13-20 表明了正常视觉降低为两色视觉的几种可能的形式。如果眼睛是绿色盲,感觉只在红-蓝线上;如果是红色盲,则感觉只在绿-蓝线上;如果是蓝色盲,感觉就只在红-绿线上。由红色盲和绿色盲得到的颜色方程式和由图中看到的红色盲和绿色盲的情况是一致的。蓝色盲是非常少见的。因此,颜色三角形是杨-亥姆霍兹颜色视觉学说的一个图解。但两色视觉的形式是和边缘视觉的事实以及只有一只眼睛色盲的人的证据更相符合。根据这种证据,降低了的颜色系统并不是从红到蓝或从绿到蓝,而是从黄到蓝。拉德-佛兰克林的学说对于这些事实处理较好,该学说认为两色视觉总是黄蓝视觉,这不是由于缺少红色或绿色的感受机制,而是这两种机制混合成感受黄的机制(或者是由于红和绿的感受机制没有从较原始的感受黄的机制分化出来)。根据这个学说,两色视觉是把色三角形简化为黄-蓝线。

色盲的检查

检查红绿色盲要比想象的困难得多。一生色盲的人学会了社会公认的各种事物的颜色的名称。他们知道草是绿的,虽然他们不了解"为什么人们把那种特殊的黄色色调另外给一种别的名称。"如上所述,还有一些色弱的人,这就把问题弄得更复杂了。他们被称为三色视觉异常(anomalous trichromats),还可根据所感觉弱的颜色而再分为红色弱(protanomalous),等等。现有的最好颜色感觉缺陷的测验是像石原(S. Ishihara,1920)所设计的假性等色图片(pseudoisochromatic charts)。穆恩(1946)的书中曾举出一个例子:每张图片是由许多不同明度、不同色调的点子组成的镶嵌,一种色觉缺陷的人就要混淆一类的不同的色调。例如以不同浓淡的红色点子组成 3 字形,这在正常人是很容易看出的;但色觉缺陷的人却看不出来;反之,他看出了 7 字形,那是由不同的红绿颜色但明度相同的点子组成的。对一名被试颜色占优势,组成一个图形;对另一名被试明度占优势,组成另一个图形。经过特殊训练,色觉缺陷的人可以"通过"一套图片,但在新的试验中他还是要失败的(查布尼斯,1949a,b)。

网膜的色域

正常视觉的一件显著的事实是在网膜边缘上任何人都是全色盲。在视域的边缘任何小块颜色看起来都是灰色的。这并不奇怪,因为边缘视觉是棒体视觉。

当小块颜色从边缘移近中央,达到一定位置时,它就依两种颜色成分哪种占优势而被看成蓝色或黄色。因此一个橙色的小块只要它位于中间的"蓝-黄域",看来就是黄色的。只有当这个小块达到内部区域时,它才显示出正常的色调;这个内部区域,增加两种原来失掉的色调,所以叫做"红-绿"域。这一对的两个成分并不具有完全一致的界限,可能因为试验的小块的大小和明度不同,区域的界限也就有些变动。

蓝和黄,红和绿配成对和黑灵的颜色视觉学说一致,它长期以来是和亥姆霍兹的学说相对立的。黑灵认为在网膜里有三种基本物质,每种都可向两个方向变化。这三种物质的合成(建造)作用分别产生黑、蓝和绿色感觉,分解(破坏)作用则分别产生白、黄或红色感觉,这依赖于所牵涉的是哪一种物质。这种学说和色域以及其他一些现象是很适合的,但它所包含的刺激引起合成作用这一概念是不太受欢迎了。

拉德-佛兰克林的学说也很适合色域的事实。外周色盲的区域只有原始未分化的棒体的光亮感官。在中间区域,原始的感光物质分解成两种:一种"黄色"的和一种"蓝色"的。在内区"黄色"物质又分解成两种:一种感受红,另一种感受绿。在颜色混合中,红色与绿色物质的作用合并起来,就和它们的黄色原型产生一样的效果。这种学说兼有三色和四色学说之长,好像允许我们既能吃又能拿的点心一样。或许它应当得到比已经得到的更大的注意,因为它有些被杨-亥姆霍兹学说的更大威信所掩遮了。也许像格拉涅一类的工作可以给它一些支持。但在目前还没有任何一种颜色视觉学说能很好地处理一切的事实。

在这里对这一有趣的领域不作进一步的钻研了,我们介绍几本有关颜色视觉的书籍,特别是帕孙兹(J. H. Parsons,1924)、拉德-佛兰克林(1929)的,还有近来威尔墨(E. N. Willmer,1946)、莱特(1947)和伊万斯(R. M. Evans,1948)的。

后象

如果被试注视一小块颜色30秒钟,他就在网膜中引起一定的变化,这种变化要持续一定的时间。在刺激物拿开以后,原来的颜色(感觉)要继续一个短时间,因为在网膜里有一定的时滞。这是第一次的正后象,称之为正,因为它在色调和明度上和原来的感觉相似。通常它很快就让位于负后象,负后象和原来感觉在明度上是相反的,在色调上是互补的。它在几秒钟之内出现,在较长时间后消失。眨眼或变更照明可以使负后象再现,或把另一次的正后象再引唤起。长时间暴露于强光之下可以引起一系列的后象,包括意外的多种色调[贝瑞(W. Berty),1927]。这种实验是危险的,因为它可能导致对中央凹的伤害。

也许对负后象最简单的解释是依照亥姆霍兹的学说。它认为按照所受的原来颜色刺激块的严格比例,三种感受物质或过程发生疲劳或适应。当刺激停止而换成白光时,三种过程只依照它们尚未疲劳的程度来反应,这就是说,我们要看到原来颜色的补色。这种解释也许太简单了,实验的事实也比我们所描述的更复杂。对这个问题的较详尽的讨论,可参看本书第一版,近来心理学的理论与研究大部忽略了后象。同样的评语和回溯参考也适用于同时对比。

同时对比

负后象有时叫做继时对比(successive contrast),也还有一种同时变异(simultaneous variety)。这也不像以前受到那么多注意了。如果你把一小方块灰色纸放在一个红色的面上,这小方块带上一种强烈的补色色调——在这种情况下是蓝绿色。这种对比在方块的边缘上最为显著。造成这种现象的部分原因是眼的微小运动,它使红色背景的负后象和灰色方块重叠起来。但这不是全部的故事。在这个看来很简单的实验中包括着许多因素,所以在我们有了更多的基础知识之前最好暂时把它搁下来。

双 眼 视 觉

人有两只眼睛,都朝向前方,视域交叠着,这一事实对于知觉世界上物体的三向度的特征是特别重要的,在以后"视觉空间"一章中更显得重要。除了空间知觉以外,两眼的相互关系引起了一系列生动的问题,像下列名词所表示的,双眼竞争、融合、总合。

双眼视觉不仅是正常情况,也是事实上不可避免的。闭上一只眼并不能使那只眼不起作用,只不过是给它一种黑色背景,使它和睁着的眼睛的光亮背景相合并或相竞争。我们可以获得一个物体的单眼视觉,获得对一种特殊刺激的单眼感受,但我们不能有完全的单眼视觉。如果你闭上右眼,你的视野包括着鼻子附近左眼可看见的物体,在右边,右眼视野范围之内是一个暗的区域。

两网膜的相称点

两眼都睁着,朝向一个小的物体,这时虽然两眼中有两个视像,每只眼睛中都在中央凹有一个现象,物体还是看成一个。因为形成单一视觉,中央凹被称为相称点(或者说相称块更恰当些)。如果刺激两眼的光线看来是从同一物体来的,或至少是从同一方向来的,这时一个网膜上的任何一个点都在另一网膜上有一个相称的点。虽然相称点主要是从机能方面说的,但实验结果证明,它们也是几何学上的相称点,因为它们和各自的中央凹的距离和方向都几乎是完全相同的[进一步的说明,参看卡尔(H. Carr),1935]。如果从一个物体来的光线落在两个网膜的不相对应的点上,这个物体就要看成是双的,或经过练习之后看成是双的。平常,我们很少注意到在双眼视野里是经常有双像的。

像时常发生的,当从一个物体来的光线被中间的一个物体遮住而只进入一只眼睛时,通常我们注意不到一只眼睛和两只眼睛所看到的景象的区别,我们也不能说出究竟是哪只眼睛看见物体;但也许我们经过练习能说出来。在忒林和阿尔特曼(E. Thelln & E. R. Altman,1929)的一个实验中,在暗室里有一个小的光圈,距离被试11英尺,中间用一个隔板遮着被试一只眼睛的视线。被试要判断哪一只眼睛受到了刺激,判断错误时实验者通知被试。在400次试验的过程中,几乎所有被试都有进步,只有那些习惯于用一只眼睛看显微镜的被试,在实验开始时就有几乎完全正确的判断。

在一种可以叫做双眼(dichopic)不同刺激的实验中(仿照在听觉和嗅觉中两耳和两鼻孔不同刺激的实验),用不同的刺激同时刺激两网膜的相称点。大脑对于相互矛盾的线索如何反应呢?它可以只反应一个网膜的刺激,而不顾另外一个,它也可以用不同的方式对合并做反应:可以把单眼视野融合,通过一个看见另外一个;或者,如果可能,可以获得深度效果。

施用双眼不同刺激最简单的方法是闭上一只眼睛,这样,绝大部分的时间是对于黑暗的那一单眼视野完全无知觉。把一面小镜子按适当的角度放在一只眼睛前面,镜中可以直接反映另一只眼睛所看到的视野。实体镜(stereo-scope)是一种很方便的方法对两眼的相应区域呈现根本不同的颜色或图形。

双眼累积效果

让我们首先考虑一种简单的情况。皮瑞因(1943)用一个小的光点,光点刺激两眼靠近边缘的相应区域。测定了双眼的和单眼的阈限。结果如图13-21中三条曲线。双眼阈限比任何单眼阈限都低一些。这看来好像是累积效果,但也可能只是一种简单的统计事实。在明度对数的一个数值如1.0的点上画一条线,图中标明左眼有20%的次数、右眼有26%的次数看到刺激光点。那么,没有为左眼和右眼看到的概率分别为0.80和0.74。让我们假定两眼是完全彼此独立的,都各自向高级中枢"报告"。那么我们要确定没有任何眼睛看到光点的概率是把单眼没有看见的概率相乘,$0.80 \times 0.74 = 0.59$。这就剩下可以看到(右眼、左眼或双眼)的概率是0.41,这和实验中实际得到的双眼的概率0.38,几乎是完全一致的。在曲线的其他点上也可以做同样的计算。事实上,皮瑞因就从两个单眼的曲线计算出双眼的曲线,很符合实际得到的结果。这表明,至少在这个实验中,两只眼睛是独立工作的,好像属于不同的观察者。

不幸的是,结果并不总是这样。就是用最简单的闪光,有的被试双眼的结果也是和他的优势眼的结果一致(格雷汉,1930)。如果两眼的感受性差别很大,那么较差的那只眼睛对于双眼看到的概率就不会有什么贡献。如果在我们上述的例子中(20％与26％)改用差异大的数字,如10％与90％,这种情况就可表示出来。

虽然皮瑞因式的分析是很有希望的,但它不能说明全部的故事。两只眼睛并不常有累积;反之,像我们在本节开始时看到的一样,在正常视觉中两眼视野是用很复杂的方式结合的。例如有些证据指明:当视野中不只有一个点子而有五个时,优势眼可以完全压倒非优势眼(卡斯迫森与施洛斯贝格,1950)。当处理日常物体的知觉时,我们就要较粗略地描述两眼的交互作用。下节我们将说明几种主要的现象。

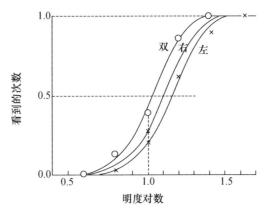

图13-21 双眼和单眼的网膜边缘相应区域的感受性曲线(反瑞因,1943)。双眼的曲线是按 $q_B = q_L \times q_R$ 公式来计算的,而 q 是没有看到的概率 $(1-p)$ 。

双眼竞争

根本不同的颜色或图形同时呈现给两眼的相应区域,通常并不能合并。最初只看见一个,另一个完全看不见,但迟些或早些要发生转换,原来看不到的看见了,原来看见的消失了。相反的转换接着发生,只要双重的呈现继续着,转换发生得越来越快。

布利司(B. B. Breese,1899,1909)用一个棱镜实体镜,给一只眼睛呈现一个红色方块,给另一只眼睛的相应区域呈现一个绿方块。为了使两个方块区别更大,他在方块中画了方向相反的斜线。被试用电键和电磁标在记纹鼓上记录每一个视野看到的时间。

因为两种颜色是交替地被看到,所以我们可以说一个完全周期包括两个时相,一个右眼的时相和一个左眼的时相,或一个红的和一个绿的时相。记纹鼓上的记录可以答复两个主要问题:关于周期的长短和关于两个时相的相对长短,也就是关于竞争的速度和关于形成优势象的条件。

转换的速度 在两个单眼刺激视野之间发生对等的转换时,下列因素影响转换的速度:

(1)光的强度。在低照明条件下,周期平均时间是8.5秒;照明增强时,周期时间降低至2.5秒。光照强的视野有快的转换。

(2)视野的面积。视野越大转换越快。

(3) 线条的清晰度。当实体镜片焦距不对时,或把线条弄模糊时,转换速度就要降低。

(4) 中央视觉比边缘视觉有较快的转换。增加刺激视域和中央凹的距离,周期的时间就要增长,平均数值如下:

中央视觉	4.9 秒
偏左或偏右 3.6°	9.1 秒
偏上或偏下 3.6°	11.1 秒
偏左或偏右 7.2°	10.8 秒
偏上或偏下 7.2°	11.8 秒

有利于清晰视觉的条件显然地促使较快的转换(参看闪光融合)。

优势 在布利司这一部分实验中,对两只眼睛做了有些不同的处理。问题是哪一个刺激视野被看得长一些时间,周期的哪一个时相占的时间较长。下列一线因素是有影响的。

(1) 光的强度。当光强度的比例是 4∶1 时,60%的时间看到较强的刺激视野。当光强度的差异很大时,如两眼都闭着,一只眼睛用手盖住,对另一只眼睛照射亮的光,这时大部分时间都看不到较暗的视野。

(2) 图形的出现。一个视野包含着线条,就要比另一个空白的视野占优势,前者约占 70%的时间。如果在一个视野中有一个单一的字母,那么几乎全部时间都要看到字母,虽然这个视野的其余部分可能看不到。在字母周围常可看到它的背景的晕轮。

(3) 运动。如果两个视野都有图形,而一个图形是可移动的,那么在一半时间以上都要看到移动的图形。

(4) 注意。如果两个视野都是空白的,有意的注意不产生任何效果。如果要在一个视野中查看一件什么东西,那么一半以上的时间就要看到这个视野。如果两个视野都有许多细节可看,那么注意哪一个,哪一个就要占据大部分的时间。

关于竞争发生的原因,一个常提出的意见是把它归之于眼的运动;但是培堪姆(R. H. Peckham,1936)看到竞争中的转换和眼的运动间没有超过纯粹机遇的符合。任何适当的解释,必须说明三点:① 为什么在一段时间内只能反应一个刺激视野? ② 为什么较强的、较清晰的和较有趣味的视野占优势? ③ 为什么优势发生转换?暂时活动的反应机制的疲劳似乎对于第三点是一种可能的解释。第一点和反射活动中对矛盾刺激的选择性反应[谢林敦(C. S. Sherrington),1906]是一致的。关于第二点,显然地选择不只决定于刺激的特点,还依存于可能有效的反应。

双眼融合

竞争是对两个对抗的视野其中之一的大脑皮层的反应,一个时间内只对一个视野有反应。双眼融合则是对两个视野的总合的统一的反应。在什么条件下发生融合?我们没有适当的答案。它发生在,或我们相信它发生在,两个视野有相似的颜色、明度和形式的时候。就是这样,在实验情况下(如实体镜)竞争也常可观察到,也比我们想象的要多。当两个视野差别很大时,竞争是规律,而融合是例外。如果两个视野的内容在物理上很不同,但意义上是一致的,我们也可以看到它们合并起来。应用实体镜,我们可以把一个包含弓的和一个包含箭的视野合并起来,如果这两件物品各自在它们的视野中的恰当位置上。在这里弓和箭并不是在两个网膜的相对应的区域,它们并不是直接冲突的。每个图形都是和另一只眼睛中的一个空白区域相竞争,因而对空白区域占优势。竞争发生在两个网膜的相对应区域,而不是发生在整个的网膜。

双眼颜色混合 如果一只眼睛前面有红玻璃,另一只眼睛前面有绿玻璃——或借助于实体镜,或由眼睛的适当辐合,使红绿两色落在两个视野的相应区域——通常的结果是竞争;但有些被试在这种情况下得到融合,看到红与绿混合后形成的黄色。许多有经验的观察者觉得不可能得到这样的融合,另一些观察者则毫无困难地看到融合。

在约汉森(D. E. Johannsen, 1930)的实体镜实验中,他用喇膝滤光片(wratten filters)呈现几乎完全纯粹的单色光。四名被试,对一只眼睛呈现一种颜色,黄与蓝、红与蓝和红与蓝-绿等三对颜色永未得到融合;而黄与黄-绿、蓝与蓝-绿和黄-绿与蓝-绿却总是得到融合。换句话说,在光谱上接近的颜色容易融合;两种颜色强度相等时和在强度低时容易发生融合。

但是,黑希特(1928)用各种强度大的颜色也得到了双眼的融合,他用了下述设备:被试面对一个距离1米的白色厚纸板,板上有一个250瓦的灯泡。灯光很亮地照着厚纸板,灯泡几乎正对着被试的眼睛,使视线汇合于发亮的灯丝。被试通过一个内部黑色的箱子看着灯泡,箱子里面有喇膝滤光片,一只眼睛前面有红滤光片,另一只眼睛前面有绿滤光片。所以被试在一只眼睛前面有一红色方块,另一只眼睛前面有一绿方块,两个方块在双眼视野中是重叠的。多数的被试,在两个方块重叠的地方立刻发生融合,他们报告,在边上看到红色和绿色而在中间看见黄色;如果用黄色和蓝色的滤光片,他们在中间就看到白色。

这个实验对于颜色视觉理论来说是重要的。如果一只眼睛看着红色,另一只看着绿色而产生黄色感觉,显然混合的中枢不是在网膜而是在一个神经中枢。这样就不需要在眼睛中发生"黄色"过程,也就不需要亥姆霍兹的三色学说了。当然,关键问题是在于原来红色和绿色中有没有黄色。黑赫特用的滤光片,都透过了一些黄色光,这些黄色光可以引起两只眼睛中的"黄色"过程,大脑只要把红色和绿色抵消就成了。坡兰悌斯(W. C. H. Prentice,1948)用窄光束(narrow band)("干扰光"——"interference")红色与绿色滤光片重复做了试验,得到同样的结果,这是很好的双眼黄色感觉。但是赫尔维赤和詹姆森(1951)指出了就是坡兰悌斯用的滤光片也都有些趋向黄色,不是最好的红色与绿色。他们用了他们认为最好的红色与绿色,试行两眼混合,所得到不是黄色而是白色。

  总的说来,双眼颜色混合的实验,对三色或四色说都没有证实也没有否定。但是它们表明有些颜色混合是在脑中而不是在网膜中进行的。这些和近来把分析和综合的机能由感官推向高级中枢的趋势是一致的。在网膜中可能有三种、四种或更多的颜色感受过程,各自向大脑输送"信号",大脑把它们综合成合适的反应。

  关于视觉还有许多内容可说,但它们不属于本章讨论的感觉问题,而属于知觉的标题下了。

(曹日昌 译)

Experimental Psychology

西方心理学名著译丛

实验心理学 下册

[美] 伍德沃斯　施洛斯贝格 著　曹日昌 等译

目　录

第十四章　形状知觉	（463）
第十五章　颜色知觉	（489）
第十六章　视觉性的深度知觉	（519）
第十七章　与知觉相关联的眼球运动	（562）
第十八章　学习：引论	（599）
第十九章　条件作用	（613）
第二十章　辨别学习	（659）
第二十一章　迷津学习	（693）
第二十二章　学习与作业中的动机作用	（737）
第二十三章　记忆	（782）
第二十四章　迁移和干扰	（830）
第二十五章　学习与作业中的经济	（884）
第二十六章　问题解决：思维	（924）

第十四章

形 状 知 觉

直到现在,关于视觉中的距离、方向、大小和形状等的空间关系,我们谈到的很少。在平常观察中,物体的这些特征,显得好像正如所直接看到的彩色和明度。但是它们并不与网膜所接受的色纹复杂的刺激整体那样直接地相关联。在整体的某些部分分离于其余部分,而且显现成为一个明确的形状,例如一条直线、一个角、一个正方形,或一个圆形之前,必然发生多于所接受的刺激的一些事情。因此,平常与其说形状感觉,毋宁说形状知觉。知觉并非意在描述一种已知的过程。它等同于有机体所达成的结果,而不是达到结果的过程。那些常有的问题:① 是否一个图形的成分结合构成整体,抑或整体图形浮现并组织了可以得到的成分;和② 是否形状知觉是天赋的能力抑由学习得来——也许是不甚合宜于实验者的宗旨。至少,对于这些广泛的问题很少有实验证据。当我们查看各种类型的实验时,我们却将发现它们包括关于形状知觉动态的详细研究,企图去孤立对知觉过程有贡献的一些特殊因素。在这些实验中,为了更便于准确地观察,所用的图形多是两度空间的,而且呈现于被试面前的平行的平面上。至于深度效果将见于第十六章。

图形和背景

黑布(D. O. Hebb,1949)在他的名著《行为的组织》一书中,指出图形的原始浑一(primitive unity)是它最简单的外观。这里他指的是,被界限着的面积,即图形,甚至在它还没有认作是一个特殊的图形之前——即在它具有图形的身份之前,已可被看成是一个从背景突出来的单元了。森德恩(M. V. Senden,1932)曾报道,有些病人在成年时经割除了先天眼翳,第一次复明后即能看出图形,尽管这时他们尚未能分辨出各种不同的图形如三角形、正方形。黑布在关于白鼠图形辨别的研究中,发现了区别原始浑一和同一性的进一步的例证。

虽然在绘图艺术中图形和背景自然是熟习的概念,而黑布所归结的区别和鲁宾(E.Rubin,1915,1921)首先明确提出来的乃是很相近的。鲁宾发现有可能把视野中的任何明显标志的部分看成是图形,而留下其余部分作为背景。若全部视野包含一个黑的部分和一个白的部分,它们的轮廓相接连,则二者之一,黑或白的部分都能以其余下的部分为背景而被看成是图形。若二者之一,黑或白的部分完全被其他部分所包围,则被包围的部分更容易被看成是图形,但经过练习后,起包围作用的那部分也能被看成

图 14-1 视野示例(鲁宾,1921),呈现时所附指导语有时要求把被包围部分看成图形,有时又要求把包围部分看成图形。

是图形。若分隔两部分的边线是近似垂直的,视野的任何一部分并不包围其他部分,则图形和背景容易相互转换。在相互转换时,外观的改变是令人惊愕的,因为视野中两部分的形状十分不同——这颇为奇特,因为这些形状依靠着分开两部分的共同边线(图 14-1,14-2)。

鲁宾将图形和背景间的不同现象分类如下:① 图形有形状,而背景则相对地没有形状,或者,如果背景有形状,也是因为对它的其他成形作用,而不是由于把它与图形分隔开的轮廓线;② 背景似乎是在图形的背后连续伸展,并不被图形所中断;③ 因此,图形多少有些物体的特征,但背景好像是未成形的原料;④ 图形倾向于在前面出现,而背景则好像是在后面;⑤ 图形是比较更动人的、更好记的,而且更能提示意义。

我们也许揣度图形和背景的区别仅只是注意区域和不注意区域的老的区别。这个说法可能意味着注意到背景是不可能的。即使承认图形更易于吸引注意,但注意到背景是背景也是可能的。若我们用清楚与否来给注意下定义,那我们也不能说背景仅只较图形欠清楚,因为背景时常具有好像要延展到图形背后的那种积极的属性。

图 14-2 图形和背景(鲁宾,1921)。这里,两部分有同等机会成为图形,虽然白色部分与书的页面同色,较易看成背景。

鲁宾的实验引出了两种重要的发现:① 图形的持续;② 当图形和背景相互反转时,视野的不被认出。

图形的持续

鲁宾将卡片剪去一些不规则的部分,做成无意义的图形,放在插有绿玻璃片的幻灯前面,因此在幕布上出现一个不规则的绿色面积,由黑色环绕。他显示一组 9 个图形,共四次,每一图形显示 4 秒钟,并指示被试把被包围的绿色面积看成图形,把黑色部分看成背景。随后再显示一组 9 个相似的图形,但指示将包围的黑色看成图形。休息 30~45 分钟后,实验者以 9 个新图形掺和在这 18 个图形中,以混合次序将它们呈现出来,并告诉被试对于哪一部分将看成是图形应该保持被动的态度,但每次应报告所看到的图形是被包围部分还是包围部分,并且认出那个是否以前曾被呈现过。

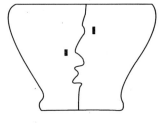

图 14-3 可反转的轮廓。

这个实验的结果揭露一种适中的趋势:在第二次呈现时和首次的经验一样,看到了同一的图形。因为被试在第一次实验时,已将视野分为图形和背景,所以在第二次虽保持被动的态度,仍看成与原先相同;图形的 64% 被看成同以前一样,33.5% 被看成是相互转换了的图形和背景,2.5% 是两样都看见了。因此,有一种趋势:视野中相同的图形-背景结构从一次呈现被带到另一次呈现。

反转视野的不被认出

鲁宾用如同上述的方法,对于转换的图形和背景在视野的认识进行实验。首先被试观察 9 个视野,指明要看被包围的图形;再看另外 9 个视野,指明要看包围的图形。然后以 9 个一般特性相似的新图形与这 18 个图形掺和,呈现于一次认识测验,指明要看被包围的图形,并报告他能否看到,或者已经认出来了。在另一平行实验中,学习进行如前,但认识测验要求注视包围的图形。问题在于第二次看见具有反转了的图形和背景的视野时是否可以认识。通常这个回答是否定的。结合两名被试两次实验的结果,共用 324 个图形,我们得到下面被认识的百分数:

图　　形	被认识图形占比/(%)
图形和背景保持一样	49
图形和背景转换	9
新图形(误认)	6

从新图形的误认即可看出,反转了的视野被认识的百分数几乎不比偶然出现的

更大一些。

这实验证明,若图形和背景的划分相互转换了,则视野是认不出的。所以认识的不是刺激的累积,而是知觉的反应,我们把它叫做图形。

图形的学习

阿特金森和阿梦斯(R. C. Atkinson & R. B. Ammons, 1952)把罗夏(Rorschach)墨迹图给被试看,并且叫他当看到一个预先描述的图形——如猫脸——时立即按键。实验者记录认识反应的潜伏期——即从开快门到被试按键所经过的时间。第一次练习后,要求被试看一会杂志上的广告(如此可以打断他对于看过的图形的定势),然后用同一墨迹图使他作第二次练习,再一次找出猫脸;随后再看看另一个广告,等等。按此进行,共做10次。他的连续认识反应的潜伏期提供典型的学习曲线,如图14-4的实线所示。

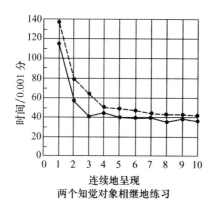

图14-4 在罗夏墨迹图中认识预先描述的图形的学习曲线(阿特金森和阿梦斯,1952)。纵轴表示连续练习的平均认识时间。实线表示第一次知觉对象的学习,虚线表示同样24个大学生对同样墨迹图的新知觉对象的获得。
平均潜伏期
—第一次练习 ---第二次练习

阿特金森和阿梦斯进一步演示了记忆实验的另一种典型现象——干扰影响。休息后,被试用同样墨迹图再做10次练习,但要求他去找第二个图形,例如一辆摩托车。这第二知觉对象的学习曲线由图14-4虚线表示。第二知觉对象的学习曲线自始至终较第一曲线高一些;由于受第一次学习过的图形的干扰,被试用较长时间才能从同样墨迹图中看出第二个图形来。这一差异并非因猫脸较摩托车容易看出,因为,在此实验中,这些有影响的因素已在24名被试间相互平衡而抵消了。此实验把鲁宾式的知觉实验和关于学习的较为近代的兴趣联系在一起了。

图形-背景经验的发展

我们方才所讨论的实验是在强度和时限容许适宜的知觉发展的条件下进行的。但在较差的条件下将怎样呢?在极端的情况下可能是完全单纯的视野。这种视野可由闭上双眼,或由若干屏幕布的配合而得到[恩格尔(W. Engel),

1930；梅兹格(W. Metzger)，1930]。若时间足以使残余后象消退，除非照明水平高到能显露出屏幕上的结构，这样的视野并无图形背景的区别。除去图形背景的区别也可以从另一种方法作出[皮克勒(J. Pikler)，1928；嘎里(A. Galli)，1934]。用一个方形的灰色纸做图形，花墙纸做背景：若照明很好，被试看到图形由背景所围绕；若照明较差，则图形失去分明轮廓，只有它的中心部分仍清楚地看到；若照明更降低，则背景开始间歇地隐蔽图形；当照明最低时，就完全将图形隐蔽。黑尔森和费惹(H. Helson & E. V. Fehrer，1932)曾用过小得足以投射在眼中央凹内的自身发光的图形，得到同样的结果。他们发现，在图形的明亮还不够被看出确定的图形前，已经可以看到光。自然，从我们所知道的关于明度对视觉敏锐的影响，这是一种合理的预料。

魏沃尔(E. G. Wever，1927)用短时速示器呈示和设计，为了除去后象的显示后视野(post exposure field)，做了很细心的图形-背景知觉研究。在他所用的各种照明条件下一些最短时间的呈示，没有图形和背景之分，而只是一个单纯的外貌。呈示时间略微延长，被试报告有污点或斑点(实际图形是白上的黑)。当污点开始成模糊形状时，被试才肯把它叫做背景上的图形。这一进程，或恰在它前面一阶段，似可符合于黑布的原始浑一；再增加呈示时间，则轮廓出现，图形清楚地从背景上突出来。所有这些，在14毫秒的短时呈示中都可发生。当呈示增到数秒，则图形获得一些实物的图像，如鸟或盔，并且这个现象是十分稳定的，有别于图形和背景的轮流起伏。总之，图形-背景经验的确是复杂。

用相似的速示器的安置和光亮的显示后视野来消除正后象，爱润斯坦(W. Ehrenstein，1930)研究了另一些图形-背景经验的决定因素。他用图形知觉所必须的显示时间作为效能的量度。高度照明、良好的对比、有意义的图形和对称的图形，很快就出现图形-背景的区别。爱润斯坦否认图形必须经常出现在背景前面。例如，通过窗帘看对象，窗帘是被看成背景，但它却在图形的前面。此要点在于广阔的视野易于看成背景，而投射点易于看成图形。同样地，注视的面积易成图形，虽然也可能在从边缘视觉中看见图形。

非视野的图形和背景

图形和背景二者都是视觉特有的现象，但在其他感觉道里类似现象并不缺少。魏尔农(P. E. Vernon，1934—1935)曾表明图形-背景概念如何应用到听觉。通常有一种变化相当少的声音的背景；而突出于这个背景的是一些尖锐声或其他界限分明的声音，类似图形。在音乐中，我们应把旋律想成图形，而和弦和别的伴奏则是背景。魏尔农分析音乐中图形的特征如下：图形往往是较背景声音更高和更大，且往往因为是用另一个乐器来奏的，所以发出另一个音色。图形有更多的节拍和特殊的节奏，它的渐强和渐弱是与背景不同的。为了使音乐的图形清楚,它在背景前或其后开始;伴奏可首先开始,当听者习惯了这些,则旋律就出现了;或旋律首先单独出现,后来再同伴奏交织在一起。图形常常包括着与伴奏不和谐的声调,这并不使人感觉到不和谐,而只感到它是属于图形的。

在身体运动方面,一个人能够容易地想到任何状态的运动(phasic movement)是图形,而支持它的姿势则是背景。

知 觉 单 元

现在我们来研究图形是怎样构成的问题。是否有任何规律可以告知我们,为什么在视野中有些元素组成图形而其他单元却成为背景的一部分呢?魏尔太墨(M. Wertheimer,1923)从呈现各种模式的小点,观察哪些小点最容易自行组成图形来研究这个问题。正如所预期的,过去经验是这种分组的重要决定因素,如,被试看见小点形成了熟悉的图形。但也有一些规律,它们似乎是内隐于组织过程中,在其中它们并不清楚地依靠着过去的经验。在下表中,我们将开始于似乎很明显地依靠元素的客观安排的原则,并逐渐及于那些更多依靠经验的被试变量:

(1) 在视野中邻近或接近。比较紧密地靠近的点子容易看成一组。

(2) 相同或相似。同样颜色的点容易看成一组,而有别于另一种颜色的点,后者可以形成另一组。相似性也可以是形状的,以代替颜色。

(3) "共同命运"。同时向同一方向活动的点子,容易被看成是一组。它们据有同一运动的相似性。

(4) 良好连续或良好图形。组的形成在某些方面遵循着一致的方向。闭合的线条较开敞的线条占优势。另一重要的情况就是整个图形的对称或平衡。

(5) 符合于个人当时的定势。魏尔太墨曾区分过主观和客观的定势(Einstellung)。观察者可以主观地使自己发生一种定势,以便看出某组,并抵制邻近和相似的因素。魏尔太墨认为客观的定势主要是与持续(perseveration)相同的东西。使小点安排成一直线,在点间交替地隔以宽和狭的空隙——被试按照接近性将它们配成对。令空隙逐渐地相等——被试仍坚持原样分组。

(6) 过去经验或习惯。例如,印好一组连续的字,其间虽无空隙,仍然可以分开和读出。魏尔太墨认为不可随便求助于这个因素。在任何具体事例中要证明经验因素的存在,人们必须指明:已获得的分组并不能用更直接的知觉因素来加以说明。

这些因素中前三种指小点的视野的客观特征。最后两种因素是主观的或机体的,从属于观察者和他内心中所出现的情况。第四个因素,良好连续或良

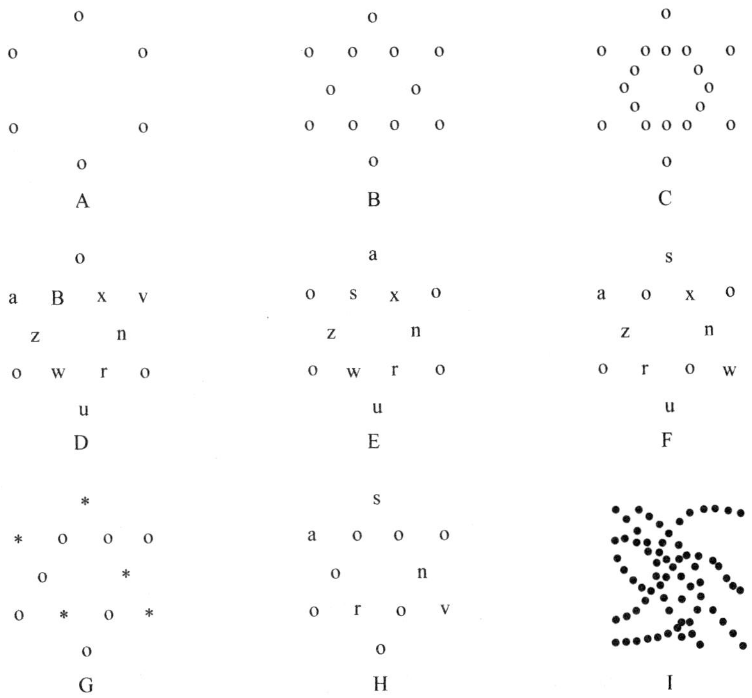

图 14-5　小点图形，说明接近、相同、连续和良好图形等因素。在 A 里很清楚看得出是六边形；由于增加的点子，而在 B 图中变得不那么清楚了；却作为一个剩余的一组而在 C 里重新出现，这里，增加了更多点子彼此紧密相连，就把内部的六边形衬托出来了。在 D,E 和 F,某些项目的相似性有利于把它们聚成为一组，而那些剩余的部分则组成了一个附加的组，这时它们组成了有规律的图形，或者，像 G 图似的，它们是相似的；而 H,剩余的项目是不相似、又不规则地排列着，它们就很容易聚集了。I 表现一致的延续的性，点子容易被看成是沿直线或相当确定的曲线排列着。

好图形，占居中地位，因为有些"良好"条件如合闭(closure)与对称(symmetry)是以客观术语来叙述的；而其余的，则依靠观察者和他认为什么是容易的或适意的。

　　无论用任何方式的实验，想得到关于被试确实看见了什么的情况是困难的。用言语叙述是不适当的；又若请被试绘出来，他又不能完全把所看见的复制出来[儒普(H. Rupp),1923]。无论出现怎样清晰的全部图形，在临摹之前必须加以分析，并注意各方面的关系。

统一各种分组原则的企图

穆萨悌(C. L. Musatti,1931)将这些原理联合成一个概括的同质律(Law of homogeneity)。关于空间的同质就是接近;关于品质,就是相似;关于运动或变动,就是共同命运;关于方向,就是良好连续。至于定势和过去经验的因素,我们可以认为这是现时出现的和过去(刚刚过去或较久远的过去)所准备的之间的同质。

图14-6 容易表现组合的变化的点子图形[叔曼(E. Schumann),1904]。

如果我们把知觉认为是一种反应过程,所有原理就都牵涉到反应的平易,而问题就成为:为什么位置相近或相似或某方面同质的小点,特别容易形成单元的反应。从反应的概念,我们可以推论出一个或两个另外的因素:反应必须不仅是容易的,而且它还必须是满意地被强化或把它的工作做到了。据此,有些小点遗留在外的组,比之于包括全部小点的组,是处于不利地位的——这是包括因素。

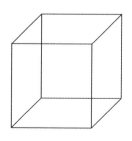 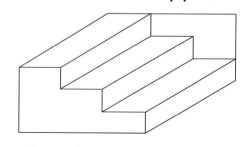

图14-7 聂克尔立方体(Necker cube)　　图14-8 薛罗德阶梯(Schröder staircase)

我们也可以推论出某处的因素有利于两个或更多的分组,那就是大致相等地平衡了。知觉将是不稳定的和倾向于从一个反应转移到另一个反应,正如我们所熟悉的事实那样。

三维空间图形

许多交变图形(ambigous figure)都是二维的,如图 14-3;鲁宾曾研究其他几种图形。也有可能使图形转移为三维的。聂克尔(Necker)立方体(图 14-7)和薛罗德(Schröder)阶梯(图 14-8)是最为人熟知的。按几何学上说,直线画可以是任何一个各种不同的三维物体的平面投影,但仅只简单的或熟悉的三维物体可在画中实在地被看到。从几何学上说,这也是真的,同一个三维物体从不同角度看来,呈现许多不同的平面投影。如克普佛曼(H. Kopfermann,1930)曾证明,有些投影图是容易看成三维的,其他很容易看成二维的。据作者的意见,要依赖于这二维图形是怎样地"良好"。如果它是简密的和对称的,就很少倾向于三维的图形。图 14-9 表示几种立方体的投影图:那些不对称的看成立体;齐整的六边形最容易作为二维图形而出现,但继续细看,一种三维的式样便显出来。同样,四面体也是这样:它有些投影,如不对称的平面投影,被看成是三维的;而其他如齐整的平面图形,很少显得像个三维图形。

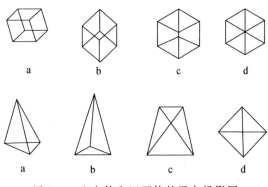

图 14-9 立方体和四面体的平方投影图(克普佛曼,1930)。

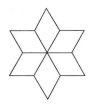

图 14-10 此图形虽是十分齐整的平面图,但容易看成三维的。

然而,我们必须承认一种看出三维的倾向性,即使违反良好图形的指示。在图 14-10 的十分齐整的星形,若持续坚定地注视它,将会被看成三维图形,它虽不很对称,但更动人。

我们有趋向于任何时候看出齐整的和熟悉的图形的这一事实,说明图形知觉规律不仅限于表面形状。黑布(1949)提出可能有一种神经机制主管着对形状的知觉,不论是限于表面的或扩展到三维的。

轮　　廓

毋庸置疑,在我们关于转换图形(reversible figure)的讨论中,能使视野中一部分从背景分离最有效的方法之一,就是在它周围画边线——画外形线,这是明显的事实。这样的外形线是轮廓(contour)的特例,或许是由于我们对作画的经验而特别有效。但轮廓不必太分明;倘若轮廓是模糊的和粗略的,如当视野的一部分逐渐被另一部分掩蔽了的时候,任何一部分的形状都会是不确定的。鲁宾(1915,1921)把轮廓组成形状叫做"形状制造"。当视野由轮廓分为图形和背景时,轮廓只使图形成形状,背景似乎无形状。一个曲线轮廓倾向于在它围住的空间,即轮廓的内凹边发挥它的影响。它向内而不是向外发挥它的成形的影响。

虽然轮廓赋予图形形状,但是我们不能说形状就是轮廓,或被试直接地感知轮廓。在他看到轮廓前,某些分析是必要的。即使用铅笔摹绘一个图形,注意是指向所要摹绘图形的形状,而不是轮廓的精确动向。鲁宾对此事件报告过一个有趣的例证。在一张纸上画一条波形线,再在它下面画另一条,如此画出一条宽度一致的条形或带形图。当细心地察看这条带的上下轮廓时,发现它们是很不相同的。因为要使条带似乎等宽,在这种情形之下,曲线轮廓必须不同。显然被试在画条纹形轮廓时,是在留心它的宽度,而不是轮廓的精确动向。

形状与轮廓不同

当视野的两部分被轮廓分开时,这两部分可呈现很不同的形状,虽然它们有同一的轮廓。喜欢玩益智合图的人会知道:图中的单块与它应恰好插入的空白不必看着相似!在嘎里和候海墨[(W. Hochheimer),1934]的实验中,一块长方黑色纸板,沿着多少不规则的曲线切分为二,将此二部分裱装在白色卡片上,因此,这同一轮廓呈现二次,一次用左边的黑色部分来呈现,而另一次用右边的黑色部分(图 14-11)。这些黑-白视野速视地呈现着,使曲线轮廓近似垂直。在每一次短时显示后,被试用铅笔尽可能重画出这轮廓。因轮廓随同右边或左边的图形呈现,这轮廓就看成不相同了,这可从他的不同的绘画很清楚地看出来,而且在这两种样式的呈现中,他很少认出这是同一轮廓,这一事实也表明了轮廓看着是不相同的。

图 14-11　形状和轮廓(嘎里和候海墨,1934)。

当你留心图形的形状时,你容易固定地看某一部分;但当你注意轮廓时,你把它看成一个要跟随的路线。你跟随这轮廓大约很仔细,但究竟这个"跟随"是什么,则不易确定。被试报告他觉得他的眼睛环绕轮廓移动(鲁宾),但从眼球运动摄影,我们知道,他的眼睛并未如此有规律的移动。鲁宾发现当眼维持着固定的位置时,跟随轮廓是可能的,甚至于跟随轮廓的后像。

什么产生轮廓?

马赫(E. Mach)早在1865年(参看马赫原著1914)曾指出轮廓并非在视野上某一部分的彩色或明度的简单变化,因为稳定的明度级差在任何地方都没有轮廓。轮廓是突然的变化;在数学上,它是变化的变化,这就是说,它是明度的二级微分而不是一级:$\left(\dfrac{d^2 i}{d s^2}, 非 \dfrac{d i}{d s}\right)$。一个轮廓是明度或彩色梯度的比较突然的变化。它属于边缘对比的同类现象。对比加强了轮廓,并使物体的外形线比它们在网膜上的映像本身更加明晰。

不仅对比之类的外周因素,就是中枢因素也加强并完善着轮廓。这事实特别地恰好由如图14-12那样的图形表明,在这里,轮廓是越过视野的客观同质部分而主观地完成着。这伸展的轮廓常叫做"结带映像"(tied image);至少,它是对网膜映像的中枢附加物。在

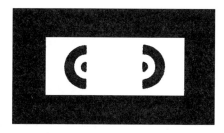

图14-12　主观轮廓(叔曼,1904)。注意垂直白条带的出现,在左右两边有直线为界而与半圆图形分开。

小点图形中,轮廓随小点的成组而改变——这是起源于中枢的一个证明。轮廓也随图形包含的意义而改变[齐格勒(M. J. Zigler),1920]。

在轮廓形成的深入分析中,威尔纳(H. Werner,1935)对同一网膜区域连续地和迅速地呈示两个图形,一个黑方形和一个同样大小由黑框环绕的白方形。若在黑方形后经过150个毫秒的间歇,这时空无所有(灰色);继以有框的白方形,奇怪得很,黑方形完全未看到。若颠倒连续的顺序,则两个方形都看到。用深灰背景,当每一图形中黑和白对调时也发生相同的结果。有框方形消除无框方形,因为在无框方形自身尚未及时建立前,已被相反的有框方形的梯度所抹杀了;但当有框方形先呈示,它的双重轮廓太强,所以不致被消除掉。利用这种消除方法,威尔纳发现角隅特别强而有力。从他所得的结果,也出现有相反的梯度的平行轮廓,与它们的接近性成正比地相互加强着。

傅莱和巴特莱(G. A. Fry & S. H. Bartley,1935)用阈限方法研究轮廓。他们测定了在不同视野的条件下,产生可见轮廓所需要的照明或亮度的最低差

别。他们所得到的结果与假设一致:一个轮廓对邻近平行的轮廓发挥着抑制的影响,而对接近直角的轮廓,则起强化作用。然而,看起来,两个平行轮廓的梯度是在同一的或相反的方向上,似乎应该有一些分别。在目前有的文献中,这个轮廓形成的问题仍然只是开始。不管怎样,如我们在视觉一章中看到的相互作用的效果最为重要。

图 14-13　轮廓的发展实验(威尔纳,1935)。方形 a 与有框方形 b 内的空白间大小相等。对网膜相同区域,按循环顺序呈示它们,间以空无所有(均匀的灰色)的时间间歇,这个间歇在 b 后长于在 a 后,因此一个循环进行如下:

图　　形	显示时间/毫秒
a	20
空无所有	150
b	20
空无所有	300

于是仅看到 b,或最多 a 的唯一痕迹是内部方形范围变成灰色。但若 a 和 b 换位置,使 b 先显现,则 b 不被 a 消除,而是两者都看得见。这 b 胜于 a,也可在两个图形的双眼组合中观察到(如用两眼交叉法),所以,这并非由于纯网膜过程。

图形的掩蔽

虽则谜画(puzzle picturc)似乎不值得用来做科学研究,但是它们并不比小点图形和无意义图形更无希望。用什么方法可使图形隐蔽呢?再好一些,用什么方法可使简单的图形隐蔽起来?我们发现我们正在面临着一个形状知觉的基本问题。如果我们知道形状知觉的各种因素,我们就能如隐蔽一个形状在另一个中一样来控制它们。

由于形状那么多地依赖于轮廓,隐蔽图形的一个方法就是移去轮廓的某些部分。观察者在可能限度内,被迫去补充失去的轮廓,以便再建图形。要重建大部的轮廓,甚至于达到像米开朗基罗(Michelangelo)那样,在一块大理石里就已经看到了雕像,是超过了单纯知觉范围了。

佛利(J. P. Foley,Jr.,1935)由要求被试在整个图形中找出小图形,表征了补充失去的轮廓的困难。他首先检验了从无意义图形分离一部分比较从有意义图形较为容易这一个假设。直到有意义的整个图形的较大的紧密性被指出后,这些结果似乎证实了这个假设。第二个实验比较了三种情况:(A)一个有意义的整体;(B)一个相等地紧密的无意义的整体;(C)相同的整体,但具有一个欠紧密的、支离破碎的模式。结果证明,在有意义的和相等地紧密无意义的整体间并无差异,但破碎图形有显著的优势,它的部分比较容易地被分离出来。又发觉,欠紧密的图形呈现部分的轮廓较为完全。当三种整个图形在这方面加以相等化,即各画以细线横过它们但不毁坏它们的整个形状时,则整个形状也就无关紧要了。因为被试始终打算找出部分,全部的形状对他就没关系了,而各部分可见的轮廓却能导致很大的差异(图14-14)。

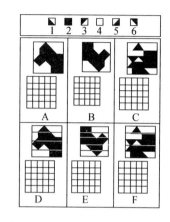

图14-14 一个替代测验的一部分(佛利,1935)。在空白方格中应按顶端题解填入与"图画"相应部分相一致的数码。图画A提示一个物体;B虽然一样的紧密,但不提示一个物体;C是把A的某些横行加以位移而成;D、E、F除了在分散的方块的可见轮廓方面用细横线等同了这三个图形以外,皆与A,B,C同。整个测验包括以同样方式制成的许多套图形。在A和B中,小图形同样地难于找出;在C中较易;但增加细横线使D、E和F部同样地容易了。

在这最后实验中,被试对每一整个图形用了很多的时间。在极短时的呈示中,整个图形的整齐或不整齐是一个比较重要的因素;在一个不整齐的图形中,一个部分更快地被找出来。一个不整齐的整个图形给予被试第一个印象就是无趣味的一团,因而使其注意自由探寻指定的部分,但适意的整个图形就阻止其去寻找部分[赛飞尔特(F. Seifert),1917]。

哥特沙尔德(K. Gottschaldt, 1926, 1929),在部分中用魏尔太墨的完形规律作为指导,在隐蔽图形方面做得很巧妙。他的目的有些不同。他想去核对这样一个一般信念:熟悉的图形容易看见,以及过去经验是形状知觉的一个重要因素。他相信他的结果可得到相反的证明,但这个结论是有争辩的[摩尔(M. G. Moore),1930;布拉利(K. W. Braly),1933]。他并未表明一个熟悉的图形是同一个不熟悉的图形一样容易隐蔽。但他成功地完成了隐蔽熟悉的图形和良好的图形,这些设计我们即将加以讨论(图14-15)。

嘎里和查马(A. Zama,1931)曾做过相似的实验来研究图形掩蔽,其目的是阻碍看图形的过程,并借以揭露该过程。他们在纸上画一个几何图形,如方形或圆形,并在同一纸上重叠加上另一图形,以便在或大或小的程度上掩蔽第一图形。这个组合的图形呈示在被试面前,没有时间限制,并指示他去找出所呈现的被掩蔽的图形,并描写这个过程。他的内

图 14-15 一个图形隐藏在更复杂的图形中(哥特沙尔德,1926,1929)。这隐藏的图形(六边形)是既熟悉、又"良好"的。

省指出大约如下的过程:有些线暗示某一熟悉的图形,这被看成是一个空白的略图,具有要找出的失去部分。这些部分被找出来了,而被掩蔽的图形就或多或少清楚地被看出来(图 14-16)。

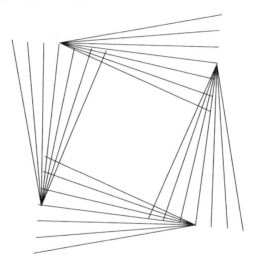

图 14-16 隐蔽的正方形(嘎里和查马,1931)。任务是看见正方形。

怎样隐蔽图形

从上面两个实验,我们可以得到的主要知识,就是隐蔽图形的途径和方法。这个游戏的规则要求被隐蔽的图形的完全呈现。至少,必须具有它的一切线条,这样它才可以在包围的图形中完全被探索出来。被隐蔽的图形的大部分仍然可能从整个图形中被忽略掉。当我们玩这种游戏并呈现所有的线条时,我们实际上可能忽略图形的许多轮廓。

一种自由突出的角隅是一个图形的轮廓的有力部分;若从角隅外延长线条,使这部分被除去,它就不再突出了。一种平正的末端是一个轮廓的重要部分,在它外边安置一些其他线段,它就被除去了。把轮廓的一部分嵌入一系列平行的或辐射的线条,这样,除非用中央视觉(这里图形必须部分地用边缘视觉

来看),就不可能拣出轮廓的这一部分。撇开轮廓,里面的空白空间也是一些图形的显著特征;用画线条横过这个空间,就会除掉这一特征。若原来图形给出三维空间的印象,由于增加了能赋予整个图形以一种二维空间的外貌的线段,即能除掉三维空间的印象;或者相反。若原来图形是对称的,增加线条就使整个图形向一边倾斜。

所以,用增加新部分就可以除掉图形的许多特征。观察者在找出这样隐蔽的图形时的工作,就是要删除那些增添的东西,借以为他自己创造那些曾被"艺术家"所毁掉的部分。艺术家能隐蔽掉甚至最良好的和最对称的图形,不被观察者发现——但这的确并没有证明这类图形在平常知觉中不具有优势。同样地,艺术家的才能甚至能隐蔽最熟悉的图形,但并没有证明在平常知觉中经验不具有重要性。

威特金(H. A. Witkin. 1950a)找出了隐蔽图形的另外方法。他把圈入的图形涂上不同颜色,如此就有利于错的联合。他发现找出被隐蔽的图形所需要的时间上个体间差异很大,并且男人比女人的确较为迅速,而儿童则感到这工作极端地困难。

山根(K. Yamane,1935)研究隐蔽图形的触觉-运动知觉。图形是由打印在纸上的小点作成(有如盲人用的字母),编排为圆形、正方形、三角形和六边形。它们多年是用仿哥特沙尔德的方法被隐蔽着。用盲人和已戴蔽目的人做被试。被隐蔽的图形可以用手找出,但较视觉呈现需要更多的时间,而且错误较多。一个复杂的图形在几秒钟内能由视觉来掌握,盲人也许需要10分钟之久。对全图形的总的理解是很困难的,但小部分的分开领会是比较容易的。视觉的"广度"宽阔,触觉-运动知觉的广度狭窄。广度的差异很重要,这已经由视觉广度的人为限制所证明:呈示的图形是通过1厘米直径的小孔看出,被试可以移动它,以便一部分一部分地去看图形。结果与触觉-运动观察所得相似。

比例作为形状的特征

我们每天所用的这些词汇,如正方形,长椭圆形,细长等,很好地证明着形状的一些特征是容易被认知的,这个特征经分析,归结到长宽间的比率。彪勒(K. Bühler,1913)曾问是否比例是直接认知的,并用心理物理学的测定来求得了一个答案。为了一个粗糙的预备实验,他在纸上画出两组长方形:一组的底线是20毫米,而高度是从7.5到12.5毫米;另一组则两倍大。当一对长方形,一个尺寸大些,另一个小些,呈现作比较时,被试毫无困难来判断哪一个是比较细长的。

为了更精细的研究工作,将长方形用细线画出轮廓,透过黑色虫胶刻在玻璃片上,并在暗室中投影呈现。标准长方形340毫米×255毫米。比较长方形底线 600 毫米,高度范围从 535～650 毫米,每级 5 毫米。比较变量是在标准后呈现出来,偏右略低。呈现时间:标准 0.75 秒,间隔 2 秒,此较变量 0.75 秒。被试按照标准来判定比较变量,是比较细长,比较粗大(比较肥胖),或同形状。

要点在于发现是否形状和长度一样能正确地感知。若比较长方形的形状,使用间接过程,包括估计 4 个长度,每个长方形的长和宽,由于多种错误合并在一起,所以形状不能如单线条那样正确地判定出来。在一个平行实验里,除了不是长方形而只是两条直线的长度相比较外,各有关条件全相同,两个被试比在长方形的比较中欠准确些。他们的结果如下:

被试	差别阈(DL)		标准差(SD)	
	线条	长方形	线条	长方形
Kü	0.012	0.009	0.031	0.021
Ak	0.018	0.013	0.038	0.032

这些小数表示差别阈和标准差都用标准除过。对长方形的相对的差别阈较小于对垂直线的,而相对的标准差也是较小。[1] 但长方形较优于分开的线条是不大的,因此最妥善的结论可简单地说,比率感知和长度至少是一样的。

内省报告表示两个长方形在形状上显然不同,是如此直接地比较出来的,以致没有能够观察到任何过程。当它们的形状近于相同时就需要细心,被试就意识到要细细察看它们的长和宽,但并没有任何企图去计算它们的比率。由于这种方法在试用时,已被发觉是无用的了。彪勒(K. Bühler)曾试用过实验的一些变式。各种长度的横线在 2 秒钟的间歇中先后逐一呈现。第一条线用记号分为两段,其比值是 3:4;第二线分为与这相差不远的比值,并由被试判断是否此两线分为相同的比例。业经证明,这在开始时是一件困难的工作,但进行了一些练习之后,则判断差不多像对长方形一样准确[比较凌克(E. Lenk),1926 和施耐德(C. Schneider),1932]。

几 何 错 觉

在线条图样的知觉中,发生表面的长度、面积、方向或曲度的错误。这样的错觉是"正常的"。其中少数,如直-横错觉,可能由于眼的构造或由于线条在视野中的位置。但大半依赖线条的模式。通常它们是知觉图形的某些部分的错误,对于整个图形的知觉形状乃是偶然的。

这些错觉通常分为:① 对比错觉;② 融合或同化错觉。如果一个矮人站

---

[1] 著者伍德沃斯曾从彪勒表中(1913)计算标准差,作为从差别阈听得的结论的核对,在这里如经常一样,多少取决于被试对于"相等"判断的态度。

在两个高人中间,将被看成较他客观上的身材更矮些,这就是一种对比错觉;但倘若他被看成较他实际更高些,这应是一件融合或同化的例证。

这些错觉同其他误差一样,不仅是一些奇异现象而已,因为它们供给知觉过程的线索。它们久已吸引心理学家的兴趣,设计出许多具有错觉效果的图形。我们不打算作详细的说明,首先陈述一些提供解释它们的主要理论,并且提出一些错觉图形的选品,使读者可以据以验证这些理论。最后,我们将报告一些具有较多分析特征的实验。①

值得考虑的主要理论如下:

(1)眼球运动理论。最简单的形式是假定长度印象的获得是由于眼沿着一线从一头到另一头的移动所致。若眼垂直移动较横行较为费力,则垂直距离较同等的横行距离需要更多的努力,因此就似乎觉得它更长些。再若缪勒-莱亚(Müller-Lyer)图形的一些外向线使眼运动超出所包含的线段的长度,而图形的另一些内向线使眼移动较小的距离,因而第一条线似觉较长于第二条线。眼运动理论上较不直接的形式承认实际眼的运动在一切的情况中并不都遇到,但假定有一种这样运动的倾向已足以发生长度的印象。

若错觉在另一方面发生作用,也可能应用眼球运动理论于相反的情况。若图形的线条吸引两眼超过图形的末端,被试就会觉察到他已移行得太远了,并可能将这图形解释为比它实际更短些。因此眼球运动理论能"阐明"所得到的任何结果!对神感(empathy)理论可能产生一种可匹敌的异议。

(2)透视画法的理论。从无疑的事实出发,线条图画容易暗示事物处于三度空间中,由此推论,线条的表面长度是要受从图中所看到的透视的影响。例如,在图中一条短的直线可代表一条相当长的水平线从观察者那里延伸出去。横-直错觉可解释为假设直线代表一条这样事先缩短了的水平线。在缪勒-莱亚图画中斜线容易地暗示出透视,若这暗示被接受了,则其中一条横线看来离得远些,因此,显得在客观上较另一横线更长些。

(3)利普斯(Theodor Lipps,1897)的神感理论。是一种打算由此解释建筑学上美学影响的理论。他主张即使观看相当简单的图形,观察者的情绪的和反应的本性也是被激发着。一条垂直线,抵承住重力,暗示费力,因而似乎比相等的水平线长些。缪勒-莱亚图形的一部分暗示着扩展,而其他部分则受到限制,因此第一线看来较长些。

(4)混合理论。判定图形的线和角需要分析,这是有困难的,因为观察者被图形作为整体所吸引住了。把缪勒-莱亚图形之一看做一个整体,则诚然较另

---

① 关于这类错觉更完备的叙述,参看散佛(E. C. Sanford,1898),赖德(G. T. Ladd)和伍德沃斯(1911),或艾宾浩斯(H. Ebbinghaus,1911);某些极好的演示可参看陆凯士(M. Luckiesh,1922)。

一个长些。若被试不能使他自己消除这种印象,并缩小他的注意到一个特定线条,他将把整体的印象带到他想象自己要去判断的线条上去。

(5) 丰满或良好图形理论。这里隐喻的应用了"丰满"这个字,多少有些新奇,虽然与用在"语有余韵"这个措辞中相差不远,意思是说一个句子包含着丰富的意义。在德国心理学家心目中,所谓"丰满"的图形,就是能充分表示某种特征的图形。"良好"图形在某种程度上与此是同一意义。按照这种理论,当观察者看到一个图形有某种特征时,他的倾向是看出在条件许可的情况下使这个特征充分地表现。一个近乎圆形被看成如同真圆形,或较它原来更好的圆形。若缪勒-莱亚的一个图形被看成是由分开的两个东西所组成的,这分离将会由观察者夸大起来。若另一图形被看成如一个单一的紧凑的对象则紧凑就会被夸大。

有些学者对几何错觉做过比较直截了当的实验(见下)。

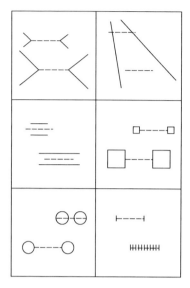

图 14-17 几个错觉图形。试比较各对虚线。对任何理论的一个决定性的测验,是它给予这样的能力;并不是去解释已知的事实,而更多的是去预测未曾尝试过的条件下所将要发生的结果。如果可以看到读者在每一情况下可能预测到哪一个错觉,将是很有趣的。

(1) 在各种不同的条件下对错觉的测量。应用的方法可以是调整法或恒定的刺激法。如使用前法,则给被试一个可调整的图形,并要求他,例如在缪勒-莱亚图形的情况之下,使一条横线被变得与另一横线看来相等。测量错误数,而且重复多次实验,以便计算出常误和离中趋势。这方法曾由黑曼斯(G. Heymans, 1896, 1897),特利(A. Thiéry, 1895),翟德(C. H. Judd)和他的同事们(1899, 1902, 1905),以及许多以后的作者应用过。用恒定刺激法时,两个缪勒-莱亚图形中一个保持恒定的长度,作为标准,其他一个图形为变量,按不同长度的"全部系列"呈现;被试在每次呈现时判断变量是等于、长于或短于标准。这方法曾被易普生(G. Ipsen. 1926a)应用来精细的研究桑德尔(F. Sander)平行四边形错觉(图 14-18)。

对这些错觉作定量的研究其优点是:① 较之只演示而不测量更能揭露出更细小的错觉;② 它提供用任何理论作解释的确切事实;和 ③ 它能扩展到图形中最显然易于产生错觉的部分以外的其他部分。我们已经提到一个著名的例子,即芬格和斯培尔特(F. W. Finger & D. K. Spelt)在 1947 年的实验,他们证明了平常颠倒"┬"形的直-横错觉是被二等分的横条的效应所影响的。因此,若以"└"形替代"┬"形,则此错觉便显著地较小了。

定量研究的一些结果,可简略地引证如下。

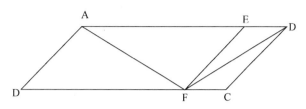

图 14-18　桑德尔平行四边形 $AF=FD$(桑德尔,1926)。

黑曼斯(1896)对缪勒-莱亚图形和它的变量进行了彻底的研究。他发现在最适宜的条件下错觉的平均强度是 25%:这就是,当斜线是横线部分的 1/4 长,而且与横线仅做成一个小角时。错觉的总量是与斜线和横线间角度的余弦成比例,当这角度是 90°时,就等于零,当这角度几乎是零时,就增到它的最高度。

翟德(1899)发现错觉效应完全不限于缪勒-莱亚图形的主要线段。在图形内和邻近图形的所有部分都受到影响;在直接邻近处的所有空间关系都由图形的安排而畸变了。

易普生(1926a)测量桑德尔图形的错觉,发现它甚至超过作为典型的强烈错觉的缪勒-莱亚的强度。最大的错误影响到整个平行四边形所分成的两个平行四边形的对角线;但两个小的平行四边形的底边也受到影响,而且它们的面积和角也受到影响(图 14-18)。

(2)在查看错觉图形时眼球运动的记录。这些实验是为了核对眼球运动理论而进行的。翟德(1905)在察看几种错觉图形时,在练习前后用电影摄影机拍摄眼球运动。从眼球运动简单的理论可以预期,被低估的一条线是由用短促而容易的运动察看的。但照片并未支持此假设。人眼在具有内向斜线被低估的线上作更多的注视;它们似乎在它上面比在具有外向斜线更开展的线上工作要多些。从眼球运动未能推断出来关于错觉的确切的解释。但眼球运动对于图形以及对于错觉都不是无关系的。图形显现得拥挤些的地方,眼的注视就比较多些;哪里图形较开展些,它们就少些。也许可以这样冒险猜测说:眼球运动依靠图形的外观,而不是外观倚靠眼球运动。

这猜测是被察看转换图形时眼球运动所证实。通常以为注视点决定外观,因为由于迁移注视点可能颠倒图形(虽不是立刻地)。被注视着的点显得趋向于靠近观察者。齐墨(A. Zimmer,1913)曾使他的被试观察立体图形,实验者通过实验室的望远镜留心看被试的两眼。每当被试感受到一种不随意的立体的倒转时,他即按电键;又每当实验者看到被试的眼动时,他按另一个键。记纹鼓的记录表明眼球运动出现在倒转后约一秒钟,而不是在前。这因果关系大约是:被试注视图形上似乎最靠近他的那一部分,而不是他偶然注视的任何一部分就好像最靠近他。

席孙(E. D. Sisson,1935)拍摄观察转换阶梯图形时的眼球运动,得到比较更不规则的结果:33%为眼球运动后随着有记下来的倒转和46%为倒转后随着有眼球运动。这是在时间计算系很宽大时的平均百分。但若我们假设,注视点一有改变必然立刻地惹起倒转的外观,"这仅留有全部332次运动中的5.7%是在时限内继之以倒转,这个时限可能指明因果关系。"席孙同齐墨一样,得出结论是:很可能这变动的外观是由于中枢因素,并且眼球运动依靠着变动的外观,而不是相反的关系。

(3) 在实验上控制着观察的态度　为要揭露错觉中的中枢因素,本努西(V. Benussi,1904)告知被试,在一种情况中,用整体-感知的态度去观察;在另一种情况中,用部分-隔离的态度。缪勒-莱亚错觉在整体-感知态度中较在部分-隔离态度中大些。客观条件依照它们能使需要的线条容易隔离或难于隔离而增加或减少错觉。

在附表中举出结果的一个例子。主要线条的醒目使整体形状分裂并削弱了错觉,但整体化的态度经过练习后,克服了甚至不利的客观条件。

后来本努西(1912)将态度实验和缪勒-莱亚图形的动景显现(stroboscopic presentation)相联合。一系列图形急速连续出现,因而图形似乎在活动着,可从图14-19的图解中看明白。在这里错觉是交叉点向角里边移动。若被试严格地注视线条,并将交叉点仅只看成一个枢轴,则此点不移动;但若注意是指向整个图形的变动形状,则此中间点似乎沿垂直线滑动,当两边线段向上移时它就滑向上,当两边线段向下移时它就滑向下。

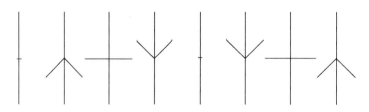

图14-19　急速相继呈现的缪勒-莱亚成分的连续位置(本努西,1912),这就给予交叉点的上下运动的外观和边线的似动现象。

根据本努西(1914b)和其他多数研究工作者来作结论是妥善的:典型几何错觉是形状知觉附带的情况。它们是由图形的整个印象而产生的在一个图形某些部分的表面大小和方向上的错误。我们不可认为这些错觉只出现在实验室的特殊图形中;它们在无数的花样或图案中都会发生。

有利于整体知觉和部分隔离知觉的态度和客观条件[1],[2]

缪勒-莱亚的主要线条	白	白	深灰
斜线	白	深灰	白
背景	黑	黑	黑
在整体-感知态度下的平均错觉	4.95	2.20	7.66
在部分-隔离态度下的平均错觉	1.02	−0.50	3.20

① 本努西(1904)

② 表中每个数字是 20~30 个测量的平均数，全都是一个被试，但业经与其他一些被试的结果对照证实是一致的。

(4) 在错觉中的练习实验。黑曼斯(1896)和其他人曾注意到，对一个确定的图形连续的经验减少了错觉的数量。翟德(1902,1905)对练习效果做过系统的研究(图 14-20)。被试只简单地多次察看图形，而不将他的错误告知他，每次都把仪器调整到主观相等。错觉逐渐减少以至接近于零(图 14-21)，并且对三种试过的错觉即缪勒-莱亚，波根多夫(Poggendorff)和左勒纳(Zöllner)错觉都是如此。但是，这种练习效果只对图形的原来位置有效。如果图形左右对换，则错觉返回到原来的完全强度；并且对有些被试，强度更加大了；但对其他的人，再略加练习这种错觉便能克服。离远一些，并暂时地作为整体来察看，即使在原来的图形中，错觉也重行恢复。眼球运动照片表明，被试看图时并非被动地感受的。他相当详细察看，特别有内向倾斜线段的那部分。这样详细的察看图形在临近练习的末期减少了。

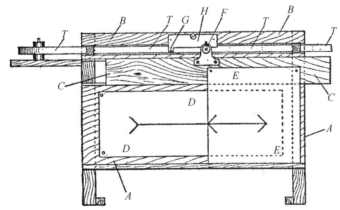

图 14-20 缪勒-莱亚错觉总量的测量和记录器(翟德,1905)。$AABB$ 是一个固定的木框。上面附着含有部分缪勒-莱亚图形的卡片 DD。CC 是可由被试调整的滑动板，上面附着含有图形其余部分的卡片。被试调整滑动部分直至两条主要线似乎相等；然后他借按压杆 F 而记录下他调整的位置，就是在电报式纸带 TT 打上一个小孔，并同时在 G 下的纸带上打上双孔(像这样":")。因为 G 是附着于固定木框，而 F 是附着于滑动板，所以纸带上单双孔之间的距离指示着调整的位置，也就是错觉的数量。

路易斯(E.C.Lewis,1908)和席绍尔等(C.E.Seashore, et al.,1908)做过类似的实验,在不同的练习条件下证实和扩展这个结果,但当时并未得到十分使人信服的解释。用学习上的术语作自然而然的解释必然遇到某些反对意见：① 怎么能有不知结果的学习？② 为什么当图形这端和那端相互调转时,学习的结果就消灭,至少部分消灭呢？③ 为什么有时学习超过相等点,并且以负的错觉而告终？略说一些对这些反对的意见的回答：① 被试不久就了解了：使主要线段相等的工作是困难的,因为整个图形很复杂；他细心察看图形,逐渐采取另一种不同的方法,可能更多的进行分析；② 经过长久的练习,他的步骤已习惯于图形的左-和-右的安排,但当两端倒转时,就暂时被破坏了；③ 他从一次尝试到另一次尝试经常有些改变,当他的平均错误减少到零时,必然有些尝试是负值的。此外,他或许对于图形过分用他的分析态度。但柯勒(W. Köhler)和他的同工作者们依据图形后效,现在提出一个更富有诘难性的解释,关于图形后效我们即将在本章所余的篇幅里加以考虑。

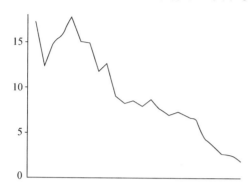

图 14-21 通过重复练习减少了缪勒-莱亚错觉(翟德,1905)。被试所用的仪器如图14-20所示,共做 600 次调整,每天 25 次。在开始时介乎外向斜线之间的线段被调整的比介于内向斜线之间的线段平均短 17%；在练习末尾时这种错误减到差不多 2%。

图 形 后 效

吉布森(J.J.Gibson)在 1933 年,曾报告过某些奇异现象偶然地出现在其他的视觉研究中,现时证明其有可注意的理论意义。他呈现一条稍微弯曲的线,放在垂直位置,给被试稳定地察看 5～10 分钟。在察看结尾时期,这线似较起初时弯曲少一些了；而当给予一条垂直直线时,却看来是向相反的方向弯曲了。这些效果——吉布森把它们称呼为适应和负后效——在使用一条中间弯了的线来代替曲线时也能成功地演示出来。借助于一根柔软的金属杆,使被试把它调整到好像成为直线时就可测出这种效果来。在察看曲线时所失去的曲度是等于刚察看时间之后显现出的直线所获得的曲度。后效,在开始很强,以后逐渐减弱。此种实验曾由贝尔斯和佛兰斯比(J.E. Bales & G.L. Follansbee, 1935)成功地重复过；其实,对于一个初级实验班,这是最可靠的实验之一。

吉布森在此种情形下,曾探究过许多的变量。用横曲线和斜曲线他得到了相同的结果,但这种后效仅限于那些同察看的曲线有共同方向的直线。它又限于由察看直线所刺激的特殊网膜区域。显然这是大脑的而不是纯粹网膜的效果,因为当察看时如果闭上一只眼,然后单独测验这只闭过的眼睛,仍然出现后效,至少有一半强度;如果用手重复沿一条曲线的边缘运动,然后转移到直线的边缘上,则在动觉范围内也找到了同样的效果。再者,一条直线稍稍地从垂直方向倾斜一些,长久注视后,就会失去它的倾斜;其后,一条真正的垂直线却表现出向相反方向的倾斜[魏尔农(M. D. Vernon),1934;吉布森和拉德纳(M. Radner),1937;吉布森,1937a]。吉布森未提出生理的理论来说明这些效果,虽然他曾指出它们与适应相类似,适应在感觉和知觉过程中是很普通的(1937b)。

图形后效的电的理论

吉布森的结果的理论意义开始尚不明显。但柯勒(1938,1940)看出它们可能提供一条探索皮层动力场(dynamic cortical field)的途径,他认为皮层动力场是形状知觉的基础。在1944年,他和瓦拉赫(H. Wallach)曾报告过对这些效果的扩大研究以及许多其他的研究,他们最后能将所有这些工作归结为一个普通的规律。一个典型实验如图14-22所示。

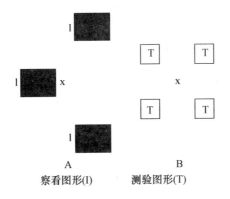

图14-22 位移效果的演示(柯勒和瓦拉赫,1944)。将书页离眼18英寸,注视察看图形中的x点40秒钟,然后看测验图形中的x点。眼不要从此点移动,注意测验正方形间的表面距离。左边的黑长方形所刺激的网膜面积现在将落在两个左边的测验正方形之间,并且排斥它们,因此它们看来便离得远了。右边的两个黑长方形将跨在右边测验正方形的上下方,推动它们更靠近些,因此就有了双重效果。如果第一次不发生作用,再注视察看图形,试一试。当看I图形时,把T图形遮蔽住也许会有帮助;同理,看T图形时,应将I图形遮蔽住。

柯勒和瓦拉赫发现任何线或图形都可用为察看图形（I图形），尤其是，若两眼注视图形或图形附近，长久地察看，在任何测验图形（T图形）上都能引起后效，T图形是在与I图形相同的网膜区附近呈现以代替I图形的。T图形是从以前I图形的网膜位置上被推开了。这好像是一个区域（不是网膜，但大约是视皮层），在遭受连续无变化的刺激后，排斥了T图形，并好像在紧靠近I图形的位置上，这种排斥力量最大。这些位移似乎便歪曲了T图形。所有这些"图形后效"都可归入位移的普遍规律中。

餍足理论是由这些作者提出来的，可约略地概述如下。在刺激范围及相应的网膜和网膜的大脑皮层投射区，使黑和白面积间有一个分界线。电位在界线的一边较将高于另一边，而均压电流将扩展到直接毗连的组织和液体。这电流在组织中发生了电张力状态；它极化了细胞壁，因而减低了组织的电传导率。于是毗连I图形位置的面积成为有阻抗的或餍足的，而由T图形产生的电流将被迫入于远离I图形的位置，较少餍足的区域。此外，因为图形后效常常继续至数周或数月之久，我们应假设，受影响的组织可能经历一个达到加强极化性的相当长久的变化。

自从图形后效的原始报告以后，现在已经有了许多不同的实验。福克思（B. H. Fox，1951）曾提出了作为图形后效因素的餍足和适应二者的真实性的实验证据。哈马尔（E. R. Hammer，1949）曾研究时间关系，测量在不同察看时间之后和在不同恢复时间之后的位移。她发现，甚至仅在察看5秒后，也有少量的位移，约在察看60秒后达到最大的位移；在恢复时间之内，位移在开始时是最大的，而约在90秒后降到零。意外得很，同样的位移也出现在视觉深度中［柯勒和爱墨瑞（D. A. Emery，1947）；芬伯格（S. W. Fernberger，1948）］。图14-23表示一个标准实验。但这个深度效果给理论带来了某些困难。

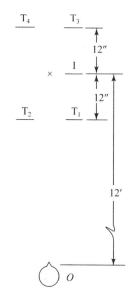

图14-23 第三度空间中位移的演示仪器装置的顶视图（仿柯勒和爱墨瑞，1947）。被试坐在离注视点x 12英尺处。所有图形 I, T_1, T_2, T_3, T_4，都是同样的白正方形；T_3和T_4后面的背景是黑色的。在察看时间，仅有I被显示；其后，此正方形立即移去，而一对正方形 T_1和T_2急速地呈现在注视点前12英寸的平面上。结果是：T_1受以前被刺激的面积所排斥而似乎比T_2较近于O，T_2是远离被刺激面积的一边。但当测验正方形T_3和T_4在远于注视点之处呈现时，T_3是被排斥于相反方向，并似乎比T_4离被试较远。

餍足是设想在大脑皮层枕叶表面上的电流变化。那里有一个清楚的,虽然有些歪曲的大脑皮层上网膜的"投射图"。如此,视觉世界的二维空间的形式便有了相应的大脑皮层代表区。但在大脑皮层中并没有已知的第三维、深度的空间代表区。因此,难以在深度图形后效中应用餍足概念。

缪勒-莱亚错觉 柯勒和费施贝克(J. Fishback, 1950)提出了证明,认为餍足就是连续重复能减少这种错觉的原因,连续重复能减少错觉就是翟德和其他早先研究者所报告的"练习效果"。应该注意,餍足不是作为错觉本身的一种解释而提出来的。它乃是作为错觉的减少和最后的破坏的原因而提出来的。考虑一下V的三个角引起错觉的任何一个角。在V里面较在它的尖端的前面餍足构成比较快些,而且这V要被推向前。因此,在两个V的尖端之间的空间就要减少,而在两个V的开口端之间的空间就要增加。错觉在有些被试那里减低得快些,较翟德的曲线(图14-21)快得很多。为了确定这种减低不是由于比较缪勒-莱亚图形的两个部分的练习,实验者每次仅只呈现图形的一部分(除开少数测验试验)。这方法破坏错觉的速度与在做许多比较时一样快,因此,必然是稳定的察看,而不是比较,破坏了错觉。其他变式实验证实了作者们的结论,表明错觉是餍足和实在感觉中结局的改变所破坏的,而不是练习和学习所破坏的。至少,不是在寻常的意义上所谓学习——但在餍足的效果和普通观察到的学习效果之间是有些相似的。一则,若图形后效坚定地建立起来了,它们将继续数月之久;再则,餍足似乎在间时练习中进展较快一些。这些相似之处提示一种可能性:记忆痕迹可能主要是由餍足模式所组成的(柯勒和费施贝克,1950)。

餍足理论的批判

在恰当地评价这理论之前,更多有关定量的资料是必须的。例如缪勒-莱亚图形在所用的观察距离(viewing distance)上只占柯勒-费施贝克实验中的3°视角,而占翟德实验中的26度。在较大图形中,为了破坏错觉就需要更多的餍足。这也许就是为什么错觉被破坏在翟德的被试那里比在柯勒的被试那里较慢些;但我们是否确信,餍足常能扩散到足以包罗较大图形那样远呢——或者,图形越小,错觉的破坏越快呢?

史密斯(K. R. Smith, 1948)和黑布(1949)曾提出过其他异议。最严重的拉希莱、周杲良和塞漠兹(K. S. Lashley, K. L. Chow & J. Semmers, 1951)的攻击,他们开始说柯勒的电场理论"在科学的巧妙所产生最具创造性和系统性的理论中,应占有荣誉的地位。"但接着引出使人信服的证据来反对它:一则,大脑皮层解剖学的排列全然不是这个理论所需要的那样,在大脑左右两半球之间视区的分区,各有许多的裂(fissure),可使电流扩散到奇异的方向;再则,一旦感觉模式离开内导神经原进入电场，它如何转回来进入外导神经原，并产生适当的运动反应模式呢？最后，拉希莱等人曾设计了一个实验来核对这个理论。他们在一只猴的枕叶表面放置金箔片，又在另一只猴脑皮层里插入金针，为了使电流短路，以便破坏任何确定的完形。但在手术后的测验中，这些猴并无视觉模式损伤的表现。

从餍足理论的战士那里对此要进行反驳是可预期的。而且，也十分可能，或许有人将会以更可能接受的神经术语作出一种反驳的理论来。现时，关于把这些事实扩展和数量化，在实验室中还有许多工作要做。在某一时期曾以为几何错觉可以发现形状知觉的实质。这种愿望未曾实现，但是或许对错觉-图形后效的新分类作进一步的研究将会指导我们前进。

（朱希亮　译）

第十五章

颜 色 知 觉

从用自己的眼睛去"看周围"的任何人的实用立场来看,网膜像应该在他的面前显示出一些对象的真正性质和它们之间的真正关系。但是,在仔细地考虑后,作为周围的直接表象去看,网膜像是有严重缺陷的。在像里面,并没有对象,只有一些并列的小块颜色斑点。这个像,像任何其他的图画,是平面的,而周围则是立体的。当观察者从不同的距离、从不同的角度去观看一个对象时,那对象本身是没有什么改变的,而像的大小和形状却改变了。同样,就颜色来说,它的像是随照度(illumination)而变的,而对象则保留它自己的颜色。虽说网膜像有这些缺点,但它总供给客观的距离、大小、形状与颜色的良好指示,因为观察者立即就看出它们,并且常常看得很精确。于是视知觉的一个普遍的问题就被提出来了。心理学家要想探索出距离、形状以及其他视觉的指示,并且要想发现这些指示怎样在知觉和行为中被利用。当然,我们可以直截了当地询问被试,他所用的指示("线索")(cues)是什么。但是用这种方法去解决问题是不中用的,因为被试可以这样回答:他用不着任何线索,就能直接看出一个对象的大小和距离。实验者必须像平常一样,改变条件、改变刺激变量(S factor)与被试变量(O factor),有时还要除去或加强某一线索,并且注意被试报告中或他的实际反应中由改变条件而得来的那些不同点。实验者必须这样去对付他的问题。

颜色知觉中的一些问题

这是一个普通观察的事实:煤炭,即使在阳光中看来,仍是黑的;白垩,即使在阴暗中看来,仍然是白的。然而,在这些条件下,眼睛从煤炭所获得的光,较之从白垩所获得的光仍然是强得多。煤炭的网膜像是明亮得多的,但是观察者的印象仿佛符合于对象多过符合于刺激。在这里,他看不出矛盾,因为假如煤炭真是黑的,它在良好的光亮中一定应当看来是黑的。这或者不是一个坏的答复,但是这个答复对于心理学家提出了一个问题。

早先的理论

早期的生理光学卓越人物亥姆霍兹(H. V. Helmholtz)和黑灵(E. Hering)对于这个问题早就发生兴趣。亥姆霍兹说过(1866):

颜色的重要,对于我们来说,主要是由于颜色是对象的特性,并且使我们能够借颜色以确认对象。在视觉的观察中,我们经常试图对于对象的颜色下一判断,并且想除去照度的差异。因此,我们清晰地区别出微弱照度中的一张白纸和在强烈的照度中的一张灰纸。我们有丰富的机会在光天化日的光亮中,在晴朗的天空的蔚蓝光亮中,在阴云街布的天空的微暗白光中,在夕阳或蜡烛的红黄色光亮中——还不说在由周围的物体有颜色的反光中——去考察同一客观颜色(object colors)。在这些不同的照度下去看同一物体,不管照度是如何不同,我们总会获得物体的颜色的正确观念。我们学习去判断:这样的一个物体在白光中会有怎样的颜色;既然我们的兴趣完全在于物体经常的颜色,我们就没有意识到我们判断所凭借的那些感觉了。

建立在无意识感觉上的理智判断,在黑灵(1874,1876,1879)看起来,对于颜色知觉的过程是一种不合实际的解释。他认为,在这一件事实上生理学有许多道理好说。他指出那些补偿照度变化的外周因素:瞳孔的收缩与扩张,网膜的适应与对比。他承认这些外周因素并不是完全足以说明的,因之他也提出大脑的因素。他说,任何刺激的感觉效果不仅以视网膜为转移,并且以大脑的接纳中枢、"感觉区"(sensorium)为转移,在看物体的时候,脑结构是可以由于使用而改变的。在大脑皮质灰色物质改变之后,我们从同一的刺激获得改变了的感觉,于是我们的印象就是一个真实的感觉而不是一个理智的判断。后来黑灵在这个"记忆颜色"(memory color)的概念的阐述上又进行了加工(1907,1920重印):

我们借以最常看见一个外物的那种颜色给我们的记忆以深刻的印象,这个颜色变成了那个记忆像的固定的特征。平常人所称为一物的真正颜色实在是那在他的记忆中已经坚定地附着于那事物的颜色;我想称它为那事物的记忆颜色。一切从过去经验为我们所知的东西,或借颜色我们以为为我们所知的东西,都是通过记忆颜色的眼镜去看的。

黑灵竭力主张说,这种"所见物体的接近的颜色常性"在全部生理光学的领域中是最引人注目,并且是最重要的事实。

卡茨(A. Katz,1911)认为这个问题也适宜于心理学的研究,他把这个问题搬到心理实验室里去,指出记忆颜色和黑灵的外周因素都不能说明客观颜色的知觉。在最初,他是倾向于相信亥姆霍兹两阶段过程的说法,他讲到从颜色的刺激价值到其客观价值的大脑的"转化"(transformation)。在给尔伯(A. Gelb, 1929)的重要批评之后,卡茨在他的书的第二版中抛弃了转化说,但是他仍然保留亥姆霍兹"对于照度的考虑"的概念。

许多心理学家都在这个问题上研究,这个流行语,"颜色常性",随同"大小常性"与"形状常性"等,虽说并不是常为人所理解的,但已经成为熟习的心理学口头禅。邵勒斯(R. H. Thouless, 1931)提议用"向真实物体的现象的返回"(phenomenal regression to the real object)这个含义丰富的名词。这个名词应理解为"趋向于真实的物体"(toward the real object)。这个返回或移动是从刺激的颜色、大小或形状趋向于客观的颜色、大小或形状的返回或移动,但是那外表的或"现象的"颜色、大小或形状平常总位于两"极"之间[布伦斯维克(E. Brunswik, 1929, 1933, 1934); 安斯巴赫(H. Ansbacher)在1937年对此曾予以评论]。煤炭在任何光亮中都显出黑色,但是在很明的光亮之下并不十分像在比较暗淡的光亮之下所显出的那样黑。

一个想画风景的画家总想抓着他眼睛所遇到的刺激的颜色、大小和形状——这是一个困难的任务——但是普通的观察者则只对于他眼前事物发生兴趣。在我们考察关于客观颜色知觉的实验之前,我们应当追问,客观颜色究竟意味着什么?既然照度很明显地是一个重要因素,我们还应该追问,我们能不能相信观察者在知觉受光物体的颜色中有去知觉照度或去记录照度而予以考虑的任何能力。

"客观颜色"是什么?

在表面颜色与其他颜色之间,卡茨(1911, 1930)曾作出重要的区别。他在那时正试图发现,网膜像的颜色小片,在朴素的观察者看来是怎样的。绝大部分的小片看来好像是物体的表面,而物体的颜色则看来好像是存在于这些表面中。拿天空来说,平时看来,天空是某距离以外的一个表面,天空的颜色好像是那遥远的表面所固有的。但是天空并不一定像一个表面那样显现出来,天空可能像在不确定的距离中的蓝色广阔物——正像当我们在旷野中或在山顶上去看天空那样——那天空的蓝色可以称为广阔颜色(expanse color)。假如你通过一段管子去窥视天空或看任何一块完全一色的表面,你可以看见像这样的广阔颜色的一些小片。试把一张纸卷成一个纸筒,通过这个小筒,你只能看见一个单一的颜色。这样,表面就消失了,通过这段管子,你只看见一块颜色了。在一张卡片上钻出的一个孔,也有类似于小管的功用。在客观颜色实验中常用的这种简单仪器称为孔幕(hole screen)或减光屏(reduction screen)。

广阔颜色还有别的名字,最适宜的名字或者是窦孔颜色(aperture color)。窦孔可以是幕中的一孔,或一裂口,或是光学仪器中直接射光进入眼中的一个圆孔。这种窦孔颜色看来好像是自己发光的(self-luminous);而表面颜色则好像是受光,而不是自己发光的。窦孔颜色可以从暗淡到明亮,从零到无限制的明度(brightness)排列出来。表面颜色在最好称为光度(lightness)的中间是有各种程度的不同:在无彩色的系列中,表面颜色,在也可能称为白色的中间也有各种程度,可以从黑色起,通过灰色的各种浓淡,直到纯粹白色的一定顶端。表面颜色和窦孔颜色都能有各种色调。

在一律照度下的白色与反照率 从心理物理学的早日起,从科学的兴趣出发,与较近地从实用兴趣出发,用二等分法分排黑白连续的等级早已为人所采用。外表的白色乃是物理反照率的一定函数,但是并不是一种直线函数。一个白色与黑色50:50混色轮的混合显出一种浅灰色,并不显出中等灰色。当把完全的黑-白广距分成外表白色的10个相等的等级时,反照率大约是这样的[纽霍尔,尼克森和翟德(S. M. Newhall, D. Nickerson & D. B. Judd),1943]:

白色	反照率	白色	反照率
0	0	6	0.29
1	0.01	7	0.42
2	0.03	8	0.58
3	0.06	9	0.77
4	0.12	9.5	0.88
5	0.19	10	1.00

表面颜色是物质的某种物理特性,就是吸收投射光的一部分,反射其余部分的特性。一个完全黑色的表面会吸收一切投射在它上面的光,而一点也不反射;一个完全白色的表面不吸收一点光而将光全部反射出去,但是灰色则将投射光的某些部分反射出去。一个灰色的反照率是由投射光与反射光的比率测量得的。白铅色与煤烟色的某种混合色可以反射25%的光,它的反照率因此就是25%。当它吸收的光愈多,反射的光也愈多,但常是反射出它所吸收的25%。假如你在强光下和在较暗的光下,都把一个灰色确认为是同一的灰色,那你是在知觉这个反照率的物理特点。

白色的反照率或任何中等灰色的反照率是无选择性的。选择的反照率产生一系列的彩色——红、黄、绿、蓝、紫的表面色。一个红色的表面主要吸收短波,反射长波;一个绿色的表面主要反射中波;一个蓝色的表面主要反射短波。在带黄色的、人为的光亮中,这些陈述仍然是真实的,因此,以从红色表面反射出的光为例,它较之带黄色的照度更红。假如被试在各种照度下,能够确认一个红色的表面,这是因为他看见这个表面较之眼界中的普遍照度更红些。他是在这个彩色与其周围的关系中去看这个独特的彩色,并把这个周围作为照度的线索。

再说,白色并不是明度的任何特殊度数,它是按照照度而成为明亮或暗淡的。但是,在任何已知的照度下,没有一个表面颜色较最可能得的白色更为明亮。假如一个表面发出的光较之它从照度所吸收的光为多,它是发光的,并且看来也如此。在表面颜色中,黑色也占有一个独特的地位。绝对的黑色在任何照度之下不会反射出光,但是绝对的黑色表面并不存在。一张良好的黑纸会有3%那样低的反照率,而一张良好的白纸的反照率则在80%左右。在眼前最淡的灰色可能被认为是白的,最深的灰色则可能认为是黑的。

在无色的或白-灰-黑系列中,假如我们定 $M=$ 照度,$S=$ 进入眼内的反射来的光(刺激明度),而 $A=$ 反照率(reflectance,有时称做 albedo),我们就可以得到反照率的物理测度:

$$A = S/M$$

为要知觉表面颜色,观察者因此需要他一定能得的刺激明度与足以说明他相对地能够知觉反照率的照度的某种线索作为根据。至于他如何利用这些根据而"解决"了上述这个方程式的问题,我们将留到下面去讲。我们首先研究一下这位研究者获得照度的适宜线索的机会。

记录照度

我们说"记录",为的是不把照度的明显知觉包含在一切情形内。在许多情形里,我们确实地知觉照度。当我们开灯和关灯的时候,当太阳穿到云背后的时候,当我们从一个黑暗的房间进入一间明亮屋子的时候,我们注意到照度的变化。晨间从窗户望出去观察一下天气,我们从地上、树上或建筑物上的光亮,立即知道太阳正在照耀,并且知道它是如何光辉地照耀着。若把眼睛闭上,我们仍能理会到落在眼皮上的光的变化。

既然眼睛在其演化的最初阶段里没有水晶体或角膜,它不能提供物体的图像,我们不难同彪勒(K. Bühler, 1922)一样相信:对于一般照度的反应是较之对物体的知觉更为原始;对于每一新的视野,开始反应可能就是一般照度的记录活动。

黑灵(1907)提出了一个逻辑的困难:我们必须先知道表面彩色才能利用反光作为照度的指标,然而我们必须知道照度才能利用反光作为物体颜色的指标。我们好像陷落在一个循环论证中去了。答案是:

(1) 在一个正常的视野中,许多物体是同时看得见的,落在一个独特物体上的照度是可以从得自周围物体的刺激聚集起来的[卡多斯(L. Kardos), 1929]。

(2) 间接视觉的区域对于表面颜色的知觉没有什么帮助,但是它提供照度的一个总印象。

但是,既然可见的周围的不同部分常常是以不同程度来受光,把一般的照度记录下来是不够的。我们能够知觉不同照度的区域吗?没有什么比这个是更确定的了。高度的光亮和浓深的阴影,在树下的日光斑点,房屋和人的影子——这一类例子是说不完的。

一片阴影是为它的沿边的半阴影(penumbra)显示出来的,一块特别明亮的区域也是如此。我们并不时常注意到半阴影,但是我们把它用来知觉阴影[冯特(W. Wundt),1911]。黑灵的一个有名的实验(1907)证明了在知觉阴影中半阴影的重要性。

这是环圈阴影的实验(ringed shadow experiment)。把一个细小的物体在一张白纸上投下一个阴影,接受阴影的部分看起来像在阴影中的白纸。现在,用一条粗的黑线把阴影的轮廓显现出来,把半阴影部分掩盖起来:阴影的形状消失了,而阴影的部分看起来好像是灰色的纸。也可作一相反的实验:用一幕置于光与纸之间,使光与纸隔开,但幕中有一孔,光可以通过孔而射在纸上,在纸上显出一个光点。以黑色圈出那个光点,光点看来好像是一块更白的纸,甚至好像一个发光面。

根据条件,客观的阴影可以由三种不同的方法为我们所知觉。我们曾经讲过两种方法,即阴影知觉与深暗的表面颜色知觉。第三个知觉方法是一个物体的形状知觉,或更通俗地说,第三个知觉是空间关系知觉,特别是立体知觉。当一块白毛巾挂在钉上,或折皱的白手巾放在桌上时,某些部分较其他部分受光更强,全部看来是白的,许多阴影则指示毛巾或手巾的折皱痕迹。墙壁的粗糙处或织物的粗疏组织(其细微结构)之所以能被人看出,是借助于许多细微的阴影,这些阴影并不被分别地看出,而被看成是高低不平的表面。一个圆球形的表面之所以为人看成球形,也是借助于阴影,那表面从高度的光亮向暗晦的阴影渐移;但仅看成是纯阴影时,这种渐次浓淡是不容易看出的。一个想用水彩或木炭来画物体的新手,虽然足够清晰地看见物体的形状,但总不大知道如何着手。他之所以能看清物体形状,是依赖于阴影的浓淡程度,但是在分析与画出那阴影的浓淡程度中,他很感困难。把阴影不当成阴影去看,而利用它们去知觉空间关系的别的例子,还可以举出许多。

相反地,假如空间关系与其他线索是清楚地区别开来的,空间关系可以提供照度的线索。假如一个箱子的立体很清楚地显露出来,那较暗的一面由我们看做是荫蔽了的一面,而不是涂了黑色的一面。

在一个物理上均一的表面上,如在墙壁、地板或草场上,光与阴影是最清晰地突出来的。当一块均一的墙壁的不同部分受到不同的光,由于墙壁的空间和物质的绵延,照度的差异很容易为我们所知觉。以两个相同物体挂在不同照度下的一堵墙壁上,假如两个物体之一所反射的光为其邻近墙壁所反射的光的二倍,则其他一个物体亦必如此。既然这堵墙壁显然是均一的,这两个物体的反照率看来应该相等,并且实际上也是这样。任何完全均一的表面为照度与客观颜色的记录提供一条基线。

把非实验的证据概括起来,我们可以下这样一个结论:照度的普遍暂时水平至少是被粗略地记录下来的,在一处风景中或在别的看得见的环境中,照度的差异是显而易见并且是能予人以印象的。

在照度的正常条件下的客观颜色知觉

我们举出布尔慈拉夫(W. Burzlaff, 1931)的研究作为介绍性的实验。他准备一套共 48 张的灰色纸,将其以几乎相等的阶梯排列起来,由最白的白色到最黑的黑色。他这样决定每一灰色的相对的反照率:用每一灰色与一白-黑混色轮的混合色配对,为确定这种等级的定法是否正确,他把每一灰色与混色轮都置在同一照度之下。于是每一灰色被确定为含白色的若干百分率。每一灰色都有两张,各为 6 平方厘米。把一套 48 张灰色纸依着次序贴在一块 60 厘米×80 厘米的中等灰色硬纸板上,而其他一套灰色则不依着次序贴在相似的硬纸板上。将没有次序的一套安置在窗子旁边,在那里这一套灰色被散漫的日光所照;而依着次序贴的一套则置在房间的深处,离开窗子很远,以致它所受的光度仅为没有次序的那套所受到光照的 1/20。

被试站在窗子旁边,背向窗手,在同一背景上,就是在房间深处暗晦的墙的背景上,观看那两套灰色纸板。实验者在相近的纸板上指定某一张灰色为标准,然后在远方的纸板上一一指点那些灰色。要求被试把每一灰色与标准比较,说出该灰色或是同等的,或是较明的,或是较暗的。这样的手续经过六次,标准也换了几次,于是依照常恒刺激法(method of constant stimuli)把主观相等点(subject equality)计算起来。

简单地说,结果是被试把近而受光好的纸板上的灰色与那远而受光较暗的纸板上的同等灰色都近似地等同起来。虽说照度有差异,他能把一张纸板上的某一灰色与另一张纸板上的几乎同等的灰色配对成功。

布尔慈拉夫的主要问题是:幼儿能不能知觉表面颜色。下表指出每一年龄与 5 个灰色的结果。它指出平均暗光对于每一明亮光标准的配对。

	标准/(%)				
	75	51	25	11	5.6
5 名成人	81	53	25	12	6.0
4 名七岁儿童	80	53	24	12	5.8
5 名六岁儿童	78	55	25	12	5.7
6 名五岁儿童	79	54	25	11	5.7
5 名四岁儿童	77	54	24	11	5.7

此表说明：成人把在一较弱照度下所见的略较明亮的灰色(81％的白色)和在一良好照度下所见的明亮灰色(75％的白色)配对起来；如此类推。

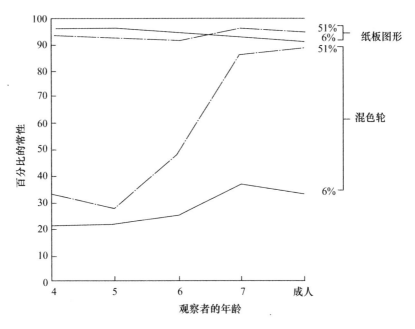

图 15-1　依据年龄得来的客观颜色知觉(从布尔慈拉夫来的资料，1931)。各种年龄的被试在强光所照的灰色与弱光所照的灰色之间所作的配对。按照刺激明度配对，这些配对应该表现在基线上；严格地按照客观白色(反照率)配对，这些配对应该表现在上面的横线(100％)上。实际上这些配对是表现在这两极端之间，表现在中间线上的。在用硬纸板图片的实验中，这些配对很接近于反照率的配对，并不随年龄大小而产生多少差异；但是在用混色轮的实验中，4岁和5岁儿童所作的配对较接近于刺激配对，年龄愈大者所作的配对则接近于客观颜色的配对。这种情形，与深灰色(6％白色)相比，对于淡灰色(51％白色)是更适用的。

　　在这些结果中，看不出有多少年龄差异的形迹。4岁儿童作的灰色配对时是和年龄较长的儿童们或成人们作的同样地好。除非我们对于这种情况考虑一番，我们不会在这些结果中看出有什么引人注目的东西，我们会提出这样的问题：为什么任何人，儿童或成人，在良好的或暗晦的光亮中不能把同样的灰色看成是同样的呢？考虑到从任何特殊的灰色在弱光中所反射到眼睛的光只是在强光中的 1/20，我们就开始看出一个问题了。刺激被减弱到 1/20，然而客观彩色看来是同一的，或几乎是同一的。刺激的减弱产生某种效果，因为错误大多是朝着一个方向：总把弱光中一个多少较明亮的色度与强光中某一色度配对。实际的配对是一个客观配对与一个刺激配对之间的折衷,但是在这一个实验中实际的配对是更接近于客观配对的。

在不同的照度中配对混色轮的灰色

同一作者曾经做过另外一个实验,但是那个实验对于表面颜色的知觉并不那么有利。用两个色轮,一个置在窗子的侧边,另一个则放在房间的后面,在那里,照度只有在窗子边照度的1/20。看这两个色轮时,都以房间后面晦暗部分为背景。把某一黑-白混色板放在一个混色轮上,并转动起来,调整另一混色轮上的混色板上黑-白混色,让站在窗子旁边的被试看来,这两块混色板上的混色相等。某些结果已示于图15-1中,这些结果与从前一个用贴灰色纸片的硬纸板实验所得出的可资比较的结果一并在该图中提出。此图显示出三个重要结果:

(1)(除了散见的个别例外以外)实际的配对总是居于客观颜色所要求的与从物体得来的刺激所要求的之间。实际的配对是两个理想价值之间的折中。

(2)实际的配对在用贴灰色纸片的硬纸板实验中,较之在用混色轮的实验中,更接近于客观颜色。

(3)用贴灰色硬纸板所作的实验指出,结果并不是随年龄而有差异;但是用混色轮所作的实验则指出,结果是随年龄而趋向于客观颜色的精确知觉的发展。

为什么知觉转动着的混色轮上混合色的客观颜色比知觉那贴上各种深浅灰色纸片的硬纸板上的简单灰色纸的客观颜色更难?混色轮的旋转消去了纸的粗细不均之处,从而增加了分别表面颜色和照度的困难。布尔慈拉夫对于这个因素是不如对于硬纸板上许多灰色的同时出现来得重视。他认为多变化视域的"清晰度"(articulation of the diversified field)是重要的;其他作者则认为视域的"组织"(organization of the field)重要。这些提示都颇空泛,较恰当的做法是注意每一硬纸板的图片都提出一整套依次从黑到白的

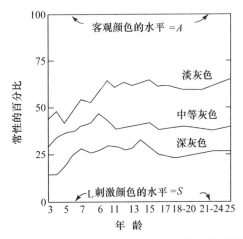

图15-2 在不同照度下配对灰色实验中的年龄曲线(从布伦斯维克得来的资料,1929)。在不同照度下每一种灰色明度是在另一照度下的5倍。

各种灰色,使得黑与白都可以用来固定(anchor)这两套样品。还有,硬纸板本身、样品紧邻的背景都是同一中性灰色纸板。这样就使得每一样品对于它的背

景的明度比率在两张硬纸板上都是同一的,假如两个背景看来相同(如前面所讲到的墙),则每一样品便应当看来具有同一反照率。

布伦斯维克(1929)用灰纸方块做的实验所得的年龄曲线与布尔慈拉夫用混色轮作的实验所得的年龄曲线相似。但是他每一次在离光源不同距离的地方只呈现两个单独的方块。直到9~11岁的年龄,在接近客观颜色水平方面,是有进步的(图15-2)。

"常性"的测量

布伦斯维克(1929)创出一个简便的方法,以陈述趋向于客观颜色、大小等知觉的接近程度。当被试企图在不同照度下配对所见的两种灰色时,他的反应常居于两极端之间的某个地方:一个极端是他依照刺激的明度作反应,另一极端则是他依照反照率作反应。假如他严格依照刺激强度作反应,他显示不出接近反照率配对(或白色常性)的趋向;假如他严格依照反照率反应,他显示出100%的白色常性。我们可以根据他在这个连续中所作的配对地位而规定他的实际配对的百分比价值。

在这件事上,避免混乱的最好方法是借助于一个图。在一条线上定出三点:

S(刺激[stimulus],一个刺激配对的百分比反照率),

A(表面白色[albedo],被用来配对的对象的百分比反照率),

R(反应[response],被试用作配对的样品的百分比反照率)。

$$\underset{8\%}{S} \qquad \underset{24\%}{R} \qquad \underset{40\%}{A}$$

然后是常性的程度,如下面公式所表达出来的:

$$布伦斯维克比率 = \frac{R-S}{A-S}$$

这乃是刺激和对象间的距离与刺激和反应间的距离的比率。在那条线下所登记的数值是从一个典型例子得来的。

用以配对的灰色具有40%的反照率。我们把它放在10标准烛光照度之下,作为标准。我们要求被试从一系列置于50标准烛光照度,即另一烛光照度的5倍下的灰色中,去选择出一个可以配对的灰色。对于一个刺激配对(零的常性),被试会选出一个8%反照率的灰色,即我们标准的1/5。在 S 之下登记出8%。对于一个对象配对(100%的常性),被试会需要一个标准反照率的灰色;因此,在 A 下登记40%。假定被试实际上选出一个具有24%的反照率的样品,于是在 R 下登记24%。我们的公式就变成:

$$(24-8)/(40-8)=16/32=50\% \text{ 的常性}。$$

部分地由于外观明度更多近于与物理明度的对数相应,又由于其他原因,邵勒斯(1931)提出了一个改变了的比率,它有时(并不经常如此)好像产生较好的结果。采用 A、S 和 R 的 $\lg$,我们得出

$$邵勒斯比率 = \frac{\lg R - \lg S}{\lg A - \lg S}$$

在我们的例子里,用这个公式得出 68％的常性。

或者一个较好的公式可以从等级的白色量表推得。检查三种反照率量表的等值,从这些白色值中求得比率。从我们的简表可以得出粗略的白色值如下:

	反照率占比/(％)	白色(量表值)
对于 S	8	3.3
对于 R	24	5.5
对于 A	40	6.8

白色比率＝(5.5－3.3)/(6.8－3.3)＝63％常性。对于这个白色比率的证明是:假如被试见过上面所述在同一照度下的三个反照率,他就会依照标准的等值表去评定这三个反照率的白色程度。由于照度不同,他选择从刺激数值到客观数值的白色量表上的 63％常性的白色,以作配对。假如要用这个表去求得精确的结果,就应当使用门色尔的灰色系列(Munsell series of grays)。这个灰色系列,无论就物理的反照率或心理的白色来说都是曾经细致地测量过的。

动物的颜色常性

既然年幼儿童表明有知觉反照率的相当大的能力,我们就要问是否动物也有一些这种能力。洛克(N. M. Locke,1935)在类似的条件下测验过 4 只恒河猴和 5 名成人。被试看到面前一块以隔板分开来的白色区域和黑色区域。这是一个黑白辨别测验。当猴子伸手入白色区域,它就获得一粒葡萄干作为报酬。不过,这个白色区域有时是布置在右边,有时是布置在左边的。一旦这种辨别习惯建成后,就把额外的光射到黑色区域上去,使刺激强度超过白色区域的强度,但是猴子总是继续选择白色区域,直到刺激强度非常有利于黑色区域为止。对于个别被试,布伦斯维克的比率如下:

被　　试	布伦斯维克比率				
成人	0.10	0.13	0.13	0.19	0.23
猴子	0.47	0.53	0.59	0.65	

从上表我们可以看到:猴子与人比较,猴子确实表现出更趋向于从两区域的反照率继续获取线索,而不大从两区域的刺激明度去获得线索。

布尔堪(W. Burkamp,1923)下降到脊椎动物阶梯的低层,对于养鱼缸内的

鱼进行实验。在他脑中存在着两个问题:测验色觉,并且去发现鱼是反应刺激颜色抑或是反应客观颜色。简略地说,他的程序是:训练鱼去寻觅某种颜色水槽中的食物,然后应用测验去查明:① 鱼能否从聚在一块的许多灰色和其他颜色中区别出这种颜色来;② 即使把照度变到改变了刺激值的时候,鱼还能不能这样做。

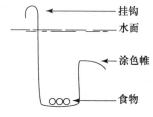

图15-3 对于水缸鱼做实验用的食槽(布尔堪,1923)。

食槽都是用锌板做成的,它们的形状略如图15-3所示。把食槽悬近水的上部以便鱼在进入食槽时实验者容易看见。在"涂色帷"上涂了各种颜色和深浅不同的灰色。

在大约9～15天,每天喂鱼两次的训练过程中,食物是置在两个某一种颜色的槽中的,这两个槽杂乱地悬在22个其他颜色的空槽中间。当鱼已经学会进入某种颜色的水槽中时,实验者用一套新的24个食槽去测验鱼;在这24个食槽中,有一个食槽的颜色恰好是鱼受过训练的,此外水槽的颜色或是与那个颜色色调相同,但深浅不同,或是其他颜色,或是不同程度的灰色。就色觉论,结果是确定地如所预期的,除非对红色与黄色有些混淆不清。

当把养鱼器移近北窗,或开关百叶窗,或使光通过彩色滤光器以改变照度时,在鱼所学得的反应中变化很少。增加光亮并没有使鱼进入色调较深的槽,降低光亮也没有引鱼进入色调较浅的槽,带有彩色的照度仍没有使鱼进入灰色的或其他未经过训丝的颜色的槽。最引人注意的是那很暗的照度的轻微作用;在很暗的光亮中,鱼区别出客观颜色要比人类观察者还好。鱼的颜色常性——对于客观颜色的反应——是较好于人类。布尔堪指出改正照度对于鱼来说是较之对于一个生在陆地上的动物更为重要,这是因为在水中的鱼每当它从一个深度游到另一深度时,不得不遭受照度的巨大变化。

虽说从对于儿童和动物所得的实验结果指明在改正照度以看出客观颜色中,用不着很高的智慧能力,但这并不是说没有学习过程参与其间。从幼小儿童开始用他的眼睛的时候起,学习的机会一定是很多的。在儿童看见母亲东走西走时,母亲的脸、母亲的衣服时时都在改变所受的照度。假如我们只假定在这些逐渐和部分改变中的事物对于幼儿看来,总是同一的事物,幼儿就是正在受制约于这些情况,对于照度作出必要的改正。或者在此处提一下克律克善克(R. M. Cruikshank)的发现是适当的,他在1941年发现6个月的幼儿的大小常性(size constancy)已经发展得颇好了。

照度的各种正常变更

在日常生活中,在几种不同情况里,照度随时随地都在改变。卡茨与其他人曾经在不同条件下以成人来进行测验。

(1) 用减光屏或钻孔屏。在前面曾经说明过,钻孔屏让那从表面反射来的光达到眼睛,但掩蔽了周围的事物,特别掩蔽了照度的情况。结果是,所看到的是广阔色(expanse color),不是表面色。假如由两个表面来的光通过钻孔屏为被试所感知——并且假如没有细微的结构或其他照度线索为被试所见[席汉(M. R. Sheehan),1938]——被试便只能根据这两点光的刺激值去比较它们。当这两个刺激的强度相等时,这两个光点看来是同等明亮的。于是钻孔屏便是配对两种刺激或决定它们的相对明度和色调的简便工具。当移去屏,在客观的情况中去看事物时,被试经常比较客观颜色而不比较刺激。

然而,必须提到,在大多数的实验中,实验者并没有要求被试比较客观颜色。他只要被试说这两个表面在他看来是怎样的,是否一个表面看来比另一个表面更明亮些,是否这两个表面看来具有同一的或不同的颜色。被试的观点是"现象学的"(phenomenological)。被试被认为保持着日常观察的素朴态度,这种态度即是寻求客观颜色的态度。但是实验者的指示颇为含糊,有一些被试采取了比较批评的态度,好像一个企图获得刺激颜色绘于画布上的画家的态度。在大多数的实验中,被试并不确定地企图抓住刺激颜色或客观颜色;在大多数情形里,其观察是两者之间的折衷。

(2) 照度透视。这一词是指照度的等差,这种照度的等差是以表面与光源之间的距离为转移的。布尔慈拉夫的实验就是用这种方法以改变照度。一个表面照度可以用点源(point source)计算出来,这是因为表面照度是与它和光源间的距离的平方为反比例;但是,在实际上,我们用钻孔屏或照度计以建立刺激间的物理方程式。

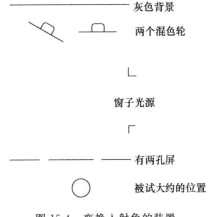

图15-4 变换入射角的装置。

(3) 光在表面上的入射角是一个重要因素。光射在表面上愈斜,某一光通量(flux)所分布的区域愈广,照度就愈稀薄。卡茨的一个实验所用的仪器的布置如图15-4。

左边的混色轮由于距窗较远,并接受较斜的光,以致受光较之右边的混色轮较弱;因此,当通过钻孔屏以看左边混色轮上全白色的盘时,被试以右边混色轮上的13%的白色与87%的黑色去配对全白色盘。但是把钻孔屏移去,直接地去看全部的客观情景时,被试就可以用右边盘上的45%的白色与55%的黑色去配对左边的全白色。我们可以计算出布伦斯维克比率为0.37,邵勒斯比率为0.61以及白色比率为0.52。

(4) 阴影 把一物明显地置于光亮中,把另一物置于阴影中,被试于两者之间立一方程。卡茨(1930)描写实验的装置如图15-5所示。在阴影中的是混色轮上的100%的白色盘,以板壁的光亮一边的可以调整的混色轮去配对。被试从通过减光屏所作的配对得出刺激值,而反照率则明明是100。两名被试实际的配对如下:

	第一名被试	第二名被试
通过减光屏的配对	1.2%白色	2.3%白色
直接看见的配对	32.2	27.1
布伦斯维克比率	0.31	0.26
邵勒斯比率	0.74	0.65
白色比率	0.58	0.50

被试发现通过钻孔屏以得出满意的方程式是容易的,但是直接看物体以得方程式便难了。在长时间的观察过程中,他们有移向刺激方程式的趋向。前文提到的方程式是由被试每次看3秒钟得出来的。

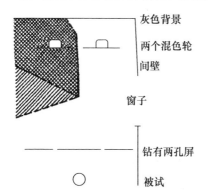

图15-5 为作阴影实验的布置(仿卡茨,1930)。

用一个外加的光亮点去替代阴影。例如卡托纳(G. Katona,1929)把两个灰色方块附着于墙壁上,这两个方块都为一个天花板上的灯所照着,其中一个方块置于为一盏灯所投射于墙上的光圈中。把照得明亮的灰色作为标准,在光圈以外试用别的灰色,直到发现其中一种看来与照得明亮的灰色一样。用钻孔屏和不用钻孔屏所成立的方程式是不同的,其不同与在阴影实验中一样,观察者对于外加的光亮颇予以考虑,但考虑得不够。

(5) 通过有色镜、熏烟镜或节光器去看。假如被试戴上能吸收9/10的光而仅让1/10的光达到眼睛的灰色眼镜,他从任何单一表面所接受的刺激与在光源和物体之间置一块同样的玻璃把照度减到1/10时所接受的刺激一样;假如他戴上黄色眼镜,他所接受的刺激等同于在灯泡周围置一同样玻璃的滤光器而产生的黄色照度所给予的刺激;假如他的手里拿着一块灰色玻璃,通过这块玻璃仅看这区域的一部分,他所接受的刺激等同于这一部分在减弱照度下所给予的刺激。这样就使得用这些玻璃所作的实验大体上等同于用阴影或用有色光点对于客观颜色知觉所作的实验,并且在通过玻璃来看的一个表面与直视的一个表面之间,获得各种方程式。

节光器[或使深器(darkener)]是一个可以旋转的盘,这个盘有一个缺口成弧三角形,在盘旋转时,光在部分时间内通过弧三角形。假如成为缺口的弧三角形是180°,通过这个缺口的闪光时间总计起来将为全部时间的一半;假如旋转的速度很高,足以避免光的闪烁,则塔尔伯特-波拉图律(Talbot-Plateau Law)是适用的,刺激值是与照度减到一半时相同。但是这种说法是假定节光器的盘是纯黑色或遮得很严以免光反射到眼睛的。在有些实验中,节光器的表面着了色,这种表面所产生的效果与通过节光器以看接受带有颜色光的区域的那一部分相同[杜多-哈尔特(B. Tudor-Hart),1928]。

在卡茨(1930)的一个实验中,被试更迭地通过屏上的两个小窗看出去。恰在一个小窗的那一边置一个节光器;通过节光器,被试看见离开几英尺远的一个白纸盘,盘的周围也是看得见的。通过另一个小窗,被试可以看见在同等距离的一个混色轮,但没有在中间安置节光器。在这混色轮上调整黑色和白色的弧三角形,直到能与通过节光器所见的白纸盘相配对。每一次实验时都变更节光器的缺口大小,以便把白纸盘"照度"减到混色轮上照度的1/4,1/12,1/36 和 1/120,这样可以获得如下的方程式:

通过节光器所收到的部分照度	0.250	0.083	0.028	0.008
在用来配对的混色轮混合中的部分白色	0.330	0.280	0.240	0.230
布伦斯维克比率	0.107	0.215	0.218	0.224
邵勒斯比率	0.200	0.489	0.602	0.696

假如被试依照所接受的刺激作配对,则表中第二行的配对将与第一行的数目相应;假如被试把白色与白色配对,则所有这些配对将是1.000。被试实际上做了折衷,这可以从比率看出来。

(6)分别照亮的小区域。被试看为一堵中央间壁所隔开的两个左右小间,每一小间都为各自的天花板上的灯所照亮。被试看不见天花板上的灯,他只看见每一小间的下面部分和显出照度的地面与一堵边墙。在每一小间中,置一灰色盘,被试把置在不同照度下的两种灰色来配对它们的白色程度。这个直接而又可以控制的装置是夏云(1943)设计的,他发现用这种装置来做实验可以获得好的常性效果。他升高或降低一小间内天花板上的灯,以变换小间照度的量;在同时却使另一小间照度保持不变。被试能够调整从第二小间内的盘反射出的明度,直到那两个盘在白色程度上看来是相等的。一些结果示于图15-6中。

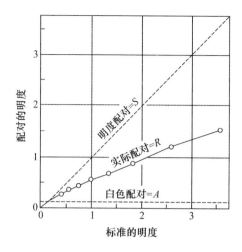

图 15-6　由照度强度所影响的白色(仿夏云,1943)。12 名成人被试的平均数。在不同照度下显示出一黑灰色盘(反照率＝0.12),它在反射的标准烛光中的明度可以在横坐标中看出。被试试用一个置于不变照度下的盘与那黑灰色盘的白色程度配对,用来配对的盘的明度可以借助于光点以调整,配对的反射的标准烛光可以在纵坐标上看出。个别被试的曲线相差颇大,但这些曲线都位于仅依明度配对的直线与仅依白色程度(反照率)配对的直线之间。

夏云的装置还有某些别的长处。两小间是在后面开口的,两盘都以远方黑色为背景,这样就使得直接对比相等了。两盘与两小间的地面和旁壁的明度比率在两小间内总不相同,因此不能用来作为判断白色程度的简单基础。

照度令人迷误的指示

既然从一个表面接受来的刺激有赖于它的反照率与照度,使得成功的反照率知觉必须以某种方法计入照度,我们就应该能够用令人迷误的照度线索以诱骗被试使他对于客观颜色作出完全错误的报告。这样的实验可能把重要的线索探索出来。赫林的环圈阴影实验中,半影被一个黑圈所隐蔽,这就消除了一个很明显的重要线索,因为被试不能再知觉那带白色阴影的表面的真实颜色。这个实验包含着给尔伯与卡多斯所设计的两种极为令人迷误的装置的根源。

隐蔽的照度

给尔伯(1929)呈现出一堵墙壁和几件物品,置于天花板上的灯下颇微暗的光亮中,同时在这些物品前面置一黑纸盘,这个黑纸盘接受一盏隐蔽了的灯的明亮的光,而这个光只照在黑纸盘上。在黑纸盘上,或在背景上,半影是看不见的(图 15-7)。被试报告说在一般光亮中的是一个白色盘——是暗光中的白色,而不是亮光中的黑色。但是当把一小片白纸置于亮光中的黑纸盘前面,被试立即看见黑纸盘是黑的。把白纸取开,黑纸盘忽然又变成白色的了。我们可能期望被试在意识到黑纸盘上的外加照度后,虽取开了白纸,仍然保持他的那种意识。毫无疑问,在智慧上说来,他是这样做了,但是为要看见照度,或为要看见接受光亮的物品,他还需要一个具体而可以看见的指示出外加照度的东西。

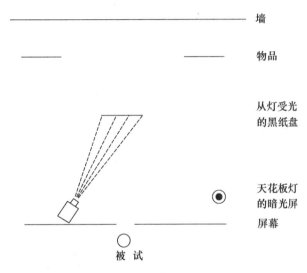

图 15-7 给尔伯的隐蔽照度实验。左边的灯是被试看不见的,它的光只照到黑纸盘工。墙壁与小间内的一切物品接受从天花板上的灯射下来的颇暗淡的光。

　　白纸片如何能使我们看得见外加的照度? 有两个可能的途径:它可能在它的后面的黑纸盘上投下一个可以看得见的阴影;或者,假如实验者设法消除那个线索,被试仍然可以从白纸获得比一般暗淡照度在任何表面上反射的光更为明亮的光。当较明亮的白纸片如此明显地位于同一光点中时,黑纸盘是不能看成白色的。这个点,就这样,在特殊照度之下显露它自己。用一个显然是白色的盘以替代黑色盘,并且只把白色盘置于光点中,结果会如何? 白色盘会给予眼睛更多的光亮,而这部分较多的光亮是不能为可见的光亮所能解释。它只能被看成是发光的。这种推测已经为韩纳曼(R. H. Henneman,1935)所证实。这位最后的研究者,发现从隐蔽灯来的光点是升高黑-白混色轮上混合色的外表白色最令人满意的方法;这个方法后来为夏云用来升高单纯灰色纸的外表白色。既然灰纸的真实反照率或混合色,显而易见，并不为外加照度所改变，则这些实验者以及给尔伯，严格地说来，都是蒙蔽了被试。

隐蔽的阴影

与给尔伯的这个实验平行的是卡多斯的实验(1934)：一道明亮的光照到一些物品的区域，唯有一个位于隐蔽的投影器(shadow-caster)阴影中的白纸盘除外。调整投影器的大小和位置，使阴影覆盖全部白纸盘，而不盖别处。在这白纸盘上没有半影或其他可以指示阴影的东西(图15-8)。被试报告说有一黑色盘在明亮的光中。把投影器向旁边移开一点，使阴影的边缘可以在白纸盘上看见，于是白纸盘立刻被看成是白色的——白色在阴影中，以代黑色在亮光中。把投影器移回原来位置，白纸盘又转变成原来在明亮光中的黑色盘了。

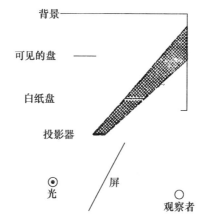

图15-8　卡多斯底隐蔽阴影实验。唯一可见的、为投影器隐蔽着的物品是完全位于浓深阴影中的白纸盘。被试把这个白纸盘看成黑色或深灰色。毋需用屏遮掩投影器，因为即使被试看见它，他也得不到投影器隐蔽白纸盘的暗示。

关于一个物品的照度，麦克柳德(R. B. MacLeod, 1932)还发明了另一种欺瞒被试的方法：一个在背景上的阴影使得位于其前面的一件物品看来好像是隐蔽着的，这样就提高了那件物品的外表照度。背景上的阴影愈宽阔，则暗示愈强而且物品显出的颜色愈浅。

着色的背景

克拉玛(T. Cramer, 1923)以纯色纸裱糊房间的一角，又使从一个隐蔽的光源来的白光照在那屋角上，这样他给被试以颜色照明的错误印象(图15-9)。全部屋角好像接受着带颜色的光,但这个光并不像墙的实际颜色那样饱和。在这个实验中的刺激是暧昧不明的:刺激可能是那白光下裱糊着强烈颜色纸的墙壁的结果,或是那在强烈颜色灯光下白壁的结果。现象的印象是居于两极端之间的——这是折中知觉的另一个例子。

在另一实验里,克拉玛在一间暗室中把幻灯画片放映在黄色布幕上。把光对准后,一幢白色房子看来好像是立体的,并且具有其客体颜色;房子好像是立于黄色光中的白房子。当光对得不准时,房子失掉了它的客观颜色,也失掉了它的立体形状,变成只是些刺激颜色的集合。一个蓝色方块投射在黄幕上时,这个蓝色方块,依照颜色混合原则,显出灰色;但是倘如用一张着蓝色衣服小孩的画片投射到那黄幕上,那小孩仍然很清楚地显出在黄色的照明下着蓝色的衣服。对光准确的重要性指示出物品的形状、大小和其他空间性质的指示对于客观颜色的知觉都是强有力的支柱。

此外,还有同一作者的另一个实验:在一个棱镜与一个实体镜的画片之间置一块蓝色玻璃。当画片呈现着一幅盖满白雪的风景时,观察者在蓝色照明下,把雪看成是白的;当画片前面还有确定的、凸出的物体时,那雪的白色尤其显得清晰。降低照度,就夺去了画片的深度,雪看起来就成蓝色的了。

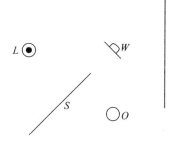

图 15-9 裱糊色纸的屋角的实验(仿克拉玛,1923)。屋角的墙壁都裱糊了某种颜色纸,光是白色的;混色轮上置一只盘,纸的颜色与墙的颜色相同。在这个纸盘旁边置一白纸盘。调整它的混合色直到看来是白色。既然盘仿佛位于带颜色的光亮中,只需要少量白色就足够了。

L=灯　W=混色轮
O=观察者　S=屏

深度的缺乏

照度是与一个场地的立体结构密切联系在一起,任何隐蔽"深度"的办法都可能给人以照度的错误印象。刚才讲到的实验就指出暗淡灯光所产生的这种效果。另一个隐蔽深度的办法是把观察者置于远离风景画或远离真实场地的处所。在卡茨(1930)的一个实验中,观察者通过一个旋转着的节光器以看一个白纸盘。在这样的条件下,这个白纸盘就被看成是处于降低的"照度"下了。白纸盘是置在节光器之后仅几英寸(20 厘米)的处所。当观察者在近距离(50 厘米)看那白纸盘时,他清楚地看见那白纸盘是在节光器的后面,并且是一个在低照度下的浅色盘;当在相当远的距离(7 米)去看那白纸盘时,白纸盘就显得只是一个深灰色、大约与节光器同在一个平面上的盘了。在这样的条件下,深度失掉了;随着深度的失掉,降低了的照度的外观与客观的白色也失掉了。一个表面的微观结构(这常是指示所接受的照度的良好根据),从远处是看不见的。也出于这条理由,表面颜色,从近距离去看,是看得最清晰的(卡茨,1930;韩纳曼,1935)。

总括起来说,以引人迷误的照度线索来做实验所得的惊人结果都证明:半影,一件物品可见的周围,其表面的细微结构,它在视野中与其他事物的立体关系都非常重要。

视 野 因 素

在问题中的视野是重叠于视觉皮质中的网膜像或一对网膜像。除了某种双目差异外,视野可以用一幅图画来代表,这幅画是以各种色调的颜色光的小片和各种饱和度以及各种明度所构成。这种变化多端的构成品是远不同于我们所见的具有三度空间的环境和环境中位于一定地点、在一定照度下、具有固定形状、体积和颜色的各种事物。网膜区域必须以某种方法组织起来,或者在一个组织过程中发挥它的作用。可能有一些与机体需要有关联的中枢组织器(central organizers),也可能有更多的组织中的外周因素(peripheral factors)。我们知道关于网膜中邻近的棒体与锥体间的空间总和与抑制的一些作用,但魏尔太墨(M. Wertheimer)的接近与类似的视野因素在相对低下的水平上发挥的作用更大,虽说这种作用与其说是发生在眼睛中,毋宁说是发生在大脑中。考夫卡(K. Koffka,1935)不把他自己局限于这些少数的因素,强调网膜像中刺激的升降度(stimulus gradients),他试图以完整的组织过程去说明空间和颜色知觉,并付出了不懈的努力。他曾经利用很多实验资料,但我们并不打算概述他为此苦心构成的议论。

视野的差异

当视野在全部网膜上面都是完全一致、无变化的时候,观察者所见的是一块发光的广阔物,并不是受光的表面。这块广阔物可能是与红色和蓝色相区别的白色,但并不与灰色相区别。它的明度或是高级,或是中级,或是低级,但是在白色上并没有这些级别。必须有某种差异才可以显示任何反射率。

在一间完美的暗室中,让一圆形光点集中在一块白幕上。这个光点看来是发光的,并不像是在光亮下的一个白色表面。假如有第二个强度较高的光点集中在幕上另外一部分,我们会看到两个发光点,一个较明亮,一个较暗淡——并不是一个白点和一个灰点。现在让较明的光点成为一光圈,使光圈的大小恰好把较暗的光点圈进去,再使光圈与较暗的光点都在这样的安排中移置于一处,于是一个表面的形状就出现了。某种发光的形象消失了,所有光圈与较暗的光点看来好像是在单一的照明下的一个表面,圈变成白色的,而内圆则是灰色的。假如以比例降低两个灯的光线,观察者会看见照度的变化,但是与从前一样,圈仍然被看成是白色的,内圆仍然是灰色的。瓦拉赫(H. Wallach,1948)用两个灯,一个用于光圈,另一个用于内圆,以节光器控制灯光强度,获得上述结果。他布置了双分装置,在暗室内的白幕上放映两个分明离开的圈-圆配合体,于是对于他的无彩色的颜色常性的强度-比率理论(intensity-ratio theory of achromatic color constancy),做了一个心理物理学的测验。某一灰色,在物理上说,反射入射光的一个恒定分数;因此,假如两种灰色对于白色(或对于看来是白色的)都具有同一强度比率,这两种灰色应该显出是同等的。特别是在瓦拉赫的双分装置里,假如两个内圆对于它们各自的圈都具有同一强度比率,这两个内圆应该被认为是同等灰色。在一个测验中,标准圈的强度是灯光的100%,它的内圆是50%;另一圈的强度则调整在12.5%,其内圆的强度则调整到能够与它的标准圈的白色(或灰色)配对起来。五名被试的平均数是6.7%,与所推测的非常接近。常性几乎是完美的,对于其他的强度比率,已经获得类似的结果。

在这个实验中暗室起了什么作用?它把两个圆-圈单位分开了,使一个单位的明度不影响别一个单位的外貌。假如以一般的光亮照亮全部区域,交互影响将不只局限于分开的单位,几种强度比率将呈现出来,常性将是不完美的,一如往常所发现。另外还有一个结论可能未被瓦拉赫所强调,就是在每一单位周围的黑色背景起着黑色的作用,并固定黑-白量表黑色的那一端。把每一单位中最明亮的面积知觉成白的,则量表两端就都固定了,而对中等灰色的判断也确定了。

瓦拉赫虽重视两个面积的毗邻空间接近的重要,以便使强度比率发挥它的效用,但对于视野差异所作的其他实验都证明,外加一个可见的白色把灰色在量表上降低;或外加一个可见的黑色把灰色升高,白色或黑色与灰色都颇近似,但不与灰色直接地接触,借以提高常性是可能的[卡托纳,1929;韩纳曼,1935;麦克柳德,1940]。

中枢组织者

与视野因素、如强度比率等一起发生作用的,还有一些与人自己有关的因素(被试变量),这些因素对于被试在这些实验中如何看见颜色和配对颜色都有某种影响。假如不是如此,巨大的个别差异就会变得不可理解。在同一视野条件下,一名被试会报告一个低到0.10的邵勒斯比率,另一名可以高到0.80;一名被试会几乎依照刺激的明度配对,另一名被试几乎会依照反照率配对。在日常生活中,我们需要看见客观颜色,但是画家则需要掌握绘画的颜色,就是刺激的颜色。在实验室里,大多数成人被试好像都在这两种背道而驰的态度中采取中庸的态度,某一些人较倾向于一端,其他人则倾向于另一端。韩纳曼(1935)提出这样一个问题,这些态度是否能够在对被试做过简略指导后会发生改变。对于那些率直地报告低比率的被试,他要他们把"照度考虑进去",以便于看见受隐蔽的盘的真实灰色;对于那些原来报告高比率的被试,他要他们注意画家对于刺激的颜色的兴趣。大多数被试都能够在某种程度上改变他们的观察态度。原来报告低比率的一组被试和报告高比率的一组被试的平均邵勒斯比率如下:

	邵勒斯比率	
原来的比率	0.22	0.72
指导后的比率	0.57	0.47

我们不应假定这种态度的改变会使一片光所显出的明度改变。假如你能够作这种改变,一片低明度的光就会在阴影中变成白的,或恰与此相反。在暗光中的白色的事物,不用在强光中去看它,就可能看成是同样白色的。你或者会像某些被试一样说:"它在暗光中看来好像是白色的。"用卡茨(1930)描写的话,它缺乏力量或坚定(eindringlichkeit)。坚定是与明度和刺激强度相应的。卡茨发现瞳孔的大小随刺激强度而改变,并不随所知觉的白色程度而改变。还有,融合频率和从间接视觉来的印象都是符合于刺激强度,而不是符合于所知觉的白色程度。由此可知,刺激强度在知觉客观颜色中除了与其他因素发生作用外,还有直接的效果。

假如一位观察者有知觉一个事物(大小、形状、颜色等)的兴趣,则记录下这个事物的照度是达到知觉它的颜色的一个步骤。既然手段在目的之前,依照逻辑,在知觉客观颜色之前,照度是必须先记录下来的。(固然,在某些情形里,我们想知觉照度,我们就用某 熟悉事物已知的颜色作为达到目的的手段。)以反照率的公式 $A=S/M$ 来说:被试要求知觉 A,他从他所感兴趣的事物获得 S,他从围绕这个事物的地区获得 M 的线索。一旦当其"准备"(set)获得一地区的照度时,从那地区来的刺激立即会向他显示出客观颜色,毋需经过计算的手续。

上述同一的公式可以适用于大小常性,以 S 代替刺激大小,M 代替距离,以 A 代替事物大小。在知觉一个事物的大小中,我们必须先知道事物的距离,然后才能知觉这个事物的客观大小。有时我们采取另一途径,用刺激大小和已知的事物大小以知觉距离。

这个简单的公式不能说就会解决这个较基本的问题:观察者如何把一系列刺激变数转化为一系列完全不同的客观变数。例如他已知一网膜小片的明度与它的周围明度,但是他还需知觉客观照度与反照率。他如何获得这个结果,对于心理学者来说,并不是容易的问题。视野因素固然是重要的,但是在一个环境中生活所要求的实用态度必定是一强有力的组织者。任何客观知觉的理论不得不用"居间的变数"(intervening variables)或假设的居间者(hypothetical operators)来说明,并且给予这些居间者以这样一种作用,对已被观察过的刺激聚集物产生已被观察过的反应。而这个过程本身在当时还不能被观察出来。在我们的情形里,这个居间的变数曾被称为"对于照度的考虑"或"计及照度",或"对于照度的调整"。"照度是被知觉了的"常是为人所报告的事实;未被人所肯定而尚是假设的乃是产生客观颜色知觉中那被知觉的照度所假定具有的作用。照度和客观颜色可以作为某种组织整化过程的结果来同时被人所知觉。这种说法或可称为格式塔式的理论。

还有一些别的心理学者对于这类问题宁肯尽量给出生理学的理解并进行生理学的实验,同时去发现:为要获得颜色知觉,对于黑灵原来强调的那类因素,特别是适应与对比,应给予如何重要的地位。

适 应

对于进入眼睛的光的强度适应乃是对于照度调整的一个清楚而明显的例子,这种适应对于任何表面上的明度都具有无可置疑的影响。必须记得网膜在黑暗中经过半小时之后将增加它的感受性,其增加的程度为 10 亿的一个因数。假如没有这种适应,一张白纸不仅在月光中不能保持它的白色,还会在一致的、无差异的黑暗中消失掉。就是网膜内的锥体,也适应于明度相当大的广度。但是,这样长时间的普遍的适应并不能说明那种比较在不同照度下同时呈现于两个小区域之内物体明度的能力。这里也还有对于光的波长的某种适应,因为关于颜色常性这种变化的研究工作很少,这方面的实验是特别受欢迎的。

首先考虑一下被人所熟悉的后像实验。你注视一个红点半分钟,或长到足够使你的网膜"疲倦"或使它的一部分能适应于红色的时候;你再注视一个灰色表面,使你的网膜已经适应的部分向着白光,由此,红色其实是消除了,而留下蓝绿色的残余。这个效果是与你在未经过初步适应之前就在灰色表面上看见一蓝绿色的光亮点一样。假如这个光点在你看来像是蓝绿色光中的灰色,你是在知觉表面颜色,而且你正显示出颜色常性;但是假如这个光点在你看来好像一小片蓝绿色的表面,你是在知觉刺激颜色,并且没有显示出或显示得很少颜色常性。对于后像实验的兴趣是在于刺激颜色,但人与人之间的个体反应是存在差异的。

黑尔森(H. Helson,1938)的实验比较激烈。他把全部网膜都向着某一颜色 15 分钟(虽说后来发现 5 分钟已足以推进颜色适应达到需要的程度),并且把要求被试判断一些灰色置于同一照度之下。被试坐在一间不漏光的棚舍中，这间棚舍内充满着几乎纯一的光亮（都是同一种波长）。墙壁与分类桌都以同色纸遮着。照明或者是红色、绿色、蓝色，或者黄色，而衬棚舍的纸或者是白色、灰色，或者是黑色，它们各自的反照率是80%、23%或3%。让我们来考查一场实验。在这场实验里，照明是红色的，墙是灰色的。当被试初进棚舍时，一切东西看来都是红色的，或者至少是充满了红色的光。但是在几分钟之后，他就适应于照明了。于是就要求他判断一套19件标本，这些标本都是未加选择的反射器（都是灰色），其颜色以相等的次第，从白色排列到黑色。被试在实验前曾在白昼的光亮中用门色尔量表来做练习，被试需根据这个量表来评定这些标本的色调、明度和饱和度的等级。凡具有与灰色墙壁和背景几乎同一反照率的标本都被判断为灰色的或中等明度的，明度较高的标本被判断为红色的。反照率愈高，则被认为饱和度也愈高。令人惊异的事出现了：比墙壁颜色深的被看成绿色或蓝绿色，即红色照明的后像补色；反照率愈低，则蓝绿色显得愈饱和。灰色明度的等级大概与在白昼光亮中时一直相同。

在另一场实验中，以白纸替代灰纸掩蔽墙壁，这样就使得眼睛在适应时间内接受较强的红色刺激。于是，用黑尔森的话来说，一个较高的适应水平建立起来了。只有两种最淡的灰色显出是红色，其次两种显出是中性色，其余的一切显出是蓝绿色或蓝色。在第三场实验中，墙壁是用黑纸来掩蔽，适应水平下降了，除了深灰色外，一切都显成红色。用黄色、绿色或蓝色照明，获得完全可资比较的结果。在每一情形中，一个适应水平建立起来，有一些接近这个水平的灰色显出中性色，有一些明度较高的灰色显出与照明同色的色调，还有一些较深的灰色显出照明颜色的后像补色。

从自墙壁与标本接收来的刺激曾建立了一个公式，以计算适应水平。我们可能预期背景的白色或灰色在适应的15分钟之后显出中性色，但它仍显出一些照明的颜色，它仍然在适应水平之上，对于强烈颜色的完全适应尚没有获得。

用各种色调标本置于（几乎）纯一的照明下重复做了一次实验［黑尔森与杰佛尔斯（V. B. Jeffers），1940］。实际上，在这种情况下所感知的每一色调大概都改变了，或者向着照明改变，或者向着补色的色调改变。

根据这些结果，当照明只限于一个单独的波长或狭窄的光谱时，颜色常性是很小的，感知真实表面颜色的能力很小。幸而从实用的立场来说，我们几乎用不着与纯粹的红色、黄色、绿色或蓝色照明争斗。如平常所遇到的，带红色、带黄色、带绿色、或带蓝色的光都含有一些白光混合物，黑尔森与杰佛尔斯发现，只要有一些白光混合物即可大大地改进表面颜色的知觉。

适应水平这一词听起来好像一个好的生理学概念，是一件似乎与暂时集中于网膜中的感光物质相应的某种东西。但是当黑尔森（1948）试图把这个同一概念用于常性和对比的一切事实,用于举重,甚至用于社会现象时,就没有多大的生理学价值了。

对 比

与适应一样,对比被假定为生理的和网膜的过程,用来帮助解释颜色常性。我们用"对比"一词以指一种感觉的反应,不仅指一种刺激间的强烈差异(我们曾经发现这种差异起着重要作用)。作为感觉的反应,同时对比夸大了两个刺激间的差异。这样,一个小的灰色方块在白色背景上就显得暗,在黑色背景上就显得较淡,在黄色背景上显得蓝,在绿色背景上显得带红等等。我们很容易看出,这类效果会干扰客观颜色的正确知觉;但是在某种情形下,这类效果可以供给"对于照明的必要校正"。一个位于阴影中的物体平常总是从黑暗的背景上看出来;当它被照得很明亮的时候,它常是从一个明亮背景上看出来。这样,背景的对比遂有着补偿照明差异的趋势。

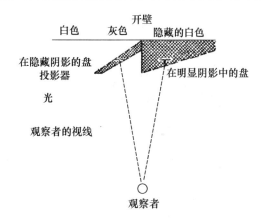

图 15-10 在没有直接对比时的颜色常性(麦克柳德,1932)。两个盘部是白色,都是遮蔽着的,但是右边的一盘是在可见的阴影中,左边的一盘是在隐蔽的阴影中。每一盘的直接背景在物理明度上都是同一的,一个背景是灰色的纸,另一背景是阴影中的白色。但是右边的盘看起来像阴影中的白色,左边的盘看起来像良好光亮中的黑色。固然,左边区域的不毗邻部分都是白色,但是在不毗邻部分之间的对比效果,被假定是轻微的。

作颜色常性实验,经常总是设法避免直接对比的效果。在夏云的装置中,被试看见置在隔开来的两小间中和在不同照度下的两个盘,这两小间的门都开在后面,被试看这两个盘时,两个盘的背景都是同一纯黑。无需借助于直接的对比,被试就可以获得典型的白色配对。马克柳德(1932)从一个修改过的隐蔽阴影实验获得类似的证明。这个实验的说明见于图 15-10 下。虽说很久以来大家都承认常性效果是和对比效果不同,但是两者之间仍有某些类似的地方值得注意。

对比的外周说与中枢说

依照黑灵(1874,1876)的看法,一个网膜区的活动引起邻近区相反的活动——一个附加的化学反应(complementary chemical reaction)。有一个困难是解释那被黑色包围的一块灰色区域的明度为什么增加了。既然黑色是没有刺激,黑色又怎样能影响它的邻近区?解释是:当白色以遍布于相当广阔的区域出现的时候,由于内部的对比(internal contrast)而使自己暗起来。任何一致明亮区域的每一部分都在同一区域的邻近部分中引入黑暗的反应;这样,一个广阔的白色区域较之一个小的被黑色围绕着的区域就暗得多。在提出来有利于外周说的许多证据中,最强有力的一个是谢林敦(C. S. Sherrington, 1897)的证据。他指出黑白盘的临界混合频率能够由对比效果升高起来(图15-11)。闪烁受亥姆霍兹所宣称的心理因素所影响,这很少有可能。

图15-11 演示对比对于闪烁的影响的盘(仿谢林敦,1897)。图内所含的黑色与白色的比例同于盘中的其余部分,但是这些比例为对比所提高了。对比不仅在所受的直接印象中产生效力,而且在提高盘必须旋转以消灭闪烁的速度上也产生效力。在较高速度旋转时,圈中的闪烁较盘的其余部分持久。

亥姆霍兹的理论有时被认为是把对比的效果归于判断的错误,但是对于这种理论这样理解殊不大合适。依照他的看法,在明度和颜色对比中的主要因素是与许多其他被对比事物的情形中的因素相同。一个中等身材的人站在矮个子的旁边显得高些;当其站在高身材的人旁边,则会显得矮些。一个突然进入一节柔和曲调中的高音听来异常的高,在汽车高速度行进后,紧接着一个中等速度,那个中等速度就显得十分慢。依照亥姆霍兹的看法,这种情形的原理是:清楚地被知觉出来的差异被增大了或夸张了。在视觉对比中的另一个因素,当视野为一个颜色占优势时,就要起着作用:亥姆霍兹说,视野的平均色在那段时候被认为常模,被当成白色。在许多情形里,视野中占优势的颜色给人以照明的印象,而不给客观颜色的印象。在黄色照明中,淡黄色看来是白色的或中性色的,中性的灰色刺激因此看来带有补色。给尔伯(1932)曾很好地证明,对比有赖于视野的外表照明要比有赖于邻近的客观颜色为多。和亥姆霍兹同样强调视野平均颜色的是考夫卡(1932,1935)的普通水平概念——视野有些特别部分具有根据与普通水平不同而显出的貌似颜色。但是这些作者避免了亥姆霍兹的唯智论说法,避免了他所提及的"判断错误"。他们都比较倾向于围绕"视野组织"去理解。关于这个题目,我们曾经在"形状知觉"一章中较详细地讨论过。

纵使对比效果起源于网膜,这些效果仍然可以在视觉中枢中提高,或由于努力于知觉事物的真实颜色而被降低。当一片灰纸显露地置于一张颜色纸上时,对比颜色很少显现出来。这些表面是如此清晰,以至真实的表面颜色便容易为人看见。假如把一块纱布置于这些表面上,使它们没有那样清楚,对比效果就一定显现出来。另外一种使这些表面模糊,从而突出对比颜色的方法,是把灰纸和它的颜色纸背景拿到离开眼睛仅几英寸远的地方,近到不能把视线精确地集中于这些表面上。凡是使空间环境容易为人清楚地知觉的条件都有消灭对比的趋势(邵勒斯,1931)。当一个人想看见对比颜色时,一个静观的态度(contemplative attitude)较之指向客体的态度(objectdirected attitude)是更为有利的[里德尔(G. Riedel),1937]。

在色调知觉中的对比效果

当你试图知觉一个表面的真实颜色时,你所追求的经常是白昼光中的颜色,虽说在有些时候你所较为关心的是要知道这个表面在灯光中看来是怎样的。昼光或白光可以作为色调知觉的标准参照发光物(standard reference illuminant)。带黄色的或任何别的颜色(但并不是纯一的颜色)照明可以认为能够把真实表面色调转变到发光物的颜色。这样,带黄色光中的绿色就要看成是黄绿色,带红色光中的蓝色就要看成是紫色。瓦拉赫与嘎罗威(A. Galloway,1946)指出,发光物向它自己的色调的拉力是被在同一照明下的环境所施的对比推力所抵制。既然如此,让一个灰色环境中的绿色事物接受黄色的光:这个事物反射黄绿色的光进入眼睛,但是那环境将反射黄光而黄光则企图把黄绿色从黄色推开(朝向补色蓝)。假如对比效果等于原始的褪色效果,则昼光的色调会在任何照明下都不改变!从定性上说来,这个色调常性中的因素一定是真实的;但是在数量上说来,这个因素可能有赖于一些变数。瓦拉赫和嘎罗威指出:在某种情形下,对比能够充分说明在所知觉的色调中的常性。他们对于色调的对比和常性,曾设计出平行的实验。他们准备两个区域,如图15-12所示,这两个区域仅在一方面有所不同。在一个安排中,各部分都黏合成一块,并且在混色轮上旋转起来——这是一个求得对比效果的典型装置;在另一个安排中,绿色扇形的盘则旋转于静止的灰色上红圈前面1英寸或2英寸处——这是一个求得颜色常性的节光器装置。在两种情形里,圈的红色和(带蓝色的)绿色是有一定比例的,当混色轮转动时,红色和绿色将混合成中性的灰色。但是在这两种情形里,那绿色背景在灰色圈中引起对比的红色,而这个引起的红色则被判断为在两种情形中都是完全同一的。在一种情形里,绿色只是作为背景的表面颜色显现出来;在另一情形里,则是以照度显现出来。但是结果总是一样的。既然所知觉的那圈的色调是可以从为人所"熟悉的对比规律"预料出来,则就不需"计入照度"。瓦拉赫或者会以场力的动力学(dynamics of field forces)来解释对比和常性[柯勒和瓦拉赫(W. Köhler & H. Wallach),1944]。

从"客观颜色知觉"的立场来看,这个巧妙的实验值得略作进一步的讨论。既然被试在红圈存在时报告说他看见红圈,他的报告看来可以证明他有卓越程度的客观颜色知觉。实际上,并没有给被试看红圈,给他看的只是一个以融合的红色与绿色扇形组成的灰色圈[这种灰色圈可能用白色与黑色扇形,或黄色与绿色扇形组成;这样的仪器构造起来是较困难的,但是可以使它产生同一效力的刺激——海德(G. M. Heider, 1932)]。要证明精确的客观颜色知觉,被试应该报告出一个灰色圈。假如我们问他为什么没有报告出那个灰色圈,我们发现他当时是不得不与照度的微妙地蒙蔽人的线索作斗争。那节光器的绿色"仿佛同等地遮盖了圈与该区域的其余部分"。实际上,绿色并没有遮盖灰色圈,因为灰色是以平衡了的绿色与红色构成,没有剩余的绿色去遮盖灰色。但是,从被试的立场来说,那圈当其在绿色照明下时反射出灰色,因此必须是红色的圈。由是,被试的红色圈的报告是符合于可以利用的线索的;但是他所见的红色,毫无疑义,是由和绿色周围的对比所引起。

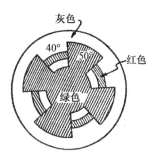

图 15-12 同时的对比还是颜色常性(瓦拉赫和嘎罗威,1946)?当绿色扇形盘粘在灰色盘的红圈上以供混色器用时,对于求得同时对比,这个装置是典型的;虽说曾经细心地把红色与绿色的比例规定,使这两种颜色能混合成中性的灰色,但是圈仍然显出红色。当绿色扇形盘被作为节光器而分别地转动时,这同一装置对于求得颜色常性也是典型的;被试报告说:通过一片透明的绿色,他看见一个红圈。

在海德一个较早的实验中(1932),对比效果是降低了的,而正确的客观环境的线索则被提了出来。通过蓝色节光器看见的一些黄色点(图15-13)显出带蓝色的灰色,蓝色并不曾完全为黄色中性化,并且由深蓝背景而来的对比效果是看不出来的。但是这些同一的点,当其作为墙上的黄点所形成的圆圈的一些部分而被看见时,就正确地显现为似乎通过蓝幕而看见的黄色点。

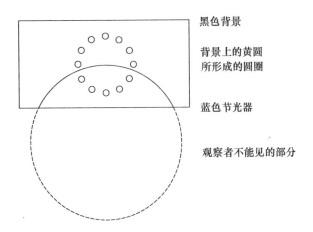

图 15-13　研究色调知觉的装置(海德,1932)。蓝色节光器正位于背景面的前面。在一个情形中,这个背景,除了通过节光器而见的那一段外,全是隐蔽起来的;在另一情形中,全部背景都看得见。全部区域都为天花板上的灯光所照耀。

这样看来,对比或者能够有利于客观颜色的知觉或者有损于客观颜色的知觉,其为利还是为害则视环境空间结构是否清晰地显露出来为转移。

照片和绘画中的颜色常性

我们已经看出颜色知觉所包含的考虑远比一点物理学和网膜生理学的知识要多。这是一个很复杂的过程,它包含着神经系统中许多水平的交互影响。虽说几种研究的方法是可能的,一个广阔的机能观点似乎能将那些实验结果适当地组织起来。所谓用机能观点,是说询问被试所作的是些什么?他是在处理具有颜色的物体,如书本、桌子、墙壁,而不是在处理一些纯粹的颜色小片。但是要正确地知觉客观颜色,他必须考虑照度的变化情况,因此我们说他记录下照度。就最坏的情形来说,记录照度是有利于组织事实,是一种创造。不过我们总有这样的希望——将发现一种生理的机制以实现这个组织的作用。

机能观点给予我们一些暗示,使我们知道为什么在实验室的实验中,常性往往是不完全的。简单化了的环境可能缺乏许多把知觉纳入正常情境的线索。特别重要的是记忆颜色:一张绿色纸币在任何照度下看来都是绿的,因为我们知道它是绿色的,但是一条绿纸可能随着蒙蔽人的照度而改变其外貌;另外一个因素是被试所采取的态度,或他所从事的任务。如我们曾经见过的,实验室中的被试可能从事于刺激配对,这种刺激配对是不同于日常生活中器物的配合的特性。几个这样的论点在照像中得到很好的说明[伊万斯(R. M. Evans),1943;伊万斯与克鲁特(J. Klute),1944]。在未加考虑的时候,一个人会认为最好的像片是最精确地表出明暗的物质分配的像片。这远不是真实的情形。用例子来说明,在轻微的暗影中一个白色斑点在像片里会看成是完全灰色的。这并不是摄影的失败,而是知觉常性的缺陷。但是为什么像片中的常性不如现实观看中的那样适用得好?答案似乎是:在像片中明暗的知觉是不合适的。许多缺陷是由于像片缺乏深度。请回忆卡茨的证明:三维空间的差异有利于常性的显出。另一因素是,与物体像片比较起来,物体颜色的记忆是较为优良。

某些这样的因素已为伊万斯所照的一系列像片说明。我们将不把这些像片重印出来,印刷油墨将毁损那些很重要的细微的浓淡差别。景物是一间屋子,里边有一个人和其他杂物。一片日光通过一堵窗子进入室内,照在一边空墙上。两系列相同的灰色标本钉在墙上,一系列是在日光中,另一系列则是在阴影中。在实际的室内,被试要正确地配对那些灰色是不会感到多大困难的,虽说光照有所不同。但是在像片中在日光里的中等灰色似乎可以与阴影中的白色标本配对。即在这种黑白的像中已有某些常性,大概有50%。一个立体像产生好得多的白色常性,一个观察器中的单色透明画所产生的更好。产生最好视觉效果的方法是用立体的颜色像片。很清楚,关于明与暗中的物体的实际安排,你给与被试的线索愈多,他的颜色常性也将愈好。附带提一句,对于照像感兴趣的读者读一下上面所提出的参考资料会是有益的,因为这些资料对于任何照像工作者,不管是用旧式的方法或是着色的方法,都说明了知觉心理学的重要。

现在对于艺术家说几句话。我们必须对于在这一章中前面说过的话加以限制。画家毋需精确地画出他的景物,毋需画得像颜色照片那样精确。假如他那样做,他的绘画会因一些强烈的对比而受损害,这是由于知觉常性的部分缺陷。举例来说,即使白墙部分地在阴影中时,常性也能使我们看见白墙是一致纯白的。显然,画家不能把白墙绘成全白,否则白墙就没有阴影了;在另一方面,他不当把那受阴影的墙的暗影画得像测光计所示的实际情形那样暗,否则墙在完成的绘画中就会显得太暗。艺术家必须学会调配他的颜色,安排他的形象,使得完成后的画挂在墙上时所给人的知觉就像原来的景物一样。实际的绘画将不是景物精确的投影,也不是知觉的抄本;但是你从这幅绘画中获得印象要比从一张优良的彩色照片中获得的更为真实。

(叶謇 译)

第十六章

视觉性的深度知觉

三维视觉的日常事实长久以来都在挑逗着艺术家们、哲学家们和心理学家们。这一问题正是由眼睛构造开始的,在一个面上,即在视网膜上,形成一个光学的像。这样一种机构可以指示光波所由来的方向,可是不能用任何显明的途径来指示一个可见的客体离眼睛的距离。这种困难在图 16-1 中清楚地表现出来,它表明视野中的一些点如何投射到视网膜上的。从不同方向(A,B)来的光,落到不同视网膜的区域上(a,b),因此就可以辨别出来。但是,由于落在同一方向的所有点(A_1,A_2,A_3)是投射于同一视网膜区域,被试如何能够断定哪一点离开他的眼睛是最近,哪一点是最远呢?这便是深度知觉的问题了。

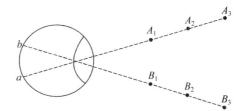

图 16-1 深度知觉的问题。从一定的线上所有各点如 A_1,A_2,A_3 而来的像都落在视网膜点 a 上。因此,这个视网膜点仅能表明一个客体的方向,却不能表明它离开眼睛的距离。

可以把这个问题安排在我们熟悉的公式 $R=f(S,O)$ 中,用 R 是为了方便。在动物实验中,不幸这是很稀少的,我们能应用一些运动反应,例如恰好可以准确地适应路途中一定宽度的裂沟的一下跳跃。在对人的实验中,一些被试的口头报告,或者相应的反应,是实验指导里特别规定的。可能让被试估计离开他有几英尺远的刺激客体的距离。他可能必须去把两个物体安置在距他相等距离远的地方(调整法);或者,他必须去判断两个客体中的哪一个离他较远一些(极限法,或是恒常刺激法)。我们的问题是要发现那些变量,即哪些 S 变量和哪些 O 变量,控制这种反应。在这里,我们遇到一些纠纷。其中有对于一个客体的距离的调整的眼睛运动——聚焦和辐合的运动,这些运动显然是反应而且能够用作对于距离的适合的或是不适合的反应的指标。可是它们不是在深度知觉的大多数研究中所用的 R 变量。收缩着的眼睛肌肉供给动觉的冲动返回到脑中去,而且当我们核计着这些动觉的冲动在深度知觉上的可能作用时,它们是属于 S 变量的。在大多数实验中眼睛运动既非确定地是 R 变量,又非确定地是 S 变量,而必须归为 O 变量或是可能归为中介性的变量。还有另一种也很重要的 O 变量,那便是过去经验的效果,包括学习的长期效果和心理"定势"(set)的短暂效果。在深度知觉上传统问题之一——我们不打算多考虑的一个问题,即作为 O 变量的过去经验和原始天性的相对重要性。

视觉性深度知觉的实验室研究大多数是关于成为一个客体的距离符号或指标的 S 变量。现在这些符号或指标通称为深度或距离的线索。我们怎样来发现和评价这些线索呢?为什么不要求观察者告诉我们,当他判断一个客体较另一个客体来得远一些的时候他利用着什么线索呢?困难在于他往往不能说出来。他甚至可以断言不需要什么线索,因为他直接地看到这个客体的距离。如我们的先前的分析所表明,他在这里是错误的。时时有人推断,观察者不可能不知道线索而利用线索。线索是距离的符号,而距离是这种符号的意义;倘若被试不知道符号,他怎样能够知道它的意义呢?这个问题的答复是:被试的全部兴趣在于意义,而且如果他迅速地获得意义,符号便被遗忘或者甚至符号除开它的意义之外没有被注意到。无论如何,有关于被使用了的而却未被注意到的线索的许多例子——如声音方向的双耳时间差异的线索。有时观察者的确能够说出他正在使用什么线索,例如当他在海上说着"那艘船一定还很远,因为你只能看见它的烟囱从地平线上冒出来"的时候。一般说来,我们必须避免关于知觉过程的过分理智化的观点,宁可想一想作为新型高射炮指示器的这么一个小机件。人们由于旋转曲柄、调整罗盘等等把资料供应给这个指示器,从而给予了线索或是 S 变量。这架机器综合这些资料而且对于目标的方向和距离用瞄准和开火来反应,它可以被称为一种"深度知觉的机器"。人类观察者知道与否的问题不一定比这种机器知道与否的问题,更使我们挂虑。倘若我们能够证明某些刺激变量控制了观察者的反应,那便是主要的事情。

关于距离的线索,在机器和人类观察者之间有一种重要的差异。无关的或是多余的资料不会供应给机器,但它们却经常地供应给人类观察者。于是我们可以这样对我们的问题下手:首先问一问在这种情境中有哪些可能的深度线索,然后实验地进行研究这些线索的真正效用。

可能的深度线索

倘若我们要制造一种光学仪器来测量一个客体离开一个观察者的距离,我们可以利用两种基本原理中的任何一种。这些原理是,聚焦和三角测量。让我们把这些原理看做我们能够在以后把深度知觉的不同事实配置进去的构架。

聚焦

为了获得一个客体的清楚的图景,照相机必须对这个客体的距离聚焦,眼睛也是一样,如图 16-2 所示。一架照相机可以被安排来测量一个客体的距离。它同时需要两种东西:① 一根距离量尺,正像用来指示透镜应该放向前面多么远以便对一个已知的距离聚焦,以及② 当你或前或后地移动这个透镜时,用一块毛玻璃板来代替软片,直到获得这一客体的清楚图景为止。倘若首先获得清楚的图景,而后观测量尺,那你就有了这个客体的(否则是未知的)距离的量数。

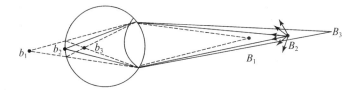

图 16-2　焦点的光学。点 B_2,如箭头所提示的那样,向各个方向发出光线. 落在晶状体上的光线,如实线所示,被屈折而辐合到视网膜上的点 b_2,来自点 B_3 的光线在较扁平的角度上到达晶状体而被带到在视网膜的前面的焦点如 b_3。因为在 b_3 上没有一个面阻止这些光线,它们重新离散,同时在视网膜上形成一个模糊不清的圆圈。来自 B_1 的光线聚于网膜后的一个(按理论应有的)焦点,在网膜上形成一个模糊的圆圈。在当时晶状体所调节着的或是聚焦着的所有各点一定会鲜明;所有其他的点则将产生模糊不清的圆圈。

眼睛对一个客体聚焦,并非像在照相机中一样地把晶状体向前后移动,而是改变晶状体的凸面和强度。被称为调节(accomodation)的这种结果是被睫状肌所完成的。倘若这个客体比较远一些(6 英尺或以上),这肌肉便松弛;当这客体越近时,肌肉便越收缩,从而使晶状体变成越来越凸出。于是这里有一种可能的深度线索。首先,获得这个客体的清楚的像(由于尝试与错误的过程);于是睫状肌的收缩程度由动觉的冲动作为信号传到脑,而用作这个客体的距离的指标。倘若你对一个很近的客体聚焦,例如对距一只睁开着的眼睛有几英寸远的被握住的铅笔尖,你可能发觉眼中一种紧张的感觉,可是,按照我们在前面的讨论,意识到的感觉是不必要的。这种线索,在没有任何更好的线索的场合,对于短的距离可能是有用的。可是我们通常把注视对象从一个近的客体转向另一个近的客体而没有什么"到处摸索"(feeling around),这一事实表示别的线索首先发生作用而使这种动觉的线索多少是成为多余的。这种线索是否有任何真正的价值,只能由排除掉所有其他距离线索的实验才能决定。

三角测量

三角形的特性是距离的可能线索的第二种源泉。一名测量人员能够由于沿着河的近岸形成一条底线,并从此线的每一端向对岸的一点瞄准而测量此河的宽度。他量了这个三角形的一边和两邻角之后,能够用三角学算出所要知道的宽度。类似的资料在双眼视觉中对于人类观察者是可以利用的。他笔直地面对这个客体并使他的两眼辐合,从而由于把这个客体的像引到每只眼睛的中央凹而获得了单一视觉。于是他有一个三角形可以利用,底线是他的固定的双眼间距离,而两邻角是右眼和左眼的辐合度数或是成为辐合角的这些度数的总和(图16-3)。我们不能预期他会知道他的双眼间以英寸计或以毫米计的距离,可是这是一种他所全然习惯了的距离;我们也不能预期他会觉察以弧度计或以度数计的辐合角,但是他可以用肌肉的收缩把这个角度感受下来。一个远客体(譬如说距离150英尺以上)的单一视觉可以由于双眼在平行的位置中而获得;可是当客体来到更近一些的时候,内直肌越来越收缩以获得适当的辐合和单一视觉。来自这些肌肉的动觉冲动返回到脑,给予一种可能的距离线索。即使这种线索并非精密得足以指示绝对的距离,它可能使被试断言两点中的哪一点是较远。

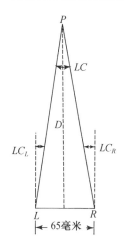

图16-3 辐合角与所凝视的客体的距离。P是客体;L和R是眼睛的位置,假定相距65毫米(瞳孔间的距离)。在向P辐合时,左眼向内转C_L角,右眼向内转C_R角,而这些角(它们彼此相等,倘若被试直接地面向这个客体)的总和便是辐合全量并且等于C角。知道D,可以计算$\angle C$;或是知道此角,可以计算出距离。这种计算可以应用公式:$\tan(\angle C/2)=32.5/D$,32.5毫米是双眼间距离的1/2。然而为了大多数的用途更为方便及足够正确,便是把双眼间距离LR视作以毫米计的D为半径的圆周的弧,因此在以弧度来测量的时候,$\angle C=65/D$。一个弧度近似地等于57.3°,更为精确地说来便是206、265角秒。因此我们有下列公式:

① 给予了以毫米计的D,求出以秒计的$\angle C$:

$$\angle C = \frac{65}{D} \times 206265 = \frac{13407225}{D} \text{秒}$$

② 给予了以秒计的$\angle C$,求出以毫米计的D:

$$D = \frac{13407225}{C} \text{毫米}$$

例如,当单一视觉是由于10°的辐合全量而被获得的时候,客体的距离$=\frac{13407225}{36000}=372$毫米(约15英寸)。在实验工作中,$D$是原始量数而$C$角是由$D$计算出来的。这里是几种相应的数值:

D/毫米	$\angle C$(秒)	=近似值	D/毫米	$\angle C$(秒)	=近似值
100	134,072	36°	1000	13.407	3.7°
300	44,691	12°	10000	1,341	0.37°
600	22,345	6°	50000	268	0.07°

双像

辐合的动觉线索，如同调节线索一样，只能够在借助于某一优先的线索或是由于尝试与错误而获得了清楚的单一视觉之后起作用。一种良好的优先的光学性质的线索总是在双眼视觉中出现的。用一简单的实验可以获得这种基本事实。拿一个直边如一根量尺或是一张图画纸，并且保持它在鼻子的面前向前指着，一个平面在右而另一个平面在左。单用右眼你看见右面，单用左眼你看见左面。单用右眼看，你看到远端在近端之右，从而，在把你的凝视点从近端向远端转移时，你把此眼转向了右方；在从远端向近端转移时，你把此眼转向了左方。单用左眼看，你看到远端在近端之左，并且作出了相反的转移。现在用两眼来看，你立刻看见两面。倘若你凝视近端，远端部分便分散，形成一个开口背着你的V形，在右边具有右眼景象；但是倘若你凝视远端，则V形的开口便对着你，而在左边具有右眼景象。在用双眼来转移凝视点时，每只眼睛追随着它自己的像，好比单单睁开了这一只眼睛似的。

一般说来，倘若一个近的和一个远的客体都笔直地在面前而你凝视近客体，你便获得远客体的双像，同时右眼的像是在左眼的像之右；但是倘若凝视远客体，那么你在获得近客体的双像时，右眼的像是在左眼的像之左。倘若你获得一个客体的交叉的双像（crossed double image），那么这个客体是在你现在的凝视点的近你这一边而你必须更会合你的两眼以便把此客体看成为单一的；但若你获得一个客体的不交叉的双像（uncrossed double image），那么这个客体是在你现在的凝视点之外而你必须辐合得更少一些，看得更远一些，以便把此客体看成为单一的。

当近点和远点并非都是笔直地在面前或是在同一视线上的时候，从这一凝视点向另一凝视点的眼睛运动是由一种协同运动（clnjugate movement）和一种辐合运动组成的。协同运动是对方向的一种反应，并且可以认为在两眼中是相等的，而辐合运动是对深度的一种反应，并且基本上是和在所考查过的简单的场合中一样。

作为深度线索的双像的重要性很早被黑灵（E. Hering, 1861—1864）所指出，但是有时被后来的研究者所忽视。有人或许因为这一或那一眼睛的显著优势而不能观察到双像这一事实不应该作为反对双像在功能士的重要性的借口。但是要作完善的证明有一种困难：那便是，还没有一种从双眼视觉中消除双像的方法以便发现究竟还有多少深度知觉留存着。

双眼像差

当来自客体的光线落在两个视网膜的不相应的区域上时便发生了双像。倘若双眼对一个客体辐合，它的像便落在作为相应的区域的两个中央凹上。别的客体，因为它们是在与辐合点相等的距离上从而也映在相应的区域上，可能也看成为单一的。但是较辐合点近一些或远一些的客体则映在两个视网膜的不相应的或"相差的"区域上而且说是表示了像差。像差的度是一种可以测量的数量。倘若你把两个食指成一直线地放在鼻子前面，而继续凝视较近的一个，同时把较远的一个离你移去——或是继续凝视较远的一个，同时把较近的一个向自己引过来——在其中任何一种场合，随着深度差异的增加，像差也增加。这个事实可以用图 16-4 的"V_s"作为例证。在角度的测量中，像差等于近点的辐合角减去远点的辐合角；那便是，像差等于辐合在从任何一点到另一点的转移中的变化。所以根据在图 16-3 下的表，我们发现当双眼辐合在 100 毫米外的一点

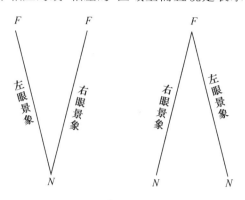

图 16-4 双像。当用双眼来凝视近点时，远点给予不交叉的双像；当凝视远点时，近点便给予交叉的双像。

时，300 毫米外的一点的像差是 36°－12°＝24°。这是不交叉的像差。倘若凝视点在 300 毫米以外，则 100 毫米以外的一点的像差仍然是 24°，这是交叉的像差。

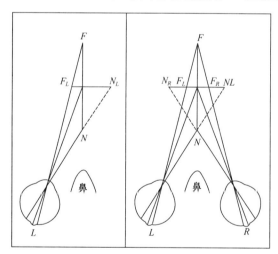

图 16-5 用投射法表示的像差。在主要视线上向前延长的直边 NF 是用双眼凝视于它的中点而被观察着的。为了简化内容，我们在第一栏中仅仅表示左眼景象。被凝视的中点映在中央凹，远端在中央凹之右而近端则在其左。通过凝视点投射在额面平行的平面上，则远端落于 F_L 而近端落于 N_L。仅用右眼也将给予类似的投射，但是位置相反。

在第二栏用双眼观察同一直边，而且结合了右眼和左眼的景象。F 的双像被看成为不交叉的，N 的双像则为交叉的。F 像的像差表示为 $F_L F_R$，而 N 像的像差则为 $N_R N_L$。

倘若这个直边被斜放或是偏向一面，可以用同一方法作出像差。所作成的图将为不对称的，但仍能表示同一主要事实，那便是，无论何时空中的一点在凝视点的平面之外，则这一点的右眼投射必定位在左眼投射之右，如此等等。

像差可以更为活现地用网膜像在通过辐合点的一个与颌面平行的平面上的投射去描绘出来,如在图 16-5 中所图解的那样。在这里我们是在使辐合角的正切,而不是用度数来测量的这些角。

相应点的外投域

为了安全起见,我们必须提到相应点外投域(horopter)。这是在一定的辐合度上给予相应的像的在空间中的所有各点的轨迹。例如,试凝视离开头部 10 英尺的一个客体。被凝视着的客体看起来会是单一的,因为眼睛辐合而把它的像投在两眼的相应的中央凹内的点上。较凝视点为近或在此点以外但基本上在同一视弦上的客体将给予双像,因为它们刺激着不相应的视网膜点。但是现在试考虑在视野外周上偏向一侧的客体。它们必须离开眼睛多少远才使刺激相应的点被看成为单一的呢？第一个念头,似乎是在离开眼睛同一距离(在我们的例子中是 10 英尺)上的所有各点会被看成为单一的,那便是,外投域一定是具有 10 英尺的半径而以鼻梁为中心的一个球面。这样作法毕竟是十分不正确的。可以用几何学来表示外投域的理论的形状是通过凝视点和两眼转动的中心的一个圆周。但是在加以实验的考验时,就是这样作法也是错误的,因为在眼睛本身有某些错综的因素。实在的或是经验的外投域的实验性确定在理论上是简单的,但是在实际上是麻烦的。被试仅仅继续凝视一根棒,并且调整在各种不同的外周位置上的别的棒,直到在每一场合它被看成为单一的为止(图16-6)。如可以看到的那样,外投域的实在形状是随着凝视距离而变异的。

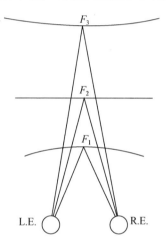

图 16-6　经验的外投域[奥格尔(N. Ogle),1950]。倘若两眼对着在 F_1 的一根棒辐合,在通过 F_1 的曲线上任何别的点上的棒都将被看成为单一的;较近或较远的棒将被看成为双像的。外投域的实在形状,如通过 F_2 和 F_3 的曲线所表示的,随着凝视距离而改变。

外投域的知识在深度知觉的某些方面的彻底的数学分析中是重要的[亥姆霍兹(H. Helmholtz),1925;奥格尔(K. N. Ogle),1950],但幸而对于我们大多数人,略微熟悉一些这个复杂的课题就足够了。

运动视差

视差一般说来是由于观察者的位置上的改变所得到的一个客体的方向上

的改变。双眼视差是由于两眼的位置上的微小差异。一种更为巨大的视差是由于头部位置向右或向左移动6英寸的结果。由于这样一种移动,你可以获得一个客体的惊人的不同景象,但是由于在不同时获得这些景象,你不会取得双眼视觉的动人的立体效果。然而当运动时,你的确获得在视野以内的相对运动的一种动人的景象。当你向右运动时,在你面前的所有客体相对地向左运动,但是远客体的角度转位程度比近客体的角度转位程度大为减低——这是一种纯粹的几何学关系。

在头部或身体位置转移时,观察者的眼睛并非仍然是被动的。它们易于用一种向后追踪的运动来凝视某一客体而且继续凝视着它。倘若你凝视在中等距离上的一个客体,从而使这一客体的像在你把头部向右运动时保持在中央凹上,那么全部较近的客体的像会沿着视网膜的同一个方向运动,而全部较远的客体的像向着相反的方向运动。你看到较远的客体跟着你运动而较近的客体向后运动。而且任何客体愈近,它的相对的向后运动愈快;客体愈远,它的相对的向前运动愈大。我们不知道,这种卓越的深度线索,在日常究竟利用了多少。在森林中或是在任何类似的错综的环境中,你只要开始运动,距离便栩栩如生。在迅速的车辆运动中,甚至远的距离也栩栩如生。

作为深度线索的大小

倘若你知道一个可见客体的实在大小,你便有对于它的距离的一种良好的指标。这种线索,同刚才所谈到的那些线索一样,是属于三角测量这一类。

图16-7 视觉性大小和深度的几何学[施洛斯贝格(H. Schlosberg),1950]。A和a分别代表客体和网膜像的大小。D和d分别代表从节点(N)到客体和视网膜的距离。因d是常数,方程式可以写作$a=A/D$。分数A/D是视角(v)的正切。

在图16-7中,A是大小,D是客体的距离,而a是网膜像的大小,d是从全部光线的节点(晶状体的后部)到视网膜的距离。我们具有一对相似三角形,其中$a/d=A/D$。当被试注视一个客体的时候,生理上同时给予了a和d,即使他没有关于其中任何一个的有意识的知识。被试眼球的大小是常数,因此可以作为1而从方程式中消去,剩下了$a=A/D$。网膜像的大小明显地在他的神经系统中登记下来。倘若被试知道这个客体的实在大小(A),他就能够解答这个方程式以获得它的距离。因为他的确明显地知道许多熟识的客体的大小,他或许经常地运用这种知识来判断距离。艺术家在描绘深度时所运用的许多线索是属于这一类的。相对大小、直线透视以及视野中的位置都可以归结为同一个普通公式,例如,在铁轨上枕木是一系列已知的(并且是相等的)大小的客体与渐次缩小的网膜上大小相对;因为 A 保持不变而 a 减小,方程式便要求 D 的增加,所以枕木和铁轨是在深度中被看到了。在这一类因素中有一种严格的视觉性的因素是艺术家所不能应用的,那便是,具有已知速度的一个客体的像在视网膜上移动的速率可以用来找到它的距离,因为客体的速度和网膜像移动的速率仅仅是每一单位时间的 A 和 a。如同在关于"大小常性"的实验中以及在许多日常情境中那样,当给予 D 和 d,同一方程式提供了寻求 A 的一种方法。

阻隔或掩蔽

绕过一个角来看东西是不可能的,这确实是视觉经验的基本事实之一,而且是幼小儿童在经历中很早便知道了的。他知道一个客体可能被隐匿在另一客体之后,知道被隐匿了的客体是更远一些,也知道他常常由于向右或向左运动而能够看到被隐匿了的客体。因此,由于阻隔和运动视差两原理的配合,他能够熟悉别的深度线索。当远客体仅仅部分地被近客体所掩蔽的时候,它们的共同轮廓可以表示哪一个在前,甚至观察者不必进行任何运动,他也不必熟悉这两个客体[拉陀许(P. Ratoosh),1949]。而且,看起来更为完全的图形大概是在前面[查布尼斯与麦克里瑞(A. Chapanis & R. A. McCleary),1953]。在某些情境中,阻隔是相对距离的唯一可靠的线索,例如野战炮兵队的情形:倘若炮弹的爆发使目标不明,那么瞄准距离是太"短";但若目标在爆发的前面呈现出来,那么这一射击是"过分"了,而且射程是太大了。当施利维(W. Schriever,1925)使深度线索彼此互相竞争的时候,阻隔就成为最强的线索。"金星凌日"就是这个行星位在地球和太阳之间显明的证据。

阴影

画家用得很多的深度和凸面的另一指标是在圆形的或是有角的表面上的黑影。而且倘若光源或光向清楚地显示出来的话,一个客体投到另一客体上的阴影表明哪一个客体远些。假的黑影或是假的光源指标能够给予几种很有趣的效果,例如把凸出变成凹下,凸面变成凹面,以及倒转过来。当从空中照相出来的炮弹坑图片被上下颠倒过来的时候,这些坑看来像小丘;而且也发现许多其他的例子并发表了。一个简单的例子(图16-8),倘若用来试验许多人,会获得影响外貌的几种因素:① 在图中的光常常好像是从上面来的;② 凸面较凹面占优势;③ 有把

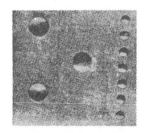

图 16-8 在光来自一个方向时在一个平面的表面上的凸出和凹进[仿照佛·菲安特(K. V. Fieandt),1938]。试把此图倒过来看。

全部图形看做都是一样形状的东西的一些倾向。光是自上而下照来的这个假定,在年幼儿童中和在成人中一样地坚强[佛·菲安特(K. V. Fieandt),1938]。

假定自上而下的光照的倾向是几乎普遍的经验的结果呢,还是可能还有一种对于这个环境特征的先天的调整呢?可以从小鸡孵出时就把它们养育在光线全是从下面通过金属网眼底层而来的笼子里,顶部和侧面用黑布遮住,就是喂槽也是用玻璃做的。赫斯(E. H. Hess,1950)曾用此法饲养一个实验组,并且饲养一个光线从上面来的控制组。准备好一张散布着小麦粒的逼真的照片并且把它垂直地贴在测验笼子中。在图片的一半之中每一麦粒在它下面有一个阴影,好像光照是自上而下的;可是在另一半之中,阴影在麦粒之上。在出生后7 周的许多小鸡会在图画的麦粒上啄食,并且实际上确曾啄食的全部小鸡都首先选择符合于它们曾借以养育起来的那种照明的麦粒。习惯于从下面来的光缘的那些小鸡选择了阴影在上面的麦粒。把小鸡在 1~6 周以后测验的另一个实验却不太成功,并且似乎表明对于由下而来的光照的适应十分困难——好像自上而下的光照毕竟更为符合于小鸡的天性。天性对教养的问题可以对每一深度线索提出来,可是实验的证明却难于获得,因为这么许多空间的学习可能甚至在人类的婴儿生活的最初几个月中便已发生了。

空气透视

在(相当)清净的乡村空气中,远处的山是青的;而在烟雾弥漫的城市中,几排房屋以外的建筑物却是灰色的。在空气中总是有少量的水分或尘埃来产生这种效果。当别的线索由于远距离而失效的时候,空气透视开始起着重要的作用。

渐变(gradients)

在一本令人鼓舞的关于空间知觉的书中,古布森(J. J. Gibson,1950a)请人们注意各种表面(例如我们在上面爬行或是走路或是驾驶或是飞行的地板或地面)的重要性。当心理学家们谈到深度线索的时候,他们往往想到一个孤立的客体的距离或是两个客体的相对距离,并且在实验中,他们习惯于把实验室的地板、天花板和四壁隐蔽住,因为这些东西如果被看得明白,观察者会毫无困难地知道一个特定客体的距离。古布森认为,被试具有把地板看成在前面延展出去的平坦表面的直接的视觉性证据。倘若在地板上有任何整齐的记号或是可见的表面组织(texture),那么,这种表面组织当距离增大时看起来便逐渐变成更为稠密;而且与此类似的表面组织的渐变也可以在路上或是田野中或是水的表面上看到,倘若我们向前看的话(图 16-9)。这样一种表面组织的渐变,恰和网膜像的各个小部分的颜色或明度一样,确实是视网膜的刺激的事。对于丰富的空间景象有所贡献的别的渐变是由直线透视和运动视差所供给。在网膜像中的这些渐变一方面直接地和客观的距离相关,另一方面又直接地和被试对于距离的印象相关。因此一种无所不包的当前环境的空间景象与其说是在特定客体的距离知觉之后获得的,毋宁说是在其前获得的。这便是吉布森的理论的大略。

线索的相互作用

在任何实在的经验中这些因素的若干种可以供给我们的深度知觉机构。结果并不一定是各种单一因素的效果的单纯总和。一种强有力的因素,例如掩蔽,可以决定这种知觉,而使别的因素无效。

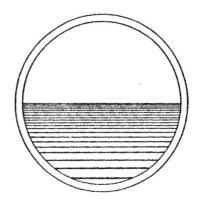

图16-9 给予深度印象的一种表面组织的渐变[按照吉布森(J. J. Gibson),1950a]。

否则这种知觉可能是不稳定而变动的。一般说来,已知的客体是惊人地稳定而且时常对抗不适当的调节、辐合或是网膜像差所引起的歪曲。因此,隔离任何单一因素的效果的企图必须作得极端谨慎。在文献中的许多矛盾便是由于并未考虑到这一点,有如我们在下面会看到的。这种困难会使某些心理学家不敢对此进行分析的探讨[魏尔农(M. D. Vernon),1937]。但是让我们转向评价我们曾经考虑过的各种可能的线索的实验尝试。

在这一题目的历史中,第一个重要的实验者是著名的画家和工程师里翁纳多·达·芬奇(leonardo da Vinci,1452—1519)。画家们在寻求良好的深度效果中发生了困难。里翁纳多劝导人们作下面的实验:

请到乡村中去,选择位在100,200码等等的距离上的客体……固定地放一块玻璃在你的面前,使眼睛注视在指定位置上,并且在这块玻璃上描出一棵树的轮廓来。现在把玻璃向一边移动,正好足以让这棵树在已描绘的轮廓的旁边被看到,并把你的图画着色以便复写出这个客体的颜色和凸出形状……按照同一程序来画出在较大距离上的第二棵和第三棵树。把这些图画保存在玻璃上作为在你的工作中的助手和教师。

除了注意实际上等于全数能够被画家所利用的深度线索以外,里翁纳多在双眼作用的研究上作出了一个开端。但是第一个指出由于眼肌在调节和辐合中产生的非视觉性的动觉线索的是哲学家乔泊·贝克莱(George Berkeley)(在1709年)。贝克莱没有作出实验来检核这些可能的距离指标的实在价值。其次一个重要的名字则属于物理学家查理斯·惠斯登(Charles Wheatstone),他的实体视觉的发现以及实体镜的发明(1838)开辟了关于空间知觉的实验的新纪元[关于这种历史的更多报道,参看波灵(E. G. Boring,1942)。]

实体镜和实体视觉

  双眼视差的事实以及双像在三维视觉中的可能效用曾经讨论过了,可是关于深度的双眼线索还留下一些重要的事情要说出来。惠斯登在 1838 年指出,两眼获得了位在观察者的相当近处的一个三维客体的不同景象。他推测这些相差的景象的配合和融合可能产生双眼视觉的生动的深度效果。他作出一个客体的两个单眼景象的适宜的描图,并同时分别地呈现于两眼之前。由此来考验这种假说,并且他发现这样就得到正确的和逼真的三维视觉。

  为了获得对分开的景象的良好的聚焦,需要有些灵巧。倘若小的描绘或图画持在两眼的相当近处,调节必须紧张而辐合却松弛——这是对于多数人说来要学习的一种困难的技巧。通过一对管子来观看会有所帮助。可是惠斯登发明了一种好得多的机件。

反射镜式实体镜

  图画放在右面和左面,而且利用在两眼近处的小斜镜来观看这些图画(图 16-10)。由于每只眼睛前面的镜子,图画出现在与它所表象的客体同样的距离并和每只眼睛在同样的方向。因此调节和辐合是正确的,而且这两个网膜像恰似从实在的客体所得到的像一样。观察者的视觉机构把这两张图画配合起来而获得了恰似看到这个客体一样的三维效果。

实体镜图画的作图

  借助于如同在图 16-10 中所表示的那些作图直线,正确的单眼景象能够被准备好,以便在实体镜中使用。作图直线是在通过两眼的节点 N_L 和 N_R 的一个水平面上。镜子可以从图解中省掉,而只有两眼的节点是必要的。首先还是较为稳妥地依靠水平切面是一律的那些客体,例如向你指着的一个楔形或是一个立方体。于是从 N_L 到 $A, B,$ 和 C 画出直线交叉直线 ST 于三点上,这些点是左眼看到的那些垂直的边的位置,并且对于右眼景象也用类似的做法。所获得的实体镜图画表示在图 16-10 中。把图面转朝上。对于一个更加复杂的客体,必须为每个重要的切面作出这一类图画:一个直立的角锥需要两种图画,一种在底面而另一种在顶点。在这样的作图中必须依靠比例尺而且这个比例尺比较在图 16-10 中的要大得多。倘若你假定 2.5 英寸作为从 N_L 到 N_R 的双眼间距离,你必须用同一比例尺来代表这个客体的距离。你很少会发现如在图 16-10 中所表示出来的那样大的像差,这些像差是代表着一种相当极端的情况的。

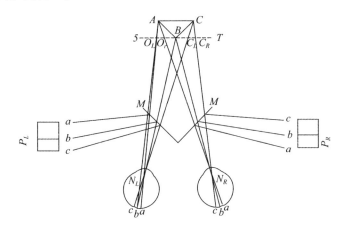

图 16-10 反射镜式实体镜的光学。两眼要辐合和调节,好比它们在看实在的客体一样,在这里是一个楔形 ABC,并且两个网膜像要与在通过辐合点看到这个楔形在平面 ST 上的投射时一样。倘若两眼凝视近边 B,可以获得 B 的单一中央凹视觉,但是对于 A 有一些(不交叉的)像差,并且对于 C 也是如此。呈现在投射平面 ST 上的这种像差被摹绘成两种图画放在 P_L 和 P_R 处,并且通过镜子 M 和 M 而观看。倘若像差不太大,那么双像明显地融合为一,因为被试看到了一个单一的具有深度的楔形。

实体镜图画的这种几何作图是有启发性的,可是对于复杂的客体是不切实际的。有可能一回用一只眼睛来观看客体(不要移动头部)从而获得两个所需要的图画。还要容易一些的便是摄取两张照片,在两次拍摄之间把照相机向横侧面移过双眼间距离。还有双镜头照相机——实在是两架照相机连在一起——可以一次拍摄两张很好的实体镜图画。这种相片往往用较正常的双眼间距离稍宽的距离拍取,以便加大深度的效果。对于远的景象,横侧面的距离甚至可能增加到许多英尺,如同照连续的飞机相片一样。倘若像差太大,两种景象便不会融合,却获得了双像或双眼竞争。这种失败在学生们于实验室练习时所准备的实体镜图画中是常见的。

必须强调,由于两眼的不同位置而获得的双眼像差是水平的而不是垂直的。能被容许的仅仅是小量的垂直像差或许相应于与在实在情境中的头部微微向上昂起相比拟的量数。这种要求有时对于从一架飞机上所摄取的实体景象引起麻烦。为拍摄这种图片,照相机必须这样地被定向,使飞机的运动对所要求的图片来说是横侧面的,否则分开的景象不会融合起来。

相反的和加大的像差

惠斯登的反射镜式实体镜在它的巨大和开展的构造方面是有许多便利的。

可以提到一件事情,那便是,你能够交换右眼和左眼的图片而获得一种反影镜的(pseudoscopic)或相反的深度效果。这个小实验是很富于启发性的,因为有些图片会给予效果而有些则否,随着所代表的客体以及可能存在的不同的深度线索而转变。在一种直线的描绘中,例如图 16-10 的楔形,由于交换右面和左面的景象而把像差的方向反转便使凸面变成凹面;楔形成为凹下去的而且从观察者这一面向远处凹去。可是这样的反转对于更为具体的客体(如一张抽屉橱或是一个人面孔)的图片很少成功。向里凹的面孔很难成为一种可能的知觉,然而倘若这个面孔被画成像一个假面一样,反转便会见效。

倘若用大的镜子来代替在图 16-10 中的右面和左面的图片而且调整得大约与小镜子平行,视线便向外指向在环境中的客体。像差加大了,因为两眼在实际上分开有两个大镜间的距离那么远,也许有 2 英尺远。在这种形式中反射镜式实体镜变成了一架望远实体镜(telestereoscope)。它加大了深度效果,使一间平常的房间看上去好像一条长廊。三棱镜式双眼望远镜在较小程度上体现了这个原则。由于镜子的其他安排,两眼的视线能够交换而获得客体的一种反影镜的景象[关于数学分析,参看里格斯,茅勒,格雷汉和摩特(L. A. Riggs, C. G. Mueller, C. H. Graham & F. A. Mote),1947]。

三棱镜式实体镜

反射镜式实体镜除开为了研究和表演的目的以外是太笨重了。较为方便的是三棱镜式或是透镜式实体镜(图 16-11),这种实体镜常常是与布留斯特(D. Brewster,1856)的名字联系着的,虽然惠斯登也独立地发展了这种实体镜。这是在 20 世纪之初几乎在每一家庭中都可以看到的一种器物。它的三棱镜放在图 16-10 所示的镜子的地方,使视线向外偏斜恰足以注视于画在卡片上的并且笔直地放在相应的眼睛前面的 R(右)和 L(左)两个图画上。一个薄的木制隔板或是分离器使每一眼睛只看见它自己的图画。这种三棱镜通常被磨成带有一种微凸的透镜的成分,因此即使调节完全松弛,图画在离开眼睛 6 英寸处也很鲜明。有很充分地仔细准备好的照片可以用之于这种三棱镜式实体镜,而且人们可以在他们自己的客厅里看到以惊人的逼真形状出现的大峡谷、尼亚加拉瀑布和伦敦桥。

其他的实体镜

小型照相机的最近发展使一种甚至更为简单而且更为小巧的实体镜成为可能。印刷品或是着色的透明图画小得足以直接地放在两眼之前,而且倘若用一对凸透镜作为接目镜,则辐合和调节二者都可以如同看一个远客体一样地松弛。着色的透明图画特别有效,因为它们能够呈现除掉需要观察者的运动或是场面的运动的那些线索以外的全部深度线索。

好久以来人们渴望有使一群看银幕上的电影的人得到立体视觉的某种方法。问题在于如何使右眼的和左眼的景象分开。凹凸分析器(Anaglyph),即红绿实体镜是相当成功的。画片看起来是黑的和白的,却不是有色的。在镜片或软片上 R(右)和 L(左)图是重合的。右图用绿墨水印(最好是蓝绿)并且通过一个红色滤色器来看,因此这个图看起来是黑的。同样地,左图印成红色而通过一个绿色滤色器来看。较淡的背景是以滤色器的颜色出现的,这些颜色由于双眼颜色混合而配合成为白色和灰色。倘若供给每一位电影观众一对方便地装配在纸板眼镜架上的玻璃纸滤色器,那么这种实体镜会十分令人满意。自然,倘若我们用这种方法是不能有彩色电影的。

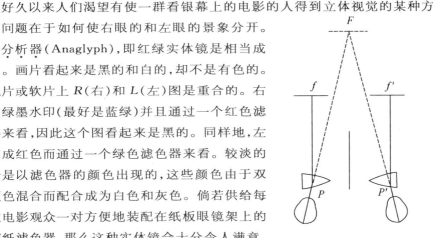

图 16-11　三棱镜式实体镜的设计。一张纸板图片呈示两种景象,f 和 f',从这些景象的光线被三棱镜 P 和 P' 所屈折,因而好像是从 F 来而到达两眼一样,这个 F 点是在两眼所辐合着的空间中的点。

一种薄的并且不贵的使光偏振的塑料软片(Polaroid)的发明曾经开辟了一条道路来获得能够既有颜色、又有实体深度的一种方法。右和左图是用在两个不同平面上偏振的光投射出来,并且通过安上代替红绿玻璃纸的偏振光软片的纸板眼镜架来观看。现在(1953)若干出品者保证生产运用这种方法的描绘特点的电影并且希望这会有助于与电视竞争。当出品者炫示新方法的可能性时,在早期的尝试中我们可以盼望看到许多关于实体深度的动人表演;到底由于简单的照相,加上在电影中的客体的相对运动的因素所获得的相当好的深度错觉,有了一种正常分量的像差是否可以多少增进这个深度错觉,还要等将来再看。

栅栏实体镜　某些产品的店窗广告利用了栅栏实体镜。最简单的形式是,当被试站在正确的观看距离上时,一些狭窄的黑色垂直柱遮蔽着图画的每隔一个的垂直条条而使左右两眼看不到。这些每隔一个的条条是从同一景色的右和左方相片中切下来的。这样一来,右眼就仅得着它自己的景象,而左眼也是一样的。这种实体镜的更为通常的形式具有用滑动照相机所拍取的一整系列景象代替仅仅是两张照片。这样一来,两眼在任何合适的观看距离上都获得了适当的景象[卡麦卡尔(L. Carmichael),1931]。

没有像差的深度　甚至没有双眼像差的帮助,从一张图画也能够获得良好的深度,倘若被试能够解除掉那些使他知道这确实是一个平面的那些线索的话。有的人能够如此沉溺在画出来的景色中,使他们忘掉画框以及别的指示着

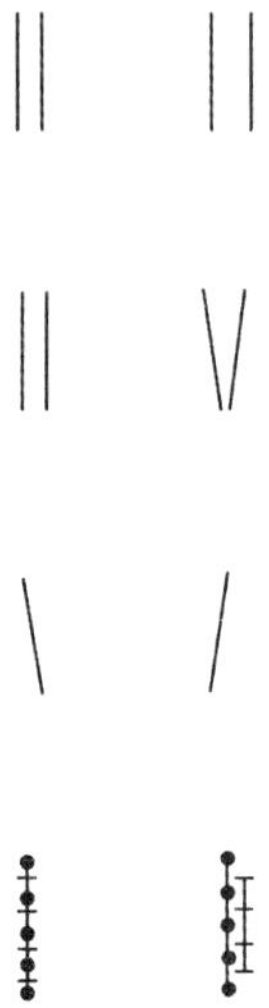

图 16-12 宽度像差和原始的深度效果[仿照潘弄(P. L. Panum),1855;威尔纳(H. Werner),1937]。倘若一个直条,例如一根量尺的一面,直接地放在面前而两边同样地远,那么这一直条的宽度对于两眼是相同的并且没有宽度像差。可是倘若左边较右边为远,那么这一直条对于左眼是宽一些,并且有宽度像差。凝视近边,则远边对于左眼比对于右眼更向左远离开。远边的双像趋向于集合一起而融合,给予了深度效果。这个原则预示深度效果可以从许多图形获得,一小部分的图形呈示在这里。

为了在一个三棱镜式实体镜中尝试,每种图形的 R 和 L 部分必须分开有双眼间的距离那么远。你可能用"对眼"的巧技在它们原来的地方把它们配合起来。在一对景象之间安放一个铅笔尖作为凝视点而把它慢慢地向你引进来,从而使这一对景象集合在一起。当它们已经集合在一起的时候,你或许能够把铅笔移开而仍旧保持着这些直线的配合的景象。因为两眼相交叉而右眼看到左图,左眼看到右图,所以这种深度效果恰是你可以用实体镜来获得的效果的反转。这是一种反影的效果,但当你得到它的时候是很清楚的。试玩一种等待的游戏,只要使这些直线继续在一起而期待着可能出现的深度效果。双眼视觉能够以某种方式使略微不等的宽度相迭合——使双像集合而从稍稍相差的视网膜区域上获得单一的视觉。显而易见,这种融合必然在脑的低级或高级中枢中进行。一个复杂的三度客体呈示着许多可以融合的不同的宽度像差。为了给予双眼景象一些深度,融合不必一定要完全。细微的眼睛运动时常在发生着,却不一定扰乱三维的外貌。

画面是平坦的那些暗示。艺术家时常发现,通过一根管子而用单眼来检视一张图画的话,便较为容易地除去这些线索。逐渐变为如此流行的那种小的图画检视器还更为有效;除掉取消那些使我们知道这张图画是平坦的双眼线索以外,这些检视器更借助于透镜而校正调节。只要从消极的线索的束缚中解放出来,某些因素,如阴影、大小和掩蔽,便产生差不多是实体的深度[施洛斯贝格(H. Schlosberg),1941h]。

不消除双眼视觉,似乎也可能供给许多别的深度线索来克服双眼的平坦线索。这便是在 1952 年秋季百老汇上演的华勒的"全景电影"(Waller's Cinerama)的基础。充满着整个舞台的一个很大的弯曲银幕包含有从不同角度摄取和投射出来的三张图画。实得结果是到戏院去的人似乎被图画所包围,并且得到运动、表面组织等等的很重要的外围的渐变。当加上立体音响器的声音时,据说其深度效果是很动人的[堪普费特(W. Kaempffert),1952]。

深度知觉的准确性

几个意义相同的术语在被使用着:深度的或实体的敏感性,实体敏感性,实体感受性(depth or stereoscopic acuity, stereoacuity, stereopsis)。如在仔细地准备好的实体镜卡片的考查上所体会出来的那样,对于微细的像差的灵敏度是几乎不可思议地锐利。例如,基斯统(Keystone)景象公司所准备的一种实体感受性的标准测验是呈现着每横行上有 5 个符号的若干横行一张的实体镜卡片。两种景象是重复的,只是在每一横行中有一个图形被移位,这种移位在右和左景象中是朝着相反方向的。这种像差从最上一行到最下一行是逐渐减少的,如:

(第 1 行)
    X M O WH X M OW H

(第 9 行)
    X M O W H X M O W H

  在第 1 行中像差是那么大,使字母 W 看起来比这一行上的其余字母对于观察者更接近得多。在第 9 行中字母 M 也同样地被移位了,只是所移的量是几乎不能觉察到的,然而倘若通过一个实体镜来观看的话,它也会清楚地显现在其他字母之前。我们不久将呈示一些阈限,不过在这里注意一下下列的情况或许是有趣的;这种情况是,对于微细的像差的灵敏度使实体镜成为用来比较两个很类似的客体的很有用的仪器。倘若一张假钞票和一张真钞票成对地放在一个实体镜中,就是一种轻微的差异也像一只肿痛的大拇指那样会被显示出来。对于可能是(或者可能不是)曾经从同一手枪中发射出来的两颗子弹,其显微照片也是同样适用的。应用双眼像差也可以显示出在飞机照片中的丘陵的起伏。一尊炮可以人为地用一簇枝叶灵巧地像屋顶一样覆盖住,以避免在一张照片中被觉察出来;但是倘若相距 100 英尺远摄取的两张快镜照片在一个实体镜中配合起来,像差会使这个假屋顶像一座山那样显示出来。

实体感受性的早期测定

  在双眼视觉中怎样小的一种深度差异能够被感知到呢,即是说,给予一种标准距离 D,能够被感知到的最小加上去的距离 ΔD 是多少呢? 这种基本的实验是由亥姆霍兹(1856—1866)设计的;那便是用图 16-13 来说明的著名的三针实验。根据深度阈限也能够计算出可以作为一种深度线索的像差的最小量数。还没有把这种测定推进到它的极限,亥姆霍兹发现他的像差阈限的确是小于 60 秒角度。后来的测定表明这种平均阈限甚至还要比这种小的量数小得多。

霍瓦-多尔曼(Howard-Dolman)仪器

  相当粗略地制成的一种三针仪器的仿制品曾广泛地在双眼深度知觉的研究中被应用。这是在 1919 年被霍瓦所设计并且被用来作为一种选择测验以淘汰那些可能有不好的深度知觉的航空候选人员。它包括两根黑色直棒，这些棒装置在木块上和平行线路上，因此任何一个棒能够向着或离开被试而移动。这种棒通常是 1 厘米粗、大约 25 厘米长（2/5 英寸×10 英寸），是通过一个遮住棒的底部和顶部的孔眼来观看的。一根是标准棒，通常放在离被试 6 米（20 英尺）处，而另一棒放在一种不同的距离上。被试所能全部看到的便是这两根黑棒；他的任务是常去调整这个比较的刺激（拉一根无头的绳索）直到两棒看起来离开他有相等距离为止。在原来的实验中霍瓦用恒常刺激法的简单形式，同时把 75% 点作为阈限。从 106 名被试中，最好的 14 个大约有 2 弧秒的阈限，而最坏的 24 个有从 10 弧秒到 130 弧秒的阈限。这相当于最好的被试大约有 5.5 毫米的深度误差，而最差的则有 360 毫米的误差。最差的被试可能丝毫没有利用像差。将会发现在任何未经选择的人群中一定百分比的被试只有些微的实体视觉或是没有实体视觉。理由可能是一只眼睛的敏感性很坏，或是习惯于抑制一个像。后一种现象常常是由于肌肉不平衡的结果，不是轻微的不平衡，便是明显的斜视眼。一个像被抑制甚至在校正了不平衡之后可能还要持续下去。

图 16-13 亥姆霍兹三针实验。点 A,B,C 代表装置在安放于平桌上的小木块上的垂直的针。仅仅针身是可以为被试所看到的，用双眼的节点 L 和 R 代表被试。各针是横侧面地相距若干毫米。被试必须判断是否 B 与 A 和 C 准确地排列成一直线，因此所有三针离开他同样地远，或则是否 B 稍微近一些或远一些。他的平均误差主要地是以毫米测量的（ΔD），但是这样一种量数不能直接地与用来对待从被试到针 A 和 C 的平面的不同距离的量数相比较。一种较好的量数便是像差角，是对于近客体的辐合角减去对于远客体的辐合角。于是，在此图中，像差角等于标志着 $\angle D$ 的角度减去标志着 $\angle D + \Delta D$ 的角度。用以计算这种角的方法曾在图 16-3 的下面说明过，而在这里将被应用在布尔敦（B. Bourdon, 1902）的一种结果上，他曾经发现一个被试成功地辨别在 2 米（2000 毫米）上的一种 0.6 毫米的出入，如同在图上所指示出来的。我们有：

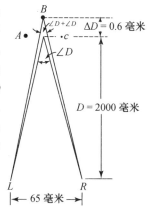

$$\angle D = \frac{13407225}{2000} = 6703.6 \text{ 秒}$$

$$\angle D + \Delta D = \frac{13407225}{2000.6} = 6701.6 \text{ 秒}$$

$$\text{像差角} \qquad\qquad = \overline{\ 2.0 \text{ 秒}\ }$$

我们通常认为 1° 是相当小的一种角度，但在这个作业中只有 1 度的 1/1800 的一种角度在感知上就能被利用了。

在有 9 名观察者参加的补充实验中,霍瓦曾经获得了关于单眼和双眼的深度阈限的比较结果。平均数是:单眼,285 毫米;双眼,14.4 毫米——双眼视觉占优胜的 20 对 1 的比率。这种结果有力地影响了网膜像的大小作为一种深度线索的适宜性,因为这是遗留在单眼视觉中的最好的线索,倘若被试的头部保持不动的话。如果他的头部并未被固定地控制住,他有强烈的把头部向一边移动几英寸的倾向,使附加上来的运动视差的线索起作用。这种行为证明被试对于网膜上的大小这个线索不满意。

在这种仪器中,当比较棒在远处的时候,此棒的网膜像自然是比较小一些,可是刚才提到的巨大的单眼阈限表明这种线索在双眼深度阈限的测定中仅起着微小的作用。作为对于这个问题的校核,伍德本(L. S. Woodburne,1934)用被光所照明的细缝来代替棒,一条细缝是在恒常的位置,而另一条离开被试的距离则是变异的。这条变异的细缝是这样设计的,即当它移动时,它的宽度改变着,同时不管距离怎样,保持着一种恒常的网膜上的大小。像差角的平均阈限是 2.12 角秒,这是大约与最好的被试在霍瓦-多尔曼仪器上所表现的一样。

研究这个问题的另一种方法是,使棒的大小不同,而后再看这种情境对于判断有什么效果。希施,霍鲁维兹和魏茅斯(M. J. Hirsch, M. Horowitz & F. W. Weymouth,1948)装配一种霍瓦-多尔曼仪器,用直径为 2 厘米的一根棒来代替两根通常的棒(1 厘米)中之一。这种改变对于安排的变异性没有显著的影响,可是它的确引入朝着预期的方向走的一种恒常的误差;那便是较大的棒被安排得远一些而作为(使它看起来近一些)它的较大的网膜上大小的部分补偿。这种影响是小的,是属于 25 毫米的等级(在 12.7 米的观看距离上)。可以注意到,倘若被试只凭网膜上大小来判断深度,他势必把双倍大小的棒安排在双倍于标准棒的距离上;在那种场合,误差势必相当于上述等级的 500 倍!

影响着实体敏感性的变量

曾经有过关于光度、两棒间的横侧面距离、棒的颜色等等对使用霍瓦-多尔曼仪器所得的阈限的效果的几种研究。有些研究已被格雷汉(1951)以及在托夫次(Tufts)学院手册(1949)中加以总结。还有最近的运用一种更简便的仪器的实验,是由严密的金属结构、并用测微器的推动来调整客体,这样来很好地控制住各种变量。这些客体本身是针、在实体镜玻璃片上的细线、飞机黑影等等。用某一类托架或是用为观察用的窥视孔来固定头部的位置。

在第二次世界大战时这一种形式的机件用来作为一种双眼的距离检视器或是高度检视器。操作人员通过一对叉线观看,例如,一架飞机的两个像。一种电钮使一眼的视野的光学系统变异,因此这只眼睛的像能够横侧面地移动。一经获得了融合,飞机看起来比在叉线中的参照线近一些或远一些;但再把这个电钮调整一下,便导致这架飞机到和叉线一样的显见的距离上。于是这架飞机在空间的实在距离可从仪表上读出,或是自动地传送到在高射炮上的计算机器。这种机件的实际重要性引发了许多研究,这些研究是关于良好的操作人员的选择,并关于这种仪器本身的设计的改进。

光度的效果。 茅勒和洛埃(V. V. Lloyd, 1948)在玻璃板上配置两个单眼视野,第一视野包括三条垂直的参照线,称为证信线(fiducial lines)或是一种叉线(reticle);因为这些线之间的距离相等,它们在双眼视觉上是融合起来的,而且看起来总是在同一距离上,它们相应于霍瓦-多尔曼仪器中的固定棒或是在亥姆霍兹装置中的两根外面的针。右视野又包括一条变异的线,这条线可以同左视野中的一条固定的线融合起来。被试调整这条变异的线直到这个融合起来的"目标"是在和参照线相同的距离上为止。用 10 种等级的明度作出测定,对于两个被试的平均阈限表示在图 16-14 中。

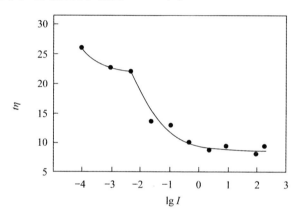

图 16-14 表示实体敏感性是光度的函数[茅勒和洛埃(C. G. Mueller and V. V. Lloyd),1948]。

实体敏感性随着明度的增加而改进(阈限变小)。熟悉的棒体-锥体突折(rod-conc break)在图中可以看到,可是某种双眼深度敏感性甚至在光度的微光等级上也表示出来[参考贝瑞(R. N. Berry),里格斯和邓肯(C. P. Duncan),1950]。

目标离开参照线的横侧面距离。 格雷汉、里格斯、茅勒和索洛蒙(R. L. Solomon)的一种研究(1949)使用的仪器类似于茅勒和洛埃的仪器,但在叉线中仅有一条参照线,而且目标是一个飞机图形而不仅是一条线。当目标靠近参照线的时候,实体敏感性最高,而经常地随着横侧面分离的增加而降低。下表对于目标与参照线的各种分离给予在观察者的配置方面的、以像差角秒来表示的几何平均数的变异:

线与目标的分离/(°)	1.0	2.5	4.0	5.2
像差的几何平均数/秒	23.0	40.1	51.4	61.7

这些和先前霍瓦-多尔曼仪器所获得的某些结果相符合的结果似乎是十分"自然"的,因为两个客体的相对距离,应该是当它们落在差不多同一视线时,知觉得最清楚;可是还没有成立关于这种效果的合适的理论。

深度敏感性和横侧面敏感性的比较

横侧面敏感性,即通常的"视觉敏感性",是与从观察者到两个客体在方向上的微小差异有关,而深度敏感性则与从他到这两个客体在距离上的微小差异有关(图 16-1)。这两种敏感性应该是密切地关联着的,因为重要的深度线索是(融合起来的)双像的像差,这个像差是在视网膜上的一种横侧面的相差。为了获得严格地可以比较的阈限值,必须对同一些被试用同一装置测量两种敏感性。为了得到这种结果,贝瑞(1948)使用令人满意的装置。被试注视两根垂直的棒,一根恰在另一根之下,如在图16-15 中的中间部分所表明的。它们是钢质编针,直径为 2.4 毫米,漆上无光泽的黑色,而且在光度一律的一种背景中各被看成为黑影。观看距离是 4.6 米(大约 15 英尺)。上棒放在固定的位置上,可是下棒可以顺横侧面移位或者在深度上移位。被试的工作在一种场合是判断下棒是否在上棒之右或是左,而在另一场合是判断下棒是否在前或是后。因此这是一种使用恒常刺激法的双范畴的实验;实验者对变异的棒应用了五种不同的安排。横侧面敏感性,如将被看到的,是大家所知道的微差敏感性,被试的工作便是判断两棒是否位于同一直线上;这是测定简单的视觉敏感性的一种精细的方法。

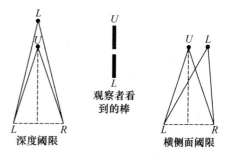

图 16-15 在比较深度敏感性和横侧面(微差)敏感性的一种实验中观察者的工作的图解[按照贝瑞(R. N. Berry),1948]。被试看到了如同在中间部分所表示的两根垂直的棒。在右面和左面是提示下棒移位的水平切面。为了测定横侧面敏感性,向这一边或那一边移位;为了测定深度敏感性,向前或向后移位。

在此实验中上下两棒的垂直分离是有从至少是半毫米到至多是 20 毫米的变异。对于每种分离的结果在图 16-16 中表示出来。两种敏感性都很好,而且当棒的分离是 1 毫米以下的时候,大约是同样地好;而当此种分离是 3 毫米或以上的时候,深度敏感性对于较大的分离仍然大约相等,可是横侧面敏感性却大大地变坏。对于深度敏感性的平坦的曲线可能似乎与前面刚刚从一个飞机图形的实验中引证来的结果不相符合,不过在这个实验中的分离以角度的大小计算要比较小得多,至多仅仅是 1 度的 1/4(即 0.25°),而在飞机实验中则至少是 1°。

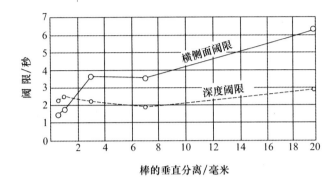

图 16-16 与图 16-15 中的 U 和 L 棒的垂直分离有关的横侧面和深度的阈限[按照贝瑞(R. N. Berry),1948]。表示出来的数值是三个被试的算术平均数,在他们三人之间彼此很近于相同。

双眼深度阈限比可以用在近棒和远棒间的单眼角来解释的阈限要小得多。如在图 16-15 中所表明的,线索一定是两倍于单眼角的双眼像差角。双眼像差只能在脑中起作用,因为从两眼来的神经是在脑中集合。我们可以回想,脑中枢甚至在简单的单眼像差上也是重要的。在我们没有能更多地知道这些高级机能之前,我们对于敏感性的解释还不得不是相当地属于猜测性的。有一种理论是由威尔纳(H. Werner,1938)提出来的。

贝瑞也利用他的装置而借助于镜子来呈示这些棒,如同图画在惠斯登实体镜子中被呈示出来一样(图 16-10),并且,他发现深度敏感性恰如当这些棒直接地被观看的时候差不多一样地好。这种发现足以证明在深度知觉中利用实体镜是适当的。

用运动视差作为线索的深度敏感性

运动视差的可能价值曾在上文指出,可是留下来的问题是当仅有这条线索可用时,深度怎能被正确地感知到。蔡马克-赛森耐格(A. V. Tschermak Seysenegg,1939)设计一种改变了的三针装置,用一个准许小量的左右或上下的头部运动的额托,三针或是垂直的或是水平的。左右的头部运动比上下的运动引起较好的深度知觉。当这些针垂直时,双眼像差是所有线索中最好的线索,可是当这些针是水平时,双眼像差是所有线索中最坏的。因此当双眼像差失效时,垂直的运动视差能起一种重要的作用,因为在环境中的显著线条是水平的,例如在一段楼梯上或是在飞机降落场上。由于一眼失明或一眼部分失明逼迫出来的单眼深度知觉在这位作者的实验中好像在很大程度上依赖于运动视差。

观察者的头部运动不能在范围上或速度上被控制得准确。为了较好的控制,当某些测验客体从一边向另一边移动时,头部被保持在静止状态[格雷汉,贝克(K. E. Baker),黑希特(M. Hecht)和洛埃,1948;齐葛斯(R. T. Zegers),1948]。如在图 16-15 中所画出来的,两根垂直的棒被装配在框子里,上棒固定而下棒在深度方面是可以调整的;于是使整个框子在垂直于被试的视线的平面上起一种横侧面的运动。因此在视网膜上的棒像的运动好像棒是静止的而被试移动了他的头部。被试的工作是判断哪一根棒较近,或是调整下棒直到两棒是在同一距离上而不再有运动视差为止。有几种 S 变量要加以考虑。低的光度不利于获得良好的深度敏感性。横侧面运动愈快,敏感性愈坏;运动愈久,敏感性愈好。显然,倘若这些棒不能在一种足够的空间和时间中看到,被试是不能凝视运动着的棒的。当这种沿着视网膜的运动借助于一个三棱镜而从水平的运动改变成为垂直的运动时,阈限便加大了(深度敏感性减弱了)。在最有利的情现下阈限大约为 30 秒——相当地好,虽然不像在双眼视觉中所记录下来的 2 秒那样好。

调节和辐合

读者会回想贝克莱曾指出两种对于深度的可能的肌肉线索,即辐合和调节。这些生理过程曾受深度知觉领域内的早期实验者的重视,因为它们好像是为研究而用的明显而清楚的因素。一般的概念是被试安排着调节和辐合,直到他有客体的鲜明而单一的像为止,然后在来自眼肌的肌肉紧张感觉的基础上判断它的距离。可是这些可能的线索在视觉性的深度知觉中是确实地被用到的吗?为了实验地研究这个问题,必须尽可能排除视觉性线索以便发现究竟留下哪一些距离印象。必须没有直线透视、空气透视、掩蔽、运动视差或双眼视差来帮助这名观察者。适合这种要求的困难在我们继续讲下去的时候就会出现了。

两类实验曾被尝试过。比较直接的研究是在空间呈示一个实在的客体,而较为间接的研究是用一个实体镜把分开的图画呈示于两眼之前。我们将首先考虑直接的实验。这是为冯特(W. Wundt)所提出来的。

冯特的线实验

被试通过一根短的平直的管子观看一间房间,这间房间的远端是一堵光照均匀的墙;没有其他东西可以看到,只有一根线从上面挂下来而且挂以重物以便垂直地下垂而通过视野的中心。不论这根线的上端或下端都看不到,仅仅看到中间部分。被试的任务是观察这根线的距离,当实验者改变距离时,他的眼睛便转向一边,距离改变后,被试再观看,并判断此线是否较前近一些还是远一些。有两种情况,单眼的和双眼的。冯特的唯一被试,当限用一眼时,能够在一些练习之后比较此线,具有大约7%差别阈限的两种距离;用两眼时,他发现工作要容易得多,而他的差别阈限减低为2%。冯特作出结论说,在双眼视觉中可用的辐合感觉比在单眼视觉中可用的仅有的调节感觉,可能供给更精细的线索。

冯特假定:① 在单眼视觉中不发生辐合,至少没有准确的辐合,以及② 在明亮的背景上看到的单一的线不呈现双眼像差或是其他视觉性线索。

在广泛地被接受了三十年之后,冯特的结论由黑灵的一名学生希莱布兰德(F. Hillebrand,1894)提出疑问。他反对冯特的两个假定。

(1) 不能假定辐合在单眼视觉中是不存在的,因为就是当一眼闭了的时候,两眼是作为一组而工作着的。这是可以观察到的,倘若你留意你的一位朋友,当他交替地用他睁开着的眼睛看远的和近的凝视点时,他闭了的眼睑之下呈角膜突出度。一种还要更为精细的校核是合上你自己的一只眼,单眼凝视一个近客体,然后迅速地观察当两眼睁开时你是否有适当的融合。用远的单眼凝视来重复这个实验。倘若你有正常的视觉平衡,闭了的眼睛曾细续对被凝视着的客体辐合,因此当它睁开来的时候不需要多少调整。倘若有一种重大的辐合调整,你会觉察到这种调整;当你用双眼凝视从一个远点转向手指的时候,你就会观察到手指的双像流动而合成为一像。

希莱布兰德的要点是:在单眼视觉中的辐合可能是对深度的一种线索。这一推理似乎有一个缺点;由于一眼阖闭,没有像差来控制辐合;因此辐合本身与其说是作为原始线索,毋宁说是必须依赖于深度知觉。

(2) 冯特认为他已取消了除肌肉线索以外的一切线索的假定,忽视了下列可能性,那便是,被试可能凝视了背景,然后获得这根线的双像,这种双像的分开程度随着此线离开背景的距离而变化。但若背景没有什么细节,被试大概是不会对它辐合的。还有别的非肌肉的线索的可能性,例如,当这线移近时,在线上的不规则性有较好的细节视觉。

关于这种实验的变化 希莱布兰德和在他之后的别的人(参看本书第一版)使实验条件变化以便努力弄清楚某些困难。他们应用直条、圆盘和光点,他们用近的和远的距离,用长久的和短暂的呈现方法,而且用缓慢的和迅速的目标转移。例如,布尔敦(B. Bourdon,1902)使用一个在前面有一圆窗的被光线照耀着的盒子,总是使窗的大小成正比例地随着它和被试的距离而变异,从而使网膜像的大小保持不变。当被试用双眼来看在 4 米处的光线的圆盘时,他判断它在 3～10 米以外。可以相比的单眼实验使用两种光线,一在 20 米处而一在 1～2 米处;没有一个被试能确定哪一点较近,除非他由于移动头部而导致单眼视差。可是或许调节在较近的距离上会更好地起作用。为了校核这种可能性,巴培特(J. Bappert,1922)在短距离上,如 16.5 厘米对 25 厘米,重复了布尔敦的单眼实验。他发现被试在实际上作得比概率还要差一些,虽然巴培特注意到在被试的闭了的眼睛中的辐合变化而且发现这些变化几乎总是正确的。这里我们发现一种矛盾:被试一定曾经作出正确的辐合转移,这是某种线索(可以假定是调节)的结果;可是被试的口头报告是错误的。一种可能的解释似乎是牵强附会,却与这一章的其他部分遇到的许多观察相符。应该记住,像的网膜上大小,不管它的距离,是保持不变的;而一个正常的客体,当它接近被试时,具有渐次加大的网膜上大小。倘若我们假定知觉过程包括几种水平,那么解释可以是这样的:在一种水平上,调节的线索使近的客体被认为是较近的。可是它的网膜上大小却比一个大小不变的客体在那种距离上所应有的大小要小一些;因此这个客体显得更小些。然而减小了的网膜上大小又是对于加大了的距离的一种线索。所以,判断这一客体就会比另一客体来得远。换言之,这些奇特的结果是由于在试图使除去一种线索以外的一切线索保持不变时破坏了不同的深度线索的正常联系。

延续进行了 50 年的这一类实验留给我们下列结论,那便是,调节甚至在短距离上也是一种效力颇小的深度线索。辐合可能是稍稍有力一些,但仅仅对于近客体是如此。不过我们从未十分相信过这些实验已经解决了在利用实在的深度情境时所固有的各种问题,或许我们能够借助于实体镜而更为有效地控制各种不同的线索。

实体镜的实验

反射镜式实体镜使有可能来变换辐合而不改变任何其他线索,人们仅仅在这些图画的支持器中横侧面地移动这些图画。预期的结果会是:加大辐合将使画着的客体看起来近一些。应该还有一种附带的效果:根据我们的方程式 $a = A/D$,显见的距离减小而网膜上大小不变,应该使这客体看起来小一些。惠斯登在 1852 年试过这个实验,而且翟德(C. H. Judd)在 1897 年用一种不同的仪器重复过这个实验。他们两人都发现了预期的附带的效果,网膜上大小保持不变时辐合加大,使显见的大小减小。可是距离的判断变得混乱而且模棱两可。惠斯登发现在图画的实在移动而辐合加大时在客体的距离上没有显见的减小,只是在转变完了以后,客体才看起来近一些;在另一方面,翟德报告说客体在辐合改变时看起来移近一些,可是在用加大了的辐合作出稳定的凝视时,客体的显见距离变成不定。两组结果之间的差异可能是由于实验条件上的差异,例如用作目标的客体的熟悉程度。可是附带的改变(即显见的大小)比素被假定是主导的改变(即显见的距离)更为稳定这一事实似乎是一种逻辑上的矛盾。我们已经在巴培特的实验中遇到过类似的问题,而且提议过应用知觉有多级水平这个观点来解答:我们可以再一次假定,辐合和由此获得的合适的距离被记录在知觉序列的低级水平上并且充当对于大小的判断的线索,虽然这些线索本身不能通过内省而直接觉察到。于是大小判断又充当另一种可能与低级水平的线索冲突的距离判断的线索。

邮票实验 刚才所引述的结果能够用很简单的装置来证明。在桌上安放两张等同的邮票,相距约 3 英寸,很好地排成一列。当你凝视一个铅笔尖,并把这个铅笔尖从两张邮票的当中开始越来越近地引向两眼,当断续这种凝视时,就会注意到两张邮票好像集合拢来;如有必要,使排列更正确,从而使它们能够精确地叠合起来并且被看成一张。注意这一张邮票的显见的大小和距离;然后再松弛你的辐合,让这两张邮票分开来直到你可以正常地凝视它们。

这个实验基本上是和旧的"墙纸实验"一样,在此实验中任何重复的图形或是打字机的键盘都会适用(图 16-17)。如同前面一样的用铅笔尖。邻接的或非邻接的图形能够由于充分地加大的辐合而叠合。注意配合起来的像的显见的大小和距离。关于大小,所有观察者很可能会同意辐合愈大,配合起来的图形看起来愈小。显见的距离并非很确定,有时配合起来的图形看起来比客观的距离要近一些,有时看起来要远一些。当这显见的距离较小于实在的距离时,辐合显然是线索;可是当图形看起来比实在的距离要远一些的时候,显见的大小是占优势的线索。

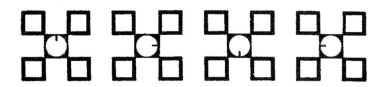

图 16-17 用于辐合实验的重复的图形。

改进了的研究用的实体镜 为了在假定的触觉-动觉的距离线索的作用上达到一种正确的结论,一切视觉性线索必须排除掉或至少是相等。卡尔(H. Carr,1935)发明了一种新式的反射镜式实体镜,它使调节、辐合,而且像的大小可以独立地变化(图 16-18)。史文逊(H. A. Swenson,1932)用这种器械获得了在距离估计和借以安放管子的"辐合距离".之间的相当良好的符合程度。从卜列结果中会看到目标的实在距离("调节距离")对于判断没有多大影响。在表中记入的是被被试的手所指出来的判断的距离。平均数是从五名被试得来的。

辐合距离/厘米	乳白玻璃的实在距离/厘米		
	25	30	40
25	24.80	26.51	27.54
30	28.55	29.88	31.74
40	36.95	36.36	39.81

这个实验曾经引起许多讨论。或许最显而易见的批评是乳白玻璃并不提供眼睛能够聚焦的有效点,从而到底对调节有无任何控制这一点,是有些令人怀疑的。格兰特(V. W. Grant,1942)用照明从后面来的一行小的数字作为一种会保证有效的调节的目标,这样便解决了这个问题。他插入了强度相等于所要得到距离的透镜以避免倘若他把这些数字移得更远一点或许会发生网膜上大小的变化,这样他便获得了调节上的变化。他的结果比史文逊的结果表明更小的正确性,可是仍旧指出判断眼睛所聚焦和辐合的这个客体的距离的某种能力〔参考依特尔逊(W. H. Ittelson)和衰姆斯(A. Ames Jr.),1950〕。

从调节和辐合而来的动觉反馈至多只能提供一个客体的距离的附带的线索,因为正确的调整必须首先在对某种主导的线索的反应中做到。在正确的眼睛反应以前存在着的线索中,无论是在焦点之外的一个客体的模糊的像或是在不完全的辐合中的双像都不能由于实验者的任何控制而在那些实验中被排除掉。这些线索只能由于被试自己对于正确的距离的调整而排除掉。

这些实验,与曾被发现出来的需要在实体镜中使用透镜和三棱镜这一事实一样,表明调节和辐合在近客体的深度知觉中起着某种作用。当实验者尝试控制所有其他因素时,隔离这些因素的任何一个而测量它的重要性的企图便成为困难。例如,一个客体的像在网膜上的大小通常是随着距离而变异。在史文逊和格兰特的两种实验中,网膜上大小保持不变,虽然通常是伴随着客体距离上的改变而有调节和辐合上的改变,从而网膜上的大小也有改变。这种在深度线索上发生了的冲突,不同的是由不同方式解决的。深度知觉并非不同线索的单纯总和;被试好像对每一线索按照适当的重量而作出一种对整个情境的合理反应那样地行动着。至少这种反应通常在一种正常的观看情境中是合理的。当我们尝试在实验室中应用使一个因素变异而其他因素保持不变的传统方法隔离单一因素时,困难便发生了。当这一独立的变量是极端有力时,用这个方法是可能的,例如,网膜像差的阈限能由在客体距离方面如此微细的改变所决定,使像的大小、调节和辐合成为不重要的变量;但是当某人尝试保持客体大小和辐合等因素不变而要获得对于调节的阈限时,他就碰到困难。他好像是一名司机尝试评价一种新的汽油的效果,但忘记放开制动器而且有障碍物阻塞着前轮(维尔农,1937;施洛斯贝格,1941b)!在日常生活中许多因素,生理的和心理的,按一种复杂的方式相互作用着。我们现在将转而考虑某些更为心理的因素,因为这些因素正在受到日益增长的实验研究。

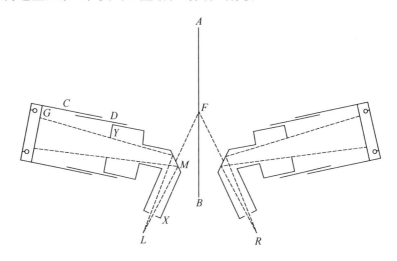

图16-18 卡尔的反射镜式实体镜[卡尔(H. Carr),1935。朗曼斯,格林公司(Longmans, Green & Co.)出版]。图表示这种器械的水平切面。两眼(更正确地说,两眼的旋转中心)放在 L 和 R,看到管子里去。左眼接受从乳白玻璃 G 来的被镜子 M 所反射的光线,这只乳白玻璃的照明是从后面来的。表面 G 的距离能够由于使这根管子的远的一部分伸缩而改变;G 能被带近到离眼有 25 厘米之近,或是移开到 40 厘米之远。可是在距离上的这些变化并不影响网膜像的大小,因为这种大小是被放在离眼恒常不变的距离处的屏幕 Y 上的圆孔所限制。而且 G 在距离上的变化并不影响网膜像的明度,因为暴露出来的 G 的面积按照它的距离的平方而增加,而从单位面积来的光线却按照距离的平方而减小。倘若这片玻璃是完全平滑而没有什么可见的记号和表面组织,在从眼睛到它的距离的变化不会在网膜像上形成差异。接近眼睛,在 X 处,是一个眼洞,它有时直径仅仅 1/16 英寸,在别的时候是 5/16 英寸,这对于距离的判断没有什么可以看出来的影响。

右眼在每一方面和左眼一样处理。每一根管子装置在台架上而且能够以 L 和 R 为中心而转动。由于两眼安放在适当的位置上并且适当地辐合,这种转动不会改变网膜像;可是由于转动,能够迫使两眼有不同的辐合度,即每眼必须笔直地从它的管子中看进去而把它的光线圆圈看完全并获得这个光线圆圈的单一的双眼视觉。无论这两根管子处于任何对称位置,双眼辐合在一点 F 上,这一点在从被试的两眼之间的中点向前延长的直线 BA 上的某处。F 可以称为"虚假凝视点",而它的距离称为"辐合距离"。固定在 AB 位置上的金属棒带有一个滑子,被试握住这个滑子(并看不到它)而向前后移动以表明所看到的光线圆圈的显见的距离,很像被试首先用双眼来指出一个小客体的位置,而后闭了双眼而把他的手指引到这个客体上去一样。这能够做得相当准确,因此这只手表明了一个客体的显见的距离。

大小与距离之间的关系

在这一章的较前部分我们表明过和一个客体(A)相对的网膜面积(a)成反比例地随着客体的距离(D)而变异,$a=A/D$。我们曾经有一次或更多的机会把这个公式应用于实验,可是现在必须考查更为广泛的应用。其中第一种便是在大小常性上的应用(参考第15章)。

大小常性

这个术语有两种不同的用法。已知大小的一个客体,例如一个人或是一辆汽车,总是被判断为同样的大小,哪怕是网膜像可能有几千种的变异。运用我们的公式,我们为 A 保持一个固定的数值,而由于我们对于 D 的估计来平衡在 a 上的改变——这个人或这辆汽车随着网膜像的变小而看起来更远一些。在这个意义上,大小常性是一种深度线索。大小常性有时在过远的距离上或是在非常的条件下,例如从塔上看下去,是失效了。可是哪怕是在这些条件下,一个客体的大小往往被判断得准确(吉布森,1950a)。

应用大小常性的第二种情境是这样一种情境,就是在 a 和 D 的基础上判断一个未知客体的大小。在若干方面,这是较为简单的事例;所以我们将首先考虑这种情境。

判断出来的大小作为深度线索一种函数

虽然对这个题目曾有其他实验,我们最好还是从描述霍威(A. N. Holway)和波灵(1941)所完成的那一系列的实验开始。他们的被试站在两条长廊的交点上,这两条长廊像 L 字母的两臂那样伸展出去。在一条走廊中他们有一个放在离开被试 10 英尺远的距离上的比较刺激——一个在大小上可以调整的光的圆盘。在 L 字母的另一臂下去的不同距离(10～120 英尺)上他们呈示了类似的圆盘;这个标准圆盘经常恰恰是 1 度的视角那样大小。被试的任务是要安排比较刺激的大小,使它看起来和标准圆盘一样大。

结果画在图 16-19。在我们考虑这些结果以前,最好先熟悉这个图的意义。试考虑略为在底线之上而与底线平行的虚线。这是各种安排的轨迹,这些安排将是在下列条件之下作的,即倘若被试总是调整那个比较刺激,使它对着与标准相同的视角(记住,标准总是保持在 1 度,无论它的距离如何)。现在考虑对角线地通过这个图的虚线。这是另一种安排的轨迹,这些安排是在这个条件下作的,即倘若被试表示了完全的大小常性——被试总是被安排比较刺激在和标准有相同的实在大小的地方。用三角术可以表明 1 度的角在 40 英尺处正对着

8.5英寸,在80英尺处正对着17英寸等等,如这条线所指示的那样。

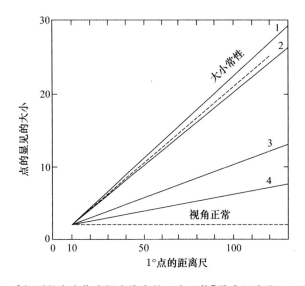

图16-19 感知到的大小作为深度线索的一个函数[霍威和波灵(A. H. Holway and E. G. Boriog),1941]。标准是在离开被试的不同距离上呈示的光的圆盘。它的实在大小随着距离的加大而加大以便获得一个恒常的网膜角。被试变化比较的圆盘直到它看起来和标准有同样的大小为止;比较圆盘的距离保持在10英尺处不变。在分别地应用双眼视觉和单眼视觉的1和2的条件下,有良好的大小常性;在3中某些深度线来由于应用一种人造瞳孔而被除去了,常性减少了;由于使用幕布来清除反射(4)而进一步减少深度线索,迫使被试几乎完全用视角来配对标准和比较圆盘。

现在来考虑结果。当允许被试用正常的双眼视觉,他的结果如线1中所表示。他实际上微微超过了常性;或许是对深度的过度补偿或是对深度的微微夸大——记住,他是向一条长廊看下去的。线2表明用单眼观察的结果。如由于各种安排与大小常性相符这一事实所表明那样,深度知觉仍旧是良好的。可是当一个人造瞳孔加上去以便消除辅助线索,这些安排(线3)便降到了大小常性定律和视角定律之间的中途。由于在走廊两旁排列着的那些门上面的暗淡的反射,还有一些深度线索可用。当这些线索由于用黑的幕布而减到极小的时候,这些安排(线4)还要更加接近于被视角所确定的那些安排。在一个较后的实验中李赤腾和路里(W. Lichten & S. Lurie,1950)由于使用了不让被试看到除掉目标以外的任何东西的屏幕而把这些深度线还要更加减少。在这些条件下,没有留下任何关于大小常性的痕迹。这两个实验清楚地表明,被试仅仅在具有对未知客体的距离的可靠线索时才能够判断这一客体的大小。

说明 在条件(1)和(2)下所获得的结果是人们所预期的;给予 a 以及对于 D 的适当的线索,被试用方程式 $a=A/D$ 来解答这个未知数 A。可是在 D 也成为未知数的场合(4)发生些什么呢?有两种解释这些结果的可能途径:一种解释是说被试完全用视角(a)或是用接近的刺激来判断的[考夫卡(K. Koffka),1935]。这是对获得了的结果的一种适当的叙述,可是没有适当地考虑到产生这些结果的机制。有一个严重的疑问,那便是,一个人是否能判断或者是他的网膜像的大小,或者是与视野中一个区域相对的视角。我们简直感知不到在不确定的距离上的自由浮游的客体。这对于条件(4)的结果提示第二种解释。倘若不论对于客体大小或是距离都没有适当的线索,我们便自动地假定对于这两种变量的互相一贯的数值。例如,人会猜测被试在条件(4)中对于在 60 英尺处的一个 5 英寸圆盘会"看到"下列情形的任何一种:在 60 英寸处是 5 英寸,在 30 英尺处是 2.5 英寸,在 120 英尺处是 10 英寸等等。他们看到的一种特殊情形不会被刺激情境所决定,而会是一种很不稳定的知觉。精微的因素制约着这样一些模糊的知觉;在这种场合,很可能是客体会被看做在被试的双眼静止时所辐合着的那个距离上。无论如何,我们有一种关于条件(4)(没有深度线索)的结果的解释,倘若我们假定被试总是觉得这个客体是在某种确定的距离上而把这种感知到的 D 放入我们的公式($a=A/D$)中去的话。

感知到的距离对实在的距离

人们必须永远记住,判断的大小与其说是有赖于实在的距离,毋宁说是有赖于感知到的距离。可是我们如何获得感知到的距离呢?我们一会儿就会看到[布伦斯维克(E. Brunswik)的实验],以英尺计的 D 的估计不是我们所需要的,因为从心理学的观点看来,那是一种推演出来的而且是附带的量数。我们需要一种主观的或心理的单位,与用在声音响度量表上的强弱单位(sone),或是用在重量量表上的轻重单位(veg)的同一类的单位。吉林斯基(A. S. Gilinsky,1951)曾指示我们如何简洁地处理这个问题。她根据几方面的证据证明被试行动时好像他的地平线,他的"无限的距离"是相对地接近的;这个极限是属于 50~300 英尺的等级,随着被试和当前情境二者而变。例如,她让被试站在 80 英尺的射箭场的一端并且让他指导实验者标出每个距离在被试看起来似乎是 1 英尺的接连隔开距离。这种"主观的英尺"实际上随着离开被试愈来愈远而长度渐渐增加,如在图 16-20 中所表示的那样。这样一种曲线能够用下列方程式描述出来,即 $d/D=L/(L+D)$,其中 d 和 D 分别是主观的和客观的距离,而 L 是上面所提到的极限(吉林斯基用 A 代表极限,但我们已用 A 代表客体大小)。在这个特殊实验中极限成为 94 英尺。有了这个方程式,人们能够计算和任何给予的客观距离相应的主观距离;就是这种主观距离将会被应用于我们的

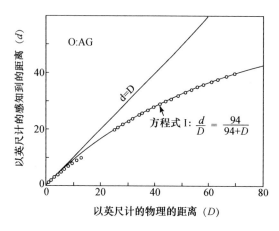

图 16-20 吉林斯基(A. S. Gilinsky,1951)感知到的距离作为实在距离的一个函数(参看正文)。

公式 $a = A/D$ 中去。

空野实验

显见的(或现象的)大小被证明是一种很复杂的事情。我们早已注意过大小常性似乎在远距离上失效了,意义是,一个很远的人显见得小了,即使我们仍然估计他的高度是 6 英尺的话。在铁路轨道上也出现同样的事情,两条轨道显见得辐合起来了,即使我们知道它们是不会的。然而必须注意到显见的线的辐合并非几乎与用实在的网膜角来表示的那么大;如同常常发生的那样,显见的大小归落在大小常性定律与视角定律之间的某处。这个令人醉心的题目于 20 世纪在通廊问题(波灵,1942)这个一般名义下受到很大的关注。关于这个题目的最简洁的实验之一是在 1902 年由希莱布兰德作的。他的工作是调整(如同双行的树排列在路上一样的)许多悬挂着的线所列成的一条通廊,使这些线看起来是平行的(图 16-21)。清楚的是:当两行线离被试更远的时候,在这两行线之间的通廊的宽度必须增加一些,可是要比为了得到一个恒常不变的视角所要求的宽度小得多。

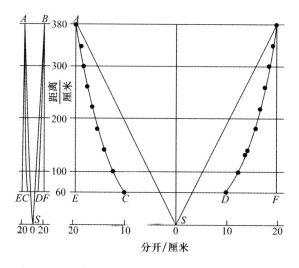

图 16-21 通廊实验[波灵,1942,照希莱布兰德(F. Hillebrand),1902]。被试从双行的垂直的线看下去而且指导 E 来调整它们使它们对于被试看起来是平行的。实际上,当这两行线离开被试越来越远时必须使两行稍微更加分散,否则两行会显似辐合起来。注意较大的图中的宽度被放大了 10 倍,以便显出这些线的横侧向的变位。

关于显见的或现象的大小就讲这么多了。当我们转向判断的大小时，事情变得简单一些，哪怕是当我们谈到在远距离上的未知客体的时候也是如此。吉布森(1947,1950a)在一个半英里(405米)长的场地中离开被试有不同的距离上放置桩柱。这些桩柱在高度上有从15～99英寸的变异，而且被试毫不知道它们的大小。被试的任务是要判断那根远的(标准的)桩柱的大小，即从一列分成等级的(比较的)桩柱中选取与标准相等的那一根。这些分成等级的尺度桩柱是在他的后面，因此他不得不转过身来作出他的选择；他不能把远的和分成等级的桩柱直接比较。作出的配对与大小常性定律是很相符合的，如下列关于71英寸(标准)桩柱的资料所表明的那样：

标准物的距离/码①	14	224	784
比较物的高度/英寸	71.9	75.8	75.9
标准差，比较物的高度/英寸	1.8	7.3	9.8

从三种中间的距离得到相近的可以比较的结果。甚至在784码处，几乎半英里之远，这时候桩柱仅仅可以看见，但判断的大小也没有缩减的迹象；而且实际上它还表现出略略朝向相反的方向，即过度常性的倾向。

这些结果很清楚地表明：倘若有了对距离的适当线索的话，人们能够十分准确地判断大小。然而神经系统正在做着的确是一种很复杂的工作。设想你请求一名测量人员为你做这种工作。首先他要确定 a(网膜大小)和 D(距离)，而后解答 A(标准的大小)。然后他会代进去 D_c(比较的桩柱的距离)而后解答 a_c(用来配对的比较桩柱的像的大小)。于是他能够从别的桩柱中选出这一个桩柱。这一类的推理表明任何关于"无意识的几何学"的理论是愚蠢的，倘若在字面上了解这种理论的话。可是被试如同一架电子计算机一样，用一种自动的和直接的方式来做效力相等的演算。再者，没有人对于被试能够作出这样的判断这一情况觉得惊异，因为这些判断好像是"自然的"。只有当人们认识到这种知觉过程的复杂性的时候，他才能意识到要研究出这种基本的机制会是何等困难。

布伦斯维克的实验

在全部讨论里，我们曾假定被试像一架自动计算机那样地行动以解答在方程式 $a = A/D$ 中的未知项。可是我们能否获得任何关于解答过程的直接证据呢？布伦斯维克(1944)收集了可以有所帮助的资料。他和另一名被试对于一系列的180个客体作出判断；在每一场合他们估计了大小(A)、距离(D)以及投

---

① 码(yd)，1码=0.9144米——编辑注。

射的大小(a)。头两种估计是以米计的,这是实验者和被试所最熟悉的直线单位。投射的大小是用客体在一架照相机中会被看成的大小与在离透镜1米处的米突尺上的记号相比较而估计出来的。客体的变异从在几英寸处的印刷的字母起到几英里以外的建筑物为止。

布伦斯维克用几个方法来处理他的结果。应用了平均误差和相关系数,他表明大小和距离的估计比较投射大小的估计更为准确。乍看起来,这似乎要破坏方程式解答的理论。要记住,视角、网膜上大小或投射的大小是这个方程式的一项,而这一项是与刺激联系着的,因此这一项是方程式的"拱心石"。可是布伦斯维克和他的另外一个被试能够对解答的估计比对这个最稳定的一项的估计还要更好一些!大小和距离的估计时常是矛盾的。在某些特殊场合,这种矛盾显得特别惊人。例如,被试在一个11米的实在距离上看一个10.5米高的圆柱而计算出来的投射大小是0.955米。她估计它的高度为2.9米。为了和方程式相应,她应当报告距离为3.03米,但她在实际上估计它在9米处。

可是在我们把这方程式丢弃以前,或许我们应该记住被试在做些什么。第一,他以任意规定的单位作出估计。在说出一个客体的大小是两倍于另一个客体与在实际上以英尺或米来估计每一客体的高度这两种情形之间是有巨大差异的。对于距离的估计也是如此。或则,换另一种方式来表示,倘若我们用行为的或比较的关系来思考的话,我们具有关于熟悉的大小和距离的相当准确的观念,可是我们不大善于用英尺英寸来表达它们。因此,我们对于这个把大小和距离关联起来的方程式的解答并不用英尺英寸来作出,却毋宁是由于在中枢神经系统中的某些更为直接的过程而作出的。

还有第二种途径,使分析深度知觉的各种尝试走入迷途。当我们要求估计大小或距离或特别是投射的大小时,我们是在闯入一个很复杂的过程中。整个过程被联合地运转以产生很好地适应于客体世界的行为。例如,有一支铅笔在我的桌上。我不能准确地用英寸来估计它的距离,或是甚至不能准确地画一条线来代表它离开我的眼睛的距离。可是我能够看着它,闭起我的双眼,而后毫无摸索地取起这支铅笔。这并不是说我们应该对于知觉的准确性抱着敬畏的心情而退回来呆坐不去研究,我们必须分析形成这种复杂过程的各种成分。可是我们必须看清楚下列事实,即这样的分析有时割裂了在因素彼此之间的精致的相互作用。我们必须时刻把知觉的机能铭记在心,它在客体世界中准确地指导着我们的行为。

几种"大小"

读者可能对于已经使用过的大小一词的各种不同用法有一些困惑,或许我们应该把它们复习一下。首先有实在的或是物体的大小,即是在客体上安放一根码尺或米尺而获得的数值。其次,有网膜上大小或是视角,这是大小或距离,二者都是以物质的单位计算的。再次,有判断的大小,这是我们曾经用来表明一种比较的客体的实在大小被判断为与标准相等的,这也可称为行为的或机能的大小,因为这是以我们对于客体世界的反应为基础的。显见的或现象的大小是一种内省的事情,它指示了在远距离上的一个人可能"看起来"是小的这一事实,虽然我们判断他是同数英尺以外的另一个人是同样地高。最后,有估计的大小,这是一种以英尺或米为单位的直接猜测。不幸的是,这些区别在讨论中并不是总保持清楚;主观的或是感知到的大小可能意味着判断的、显见的或是估计的大小。还有加到这种混乱上去的是这些形容词的大部分也可以用在距离上,如估计的距离、实在的距离等等。我们必须很谨慎,使我们的术语不致混乱。

已知客体的判断的距离

在霍威和波灵(1941)的实验中的工作是要在有不同深度线索的场合判断一个未知客体的大小。依特尔逊(1951)作出了基本上是相反的实验;当唯一的线索是一个未知客体的大小时他获得了深度的判断。所有客体在幕屏之后7.5英尺处呈示出来。一个窥视孔把被试限于单眼视觉而且阻止了运动视差。在此距离上调节是不重要的。深度判断是由于在测验客体的显见的距离上安放一个目标而获得的;目标是用完全的双眼视觉,并且存在着别的偶发的深度线索。在测验客体之中有三张扑克牌,一张有正常的大小,一张有一半的大小,而一张有双倍的大小,每一次呈现一张。被试没有理由对于它们都有正常的大小(A)这一点有所怀疑。倘若他用网膜上大小(a)来判断一张牌的距离,按照我们的公式,$a=A/D$(即,$D=A/a$),那么,一半大小的牌会看起来是在双倍的距离上,而双倍大小的牌会看起来是在一半的距离上。由五名被试所得的平均结果如下:

牌	D/英尺	
	预测的	获得的
正常	7.5	7.5
一半大小	15.0	15.0
双倍大小	3.8	4.6

与预测的符合程度是我们所能期望的最好的了,而且在同一作者的类似实验中也获得了肯定的结果。他的资料提供了显著证据,表明在深度知觉中已知的(或假定的)大小所起的作用。我们难于看出普拉特(C. C. Pratt,1950)如何能够把作为一种深度线索的已知客体的网膜上大小的重要性缩减到极小。

哀墨特(E. Emmert)定律

到现在为止,我们已经谈到感知到的客体的大小和距离。我们看到了 $a=A/D$ 这个简单的方程式适用于客体和像的几何学上,而且看到了这个方程式也可应用于不同类型的感知到的大小和距离。这个方程式曾被称为欧几里德(Euclid)定律。从表面效用上看,似乎好比说一个客体愈远,它应该看起来愈小(倘若所谓"看起来"我们指的是网膜上大小的话)。可是对于这个定律有一种显似例外的情形。在1881年哀墨特(波灵,1942)指出,倘若后像被投射到一个更远平面上的话,实际上看起来要大一些。在事实上,对于像的判断的大小是与距离成正比,这是哀墨特定律。可是一种较为清楚的思考会表明哀墨特定律正是这个熟悉的方程式的一种特殊事例。

首先让我们考虑下面这个实验。凝视在离眼10英寸远放置着的黑的背景上的一张1平方英寸的白纸。这会成立一个与被刺激的网膜区域的大小相应的黑色后象。把这后象投射到白的平面上,而且测量这个(黑色)区域的大小。倘若这投射平面是在10英寸的原有距离上,这像会有1平方英寸的大小。倘若这投射面是远在20、50、100或是1000英寸处,这像在背景上会有直径2、5、10或是100英寸。自然,重要之点是:由于原始的凝视所唤起的生理过程有一个固定的网膜上大小(a);"客体的"大小(A)会成正比例地随着感知到的距离(D)而变。这个问题曾被波灵(1940,1942)、爱德华(A. L. 和 W. Edwards,1950)和杨(F. A. Young,1950,1951)所讨论过。这种情境似乎是和被霍威和波灵为研究大小常性而应用的那种情境非常类似。

月亮错觉 大多数读者会注意到当月亮在低空的时候,它显见得大得多。人们有时会这样说,这是一种简单的物理现象,是由于下列的事实,即在地平线的月亮的像是被空气把它的光线分散或散播而扩大了。可是曾经重复地证明,任何这种物理效果是微不足道的而且用来解释这个错觉是十分不适当的。白从普托勒梅(Ptolemy)以来就已经承认,这种效果不知何故随显见的距离(波灵,1942)而变。对于这种错觉,最详尽的实验或许是波灵和他的同事(波灵,1943)所完成的。他们在一个高屋的顶上工作,使用了实在的和人为的两种月亮。在某些场合,他们能够借助于装置在长的支持物上的镜子把实在的月亮从天顶向地平移动,或者反过来从地平向天顶移动。他们的最后结论是,这种错觉是大大地随着双眼相对于头部的方向而变。倘若被试仰卧,天顶的月亮看起来大,而地平的月亮看起来小。显而易见的解释似乎是:转眼向上有使两眼发生细微的离散反射的倾向,这样会增加保持辐合所需要的紧张度,这种增加会充作一种对于缩减的距离的线索。倘若这个月亮被判断为在天顶比在地平要来得近一些,那么,它在天顶会好像是小一些,因为网膜上大小是不变的。对于这种解释的唯一的困难便是被试通常报告月亮在天顶看起来远一些,却不是近一些。或许这是人们在知觉过程的不同水平上以及和深度知觉打交道的时候,所得到的在深度知觉上另一种特殊的附带效果吧(我们在这里可以与邮票实验进行比较)。无论如何,月亮错觉是一个使人迷恋的课题。

形状常性

我们现在准备说一些关于三维形状的知觉。一张正方形的纸放在桌面上看起来是正方形的,即使它与视线有这样的偏斜致使在视网膜上的投射无疑地不是正方形的。用一种严格逻辑的方式,人们能够简单地解释这种情形:利用深度线索,被试感知到纸的一边离双眼比另一边来得远些,而在判断近边和远边的绝对大小时自动地酌量照顾到这种增加着的距离。可是这暗示着被试能够判断这个面的倾斜或偏向。实在的实验证明被试不能很好地估计倾斜[斯塔凡诺斯(B. K. Stavrianos),1945]。在另一方面,矩形和椭圆形,从各种不同程度的对于视线的倾斜上看起来,能够相当准确地被临摹出来。邵勒斯(R. H. Thouless,1931)曾经证明在这样的临摹中有相当程度的常性,意思是说这些临摹的结果更像实在客体的形状,却不那么像网膜像的形状。这似乎是另一种情况,好像布伦斯维克实验一样,即被试能够更为准确地报告一个过程的最终结果,却不能够正确地报告中间的步骤。

关于形式常性的这个问题还有别的一个方面。我们在关于"形状"的一章中看到有某些形状如正方形和圆形是"好"的,而且也看到某些线条图画会表现出深度来,倘若这些线条图画作为三维图形会比作为二维图形成为"更好的"图形的话。但很难说到底这是由于一种神经机构的基本定律,或是由于对于有规则的客体更熟悉。可是从这种事实得到下面结果,那便是,放在与视线形成直角的位置上的梯形会被看成在一种倾斜位置上的正方形(即一种较好的图形),假如没有什么深度线索来否定这种被暗示的倾斜。这一情形确实能在一间黑暗的房间里发生。同一原则也是我们将在后面讨论的歪曲了的房间以及其他错觉的根由。可是现在可以指出形式对倾斜的知觉,如同大小对距离的知觉一样,就好比鸡和蛋哪一个在先的老生常谈一样。这几对中的每一对代表一种共同的和连续的相互作用,而我们在一定的时间所着重的一对中的哪一特殊成员则随我们的目的而不同(参看吉布森,1950a;1950b)。

客体的知觉

我们曾经重复地发现通过使别的线索保持不变来评价单一的深度线索的实验室尝试产生了困难。倘若人们希望隔离一个单一的线索的效果,最好的程序便是安排一种消除所有其他线索的情境。例如,我们能够由于让被试从一个窥视孔里观看而消除辐合、运动视差和双眼象差;倘若被试只能用一只静止的眼睛来观看,这些线索在这个时候对于他简直是不存在的。可是线索的消除往往需要有颇高的灵巧。在这一方面,突出的是哀姆斯(A. Ames)和他的同事们的研究工作。

不等象症

哀姆斯早在1925年即有兴趣于在图上画出深度这个问题,可是直到在达特茅斯(Dartmouth)眼科诊疗所发现了一种特别的视觉异常时,他才真正开始发展他的系统的观点。这种视觉异常是不等象症(aniseikonia)。倘若在这一眼中的像比较在那一眼中的像要大些,这大大地改变了在两像之间的像差,结果为错误的和混乱的深度知觉。这种失常可以用变大小的透镜(size-lens)来纠正。图16-22表明这样一种透镜对于正常眼睛的效果,设计这种透镜所对付的不等像的眼睛会有相反方向的歪曲。

关于这种失常的怪事,是有这种失常的人们仍旧正常地感知世界。房屋和墙壁看起来是笔直的,即使它们为了符合于这种情境的光学是应该被歪曲的。例如,用一种如在图16-22中的那样的透镜的人应该看到房间的远的右边角落从他那里向远如拉开似的,而左边角落则相当的近,即使在事实上它们是等距离的(如图16-23)。但他可能不这样!那便是,倘若墙壁是用灰泥或砖石做成的,而这种墙壁在我们日常生活中通常是竖起成正方形的。可是倘若把他放在一个用树叶铺贴着的立方室内,即是放在著名的叶室内,这些角落便如光学定律所预测应该如何现形的那样去现形。这是可以理解的,因为我们认识到对于被试来说,是没有理由相信这个叶室的墙壁在实际上是竖起成正方形的。

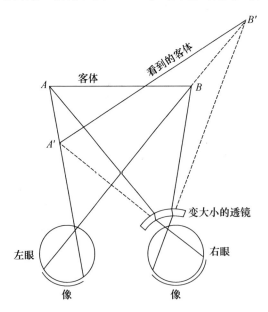

图16-22 变大小的透镜[巴特莱(S. H. Bartley),1950]。

所以他是自由地按照异常的双眼像差的指挥来观看它们。顺便提一下,这样一种失常,与其说是基本上被空间知觉的重新组织所纠正,毋宁说是被对于特定客体的经验所掩蔽;这一事实提示了,作为相应各点的基础的机制,与其说是获得的,毋宁说是先天的。倘若一名正常的被试戴上变大小的透镜 1 星期之久,正常的环境便不再看起来是歪曲了的,可是像叶室那样的测验则在不等像方面出现很少的改变[贝利安(H. M. Burian),1943;奥格尔,1950]。

当一名正常的被试戴上这些透镜的时候,他在叶室中获得了空间的歪曲,而且也可能在别的情境中获得这种歪曲。他是否会获得歪曲,有赖于许多因素,如环境的性质以及他自己关于客体知觉的稳定性(哀姆斯,1946;巴特莱,1950)。所以,正常的和具有不等像的两种被试都应该在许多情境中被测验。一种特别好的器具是空间光像测定器(space eikonometer)(奥格尔,1946)。这基本上是形成一个平面的一组细绳,这个平面抵抗不住视觉异常的歪曲效果。这些情境的设计以及它们可能包含的深度线索的分析使哀姆斯构成一系列的表演。每一种表演着重某一深度线索。由于消除别的冲突的线索,他能够导致某些使人惊奇的错觉。因为知觉往往和实在的客体全然不合,这些表演的生动性就增加了。这些错觉曾在技术书籍中而且也在通俗杂志上被叙述到,并在最近以此为基础,科学服务社(Scicocc Service,1952)编辑出版了一套价格不高的图书散发出去。或许最完全的叙述是载在依特尔逊(1952)的手册里[参考洛伦斯(M. Lawrence),1949;巴特莱;1950;布累克和蓝赛(R. R. Blake & G. V. Ramsay),1951]。

歪曲了的房间

这些表演之中许多由于迫使被试从一个窥视孔中观看,就消除了任何来自辐合、像差和运动视差的可能线索。例如被试从一个小孔中观看一间房间,这间房间看起来约有 10 英尺宽、6 英尺深和 5 英尺高。他看到一对在对面的墙壁上的完全正常的窗户。于是给他一根教师用的指示棒,并且告诉他把他的手放进另一孔,用这根棒触天花板的右侧远方的角落。大大地出乎他自己意料之外,他远远地够不到目标,而且甚至够不着这个角落。于是再要求他尝试左侧远角落。这一次他几乎把指示棒挤撞到角落里去,这个角落是比所显见出来的要近得多。最后允许他用完全正常的视觉,并且头部也可以移动,来观看这间房间。他会看到这间房间显然是歪斜的。所有这种情形在仔细地研究了表示这样一间房间的地板和后部墙壁的平面图的图 16-23 之后就会清楚地看到:侧墙和天花板会按照这种同样的投射而被歪曲,到右侧远角(M)的距离实际上是三倍于到左侧的角落(L)那样远。可是要记住,被试没有对于距离的直接的生理线索,因为他利用着单眼视觉,不可能有眼睛的运动,并且在这样的距离上调节会是无效的线索。缺乏对于 D 的这些线索,他必须用一个既定的 a(网膜像)和一个假定的 A(熟悉的客体的一种合理的大小)来解答方程式 $a = A/D$。考虑这两扇窗户，X 和 Y。它们二者与同一的 a 相对,而且成对的窗通常都被假定为同一的大小(A)。因此，它们看起来是在同一距离上。同样的推理可以应用于一扇窗的两个垂直的边，或是两个角落 L 和 M。简言之,整个族系的方程式简洁地是用熟悉的矩形的房间模式来解答;因此被试便看到一间矩形的房间,如地板平面图上的虚线所表示的那样。这仅仅是会投射成同一网膜模式——或是会给予同一照相——的一整组正常的和歪曲了的房间中的一间,可是被试看到了似乎最合理的一间。在这个意义上,知觉是放在现实世界的一个片断的性质上的赌注,而不是现实世界的忠实摹写。哀姆斯表演的这一特色强烈地吸引了那些对于社会常模对社会知觉有影响这一事感到兴

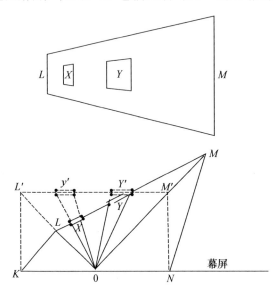

图 16-23 一间歪曲了的房间的后墙(上图)和地板的平面图(下图)[照哀姆斯(A. Ames),1946]。X 和 Y 是窗户,而 L 和 M 是后墙的左端和右端。在地板平面图中的虚线表明一间会有同一网膜投射的正常矩形房间。歪曲了的房间是由于把关键的视线,如关于一间正常房间的窗户和角落的视线,投射到一些所会有的距离上。在后墙上的垂直线的长度与它们的改变了的距离成正比例。

趣的人们[堪特利尔(H. Caatril),1947;1950]。这个特色也被提议作为对于科学的基本下手方法的一个出发点(堪特利尔,哀姆斯,哈斯托尔夫(A. H. Hastorf)和依特尔逊,1949]。在另一方面,知觉的这一种机能观点对于实验心理学者来说似乎并不很新,因为从亥姆霍兹(1866)的时日起,这种观点便早已熟悉了。对于我们确是有趣的事情是:哀姆斯曾安排了关于某些熟悉的深度线索的效果的非常巧妙的表演,而在这些表演中却避免了别的线索对这些深度铁索的掩蔽作用。因此让我们来检阅一下另外几种哀姆斯表演。

其他的哀姆斯表演

(1) 虚伪的阻隔式掩蔽。取两张普通的扑克牌,K 和 Q。把 K 装置在 5 英尺处的棒上,而把 Q 装置在 10 英尺处的棒上,两者排列起来使 K 的一角掩蔽 Q

的一个部分。从一窥视孔中用单眼观看它们；K 看来会明显地比 Q 近一些。现在谨慎地剪去被 K 所掩蔽了的 Q 的一角，并且把它们在深度上的位置倒转过来。把它们排列起来使 K 的一角恰恰填补 Q 上被剪去的部分，并让被试从窥视孔中观看它们，他会看到一张小的 K 在 Q 之前，却不会看到在 Q 后面的一张正常大小的 K，而且也不会看到 Q 的一角已被剪去。这仅仅意味着，被试与其是接受了你曾经谨慎地安排好的那种极端非常的情境，毋宁说他是接受了似乎最接近真实可能性的情境。这并非意味着被试把这种情境的全部细节都想出来了；知觉是立刻发生的，可是它适合于正常世界好像它确是被谨慎地想出来似的。被试能够报告他感知到什么，却不能报告他如何感知。

（2）梯形的窗户。被试站在大约离开一个客体 20 英尺处远，这个客体看起来像一个配置在作为一个转轴的直棒上的窗框。当这棒慢慢地旋转时，窗框似乎通过一个或许是 90°的弧而前后摆动。这种诀窍是在于这个窗框的梯形的形状；它是从纸板上剪下来的，形状一如在图 16-23 中的后墙上的窗户，并且在着色上也和窗框相似。换言之，这梯形的窗框具有构成起来的透视。稍想一下，便表明窗框甚至在全面被看到，也是斜的，并且当它旋转时，它会好像从这个斜度到对面的斜度摆动。自然，这种表演必须从相当的距离来观看以消除来自调节、辐合以及其他根源的相互矛盾的线索，可是这种错觉是惊人地强烈。

倘若把卡片、球或管子等客体附加在窗上，这种表演甚至可能作得更为动人。我们看到这些物体是在完全旋转，使它们看起来是清楚地经过"摆动着"的窗框。哀姆斯(1951)和依特尔逊(1950)叙说了构造的细节。顺便说一说，这种表演是与风车错觉有关系，这个错觉是人们知道了已有两世纪之久的可以反转的透视的一例[波灵，1942；迈尔斯(W. R. Miles)，1931a]。

（3）气球。还有几个别的有趣的表演，可是我们仅将叙述一种。一对只部分充气的气球看来是被光照的，这一对气球是在一间黑暗的房间中。被试在约 20 英尺处用双眼来观看它们。安排一架简单的双风箱来使一个气球胀大而同时另一个气球缩小。倘若在 2 秒中大小改变了大约 50%，一个气球便似乎迅速地靠近而另一个迅速远退。这是网膜上大小对客体大小的一种特殊事例：一种渐次增大的网膜像通常是和一个逐渐靠近的客体关联起来的，渐小的像与渐远的客体相连。大小变化的线索此像差更为有力，尤其在光度很低的条件下而且在此情境中有不大明确的轮廓时是这样的。

也可能由于使一个气球亮一些而另一个暗一些而使气球转换了相对的位置。但确实为什么原因造成明度的增加使一个客体似乎靠近，不论根据一种机能观点或是根据任何其他观点，都是并不特别清楚的。我们需要实验来决定发生这种效果的精确条件。

弹子球实验

由这些演示所提示的最具有启发性的实验之一是哈斯托尔夫(1950)所作的。他让被试安排一个投射的光线圆盘的大小,使它代表一个和一种特定位标同一距离的乒乓球。在第二阶段,被试作出类似的安排——即"对于能被看成弹子球的一个客体"作出安排。在每一场合,实在的安排相当好地符合于适当的网膜上大小或视角。在第二阶段之末,实验者把光线圆盘的大小安排成被试在第一(乒乓球)阶段所获得的平均数值,而且告诉他估计它与标的物相对的距离。光线圆盘报出在通常的标的物之外。另外一组从"弹子球"开始,而且还有两组是安排一些矩形来代表名片或信封,从各组所得的结果是相符的。

现在用熟悉的方程式来考虑这些结果。

在第一阶段,给哈斯托尔夫的被试 A(乒乓球的大小)和 D(到特定的标的物的距离)而且迫使他们去"解决" a(网膜像的大小)。不管他们想他们是在做什么样的工作,他们能够操纵的变量只是刺激物圆盘的大小,以及在网膜像上所获得的改变。同样地,在第二阶段的第一部分,给被试们一个新的 A(弹子球)而他们是用较大的 a 的安排来反应的。然后,不改变关于 A 的指示,给他们一种较小的 a。唯一使方程式平衡的途径便是增加 D,这便是被试所报告感知到的东西。

在哈斯托尔夫的实验中,因素中的第一种,a(网膜上大小),是在直接刺激的控制之下。第二种因素,D(感知到的客体的距离)是用很间接的方式控制的;这是与在视野中的另一客体的距离有关,这个客体又是被刺激与参加到正常深度知觉中去的体会因素的结合所定位。第三种因素,A(感知到的客体的大小)是由于口头提起一个已熟悉其大小的客体来决定的。关于这个实验最惊人的事情或许是被试能够在如此复杂的情境中作出安排。解释的关键在于这样事实,即人们的天性使他们感知到的是在空间中定位的客体;他们不会看到自由游离的感觉。简言之,他们尽可能最好地"解决"这个方程式。如果两个因素 A 和 D 的数值毫不含糊地被刺激或是被经验的因素,或者被两者同时给予的话,被试就能够相当容易地解答第三因素 a;在缺乏决定 A 和 D 的精确方法时,被试便抓住任何可用的线索,例如一些指导语或是一些心理定势。换言之,是由于更加强有力的线索的不存在才把重点放在口头指导的影响上的。事实上,许多哀姆斯的表演最容易用下列看法来理解,即刺激情境比较模糊,从而这些情境可以让所要求的变量起着完全的作用(哀姆斯,1925)。

我们从这些研究中可以引出一种重要的概括：一个知觉愈不能被刺激所充分地决定，这个知觉便愈不稳定，而且愈受到被试内部深隐因素的影响。这也可以说明那些不同的事实，如贫穷对于钱币的判断大小的影响[布伦纳(J. S. Bruner)和果德曼(C. C. Goodman),1947；帕斯托尔(N. Pastore),1949]以及关于在所有知觉刺激中最模棱两可的罗夏(Rorschach)墨渍的临床结果。

（曹飞 译）

第十七章

与知觉相关联的眼球运动

在前几章中到处可以看到,当我们讨论视觉问题的时候不能不提到眼球运动。眼中有肌肉,也有棒体和锥体。有的肌肉是在眼球的内部,所以叫做内肌。毛状肌改变水晶体的曲度,使视像集中在网膜上;调节作用那一段描写了这件事。虹膜,即眼睛的有色部分,本身是一种圆式的或钱袋绳子型的肌肉。随着光线的变化,它改变瞳孔的大小。

眼球的运动是由每个眼窝的三对外肌来执行的。第一对叫做内外直肌,它们像引马的缰绳一样,使视弦向左右方向回转。另一对是上下直肌,按同样方式使眼球产生上下方向的运动。第三对即上下斜肌,为操纵以视线为轴心的眼球旋转活动。在头部倾斜或身体倒向一边的时候,眼球的转动起了补偿作用,使双眼保持视野的直立景象。

四条直肌的显明功能就是引导眼动使物体的光线落在视觉敏锐度最强的部位,即中央窝上。这种顺应过程叫做注视。在某些低等动物中,两只眼睛是独立活动的。但人具有双眼视觉,那就要求一个物体的两个视像落在两眼的相应点上。双眼视觉需要双眼的运动协调。首先,当双眼转移到新的注视点或跟随动的物体移动时,它们应作出同等的或配合的运动。其次,双眼为了改变对远近物体辐合,必须进行对向运动。因为这两种类型的运动可以由于观察视野中的物体而产生,也由于校正视觉中一物双像、注视不清等结果而产生,所以它们是在视觉控制下进行的。但眼球运动还受内耳、颈部肌肉及全身肌肉等冲动的控制。最后,它们也随中枢神经的活动而产生。让我们闭上眼睛,把手指头轻放在眼睑上。当我们想象向右看一物体的时候,就会感觉到眼睑内眼球的右行动作。另外,当我们想象两眼在远近物体间向前后改变注视点的时候,就会感觉到眼球的辐合运动。同样地,当一只眼闭合、另一只眼睁开来进行实验的时候,我们将会发现闭合眼球随着睁开眼的注视点的改变而相应地转动。总之,不管运动的原始刺激是什么,正常眼动的神经支配是非常协调的。这种协调作用也可以推广到眼的内肌,调节的变化与瞳孔大小的变化是和辐合的变化相联系的。

跃进运动与稳进运动

当我们偶然间注意到一个人眼动的时候,我们将会看见这些动作有时像快速地跳跃,有时是慢的扫动。前者叫做跳动(saccadic),是扎瓦尔(L. E. Jayal)在1878年所发现的。他观察到双眼在阅读时候是以小跳跃的动作(par saccades)随字行前进。这种运动代表从一个对象到另一个对象间注视的转移。在某种范围内,一个人可以控制眼的跳动,例如他可以决定在什么时候、什么地点转移注视点,但对于从开始到终止间运动的速度或行程他就难于控制。在一般的跳跃动作中情形也是这样:一个人可以决定他要跳到什么地方,但是纵身之后,跃进的轨道就无法控制。如果动作欠准确,在落地之前他是不能作出更正动作的。

较缓慢的扫动具有完全相反的作用。它们不是为了转移注视点,而是为了保持对活动对象的注视,这里所谓活动指对象对头部的关系而言。当对象动的时候,眼的扫动叫做追踪运动;当头动的时候,它们便叫做补偿运动。在两种情形下扫动的功能就是使所注视对象的形象不要离开中央窝。在扫动完成这种作用的时候,眼动的速度与方向决定于对象或头部的运动。

在实际生活里,这些类型的眼动往往是无限制地结合起来的。有些结合具有特殊的名称。所谓回动(nystagmus)就是一连串交替的扫动与迅速的回跳,好像我们在火车中所看到电线杆通过窗口的动作一样。

以上关于眼球运动的简单描写是对外界对象而言,因为眼动的功能是去观看对象。但是我们必须再一次强调,所谓眼动,并不完全是在视觉控制之下的。实在地,它们反映了机体内部所发生的一些情况。因为它们时常代表一种新顺应的发动局势,它们作为行为变化的关键是特别有价值的。在竞赛运动中对手往往从双眼的一个转动中泄露出下一步的行动;同时很多"会察言观色的人"都能观察一个人的眼动。从心理学家看来,眼球运动在许多问题,至少在知觉问题中占有重要的地位。为此本章详细地研究它。

眼球运动的观察与记录方法

不用仪器设备的客观观察

直接观察一个人的眼动是一件难于处理的事,因为在这种情形下实验者的头就挡着被试所看的东西。当我们用各种方法安排一面镜子的时候就可以避免这种困难。有一种方法把一面镜子靠近被试的书本,平放在桌上;让被试向光坐着,实验者在桌子的对面从镜子中观察被试的眼动。这是厄尔德曼(B. Erdmann)与多治(R. Dodge)在1898年所用的方法。另一种方法:实验者面对被试,二人之间隔一个"纸幕",幕中有个小孔,借以观察眼动。因为实验者隐蔽在纸幕的后面,不会过多地使被试分心。这是1928年迈尔斯(W. R. Miles)所用的方法。但这些简单的观察仅仅提供了眼动及其中间歇注视的粗糙数计。某些记录仪器是必须的。1947年卡麦卡尔(L. Carmichael)与第耳本(W. F. Dearborn)对这些方法做了系统的评论,1938年温特(G. R. Wendt)与多治对于技术上的重要问题进行了讨论。下面我们拟把大部分的方法加以简单描写。

机械记录

最早有成效的眼动记录器虽然不久就被废弃,这里还值得一提。它仿效实验室中用记纹鼓记录肌肉运动的标准方法:鼓面从右到左缓慢地旋转;连于肌肉上的描绘指针上下活动,在鼓的纸卷上画出曲线。但在眼球面上如何安装描绘指针呢?这个难题是被德拉巴雷(E. B. Delabarre)和胡威(E. B. Huey)先后在1898年和1908年解决的。把石膏制成的圆圈经过修润,在不阻碍被试视觉的条件下盖在眼的角膜上(为防止疼痛和霁眼,角膜表面经过古柯碱麻醉)。石膏圈上接一小棒或细线和描绘指针相连。用这种装备做试验得出了相当满意的结果,曾为其他更合适的实验方法所证实。

角膜反光的摄影记录

角膜平滑面所反射出的光线可以在缓动摄影胶片上把眼球的运动记录下来。装置如图17-1。眼睛上的"亮点",即角膜上的反光随着眼动而轻微地移动。如果整个的眼球成为一个简单的球体随圆心自转,亮点是不会动的。但是角膜是从眼球体的表面凸出的,因此当眼球动的时候光在变化的角度上射到角膜,得到不同方向的反光。所以角膜上所反射的光线是随眼动而动,可以用来记录眼球运动。这个方法约在1900年由多治发明,为后来许多实验所广泛运用[见多治与克莱思(T. S. Cline),1901]。

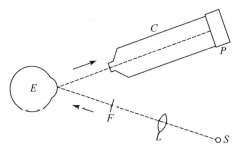

图17-1 多治设备中心示意。E是眼睛,特意放大与图中其他部分不成比例;光从S照到眼睛(虚线所示)经角膜反射至照相机中;L是一个透镜,使光线平行;F是一片蓝色滤玻璃,使照到眼部的光中庸而同时不减低它在底片上的作用;C是照相机箱;P是底片座,能使底片直向低速卷动。绘照在感光面的反光是横向运动的。光源同照相机与眼的距离实际上比图示远得多。

在这种情况下头部运动很不利地使记录复杂化起来。补救的方法是利用定头座或把嘴板(biting board)来固定。有些实验同时分别地对头部动作进行记录。有一种简便的装置能计算眼动与注视的时间。它利用音叉或振动簧可使光线每秒钟中断若干次(见图 17-5)。

多治仪器通常叫做光记纹鼓(photokymograph),它在直向运动的影片上记录了横向眼动。我们甚至于不用活动胶卷,只利用普通静止的照相方法,排除其他所有光源摄取角膜反光,也可以得到相当可靠的眼动简单记录。据斯特拉敦(G. M. Stratton,1902b,1906),这样做法能把眼睛在观察一种物体或景象时各种方向的运动记录下来。当"你眼睛绕一个圆圈扫动"的时候,你实际上是在界线附近的某些点进行了注视而附有间歇的跳动。整个的动作是跳跃式的和尖角形的。

很多实验者发展了光记纹鼓的作用:例如 1931 年廷克尔(M. A. Tinker)用它摄取双眼运动的同时记录[札斯帕(H. H. Jasper)与瓦克(R. Y. Walker),1931;克拉克(B. Clark),1934],摄取横向与直向运动的同时记录等。1937 年美国光学公司制造了简便的手提式"眼动计"(ophthalmograph)。某些其他仪器模型在下文谈到实验结果的时候将会提到。

眼动的电影记录

在初想时,活动电影好像可以完全解决各种方向眼球运动的记录问题。但是其中要克服的困难是很多的。首先就是你如何去利用记录。事实上仅看这种电影记录并不比直接观察眼动高明得多。翟德(C. H. Judd)在 1905 年找到了利用这种影片的办法。他把每一格影片分别照在一张大纸上并画下眼的位置。他发现用一小块涂了薄蜡的白颜料点在角膜上,既光滑又耐久,不会引起任何不舒服的感觉而且不会挪动位置。摄影的效果很好,能提供每格影片上要画出的定点。通常在注视的时候摄影机照下眼的位置,而白点代表眼在一刹那间的注视点。如果眼在动的时候被照下来,影片上的白点便成了一道模糊的条纹。因为电影摄影机所摄取的一串画画有空白间断,所以有些极简短的注视没有被照下来。同时,如果摄影机速度增加的时候,照到眼睛的光线要特别地强,会引起不舒服的感觉。这种方法虽则有上述种种的困难,尚得到一些满意的结果

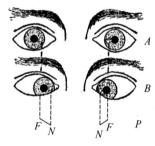

图 17-2 利用电影摄影机研究双眼辐合的方法(翟德,1907)。图上部的一对眼睛好像看远物时的情形一样居平行位置;下面一对眼睛强烈地辐合到放在双眼水平线下的近物(伴随着眼向下移动的眼睑运动没有在这个图上表现出来)。每一个虹膜上可以看出一点白颜料点,而虚线表示利用这些小点去绘画远近物之间眼动(F—N)的方法。

(图17-2)。

角膜反光也可以摄成电影。帕兰特(H. F. Brandt)在1940与1945年报告用这种方法研究一个人在看一幅广告时的注视点。1952年温特(P. R. Wendt)用同样方法研究被试看电影时的注视点。很显然,这个方法不能很好地运用于记录眼的追踪运动。

电流记录法

眼球运动产生了微量的电流变化,可用电极接在眼睛附近的皮肤上把它探察出来。如果一个电极放在眼的上方,另一个放在下方,眼的上下运动将产生相反的电位变化,经过扩大可以利用示波器进行记录。如果把电极放在双眼的外角近处,就得到眼的横向运动的记录。眼动的方向与广度都能记载下来。

这里所谓电位不像我们初步所想的那样,从眼肌中产生。它的发生是因为眼球后面的网膜比它前面的角膜具有更活跃的新陈代谢,因此网膜对角膜来说是属于"阴电"的。当电极放在眼的上下方的时候,眼的上行运动就把眼球阳极带近眼上方的电极,阴极接近下方的电极,所以它改变了一个方向的两电极间的电位差。同样地,眼的下行运动就会产生相反方向的变化[据莫热尔(O. H. Mowrer),儒士(T. C. Ruch)与密勒(N. E. Miller),1936;林斯利(D. B. Lindsley)与亨特(W. S. Hunter),1939;迈尔斯,1939;霍夫曼(A. C. Hoffman),威尔曼(B. Wellman)与卡麦卡尔,1939]。

这种电流记录法有些优点,特别是连接电极的柔软导线使被试运动较为自由,不必把头扣在定头座上。卡麦卡尔与第耳本(1947)发现这个方法特别适用于较长时间的阅读疲劳实验。实验手续如下:被试坐在隔离室中,连续阅读6小时,一对电极记录阅读中眼的横向运动,另一对记录霎眼时候的上行眼动。所有运动都记在一个墨水多种波动描记器(polygraph)上。

这个大规模的实验施行于各20名大中学生。结果指出,连续阅读6小时后,只发现极轻微的眼睛疲劳或阅读能力的疲劳。阅读的速度和理解度都不受影响。眼的注视略为减少,霎眼的次数明确地增多(前者不见得就是疲劳的标志,后者可能是疲劳的标志)。我们不应当认为在这种情形下眼睛发生疲劳,因为当白天觉醒的时候眼睛一般也是不断地工作着。我们可以推测本实验中眼内毛状肌发生某种疲劳,因为在向近处看的作业里这种肌肉经常在工作着,像在本实验中它们不可能有松弛的时刻。

减少疲劳作用的一个重要因素是兴趣或动机的引起。卡麦卡尔与第耳本在阅读材料的适当段落中夹进一些问题以引起被试的注意;被试必须用心阅读,否则不能回答问题。霍夫曼(1946)的实验里没有用类似的提问,被试阅读半小时后效率就略为减低。在这种条件下主要的是速度的低减。对学生的指示是明显的：现在停止阅读，自己问自己读了什么。

后像实验法

在某些场合下你可以观察到自己的眼球运动。你虽然不能很准确地感觉到，但是有时你可以直接或间接地看到它。亥姆霍兹（H. V. Helmholtz, 1856—1866）和其他早年生理学家都善于利用后像。首先你稳定地注视一小亮光，过一会儿你就可以得到一个强烈的、清楚的后像，随着眼中央窝而活动。后像静止的时候就是眼注视的时候；如果后像从一个物体移动到另一个物体上，或在一行读物中从一个字移动到另一个字的时候那就说明了注视的转移。如果后像摇摆不定，那就是注视的不稳固现象。拉曼斯基（S. Lamailsky, 1869）以类似的方法利用暂时刺激所引起的简短积极后觉进行试验：视野中除一小亮光外周围全是黑的或非常阴暗。当你眼睛从点到点移动的时候，每一动作都带着一道白光随眼动的方向前进。如果光的刺激是间断的，每秒钟闪动 120 次，那后像的光带便成为一连串的白点，每一点代表 1/120 秒。在眼动照相法尚未发明之前，用这种方法可以得到眼动速度的十分准确的测量。下文叙述各种眼动的时候将提到有关的其他主观方法。它们可以使学生直接熟悉某些现象，还是具有一定价值的。

注视及其相关联的眼动

20 世纪头十年记录眼动的照相法的发明为各种研究开辟了道路。我们这里只能作出重点的概述。为便于说明起见，我们按眼动的类型分别叙述。

注视

我们已经提到过，注视本身不像它的名字含义那样准确、那样稳定。当我们注目于一个亮光或落日的时候（不要注目于光亮的太阳，甚或凝视落日，以免网膜永久受伤）就可以说明这个事实。对这样的亮点连续注视两次，一般可以得到两个分开的后像。这指明了被注视的物体每次并不是准确地落在同一点上。所以，与其说是注视点，倒不如说是注视区。1905 年麦克阿利斯特（D. E. McAllister）用电影摄影法充分地证实了上述的结果。他同时发现，甚至于在 1 秒钟的短促注视时间内眼睛并不是绝对静止不动的。多治（1907a）同意这种说法。

为要了解视觉敏锐度，我们必须知道在注视中眼动的程度如何。上文所描写的各种方法不足以探察如眼颤（即所谓生理回动）那样细微的运动。最理想的方法应该像物理学家记录电流计的偏角一样：一道光线照在小镜上，镜子随电流计线圈轻微地扭转,它的反光被记录在影片上。但是我们怎么能够把镜子安在眼睛上呢？德拉巴-胡威的石膏盖子提供了可能的开端。1898年奥尔禅斯基(J. Orchansky)试图把小镜系于安装在眼球外围的金属薄盖上。马克斯(E. Marx)与传得兰堡(W. Trendelenburg)在1911年,阿德勒(F. H. Adler)与弗利格尔曼(M. Fliegelman)在1934年用类似的装置做实验都得到十分满意的结果。据试验,最合适的方法是在附在眼球上的眼镜外表的同一平面上安装一个反光小镜。1950年拉特利夫(F. Ratliff)与里格斯(L. A. Riggs)用这种方法在连续活动影片上得到了眼动的摄影记录。

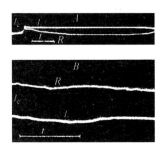

图17-3 一名被试的眼动记录(里格斯和拉特利夫,1951)。记录A表示一个大跳动的动作和右眼(R)的慢漂;记录B即A的局部扩大,从中可以较清楚地看出精细的颤动。直线代表眼转角100个秒度的距离,横线t为0.1秒时间长度。

典型的记录见图17-3。经详细考察,我们找到了注视时候各种类型的眼动:慢漂、快跳(有时是纠正飘荡的动作)和快的振动或颤动。这种颤动的次数是每秒钟30～70周率,平均振幅为17.5秒度。最大的颤动可使注视点的影像振动超过几个锥体的宽度。据1942年马沙尔(W. H. Marshtall)与塔尔伯特(S. A. Talbot)的意见,这种"察看"(scanning)能改善视觉敏锐度,就像触觉的情形一样,用手指去触摸一个物体的表面要比被动的接触物体敏锐得多。1952年拉特利夫为检验这种理论的真实性,一面以75毫秒的速示测验被试的视觉敏锐度,一面记录眼的颤动。他发现了,视觉敏锐度愈差的时候漂动度愈大,同时微小的颤动量也愈大。实在地,注视时候的眼动不像"察看"论所预计的那样会改善视觉敏锐度。

但是这些在注视时候的眼动在长时间注视的情况下具有一定的作用,因为它们似乎可以避免迅速的局部适应作用。这个事实曾用下面的实验来说明:附在眼球上的眼镜的方法经巧妙的改装使光线不反射到记录影片上而反射到被试前面的幕上。在暗室里被试所看见只是一点从他自己眼上所安装的小镜里反射出来的光,当眼动的时候光也随之而动。另外再用几个透镜设备使光与眼在同一视角上运动,换言之,不管眼怎样动而网膜上的影像是静止的。在这种情形下被试觉得那一点白光在几秒钟内便消失了,因为被刺激的网膜地带发生了对光适应现象[据里格斯,拉特利夫,康随特(J. S. Corllsweet)和康随特(T. N. Coraswect)1953]。

所以我们的结论是,虽则在短时间显示中较小的眼动减低了视觉敏锐度,但在长注视中当细看一个物体的时候,眼的小动作对我们起了帮助作用。现在主要的问题是：通常只有0.5角秒的一条线段在网膜上不断振动,我们怎么能够看见。那一定是中枢神经系统也像处理网膜模糊影像的其他原因一样,通过某种方式找出这些振动的准则。我们已经在视觉敏锐度那一节中讨论过这个一般性的问题[参看嘎里弗雷勒(Y. Gallfret),1951]。

辐合与相对的分散

所谓相对的分散,意思就是说双眼回到或转向平行的位置。在远视的时候视轴是平行的,在近视的时候或多或少是辐合的。当注视点从近变远或从远变近的时候,双眼的动作比起一般的联合运动要困难得多。这在摄影记录中是很清楚的。

翟德在1907年曾用电影摄影机摄取辐合运动。图17-4是他所得结果的一个样例。有很多证据说明这类运动是很费事的,它们比起联合运动多花时间而且动作是间断的。两眼的步调并不是完全一致的:一眼动的时候,另一眼可能停着;一眼到达了目的地,停在那里,另一眼可能还在那摇摆。当双眼从远到近转移注视的时候,开头往往是先来一次不完全的辐合而对象成为"双像",然后调整一眼或双眼的方向,双像才得到改正。

记录中困难的一个原因是:视觉从远点转到近点的时候双眼要转入对向运动。但它们时常一开始先表现出一个短的同向运动。这种较简易的联合运动发生在先,经过一个短距离才得到纠正。

我们有个实际的想法,那就是把读物适当地安排使眼睛在一行之间前进的时候,最大限度地减少辐合的变化。同一行印刷物的所有部分与眼的距离要近乎相同,为的是在阅读中不需要改变辐合度。如果在一页之中改变辐合是必须的,那问题并不太大,因为双眼在一页中前进的速度是很慢的。为了保证顺利的眼动,读物的篇幅不要向右或向左倾斜,甚至于为了得到好光线可以向后倾斜。

较慢的辐合与分散运动也可以用上述后像法一类的主观方法加以观察。选择一个近的和一个远的鲜明的对象,每一个都和背景成尖锐对比。近物离双眼在1～2英尺之内,几乎与远物成一直线,使得在注视转移时只需改变辐合。这时当你用双眼看远物的时候,近物显出双像;反之,当近物被注视的时候,远物成双像。随着注视点的转移,双像合并为一。这种合并可能需要一定的时间,它是较慢地逐渐进入准确双眼注视的视觉成果。

跳动

这是一种简单的注目运动,是不需要辐合变化的联合眼动。它是眼对边缘视觉刺激的反应,它把物体引到明晰视觉的中心区域中去。它是阅读和纵览任何静物或图景时所使用的运动。关于这种跳动,有许多值得注意的事实。

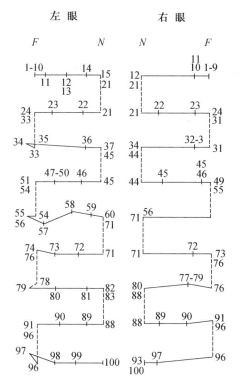

图 17-4 辐合与相对分散的运动(翟德,1907)。被试双眼是在重复转移于远近注视点之间时照下来的。注视点位于鼻子的前面,距离 30 和 55 厘米。图形是根据照片绘制成的。垂直虚线表示注视停顿,在 F 下面的各虚线代表对远点的注视,在 N 下的代表对近点的注视。横的或近乎横的实线代表每个眼睛在远近点之间运动的过程。双眼同时摄影,速度略大于每秒钟照 10 次。记录上的数字是连续拍照的号数,可作为时间单位(约 0.1 秒)。每个号码的位置表示连续摄影时白点所在处。

记录开始时双眼注视远点。头 10 次摄影时左眼保持注视在这个点上,在 12、13、14 等次摄影的过程中它向近点移动,在第 15 次摄影时它到达近注视点。这个辐合运动费时 0.5 秒,在图中 12 和 13 那一点上它中断了,形成一个明确的停顿。

右眼先于左眼开始第一个辐合运动,因为第 10 次摄影在中途把它照下,它在第 12 次(而非第 15 次)摄影时达到目的地。两眼保持注视近点,一直到第 21 次摄影时它们共同向远点移动,在这个费时 300 毫秒的相对分散运动的过程中双眼的步骤完全一致。在下一个辐合运动中,左眼配合右眼作出一次短促的联合运动(影号 33~34),进行校正,并转向辐合;在影号第 37 上到达近点,它落后于右眼几乎达 300 毫秒。记录中后来还出现类似的行为,实际上这个特殊的被试在每次双眼辐合的时候,左眼为了配合右眼总是向左多走一步。由于习惯的关系,或由于优势眼的缘故,或由于两个眼球肌肉之间缺乏充分的平衡,这方面是有个别差异的。

它是最常见的一种主要眼球运动。

每个人对这种运动只有极不完全的感觉。特别在简短的运动中,眼肌与眼窝的运动感觉是微小的。到底眼是在动或是静止着,这种细微的感觉不足作为可靠的指标。一个人不能计算自己眼球跳动的次数,事实上他在阅读或察看图景的时候,对自己双眼的行为通常有一种完全错误的印象。他自己想象他的双眼是沿着字行或围绕着房间在那连续稳进,进行扫动,但是客观的方法证明实际上他的眼睛是在那进行跳跃式的运动而附有间歇的注视。

它是一种双眼的协调运动。甚至于一只眼睛看不见读物或图景,它也会和另一眼步调一致地运动着。

它开始快,停止快,使整个运动节省一点时间。一般跳过 5 个通常英文字母那样大小的面积,在阅读距离一英尺的时候只需 15～20 毫秒,即大约 1/60 秒的时间。多治与克莱恩(1901)求出了较大广度的运动时间。下表的数字据三名被试的实验结果平均;广度按视角计算①。

运动广度/视角度数	运动时间/毫秒
5	29
10	39
15	48
20	55
30	80
40	100

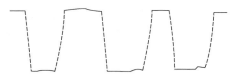

图 17-5 眼的大跳动。眼在相距 40 度的两个注视点间来回转动。光线每秒钟断续 100 次,运动时间可数各小线段求得。粗线代表注视,注视时断续的闪光在记录上过于紧凑分辨不出。在许多注视时间内也能看到细微的跳动,记录上最大的小跳动广约 4 度,需时 10～20 毫秒。由于原来的眼动是横向的,本图最好从侧面看。关于阅读时眼动的摄影记录,参见多治与本尼狄克特(R. Dodge & F. G. Benedict,1915)。

---

① 当读物距眼 1 英尺,运动广度在 20 度以内的时候,视角每度等于 0.2 英寸。5 度=1 英寸,10 度=2 英寸,15 度=3 英寸,20 度=4 英寸(准确地说,应为 4.23 英寸)。

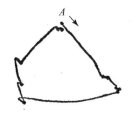

图17-6 眼睛围绕一个圆圈"扫动"时的运动形式(斯特拉敦,1902b,1906)。线代表跳动,点代表注视。斯特拉敦这个记录和其他类似记录表示,我们不能用两眼沿曲线作出所谓圆滑的扫动来说明看曲线时的审美愉快。

运动广度愈大所需的时间也愈长(虽然全部速度都是较快的)。这种活动具有一定的个别差异。同一距离,一名被试只需50毫秒的时间,另一被试却需60毫秒。同一被试,同一运动广度,两次试验所需时间是相近的而不是相等的。廷克尔(1942)得到了与上表几乎相同的平均数计,他找到了显著的,但并非巨大的个别差异。他的14名学生被试中最快的一个跳动只需最慢被试的2/3的时间。

眼球跳动的速度随被试的机体条件而改变,想睡觉的时候或喝酒以后速度较慢[据多泊与本尼狄克特,1915;迈尔斯,1924,1929;迈尔斯与拉斯雷特(H. R. Laslett),1931]。

我们很可能以为眼球跳动的反应时间是非常短的。但是事实上,它差不多和在视觉刺激时手的反应时间一样。对边缘视觉刺激的跳动平均反应时间是195毫秒,个人平均数最低125毫秒,最高235毫秒[据笛芬多夫(A. R. Diefendorf)与多治,1908]。

眼球运动时的视觉

眼球跳动的功能是把眼睛从一个注视点移到另一个注视点上。在一般情形下当运动的时候,是看不见东西的。这个事实可用好几种方法来演示,其中最清楚的一种就是用一对隔扇和三个视觉对象,布置如图17-7。因为隔扇的位置迫近眼睛,被试在一段时间内只能看见他所注视的单一物体。现在让他的眼睛做一次跳动,从A跳到C,同时说出他是否看见B。结果除开跳动中断,在中途注视B物,他便说不出B的存在。在这种情形中,实验者要注意检验被试的眼是否无意中没有作出一个真实的跳跃动作来。

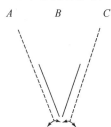

图17-7 隔扇和视觉对象的布置。注视A或C时看不见B;但眼从A移动到C时,B就可能显露出来。

跳动中没有视知觉这个事实,当它刚被发现的时候,好像是一个谜。1903年霍尔特(E. B. Holt)认为那是在这种运动中视觉的"中枢麻木"。但是多治(1905)与伍德沃斯(R. S. Woodworth,1906b)表示这是不必要的假设。从功能方面看所发生的事情,已经是十分清楚的。当眼从一个注视点跳到另一个注视点的时候,整个视野很快地扫过网膜,而从中所得到的简短的模糊影像对被试说来是没有意义的。甚至于不必作任何加工把这种模糊影像消抹去,被试就会很快地不予理会。每次霎眼时的瞬间黑暗现象就是一种类似的情况。每个人1分钟要霎眼好几次,但是我们要经过特别练习才会注意到那种极短促的黑暗时刻。同样地,我们也可以学会在眼球跳动过程中看到某些模糊影像。让黑背景上有一个光源。我们先注视光左边的某个东西,再做一次跳动,把注视点转移到光右边的东西。这时光便成为模糊影像或形成简短的积极后像变为一条光带。如果你用每秒钟闪动120次的氖灯做实验,你将会看到一条虚线而非一团模糊的影像。这些实验很清楚地说明了,如果视觉对象与背影有足够的对比,我们也可以在眼球跳动的过程中看到它。

其他方法也可以证实这个论点。很快地转动转盘混色器,使色融合,然后眼睛来回地在色盘两侧以外一定距离的两点之间跳动。你可以通过改变两注视点的距离去改变跳动的速度,距离愈远,速度愈快。经过试验你会看到,当你眼睛转过来的那一瞬间,色盘的某一部分好像是静止的。同类的实验也可以用留声机的转盘来演示。主要的是:当眼睛和运动的物体按同一速度(就视角计算)运动的时候,网膜的影像是静止的,给予清楚的视觉。后面我们将要谈到,有几种特殊类型的眼动能保持网膜影像的静止状态,虽然对头部说来视觉对象是动的。正如我们所预期的,在这类运动中我们能获得清楚的视觉。然而在跳动中通常我们所能看见的唯一东西只是一个模糊影像,当然被试在追求现实物体的有效视觉时,对于这一类模糊影像是不在意的。

阅读时候的眼球运动

我们还记得,扎瓦尔(1878)观察到,双眼在阅读的时候不是一行一行顺利地扫过读物前进,它们要作出一连串的跳动,在每一行中注视某些点。在"注意"一章中我们已经指明,一个训练有素的读者一转眼能看见好几个词。很显然地,这两个事实是联系在一起的。阅读中的眼球运动必须能够说明阅读过程和眼动的操作情况。多治的角膜反光照相法提供了有效的方法。继多治之后出现了很多研究,有的为寻找一般原理,有的是属于应用的和临床的研究。多治的设备曾经过改善和修正为特殊目的之用。比较复杂的可以廷克尔(1931)装置在一个70英寸照相箱上的固定设备及图17-8所示可在临床医生的办公室中应用的轻便手提眼动计为代表。两个仪器都能满意地记录双眼运动。但在修正的眼动计(如图17-8)中,一个透镜改为记录头部运动用。

图17-9是一个眼动记录的示意图,其中某些特征特别着重指出。读者熟悉了图示中的现象及其说明以后,就可以从实际记录中找出这些东西。例如图17-10包括第耳本在1906年所做的几个记录。它们都是单眼记录,但是这没有

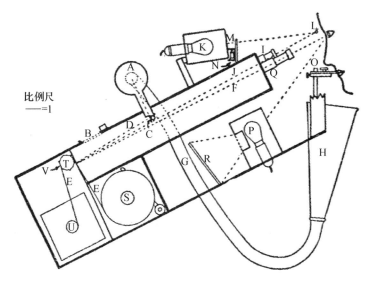

图 17-8 在一个影片上同时记录眼睛和声音活动的仪器[梯芬(H. Tiffin)和费尔班克(G. Fairbanks),1937]。当被试双眼向读物 R 方向看的时候,光源 P 发光至角膜,通过透镜 Q 沿 FC 路径反射到近 T 的感光影片上。一个马达用在 V 地方把胶卷 E 从 S 轴绕过 T 转送到 U。声音从 H 筒经 G 管传入示波器 A,这部分仪器的光是由 C 处小镜反射到影片上,与眼动记录分开。阅读时候头部运动的记录方法如下:L 是一个小玻璃镜戴在被试额上,光源 K 发光至 L 经透镜 I 顺 J 线反射到近 T 的影片上。时间指标是用一个 60 赫[兹]的振动器 N 来记载,它在 M 地方使头部光线断续。B 是聚焦窗。

装置中所用的示波器,即道西音波镜(Dorsey Phoneloscope),它不是为求得音振动的详细记载,只是为指出每个音节说出的时间(图 17-11)。为分辨音节起见,另用一台录音机同时把被试的朗读记录下来。

这个仪器与标准眼动计不同之点就是多出一个发音记录装置和一种记载头部运动的设备。一般使用保持固定的定头座,这里用较简便的把嘴板 O 来代替。透镜 I 普通作为记录右眼运动用,这里用做记载头镜 L 的活动。

什么妨碍;因为我们除开要核对双眼辐合,时常只用一个眼睛的记录。除此以外,示意图中的一切特征都可以在第耳本的许多照片中找到。

一般读者的双眼协调是做得相当好的。双眼顺横向前进,只有些微的直向动作。回扫后不正确的辐合是十分普遍的,但是这类适量的变异似乎没有什么显著的影响。较严重的眼肌失调使辐合过分费劲,可能形成疲劳[据克拉克(B. Clark)。1940]。

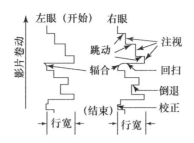

图 17-9　眼动摄影记录内容示意。因为影片是向上卷动的，所以记录是从上至下进行的。直线的长度代表注视时间的久暂，横线表示横向眼动的宽度。读物字行的宽度与位置已在每只眼睛的记录下面标明。记录的上端指出，在第一行的阅读中有四次注视和三次跳动。双眼的记录是联合一致的，但在第一个回扫运动之后略有分散；第二行阅读之初动作略转为正确的辐合。在第二行中还有一个倒退运动。第二三两行之间的回扫没有把双眼引到第三行的开端，所以来一个小的校正运动。下一个注视以后的记录截断了（实际上各种眼动很少从读物的起点开始而到达末端。）。

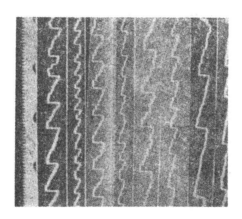

图 17-10　阅读时眼动的摄影记录（第耳本，1906）。这些记录应该从下向上检阅。短的粗直线是注视，较细的斜线（几乎成横线）就是跳动。左边的长线是眼从一行末端运动到下一行的开始，右边的短线是在读物的一行中眼从一个点运动到另一个点上。大部分的记录中都可以看到倒退运动。

这些记录是从四名受过教育的成人中得来的，他们的阅读速度差别很大。每人有两个记录，第一个是阅读长行印刷物时的记录，第二个是阅读报纸短行时的记录。四名被试阅读报纸时的全部记录经过计算得出如下平均数：

被　　试	每行的注视数	每一注视的平均时间/毫秒
1	3.8	161
2	3.9	216
3	5.5	255
4	5.4	402

阅读技巧的发展

阅读是一种复杂的技巧,像其他一切技巧一样,它是逐渐发展的,在精确度与速度两方面逐步改进。笔答测验对测量进步是很有用的,但是眼动记录在分析其中所发生的细节方面是有价值的。比较各级被试的典型样例(如下表)我们发现阅读技巧的改进有三方面。首先是每行注视次数的逐渐减少,即使读物的难度随年级而增加,情况也是如此。大学生每一注视所能阅读的内容至少是初学阅读者的三倍。其次,年级愈高注视愈短,那就是说,阅读能力高的人读得较快。最后,倒退运动是显著地逐步减少,也就是说,随着阅读的进展眼动的规律性增加了。我们可以很自然地下个结论,一个理想的读者可能不会有倒退眼动。实际上少数的倒退眼动只是表示读者细察所读的材料,所以回过眼去弄清不明了之点[据贝尔(E. Bayle),1942;布斯维尔(G. T. Bugwell),1937]。有时倒退眼动的发生应当归罪于作者,而不是读者!

各年级被试阅读时的眼球运动

(据布斯维尔,1922)

每年级被试8~19人,具有中等的阅读能力。结果据阅读时眼动的摄影记录,表中的数字是平均数。

年 级	每行读物的 注视次数	每一注视的 平均时间/毫秒	每行读物的 倒退运动数
Ⅰ乙	18.6	660	5.1
Ⅰ甲	15.5	432	4.0
Ⅱ	10.7	364	2.3
Ⅲ	8.9	316	1.8
Ⅳ	7.3	268	1.4
Ⅴ	6.9	252	1.3
Ⅵ	7.3	236	1.6
Ⅶ	6.8	240	1.5
中学Ⅰ	7.2	244	1.0
中学Ⅱ	5.8	248	0.7
中学Ⅲ	5.5	224	0.7
中学Ⅳ	6.4	248	0.7
大学	5.9	252	0.5

注视

所有阅读只能在注视的时候实现,因为在间歇的眼球跳动中我们得不到清楚的视觉。因此注视的次数及其时间的长短引起了我们足够的注意。每行读物注视次数的多少决定于读物的难度以及读者的习惯。本书的著者之一施洛斯贝格(H. Schlosberg)，有一次曾经为六位到实验室来参观的客人记录眼动。他同意报告实验结果，所以保留被试的姓名与住址。当记录显影以后，很奇怪地发现了一个事实：很多被试的每行阅读注视次数比普通三年级小学生还要多。影片记录经详细分析表现出极其有规则的运动，没有倒退眼动。经查看住址，原来这些特殊的参观者都是法官。在法律文件中每一个词都是要紧的，而这些被试在实验室的环境中也表现出过于细心的阅读习惯。这个故事告诉我们说，没有一种简单的阅读速度或方式适用于一切不同类型的阅读材料。一个好的阅读者，应当能使自己的速度适应于某一时间内一定的阅读材料。如不认识这个规律，在进行阅读指导的时候一定要犯错误。

注视时间的长短与注视次数的情形不同，至少从多数的情况看来，是不完全取决于读物的难度的[据布斯维尔，1922；罗宾森(F. P. Robinson)，1933]。阅读快的大学一年级学生平均每一注视需210毫秒，而较慢的同年级学生要达到260毫秒[据瓦克，1933；安得孙(I. H. Anderson)，1937]。这个数字比一般对散点知觉或字母知觉所需的时间还要长得多；通常速示器的显示时间约为100毫秒，随光度的不同而有差异。所有这些事实说明了注视的次数及时间(也就是阅读的速度)是为中枢因素而不是为周围因素所决定；只有当读者能够吸收读物内容的时候，他的双眼才正常地运动起来。

跳动本身在整个阅读时间中费时极微。短的跳跃平均时间约22毫秒，而一个回扫运动大约是40毫秒。如果在阅读一行书的过程中有四次注视，其中就会有三次小跳动和一次长的回扫，共约需时100毫秒。而四次注视的总时间约是900毫秒，表示90%的时间是用在注视上[据第耳本，1906；史密特(W. A. Schmidt)，1917]。在较慢的阅读中，注视时间长，次数也多；注视的总时间可达到95%(据廷克尔，1936b)。它可以作为阅读效率的指标之一，因为它代表了用于了解的时间比重。事实上，在眼球跳动时虽然网膜刺激对于动的眼睛不发生效应，但无疑地知觉过程仍然进行。阅读是一种连续的过程，因为意义的知觉发展是稳进的。我们也许可以把它看做一种连续的生产过程，一部机器，铲子把原料投到它里面。只要工厂有原料，输出就可以不停。这种比喻对阅读具有另一种相似性。原料的输入率一般是受机器对原料的加工速度所限制，输入却不能控制加工的速度。同样地，眼球运动是与被试对感官输入的消化速度相适应的。

朗读时候的眼音距

继续上面的比喻，我们提出一个问题：被试"加工"感官的输入需要多少时间。这里我们必须先解决另一个问题：我们怎么知道被试已经完成了一个知觉过程？有一种方法可以解决这个问题，那就是让被试朗读，我们在同一影片上同时记载眼动与语音。图17-8所介绍的眼动计在此可加以应用。这个仪器能够相当简便地确定：一定的词什么时候为被试所注视，什么时候被试读出它的音来，中间耽搁多少时间。这就是所谓眼音距。典型的记录见图17-11。

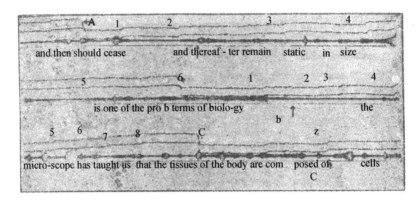

图17-11 附有读物的眼音同时记录，记录中包括两眼动作（梯芬，1934）。在A、B、C处它们回转到新行的开头；在1、2、3……各点两眼随行向前运动。声音记录就在读物的上头；带↑箭号的a、b、c表示声音刚达到A、B、C时两眼的位置。A—a，B—b，C—c诸距离表示三行读物开头眼音距的空间广度。在一行读物的开头这种距离总是特别长。

布斯维尔（1920）对眼音距进行了十分详细的研究。下表指出的眼音距随被试的阅读技巧而异。

年 级	平均眼音距/以字母为单位	
	三名能力强的读者	三名能力差的读者
Ⅱ	11.0	5.4
Ⅵ	11.9	11.2
Ⅸ	15.8	11.5
Ⅻ	15.9	12.4

这种平均数值内部尚有一定程度的变化。首先，朗读发音的速度是比较有规律的，与一般说话的正常速度相符。如果被试在书本中遇到难点，他的眼球运动便慢起来了，而可能作出倒退眼动去发现词句的意义。这时他所读出的与看进去的东西趋于接近，眼音距几乎等于零。一旦困难被克服了，眼的动作便很快地领先前进，同读出的声音成一定距离。有经验的朗读者其眼音距大约是8个词、2秒钟或一整行。这三种不同的测量单位都可以用。

这种"加工时间"的估计是以朗读为根据的，在这种时间里，被试必须去寻找一个词与上下文的前后联系。普通从看见一个单词到作出反应,所需的最低限度的时间较短。实验材料算出这类反应时间约为 0.4 秒。如果我们把这个数据应用于阅读,那是错误的,因为阅读是一种连续过程。读者不是把每一个词作为新的东西去反应,每个词仅在眼前一闪而过,读者在一个句子中的前几个词里已经对新词有所准备,已经在边缘视觉中看到了它。他的反应不仅是说出这个词,他要把一个词在整个句子中整合起来。利用视觉过程与发音过程的交叉,似乎是我们测量"加工时间"的最好方法。

交叉过程也可以用其他类似的作业来演示,例如看印本打字、听电键音响记录报文。收电报时候耳-手距特别长,因为收报人需要做一定的组织工作,把一串的滴答声化为有意义的报文。在看印本打字的时候眼-手距平均仅约 5~6 个字母距离,或约 1 秒钟。按宽度说,它比朗读的眼音距短,时间差不太多,表示打字是较慢的肌动过程。打字中注视的次数比朗读大得多。在默读中注视次数是最少的。当肌动过程不得不慢的时候,双眼运动多少要多费一些时间[在打字机上以每 10 个字母距离为单位通电,这种电接触和眼动一起记录在影片上就可以测定眼-手距;布施(R. L. C. Butsoh),1932]。

朗读与默读

交叉时间或加工时间不可以和阅读的速度相混淆。我们已经指出过,朗读的速度在很大的程度上受言语要求的限制。眼睛的动作一般仅稍快于声音,进行适当的领先行动。但如果被试进行默读,言语的限制便削减了。例如胡威(1908)研究了 20 名大学生阅读一篇生动小说的速度。这些人一般朗读的速度每秒钟 2.2~4.7 个词。如果被试努力争取速度,两极的数字成为 2.9~6.4;而被试的一般默读速度是每秒钟 2.5~9.8 个词。这里要注意,默读慢的人两种读法的速度之差非常有限。很可能这种人所用的方法是"默朗读",那就是说,在默读的时候实际上作出朗读的动作来。有些成年人从早年的阅读课中带来了这种习惯(让我们观察一群人默读,看他们之间有多少人动嘴唇)。这种习惯在阅读速度中成为一种拖累。首先,它把阅读速度限制成为言语速度;其次,它阻碍了读物内容的大单元整合。一个熟练读者所知觉的不是单词而是有意义的短句,在迅速的阅读中这种知觉单位可能是很大的。第耳本(1906)发现某教授阅读《鲁滨逊漂流记》的平均速率是每秒钟 11 个词。

到底像这样快速的阅读,能详知读物的内容,还是仅仅泛察其大意,的确是个问题。特别在所谓"略读"的时候,情况更是如此。一个人如果完全熟悉某一个专题,他只要看看那些关键的句子就可以知道新书内容的大意。要想很清楚地分别实际阅读与这种略读是很难的。在另一个极端,我们可以找到像法律家看文件或学生看生疏的专门书籍那种慢而详尽的读法。我们知道,阅读的内容不同,阅读目的不同,速度也有差异。

训练眼动 我们既然谈到阅读行为的个别差异,这里也要谈谈关于阅读指导的问题。考虑到阅读在学校功课中的重要性,这是不足奇怪的,阅读缓慢问题对心理学家提出了严肃的要求。随着眼动摄影法的发展,心理学家获得了工具借以比较缓慢读者与敏捷读者的阅读过程。正如我们所推测的,缓慢读者在一行的阅读中有较多的注视次数和倒退眼动次数,而注视的时间也长。通常的矫正即加强眼动的速度,使它流利而有规则。各种方法都试用过:最简单的一种方法就是要求学生在每行阅读中进行三次有规则的注视,这种做法有时利用普通节拍器来控制时间;另一种方法是用节拍阅读器(metronoscope)使读物每次显出三分之一行,促使被试按良好的模式进行眼动[泰勒(E. A. Taylor),1937]。第耳本与安得孙(1937)摄制了模拟阅读条件的活动影片,片中显示出活动的显明区域,以有规律的跳跃动作顺字行前进。被试的眼睛随这种区域运动,并能获得字行以外的某些边缘视觉。在这个问题上,已有很多较精确的实验。实验组与比较组(未受过训练)的被试在训练(或不训练)的前后都经过测验,结果证明实验组的成绩占显著的优势。但是卡森(E. B. Cason, 1943)所做的实验,一组儿童被试随兴趣在图书馆中自由阅读,另一组被试受节拍阅读器的训练,结果两组的成绩都有所提高。我们的答案是:任何方法只要能引起快速阅读的兴趣都似乎是可行的。

某些专家觉得强调眼动的训练最后会陷进错误的结果中去。上面我们曾经提到过,眼动只是链节中的一环,制约的因素是在中枢。因此要紧的是在于直接改善知觉的技巧,使眼睛随之活动(据布斯维尔,1939)。

这是否说在阅读问题研究中可以忘掉眼动照相机的作用呢?首先有人证明,眼动计所做的典型的简短测验,其结果是不可靠的[伊木斯(H. A. Imus),罗兹尼(J. W. M. Rothney)与白尔(R. M. Bear),1943;安得孙,1941;布管姆(M. E. Broom),1940]。这似乎是由于仪器所提供的眼动记录样例过短的关系。廷克尔(1936c)找到了当样例从 5~15 行增到 20~40 行,可靠性便提高到 0.80;其次,眼动照相机对眼球运动本身给予过多的注意而忽略了对阅读技巧作较全面的分析。所以说,只有受过高度心理学训练的专家才可以正确使用眼动记录器。

本书不能深入研究阅读心理这个专题,对阅读技巧的改善谈得更少。读者如果愿意进一步研究这个题目,可参看廷克尔(1946)评论中完善的总结。廷克尔提出了 126 种参考文献,大部分发表在 1935—1944 年这十年间。其中有些是关于实际问题的。自从有了眼动照相机以后,那种代表 20 世纪头 25 年特点的广泛开展的探索性研究已经包括了一些较一般的问题。实验心理学家对下列问题特别关心:

（1）注视是否特别发生在词的某些特殊部分或某些特殊种类的词当中？答案如下：在极端的例子中被试的注视点几乎也像落在字母上一样地落在词与词的空间（图 17-12）。不过一般记录是否很准确地指出注视点所在确是一个问题。

（2）一行中哪一部分注视的时间最长？我们的答案是约有 30％ 的时间花在一行的前四分之一上，其余时间平均分配在后四分之三。这很可能是由于回扫之后的校正运动需要时间较多。

（3）在阅读乐谱、外国文、数学公式、加数表等时候眼睛怎样动作？知道作业内容的人大约都可以预知这个问题的答案。从阅读中文的研究中我们发现一个很有趣的要点（据沈有乾，1927）。由于中文读物的特殊形式和阅读方向与英文不同，阅读中文的眼动方式和英文是有很大差别的。但是中英文的阅读速度按每秒看进的内容含意为单位来计算，差不多是一样的。这里我们再一次看到了中枢制约因素比边缘的重要。

关于这些问题以及有关问题的较全面的论述见本书初版。

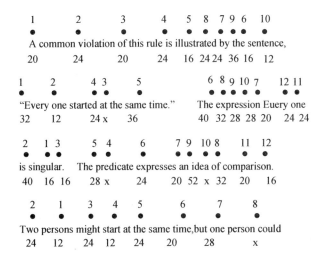

图 17-12　阅读四行文字时注视的情形（从翟德和布斯维尔，1922）。黑点表示注视点的所在，黑点上时号码是每一行中注视的顺序，而下面的数字说明每一次注视的时间，以 1/100 秒为单位。标注"×"号的注视点的时间不能从记录中算出。读者是一名大学生。绘制这种图表时要把眼动的照片放射到原来读物上，记下每一注视点的所在处。为使影像整列起来，被试在开始阅读时要注视读物两边的两个点（未列在图上）。

追踪眼动与运动知觉

到现在为止,我们所谈到的只限于对被试说来视觉对象静止时的眼球运动。在这种情况下,只有当注视的时候,那时网膜中的影像是静止的,他才看得清楚。但如果对被试来说对象是动的,结果是怎样的呢?答案是:除开双眼跟着物体运动,网膜上的视像便成为一片模糊影像。实际上我们的眼睛常随着运动的物体进行流利的扫描,使物体对准中央窝。用不着说,在追踪运动中被试是有视觉的,不过这时只有被注视或被追随的物体的视觉是清楚的。在这页读物上放一只透明的尺,然后把尺前后移动。如果你通过透明尺注视读物上的字,那么字便看得很清楚,而尺上的数码就模糊起来。现在你注视尺上的一个数码,双眼随着尺的移动作出追踪运动来,这时尺的视觉是清楚的而书上的字就模糊了。

按这种方式用自己的手移动小物体,追踪眼动的视觉是相当清楚的,因为眼动与手动同时开始。这类眼手协调动作在我们生活中是时常练习的。但是当物体随外力运动的时候,情况便有所不同。如果一个被注视的物体开始运动,它的影像便离开视觉中心。接着,眼球来一次跳动去重新注视它。如果视物继续运动,眼的跳动便变为追踪运动。不过追踪运动很容易过快或过慢,因此必须进行校正的眼球跳动使追踪运动回到目标上。如果物体的运动是平稳的,或者甚至于像钟摆一样是重复的,结果眼的追踪运动能适应得很好(图17-13)。眼的跳动能穿插到连续的追踪运动中去。例如,你可以很适当地阅读在动着的一页读物,这时眼的运动方式很清楚地是属于典型的阅读眼动,在正常追踪的基础上一跳一停、一跳一停。

一般追踪运动的速度和方向是随物体的动作而决定的。但是也有两种限制:首先是对象有时动得过慢或过快,使眼睛难于追随;其次是对象走

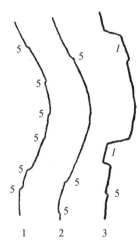

图17-13 追踪运动摄影记录形迹素描(多治,1907)。刺激是摆动数次的一个摆子。三个记录中的摆子正向右摆。图中的每一行要从下往上检阅:(1)眼从静止的注视开始以动的注视跃进,这种注视用几次小跳动 s,s,s,进行校正;(2)经过几次摆动后追踪运动变为流利而准确,只有少数的小跳动校正;(3)由于摆子在摆动中有一段时间被挡着(如I),追踪运动打乱了。视觉刺激不见了,视线落在后面,在摆子再现时,眼就作出一次大跳动。

得过远。当我们观看游行队伍在大街上前进的时候双眼是怎样动作的呢？它们先注视行列的某一部分，向一方（例如左方）运动；到远不能及的地方，来一次跳动，把视线转回（向右方）；再注视另一部分，继续追踪，如此类推。结果是一串追踪眼动和眼的回归跳动交替而成的"视回动"（optic nystagmus）。我们坐在火车或公共汽车中看窗外风景的时候，眼动的情况也是如此。这时实际上我们是动的而风景是静止的。

真实运动的知觉

我们刚刚注意到，当一个物体的影像在运动着的眼的网膜上保持静止的时候，人知觉到看得见的运动。当眼睛静止而影像在网膜上移动时，人也会知觉到运动。同样地，在刚才所说的透明尺的实验中，你一定观察到，甚至于当你的双眼保持静止状态注视着活动尺子下面的读物时，你就看到尺子在动。这种类型的知觉运动至少和各种追踪运动一样常见。实际上它是网膜上的活动，是引起追踪运动的刺激。当你追随着向右行的视物时，你也会看见背景向左漂流。在所有这些情况当中都有一种引起知觉的真正活动刺激物。

似真的视运动

在我们日常生活中这是很常见的事，当刺激没有活动时我们看到它在活动。电影幕上（或者电视屏幕上）各种形象实际并不活动。电影照相机进行了一连串带着短时间隔的快镜摄影，放映机把这些一个个静止的影像和间隔照到银幕上。你在幕上所看到的动作，从图景的刺激说来是似真的而不是真的，虽然在原来摄影景象中这些动作是断的。这种情形下似真的视运动的事实是1833年由于动景器的发明才认识到的（动景器用断续光线照明一个活动的物体），因此似真运动又叫做动景运动。

这种效果的心理学研究经过多年的漫游到1912年才从魏尔太墨（M. Wertheimer）的报告中得到极大的动力。魏尔太墨把它叫做 ϕ（phi）现象，并赋予理论上的意义，认为它是一种感觉完形，比一连串单独刺激具有更多的特性。事实上，他的这个研究导致了格式塔心理学的建立。

魏尔太墨尽量简化这种"图景"并用比较简单的仪器来演示。他应用滑幕和转盘速示器来呈现不同位置的一条线的连续视觉。实验通过各种方式进行。他的结果，虽然经过细微的修正和一些补充，始终保持着经典性。他发现刺激间隔的时间是现象中的重要因素。让两条短直线相隔1厘米，在一般阅读距离上一个接着另一个显示出来。如果时间间隔是200毫秒或更多，则其现象和实物相同，即两条静止的线连续出现；如果间隔是30毫秒或更少，则连续的现象完全消失，而两条线似同时出现；如果间隔介于所说的两个时限之间，那就出现了单独一条线从第一个位置移动到第二个位置上。这样,就有两个阈限,一个是从连续到运动的阈限,另一个是运动到同时性的阈限。这两个阈限是常变的,并以许多因素为转移。

我们熟悉的公式,$R=f(S,O)$,在这种情境中是适用的。在三种范畴的心物实验里,R 是观察者对连续、运动或同时性的知觉和报告。如果我们考虑到实际的事实是连续的,那么结果是最易理解的:这时最正确的报告是"连续";最不正确的是"同时";而"运动"是中等的,是实际连续的中间知觉。某些条件,S 因素和 O 因素,造成实际连续知觉的困难。

1915 年科尔铁(A. Korte)研究了最显明的 S 因素。他的结果有时叫做科尔铁定律。他发现下列因素造成连续性知觉的困难:

　　　　两次显示的时距短;

　　　　两个位置之间的空隔长;

　　　　照明强度小。

说到从同时性到运动的阈限,这些定律意味着当明度很小、时距很短、空隔很大的时候,就较难看出似真运动。如果空隔过大,你为了获得似动知觉就必须增加时距。考尔宾(H. H. Corbin,1942)所得的某些材料说明了这个事实。他的被试在距离 10 英尺的地方看两条放在正平行面上连续位置相隔 2~12 英寸的线。两线位置相隔愈远,则被试为了看到运动需要愈长的时距。根据四名被试的平均值,同时性到运动的阈限如下:

空隔/英寸	2	4	6	8	10	12
阈限/毫秒	104	114	129	146	157	173

在这个实验以及其他许多实验中,对象的两个位置是交替地重复出现,所看到的摇摆式的前后运动是非常突出的。

另一个重要的 S 因素是相似或不相似程度。两个交替的形象愈不相似,就愈难看出它们是单独的一个形象在那里运动,以及运动时在那里改变形式或颜色。如果两个形象都是指向右方的箭,就容易看到运动;但如果一个箭头向右、另一个向左,那就需要较多的时间,而且某些被试就看不出运动来[奥兰斯基(J. Orlansky),1940]。

在许多 O 因素中至少有两个重要因素:练习和定势。许多被试在头几次试验中看不出运动,有些被试需要好几次试验才看出现实的运动[德-赛尔瓦(H. R. De Silva),1926;纽豪斯(W. Neuhaus),1930。某些被试动摇于似动与同时性之间,而且有些人经长时间试验后表现了疲劳或顺应,远比实验开始时不善于看到运动[吉尔伯特(G. M. Gilbert),1939]。定势或态度具有相当效能。被试如果采取一种认真的、分析的态度,就可能看到连续现象,这时他要是采取"随便"的态度,就会出现运动(斯特拉敦,1911)。普通看电影的时候不能保持认真的态度,这是很自然的事。实验室中所用的简单图形虽则强制性少得多,然而就在这里似真运动总是很动人的,这就是不久以后被试往往采取不经心的态度的缘故。任何似真运动学说必须考虑到这些中枢的因素。

似真运动的种类

被试所要报告出来的运动种类决定于已经说过的刺激因素和中枢因素。当两个刺激完全相同的时候,他可能看到一种沿直线或曲线方向的滑行运动[霍尔(K. R. L. Hall);厄力(A. E. Earle)和克鲁克斯(T. G. Crookes),1952]。当横线跟随着斜线的时候,他就看到顺时针或逆时针的转向运动。假如一个正V形在视野中稍低一些的地带跟随着反V形,被试就会看到第三维空间的运动。斯太尼格(K. Steinig,1929);芬伯格(S. W. Fernberger,1934)和奥兰斯基(1940)发表过三维空间似真运动的各种例子。根据奥兰斯基,较复杂的似真运动需要长的时距。因为刺激的连续时常具有双关性,被试根据威廉·詹姆斯(W. James,《心理学原理》,1890,第Ⅱ卷)所述的原理("知觉是特定的和可能的事物的知觉")要从几个合理的反应中去选择一个。但是我们必须附加一句值得注意的话:似真运动是一种直接的知觉而不是一种推理。我们在卡麦卡尔的速示器(1925)上显示出两个点:一个点真正地运动;另一个首先隐退,然后在又一个位置上出现,这时被试将坚持认为他看到两个点都在运动。当仪器的动作放慢,足以使他看到实际的情况时,他就诡辩说他没有真正地看到两个点在运动,而是推理出来的。可是从纯粹描述的或现象的观点看来,他曾看到两点在动,而且似动和真动看得一样清楚(斯特拉敦,1911;德-赛尔瓦,1929)。这里也像其他知觉(显然地如深度知觉)的情形一样,这种使研究本问题的科学家们感到兴趣和富有内容的过程,就被试而论,可能是十分自然的和直接的。如果读者真正掌握了这一点。他将会顺利地向认识知觉问题的道路前进。

似真运动的理论

推理说认为我们实际上只看到物体的起点和终点,而推理出它一定发生过运动。这种论述恰与魏尔太墨在1912年和1925年所表示的相抵触。他还有某种客观的论据:如果时距不合适,则被试看到两个位置但没有推理出任何居间的运动。魏尔太墨考虑到其他两种理论。

眼动说 许多心理学家喜欢用某种可感知的和"外围的"东西去说明知觉。如果双眼从起点移动到终点则眼的运动就可能形成运动感觉。魏尔太墨用下列演示排斥这个可能性:当呈现两对合适的线形时,我们就看到两种方向相反的运动。同时1929年吉尔福(J. P. Guilford)和黑尔森(H. Helson)在双眼摄影时发现,所产生的眼动和看到似动的报告之间没有重要的关系。1952年温特摄制看电影时的眼动,这时双眼也像看实际的景象一样把大部分时间用于注视物体。

脑场说 厄克斯奈(S. Exner,1875)发现了不完善的调节对似真运动有好处,指出起点与终点之间的网膜地带实际上受到刺激,因而通过这个地带的运动的真实感觉就产生出来。有一件事和这个理论相反,那就是,当第一个刺激施于一只眼睛,而第二个刺激施于另一只眼睛的时候,似真运动也会出现。我们可以很容易地用下列演示说明这个双眼间的似真运动:举起一个手指头放在面前,而双眼注视较远的物体。现在交替地睁、闭两眼,就显得指头向两边来回运动,因为它刺激了两个网膜上的不相称点。如果你不会交替地眨眼,可用一副快门来帮助——朗菲尔德(H. S. Langfeld,1927)。魏尔太墨提出了一种近似厄克斯奈的学说,不过把刺激作用的假设性运动安在皮质视觉区而不是网膜上。第一个刺激所引起的皮质兴奋会扩散出去,并被第二个刺激的兴奋区所吸引。皮质上兴奋的移动像一道条纹形成了运动感觉。柯勒(W. Köhler)和他同事们最近关于皮质视觉区的餍足效应的研究,指出皮质中可能有这种交互作用的电场。在头几次试验的时候以及当被试采取认真态度的情形下看不见似真运动,可能意味着这一道条纹还不够强,未能引起绝对作用。但还有一些其他事实难于符合魏尔太墨的学说。

动物皮质被切除时的动景效应 只有动的(或似动的)刺激才能引起双眼的追踪运动。1940年史密斯(K. U. Smith)制造一个球体,从内部看球面是黑底白条。他把豚鼠放在球内的定架上,一条丝线缚着动物的鼻子使其和记纹鼓的描针相连。当球体围绕着动物旋转的时候,动的条纹引起头(和双眼)的追踪运动而间有跳动的回视(这是一种由真实运动所引起的典型回动)。为了取得似真运动的刺激条件,他用断续闪光来代替稳定的照明,每一次连续的闪光照在位置略微不同的条纹上。在这种条件下,豚鼠仍然表现出典型的回动。这时把动物的皮质切除,而然后测验证明反应如故,即对连续运动与间断运动都作出回动反应。从足够数量的豚鼠身上都同样地得出这种结果,这足以说明这种动物把连续"远视"整合为真运动的过程发生在脑的皮质下部。这很可以把魏尔太墨的学说从皮质移植到较下部的视中枢去。

第三度空间中的空隔因素 当一条线在两个交替的位置上呈现时,这两个位置一般都放在同一的正平行面上,它们在此面上相隔愈远,则取得似真运动的时距愈长。如果研究者把这个面按直轴转60度,并在这个斜面上用和以前相同的间隔做试验,虽然此时网膜上两线的间隔只有以前的一半大,而时间阈限却和正平行面的情形相同。这里起作用的是看得见的空隔,不是网膜的间隔,因而不是皮质视觉区上的间隔。这种结果和魏尔太墨的学说并不一致,后者似乎意味着兴奋的扩散决定于皮质上(或皮下中枢上)的实际间隔。

也许除了下面一个学说以外,我们似乎没有任何可以接受的似动学说,这个学说认为知觉是对外来感觉刺激作用的一种反应,因而应用了刺激类化的原理。如果接受的刺激和从真实运动中所接受的充分相像,则知觉反应多半是一样的——关于进一步的参考资料和讨论,见考夫卡(K. Koffka)1931a,b,1935;奈夫(W. S. Neff)1936和格雷汉(C. H. Graham)1951的相关资料。

视运动的后像

除了我们所讨论过的那些似真运动以外,还有许多可以叫做错觉效应的现象:当我们头晕的时候周围环境游动起来,这是一个例子;另一个例子是暗室中单独一点白光的似真运动。这两种现象后面将讨论到。还有一个例子是迷惑人的"瀑布错觉":向面前的瀑布注视一些时候以后再看岸边,就觉得树木向上游动。这个错觉也像其他视错觉一样具有很长的历史——据波灵(E. G. Boring,1942)。可能的解释是:当双眼转看岸边的时候看瀑布时所建立的对水反应的向下追踪运动仍然持续进行。如果你看一个混色轮上转动的螺旋形(图17-14)你就会得到一种相似的后像。在转动时间内螺旋形表现收缩和后退;在转动突然停止时,它就表现出伸张和前进的样子。这时到底什么样的眼动会使一个物体立即向各方面伸张呢?事实上甚至于在瀑布错觉中用眼动来解释也是不适当的。因为你可以不用引起追踪运动,在眼注视瀑布一旁的岩石以后也会得到同样的效应。有许多实验研究这种错觉〔沃尔格木斯(A. Wohlgemuth),1911;亨特(W. S. Hunter),1914,1915;盖茨(L. W. Gates)1934〕,但没有出现具有说服力的解释。可能视区皮质或者其中的一部分已经适应于连续运动;当外在运动停止时,这种顺应作用还没有立即解除。关于其他视觉后作用见"形状知觉"一章。

图17-14 演示倒逆后像用的转动操旋形——散佛(E. C. Sanford,1898)。

似真视活动

我们的问题是,当我们看见某种东西在动的时候我们似乎看到有什么东西使它动。如果一个物体的似动是由于我们自己在走路或倾向一侧时的运动,那么我们就不理会这种似动并把物体看做静止的。当我们看见"水下流"或"烟上升"时,我们的这种说法暗示着它们是自己在动。我们实在看不出任何东西使它们动。但是如果我们看见 A 物体移动到静止的 B 物体前面而 B 就马上向同一方向移动,这时好像 A 引起 B 运动,好像 A 让 B 动。甚至于一物体对另一物体的这种作用在在物理上是不真实的,印象还是一样:A 好像把 B 打一下,并推它一下。这些陈述是根据米绍(S. Michotte,1946)的大规模实验提出的。他用幕上横窗中呈现的简单小方块做观察的对象(装置如图 17-15)。在开始显示时 A 和 B 相隔一个短距离,而二者都是静止的;然后 A 很快地向 B 移动,但在靠近 B 时停止下来,而 B 立即向同一方向移动。观察者得到一种非常清楚的"因果"印象,A 对 B 起作用并推动它前进。如果 A 在靠近 B 时不停止下来而和 B 共同运动,那么所得的印象是 A 带着 B 走。

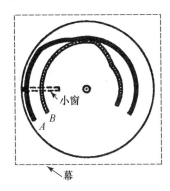

图 17-15 演示活动印象的转盘(米绍,1946)。转盘在幕后按逆时针方向旋转,通过小窗可以看见 A 和 B。只要 A 条和转盘中心保持等距,从小窗上所看到的方块是静止的;如果 A 条向中心靠近,那么它的看得见的部分就向 B 靠拢。当 A 碰到 B 后,A 就成为静止的,而 B 开始移动。B 条可以画在另一个较小的转盘上,它的位置经过调整以便改变 B 开始移动的时间。两个长条是 0.2 英寸宽,小窗的宽度也是一样的,它的长是 6 英寸;被试站在距幕 5 英尺的地方。A 和 B 在开始时相距 1.6 英寸,似真运动的速率是每秒 12 英寸(按米制单位计算,长条和小窗是 5 毫米宽,小窗是 150 毫米长,被试观察的距离是 1.5 米,A 与 B 在开始时相距 40 毫米,同时运动的速度是每秒 300 毫米)。这些量度是可以变化的。米绍在许多实验方式中,有些地方还利用了一种精巧的双幻灯放映器。

米绍为了形成因果印象的必要条件,有系统地改变实验方法。重要的 S 因素是:

(1) 必须具有两个物体。如果单独一个物体在视野上移动就没有因果的特性。

(2) 一个物体必须在事件中领先,例如 A 先开始行动。

(3) 必须用中心视觉去看 A 和 B 相碰;否则两个物体不是清楚地区别开,而仅仅得到单一物体运动的印象。看的时候最好注视 B。

(4) 为了得到最清楚的因果印象,在空间、时间和运动方向上必须具有适当的一致性或连贯性。细微的不连贯尚不碍事。从 A 靠近 B 到 B 开始移动之间的时距为 100 毫秒或更小时，A 对 B 起作用的印象还不至于完全受破坏。空间上稍有一些不连贯，A 不太靠近 B，也不要紧。B 运动的方向也可以稍微和 A 的方向有些不一致。如果这种耐量超过一定的限度，则所得印象是两个独立事件而非一种单一的因果过程。

米绍反对把这些视觉因果印象简约为肌动范围迁移的任何理论。他的论证指出，这些印象是某种视觉过程所固有的，在这个过程中一种简短的顺序性看做是许多连续阶段的一致。

补偿眼动

当环境动的时候我们通过追踪眼动去保持网膜影像的静止状态。为了获得清楚的视觉，这也是同样要紧的，在静止的环境中当头部或身体移动的时候，我们也要维持稳定的网膜视像。进行这种工作的运动叫做补偿眼动。它可分为积极的与消极的两种：前者身体是主动的；后者如坐在火车中或转椅上，我们是处于被动转移的状态中。下面先谈积极补偿眼动。

头眼协调

头和双眼的协调有两种极其不同的方式。当注视点从一个物体转向另一个物体的时候（像我们向一侧注目的时候），头和双眼向同一方向转动，而新旧注视点的视角距离一部分为头部运动所补偿，一部分为双眼运动所补偿。当角距小的时候（如在阅读时），至少在成人，头部可以保持不动而双眼的动作就补偿了全部距离。但如果对象离开眼旁很远，大部分的角距就为头部运动所补偿。

当头部积极活动的时候，我们如要保持对静物的注视，便需要另一种的头眼协调。在这种情形下，眼动的方向与头相反，不管头部怎样动，眼总要跟着原注视点活动。这样子做，当头动的时候，我们才有可能，甚至于才能非常容易地继续看着同样的物体。这种眼动最容易观察：当你的头左右转动的时候，你从镜中细察自己的双眼。你几乎会认为双眼由于惰性的作用是静止不动的，但实际情况并不是这样。眼在眼窝中不是很松弛的，大概不像舌头在张开的嘴巴中那样松弛。当头从一侧转向另一侧时，舌头不必作出这种补偿方式的动作。（追踪运动也可以在镜子中观察：头保持不动，只转动镜子。这样子你改变了双眼为要看到自己而必须注视的方向；如果镜子转动不太快的话，双眼能够很容易地追随自己的影像。跳动动作不能在镜子中观察，因为双眼从一个对象转移到另一个对象时，你不能让你的双眼对准自己的眼睛。）

这种补偿眼动很像追踪眼动，以至于有人错误地把它们看做是一回事。在镜子中这两种眼动，是相似的，而所得结果也是一样的，保持了注视。不然的话由于对象在网膜上移动注视是不可能的。为什么它们是不同的呢？显著的差别是追踪眼动具有较长的潜伏期，它大约需要200毫秒的时间使眼睛开始运动跟上动的物体，而补偿眼动是与积极头动同时开始的。当我们注视一个感兴趣的物体转动头部时，双眼就作出补偿运动，使注视不至于一时间断。另外，随着头部运动的进展，异向的眼动是连续地起补偿作用。它对物体保持着稳固的注视，不像大部分的追踪运动那样，在过程中随时发生小的跳动。总之，头部运动与补偿眼动是协调或整合在单一的反应单位中。

这种补偿眼动的重要是可以验证的。在头部积极活动的时候，如果眼睛不动，注视是保持不住的。任何瞬间内明确注视的丧失都会表现出对象的模糊状态。在头部摇动的时候(不要动得太猛!)进行阅读，可能不发生模糊现象，这是由于补偿眼动的缘故。这个事实的真正证据是从眼动摄影记录中找出来的。

注视的转移、头动以及补偿眼动时常组合成为一个单一的运动模式。当一个人突然向右看(如寻找一个声源)的时候，双眼开始一个迅速的跳动，接着较沉重的和较缓慢的头部运动便发生了，最后躯干也可能略为转动。眼的视线首先跳到视物上，同时在头部或躯干继续转动的时候。它便带着补偿的异向运动去注视物体。整个定向动作的正常结局是以身体轴心为准，眼和头居中央，被试正向对象。在特殊情况下，我们可以抑制躯干动作，甚至于头部动作；但从姿势紧张的小变动中，我们还能够探察出这种运动的整个模式来。

消极运动时的补偿眼动

我们已经提到过，当一个人从火车窗口看外景的时候，他的眼睛要作出一串慢的扫动和快的跳动式再注视动作。这是典型的追踪模式或视回动。同样地，如果一个人坐在转椅上慢慢地旋转，当他注视并跟随环境中连续出现的物体时，他也会作出一串类似的眼动。但是这时出现了一个奇异的事实：在某些情况下，当眼睛闭着的时候同样方式的眼动也会发生。很显然地，我们没有理由把它们当成追踪眼动，因为它们不在视觉控制之下，而且也没有任何东西可以追随。我们认为，在闭眼旋转的时候还有另一种机制操纵眼的动作。另外我们也可以假设，在眼睛睁开旋转的时候这种机制也在积极作用中。这种机制是什么呢？

非听觉迷路

我们还记得在内耳的耳蜗上有几个通路或管子，这些通路构成非听觉迷路或前庭器官。它们像耳蜗一样充满着内淋巴并和第八对(听觉)神经的一个分支相连。它们还含有毛细胞，这也是同耳蜗相似之处。前庭器官的两个部分，椭圆囊和球囊，内有胶质体载着耳石（otollths）和毛细胞的末端连接。这些结构对直线加速的反应适应得很好。如果头部向左右、前后、上下运动，这时载重体就落在后面，使毛细胞弯曲，发出变化的信号。要注意，它们是对加速而不是对运动的平稳状态作出反应。这个原理可以用一个熟悉的例子来说明：假设你坐在火车上，火车开始动的时候，你自己的惯性会推你靠着椅背往后挤，当速度正在增加时，即当火车进行正加速时，你一直会保持这种状态；到了火车达到平稳的速度（零加速）时，后推的压力就停止作用；但是当火车速度转慢（反加速）时，你就会向前倾动。椭圆囊和球囊中载重体的动作和这种方式非常相像。

从例子中我们很容易看出，为什么重力的作用很像向下加速的作用；犹如前进的正加速推你靠后一样，它把你拉到座位上。但它和运动物体的加速不同，因为它是一种稳定的力量，始终对我们起作用——对椭圆囊和球囊起作用。这种机制告诉我们哪一头是上、哪一头是下。更重要的是，这种机制是和身体姿势体系联系一起的，使我们能够经常保持平衡，不受重力的恒常拉扯。下面我们还要用些篇幅多谈一点。

半规管

除椭圆囊和球囊外，每一只耳朵中还有三个小图形管手：其中之一，横（或侧）半规管，位于经过眼及外耳开口的平面上；另外两个，上半规管和后半规管，其位置是彼此成直角，也和横半规管互成直角。所以三个管子（两耳共 6 个）结合起来可以发出任何形态的旋转加速的信号。

虽然这些管子很小，是不容易接近的，但一整套的详细研究却给我们提供了相当明确的观念，说明它们是怎样工作的（参看温特，1951）。每一半规管中有一个壶腹，是一种突起，相当于带印章戒指上的印章一样。这种东西内含许多毛细胞，末端嵌入于一块胶质体上。这个胶质体叫做顶，相当合适地拴塞在管的内部。当头部向一侧急转（在直轴上旋转）时，横半规管中的液体就向后挤，压迫顶，因而刺激连接的毛细胞及有关的神经纤维。我们要注意，如果头部毁续按均匀的速度旋转，液体就会很快地平稳下来，不再施加压力；刺激作用不会此正加速更经久。当然在通常的头部运动中反加速总是及时地接着正加速而来，因为头转到所要求的距离时就停止下来。这样子就在相反的方向施加压力。

现在说一说眼动：横半规管中压力的模式引起眼的侧向运动，这种运动是和头的旋转量相结合的。下文将考察这种反应的细节，但首先我们必须指出，其他两个半规管联合起来照料其他两种可能类型的转动：从头到脚旋转和纺车式的旋转（即前后向和左右向旋转）。我们还要指出，这种描写有点简单化。这里只说一点,不受刺激的半规管似乎经常也有神经冲动,所以加速状态仅仅起了增加或减少冲动速率的作用。在感觉器官中,休止冲动是相当普遍的,如果我们想对各种过程作出完整的生理学描述,必须考虑到这一点。这里我们已经充分说明了前庭感觉如何提供头部位置的积极变化和消极变化的信号,并引起补偿眼动。

头部旋转时的补偿眼动

大部分研究所指的补偿眼动都是属于由旋转结果所引起的眼动。细心观察就会看到许多情形,但我们需要摄影记录去验证眼动的某些细节。

被试坐在转椅上(这种椅子必须是较坚固而带有扶手的;理发馆的椅子为演示用也较理想,但在正式研究中最好用安有发动机的转椅)。让他慢慢地向右方旋转,约每2秒钟转1圈,共10圈,然后停止。如果他的双眼是完全睁开的,一个有经验的实验者就可以观察眼动的情形,而被试可以把自己的感受报告出来。1907年巴拉尼(R. Báraoy)曾对这种广泛利用的方法加以描写。

(1)身体向右正加速旋转。被试双眼慢慢地向左转,注视一个物体直到看不见为止。他的双眼然后向右跳动,注视一个新的物体,向左进行追踪,如此等等。因为这种追踪式的眼动很合适地补偿了他的旋转,他知道自己是在静止的环境中打转。在慢动的阶段,他的头部及上身也可能和眼同一方向(即旋转的反方向)转动。某些动物(特别是鸟类)头部和上身的运动更为显著。

(2)零加速旋转(即旋转的速度不变)。假定被试的转椅以最快的速度旋转约三圈,加速已不可能。这时半规管由于余冲动的作用,在一定时间内还有所反应。但在旋转五圈后半规管就接近平稳状态,这种状态一直坚持到速度转缓之时为止。双眼可能进行也可能不进行合适的运动,那要看视觉世界与半规管二者谁是被试行为的支配者,也就是说,在这里起作用的或者是刺激场的性质或者是个别差异。这时环境与被试自己双方都像是在旋转之中。

(3)反加速(即停止旋转)。横半规管内的液体还在那里继续它的旋转活动,像被试向左正加速旋转的情况一样,它向相反方向压迫顶。这时双眼向右进行慢的扫动,同时发生快速的左向跳动,正和身体刚开始旋转时的眼动情况相反。但因为这时被试是静止的,由于眼球向环境进行慢的扫动,形成了周围世界向左转的错觉。记住,在眼球跳动的过程中,被试不能很好地看见东西,所以这种错觉是连续的。伴随着眼的慢动阶段,被试也表现出姿势的顺应动作来,身体扭向右方。这里眼的缓动也是整个顺应的一部分。

其他方式的旋转 假定让被试从头到脚进行翻觔斗式的旋转,其他半规管便受到刺激。较为方便的方法是仍让被试坐在椅子上,把头的角度改变,身体向左右旋转,结果是一样的。被试的头倒在右肩上,使其一耳向下、鼻子向上,使通过两耳的直线与肩膀垂直。这时我们如果让他向右旋转,等于他连续向后翻筋斗刺激了垂直的半规管。他的眼睛如果以直立的头为标准是上下运动的。在正加速时,眼的动作迟缓并与旋转方向相反(即向下颚运动);当旋转停止时,眼向上动。但因为被试的头是右倾的,对周围环境来说,被试的眼动同正坐横向旋转一样,所以他的报告也是相同的。旋转停后,只要身体仍旧维持原来的角度(头部仍按原方式倒在肩膀上),被试的感受与行为和正常旋转的结果是相类似的。但如果旋转停止后,让他头部正举,那旋转后期的回动持续发生,以较慢的动作向额活动。这时双眼对环境直向扫动,被试觉得周围世界好像在他面前往外倾倒,他便进行较激烈的向后弯曲的姿势顺应。如果没有东西支持的话,头部会首先落地,他就会很不幸地跌伤。

当然,我们也可让被试的头倒在左肩上向左旋转而得到相同的结果。在相似的情况下,我们只要改变一个因素,让被试头部仍倒在左肩上但向右旋转,结果眼球运动与姿势顺应的模式和刚才所说的情况相反。当旋转停止、头抬起来的时候,被试将向前跌倒。

第三种方式的眼球回动是螺旋方向的运动。在身体旋转时,被试的头向前垂或向后仰就可以得到这种反应。观察螺旋眼动最好以棕色眼睛的人做被试。这种人虹膜上有显明的辐射线纹;假如在椅子旋转停止后实验者把住被试的头看其眼睛,则螺旋运动十分清楚。如果被试举起头部,这种方式的眼动使周围世界好像向一边倾斜,而被试自己倒向另一边。

只要你掌握了这个基本原理,你便能够很好地预测,一定的头部位置和一定的旋转方向会发生一定的结果。预测的错误往往是由于旋转时候被试头部位置不准确。例如头倒在右肩上而鼻向下,旋转起来就引起两种方式的回动,末了被试会向后按对角线方向跌倒。如果在室内游戏中做这个实验,最好让几个力气大的人保护,盯住被试,当他顺不测方向跌倒时灵巧地把他撑起来。不要旋转过甚,旋转的速度也不要太快,要注意发生恶心。让被试在旋转后注视一个物体,有时可以迅速地停止回动和恶心。例如在右向旋转以后,实验者可在被试视野的最右方以手指为注视点。眼的跳动比慢扫动容易抑制,这个事实常常被人用来说明眼的跳动是受神经系统的高级部位控制的。另外有个事实和这看法一致,即眼球的快动作可以形成条件反射,而慢动作则不能(据温特,1936b)。

闭眼旋转

以上这些眼动到底有多大成分是由于前庭刺激的结果而非简单的视追踪呢?为了解答这个问题,我们曾借助于热力刺激法:用热水润湿耳内使半规管一端发热,可能产生热流[据多勒曼(G. Dohlman),1925]。这种方法会引起典型的回动,它在某种程度上取决于头的位置。多勒曼用改变气压法或用电流刺激法都得到类似的结果。

多治发展了解决这个问题的最合适的方法。他记录了闭眼旋转时眼球的横向运动。方法如下:把一个小镜子安装于连在束发带的小片木头上,木片下端轻触上眼睑。当凸出的角膜在眼睑内转动时,木片上的镜子就随之而动,把反光射到照相机的胶片上去。为便于记录,光源与照相机都是安在转椅上的。这种实验方法及其结果,多治(1921)和温特(1936b,1938)曾加以描写(关于补充参考资料见温特1951年的报告。)。

闭眼时候的补偿眼动是动得非常合适的。据多治(1921)研究工作,它们发动的潜伏期只有50～80毫秒,与视追踪200毫秒的潜伏时间显然不同。当眼睛闭着的时候,由于前庭刺激所引起的眼动占据身体旋转时整个补偿眼动的60%。如果睁开一个眼睛,加进视觉刺激,百分比提高到80。但如果视觉环境与前庭线索相冲突,便发生了共同抑制的现象。例如当被试注视那连在转椅上的和他同速共转的环境时,补偿眼动即降至5%。当环境旋转的方向相同但速度比被试身体旋转的速度快一倍的时候,便有视回动与一般眼跳动的间歇发生的现象(据多治,1923)。这是显明的证据,有两种系统控制旋转眼动:视刺激与前庭刺激通常产生同一模式的眼动,使身体旋转时双眼和环境处于适当的关系中。但在实验室的条件下,两种系统可能发生冲突。

在较短的旋转中(甚至于如上面所描写的一次转十圈)情况是比较复杂的。因为在这种情形下,被试对原先正加速的反应尚未完了的时候,负加速便开始了(据温特,1951)。要单独观察纯粹正加速的效应,必须让被试闭眼等速旋转一个相当的时间。结果首先发现与正加速相关联的普通回动,但比它经久,约半分钟。当这种回动消失的时候,随着旋转的缓慢局面相反方向的次生的回动便发生了。这种倒向回动是较弱的:当眼睛睁开的时候正常视觉引起回动,它便被克服了;另外,当被试习惯了以后,它也就不存在了。事实上,特别是当眼睛睁开的时候,旋转后期的正常回动也会因习惯作用而减弱(多治,1923;莫热尔,1934)。在第一次世界大战的时候,心理学家和耳科专家对此问题的意见有些分歧。那时旋转后期的回动被作为测验飞行员前班机制是否健全的一个指标[据邓拉普(K. Dunlap),1919]。1951年温特引证了猴与人的实验,认为这种习惯作用代表两个眼动系统冲突的结果:前庭回动是一个系统;眼的注视以及由于不注意或松懈所形成的游动是另一个系统。从功能方面看,习惯作用是可以理解的;眼球运动是机体对空间世界顺应作用的一个整合部分。下面进入本章的最末一节"空间的定向"。

空间的定向

吉布森(J. J. Gibson,1950a)强调指出,尽管当我们在空间中移动自己并转动我们眼睛的时候视野恒常地发生变化,而我们总是知觉到一个稳定的视觉世界。说到我们怎样练得这一套功夫,在研究补偿眼动的时候我们得到一个暗示;因为这种眼动可以避免视野中看得见的运动,除非某种物体实际在动。还有另一个我们仅仅接触到的因素,那就是重力的连续效应。我们还记得重力经常地把椭圆囊中的耳石向下拉,并且在球囊和半规管中重力也可能具有类似的效应。无论如何,这种有恒的拖力成为"哪一头是上"的指标;还有另一些指标,例如站立时脚底上的压力、腿肌肉的牵引力,特别是颈肌肉上头部的重量。我们可能会认为视野也是一种有效验的指标,关于这一点,后面还要多谈一些。现在我们要谈的一点是:所有这些指标都向中枢神经系统馈送"信息",中枢神经系统把这种信息整合起来,并且经常调节我们各种肌肉的紧张,其结果叫做姿势肌肉紧张。如果没有这种东西我们将时常失去平衡。按姿势适应的数量和精细的程度而论,过程之复杂是无法想象的,但它活动得很完善,以至于在它出问题(例如当我们调节姿势紧张用力推门的时候,刚好有人把门打开)之前我们从来没有注意到它。姿势紧张既是对空间世界的适应,也是我们知觉空间世界的基础。它为稳定世界的知觉提出一个轮廓。姿势紧张的许多创始研究是1924年马格努斯(R. Magnus)做的。卡米斯(M. Camis,1930)和杜色尔·德·巴润(J. G. Dusser de Barenne,1934)对此问题都做了卓越的论述。

各种因素的重要性的研究途径之一是观察某些类型的聋者。缺损的耳蜗时常是和缺损的前庭器官相联系的,因为二者基本上是同一结构的不同部分。这种患者可以十分正常地活动,因为他们能够根据视觉线索去指引自己。甚至于在黑暗中他们也没有多大困难,因为他们的脚底上和身体的各种肌肉中有着差别压力和拖力在起作用。但是如果把他们放在水中(闭着眼睛),这时水的均匀的扶持力量没有提供合适的差别压力,他们就不能自助了。所以说这种人应该忌避游泳,一旦头部没在水中,看不见东西,他们就像向上逆游一样地很容易往下游。对于正常的人说来,闭着眼睛浮游是一种很有趣的试验。这时除了前庭器官和半规管的定向线索以外,实际上所有其他线索都完全消除了。

自动现象

在这一章中我们所看到的许多事实说明了视野是定向的非常重要的决定因素。人们早就知道有一种演示表明视觉体制的重要性,它叫做自动现象。把被试安置在完全黑暗的屋子里,然后放出一小点光线。光源从一个安在不漏光的盒子中的小灯泡发出(盒子的一面有个小钉眼)。过一会儿被试会报告说这个小光点在运动或转移。在完全缺乏视觉参照体制的情形下,姿势线索对于一个单独的视刺激不能取得精确的定向。这种现象引起谢力夫(M. Sheri)的兴趣(1935,1948)。他认为这是各类型知觉(包括社会知觉)中参照体制重要性的范例。他证明暗示会影响运动错觉的广度和方向,并且对这种暗示的反应的个别差异很大。这个研究已经成为证明参照体制或常模对社会知觉的影响的老例子,它是现行社会心理学中占很大篇幅的一个论题。

如果实验者想要超出纯描述状态去测量自动运动,由于技术的缘故这是有困难的。桑德斯屈姆(C. I. Sandström)在1951年所做的有关实验之一——让被试设法去触摸光点,这是一个途径。他把一张圆周坐标纸(实际上即视野测量器记录纸)安在暗室的墙上,约与眼的水平等高。实验开始时允许被试看到图纸并使自己处在可以舒适地接触图纸的距离中。然后熄灭屋子的灯光,只留下图纸中央的一个光点。要求被试把一个大头针钉在光点上。在这种情形下他总是弄不准的。66名被试的平均误差是:右手18.8毫米,左手19.7毫米(即3/4英寸)。女被试经常不如男被试做得好,并倾向于钉得过高。

很可能这些错误是由于动作不灵而不是由于知觉的缘故。为了验证这种可能性,桑德斯屈姆给被试一支铅笔,让他在一时描不准的情况下设法用这枝笔画出点的所在。我们很可能推测这时他对小点作出十分直接的校正运动。事实上被试时常在标纸上徘徊,有时小心地在一个地带上探索,有时围绕着点画出许多大圆圈而没有描中它。有些被试由于未能找到看得清清楚楚的点就闹起情绪来。至少对于这个光点,他们完全失去了定向能力。似乎他们对重力的定向还保持良好,因为他们并没有跌倒。

垂直的知觉

当视觉世界倾斜成为不平常的样式时,就产生了某种不同的反应。1912年魏尔太墨让被试通过一根管子看到反映出倾倒的屋子的镜子。开头的时候屋子表现倾倒,但被试渐渐地顺应于倾倒印象,尽管事实上他自己的头部是直立的而网膜影像显然是倾倒的,他也看到屋子是直立的。1938年吉布森和莫热尔重复实验,得不到这个效应。这种形式的现象在某种程度上取决于实验的精细条件,如视野中所提供的线索、指示语、可能还有被试间的个别差异。阿士和威特金(S. E. Asch & H. A. Witkin,1948a)曾经得到同魏尔太墨一样的结果,但是他们发现镜子受到方法上的限制,不能分解出各种变量,因而他们试用了其他方法。

倒屋实验

许多人都很熟悉某些娱乐场所中有一种助兴的倒屋。它是一种特殊装置的小屋子,安在屋角下面的超重机把屋子举起使它处于倾斜位置。当你进到这样的屋子以后,你的视觉世界与对重力起反应的前庭和姿势机制起了冲突。你可能摇摇欲坠,但在姿势方面重力完全占优势,否则你就要跌倒。可是你对垂直东西的视知觉是妥协于由 g（重力）所定的情况与由 v（视野）所示的情况之间。屋子显得倾斜但不像实际那样严重。一个静止的摆子好像斜着悬在半空,而水似乎向上流。

阿士和威特金(1948b)建造了这样一种屋子,经特殊安排,可使屋子本身和被试座椅的倾斜量分别变化。为了测量垂直知觉,调整屋后的杆子一直到被试判断其为绝对垂直之时为止。杆子显然向屋子倾斜的方向移置。如果被试在椅子上也被倾斜,他就更容易认为屋子是垂直的。也许最令人惊奇的事是被试与被试之间的重大差异。有的人很清楚地借重于 g 因素,而另一些人就更多倚靠 v 因素。这些差别在不同情境中是十分稳定的,似乎是个人的基本特点。

在威特金(1949)的另一个实验里,被试坐在屋内的一张椅子上;椅子和屋子都可以渐进地和分别地加以倾斜。当屋子倾斜时,被试时常认为椅子向相反的方向倾斜。有相当的证据说明被试对倾斜起了顺应作用,那就是被试不会把椅子或屋子转回真正垂直的位置(按规定他自己可以通过转动两个曲柄去调整椅子和屋子的位置)。某些被试定向错乱,以至于前后的陈述不相呼应。例如屋子的倾斜逐步增加,每次 5 度,这时被试每次都说出变化来,但他却不断地坚持屋子仍是垂直的。另外一些被试不能决定他们面前的墙壁到底是墙壁还是地板,而甚至于又认为自己是处于上下颠倒的状态中。正如我们可以预计到的,某些被试感到身体不适。这说明了定向中视觉线索与姿势线索之间的冲突会引起恶心。这种冲突可能不是恶心的唯一原因(参看温特,1951),但至少某些眩晕状态和它有关。1950 年威特金(1950b)改变 g 因素,用一种玩具轮转器使被试转动,离心力与重力结合起来形成了相当于身体倾斜至 33.4 度的力量(参看吉布森与莫热尔,1938)。这时如果可以看到真实的垂直视野,就没有什么倾斜错觉。但如果被试是处于黑暗中,他的指示"垂直"杆平均离开实际垂直24.7 度。同样的,这里有显著的个别差异。v 因素或 g 因素优势的这些个别差异无疑的是早期实验者所得的某些不同结果的原因。被试人数必须多一些。威特金和他的同事们通常在一个单独的实验中差不多用 50 人。

视野的复杂性是 v 因素占优势的一个重要决定因素。作用最小的是如自动运动实验所用的暗室中的光点。其次是照明的杆子(威特金与阿士,1948a)。照明的正方形框子略为好些(威特金与阿士,1948b),但远不如一个完全照明的倒屋。通过管子从镜中看到的视野介于上述后两种情境之间。定向的全貌在细节上是非常复杂的,但它是可以理解的。

姿势与知觉

可是,有一件事似乎是很费解的。在所有这些实验中,我们发现当被试直立的时候,他可能报告说他被倾斜了或者说(倾斜的)视野是正直的。我们知道站立的动作是一种极复杂的过程,包含着一切反重力肌肉对大量的前庭与运动感受器中 g 势力的精巧适应。被试怎么能够一方面按姿势对垂直进行定向,另一方面为视野知觉对"垂直"定向?在深度知觉中我们也遇到这类问题。答案似乎在于实验室条件所引起的那些不寻常的、错综复杂的因素。在正常情形下就真正的垂直而论,视野、前庭器官以及一切肌肉线索是一致的。但当它们发生冲突的时候,许多被试反应不同。移置的视野对某些被试没有什么效应:他们把姿势和视知觉的基础放在各种 g 线索上。对于另一些被试来说,v 因素占优势,所以他们按表面价值感受视野中正规垂直线和水平线;他们把倾斜的视野感知为垂直的,甚至于会调节姿势进行顺应。如果对他们来说正确的姿势并不很重要,这种情形特别容易发生。例如身体靠着桌子,或浮在水中,或凭倚的时候就是这样。另外,如果他们站着,只要从力学的严谨现实方面去考虑,他们就必须注意到 g 因素;否则他们就要跌倒。正是在这些情形中,我们看到本节开头所说的姿势与知觉的特殊割裂。

空间知觉

我们现在要了解被试是怎样知觉空间中物体方位的。首先必须有一种参照点:从逻辑上说,在人的历史方面,这个参照点就是身体。不过这种参照点除开和同列物的系统联系起来,它是没有意义的;这些同列物是前庭与运动机制所供应的。根据这个系统,由于视觉和触觉的空间方面的帮助,物体得到定位;运动是这两方面的重要因素。一旦许多物体得到了定位,同列物系统就表面化成为"客观的"空间。所以说回来,身体也定位于这种客观空间中(桑德斯屈姆,1951),我们就说它在空间中定向。这种过程的细节包括前几章中我们所讨论过的大部分事实。

(林传鼎 译)

第十八章

学习：引论

本书今后各章将涉及关于学习及其有关问题的广大领域。每个人在常识水平上都对学习有不少的了解，而且许多重要科学成果也的确可以普及为常识用语。但是实验心理学家却不能在这个水平上把他的工作做得完满。他必须更专门化。为了获得确切的知识，他准备了他能控制其中的条件的有限制的情景。他把总的领域分解为若干小范围，在一些小范围里他可能没有超出常识水平，而在另一些小范围之内他却孤立了某些重要变量，而且发展了控制的技术。当他的专门术语获得了操作性的定义时，即当它们和实验中所作的操作一致又和行为中的变化联系着时，这些专门术语的意义便达到了最大的精确性。

在指引学生用实验研究学习时，我们将遵循相同的进展路线。首先，我们将用常识用语来描述整个的领域，而逐渐将分解这个领域，并使用专门术语。本章将列出选自学习这一整个领域的一些基本问题和方法的纲要。以下各章将论及专门的分支或相互关联的成组的实验问题。

学习是心理学的实验中最活跃、而且富有成效的领域之一。学习——例如在各种教育、包括被看做是再教育过程的心理治疗［多拉得、密勒（J. Dollard, N. C. Miller, 1950）和莫热尔（O. H. Mowrer, 1950）］中的巨大的实践重要性，证实了在这一领域中如此众多的心理学家的努力的正确性。对于心理学的理论家来说，不论是动物的，抑或是人类的学习的事实都提出了一种不容忽视的诘难。有很多事实等待着系统化，而且还有关于这一显著而极其重要的功能的基本机制（或多数机制）的根本问题。

关于学习的实验之所以长期连续流行，还有一个附带的原因，就是有如此丰富易行的实验可作，如此多种多样的成业（Performance）可学，如此广大范围能控制的因素可作量的处理、并转化成有条不紊的"函数"——或者，如果你喜爱另一类型的研究，也有如此众多的合理的假设可被验证。任何希望做实验的人，在这一领域里都能找到一些确切的事情可作。

借助于观念思维或其他问题的解决,并不提供如此齐备的优点。确切的实验变量和可能被巧妙地证实的假设是难于寻找的,而且整个过程好像是极其易变的。然而问题的解决是紧密地与学习关联在一起——或者学习是紧密地与问题的解决关联在一起。很常见一个学习过程开始于一个问题的解决。学习者在能开始加快或建立任何一种技能之前,必须找出他应该做什么。例如,对一个迷津的首次尝试是长而多变的,因为它致力于巡视情景,最后发现了目标。于是学习者的工作便明确了,或者说他记清了他的工作;在下一次尝试时,他开始了他的工作。问题仍未完全解决,实际上,直到一切盲路都从成业中消失掉,但即使在该阶段已经到达之后,跑迷津的速度和流利的增加也表明了更进一步的学习。

学习者的任务包括一个情景和一个目标,我们又可以分别两种任务:问题和课题。对于要钻研的问题,学习者在他的任务全部被提出之前必须探索情景并且寻找目标。在一个课题的情况之下,解决问题这一方面被消除掉了,或者至少被减至最小,正像我们在人类被试被指定去识记这首诗,或这个无意义音节字表,去细看这些图画,为的是以后再认它们,或者把这只矛掷向那个靶时所看到的一样。能否给动物一个"课题"呢?如果我们用一个短直的通路代替迷津,这一通路的一端是入口,另一端是食物箱,我们便把解决问题这一方面减到最小了。这种实验被看成是"工具性条件作用"(instrumental conditioning)里的一种实验;而且在巴甫洛夫的"经典的条件作用"实验里,缺少问题的解决则是更加明显的。当期待着尝试错误的行为时,那就具有一个问题;当学习不需尝试错误便可进展时,任务乃是、或已经成为一个课题。一个问题和一个课题之间的区别并不能完全截然划分,因为即使在识记一首诗或投掷一个靶时,学习者也要遇到能用较好的技术来克服的困难。但是,对于是否有两种截然不同的学习过程的这个长期存在的问题来说,区别还是有用处的。在历史上,课题是最初被引入到人的实验室里[艾宾浩斯(H. Ebbinghaus,1885)],而问题却是首先引入到动物实验室里的[桑代克(E. L. Thorndike,1898)]。

现在承认了问题的解决是属于心理学的这一普通分支的,那么为什么这里又有动机的引起呢?它不应该自行成为一个整个的部分吗?是的,的确,只是关于动机的引起的实验工作绝大多数是从学习的研究中发生出来的。为了保证学习,实验者必须准备一些诱因;而且为了度量学习,他还必须保持动机的引起的因素恒定不变。他不能直接观察学习。他所观察的是一种成业,或一系列的成业。从一次尝试到另一次尝试,成业逐渐改变,这种改变就是学习的实证。但是,成业也将随着内驱力或诱因或有机体的状态的改变而改变。唯有当这些因素保持恒定时,成业的改变才能被接受当做学习的一张画图和度量。当成业已经达到它的表面的界限，或"练习水平"(practice level)，因而已学习到的能力可被看成恒定时，动机的引起的因素的改变可被引入，而成业中结果的改变即可应用于动机的引起的研究。在关于动物学习的实验中，能够最清楚地表明一些动机的引起的因素。

要给学习下一个既够广泛又不过于广泛的定义，乃是困难的。学习所包括的大大多于有意的识记和练习。当我们发现自己在哼着一个我们曾听到过的曲调，或者再认我们曾看见过的面庞，或无意地堕入任何好习惯或坏习惯时，那我们就曾经在学习。学习不是一种特殊种类的活动。它是在许多种活动时有机体里听发生的一种变化。之后，它表现为活动的一种后效。由于早些时候的活动，使后来的活动有所不同了。我们被引导来说：当后来的活动表现了早些时的活动的一些后效时，就表征了学习。这个定义可能是如此的广泛，以至于包括了练习导致的肌肉的强化——正像可能是正确的一样——但也包括了确实不属于学习的肌肉的疲劳。我们可以说学习产生了相对地永久的后效，但是这个"相对地"却多少损坏了定义。有些东西，例如电话号码，仅只为了立时使用而被学习到，但很快地就遗忘了。这些定义上的困难，无论如何，并不时常干扰实验者。

一个学习实验的一般概要

在学习、记忆或训练的迁移的任何实验中都有三个阶段：首先是产生学习的活动，其后是时间的间隔，而最后就是可被广泛指定为回忆的阶段，这个阶段证实了学习的后效。如果实验是与保持及记忆有关，那么学习和回忆之间的间隔便可能长；如果实验是与学习有关，则间隔便很短。

但是，在进行研究学习时，为什么总需要有些间隔呢？为了回答这个问题，让我们再问另一个问题：怎样能够证实学习？如果有一个人说他曾学习了一课书，他怎样才能证明他的断言呢？他必须背诵这课书，或提供关于回忆它的另一些证据。对学习的测验就是回忆，间隔可能短，以便减少遗忘；但是，在学习和学习的任何测验或度量之间却必须有一个间隔。为了消除掉疲劳和工作的其他立时抑制的效应，间隔可能必须稍稍延长一些(图 18-1)。

这里除了在工作 8 分钟之后的一段休息之外，练习是连续进行的。但是，由于每分钟的工作都是作为一个单位来计分的，学习的进展是以 1 分钟的间隔、按效果来测验的。无疑地，在第一分钟之内是有进步的，因而在那分钟的中点的某处，作为整个分钟的水平即已达到。从第一分钟迈到第二分钟，相应地，代表着从第一分钟的中点到第二分钟的中点的进展。因此，连接连续的各分钟的中点的一条线，提供了与学习曲线颇为近似之物。

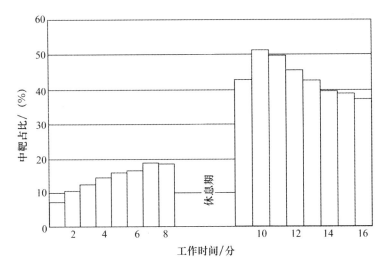

图 18-1　旋转靶的追踪练习的学习曲线[资料引自阿梦斯(R. B. Ammons, 1947)是休息前工作 8 分钟、在重新工作之前分别休息 5、10 或 20 分钟的三组合并而成的]。仪器是一个 Koerth 型旋转追踪器,靶是一个光滑的黄铜小圆盘,约相当于一分钱硬币的大小(直径 0.75 英寸),平平地镶在一个 11 英寸直径的电木圆盘上,距盘边约 2 英寸。圆盘以每秒 1 周的速度水平旋转,因而带动靶以相当的快速在一圆周行程中旋转着。被试用一个可曲的铁笔来"追踪"这个靶,铁笔可以维持与靶接触,但不能按压在它上面。记录仪器每分钟表示出铁笔中靶的时间。完满的分钟记分是中靶百分之百;在许多次练习之后,练习水平可能接近这个极限。但是这里 42 名女被试学生的平均分数,第一分钟大约是 7%,在不休息连续工作 8 分钟时增加到 18%;在休息 5～20 分钟之后,如图所示,平均分数一跃而为 43%,而且快速地升到 51%;但在进一步连续练习中逐渐降低。实验是为了揭示集中练习的效应和休息期的效应而设计的。

无论如何这并非一条纯粹的学习曲线,因为复杂的因素是显然的。恰在休息期之前的稍稍降低(或工作减少)以及在绝大部分后期工作中的连续降低,表示使我们叫做疲劳的那种因素的存在,该种因素最好应该用更概括的名词,即"抑制的因素"来命名。紧随在休息期之后的巨大跳跃又是怎么回事呢?在休息之前学习显然已经进至足以达到这个较高分数的程度,但是抑制的因素却大大地隐蔽了真实的练习效果。

在一条学习曲线中我们所具有的是一系列的成业或尝试,每一次尝试既可作为学习已经达到什么程度的一种测验,又可作为学习更多的一个机会。

实验变量

由于单一的数据是在用作已经学习到什么和现在记忆了什么的一种测验的成业中获得的，我们可以回到第一章所介绍的、并用于其后数章中的概略的公式：

$$R = f(S, O) \quad \text{或} \quad R = f(S, A)$$

这里 R 是被试在测验中的成业，S 是他现在的任务，O 代表他带到测验上的各个因素；而 A 则代表实验者用以控制 O 因素的那些预先操作。在一个学习或记忆的研究中，S 保持恒定，即在测验中任务是与它在预先学习尝试中的任务相同的；在一个迁移的研究中，任务是一种实验变量，它在测验中是与学习的尝试中不相同的。现在让我们假定 S 是保持恒定的，而且实验者曾使动机的引起和抑制因素也保持恒定，以便使测验将表示已学习到和记忆了多少东西。测验还将表示我们可以称之为学习到的能力的那种东西，赫尔(C. L. Hull)曾把它叫做"习惯力量"(habit strength)；另一个操作上的同义词是"记忆痕迹"。问题在于学习到的能力所依靠的是什么样的可以控制的 A 因素。

我们说过，作为一个测验的成业，是以一次或多次学习尝试以及最后的学习尝试之后的一段时间间隔为前导的。因此，影响测验成业的 A 因素是直接应用于学习过程，或应用于经过的间隔。间隔的久暂和充满的程度可能改变。学习和回忆之间的时间长度是用以绘制一条"遗忘曲线"的变量。谈到充满的程度，一个间隔很难能是完全空空的没有活动，但是它可能是一段松弛的时间，或者是不同种类和数量的活动所占据着的时间。在关于遗忘原因的一个实验里，间隔的一部分是由可能破坏已经学到的成业的活动所占据，因为遗忘可能由于这种干涉。

学习的变量是极多的。任务本身可能在种类上、在课题的长度上、在问题的难易上有差别。学习尝试的数目、集中或间时尝试，学习者的年龄、机体的或情绪的状态，给他的指导语和可能的帮助以及引导，还有其他因素都可以系统地加以改变。

在学习的研究里，有一种很重要的实验变量，就是反应的立时的效果(immediate sequel)。这种效果可能是一种奖赏或一种惩罚、一个成功的结果，或是一个失败的结果。迷津中的一个选择通入一个盲路，另一个选择通入食物箱。对目的物的一次投掷表明了击中，另一次却是不中靶。在背诵一首诗的一个企图中，所说的一个词是对的，而另一个词却是错误的。甚至在巴甫洛夫的实验中唾液条件反应也尾随以食物的强化或无食物的不强化，这是实验者随意决定的，他不仅控制着产生反应的那个情景，而且还控制着反应的外部结果。在一次尝试上所得到的正的或负的结果，变成了下一次尝试的成业中的 A 因素。这个因素可能在多方面变化着。奖赏可能在每次正确尝试时都给予,或者只在一部分时间给予,它可能是一个巨大的或者仅只是一个小的奖赏;而负的结果可能是真的惩罚,或仅只是没有奖赏。这一领域的实验显然既与动机的引起有关,也与学习有关。

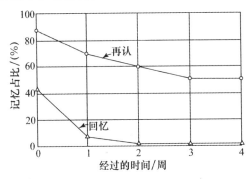

图18-2 用回忆和再认所测验的保持[资料引自布尔特和多贝尔(H. E. Burtt & E. M. Dobell, 1925)]。材料是成对的商品和商标名称所组成,100对,用幻灯呈现给一个班。从100对里准备出20对用于不同间隔之后的测验。在回忆测验中,商品名称是刺激,而商标名称则是根据记忆给出来的。随着每个回忆测验之后,再给一个再认测验:被试从4个商标名称中选1个他相信曾经与商品配成对的。再认的分数远高于回忆的分数。两条曲线都表现了遗忘曲线所特有的负加速度(逐渐平缓)。

用作学习或保持的一种测验的成业,必须有办法加以度量或估价。在我们的绪论那一章曾提供过在量上变化一个成业的方法的一览表。这些R变量可利用于度量学习到的能力,它们包括成业的准确性、速度,有时还包括成业的能量,包括错误或正确反应的百分数,以及对消退的抗力。

作为在学习过程中所获得的以及经过直到回忆测验为止的一段间隔所保留的"学习到的能力"的度量,没有一种R变量是全面的和完备的。例如图18-2,引用了保持的两种度量,再认项目的百分数大大高于回忆项目的百分数。当比较学习到的能力的两种度量时,就会遇到类似的差别。因此,学习到的能力的"操作的"观点,从这一领域的工作开始时便在强迫着实验者。用学习到的能力的度量所使用的操作来说,学习到的能力(或习惯的力量)是什么意思呢?它的意思可能是成业的准确度,或成业的速度,或对消退的抗力,这要看所使用的测验而定。为了把一种度量翻译成另一种度量,可能找出能用的变换公式;但是,直到密切相关的那种适当的系统达到之前,可以比较的结果将必须是用相同的度量所获得的。

高次R变量

当我们具有像一条学习曲线所显示的(图18-3)一系列度量的尝试时,我们便有了随意处置的超乎单个度量的事实。我们能比较第一个和最末的分数,而且注意收益的数量;我们可以注意表现收益速度的曲线斜率。在大多数学习曲线中斜率是不恒定的——曲线不是一条直线,而是随着学习的进展而有一种平缓的现象,即是有负加速度。我们可以成功地替曲线配成一个经验方程式,因而获得关于学习进程的一种精炼的陈述。我们甚至可以为数据配成一个理论方程式(rational equation),并用它作为关于学习过程的某些假设的一个验证。反应时的练习给出适合于一个有理方程式的数据,正像我们曾看到过一次、而且可以从图 18-3 里再看到的一样。这种类型的曲线和方程式将在以后考虑。现在我们将仅只注意在许多学习曲线中所观察到的极限或练习水平。学习并不必须开始于绝对零点,而是开始于一个比较低劣的分数,具有一定的进步的余地,或达到最后水平的距离。

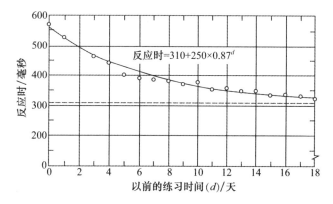

图 18-3 使用身体上大动作的选择反应时的学习曲线[资料引自佛兰克林和布罗济克(J.C. Franklin & J. Brozek, 1947)每日练习一次或隔日练习一次的两组合并而成]。12 名青年男子对三个光反应的平均数据。对在他们左侧的一个绿光,反应是身体向下弯曲并轻叩他们左侧的一个键;对右侧的一个红灯,向下弯曲,并轻叩右侧的一个键;对正前方的一个白灯,向下弯曲,并轻叩两个键。从数据的点子的行程看来,好像极限或"不可减小的最小值"大约是 310 毫秒。我们为反应时 RT-310 的数据配置了一条"生长曲线",这是"可减小的余限"。曲线的配置虽不是完美无缺的,但也是不太坏的。方程式读做每天的练习降低了可减小的余限到该日开始时的 87%,这个陈述对曲线是正确的,而且对整个数据也是大致正确的。按照这个方程式,学习乃是趋向于一个极限的一种过程,来自一定数量的练习的收益逐渐变小,而永远与将要走的距离成比例——换言之,是将要走的距离的一个常数分数(constant fraction)。对于同一个人在相同的条件下练习相同的工作,这个分数将是一个常数;对不同的工作和不同的个人,它可能有区别。这里的"不可减小的最小值"与"练习水平"是同一回事,而"可减小的余限"显然与"进步的余地"或"将要走的距离"是相同的。

一个重要的高次 R 变量就是用以达到一个标准(criterion)的尝试的数目。一个标准就是某种必须达到的特定的分数。例如,把要记忆的一首诗完善地背诵一遍,或在一个迷津中连续跑 5 次无错误,或在一个追踪任务中每分钟有 80% 中靶。已经掌握到一定标准的任务,在一段间隔之后,一般还需要进一步的练习,才能恢复到相同的标准,而且重新学习尝试的数目将提供关于遗忘数量的一种测量。

显然,标准可以高些或低些。如果任务在于学习呈现过照片的 12 个人的名字,实验者所指定的标准可能是任何 6 个正确的名字,或任何 9 个或 12 个。标准越高,达到它所需的尝试便也越多。根据他的记录纸,实验者甚至可以计算正确达到 1,2,3…11,12 连续标准的尝试。实验者可能寻求达到每一个连续标准的尝试的数目,而不要每一个连续尝试的分数——正像在一次赛跑中我们一般要问跑四分之一英里、半英里或 1 英里地要用多长时间,而不问赛跑者 1 分钟、2 分钟,或 4 分钟能跑多远。

群体的学习曲线

个体学习者从他最初的分数到他练习水平的进展大约要表现出不规则的起伏,这个起伏在一个群体的平均数里将被抵消掉的。这里有一些统计的困难。对每一尝试的个别分数的分配可能是相当偏斜的——时常能用时间对数或错误数的对数或者用计算中数代替平均数的方法来避免的一种困难。在最末的分数是零个错误或百分之百的项目是正确的许多实验中,这些方法便破产了,因为有些个人比其他的人用较少的尝试便达到了这个标准。克服这种困难,最好的方法是梅尔顿(A. W. Melton,1936)、梅尔顿和冯腊库姆(A. W. Melton & W. J. Von Lackum. 1941)所介绍的:不计算相继的尝试的平均分数,而计算达到连续的标准的平均尝试数(图 18-4)。即使如此,你仍将时常必须应付偏态分配。

常用于动物学习研究的一个较老的平均学习曲线的方法,首先是由文生(S. B. Vincent,1912)建议使用的,因而即使在细节上有了修改[黑尔格德(E. R. Hilgard,1938);穆恩(N. L. Munn,1950)],也仍叫做文生曲线。个体的学习速度是被忽略或使之相等,所有的个体曲线都是在等长的基线上绘制出来的,而把纵坐标平均分为若干适当的组距。为了给每个个体等量加权,可采用图 18-5 所用的步骤,以了解在个体学习尝试的每一个详细的第十(或第六,或第二十)次尝试中完成了他的总收益的百分之几。在研究学习曲线的形状,特别是研究靠近它的开始之处,那里辩论的问题在于在普通观察到的负加速度之前是否有一段短时间的正加速度时,这种曲线的价值是有限的。

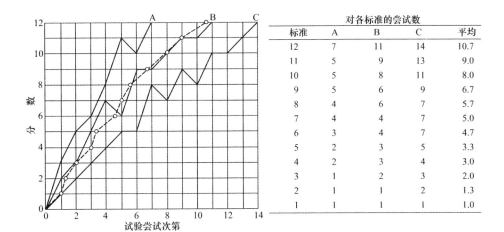

图 18-4　绘制一条梅尔顿氏平均学习曲线。数据假定来自一个12项的课程,例如学习12个照片上人的名字。先画出学习者 A、B、C 三人常规的学习曲线(成对的照片和名字的第一次呈现算作是第零次试验尝试,因此第一次试验尝试的分数是第一次呈现之后的那个分数)。于是问题便在于:对于每名学习者,在哪次试验尝试他达到或者通过了每个相继的标准。学习者 A 第一次试验尝试便达到或通过了标准1、2和3,第二次尝试便达到或通过了标准4和5,依此类推。对学习者的倒退是不计算的:A 在第五次尝试达到了标准11,在第六次尝试他丢掉了一分,没有计算。图右表中各纵列表示每一个单独的学习者的这些结果和三名学习者的平均数。例如,在4,4和7次呈现之后达到或通过了7个正确标准;而在提供了三名学习者平均曲线的那条虚线上表示着平均数5。

一条个体学习曲线的参差之处必须用某种方式被忽略掉或被熨平。合理的假设是起伏既发生在真实曲线的上面,也发生在它下面,因此,采用数据各点之间的中间行程将是可靠的。更可靠的或者是活动平均法。一条累积的曲线将使参差之处看来不那么显明,因而突出了起伏所隐蔽的规律整齐之处(图 18-6B 与 6A 相比较)。

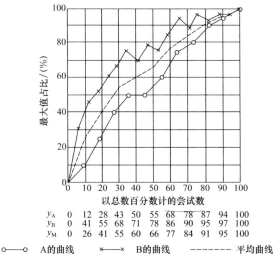

y_A	0	12	28	43	50	55	68	78	87	94	100
y_B	0	41	55	68	71	78	86	90	95	97	100
y_M	0	26	41	55	60	66	77	84	91	95	100

○――○ A的曲线   ×――× B的曲线   ------- 平均曲线

图 18-5 绘制文生曲线的一种方法。沿着基线,把初始的尝试标作第零次。其后达到标准的各尝试数叫做100%,不管对任何学习者的真实尝试数是多少。沿着纵坐标,初始的分数叫做零,而最末处的分数叫做100%。

在本例中假想的两只白鼠 A 和 B 学习一个迷津。白鼠 A 开始时有 20 个错误应该消除,其后被消除的每个错误都是达到标准总收益的 5%;而且他在零次尝试以外,用 11 次尝试便达到了标准,因此每次尝试大约是总数的 9%。白鼠 B 开始时有 33 个错误,每消除一个错误大约是总收益的 3%;而它在 17 次尝试中达到了标准,每次尝试大约是总数的 6%。对 A 和 B 曲线上每个点的 x 和 y 的求法如下:

被试 A					被试 B				
尝试	x	错误	错误占比/(%)	y^*	尝试	x	错误	错误占比/(%)	y^*
0	0	20	100	0	0	0	33	100	0
1	9	18	90	10	1	6	23	69	31
					2	12	18	54	46
3	27	12	60	40	3	18	16	48	52
4	36	10	50	50	4	24	13	37	61
5	45	10	50	50	5	29	11	33	67
					6	35	8	24	76
					7	41	10	30	70
6	55	8	40	60	8	47	7	21	79
					9	53	8	24	76
7	64	5	25	75	10	59	5	15	85
					11	65	2	6	94
8	73	4	20	80	12	71	4	12	88
					13	76	1	3	97
9	82	2	10	90	14	82	2	6	94
					15	88	1	3	97
10	91	1	5	95	16	94	1	3	97
11	100	0	0	100	17	100	0	0	100
* $y=100-$错误百分数					* $y=100-$错误百分数				

当曲线 A 和 B 画出之后,把基线分为 10 等分,并绘出各垂线,在每条垂线上量出 A 和 B 的各个纵坐标,再将 A 和 B 的纵坐标加以平均,即可得出文生曲线的每一个点。当然,所需要的线性内插能够用数学计算来代替作图法。

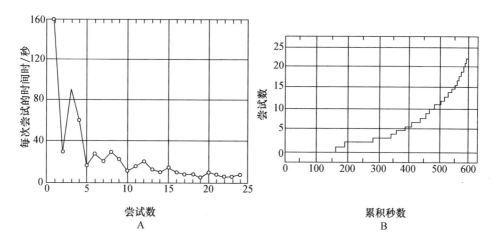

图 18-6 依据同样的数据所绘制的不同曲线(资料引自桑代克,1898)。一只猫在一个迷箱上做了 24 次尝试,记下每次尝试所用的时间。当以横轴表示尝试数,而以纵轴表示每次尝试所用时间时,如曲线 A,时间的一般递减是明显的,而尝试与尝试之间的变异也突出起来,因而使图形复杂化了。当沿着横轴累积起来尝试时间,而以曲线短短向上的一步表示每一完整的尝试时,例如 B,尝试间的变异并未阑入,而突出的却是趋向于最大值的曲线斜率所表现的成业的速度。虽然两条曲线外貌不同,但它们却表现着恰好是相同的事实,而且一条曲线所表现的第一事实,也必然表现在另一条曲线上。作为学习曲线特征的负加速度,在 A 上表现成为曲线的平缓,而在 B 上则为逐渐接近于一条倾斜的直线。如果这条曲线采用了填充(satiation)或消退(extinction),则累积的曲线将平缓成为一条水平线。在斯金纳(B. F. Skinner)的著名的仪器上,仪器进行着累积而且自动地记录了累积。

是否有一条典型的学习曲线?

一个人可以采用成打的不同方法来绘制学习曲线,而曲线的形状又可能有无穷的差别。但是,具有一条概括的曲线,借以表现出时常遇到的一些特征,可能是有助益的。这条曲线在基线上将包括练习,自变量的一些度量:尝试、练习小时等。纵坐标将标志成为熟练,因变量的某些单位:每分钟打字字数、中靶次数、或正确预测无意音节的百分数。这提供出一条上升的曲线,如图 18-4。我们时常遇到反转的曲线,在它上面,改进被表现成为水平的降低。它发生于当我们使用在一个迷津里第一尝试的错误数,或者完成一个任务的相继单位的时间长度时(图 18-6A)。但是,在本讨论中,我们将注重比较自然的上升型的曲线。

我们几乎一定会遇到的一种特色就是:趋近于曲线结尾处的逐渐平缓。这就是,进一步的改进好像越来越困难,正像被试正趋向于一个某种类型的极限似的。有一个时候,人们想到对于一名给定的被试,在一项特定的任务中有一种相当坚实的"生理极限"。正像我们在前面注意到的,时常有一种数学极限,好像是一种特定的学习曲线所趋向的,如果愿意的话,可以把它叫做一种生理极限。或者较好的名词是最后练习水平,尤其是如果我们在最后这个词上作文章。唯有当我们一直维持方法和动机的引起恒定不变时,它才是一种最后练习水平或极限。每一名高尔夫球员都希望有一种新窍门能打破他的练习水平,赢得几分;而赛跑运动员们则一般在运动会里比他们的日常练习跑得快一些。无疑地,大多数学习曲线在接近一个极限值的时候,表现出一段时间的负加速度或减低收益;要点在于我们必须想到极限只对于一条特定的曲线,在特定的条件中有效,而并不是牢固的、包含全体的、不能再升高的水平。

很多曲线在最后水平之前很早便有一个平缓的区域,这段无改进(甚或有微小的退步)时期就叫做高原。它们很能使学习者失望,因为他们将其误作为最后极限了。或者这个实用方面就是为什么在 20 世纪最初 30 年里心理学家对其给以广泛的注意的原因[参看亨特(W. S. Hunter,1934)和本书第一版]。逐渐了解到,对于所有的高原并无单一的解释,更多依赖于每个实验的特殊条件。一个高原时常可被看做是对执行一种任务的一种方法的练习极限;如果被试改进了他的学习方法,或者如果实验者增加了诱因,那么一条新学习曲线便从老的练习水平上开始升高了。或者也可能在任务中有某一种困难的因素阻碍着进展,直到把它克服。读者可对他将在此后遇到的高原的例子上试用这些解释。

学习曲线开始部分是较难预测的(参考亨特,1934)。它时常从第一次尝试本身便以快速上升,逐渐慢下来,如图 18-1。但有些曲线表现了一种正加速度的初始期,前数次尝试收益很少。在图 18-5 中白鼠 A 的前几次尝试中就微露了这种情况:一条曲线表现了正加速度的初始期,继之以一个稳定收益的时期,而其后则以负加速度结尾,正像趋近于极限似的,这样的曲线叫做 S 形曲线。赫尔(C. L. Hull,1934b)指出,在学习从真实的零开始的条件作用中时常获得这种 S 形的曲线。其后(1943)他提出了对 S 形的一种理论上的解释。明显的含义在于,如果在一个特定的学习实验中缺乏这种正加速度的初始期,这就表示我们是开始练习一种原来已部分学过的任务[库勒和格尔登(E. Cllller, E. Girden,1951)]。例如,一名普通的男学生对投矛(dart throwing)表现出一条很平的曲线;他不仅缺乏初始的正加速度的征象,而且他时常好像在开始时便很接近于他的最后的水平。显然的解释就是男孩子远在他们开始实验之前早就获得了投掷物品的相当高明的技巧了。恰好是以前经验的相反的作用——慢速的开始继以正加速度——往往发生于当新任务与已建立的习惯冲突的时候

[路易斯和谢法德(D. Lewis and A. H. Shephard),1951]。

基本单位的影响

不幸,这些分析都基于一种假设——我们永远具有等单位尺度,用以度量学习中的进展。在心理学中,选择一个满意的尺度乃是一个最困难的问题,正像我们在本书中随时随地所指出的一样。依赖于在纵坐标上使用着什么单位,一个人可以从同一系列的数据上获得极不相同的曲线。例如,对打字的习得曲线,可以按照每分钟所打字数来绘制,这恰好产生一条 S 形曲线;或者可以按照每打100个字所需时间来绘制,这将给出一条反转的曲线,具有一个很尖锐的初始斜率。再如,考虑到来福枪射击。如果靶子是很小的,初学者在最初 20 次尝试中将可能完全失误,因而维持零分;而当他逐渐"找到"靶子时,便保证了正加速度的一个时期。在另一方面,一个很大的靶子可能如此易于射中,因而被试开始时便有了一个好分数,而且很快就接近于百分之百射中的最大值。

有很多制定尺度的方法,都宣称在尺度全长之内单位都是相等的,但是这里不是评价它们的地方[参考赫尔,费尔辛格,葛赖德士通,山口(J. M. Felsinger, A. I. Gladstone, H. G. Yamaguchi, 1947)]。缺乏这类尺度,任何企图建立一种概括的函数,用以配合一切学习曲线,都是为时过早的[参考武卓(H. Woodrow,1940);赫尔,1943;黑尔格德,1951]。但是,作为一项纯实践的事,实验者普通采取一些方便的尺度,这种尺度在整个学习进行中将提供有用的分数;被试将开始于大大高于零分之处,但却永远不能超过尺度的上端。当绘成的曲线达到在被试趋近于他的极限时而照例表现一个降低收益期时,我们便可以说在这个程度上有了一条典型的学习曲线。但是,任何特定曲线的确切形状,唯有使用在那个特定学习情景中所包含的变量的术语,才能了解。在分析这些变量时,学习曲线是一个至为宝贵的工具。

学习实验的目的和设计

我们说得更好一些,应该是"各种目的"和"进行设计",因为实验者的兴趣和希望并不永远是一样的,而且他将设计他的实验以适合于他的目的。我们曾强调过一种类型的实验,它设计得能够在量上变化任一实验变量,以期获得对任一反应变量产生分级的影响。很多重要问题不能用全然如此的方式去研究,因为它们的实验变量是一种或此或彼的事件,而不是或多或少的事件。我们可能希望发现印刷材料是否比同样的材料呈现给耳朵而不呈现给眼睛记得更好。的确,我们能够得到一个答案,而且我们能够找到一种语言中介在这方面比另一种语言中介好多少。我们能够使反应变量数量化,但是我们却不能找到耳朵和眼睛之间的任何中间阶梯。有很多问题必须属于这一种,但也仍有另一些问题,最好先使用比较简单的或此或彼形式的实验进行研究,而仅在以后才能使用比较精巧的步骤。

纯实验室形式的实验不应该被轻视。特别是在人类中,学习到的工作的多样性,以及习得的能力、顺应和顺应不良的多样性是如此巨大的,以致对它们的探索像动物学或地质学中的分类那样多。学习与其说是为了它自己的一种特定的活动,毋宁说是其他活动的一种副产品。甚至虽然学习的基本结果可能永远相同——像形成一种联想或一种 $S-R$ 联系那样的事——但产生这种结果的那个活动和条件的模型却在极大地改变着,而且有些条件比其他条件更适合于产生这种结果。因为实验家珍视关于他的研究将用于像教育和心理治疗一类的实用园地的那种希望,他不得不在这些方向有所探索,而多半也在许多其他方面进行研究。

关于学习的实验大约有三种类型:探索型,我们最初提到的熟悉的 $R=f(S,A)$ 型,和假设验证型。有些心理学家把最后这一类型放在按优点划分的最高点,而这一类型也真可算是最激动人心的。它把体育运动的精神引入于实验室,因为你的假设可能受到你的实验结果的支持,或者也可能被否决——或者,不幸地,正像时常发生的那样,问题可能还停留在疑难的范围中。你可能发现被试数目太少,以致"作废的假设"还不能被否定。于是你极欲对那个假设采取一种比你的数据所辩明的更消极的态度。事实上,许多实验在发表之前应该重新做过。

控制组、条件的抵消的顺序和因素的设计在关于学习的实验中是很有用的。它们都提出了统计的问题,这些问题在搜集数据之前就必须给予密切的注意。在今后各章中将会找到这类实验方法中的一些。

关于以后各章,前四章(第二十~二十三章)大部分,而不是全部,基于动物实验。在条件作用、辨别学习、迷津学习和动机的引起中引用了关于人的结果。最后这一个主题将是与前三个主题紧密联系着的。在随后的几章范围内,即在关于记忆、关于迁移和干涉,以及关于学习与作业中的经济各章中,首先遇到的是关于人的学习。最后一章,关于问题的解决,考虑了在虽然不是心理学中发展完善的、却是重要的领域里动物和人两者的证据。

本书在将要大量论述关于学习和保持的著名理论,以及几项不很概括的理论时,并不企图解决辩论的争端,也不打算像黑尔格德(1948)那样,提出关于理论的系统综览。正像各章的目录表示的那样,讨论主要集中在人和动物依赖于学习、解决问题和动机的引起的那些典型成绩上。

(赫葆源 译)

第十九章

条件作用

实验心理学者非常感激那些找到用确切方法研究学习问题途径的少数先驱人物,他们找到了控制某种作业的学习条件以及记录并测量作业中所发生的变化的各种途径。艾宾浩斯(H. Ebbinghaus, 1885)就是这些先驱人物之一,他曾以他的方法研究了记忆和保持。另一位是俄罗斯生理学家巴甫洛夫。当然,其他生理学家对某些心理学的问题,如反应时间和感觉过程,在方法学上曾作了不少的贡献;但除了巴甫洛夫外,很少有人严肃地考虑过学习的问题。大多数生理学家都愿意把这问题留给心理学,并对心理学终究能否以科学方法处理这问题,只略寄予暗淡的希望。

巴甫洛夫的条件反射

这位早已著名的俄国生理学家,在 20 世纪初曾从事与消化过程有关的腺分泌的研究。概而言之,他发现了这些分泌是受规律约束的,它们是按可预期的方式随一定的刺激而来。总之,它们是反射性的分泌。但它们有时候不很稳定,似乎是易变的。生理学家们倾向于把这样的一种"心理"分泌看做是由动物"思想"和"情绪"所引起的,不受生理规律制约而受心理规律制约的,因而把它摆在一边。巴甫洛夫对他所知道的当时那种早期心理学是不大敬服的。他相信消化过程的每一部分必受自然规律所制约,并能用生理学的严格的客观方法进行研究。稍事犹疑后,他决心把他的精力给他的实验室从事研究这种易变动的分泌现象。

巴甫洛夫和他的同事们很快就在这个崭新的工作中获得了一定程度的成功。他们深信,"心理"分泌如同一般的反射性分泌一样,是由刺激引起的。但刺激与分泌之间的相互关系每只狗是不一样的,同一只狗在不同的时间内也是不一样的。例如,某只狗看到一特定的食盘或其他部分的装置,会流出大量的唾液;但另一只狗只流出小量唾液或甚至不流出唾液。巴甫洛夫认为这些变化肯定是与每只动物的过去历史有关,这种刺激-反应的联系必然早在狗的大脑里建立起来了。他希望这种习得反应的实验研究能说明大脑过程的特性,能表征大脑两半球如消化器官一样,完全是属于生理学范围的事。他断定,一个由两半球中介的刺激-反应的联系,如同一个由皮质下中枢中介的反射一样,如果它显示出一定的规律性,则有权把它称为一个反射。

1904年巴甫洛夫第一次使用俄语术语——条件反射,这种刺激-反应的联系是个体动物在生活中习得的。它们与动物先天的和种族共有的无条件反射截然不同。但在他的英译本(1927)里,俄语条件的和无条件的两个术语都译成为过去分词,这就使它的原意有所损失,而有时产生混乱。让我们注意实验上使用的要与食物相结合的铃声;开始时它是一个将成为条件的刺激,而不是一个已成条件的刺激,虽然它经常是这样被称呼着。

强化律

巴甫洛夫第一个定律的最简明的描述见斯金纳(B. F. Skinner,1938)所提出的那段译文。

一个无条件反射与一个条件反射在时间上相接近地发生,就增强了后者的强度。

和这个定律的常见的描述不同,上文在基本的描述中并没有提出某些名词的定义。因此,我们必须附加一些定义和注解。无条件刺激(Su)在实验开始时经常是紧密地与无条件反应(Ru)结合在一起的,它们构成了无条件反射(UR)。在第一次强化前,条件刺激(Sc)可能引起条件反应(Rc),也可能不引起条件反应,这就是说,条件反射(CR)可能在零度的强度上存在,也可能具有一些阳性的效力。一个反射在零度的强度上存在,这一概念可使此定律避免通常的双重解释,即条件反射是怎样开始的,后来它又是怎样被加强的。

其他一些注解如后。首先,强化律乃是一个操作的定律:它只说明实验者做什么和发现什么,在狭义的解释的意义上,强化的使用有越来越多的倾向。例如,斯宾塞(K. W. Spence,1951)在区分强化(效果)与非强化(接近)理论时就是这样使用的。对这词惯于谨慎使用的读者应记住,我们现在使用的这个词是包含了它的传统的和字面上的意义的。

巴甫洛夫定律常见的描述是把条件反应与无条件反应看成是等同的东西,虽然巴甫洛夫的原著清楚地表明它们常常是有差别的。这点我们在以后再详细说明,但在这里,我们必须指出,我们对此定律的说明并不企图解决争论的问题,也就是说,我们对这个定律只作一般的描述。同样的理由,这个定律是用时间上的接近来说明;以后,我们将看到,条件刺激经常是在无条件刺激前开始的,虽然二者在时间上有些重叠。最后,我们应当指出,有些不喜欢巴甫洛夫的反射一词作广义使用的作者们,倾向于用更广泛的条件反应一词来代替条件刺激-条件反应。这就会引起混乱;因此,我们经常把条件刺激-条件反应的连续叫条件反射,把反射弧的反应的终结叫条件反应(参考斯金纳,1938)。

我们上述的这个定律,特别是在它的较常见的形式中,不致使读者觉得它是个非常新奇的东西。的确,前一章在提到联想的接近律时曾讨论过了。也许,此定律的主要优点在于能用客观的形式表示出来,使有关因素的实验研究能够进行。

消退律

巴甫洛夫的第二个定律是个崭新的东西,看来前人并没有明显地提过。

如果一个条件反射已引出,不用无条件反射去强化,则条件反射就会减弱或中止。

后期的历史

这两个定律是在 20 世纪初提出的。从那个时候起一直到巴甫洛夫逝世(1936)止,纵使在俄国革命的艰苦日子里,巴甫洛夫和他的同事们仍不断地发展和充实这两个定律。在巴甫洛夫的两大巨著(1927,1928)的译本出现前,美国心理学家对其后期的工作是不易知悉的,但这两个基本定律曾吸引了正在追求客观方法的行为主义者。在华生(J. B. Watson,1916)极力推崇条件反射后的十年里,巴甫洛夫的定律曾广泛地引用于普通心理学或变态心理学的教科书中。但论述往往是不精密的,并且常常省掉了巴甫洛夫的消退律。在这段时期里,美国曾进行了一些实验,较出名的如马提尔(F. Mateer,1918)的儿童喂食条件运动反应,卡森(H. Cason,1922a,1922b)的瞳孔和眼睑条件作用。华生的工作,除了在 1916 年报告的探索性工作以外,似乎只有那著名的、在幼童阿尔伯特(Albert)身上做的条件恐惧实验[华生和雷纳(R. Rayner),1920]。

第二个十年乃是研究不断增长的时期。李德尔(H. S. Liddell,1926)开始对绵羊做了一系列的研究,施洛斯贝格(H. Schlosberg)在 1928 研究了人类膝跳条件反射;继之,欧普吞(M. Upton,1929a,b)运用呼吸条件反应测定豚鼠的听觉阈限。在 1940 当黑尔格德和马尔济(E. R. Hilgard & D. G. Marquis)编写他们的杰作《条件作用与学习》时,曾搜集了 973 篇文献,其中约半数是英文的。拉兹兰(G. H. S. Razran)在 1937 年汇编了 1100 条论文提要,其中俄文的为数不少。遗憾的是,由于俄语的困难和能概述这部分资料的人数有限,以致俄国人的工作对美国心理学者的影响甚微。别赫切列夫(В. М. Бехтерев)以他的法译本(1913a)和德译本(1913b)而成为俄国国外知名的人物。他和巴甫洛夫是同时代的人,他的工作大部分是以人和动物作对象来研究由电击产生的屈腿反射。

研究中的各种变量

从1940年起探索性的工作减少了。实验转向考验各种理论和测量变量间的相互关系。虽然，一般都惯于把条件作用与学习作为同义语，条件作用的情境本身是一个研究特定变量的很好的情境。它和迷津不同，例如，它能使实验者控制刺激，并由此而间接地控制了反应。就研究理论问题，特别是那些包含准确测量的理论问题而言，条件反射的情境是值得推荐的。让我们来考察一下有待研究的一些变量。

条件反应几乎经常是一个能直接测量的应变量，可用不同的方法去测量它的强度：反应的幅度（例如，以厘米计算高度或计算唾液滴数），反应潜伏期（比较反应时间），出现反应的试验次数占总试验次数的百分比频率，反应出现的比率和它对实验性消退的阻抗力。为了方便起见，有时用这种测量方法，有时用另一种测量方法。遗憾的是，它们之间的相关往往不是那样密切的[黑尔格德和马尔济，1940；洪弗瑞斯（C. G. Humphreys），1943a；霍尔和克布利克（J. F. Hell & J. L. Kobrick），1952]。这种困难在心理学中到处都会遇到。因此，当期望获得准确的数量上的比较时，最好是自始至终采用同一的测量方法。

无条件反应通常以幅度和潜伏期来测量。

条件刺激是个重要的实验变量，在大多数的条件反射的实验中，应使它保持在一个固定的数值上。当它在质的向度上（即定性）有所改变时，我们就可从事泛化和辨别实验。例如，当一只狗对纯音的一个音高形成了唾液条件反射，则对音高量表上的其他纯音，也将作出少量的分泌性反应。在刺激强度方面，条件刺激的泛化也会发生：如果这只狗对一特定响度的纯音受过训练，则它对更响的或更弱的纯音也将作出较弱的反应。但改变条件刺激的强度，将会产生另外的效果：一般说，较强的刺激会引起较强的反应。条件反应大约是无例外地服从这个规律的。

如果条件刺激保持固定，就可研究几个不同的被试变量，即O变量（或称A变量）对条件反应的影响。把几个不同的O变量归为一组，并把每组看做一种构想或看做中介变量，这是方便的事。例如，内驱力是个推论出来的能被控制的O变量，控制喂饲的钟点，就可控制饥饿的内驱力。条件作用的强度或条件作用结果的强度，亦即条件反射的强度，是另一个重要的中介变量。区别条件反射的强度和条件反应的强度是极端重要的。真实的反应，条件反应，可从每次试验中直接测量出来。在一次特定的试验中，它的强度是下列几种因素的函数：① 该次实验的条件刺激的强度；② 当时的内驱力的强度；③ 由先前试验所引起的神经系统的变化。这个最后的因素就叫做条件反射强度。赫尔（C. L. Hull，1943，1950，1951）称它为刺激-反应（S−R）的习惯强度，并以$_sH_R$这个符号来表示。

条件反射强度的这种构思是在条件反射史的晚期才形成起来的。事实上，在工具性的条件作用出现前，它是不需要的。在经典式的条件作用中，常把内驱力和条件刺激保持恒定，这样，就使得条件反应的强度能如实地反映条件作用的过程。但现在我们有了这个构思，就方便得多了。

条件反射强度依从于条件作用过程中先前试验的情况，下述的一些 A 变量都与条件反射强度有关系。

强化试验（习得）的次数。

不强化试验（消退）的次数。

条件刺激与无条件刺激之间的间隔时间（延迟条件反射和痕迹条件反射），在工具性的条件作用中，这种间隔是条件反应-无条件刺激。

先前试验中的内驱力的强度和强化（无条件刺激）的强度。在"动机"一章（第二十二章）里这些变量都是重要的题目，在那里，无条件刺激是作为"诱因"来看待的。这两个因素对条件反应，亦即对动物和人的作业具有剧烈的影响，但对条件反射强度的影响甚小和不确定。

条件刺激的强度（在先前试验中的）：如上所述，在一次特定的试验中条件刺激的强度可能影响该次试验的条件反应的强度。先前试验中条件刺激的强度，可能影响先前试验所留在有机体中的条件反射的强度。因为，正如有时在过去所发生的那样，这个问题容易发生混淆。所以我们要看一看在这方面做得较好的一些实验。

格兰特和施耐德（D. A. Grant & D. E. Schneider, 1949）在扩大霍夫兰德（C. I. Hovland, 1937b）的一个实验设计并去证明他的有关的发现时，曾使四组20名成人形成纯音-电击的条件作用，以皮肤电反应（或 PGR）作为纯音条件刺激的附加反应。这四组被试受过不同的纯音强度的训练。在条件作用形成后，每组有1/4人对纯音的每个强度进行试验。运用了条件反射强度的消退试验。通过统计处理、变异数分析，有可能区分条件作用形成期中的纯音强度的效果和试验期中纯音强度的效果——简言之，把纯音强度对条件反射强度的效果和对条件反应强度的效果区分开。结果表明，在试验中的纯音愈强，条件反应也就愈强；但条件反射的强度却不随建立条件化的过程中所使用的不同强度的纯音而改变。这个结果对于证明有关条件作用的各种理论是相当重要的。（这相当于一个响亮的午餐铃声可能使你走得快些，但用温和的叮当声，你也一样容易学会铃声——午餐的联系。你能这样吗？也许消退试验还不是充分的证明）。

上述的一些变量都已被研究过了，并已得出一些颇为满意的曲线。赫尔甚至建立了一个几乎把所有的变量全部包括在内的公式，并不断地把变量的数学描述完善化。一些心理学家(如黑尔格德,1948)认为,我们还未达到这样孤注一掷的阶段,而将我们约束于一个公式中。例如,在我们还不能为强化效果写出一个普通方程式之前,我们应该更多地知道关于这个过程的基本机制。如果确实有两种基本不同类型的强化,则试图用一个方程式去包括它们,那是不明智的。因此,在下一节集中讨论这个问题将是有益的。

强化的本质

正如我们所指出的,巴甫洛夫方法的特点是实验者能够控制刺激和反应;无条件刺激的呈现不依从于动物是否作出一个特定的反应。发展着的条件反射,纯音-唾液,是被无条件反射,即食物-唾液所强化的,不管动物对纯音的条件反应流出的唾液是0滴、5滴或50滴。就唾液分泌来说,强化不是当做一个奖赏或惩罚。但有些早期研究条件作用的工作者忽视了这个颇为明显的事实。例如,华生(1916,1919)有时用一块带电的栅板对动物进行实验,动物移足离开它就可避免电击;华生把这个实验称为条件作用实验,但他在文章的一页中,把电击当做惩罚,而在另一页中又把它当做无条件刺激。如果我们把条件作用这个词的使用保留于经典的条件作用的情境,则用另一些名词来称呼那些其中无条件刺激的呈现与正确的反应没有必然关系的实验(施洛斯贝格,1937b),可能更恰当些。但正如这是已成的事实,我们把它们称为工具性条件作用的实验:这个形容词是用来强调,在主要方法上,这类实验和经典的条件反射不同。

工具性条件作用的类型

回避性条件作用 华生的实验是这个类型的范例。灯光(条件刺激)经常在电击前腿(无条件刺激)两秒前出现。如果电极按在腿上,则动物不能回避电击,我们便获得一个典型的经典条件作用的例子。但如果动物的足停留在栅板上,借助于迅速的前腿弯曲(条件反应),可能回避电击,则此时我们就涉及回避性条件作用。具体分析这种情况自然要比粗略看来复杂得多,所以我们将在后面进一步讨论关于回避性的条件作用。

逃避训练 在这里,动物必须学会对一个有害的无条件刺激作逃避反应。例如,莫热尔(O. H. Mowrer,1940a)曾把白鼠放在有栅板的笼里,栅板的电荷逐渐增加,白鼠不停地作出各种反应,一直到它偶然地揿压一根断电的杠杆。约1分钟后,电击再开始,这时白鼠就会较快地揿压杠杆。最后,即使极微弱的电击,也能使白鼠立即揿压杠杆。白鼠已学会了逃避电击。在这个简单的方式里,我们把揿压杠杆看做条件反应,电击看做条件刺激,乱跑、嚎叫看做无条件反应。但事情并不那样简单——它很快便转为回避性条件作用,当白鼠看到笼子(条件刺激)时就会作出连续揿压杠杆动作的反应。

操作性条件作用 斯金纳(1932,1938)简化了桑代克(E. L. Thorndike, 1898)的古老的问题箱,使它成为条件作用实验。白鼠被放在一个有杠杆和有自动给食器的小箱里,揿压杠杆(条件反应)时,一颗食丸(无条件刺激)就弹进食盘里,白鼠吃掉它(无条件反应)。条件刺激是不易确认的——它可能是杠杆的形状,或杠杆的气味。由于不能控制条件刺激,就不可能运用典型的方法,如频率百分比或潜伏期去测量条件反射的强度。因此,斯金纳采用了反应比率作为他的基本测量指标(图 19-1,19-2)。操作性条件作用较近的研究常采用分离的条件刺激,这样就可使用其他指标去测量条件作用的强变。

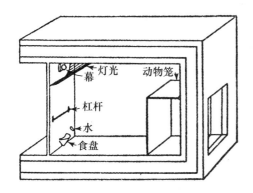 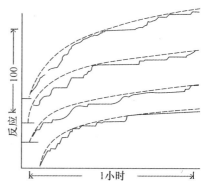

图 19-1 研究操作性条件作用的装置(斯金纳,1938)。

图 19-2 操作性条件作用和消退的累积曲线(斯金纳,1938)。

经典的和操作性条件作用的比较

操作性条件作用的重要性是在处理强化上采用了另一种方法。它和经典条件作用的情况不同,在条件反应形成前是不给食物(无条件刺激)的。这两种类型可用图 19-3 的图解来表明。它表明两者是很不相同的。有不少人曾试图把这两个图解合而为一,但都不能使大家满意。这是可能的,至少存在着两种不同类型的条件作用,并各自有其强化的规律。我们对此即将作出详细的讨论。但我们首先必须指出,经典的和操作性条件作用有许多共同点:两者都表现出泛化、消退、外抑制和许多其他相似的现象。其次,两者的情境都产生一个典型的顺序:条件刺激—条件反应—无条件刺激—无条件反应。在操作性条件作用的图解(图 19-3)里,这个顺序是很清楚的;在大部分的经典条件作用中,这个顺序也存在着,其中条件刺激与无条件刺激之间的最适当的时距常常促使条件反应先于无条件刺激发生。

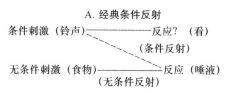

图 19-3 经典的和操作性的条件作用的图解。A图：巴甫洛夫的条件作用。反应是难于标明的。反应？是向铃声竖耳及转头的动作，这种动作一般在条件作用的初期就消失了。唾液分泌代表条件反应或无条件反应，这由条件刺激或由无条件刺激引起而定。B图：操作性条件作用。条件刺激在这个类型的条件作用中是不重要的，它主要是用作解除反应而不是引起反应。由于装置性质的缘故，虚线表示条件反应产生无条件刺激。所有实线表示刺激-反应的关系，亦即反射。

尽管经典的和操作性的条件作用有许多相同的地方，但事实仍旧是如图解所示，每一种类型各有其强化的理论。经典条件作用产生所谓接近理论，其中有不少变式。操作性条件作用强调条件反应产生（作为奖赏的）无条件刺激的效果，提出了和桑代克的效果律(1898,1911)相类似的一种理论。许多心理学家都不满意有两种理论，一种理论说明一个图解；他们认为用一种理论去概括两个图解是比较经济的。让我们来考察一下这两个理论的渊源，看看它们是怎样符合于各种实验结果的。

接近理论

巴甫洛夫的条件作用的定律清楚地是个接近理论的说明，因为按这个规律，条件作用之所以形成是由于条件刺激是在时间上与无条件刺激——无条件反应接近地呈现出来。但这个规律仅是一个最初的概括，巴甫洛夫曾为详述这个规律花了毕生的时间。其中至少有三个要点：

（1）必须有一个时间上的顺序和接近，条件刺激必须在无条件刺激前出现。

（2）条件作用将向较强的反射方面发展，即第一次把蜂鸣器和食物结合，你会获得两种反应；狗转头朝向蜂鸣器("探究反射")及在食物出现时流出唾液。经过多次结合后，较弱的探究反射消失了，狗对蜂鸣器和对食物的反应都是分泌唾液。

（3）条件反应不等于无条件反应，虽然这个定律的简单说明会使人认为它们是同样的东西。巴甫洛夫曾强调了条件与无条件反应之间的相同点，因为他把唾液反应作为他的主要的指标，而唾液就是唾液，不管它是条件反应还是无条件反应。但巴甫洛夫在他的原著(1927,1928)中曾再三指出,在狗对条件刺激的反应中,还作出许多其他动作,例如,趋向食盘。事实上,巴甫洛夫经常用信号化这个词来说明条件刺激与无条件刺激之间的关系;蜂鸣器是行将出现的食物的信号。所有这些事实明显地表明,巴甫洛夫把条件作用看做是各种刺激的中枢效果的联系。在这里,我们不必谈论关于他的大脑机能的神经学上的理论——我们不要忘记,巴甫洛夫是一位生理学家,他主要的兴趣是把条件作用作为一种研究皮质机能的方法——但有必要指出,基本的接近性是一种刺激,而无条件刺激又是主要的强化动因。

巴甫洛夫的强化理论通常称为刺激-替代理论。这种提法只有在我们认识到这个替代并不是完全的时候才是正确的。狗并不去吃蜂鸣器来代替吃食物。这样说比较清楚:当蜂鸣器响时,狗准备取食物,所以它对时间上顺序发生的事件适当地作出反应。这种准备反应的特别明显的例子,从李德尔、詹姆斯(H. S. Liddell, W. T. James)和安德逊(O. D. Anderson, 1934)在绵羊身上进行的一些观察中同样可以看到。以不能回避的电击做无条件刺激,使绵羊对节拍器响声形成弯曲前腿的条件反射。在正常情况下,绵羊站在架子上对条件刺激的反应只是提腿;但如果绵羊是侧卧着的,则当条件刺激发出响声时,它首先站起来,然后再提腿。

期待理论 广义的刺激-替代理论,把条件刺激作为电击或食物来临时的信号。这个理论与托尔曼(E. C. Tolman)学习的期待理论很难区别。此理论在研究迷津学习的问题上曾大量被利用,我们将在第二十一章中详细讨论。它是个常识性的理论,主要意思是说,动物学习去期待刺激的某种顺序出现,并适当地作出反应。这个理论能说明经典条件作用实验中所发生的事情。例如,欧普吞(1929a,b)的豚鼠研究是个明显例子。他重复地以电击伴随纯音,发现动物很快就形成了呼吸节律的条件预期的变化。条件反应是一个平稳的和有规则的呼吸,有时叫做催眠前的反应。它与对电击的典型的无条件反应有显著的区别,后者表现出剧烈的吸气。李德尔和他的同事在几种动物身上,魏沃尔(E. G. Wever,1930)在猫身上和施洛斯贝格(1934)在白鼠身上同样观察到这种效应。呼吸节律的变动往往是条件作用开始的标志,它意味着动物戒备着行将来临的电击。事实上,这个不安的、混乱的活动的情景所表征的条件作用的初期特征,促使观察者说"动物明显地在期待着电击"。也许反对期待理论的最大的理由是,这个理论有替白鼠进行内省的嫌疑——虽然,不应指责托尔曼(1938)有这种拟人论的思想,因为他把期待看做是个中介变量,并试图从刺激与反应两个方面来说明它(图19-4)。

古斯里(E. R. Guthrie)的刺激-反应接近理论 前两个理论都认为,必不可少的接近是在条件刺激与无条件刺激之间;古斯里从字面上接受了巴甫洛夫的

```
                           A. 经典条件作用
                        探究                      完成
        第一阶段    条件刺激——原本反应------无条件刺激——无条件反应
                    （铃声）    （看）          （食物）      （吃食）
                        准备                      完成
        第二阶段    条件刺激——条件反应------无条件刺激——无条件反应
                    （铃声）  （分泌唾液）      （食物）      （吃食）
                           B. 操作性条件作用
                        探究                      完成
        第一阶段    条件刺激——原本反应------无条件刺激——无条件反应
                    （杠杆）    （揿压）        （食物）      （吃食）
                        准备                      完成
        第二阶段    条件刺激——条件反应------无条件刺激——无条件反应
                    （杠杆）    （揿压）        （食物）      （吃食）
```

图19-4　经典的和操作性条件作用的相同点。第一阶段表示早期试验的行为；第二阶段，在条件作用发生后，亦即在原始定向探究行为、原本反应后，就为预期行为、条件反应所代替。虚线表示条件刺激（和它的反应）与无条件刺激之间的短时距。按这个图解，这两类条件作用的唯一的差别是，在操作性类型中，条件反应等于原本反应；而在经典类型中，条件反应不等于原本反应。这个差别可能是不重要的，由于铃声和杠杆引起的探究运动不同才产生这种差别：前者的探究运动是看望、倾听；后者是搬弄。搬弄导致奖赏，但如果停止供给食物，看望、倾听也会中止。假定实验者只当狗竖耳时才给予食物，则这种探究运动会变成条件反应［如格林德莱（G. C. Grindley，1932）的类似实验］。

定律，并假定接近是在条件刺激与无条件反应之间。他认为，在作出反应时起作用的全部刺激就立刻与这个反应结合起来。如果相同的一些刺激在下次试验中全部呈现，则将形成相同的反应。初略一看，似乎是可以预测，经过一次强化后，条件作用便能形成，但这样的情况是显然罕见的。古斯里指出，一般说，条件作用通常的多次试验是很有必要的，因为同样形式的刺激在连续两次试验中是绝不会出现的。即使条件刺激和环境中的偶然刺激能保持恒定，但身体姿势和其他内部刺激在每次试验中也会不同。但如果无条件刺激是经常地用来引起无条件反应，则在有限制的实验情境中所呈现的全部刺激，对这个反应来说最后会变成条件刺激，而且它们愈和反应相联系，则条件反射愈强。虽然，这个见解出自巴甫洛夫的第一定律，如果古斯里的理论能符合经典条件作用实验所观察到的一切事实的话，则它需要附加一些假设。特别困难的是，条件反应与无条件反应之间的种种差别，它们用刺激-替代的接近理论来说明却很容易；另一方面，古斯里的理论在处理操作性的及其他形式的工具性条件作用的许多事实是无可非议的。在这里，他把奖赏作用或惩罚作用仅仅看做是使动物摆脱刺激情境的一个方法，这样就防止了刺激与一个不同的反应相联系。例如，当白鼠沿斯金纳箱徘徊时，白鼠将新的反应连续地与刺激情境联系起来，如抓、嗅、伸展等；但一旦白鼠揿压杠杆出现食物，刺激情境就改变了。这就剩下最后的反应——揿压杠杆，这个反应是与看见杠杆联系着的，因此，当动物吃完了食丸和仰望的时候，将再作出这个反应。

其他的接近理论在处理工具性条件作用时，并不是很妥善的。巴甫洛夫从来没有要求进一步扩大他理论的问题，因为他局限于研究一个相对不变的反应——唾液分泌。对他来说，唾液分泌只是某皮质区域兴奋的一项指标；任何能引起食物中枢兴奋的东西就会自动地产生唾液分泌。但当我们遇到动物需要改变它的反应的那种情境时，无论信号化理论或预期理论，在说明问题上都显得不够了。除了感觉性的联系以外，我们还需要一个能够说明反应改变的原则和效果律有些类似的原则。

效果律

桑代克的效果律是这种理论的早期的最出名的代表。这个定律在1911年指出"满意的后果"（奖赏或免去惩罚）加强了一个刺激-反应的连接，而"烦恼的后果"（惩罚）则减弱了这个连接。这个说明是绕圈子似的，因为我们所能说出一个后果是不是满足，唯一的办法就是观察动物是不是重复这个获得真实奖赏的反应。也就是说，如果动物再三来吃一种食物的话，我们就说它喜欢这种食物。所以我们说，动物再三来吃食，那是因为它喜欢这种食物！这样的绕圈子的解释是难以使心理学家"满意"的，虽然这个理论可能有实用的价值。一旦我们证明了这样的事实：某种食物对一个特定的动物在某个特定的情境中具有奖赏的价值，则在许多其他学习的情境中，我们可用这种食物作为诱因。

内驱力-降低理论　赫尔（1943）的行为理论企图冲破这个圈子。他用内驱力的降低来代替满意和烦恼。也就是说，任何一个刺激-反应的连续如果接着引起内驱力强度的降低，则这个连续将被强化。这样，当白鼠看见杠杆并揿压它时，伴随而来的食物就降低了饥饿的内驱力，并在杠杆下次出现的时候增强了揿压杠杆的趋势。或者，当白鼠从带电的底板奔向出口时，由电击引起的强大的内驱力就被降低，这样，动物在下次从底板逃出时，会跑得更快些。长于批评的读者会说，我们并没有跳出旧的绕圈子式的解释；虽然，内驱力比满足听起来可能更客观些，但你如何去测量它呢？从几方面看，内驱力的确是个更好的构想。这问题我们将在"动机"这章中做详细讨论。但在这里，我们不妨先举出它的两个优点：第一，内驱力随需要而改变，运用剥夺动物体内某一系统的某种基本需要的方法，能在实验中予以控制。例如，我们可获得一个"12小时饥饿的内驱力"。用同样的方法，可控制渴、性欲及其他的基本需要。第二，把内驱力最后归结为某种特殊的生理过程，是有很大的可能性的。有些内驱力-降低理论的代表者，例如，斯宾塞（1951）对本问题目前甘愿忘记生理学，并把内驱力当做是一个纯粹心理学的构想;但排斥生理学家对强化这个困难问题上所能给予的任何帮助,这似乎是不应有的浪费。

正如我们所提到的,用一个简单的内驱力-降低的理论来处理奖赏和回避的学习问题,看来还是妥善的。但仔细考察,将发现一些不足的地方。例如,由于吃一颗食丸而使内驱力降低,这实在是微不足道的,因为一只白鼠吃30颗或更多的食丸,仍无任何餍足的象征。事实上,一两颗食丸的作用,恰好是个开胃剂,反而增强了内驱力。赫尔为了说明一两颗食丸的强化效果,引用了二级强化这个概念——任何与内驱力的降压结合过的刺激本身将获得强化的性质。这样一来,甚至盛食丸的器皿发出的咔嗒声,也具有一些"奖赏"的价值。但在这里,我们已经与信号理论和期待理论很接近了:我们有一个起着强化作用的刺激,而在需要方面却实际上没有任何降低。

该理论的另一个次要的困难是,某些刺激似乎具有一级强化作用的价值,纵使这些刺激并不满足需要或降低内驱力。明显的例子是食糖代用品(糖精),它是没有营养性质的,但却能引起奖赏的作用。可以这样说,它获得了二级的奖赏价值,因为它的味道如食糖一样,是个良好的内驱力降低剂;但和典型的二级的奖赏不同,糖精在连续的一系列的消退试验中,仍不失掉它的强化力量。

在经典条件作用中的内驱力降低 当我们试图把内驱力-降低的理论应用于经典条件作用时,就会遇到额外的困难。这种困难往往由轻易地使用强化一词而敷衍过去。例如,斯宾塞(1951)在他的近著《关于学习的理论说明》一书中,重复了赫尔在1942年对巴甫洛夫的唾液条件作用的那种解释,即"在口中的食物构成了强化状态,很可能是个二级的强化状态,这是由于这种刺激与饥饿-内驱力降低的先前联系而造成的。"以此来解释唾液条件反射一旦开始就能形成的事实,可能是恰当的。但在实验刚开始时是没有需要加强条件刺激-条件反应的连接。例如,狗在实验开始时对闪光(条件刺激)的反应是看望而不是唾液分泌。按照这个理论可以这样预测,由于给食而引起的内驱力-降低将加强探究反射,这样狗将经常学会观看闪光,而不是分泌唾液。

另一方面,最初的效果律在说明各类型的经典条件作用上是不大困难的。最初的唾液分泌在某种程度上是受奖赏的,因为它是为食物粉末进入口中而准备以增加奖赏的刺激效用。在巴甫洛夫的防御性的唾液条件反射中(无条件刺激是嘴里的稀酸液),唾液把有害的酸液冲淡以减低它的刺激效用;在另一类型的经典条件作用的实验——不能回避的电击的实验中,动物呼吸节律的变化和肌肉紧张度的增加是为了减轻电击的"负担"。但纵使最广泛的效果律的公式,也不能包括经典条件作用的某些例子。皮肤电反应就是其中的一例,它极易形成条件作用。这种无条件反应使皮肤的电导率的急剧增加,它很容易由电击(无条件刺激)引起。如果灯光作为条件刺激,并与电击结合5次,则它引起电导率的增加成为条件反应。关于这种条件反射的情况,我们将在本章的后一部分做详细讨论,因为这种反射非常有用。但在这里,我们仅提出一点——皮肤电导率的预先变化,看来并不是减低电击的效果——因此,这种减低肯定是不受奖赏的。

在条件作用的研究中,另一种使用非常广泛的反射是眼睑反射。它之所以能普遍使用,主要有两大优点:① 人和各种动物如猿猴、狗和鼠,同样都很易形成这种反射(参考黑尔格德和马尔济,1940);② 眨眼动作的惰性很小,因而能精确地记录反应的时间关系。在一个典型的实验中,被试头部固定于支架上,眼睑的影像被照在活动的胶卷上[图 19-5 是多治(Dodge)钟摆式光学计时器的照相记录]。在被试眼前有一块被光照亮的纸片,条件刺激是增加光的亮度,无条件刺激是对角膜吹风引起眨眼(无条件反应)。如果亮光在吹风前半秒呈现,则一个预期的眨眼(条件反应)逐渐形成。在这里,眨眼是受奖赏的,由于它使敏感的角膜避开吹风。看来它是个效果学习的良好的例子。当然,用别的无条件刺激如强噪音或在脸部施以轻微的电击,也可获得同样的条件作用;但在这两种情形下很难看到被试的预期眨眼有什么益处。实在的结果不禁使我们怀疑效果律是否适用于研究眼睑反应。另一方面,明显地看到,这种条件反射,无论对信号化理论或对期待理论来说,都是一种"自然"的反射。事实上,黑尔格德及其同事在研究了这种反射后,已把期待理论运用到经典条件作用上去(参考黑尔格德和马尔济,1940,对这问题的讨论和参考文献)。

强化的双重理论

运用这个理论来概括经典的和工具性条件作用的困难,使很多人相信确实存在着两种强化的机制。斯金纳(1935,1938)曾把经典的和操作性的条件作用做了严格的区分。他提出经典条件作用大部分是自主神经的反应,并依从巴甫洛夫的定律;操作性条件作用典型地是骨骼肌肉的反应,并依从于效果。施洛斯贝格(1937b)曾考查了大量的条件作用实验,并认为两者的区别在于弥散的预备反应(经典的条件作用)和更精确的适应性的反应(效果)。莫热尔(1947,1950)早年曾是一位单一的效果理论的忠实信徒,近年来也转为双重理论者了。他比前人更严格地区分有关两种理论的两类反应:所有自主神经的反应都依从巴甫洛夫原理;而骨骼的反应却是通过内驱力降低而被强化。这种论点可能过于极端,因为在中枢神经系统里自主中枢与控制骨骼反应的中枢不是截然分离的。而且,许多弥散的预备反应也包括骨骼肌肉。例如,为了应付电击,肌肉的紧张度增加。因此,似乎差别在于弥散的预备反应与更精确的适应性的反应之间。再进一步分析,完全符合巴甫洛夫定律的弥散反应,可能只代表由于感觉中枢活动的运动冲动。换另一种说法,动物预知行将来临的无条件刺激,并依靠

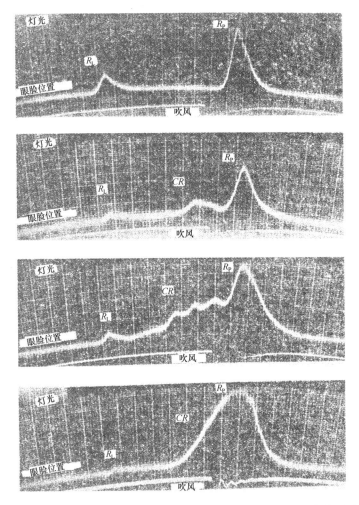

图 19-5 一名被试的眼睑条件反应(黑尔格德,1936)。条件刺激是一个在圆片上突然适度地增加照明的亮光,被试眼睛注视着圆片;无条件刺激是向被试眼睛吹风。亮光在吹风前 400 毫秒时呈现。粗垂线表示 1/20 秒,细垂线表示 1/100 秒。第一张记录表明对刺激的反应只有两个反射。R_L 表示一个小的眼睑反射运动,它是由突然增加照明而引起的。如果你数一数顶上的黑带(在第二张记录看得较清楚)与 R_L 反应开始之间的垂线的数目,你就会发现它的潜伏期大约是 100 毫秒。从四幅按次排列的记录里(亮光仅是中等强度的)可以看出,原始反射表现出经过适应而有消失的趋势。R_P 是对吹风的无条件反射(无条件反应),是一种颇为完全的眼睑闭合。它的潜伏期从吹风信号线的缺口作起点,约为 50 毫秒。图中"CR"表明眼睑条件反应,以前我们是用 R_C 来表示这种反应(只对刺激-反应连接才用 CR 表示;条件刺激-条件反应是通过条件作用而建立的连接)。第二张记录是这种反应的第一次出现及其潜伏期,从"亮光"呈现起约为 350 毫秒。在第三张记录中,这种反应的大小和复杂性增加,但潜伏期却缩短了,约为 200 毫秒。在最下面的一张记录里,潜伏期略为延长,并与无条件反应合而为一。它有变为"延缓条件反射"的趋势。

先天反射和过去的学习,相当适当地作出反应。但内驱力-降低或效果原则在说明精确的、适应性的和成功的反应的选择和稳定方面,又是必要的。也许我们用通常的词句可以把这个区别弄得更清楚些:动物通过经典的条件作用,学习到什么刺激正在来临,而它通过工具性条件作用,知道对当前的刺激应该做些什么。

这两种理论在回避性条件作用中的应用

到目前为止,我们只把这两种理论应用于非常简单的情境中。事实上,经典的或工具性的条件作用的纯粹的形式是否很多,是值得怀疑的;在大多数的实验中,两种类型的强化都可能被运用。我们可以举吉布森(E. J. Gibson,1952)的研究来说明。她用小山羊作被试,在它们的前腿上安置一个电极,发出电击作为无条件刺激。连接起来的电线足以使动物在实验室内有自由活动的余地,条件刺激是在电击前减弱房内的照明10秒钟。小山羊很快就开始对这个警告的信号作出反应,但条件反应在不同的动物身上或在不同次的试验中都有差别。在头几次试验中,出现最多的条件反应是退避,但有时也出现别的动作,例如僵直不动的姿态,向前走,沿边走,用后脚站起以及弯曲将被电击的腿。约经过100次的试验后,屈腿反应最常出现,但在经典条件作用中(即在不能回避的电击的情况下)它始终也不是唯一的。如果这种屈腿反应是受奖赏的(即因为屈腿而终止或排除了电击),它就很快地稳定下来。也许我们可以正确地说,山羊在经典的与工具性的两种情境中,学会了减弱照明-电击这种顺序,但只有工具性的情境才使得山羊对行将来临的电击学习到一些带有建设性的动作。

有人在另两种动物,白鼠和豚鼠身上做了粗略的比较研究。施洛斯贝格(1934,1936,1937b)把白鼠固定在一个夹持器里,记录对电击的呼吸和前腿收缩的反应。电击是通过按在前腿的一个电极发出的。这种连接使动物在回避的或不能回避的电击的情况下能形成条件反应。条件刺激(灯光或蜂鸣器)延续1/2秒,其中最后的1/3的时间结合电击。这样的时间关系能使动物作出预期的条件反应以回避(可以回避的)电击,或作出一个迅速的无条件反应以缩短电击的时间。结果表明,不能证明效果对学习的影响。即使这两种情况间的差别是很小的,但对不能回避的电击也是有利的。这可从巴甫洛夫的定律中预测到,因为不能回避的电击是更有规则的,而且白鼠的反应不能缩短电击的时间。下面的事实与这种一般性的结果相一致:即动物很少发展到超出弥散反应的地步;灯光引起挣扎、呼吸改变和尖叫,但很少出现精确的屈腿反应。有一只白鼠曾形成了精确的屈腿反应,但这更明显地符合巴甫洛夫的定律。反应一旦形成,这只白鼠就经常地以预期的条件反应来回避电击(在可以回避电击的情况下)。结果像巴甫洛夫将会预料的一样,是几次实验后反应的消退;但在下几次实验时,这只动物再获电击,再出现条件反应,回避几次电击,反应再消失,如此循环数次。没有事实能够证明,像效果律所预测的那样,回避电击已经"铭记"在成功的反应中。

在自由情境中的回避 效果律在这方面的明显的破产以及企图建立任何超出弥散的条件反射的反应所遭遇到的困难,可以这样来解释:像白鼠那样低等的动物,当受束缚和受电击时,难于学习精确的反应。亨特(W. S. Hunter, 1935)发现,白鼠在圆的跑道中进行学习时,用能回避的电击比用不能回避的电击学习得更快。布洛格顿、李普曼和库勒(W. J. Brogden, E. A. Lipman & E. Culler, 1938)详细观察了关在有仪器装备的鼠笼里的豚鼠。旋转的跑道是这样安排的:一些豚鼠迅速奔跑对条件刺激作出反应就可回避电击;另一些豚鼠则每次都受到电击。在最初的三个实验日中,两种安排所得到的学习曲线是相同的;这时豚鼠作出预期奔跑的次数约占试验次数的1/4;不能回避电击的豚鼠从未超过这个数值,但能够回避电击的豚鼠的成绩继续提高,到第8天,在百分之百的试验次数中战胜了电击。看来,似乎两组很快就学会了预期电击的来临,但仅有一组获得回避电击的可能方法;另一组却依然如故(库勒,1938)。

但另有其他可能的解释。谢费尔德(F. D. Sheffield, 1948)重复这个实验,并发现动物在头一次试验中奔跑时受到了电击,在下一次试验中就不希望再跑了。和古斯里的理论相符合,谢费尔德认为动物在一次奔跑中受到了电击后,奔跑的型式就遭到破坏,因而动物对下一次呈现的条件刺激的反应,就和前一次的奔跑反应不大一样了。对于那些不能回避电击的动物,这种干扰是时常发生的;而在那些能用奔跑办法来回避电击的动物,在条件反射的发展中能避免电击的破坏效果[参看洛干(F. A. Logan), 1951]。

持内驱力-降低理论的人对回避的条件作用也有一个解释。他们假定动物由于电击作用而获得一个恐惧的或焦虑的内驱力。这种内驱力对条件刺激和对电击的地点形成了条件作用。当动物成功地逃脱电击的地点时,这种内驱力就降低。关于密勒(N. E. Miller)的这种理论和支持这种理论的实验,我们将在"动机"一章中讨论。

各种强化理论的摘要

为了公平地介绍这些理论,上面的讨论显然是偏于两种强化机制并存的看法;并认为在大部分的条件作用中以及在其他的学习情境中,两者是以不同的组合起作用的。每种机制都在典型的情境中明显地表现出来。巴甫洛夫的经典的唾液条件作用的实验,可用下面的一句话说明:每当无条件刺激伴随着一个条件刺激时就产生强化作用,因此,条件作用本质上在于两个刺激的大脑效果的配合或联合。斯金纳的操作性条件作用的实验则可用这样的话来描述:当无条件刺激伴随一个条件反应时,强化就发生,因此,强化机制本质上在于配备或选择一个能够产生无条件刺激的反应。在这两种情况中,我们必须记住,无条件刺激的唯一的含义就是指这个刺激能够可靠地引起一个反应。所以,在这里,又出现了像桑代克企图对"效果"下定义时一样的绕圈子的解释或经验主义。条件反射一经形成,我们在这两种情况中都有相同的顺序,即条件刺激—条件反应—无条件刺激—无条件反应。问题在于这种行为顺序是如何建立起来的? 在这里,机体必需建立的东西是对环境顺序(条件刺激—无条件刺激)的一种适应。巴甫洛夫的狗,似乎只通过倾听和等待的方法去学习这种顺序;而斯金纳的白鼠,则通过揿压杠杆而使环境的顺序出现。无论在哪一种情况里,如果我们承认动物的感受-知觉系统是能够记录环境的顺序的话,则紧密连接着的效应器系统也将无疑地执行同样的职能[伍德沃斯(R. S. Woodworth),1947]。

企图把两个主要强化理论之一加以扩大,使之既包括经典的条件作用也包括工具性的条件作用,都没有得到普遍的承认。早在1925年至1935年间,一个巴甫洛夫类型的非常简化的接近理论曾占优势;古斯里的理论强调通过接近形成刺激-反应的联系就是属于这种类型的。在以后的十年中,内驱力-降低的理论日益抬头。目前在50年代初期,至少暗示着摆锤又在往回摆动着。直至在摆锤停止摆动前,承认至少有两种类型的强化的可能性是明智的——托尔曼(1945)提出可能有六种不同类型的学习形式! 但如果读者坚持接受一个单一的概括的理论,那么最好请他参考黑尔格德(1948)的著作和斯宾塞(1951)所写的这一章。在他还没有读过这两种起码的材料前,不要急于作出选择,因为这两种材料是站在不同的理论角度去处理问题的。

消 退 问 题

正如我们所看到的,许多心理学家颇为热心地接受了巴甫洛夫的条件作用定律。对古老的接近联想给予一个客观的观点,这是大家都感到需要的。但对这种崭新的消退定律,接受的情况就大不相同了。有些心理学家忽视了它,另一些人怀疑它,也还有人试图把消退仅看做是条件作用的一个案例。原因是不难找到的:消退似乎直接与古老的频率律(law of frequency)相反,桑代克(1911)曾把它改称为练习律,它是不断重复的课堂练习和以"熟能生巧"这句古谚为基础的。巴甫洛夫指出,刺激-反应的顺序,即铃声-唾液分泌的重复,除非每次试验都以食物强化,否则这个联系就会失掉作用。这似乎是很费解的。但当在人身上建立的眼睑条件反射(黑尔格德和马尔济,1940)或在白鼠身上建立的杠杆-揿压反应(斯金纳,1938),经过反复的证明都能够消退时,那么练习律就有重新考查的必要。(为了公平地对待桑代克,我们应该补充说,他经常把他的效果律和练习律看做是同样重要的,但在1931他已把练习律降为从属的地位,不过他的体系并不包含着对消退这个概念有任何清楚的认识。)

举出一个极简单的实验就可表明练习律的错误是什么(参考库勒,1938)。问一小孩的名字,并假定他作出正确的回答。现在你已把刺激-反应连接(叫什么?——约翰尼),在这个小孩身上进行了练习和加强。再问他一次,他高声地回答"约翰尼",所以你似乎确实增强了这个连接。但再迅速地连续多问他几次,约翰尼很快就停止回答,并跑开去做更有兴趣的活动。重复的结果不是增强或保持一个已建成的刺激-反应,而是消退了它。

这个小实验找出了练习律所忽视的因素,即诱因。有理由相信,即使一个相当熟习的动作,如果缺少某些诱因也将不能履行。对一个新的动作来说,缺少一些诱因,也就是说不给予某种强化,也不可能学会。遗憾的是,在一个特定的学习的事例中,真实的强化往往是难以认出的;而且,这个能保持条件反射强度的强化,可能与最初的条件作用所用的有所不同。例如,芬齐和库勒(G. Finch & E. Culler,1934b)最初用电击狗的前脚建立了前腿弯曲的条件反射,以后,又把电击移到胸部。当动物每次对条件刺激不做提前腿的反应时,都用这个替代的强化当做惩罚,从而防止了电击脚部建立的反应的消退。他们指出,替代的强化能说明某些似乎具有很大惰性的、令人寻味的习惯的顽强性。

消退的现实性无论作为一个实验室的现象或作为一个重要的日常生活的事实,只有极少数的心理学家还在怀疑。但关于它的解释并不很一致,我们可以仔细考察一下最能引起争论的理论是哪一些,并看看它们是如何符合于实验结果的。

遗忘

消退难道是遗忘的一种案例吗?一些事实将证明,这两个现象是完全不同的:就遗忘而言,在学习与记忆测验之间总有一段时间;而消退则是当条件刺激-条件反应连续重复时发生,并随着不强化的试验次数而增加。而且,一个消退了的条件反射不等于遗忘的条件反射,这是很易表征的。在一个间歇之后再运用条件刺激,你会看到"自发恢复"的现象。

格瑞汉-戈内(Graham-Gagné)跑道　一个简单的高架跑道,长36英寸,一端置一动物笼,另一端置一食物箱,这是一个最适合于表征自发恢复现象的仪器(图20-3)。当动物笼的门被打开(条件刺激)时,白鼠就奔向食物箱并获得食物。我们可以把白鼠在食物箱中出现的作为合适的条件反应,并以潜伏期——从门开至白鼠明显地离开笼的一段时间——来测量条件反射的强度。一般用秒(按对数计)来表示潜伏期。图 19-6 是这种操作性的条件反射的习得曲线,从图可看出,在不到 15 次的试验中,潜伏期就接近于最低值。现在把实验继续进行下去,但食物箱不给食物,潜伏期随着消退的发展而稳定地上升。当一只白鼠达到一个任定的标准时,即在一次试验中,白鼠在笼中停留 3 分钟时,这个反应可看成是已被消退。

现在我们来表征自发恢复的现象。在最后一次消退试验后,把白鼠关在动物笼里,经过一段时间后再打开门。白鼠将如常地奔出笼子,从潜伏期可看出条件反射的强度,而且你还能看到消退抑制丧失了多少。在几组动物身上用不同的恢复时间进行实验。图 19-6 的曲线 C 就是根据这些结果画出的。

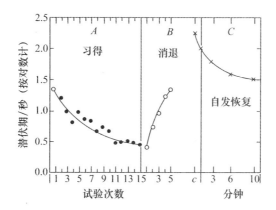

图 19-6 一个简单的奔跑反应的习得曲线、消退曲线和自发恢复曲线(引自格瑞汉和戈内,1940)。反应强度是根据白鼠离开动物笼进到跑道这段时间来计算的,跑道的另一端有食物箱。为了避免偏态分配,潜伏期的数值先换算为对数,然后求其平均值。

圆点表示连续 15 次奖赏试验的潜伏期的平均值(按对数计)。曲线是按照有理方程求出的。曲线从一个圆圈开始,它是个假定的起点,略低于第一次试验的实际值。

在最后一次的习得的试验后,接着食物箱内不放食物;图 B 只是最初的 5 次消退实验的结果。在每只白鼠身上继续做消退试验直至它的潜伏期达到 180 秒(即 $\lg \frac{180 \text{秒}}{\text{秒}} = 2.26$)为止,但有些白鼠消退试验的次数比其他白鼠多,故整条曲线不能描出。

消退的标准达到时,立即把动物笼的门关上,让动物在笼里停留 1、3、6 或 10 分钟,以便进行自发恢复。因为只有 20 只白鼠,所以对每种恢复间隔期只能用 5 只白鼠进行试验。但即便如此,自发恢复曲线上各点(以"×"表示)是非常有规律的。图中表明,消退已经达到"零下"的水平;标准潜伏期长于起点的潜伏期。即使经过 10 分钟的自发恢复,但仍不能使反应回复到假定的起点(图中最左边的小圆圈)。

这个实验明显地表明,消退不能用遗忘来解释,因为如果条件反射被遗忘,则经过额外的一段时间后,它是不能恢复的。消退似乎是个积极的过程,它能阻抑或抵消条件反射。当这个积极的过程随着时间而被减弱时,条件反射不再被阻抑,也就是说,得到了恢复。

适应

在一个枯燥乏味的讨论里,如果讲演者突然地急拍桌子,则学生将吓一跳;他们将四处张望,有些人甚至可能跳起来。但如果每隔数秒钟重复地急拍桌子,则它的效果就会迅速地消失。我们常说,学生已"适应"了这种刺激。因为这个例子与一个实验性消退的案例很类似,我们欲试以适应来说明消退。事实上,这种类型的适应显示出消退的外表特征,如自发恢复和解除抑制。洪弗瑞(G. Humphrey,1930,1933)早就指出了这种相似性,他发现蜗牛和海龟对于重复的突然刺激有类似的适应现象。普罗色尔和亨特(C. L. Prosser & W. S. Hunter,1936)重复轻叩松鼠的尾巴时表现出的反射性的反应和雷诺(G. F. J. Lehner,1941)在人身上所研究的某些腹部反射也都表明了这类消极适应的存在。对一个刺激不予强化地继续重复,则它的效果就会消失。很显明,这是个普遍现象。但我们对一般适应的认识比对特殊的实验性消退的认识要少得多,所以我们用这个较普通的术语并没有任何好处。而且,这个普通术语已被应用于许多现象上,如从"暗适应"到"对环境的适应",因此,它的意义范围是非常含混的。不能否认,有些适应的例子可以帮助阐明消退的性质。海龟的惊恐反应的消极适应和人的眼睑条件反射的消退,完全可能是依从于同样过程的,但科学的任务更重要的是在于找出这些过程是什么,而不是拿名词来套现象。

抑制

巴甫洛夫本人曾把消退归为一个名叫抑制的过程。他假定在神经中枢里有两种对立的过程,即兴奋和抑制,两者都是外围刺激引起的。口中食物以及已形成条件作用的节拍器声都会使食物中枢处于兴奋状态,因而形成唾液条件反射。但条件刺激同样能引起那种更不稳定的、迅速消失的中枢抑制,在一系列的实验中,这种抑制能被建立的数量是颇为可观的。当停止强化,断绝兴奋的主要源泉时,则连续重复使用条件刺激有利于建立抑制,并导致条件反射的消退。

巴甫洛夫关于脑中过程的带有臆测性的想法,可能是不大重要的。有些心理学家甚至于反对抑制这个概念,虽然在生理学中,它似乎成为一个必要的——和可贵的——概念。另一些人,如密勒和多拉得(N. E. Miller & J. Dollard,1941)用能累积的、具有驱使休息作用的、与疲劳相类似的那样的一种过程来代替抑制。还有一些人，如斯宾塞（1951）和赫尔（1950a，1951）阉割了巴甫洛夫关于这个概念的生理学的含义，并在纯粹行为的意义中把它作为一种构想。赫尔的"反应的抑制"具有行为的性质，这与巴甫洛夫的"内抑制"相类似，因为它能使兴奋失效，随着一个条件反射的重复，它能累积起来，但消散得很快。它具有消极的内驱力的作用，在动机的理论中，它占很重要的位置。

干扰

迄今为止，我们所论及的理论完全是双过程的理论，条件作用需要一种过程，消退又需要另一种过程。干扰理论[古斯里，1935；温特（G. R. Wendt），1936a]是个单一过程的理论。这个理论认为，消退不过是对旧的条件刺激的新的反应的学习。当白鼠揿压杠杆得不到食丸时，它就在情境所许可的范围内开始改变它的反应[安托尼替斯（J. J. Antonitis），1951；史坦利（W. C. Stanley），1952]。无疑，在消退中干扰往往是个因素，但它不是事情的全貌。

在条件反射消退中还有其他可能的因素。拉兹兰（1939a）曾列举了一些因素，并从俄国资料中大量搜集来的事实来说明它们。现在我们把干扰理论和与之相反的内抑制理论或反应抑制理论作比较，并试图确定哪一个更具有预测的效力。

消退的正常过程　一条消退的曲线往往是和一条倒描的习得的曲线很相像（如图19-6）。这个事实，并不能区分我们的两种理论，因为这个新的和干扰的习惯，应该按照典型的学习曲线发展，而且为什么抑制就应该按照完全不同的途径发展，这是没有明显的理由的。但是我们可用变更一些实验变量的办法使消退曲线有所改变，然后根据这一理论或另一理论去预测将要发生的变化。众所周知的间时练习优于密集练习的事实——这条规则看来也适用于条件作用——暗示了一种可能性。如上所述，干扰理论预测，当消退试验是间时的话，消退（学习一个新的反应）将更迅速。抑制理论的预测会完全相反：每次不强化的试验增长了一部分抑制；而且，各次试验的间歇愈短，则未消散的抑制将累积得愈快。

实验结果并不是完全一致的，但它们倾向于说明，当进行密集消退试验时，消退更为迅速。这是巴甫洛夫早已报导过的（1927），其他俄国人的研究也提出过同样的结果（拉兹兰，1933，1939a）。狗的眼睑条件反射（黑尔格德和马尔济，1935），白鼠的跑道操作（戈内，1941）也证实了这个结果。罗惹尔（J. H. Rohrer，1947）发现在一个较复杂的杠杆揿压的情境中，当条件反射一开始是强的，饥饿的内驱力是高的时候，密集消退就较快；在相反的情况中（预先强化次数很少，内驱力很低），间时消退试验的结果虽然也显出消退略快的趋势，但不显著。波特尔（J. M. Jr. Porter，1939）发现人的眼睑条件反射无论是密集消退或间时消退,结果没有差别;而雷诺德(B. Reynolds,1945)却发现密集消退稍快些。白鼠在巷道式跑道的实验,已有过不少研究[坡特尔,1938;谢费尔德(V. F. Sheffield),1950;史坦利,1952]。大多数都表明,密集消退和间时消退差别甚微。谢费尔德的实验显然是唯一得出明显差别的一个研究,说明间时消退效果较大。史坦利根据一个比较的实验作出了这样的结论:空的食物箱引起兴奋状态(挫折),当进行一系列的密集试验时,这种状态保持下来,因而使白鼠奔跑得更快,并表明消退更少。

也许我们有理由强调那些较简单的条件作用的实验结果,因为巷道式跑道、有隔墙和食物箱等,所以问题就复杂得多了。纵使我们把所有引用过的实验都加以考虑,我们也可找到三四个能明显地证明密集消退试验有较大的效力,而在争论的反面却只有一个可疑的案例。总之,抑制理论在预测上优于干扰理论。

自发恢复　一个已消退的条件反射,经过一段时间间歇后至少有一部分被恢复,这个事实可作为反对消退的遗忘理论的论据。它明显地和下列假定相符合的:内抑制迅速地消散并因此而释放被阻塞的条件反射。但干扰理论根据近期的学习比早先的学习衰退得更快这个已知的事实[约斯特定律(Jost's Law)],也能预测自发恢复。

解除抑制　巴甫洛夫承认有第二种类型的抑制,并称其为"外抑制"。任何能吸引动物注意(按照巴甫洛夫的术语就是能引起"探究反射")——我们称为"分心"的、新异的或额外的刺激,都能产生这种抑制,这显然也是一种干扰。在实验室没有隔音设备的时候,外抑制给实验工作带来了困难,因为任何突然的噪音都会干扰狗的正常行为。当条件反射正在建立的时候,一个外来的抑制物将使下一次试验的唾液分泌减少;但如果一个已建立的条件反射正被消退,这个外来的抑制物将会加强下一次的反应。巴甫洛夫的解释是这样的:外抑制的活动和当时占优势的过程相对抗。当这个优势过程是内抑制时,则这个抑制自身就受抑制。他把这种效果称为"解除抑制"。可以预料到,一些厌恶抑制的心理学家认为这个建议只有增加紊乱。但事实上,这种现象是很易表征的。我们还可以用格瑞汉-戈内式的跑道来证明:在条件作用的试验中,在门打开(条件刺激)之前,如果发出一个弱的噪音,则这次试验的潜伏期就会延长,这表明了这个条件反射暂时被减弱;但在一系列消退实验的中途,在某一次试验之前发出同样的一个弱噪音,则潜伏期会缩短,这表征了解除抑制(戈内,1941a)。

也还有一些心理学家,当他们看到运用隔音箱研究白鼠的条件作用的实验时,才逐渐严肃地考虑解除抑制的事实。对人类被试来说,这问题不是那么容易解决,因为隔音室是较为累赘的,把人隔离起来正像大多数的额外刺激一样起着扰乱作用,而人对一般的额外刺激却能"适应"得更快一些。但下述的情况也是可能的,在对被试学生进行消退试验时,如果一位教授在大学生实验室四周徘徊,则他仍旧是个有力的抑制解除物。

现在让我们回顾这些理论。显而易见,抑制为解除抑制提供了一个适当的解释。但干扰理论同样也有一个解答。它仅仅认为,一个新异的刺激引起一种与干扰原来条件反射的其他反应发生冲突的反应。这个特殊的游戏,结果似乎是难分胜负。

我们还会在本章内遇到解除抑制的问题。一般说来,每当内抑制或反应抑制出现得多时,解除抑制都会出现,在辨别和痕迹条件作用里情形就是如此。

密集学习试验中的部分消退

按照一般的定义,纵使条件反射每次都被强化,内部抑制或反应抑制早晚也会出现。在两次实验间给以一个适当长的时间,将使抑制消散,作业得以迅速改善;但运用密集试验时,由于抑制的累积,这种现象不会出现。经过休息后,由于没有内抑制,作业将表现出很大的进步。巴甫洛夫(1927)曾指出"当条件反射被强化时,抑制也能发展。"黑尔格德和马尔济(1935),黑尔格德和坎柏尔(A. A. Campbell,1936)也举出了其他例子,他们对狗、猴子和人用眼睑条件反射进行了密集强化的试验。半数的试验是在一天进行的,另一半的试验是在24小时后进行的。他们发现,在第二天的头一次试验中,条件反射的强度比第一天最后一次试验的条件反射强一些。这个结果从内抑制累积的角度来看是可以理解的。内抑制压制了密集试验临近末尾时的条件反射的强度。隔夜的休息将使抑制有充分时间进行消散,使条件反射显出足够的强度。

霍夫兰得(1936b)曾推断,强化试验中抑制的发展(他称为"强化的抑制")能说明在消退过程中常遇到的令人费解的现象:在条件反射的预期的下降开始前,在头几次试验中条件反射反而增加了。他建立了对纯音的条件皮肤电反应,纯音只在电击(无条件刺激)前半秒出现。人类被试很容易形成这种反应。24次条件作用的试验是密集进行的,每隔1分钟进行一次,随即以同样的时距连续进行5次消退试验,但一组被试在第8次和第16次条件作用试验后有半小时的休息。由于休息不让抑制有更多的累积,消退试验一开始就下降——如图19-7所示。但没有休息的B组,在一系列的消退试验开始时就已具有颇多的抑制的累积,它在以后才迅速地消散,因而经过几次试验,使条件反射有所增加。

这种有强化的抑制(或在强化中的抑制),在设计条件作用实验时是应当考虑的一个因素。它能说明有时获得的不良的实验结果。例如施洛斯贝格(1934)的白鼠实验,在半小时之内把蜂鸣器与电击集中地结合实施了200次后,白鼠的条件作用还很微弱;但如果在同样长的时间内只对白鼠进行20次结合的试验,结果却很好。当实验者试图建立一个快速的反应,如屈手、膝跳或眨眼,他是很想运用密集试验的,因为每 5 秒或 10 秒进行一次试验,他就能很容易地在一定期间内使强化的次数达到一个可观的数量。试验这样密集,抑制也跟着密集起来,因而违背了实验的原来目的。

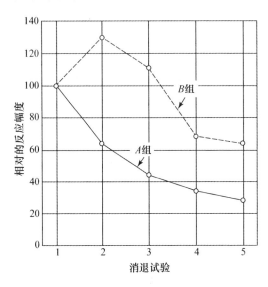

图 19-7 有始峰和没有始峰的消退曲线(引自霍夫兰得,1936b)。每组被试为 20 名成人,A 组在条件作用试验中有两次半小时的休息,条件作用试验是在 5 次消退试验开始前进行的;B 组在 24 次试验中没有休息。从每组的第一次消退试验的皮电反应的幅度为 100%,其他试验的相对幅度如图中的点所示。

间歇强化后的缓慢消退

一个非常简单的强化理论可以描述如下:条件反射每次被强化,它的强度就随之增加;每次不予强化,它的强度就随之减弱。这样的一个理论很易验证。在一系列条件作用的每次试验中并不都给予强化,而在中间插入不强化的试验,最后过渡到每次都不强化的消退实验。这时消退非常迅速,由于先前不强化的试验,部分消退早已形成。

在揿压杠杆的操作中,斯金纳(1938)曾发现,运用强化部分试验的方法有可能使反应率保持在高的水平。如果一只已形成了揿压杠杆获得食丸的条件反应的白鼠,揿压了杠杆而得不到食丸,则它将再三揿压杠杆,然后才终止这种动作。如果它在几次没有奖赏的揿压后得到另一颗食丸,则它将继续做揿压的活动。在间歇强化后(或按"一定时间",例如每隔 1 分钟,给一颗食丸;或按"一定的比率",例如在 50 次揿压后,给一颗食丸)进行消退,则需要的试验次数就更多。

斯金纳和他的同事曾大量研究了不同间隔的强化对反应率的影响,这些结果不久将以专著形式发表。他们不用白鼠而用鸽子做实验,结果表明,用不经常的奖赏方法能得到特别高的反应率:例如,每 10 分钟才强化一次,鸽子在整个 10 分钟期间是每分钟啄 25 次(斯金纳,1953b)。这种反应一般是啄一个小钮或一个键——对鸽子来说是个"天然"的反应。详细实验技术见菲尔斯特(C.

B. Ferster,1953）。

在经典的条件作用中能够得到类似的结果吗？期待理论能预测这类结果。例如，在一个眼睑条件作用实验中，以光作为条件刺激，吹风作为无条件刺激，每次试验的强化会形成一个无限定的阳性的期待，即"吹风经常伴随着光"，而且当强化在消退试验开始时突然中止的时候，这样的一个期待就会遭到剧烈的挫折；期待改变，消退将更迅速。间歇强化只能形成一个有限定的期待，即"吹风有时伴随着光"，这样，在消退试验开始时，将不会有明显的改变，消退将被延缓，并且是逐渐进行的。

洪弗瑞斯（1939）检查了这些预测，结果如图19-8所示。插入不强化的实验使条件反射的获得稍微减慢，但在96次实验时，50%强化组和100%强化组所达到的频率水平几乎是相等的。因此，两组的消退试验差不多是从相同的水平上开始的；但100%强化组在头三次消退试验中产生了突然的下降，而50%强化组则不出现这种立即下降的现象。

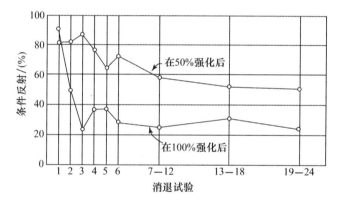

图19-8 经常强化和间歇强化后的眼睑条件反射的消退（引自洪弗瑞斯，1939a）。每组被试有22名学生。条件刺激-无条件刺激的顺序是光-吹风，光作用开始后400毫秒给予吹风，每次试验的间隔时间是30秒，每12次试验后休息1分钟，在连续两天中，每天进行了48次试验。100%强化组在每次试验时均给予吹风，50%强化组只有半数试验得到随机安排的强化。第三组用空白试验（休息）代替50%强化组的不强化的试验，结果和100%强化组一样。

洪弗瑞斯（1940）在人身上进行皮肤电反应（GSR）时也获得了同样的结果——间歇强化后消退减慢或延缓。这个"洪弗瑞斯效应"后来也被其他实验者和在几种学习实验中所证实，这类实验有白鼠跑简单的跑道、跑T式迷津等[参考詹金斯和史坦利（W. L. Jenkins & J. C. Stanley,1950）对这方面的结果和理论的评论]。

当然，在这里，对持强化理论的人来说是个挑战，他们全力以赴来应战。他们求助于刺激泛化原则,特别求助于泛化的级差。当条件刺激有所改变时,条件反应即变成不很有力和不确定。引起条件反应的全部刺激(或线索)所包含的东西多于实验者所运用的条件刺激。它包含前一试验留在机体内的不易消散的后效。在一次试验中所接受的吹风、电击、食物或其他无条件刺激,可能留下残余的刺激(例如少量的食物),它们是下一次试验的总线索的成分。当每次试验都给予强化时,这些残余成分在条件作用的试验系列中保持不变;但在消退试验系列开始时,它们就突然地改变。因此,反应的突然下降是可预见的。但在间歇强化后,情况就不同了。当无条件刺激在一次试验中被省略时,它的后效就不致在下一次试验中出现。如果被试对该次试验的条件刺激起反应(并且时常获得强化)的话,他就会对一个不固定的线索形成条件作用,但这一线索在消退试验开始时是不变的。因此,也能预测消退试验开始时反应不会立即下降。

谢费尔德(V. F. Sheffield,1949)从这个一般的分析中作出一个更特殊的预测。如果条件作用试验的间隔期长到足以使一次试验的后效在下一次试验开始前已经削弱的话,则无论强化是间歇的或经常的,在消退试验中不应有很大的差别。白鼠在从动物笼到食物箱之间相距 4 英尺的一条跑道上奔跑,以奔跑的总时间作为测量反应的指标。一组(半数)白鼠做密集训练试验,另一组(半数)在两次试验之间休息 15 分钟。每半组在每次试验中得到食物,另半组只有 50% 的试验得到食物;每半组的一半进行密集消退试验,另一半进行间时消退试验。这样安排,各种可能的因素可被平衡。结果与预测相符:当条件作用试验有较适当的间隔期时,50% 强化组与 100% 强化组的消退曲线实际上是相同的。但进行密集条件作用试验的 50% 强化组,消退却显得慢些。

一个假说不能被证实,虽然它也许能被反证。但如果一个假说能事先预测一些未知的结果,则它就具有一定的说服力,并应获得一定的赞赏。期待假说对于预测洪弗瑞斯效应是值得赞许的;而牢固的强化假说对预测密集与间时学习试验的不同效果,也是同样值得赞赏的。后者还可预测洪弗瑞斯效应,而前者大概也能对谢费尔德的结果作出预测。这两个假说都企图去说明,当强化突然地或逐渐地转为不强化时,机体中发生了什么样的变化。刺激-反应的分析很可能就是期待假说的一个分析,至少这种分析可能对期待的实验研究指出途径。在人们的行为中,期待肯定是一个真实的因素。

一个从假定出发的"定局的实验"所得到的结果常常能用两个或更多的不同理论来解释。这时,我们怎样才能向前进展呢?科学史已为我们做了回答:当我们确定的事实愈多,并愈来愈多地把它们之间的相互关系确切地肯定下来的时候,一些理论就会暴露出它们的局限性,并被某些更好的理论所代替。对研究者来说,一个理论的最终的"真理"毕竟不如它在组织已知结果和指出今后实验途径两方面的价值那样重要。

时 间 关 系

同时,延缓和痕迹条件反射

到目前为止,我们主要讨论了"同时性的条件反射"——即大约同时应用条件刺激与无条件刺激所得到的条件反射。例如,先开启一个节拍器,几秒钟以后给食物。另外,在条件刺激与无条件刺激有明显的时间错后时,也可能建立条件反射。如果节拍器经常在给食物之前1分钟开启,与给食物在时间上相重叠,我们就获得了"延缓条件反射";如果呈现节拍器1分钟,再把它停止1分钟,然后给食物,所形成的就是"痕迹条件反射"。在这种情况下,当条件反射出现时,节拍器已经不响了,所以被试必须对条件刺激(节拍器)在神经系统中所遗留下的痕迹起反应。此时,实际的条件刺激一定是节拍器的某种神经痕迹或反响。

延缓条件反射比同时性条件反射难建立,而痕迹条件反射更难建立。为了建立一个痕迹条件反射,你可以先建立一个同时性条件反射,再把它转变成一个延缓条件反射,最后把它改变成所需要的痕迹条件反射。

延缓抑制　在建立得很巩固的延缓条件反射和痕迹条件反射中,反应是在无条件刺激将要出现之前的短时间内开始的。例如,巴甫洛夫在一个实验中,经常在条件刺激开始180秒后才给食物,唾液分泌约在食物出现前30秒开始。为什么发生这种延缓现象呢?巴甫洛夫提出内抑制的看法:他假定条件刺激有两种效力,它在神经中枢引起兴奋作用,同时也引起抑制状态,这种抑制状态限制着兴奋作用;当临近无条件刺激的时候,抑制作用已经衰减,而使兴奋作用能够产生唾液分泌。毫无疑问,这种解释遭到了抑制干扰理论的代表者的诘难。古斯里(1933)提出,一切条件作用都是严格同时的。他认为延缓是由于条件刺激使动物采取了一定的身体姿势或某种连续性的行为而造成的。节拍器可能使狗凝视食物盘,由这种运动反应所产生的内部刺激可以继续维持这种反应。这些身体姿势的调节可以在延缓的间隔中逐渐改变,当食物最后呈现,所作出的反应便建立在那种与延缓有关的刺激上面。巴甫洛夫确实在延缓初期观察到一种困倦的姿势;然后在接近呈现食物的时候,继之看到一种机警的姿势——这正是他关于中枢兴奋和抑制状态的想法的确切证据。他认为困倦姿势是与催眠或睡眠有关系的;事实上,他把后两种状态看做是内抑制的扩散所造成的。

延缓抑制的解除　如果巴甫洛夫是正确的话,那么应该有可能用一种突然的、新的刺激来解除这种内抑制,而使狗在延缓期结束之前很早便发生唾液反应。在上面的例子中,唾液反应经常在节拍器开始作用约150秒之后发生,在这个期间的早期呈现一个额外光刺激,应该立即引起唾液分泌。这种预想确被证实了,并且在巴甫洛夫的实验中还有许多类似的事例。罗德尼克(E. H. Rodnick)在人类皮肤电反应中也发现了同样情况。他用休息后的自发恢复,使延缓条件反射潜伏期缩短,为延缓的抑制作用提供了进一步的证据[罗德尼克,1937a,1937b;斯威泽(S. A. Switzer),1934]。

这些结果并不与干扰理论相矛盾。根据干扰理论,解除抑制只不过是在姿势反应已经干扰着条件反射的基础上,由额外刺激所引起的反应再对姿势反应的一种干扰。简言之,额外刺激破坏了连接着整个延缓间隔的姿势。但是,如果假定条件反射是与这个被破坏了的姿势相联系着的,那么要说明条件反射为什么会发生,还需要提出一些补充假设。

短间隔的时间关系 当巴甫洛夫考虑时间关系的时候,他通常用的是较大的时间单位,因为唾液分泌是一个缓慢的过程。但是大多数美国学者研究的都是关于骨骼反应,这种反应用几分之一秒的时间来测量才是恰当的。因此,巴甫洛夫所提出的分类在这里就产生了一定的困难。例如,膝跳反射的小腿运动在敲击膝盖腱后约50毫秒就开始。为了建立一个同时性的条件反射,可以在敲腱(无条件刺激)的同时发出一个铃声(条件刺激)。这种时间上的配合会产生很坏的条件作用;但在敲腱前约1/3秒给铃声,则效果会较好(施洛斯贝格,1928)。

快速的条件反射的适宜时间关系问题一经提出之后,就引发了一系列的研究。渥弗勒(H. M. Wolfle,1930,1932)在早期进行了一项重要的研究。她用一个声音作为条件刺激,电击手指作为无条件刺激,反应是手的回缩。在几组成人被试中,各组都采用不同的条件刺激-无条件刺激的时间间隔。对一些组,声音比电击提前3秒;对另一些组,声音比电击错后2秒。实验结果如图19-9。从图可以看到,1/3~2/3秒的提前间隔最适合于建立条件反射。

这项研究引出了几个有趣的事情。首先,声音在电击之前一秒或稍多一些时间出现,为什么条件作用就这样的坏?可能的解释是:被试随意地制止了手的回缩;在这样长的一个间隔内,被试可以控制自己,在确实受到电击之时才把手缩回来。我们将在以后的一节中讨论这种态度的控制问题。

倒行条件作用 渥弗勒发现,当声音在电击之后出现,只有少量的条件作用。然而问题在于,在这种情况下本来是不该出现任何条件作用的。从机能的观点来看,被试对于在电击之后的信号发生缩手反应,这是没有意义的。巴甫洛夫曾经确认,唾液反射的倒行条件作用是不能实现的,虽然以后他对上述看法做了某些修改,认为在某些条件下,可能得到不稳固的而且是暂时性的倒行

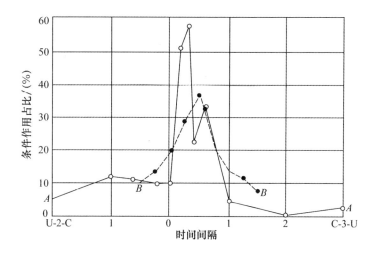

图 19-9 缩手条件作用的效力与刺激作用的时间间隔之间的关系（渥弗勒，1932）。纵坐标表示获得条件反射的试验次数的百分比。底线表示条件刺激与无条件刺激的时间关系。在零点的右侧，听觉刺激先于电击；在零点的左侧，电击先于听觉刺激。图中的材料代表两个不同的实验。两条曲线的差别可能主要是由于机遇造成的。

条件反射（1927）。一些美国作者曾经报告过少量的倒行条件作用（斯威泽，1930，用眼睑条件反射），而其他作者则基本上没有得到倒行条件作用［伯恩斯坦（A. L. Bernstein，1934），同样用眼睑条件反射］。

斯邦纳和凯洛格（A. Spooner & W. N. Kellogg，1947）对于这种不肯定的情况做了进一步的澄清。他们重复了渥弗勒的实验，同时也记录了反应潜伏期（图 19-10）。正常的顺行条件反射的潜伏期比倒行条件反射的潜伏期长得多，二者在某些方面有着根本区别。

敏感化和假条件作用 人们逐渐认识到，出现的任何"倒行条件反射"不是真正的条件作用，它并不依赖于条件刺激与无条件刺激的结合。在这种情况下，机体中发生的只是"反射的敏感化"。电击或其他有害刺激使有关的保护性反射敏感化了，以致任何突然刺激都会引起这种反射。这就是说，被试已经完全做好准备将手缩回来，或者做好准备闭上眼睛，于是一个突然的声音就会把这种反应一触即发地释放出来了。在上述情况下，起这种释放作用的刺激恰好是条件刺激——任何其他刺激也都同样可以起释放的作用。看来，反射的敏感化可以解释所发现的任何倒行条件作用。我们可以下结论说，条件刺激如果不先于无条件刺激，则很少发生条件作用，或者根本不会发生条件作用。

赛尔斯（R. R. Sears，1934）的金鱼实验是敏感化的有力例证。条件刺激是

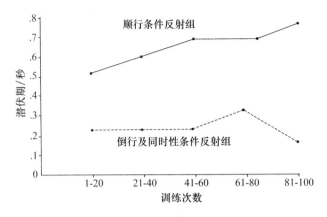

图 19-10　顺行及倒行条件作用的平均潜伏期(斯邦纳和凯洛格,1947)。六组被试,每组 10 名女大学生。对不同的被试组以蜂鸣器(条件刺激)分别安排在电击(无条件刺激)前和后,或与电击同时。共进行了 100 次试验,每次实验都间隔相当长的时间,其中 1/5 是检查性的试验,只给蜂鸣器。在这些检查性的试验中,顺行的条件作用的潜伏期比倒行的条件作用的潜伏期长得多;在正常的条件作用中,潜伏期随着条件作用试验系列的进展而增加,被试对于 0.5 秒、1.0 秒或 1.5 秒间隔的蜂鸣器-电击建立了条件反射。同时还发现,顺行的条件反射愈来愈频繁,而倒行的条件反射愈来愈倾向于消失。蜂鸣器-电击的同时性结合的结果与 0.50 秒、0.25 秒间隔的电击-蜂鸣器的倒行结合的结果基本上相同。

光,无条件刺激是电击。他在训练之前试查光刺激,发现光使鱼激动地游着。当鱼对光的原始反应经过适应而消退之后,再连续地施用一系列单独的电击——并不与光相结合。这时电击对鱼起了"激发"作用,使鱼再度对光发生反应,甚至也对一个振动刺激发生反应。

温特(1930)在膝跳条件作用实验中,遇到了一个更复杂的敏感化的事例。他以 1/5 秒间隔敲击两膝的膝盖腱,这样敲击左膝便成为右小腿的条件性提踢的条件刺激。在这些条件下,他得到了一些典型的、潜伏期为 200～300 毫秒的条件反射,也出现了一些潜伏期更短(120～180 毫秒)的右小腿的提踢。他从临床文献中以及从他的一个被试身上,发现一种具有差不多同样潜伏期的(无条件的)交叉反射。他最后认为,他所用的训练方法使这种平常不活动的反射趋向敏感化了。

格兰特和他的同事在一系列眼睑条件作用实验中,发现另一种类的敏感化——感受器的敏感化。如图 19-11 所示,对于照明的突然增加,产生两种反射性的反应(这里比图 19-5 的实验照明增加得更大)。这两种条件反射都比"真正

的条件反射"的潜伏期短,我们可以区分出:

短潜伏期反射,潜伏期50～110毫秒;

中潜伏期反射,潜伏期120～240毫秒;

真正的条件反射,潜伏期250～450毫秒。

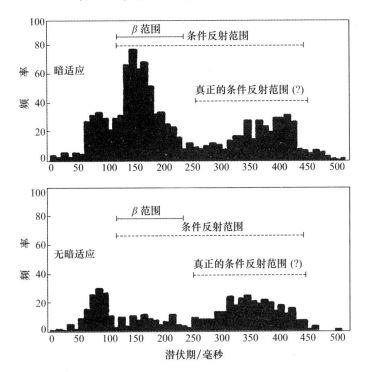

图19-11 在人类条件作用实验进程中,由强光所引起的眼睑反应的潜伏期分配[格兰特和诺里斯(D. A. Grant & E. B. Norris,1947)]。上图表示经过暗适应的被试的结果;下图是光适应的被试的结果。β范围是对光的第二级反应,时常与条件反射相混。

当网膜经过适当的光适应的时候,中潜伏期或"β"反应几乎不存在,但在暗适应以后这种反应是很多的。按一般习惯,所有具有120～450毫秒潜伏期的反应都可以算作是眼睑条件反射;但是因为在实验中通常都是逐渐地进入暗适应的,所以中潜伏期的"条件反射"也可能是无条件反射。在暗适应情况下连续做一系列的消退试验时,"β"反应掩盖了消退效果[格兰特和黑克(H. W. Hake),1951]。(我们可以设想,短潜伏期反射是由于刺激中央窝的锥体所引起的,而中潜伏期反射是由于刺激中央窝以外的棒体所引起的,棒体比锥体的暗适应的程度大得多。)

产生假条件作用的方法是,运用没有条件刺激的无条件刺激若干次。这种敏感化的情节在眼睑实验中,与暗适应相比,没有显著的效果[格兰特,诺里斯和伯萨德(S. Boissard),1947]。然而,在其他条件作用实验中,时常可以看到一个强烈刺激可能使该刺激的自然反应敏感化,以致于几乎任何其他刺激都能够释放同样的反应。因此,一位慎重的实验者不仅需要预先试验一下他所要用的条件刺激,以确定其是否已经能够引起所希望建立的那种反应。他还需要偶尔用假条件作用的方法进行一次控制组的实验[哈里斯(J. D. Harris,1941);C. D. 威庚斯和 D. D. 威庚斯(C. D. Wickens & D. D. Wickens,1942)]。许多早期有关条件作用的工作都可能受到了不同类型敏感化的影响,所以应该重新检查一遍,确定这些研究中包含着多少真正的学习。

眨眼条件作用与条件刺激-无条件刺激间隔的关系 我们在早一些时候曾经看到,眼睑反射的惰性很小,所以用它来研究条件作用中刺激与反应的时间关系是很理想的。黑尔格德(1936)在其早期关于适当条件刺激-无条件刺激间隔、条件反应、无条件反应、光反应(对于光作为条件刺激的原始反应)的潜伏期等基本问题的研究中,应用了这种反射。由于这些时间关系的精确数值具有理论上的重要性,所以就对一些更细致的问题进行了实验探讨。

雷诺德(1945c)将一个响声(条件刺激)与作用在角膜上的吹风(无条件刺激)相结合,用多治(Dodge)的钟摆式光学计时器记录了反应。他将被试分成每10名一组,每组用下列一种条件刺激-无条件刺激间隔进行实验:250、450、1150 及 2250 毫秒。在建立条件作用的过程中,计算了预期反应,即计算在吹风前所出现的条件反射。图 19-12 表明四组被试在间时练习条件下的习得曲线(另外也有几组被试进行密集练习,但我们在这里不涉及这一问题)。两件事情是很清楚的:① 在习得的速度上是没有很大差别的,所有各组被试在大约 40 次试验时,都达到最后水平;② 各组在最后水平上有很显著的差别,450 毫秒的一组被试的条件作用显然是最好的。

如果我们对最后水平感兴趣,我们可以考察另一个图上的结果。图 19-13 的圆圈表示在不同延缓间隔条件下,第 51～60 次试验所达到的水平。如果我们有更多一些点子,很可能画出一条平滑的曲线,在大约 0.5 秒间隔的最高值的两边逐渐下降。但是雷诺德的材料在短时间隔的一端是不够理想的。首先,低于 450 毫秒间隔的只有一点;再者,条件刺激-无条件刺激间隔短的预期性条件反射是不可靠的,因为许多条件反应无疑地都被吹风的反应所掩盖了。金波尔(1947)设计了一个实验来克服这些困难。他的方法类似于雷诺德的方法,除了金波尔① 用短的延缓间隔;② 插入一些没有吹风的检查试验。金波尔用预期性条件反射,画出了雷诺德那样的习得曲线,并且将它们与检查试验的曲线相比较。对于金波尔的 400 毫秒被试组来说,条件作用的两种指数的差别是不大的,因为在这个延缓间隔中,条件反射有足够的时间在"吹风之前"就出现。

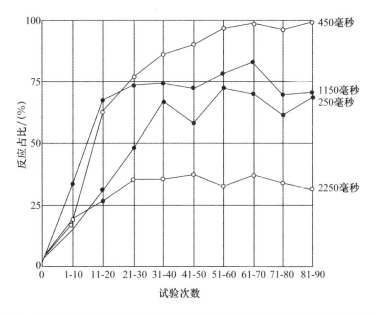

图 19-12 用四组不同条件刺激-无条件刺激间隔建立痕迹条件反射的习得曲线（雷诺德，1945c）。条件刺激是一个响声，无条件刺激是对角膜的吹风，条件反应是预期性的眼睑闭合。纵坐标表示连续 10 次训练试验中预期性闭眼的百分比。

但是对于更短的间隔，可以清楚地看到，不强化的检查试验得出了更好的指数。因此，我们从最后一次的检查试验中获得条件反射的被试的百分比，才能对每一种时间间隔的被试组的最后条件作用水平作出最好的估价。这些百分比用黑点加在图 19-13 上面。曲线比黑点更能代表时间的影响，因为每一点只基于 10～13 名被试的结果。虽然 300～400 毫秒的被试组看来是相似的，这是因为他们都达到了百分之百的顶点；400 毫秒的被试组在消退试验中略好一些。

到目前为止，雷诺德-金波尔的材料是说明关于条件刺激-无条件刺激间隔与条件作用强度的关系的最好的材料。这种关系具有重要的理论意义。例如，赫尔（1943）认为它代表神经中枢"刺激痕迹"的波动和衰减的速度。如果这种看法是正确的话，那么最适宜的条件刺激-无条件刺激间隔与其说依赖于反射性反应的速度，毋宁说依赖于感受器系统的速度。视觉、听觉和触觉这些快速作用的感受器系统，其最适宜的条件刺激-无条件刺激间隔应该是差不多相同的。但是那些慢作用的感官，如嗅觉和味觉，就应该具有较长的间隔。在另一方面，无论条件反射是基于快速的眼睑反射，或者基于慢速的皮肤电反射，在最适宜的间隔上是不应该有所差异的。当黑尔格德和马尔济（1940）提出应该研究慢速反射，以便与快速反射做比较的时候，关于快速反射——眼睑、膝跳、手的回缩——的研究，至少已经获得了一些初步材料。然而，在十多年以后才有

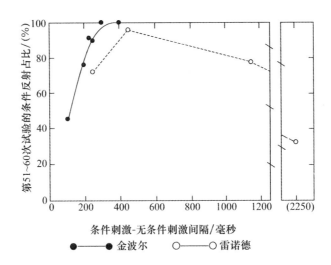

图 19-13 条件作用的强度与延缓间隔的关系。雷诺德(1945c)的材料用圆圈表示，金波尔(G. A. Kimble,1947)的材料用黑点表示。虽然雷诺德用的是对响声的痕迹条件反射，金波尔用的是对光的延缓条件反射，而他们的材料却可以相互比较。纵坐标表示出现条件反射的试验次数的百分比。雷诺德在第 51~60 次试验中用了预期性反应，但是金波尔对于每一被试只做一次检查试验，这次试验是插入在第 51~60 次试验之间的(见正文)。可以看到，为了使 2250 毫秒间隔能在图上画出来，图的底线是中断的。

人从事这项简单的工作。怀特和施洛斯贝格(R. E. White & H. Schlosberg, 1952)用几组人类被试，对光建立了皮肤电反射，每组被试都用一种不同的条件刺激-无条件刺激间隔。他们所得出的曲线与图 19-13 金波尔-雷诺德的曲线是如此相似，以至只有经过仔细的检查才能区别出来。看来，在经典的条件作用中，清楚地表明条件刺激和无条件刺激两者的时间间隔是很重要的，但在外围所测量的无条件刺激-无条件反应之间的刺激-反应间隔是不大重要的。因此，关于经典条件作用的刺激-联想或期待的理论，我们在这里又获得了一些新的证据。

态度的和"意志的"因素

当华生(1916)采用新的和客观的条件反射作为行为主义的基础的时候，他就以为解决了由于内省法作为心理学的基本方法所带来的种种困难，其中也包括意志这一困难的问题。但是正如常常发生的那样，他并没有由于否认意志的存在而把问题解决了。人类与动物界的其他成员有很多共同的东西,但是人也有某些其他动物所没有的东西———一种高度发展的语言。我们并不需要对这个机制的原理作出任何玄学的假设,因为我们可以在活动中观察到它。每一次实验者要求被试做某些事情,无论是让他坐在椅子上,或者看到灯光按压电键,或者把手握在一个可以发出电击的电极上,实验者是在这些情况下去确定被试行为的。在大多数的实验情况下,指导语都是明确的,不需要被试做多少解释。但是在典型的条件反射实验中,关于如何作出反应的指导语一般是不明确的。例如,在缩手的实验中,实验者应该注意不告诉被试当听到铃声(条件刺激)时作出缩手反应(条件反应),否则这个实验只不过是一个反应时间的实验了。毫无疑问,某些目的不明确的实验者告诉被试说,在受到电击(无条件刺激)之前不要把手缩回,他这样做,是希望通过指导语以及指导语所引起的各种复杂过程来建立一个够强而不会破裂的条件反射。如果在实验中没有特殊的指导语,被试自己就会提出一定的想法———他将猜测自己应当怎么做。他必然要指导自己把手放在电极上,除非在控制不了的时候才缩回。于是他把手放在电极上,直到电击强迫使手离开。他可能持续这种行为几百次,而且认为把手拿开是表现"软弱"。

缩手的条件作用是随意性的吗?

这个问题首先是由哈米尔(I. A. Hamel,1919)提出来的,他主要根据条件反射的潜伏期,同时也部分根据被试的内省报告,对这一问题做了肯定的回答。他发现条件反射的潜伏期与手的类似的随意运动的潜伏期很相似,并且大约是对电击的反射性反应的两倍。条件反射的这种长潜伏期也时常在其他反应方面得到证实。但是我们不能仅仅因为两种过程需要同样的时间,就认为它们具有同样的机制。毫无疑问,缩手的条件作用和反应时间实验中手的随意运动,都有大脑皮质活动的参与,并且在条件反射和反应时间中包括相同的感觉器官和肌肉的潜伏期。因此,二者虽然不一定有相同的机制,但有类似的总潜伏期,也是合乎情理的。

正如皮克(H. Peak,1933)所指出,关于某种反应是否是随意性的问题是很复杂的。遗憾的是,她并没有找到一个适合于各种情况的简单的答案。随意性的反应与反射性的反应可以由以下一种或几种条件加以区分:① 描述性特点,如形式、潜伏期;② 它们的决定性因素,如刺激强度、预先的指导语;③ 它们和上述决定性因素的函数关系。如果把这些决定性因素应用到缩手的条件作用上面,那么将会发现,这个条件反射究竟是随意性的,还是非随意性的,仍旧是不清楚的。这个条件反射有随意性反应所应有的潜伏期,而却不是由(明确的)指导语所引起的。诚然,如果指导被试去抑制条件反射,他时常是做不到的(参考黑尔格德和马尔济,1940)。我们可以确定一件事情:按一般意义,即按"故意"的意思来理解随意性这一词的话,条件反射是非随意性的。但是从相反方面来看,条件反射却又时常违背着被试的愿望。

条件作用中的态度因素

从本讨论中可以清楚地看到,在人类条件反射实验中,被试的态度是很重要的因素。有几种方法可控制这一因素。最明显的一种方法可能是让被试进行其他活动,如在建立膝跳反射时让他从事阅读(施洛斯贝格,1928),就如同在狗吃食物的时候建立屈腿条件反射一样。在这种情况下,条件刺激或无条件刺激确实不易发生作用。另一种方法是用随意控制不起作用的人做被试。儿童控制缩手的能力可能较弱,所以可以用他们建立缩手的条件反射。奥西波娃(Осипова)(参考拉兹兰,1933)用327名正常的和逊常的7~19岁的学龄儿童,研究了缩手的条件反射的形成速度。逊常的儿童以及14岁以下的儿童比年龄较大的儿童形成条件反射来得快。需要研究幼儿在刚开始学习语言时的缩手反应。

唾液条件反射 我们还可以想到另外一种控制态度因素的方法:用一种不受随意控制的反应作为研究对象。这种反应是很多的:眼睑反射和膝跳反射都部分地不受随意控制,皮肤电反应和唾液分泌看来完全是不随意的。但是很奇怪,关于态度对于形成条件反射的影响,唾液反应给我们提供了最好的例证。

拉希莱(K. S. Lashley. 1916a,b)可能最早在人身上研究了这种条件反射。他用一个真空杯,附着在面颊的内部来收集唾液。当他发现条件反射太不稳定——被试太容易"看透"这个实验——的时候,便很快地放弃了这个实验。克拉斯诺高尔斯基(Красногорский)以及伦茨(Lenz)(拉兹兰,1933)也都用类似的方法取得了一定的成功,这可能是由于他们把刺激条件控制得较好的缘故。1935年拉兹兰报导了一个在人身上记录唾液反应的新的、简单的方法。他将牙医用的小棉花卷放在舌下吸收唾液。经过称量放在口中1分钟前后的棉花卷的重量,便可以确定棉花卷所吸收的唾液量。可以用几名被试同时做此实验,因为若将棉花卷分别放在防水的小口袋中就可使实验者有时间分别去称它们。当然,由于棉花卷本身的刺激作用,口中将流出一些唾液,所以必须用减去"静止"时的分泌水平的方法,来校正实验材料。

拉兹兰(1935)在他第一次用这种方法的主要研究中,用了37名被试,总共进行过800小时以上的实验。条件刺激是节拍器、无意义音节、词、数目字;无条件刺激是(按效果大小的次序排列)吃饼干、看别人吃饼干、吃薄荷糖、想象肉排或饼干。但是无论条件反射的建立还是条件反射的消退,都没有按照正常方式进行。一名被试可能经过几次实验便形成条件反射,另一被试不形成条件反射,而第三名被试可能在条件刺激呈现时反而降低了"静止"的分泌水平。拉兹兰假设,被试之间的这种差别是由于他们态度的不同造成的,因为在指导语中并没有严格地去确定态度。因此他在不同的时间对被试试用了阳性和阴性的指导语。例如,如果告诉被试吃饼干的时候联想无意义音节,则一般得到了阳性结果;但是如果告诉他们避免形成这种联想,所得的结果将是阴性条件作用或没有条件作用。拉兹兰假定,成人的条件反射依靠两个因素:① 生理的、数量方面的因素,依赖于两个刺激的重复次数和"连接强度";② 心理的、质量方面的,"是-否"因素。第一个因素在动物身上起作用,也是条件作用的规律直接适用的因素。第二个因素约在儿童3岁到5岁的时候发展起来,并且掩盖了第一个因素。于是在人的过去经验的基础上,通过语言符号的作用,建立了一个"选择和拒绝的系统"。关于这个系统,可能用条件作用这一类的原理作为最后的解释,但是在描述水平上,却有着很不同的规律。

拉兹兰没有满足于仅仅证明了态度在条件作用中的重要性,还提出了一种控制态度的简单的方法(1939)。他在一段长时的进食期间,呈现一系列条件刺激,并故意地不把实验的真正目的告诉被试。例如,在2分钟的吃饼干(无条件刺激)期间,给予40次颜色灯光(条件刺激),并告诉被试说,实验的目的是"探讨眼睛疲劳对消化的影响"。用这种方法,在总共几百小时的实验中,在许多被试中没有一名被试表现出,他曾想到在看到条件刺激时将要分泌唾液。实验结果明显地证实了巴甫洛夫在动物行为方面得到的关于条件反射的建立、消退、自发恢复、泛化等主要结果。

随意控制的性质　在考虑上述结果时,会立刻遇到这样一个问题:像唾液分泌这样一种不随意的反应是怎样受态度控制的呢?大体说来,这个问题是可以得到解决的。我们不能直接控制唾液分泌,但是可以间接地控制它。如果你想刺激唾液分泌,你只要想到一盘丰美、浓汁的肉排。当你"想到"肉排的时候,无疑地就引起了过去曾经与肉排相联系着的中枢过程,或者甚至也引起了外围过程,如无声言语。这些象征性过程,正如其他过程一样,可能由实验者或被试自己的言语刺激而产生出来。因此,拉兹兰的被试用他们的态度控制了在条件刺激(如光)与无条件刺激(饼干的味道)之间联想的形成。

拉兹兰所演示的态度因素的影响,可能使所有关于人类的条件反射的研究都复杂化了。以皮肤电反射为例——它不仅是非随意性的,而且甚至大多数人都不知道他们有这种反射!然而,如果实验者仅仅说,"好了,我不再给电击(无条件刺激)了,我只要再试几次光刺激(条件刺激)罢了!"那么皮肤电反射将常常完全消失。如果被试真正相信了实验者,在光之后不再期待电击,那么对光的反应几乎立刻消失[库克和哈里斯(S. W. Cook & R. E. Harris),1937;莫热尔,1938]。

眼睑条件反射中的态度因素　洪弗瑞斯(1943a)报告了,在眼睑条件和无条件反应的习得和消退过程中,反应强度的各种测量间的交互相关。当他对这些交互相关进行因素分析时,发现了如同拉兹兰所提出的两个因素:生理的因素是与对吹风的反应和对光的原始反应的量的大小有关,也与条件反应的习得与消退的幅度有关;态度的因素是与条件反应的习得和消退的潜伏期有关,也与消退频率有关。

像上述的统计分析方法是先从实验结果下手,然后根据实验结果的变异,再追究引起变异的因素——上述的案例是把被试间的随机变异归结为生理的和态度的因素。在某些方面,把这一过程颠倒过来是更有说服力的,也就是先改变态度因素,再观察其结果。密勒(J. Miller,1939)是这样做的,他向 6 组被试,每组 20~25 人,用 6 种不同程度的指导语,如:从①"在感觉吹风之前,千万不要眨眼或开始眨眼"到⑥"当你感觉到你的眼睛闭上或开始闭上的时候,不要去阻止它。"在使用抑制性指导语①的时候,26%的试验出现条件反应;而使用具有帮助性指导语⑥的时候,条件反应频率达到 71%;中间程度的指导语得出中间程度的结果。黑尔格德和洪弗瑞斯(1938a),诺里斯和格兰特(1948)也得到类似的结果。

从所有这些研究来看,没有多少疑问,态度在人类条件作用中是一个很重要的因素。这是不是说,用人类被试就不容易发现条件作用的基本规律呢?如果这是确实的话,那么我们在本章内所写的许多东西,就变得没有价值了。例如,关于延缓时间长度(条件刺激-无条件刺激间隔)与条件反射强度的关系的最好材料,乃是从人的眼睑实验中获得的。侥幸的是,关于这个条件反射,我们还有从其他动物得来的比较材料。对白鼠[休兹(B. Hughes)和施洛斯贝格,1938]、狗(黑尔格德和马尔济,1935)、猿猴(黑尔格德和马尔济,1936)和人(黑尔格德和坎柏尔,1936)的研究结果表现出某些种属间的差异,但是差异之点却不如相似之点显著。很显然,像眼睑条件作用这样一种过程必定是一种基本过程,对于许多动物都是共同的。在人身上,态度因素可能减弱基本过程的活动,但是这些因素可以用指导语很好地加以控制,不使它们掩蔽基本过程。

随意控制的习得　早先我们曾经指出,用引起象征过程的方法可以间接地控制不随意反应,如唾液分泌和皮肤电反应,但是这些象征过程必须是与不随意反应的刺激相联系的。哈金斯(C. V. Hudgins,1933)用这种方法教他的被试根据命令或随自己的"意志"收缩(或放大)瞳孔。他先用铃声(条件刺激)形成瞳孔收缩条件反射,用增强灯光作为无条件刺激。建立这种条件反射需要经过 125~225 次试验。然后在实验者命令"收缩"的时候,让被试握压一个握力计并且也说"收缩":当手握压的力增大时,握力计就通过一个电路开动电铃和灯光。经过另外 200 次试验以后,在实验者命令"收缩"的时候,即使没有手的反应、铃声和灯光,也可能出现瞳孔收缩。同时发现,某些被试在以微声、或甚至以无声言语说"收缩"时,也可以产生瞳孔反射。亨特和哈金斯(1934)指出,这个反应无论怎样看来都应该算做"随意"反应。可是,虽然不用原来的灯光(无条件刺激)进行强化而反复地引起这一反应,也没有反应消退的迹象。

不幸的是,这个整齐的实验在别人手中并没有获得成功。斯特克尔和任绍(L. C. Steckle & S. Renshaw,1934)以及斯特克尔(1936)都没有得到哈金斯的结果。哈金斯(1935)指出了他们在方法上的一些缺点。可见,正如我们前面所强调过的,瞳孔反应是一个较难研究的反应。

泛化和辨别

一个在建立过程中的条件反射,在刺激和反应两方面一般都表现出显著的分散,或泛化。例如,李德尔、詹姆斯和安德孙(1934)在绵羊身上用电击结合节拍器声建立前腿弯曲的条件反射。在建立条件作用的早期,几乎任何声音都能引起条件反应。另外,条件反应并不集中在前腿上,而是弥散的和蔓延的。只是经过多次的条件作用后,绵羊对节拍器声的特有的、准确的、前腿弯曲反应才发展出来。关于感觉泛化问题曾经有过大量的研究,我们首先讨论那个常被忽略的反应泛化问题。

反应泛化

除了绵羊以外,在其他动物身上也发现了在条件作用早期阶段出现的弥散的、蔓延的反应。施洛斯贝格(1934,1936)报告说,在白鼠的电击前腿的条件反射中,包括相当广泛的挣扎、加快呼吸和尖叫。事实上,白鼠的条件反射很少发展到准确地提起前腿的地步。库勒和梅特勒(F. A. Mettler,1934)发现,狗在开始时也有同样的情形,但是以后就像绵羊一样,反应逐渐局限于受电击的一条腿上。有时,不一定必然经过最初级的弥散反应;有些狗在开始时反应就局限于受电击的一条腿上[沃尔夫(I. S. Wolf)和凯洛格,1940]。这种差别可能是由于狗的不同的兴奋水平所造成的。如果狗很惊慌,或者电击较强,电击便引起狗的剧烈活动,因而与电击相联系的刺激——蜂鸣器声(条件刺激)也引起狗的剧烈活动。在使反应变得更为精确时,大脑皮质无疑起着主要作用:一只切除皮质的狗,绝对超不出弥散的条件作用的阶段(库勒和梅特勒,1934)。

我们注意到,这些实验都利用电击作为无条件刺激。在其他经典条件反射实验中,如眼睑条件反射或唾液条件反射中,反应只局限在一个器官上,是不容易得到——或看到——这种反应泛化的。但是在各种操作性条件反射情景中,就可能发生类似的现象。事实上,尝试错误学习的一个最值得注意的方面便是多余反应的消除。任何人都会看到,一只第一次进入斯金纳箱的白鼠,会作出各种活动,但就是不揿压杠杆。但在以后的试验中,白鼠就敏捷地进行所要求的活动了——没有多余的活动而直接揿压杠杆。在经典的和操作性的条件作用中,不管早期的弥散活动及其消除是否基于同样的机制,二者的相似性是很有趣的。

感觉泛化

霍夫兰得(1937a)介绍了一种简便的方法,以测量某一感官中的刺激距离对感觉泛化量的影响。条件刺激是一个纯音,无条件反射是皮肤电反射。将电击与 1937 周波的纯音结合,直到条件反射确实被建立时为止。然后实验者用其他纯音(1000、468、153 周波)检查泛化效果,这些纯音距离原来条件刺激以每 25 个最小觉差为一差距。因此,泛化的皮肤电反射的高度可描述为沿音高尺度的心理上的等差距的函数。下面是 20 名被试的平均皮肤电反射级差:

原来纯音响时——18.3 毫米

相距 25 最小觉差的纯音响时——14.9 毫米

相距 50 最小觉差的纯音响时——13.6 毫米

相距 75 最小觉差的纯音响时——12.9 毫米

可以看到,所用的音高范围是很广的,所以级差并不很大。看来这是一个负加速的过程,因为对距离原来刺激的第一个纯音形成皮肤电反射的最大下降。

霍夫兰得的实验实际上比上面所谈到的更复杂。所有四个纯音在响度方面都调节成相等的,以避免由响度变量引起的任何影响。另外,霍夫兰得用最低的音高,而不用最高的音高,训练了半数的被试,并将这些结果平均起来以计算离开条件刺激的差距,这样使更高的(或更低的)纯音不致变为更有效的刺激。

由于泛化级差的准确模式对于建立辨别理论具有相当重要的理论意义(斯宾塞,1937;拉兹兰,1938),所以洪弗瑞斯(1939)检查了第一个 25 最小觉差差距中的函数。他选择了霍夫兰得的两个较高的频率(1967 周波和 1000 周波)代表一个 25 最小觉差差距,并插入另外两个纯音(1718 周波和 1311 周波)分别代表 5 和 15 最小觉差差距。所得到的泛化级差看来是负加速的;事实上,下降最多的是在第一个 5 个最小觉差的差距中。这一组被试会用 100% 强化进行训练。如果用 50% 强化,像典型的选择或辨别实验那样,情形又会怎样呢?洪弗瑞斯做了这样一组实验,得到几乎完全的泛化,即形成一个"平坦的级差"。因此很明显,泛化级差的形式是依赖于训练的方法,同时也依赖于度量刺激所用的差距。这正如实验所表明的,对于低于条件刺激(1967 周波)的八度(984 周波)比对于更接近条件刺激的频率(1000 周波)有更大的泛化。这个结果指出,如果检查级差所选用的音程是一个熟悉的音乐音程的话,在级差的形状上就可能不同。由于这些复杂情况，洪弗瑞斯提出，若把负加速的级差看成是最后的事实，应该抱着谨慎的态度。

对八度音程比对中间的音有较大的泛化效果并不限于受过音乐训练的被试，布莱克威尔（H. R. Blackwell）和施洛斯贝格（1943）发现白鼠也有这种现象。显然，这种现象必基于某种基本的神经机制。因此，为了找到泛化级差的基本形式，音高并不是一个很好的向度。霍夫兰得（1937b）试验了响度尺度，用的是50最小觉差间隔的差距，得到一个略微凹形的级差。但是当量尺改用宋（sone）——这是一个更好的等量心理单位——为单位的时候，他的曲线就表现出略微的正加速。正如我们已经指出的，在测量泛化的条件反射的强度之前，由于检查的纯音对于条件反应的幅度的影响，因此对所获得的数值必须加以校正。这就使得响度尺度的应用有一定困难。

视觉泛化 施洛斯贝格和索洛蒙（R. L. Solomon, 1943）训练白鼠在一个拉希莱双门跳架上，跳向一个白色卡片，黑色卡片永远是阴性的。训练是缓慢而逐渐地进行，使白鼠绝不跳向黑色卡片，这种训练方法可以避免由于惩罚错误反应所造成的复杂情况。在训练中，当反应的潜伏期达到最小值的时候，再用浅灰、中灰和深灰卡片对白鼠进行试验。这些卡片是由人类被试选择出来的，把一个看来在黑与白之间的卡片作为中灰，然后再将白至中灰和黑至中灰这两段各做两等分，得出浅灰和深灰。于是这些卡片就代表人类被试的心理尺度上的等差距。看来，这些差距对于白鼠也是相等的。若将这些间隔在横坐标上画出，对每一卡片跳跃的潜伏期的对数在纵坐标上画出（图 19-14），这就出现一条直线级差（实线）。施洛斯贝格和索洛蒙认为，如果横坐标和纵坐标的单位合适的话，原始的泛化级差应该是线性的。当然，什么是合适的单位乃是主要的问题。但是看来很清楚，原始泛化级差不过是"相似性"的另一名词而已，并且如果它们是测量同一个东西的话，相似性的测量应该彼此成为线性关系。

应该把原始泛化级差和在横坐标原始尺度上各点进行强化或消退所产生的级差加以区分。图 19-14 的实线是在白卡片与黑卡片配对时，对白卡片定期强化的结果，即在尺度的一端有强化，另一端无强化。因此这是原始泛化级差。在获得这种结果之后，继续训练白鼠比较浅灰和深灰。这种分化性的强化增强了对浅灰的反应，而减弱了对深灰的反应。从所得的结果的整个范围来看是一个 S 形的级差（由于技术性原因，没有用深灰与黑做实验）。用这种分化性强化方法，也许可以建立许多不同种类的第二级的级差。你可以把原始级差想象成一条略可弯曲的金属板，如果你将一端抬起（由于强化），那么它的中央也许会、也许不会略微下弯；但是如果你将这条金属板的某些地方向上推，另一些地方向下推（由于分化性强化），那么它就弯曲了。

这些讨论所引出的结果是：泛化级差的形式依赖于测量横坐标和纵坐标所

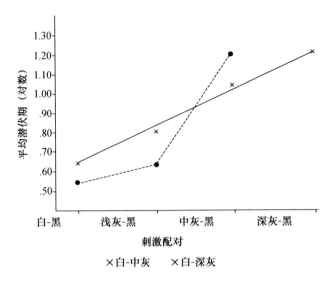

图 19-14 泛化级差的可能模式,以潜伏期的平均数(对数)表示。在选择刺激的配对(在横坐标标明)时,考虑使浅灰、中灰和深灰在黑白尺度上表明看来相等的间隔。用白-黑对白鼠进行训练,实线表示原始泛化级差的可能形状。白-黑以上的另外两个点分别代表白-深灰和白-中灰的数值。虚线表示外加训练对浅灰-深灰的影响。

用的单位,也依赖于强化和测验的方法。如果像赫尔(1943)所做的那样,将横坐标用最小觉差单位表示,就得出结论认为级差相当于负的增长函数,这确实是太草率了。

皮肤上的空间泛化 巴甫洛夫用波状的兴奋"扩散"来解释泛化,也就是从皮质上相应于条件刺激的兴奋点散布到邻近各点。抑制也表现类似的扩散,并且形成了辨别以后,它就限制兴奋的散布。皮肤可能是检查这一理论的最好的地方,因为已经知道,皮肤表面在大脑皮质的空间型式上的代表像一个粗略而歪曲了的地图。看来,用狗做的实验[巴甫洛夫,1927;安列普(G. V. Anrep),1923]可以证明这个理论,因为巴甫洛夫等人在检查泛化时,看到了兴奋波在皮肤表面散布开来的情况。这些实验在几方面受到了卢克斯(R. B. Loucks,1933)的尖锐批评,他指出实验的最严重缺点是作者没有报告所有的数据。

巴斯(M. J. Bass)和赫尔(1934)进行了一个很类似于安列普的实验。他们用四个振动触觉刺激器,在人类被试的后背和腿上,以 16 英寸间隔排成一行。放在此行一端的一个刺激器反复地与手的电击相结合,以形成皮肤电反射。然后实验者在继续强化原来条件刺激而不强化其他刺激的条件下,对每个刺激器的反应检查 32 次。这种分化强化的方法会消退对泛化刺激的条件反射,而仍保持着原来的条件反射。对阳性刺激的条件反射平均值是 5.74,但对泛化刺激的平均值则依次减少,分别为 5.63、4.75 和 3.36——以上都是以灵敏电流计的偏斜按毫米计算的。这种结果的级差是很大的,但也要看到所用的是分化强化的方法。因为这个实验没有企图研究泛化发展的时间特征,所以它未能证明巴甫洛夫所假设的波状的扩散(卢克斯,1937)。

格兰特和迪特墨(D. G. Dittmer,1940)进一步检查了扩散的假设。对一组被试,将振动触觉刺激器以 3.5~4 英寸的间隔分布在后背上;而对另一组被试,将刺激器以 1 英寸的间隔从手指尖分布到手腕。现在已经很清楚,手部皮肤表面的皮质代表区要比背部的皮质代表区更为扩延。因此,如果皮质上的扩散是严格地按照空间关系进行的话,那么手部的泛化级差应该比背部更大一些才对。但是当他们测量两种级差的时候,正如巴斯和赫尔所做过的那样,就发现两种级差是差不多相同的。格兰特和迪特墨指出,巴斯和赫尔的材料与大脑皮质上腿和后背区域的分布情况是不一致的,所以这是否定巴甫洛夫扩散假设的另一证据。总之,泛化级差确实是存在的,但是泛化级差并不像巴甫洛夫所认为的那样,可以反映相应皮质点之间的距离。相反,泛化级差与被试关于自己皮肤区域的空间定位的观念比较接近一致。

对泛化概念的批评　在许多关于行为的理论中,泛化级差起着很重要的作用。特别是赫尔(1943)企图用数量化的方法来建立他的行为理论,泛化级差就更为重要了。但是拉希莱和韦特(M. Wade,1946)向文献中有关条件反射泛化的一切事实诘难,自然也就严重地威胁了赫尔的整个体系。赫尔(1947)回答了拉希莱和韦特,但是并不能完全解答他们所提出的某些意见。看来,拉希莱-韦特的某些批评是有根据的,可是真理却可能存在于两种极端看法之间。不幸,关于刺激泛化的真理无疑是很复杂的。拉兹兰(1949)评述了这方面的文献,包括许多苏联的以及较为熟知的研究,最后表示,在这些研究中有许多是假的泛化(参看假条件作用),但也有一些真的泛化。后者是个粗略的东西,在质方面的级差差距是不多的。

语义泛化

如果对于一个词建立条件反应,这个反应是否会泛化到相似的词上面去呢?这种相似性的泛化是在刺激的物理特性方面,还是在词的意义方面呢?为了说明所用的方法,在这里引述一个实验。里斯(B. F. Riess,1946)用蜂鸣器作为无条件刺激,对 5 个简单的词建立了皮肤电反射,这 5 个词分散在一个视觉呈现的中性的字表中。在建立条件反射以后,他应用了新的字表,在这些新字表中分散着原来条件刺激的同音词、反义词和同义词。例如,如果原来与蜂鸣器结合的词是 WON(胜利),那么相应的检查词将是 ONE(一个)、LOST(输掉)和 BEAT(战胜)。对于这些词的泛化范围的测量方法是,将对这些词的反应幅度的绝对增加量(条件作用建立后的减去建立前的)与条件作用建立过程中伴随蜂鸣器的词的反应幅度的绝对增加量做比较。里斯用了4个不同的年龄组,并让被试以为自己是在学习字表,他向被试解释说,蜂鸣器是信号,皮肤电反射的仪器是用来测量他们在暖房中的汗分泌的。

结果表明,随着被试年龄的不同而发生了有趣的变化:年龄最小的一组(平均年龄为7.75岁)对同音词表现最大的泛化,其次是反义词和同义词;另一个年龄组(平均年龄为10.7岁)对反义词的反应比对同音词或同义词都大;年龄最大的两组(平均年龄为14岁和18.5岁)对同义词的反应占第一位,其次是对反义词和同音词。如果将这些结果与同样年龄组的联想实验材料相比较,将会是有趣的。

条件刺激的模式化

在里斯那样的实验中,被试显然是对刺激的模式起反应,而不是对构成词的个别成分起反应的。洪弗瑞斯(1928)进行了模式化(patterning)的早期实验,他发现作为缩回手指的条件刺激的纯音,在当做乐曲的一部分呈现时,并不产生条件反应。虽然这个问题对于建立行为的理论颇为重要,但十年来,在美国很少有人做过进一步的研究。后来,拉兹兰做了一个研究计划,共完成7篇研究报告(参看黑尔格德和马尔济,1940)。他利用了他的唾液条件作用技术,把形状、颜色、声音的模式作为条件刺激。他发现,虽然模式的组成部分是相对无效的,但却可以对模式本身建立条件反射。这些模式的条件反射比简单的条件反射更不易消退,保留得更好,有更多的泛化。他利用条件反射技术,对于"好"模式与"坏"模式之间的关系做了一些有趣的观察。这种材料并不常常与格式塔原理相一致。

辨别

在一种意义上来讲,辨别是泛化的相反过程;对于某一刺激的反应向相似刺激泛化得愈少,则对两个刺激的辨别就愈好。用分化强化方法可以获得最好的辨别。黑尔格德、坎柏尔和赛尔斯(1938)的实验很好地说明了这一过程。在图19-15,左图是对于一个窗口呈现的光刺激的眼睑条件反射的发展情况,这一条件反射经常用吹风来强化。在第二天,光刺激可能在两个窗口的任一窗口出现:如果在原来窗口出现,就给一次吹风强化;但如在另一窗口出现,就不予强化。右图表明辨别的发展情况:继续不断地强化保持了对原来条件刺激的反应,对泛化性的条件反射不予强化就消退了。这个实验只是为了介绍所用的方法。关于整个辨别的问题,将在下一章讨论。

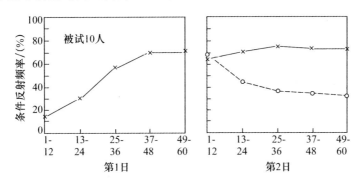

图 19-15 条件反应及随后的分化[黑尔格德、坎柏尔和赛尔斯(W. N. Sears),1938]。

摘 要

在经典的条件反射实验中,实验者控制三个主要自变量(条件刺激、无条件刺激以及无条件反应),并且从应变量(条件反应)研究所得到的变化。在工具性条件作用中,实验者一般不控制条件刺激,并且给予无条件刺激依存于条件反应的出现。在回避的条件作用中,情况更为复杂,可能是前面两种类型的结合。我们不能确定,在这几种类型的条件作用中,是否具有同样的强化的基本机制。然而,有许多现象在各种类型的条件作用中都出现,它们不太依赖于所用的强化方法、刺激、反应,或甚至被试动物的种属。这些现象主要有强化、消退、解除抑制、泛化和辨别。测量各种类型的条件作用的反应强度,所用的共同指标是潜伏期、幅度、出现频率和消退的难易程度。

我们可以用方程式表达许多上述的现象,把应变量(即条件反应)作为条件刺激和条件刺激的过去的和现在的刺激作用的函数。这些方程式时常包括中介(一般用 O 代表)变量,如条件反射强度(有时写成 sH_R)、内驱力、刺激痕迹,甚至于态度。也可以利用一些其他中介变量或构想,如动觉刺激、焦虑或期待。一些构想是可以直接观察到的,而其他构想则不能被观察到。除非我们能最后确定出一些适宜的变量,无论是观察到的或推论出来的,否则这些方程式仅仅是描述性的,时常是在很有限的实验条件下得出的。但是在未达到这个地步之前,条件反射实验仍然是提出假设和累积材料的有效源泉。此外,在关于感受过程的章节中,条件反射方法也是确定动物感觉能力的有效方法。

条件反射的某些早期批评者认为,这个研究方法是过于简单了,不能在心理学中占有一定的地位。然而,二十五年来,研究这个问题的许多心理学家都抱怨说,要用这个方法达到探讨行为基本规律的目的是太复杂了。将来,我们或许会找到一种更为简单的技术,或在一种比白鼠更低级的动物身上去探讨这些基本规律。与此类似,物理学有时甚至还要回溯到伽利略(Galileo)对简单的摆锤所做的观察!

(彭瑞祥　荆其诚　译)

第二十章

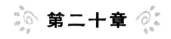

辨 别 学 习

动物心理学中有个标准实验——使被试在从一间小室出来的两个门或两条通路之间加以选择：走其中一个可以得到报酬，例如食物；走另一个则得不到报酬，或许还会受到惩罚。如果将正确的门或通路经常地放在右方，或者经常放在左方，那问题对动物并不困难，就像一个十分简单的迷津一样。但在目前的实验中，正确的门或通路却有时放在右方，有时又放在左方，是用某种信号(sign)或暗号(cue)标明，动物必须学会这种信号或暗号，才能找到食物盘。错误的门或通路则没有记号，或用不同的暗号来标明。如果将白色和黑色卡片钉在门上或钉在通路的墙上作暗号，用白的标明正的路或门，并随时左右变动，这问题，对于白鼠来说，便很困难了。需要经过多次尝试，才能使它一贯地向着正的暗号走。

实验的目的

这个实验本是用来测定动物的感觉能力的。用一个已经学会一贯地选择白色的门或通路的动物做实验，把淡灰和深灰来代替白色和黑色，看看它是否会选择淡灰色的门或通路，或是否很快地就学会从事这样的选择；然后使两种灰色的明度彼此更加接近，一直达到那动物能辨别明暗的限度为止。这种实验显然是一种动物的心理物理法实验。但在能做到这件事之前，动物必须学会能照正的暗号去行动。

在类似的心理物理法实验中，如果被试是人，我们则要求他说出哪一个刺激是比较明亮的。他事先知道要找什么，而动物则必须自己摸索才知道。要列出一个合适的公式来准确地说明动物所要学的是什么，是颇费心思的事。我们不能说白鼠要学的是明暗的差别，因为它的行为在其他情况中，时常表示出它自发地喜欢黑暗的通路，而不喜欢明亮的通路。我们也不能说它要学的是走向一件想望的事物的动作，因为在它的日常生活中绝大部分时间都是做那件事。我们可以说，它要学的是在某种特殊情况下，走近白色的东西，而不走近黑色的东西——或者需要它获得一个明亮的刺激和正的反应之间的"联想"(association)——这是一个许多心理学家所同意的公式,同时也不涉及这种联想的建立是否通过认识过程(例如认识到用白色标志的通路是好的,用黑色标志的通路是"不好的")那个重要问题上的看法。总之,白鼠在辨别箱里的问题,就是去发现一个经常会引导它们走向食物箱去的暗号。

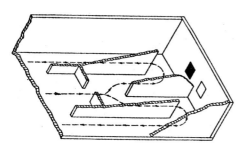

图 20-1 一个标准的旧式辨别箱的部分剖面图[从耶克斯(R. M. Yerkes),1907;耶克斯和华生(J. B. watson),1911]。实线表明箱子的外壁和箱内的隔板;小方形表明壁上的正负暗号;虚线表明两条通路,根据正确暗号的位置,其中一条通向食物箱。

有时一只白鼠几乎一直坚持着一种"位置的习惯",例如总是向左方的通路走。那样,它有一半的时候获得食物,这在动物的生活中不是坏的平均数。我们可以说,它没有根据去设想有任何一个暗号会老是把它带向食物那里。或许要经多次尝试才能使白鼠似乎明显地注意到视觉暗号。在任何一个可比较的实验中,作为被试的人是有人告诉他,或他自己很快就知道他是可能一贯作出正确反应的。由于像这样的原因,白鼠在这方面就大大吃亏。在暗号的学习中比在迷津的学习中,白鼠要比人差得多。因为在迷津学习中食物箱总在固定的地方,而不是按照人为的安排变换位置。

仪器问题

因为辨别箱是用来研究动物的感觉能力的,所以早期的实验者下了不少工夫去控制刺激变量(例如光的强度),但对如何能使动物更易于学习这方面则并没有做什么努力。迟缓的学习被认为是不可避免的。分辨黑白的习惯,经过相当次数的尝试,如 100～200 次,可以建立起来。但当拉希莱(K. S. Lashley,1930)开始白鼠的图式视觉(Pattern vision)的广泛实验,要白鼠分辨方形和圆形,或分辨正放和倒放的等边三角形,尝试的次数大大地增加,而经常未见白鼠终究能学会的任何迹象。拉希莱试用了一种新的仪器装置,促使学习加快。这就是跳台(Jumping stand),见图 20-2。此后,这种实验工具不断在改进[拉希莱,1938;托尔曼(E. C. Tolman),1939;芬格(F. W. Finger),1941;费尔德曼(R. S. Feldman),1948;爱润弗伦德(D. Ehrenfreund),1948]。

在准备训练中,跳台是紧靠着敞开的门,门的后面放有食物,白鼠只需走过去。将跳台逐渐向后移动,一直到白鼠开始跳过空隙的距离,有的实验中空隙是宽到 10 英寸(25 厘米)或更大。白鼠最初是在关闭着的黑门和开着(门后放有食物)的门之间进行选择,这种选择是容易的。然后,用一个白色的门代替开着的门。将白黑两门的位置不依顺序地变换。对白色的门的正反应,时常只要 4～5 次的尝试就可以建立——这比起应用从前采用的仪器需要 100 次或以上,是很有进步了。虽然由于白鼠在跳跃前倾向于犹豫一会儿,一次尝试可能费较长的时间。它是看清楚了才跳的。

为什么采用跳台比采用以前的仪器每一次尝试中可以多学习得那么多?在这问题上还没有系统的实验研究,但穆恩(N. L. Munn,1931)和其他的研究者已经指出两者之间的重要差别。跳台可能有几种优点:

(1)因为白鼠看着它所要跳到的地方,暗号就能放在它会迎面看到的地方。当它在跳前望着两个门犹豫不决的时候,更可以肯定暗号是看清楚了的。

(2)白鼠需要把它的反应指向带有暗号的目的。

(3)奖和惩是即时的,而且与暗号有紧密联系。白鼠或是撞开门,找到紧靠着门后的食物;或者碰着锁着的门,掉到网内。

图 20-2 跳台仪器[拉希莱(K. S. Lashley),1930]。两个门上分别有正负暗号。白鼠对着其中之一跳去。朝着正的门跳,可以碰开门,得到门后平板上的食物;如果朝着错的门(这门是锁着的)跳,白鼠便落在下方的网子里。然后实验者把它取出来重新放在跳台上,做另一次尝试。

(4)从它的犹豫行为显然看出白鼠是逐渐严肃地对待这工作,它对于一切可能的暗号都很注意。它那个朝向食物和避免落下的一级内驱力唤起了一个仔细检查两个门的二级内驱力。

跳台有其优点,但也有其缺点。使白鼠向着关住的门来跳的准备训练很费时间,且不是常常成功的。从理论的观点看,有时还需要不加惩罚来使单独一种内驱力发生作用。穆恩(1931)认为,主要的要求是保证暗号能给适当刺激和对其中之一有直接反应。他设计了一种仪器,使动物走到门那里而不必跳跃,只用鼻子把门顶开,就可以得到门后的食物。结果,每次尝试的学习量似乎少于使用跳台,但多于使用以前那箱子。达到满意的辨别所需的尝试次数大致如下:

	尝试次数		
	从前用的箱子	穆恩	拉希莱
黑门和白门	100~200	80	4~5
横条门与直条门	260	100	27
正放和倒放的等边三角形	600+	70	29

对每次不正确的反应,穆恩都给动物以电击,但是这种惩罚不及使用跳台时所受到的碰击和落下的惩罚那么直接。

为了保证仔细观察暗号,另一方式是要动物把一件东西拉到身边。老早我们就知道猴子很快就能学会用它够得着的系在盒子的绳子将地板上够不着的食盒拉到身边[霍布豪斯(L. T. Hobhouse),1901]。如果用两个这样的食盒,一大一小,小盒里装有食物,猴子很快就学会利用大小的暗号,它也能学会利用明度的暗号和形状的暗号[克留沃(H. Klüver),1931,1933]。研究者也能够教白鼠利用绳子把食盒拉近;而且,如果一个食盒比另一个重得很多但是盛着食物,经过大约100次的学习,白鼠能一贯地选择较重的食盒[麦克罗和(T. L. McCulloch),1934;麦克罗和和普拉特(J. G. Pratt),1934]。对于白鼠,似乎还没有人用过视觉的暗号进行这种实验。

用具体物件作为正的和负的暗号的另一种简单办法,哈罗(H. F. Harlow,1944)曾应用于猴子而得到成功。如果把像丸药匣子和小油罐这两件小东西放在猴子可以够得着的地方,而永远在丸药匣子下面放有食物,猴子很快就学会选丸药匣子。经过一系列的用这类有暗号的物件的实验,猴子也长进到了遇了新的问题也只犯一两次错误。它学会了在这种实验的情况中去寻找暗号。

反应的记分

除了单纯计算错误的次数外,我们还有其他的办法。芬格(1941)记录了每次跳跃的力量和用秒表记录反应时间和潜伏期。力量和潜伏期经证明为有价值的计量。当白鼠跳向错误的门,落在网内以后,下一次跳跃很可能出现较长的潜伏期和较大的力量。等待的时间加长,可能表明选择中的谨慎,力量大,则可能是克服困难的本能性努力。

<h2 style="text-align:center">不用直接比较的辨别</h2>

辨别要靠比较,而为了比较,两个刺激必须同时(或差不多同时)出现,这似乎是当然的。在观察很小的差异的时候,例如在测量明亮度或音高的差别阈时,多半是这样的。但是,我们知道,在人类的心理物理法研究中,单一刺激法完全可用。被试举起一个重量,就判断它是重的、中等的或是轻的;在知道了实

验中所用的重量的范围之后,他便能很容易地一贯作出"绝对的判断"。从巴甫洛夫关于刺激的泛化与分化的实验中,我们也可以看出:将两个刺激分别呈现,一个强化,一个不强化,便可以建立对前者的而不是对后者的条件反射。这些结果就引起了一些不需要任何刺激间比较的辨别学习的理论[施洛斯贝格和索罗门(H. Schlosberg & R. L. Solomon),1943]。按照不需比较的理论,白鼠在跳台上,面前有两个门,门上各有不同的暗号刺激,它依次审视这两个门,直到"它看见绿灯了",即是直到暗号中之一有了足够的推动力量,引起跳跃反应。刺激的推动力量要靠许多因素,例如过去的强化、位置的习惯和对光或暗的地点的偏好等等。

辨别学习中的单一刺激

对于要比较和不需比较两种主张的兴趣引起了几位研究者从事实验。将正的暗号和负的暗号依次呈现,每次在一个门上呈现,食物始终是放在正的暗号的后面。

索罗门(1943)曾使用跳台,用每次只显示一个门的方式进行实验。以白色的门为正,黑色的门为负,选择了黑门就受到通常的惩罚。以跳跃的潜伏期的长短作为重要的衡量。掉在网中几次以后,白鼠变得谨慎了:一切跳跃的潜伏期在几次试验中都有所增加;此后,正确的跳跃来得较快,不正确的跳跃数变得较慢,或者完全不跳。只需要尝试6～20次,白鼠就可以建立良好的辨别活动。潜伏期在这实验中成为学习进步的有效的指数,并且用单一个门的实验方式似乎能收到很快就学好的效果。

跑道问题(Runway problem) 这是由格瑞谟和戈内(C. H. Graham & R. M. Gagné,1940)所介绍的,在用单一刺激来研究辨别的学习中也适用。

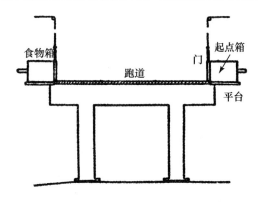

图20-3 在条件反射的形成、消退和自然恢复的实验中用的直线跑道;辨别学习的实验也采用它[格瑞谟(C. H. Graham)和戈内(R. M. Gagné),1940]。木制的跑道比底座高,的确是一条单线通路;在不同实验中跑道的宽度是0.75或1.25英寸。开始尝试时,实验者打开起点箱的门;白鼠进了食物箱,食物箱的门立即关闭。

这个问题很简单,是研究条件反应中也常用的。当起点箱的门打开的时候,白鼠只需走出来(有个可计量的潜伏时间),通过一条直的跑道,走进食物箱(有个可计量的行走时间)。在几次得到食物之后,它开始缩短潜伏期,很快地跑过跑道。维尔普蓝克(W. S. Verplanck,1942)曾将此仪器加以改进,来做辨别实验。他使用两条跑道,一黑一白,每条都配一只同颜色的箱子。白色的跑道是正的——有食物在箱内;黑色的跑道是负的——箱内没有食物,但也没有惩罚,只是在一个空箱内受一个短时间的禁闭。先做 8 次正的准备实验:在准备实验中,白鼠学会了很快地走出来,很快地跑过去。接着以每 4 次尝试为一循环,每一循环包括 3 次负的和 1 次正的。白鼠现在所要学的是遇黑色跑道时谨慎慢行或完全不走,而遇白色跑道时加速度快跑。24 只白鼠在 4 次循环(16 次试验)后很明显地表现了这种辨别能力,以后的成绩更为显著。拉本(M. W. Raben,1949)曾重复这实验,证实了维尔普蓝克的结果,如图 20-4 所示。

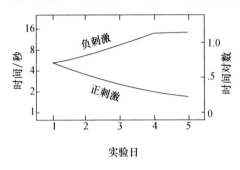

图 20-4 用跑的快慢来表明明度的辨别[从拉本(Raben),1949]。当跑道和食物箱是白色的时候,箱内有食物;当两者是深灰色的时候(明度为白色的 1/20),箱内便没有食物。每天进行 5 个正文中所描述的"循环"。曲线表明,在开始时跑白色的和深灰色的跑道都需要大致 5 秒钟;但在以后几天中,走白色跑道变得较快,走深灰色跑道较慢;直至最后走白色跑道只要 2 秒钟,而走深灰色跑道则需 14 秒钟。明度的较小差异也能为白鼠所辨别,但学习进行较慢、且较无把握。在这种实验中,每一次只呈现一个暗号,错了也不给惩罚。

赫尔(C. L. Hull,1950b)曾将跑道大为缩短,进行一个门的辨别实验。从起点箱到食物箱之间的距离只 8 英寸。用电动计时器记录从实验者打开起点箱的门起到动物打开食物箱的门止的时间。在食物箱的门上或用一个白点标志有食物,或用一个黑点标志没有食物。但在实验开始时,并不用这些暗号,每次尝试都有食物,直到白鼠学会很快地走过跑道为止,及至"潜伏期"从 3 秒减到 1/3 秒以下的时候,才开始使用暗号,结果是一切反应都或多或少地缓慢下来,但走向有白点的箱或食物箱的反应减慢得不多,而走向有黑点或没有食物的箱的反应则减慢很多。经过几天的分辨训练后,走向有黑点的箱子的反应延迟甚至 1 分钟之久,而走向有白点的箱的反应则总是在 2/3 秒(0.40 秒)上下。

压杆问题(The bar-pressing problem) 无疑地,斯金纳箱(B. F, Skinner box)也可以用来进行类似这样的辨别实验。例如,箱里有两个杆,只其中之一可以得到食物。如果同一杆经常是正的,则所能唤起的只是位置的辨别,正和简单的 T 式迷津一样。但如用光线时而照射到这个杆上,时而照射到另一杆上，而只有光线照着的杆能得着食物。这实验就与前述的两个门的实验类似。如果要模仿一个门的实验的情况，箱里就只有一个杆，有时用光线照射，有时不照；而只在有光线照射时可以得到食物。这种方式的实验，斯金纳曾采用过（1938）。只有一点不同，那点也许影响了、也许未曾影响学习的速度。那就是光线不单纯照射在杆上，而是照满了整个箱子的内部。白鼠可以随时自由地压下杆，问题是看在不同的实验情况之下，它压下杆的次数——即压杆的速度。弗利克（E. C. Frick，1948）曾用这种方法研究对亮光明度的辨别。在明亮的光线下，压下杆子可以得到食饵；在弱的光线或中等光线照射时，则得不到食饵。在克服了某些困难之后，其结果与拉本的跑道实验正好大体相同（图20-4）。

　　斯金纳式的箱子，叫鸽子在箱中啄一个半透明的键或扣子，提供了研究辨别能力的一种有效的情况。可以在扣子上投射不同的形象或色彩，从鸽子啄的速率来看效果。如果只在扣子是红色时给以强化，是绿色时就永不强化；我们可以使鸟啄红色扣子的速度比啄绿色扣子的速度大到100倍。这种办法的一个优点，就是辨别的刺激在鸽子啄的时候是直接在它面前。另一种有用的办法是使用变化时距的强化，可用很少次数的强化得到反应中的高速度〔斯金纳，1953b；菲尔斯特（C. B. Ferster），1953〕。

　　从上面所讲到的实验，的确似乎使用单一刺激的办法，在暗号学习中是很合适，或者完全和正负暗号同时呈现一样地合适。为了直接研究这一问题，格来斯（G. R. Grice，1949）曾进行过单一个门和两个门的对比实验。他用的暗号是在黑墙上突出的白色圆盘，但两个圆盘的大小相差很多（直径为5厘米和8厘米）。因此，只要求白鼠作一种容易的辨别。每一个圆盘中心有一个小门，白鼠用鼻子一撞即开（除非是锁了），并在门后面可找到一口食物。小盘为正的。将白鼠分为两组，一组的面前有两个圆盘排列着，另一组在每一次尝试中只有一个圆盘。白鼠作了一次选择，幕布马上放下，防止它在那次尝试中再有任何其他反应。辨别学习的进展如何测定呢？用两个门的时候，记它的错误次数，错误的逐渐减少就构成学习曲线；用一个门的时候，则测定它的反应时间，对正的暗号的反应逐渐加快，对负的暗号的反应则逐渐变慢。任何对正的暗号所作的较慢反应和任何对负的暗号所作的较快反应都算错误。在两种情况之下，错误减少的速率大致相同，完成学习也差不多需用相同的试验次数，平均25～27次。如果有无直接比较的机会，学习都一样快，那么结论似乎可以说：在辨别学习中比较是不起重要作用的。对一个暗号的反应，是由强化而建立的；而对另一暗号的反应，是由缺乏强化而消灭。可是，诺里斯（E. B. Norris，1950）曾做类似的实验，发现使用单一刺激比使用两个刺激学习更快。如果上述结果得到证实，我们就有一个意外的任务来说明为什么两个暗号同时出现反而有缺点。

比较与不比较理论的进一步审查

如果正的和负的暗号真是已经分别地学会了,则可预料有某些结果也能用实验来测定。例如,在刚才提到的格来斯的实验中,首先训练白鼠走向大圆盘,而完全不呈现小圆盘,然后大小圆盘同时呈现。如果以大圆盘作为正的暗号,就不需要什么新的学习。如果以小圆盘作为正的暗号,为了改变已建立的、走向大圆盘的习惯,就需要大量的新的学习了。格来斯(1948b)得到这样的结果。但是使用跳台,拉希莱和韦特(M. Wade,1946),并没有得到同样的结果,或许是因为加上了跳错便受惩罚这一有力的因素。另一个例子,先呈现一白门和一黑门,以白门作为正的暗号。在白门的选择已经建立起来了之后,同时呈现两个白门,进入两个门的趋势必然很强;但如果呈现两个黑门,则避开这两个门的趋势也必然很强。韦布(L. W. Webb,1950)曾得到这样的结果,他的解释与任何认为关系是重要的学说相反。他说,如果在先期训练中已经建立了对黑的关系的反应,这反应便不会被带到没有这种关系的情境中来。拉希莱(1942)在以前就报告过很相似的结果:白鼠开始学会向着三角形跳;如果同时呈现两个圆形,则根本不跳。拉希莱的解释认为白鼠学会了对特殊的暗号有反应,而不是对整个的图形有反应。但是他仍认为关系的知觉是任何辨别的基础。

什么是成功辨别的有效暗号?

我们现在转到心理学许多部分中的实验者曾经接触过的一个问题,即寻找在作出任何辨别反应中实际利用的是什么暗号。这是知觉研究中大家熟悉的问题。在第三度空间的视知觉中,可能有许多暗号,但当我们看出一个物件的距离时,究竟是哪些暗号在实际发生作用?我们听出了声音的方向,但是怎样听出来的呢?善于阅读的人,读书时速度快得无法逐字拼出来,我们想知道他所利用的是些什么根据。这些问题都不容易答复。我们要探索白鼠在辨别学习中的行为是受哪些暗号所制约着,也并不是一件简单的事。为了在动物、儿童和成人方面研究这个问题,心理学家曾经想出了一些巧妙的方法。

等值的刺激

当对某一刺激已建立了某一反应的时候,如果情况中其他一切都照旧不变,用新刺激代替旧刺激会引起什么反应?如果反应是照旧一样,这新刺激可视为与旧刺激"等值"。它不见得在所有方面都和旧刺激相等,但确实引起同样的反应。人类被试可以看出刺激之间的差异,但仍作出同样的反应。动物被试也有看出两个刺激之间的差异的迹象,例如它们对新刺激的反应是迟缓而踌躇——在这种情况中从行为表现上看,新刺激并不完全等于旧刺激,但从新刺激所引起的反应和旧刺激的反应是一样经常和一样可能这点来说,可以说是大致等值的。一般是在与辨别学习有关的时候,才谈到刺激的"等值"。

从某个多少不同的意义来说,如果其他刺激可以代替这个刺激而引起同样的反应,这个刺激便是被"泛化了"。"泛化"意义的原始文献是巴甫洛夫的条件反射研究。这种事实也可以列入"迁移"(transfer)这个总项目之下,因为在某种情况下所学会的东西带到了或迁移到了其他的刺激或其他情况中。

克留沃(1931)在介绍他的等值刺激法中,曾说过他的目的在于发现"刺激情境的哪一方面是最有效的。"实验手续包括两步,训练和测验。在训练的阶段,动物学会对两个刺激之一作出一贯的正的反应。然后在测验中,用其他两个刺激来代替,看动物是否对两个新刺激中之一也作出一贯的正的反应。被试是猴子;刺激物是两只箱子,每一箱子系有一条5英尺长的绳子,猴子可以用这绳子把箱子拉到它的笼边来。一只箱子里面放有食物,另一只箱子在训练期内不放食物,但在测验时,两只箱子里面都放有食物。为了使已经学会的辨认能保持巩固,正式的训练在任何一个长系列的测验中不时加以重复。

下面引用克留沃的几个实验,他在1932年曾做简略报告,在1933年给出较详尽的报告。

重量的辨别 两只木箱外表相似,但重量不同,在较重的木箱里放有食物。最初在每次尝试中教猴子只拖一只木箱。经过了长期的尝试(200～450次),只有50%的成功。然后,猴子开始"比较"重量,它将每只木箱都拖近几英寸然后再作决定。在这以后,学习是很快的。最后猴子不需要试试两个箱子的重量了。如果先拉的是重的一只,它便马上拖到笼边来;如果是轻的一只,它只是换为另一只,把它立即拖过来。它所依靠的,正是我们在人类重量辨别中所谓的"绝对判断"。或者,可以说,它通过它的"感觉"认识了哪一只是对的木箱。在它开始作"比较"的时候,即第一次表现能用重量作暗号的时候,重的木箱的重量为1350克;然后,将重量减轻为900克、750克、600克,最后到450克;轻的木箱始终保持在150克。但重的木箱的重量的改变,并不改变猴子的行为。在这训练之后,给它以"换位测验"(Trnansposition Test),即将刺激的值加以掉换,使原来重的与更重的配成一对,或使原来轻的与更轻的配成一对。照这样,不用150克的重量,而把原来一直引起猴子的正的反应的450克的重量,与更重的重量配成一对。在这测验中,猴子很快就学会(虽然选择任何一个都可取得食物)舍去原来重的,而取新的、更重的重量。同样,不用原来重的木箱,将原来引起负的反应的150克重木箱与一个更轻的木箱配成一对,猴子也一直选取这个150克的木箱。他曾用好几对其他重量的木箱来试验,除非每对中两个重量相差太小,猴子一直是选择各对中重的一个。七只猴子都获得基本上相同的结果。

如果提出关于"变位"的老问题,问这些动物是在绝对的、还是在相对的基础上产生反应,我们答复:"两方面都有。"如果我们提出一个或许更重要的问题:动物学会了凭什么暗号去行动?答复是:它学会去拖重的木箱。说"重木箱"比说"较重的木箱"更为恰当,因为在学习的进程中,有靠绝对判断的趋向。"重"究竟是多重?那要看所用的重量的范围,正如在人类心理物理学实验中用绝对判断法或单一刺激一样。

大小的辨别 两只重量相等的箱子,但它们前面的黑色长方形的纸板大小不同,一块的面积比另一块大一倍[15厘米×20厘米和10厘米×15厘米]。大箱里放有食物。辨别两只箱子大小的学习,比较辨别重量的学习要快。比较的方式是轮流查看两只箱子前面的纸板。在这训练之后,变位测验相当成功。但如果两个长方形比原来的大了很多或小了很多,便不能作出稳定的选择。如果保持原来的面积,只把形状改为正方、圆或六角形,较大的一个是一直被选中。大的面积显然是个正的暗号。但暗号是大的物体,大箱前面的一面,而并不是大的视觉刺激,因为将箱子分别放在隔猴子远近不同地方,使它们在猴子网膜上的大小是相等,甚至颠倒过来,同一个箱子还是照以前一样一直被选中——这是"大小常性"(Size Constancy)的一个例子。克留沃曾报告这样的结果(1933)。其他的测验,也说明猴子是对物件的大小作反应,而不只是对网膜上的大小做反应(1933)。

猴子的行为中还有许多其他迹象说明反应是针对认出的物件的反应,而不是对原始的刺激的反应。最明确的证据,就是猴子的运动行为是与物件的距离、大小和形状相适应的。虽然我们尽量想避免拟人说,但我们不能不同意克留沃从他对猴子的广泛研究中所得到的最后如下的结论之一(1933):

实在地,我们周围的世界,即人的世界,并不是一团"混乱的"东西;它是有"组织的"或有一定"结构的"。在这个世界里,我们见到"物体",这些物体都有其明确的特性……。让我们转向猴子的世界。无疑地,许多猴类的活动和反应也是涉及我们所说的"物体"。猴子把握、推动、撕扯、投掷、拾取物体,或用视觉反应的种种方式都表明猴子所反应的事物,不仅对于我们是有"物性"(Thing Character),就是对于猴子也有"物性"……。我们相信,对于猴子,也一样具有明确特性的"物体"存在。

白鼠的世界还没有被充分地研究,虽然白鼠在空间关系中也确实似乎表现出对物体有反应。既然我们知道人的世界,并在某种程度上知道猴子的世界,我们可以问,为什么知道白鼠的世界对于心理学家是重要的。答案是这样的,因为许多带根本性的学习实验都是用白鼠作为被试,因此,弄清楚白鼠究竟是对原始刺激发生反应,还是像人和猴子的情况一样,刺激是一些信号,代表着白鼠在行动中必须接触到的一些物体和客观事实,就成为一件很重要的事情了。

图形辨别中的暗号

单纯根据白鼠学习了选择有三角形的门而不选择有圆形的门,我们并不能说三角形对它就是正的暗号,因为下面那块宽广的空白也许就够用了,而图形的其他部分可以不管。拉希莱(1938)曾用等值刺激法做过大量的实验,目的在于发现在图形辨别中白鼠所利用的究竟是什么暗号。他将白色的图形粘在跳台仪器上的两个黑门上,整个背景也都是黑的;正的暗号是以随机顺序安排在两个门上。当白鼠已经掌握这问题达到 20 次连续正确反应的时候,便开始等值刺激的测验。那时选择哪个门都可以得到食物。原来的训练不时加以重复,使已经学会的辨别能力得到保持。白鼠如果一贯选择新的刺激中之一,就认为那和原来的是等值,尽管反应的潜伏期有所延长。"新的图形……引进了一个扰乱的因素。动物有长时期的犹豫,它在两个图形之间转来转去。错误多在最初的几次尝试中发生,仿佛动物是在试试这两个图形之后,再决定一贯选择哪一个。"(1938)

现在引用拉希莱的几个结果。用两个白色的图形,一个正方形,另一个棱形,如图 20-5。在以正方形为正的暗号时,5 只白鼠学会了一贯选择正方形;然后用两个图形的下半作测验,它们都是一贯地选择正方形的下半;但当用图形上半作测验时,它们都只有靠机会得到成绩。说明它们所反应的,显然不是整个的正方形和棱形,而是图形的下部或者甚至是正方形下面的那条黑色。

原图形　　　　　等　值　　　　　不等值

图 20-5　跳台仪器的门上所作的记号(从拉希莱,1938)。在白鼠已经学会了一贯地向白色方形跳而不向菱形跳之后,用图形的下半部来测验,证明是与原来的图形等值;又用上半部测验,结果表示与原来的图形不等值。

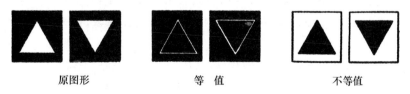

原图形　　　　　等　值　　　　　不等值

图 20-6　白鼠平均经 53 次尝试学会了跳向正放着的白色三角形,而不跳向倒放着的白色三角形(从拉希莱,1938)。它们能将这习惯迁移到辨别白色轮廓的三角形,但不能迁移到在白色背景上的黑色三角形。

动物学会了辨别正放着的和倒放着的三角形,或者辨别三角形与十字形(都是在黑色背景上的白色图形),它可以把这习惯敏捷地应用到同样图形的白色轮廓上;或在深灰背景上的淡灰的同样图形,但不能辨识白色背景上的黑色同样图形。"在把图形与背景的明度关系颠倒了的一切情况下,辨别能力都全部丧失。"单有图形没有明暗不是它们的暗号。我们自己在明暗倒置的照相底片中也认不出一个面目来。

白鼠很快地学会选择两个面积相差一倍的白圆形中的较大或较小的一个。但是很难肯定是大小而不是光亮程度变成了暗号,黑色背景的大小和形状也同样可能成为暗号。等值测验表明,这些情况中任何一个都可以作为暗号,而个别白鼠还可从这样的图形中取得不同的暗号。

刺激等值的范围(Range of Stimulus equivalence)　在不同白鼠中也不同。如果在测验中用许多对刺激,有些白鼠可以接受许多对作为它们学习过的那对的等值刺激,其他白鼠又只接受几对作为等值。毁损大脑皮质的一部分将有怎样的结果?它会扩大或是缩小等值刺激的范围吗?我们可以根据我们对于大脑机能的理解来争辩。实验表明范围是扩大了,即动物的大脑受到毁损,辨别能力就减低——这结果证实它们所要学得的是辨别而不是刺激的泛化[梅尔(N. R. P. Maier),1941;瓦普纳(S. Wapner),1944]。

关于辨别学习的两种理论

由于在研究白鼠在旧式的辨别箱和跳台仪器中学习暗号上有了广泛经验,拉希莱对于学习过程得到了一个非常肯定的印象。在总结关于图形辨别方面的结果时(1938),他说"当图形包含许多项目的时候,动物解决问题时,是不理睬这种项目中的大多数,而是对部分图形作出反应。"后来他在讨论中(1942),提出了他的学说的基本假设:

(1) 当任何复杂的刺激唤起神经活动时……某些因素或某些成分在引起反应中成为主要的,其他的则变得不起作用。这样就构成一个对某些因素作反应的"定势"(set)。

(2) 在训练阶段的任何一次尝试中,只有刺激情境的那些占主导的成分……才形成联系。其他激起感受器的刺激则并不发生联系,因为动物没有对它们作出反应的定势。

斯宾塞(K. W. Spence,1936)和赫尔(1943,1950b,1951)提出完全相反的理论。根据赫尔关于学习的一般理论,可以这样说:

(1) 作用于感受器的一切刺激在引起成功的(强化的)反应的时候,都和那反应发生联系。

(2) 每逢任何刺激在产生成功的反应时出现,那个特殊的刺激反应联系就加强。即是说，S-R 联系的建立是一个继续的、累积的过程。

这个理论也假定联系因不强化而减弱，这种消退过程也是累积的，而对于每一个在引起不成功的反应时出现的刺激都一样。在任何时间，一个 S-R 联系的力量依赖于一切以前的强化和不强化的平衡。在某一情况下的两个可能的反应中，S-R 力量较强的那个就会出现。在日常生活中，因为有刺激的泛化，情况是复杂的；但在妥善安排的实验中，应该可以估计到每一个不同的联系的力量，因而也就可以预测哪一种反应将会发生。

如果我们从下面的问题出发，便可以弄清楚这两个理论的差异。"当白鼠在辨别实验中跳（或跑）向两个门中之一，它是对什么刺激发生反应？"赫尔和斯宾塞的答复是，它是对当时它所接受的全部刺激发生反应。拉希莱的答复则是，白鼠倾向于集中于一个刺激特征，对它作出反应，而不管其他的。假设白鼠幸而选中了上面有大白圆形的右边的门，照赫尔和斯宾塞的意见，白鼠是对其位置、颜色、大小和形状作出反应，其中每一个 S-R 单位都得到强化。照拉希莱说，白鼠当时只对许多"刺激"中之一作出反应，也只有这一个暗号得到强化。如果相反地，白鼠那次跳跃是失败了，照赫尔和斯宾塞的看法，一切 S-R 单位都会减弱；照拉希莱的看法，只是它所使用的那个暗号会减弱，其他可能的暗号，因为没有使用，所以毫不受影响。

解决前的暗号（Presolution Cues）

这两种相反的理论可以应用迁移的实验予以测定。实验者都假定他们能够区分一个"解决前期"（Presolution period），当动物只碰巧成功，即成功尝试次数占 50％的时候和"解决期"（Solution period），即成功突然或逐渐地从 50％增加到 100％水平的时候。拉希莱倾向于承认动物在解决前期内完全没有对正确的暗号发生反应，甚至还没有开始形成正确的联系。照赫尔和斯宾塞的看法，从成功的反应开始出现时起，正确的联系就在每次中形成和加强了。

"白鼠的假设"这个挑战性的辞句是克利切沃斯基（I. Krechcvsky，1932a，1932b）用来把下列事实加以戏剧化的。白鼠的反应在解决前期并不是完全混乱的，而是表现一些一贯性和规律性。只因为这些反应与正确的暗号只有机遇的关系，我们不能就假定它与某些其他暗号没有关系。动物可能跟错了一个线索，而坚持这个错误。动物会取哪些暗号来引导自己呢？大家都知道，位置习惯和爱好黑暗地方是实验室中白鼠行为的特征。如果位置习惯和黑暗场所都不是正确的暗号，问题便在于白鼠在解决前期或其中某些部分是否一贯地按照这些错误的暗号来行动。克利切沃斯基曾用白鼠每个试验日 40 次尝试作为一个单位，把每一只白鼠分别对待：如果在两个门或通路中选择，位置习惯又不起作用，取右门的反应应有 50％左右，取左门的反应也应是 50％。要证明有位置习惯,你必须在某一边有显著地超过 50% 的反应。要超过 50% 多少才足以证明有位置习惯——或任何一个暗号是一贯地被采用呢?他采用超过 50% 的 3 个 SD_P 的高标准,$SD_P = \sqrt{P_q/N}$,P 和 q 各是 0.50,N 在这里是每天尝试的 40 次。单靠机遇,75% 的水平,或 40 次中对 30 次,只会在 1000 个这样的日子里遇到一回。按照这个标准,他满意地证明了:白鼠是坚持试用那个错误暗号一个时期才放弃它,而采用其他的指导(图 20-7,20-8)。

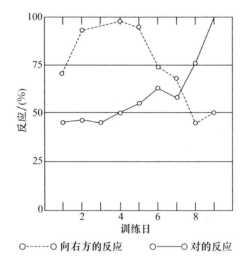

图 20-7 从位置习惯转到对正确暗号的反应[从克利切沃斯基(I. Krechevsky),1932A]。这是单个白鼠每天作 40 次反应的记录。正的暗号是一个栏,要跳过它才能进入通向食物的通路;在一半的尝试中,将栏放在右方,另一半尝试中把它放在左方。白鼠很快地形成位置的习惯,几天之内几乎每次都走右边的通路,而只有 50% 的时间走有栏的通路。后来,位置的习惯降低到 50%,正确的选择上升到 100%。解决前期在此例中持续了约 5 天,因为一直到第 6 天才能明显看出它是在应用正确的暗号。

互换的暗号(Reversed Cues)

在证明有解决前期存在的地方就提供实验者以机会去考核一下关于辨别学习的这两个理论。例如,图 20-7 所示,在开始的四五天中,白鼠的反应主要地为位置习惯所控制,只偶然表现正确的反应。照拉希莱的看法,既然白鼠没有运用正的暗号,他就还没有开始把那暗号与食物联系起来。如果从这时起把暗号互换,对白鼠的反应就不会有什么影响。它既然没有学得什么东西,也就没有什么需要取消学习(unlearn)的。而照赫尔-斯宾塞的看法,白鼠一定已经学了很多,因为大约在一半时间内它也偶然作出了正确的反应,而每做了一次都受了一次强化。因此,如果实验者从第50天起把暗号互换,白鼠必然需要破除那个形成了一半的联系。

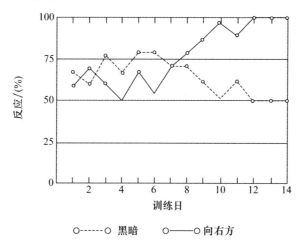

○------○ 黑暗　　○———○ 向右方

图 20-8　从一个错误的暗号转到另一个错误的暗号(材料引自克利切沃斯基,1932B)。为了得到一个较长的解决前期,提出的是一个无法解决的问题:如果一贯地依照任何一个暗号,得到食物的次数总过不了一半。总有两个可能的暗号出现:位置和黑暗对光亮。在一半时间内,右边的通路是光亮的,左边的是黑暗的;在另一半时间内左右相互更换。白鼠在开始时好选黑暗,也好选取右边的通路,对于黑暗的选择增加到肯定占优势的地位;只是后来又让位给对右边的选择,那个选择变成彻底占优势。(应该替白鼠补充一句:一个照例行事的位置习惯是应付这情况的最省力的办法,正是一个无法解决的问题的解决办法。那办法免去了犹豫和过分努力,而得到一切可获得的正强化。)

在赫尔-斯宾塞明确提出他们的理论之前,麦克罗和普拉特(1934)已开始应用了互换暗号的办法。用已经学会了以绳子把食物盘拉近的白鼠,将两只木盘并列放在笼前地板上,每只木盘都系有一根绳子。一只木盘的重量三倍于另一只木盘(75克和25克)。食物先是放在较轻的木盘内,后来放在较重的木盘内。一组白鼠是在每一只的成绩开始好转时(中数是在84次尝试后),就互换暗号;另一组是在尝试28次后,还没有一点学习的征象时便互换暗号;另外还有一个控制组,一开始便以较重的木盘作为正的暗号。互换暗号以前的试验,我们可叫它作错误的训练,结果表明要克服的错误训练愈多,学习愈慢。要达到75%正确选择的水平,需要的尝试次数大致如下:

	需要尝试的次数
不进行错误的训练	96次尝试
错误训练28次	互换暗号后,需126次
错误训练84次	互换暗号后,需166次

上述结果支持了赫尔-斯宾塞的理论,即所谓"连续论"(Continuity Theory)。意思是说,学习过程是从开始继续下去的,在解决前期和解决期之间并没有任何真正的间断。

用这方法的其他实验得到相同的一般结果,即是甚至少量的错误的先期训练都可以阻碍正式学习的进程。以白鼠为被试,实验者可以用先引起位置的习惯的办法来保证有个解决前期。只需在白鼠选择右边的门的时候给它几次奖励;而在位置的习惯继续着的时候,将正的和负的暗号运用相当次数;最后将暗号互换,继续到它学会为止。斯宾塞(1945)曾用明暗作暗号,爱润弗伦德(1948)曾用正放的和倒放的等边三角形作为暗号,做过这样的实验。爱欧瓦实验室曾对这两个实验得到了类似结果。现将爱润弗伦德的实验略述如下:首先他说明要辨识的图形必须放在白鼠会自然而然地正面见到的地方。在跳台中,白鼠注视它将落脚的地方,因此作为暗号的图形必须靠近门的下方。如果图形在门的上方,学习暗号必然缓慢,显然是由于白鼠必须首先学会往哪里看,先看清楚是什么图形。根据这一点,爱润弗伦德在正式实验中将白色的三角形放在黑色的门的下方。

第一步(在动物已经学会了跳过间隔得到食物以后)是使白鼠形成位置的习惯,如向右边的门跳的习惯。然后再采用两个三角形,以正放的三角为正,那暗号在两个门上出现的次数相等。因此,白鼠在总向着右边的门跳的时候,有一半次数是跳向正放三角形的门而得了奖励;另一半次数是跳向倒放三角形的门而得不到奖励。这个解决前的训练只做 40 次,在多数的情况下,还不足以产生对三角形的任何看得出的学习。最后,将暗号互换,以倒放的三角形为正。实验组是接受了上述的训练;控制组则在解决前期内,跳向倒放三角形的一半次数得到食物,跳向正放三角形的一半次数也得到食物。既然两个三角形都一样得到强化,控制组在开始正式训练时并没有对某一个暗号的偏向,实验组则必然对现在用的暗号有反抗的倾向。赫尔和斯宾塞预料到会有这种偏向;但是,照拉希莱的看法,两组应该一样都没有偏向,因为它们是按照位置的习惯来活动,而并未注意三角形。实验的结果说明赫尔和斯宾塞的看法是对的,因为实验组需平均尝试 63 次才能掌握互换了的暗号;而控制组则只需 37 次,这是一个可靠的差别。

李奇、爱伯令和罗兹(B. F. Ritchie, E. Ebeling, & W. Roth, 1950)在斯瓦茨木尔实验室进行了类似实验,得到类似的结果。在解决前期,一组白鼠受了错误的训练,另一组受了正确的训练。事先受了错误训练的那组在掌握正确的暗号上大大落后。

修改了的暗号

在检验关于辨别学习的两个理论时,拉希莱(1942)使用了一种近似互换暗号的办法。他是将暗号修改，而不是互换，实验是以等值刺激的训练为结束。首先是引起一种对图形大小作反应的习惯或定势而不用位置的习惯，然后以形状作为一个偶然的暗号，看形状能否获得暗号的价值。实验的步骤如图20-9。在跳台仪器的两个门之间，白鼠首先学会选择有大圆形的门，而不选择有小圆形的门。当这种选择完全建立好了，再用大三角形来代替大圆形，那时白鼠一贯选择它而不选择小圆形。显然白鼠是对大小作出反应。然后继续训练200次，以大三角形为正的暗号，小圆形为负的暗号。在这段长时间内，白鼠

第一步：当大圆在跳台仪器的任何一个门上出现时，白鼠学习了选择大圆形。

第二步：当大三角形代替大圆形。白鼠在200次试验中，一贯地选择三角形。

第三步：再用相等面积的三角形和圆形。白鼠未表现出有任何偏好。

第四步：在一个小三角形和一个圆形之间，白鼠一贯地选择圆形。

图20-9 大小和形状暗号实验中的连续步骤（材料引自拉希莱，1942）。

对大的图形作出正面反应，同时它也是在选择三角形，而得到了100%的强化。照赫尔和斯宾塞的说法，三角形似乎应该已经得到了正的暗号价值。然后用两种方法来测验：① 用面积相等的三角形和圆形，可是白鼠未表示出什么偏向；② 用大圆形和小三角形，白鼠却一贯选择圆形。就等值刺激来衡量，三角形没有获得作为暗号的价值，大小仍是唯一发生作用的暗号。拉希莱报告说："做了几个这种类型的实验，基本上得到相同的结果。如果动物有了一个定势去对刺激情境的某一方面发生反应，大量的训练也不会建立与其他方面的联系，只要原来的定势一直能有效地获得食物。"

这两个实验，一个支持了赫尔-斯宾塞的理论，另一个却支持了拉希莱的理论；但归根结底，二者相互间并不是直接矛盾的。拉希莱的等值刺激测验表明动物实际上并没有怎样运用形状的暗号，尽管同时受了那些强化；但是有些不可见的学习可能产生了。假设将图20-9的第三个步骤扩大为一系列的学习，给三角形或圆形以强化，很可能三角形的学习会比圆形的学习要快〔比特尔曼和寇特（M. E. Bitterman ＆ W. B. Coate, 1950）已得到接近这样的结果〕。所以拉希莱的结果并未直接否定赫尔-斯宾塞的理论。另一方面，互换暗号的实验也与拉希莱的学说并未直接冲突，除了"连续性"那点以外。拉希莱的基本假设可粗略地用"注意"来说明：白鼠可能像人一样，注意到整个的刺激组合的一部分或一方面——不仅用眼睛注视，而且只对大小而不对形状发生反应；或只对明度，而不对大小发生反应；或者只对某些可作为跳跃目的的细目发生反应。赫

尔-斯宾塞说过,在恰当时间出现的"一切刺激"会与成功的反应发生联系,但是似乎他们并没有说所有这些刺激都是相等地联系起来。如果某些刺激比同时的其他刺激有较强的联系,那么一个多少等同于注意的选择因素就必然在发生作用。

组合的和分开的暗号

视觉的暗号必然具备大小、形状、色彩、位置和其他属性,这些都是可以改变的,也可以做不同的组合。以 A 和 B 作为两个正的暗号;例如白色和圆形;以小 a 和 b 作为相应的负的暗号,例如黑色和三角形。于是 AB 是白色的圆形,是一个组合的正的暗号;而 ab 是黑色的三角形,是相应的负的暗号。在被试学会一贯地选择 AB 而不选择 ab 之后,叫它在 Ab 和 aB 之间来选择。它会选择白色的三角形,还是选择黑色的圆形呢?如果现在彼此对立的 A 和 B 都与正的反应有相等的联系,它就不会偏向任何一个。通常表现是有一种强烈的偏向,虽然各个动物所偏向的方向不同。

在下文要讲到的延缓反应的实验中经常用这方法,其中 A—a 这一个变数可以是门或其他物体的位置,另一个 B—b 变数经常为颜色。曾经看出位置比颜色易为动物学会,而人类并不一定如此。在辨别实验中,似乎可以大致肯定,白鼠注意门的位置,比它注意粘在门上的颜色、大小、形状或其他种种标志更为容易。它们很快地养成地点和位置的习惯。其他动物,包括黑猩猩,也都一样。

尼森和詹金斯(H. W. Nissen & W. L. Jenkins,1943)曾将上述办法应用于黑猩猩。它们学习在上面有大小不同的黑白正方形的箱子之间进行选择。对于名叫"汤姆"的黑猩猩,正的信号为小黑方形,负的信号为大的白方形。当它已学会一贯地选择小黑方形的时候,再用小白方形对大黑方形加以测验。在 50 次试验中,其中穿插一些原来的训练尝试,它每次都选择小白方形。小的形状显然是它的暗号,而黑的颜色不是。在其他 7 只黑猩猩中,有的凭颜色而不凭形状来选择,但每一只黑猩猩都表现出有一个显著的、对于大小或对于颜色的偏向,至少达到 74% 的程度。没有一只黑猩猩是对两个暗号有相等的联系。

暗号还可以有其他的重新组合和变化。刚才提到的作者曾试用 AB 对 aB,一个小的和一个大的黑方形,其结果与上述大致相同:表明两个组合暗号中之一总比其他一个易于学习。

为什么一个暗号比其他暗号易于学习,又为什么各个动物易于学习的暗号有所不同呢?这问题可以用"注意值"来答复。一个刺激由于它的强度和性质本质上就较其他刺激易于引起注意。一个刺激或物体也可以由于动物的过去经验易于引起它的注意。后一种说法理由虽然充足,但也必须能从实验证明才能更使人信服,劳伦斯(D. H. Lawrence,1950)的实验满足了这个要求。进口处有两条并行的直路。实验分三个步骤,事先训练、训练、测验。

（1）两条通路都是白色的,或都是黑色的。如果通路是黑色的,食物便在左边通路;如果通路是白色的,食物放在右边通路。白和黑是有关的暗号,白鼠学了运用两个暗号。其后,有一半的时候,在两条通路上都有隔幔,但隔幔是无关的(当然,对于一半动物来说,隔幔是有关的,而黑和白是无关的)。在这段事先训练中,动物学习了去"不睬"那些无关的暗号。

（2）在训练阶段,将暗号组合起来,而两者都成有关的:一条通路既是黑的,又有隔幔;另一条通路则既是白的,又没隔幔。动物学习了选取黑色有幔的通路,无论它在左边或在右边。这一个 AB—ab 阶段很快地为动物所掌握。

（3）最后是 Ab—aB 测验,一条通路是黑色没有隔幔,另一条通路则是白色的且有隔幔。所要测验的问题是,事先的训练,即运用某种暗号而不注意其他,是否迁移到第二阶段,和是否迁移到测验阶段。在测验中,40 只白鼠中有 27 只是不理睬某些它们在第一阶段已学会了不去理睬的暗号,无关的暗号的注意值因事先训练是降低了。作者洛伦斯虽然一般很倾向于赫尔-斯宾塞的理论,可是他的结论是:必须承认有一个额外的因素存在。这种因素是知觉的因素,而不是运动的因素,即表现在刺激的知觉中,而不在外表反应的执行中。拉希莱可能会称其为"注意值"的因素,但是洛伦斯则称之为"刺激的辨别力"的因素。在学习去对黑色和白色通路间的差异作出反应而不理睬通路中有无隔幔的差异时,被试增强了颜色间的有效差异(辨别力),而减弱了有隔幔和无隔幔之间的有效差异。在注意值和辨别力两种看法之间作出判断为时尚早。至少这个结论似乎很能成立:即由于有了一个知觉因素的作用,在成功的反应时出现的一些刺激会与这个反应有不相等的联系。

"VTE-代理的尝试与错误"

如果将被试的反应作详细的检查,而不单纯只归成"对"和"错"两种,或许可能有更多的发现。当我们在辨别实验中去衡量反应的潜伏期的时候,就是这种深入研究的开端。经常观察到的犹豫现象在被试发现可靠的暗号的劳动中,可能起些作用。在用两个门的实验中,犹豫表现在跳跃之前对于两个门的审视,正如上述拉希莱(1938)在等值刺激研究中已发现的。更早一些(1912),拉希莱已经在老式的辨别箱的实验中观察到同样的行为,也曾注意到在犹豫之后的反应多半是正确的。其他早期实验者也曾作过类似观察,丹尼斯和罗素(W. Dennis & R. W. Russell,1939)曾写过略述。这种行为曾被描述为:"看看这个门又看看另一个门","面向着这个门又向着另一个门","转来转去",或"向着一个门蹲下来准备跳,又朝着另一门蹲着,最后才跳。"

孟青格(K. F. Muenzinger,1938)把这种行为命名为"代理的尝试与错误"(vicarious trial and error),缩写为VTE。从计出在决定运动前每次尝试中的来回动摇的次数,和计出表现有些这种行为的尝试次数,他把VTE作为反应中的一个明确变量,可供实验者应用。VTE是感觉的探索活动,即在实际作出选择之前用感觉来探索情境的意思。

对正确的选择施以电击

孟青格曾进行过一系列的实验,看看对正确反应而不是对错误反应施以"惩罚"的效果是怎样。让白鼠在一亮一黑的两条通道之间加以选择。在一系列的尝试中,照亮的通路有时是这条,有时是那条,其中没有规则,不过走照亮的一条一定得到食物。将白鼠分为三组,一组在黑暗通路的地板上受到轻微的电击,另一组在照亮的通路的地板上受到电击,第三组在两条通路中都不受到电击。实验的安排和结果见图20-10。

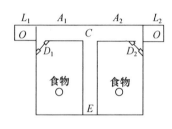

图20-10 根据简单T迷津做的辨别箱(孟青格,1934a)。将白鼠放在入口E,走向选择点C,然后走入两条通路A_1和A_2中之一,最后进入那边的食物箱,如果门是开着的。如果遇到门是关起来了,它要退回到选择点,再走向另一条通路,找到开着的门,得到食物。D_1和D_2两个门在选择点是看不见的。

实验所要求的是明与暗的辨别,以明为正的暗号。一盏15瓦的灯L_1透过一片磨沙玻璃照着通路A_1;L_2同样地照着通路A_2,L_1发光时门D_1是开着的;同时另一条通路是黑的,门也是关闭着的[参看孟青格和包乐斯基(R. F. Powloski),1951关于这种T型辨别箱的改进]。

在有些实验中,在两条通路中加了些危险的情境,例如从地板网格上有电击,或有6英寸宽的沟必须跳过。

现将其中有些结果列成下表[从孟青格,伯恩斯通(A. H. Berstone)和理查兹(L. Richards),1938]:

实验情境	学习次数	最初的100次尝试中选黑暗(错误)的次数	最初的100次尝试中的VTE次数
无电击	107	23	35
在黑暗的通路有电击	35	11	47
在光亮的通路有电击	45	17	49

从图20-10下面的表上所列的结果,我们可以看出,在黑暗通路中受电击时学习最快。当白鼠一进入通路,立即受到电击,黑暗与电击的连续是立刻的,也

是直接的,黑暗与电击的联系很快就形成。需要解释的是,在照亮的通路(通向食物的通路)上给以电击,比不给电击还要好一些这一事实。电击的危险使动物在选择点增加 VTE,而这 VTE 似乎是有利的。在其他实验中也得到接近这样的结果:那些实验是用地板的空隙或甚至用玻璃门强迫动物在选择点停留 5 秒钟以代替电击[孟青格和伍德(A. Wood),1935;孟青格和纽昆(H. Newcomb)1936;孟青格和佛莱切尔(F. M. Fletcher),1937]。作者们认为 VTE 可以使动物接受重要刺激的时间延长和接受得较好。

在这些实验中,采用了"校正的手续",即允许退回重走,因此每次的实验是一直继续到动物获得食物为止。用不许校正的办法,结果颇不一样,见图 20-11 [韦施纳(G. J. Wischner),1947]。

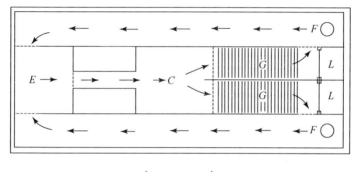

图 20-11 一种有门阻止走回头路的和在通路地板上有电网格的辨别箱[韦施纳,1947]。虚线表示门,平行线表示可通电流的网格板。L,L 为 40 瓦的电灯(在磨沙玻璃背后),任何一次尝试中,只开一个灯。F,F 为食物杯,但在任何一次实验中,只是在开着电灯那边的食物杯里才有食物。白鼠是放在入口处 E,它走到选择点 C,在这里它可以选择光亮的和黑暗的通路,G,G。在走过电网格(它可以通电流或不通电流)之后,从旁门走到食物杯,然后从侧面的通路走回到 E。它被关在 E 处停留 20~30 秒钟,再做下一次的尝试。

这是一个辨别光亮与黑暗的实验,以光亮为正,但在同一次尝试中没有退回或校正错误的机会。韦施纳所报告的结果的一部分见下表:

实验情境	学习的次数	最初 100 次尝试中选择黑暗的次数	最初 100 次试验中的 VTE 次数
无电击	152	45	7
黑暗通路中的电击	104	24	21
光亮通路中的电击	159	55	35

见到了孟青格和韦施纳两人实验中尝试的绝对数目有差异,我们不必有什么不安。每一次"附带有校正的尝试"是继续进行一直到动物获得食物为止。

如果第一次选择失败了,动物就会校正它,因此,在某种意义上说来它实际是有了两次尝试,第二次尝试是正确的。每一次"不带校正的尝试"则只有一次选择的机会,对或不对。但是为什么对正确的反应施以电击,在不带校正的时候如此不利,而在带校正的时候又那么有利呢?道理很清楚。当在照亮的通路中有电击,又不允许校正的时候,白鼠进入这通路首先就遭到电击,后来,由于它不能退回重走,找到了食物。光亮很快地成为主击的标志,白鼠首先学到去避免光亮的通路,如图 20-12 所示。因此,它开始并不时常得到食物的强化,它必须经过多次尝试才能形成光亮和食物的联系。可是在孟青格的实验中,由于允许校正,每一次尝试都得到食物的强化,光亮-食物物联系就能很快地建立。因为找寻食物和避免电击两种趋向之间的矛盾,就引起大量的 VTE,而那似乎有助于学习。

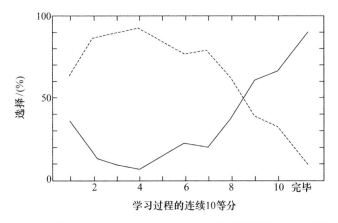

----- 选择黑暗通路,避免了电击　　——— 选择亮的通路,获得了食物

图 20-12　用图 20-11 的辨别箱,白鼠进行学习的平均曲线(从韦施纳,1947)。在光亮的通路中一直有食物和有电击。这是一条文生(S. B. Vincent)式的曲线,它的设计是用以表示在每一个别被试达到一定熟练标准所需的尝试次数差别很大时,全组学习的一般进程。先把每一名被试的学习曲线在底线上分成 10 段,把每一段中选光亮和黑暗的选择算出百分比;然后把全体被试在同一段的百分比算出平均。图中的两条曲线当然是相等的;但为了表明这里是有两条学习曲线,还是都画上了。白鼠是先学会了走黑暗通路以避免电击,其次才学了走光亮通路以得到食物。它们也学会了减少电击,办法是"在光亮通路前面作好准备,跳上电网格,四脚落地,再一下就跳出去,这样就只接触一次而越过了电网格。"

(两条曲线的最后一点都已超过了文生式曲线的范围,加画这一段是为了表示尝试是继续到连续 20 次尝试中只有 10% 选择了黑暗通路为止。)

VTE通常被描述为在决定采取行动之前对两个门或两条路的"看一看",但是更合适的描述是"看一看和准备行动",例如蹲着预备跳。在一个实验中[孟青格和根特里(E. Gentry),1931],用的是听觉暗号,有声音对无声音。当给予声音时,在左边通路中有食物,在右边通路中有电击;但当无声音的时候,食物和电击则出现在相反的通路。VTE是很显著的,也似乎有所帮助。但是在有声和无声的时候,视觉的暗号完全相同,"看一看"究竟有什么用处?在学习中重要的事是把暗号、反应和强化作用三者很快地连成一个顺序。例如,很快地将复合的暗号、声音和左边通路情况与紧接着的跳跃和取得食物很快地连成一个顺序。这样的顺序对于建立一个联系是很适合的。

VTE和辨别的困难

　　另一位VTE的耐心研究者为托尔曼(E. C. Tolman)。他的基本的观察结果之一(1939)是:白鼠在学习白与黑的辨别时比学习较困难的灰与黑的辨别时,在跳台上表现有较多的VTE。人类在心理物理法的实验中,却是当辨别有困难的时候表现很类似的VTE现象,而在学习没有困难时并没有。他们不会在白与黑之间看来看去,但他们在两种几乎相同的灰色中决定哪一种较淡的时候,则一定要看了又看。托尔曼(1941)指出,人类被试是有人告诉他找什么暗号,例如,叫他指出较淡的灰色。至于白鼠,则要由它自己去发现根据什么暗号,而差异很大的白与黑比差异小的两种灰色更快地引起它们去注视。此外,人类被试一开始就放弃了任何个人所有的偏好,比方喜好暗色,或指点右方,或轮流指右指左。白鼠必须在实验过程中克服这些偏好,而在克服这些偏好的过程中,VTE便容易出现,在原有的习惯和按照有关的暗号来行动的新倾向之间发生了矛盾。在图20-13所示的个别情况中,VTE显然帮助了动物打破它的位置习惯。

　　托尔曼和米纽姆(E. Minium,1942)曾进一步用跳台的研究,使一组白鼠进行白与黑的辨别:以白色为正的暗号,在达到完美的地步后,还继续实验数天。在积极学习的期间,VTE很多,以后就降到很少。现在以淡灰色代替白色作为正的刺激,使任务比较困难,少数错误产生了,VTE一度增多;在重新接近完全成功的时候,VTE又减少。然后用深灰作为正的刺激,使任务更为困难。许多错误一直出现了,VTE增多而且始终是多。从粗略的描述来看,这些白鼠的行为与人类被试在心理物理法实验中的行为相似,而是在这两方面相似:① 已经在实验的第一部分,即白黑辨别部分,学得了它(他)们的"指示",在辨别比较困难的时候,便表现较多的VTE;② 当它(他)们发现有错误出现的时候,它(他)们将行动变慢,更加仔细地审视刺激。在得到成功的时候,白鼠和人都有加速行动的趋势,对于必需的暗号也较少注意;然后又产生些错误,并重新注意且更加努力。克栾内尔(C. W. Crannell,1942)在另一种问题中,也得到这一类情况的其他例子。

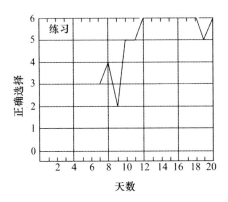

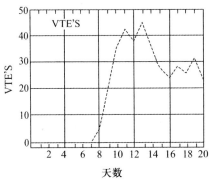

图20-13 一只白鼠在学习辨别白与黑时正确选择的次数和VTE的次数(托尔曼,1923)。白色是正的暗号。每天在跳台试跳六次。最初七天,这只白鼠每次都跳向左边的门,因此恰恰有一半的时候获得食物。到这时为止,没有迟疑或VTE。但在第八天的第三次尝试,它不是立刻跳向左边的门(碰巧门是黑色的),而是迟疑了一会儿,转向另一个门(白色的),而最后向那扇门跳去。从那时起它越来越多地倚靠白色暗号行动,而最后几乎是一贯如此。它的VTE数目在积极性学习期间有所增多;而在获得食物的成功达到100%水平以后又降低了。

在迷津的学习中也曾看出有VTE[杰克森(L. L. Jackson),1943],特别是在动物有走进盲路的强烈趋势的选择点上。一条直接指向食物箱的盲路就引起这种困难。进入盲路的倾向必须克服,VTE好像是克服中的一个因素。这是旧有的倾向和开始运用正确的暗号之间的矛盾的另一个例子。有时引起VTE的并不一定是矛盾,而多半是不敢肯定。当动物已经学会根据某些暗号一贯行动的时候,来了一个多少相似的暗号代替原来的暗号;不十分肯定的现象产生了,因此就犹豫不决和出现VTE。我们方才提到一个例子:先已经完全学会了辨别白与黑,然后以灰色来代替白色。拉希莱在他的等值刺激的试验中报告过其他的例子:如果用来代替的正的暗号与旧的暗号差别不大,就是尽管犹豫不决和发生VTE,动物还是一贯地按照它来行动。如果两者的差异很大,动物便后退到靠位置习惯来行动。

VTE的研究提出了几个有兴趣之点,其中最重要的,是说明了在对新的情况一贯作出适当反应时,所必须克服的习惯和偏好。被试进入这种情况时,总有一些必须克服的原有的倾向;而在最初学习阶段中很容易选取错误的暗号,一定要放弃这些暗号才能掌握情况。学习者从来都不是从平等的基础上开始,而总是有些障碍的。

"延缓反应"

在人类能力范围中，有一种形式的行为是由"预备……起"的口令所引起的。在得到"预备"这个信号时，你准备着去进行某项活动，但活动的执行是延缓到接受"起"的信号的时候。动作可以在预备信号中规定，例如一队人接受了"齐步……走"或"向后转……走"的命令。延缓的时间可以比几秒还长得多，例如你将钱包放在某一个抽屉里而第二天早晨很确切地知道在何处可以把它找到，那就是经过了一整夜。或是借助于语言文字或记忆的意象，或靠其他符号或代表作用的内在过程，你有办法能够记住见过的物体的位置，或者在一定时距之后，把你的准备化为行动。

如果是对人以下的动物，也证实其有同样的能力，就可以有些证据来说明动物界也有最初的符号过程。卡尔（H. Carr）和他的同事在芝加哥实验室曾经用实验来研究这种可能性。那实验的基础是个辨别实验，如在图 20-14 所说明的。亨特（W. S. Hunter, 1913）第一个进行了关于动物和幼儿的延缓反应的重要研究。

动物接受一个指出食物的所在的刺激，但必须延缓一定时间才可以走向食物。表示反应的变量可以用两种办法：或看它最长能延缓多久而仍能一贯地作出正确反应，或者它在一定时间的延缓以后所作出的正确反应的百分比。研究动物在延缓期间的行为有助于了解"符号"过程的性质。

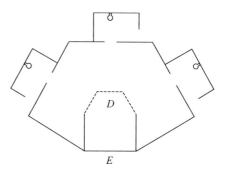

量表 1 英尺

图 20-14　延缓反应实验箱（亨特，1913）。这个尺寸是为白鼠用的。白鼠是从 E 处的门放进等待室 D，从那里它可透过玻璃隔板（图中用虚线表示）看到离玻璃板 7.25 英寸处有 3 个敞开着的门，每扇开着的门后有一个 3 烛光的电灯泡。在任何一次尝试中只亮一盏灯。当实验者抽起玻璃隔板时，白鼠可以自由地径直走向三扇门中的任何一扇。如果它进入亮着灯的门，它就发现自己走入一间小房间，有一扇侧门可以绕回到 E 而获得食物；如果它走入任何一间未亮着灯的小房间，就会由于侧门是关闭着的而无法前进。"延缓"是由实验者掌握，办法是在抽起玻璃隔板以前，先把信号灯熄灭。在有些实验中，现在用铁丝网做成的等待室几乎占了大箱子的全部，这样就使白鼠能更接近它所选定的门，也使它在铁丝网隔板抽起之前能有更自由的活动。一般说来，白鼠的成绩是要好一些；可是它们还是要停留在所选定的门的附近，才能在延缓以后完成正确的反应。

两阶段的或间接的方法

　　实验者的延缓反应实验,需要以已建立好的辨别为基础。走向可见的食物是一个已建立好的反应,如果利用这个反应,就采用一阶段的或直接的方法;如果辨别的反应必需先学会,就得采用两阶段的或间接的方法。亨特曾采用两种方法,先用两阶段法(1913),后用一阶段法(1917)。图 20-14 是他在 1913 年给白鼠用的辨别箱的示意图。白鼠要先学会从选择用光照射的门得到食物(一般需经 160~300 次尝试),然后很逐渐地给以延缓:首先在动物走向食物的途中将灯光熄灭,然后是当实验者开门放它出来的时候熄灯;再后是恰在把动物放出来之前将灯光熄灭;最后,延缓的时间延长,直到反应消失,即错误反应大大超过全部尝试的 1/3 的机遇的数目时。大部分白鼠在不足 2 秒时便无能为力了,可是也有少数能坚持到 3~4 甚至 10 秒钟。它们在灯亮时和灯灭了一两秒以内还能够面向着有亮的门,在那以后它们就会失去目标。白鼠的这个目标并不像猎犬的目标一样使它保持一个稳定的姿势,而是使它对着有亮的门的方向在隔板上不断碰撞。当白鼠被放出以后,它就照着当时的方向向前走,那方向可能是正确的也可能是错误的。亨特的 13 只白鼠中没有一只能在迷失正确方向之后一贯地重新将它掌握。为了在指示灯光熄灭后能作出正确的反应,它们必须保持身体的朝向。两只被实验的狗也是如此,但狗能够把身体的朝向保持到较长的时间,有时(但次数不多)能保持 5 分钟;它们是站着、坐下或者躺着,而身体,至少是它的头部是朝向正确的方向。亨特实验中的 4 只浣熊却表现了不一样的行为:当灯光熄灭后,它们并不需要保持固定的身体朝向,而能到处转动;只要延缓不超过 10~15 秒钟,在它们被放出来时仍能走向正确的门。

　　幼儿在不同的但可比较的设置中,并不在延缓的时间内保持任何固定的身体朝向,而在延缓了 1~4 分钟或更多的时间以后仍能够作出正确的反应。他们能够在延缓的时间内注意其他事物,还照样记住原来所指示过的是哪件东西。

　　在汉锡克(C. H. Honzik,1931)的类似的实验中,白鼠的表现较好。他做了一项更动:在延缓期间,三扇门都掩盖在幕后,而不像在玻璃板或铁丝网后可以看见。所有的白鼠在延缓 7 秒钟或更多时间以后都成功了,在延缓期间自由跑动仍一样获得成功。原因是由于将三扇门都掩盖住了,可以防止在延缓期间对错误的门的任何反应,而这种错误的反应是会引起干扰的联想和倒摄抑制的。

　　曾经有一个时期,许多心理学家不免怀疑亨特关于浣熊的实验的结果,大家觉得只有应用一些语言,被试才能在灯光熄灭以后记得哪一扇门是曾经被照射过的。儿童能够运用语言工具,如说"中间,右,左"来认清三扇门。可是在亨特的第一个实验中并不证明儿童是用语言来做这种帮助。他们有时说:"我知道是哪一个。是这个(用手指点)"。但是指出那对象的显然是用手指点,而不是"这个"一词。

一阶段的或直接的方法

在亨特的第二个实验中(1917)是用一阶段法或直接法,对一名只能说几个字的 13 个月的幼儿进行实验。儿童已经学会了找出当面藏起来的物体。现在让儿童坐着,面前放着排成弧形的、都容易够得着的三个盒子。她看着别人把玩具放在一个盒子里,盖上盒盖;然后将她的眼睛蒙起来,或者带她站起来绕一个圆圈,等等;最后叫她重新坐在盒子前,要求她选择。经过 15 秒的延缓后,她的选择大约有 80% 都是正确的。

自从那时以后,直接的或找物体的方法曾在猴子和黑猩猩的实验中广泛应用,而且得到了这样惊人的成功,以致于对不依赖语言的延缓反应的真实性,并不再有疑问。1928 年廷克尔泡夫(O. L. Tinklepaugh)所做的实验是用猴子做一阶段法实验的典型例子。当猴子坐在自己经常坐着的椅子上并注视着的时候,实验者把一只香蕉藏在一只铁杯下面(它面前有两只铁杯);然后将猴子带到室外约 5 分钟,再带回到椅子上,要它"去取食物"。它毫不犹豫地走向放了食物的杯子,抬起杯子取香蕉。延缓的时间可以大大地超过 5 分钟,而还没达到仍能作出成功的反应的任何准确的时间限度。

D. N. 耶克斯和 R. M. 耶克斯(D. N. Yerkes & R. M. Yerkes)在同一年(1928)发表的关于黑猩猩的实验得到相类似的结果。廷克尔泡夫(1932)继续研究,证明猴子和黑猩猩都能作出"多项延缓反应"。在实验室的几个房间中,每一间里地板上都先放好两个盒子,中间隔 4~5 英尺,盒子与黑猩猩坐的地方的距离约为 6 英尺。将被试动物引进第一个房间,让它坐在指定的地方,注视着实验者把食物放在两个盒子之中的一个,但不允许它去接近盒子;接着将被试动物引到第二个房间,再同样处之,像这样一直走完所有的房间。测验时是将动物带回各个房间,坐在原来的地方,要它去"取得食物"。在此测验中黑猩猩的成绩优于猴子。两只猴子在 5 个房间里的正确反应为 80%;而两只黑猩猩在 10 个房间里的正确反应为 90%。被试成人在类似实验中的成绩与黑猩猩大致相等,并不是有系统地运用"右、左、左、右"等等语言的帮助。照他们自己回忆,他们有时利用标志,例如地板上的斑点,但时常不能说出他究竟利用了什么暗号。

廷克尔泡夫(1928,1932)曾把简单的延缓反应实验做了个有趣味的改动:在将香蕉放进盒子之后,实验者偷偷地把香蕉换成动物不那么喜欢的食物,如红萝卜或生菜。当猴子或猩猩举起盒子时,它的行为表现出惊奇和失望。它继续在附近寻找那不见了的香蕉。它对于那特殊的食物所建立的定势和它对于食物的位置的定势一样。

对颜色暗号的延缓反应

与灵长类依据位置来认明一个物体的这种本领成鲜明对比的,是他们在学了利用颜色作为一个认识的标志时的巨大困难。上面提到的作者们都曾注意到这个对比,尼森(H. W. Nissen)和他的同事在这点上更为明确。黑猩猩有良好的色觉,在辨别实验中学习识别红色和绿色(或黑色和白色)并不太困难。但如果你在它面前放一个红色和一个绿色的盒子,将食物放在红盒子里,然后在它未看见时改变盒子的位置,就是经过很短的延缓后,它也不能一贯地选取红盒。只有通过实验者下很大功夫,给以促使它们注意和反应色彩差异的特殊训练,才能在对颜色的暗号的延缓反应中使它得到相当程度的成功[尼森,里孙(A. H. Riesen)和瑙里斯(V. Nowlis),1938;里孙,1940;里孙和尼森 1942;芬齐(G. Finch),1942]。被试人类对颜色的暗号作出延缓反应没有困难,他们通常说是利用了颜色的名称。黑猩猩或猴子在要记住位置的时候,并不因为缺乏语言帮助而感困难,或许因为在视知觉中那么直接地"给了"它空间关系,而在运动反应中是那么直接地以空间关系为依据的缘故。

在儿童的延缓反应的实验中,密勒(N. E. Miller,1934)曾早使用 Ab—aB 的办法将色彩和位置相配对。他将一红一黄相距 1 英尺的两个盒子,放在儿童面前的桌边上。儿童看见把玩具狗放在其中一个盒子里;然后用屏幕隔开 10 秒钟,在那个时间内将两只盒子的位置掉换。移开屏幕,要求儿童找出小狗。他是根据两个盒子的颜色,还是根据两个箱子的位置来选择呢?结果很有趣。1 岁的儿童大部分根据位置来选择;年龄渐大,色彩就变成主要的暗号。

从这里我们又可以看出,完全无需用语言便能够学习位置并保持它。关于颜色,我们可以草率地下结论说,单凭使用颜色名称的能力就使年龄较大的儿童能注意和保持颜色的暗号。但是,我们必须记住人们对于颜色并不仅仅是说出它的名称。幼儿常常早已学习了普通颜色的名称但不能正确使用那些名称。以后,他们才学习对颜色本身注意。一般说来,辨别原来是一个知觉问题而不是一种运动反应。这个事实在图 20-15 所描述的实验中再一次又表现出来。

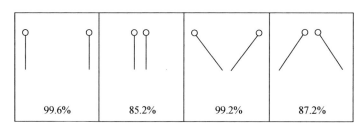

图 20-15　拉绳的延缓反应［材料采自尼森，卡潘特（C. R. Carpenter）和考尔斯（J. T. Cowles），1936］。有两只食物杯，都可以用系着的绳子拉进黑猩猩的笼子。当黑猩猩注视时，在一只杯子中放一片橘子。在延缓期间，在黑猩猩和杯子中间隔一道屏幕，随着动物对实验熟练的程度延缓期从 3 秒变到 120 秒钟，但在图中所示的四种情况之间延缓期是相等的。两只食物杯之间或隔 55 英寸或隔 10 英寸；动物所把握的两条绳子的近端之间也有同样的两种距离。正确的延缓反应的百分数如图中所示：当两只杯子远隔时，反应几乎全是正确的；但当两只杯子靠近时，错误就多。在前一情况中把两条绳子的近端靠近并没有坏处；在第二种情况中把两条绳子的近端离开远些也没什么好处。在延缓期内保留的是放食物杯子的位置，而不是预期的反应活动。

人类被试的暗号学习

如果把这些辨别学习的实验与在人类方面的许多有关辨别的实验（通常叫做心理物理法）相比较，就可以看出，为什么在辨别学习的领域中，动物实验占很大的分量。在心理物理实验中，我们告诉被试去观察和辨认什么暗号。例如在用视觉刺激进行实验时，要求被试去比较刺激的强度，或广度，或颜色，或形状。如果我们要测定被试对于强度的辨别能力，却要他自己去发现有关的暗号，那是很可笑的。早期心理学家，试图将心理物理法实验应用于动物，不得不使动物被试去发现要依据何种暗号进行活动；因此，原来为心理物理法设计的实验便变为学习的实验，而且我们已看出是很重要的学习实验。但是，如果想把这些动物的实验回过头来应用于人类，那么，任务是过分容易，以致不能提供什么有关人类学习的知识。试想象在人类被试面前放两只木箱，一只上面画着三角形，另一只上画着圆形，在各次尝试中加以互换，再告诉他："你选取其中之一，然后我说对或不对！"实验者如果想得到一条学习曲线，或任何有关学习过程的知识，他必须想些更巧妙的方法。暗号应该是更为复杂或者模糊的，或带矛盾的。

在试图看出成人辨别学习过程的几个实验中，波蓝替斯（W. C. H. Prentice,1949)曾想些办法,用几个比正确的暗号更明晰的错误暗号来迷惑被试。用的是"两个门"式的实验。被试看见屏幕上的两扇小窗。一扇窗上呈现一个方形,另一扇窗上呈现一个圆形。如果方形是大的、圆形就是小的;相反地,方形要是小,圆形就大;如果方形是白色的,圆形便是黑色的。被试面前有两个安在两扇窗下面的反应键,一个键上有方形记号,一个上有圆形记号。指示被试去选择方形或圆形,并用手按压相应的键来表明他的选择是什么。所给的奖励和惩罚是:选择正确时,灯光亮;选择错误时,蜂鸣器响。根据任何一个明显的暗号作反应,他会只有一半是正确的,因为大小和形状都是无关的,关键在白色图形的位置。解决问题的办法是:"在白色图形出现的时候,按它所在的那一边的电键。"简单极了!——但实验的设备和说明是如此混乱,以致有40%的大学生被试在集中的100次尝试中没有得到正确的解答。实验者想得到一些内省的材料来看被试在学习过程中的初期或晚期试用些什么"假设"。在每次尝试后,都请被试说明:"为什么作这样的选择。"最初几次尝试中报告的是些错误的假设;当反应渐成为一贯正确之前,时常报告一些正确的假设或接近正确的假设。

在一组被试中曾试用互换暗号的办法。在起始的20次尝试中(可以认为是个"解决前期"),是在应惩罚时予以奖励,在应奖励时给以惩罚;然后既无间断也不加说明就改用正规的奖励和惩罚。结果是大致需要20次的额外尝试来弥补前20次尝试中的错误训练。从数量上说,这结果与拉希莱和赫尔-斯宾塞的两个理论都不符合。因为照拉希莱的看法,解决前期应该对两方面都不算数,接受了错误的奖励和惩罚的被试也不需要额外多加尝试。但照赫尔和斯宾塞的看法,解决前期对于接受了正确训练的被试应该有一定的好处;而对于另外的一些被试应该有一定的坏处,其中有40次尝试的差额要弥补。这种从数量上的推论可能引起一些争执,或许这个用人类做的实验的最重要的新结果还在于下面这段话中所说的(坡蓝替斯):"典型的情况是,解决问题的办法在总结前三四次尝试结果的基础上作为一个暂时的假设出现。"就是说,正确的假设一出现就有决定性的意义;但是它的出现是由于在一系别的偶然成功中所得到的强化的积累。或从"注意"来讲,问题是被试怎么会注意到这个模糊不清的正确暗号,答案是一系列的偶然成功力量使他不得不注意。无论是拉希莱的或赫尔与斯宾塞的理论都不能认为是圆满的,虽然两个理论都有些贡献。这个结论的根据可以在其他研究中找到,特别是海德伯莱德(E. Heidbreder)的一个研究,在本书的第一版中曾对此研究有过评论。

概念的学习

概念形成的实验也曾采用辨别学习实验的一般类型。为概念所控制的行为，要求对同类事物作出同样的反应；而对不属于这类的事物作出不同的反应，或不作出反应。朗(L. Long,1940)曾对3～6岁儿童做过一个比较简单的实验：将一只有两扇小窗的盒子放在儿童面前。如果他按一下正确的窗，一小块糖便滚出来给他。从一扇小窗里，他可以看到一只橡皮球；从另一扇窗里则可以看到一块长方形木块，皮球是正的刺激。在儿童已经学会一直选择皮球的时候，便用等值的刺激进行测验：将不同大小、不同颜色的圆形物体，与各样有棱角的物体配成对子——结果他们一贯地选择圆形的物体。用圆锥形的物体代替圆形物体，在稍加训练后也能选中。他们也选平面的圆纸板而不选平面的多边形。如果两个多边形同时呈现，除了最小的3岁的儿童外，选择那个近似圆形的(就是说边多些的)，次数约占75%。所以球形或圆形的概念，无疑地已为这些儿童所熟悉，就很容易应用在其他变形的圆形上面了。

命名的实验

应用于人类成人的这类实验任务是弄得困难些，或是用不常见的物体，或者要求同时形成两个以上的概念，或者用无意义的名称去学习概念，或用其他办法。最初做这种实验的是赫尔(1920)。① 实验是仿照记忆研究中的配对联项(paired-associates)实验设计的，但也可以看成是一种辨别性学习的实验。先给汉字配搭上些无意义的名称(图20-16)，使被试学习叫出每个字的名称。这些字都是复合的，每个字包括一些部首偏旁，同一个部首偏旁也在不同的复合字里出现，赫尔所用的每一个字都含有他所选定的12个偏旁之一。凡包含同样偏旁的字都配搭上了同一个名称。字分别写在卡片上，将12张卡片组为一套，使每一套中12个偏旁全有。实验的手续如下：用记忆实验器依次呈现第一套汉字，每呈现一个字，实验者说出名称，被试重复一次；第二次，被试试图在实验者说出每一个字的名称以前自己说出名称；如此重复，直到被试学会第一套中这12个字的名称为止。再呈现第二套卡片，告诉被试这一套卡片中用的还是原来那些名称，而他在第一次见到时就可以试"猜"这些名称。偏旁的次序在各套卡片中是都不相同的。他们学了6套卡片上的字，在第一次尝试中猜对的百分比是逐套增加，18名被试的平均结果如下表。

套　　号	2	3	4	5	6
第一次尝试中猜对的占比/(%)	27	38	47	55	56

这种认出同类情况的新东西的能力的增加，一部分由于被试努力去发现有相同名称的那些字是在什么地方有共同点，我们也就可以说他是在考核一个确

---

① 关于概念形成方面的较早期文献，曾在本书第一版中有较详的论述。

定的假设。但第二套卡片的第一次尝试中的 27% 的正确结果不能如此解释,因为他们学第一套卡片时并不知道还有第二套卡片的实验。这情况在实验终了时也是一样;很多字虽然不能按偏旁分出类别,但都能正确地说出名称。后面这结果在其他的实验中,甚至在日常生活中都可以见到。某些物体(或人)看来是很相似的,而我们不能指出它们究竟在哪一点上相似。

图 20-16　所用偏旁中的 6 个和它们所搭配的无意义的名称,以及包含每一个偏旁的一些个字(赫尔,1920)。

分类实验

在典型的分类实验中,是将几类物体混在一起,要求被试加以分类,把相同的放在一处。怎样分类最为恰当由他自己发现。在海德伯莱德的许多关于"概念形成"的实验中,有一实验是用 144 张卡片(1948),卡片上各有不同的图画。她告诉被试(18 名女大学生)"按照自己想出的方式"将卡片分为 9 堆,越快越好。被试平均用 10 分钟。部分图画见图 20-17。在卡片中包括三种物体,三种无意义的图形和 3 项、4 项、6 项的三种数目组合。问题是看被试能否通过自己努力发现这些类别。从全部被试的结果看来,在物体方面得到成功占 81%,在图形方面得到成功占 39%,在数目组合方面得到成功占 31%。这一结果与实验者在其他所得到的结果相符合:说明物体的概念是较易形成和利用,而数目的概念最不容易。物体的概念可能因最接近日常生活的实际需要和使用而占些便宜,而数目的概念又因要靠计算和运用符号而吃些亏。

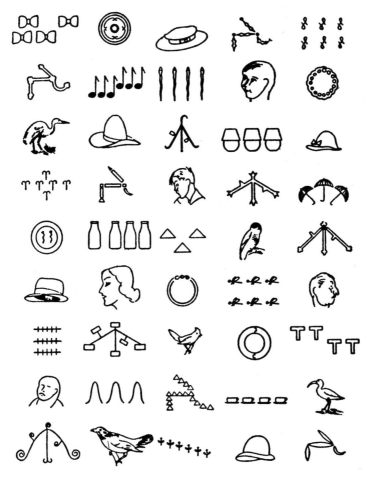

图 20-17　分类测验中(1948)所用的图画的样本(海德伯莱德,1947)。每一直行表示九类图画的一个举例。每类计各有 16 张图画,每一图画在单独的卡片上,做实验时,全部 144 张卡片先被洗乱。

另一种分类的工作,经常用做个别差异的一个测验的,是给予一些可按不同系统或不同原则作不同分类的物体或图画。在被试按一种方法分类之后,问他是否能用不同的方法再作分类。测验的目的是看被试能否从一种分类的根据转到另一根据[魏格勒(E. Weigl),1941]。葛尔德史坦(K. Goldstein)曾发现脑部受伤的病人进行这种转变有很大的困难。他认为这种困难是由于缺乏"抽象行为"的能力,即离开具体情况,而把物体看成一类事物中的例子的能力[葛尔德史坦和席惹尔(M. Scheerer),1941]。

格兰特(D. A. Grant)和他的同事们曾应用这种办法来进行变换暗号的实验。有一套 64 张卡片要分别放入 4 个有不同标记的格内。除了告诉他每投入一张卡片时实验者会说"对"或"不对"外,不给任何其他说明。这四个标记是:1 个红色三角形,2 个绿色的星,3 个黄色的十字架,4 个蓝色的圆圈。被试可以根据颜色、形状或数目将卡片与标记配合。开始,被试如果按照颜色分类,实验者就说,"对";但当他照这样连续对了 10 次以后,实验者不作声明就改成以形状为标准;当他照这样对 10 次后又改成以数目为标准;然后再从头依次采用这三个标准。96 名大学生平均只需三或四次尝试就发现了第一个规则;但在第一次不先声明就更改标准的时候,他们就需要 14 次试验才能发现毛病在哪里,并找出新的规则。以后的改变就较快地掌握了:只要 13 次或 9 次尝试,最后平均都不要 8 次。至少有些被试一定是学会了期待着标准的改变。在此实验中,与海德伯莱德的实验相反,数目的概念并不比形状的概念难于利用,甚至还较容易,可能因为事物的数量比较明晰[格兰特,琼斯(O. R. Jones)和塔蓝替斯(B. Tallantis),1949]。

从这些例子,可以看出研究概念形成的实验者,都倾向并不让被试明白作业的真正性质,把它伪装成为分类或记忆的工作。其实用较直接的手续很可以得到良好的结果,例如使被试知道不同的图画由于同类便有相同的名称,同时使实验一直继续到被试能给每一类的图形以相当适当的定义为止。这类实验之一证实了海德伯莱德的结论,即物体的概念形成较快,数目的概念形成较慢……至少被试女大学生的成绩是如此[温泽(B. M. Wenzel)和弗路瑞(C. Flurry),1948]。

关于概念形成的各种实验的评论及参考文献,可参看威纳克(W. E. Vinacke,1951)的相关资料。

(阮镜清　译)

第二十一章

迷 津 学 习

在研究学习中系统地用动物作为被试是在 1900 年左右开始的。条件反应和辨别学习的实验在那时以后不久出现,迷津和问题箱的实验在那时以前不久出现。这些实验者的兴趣原是在脑的生理或心理的进化方面,但他们设计的实验直到今天在学习的一般理论中还有重要性。如果不考虑到像在环境中活动或把弄物件的学习这样主要成就,那我们对于人类和动物学习的处理显然是不够公允的。桑代克(E. L. Thorndike)的问题箱(1898)要求把弄门钮或其他物件的学习,而斯马尔(W. S. Small)的迷津(1899,1900)要求学习一条相当复杂的通路。桑代克的研究下文将要论到。

斯马尔的研究是定性的而不是定量的,正因为这样,他的仔细的观察在介绍迷津学习时就值得注意。他采用 6 英尺×8 英尺的大小,把有名的汉甫顿场 (Hampton Court)迷津仿造成为一个研究工具。迷津是用铁纱做成,放在铺了锯屑的地板上。迷津的中间格内放些食物,把两只白鼠同时放在入口。它们分途进行在迷津中来回探索,有时停下来挖挖锯屑或咬咬铁纱。第一只在 13 分钟时到达食物。把它们放在迷津中过了一整夜;第二天再试时它们就在 3 分钟走完从入口到食物的距离。在以后的尝试中时间更为缩短,而错误(走进盲路或折回正路)减少到每次尝试只一次或二次。在学习的中间阶段,它们常在入口

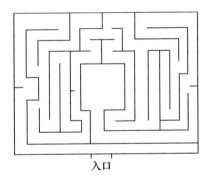

图 21-1 斯马尔(W. S. Small)和他的后继者所用的汉甫顿场迷津的平面图。

附近迟疑一阵,然后"闪电"似地跑到目的地。它们常慢慢地进入一条已经走过的盲路而很快地跑出来。不很饿的时候,它们常"沿途玩耍,满不在乎地摆进盲路",可是又马上很快冲到目的地。尽管从头走到尾全无错误,那也还不是一个

刻板的运动例行动作。这迷津有两条可以互换的通路,都能达到目的地,可是一条较短;白鼠迟早都一律走近道。在迷津学得已经很好以后,实验者开了一条抄近的路而白鼠很快就采用了。斯马尔的观察使他得这个理论:它们是学会那个位置而不是一系列的动作。"过程中的中心事实似乎是白鼠认识了迷津的一些特殊部分。"

白鼠能掌握一个复杂的迷津而且能做得相当快这一事实引起了许多理论问题。在努力求得这些问题的圆满解决中,心理学家曾把迷津的结构加以变换和简化,把实验程序标准化,并把动物的动作加以数量化的评分。这些技术上的改进我们将逐步说明。

迷津学习中的感觉信号

斯马尔的白鼠是靠哪一个感觉在迷津找出路线来?靠嗅觉吗?食物的气味从铁丝墙中弥漫过来无疑地是个诱因,但那并不能引导动物照着拐弯抹角的道走。动物也不可能照着已走过的路线去找食物,因为在它们的走动中在正路和盲路中都一样地留下了自己的气味。两只白鼠在实验期中变瞎了,可是和不瞎的白鼠一样快地学会了迷津。斯马尔推论说:不是视觉、嗅觉、而很可能是触觉、动觉供给了白鼠走迷津的主要材料。

华生(J. B. Watson,1907)在重复和扩大这些实验时,曾更认真地去努力辨认感觉上的信号。他的方法是每次排除一个感觉,而去查明:① 已学会迷津的动物能否还走得不错,② 原未受过训练的动物能否和正常动物同样快地学会迷津。

排除视觉信号的办法是把房间弄黑。在有光情况下已受训练的动物在黑地里继续走得不错;而未受过训练的动物在无光和有光两种情况下学得一样快。为了十分肯定,他曾把某些白鼠弄瞎,办法是切去眼球;手术后白鼠的健康很快就复原。盲鼠学习迷津和正常的一样快,而在学会了迷津后才弄瞎的也只少许降低效率。主要的信号似乎并不可能是由视觉供给的。

其他的白鼠是去掉了嗅觉,用手术切除嗅叶,由鼻到脑的内导神经通路的一部分。这些失嗅的动物和正常的一样顺当地学会了迷津,在走曾经学会的迷津时也没有表现出什么扰乱。

他把两只白鼠弄得半聋,切除了两耳的鼓膜和小骨,然后把中耳腔灌上石蜡。这些白鼠学走迷津和正常白鼠一样快。

触觉用任何可能手术都不能全部取消,可是把已受训练的白鼠的所有足底都麻醉后,它们走迷津并不受任何影响。将触须(胡子)剪短曾使动物短时期动作缺少把握,但48小时后它走完一个已学会的迷津却完全正常,这样的动物在正常时间内学会迷津。根据任何重要触觉信号必须通过触须或足底这一假定，华生相信他已经差不多排除了触觉，正和排除视觉、嗅觉、听觉一样。

因此，华生从排除式的逻辑就推论迷津学习的主要信号是在动觉或肌肉觉方面。其他内部感觉，譬如机体觉或半规管的感觉可能也起些作用；可是外部感觉在学习中不是主要的，当然在探索时还是运用了的。

这结论显然需要在可能条件下用排除动觉来验证。许久以后拉希莱(K. S. Lashley)找到了一个办法在较大程度内获得这个结果，可是还不完全［拉希莱和波尔(J. Ball)，1929］。由躯干和腿部来的内导神经通路是经过脊髓的背干上升而可以在颈部切断。在手术一般复原后，白鼠表现是失去了动觉，四肢散开着走，拖着腿走，不用脚底而用脚背着地。可是在手术前学会了迷津的白鼠在手术后走来几乎还是完美的，因为行动不便费时间是较长，但还是照着正路走不进盲路。事先受了手术的白鼠学习迷津和正常鼠一样容易［英格布利生(O. C. Ingebritsen)，1932］。这些事实"反对迷津学习中动觉的首要性。"

在逻辑上我们似乎被动地得到了一个十分不可能的结论，说迷津学习中的主要信号是从半规管或胃和其他内脏得来。我们也可继续作些探察，去切掉白鼠的半规管——在研究这些感官时常做这手术——和切断迷走神经，使动物丧失大部分的机体觉——这手术也很容易进行。仿佛这些手术是认为无甚需要，因为还有一个逻辑上可能的结论，即是没有单独一个感觉对于学习迷津是主要的。

互换的和多项的信号

视觉、嗅觉、触觉、动觉甚至听觉都可以供给能用的但不是主要的信号。动物可以运用所能得着的最好的信号，而正常的动物可运用不同感觉中来的信号的配合。承认了这个可能，我们就看到华生的实验可以进一步发展。当他看到失明或失嗅的白鼠都并不吃亏，他就推论失明又失嗅的白鼠学迷津也会和正常鼠一样。这个推论曾经用有墙的和无墙的或敞开的迷津（区别见下文）加以考验。林德立(S. B. Lindley，1930)曾在有墙的迷津中用过几群白鼠：正常的、失明的、失嗅的、失明兼失嗅的。正常的一组学会迷津（达到一定标准）需要的次数的中数是 12 次，失明的是 14 次，失嗅的是 27 次。可是失明又失嗅的一组就得不到中数，因为只有 27% 学成功了。在敞开的迷津方面，我们有汉锡克(C. H. Honzik，1936)的大量材料，他从每组 42 只或以上的白鼠的大组中求得平均。它们的相对学习效率可以从下表所列的第 12 次和第 24 次的尝试中的平均错误次数上大致看出。

平均错误	在第 12 次尝试中	在第 24 次尝试中
正常的白鼠	0.1	少于 0.1
聋的白鼠	0.2	0.1
失嗅的白鼠	0.2	0.1
瞎的白鼠	1.5	1.1
又瞎又聋的白鼠	4.2	3.9
又瞎又失嗅的白鼠	5.8	5.4
又瞎又聋又失嗅的白鼠	6.2	6.4

因为在这迷津上起始时的错误次数是 6.5 左右，又瞎又聋又失嗅的白鼠在 24 次尝试中简直没有进步。三组不瞎的白鼠——正常的、聋的、失嗅的——差别不大，而比起任何瞎眼的一组确实可靠地要高一筹。但只是失明，比起再加上失嗅和耳聋，则障碍较少。瞎的白鼠在敞开的迷津中可以利用声音信号或气味的信号，由数字上看后者较好，差别在统计学上看是可靠的。可是聋、瞎又失嗅的一组，靠着触觉和动觉，似乎并不能学这敞开迷津，或是学得非常非常慢。作者是这么说的："聋、瞎又失嗅的白鼠的结果使我们不得不接受这结论，并不是动觉在学习中没有作用，而是单凭动觉不能学会一项动作。很可能只是在外受刺激引起的学习开始以后，动觉冲动才在完成一个习惯上起些作用。"其他研究者也发表过类似的意见。

信号作为刺激中的变异

在这些带有手术的实验中，实验者是操纵手术这变异因素，即是变更机体的感觉装备。研究信号也可从操纵环境入手去变更迷津本身和它的四周。原来的那些迷津，木的和铁纱的都一样，通路两旁都有墙。它们使被试见不到迷津全貌，因而失去了视觉的主要优点。它们从窄路的两旁供给许多的触觉信号。文生(S. B. Vincent, 1912)和迈尔斯(W. R. Miles, 1930)介绍了敞开的或升高的迷津，在那里道路只是 1 英寸或 2 英寸宽的木条，支起那么高使白鼠不会跳下，相隔够远使白鼠不能从一条跳到另一条道路。那儿没有墙供接触，可是视线不受阻碍。

用同样大小、同样图形的有墙的和敞开的迷津来试正常白鼠可资比较的组时，敞开的迷津似乎比较易学，虽然差别不大，也不固定。用盲鼠就有大差别，敞开的迷津对于它们并非如此。盲鼠在敞开的迷津中比正常白鼠差得多，但在有墙的迷津并不是这样。这个关系在臧玉淦(Y. C. Tsang, 1934, 1936)的下列结果中可以看出，数字是指起始的 150 次尝试中白鼠进入盲路的次数：

	白鼠进入盲路的次数			
	有墙的迷津		敞开的迷津	
	平均	平均的标准差	平均	平均的标准差
正常白鼠	99	14	75	9
盲鼠	108	10	244	18

作为操纵视觉信号的例子,我们可引用斯尼格(D. Snygg,1935)的实验。他做了几个一模一样的有墙的迷津,但把其中的一个全漆黑色,而其他的或是盲路漆白色、正路漆黑色或是反过来盲路黑、正路白。这个视觉上的差别大大地帮助了学习,把学习所需的尝试次数从 34 次甚至减少到 7 次。尽管墙上漆得一样,白鼠常能见到那走不通的顶头而避免去探索盲路[罗宾森和魏沃尔(E. W. Robinson & E. G. Wever),1930]。通常的做法是在路中间挂些布帘去防止这个容易的辨别。

另一种操纵信号的实验就是早在 1917 年卡尔(H. Carr)的重要研究。原则是这样的:如果动物在迷津中找路利用了某些信号,变更这些信号就会扰乱它的行进。例如,如果从实验室一方来的光是被用来作找寻方向的一个信号,把光源移动就会扰乱已学习好的一系列的行动。假设那个干扰只在一两次的尝试中持续,还可能是由于新奇现象的吸引;但如果需要很多的重新学习,那光源的位置显然就是个重要信号。这个实验的一种变化就是继续在学习过程中变更某些信号,如果那信号是重要的,这样就会使学习缓慢。这些办法曾经由汉锡克(1933,1936)和渥弗勒(D. L. Wolfle,1935)大量采用。他们发现迷津内外的视觉刺激对于正常白鼠是供给信号的。最有趣的是白鼠能从一个洁净的敞开木条迷津上找着嗅觉信号。如果这些木条经常被互相调换,正常的白鼠不受多少阻碍,可是盲鼠的学习就要缓慢些。从盲鼠去闻这些木条的举动,它能从气味上分辨道路这一点似乎是明显的。声音的利用也有些意想到的方式:墙上的回声,盲路的共鸣,白鼠跑过不同的木板时的摩擦声,以及在迷津以外从街上和鼠笼中来的声音。迷津以外的视觉刺激可以用"小屋子"(汉锡克,1936)或"罩子"[布罗杰特和麦克昌(H. C. Blodgett & K. McCutchan),1947]等屏障遮住迷津来使它们不起作用。这样的环境大大地增加了某些迷津的困难[瓦尔沙(W. J. Walthall Jr.),1948]。取消某些迷津外可供利用的信号的另一个办法是在几次尝试的中间把迷津掉换方向(渥弗勒,1935)。

白鼠似乎是要利用迷津中任何可得到的信号。那信号的相对效用有多大,就要看那个迷津和迷津外环境的特点。

迷津的图形作为学习的一个因素

早年迷津学习研究中所用的汉甫顿场迷津不久被认为是不需要那么复杂和不规则,而许多其他迷津图样的设计是为了去获得学习能力的可靠度量和探讨学习中的特定因素[瓦登,詹金斯和瓦纳尔(C. J. Warden, T. N. Jenkins & L. H. Warner),1935]。为了某些目的,最好能使所有的盲路基本上一样,比方在"T"式迷津中要做的就老是在左右转中选择一个。一个单元的简单"T"式迷津

(图21-10)曾被多人采用,而在另一极端就有斯通(C. P. Stone)和其他人的复合"T"式迷津(图21-2至图21-5以及图21-18)。"Y"式迷津也相仿佛,只是横路的分开的角度稍小。"U"式迷津是在"T"式迷津的盲路头上加一个弯使被试在选择点上看不出到了尽头,如图21-2,此图形可说是半直线式,因为在正路前进中只是向左或右微偏一点。图21-3是个完全直线式,如果拿它和图21-4的彻

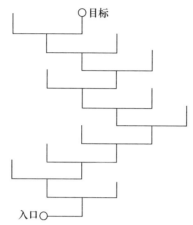

图21-2 "U"式迷津的图形,半直线式,曾在许多白鼠和人类的实验中应用[瓦登(C. J. Warden),1924b]。

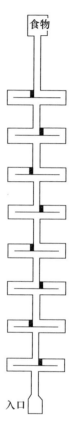

图21-3 直线迷津装置成一个"简单轮换"的问题,要求左右左右左右左右的选择[毕也尔(J. Buel),1934]。在选择中一般的方位认识不起引导的作用。直线迷津多少有些时间迷津的特性,对于白鼠是困难的,而用人类语言的办法却是容易掌握的。

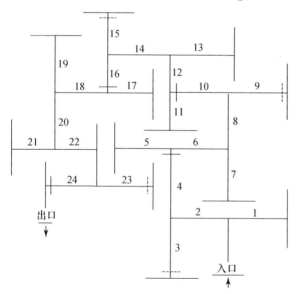

图21-4 短的横线标出小门的部位,那是用来限制后退的。动物进了一个门,那门就在它后面由实验者关上。用虚线标出的是假门,外表和真门一样可是从不锁闭。

底两度空间的特点相比,那迷津简直就是一度空间的了。这种图形的差别必然要引起学习速度上的差别和同一迷津各部分掌握的先后的差别。图形影响中最突出的就是:和绕圈子的迷津(图21-4)比起来,直线迷津有很大的困难。我们的估计可能是正相反,因为用眼睛看起来直线式的图形要较简单。可是对于一个要去分辨每个选择点来产生不同反应的学习者,能采用的信号就比较有了限制。在直线迷津中所有的选择点上,在迷津内的信号完全一致;而迷津外的信号,例如光源,也差不多一致。在绕弯子的迷津中,迷津外的信号无论如何在一个选择点和另一选择点是不同的。

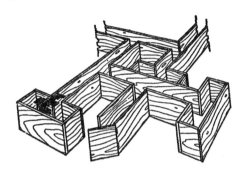

图 21-5 "T"式迷津构造的细节,整个迷津的平面见图 21-4[斯通(C. P. Stone)和尼斯汪德(D. B. Nyswander),1927]。图中小门是在入口处,内部的门没画出。图的左边画了一块铁纱顶盖。

从许多白鼠学迷津的研究和人类的类似实验中表现了一个奇异的事实,说明迷津图形的重要性。在迷津图形一样时,某些同一盲路老是引起特别困难:不论迷津是敞开的或是关闭的(迈尔斯,1930);白鼠是否是失明的[维沃尔(H. E. Weaver)和斯通,1928;林德立,1930];白鼠是否受到了奖励、有食物或没有食物[托尔曼(E. C. Tolman)和汉锡克,1930];在起始的尝试中或在往后的尝试中,虽然在这里相关不是那么密切[巴拉杰(E. L. Ballachey)和毕也尔(J. Buel),1934b;瓦尔沙,1948]。在人类学习某一定迷津图形时,容易和困难的盲路总是相近的那几个,无论是在手指迷津或小棍迷津中[尼斯汪德(D. B. Nyswander),1929];是照一个或另一个方向放在被试前面[喜金森(G. D. Higginson),1937];用左手或右手走迷津(瓦登,1924a);以及学习时采用的是语言、观看或是动作的方法(瓦登,1924b)。盲路中不平衡的现象在用语言方法时是减少了,这符合我们的估计,但是同一些盲路仍然是最难的。同一迷津图形用白鼠和人作被试时,各道路的相对困难当然不是完全一样,可是其中仍有些相近的地方(图21-6)。

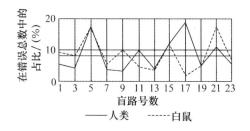

图 21-6 斯通的十二个单元"T"式迷津(图 21-4)不同盲路的相对难度。白鼠的资料采自维沃尔和斯通(1928),黑郎(W. T. Heron,1930),司卡得(O. Skard,1950)——总共有 170 只白鼠,不同的取样中情况大致是符合的。人类的资料采自哈斯班德(R. W. Husband,1931)和司卡得(1931)——总共 40 名。图中纵轴指出在全部错误(走进通路)中属于每一盲路的百分之几:如果错误是平均分配在 12 条盲路中,每个应有 8.3%,如图中横线所表示的。实际上,第 5 号路占了应有的份量的一倍,在白鼠和人类上全一样。第 21 号路对人对鼠都困难,可是人类比白鼠较多地能克服在这里预料向目标的最后一弯的倾向。头两个盲路,第 1 和第 3 号,人类避免得很快,而白鼠,照哈斯班德所观察的,是倾向于"小心谨慎地走进迷津,到处嗅嗅而在第 1~2 通路中前进缓慢,然后突然加快冲进其余部分而不生错误。"可是白鼠和人类的唯一显著差别是在第 17 号盲路,那条盲路对于白鼠是最容易的,而在人是最难的。向前进和轮换向左右规避的倾向防止白鼠陷入这个特殊的陷井,可是对于人类被试为何有这么大的吸力却并不明白。当然,人类被试的数量是太少,以致不能提供出可靠的百分比。

走迷津时的轮换倾向

在走迷津时因为迷津图形的关系就看出有几个可说是"倾向"或是反应中的较大可能性。一个是在运动中轮换地向左向右转的倾向——一个左转一次右转一次相互倒换而不是重复向一边走的倾向(在树林中要走一条直线时这是一个有价值的优点!),这个倾向是由达希尔和贝罗夫[(J. F. Dashiell & A. G. Bayroff),1931]发现的。在他们那个一个单元的迷津中(图 21-7 的第 1 号),白鼠在第一个拐角处被迫向右转后,到了下面一个选择点就很容易向左转。它们在第一次尝试中就是这样,而且并没有用任何食物。在"U"式迷津中,在第一个以后的每个选择点前面都有一个强迫的右转或左转,而倾向是在选择点的地方选择相反的方向。在同一图的第 2 号迷津中,这倾向就导致动物进入所有的盲路,而事实发现这迷津是难学的。在第 3 号迷津中,同是这个倾向就引导动物避开一切盲路,而这迷津是很容易的。

所以在图 21-2 中,白鼠在起始的尝试中——没有学得更好以前——很可能进入第一、第二条盲路,避开第三、第四,进入第五,避开第六等等。在像图21-4的"T"式迷津中是没有强迫的拐弯而我们不能说白鼠在拐了一弯后马上就达到一个选择点;但我们可以说凡是前面一次的选择是正确的时候,它到下一选择点时就有倾向朝着相反的方向拐弯,结果可能是进了盲路,也可能是走了正路。因此我们可对迷津的各条盲路的相对难度作些预计;而这些预计当使用在大"群"上时是大致成功的。例如在图21-6中白鼠的曲线就表示几乎所有较难的盲路都是适合于左右轮换拐弯的倾向的。

达希尔和贝罗夫起始把我们所谈的这倾向叫做"前进倾向",他们很审慎地把它和任何一般朝着目的的方向性加以区别。不久,有人建议用"离心摆动"作为有较多说明性的名称[施耐尔拉(T. C. Schneirla), 1933]。如果动物相当快地向左拐了一弯,它势必发生一宽大的摇摆,而因此在下一个选择点走到右手的路

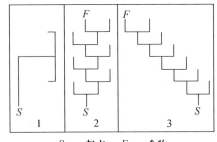

S——起点; F——食物

图21-7 在演示向前走的倾向中应用的几种迷津图形(根据达希尔和贝罗夫,1931)。

第一图形是用在不怕迷津的、惯经把弄不胆怯的动物身上。在第一次尝试中,91只这种动物中有63只或69%在选择点走向左或向前的路。

第二、第三图形是由几组白鼠学习,而第三图形比第二图形学习起来快得很多。从起始5次尝试的平均看,进第二图形中盲路的次数比进第三图形中盲路的次数要多四倍。这差别是从两个图形的几种大小的迷津中得出的。

上。用记录白鼠在两点之间所行途径的办法,巴拉杰和毕也尔找到了这个预料的行为不少的例子。此解释的一个困难就是只管在第一次尝试动作缓慢得不能产生任何强离心力时,白鼠还是表现左右拐弯的行为。

一个比较全面的解释是说动作中左右轮换拐弯的原因是在巴甫洛夫的"内抑制",赫尔(C. L. Hull)的"反作用的抑制",就是一种对马上重复一个反应的内在抗拒。如果我们假定进行了某一项动作就产生一个这种的(时间很短暂的)抑制,我们不难看出一个向右的拐弯怎样会使在几秒钟后到达的选择点上的向左拐弯较为便利。

另一种在迷津内轮换现象也常归到反作用的抑制。这就是在同一选择点上在重复的尝试中的轮换——一个多年就知道的倾向[索罗门(R. L. Solomon),1948]。把白鼠放在一个单元的"T"式迷津入口,不管它走哪边都给点食物,马上又把它放在入口处。在80%的情况下它在第二次尝试是选择相反的方

向,而在实验一开始就这样[丹尼斯(W. Dennis),1939;黑泽尔斯(G. L. Heathers),1940]。或是在白鼠习惯于在"T"形的任何一边的目的箱都得食物以后,把一边去掉而让它连走 10 次在另一边得食物;然后把去掉的那边装上立刻使它选择——而它老是选择这个相反的一边。重复向同一目的箱连走多次的练习就加强这个向相反方向走的倾向。过些时间这倾向渐渐消失,起始很快后来较慢,有时直到 12 小时以后还觉察得出[齐门(S. Zeaman)和豪斯(B. J. House),1951]。

怀疑这个第二种轮换是由于反作用的抑制的第一个理由,是它不很快地消失;因为反作用的抑制方面的其他研究都强调它的暂时性;第二个理由是在一个选择点的轮换现象可以指明不是左转右转的轮换,而是从选择点上开始的两条道路的轮换[蒙哥马利(K. C. Montgomery),1951c]。

所提到的这两种轮换现象都被另一个在辨别的学习中我们遇到的倾向所切断,那就是个别的白鼠有事先倾向在一个选择点挑选左边或右边而形成位置的习惯。

显然一个白鼠学迷津时并不是从头开始。由于天生的倾向,一开始它就对于某一特殊迷津图形有些占便宜的和吃亏的地方。这些倾向即使是在第一次尝试,在它找着目的之前就出现,而需要多次尝试和正路的数次强化才能保证穿过迷津不再发生错误。

根据目的而产生的倾向

在被试达到目的受了奖励之后,就产生一些根据目的在迷津图形中的位置而来的倾向。

目的分等(Goal gradient)　迅速的奖励是最有效的奖励。这句合理的话在学习的各方面都有例证。如果在成功的动作和奖励之间有一个间隔,间隔愈长,学习就愈慢。在迷津中,最后一个选择点距离奖励最近而应该在比较路线上前面一些选择点有利。目的分等的假说提出,如果其他一切都相等,盲路的避免是从尾到头,从最接近目的的这一端开始的(赫尔,1932)。实际说来,其他一切在许多迷津中并不相等,而目的分等也很少显明地露出。它是被前面提到过一些"倾向"和以后还要提到的其他一些所遮盖了。

预料　很容易证明,如果迷津供给机会去预料这一着的话,就有倾向提前作出到目标前的最后一个拐弯。在图 21-7 的第 3 号迷津原来是很容易的,但是只要把食物箱换在最后一个单位的另一边就可使它成为很难。那么一来,所要求的是左转五次后右转一次——对于能计数的被试是容易,否则很难。白鼠、大猩猩,甚或一名不注意的人都倾向于过早地向右转,结果是倒数第二个选择点，并不照目的分等说所说的应该是最容易，而变成最难［斯普拉格（S. D. S. Spragg），1933，1934，1936；斯尼格，1936］。除最后那个正确拐弯外，在像图21-2和21-4的迷津中的其他突出的拐弯也容易发生预料的影响。预料可以部分地用刺激的概括（选择点的类似）来解释。

指向目标 当已学会了一部分迷津以后，目的的位置就产生影响使朝着它去的通路较之朝着相反方向的路有更多的吸引力［斯宾塞（K. W. Spence）和希浦列（W. C. Shipley），1934］。要清楚地证明这倾向是不易做到的，因为有轮换的和预料的倾向在干扰。

朝着目标的大致方向性 除了指向目标以外，还可从其他情况看出在头几次探索的尝试后，白鼠开始朝着目标的大致方向行进。当目标的方向在任何选择点都不能供给帮助时，例如在直线迷津中（图21-3），那迷津就难学会；可是当目标的方向能给某种程度的帮助时，比方在图21-4中，那迷津就较易学会。达希尔的棋盘图形（图21-8）中有许多同等正确的路线从入口达到目标，而白鼠就很快学会走其中的某几条路线。因为每次尝试路线都有变更，它们不可能在选择点上利用当地的信号，而一定是朝着目标的大致方向前进。

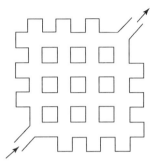

图21-8 棋盘式或敞开通路的迷津（达希尔，1930）。通路是4英寸宽。出口通到一个食物箱。房顶的灯悬在迷津中心，并不起指导作用。

可是为了解释白鼠在迷津中的行为，是否需要假定任何朝着目标的大致方向性，任何对正确行动的强化，甚至任何学习呢？有人就大大怀疑，比方毕也尔和巴拉杰（1935）。假如白鼠只是照它自然的倾向左右轮换着拐弯。在入口处向左转，下一次向右转，再又向左等等。它一定毫无错误地达到目标，除非它走进了一条旁边的盲路中去。这个解释的真正困难在图21-9中可看出。在第一次尝试中白鼠并未一贯地照着那轮换的倾向走。它有一点乱转，虽然较之达希尔试过的其他许多白鼠要少一些。但它也像其他的同类一样在一两次找着食物箱后，乱转大大减少。它学习了一些，而从它以后到达目标的路线的变异上看，所学到的必定是食物箱的位置或方向。

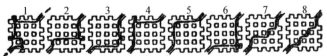

图21-9 一只个别白鼠在棋盘迷津中的起始八次尝试（达希尔，1930）。在后来的尝试中还走了其他路线。

白鼠在这迷津中所走路线的两个突出类型是这只动物在第五次、第六次中的紧靠外边的"L"形路线,和在第七次、第八次中的通过中间的"之"字路线。穆蓝和斯通(G. J. Muhlhan & C. P. Stone, 1949)用类似迷津找出"L"形路线多半是在初期尝试中选用,但"之"字形路线逐渐加多;而在15～20次尝试后成为主要的。"之"字路线并不较短可是似乎较直接些(至少对于人是这样),同时还有避开常引起麻烦的那些旁边盲路干扰的优点。

技术上的某些问题

条件的控制

如果我们是考察一只动物的行为,特别注意它找出一条路线的能力,我们大致就不会选择像迷津这样一种人为的环境。心理学家用迷津来达到一个颇不相同的目的——研究学习的过程。因为如此,他就坚持要知道迷津内外有些什么信号存在和对动物有用;这些研究的历史已经表明,有些什么信号是可能有用,而实验者应该知道并在他的报告中加以描述。他还应知道动物得到些什么强化。这个问题并没有得到充分解决。目的箱内的食物对于饥饿的动物肯定是个诱因。可是,下面就要见到,即是到达一个空空的目的箱而被取出放回生活笼中,也可能就足够来推动学习。成功地到达目的地,对于人类被试已是个很足够的奖赏了,而当他避免了一条危险的盲路或到了一个熟识的路标时,虽然离目标还早,可就已经得到了明显的强化。白鼠在探索迷津途中,能不能得着类似的强化呢?强化要看动物的情况。被实验者捉出来可以是奖赏也可以是惩罚,要看动物是否习惯于被把弄。

为了数量化的材料,有时需要对动物在迷津中的行动自由加以限制。向着入口退回走是一种典型的行为,可是对于一个要求准确记录动物的错误的实验者却是个麻烦。正因为如此,在一系列选择点之间常加设一些只能往前开的门。在一选择点"强迫"向右或向左转时,就使用开不动的门。

改正的、不改正的和重走的方法

先看一个只有一个选择点的迷津,例如近来常用的一个单元"T"式迷津。其起点或入口为 S 而两个食箱为 F_1 和 F_2,如图21-10。把食物只放在 F_1,因此正确的走法可以用 SF_1 代表。如果不允许改正,一次不正确的走法就是 SF_2,动物是从 F_2 中取出放回笼中去等待下次尝试。如果允许改正,那不正确的走法就以 SF_2F_1 代表,因为动物在发觉 F_2 是空的以后会最后达到 F_1,而在那里得到一些食物。

这两个程序所供给的强化应该谨慎地考虑一下,像赫尔和斯宾塞(1938)、卡里施(D. Kalish,1946)和韦施纳(G. J. Wischner,1947)所做。最后一位实验者所做是关于辨别的学习。这两个方法同样都在给正确的走法一些食物的奖赏,但对于一个不正确走法的影响可不一样:① 在不允许改正时,一次不正确的走法除开被取出迷津以外得不到任何奖赏,所以强化是的确有利于正确选择而促使它固定;② 允许改正时,一个不正确的选择是通过间接的路线 SF_2F_1 达到目的。因此两次选择都被食物强化,但正确选择的较快的强化和间接路线所引起的额外工作两者综合起来对正确的选择有利——且不提下文就要讲到的"位置学习"的问题。因此,任何一程序都可能很快使正确的选择巩固。

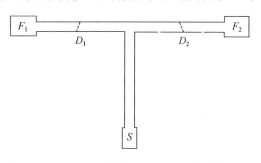

图 21-10 一个简单"T"式迷津。在用不准改正的方法时,在 D_1D_2 处的只向一边开的门就阻止白鼠改正它的第一次选择。在用允许其改正的方法时,就不用这些门。

可是假定错误的一边有个很强的优势需要克服。它可能是一个已经喜好的一边,因为位置习惯早已巩固;或者阴暗的路更是它所好,而正确的路是明亮可怕的,或者是在正确的路上有电击。在这些情形下,不允许改正时,动物可能持续不断走错误的一边而永不得食。可能需强迫转弯来指示另一条路有食物;或者在走错边的倾向由于缺乏强化已经消退够了以后,探索倾向可能发挥力量而引到食物。用改正的方法得到较快的效果,可是动物可能在许多次尝试中坚持用间接路线,如 SF_2F_1,去得到食物。

拉希莱(1930)在使用研究分辨学习的跳台仪器时曾应用那个有时叫做重走的方法,或是再试的办法。白鼠选择错了掉到网中时,实验者把它拾起马上放回台上再试,再掉再放回,刺激不变更,直到选对了为止。在我们的"T"式迷津例中,向 F_2 走的动物就立刻放回到 S,再错再放回,直到它作出正确反应 SF_1 为止。这也是一个不允许改正的方法,但有些不同:① 在动物未作出正确反应之前,不把它从实验情况中放出去;② 在连续选择的最短的间隔间,不重复一个反应的倾向,可有最好机会去克服位置习惯;③ 以正确反应和强化为结束的一系列的连续反应有时是算作一次尝试,因此所需要的尝试次数比起用其他两法学习所需的次数要少很多。因此,孟青格(K. F. Muenzinger)和包乐斯基(R. F. Powloski,1951)就不去数尝试的次数,而只计强化的次数和错误反应的总数。

迷津中操作的记分

每次尝试当然可以计时,虽然那个办法并不常应用。在一单元迷津中,反应可按正确或错误分类;而在多单元迷津中,每次尝试的错误可以数出来。计错误的工作可以用装上门阻止后退的办法来加以简化;时常也可允许一只白鼠走进盲路中一个相当距离,例如4英寸,而还不算错误。

对于整个的学习过程,可以得到几个分数:

(1) 达到某一指定标准被试所需要的尝试次数,标准可以是连续走三次完全无错,或是10次中有9次不错,或任何其他明确的标准。

(2) 在达到标准前的错误总数。

(3) 在达到标准前工作时间的总数。

(4) 从起始到一指定数目的尝试时的时间或错误总数。这儿并无标准,而所有被试的学习通常没有完成。

(5) 任何上述分数都可计算团体的平均,但对于常时得到的偏态分配必需谨慎处理。

(6) 据一系列尝试的时间或错误,可以画出每名被试的学习曲线。

在迷津中学习了什么?

研究迷津的人经常考虑的两个问题,可以叫做"什么"和"怎样"的问题。用白鼠做被试,可以检查每次尝试中的行为来找根据去答复"它学了什么?"和"它是怎样学的?"这两个问题。这两个问题彼此关联,也都和信号问题联系,通常也不曾完全分开。但一般说来,"什么"一题在运动学习对空间学习的许多实验中是主要的,而"怎样"一题却在争论较多的"潜伏学习"的实验中占很重要地位。似乎"什么"的问题只需要将动物行为作适当的描述,而"怎样"的问题就要求一些关于在机体内进行的程序的推论。

在迷津中的行为照说可以用两种方法描写,那两套术语可说一个是机体的,一个是环境的。通常是从环境上来描述。所说的是一个动物起始时走进许多盲路,学习进行中就减少盲路,一直到最后通过最短的路线到达目的。假如我们的描述要限于用机体的术语,我们就说在第一次尝试中动物先向右转(在汉甫顿场迷津中),向前大约慢走10步,拐了一个"U"形的弯,向前慢走20步,向右拐弯,向前慢走6步等等;但在几次尝试之后它先向左转,连跳5步,迅速向右转,往前跳3步,等等。两种描述都可能,但问题是哪种能适当地记载下学习过程中所产生的行为变化。

把迷津学习描述为一系列的动作

华生(1914)把学习好了的穿行迷津看做连锁反射："做了每一个动作就引起新的接触和动觉的冲动而它们又带起以下的动作……当一些无用的动作被取消后,正确的动作就依次兴起而不具有任何物质意义的任何连锁或联系(联结、连贯等)。"在这些词句中,华生对于解释动物是怎样学习和描述它学习了什么是有同等兴趣的,可是他的描述是够清楚的:动物取消了一些无用的动作而最后通过一系列固定的动作穿行迷津。

迁移测验 测验这个描述的一个方法是卡尔和华生(1908)建议的:在动物掌握了一个迷津后,变更迷津或条件来看动物从已有的学习中由于迁移带过来了些什么。实验者们做了一个大迷津,其中某些通路可以延长或缩短而并不变更必要的拐弯。在长路迷津中训练到了"它们的反应完全自动化了"的白鼠就猛冲碰到某些改短了的通路的尽头上,而在短路迷津中充分训练以后转回到长路迷津时也显示同样的扰乱。它们的行为和华生的描述很是吻合。

麦法廉(D. A. Macfarlane,1930)设计了迁移类型的另一个实验。一个多单元的"T"式迷津安装在水槽中间。水有 8 英寸深,强迫白鼠游泳,但可以加上一层假底板使迷津的视觉外观未改变,但所要求的是涉水而不是游泳——一个很不同的动作系列。用了 6 组白鼠,每组 18～20 只,每组在一种运动方式中尝试一定次数,然后用加底板或抽去底板的方法转到另一种。下表所列是在转换前的最后一次尝试和转换后的第一次尝试中每只白鼠的平均错误数。

	从游泳到涉水		从涉水到游泳	
	前	后	前	后
4 次后转换	7.1	6.3	4.4	3.5
12 次后转换	1.3	1.8	1.1	1.4
33 次后转换	0.2	2.1	0.3	1.1

在训练早期从一种运动方式转换到另一种时错误并不增加,而在完全学会迷津后转换时也只有轻微的扰乱。当动物用游泳学了迷津后第一次脚底遇到硬底时,"它们停顿一下,闻闻,站直了,试一试顶上铁纱的力量,然后向着正路进行。整个行程多是迟疑而缓慢的。"这些动物并不是把任何固定的动作系列带过来,但它们带过来了某些其他东西使它们能按正路行进。

迁移的实验曾经用不同方法试过。小脑手术后行走上的严重扰乱并不阻碍一只白鼠无错误地穿行一个手术前学会了的迷津[拉希莱和麦卡赛(D. A. McCarthy),1926]。切去一腿强迫白鼠用三条腿走,对于无错穿行一个原已学会的迷津也没有障碍[多克斯(R. M. Dorcus)和格雷(W. L Gray),1932]。这方面大量的证据表明在迷津中学得的必定是与动作系列不同的某种东西。

时间迷津 亨特(W. S. Hunter, 1920)提出另一方面的证据。在空间迷津中,每个选择点有它自己的部位,有一些迷津内外的信号把它和其他选择点区别开。在时间迷津中就只有一个选择点,但动物是重复地遇着它而必须照着实验者执行的时间形式有时向右转,有时向左转(图21-11)。简单的互换形式,右左右左,和白鼠轮换的倾向符合而能够学会。但是双轮换的形式,右右左左,就与这个轮换的倾向,也和预料的倾向(见下文)冲突,而在亨特的迷津中似乎简直不能解决。可是同一个动作系列在普通的空间迷津中并不使白鼠感到困难。在他的一个实验中,亨特先让白鼠走一个有10个选择点的空间迷津,其中正确选择的左右次序是左左右右左左右右左左,即是连续双轮换式。白鼠在5~12次尝试后掌握了这迷津。他然后把它们转到时间迷津而所要求的是同样的选择次序。没有一只白鼠把学会了的次序带了过来,也没有一只白鼠在时间迷津中成功地掌握这个同一的次序。亨特的结论是:"时间迷津方面的工作指出在白鼠身上几乎是全不可能建立一个单纯在时间上的动觉过程次序。因此,在穿行空间迷津必须要求一些既有时间位置也有空间部位的信号。换句话说,就是白鼠必须从空间上辨认它是在迷津中什么地方。"

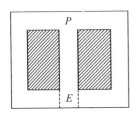

图 21-11 一个时间迷津(根据亨特,1920)。在 P 点的正确选择有时是左转,有时是右转,由实验者决定。他操纵 E 处用虚线标出的门,E 是入口,同时也是通食物箱的出口;在简单轮换中,在 P 处的正确选择是左右轮换。在双轮换时就必须连着选两次某一边,然后两次其他边。

成年人和不太小的儿童对时间迷津不感困难。把他们放进一个迷津而除开说"走吧"之外不给任何指示,他们很快就晓得是要解决一问题而用文字和数目构成答案:"向右走两次,向左两次"等等[盖勒曼(L. W. Gellerman),1931]。他们是在运用语言的信号过程。他们把连续的两次向左转加以分辨,叫它"一"、"二"(另一个能用的信号过程是像诗歌中的一轻一重的音节,着重在向每边的第二次拐弯,或稍停一下再改成向另一方向转弯)。即令没有任何这种分辨的信号过程,还是可以有刺激痕迹的积累,反应的抑制和动作的其他后效,足以使动物在第一、第二、第三、第四次到达选择点时有不同的内在情况。亨特承认有这两个可能,但倾向于采纳信号过程一说。所以,白鼠不能掌握双轮换这件事似乎指出那种信号过程是超过它们智力范围之外,虽并没有超过树狸(亨特,1928)、猴子(盖勒曼,1931)和猫[卡恩(H. W. Karn)和帕登(R. A. Patton),1939]的智力范围,因为这些动物在时间迷津中曾掌握了双轮换,虽然有不少困难。在白鼠方面,亨特和纳格(J. W. Nagge,

1931)也曾找到通过计划周密的准备训练,使其中某些白鼠在时间迷津中的双轮换上达到大致不差成绩的可能。

在压杠杆中的双轮换对于白鼠是一件比较起来大为容易的工作[施洛斯贝格(H. Schlosberg)和卡茨(A. Katz),1943;麦金尼(McGinnies)和施洛斯贝格,1945]。杠杆必需向左推两次再向右推两次(左左右右)才能得到一小块食物。改正是许可的,而白鼠在明晰的左左右右稳定以前,很容易倾向于采用简单轮换,左(右)左右(左)右,或预料,左(右)左右右。前面提到的研究者中其他人也观察到了这同一个顽固的错误。

由预料而产生的错误在伍德本(L S. Woodburne)①(图 21-12)所得的练习曲线中明显表出。他用的是直线迷津,制作时使它和时间迷津尽量有同样的困难。所要求的次第可以用甲甲乙乙表示。然后食物是放在"乙"边,而从曲线上我们看出白鼠很快就学会在最后的选择点上选择那边。这个选"乙"的现象扩大回去到第三个选择点,在那儿是对的;也到了第二个选择点,在那儿是错的。在同一时期中,在第一选择点的选"甲"边是逐渐地稳定了。

机体的和环境的空间　我们似乎是有了纯粹运动学习的两个例子,那里学习是学一系列的身体动作而不牵涉空间环境。有人类用计数的方法学习一系列拐弯的例子,也有卡尔和华生的白鼠通过长期练习获得自动化的运动习惯的例子。但我们应注意到,任何一例并不完全说明问题。在时间迷津中,人类被试不一定要说"两次向右然后两次向左。"他们也可能说"两次走这路然后两次走那路",所指的是环境中的物件而不是自己身体的部分。而一只白鼠转入一条经常是条长路的地方可能起始去跑一长距离而不是一系列的跳跃。在这两种场合它都有碰撞路的尽头的危险。距离是件环境的事,不是机体的事。

要求我们用纯粹机体的词句去想、去观察,或去描述,而毫不牵涉环境,是件困难的事。机体的空间可分析成为三度:左右、前后、上下。上下这一度同时也是(而且主要是)环境的,但左右前后离开了机体(或是某些具有前后的类似物体)就毫无意义。如果我们真的必须用这些词来描述动物在迷津学得了的行为,我们就必须承认动物是学会了一系列的左右转夹着一些向前的迈进。在另一方面,如果我们觉得需要提到环境中的物件、部位、方向和距离,我们就必须承认动物是获得了某些对空间环境的反应——它实际是学会了特殊环境的一些特征。

我们说动物向前或向后走时,是用机体的词句;但我们说它是接近或离开某一物件或某一地方时,我们是指在环境空间中的运动。当我们说它转向右边或左边时,我们的描述是机体的;可是我们说它是接近这个或那个物件时,那就是环境的。其间区别的重要性曾被尼森(H. W. Nissen,1950)指出。

---

①　原书误写 Woodbury——译者注。

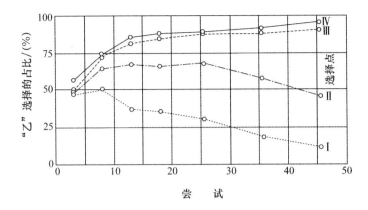

图 21-12 直线迷津中的双轮换练习(伍德本的材料,1950)。在每选择点有两门可供选择。在连续四个选择点上可以推开的门,为了某些白鼠是装成右右左左,为了其他白鼠是左左右右,因此一般地说,正确图形是甲甲乙乙。"乙"这个选择在第一、第二选择点是错的,而在第三、第四选择点是对的(用的是"改正法",因此白鼠迅速地改正了错误)。在事先的尝试中查明了左右边的偏好,而在 30 只白鼠的集体材料中曾用平衡法加以排除。迷津内外的信号都加控制,以使四个选择点除根据位置或次第外,足量彼此不能分辨。尝试共 50 次,每日一次。图中圆点标出在依次第的练习时期中在每一选择点上"乙"选择的百分比,如下:

尝　　试	选择次数
第 1~5 次	30 只白鼠一组的 150 次选择
第 6~10 次	30 只白鼠一组的 150 次选择
第 11~15 次	30 只白鼠一组的 150 次选择
第 16~20 次	30 只白鼠一组的 150 次选择
第 21~30 次	30 只白鼠一组的 300 次选择
第 31~40 次	30 只白鼠一组的 300 次选择
第 41~50 次	30 只白鼠一组的 300 次选择

这一组整体说来并未掌握双轮换这问题,因为在第二选择点上有强烈的预料"乙"选择的倾向。可是全组的 50% 满足了连续三次无错穿行的标准。

有一类接近的运动可是算是机体的。积极的向光性——一个向着光转过来和移动的倾向——当然是由环境中的刺激所控制,但不能说是由环境中物件或它们的空间关系所控制。在获得的行为的一点可以说成只是向光或向暗的移动时,就必须用迁移测验去决定是否真实地学会了"环境"。在下文中将看到在学习最简单的迷津中是有这问题的。

把迷津学习描述为"地点的学习"

"地点"一词在这里有两种用法,一个涵义较广,一个较狭。广义地说,地点是环境中的一部分,例如一间房、左邻右舍、一个市镇——或例如一个迷津。它包括处于一定位置的,彼此有一定方向和距离关系的,或是对被试在指定时间的所在地有一定方向和距离关系的一些物件。一名人类观察者,在试图描述动物在迷津内的行为时,几乎不可避免地要用环境物件及其空间关系的词句来说,可是问题在于这种描述是否真正必要和适当。

狭义地说,地点是指位置或部位,答复的问题是:哪儿?如果白鼠通过学习知道了食物是在迷津中什么地方,它往哪里走这一件事就很容易用环境空间来描述。但那也可以用机体空间来描述,说成是向右向左的转弯,而在转弯之间是前进的运动。不管白鼠是往左边走或是往左边游泳,它是向它的左边转,而这个拐弯就可用机体空间来描述。决定这个机体的描述究竟是否适当,还需要某些迁移的测验或类似的检验。

达希尔的迷津就供给了这样一个检验。当白鼠一贯地走到放食物的角落,可是通过不同路线,有的弯多,有的弯少,那动作似乎就不能用机体空间来描述了。它仿佛是对着环境中的某一点认出了大致的方向。

用机体的词句来说,目的箱并不在任何肯定的部位;而是在某一系列的前进动作和左右转弯的尽头。现在假定白鼠先学会了从方形箱的一角落到另一对面的角落去取得食物,如果在中途加上一些隔板,白鼠会很容易地绕那些必需的弯。或是反过来,如原来学习时是有隔板的而以后取消了,能看得见白鼠就马上不绕弯而一直横穿过去[黑布(D. O. Hebb)和威廉姆斯(K. Williams),1946]。即使是失明的白鼠,像这样来重新适应都相当容易,它们是靠和隔板以及外墙的接触来指引的。每次尝试中的路线多少有些不同,可是都向目标集中(丹尼斯,1929)。白鼠从一情况带到另一情况的显然不是一个确定的拐弯的次序,而多半是通过环境空间向着一确定地点的一条可调节的路线。

往迷津中装两个目的箱,一个有食物,一个有水。白鼠很快就学会在饿的时候走向食物的路线,在渴的时候走向水的路线,只要那两目的箱是在迷津中分别显明的地方。可是如果只有一个目的箱,而在有食物时必须走一条路线,有水时需另走一路线,那问题就困难得多[赫尔,1933b;李泊(R. Leeper),1935;肯得勒(H. H. Kendler),1946]。从机体空间看,两个目的箱或只有一个目的箱问题是一样的,但从环境空间看就有很大的差别。

尽管有不少的散见于各处的观察,指出白鼠学习迷津是使它们的行为适应环境空间,而不是去适应机体空间。我们必须承认,这些较早期的观察多少带有偶发性。这些实验者的意图主要是在感觉信号或动机问题上。感觉到有必要从正面和用控制较好的方法来研究地点学习这一问题，托尔曼和他的同事设计了两个实验，利用只有一个选择点的迷津。一个可说是"放射形"路线的实验，另一个是十字式迷津的实验。其他研究者也曾用同样办法来检验托尔曼的结果和结论。

放射形路线或抄近路的实验 这实验的情况见图 21-13。意思是先训练白鼠到某一部位去得食物，然后堵住原来运用的路线而给它几条新路线去选择，问题是看它能否走达到食物箱的原来部位的直接路线。白鼠从圆桌面上走进原来用的一条路。发觉那条路被堵，它就回到桌面上沿着边缘探索，可能走进某些新路的一个短距离。几分钟后，它可能在一条路中走得够远，使实验者有理由去记下它是选了这条路。白鼠也可能就不再选择而停留在那半圆形面积中，一直等到被实验者拿走为止（最后这种行为似乎是最恰当的，因为白鼠无疑地看见食物箱不再存在了）。不同的白鼠选择不同的路线，而各个实验者所得的分布情况也大不相同［托尔曼，李奇

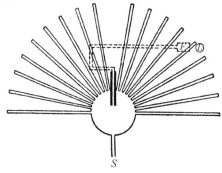

图 21-13 放射形路线的仪器（根据托尔曼、李奇和卡里施，1946a；根特里、布朗和开普兰，1947）。在事先训练期白鼠从 S 出发，走上圆桌面（直径 36 英寸），走进有墙的通路（黑线），经过升高的通路（虚线）到靠近灯光 L 的食物箱 F。在测验的尝试中，食物箱和虚线的通路都取消，有墙的通路在风头处堵住，加上了放射形升高的通路。灯光是照旧开着。有的实验者减少了放射形通路的数目。

(B. F. Ritchie)和卡里施，1946a；根特里(G. Gentry)，布朗(W. L. Brown)和开普兰(S. J. Kaplan)，1947；根特里、布朗和李(H. Lee)，1948；李奇，1948；肯得勒和嘎色尔(W. P. Gasser)，1948；肯得勒和门谢(H. C. Mencher)，1949］。不同的白鼠组所选较多的有下列几种：① 最直接导向食物箱原部位的路线；② 和原用通路最邻近的几条路线；③ 和食物原来所在的地方边缘成直角的路线；和 ④ 与食物原来所在地相反方向的路线。这些差别目前并不能肯定地联系到情况中一些已知的差别，而依据任何理论实在是不可能准确地预测，白鼠在发觉原路被阻而退到圆形面积后会如何办？

一个简单化的近路，像韦柯克生(H. C. Wilcoxon)和瓦特斯(R. H. Waters，1948)所设计的和图 21-14 所示的，可能有些优点。那迷津是根据下文将要谈到的十字式迷津。白鼠是先受了训练在选择点一定向左转（以此为例），不管它是从 S_1 或 S_2 来的。如果它们是从 S_1 出发，必须到 F_1；可是如果从 S_2 出发，就必须到 F_2 方能得到食物。每日它们尝试四次，次序是 $S_1 S_2 S_2 S_1$。当它们达到连

续 10 次无错的标准时,尝试还是继续下去,但把老路(实线)取消而加上近路(虚线)。现在白鼠是否会从 S_1 一直到 F_1,从 S_2 一直到 F_2 呢?不,它们并不表现出一致的倾向,而是各只白鼠不同,各次尝试不同。这种变异现象可以从下列原因推测:① 它们不能把已学会的选择点行为带到新的情况中来;② 它们同样地在两个食物箱中都得过食物;③ 它们倾向于探索在起点遇到的新路线。

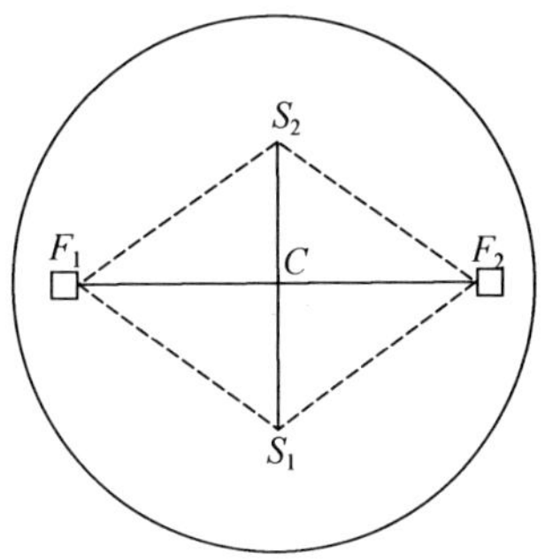

一种曾经几次试办的实验使用了大为复杂的迷津。在白鼠学会走迷津后,给它开一条近路把迷津中段去掉一部分。白鼠探索这条近路而很容易在那一头接上已学会的路线。解释并不十分清楚,但这些事实肯定是很重要的(汉锡克,1933;渥弗勒,1935)。

十字式迷津或双 T 式迷津 和简单的"T"式迷津一样,这里只有一个选择点,但这选择点有时是从一个起点走进,有时是从另一起点走进(图 21-15)。托尔曼、李奇、卡里施(1946b)第一次使用十字式迷津是用来比较他们所谓的地点学习和反应学习,或是较严格地说,部位学习和拐弯学习。十字式迷津可用来做两种类型的迁移实验。

图 21-14 "十"字式迷津改装成适于作抄近路的实验(根据韦河克生和瓦特斯,1948)。有两个出发地点,S_1 和 S_2 以及两个食物箱,F_1 和 F_2。学习时只有实线标出的路线,在抄近路测验时只有虚线标出的路线。外面包围着的圈是个排除外界视觉信号的幔子。

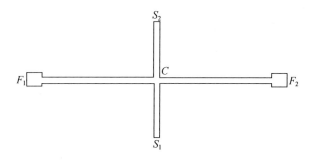

图 21-15 "十"字式迷津或双"T"式迷津(根据托尔曼,李奇和卡里施,1946b)。这是一个高升的迷津,通常用 1 英寸或 2 英寸宽的木条构成。这里由 S_1 和 S_2 到选择点 C 的短路是 2 英尺长,从 C 到 F_1 和 F_2(即食物箱)的长路是 4 英尺长。这些尺寸在不同实验中并不一样。通常在任何一次尝试中只装上一条短路。木条可以互相掉换,来排除可能的嗅觉信号。

(1) 学习之后随着一个在变化了的条件下进行测验。例如被试从 S_1 出发在 F_1 得着食物；因而它学会了走 S_1——C——F_1 的路线。然后让它在 S_2 出发，它带到新情况中来的将是什么？它是把它在选择点做过的向左转带过来呢，还是把它也曾做过的走向 F_1 的路带过来呢？这就是机体空间对环境空间和其中可能对抗的问题。托尔曼、李奇、卡里施(1947a)曾经试过这类实验，结果指出是对抗，因为在测验的尝试中动物有时向 F_1、有时向 F_2 跑。为了检验这个对抗的表面现象，又试了另一种迁移实验。在学习期的尝试中只用从 F_1 到 F_2 的直路，动物从 F_1 出发而在 F_2 得食。在 5 次尝试后，安装上从 S_1 或 S_2 的路，而白鼠几乎毫无例外地从这些新的起点跑到 F_2。这里对抗并不存在，因为不曾在选择点拐弯的练习。最后这个极简单的实验似乎是部位学习一个十分完好的验证。

(2) 同时并进学习两件事。被试有时从 S_1 出发，有时从 S_2 出发，而食物老是在 F_2。如果它是学习部位的话，这问题是容易的，因为它可以把从 S_1 出发的尝试中所学，即是食物的固定位置，带到从 S_2 出发的尝试中；反过来也是一样。假如它是学习拐弯的话，问题就困难，因为在一半时间中的正确拐弯；在另一半时间中就成为不正确的。托尔曼、李奇和卡里施(1946b)发觉这问题是容易的，因为他们用的白鼠只需 1~8 次尝试就达到了学习的高度标准。所以这些白鼠是学会了食物的部位。

在一个配合的实验中要求另一些白鼠从 S_1 出发时必须到 F_1，可是从 S_2 出发时心须到 F_2；因此它们在选择点老是要向左转。这工作证明是困难的。8 只白鼠中只有 3 只学会了，用了 15~22 次尝试；而其他 5 只就形成了一个位置(或部位)的习惯，老是向同一个食物箱去。那食物箱在一半时间中是对的，而在进不去的时候才再转回头到另一个食物箱。作者们的结论认为部位学习和拐弯学习都在白鼠能力范围之内，而部位学习是容易得多，也可能是比较自然。

可是部位学习比较拐弯学习的突出优越性还是以实验的具体条件为转移。这几位研究者和其他多少怀疑上述结论的人后来的实验说明了此点。下列就是他们所发现的引起差别的某些条件。

(1) 所用的方法，是改正还是重走。刚才引用的实验中所用的改正法是早经指出对于拐弯学习不利的。因为当食物的部位变更时，有些白鼠养成了老是先往同一部位走去的习惯，然后在需要时再转到另一处。但是当食物总是摆在同一部位时，改正起始时错误的自由，对于学习那部位是个帮助，而不是障碍。在发觉和分析了改正法的这个特点后(卡里施，1946)，原实验又用重走法再做一次(托尔曼、李奇、卡里施，1947b)。如果白鼠选择错了，它就被拿起来立刻放回原来的起点，再错，再如此做，直到它选对了为止。这样，就只有从起点经选择点到正确的食物箱的直接路线被强化，而起干扰作用的位置习惯不被形成。

在这种条件下拐弯学习那群中的大多数掌握了所要求的固定拐弯,但是地点学习的那群还是成绩较好,见图21-16中的学习曲线。因此作者们就再度确定他们原来的结论:"至少在简单迷津问题方面,学习中的一个基本因素是参照迷津外的环境在空间上确定目标的部位。"

(2)集中的对间断的学习尝试。老向一边转是和轮换的倾向对立的,这个可用"反作用的抑制"来解释,但是这抑制随时间而迅速消失。在这个基础上,汤姆逊(J. P. & M. E. Thompson,1949)预料,密切集中的尝试可能对于部位学习有利,而相隔15分钟的尝试可能对于拐弯学习有利。他们得到了所预料的结果。

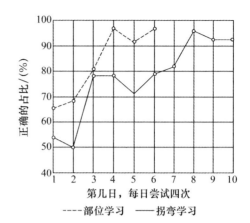

图21-16 两组白鼠的学习曲线(根据托尔曼、李奇、卡里施,1946b):一组是要学习食物箱的一个固定部位,另一组是要学习在选择点的一个固定拐弯。每组有7~8只白鼠,每天进行四次尝试,因此曲线上的每一点是根据28或32次的选择得来的。

(3)事先的训练。标准的程序是在实际开始学习实验前,使白鼠习惯于被把弄和熟悉所用的仪器的一般情况。可是假设先让它们在十字式迷津中的两个食物箱中都得到几次食物,然后要求它们老往一个固定食物箱去。事先的训练显然会使它们倾向于有时到这箱,有时得到那箱,因此对于部位学习是个阻碍。可是对于拐弯学习可能是个帮助。这种预料未经仔细地测验,虽然有些正面的零星例证。

(4)部位的信号。绝对部位那种东西是没有的。物体的部位是由它的四周或和与其他物体的关系来决定的。在我们谈到的实验中,通常是在迷津外供给一些部位的视觉信号。譬如说,对的食物箱靠近一盏点亮的灯。如果白鼠所学的只是向着光去,那并不是真正的空间学习。在布罗杰、麦克昌和马修斯(R. Mathews,1940)的一个实验中,安放一个简单的"T"式迷津的时候,使一条道路直向着窗子,而另一条是直背着窗子。迷津可以靠近窗子,也可离开4英尺,方向并不变更。要白鼠同时学习在迷津放近、放远两情况下向右拐弯——离开窗子——是容易的。可是要它们同时学习在放近时向右转而在放远时向左转,虽然在这摆法中食物的部位始终不变,却是很难,甚至不可能。换句话说,要学习老是背着窗子走是容易的;但要学习一半时间向着窗子走而另一半又要背着窗子走可不容易。用其他办法进行这个实验导致这个结论:就是学会方向比学会部位是容易得多。

所有这些只有一个选择点的实验仍旧使我们怀疑,白鼠是真正学会了食物箱在环境中的部位,还是只学了向光走或背光走——或是在另一情况下向着或背着一个蜂鸣器或热的暖气炉走。这里有一个未曾克服的实验困难。但在比较复杂的迷津中,正路是朝着各个方向进行,那么像这样的"学得的向动"(tropism)就不可能引导动物穿行到食物箱。在人类方面,即使提出他们能否熟识环境或是否限于机体空间加上某些学得的向动一问题,当然就已经有些荒谬了。

迷津是怎样学会的

一个迷津有一个或多个选择点,那里有两条路可走:在典型情况下一条路是引进盲路,而另一条导向有食物或其他奖励的目的箱。整个看来,学习的过程似乎是个尝试和错误的过程,其中"正确"的选择是因相当迅速地在食物箱中得奖励而被强化,而"错误"是因其在盲路中的耽误受到处罚。效果或强化的规律因此提供了一个学习过程的理论。赫尔曾把这理论详细发挥(1932,1943),这理论常被称为刺激-反应理论。

可是在起始,在迷津中的第一次尝试时,动物并未看见任何食物存在的迹象。它走入盲路并不是错误,而是自由探索的十分正常的片段。可是从许多学习曲线看,尽管在第一次尝试中,似乎还是有些学习。由探索而学习这一事实可能是解释整个学习过程的最好的钥匙。托尔曼(1932,1948)似乎是从这条路上去建立学习的理论。他的建议常被称为识知理论。

我们虽不打算对这两种理论作任何深入的比较和评价,但至少可以检查一下几个为了在它们之间取得决定而设计的实验。

白鼠从自由探索中学习到某种东西这一点,仅从这个事实就可看出:如果找不到食物,也未遇到危险,白鼠不久就停止探索。第一次单独地放进新迷津时,它多半是用一些时间设法逃出,而其余的时间蹲在角落里。但在探索了一阵以后,这些畏怯的表现就消失了。这个情绪上的适应就是学习的第一个信号。柏莱恩(D. E. Berlyne,1950)在使白鼠对于一个相当大的盒子的内部熟悉以后,放进一些新奇的物件,例如三块小木头,然后把每只白鼠分别放进盒里。"每只白鼠有几秒钟紧张。然后很小心地前进而在遇到刺激物时去嗅它们……。"平均大约13秒钟,然后到角落里蹲下。把它拿出去10分钟再放回盒中,白鼠又去检查木块,但只有几秒钟。在这个简单演示中,我们获得了从探索而学习的肯定证据。

潜伏的学习

只要白鼠是在空迷津中走来走去,不慌不忙,随便进盲路,照实验者惯用的迷津学习的量度看——提高速度或逐渐减少盲路——那它是没学什么。如果它学了任何足以帮助它迅速无错地穿行到目标的东西,那学习是"潜伏的"或隐蔽的。现在把食物放进目标箱中,来看其是否有任何潜伏的学习表现出来。白鼠是否迅速地正确地向目标跑,表示它熟识盲路和正路呢?

在潜伏学习的研究中,实在涉及两个问题:

(1) 动物在探索一情况中所学得的是否可能比它在那情况中的现时行为所表现的较多?

(2) 除开走到目标而在那里得着些奖励,动物是否可能在迷津中学到任何东西?

第一个问题和潜伏学习的字面意义符合,可是第二个是理论家比较真正关心的问题。照字面意义的潜伏学习的真实性应该是不容怀疑的。明晰的例子很多:

巴甫洛夫式条件反射形成中的早期尝试。条件反射在几次或多次尝试中还不开始出现,可是这些尝试对于它的建立是有贡献的。

依照"延续性理论"的辨别学习的早期尝试。

在条件反射消退后和自然恢复之前的操作(performance)。已建立的(学会了的)条件反射暂时是潜伏的。

在动机很弱时的任何已学会的操作——当我们在人类行为中看出这种情况时我们常说,"他如果真努力干,就可以干得好得多。"

在最后一点上我们可提到赫尔的有名的公式(1943),说操作是以习惯的力量与当前的动机的乘积为转移。如果动机是等于零,即使是强有力的习惯还始终是潜伏的。一个在微弱动机下学得的习惯,只在等到动机变强时才表现它的充分力量。假设动机因为得到满足而变弱,操作就松懈,而习惯就降入比较潜伏的情况。操作和习惯(或学得的本领)的重要区别曾由艾略特(M. H. Elliott, 1928)在论到迷津学习时和勒温(K. Lewin, 1917)在论到联想律时清楚指出[参看李泊,1935,和笛斯(J. Deese),1950]。

像所有其他操作一样,动物用来学习迷津的操作必须有动机。这动机当然不是学了为了将来应用的动机。学习是个副产品,在许多实验中,内驱力是饥饿,而目标是目的箱中的食物。可是像我们已经说过的,这目标必须先通过探索找着。动物的行为和人类儿童及成人的行为,证实了一个根本的探索内驱力的真实性[哈罗(H. F. Harlow), 1953]。它的目标是什么?可能是去检查一下新的环境,看看有什么好的或坏的东西,但无论如何它(他)们总是想去找出来究竟有些什么。当动物找出来了究竟有些什么的时候就达到了目的。在探索中,动物是学得了那里究竟有些什么,而不是学得了任何运动的操作,因为在探索中的动作是变化着的;而如果在迷津中找不到一些足以引起其他内驱力的东西,它就会逐渐消失。

我们可以看出尝试和错误理论的赞成者会怎样进行潜伏学习的实验而希望得到反面的结果,而赞成由探索而获得学习一说的人会怎样有相反的期望。托尔曼团体中的一员[希斯尔司威(D. Thistlethwaite),1951a]曾对潜伏学习诸实验作了一个全面的概述。

有限制的探索

首先把潜伏学习一问题提到显著地位的是布罗杰的工作(1929)。他是贝克莱(Berkeley)加利福尼亚(California)大学中托尔曼团体——赞成"识知"或探索学习的一个团体——的一员。布罗杰用了一个六单元的"T"式迷津,装了预防后退的门,而他甚至从最早的尝试当目的箱还是空的那时候起,就使白鼠从入口一直跑到目的箱。在起始的6次尝试中,实验组的白鼠在目的箱中未找着食物,但它们在那儿关了2分钟后被移到一特制的笼中(不是原住的笼),而在那里等1小时后才给食物。这个手续的用意在于防止目的箱和食物的任何联系,使白鼠走到目的箱而得不着任何奖励。但从第七次尝试开始目的箱中就有食物了。潜伏学习的理想结果是:在发觉食物之前多次进入盲路,而在那以后很快不再进入盲路。布罗杰的结果,见图21-17,与这个期望很符合,虽然在给予食物以前有些盲路已不进入了。图中也包括了雷诺德(B. Reynolds,1945a)的结果,他重做了这实验,只加了些变更。一点一点对比来看,两曲线的差别不大,但趋势是不相同的。因为雷诺德的白鼠在起始5次尝试中比布罗杰的显然多进盲路,可是在找着任何食物前就开始很快地取消它们。这两件事可能是有联系的:在早期尝试中探索愈多,探索的内驱力就愈快满足,使白鼠容易走到目的箱和从迷津中被拿出去。同一实验曾由米尔(P. E. Meehl)和麦可科达(K. MacCorquodale,1951)加以修改重新做过,而结果和雷诺德的实验很相似。在白鼠种属和驯服性上、在实验者把弄它们的灵巧性上以及其他实验条件上的微小差别都是意料中的事,而可能就影响到探索内驱力和任何速达目的箱的倾向之间的平衡。我们必须承认,这两种倾向之间是可能有冲突的:一个是探索内驱力,可以很快就得满足的;和一些朝着目的箱的内驱力。从迷津中取出放进笼中也可有少许奖励的意味。而且,正如米尔和麦可科达所提出的,这笼子作为获得食物的地方,虽然是要等1小时后,也可变成一个次要的强化物。

托尔曼和汉锡克重复了布罗杰类型的实验,使用一个供给更多探索机会的复杂的迷津(图21-18)。他用两个控制组,一组是每次尝试都得食物,另一组是在目的箱中永不得食物。一个实验组是起始10次尝试得食物,另一组是在那时不得食物。然后两组的条件互相掉换。而从曲线(图21-19)可看出,在很少几次尝试中操作工作水平是差不多互换。比较一下"有"、"无"两组的坡度,我

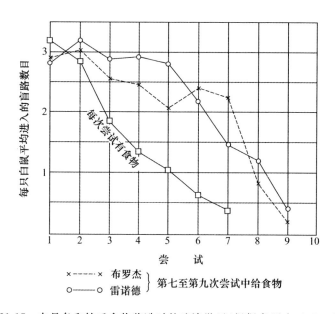

图 21-17 在具备和缺乏食物奖励时的迷津学习(根据布罗杰,1929;和雷诺德,1945a)。两实验都用了一个六单元的"T"式迷津,而后一位研究者努力重复前一研究者所运用的条件。两研究者的控制组得到类似的学习曲线,这里把它们合并成了标明"每尝试有食物"的一条曲线;另外两曲线表示在第七次尝试前食物箱中无食物时所得的结果。在这两曲线间有一个显明的差异:在第六次、第七次尝试中,布罗杰的白鼠继续进入许多盲路(平均是几乎一半),可是一旦在目的箱中找着食物,它们的进入就变少,因此曲线突然下降;而雷诺德的白鼠在第六次、第七次尝试中就开始避免盲路,而不过是在初次找着食物以后继续这个迅速的变化,因此它们的曲线并不表示任何"潜伏的学习"。虽然如此,两位研究者都认为,在缺乏食物的时候是有了相当的迷津学习。

们倾向于推论说,无食物奖励时,白鼠学习慢;而有了食物奖励时,就快了许多。可是我们是否有任何权利下这结论呢?我们完全是从操作判断的,而那是以现在的内驱力,同时也以以往的学习为转移。我们可以凭什么来决定"无"的一组是否比"有"的一组学得较慢?只有在同一内驱力下来测验两组;而在用了"无-有"组作对照来进行这测验时,"无"那组的操作指出,它们在缺乏食物奖励时和"有"的一组在有奖励时学习迷津学得完全一样好。

在迷津学习的过程中要考虑到几个内驱力。首先是有个去探索所有通路的倾向,可是其中某些比其他的更有吸引力。探索得够了的时候,这倾向就相应地得了满足,而同时把动物从中取出放到笼子里的空的目的箱又获得某些价值。在目的箱中找着食物时,强有力的饥饿内驱力就和再次进入盲路相对抗。关于原来在目的箱中找到食物的白鼠而现在找不着一点食物时所发生的多进盲路的情况,如图 21-19 "有-无"一组所表现的,这个操作的转变并不是因为饥饿内驱力的丧失。这些白鼠开始在迷津中搜索那不见了的食物,正如布鲁斯(R. H. Bruce,1930)所观察到的。他还观察到(1932),在把食物放在食物箱中但是用铁纱拦住时,白鼠在目的箱中费许多时间,似乎是在努力去得到食物,而不是在盲路中多次搜寻。

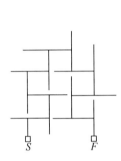

图 21-18 在一个潜伏学习研究中使用的复合"T"式迷津的略图(托尔曼和汉锡克,1930)。S 是入口,F 是食物箱。各单位间的门在白鼠后面关闭,以防止其退走。每选择点两边的黑布幔迫使白鼠在看见两通路的尽头之前先进行选择。多数的盲路长 15 英寸。

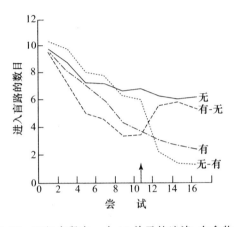

图 21-19 四组白鼠在一个 14 单元的迷津,在食物箱中有食物时和无食物时的操作(托尔曼和汉锡克,1930)。每日尝试一次,每组有 36~41 只白鼠。"有"的一组每次尝试都在食物箱中得着食物;"无"的一组一直得不到食物;"有-无"这一组只在起始 10 次尝试中得食物;"无-有"这一组起始 10 次尝试后得食物。曲线上在第一点后的每一点代表两次连续尝试的平均(第二和第三、第四和第五,等等)。起始时记录之高(比 14 个盲路的一半还多)是因为白鼠在进到下一单元前走进同一盲路两三次的缘故。

从这些"有限制的探索"的实验中,我们可以肯定地推论迷津学习可以是潜伏的,就是在操作中不表现出来。可是白鼠在绝对没有奖励去做这件事的时候是已学会到一个特定地点——目的箱去吗?关于这一点的证据还是不足以下结论的。

自由的探索

如果在正式尝试开始前让白鼠在迷津中自由乱走，可能对于探索的效果会看得更清楚。拉希莱（1918）发现 20 分钟的自由探索使以后的迷津学习加快。哈内（G. W. Haney，1931）在托尔曼的实验室工作时，给他的实验组 4 个夜晚（72 小时）的时间在一个相当复杂的迷津中自由探索，那里没有食物，食粮是在白天在它们住的笼中给予的。控制组是在一个长方形无盲路的走道中过夜，每组有 30 只白鼠。在这段事先的训练后，把食物放进迷津的食物箱而两组每日尝试一次做 18 天。实验组一开始就比控制组少进一半的盲路，而且一直领先。

在柏克斯通（C. E. Buxton，1940）所做的一个类似的实验中，曾特别努力防止目的箱在自由探索时期获得任何奖励的价值。白鼠是从不同地点放入和取出迷津。它们只在居住的笼中在白天得着食物和水，可是在一个 12 单元的大"T"式迷津中过三夜。有了这经验以后，每只白鼠是当它饥饿时被从居住的笼中取出而直接放入食物箱；在那里它第一次找着了食物，可是吃了几口后，就把它取出放在迷津的入口。问题就是看它是否能很容易地找出到食物的路。它将进入几多盲路？在 48 只这样的白鼠中，中数是只进 2 只；而事先未探索这迷津的白鼠平均是进 6 只。自由的探索的确能使白鼠对迷津得到可以应用的熟识。

近来潜伏学习实验中常用的单"T"式迷津有两个目的箱，问题是白鼠是否不要显著的奖励而能学会它们的显著部位。西瓦德（J. P. Seward，1949）把两个目的箱做得不一样：一个内部是白的，一个内部是黑的；一个地板粗糙一个地板光滑。他让他的白鼠有三次自由探索的时间，每次半小时，以便使它们认清这两个空箱子在"T"式迷津中的部位。为了判断它们是否真学会了两只箱子的部位，他就让每只白鼠在一个箱中吃几口食物，而立刻把它取出放回入口。差不多所有的白鼠（32 只中的 28 只）直接回到原来的箱中；其他的白鼠——控制组——也用照样做法，只是在这迷津中缺乏事先的探索，就表现没有回到原来的箱的能力，而是有同等机会进另一个箱。如果这简单"T"式迷津是露在屋里，这些控制组的白鼠很可能从迷津外的信号认出箱子的部位；可是迷津四周有个只能从一面看过去的屏风（纱布做的，灯光放在里面），因此箱子的部位必须从探索迷津本身去学会。

同样的逻辑是托尔曼和格雷特曼（H. Gleitman，1949）的一个实验的基础。迷津是和方才谈过的类似，一个简单"T"式迷津有着两个不相同的目的箱：有几个只向一边开的门，朝着目的去的时候要推开它们。在第一次尝试中，白鼠找出一条路到一个目的箱，在那里它找到两小块食物；在第二次尝试中，这一边是堵住了，可是它在另一个目的箱中得着两小块食物。在照这程序做的 9 天中，每个目的箱它到过9次,而在两处都得到了同等的奖励。探索期就是这样,问题是白鼠是否学得了这两个不相同的目的箱的部位。现在把两个目的箱都拆下来拿到另一屋内,在一箱中白鼠得着食物,在另一箱受到几下强烈的电击。25只白鼠中大约有一半是在一箱中受电击,其他的在另一箱中受电击。2小时后,目的箱装回原来的位置,每只白鼠在迷津中给一次测验尝试,而25只白鼠中只有3只例外,都避开曾经在其中受到电击的目的箱的那一边。

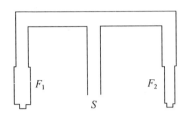

图21-20 修改过的"T"式迷津的略图,用来说明西瓦得(J. P. Seward,1949)的以及托尔曼和格雷特曼(1949)的实验。S是入口,F_1和F_2是两个有区别的目的箱。装有阻止退后的门和堵塞T形任何一臂的门。

其他几个很好的实验,细节上有些不同,都提供了正面结果。在食物箱或迷津任何地方缺乏任何显著强化的自由探索之后,把白鼠放在有食物的食物箱中一会儿,然后把它放回入口。问题是看它能否自如地找出到食物箱的道路[麦可科迭和米尔,1951;迪斯,1951;吉尔凯斯特(J. C. Gilchrist),1952;金包尔(R. C. Kimball),金包尔(L. T. Kimball)和维沃尔,1953;司屈连(E. R. Strain),1953]。

根据所有这些辛苦的实验,我们可以很稳当地得出结论:白鼠从这种探索中是学了一些东西。它学了迷津的各部分及其部位——盲路、通路、显著的尽头箱子——而它从自由探索中学得的,在它以后找寻食物和避免危险中都有用处。

除开在那里进食,白鼠能否学会食物的部位? 这问题在目前已引用过的实验中并没有答案。在自由探索中,白鼠认出迷津各部分,例如盲路、通路和目的箱的部位;而如果以后它在食物箱中找着和吃到了食物,这个对于迷津的熟识,对它来讲是有用的。可是它是否能像人一样,光靠观察食物就学会它的部位呢?要答复这问题,我们就要禁止它吃找着的食物。我们可以把食物放在铁纱后面,让它可以看见和嗅到但是得不着。如果我们把它放回到入口,它也可能找回到食物——一个根据已提到的×结果的合理推测。因为看见和嗅到食物无疑地可算是"次要的食物强化",我们就不能说它是在缺乏任何食物强化的情况下学会了食物的部位。比较好的办法是让白鼠得着食物可是使它先吃饱了,因此它的反应会是去嗅食物而不吃它。这样,照说它就不会得到次要的强化了。这种考虑促使斯宾塞和李匹特(R. Lippitt,1940)进行了一两个很有意思的实验。

内驱力的互换

在简单的"T"式或"Y"式迷津中,在一目的箱中放食物,另一箱中放水。一个渴而不饿的白鼠很快就学会去到水箱而避免食物箱,但由于用强迫其运动的办法它有很多机会去观察食物的位置。训练就是这样,现在来看迁移的测验。在它饿而不渴的时候,把这只白鼠放在迷津入口。它一定会到它常观察到的食物那里去吧？可是并不这样,它继续往原来那个水箱去。斯宾塞和李匹特的这个结果(1940,1946)被几个其他实验者基本上复验证实了。

或许这些白鼠在训练期中吃饱了的时候并不曾真正注意食物。它们一点也没吃,虽然在食物箱中停留的 10～15 秒钟时是通常碰到和嗅到的。为了应付这个反对的意见,就采取一些办法去保证白鼠的感觉是被它不要的食物所刺激。动物在训练期只是口渴但吃饱了的。"T"式迷津的两目的箱中都有水,一个目的箱中也有食物。在格来斯(G. R. Grice,1948a)的实验中食物是满地散放在一个目的箱中,因此白鼠是在那上面站着走着,而多半都去嗅它和用鼻子推它,虽然并不吃它。用强迫其走的办法使白鼠每日到每个目的箱两次,共做 12 天。在第 13 天它们是饿了但是不渴。如果它们学会了那原来不要可是现在要的食物的部位,它们现在就应该到食物箱去;可是如果它们只学会了水的两个部位,就应该有差不多一半的白鼠各走一边。观察到的结果是后一种情况,因为 23 只白鼠中只 12 只到了有食物的那个箱中去。在肯得勒和门谢(1948)的一个类似的实验中,每个目的箱装了一条小凳,凳上装了 5 个小杯,一杯中有水,其他 4 杯在一个目的箱中的是有食物,但在另一目的箱中的是空的。水杯的位置每次尝试更换,所以那些在练习期间渴而不饿的白鼠非要把鼻子伸到一个或多个杯中才能喝到水。这样它们就必须将水和食物分清,每天两次,共做 7 天。它们在缺乏食物的箱中得水也做了同样多的次数。在第 8 天,当这些白鼠是在饿而不渴的时候被测验,而它们的第一次选择是几乎恰巧一半,19 只白鼠到食物箱去,17 只到另一箱去。

又或许这些白鼠是像人一样,第一次遇到了无关重要的细节是注意了,但重复多了就不注意了,有了"消极适应"。或许实验者给了他们过多的机会去学习那不要的食物的部位,来检查这个可能性。最后提到的一个实验是曾由肯得勒和堪诺(J. H. Kanner,1950)更改一点后重做的,食物只在训练期的最后一两天才放进去。在起始的五六天,每目的箱中有一杯有水,其他全是空的。可是在最后一两天,在一个目的箱中放食物。照这样白鼠是会知觉到食物而不会对它有消极适应。但测验的结果还是一样：饿的白鼠是差不多平半对分,31 只白鼠中只有 14 只往食物箱去(可是,请参阅希斯尔司威,1951b)。

或许——再提一个可能——强烈的口渴抑制任何对不要的食物的注意和反应。我们可以说,一只去求水的白鼠是太专注一事就不注意暂时不能吃的食物和留心它的部位。如果它在饮和食双方都满足时,可能就没有这个抑制。斯宾塞和李匹特(1940)因此设计了一个平行的实验与互换的内驱力的实验同时进行。

双重满足的实验

在简单"T"式迷津的一个目的箱中有食物,另一目的箱中有水,可是白鼠是既吃饱又饮够了。在迷津中既不吃又不喝,它能不能学会食物和水的不同部位?某种第三内驱力必须产生些作用,才能使它一次又一次跑迷津。很快从任何目的箱取出送回居住的笼子可能是足够的奖励(米尔和麦可科迭,1948)。不用居住的笼子,一个"社交笼子"里面放几只其他白鼠,也可作为足够的奖励[斯宾塞、伯革曼(G. Bergmann)和李匹特,1950;马茨曼(I. Maltzman),1950]。到任何一个目的箱都得到这些奖励,所以并不帮助动物去分辨两个箱子。动物倾向于形成位置的习惯,偏好迷津的一边而不好另一边,而这种偏好在最后测验中要加以平衡。在充分训练尝试后,其中某些是强迫的,白鼠到两个目的箱,一个有食物一个有水的,到过同样多的次数;而去的时候是吃饱喝够。然后来测验"潜伏学习":使每只白鼠现在或是饿而不渴,或是渴而不饿,把它放在迷津入口。它是否会在饿时去食物箱,而渴时到水箱?必须承认,这里并没有任何大规律性。或者,至少在一组白鼠中,在把位置偏好平衡了之后,会不会有比单纯按机遇的50%或更多的白鼠选择合适的目的箱呢?几个取样的白鼠曾被不同实验者在一些不同的条件下试过,而一贯地有50%以上是这样选择的。结果是如下,数字是在第一次测验尝试中选对了的白鼠的数目:

不同实验	第一次测验中选对了的白鼠	
	数 目	占 比
斯宾塞、柏革曼和李匹特(1950)	39只中24只或	61.5%
肯得勒(1947)	12只中的7只或	58.3%
马茨曼(1950)	30只中的17只或	56.7%
米尔和麦可科迭(1948)	24只中的15只或	62.5%
麦可科迭和米尔(1949)	30只中的22只或	73.3%
总 共	135只中的85只或	63.0%

拿每一个取样单独来看,我们不能拒绝"等于零的假设"认为那不过是50%的机遇差异。可是有了5个取样从近似的实验中取得很类似的百分比,我们就有理由把这些取样加以组合,以取得足够的根据来拒绝等于零的假设,因为那假设只有1%的概率。这样我们就有理由从这些双重满足的实验来推论,说白鼠可以无需吃食物即能学得迷津中食物的部位,或是无需饮水即能学得迷津中水的部位(同时请参看肯得勒和勒文的正面结果,1953)。

西瓦德、勒威(N. Levy)和汉得隆(J. H. Handlon Jr.,1950)的一个稍许不同的实验提供了进一步材料,说明白鼠不用真喝水(因为喝够了)而能学得水的部位。白鼠先是在渴的时候学会到简单"T"式迷津的左边目的箱去得到水,右边的箱是空的。然后把水移到右边箱中,而这些白鼠中的一组,在喝够了的时候在三天中每天有6次被迫的尝试,一半的时间到新的水箱去,一半时间到新的空箱去。它们到新的水箱去而不在那里喝水,究竟学了多少?现在在它们渴的时候给以测验。为了比较,也测验了两个控制组,一组是在原来学习后就休息,另一组是在渴的时候被迫走的。第一控制组这样就是从头开始学习水的部位,而第二控制组是从较高水平开始,它们是在新部位喝了9次水。在5次自由的测验尝试中,三组白鼠向新的部位走对了的百分比如下:

	向新部位走对了的白鼠占比/(%)				
	第一次	第二次	第三次	第四次	第五次
从头开始的	19	31	47	78	75
喝够时走过的	46	64	73	82	100
渴时走过的	81	90	95	95	90

不必假充准确地提出在喝够时走迷津的经验究竟教会了白鼠多少,我们可以看出那经验是教会了它们一些东西。它们的分数在起始几次尝试中是在其他两组的中间,比从头开始的白鼠的分数显著要高,而比较在渴的时候学习新部位的白鼠的分数显著要低。实际喝水并不需要,虽然对于学习是个大帮助。

从双重满足各实验中引用的结果,如果和内驱力互换各实验的结果相比较,是拥护说口渴对于注意食物部位起抑制作用的假设,或是说找水和喝水的活动防止对于食物部位的任何学习。因为在从渴转变到饿后,白鼠并未提供有任何这样学习的证据(只是50∶50的选择);而在从双重满足转变到饿之后,却提供了一些正面的证据(63∶37的选择)。可是仍然存在这么一个问题,为什么这后一类的白鼠不更进一步接近100∶0的比例呢?可能还有其他的抑制因素发生作用,而其他的不同设计的实验也发现了一些。我们在这里还不能对这些实验以应有的充分讨论。

一个抑制因素是早已知道的位置偏好。当两个目的箱给予同等的诱因或同样地缺乏诱因时,有些白鼠多向左或多向右,而其他的白鼠不表现显著的偏好。如果现在使所有这些白鼠都是饿而不渴,那些有强烈的位置偏好通常会照旧选择原来那一边,而那无甚偏好的就常由水箱转到食物箱。位置的偏好这样就降低了转变的百分比[瓦克(E. L. Walker),诺特(M. C. Knotter)和德瓦腊(R. L. Devalois),1950]。

练习时期的固定程序也产生类似的影响。在"T"式迷津的右箱放水,左箱放食物,并使渴而不饿白鼠有成对的尝试:先是自由地跑,然后强迫跑到另一箱里。这样做了几对后,白鼠会有规律地先到右后到左;而它很可能把这程序带到当它饿而不渴时的测验中去[李特曼(R. A. Littman),1950]。

另一个抑制因素是在由渴到饿的转变后的奇怪行为中看出。你会料想白鼠达到食物会大吃一顿。可是并不这样：在起始几次尝试中它们中许多白鼠不去吃东西却努力往食物箱（在练习期中它们是有规律地从那里取出去的）外面钻。有些白鼠因为关在那里比习惯的几秒钟较长就引起情绪上的扰乱，排尿和排粪就是这种扰乱的表现（渥克，1948；李特曼，1950）。我们可以说，训练时期是把迷津做成一个喝水的地方而显明地不是一个吃东西的地方。

我们也可争论说吃饱了的动物不可能学会食物的部位。因为如果食物是现在在这儿吃的东西，在不可能吃的时候就没有食物。吃饱了的白鼠常会去嗅食物，然后掉头走开——就像一个食欲不强的人会离开饭桌，宣称那儿没有东西可吃一样。一个吃饱了的人可以注意一个好的饭馆以便将来应用，我们也可预料一只白鼠带走一点食物去存起来。这种行为在这些实验中并未经常观察到。可是我们的反面争辩是太过了，因为尽管是吃够了的白鼠，还是对于食物的部位学习了一些。

关于从渴到饿的动机转移还可提出另一问题（渥克，1951；黑朗，1949）。我们能不能假定内在的渴的刺激和内在的饿的刺激是完全不同？如果它们是部分相同，一个渴的动机得到奖励的目的箱就也会是饿的动机得到一些奖励的地方，因此一个学会了渴时往这目的箱去的白鼠也就可能在内在信号转移的饿的时候到同一地方去。一个动物是学会了在有需要的情况下，在某一定地点得到它需要的东西。这地点对于它是个好地方，一个解决需要的地方。当它处于有些不同的需要的情况下，它很可能到那同一好地方去。参看"动机"一章中的讨论。

这些很多争论的理论是否真正对立？

所引过的作者多半都将他们结果的理论引申加以讨论，认为对立的理论是赫尔和托尔曼的两说。赫尔据说是主张强化[①]或习惯力量的理论，托尔曼主张识知的理论。或者是赫尔似乎赞成一种非识知说，而托尔曼赞成一种非强化说。最近的讨论表示怀疑：作为正面的理论来看，这两说是否真正互不相容。动物遇到了一定的刺激组合（S），它作出一定的反应（R），而接着有某个一定的结果（Rf）：那结果可以是正强化，负强化，或是中性的效果。动物通过一系列的 S-R-Rf，而在过程中形成一个习惯，S-R，或一个识知，S-R-Rf。按照强化理论说，Rf 的作用是加强 S-R 这一习惯，Rf 本身并未学会；而按照识知理论说，整个的系列是学会了。按照着识知理论的某些说法，你可能会想任何系列都和任何其他的一样容易学得，可是那假定是缺乏理由的。假定一只吃饱了的白鼠到"T"式迷津的左边目的箱去而在那里找到食物。按照赫尔的理论，它没得着

[①] 在这里我们按照近来理论家的习惯，把"强化"作狭义的用法，指奖励或是"内驱力的减少"。

正强化因而往那里去的倾向（习惯）也没有加强。按照托尔曼的理论,它学了一个系列,其中结局是些(当时)不好吃的东西。这样一个识知就会引起避免那地方而不是走近些的动作。似乎两个理论可能预测同一的行为——至少在一个简单"T"式迷津的有限制的环境中是这样。

如果我们对于一个较广泛的问题——动物和人类怎样掌握某一环境的地形——感觉兴趣,就可看出这两个对立的理论在解释复杂行为方面是提供一些强有力的补充论断,可是并不足以作出准确的预测。赫尔理论起源于刺激的泛化,反应的泛化,和次要的强化。刺激的泛化所指是"类似"的刺激可引起同一的反应。反应的泛化——如果我们可把此词用作为赫尔的"习惯族"的等同——所指是通过多少不同的途径可达到同一目标这一无疑的事实,以及在学会了一条路线时,其他路线和少量的绕路就无需另学;次要的强化是属于一些途中标志,那些在走向满足内驱力的最终目的的途中成为中间目标的地方。这些无疑地都是地形学习中的真实因素,唯一的问题在于它们是否已超出运动学习的范围,而已隐约假定对于客观环境的知觉和学习(赫尔,1934a)。

托尔曼提到"期望",也就是已提到过的 $S\text{-}R\text{-}Rf$ 的系列。在系列已学会时,S 是通过道路 R 学会取得目标 Rf 的"信号"。从掌握这个系列,也可能再加上自由探索,动物就建立起一个特殊环境的"识知上的地图";然后它可利用这地图在环境中找出路来。这地图可以是窄条的路线图,也可以包括指定路线两旁的事物,"地图"一词带着一个不需要的和原非本意的涵义。如果你做出了某一地区的地图,你可以带着走而在别的地方去查阅;如果有了某一路线的"记忆中的地图",你可在回家后重温某一次的旅行,那就是一个记忆中的地图要求的真正的记忆。在白鼠方面,我们所需要假定的是只在已探索过的地方能得到的认识的记忆。在树林中用一系列木桩标记的一条人行通道是个在地上的路线图。任何像晴天的太阳能帮助远足者辨识方向的东西,就是广义的在地上路线图的组成部分。我们在白鼠方面需要假定的只不过是在地上的路线图(托尔曼,1948)。

人类的迷津学习

在和白鼠的迷津学习纠缠了这么久之后,我们可以发生疑问,为什么要把迷津拿到人类的实验室中来。我们肯定地无需精密实验来决定人是否能利用视觉信号找路;他们是学一条通过环境的路线,还只是一系列的自身左右拐弯;或是他们在不饿的时候在一个镇市中探索,能否找到一个好饭馆的地址。人类在环境中知道上哪儿去是有卓越的本领的,可是他们在很大范围内是依靠社会上供给的一些帮助,例如多人走出的路线、街道标记、地图、灯塔、指南针和无线电定向电波。迷津实验要求一个人完全依靠自己,而可能指出他找路线时采用的方法。我们不应要求过多,因为迷津肯定地是个高度限制了的环境,而只供给有限的范围让白鼠或人类的能力去建立对空间环境的实际掌握。在动物和人类的实验室中,迷津事实上是多半用来做个"课题"——一件在控制了的条件下的学习过程中要掌握的工作。在研究学习曲线、遗忘曲线、整个和部分学习、迁移和干扰、内驱力和强化以及其他学习理论与实际应用的其他问题中,最好是有各式不同的课题。但是在本章中,我们专门注意空间学习的一些问题。

大型人类迷津

为人类被试用的"身体迷津"少不了是一件笨重的实验设备。希克司(V. C. Hicks)和卡尔(1912)做了一个户外迷津,通路是 2 英尺宽、离地 2.5 英尺的铁丝划出。成人和儿童是蒙着眼在这迷津中走,来和在同样图形的有墙迷津中的白鼠比较。学习所需的平均尝试次数三组都差不多。最大的差别出现于第一次尝试:白鼠在那时候屡次进入同一的几条盲路,平均 7 次;被试儿童 4 次;成人只一次。被试成人是把盲路很仔细地逐个取消,虽然在尝试与尝试之间并不能把这知识全部保持。他们是事先已被通知——或是很快就自己察觉——他们的任务是避免盲路和找到去出口的通路。这一定向就易引起缓慢的动作,经考虑的选择,和对于有用的记号的搜寻。因为白鼠缺乏这一个起始的定向,所以就较少有抑制和少受拘束。

波林(F. A. C. Perrin,1914)很好地利用了一个游艺园中的户外迷津。那迷津是近似圆形(十二边形),直径大约 50 英尺,通路是 2 英尺 4 英寸宽,用铁纱高墙间隔,有平滑的地板。在高处的台上,实验者可观察蒙住眼的被试用双手在摸索前进。因为被试本人都是很够条件的心理学家,他们所以能作出内省的报告,说出他们在解决问题时所用的方法。"这些报告表明,毫无例外地第一次尝试的实得结果是一般空间关系的知识,出口和入口的关系,正确路线的大致情况是每个人在第一次尝试中都获得了的。"然后整个的问题就破开成一些关于迷津中困难部分的局部问题。尽管有了一般的方向辨认,被试并未获得那复杂迷津图形的任何准确概念,因为他们在每尝试后所画的地图在许多小节上是变了样的。可是他们学会了无错地穿行迷津。关于这个广泛的研究不久我们还要多谈。

另一个户外迷津[巴塔拉(M. B. Batalla),1943]是用 25 间小房,像鸽子笼一样排成一个平面。每间是 3 英尺见方,用 6 英尺高的木板或布帘和邻舍隔开。不蒙眼的被试进入一间小房就有两个布帘供选择,其中一个是进入盲路。迷津安放在地上,而被试的动作是从邻近的一个三楼窗中观察。被试是三组年龄不同的儿童,平均是 3.7 岁、6.8 岁和 11.5 岁。最年幼的那组需要尝试 10 次左右才达到三次连续无错的标准,中间的一组要 7 次左右,年龄最长的一组需 5

次左右。最幼的一组在这工作上比较年长的两组要差。3岁左右的智力年龄似乎是学这个五盲路迷津的能力的最低限度。在学会了正确路线以后,开了一条绝好的近路。没有一个小孩毫不迟疑地就走那条路,可是年龄较长儿童多数在几次尝试后就学会了走它,而多数年幼的儿童却一次又一次地坚持走老路——一个可能加以不同解释的行为品质。

图 21-21　人类被试用的槽形迷津(瓦纳尔、布朗,1932)。

槽形迷津(瓦纳尔,布朗,1932)是一件合乎实用的户外仪器。通路是放在地上的 1 英尺宽的木板,有 3 英寸高的边墙去引导被试的脚,盲路上安上横板。从脚上得到的触觉动觉信号使蒙着眼的被试相当快就学会迷津的首段和尾段并认识某些迷津内的路标,例如"长条直路"和"弯弯曲曲地带"。学习这迷津比较快得多的还是另一些被试,他们的眼睛未蒙起来,可是在头和肩之间戴个只向顶上打开的厚纸屏风,他们看不见迷津,但看见房顶和窗子的上部。从此可看出迷津外的信号和室内方位的大致辨认,这对学习初期很有帮助。整个学习过程似可分为几阶段:① 一般的方位辨认;② 掌握迷津的首段、尾段和中间的一两部分;③ 已掌握的部分的扩大,直到包括迷津全部;④ 自动化成为一系列的前进和拐弯,成为"机体空间"的一个图形。

蒙着眼的被试学习手用迷津

除开已提到过的户外迷津外,坡林(1914)曾用过小型的汉甫顿场迷津。通路和盲路是以在薄木板中间的一条复杂的缝构成。缝是半英寸宽,整块板的尺寸是 16 英寸×26 英寸。板下放张大纸,铺在平滑的桌面上。被试用铅笔在缝中走,在纸上留下所走路线的记录,每次尝试换一张纸。在许多类似的实验中,被试是用金属小棍代替铅笔,错误由实验者作记录。被试所得到信号是在触觉和动觉方面,但他所意识到的是具有直路、拐弯、岔路和死路的缝——而不是他的手、臂和身体的感觉。其优点是他可很容易地根据自己身体的前后左右来辨认方向,不可能像蒙着眼在大迷津中一样完全迷失方向。可是他对于角度距离的印象可以是不正确的,从他试图画一张所走的路线图中即可看出。

波林的一些经过科学训练的被试曾努力用计划和推理来解决迷津问题:有的试图构成迷津的一个视觉想象,有的试图作出正确路线的语言描述。这些理智的办法并无甚用处。主要的还是分辨和认清迷津的各部分以及记住它们而最后把它们组合起来。

在被试学会了迷津以后,波林曾用不同方法仍旧在蒙着眼的情况下给他们测验。他做了一个同一图形但小得很多的迷津,而发现他们在第一次尝试就走得毫无困难、毫无错误。他把原迷津转90°或180°,而所得的错误不多。他要求他们从目的向入口倒走回来,而他们做来也无困难。他把铅笔换到他们的左手,结果有些错误,多数是由动作不灵活引起的。从已变更了的触觉动觉信号或信号图形上看,他们在这些测验中的成就是令人惊奇的。他们显然是把迷津作为一个环境中的事物,而不是作为"机体空间"来认识的。当然必须承认,波林的被试远远不属人群中一个平均的取样,他们都是研究生,而且几乎每人日后都在事业中有所表现。喜金森(1937)和朗霍恩(M. C. Langhorne,1950)用了较大组的大学生学习小棍迷津而立刻把迷津转90°重学。他们重学时的错误是初学时候的错误的五分之一。尽管这样,我们前面的结论还是能站住的。

凸出的手指迷津 小棍在缝里走的迷津是和白鼠用的通路式迷津相似,许多年来就只有这一种。可是迈尔斯(1928a)给了我们一个升高迷津的人类修订本,而很受欢迎。那不过是在一块板上将迷津图形比平面略为提高,使被试可以用食指的底面去沿着它走(当然是闭着眼睛)。路线可用钉书钉照图形钉出,把细绳缝在或胶在纸板上,或最好用粗铁丝做成各个不同的单元。如果用后一法来做复合"U"式迷津(图21-2)每单元的尖端可向下扭弯,像图钉的尖端,而插入板上钻好的孔内;如果多钻些孔,图形就可随意变更。手指迷津较小棍迷津(图21-24)易学,因为它让被试感受到每一个错误(或死路)。这类手用迷津中的一个或其他个都被应用得很广,在实验室的练习中是这样,在各种学习的问题的研究中也一样。以下几章中将时常提到。

人类被试者用的视觉迷津

如果被试看见整个迷津,他的"错误"就无法计数:因为他可把铅笔或小棍停在选择点而用眼睛去探索一条盲路。波替厄斯(S. D. Porteus,1950)在他的著名的社会和实际智力的迷津测验中,就指示被试向前远看和避免一切显明的错误。被试的铅笔一进入盲路,他就被停止而放回一个复份迷津(duplicate maze)的入口。照这用法,据说这迷津可测验出有别于"冲动、不决、易受暗示、紧张和敏感"的"谨慎、远见、心智灵活和持久注意"。

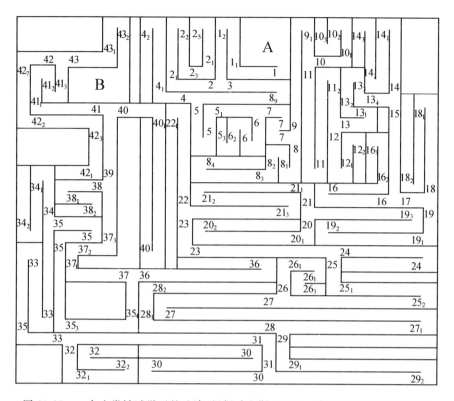

图 21-22 一名人类被试学习的迷津（根据珀金斯，1927）。在原迷津中通道是 3/4 英寸宽。线是画在纸上而迷津是放在下有灯光的玻璃桌面上。被试坐在高凳上，从 1 英寸直径的筒中观看，在探索和走迷津时就把筒子沿着通路移动。他在一个时期只看见迷津的一小块。实验者在一张编了号的迷津上记录被试的行动（原迷津上没有号码）。

在其他的实验中，同时只让被试看见迷津的一小部分，用意是使他在手用迷津中运用视觉的程度和在大型有墙的迷津中相仿佛。珀金斯（N. L. Perkins, 1927）用了一个如图 21-22 所示的复杂迷津。

珀金斯的结果和从蒙着眼的人类被试在大型或小棍迷津所得到的情形大体一致。在第一次尝试中，机灵的被试就会辨出方位和学会迷津的一般性质。在以下几次尝试中，他会把路线分成若干段，去分别掌握，然后凑合到一处——见图 21-23。在正确路线的大致方向有变更时

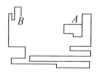

图 21-23 一名被试在第六次尝试后画出的迷津路线图（珀金斯，1927）。$A=$ 起点，$B=$ 目标。

就出现中间目标，而最困难的盲路是①朝着中间目标的或②预料大致方向的变

更的。最初的两个和最后的两个盲路很快就被取消。另一个结果是人类被试很少走盲路的一部分;他或者是走到尽头,或者不论入口处迟疑不迟疑,总之是迈过去了。

看得见的路线但是看不见的障碍

人类被试喜欢看见他们的工作,卡尔(1921)的一个有用的设计使这事成为可能。小棍迷津的表面完全可以看见,可是把看不见的障碍装在缝的底下,缝底下是放宽了使小棍顶端装的一个金属小圆盘有地方可移动(小棍在入口处放进缝内后,就在达到目标前抽不出来)。被试看见入口、目标和所有的通路及交叉点,可是正路和盲路没有可以看见的区别。他学习得比较快,因为有两大优点:他看见那些选择点;而当他的小棍被堵住时,他可以在所看见的迷津上定出盲路的地位。

几位实验者曾运用一种用电流的隐藏障碍的迷津。早年的一个例子是巴克(R. G. Barker,1931)的"踏脚石迷津"。被试见到一块板上装着一些排成长方形的接触点,他要用小棍去碰它们。他应该从某一点起始而一步一步地前进,向前、向右、向左或向后,直到达到目标为止。他所碰的金属点都是螺丝钉或铆钉的顶端,那钉都通到板底而在背面接着电线,串联着蜂鸣器或其他指示器,来表示他什么时候是在正路上,什么时候是离开了正路。电流同时还可作为记录错误之用。此迷津可以有许多变化:图形可以是直线式的,每选择点有 2 条路可走(布朗和毕也尔,1940),或有 4 条路可供选择[琼斯(H. E. Jones),1945]。也可不用看得见的接触点,而是一排的小孔,把接触点装在底下,像在一个"插孔板迷津"中的一样[托尔曼、霍尔(C. S. Hall)和布瑞替纳尔(E. P. Bretnall),1932]。这些不同的形式使学习者得到便宜,有个看得见的间架,可以在发现了正路时在上面默默地定出它的部位。

迷津是怎样学得的

一名人类被试学习一个看不见的小棍迷津必然是限制在触觉动觉的信号方面,可是他能通过不同方法加以利用。瓦登(1924b)曾研究过大学生所采用的方法。他们所学的"U"式迷津(基本上和图 21-24 中标 S 的那个一样)在缺乏视觉帮助时是非常困难的,这些学生需要多次尝试才能掌握它。事先并没有给他们以关于学习迷津的有效方法的指示,但在学习后曾请他们描述所用的方法。主要的方法属三类:语言的、视觉的、运动的。所有被试大约都从"运动学习"开始,只是试图在正确的地方作出正确的动作。多数被试发觉进步太慢,要想去求得能得到帮助的办法。有的试图构成迷津的一个视觉意象;别人就去计数或作出严格的公式,例如"一右、三左、二右、一左、二右、一左",虽然通常采用

的语言方式并没有这样固定的形式。如下表所示,语言方法是最成功,而运动方法是最不成功的:

方法	自称用此法的人数	学习时所需的尝试数	
		平均	全距
语言的	25	32	16～62
视觉的	18	68	41～104
运动的	17	124	72～195

运动的方法的一个困难就是进入 1 个或多个盲路可以成为固定习惯并继续下去,而被试并未注意到有什么毛病;语言的或计数的方法能提起被试对这种错误的注意;视觉的方法,除开和一些计数配合,似乎无甚价值。如果被试在蒙眼睛前真正见到迷津[推替迈尔(E. M. Twitmyer),1931],或在工作时前面有那一个看不见的迷津的图形(卡尔,1921),他的进步就大可提高。但是当他打算从触觉、动觉材料来构成迷津的视觉意象,像在瓦登的实验中那样,那确是件困难工作。

哈斯班德(R. W. Husband,1937)一个类似的实验中运用了几个不同的迷津,如图21-24所示。他的被试有少数人说是单纯用视觉的方法。那些计了拐弯的次数的人学习标 S、F 和 X 的三个迷津都比依靠运动学习的人效率较高。直线迷津(x)单靠运动学习几乎无法解决;一个选择点和另一个选择点之间在空间上很少差别。这样的迷津很像时间迷津,要求学习者掌握一个左右转的抽象次第,可是计数的方法就使这工作大为简化。和这个形成对比的有标 T 的迷津,也就是图 21-4 中已有的司东式复合"T"式迷津,那里就具备了许多二维空间的性质,而计数方法在这里并不比运动方法优越。这个所谓的运动学习,很可能就是空间的学习,像在动物中一样。

如果我们检验一个单一被试对一个盲路的反应,我们可以设想他在第一次尝试中探索到尽头,在以后的尝试中进入不那么深,然后只在入口处迟疑,而最后是不停留地跑过那地方。非常像这样过程的某些情况由雷诺德在白鼠中观察到(1945a)。这种逐步取消一个单一盲路的现象在人类学习中似乎不是典型的;珀金斯(1927),凯洛格(W. H. Kellogg)和怀特(R. E. White,1935),尤其是麦吉阿(J. A. McGeoch)和彼得士(H. N. Peters,1933)都观察到这点。最后的两人曾将这问题做特别研究,用蒙着眼的人类被试学习一个像图 21-24[①] 中 S 所示的"U"式小棍迷津,发觉所有进入盲路的情况中有 85% 是完全进到底。结果上的这个显著差别可能是人类和白鼠间的差别,也可能是由不同的迷津图形所引起的。

---

① 原文为图 21-22,当系 21-24 之误——译者注。

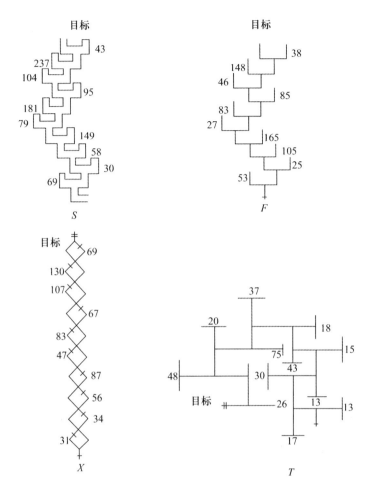

图 21-24 一个小棍迷津，S，和 3 个"凸出的手指迷津"（引自哈斯班德，1931）——迈尔斯（1928a）所创制的——供可比较的成人组（每组 20 人）学习用的。X 是个直线迷津，S 和 F 是半直线式，而三个中正确选择的序列是相同的。T 有一条接近圆形的路线，而比其他几个容易。另一个接近圆形的小棍迷津也发现是比半直线迷津，例如 S，要容易很多［斯哥特（T. C. Scott），1930］。图形中的数字是 20 名被试进入每个盲路的总次数。研究这些数字就发现下列几种倾向：① 掌握起始的和最后的动作较快；② 预料那最后的拐弯或大致方向的其他变更。从错误的数目上可看出"T"式迷津是最容易。在同一图形的两个迷津 S 和 F 中，手指迷津比小棍迷津要容易一些。用小棍紧靠着的一边走的被试可能注意不到另一边的通路就忽略过去了；但是在手指迷津中他用手指沿着铁丝走而每一个选择点都可以觉察到。渥施（B. L. Walsh）和瓦特斯（1944）把这个小棍迷津（S）改成手指迷津，只是要求被试用手指头沿着沟走，结果看出用手指的一组被试比用小棍的一组肯定地错误较少。

心理的或非空间的迷津

一个迷津中呈现着一系列的选择点,在每点上有两个或多个供选择的可能。假如所要选择的不是两条路而是两个字母,其中一个是"正确",而另一个是"盲路"。可以供给一系列这样的选择,规定一些程序使被试迟早会发现哪些是正确的字母。约瑟夫·彼得森(Joseph Peterson,1920,1922)介绍了这种"心理迷津",而在研究学习理论中有效地加以运用(他的程序规定在本书原文本第一版中描述其他多少类似的"迷津"时曾有记载)。

$$\frac{Q W E R T Y U I O P}{A S D F G H J K L Z}$$

图 21-25 彼得森的心理迷津的简化形式。实验者把第一直行中的一对字母念给被试听,要求试选择其中的一个。如果他选错了,实验者重念这一对,直到他选对了为止,然后念下一对。照这样继续做下去,直到被试无错地"走"一次或多次为止。正确的字母底下画了一条线;这迷津可以想象成为一个直线形迷津(图 21-3 或图 21-24 中的 X)。

人类和动物的迷津学习

前几段中已经提出一些显明的差别。人类被试一起始就有优势,他们知道要达到一个目标,有些盲路要避免,而同一迷津要走多次。他们不只是在达到目标时,而是在每次认出和避免盲路或到了一个中间目标时,都得到奖励(感觉愉快)。白鼠能得到多少这种次要的强化,还是一个未经深入研究的问题。白鼠和人类在多数迷津中都很快地学会避免最后的一两个盲路,很可能是因为在达到目的地时的及时强化。可是人类被试很快地就取消开始的一两条盲路,这点却和白鼠不同。白鼠有倾向在一次又一次的尝试中去探索入口地带,好像是去认识情况;人类被试却有人告诉他或他自己就假定迷津还是原来那个。问他为什么迷津或无义字音表的第一部分学得那么快,人类被试就会说开始时心里清楚,可是进入到一堆不同的事物中就变得混乱了。换句话说,在一系列反应的起始和结尾时干扰最少。但是,是不是应该一直增加到最后呢?

人类被试在某些类型的迷津中善于利用他们的数字和语言的能力,尤其是在直线迷津中,在那里他们比白鼠强得多。供给基本空间能力以较多活动范围的迷津,在白鼠和人两方面都比较容易,而对于白鼠和对于人完全是同等容易。如果白鼠或者人不能把它(他)们的行为敏捷地适应空间环境,它(他)们就会只有很小的机会继续生存。

人类被试当他实际不在迷津中时,能够回忆迷津的路线或是其中的一部分。他能画出已学会的迷津的图,尽管他的图通常是粗糙而在细节上也不完备。那些细节他承认如果不实际在迷津中,他是记不起来的。这就是说,他能认识的比他能回忆的要多,像在其他情况下一样。我们所需要在白鼠方面假定的或许就只是认识的记忆而已。

走"之"字路的倾向或许在白鼠中较为典型,朝着目标的倾向或许在人类中较为典型,而预料的倾向在人鼠双方大致差不多。这些倾向在学习过程中很早就出现,而只管没有强化还是持续。在隐藏阻碍的直线迷津中的第一次尝试的行为曾经被布朗和毕也尔(1940)广泛地研究过。个体之间当然不一样,可是某些选择的可能性比其他的要大许多。在第一个选择点,左右都有路可选,大学生中60%选了右边的路。在第一选择点发现是正确的无论哪一边,到第二选择点就容易选同样一边;而更广泛地说,在任何选择点被试都倾向于选择在前一选择点上正确的那一边。但是当用一边在连续两个或多个选择点上都正确时,他就倾向于在下一次选另一边。被试的这些偏好和假定可能并没有逻辑的根据,可是正像前文提到白鼠时所说,都说明迷津学习不是从一个划一的零点开始。在困难的选择点是在零下起始,而在容易的各点是从零上开始。强化使容易的正确选择很快巩固而难的较慢。但迷津学习不能单从强化去理解,理论家必需考虑到迷津图形和机体的一些倾向。

(胡毅 译)

第二十二章

学习与作业中的动机作用

大家公认,在日常生活中,一个人某一次的作业并不一定常常和他的能力相称:他也许没有像在其他的场合中跑得那么快,射击得那么准确,或讲得有那么强的说服力;他也许缺乏高度的动机作用,或者过度地受了激动,求成心太切,以致丧失了对精力和技能的控制。能力和动机都是作业中的因素,如果有一个因素完全缺乏,作业就不能完成了。能力好像一部机器,没有驱动力是不能进行工作的。

在实验室内,这两个因素的重要性也是被大家公认的,迷津学习的实验可以作例。当学习——或者应该说,习得的能力——被测量时,动机作用就应当保持不变。同样地,当动机作用被测量时,习得的能力就应当保持不变。在这两个事例内,我们所要直接测量的都是作业,但是假使我们保持一个因素不变,我们就可利用作业测量另一因素。

作业中的因素

现在如果再一次应用第一章介绍过的那些符号,我们可以说,动机作用和习得的能力都是"O因素",当反应或作业将要实现时,这些因素都已经存在于机体内了,但也尽可能地受"A因素"或实验者的先行操作的控制。譬如习得的能力是一个O因素,(部分地)依赖于已往试验的次数这个A因素;内驱力是另一个O因素,可以受动物实验中前次喂饲后所经历的小时数的A因素的控制。在关于动机作用的许多基本实验里,动物是最好的被试。

赫尔(Clark Hull,1943,1950a,1951)对于作业中的因素的分析曾有过巨大的贡献。他把习得的能力称为习惯力量,用字母 H 为标志。他认为习得的能力可溯源于若干 A 变量,这些变量不必在这里加以讨论。动机作用也被分析为若干因素,如内驱力(D)和"诱因"(K)。当内驱力为饥饿时,内驱力的强度依赖于前次喂饲后所经历的时间(小时数),而诱因强度则依赖于成功反应所得到的酬报的食物量。还有一种因素叫做抑制因素或抑制的复合因素(I),对于动机作用的正面因素起反抗作用,这个因素决定于工作量或作业所需要的努力以及试验之间的恢复所允许的时间。赫尔企图求出一个公式,用以规定每一个 O 变量对一个 A 变量的数量的关系。例如他可以在一种取得食物的作业如按压门闩的动作中测量饥饿因素。他可以变化前次喂饲后所经历的时间,而使动机和习惯力中的一切其他因素保持不变,用以测量某些 R 变量,如按压门闩的反应的潜伏期。饲后时间如果从 1 小时增加到 24 小时,反应潜伏期也许从 60 秒减短为 15 秒[培陵(C. T. Perin),1942;萨尔茨曼和柯赫(1. Saltzman & S. Koch),1948;金波尔(G. A. Kimble),1951]。这些资料将尽可能配以简单而合理的一个方程式,而这个方程式将是测量饥饿内驱力所需要的公式。这里有一个严重的复杂性,就是作业可有几种更替的测量,因此,我们似有必要使作业的每种经验性的测量和一种中心的理想测量[赫尔称它为"反应潜能"(reaction potential)]发生联系。我们可以山口[(H. G. Yamaguchi),1951]的研究为例。我们不打算检查赫尔公式的准确度,也不打算估计他的整个系统的价值,但是我们可以利用他所确定的某些动机的因素。

这也许较为便利些,假使我们扩充动机作用的意义,使它等于动员作用(mobilization)或推动作用(activation),从而使能力一词所不曾包括的一切 O 因素都被包括进去。我们可以先举出一个极普通的因素。

反应性或活动准备性的一般水平

活动笼是动物实验室中的一个标准仪器。有一种是具备了松鼠笼的样式,它有垂直轮,动物可以任兴地跑,轮转的次数有一自动记录器予以登记;还有一种地板倾斜型的笼子,当动物在笼内自由运动时,地板就微向不同的方向倾斜,倾斜的次数予以登记。有许多种实验都利用这种仪器研究"自发性活动"的分量及与下列各种 A 变量的关系[里希特(C. P. Richter),1927]。

(1)动物(包括人,依据每天的观察)的年龄。运动的和游戏的活动在相当早的年龄后就逐渐减弱了。

(2)血内激素(Hormones)。是垂体腺、肾上腺、甲状腺和性腺分泌的,这些腺体有一个被割除,活动就随而减弱了。

(3)药剂。镇静剂或兴奋剂,或小剂量是兴奋剂,而较大剂量则是镇静剂。

(4)疲劳物质。是肌肉运动的产物,它的活动和上面所说的最后一类药剂很相似。

(5)身体的缺乏状态。例如饥渴——效果是逐渐进展的[霍尔(J. F. Hall)等,1953]。

(6)温度。外界的低温有促进活动的趋势,身体的低温有减弱活动的趋势,而轻微的发热则有相反的趋势。

（7）光度。白鼠作为一个夜间活动的动物，在黑暗中往往最能活动，而对人来说，情况似乎正相反。

（8）情绪。有些情绪如愤怒、挫折及焦急等，容易促进运动的活动。释放情绪能力的功能曾在另一章内加以讨论。

动物在活动笼中的运动只是相对地自发的。实验者虽然不在特殊的时间内应用特殊的刺激，虽然他排除了光线，并且将外界的声音用风扇的稳定的声音掩蔽起来，休息着的动物仍然要接受压力和温度的刺激，正在运动的动物还要得到大量的动觉刺激。人在睡眠时的活动水平是很低的，但是我们如果准备一张舒适的床铺当做一个活动笼，却也可以发现他们不断地产生姿势的变化和其他运动［约翰逊和斯万（H. M. Johnson & T. H. Swan），1930］。

凡可增加活动笼内运动量的条件也可以增加其他作业的活动量。当白鼠生活在一个寒冷的房间内，它们跨越一个"障碍箱"内电网格的次数较生活在一个热房间内为多［摩尔（K. Moore），1944］。在一个条件作用的实验内，阳性刺激和阴性刺激的分化已经建立得相当巩固了；但在注射了咖啡因后，分化就被破坏了，因为狗开始对这两种刺激不作分别的反应［巴甫洛夫，1927；并参看斯威泽（S. A. Switzer），1935］。分化反应的主要困难就是抑制对阴性刺激的反应：当反应性的一般水平提高的时候，这个困难也随之而增加。

内驱力和诱因

内驱力和诱因是有别于能力的动机因素，它们是互相联系着的。假使我们觉得饥饿，食物就是一种诱因；但是假使我们渴而不饥，诱因就是水而不是食物了。也许有人怀疑这里究竟是两种动机因素或只是一种呢，但是实验者却看出了二者的差别，因为上文已经说过，他是用不同的手段控制它们的。他用给食后所经历的时间来变化内驱力，用食物量来变化诱因。他可使饥饿和能力保持不变，而变化食物报酬的分量，仍可使作业有所不同。人也有类似的事例。你如果没有什么动机，绝不会在一个餐馆内付钱的。你究竟愿意付多少，就看你的饥饿程度如何和食物的品质如何而定，也就是说，并取决于内驱力和诱因，以及你的经济能力。内驱力和诱因都是动员你的资源的因素。

内驱力和需要

典型的动物内驱力（如饥渴）有赖于机体的需要。食物和水分不断地消耗在生活过程中，而废物也就产生出来，有累积的威胁。需要就是缺乏或过剩的机体状态。有些需要是可以通过适当的行为（如吃和喝）来解除的。在最简单的事例内，一种内驱力就是纠正一种机体需要的行为趋势。因此，需要推动了内驱力，内驱力推动了行为。但是这样地增加因素有什么意义呢？为什么不放弃内驱力的概念，而单说行为系由需要鼓动的呢？困难是，有些特殊的需要不引起适当的行为，而有许多行为也不是由于任何已知的和存在着的需要所产生的。

除了求食的一般需要外，还有对所求食品的质量如蛋白质、维生素及某种盐类的特殊需要。这些特殊需要有的是由特殊内驱力，如在动物行为中可以表征出来的特殊饥饿或食欲所供应的。譬如若干天来用缺乏乙种维生素的食物饲养一只动物，从而使它产生了追求这种维生素的强大需要；后来给这个动物以富有乙种维生素的食物，它就选吃它，而不选吃缺乏这种维生素的食物——或者它迅速地学得这样的选择取舍[哈理斯等(L. J. Harris, *et al.*), 1933]。在这个事例内，特殊需要推动了一种特殊的内驱力。但是应用甲种、丁种和庚种维生素的同类实验却不能发现任何相应的内驱力，因为动物在两种食物之中的选择不决定于被需要着的维生素的存在，而是显然取决于食物的滋味，动物选择一种甜味的食物而不选择一种营养较好的苦味食物[尤克斯(C. L. Jukes), 1938；杨(P. T. Young), 1941, 1948]。因此，有些需要并不具有相应的内驱力。至于不具有相应的需要的内驱力，则将在第二级的动机及非机体动机项下加以说明。

有些机体的需要由于某种内分泌腺的割除而极端地强大起来。譬如肾上腺的皮部供应一种激素，可用以阻止肾脏中的氯化钠的过度消耗。割除了肾上腺是可以迅速致死的，除非动物有机会接受盐类的外来供应。试在关有一个肾上腺已经被割除了的白鼠的笼内，预备两个小瓶，一个瓶装自来水，另一个瓶装有3%的盐溶液，你会看见它选取浓盐溶液（一只正常的白鼠是要回避它的）而不选取清水。因此，它纠正了它的盐分的缺乏，保持它的健康状态。它对于盐水的选择也有赖于味觉，味神经如被割断，这个选择也就消失了（里希特，1947）。

一种机体的需要怎样能推动一种行为的内驱力呢　血液内盐分的缺乏如何能和神经系统沟通而引起适当的行为呢？沟通的可能线路约有两条：一条是通过外周的感受器如舌头的味蕾；一条是通过一种神经中枢，这个中枢是可以受循环着的血液的化学状态所影响的（呼吸中枢是受血液中的二氧化碳调整的；二氧化碳愈多，中枢愈富于反应性，呼吸也愈迅速）。

也许对盐的食欲增进了味蕾对盐的感受性——降低了刺激阈。为了检验这个假设，法弗曼(C. Pfaffman)和拜尔(J. K. Bare, 1950)用稀盐溶液刺激白鼠的舌头，而将从味神经来的动作电流(action currents)予以扩大。但是他们从正常白鼠和肾上腺被割除了的白鼠身上得到相同的阈值，因此对盐的偏好应该取决于神经中枢,而不仅取决于感受器。用一只瓶装清水,用一只瓶装盐水,如果盐溶液很稀,正常的白鼠没有偏好的表示;如果盐溶液适当地加浓,它就选取盐溶液,但拒绝含盐2%以上的溶液。肾上腺被割除了的白鼠对于最稀的超出阈限的盐溶液也有偏爱,并且大量饮用,假使它没有办法取得较浓的溶液,但是它也接受正常的白鼠所拒绝的浓溶液[杨和查普林(J. P. Chaplin),1949;法弗曼和拜尔,1950]。

这些在偏好上的变化难于用外周感受性的变化予以解释。假使感受性降低了,最稀的溶液将不会被尝出来;假使感受性提高了,根据外周的因素看来,浓溶液将会有异常强烈的滋味,必定会被拒绝的。因此,与接受或拒绝有关的一些中枢机构必定受到血液中的盐成分的影响(调整)。

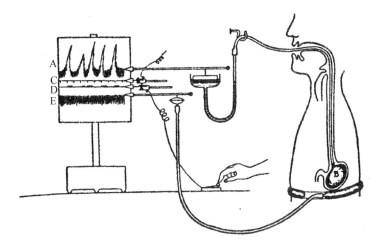

图22-1 与饥饿感觉同时发生的胃运动的记录设备(卡浓,1934)。在记纹鼓的记录上,A、E两线表示呼吸运动,远较舒缓的胃收缩也在A线上表示出来。C线以一分钟为单位记录时间。D线表示被试记录饥饿感觉的信号。

"饥饿的痛觉"是空胃的蠕动刺激了胃壁感受器而产生的感受。这些运动可用有橡皮球的气体系统加以记录,人类被试可以学吞这个球体,将它吞下,和球体联系着的是一条橡皮管,从食道和口直达记纹鼓。同时被试在感觉饥痛时,又用手的压力记录,他的手压力是与胃的运动同时的[卡侬(W. B. Cannon),1934;瓦达(T. Wada),1922]。这里我们有一个明显的例子,说明由于外周感受器而使机体状态和神经系统沟通起来。但是饥饿的内驱力不完全依赖于局部的感受。因为用手术将胃缩小成为连接食道和十二指肠的一条管子(臧玉淦,1938),使胃的运动大部遭受了破坏——或假使从胃感受器到神经系统的传导由于迷走神经的截断而破坏了[巴什(K. W. Bash)。1939]——对食物的需要仍由定期的进食予以满足。明尼苏达大学对于年轻的成人被试的半饥饿的重要实验说明了食欲不仅是饥饿的痛觉[凯斯等(A. Keys, et al.),1950]。同样地,对水的机体需要也似乎除了喉头的局部的渴感觉外,还有他种办法和神经系统沟通,引起适当的行为[摩尔根(C. T. Morgan)和斯特拉(E. Stellar),1950]。就疲劳而言,除有局部的肌肉痛觉外,还有较一般的疲劳感觉,也许是由于疲劳产物流过大脑的缘故。我们还可以引证其他事例说明机体需要可能通过血液化学或温度影响脑中枢。

内驱力的标准

我们怎样确定和说明一种内驱力呢?根据上文所述,我们知道一种需要的存在不是充足的证据。还必须有适当的行为,如纠正需要的行为。例如我们知道温血动物需要保持几乎恒常的体温。栗肌和流汗的自动的纠正反应不常被看做是行为,因此,不是行为的内驱力的一种理想的示例。但是假使动物寻找避寒或避热的处所,我们就可有一种温度的内驱力的证据了。

储藏食物的内驱力 假使我们可以相信松鼠或鼠类啮齿动物有预知食物的未来需要的能力,我们就可以将不需要的食物的储藏活动归属于饥饿的内驱力了。实验室的白鼠虽然没有表现出有这种预知性的征象,但是它也继续着将食丸带到它居住的笼内,虽然实验者不断地将它们移出去。因为白鼠除了经常地储藏食物在居住的笼内之外,还储藏食物于他处,测验储藏的手续系在居住笼的近处设一食丸库。白鼠纵使常有充足的食物,它也带若干食丸回去;假使一天只喂食它一次,它便储藏得更多了。它在实验室寒冷时的储藏比实验室温暖时较多。这种行为虽适合于野生生活,但也不能显示出任何实际的需要(摩尔根,1947);原来设计是用以发现储藏行为背后的机体状态的生理实验,却也未曾有什么成就(斯特拉,1951)。

储水的行为也曾见于口渴的白鼠。水"丸"是吸水达到饱和度的棉花。白鼠从库内搬出一丸,带到住处,吸出水分;然后跑到库内再运一丸,如此持续下去,直到它积蓄超出当时用度之上的水量为止[宾德拉(D. Bindra),1947]。一只白鼠虽然不常储藏木丸,但是它将储藏用铝箔包裹的食丸。假使库内有半数食丸用铝箔包裹,有些白鼠就会储藏它们而不储藏赤裸裸的食丸[L. C. 李克里德和 J. C. R. 李克里德(L. C. Licklider & J. C. R. Licklider),1950]。白鼠也许将当时看起来合适的任何东西都带到住处。储藏的内驱力和回家的内驱力是有密切联系的。

如果用需要、内驱力和诱因等词加以分析,这些实验,有的为了规定诱因的意义而变化其诱因,如食物、水和光滑的食丸。有些实验变化那些可以影响内驱力的条件——如喂食时间及外界温度,有些是以发现机体状态或需要为目标的。纵使我们不能确定任何需要,但是我们在逻辑上也可以从有效的诱因推知一种内驱力。

诱因的标准

我们如果有理由去假定一切行动都有动机，那么凡是动物所要接近和欢迎的对象都应有阳性的诱因值。我们希望更进一步探究，这种对象究竟具备何种性质才使它取得这个价值。我们注意我们的被试在得到对象之后究竟对它做些什么动作——被试的行为的终结——用以为推论诱因性质的根据。假使一名儿童急急忙忙地跑去，取得一个橘子之后，他却用它在地上滚动，我们可以推测，这个活动的背后是一种游戏动机而不是食欲。我们也可供给他一种代用品以代替原来的对象，用以发现诱因的真实性质。假使儿童接受皮球以代替橘子，这自然是一种诱因；但是假使他接受一杯橘子水，那便是另一种诱因了（相等的诱因使我们想起辨别实验中的"相等的刺激"）。我们也可以观察到被试如何坚持着追求和接受同一诱因，因为它的诱因值也许只存在于它的新奇性，投合了探索的内驱力。我们所希望得到的另一结果或者就是测量不同诱因的相对的引诱力，因此也就是测量不同内驱力的相对的势力。

试验和测量诱因的实验方法，实际上就是研究被试是否愿意为诱因付出代价，并且他愿意付出多少代价。他也许为了这一诱因而放弃另一诱因——这是选择法；他也许在取得诱因时，必须付出痛苦或努力的代价——这是阻止法；他的支付的代价也许是促进或改善他的作业——这是学习法。这里我们就有着试验动机的三种不同而有效的方法[莫斯(F. A. Moss)，1924]。

对诱因价值的选择测验 上文已叙述过的日常的取用法证明动物选取盐溶液而放弃清淡的自来水。诱因可以配对，同时呈示，或一天只给一种诱因。应用后一方法，证明白鼠选取含有糖精的甜水而放弃清水[比贝-森特等(J. G. Beebe-Center et al.)，1948]。溶液必须有适当的浓度，不要过稀或过浓，因为用极稀的溶液就引不起选择，用极浓的溶液反而引起了对清水的偏好。人类被试用语言报告所得到的偏好曲线或价值曲线具有相同的形状（图 22-2）。用语言表达的偏好是诱因值的一种指标。

这个用单一诱因测验选择的方法还有一个变化的形式是威纳尔和斯特拉(I. H. Weiner & E. Stellar，1951)所应用的。他们测量了缺水 15 小时后的 1 小时的测验期中从一个刻度的水管内饮用的水量。氯化钠是被试验的物质，饮水管内含盐的浓度在不同的日子里也都不同。根据饮水量所画成的偏好曲线和图 22-3 所示糖精的偏好曲线相似：从自来水上升至最高处，然后随较浓的溶液而下降。最高度约略低于水中含盐 1%；甚至完全缺乏经验的白鼠，对盐的选择也出现在头 5 分钟内。这是一种出于本性的偏好，也许有某种化学-生理学的基础。

在另一种选择测验内(杨,1947),饥饿的白鼠被训练着,从一个出发点跑到一对相距 15 英寸而并列着的食物碗边,从一个碗内吃一口,然后跑回出发点。当白鼠从任何一碗食物中吃了一口时,两碗立刻放低到不能接触的地方。这种实验进行了许多次,以每种食物被选食的次数为它的分数。干燥的食物作为诱因,如糖(sucrosc)、乳酪蛋白质(casein)和全麦(ground whole wheat)。糖和麦并列着,位置常互换:55%次的选择为糖,45%次的选择为麦。爱好的差异不大,虽然是可靠的,因为经 30 只白鼠做了好几百次的选择。就乳酪蛋白质和糖或麦而言,偏爱是显著的,选乳酪蛋白质只有 25%次。

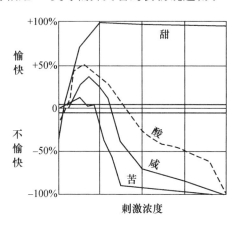

图 22-2 "愉快"或"不愉快"的判断的增加和有味溶液的浓度的相关[资料取自恩格尔(R. Engel),1928]。溶液被放置在口内时,报告可以为愉快的、中性的或不愉快的。在每次试验后,被试可有 2 分钟的时间咀嚼一小块白面包,然后漱口以除去剩余的味道。被判断的对象是普通食盐、奎宁、酒石酸(tartaric acid)和蔗糖的含量不等的溶液。

纵轴表示 7 名被试对每种强度的溶液所做的"愉快"判断百分比减去了"不愉快"判断百分比的余数。横轴和浓度成比例,底线的十足长度代表质量分数 40% 的糖溶液,1.12% 的酒石酸溶液,10% 的盐溶液,0.004% 的硫酸奎宁溶液,这些百分比都以重量计算的。在零点上下的两条水平线表示着愉快和不愉快之间有一个中性地带。

即使是最浓的糖溶液,除了对少数已感餍足的个体之外,也不是不愉快的;其他各味没有引起大量的"愉快的"判断,但是较弱的浓度确显示出一个最高点。

阻碍测验 动物实验室内一种常用的仪器是阻碍箱(图 22-4),由瓦登(C. J. Warden)和他的同事[詹金斯等(T. N. Jenkins, et al.),1926;瓦登,1931]制定标准。一个白鼠为了接触诱因,必须跨越一个通电的地板网格。在适当地熟悉环境之后,白鼠按照实验手续被放置在入口处,开门进入一条通路以便到达诱因,吃一口食物(或有一段时间享受任何种被试验的诱因);然后被轻轻地提起,再放在入口处以便进行第二次实验。分数是动物在 20 分钟内跨越的次数,跨越的次数越多,表示诱因值越高。

作为诱因值和内驱力强度的指标,这个方法的有效性如下述的这些结果所示:

用食物为诱因,跨越的次数便随着前次得食后所经历的时间而增加,停食后约有两天便达到了最高度[瓦纳尔(L. H. Warner),1928]。

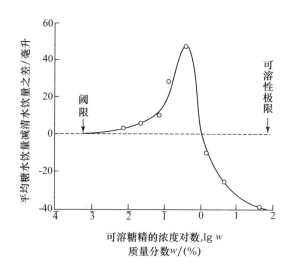

图 22-3　对糖溶液和清水相比的偏好曲线[取自比贝-森特,布莱克(P. Black),霍夫曼(A. C. Hoffman)和韦德(M. Wade),1948]。偏好是用单一刺激法的一种形式加以测量的。被试是 11 只白鼠。在每一只白鼠的住笼内放着唯一的饮水瓶,若干天瓶内装着清自来水,另几天装着糖溶液。糖液的浓度天天变化,从少于 0.01% 的最低度起至超过 40% 的最高度止。资料中各点表示放糖水的几天的饮量比放清水的几天(S-W)超出多少。

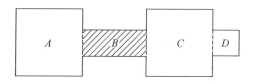

图 22-4　一个阻碍箱的平面图(取自瓦登,1931)。起点部分(A)和主要的诱因部分(C),是 10 平方英寸,高 10 英寸,而有地板电网格的联络通路(B)则长达 10 英寸,但只有 4 英寸宽和 4 英寸高,所以一只白鼠不能跳过网格来逃避电击。诱因被放置在小室(D)内,C 和 D 之间用一个半透明而穿孔的小门隔开。在关于延缓报酬或关于性爱或母爱的动机的实验中,当动物诱因必须限定位置时,这种隔离是必要的。被试被放在 A 处,进入 B 处的门是打开的,它从 D 处所藏的诱因得到视觉和听觉的刺激。当被试越过 B 进入 C 处时,入 D 之门就自动打开(研究延缓的报酬时除外)。标准的手续是允许被试在 20 分钟的测验期以前跑 4 次不受电击,单有一次受电击。

为了保证大致相等的电击,不因脚跟所有的高度及变异的抵抗而不同,实验者应用高电压(475 伏)的交流电,但是在电路中附有高的外加电阻(10000000 欧[姆]),使电击减弱到 0.0475 毫安[培]。这种电击虽就是微弱的,但也常引起白鼠的躲避,除非那里有某种诱因需要接近。

用一只柔顺的母鼠为诱因,公鼠跨越的次数随着前次交配后所经历的时间而增加,约在一天左右达到了最高度(瓦纳尔,1927)。

用一只公鼠为诱因,母鼠跨越的次数和她的发情周期相应,在发情期内远高于发情期后的安静期(瓦纳尔,1927)。

这个方法的有效性如果有了保证,我们就可以用它来作为检验一种假定诱因的根据。在检验白鼠的探索内驱力时,第一步要选择这只动物所喜欢摸索的东西作为诱因。诱因室空无一物时,在 20 分钟内也可能引起三次跨越,因此,一种对象如果要显示出任何诱因值,它在 20 分钟内引起跨越的次数必须多于三次。诱因室内如果有一堆木块、木屑、软木塞、橡皮片及金属丝,平均可以引起 6 次跨越。这个差异是不大的,也不是完全可靠的,但是它所指出的探索内驱力和平常实验室的观察[尼森(H. W. Nissen),1930]是一致的。

这个研究集体还有一种收获是具有特殊兴趣的[汉密尔顿(E. L. Hamilton),1929]。它是有关延缓报酬的效果的:饥饿的白鼠通过网格进入 C 室后,就受延缓的处理,然后开门进入藏有食物诱因的小室 D。每种延缓时间都有 20 只白鼠作为被试,结果如图 22-5 所示。即使 15 秒钟的延缓也大大地减低了诱因值;而经过 3 分钟的延缓后,跨越的次数比没有供应诱因时,几乎大不了多少。延缓不能影响内驱力,但可减弱诱因的因素(赫尔假定了一种独立的延缓因素,称它为 J,和 K 的诱因因素并列),延缓也可使达到以报酬为终点的程序的学习受到干扰。

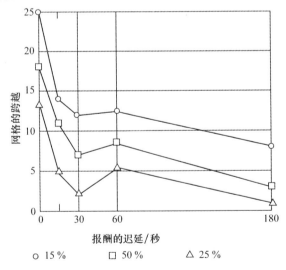

图 22-5　延缓的诱因或报酬(取自汉密尔顿,1929)。当一只白鼠曾经在阻碍箱内跨越通电的地板网格后,被延缓一定的时间才可得到食物。它在 20 分钟内(延缓的时间不包括在内)可随它选择跨越多少次。

电网格虽然是阻碍的很便利的一种形式,但是其他形式也是可以采用的。到达诱因前所须跑过的距离或所须攀缘的障碍物都是可能的形式。在弗莱彻尔(F. M. Fleteher,1940)对黑猩猩的实验中,一只可以看得见的香蕉作为诱因,放在车内,猩猩拉车便可取得香蕉。拉车的距离为 18 英尺,这是一个常量,但是其所遇到的障碍和香蕉的大小则为变量。障碍是用制动器的方法或利用车的运动所需举起的重量来设置的。假如障碍太大,动物便拒绝拉车;但是诱因愈大,它因要取得诱因而愿意克服的障碍也愈大。

诱因值的学习测验 任何一种学习实验都必须设置一种诱因,通过各次试验所得到的进步是诱因具有价值的良好证明。假使我们要测量诱因值或比较不同的诱因值,我们的问题就更加困难了。试考虑两条理想的学习曲线(图 22-6),它们的求得系将一切因素保持不变,只应用不同的诱因。表示较好作业的曲线也表示着较优势的诱因,两种练习的水平很好地说明诱因值的差异。但是我们容易感觉到较高的曲线也表示较迅速的学习,所以学习的速度可用作诱因值的第二指标。

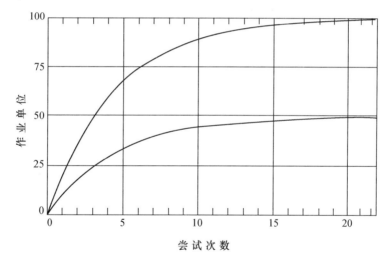

图 22-6 理想的单相(monophasic)学习曲线。简单的学习工作,例如人的反应时间或动物的跑道实验所可能接近的曲线,这时作业的图示是以速度为准而不以时间为准,因而曲线随作业的改进而上升。它们表示负加速度,都变为平坦,而达到各自的"练习水平"。假使在图示中改用时间或错误次数为标准,曲线将下降,依旧表示负加速度,平坦到低的水平。在理论上,一个练习水平是一条渐近线,继续地接近,但永远是不能完全到达的。这个图的曲线是据本文内推演的方程式画成的。

我们将如何测量学习速度呢？假使两条曲线，如图 22-6 所示，从同一点出发，经过相同的尝试次数大致达到它们各自的练习水平，它们就可被看做表现了相同的学习速度。它们齐步前进，经过 3 次尝试，达到半途的标记处；7 次尝试达到 3/4 的标记处，依此类推。练习的水平随诱因而不同，但是在这两条曲线上向练习水平的进展速度是相同的。

达到或接近练习水平所需要的尝试的次数，只是一种粗糙的测量，因为我们不能正确地指出那个水平充分达到的时间。学习曲线既有负加速度的特点，我们如何能说任何曲线显示出一定的"学习速度"呢？从前在整理反应时间的事实时曾经用过的生长函数（The growth function），在这里或可再为我们所需要的了。每一次尝试都可看做向练习水平推进了一步。动机保持不变时，推进的度数是一个常数，但是对进一步发展的抗拒力则是随着接近练习水平的程度而增加的。这是可以想象的，但是重要的假定只是：每一次尝试使到达练习水平的距离缩短了相同的分数。在图 22-6 的两条曲线内，这个分数是 1/5。假使我们将到达练习水平的原始距离定为 1.00，那么第一次尝试缩短了 1/5；剩 4/5 或 0.80；第二次尝试又缩短了 0.80 的 1/5，尚余 0.64；第三次尝试再缩短了这个 0.64 的 1/5，尚余 0.512；依此类推。在理论上总常有剩余的距离，再一次的尝试缩短了它 1/5。每一次的尝试所移去的分数随不同的工作而不同，有些工作学习的进步较其他工作为快。但假使我们这两条曲线代表真实的情况，那么单有诱因的变化不能改变这个分数或学习的速度。

在应用实际的资料来检验这个假设以前，让我们将推论简化为公式。让 F 这个字母代表任何简单的学习曲线中到达练习水平的距离由于每次试验而消除的分数。我们就可有：

$1-F=$ 第一次尝试后所剩余的分数

$(1-F)^2=$ 第二次尝试后所剩余的分数

$(1-F)^3=$ 第三次尝试后所剩余的分数

总起来说，

$(1-F)^n=$ 第 n 次尝试后所剩余的分数。

所以，假使 y 代表 n 次尝试所消除的总分数，$1-y$ 代表剩余的分数，那么

$$1-y=(1-F)^n \quad (1)$$

这是代表纯粹的学习函数的方程式，是简单的学习曲线的一个理论的方程式，假使我们把开始的成绩定为零，最后的成绩定为 1。

我们要检验任何一条实际的学习曲线，看它和这个方程式是否符合，让这条曲线开始时的成绩（那里 $n=0$）为 A，练习水平为 z，那么，$z-A$ 是从开始到终结时总的收获。让 y 为 n 次尝试的成绩，所以 $z-y$ 是到达练习水平的剩余的距离。这个方程式则变成了

$$z - y = (1-F)^n(z-A) \tag{2}$$

或者化为对数的形式,

$$\lg(z-y) = n\lg(1-F) + \lg(z-A) \tag{3}$$

我们可以从曲线来决定 z 或练习水平。开始的成绩(A)不必局限于第一次尝试,因为它常是一种可疑的数量。我们可以决定 A 和 $1-F$,以便规定最妥善的配合的直线,如图 2-6 所完成的一样。我们要在半对数纸上画出这些资料,n 值画在算术轴(arithmetical axis)上,$z-y$ 的相应值画在对数的纵线上。我们要尽可能地画出一条直线来配合这些数据点(data points)。假使配合是满意的,那么方程式就被证实了,$z-A$ 和 $1-F$ 等值都可以从 Y 截点和直线的坡度求出来的。

必须注意理论方程式中的练习水平是一条渐近线或数学的极限,是可以接近而永远不能到达的。因此,方程式不能用以回答这样的一个问题:假使练习水平在 20 次尝试内到达,那么 F 的价值是什么? 但是它可以回答这个问题:假使从 A 到 z 的距离的一半(或 0.75 或 0.90)在尝试若干次内到达,那么 F 的价值是什么? 我们得到下列各值。假使从 A 到 z 的半距是

尝试的次第	1	2	4	5	10	15	20
相应的 F	0.50	0.293	0.159	0.130	0.067	0.047	0.034

我们在这个讨论中的基本问题是要研究学习的速度能否用来测量诱因值。我们需要实际的资料来检验理论的曲线和方程式。有两种独立的研究,是由克勒斯比(1942,1944)和齐门(D. Zeaman,1949)完成的。这些研究已经发现我们的 z 或练习水平虽依存于诱因量(如诱因越大,熟习的作业越好),但是学习速度(F),则不因诱因量的不同而不同。在这样的一种实验内,一切其他动机因素,特别如内驱力(D)和抑制(I)需保持不变,才可使诱因因素(K)显现出来。因此,这些研究者每天只给他们的白鼠做一次尝试,每次尝试都在不喂食物 22~23 小时之后举行的。尝试相隔的时间如此之久,将可缩小抑制的因素;克勒斯比用 20 英尺的跑道,用跑的速度测量作业;齐门则用 3 英尺跑道,用潜伏期或出发时间测量作业。克勒斯比发现由于接近练习水平而显示出来的进步率几乎是相同的,虽然应用不同的诱因量。图 22-7 的三条曲线在几乎相同次数的尝试后趋于平坦。齐门发现他的一切学习曲线(图 22-8)中的 F 分数都约为 0.30。这就是说,每次尝试在诱因的任何定量的条件之下,都使其到达极限的距离消除了约 0.30。

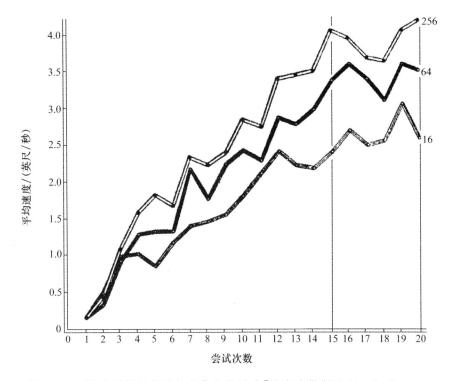

图 22-7　不同的诱因量所引起的作业的进步〔取自克勒斯比(L. P. Crespi),1942,1944〕。右方数字表示诱因量,以食物的小单位计。16 个单位组内有 10 只白鼠,其余各组都各有 7 只白鼠。

雷诺德(B. Reynolds,1949,1950)在他种学习工作中得到相同的结果。在一种黑白辨别的实验内(1949),用白色为阳性刺激,白鼠经过相同的平均次数的尝试,达到了接近完善的标准,不管诱因是很小的食丸或较大的食丸。因此,在这两种诱因的条件下,学习速度是相同的。但是用较大量的诱因,则由于它们选择的敏捷所显示出来的作业较为优良。在一个简单的 T 迷津内(1950),得至较大食丸的白鼠,在逐次尝试中跑得越快,错误也越少。但是达到它的练习水平则和利用较小诱因的白鼠需要几乎相同次数的尝试。

什么是巴甫洛夫的条件作用实验中的诱因呢？它不是别的,只是无条件刺激。对角膜喷一口气是通过条件的眼睑反射引起眼睛的预防性的部分闭合的诱因,吹气愈强,预防性的闭合以保护眼睛的诱因也愈大。帕赛(G. E. Passey,1948)用四种强度的喷气试验不同组的大学生。从开始时,如果利用较强大的喷气,则眼睑的条件反射也较大,而它的次数也较多。但在这两方面的作业水平在大约 35 次尝试中达到,各组都同。因此,作业水平随诱因而变化,而学习速度则不因诱因量而异——我们知道相同的结果也见于跑道、T 迷津和辨别的实验。

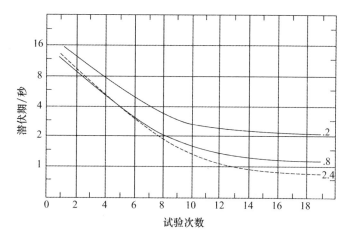

图 22-8 修匀了的学习曲线,用不同量的食物诱因(取自齐门,1949)。当实验者打开出发点的门户时,白鼠头一次平均要经过 15 秒钟后才出发,但约在第 14 次的尝试时,它们可以达到一种水平——这个水平随食物箱所藏的食物量而不同,每次尝试有 0.2 克的食物作报酬的是 1.9 秒,有 0.8 克的是 1.1 秒,有 2.4 克的是 0.8 秒。此图的纵轴虽然是对数,但是曲线不还原为直线,因为画出来的是整个潜伏时间,而不是 $y-z$ 时间。齐门的资料和这个方程式恰相配合,他的符号和我们的不同,但方程式是相同的。这里复制的三条曲线是从他用不同的诱因量所得到的六条曲线中选出的,都表示着类似的特点,就是,不同的 z 水平,但有相同的大约等于 0.30F 值。

在一种作业达到了它的练习水平后,诱因量的变化将会产何种结果呢?克勒斯比和齐门解决了这个问题。当诱因量增加时,作业就很快地改善到一种新的水平;当诱因量减少时,结果相反(图 22-9),作业上的这些变化显然不是由于能力的任何突然的增减。它们反映着动机的变化,虽然内驱力在严格的意义上是保持不变的,它们反映着诱因因素的变化。

诱因有量的不同,也有质的不同。食物在诱因值上,是有所差别的,杨(1948)称它为可口性(palatability)。这位研究家曾经发现如上文所说的,白鼠喜爱吃糖的程度远大于吃干酪蛋白质,他用他的仪器做一跑道,一组用一杯装糖,另一组用一杯装干酪蛋白质。食糖组达到诱因所耗费的时间远较干酪组为短。此后,诱因交换了,糖-酪组的速度减慢,而酪-糖组的速度加快——这个结果和由于量的变化而得到的结果是完全符合的。

在关于潜伏学习的一个实验内,两组白鼠跑相同的迷津,一组跑向食物,另一组跑向一个空盒的目标。食物的诱因引致较优良的作业。但是当诱因互相交换后,这一组学习迷津和另一组一样的快。诱因的差异影响了作业,但不影

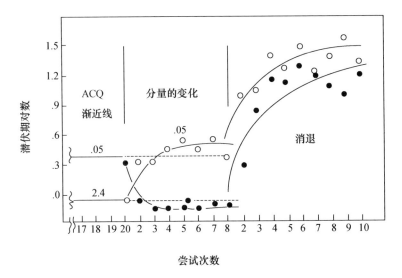

图 22-9　由于诱因量的变化而产生的潜伏期的变化（取自齐门，1949）。8 只白鼠的一组在每次尝试接受很小的报酬 0.05 克，达到 2.30 秒的潜伏期的水平后，在第二十次尝试时得 2.4 克的较大量的报酬。有一类似的组从大量诱因转到小量诱因。两组在潜伏期方面迅速地改变了地位：它们甚至显示出一种对比的效应，在习惯于大量的报酬后，小量的报酬似乎是额外地微小了；反过来也是如此（克勒斯比得到同样的效果）。后来，这两组都接受了一系列的食品的消退试验，诱因降低为零，它们都得到了一种消退曲线，趋向于原来大约相当于 15 秒钟的无条件的潜伏期。

响学习的速度。

"学习曲线"确是连续作业的记录，每一作业都有赖于先前的学习和目前的动机。为了突出地显示动机的因素，我们必须分析出单纯的学习因素，如进步的速度。分析学习曲线而采用指数的生长函数（exponential growth function）的，主要应归功于赫尔。他在 1943 年认为习惯的力量有赖于先前的强化量的大小，也有赖于诱因量和强化的次数，所以练习水平被包括在习惯力的测量之内。克勒斯比（1944）证明了练习水平不应隶属于习惯力的公式。赫尔在 1950 和 1951 年得到同样的结论，他的关于习惯力的修正公式，在本质上和我们的方程式（1）相同，都使习惯力仅有赖于强化试验的次数和 F 因素。

我们关于诱因值的学习测验的结论是：进步速度不能满足我们的目的。但是练习水平为比较诱因值提供了一个优越的基础。我们曾讨论过的只是简明的"单相"（monophasic）学习曲线。也许增加的诱因导致捷径的发现，或"较高级的单元"的发展,因此,也就导致第二次的上升,向着较高级的练习水平前进。

对于消退的抗拒也许是诱因值的另一种测量。诱因愈大,作业水平愈高,而消退也愈加迟缓。这是齐门(1949)在他的跑道实验中的收获。因此,对于消退的抗拒不是习惯力的一种测量,这一结论和自发性的恢复是十分符合的。假使像赫尔所指出的,消退是由于积累的抑制,这个 I 因素是和诱因因素 K 反抗的,但不反抗习惯力;K 愈强大,I 的积累便须愈增多,才可使纯动机作用减为零。

诱因值还有一种测验系以延援反应实验为基础。诱因愈大,可能的延缓愈久,这至少适用于黑猩猩[尼森和厄德尔(H. W. Nissen & J. H. Elder),1935]。

阴性的内驱力和诱因

一个阴性的诱因系指被逃避的而不被追求的诱因,机体宁愿离开它,而不愿走近它。就我们人类而言,它至少是我们所不喜爱的诱因。一个电击或任何苦痛的刺激是一个典型的事例,但是还有许多其他事例,如苦口的物质、讨厌的气味、尖锐的声音、闪耀的光线以及炎热或严寒等。逃避的运动随刺激而异,就有些事例而言,显然是本能的。至此为止,我们只有刺激和反应,还没有用到内驱力和诱因的概念。但是假使机体利用某些已经学得的动作,逃避一种讨厌的刺激,部分地或完全地回避它,这个动作就涉及动机作用了,讨厌的刺激就有一种诱因的功用了。

对一种阴性诱因的逃避或回避的反应也许和对一种阳性诱因的接近发生冲突。在阻碍箱内远在电网格那一面的食物是一种阳性诱因,而来自电网格的电击则为一种阴性诱因,结果如何,则以两种力量的平衡而定。对于阴性诱因的实验研究大部分关系到它们作为阳性反应的抑制物所起的作用。

我们常从诱因推论内驱力,因此,我们可以有一种内驱力来逃避或缩小讨厌的刺激,例如电击。

抑制的种类 一个诱因并不是必须成为可厌的,才能在与某种其他诱因相比时,变为阴性的。二者也许只是不相容的,因为机体不可能同时对它们都做阳性的反应。谢林顿(C. S. Sherrington)关于"神经系统的整合动作"(1906,1947)的伟大研究的柱石之一就是他对于交互抑制的发现。不相容的运动,如眼睛的向右转或向左转,在它们的神经中枢内受了这样一种控制,以致这一条肌肉增加了活动就使它的相反肌肉减少了活动。在人类的注意和分心中也可观察出相同类型的抑制,因为你在注意这一对象时,就得要停止对于另一对象的注意。

巴甫洛夫(1927)曾经大量应用抑制的概念,这在条件作用章内已充分说明过。他区分了"外抑制"和"内抑制"。一种活动受了另一活动的干扰是外抑制,而内抑制则为通过自己的活动而在一个神经中枢内发展而成的。疲劳或可视为内抑制的一个例子,但是巴甫洛夫心目中的例子则和疲劳不同。他所想到的是消退和延缓的条件反射。

有些心理学家对内抑制表示怀疑,想用干扰来解释一切事实。关于这个问题的正面和反面的论证,我们都已经讨论过了。

反应性抑制 赫尔的体系(1951)曾利用过这个因素,认为不愿立即重复任何运动反应的趋势就是一种阴性诱因,特别是当这个反应需要艰苦工作或努力的时候。这和巴甫洛夫的内抑制约略相同,只是没有把它当做脑的一种状态。假使同样的反应重复着进行,而前一次反应和后一次反应之间的时间很短无法恢复,那么反应的抑制逐渐累积,减弱了活动,虽然内驱力和诱因的阳性的动机作用的因素仍然是强大的。假使内驱力由于满足而减弱,或诱因由于缺乏报酬而减弱,那么反应的抑制就使活动停止了。消退的自发性的恢复是由于积累的反应抑制渐趋消散的结果,集中学习后的"记忆恢复"也是由于相同的原因。关于一般的反应抑制已由索罗门(R. L. Solomon,1948)做过评价。

依据这个理论,每次所要尝试的工作愈加艰苦,尝试后的休息时间愈短,则抑制也愈大。这些预测是可以用比较简单的动物实验加以检验的。

在汤姆逊(M. E. Thompson,1944)的一种实验内,工作因素系以揿压木棒和一个单元的 T 迷津混合的布置加以测验。在 T 的每一分路的末端放置一个食盒,附以木棒,动物揿压木棒以取得一粒食丸。有一木棒比另一木棒需要1.5倍的压力。有一组白鼠对 10 克和 15 克的压力作出选择,表示无所偏好;另一组对 40 克和 60 克作出选择,表示很明确的偏好,学得用力较小以取得它们的食丸。我们可以推测:工作必须是艰巨的,才可成为有效的阻止因素。

蒙哥马利(K. C. Montgomery,1951a)采用一种类似的布置去检查这两种变量,即每一次尝试的工作和各次尝试之间的时距。一个单元的 Y 迷津在每一分路的末端有一食盒和释放食丸的杠杆,杠杆的装载用以控制每次按压的力量。但是在这个实验内,Y 的两翼所装的重量是相等的。它们随不同组的白鼠而不同,有一组用 15 克,另一组用 40 克,第三组用 90 克。时间因素的设计也为不同的小组在各次尝试之间安排三种时距,即 20 秒、45 秒和 90 秒。作业的测量是动物从选择点出发到达杠杆并按压它为止所经历的时间。在指定的练习阶段内,这个反应历时愈久,则其所表示的纯动机作用愈弱,因为饥饿的阳性的动机作用因素和食物诱因量是各组相等的,所以作业中的任何差异都可以归因于工作的轻重难易和各次尝试间的时距的阴性因素了。在 100 次学习尝试(每天 20 次)内,各组在反应速度上都显示着巨大的进步;但是这个作业就重量较小的而言,每一练习阶段的成绩都较为优良。因此,工作因素是明显突出的。关于时间因素,各次尝试后只许有 20 秒钟休息的白鼠一贯地比在作业上实际相等的其他两组较为迟缓。我们可以做如下推论:就是在这种特殊的作业内,45 秒(或少于 45 秒)的休息时间是足够的,可以使反应抑制几乎完全消散。

反应性抑制对探索性内驱力 真正的探索内驱力的正面论据已经在前文予以叙述了。现在我们所要讨论的是可以归因于这个探索趋势或反应抑制的一种行为。在一个迷津的同一选择点上重复尝试时的左向右路的交替可为一个好例。当一个动物已经向右转,因此,产生了反抗再向右转的反应抑制,它在第二次尝试时有向左转的趋势。假使其有关的肌肉工作是困难的,而其所经过的时间又太短促,来不及使反应抑制消散。关于时间因素,我们前已知道即令各次尝试间的时距更长于反应抑制的典型事例,而在选择点上也可有左右转间的交替。关于工作因素,莫热尔(O. H. Mowrer)和琼斯(H. M. Jones,1943)曾经做过逻辑的预测,就单独的反应而言,其有关工作如果加重,则交替也必随之增加,但是他们从实验中得不到这种结果。蒙哥马利(1951b,c;1952)曾经对这个问题做了最彻底的研究。他用上文所曾经说过的 Y 迷津,发现各次尝试间的短暂时距,例如 20 秒,是有利于交替的,正如从反应抑制所预测出来的一样。但是工作的变量对于交替量却不生影响,和根据反应抑制(及"条件抑制"——赫尔,1952)所作出的预测相反。在有两个起点和两个目标盒的交叉迷津内,白鼠没有表示左右转的趋势,但是表示出一种明确的趋势——交替地走向两个目标盒。现在反应抑制将要求左右转的交替(不重复同样的运动),而探索的内驱力将要求地点的交替(避免刚才探索过的地方)。再说,一只白鼠被放置在一个 T 形跑道上 10 分钟,没有任何食物呈现,实验者记录白鼠连续进入跑道和它的身体的一切转动,包括向右向左的 U 形转动,交替的左右转动的趋势是缺乏的,但是有轮流进入 T 迷津的主要的三个部分的明确趋势。换句话说,一只白鼠越新近地探索过某一部分,它就越不可能选择相同的部分用为再行探索的对象。

我们这里要研究的是阴性的内驱力和诱因,因此,我们可以用回避来比较反应抑制和探索的内驱力。反应抑制要回避新近做过的身体运动,而探索则要回避新近探索过的地点和物体。一种身体运动的多次重复建立起反应抑制,而同一地点或物体的多次探索则餍足了探索那一地点和物体的趋势。反应抑制的恢复在头几秒钟内进行得快,后来就逐渐缓慢了。探索的恢复曲线却还没有被研究出来。肌肉的工作是反应抑制中的、却不是探索中的一个直接因素。

反应抑制可称为运动的餍足。特别是一种特殊运动的餍足。为了对比起见,我们可以说当被试(按即指机体)连续地接受同样的刺激[格兰泽(M. Glanzer),1953],就可以引起对刺激的餍足。运动餍足经过一个不作已餍足的运动的休息期,就可以得到恢复,而从刺激餍足中的恢复则发生于特殊刺激有一个时期不复存在之后。一只白鼠如果在简单的T迷津的选择点上曾经有过一次向左转,其后便在顶端的空室中禁闭10分钟,那么它的运动的餍足就会消逝了,使它第二次尝试选择任一通路;但是它的刺激的餍足还是不低的,使它选取相反的道路。因为25只白鼠中有24只选取相反的道路,所以刺激的餍足构成了预测的较为可靠的基础。

蒙哥马利(1953a)曾经发现探索行为的另一重要的特点。假使探索的内驱力是积极地反应比较新的外在刺激的趋势,那么,一只白鼠曾经在一空的迷津内探索过5分钟,然后立即被迁移到另一大小、形状、颜色都相同的迷津内,它将比被放在某些方面,如仅只颜色有所不同的迷津内,表现着较少的探索活动。简单的H形迷津,在内部涂以白色、灰色或黑色,此外完全相似。依据预测,颜色的差异愈小,在第二个迷津中的探索活动也愈少。这个结果显然是不能用反应抑制来解释的。

关于反应抑制的可能的生理学,积极性质的说明就不多了。神经和横纹肌的不应期非常短促,不能解释20秒或20秒以上的抑制。疲劳也不是一种较好的解释,因为可能引起某种反应抑制的几次重复或将产生"振奋"(warming up)而不产生疲劳。当然,没有一种介入其间的相反运动(例如肘部的两次弯曲运动之间的伸张运动),同样运动的重复是不可能的,而这个相反运动在防止迅速的肌肉疲劳方面是有作用的。因为交替的反应几乎常是可能的,所以避免一种运动的重复的趋势也许实在是转移到另一种运动的趋势。因此,神经中心的交替的紧张是反应抑制的基础。根据这个基础,反应抑制或将属于外抑制而非内抑制了。

惩罚

我们可将诱因设想为阳性的、中性的和阴性的三类。一个饥饿而非口渴的动物,在探索迷津中的一条通路时,也许遇到了食物、饮水或电击。反应的这些结果是受实验者控制的。他应该从动物行为的他种观察里知道什么是阳性的,中性的或阴性的诱因。假使一个动物对一诱因的反应是逃避或回避,那么这个诱因就是阴性的。为了便利起见,或可被称为一种惩罚。

对动作的惩罚 1898年,桑代克(E. L. Thorndike)第一次规定效果律时,未曾提到惩罚,因为他对猫、狗和小鸡的实验,没有用过任何阴性的诱因。实际上,他说,带来满足的反应被保留了,不曾带来满足的反应被消除了。稍后,1911年他用"不愉快"或"烦恼"代替了"不满足",因此,他的效果律意味着:被报酬的刺激-反应加强了,而被惩罚的刺激-反应减弱了。多年后(1932a)他用新的实验为基础,慎重地重新检验这整个问题,结果使他撤消了他的定律的消极的一半。他的结论是:惩罚不直接减弱刺激-反应的连接,虽然它对于学习可以产生间接的影响，譬如引导学习者转移到某些或可能得到报酬的其他反应。

为了试验没有随后的报酬的惩罚，桑代克利用多方选择的技术（The multiplechoice technique）。交替的东西必须有两种以上，因为至少就人类被试言，发现了两个东西有一个是不正确的，他们就知道另一个东西是正确的。"不用说"，他们将转移到正确的反应，并且由于他们知道了它的正确性，而加强了这个反应。在一种典型的实验中，用 200 个项目的字表放在被试面前，例如：

1. *Ahorro*	2. *Apagar*
awful	alienate
thrift	grieve
hatred	annoy
vicious	quench
tumult	effect

被试是不懂西班牙文的，他要揣测 5 个英文字里究竟哪一个是这个西班牙文的最合适的翻译，然后替它标出。实验者说"对的"作为报酬，或"错的"作为惩罚，要求他立即进行下一项目。这个字表每天试验一次，共历若干天。第一天的选择有时是决定于已往的知识，所以不予统计，只有一个项目是属于这一类的：例如某一英文字在某一次实验中第一次被选了，并被称为"对的"或"错的"——相同的选择是否在第二次实验中被重复着呢？作出这个选择的趋势是否由于报酬而加强，由于惩罚而减弱，或竟没有影响留存到 24 小时以上呢？如果没有影响留存着这么久，那么重复的机会 5 次中有 1 次，或 20％。9 名被试，试验 2～5 次，重复的次数如下：

"对的"：283/621 次，或 45.6％。

"错的"：488/2097 次，或 23.3％。

"对的"的影响是积极的，明确的；但也看不出"错的"的消极影响。事实上"错的"重复比机遇多而不比机遇少，其超出的 3.3％由于案例的数目之大，所以是可靠的。

有一个类似的实验呈示下列这种项目：

1. *Desition*	2. *Dowlas*
crossing	bowie
situation	fabric
ending	grief
craving	soldier
laziness	howls

为不熟悉的英国字标出其最好的定义。两个字表中有 400 个这样的项目，各试验 8 名或 9 名被试，结果如下：

在1022"对的"选择中，有633个或61.9%在第二次试验时被重复了。

在2875"错的"选择中，有737个或25.6%在第二次试验时被重复了。

这里被惩罚的反应重复的次数略较机遇的次数为多。像在迷津里盲路一样，有些错误的反应本身具有吸引力是不易消除的。

在对小鸡做的相应实验中（桑代克，1932b）有三条道路通到被选的部分，其中有一条通到食物和其他小鸡的队伍，另两条路引致历时60秒的禁闭，以及吃不到东西惩罚。丰富的实验资料需要耐心的处理，但证明了这个结论：惩罚产生了极微小的后果，而报酬则大大有利于被报酬的选择的重复。

对动物辨别学习的实验所取得的某些著名的结果和桑代克所作出的关于惩罚影响的消极结论似乎是不相一致的。例如瓦登和埃尔斯沃斯（M. Aylesworth, 1927）训练白鼠辨别一个光亮的圆盘和一个不亮的圆盘，光亮是阳性的线索，其所用仪器和图20-1所示的很相似。有一组用在光亮的圆盘之外的食物为唯一的诱因，另一组则在不亮的圆盘之外面还设置着一种电击。只有报酬的一组需要294次试验达到了一定的标准，而并有报酬和惩罚的一组在56次试验中就可以达到相同的标准。只有报酬的一组没有机会可以立即从被惩罚的反应转移到被报酬的反应，因为它们没有机会纠正错误。它们在实际上跑得快，没在选择点上停息；而并有奖惩的一组则停息了很久，可以很好地接受线索的指引。惩罚的这个影响在代理的尝试与错误实验（VTE）中也曾被观察过。即使惩罚不"消除"一种反应，但却在两方面便利于学习，即迅速地转移到一种代替的反应，和在选择点上的迟疑。但是假使惩罚过于厉害，情绪的扰乱也大大有害于学习。

也许惩罚的简单影响的最好说明见于斯金纳箱的实验。白鼠在箱内除了按压杠杆外差不多无事可做，而在一系列的消退实验中就得不到报酬。伊斯兹（W. K. Estes, 1944）报告了这种实验，对于有关惩罚的他种研究提供了一种广博的书目。首先按压杠杆的进步率由于"定时的强化"而建立起来，其后食丸便不复给予了；而每当杠杆被按压时，即从地板网格发出10分钟电击的严厉惩罚可使反应率降低为零。但是第二天（不复有奖励或惩罚）杠杆按压的动作却又发生了，经过消退的一个较长的时期，依旧以适当的频率持续着。这个杠杆按压的动作究竟持续多久，就看这个反应建立到如何巩固的程度。一个建立得很好的反应不因惩罚而消灭，但因惩罚而暂被制止。

当一个借以得食的杠杆同时也是一个发动电击的杠杆时，同一对象（或情境）有了阳性的和阴性的诱因值，但这两种价值却不能彼此相消。阴性值可以因重复按压杠杆得不到电击而消灭，但是阳性值却只能因重复按杠杆得不到食物而消灭。就儿童和其他成人而言，一种类似的事实是大家所熟悉的，虽然是不常引起注意的——对一种动作的重复惩罚不能使这个动作失去它的内在的诱惑性。

对无动作的惩罚 我们已经讨论过的是对动作的惩罚,但是对无动作也可施行惩罚。有些基本的事实曾经在逃避和回避的条件作用项下被指出过了。这里我们是又有一种冲突的。惩罚导致逃避或回避,也就是说,引致急速而有力的动作;另一方面,对于多余的努力也引起自然的厌恶。被试学得用努力作代价来躲避电击;努力在重复试验中减少,直至它太微弱了,不能回避电击,这个循环运动可以重复到若干次。关于冲突的进一步研究,后文当再加以检验。

回避的动机作用

逃避显然是受了电击或其他可厌刺激的驱动,但是回避却对心理学家提出一个更困难的课题。这个课题曾经在关于回避的条件作用的许多研究中引起了研究者的注意。瓦纳尔(1932)的一个实验曾经过修正、改进、重复了若干次。一个低栏障碍物从一个长笼子的中部横跨过去,白鼠放置在低栏的一面,从地板网格上接受着一系列的电击。在多次的跳跃和他种激动的行为后,白鼠跳到低栏的另一面,在那里就不再受电击。让一个发声器发音几秒钟,然后发出电击:白鼠也可以闻声而表示激动,但是不久就学得了做一种平顺、稳妥、干脆而有效的跳跃,越过了低栏,及时回避了电击。现在电击是逃避的一种完全有效的诱因,那么什么是回避的诱因呢?密勒(N. E. Miller, 1948, 1951)和莫热尔[1940a;莫热尔和蓝摩洛(R. R. Lamoureaux),1942]一致提供了下列的假设:就是发声器作为一种警告的信号,开始引起了恐惧或焦急的内部状态。或者,在密勒的实验内动物受电击之处的白色室开始引起了它的恐惧。当动物走出了这个白色室或离开了发声器,恐惧就减弱了,根据需要降低的原则,逃避运动,即使不再受电击,但也可以加强了。总之,回避是由于恐惧的驱动。

在讨论这个假说能否解释一切事实的时候,我们应在回避的条件作用中区别出两个阶段。动物在第一个阶段中表示多量的恐惧或某种激动状态的征象。白鼠在密勒的实验中,在学得了从白色室开门进入黑色室之前,"表现着不同行为",例如以爪抓门、口咬地板网格、跑来跑去、蹲伏着、排尿、排粪。但是在第二个阶段中,当白鼠已经学得开门时,这些恐惧的征象都消逝了。在一个稍微不同的布置内,狗的前爪受了电击,除非它们在听到一种声音的警告信号开始后2秒钟内即将前爪提起[库勒(A. J. Culler)、芬齐(G. Finch),格尔登和布洛格顿(E. Girden & W. J. Brogden),1935]。在初期训练中,电击容易引起骚乱的行为,如吠叫、排泄及"恐骇的他种表现";而警告的信号也引起相同的骚动。在多次试验后,局部的举肢反应开始呈现而占优势——这一反应"与原来激动的、骚乱的行为并不相像,而像截然不同的两种动作了"。

因为恐惧在行为上的表现在回避的条件作用的第二阶段或适应阶段中是缺

乏的,所以我们有权利询问是否除了恐惧状态外,还有他种可能的动机。我们注意到动物从一个危险地点跑到一个安全地点,或从一个危险的姿态变为一个安全的姿态,并询问安全是否是一个充足的阳性诱因去支持回避的反应而不使它迅速消退。安全无疑地只是危险的反面。但是白鼠在密勒的实验中一旦能够识别危险的白色室和安全的黑色室,它与其说是被驱动着离开危险的地方,不如说是被驱动着走进安全的地方。这样,它才能回避恐惧的状态和实际的电击。

一般地说,当我们看见一个动物或人从一个地方走到另一地方,例如从甲处到乙处,我们不能单根据那一个事实说出它是否要离开甲处,或要跑向乙处。我们需要更多的资料:

(1) 假使我们在甲处看到了一种阴性诱因,或在乙处看到了一种阳性诱因,我们就能够下结论了。当动物在甲处受到电击,跑到乙处,我们就可以决定它是跑离甲处。但是当它跑得快到足以回避了电击,我们就不能不怀疑了,因为当它开始跑走时,那里还没有实际的阴性诱因。

(2) 假使动物在离开甲处以前表示激动性的行为,或在到达乙处以后,表示终结性的行为,如吃,我们也可以下结论。但就目前的事例而言,它没有表现这种行为。

(3) 假使在一系列的试验中,动物从甲处跑向不同的方向,我们可以决定它是跑开了甲处——例如在我们所讨论的实验的初期尝试中,动物的行为是变化的。或者,假使它从不同的起点跑到乙处,我们可以决定乙处是它的目标,已经取得了阳性诱因值——这个可能在这些回避实验里是未曾经过检验的。

(4) 假使动物走近乙处时加快了速度,这个目标的目的分等(goal gradient)或就指示着乙处就是目标;但是假使它迅速地离开甲处,然后减低它的速度,它必定是要从甲处跑开。这个目的分等的测验或可能在一个跑道中完成得最好[布朗(J. S. Brown),1948]。就目前说,我们只有下列的事实,就是,动物在一系列成功的尝试中,有延迟它从甲处出发的趋势——这决不是恐惧的一种征象。

部分的回避 无论我们怎样怀疑安全对于一个动物有阳性的诱因值,但是有一件事是肯定的:就是,当动物学得有效地处理危险的情境时,恐惧的征象就消逝了。假使一种电击不可能完全避免,则如李德尔(H. S. Liddell)及其同工者的实验(见图20-10)所示,部分回避的方法是可以找到的。这些实验者发现绵羊是条件作用实验的好对象。动物被皮带松松地套着,站在桌上,从附于它前腿的一个电极那里接受轻度的电击。在每次电击前几秒钟,一个节拍器开始发声。在试验早期,电击引起了激烈的挣扎;在若干次重复后,动物听到节拍器的声音就开始挣扎了。除了它的腿及躯干的激烈运动外,还有激动的呼吸、心搏及心电反应。在实验进程中,这个散乱的条件反射让位于另一种局部的和精确的反射：绵羊在听到节拍器声时，作一种蹲伏的姿态，半屈着腿；当电击到来时，它就完全屈腿，然后放下来，似乎是松弛些了。这个条件反射虽不完全回避了电击，但是它使动物有了"接受"的准备。半屈的腿不会因对电击的反射而有如此激烈的运动了。对于无可逃避的电击而引起的类似的适应的平静的反应曾经有布洛格顿、李普曼及库勒（1938）和谢费尔德（F. D. Sheffield, 1948）等作过报导。

挫折

当向目标前进而受到阻止时，这种障碍物，反抗或干扰，虽略有近于惩罚，但和惩罚有足够的差别，应当分别讨论。

图 22-10　对前肢受电击前的警告信号的精确的局部化的条件反射［李德尔，詹姆斯（W. T. James）和安德逊［O. D. Anderson），1934］。当电击到来时，产生屈肌反射而且腿抬得更高。

对惩罚的典型反应是逃避，但对障碍物的反应是一种冲过去的企图。惩罚的威胁容易引起恐惧，但是反抗的威胁容易引起愤怒的情绪状态。在这种状态中，人或动物也许对于无生命的障碍物做一种凶恶的进攻，或和威胁着的对手进入一种常规的斗争。一只狗似乎把侵入它基地内的陌生人或动物当做可能的敌人而予以迅速的攻击。实验室内的白鼠对于尚未建立起优势或服从关系的陌生白鼠或任何白鼠都有进攻的趋势［见西瓦德（J. P. Seward），1945—1946］。

一种挫折系指走向目标的道路受了实际的或比喻的障碍的一种情境；而一种进攻（aggression）则为对情境的任何形式的攻击或愤怒的反应。一种引起争论的关于挫折-进攻的假设是由耶鲁大学的一批研究者［多拉得（J. Dollard），杜布（L. Doob），密勒，莫热尔，赛尔斯（R. R. Sears），1939］所提出的。他们的论点是：给以一种挫折的情境，攻击的行为就是典型的反应；有了攻击的行为，一种挫折的情境就是典型的原因。他们引证了大量不同的肯定事例，详细讨论了这个论点的社会意义。关于挫折引起攻击的假设引起了很多人的注意，1941年关于挫折影响的讨论集从正面和反面讨论了它。各人都承认挫折常导致攻击，但即使是耶鲁集团也曾经指出其他几种可能的反应。有时被试用尝试错误或他种解决问题的方法回避了障碍物，他也许可说是使情境取消了挫折。有时他简单地让步了，也许改求某种较易接近的目标以资补偿。有时人类被试就利用了幻想、自圆其说或其他"方法"［萨琴特（S. S. Sargent），1948］。关于挫折的其他两种结果,即倒退和固执,曾经有过较多的实验研究。

倒退(regression) 保育院内的儿童在游戏行为上从 5 岁水平到 3 岁水平的倒退现象曾经在游戏室内用实验方法产生出来。在指定的某天内,给儿童很高级的玩具以代替日常的玩具,并允许他们玩一会儿,然后使他们受些挫折,就是把这些玩具拿走,放在钢丝屏后,但他们仍能看得见。这时,他们依旧享有日常的玩具,但玩得比较幼稚[巴克,丹卜和勒温(R. G. Barker, T. Dembo & K. Lewin),1941]。"倒退"被假定为倒退到发展的较早阶段,但是因为较早期的活动通常就是较简单的活动,所以这两种变量是不容易区分的。假使一个动物先学习一种较简单的动作去取得一种报酬,而后又学习一种复杂的动作去取得同样的报酬。假使报酬不再继续了(消退实验),他就容易复返于较早期的、较简单的动作。但是假使学习的程序倒置过来,结果就不那么明确了,虽然它确实表现着真正的倒退的某些征象[卡莱(J. P. Carey),1951]。

固执(fixation) 依据梅尔(N. R. F. Maier)在他对于挫折的实验研究(1949)中所使用的意义说来,固执是一种定型的反应或习惯,是不能用奖惩破除的。梅尔认为固执是对挫折的典型反应。在他对白鼠的实验中,挫折的情境是由一种不可能解决的问题所构成的。他采用了拉希莱(K. S. Lashley)的跳跃台,设置着标有黑圈和白圈的两扇门以供选择。关于到达食物和避免碰撞的问题始终是不可能解决的,因为"正确的"那扇门有时用这个标记,有时用另一种标记,有时在右,有时在左。在多次试验后,大多数白鼠采取了一种位置习惯,有若干只白鼠把这个习惯这样地固定起来,以致问题变成可能解决的时候,譬如报酬常被放置在黑圈后面,或常被放置在个别白鼠的位置习惯的反面,它们也不能学习得更好。实验者可以利用一种"指导"的形式,例如把白鼠回避的门开着,轻轻地引导它采取那一方向,使它破除了这个定型。它对于那扇门的厌恶就因此消除了。关于这一类的最完全的实验可以参考克里(J. B. Klee,1944)。假使原来的问题是很困难的,但不是无法解决的,有若干只白鼠将能掌握它,其他白鼠则陷入了固执状态[梅尔和爱伦(P. Ellen),1951]。有人试图采取无法解决问题的技术,使其适用于成年的人类被试,但不能产生固执,虽然导致挫折的几种其他结果——例如攻击、退回、放弃和退让[马夸特(D. I. Marquart),1948];关于人类被试受轻微挫折时的反应的实验分析,可参考威伦斯基[(H. Wilensky),1952]。

阳性动机和阴性动机的冲突

任何一种阳性动机都容易和"反应抑制"或避免多余努力的趋势发生冲突。阳性的诱因愈大,较大的努力便愈值得而愈易容忍了,这是我们已经知道的。惩罚就广义说来也有类似的抑制作用,只是,它不是对做过某些事情或不做某些事情的惩罚,而是对处在某一情境之内的惩罚。当这个情境为斯金纳箱,食物可由按压杠杆而(周期性地)取得的。对熟悉这种程序的白鼠,用一种声音在 1 小时工作的中间发出;接着,在发音 5 分钟后予以电击(伊斯兹和斯金纳,1941)。第一天没有什么大的骚动。但在许多天后,当声音发出时,按压杠杆的运动减慢或竟完全停止;而当接受电击时,则重复加速。这种焦急的、警戒的抑制状态也可因延长发声至超出日常的 5 分钟不予以任何电击,而转趋于消退。

假使被试能够做任何事情去躲避惩罚,那么,一种完全不同于抑制的情况就可以起作用了。一个明亮的闪光本来是白鼠所极厌恶的[凯勒尔(F. S. Keller),1941],现在可用以代替电击。在托尔夸特(M. A. Tolcott,1948)的一个实验里,一个斯金纳箱设置着常用的木棒,借以取得食丸;又设置着一个小平台,当白鼠坐在台上时,就会关熄灯光。当白鼠分别掌握了这些技巧之后,它就在饥饿时被放置在箱内,灯是开着的。木棒和平台相距太远,白鼠不能同时操纵它们。但是它不久学会了很好地掌握这个情境,它会交替着迅速地按压木棒,和长时间地坐在平台上(见图 22-11)。因此,它能在 15 分钟的时间内取得平常的食丸量,但仍有 60%的时间将灯熄灭。没有闪光,白鼠以适中的速度吃它的东西,表示着饥饿程度和对多余努力的避免之间的平衡。光就引起了"危机",要求更大的活动。饥饿内驱力不增加,但回避努力的趋势却减退了。

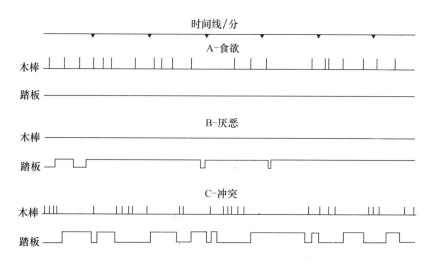

图 22-11 借以得食的木棒反应和避免灯泡的踏板反应的记录样本(托尔夸特,1948)。记录 A 是由在黑暗中工作的一只饥饿白鼠身上取得的,它用适中的速度按压木棒,对踏板没有反应。记录 B 是由灯泡照明下一只吃饱了的白鼠身上取得的;木棒不被按压,但踏板大部分时间是被按压的(记录线向上移)。记录 C 是由灯光照明时一只饥饿白鼠身上取得的;白鼠大部分时间停留在踏板上,但是有时跑至木棒处,取得少量食丸。

雷伊(A. Rey,1936)在他对于豚鼠的广泛的研究中取得了类似的结果。两个室用低栏分隔开来,每室都有一地板网格。动物学会在接受电击或听到电击前 5 秒钟一个发音器所发出的声音时就从这一室跳到另一室。在多次训练后,它们就照例跳过了低栏,转身过来,等待着第二次的发音。后来,有一室内放着一个红萝卜。动物看见它,就开始吃了;当发音器发音时,它就吃得更有劲些,但最后却跳入另一室。当诱因为一准备欢迎它的母豚鼠或准备战斗的另一公豚鼠时,发音器的发音也可使积极的行为加强。

又如,白鼠已经学得从一条跑道走到食物了。当一响铃加入食物箱时,它们就被扰乱了。但是它们跑得更快,吃得也更快,低垂了耳朵,好像要减低声音似的[德留(G. C. Drew),1935]。

在分心的实验中,分心的刺激是阴性诱因,人类被试常对指定的工作加倍用力以克服注意的分散。

二 级 诱 因

属于这里要谈的实验照例归入二级强化项下,因为它们是和学习或消退有关的。但在本章内,我们仅用学习及消退作为诱因的测验,我们最好将一种强化物当做一种诱因。二级诱因可以用选择测验或阻止测验及学习测验加以说明。一种诱因的诱因值如果有赖于和某种一级诱因的关系,那么它便可被称为二级的。可口食物的滋味是一种一级诱因,而这种食物的视像便可被假定为一种二级诱因。二级诱因值是由学习或条件作用的过程而取得的。

二级诱因建立的时间关系

赫尔有一句名言(1943,1950a,1951)论到任何刺激如果在发动时一贯地"和一种强化状态有密切的联系",它就可以成为一种二级强化物。但是他在非正式的言论中说过二级强化物须紧靠在一级强化物之前,而不仅在时间上接近。假使我们考察密勒对于"学得的奖励"的实验的详表(1951),我们就知道这些事例都有某种前后的程序。在任何一种试验内,首先是学得的或二级的奖励,跟着就有一级的奖励。一只白鼠在一直线的跑道内,进入一个白色的目标箱,不久在那里吃到某些食物。经过这样的多次实验后,当两个都没有食物的箱放置在一个简单的 U 形迷津的两端的位置上时,白鼠选取了白色箱而放弃那黑色箱。因为在黑色箱内它不曾吃过食物[萨尔茨曼(I. J. Saltzman),1949]。假使食物是目标,白色目标箱就是一个预备目标(pregoal)。或者,我们可以说,吃食是主要的目标反应,而走进白色目标箱则为预备的目标反应。"二级"诱因或可称为一种预备诱因。

同样地,白鼠在按压斯金纳箱的杠杆时先听到递送食物的机器的咔嗒声,然后得到食丸。咔嗒声变成了一种二级诱因,这可在食丸停止递送时的一系列消退反应中看出来,因为咔嗒声继续发出时,消退较慢;而当咔嗒声随食丸一同停止时,消退较快[布格尔斯基(R. Bugelski),1938]。根据这个实验进行种种变体实验,其目的在于试验预备信号和食丸递送之间的时距的影响。假使这个时距延长到超出 1 秒或 2 秒钟,信号的诱因值就大大地减弱了[詹金斯(W. L. Jenkins),1950;柏施(P. J. Bersh),1951]。一光或一音如果经常地用做一种预备的信号,便取得了某种诱因值。但是假使在白鼠开始吃它的食丸后一秒钟,光才发出,它就不能取得诱因值——也许是因为白鼠已经在吃它的食丸,它就不能对光做任何预备的目标反应了[绍恩菲尔德(W. N. Schoenfeld),安托尼替斯(J. J. Antonitis)和柏施,1950a]。并参看凯勒尔和绍恩菲尔德(1950)论文对二级强化的审慎的分析。

我们将更详细地讨论这些实验中的两种。詹金斯进行的步骤如下:① 训练白鼠走近食盒,听到递送食物的机器的咔嗒声时就取得一粒食丸;② 在食丸被送出前,蜂鸣器发出一种预备信号,延续 1,3,9,27,或 81 秒钟使白鼠养成这样一种条件反射,就是在听到蜂鸣器的声音时,就走近食物;③ 介入一杠杆,当这杠杆被按压时,蜂鸣器发音,但是不给食物。白鼠在摸索这个新的物体时,引起了发音,而声音则被证实为引起多次按压杠杆的一种有力的诱因。但是这个声音由于没有一级食物诱因,逐渐失去了它的诱因值。同时设置一控制组不学习第②阶段中声音食物的程序,在第③阶段中仅有低速度的按压杠杆的活动。就各实验组之间的关系而言,第②阶段中的声音食物的时距愈短,则第③阶段中的按压杠杆的活动率愈大。

柏施的实验设计略有不同。他不用声音,而利用光作为预备信号,他取消了控制组。在第①阶段中,按压杠杆产生了光,但不产生食物,但是白鼠仍有时按压杠杆,达到一个"工作水平"(operant level)的量数(底线)。在第②阶段中,就没有杠杆了,但仅有光和食物的程序,当光延续一定秒数时,一粒食丸就被送出了,白鼠学习走到食盘那里,作为对光的反应。在第③阶段中,没有食物,但是按压杠杆产生了光,和第①阶段相同,虽然消退逐渐发生了。但按压杠杆的活动率还是超出了原来的工作水平。

一个二级诱因,如果被视为部分的强化,也许我们可以期望它减弱为一级内驱力;或者,如果被视为一级诱因的预备物,也许我们可以期望它加强为一级内驱力。但是这两方面的影响显然都是不存在的[西蒙(C. W. Simon),威庚斯(D. D. Wickens),布朗(V. Brown)和潘诺克(L. Pennock),1951;迈尔斯(R. C. Miles)和威庚斯,1953]。

一张纸牌或一个皮球如果可用以取得食物,也能够获得二级诱因值。在沃尔夫(J. B. Wolfe,1936)的一个先进的实验内,训练黑猩猩以一纸牌投入售食机器的小孔内，因此就有一颗葡萄干落在食盘上。它们又学得在另一器具内举起一个杠杆以取得纸牌。纸牌的诱因值利用一种阻碍实验予以证明。它们要克服相当大的阻力才能举起杠杆以取得一张纸牌。这个实验由考尔斯(J. T. Cowles,1937)推进一步,发现黑猩猩这样进行取牌,把牌积到10张或20张,然后带到售食机那里,换取葡萄干。纸牌可被用做奖励,借以学习辨别测验中的正确的选择。在对狗[爱尔森(D. G. Ellson),1937]和猫[史密斯(M. F. Smith),1939]所作的类似的、虽然较为简单的实验内,一个皮球被插入或滚入一孔隙内,就可以直接拿到食物。当这个窍门已被掌握后,动物就学习取皮球的方法。在这些实验内,"食物标记"所以取得它的二级诱因值,显然是由于有次序地出现在一级诱因之前。

当二级诱因有阴性值时,例如在密勒关于逃避和回避的实验内也可见到相同的程序。一只白鼠被放置在一间白色室内,不久就在那里接受电击。经过若干次试验后,白鼠对白色室表示恐惧；或者,我们可以说,白色室已经取得了阴性诱因值。假使我们以为一个一级的阳性诱因实施一种拉力,一个一级的阴性诱因实施一种推力,那么我们或可认为一个二级的诱因实施一种预备的拉力或推力。

泛化

我们依照巴甫洛夫的意义采用"泛化"这个名词,以便与分化相对。泛化是原始的状态,至于分化则必须通过学习。泛化原则系指不同的刺激和不同的反应可以在行为内有相同的功用。引起相同反应的刺激叫做均等刺激,相同的刺激所引起的不同反应叫做均等反应。在我们目前的研究中,当不同的内驱力均等地推动动物走近相同的目的物(诱因)时,我们就可以说内驱力的泛化；当相同的内驱力推动动物走近不同的目的物时,我们就可以说诱因的泛化。因此：

刺激泛化,是指对不同刺激的相同反应；

反应泛化,是指对相同刺激的不同反应；

内驱力泛化,是指引起不同内驱力的相同诱因；

诱因泛化,是指引起相同内驱力的不同诱因。

这个术语,虽很合乎逻辑,但也许不易分辨,因此,我们将其改称为均等的内驱力和均等的诱因。

均等的内驱力 饥和渴,对作为一种诱因的牛奶来说,是均等的,因为牛奶适合这两种内驱力的要求。但是牛奶在这里是一级诱因。我们所要知道的是：一个对像口渴的动物来说已经取得了二级诱因值,当动物饥而不渴时是否仍有这个价值？譬如,一只渴的白鼠经常在一简单的T形迷津的左端箱内找到饮水。后来,当它饥而不再渴时,它是否有走向这同端箱子的倾向呢？是的,有一个很强大的倾向,正如我们在关于潜伏学习的实验中所看见的。我们也许可以说,迷津的这个特殊部分已经变成了一个"好"地方,是它可以求得所欲之物的地方。如果它在那里找到了水,但又为食物不能不走到另一端的箱子,那么,这两个内驱力在这个迷津内开始分化了。迷津的这一部分(一个二级诱因)投合了一种内驱力,而另一部分则投合了另一种内驱力。

属于这个项目的实验是容易复杂化的,我们将叙述最简单的几个。替尔和韦布(K. S. Teel & W. B. Webb,1951)用一个单元的T形迷津,先允许白鼠四处探索。后来,在一端箱内放置食物,另一端空无所有。饥饿的白鼠每天有两次自由试探,另有两次强制试探,保证它们有相同的次数进到两个箱内。它们不久学得了在最多次的自由试探时,选择食物箱。同时,它们吃饱了东西,两端箱内都空无所有,每天在迷津内有一次自由试验;另一次强制试验——它们的自由选择在饱食后的试验和饥饿时相同。在饥饿而得食为酬的试验中所建立起来的选择,在饱食后的试验中依旧保持有效。也许它们有被取出迷津的动机,它们从两端箱内取出的次数是相等的,但是它们常在那里得到食物的箱子则较占优势。

在伊斯兹的斯金纳箱的实验(1949,实验2)内,8只口渴的白鼠学习按压杠杆以取得小量的饮水。揿压杠杆转动放水机构的马达,而马达的声音略在小杯水出现之前。因此,马达的声音变成了二级诱因。第二天便做消退测验,有4只动物渴而不饥,另有4只动物是饥而不渴。在这个测验的头几分钟内,杠杆和马达不相连接,因此,按杠杆不引起声音;但是后来杠杆和马达相连了,所以按杠杆产生了马达的声音,但是没有水或食物。渴和饥的白鼠开始按杠杆时有中等的速率,但是没有饮食,不久就迟缓下去了。当它们开始听到马达的声音时,它们都有若干分钟工作较快,但是最后由于没有一级报酬,就不再工作了,饥饿的白鼠比口渴的白鼠放弃工作更早。马达的声音对于两组来说,都有一些诱因值——预告着将有某些好东西。对着这个二级诱因而言,饥饿的内驱力部分地而不是全部地和原始的口渴的内驱力互相均等。这个论证由于同一研究者和韦布(1949)的类似实验的资料而更有力了。这个结论也许并适用于人类儿童,因为他们要取得某种东西而跑到他们的母亲那里去。她很好地证实了的二级诱因。

均等的二级诱因 这里主要的事实不是了不起的,虽然它们的含义是重要的。巴甫洛夫的狗如果听到某种声音养成了流唾液的条件反射,那么,在听到较高或较低的声音时,它们也将流唾液了。由于相同的标记,我们可以期望一只白鼠如果经常地在一淡灰色的目标箱内得到食物,它也容易跑进一个白色的箱内。由此可见,两个箱子若愈相类似,它们的分化就愈加困难。食物如果被放置在一个简单的T形迷津的左端箱内,饥饿的白鼠必须学习去分化两端在位置上不同的箱子。假使箱子的颜色也不同,例如一只内部是白色的,另一只内部是黑色的箱子,分化就较快地学会了。这就是实验的结果[邓尼(M. R. Denny),1948;萨尔茨曼,1950]。我们可以说这是最常见的,如果两只箱子的颜色都是灰色,则由于一端阳性箱的颜色所产生的二级强化作用也可以产生于阴性箱,因此,正确的和不正确的反应都取得二级强化作用。或者我们可以说,如果我们愿意的话,可以使这个灰色获得阳性的诱因值,使两只箱子的诱因值比颜色不同时更加接近。

内驱力泛化和诱因泛化是一对极为便利的概念的工具,凡欲从若干基本的机体需要演绎出人类一切动机的心理学家都可利用。例如从饥饿出发,让一名儿童养成在家庭餐桌上满足这个内驱力的条件反射。于是家庭的集团获得了二级诱因值,它可以泛化到甚至和吃饭无关的他种社会的集团。这种解释除了容易说得近情近理之外,却也需克服一种严重的困难。如我们所已知道的,假使一级报酬常被扣而不与,二级的诱因值就要消退了。白鼠对于白色的目标箱,黑猩猩对于纸牌都失掉了兴趣,假使这些"预告"或"标记"永远没有食物或某些其他的一级奖励相继而至。

但是我们必须区别消退和餍足——餍足是由于获得一级诱因的反应的重复,消退是由于不能取得这种诱因的反应的重复。或者我们可以说,消退是二级诱因值的丧失,餍足是一级诱因值的丧失。因为餍足和消退在客观上是不常容易区别的,所以实验者在决定人类活动是否有内在的价值或依靠着外在的强化作用时,是有困难的。

非机体的一级内驱力和诱因

多数心理学家所接受的关于动机的一般学说认为一切一级内驱力都有赖于机体的需要。这些是体内平衡的需要,是机体内部经济中的缺乏或过剩——例如某种食物性的物质的缺乏,或者废物的过剩。这些需要产生了感官-神经-肌肉系统或外在的行为系统的紧张状态。如果行为能够解除需要,那么,行为的紧张状态也被解除了,这种需要或紧张状态的解除就构成了特殊行为的一级强化。因此,行为只是服务的工具,没有它自己的任何一级需要。

把第一性的东西摆在第一,把内在的机体过程摆在对环境的感觉运动的关系之前,这不是完善的进化论吗?当我们看见变形虫对环境刺激作出运动反应时,我们就难以有信心地说出这样的话。在动物界内,行为似乎和消化一样地原始的。还有一种进化论上的考虑也是值得注意的:如果机体具有先天的倾向,对某种刺激作积极的反应,对其他刺激作消极的反应,那就有利于生存了。如果甜味的物质经常是有营养的,苦味的物质经常是有毒的,那么为了对机体有利，最好具有一种化学的感受器能够辨别这两种物质，又具有一种反应的系统能够接受这一种物质而拒绝另一种。这样，机体就将能在实际的需要解除之前作出适当的反应了。

先天的爱好和厌恶

因为婴儿口内的味蕾，在乳汁到达胃并开始减轻饥饿前，先受到乳糖的刺激，所以我们对于甜质的爱好系得自条件学习的论点是有一些理由的，但是理由不够充分。假使在奶里增加一点奎宁，难道婴儿一样容易学得爱好苦的东西吗？对于马、狗、鼠、熊、鼬鼠、浣熊、蜘蛛、蜗牛、蛞蝓及许多种昆虫的实验，证明它们都容易接受纯蔗糖的溶液。"我不知道有什么动物曾拒绝蔗糖溶液的"[弗棱斯(H. Frings)，1946]。

糖对某些人是有用的，因为它是甜味的；可不必是有营养的，也为着同样的理由。糖在诱因的研究中是有用的。上文曾经指出过白鼠欢喜甜水而放弃清水。无怪它们在一个单位的T形迷津内，学习走向那供应糖水的目标箱，而不走向那供应清水的目标箱。这种偏好即使经过许多天，吸收过多量糖水之后，也不至消灭。因此甜味的物质作为一级诱因，通过了一切的测验，虽然它在这个例子内没有减弱任何机体的需要[谢费尔德和罗贝(T. B. Roby)，1950；并参看卡尔佩尔(J. W. Carper)，1953]。

有一个相应的实验[谢费尔德，吴尔佛(J. J. Wulff)和巴克尔(R. Backer)，1951]利用白鼠的性行为的特点。雄鼠登在一个柔顺的雌鼠身上，进行短暂时间的交媾，下来片刻又上去了，这样的预备动作多至十余次，然后射精。这是白鼠到达性高潮，加强它的内驱力的本能的方法，但在最后射精之前，是得不到生理需要的解除的。实验者在雄鼠两次预备的爬登之后，就将雌鼠移去，因此，能够供应一种没有解除需要的诱因。目标箱放在跑道的顶端，只有当雄鼠到达目标箱后，雌鼠才被放在箱内。跑的速度是因变量，在一典型的学习曲线上，随试验的次数而增加。二级强化是被排除了的，因为：① 这些年轻白鼠从未经历过完全的交媾程序，因此没有机会去使预备阶段和最后的需要解除发生联系；② 在跑道上28次试验里没有消退的征象。我们可以断定，白鼠对于它的性行为中的预备活动及刺激有一种先天的爱好。

动物还自然地爱好或厌恶——接受或拒绝——他种感觉性的刺激，如非脊椎动物的积极的或消极的向光性，白鼠的趋暗避光和它的逃避高而响的声音的挣扎以及我们所认为痛苦的，对动物说，是"讨厌的"刺激等都可以为例。这些刺激不必是有害的，例如动物所需要逃避的微弱电击在实际上对于它的肌肉组织是没有损伤的。苦痛是伤害的警告，机体逃避了苦痛的刺激也就逃避了伤害。这些先天的爱好和厌恶是有生物学的用处的，但是它们本身却不是机体的需要。

探索和握弄

我们已经有若干次提出一些支持探索内驱力的论证。我们现在要指出,它虽有显著的生物学的用处,但它不是一种机体的需要。它的发动是由于环境的刺激,却不是由于机体的内在的过程。它是行为的内驱力,和活动的内驱力有别。因为假使探索的行为只是一种普通的运动活动的形式,那么 Y 形迷津的探索测验,试验整天关在小笼子内的白鼠时和试验整天自由接近活动轮的白鼠时,应该得到极不相同的结果。事实上,这两组白鼠的探索行为无论在种类上或在数量上都是一致的(蒙哥马利,1953b)。

握弄的内驱力在儿童游戏中有最明显的表现。但即在斯金纳箱内的白鼠在尚未学得按压杠杆以取得食物之前,对杠杆按压的活动也表示出一种"工作水平"(斯金纳,1938)。在 1 小时的试验期内,它的按压率无规则地下降到接近于零;在第二天试验前有

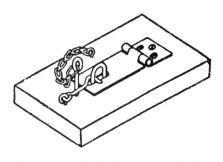

图 22-12　一个机械谜具,用以测验猴的握弄内驱力[哈罗,哈罗和梅耶尔(H. F. Harlow & D. R. Meyer),1950]。在铁扣吊下的木板内既没有食物,也没有空的食物槽。

了部分的恢复。消退(或餍足)现象的发生,正如白鼠在迷津内的探索行为所显露出来的一样(绍恩菲尔德,安托尼替斯和柏施,1950b)。握弄和探索都是熟悉环境或适应环境的方法。

通过了对猴的偶然观察,我们应期望它们表示出一种强大的握弄的内驱力。图 22-12 所示的机械谜具是哈罗(M. K. Harlow)及他的同事们(1950)在对 4 只恒河猴的学习测验中所利用的工具。在每一动物的笼内的坐架上系着一个机械谜。放在那里只供动物游戏之用,没有任何食物或其他附带的奖品去奖励成功的握弄。这些动物从未有过因握弄而得奖的经验。实验者一天巡回若干次,把已被解决(拆开)的谜具重新拼合起来。这样,过 12 天后,有 10 次隔离的测验,结果每只猴将谜拆开 6 次、8 次或 9 次,且是经常进行得迅速,没有任何错误的运动。消退的征象是缺乏的,但有各种证据,显示着成功的握弄带来它自己的本有的报酬。因此,我们有理由假定有"一种强大而很持久的握弄的内驱力"。

人类的内驱力和诱因

人类兴趣的异常多样化提出了一个关于发展的问题,而这个问题则似乎超出了实验者的能力的范围。像上文说过的关于爱好和厌恶、搜索和握弄的实验,用幼儿作被试将有良好的机会去发现有着内在诱因值的对象(玩具)和活动。伍德沃斯(R. S. Woodworth,1918)、阿尔波特(G. W. Allport,1937)和弗罗格尔(J. C. Flugel,1948)曾试图证明成年人有一些能够自动起作用的或自相支持的内驱力,虽然这些内驱力也许是为了满足机体需要而习得的机制(或手段)。近来对于二级强化和预备目的推动力的认识也可视为有利于这个观点的,唯一的问题就是二级诱因究竟有多久的时间可以反抗消退。但是同一类的事实也可用以非难这个观点,如麦克勒兰(D. C. McClelland,1942a)和雷斯林谢斐(D. Rethlingshafer,1943)所指出的。我们将不至于支持这个论点,因为我们有了这些熟悉的事实,例如不少人对于音乐、建筑或山川风景都有持久的喜爱。

工作的动机

侥幸的很,我们不必在开始研究诱因在人类工作和成就中的作用之前,追溯每一动机的起源。在实验室内,年轻的成人被试和实验者合作,容易被推动着做各种不同的工作,不必有食物或金钱的报酬,虽然在需要许久时间及经常出席时,工资也是有用的。有时对优良成绩的一笔奖金也可唤起额外的努力。但是实验证明,工作和工作条件本身也有刺激的因素。

知道结果 来自皮肤和肌肉感受器的感觉反馈,无疑地可以提供你关于任何运动结果的消息。在黑暗中走上楼梯时,到达了顶点也可以得到这种重要的消息。但是你往往会欢迎视觉所特有的更为明确的消息。假使你在疲劳记录器的实验内当一名被试,屈曲中指,拉上9磅重量,每秒钟拉一次,指导语是做最大努力,尽可能久地支持下去。你希望知道你做得怎样好。手的感觉太模糊了,不能提供满意的消息;你将喜欢看见你的运动在疲劳记录器的卷动纸上所做的记录。在阿尔普斯(G. F. Arps,1917,1920)关于"知道成绩"的一项先驱的研究中,疲劳被记录在被试进行工作时,有时不为被试所见,有时则为被试所见。被试三人认为可见的记录大大地有助于对本来枯燥无味的工作的注意和对疲劳的抵抗。他们的肌肉工作的成绩,在记录可以看见时,提高了5%~35%。

在不同种类的打靶练习中,你如果迅速知道你瞄准的准确度,这个知识在帮助你做必要的纠正上具有显著的价值。假使你瞄准太高,你在下一次就可以射击得低一点。在某种条件下,即使在靶子到达之前,也能纠正你的瞄准,如图22-13和关于反应时间一章中的图2-19所示。关于这些纠正适应的他种研究,可参考伍德沃斯(1899)和文斯(M. A. Vince,1948b)。

关于知道结果和不知道结果的一系列打靶练习实验,完成于剑桥大学心理实验室:有些实验系由被试将线条画在纸上,另有一些实验则采用较细致的仪器,对于实验条件也做较完善的控制[厄尔威尔和格林德莱(J. L. Elwell & G. C. Grindley,1938);麦克菲尔逊,谛斯和格林德莱(S. J. MacPherson, V. Dees & G. C. Grindley,1948,1949)]。有一种工作是画一系列的线条,都有相同的长度;另一种工作是照一定的时限按一电报

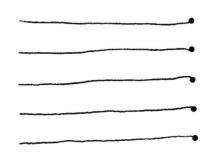

图22-13 关于打靶练习的一个非正式的实验,表示对接近靶子时的瞄准的纠正。被试从左方出发,离开靶子4~5英寸,眼光注视着靶子,企图用一个单独的运动来达到它,相当地迅速,但也不过于迅速,以至于不能做平顺的重新调整。重新调整可以用一种变式的实验予以消除:先瞄准,然后闭眼实施射击。

键;第三种工作是在一杠杆上施以一系列的同等强度的压力。这些工作和投枪打靶的工作相似,单有一次尝试是不能纠正错误的(如图22-13所示)。但是如果可以允许的话,被试能够在靶子上看见他的错误,而下一次尝试时企图纠正。按照这个程序,他进步得快,到达了适当准确度的水平;但是程序一有改变,他如果不能再看见自己的结果,他就立即大大地丧失这个准确度(图22-14)。他对工作的兴趣立即较欠浓厚,直到再允许他知道结果时才能恢复。对于结果的知晓好像就是一种报酬,这个知识的缺乏,也好像条件反射实验中的强化的停止,是会导致消退的。结果的知晓有一种指导的或纠正的作用,同时也有一种诱因的价值。

在旋转追踪的工作里,自然对结果也有所知,因为被试继续地看见他的尖笔在靶子上,或离开了靶子,但是对于他的成就程度的较明确的消息可用一种电子设计予以供应,当被试有一短暂时间,例如半秒钟,保持在靶子上,这个电子设计立即发出咔嗒之声。这声无疑地有某种报酬的价值,可以充作一个直接的目标。当被试进步时,他就可以在30秒钟的试验中听到更多咔嗒之声。他的进步在有发声设备时比没有这种设备时远较迅速[雷诺德和亚丹斯(J. A. Adams),1953]。

作为诱因的明确目标 一种布置如果提供结果的知识,也可以提供明确的成绩标准,假使这些标准是被试所能到达和接受的,他的成绩就会增加。莱特

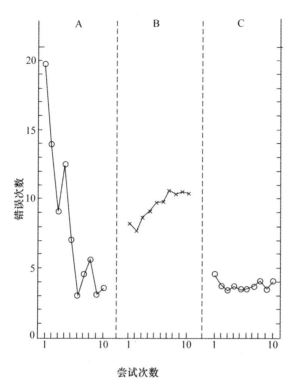

曲线A代表第一系列中的10次知道结果的尝试的平均错误。

曲线B代表其后15个不知道结果的系列中的平均错误。

曲线C代表其后14个不知道结果的系列中的平均错误。

○ 知道结果。　　× 不知道结果。

图 22-14　打靶练习知道结果和不知道结果时的学习和部分消退的曲线（麦克斐尔逊，谛斯和格林德莱，1948）。实验工作是稳稳地按下一个电报键，历时恰好 0.7 秒：当电键被接通时，电容器就充电了；当电键被释放时，电容器就放电，通过一个悬镜电流计，使一光点走到并停息在"靶子"上。标的是靶子上的一个标记，表示着被试加在电键土的压力的准确时间。他在前 10 次尝试中，知道结果，能够看见每一错误的方向和大小，曲线显示着迅速的进步；其后 10 次尝试是没有这种知识的，显示了准确度的迅速低落；其后再有若干系列的 10 次尝试，知道结果和不知道结果的各系列互相交替着，被试立即重新取得或丧失已经习得的准确度。曲线逐次综合了这两种重复的尝试。

（W. R. Wright，1906）的一种创始的研究得到这个结果，克罗雷（S. L. Crawl-cy，1926）新近做的同类的实验予以证实。他利用一种举重的疲劳记录器。这个记录器是依照健身房中的肺量扩大器仿造而成的。被试站着,用他的上臂的背部抬到肩膀那样高,以肘的屈曲举重,主要是运用二头肌。他握持着一个把手,这个把手通过滑车系着一个重量,他每秒钟举重两次,按照节拍器计时。图22-15呈示着一个简单记纹鼓的记录,那时他只是"努力做",没有看见记录。他在创造记录时如果注视着记录,确定了一个明确的目标——譬如说记纹鼓纸上曾有过的一个标记,指示着他在前一次试验中坚持到多久——他就有要超过前次成绩的推动力了。试验四名年轻人的结果,证明这个额外动机当重量为15磅(约7千克)时,可将成绩提高13%;用其他重量和腿臂运动时,结果相似。下列这个规律大致是可以保证没有例外的——"即令被试宣誓过,他已经到达了最大的成绩,但是,他还可能完成更多的工作",如果诱因加强的话。他的肌肉经得起额外的疲劳而作更有力的运动。关于疲劳和疲劳记录器,在"经济"一章将有更详细的讨论。

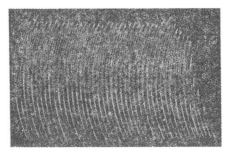

图22-15 破试每2秒钟举重15磅时所得到的一个疲劳记录(克罗雷,1926)。大约在35次完全的屈肘运动后,他的力量似乎已经衰退了,但在休息2~4分钟后可以大量恢复。当这个记录被描记出来时,被试是看不见它的。第二天他再来尝试,这一次却在他制造记纹鼓记录时看得见它,空白纸右角有一标记,显示着他在前一天得到怎样的成绩。有了这个诱因,他就能够得到更多的分数。四名被试,在实际试验开始前,对于举重曾有过很好的训练。

在"反应时间"一章内,我们已注意到诱因的一种类似的影响。一名被试在"尽可能快"地反应时,他的反应不能像他在每一次尝试后立刻知道他的反应时间时那么快,更不能像他为了任何缓慢反应就要得到一次电击时那么快。

同样的影响也见于知觉和判断的准确度中。有一个长度辨别实验(汉密尔顿,1929),利用盖尔顿棒(The Galton Bar)为仪器。被试要在1米长的棒中点作一记号。他可以有一定的自由活动的余地,当他通过练习而进步时,这个余地就随而缩小。假使他的记号落在可以允许的界线之内,电铃发声就作为他的奖励。有了这个诱因,他的准确度的进步远超出于单是一次一次地努力尝试而不知道结果时所能到达的程度。在一种关于一个弱光的刺激阈的实验中[何尔斯顿(R. P. Holston),1951],进步是用"鼓励性谈话"和奖金的诺言而取得的。

梅斯(C. A. Mace,1931)在投枪的实验中利用过一种重要的诱因。有两种大小的靶子,直径各为5英寸和10英寸,离开被试2.3米(2.5码)。被试5名,

练习4天,每天在两种靶子上各投枪100次,平均的误差如下,投击离开靶子中心的角度差为测量的标准:

靶　　子	平均误差(离开靶心的角度差)			
	第一日	第二日	第三日	第四日
10英寸	3.64	3.67	3.69	3.66
5英寸	3.25	3.20	3.20	3.07

从上表可见,较小的靶子更具有刺激性,显然是因为被试的意图是要"至少击中靶子的界限以内",所以估计他的成功要参考靶子上的距离,而不参考目标的角度差。靶子也许有一个最适合的大小,或者一般地说有一个最适合的标准,不太高也不太低,这样才能引起他最大的努力。

用一痛苦的刺激通报信息　　巴甫洛夫有过一个实验(1927),在狗的皮肤上应用强大的电流,作为将有肉粉来到的一个有效信号。对电击所常有的防御反应竟被放弃了,狗因此转向食物,开始流唾液。在饥饿的动物身上,对食物的追求战胜了对电击的回避。假使我们说,电击对狗有食物的"意义",那么,我们可以看见巴甫洛夫的这个实验与托尔曼、霍尔和布锐替纳尔(E. C. Tolman, C. S. Hall, & E. P. Bretnall, 1932)的著名实验有相似之处。在他们的针板迷津(The punch-board maze)内,被试需要知道他在每一选择点上是否做了一种正确的或不正确的反应。实验者也许可以在他每次选择后,告诉他"对"或"错",也许预先告诉他在每次选择后,就有一铃发出声音,表示选"对"——或者依据另一种指导,表示选"错"。或者实验者告诉他电击将表示选"对"——或表示选"错"。至于电击的强度,则以达到个体所能忍受的程度为准。依据那时所理解的效果律,这个对错误的惩罚应能促进学习;而做对了反受惩罚,便应阻碍学习。但是我们所引证的实验者和孟青格(K. F. Muenzinger, 1934b)等的结果却证明了电击无论是表示"对"或"错"都没有什么差别。被试在这两种情况中得到一样的信息,他的行为受了追求成功和在工作中顺利通过的欲望的支配。这种实验在各方面曾经有过若干变化,结果由琼斯(H. E. Jones, 1945)加以总结:琼斯自己的实验则以13~14岁的男女儿童为对象。他用一种改进的针板迷津,在每一选择点上都有4条路,至于怎样表示选对呢?在一种情况下,使被试的针笔感到不愉快的振动;在另一种情况下,使他看见愉快的光的图形。在两种情况下所得到的实际结果差不多是一致的(图22-16)。琼斯的结论和孟青格的相同,他们都以为被试要求掌握迷津的动机完全支配了信号的愉快和不愉快。

在较突出的社会情境内,他种诱因也被利用,如喝彩、赞美以及他种社会表扬的方式——作为和责备及失"面子"等对立的东西。人们喜欢参加集体的活动,遵守他们朋友的信仰和习俗。但是个人和个人、集体和集体之间的竞赛也

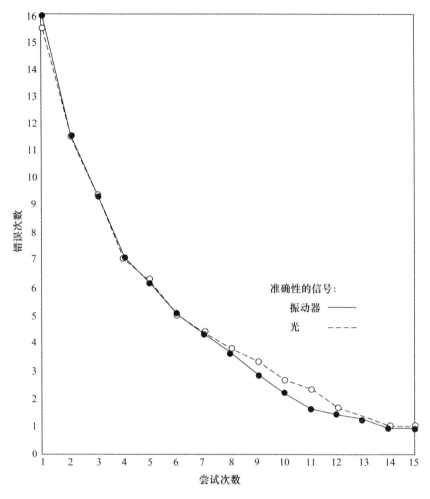

图 22-16　正确反应用愉快或不愉快刺激指示时的学习曲线(琼斯,1945)。不愉快的刺激是当被试将针笔插入一个正确的孔内时使针笔产生一种急速的振动;愉快的刺激是在被试面前呈现着"一株小型的圣诞节树红绿色小光点"的图形。被试是114名初中学生。每一名被试学习两种迷津模型,有一种利用愉快的信号,另一种利用不愉快的信号。这些模型及其时间的次序在全组内是经过平衡的。两条曲线在任何点上都没有重要的分歧;同时,实验者发现用不愉快的刺激指示出来的错误被消除并没有快于用愉快刺激指示出来的错误。

是容易引起的,可用以增加精力的使用。社会心理学依照这些路线进行实验研究已经有了很大的进展。所遇到的困难和所采取的特殊方法对实验者说来是有很大兴趣的。此处因限于时间和篇幅,不能做详细的检查。

完成工作的趋势

对于人类动机最有意味的实验,有些是由勒温(Kurt Lewin,1935;1946)的某一概念出发的。这个概念就是"紧张系统"的概念——一个人从事于具有一个明确目标的工作,就会产生紧张系统。紧张系朝向着目标,目标到达时,紧张解除。在到达目标之前,作业如被阻止,紧张便留存于系统之内。如果机会允许,便可引起作业的重新开始;或者引起新近被阻止的工作的回忆,而完成了的工作便被抹去而遗忘了,或者紧张也可因类似工作的完成而被解除。

被阻止了的作业的重新开始 勒温的柏林实验室内一个早期的实验者是奥夫散金纳(M. Ovsiankina,1928)。她的手续如下:一名愿意作为被试的学生来到实验室,实验者不多解释,只是请他解决某一个谜,或用泥土塑狗,或做其他对被试说来是可能有兴趣的、但没有什么重要的性的小工作。他不久就被工作吸引住了。但是实验者没有预先警告就阻止了他,请他放弃这个工作,开始另一工作。此时立即产生下列结果:被试有抗拒阻止继续工作的趋向。实验者说服他转做第二个工作,允许他做成。此后,他有一段时间自由,实验者忙于做记录,不再加指示。未曾完成的第一种工作的材料仍放在桌上,被试可以自发地重新工作以至于完成。被试在 2 个小时的过程中,奉命进行着许多工作,有些被阻止了,另有些不被阻止,都是没有什么理由的。已经完成了的工作,他很少再做,但未完成的工作则屡次再做。统计的结果如下:被试 28 名,被阻止的工作共 91 件,重新开始的 72 件(计约 79%)。如果阻止是意外发生的,便常引起重新开始;如果阻止仅历时 2～3 分钟,通常引起再做。依据被试的内省报告,他们有若干人把工作当做有兴趣的问题,所以被吸引住了;另有些人则把它们当做对自己才能的考验——这两种动机,我们可称为工作兴趣和自我兴趣。

代替的工作和目标 如果有一工作被阻,另一工作代替了它,第二件工作也许是第一件工作的一个满意的代替物,可用以解脱"紧张",因此,不复有倾向去再做第一件工作。可能一种类似的工作可以满足这个目的,而一个完全不同的第二件工作(譬如派遣被试到实验室外办一件事)将不能使紧张有所减弱。因此,两件工作如果越相类似,则在第二件工作完成后再做被阻止了的工作的趋势将越加微弱。这个预测由立斯纳(K. Lissner,1933)加以试验。她预备了若干对极为相似的工作、略为相似的工作和极不相似的工作,取得了如下的结果。被阻止了的工作重复开始的百分比为

当两个工作极为相似时,是 42%;

当两个工作略为相似时,是 71%;

当两个工作极不相似时,是 87%。

这个预测被证实了:两件工作如果是越相似,被试对代替的工作越感满足,

因此，越少可能去再做第一件工作。但是我们也往往不能从客观的工作，明确地判断被试在做工作时的目标究竟是什么。假使他开始塑造一只泥狗，实验者予以阻止，要求他改塑一只泥马。如果他的目标是要考验他能否完成这种塑造工作，那么第二件工作就是满意的代替物了；但是假使他决心要塑造出一只好的泥狗时，他就不会满足于代替物了——一只马就不能代替这个特殊的目标。

瑙里斯(H. H. Nowlis,1941)在耶鲁大学实验室内做了一个类似的实验，在这个实验室内流行着另一套概念。但是她得到大致相同的结果，因为当第二件工作完全不像第一件工作时，被阻止了的工作最常被再做。她对自我兴趣予以进一步的特殊注意。一名美国大学生到心理实验室里来当被试，接受一件工作。他几乎确信这个工作是对他的才能的考验，希望做得出色。至少他希望实验者告诉他工作的成绩如何。瑙里斯在她的主要实验里利用两个难题，第一件常被阻止，第二件常被完成。她在阻止第一件工作时，告诉她的 180 名被试中的 1/3，说他们已经做得好；告诉第二批 1/3，说他们做得不好；其余被试则没有接受任何一种评价。未受评价的那些人后来最容易重复这个工作，也许是因为他们还希望实验者告诉他做得怎样好。当第二件工作完成时，又是有些被试受到赞扬，有些受到责备，有些不受赞扬、也不受批评——但是最容易重做第一件工作的人却是那些为了第二件工作受到赞扬的人。这个最后的结果是不容易用耶鲁概念或勒温概念加以解释的。我们可以想象到，最终的表扬是有刺激性的，提高了以后工作的动机和准备的水平。（也许这个启示值得在教育上加以试验：当一名儿童在指定工作中感有困难而失望时，我们可以使他转移到另一项较为容易的工作。他完成以后，受到应得的表扬，然后考虑是否鼓励他去重新尝试困难的工作。）

被阻止的工作的记忆　蔡戈尼克(B. Zeigarnik)效果。勒温的柏林实验室中最著名的实验是蔡戈尼克所进行的(1927)。她给被试一系列 20 件简单而多样化的工作，每种工作需要几分钟。有半数工作是被阻止了的(不给予再做的机会)，这些工作分散在全系列内；另有半数是允许完成的。在这一系列的工作后，实验者请被试尽可能多地回忆这 20 件工作，平均大约有半数或半数以上可被回忆出来。但是平均起来，未完成的工作(U)有 68% 被回忆出来了，而已完成的工作(C)则只有 43% 被回忆出来了。未完成的工作的优势回忆就是"蔡戈尼克效果"。

我们如果采用 U/C 的比例为这个效果的一种测量，那么蔡戈尼克组的 100 名被试的 U/C 值 = 68/43 = 1.60。未完成的工作被回忆的次数 1.6 倍于已完成的工作。个别的被试也有很大的差异：有若干人所得到的比例小于 1.00(回忆的完成的工作多于未完成的)，但是大多数被试所得的比例大于 1.00，有些人回忆出来的未完成的工作超出于完成的工作，达到 3、4 或 5 倍之多。这些个别比例的中数为 1.55。

这个实验曾经在不同实验室内重复做过,如果条件相同,蔡戈尼克效果是常被取得的。取得这个效果所需要的条件,帕丘利(A. R. Pachauri,1935—1936)、马罗(A. J. Marrow,1938)和蔡戈尼克本人都曾加以分析,有若干比较属于技术的要点可列举如下:

(1) 对半数被试予以阻止的工作应该由其他半数被试予以完成——因为有些工作也许在本质上容易记忆。

(2) 每一工作必须有一明确的目的,这样才可使被试知道在被阻止前已否告一结束。例如假使工作是用下列字母 P—A—I—L—S—T—E 构成字,指导语必须说清楚构成多少个字。

(3) 每一工作的时间必须差不多相等,因为时间花得较久的工作是较易回忆的。

(4) 全数工作必须达到可使大约半数被回忆出来。假使数目太小,也许差不多全数可以回忆,蔡戈尼克效果势必就要消失了。

(5) 被试必须不在事先知道实验者将要请他们回忆工作——否则他们注意每一工作便将破坏这个效果了。因此,不能使相同的试验对同一个人重复做。

除了这些技术问题之外,还有两个因素对于蔡戈尼克效果也有影响——即时间因素和动机因素。

回忆测验必须立即跟在工作的系列之后。蔡戈尼克发现这个效果大都消失在 24 小时之内,或甚至在 15 分钟内,如果有了和实验无关的兴奋性的谈话。被试一经脱离了"实验的影响",一个被阻止了的工作的"紧张状态"也就消散了。

关于动机,也有几个可能的因素。未满足的工作兴趣将有利于一种 U 工作的回忆。有些个人自以为被测验了,他们心内就引起自我兴趣,但是自我兴趣可以是希望的,也可以是恐惧的:假使是希望的,就要再做未完成的工作,因此,有利于这个工作的回忆;但是假使是恐惧的,就从未完成的工作中缩回,也正像从失败中缩回一样,有利于尽可能快地遗忘它。假使被试大学生怀疑劣等的测验结果有害于他们的大学地位,一种相反的蔡戈尼克效果也许突出地表现出来了[路易斯和弗兰克林(H. B. Lewis & M. Franklin,1944)]。或者至少,当被试忧虑着显然的失败时,未完成的工作回忆出来的百分比也许很低[格里克斯曼(A. F. Glixman),1948,1949]。个人"要求成功的需要"对于蔡戈尼克效果可以有强大的影响[阿特金森(J. W. Atkinson),1953]。

志趣水平(level of aspiration) 你射击一个靶子,有了一定的分数。现在有人问你在下一次尝试中期望、希望、企图或努力取得何种分数。假使你达不到期望,就有一种失败的感觉;假使你符合了或竟超过了期望,纵使你打不着中心点,你也可能有一种成功的感觉;假使你的自我兴趣是有希望的,就提高了你的志趣水平;假使它是忧虑的、防御的,就降低了志趣,以便防止失败的不愉快。一般的趋向是成功后提高志趣,失败后降低志趣。不同的个体彼此不同,实验也许可以用来作为一种人格测验。下面列出几种相关参考资料:勒温、丹卜、费斯丁格(L. Festinger)和赛尔斯(P. S. Sears,1944,I.);霍尔特(E. B. Holt,1946);克罗格曼(S. F. Klugman,1948)。

餍足和伴同餍足(satiation & co-satiation) 工作兴趣可因集中重复而衰竭的,例如卡斯坦(A. Karsten,1928)的实验。她请被试,譬如说,再三读一首短诗,唯一的指导语是:"这样读,随你读多久。当你不愿再读时,你可以自由停止。"有些被试重复几次就够了;另有些人认为应该尽可能耐心地继续下去,但是他们开始表现出达到餍足的征象,例如不安的运动、读错和对实验者的忿怒。当一被试终于停止时,实验者立即给他另一首诗去诵读;如此继续下去,直到他拒绝再读另一首诗为止;然后给他散文等,直到了他拒绝再当被试时为止。这是一种可怕的实验,但也有某些好的结果:即餍足的扩散或泛化,一天后的部分恢复——如在消退的系列中一样。

知觉的动机

知觉过程 如像看一个对象,绝不是被动的、无动机的,像知觉者所常想象的那样;或者像行为主义者所想象的那样,行为主义者认为在他研究动物行为时应该将这个过程置之不理。格式塔心理学者也并不比行为主义者高明,他把刺激当做一种扰乱;而把知觉过程当做摆脱扰乱,恢复内在的平衡。如果这就是目标的话,那么对视觉刺激的反应将会是闭着眼睛了。相反地,我们所发现的却是把眼睛转到这样的位置,以便将对象引入最明了的视觉的范围内,水晶体依照对象距离进行注视,两眼辐合以便取得良好的实体视像。完善的感受构成了知觉过程的这一第一部分的直接目标。对象也许是不熟悉的,引起进一步的窥探。较远的目标也许是寻觅食物或逃避危险,而直接的目标却是建立和保持对环境的完善的接触。

研究动机的学者曾注意知觉的较远的目标 一个饥饿的人是否在一幅复杂的图画内特别容易看见食品呢?假使图画是模糊不清的,他是否会无中生有地看见食品?速示器是实验工作中一个便利的仪器,试验的地区光线暗淡,或者初次展示很短的时间,使对于展示的字或图画不可能有良好的视觉[普斯特曼,布伦纳和麦金尼(L. Postman,J. S. Bruner & E. McGinnies),1948;麦克勒兰和阿特金森,1948]。同样地,不适宜的听觉呈示可以通过留声机片的低"音量"的表演而得到[斯金纳的述语简约器(Skinner's "verbal summator"),1936,1953a;范德尔普拉斯和布莱克(J. M. Vanderplas & R. R. Blake),

1949]。被试的兴趣和偏爱也常是动机的因素,可用以代替饥饿的内驱力。对于所呈示的文字或对象的熟悉性也可作为一种扰乱的变量。在一般的情况下,实验必须细心设计,以便显示出动机所有任何突出的效应[丁斯摩尔 J. A. Dinsmoor),1952a]。关于一些积极性的结果,理论上探讨和本范围内的书目,可参考《人格杂志》(*Journal of Personality*,1949,18,1—2 号)报告过的,并在布伦纳和克勒契(D. Krech)的书(1950)内重刊的关于知觉和人格的专题讨论集,并参考布莱克和兰塞(G. V. Ramsey)的著作(1951)。

上面最后几页所引的实验多数由于自变量没有明确规定,以致存在着一定的缺点。有些名词,如"自我兴趣"等含有相当于常识水平的涵义,但是在实际上却涉及很复杂的历程,和一个人的生活史很有密切的关系。就目前研究的情况来说,我们还不能说出这些概念或学说的正确意义。凡有志于解决这些捉摸不定的问题和有技术安排有成果的实验的实验者是大有可为的——有许多工作可以进行的。

(高觉敷 译)

第二十三章

记　　忆

在长达一个世纪的实验心理学史中,一个突出的里程碑是1885年艾宾浩斯(H. Ebbingbaus)出版的一本书——《记忆》。这是一本篇幅不多的书,但充满着设计得很好的实验,而这些实验给科学的心理学开辟出一片广阔的新园地。事实上,这是在学习、保持和回忆的整个领域中的先驱的实验研究。很快地随之就产生了并且一直在继续产生着很多关于动物学习和人类技能的获得的种种研究。从广义说,在前面的关于"条件作用"、"迷津学习"以及"辨别学习"的各章也可以包括在"记忆"这个概括的标题之下。因为当一只白鼠学习了通过迷津而到达食物箱的途径,并且经过一段间隔时间以后仍能走这个正确的途径时,它无疑地表现了对于它所已经学习的东西的记忆。它也许"回忆"不起学习那个迷津的原来经验,像一个人所能做的那样,但它能作出它以前曾经学习做过的事情;并且除了用"作出自己曾经学习做过的"这样的话之外而要制定一个关于记忆的恰当定义,那是很困难的,虽然"做"这个字在这里只能用于广泛的意义。

在艾宾浩斯之前,关于记忆和联想规律,已有很多比较属于思辨性的讨论,但他却看到科学的研究应该从学习过程和联想的建立开始。他看到人类对于文字材料的学习和保持可以在实验室中进行研究。由于有意义的词对于成人具有很多在过去造成的联想,艾宾浩斯创用了无意义音节,使他的实验简化和标准化了。他也创用了几种记忆方法以控制这种材料的学习和回忆。因此,他对于人类记忆的研究采用了一种完全客观的和量化的途径。后来的工作者遵循着同样的路线,推广了他的方法并且应用了各种不同的材料。

人类的记忆依然是实验研究中一个很活跃的领域。这种研究的结果得到了很大的具有理论和实践价值的收获。这个领域的继续丰收,大半是由于它的方法,而这种方法甚至也是能符合我们对于良好的科学实验的近代标准的。

研究记忆的实验方法

记忆的阶段

我们常说记忆包含4个阶段或时期,即印记、保持、回忆(或复现)和再认:前三个阶段大略相当于在录音带上做下记录,把它储存起来,然后在另一天把它重行放出。这里对于最后阶段的再认并没有很好的类比。但对这样的类比不要过分地认真,因为它们忽视了这个事实,就是,被试是主动的而不是被动的。实在讲,阶段本身也多少是人为的;例如,在印记的阶段中,在先后的重复之间显然一定已有多少的保持,并且事实上可以有对于前一次学习到的材料进行回忆的企图。因此我们不能忘记这些名称只不过是对于一个记忆实验的先后部分的方便标记而已。假如愿意,我们可以把这种实验划分成学习期、保持期和测验期。我们能够看到在学习期中发生着什么;被试反复地阅读一张单子。同样,我们能够看到被试在测验期中把材料加以复述或再认。但我们只能间接地研究在保持期中发生了什么,把被试原来的和最后的行为的差别加以比较。这就是,假如他昨天学会了什么东西而今天把它重复出来,我们就可以说他是把它保持住了。但他所保持的那个它是什么呢?我们不知道,因此我们把它叫做一种痕迹。这个说法是方便的,但只有当它并不使我们设想我们已解释了保持而感觉到万事大吉时才是如此。我们也不能用痕迹随着时间而消退的说法去解释遗忘。附带讲一句,保持的分量常常比它的反面——遗忘的分量——更便于测量,因此我们一般地将讲到保持而不大讲到遗忘。

某些记忆方法只是为了研究一个阶段而设计的,而其他方法则可以用来研究整个的过程。这一点当我们讲到主要的方法时就会明白。

瞬时的记忆广度

这个由贾克布兹(J. Jacobs,1887)最先采用的简单方法,对于某种材料在一次呈示以后能够完全正确地复现出来多少这个问题可以提供一个答复。在一个典型的实验中,实验者手边有3位~12位数字的一些数字表,并且告诉被试说"我要说出几个数目;当我说完以后,你要把这些数目照同样的次序重复说出。"于是主试从一个短的数字表开始,逐步用较长的数字表,一直达到被试的能力限度为止。被试对于任何一个数字表只能试一次。

试验记忆广度的数字表

972	641
1406	2730
39418	85943
067285	706294
3516927	1538796
58391204	29081357
764580129	042865129
2164089573	4790386215
45382170369	39428107536
870932614280	541962836702

这个实验中的分数是被试在听了一次以后能完全背出来的数字表的长度。原来是从手的跨度得来的这个广度的概念包含有掌握的宽度的意思。一下子能掌握或跨到多少呢？为了避免有利的和不利的偶然事情，最好给被试的每一长度的数字表不止一个，并且进行得比他第一次作出错误的地方稍许长一点。有时候他对于一个较长的数字表成功了，而对于一个较短的数字表却失败了。假如成业没有忽好忽坏的变化，每种长度用一个数字表就够了，并且实验结果会表明，譬如说，被试对于 8 个数字和 8 个数字以下的全部数字表都成功了，而在此以上则没有一次成功。那么，他的广度应该是 8 个数字。但即使广度表现出相当程度的固定性，仍旧会常有多少的变化，并且在我们的测定工作中必须考虑到它。两种不适当的测定是：被试经常做对的最长数字表；和被试会做对的最长数字表。一种正确的平均广度可以这样得到，就是，譬如说，每种长度用三个数字表，对于每一个完全背出的数字表给以 1/3 的分数。假定被试对于 6 个和 6 个以下的数字的数字表全部做对，我们就给他 6 的分数作为基数。假如在这个基数之上，他对于 7 个数字的数字表成功两次，对于 8 个数字的数字表一次也没有成功，对于 9 个数字的数字表成功一次，但没有能再向前进，那么他的总分数是 $6+\frac{3}{3}=7$。

在记分中还可以采用另外几种改善的方法，例如对于每一个分数加上级距的一半。因此，假如被试做对了 8 个数字，但对于 9 个数字失败了，我们就知道他的广度至少是 8，但还够不上 9，那么我们就把级距撇开而给他 8.5 的分数。在讲"注意"和"心理物理学"的两章中，我们也遇到类似的问题。的确，我们可以计算记忆广度很像我们在用固定刺激法时计算阈限那样。[参看吉尔福和达仑巴赫(J. P. Guilford & K. M. Dallenbach)，1925。]

保持成分法

凡是在教室中把一次考试用答得对的项目的多少评定分数的时候,这里所讲的方法就以一种非标准化的方式而被运用着。作为一种实验方法,伯尔顿(T. L. Bolton,1892)曾用过它,许多后继者也用过它。兹列举如下几个对于这个方法的改善有所贡献的人:比内和昂利(A. Binet & V. Henri,1894),史密斯(W. G. Smith,1896),波尔曼(A. Pohlmann,1906),来温(D. O. Lyon,1917),拉菲尔(G. Raffel,1934)。所陈示的材料的数量必须超过记忆的广度;所复现的数量就是分数。在某一个实验中,所陈示的字表的长度必须是经过标准化的。

这个方法是方便的,并且可以应用于许多种材料。记分也容易,假如我们把复现的项目简单地计数一下就可以满足的话。当两名被试正确地复现了同样数目的项目,一名被试举出的次序是对的而另一名则否,那么第一个被试对于所陈示的字表显然表现了较多的记忆;但当我们要设计一种能考虑到部分的成绩的记分时,我们就会发现任何这样的方法都是任意强定的。

保持成分法曾成功地应用于散文材料的记忆。我们必须选择一段能分成差不多相等的意义单位的散文[亨德森(E. N. Henderson),1903]为例。

100个字的有连贯意义的一段散文,分成许多"观念"的或意义的单位,以便于用保持成分法来记分。

A bear,/climbing over the fence/into a yard/where bees were kept,/began at once/to smash the hives,/and to rob them/of their honey./But the bees,/to avenge the tnjury,/attacked him/in a whole swarm together;/and, though they were too weak/to pierce/his rugged hide,/yet, with their little/stings,/they so tormented/his eyes/and nose,/that, unable to endure/the smarting pain,/he tore the skin/off his ears/with his own claws,/and rcceived ample/punishment/for the injury/he did the bees/in breaking/their waxen cells. ①

除了记分问题以外,在应用这个方法时还有另一种困难。这个方法往往不能对所保持的分量作出完全的测定。它所得到的是被回忆的成分而不是被保持的成分。被试只许自信他仍保持着他所一时不能回忆起来的项目,并且他的

---

① 这段材料的译文如下:一只熊/爬过栅栏/进入一个场地,/那里养着蜜蜂;/它立刻开始/抓破那些蜂房/并且劫夺/其中的蜂蜜。/但是那些蜜蜂,/为了报复这种损害,/整群一起地/来攻击它;/并且,虽然它们太微弱,/不能刺穿/它的粗厚的皮,/然而用它们小小的/刺,/它们那样地苦恼了/它的眼睛/和鼻子,/使之尖锐疼痛/不能忍受,/以致它用自己的爪子/把它耳朵上的/皮也拉了下来,/因为破坏/蜜蜂的蜡房/而对它们造成的/损害/受到了大大的/惩罚——译者注。

自信常常由于后来回忆起遗失的项目而得到证实。

学习法

这个名称并不能完全说明这个方法，这个方法不妨叫做学习时间法。它测量被试为了达到熟练的某种标准或指标所需要的时间（或尝试的次数）。标准可以是所学"功课"的一次正确的背诵，或者三次中有两次正确，等等。但在这里我们就遇到困难。假如被试并不尝试去背诵直到他觉得有把握已达到了标准，他就会已超过了标准。或者，假如他是乐观的并且尝试得太早，实验者就不知道把测试的一次算做是一次学习还是不算。这个方法的另一个麻烦是，它会处罚一个人为了他在掌握某一个特殊项目上有困难；他可能经过 6 次尝试就已学会了字表的 95%，而对于余下的 5% 还需要再加上六次。

学习法有一个优点，就是能应用于很多种材料，而这种材料无需乎分成分别的项目。我们用整个材料来记分。

提示和预料法

［艾宾浩斯，1902；罗宾森和布朗（E. S. Robinson & M. A. Brown），1926］。这是对学习法的修正，这种修正是为了两个目的——克服关于被试在什么时候已把字表学习好的不确定性，和探索学习的进步情况。在把字表陈示一次或不多几次以后，被试就试图背诵，当他表示迟疑的时候就很快得到提示，并且当他表现错误的时候就得到改正。被试就这样把字表从头到尾学习，一次又一次地，直到能成功地把字表背诵出来而不要提示。这个方法特别适用于能把材料一项一项地呈现出来的记忆鼓（看下面）。假如被试不能把一个项目在它于记忆鼓的小窗里出现之前复现出来，这个仪器就"提示"他。记忆鼓做了实验者的大部分工作，让他有自由去计数不同的反应。

这个方法可以有几种分数表述。可以用达到标准所需要的总时间或尝试的次数，正如在一般的学习法中那样。一种较特殊的分数是被试在达到标准之前所需要的提示的次数，它相当于在迷津学习中所用的一种分数，即在迷津学习好之前所犯的错误的数目。

这个方法对于每次尝试都提供一个关于提示或错误或正确地预料出来的项目的分数，并且因此使对于整个字表作出一条学习曲线成为可能。加之，要探索对于字表中每一个别项目的学习进步情况也是可能的了。我们能说出在那一次尝试中某一个项目是否是第一次预料出来的，并且是否它一次被掌握了以后就保留在控制之下。

节省法

被试学习了某一种功课，这种功课可以是一张无义音节字表、一首诗、一个迷津,或者一种运动技能。过了一段时间以后,他不能复现这个功课了。他用和前次同样的程序重行学习这个功课,并且达到同样的熟习标准,于是把重新学习所需要的时间(或尝试次数)和原来的学习所需要的时间(或尝试次数)比较。假如有所保持的话,我们可以看到一些节省,节省就是原来的学习时间和重行学习的时间之间的差别,而节省的百分比是把这个绝对的节省值用原来的学习时间来除而得出的。我们也可以用尝试的次数或者用错误或提示的次数来代替时间,虽然这种对于节省的不同测量法一般不会得出同样的百分数。

假如严格一点,我们应该把重新学习的时间不去和原来的学习时间比较而是和现在学习一个等价的功课所耗费的时间来比较。当学习和重新学习是在不同的条件下进行的时候,这种改进是重要的。例如,假如你想发现一个被试在酒精的影响下所学习的材料到了下一天还保持得怎样,那就不是简单地把学习和重新学习的时间比较一下就行。不是的,被试应该在第二天学习两个等价的功课,一个是新的而另一个就是在酒精的影响下原来所学习的。要问的问题是:学习原来的字表①所需要的工作有多少是由于前次的学习而节省掉了。

节省法可以应用于保持以外的其他问题。学习某一种作业所需要做的工作有多少是由于被试以前曾经学习过另一种作业而节省掉了呢?这就是学习迁移的问题。

系列学习对成对联项

在叙述上面的方法时,我们曾假定材料是照系列的次序陈示和学习的,像一首诗或一张数目字表那样。但是,也可以有另一种安排,就是用成对联项的方式。一种实际的例子是法英字汇的学习,在这种学习中学生要学习:当出现一个法文单词的刺激时,就用一个英文单词来反应。每对的次序不重要;全套材料应该像用练习卡片时一样,在每两次尝试之间洗一下牌。

不幸的是,材料的这样安排通常称为成对联项的方法,因为它并不是像前面所说的几种称为方法的意义那样的一种方法。说它是成对联项学习以与系列学习并列要比较好些。的确,差不多我们以上所述的方法都可以应用于成对联项;尝试也可以是一次或许多次,而记分也可以按照保持成分的多少、尝试的次数、提示的次数或者节省的分量。当我们要求在一对一对的项目中间有清楚分开而互相独立的联系的时候,材料的成对安排是特别有用的,并且在倒摄抑制的研究中应用得很多。近年来,它变得愈加通行了,但它是起源于记忆实验的早期[卡尔金斯(M. W. Calkins),1894,1896;约斯特(A. Jost),1897;缪勒和皮尔才克(G. E. Müller & A. Pilzecker),1900;桑代克(E. L. Thorndike),

---

① 原文是"新的字表",这显然是一个笔误——译者注。

1908]。

再认法

在这里我们有两种根本不同的刺激方法：

(1) 对于一个单独刺激的再认的正确性。大家所熟悉的比较先后的重量或声音的心理物理学实验可以把所比较的两个刺激之间的时距加长而变成一种记忆实验。用这种方法,即使在陈示以后的半分钟之内也可以表明已有所丧失[沃尔夫(H. K. Wolfe),1886;雷曼(A. Lehmann),1889;本特力(M. Bentley),1899;惠坡尔(G. M. Whipple),1901,1902]。

(2) 所再认的项目的数目。例如,把20张图片每次陈示一张,然后和20张其他的图片一起掺和洗牌,再把全部40张图片一一陈示;在这样的再认测验中被试对每张图片做'是'或'否'的反应,做'是'的反应的意思是他认识了这张图片或判断这张图片在第一次陈示中是看到过的[比内和昂利,1894;史密斯,1905;斯特朗(E. K. Strong),1912,1913;阿奇里斯(E. M. Achilles),1920]。

一种再认测验的记分使我们遇到一些统计上的问题。让我们把第一次陈示的刺激称为"旧"刺激,并把对于任何一个这种刺激的认识称为一次正确的再认。再让我们把在再认测验中和旧刺激混在一起的刺激称为"新"刺激,并把对于其中的任何一个的认识称为一次错误的再认。那么,一种初步的分数就是正确的再认的数目,而把这个数目用旧刺激的数目来除就得到正确再认的百分数。假如被试完全没有对于任何新刺激做过错误的认识,这种分数应该是一种良好的衡量;但假如他做了错误的认识,他就必须得到某种惩罚。一种办法是把正确再认的百分数减去错误再认的百分数。这样,就得到下面的公式：

分数＝(所认识的旧刺激的百分数)－(错误地认识的新刺激的百分数)

假如新刺激的数目等于旧刺激的数目,像通常这样,但并非一定这样,那么这个公式就可以转换为下面熟知的公式：

$$\frac{对的-错的}{N}$$

这里,N＝再认测验中刺激的全数,那就是旧的＋新的。"对的"＝对于所有刺激的正确反应的数目,"错的"则由此类推。就是说,"对的"包括对于旧刺激的"是"的反应和对于新刺激的"否"的反应;"错的"则包括对于旧刺激的"否"的反应和对于新刺激的"是"的反应。我们也同样可以仅仅采用"对"的总百分数并按照 SD_p 的常规公式找出超过50%的数目的可靠性,而这里 p 定为0.50,因为"对的"的总百分数照概率(意思是对旧和新并没有辨别)也会是50%。

在所说的再认测验中,一名单靠猜的被试可以对于任何刺激有搞对或错的平均机会,不管有多少新刺激和旧刺激混在一起。为了减少靠猜而得到对的机会,就应用一种多方选择的测验[鲍尔得温和绍(J. M. Baldwin & W. J. Shaw),1895;臧威尔(O. L. Zangwill),1937;哈纳瓦尔特(N. G. Hanawalt),1937]。每一个"旧的"刺激夹在一组新刺激中予以陈示而被试的任务是把那旧的挑选出来。假如在一组中有4个新刺激和1个旧刺激在一起,靠猜而得到对的机会就只有1/5。

再认测验可以因所用新的刺激和旧的刺激相似得多少而变得容易或困难。再认常被说成比回忆容易,但是它容易还是困难取决于再认所必须辨别的新旧刺激的相似程度。

重构法

[闵斯德堡和比格汉姆(H. Münsterberg & J. Bigham),1894;甘布(E. A. MaC. Gamble),1909;史密斯(M. D. Smith),1934]。用这个有趣的方法时,要复现的东西是刺激的次序或排列。把刺激先照某种排列陈示,然后把这种排列打乱并且把刺激交给被试,告诉他把原来的次序重排出来。排列可以是刺激的一种简单的系列次序或者也可以是一种较复杂的二维构造或甚至是一种三维构造。文字材料是可以应用的,这方法也适用于颜色、形状和别的具体材料。

分数可以是重构的和原来的排列之间的符合程度的一种衡量。在简单的系列次序的情况下,斯皮尔曼(C. Spearman)的等第差别相关公式是一种适当的衡量。对于二维或三维的构造,可以得到一种粗略的分数,虽然要定出一个适当的公式是困难的。一种完全不同的记分方法也属可能,因为显然可以把尝试继续下去,直到被试能作出完全正确的重构;而分数就是达到成功的标准所需要的时间或尝试的次数。

回忆时的学习

在关于保持的实验中,很容易陷入一种方法上的错误。例如,假如你学习一个音节构成的字表而达到一次正确的复述的标准,然后在5分钟、20分钟、1小时等时间之后再试着去回忆它,那么不见得会有什么一次多于一次的遗忘的表现,因为每次回忆的尝试实际上是一次多加的学习,是一次复习。要测验几种不同的保持时距,唯一的方法是,每一个选定的时距都应用一个不同的字表或一组相当的被试。我们将要看到,这种错误以一种稍许更为微妙的形式在某些关于记忆恢复的实验中表现出来。

即使当回忆的正确性不受检查的时候:材料复现的尝试也要加强所使用的痕迹。但在这种情形下,错误的痕迹或回忆中的错误也会加强。这是"故事在传说中增添"的一个理由。这同一原理使我们在研究知觉图形的记忆的变化中遇到严重的困难。

记忆实验所用的材料

再认法和重构法适合于使用具体的材料。要求被试把曾经学习过的东西复现出来的方法是受到被试的表达能力的限制的。我们不能期望他复现一张图画,虽然我们可以要求他画出简单的图形。文字的材料是特别容易表达的。

为了记分的目的,采用由相等的单位,如单字、二位数或无意义音节等所构成的材料,较为方便。连续的成段文章可以分解成(只是为了记分的目的)短语或"观念"以便至少可以计数,虽然它们并不是严格的相等单位。学习法和节省法并不需要这样地把材料分成部分,因为这时候所用的分数是掌握全部学习材料所需要的时间或尝试的次数。但是流行的关于记忆的大量研究都是用两类材料作出来的,就是短的单字和无意义音节。短的字表往往是可以在意义的许多方面变化的形容词(参看倒摄抑制)。关于无意义音节,需要用单独的一节来加以说明。

无意义音节

艾宾浩斯(1885)创用这个办法并不是为了要得到什么难于学习的东西,而是要提供大量完全同等困难的材料——所以同等困难,是因为在一个项目和另一个项目之间完全缺乏过去所造成的联想。在准备他的实验中,他用一种机械的程序制成 2300 个无意义音节,每个音节由一个元音或结合元音和首尾两个辅音所构成。德国人所熟悉的是 11 个元音和双元音,19 个适合于用作字首的辅音以及 11 个适合于用作字尾的辅音,而这里也包括 ch 和 sch,作为单个的辅音看待。他把一切可能的拼合都一一写在分别的纸片上,把它们像洗牌那样混,并且从其中抽出每一个字表所需要的数目,直到每个音节都用到过为止,然后把所有的纸片重新混合再洗一道。这许多音节中有些是熟悉的字,但并不把它们扔开;所有的音节都碰到就抽出。艾宾浩斯是他自己的被试,是一名异常稳定的有充分训练的被试,并且他学习了许多个字表以求把不相等的地方平衡掉。

缪勒和叔曼(F. Schumann,1894)采用了更大的精密性,把上面所说到的不相等地方排除。他们发现邻近音节互相之间所构成的头韵、半谐音或者韵律都在字表中形成一种省力的部位,并且有时候两个相毗连的音节拼成一个熟悉的字而因此也就容易学习。他们机械地依照如下的几条规则而得到许多由 12 个音节构成的足够一致且可以称之为"标准"的音节字表:

(1) 在同一张字表中不能有两个音节有同样的开头辅音或结尾辅音或同样的元音(他们证明用 12 个元音和双元音是可能的)。

（2）一个音节的开头辅音不能和前一个音节的结尾辅音相同。

（3）字表由被试用长短律的节奏阅读,把两个音节看成一个韵脚而把重音放在每一韵脚的第一个音节上。一个韵脚的第一个辅音和末了的辅音不能是相同的,虽然一个单独的音节的开头辅音和结尾辅音可以是相同的。

（4）虽然一个单独的音节可以是一个熟悉的字,但两个或更多毗连的音节不能构成一个熟悉的字或短语。它们可以暗示一个字或短语,但不能正确地拼成一个字或短语。

在讲英语的国家中,心理学者一般都假定音节都不能是熟悉的字,并且假定它们必须只是3个字母构成的。这两个假定,再加上有很多单音的英文字的存在,就大大地限制了可以用得上的无意义音节的数目,并且使我们不可能遵守缪勒和叔曼的第一条规则,因为我们是限于6个元音的。我们也不能用由两个字母拼成的简单的辅音的音,如 ch,sh,th。再者,似乎也最好避免那些虽然并不正确地拼成熟悉的字、但容易暗示熟悉的字的音节。

格拉兹(J. A. Glaze,1928)曾试图衡量每一个由三个不同的字母所构成的无意义音节的意义性或"联想值"。把音节每次一个地呈现给15名学生看,并让他们在3秒钟之内说出每次所陈示的音节是否带有何种意义。某些音节,如 pil 和 wom,对于所有15名被试都暗示某种意义;某些音节对于14名被试暗示某种意义;另有些别的音节则对于12名被试暗示某种意义,如是递降下去。在所测验的2000个音节中,有100个对任何人也没有暗示意义。格拉兹所发表的音节使研究工作能制成暗示价值大概相等的字表——虽然格拉兹的被试的人口取样很少而且很窄。格拉兹自己假定最好的音节是那些联想值最低的音节,但当他试着去把由这种最好的音节所组成的字表记起来的时候,他发现这件工作不仅是困难的,并且是"极其难受的"。最缺乏暗示性的音节都是异样的,并且显得几乎令人憎恶。它们之中有些是很难发音的,如 kyh,quj,xiw。但是它们无需要发音,假如实验的指导语只要求对音节做口述或笔写的拼法的话。我们也可以采用三个辅音所构成的组合。这种材料可以在黑尔格德(E. R. Hilgard,1951)的研究中找到,那里也应用了由传统的无意义音节构成而参照联想值予以分类的一些方便的字表。

赫尔(C. L. Hull,1933a)曾在实际学习的条件下检验过320个音节。被试识记一个音节表并随即报告每个音节出现时所暗示的任何意义。(字表由16个音节构成,照每个音节2秒的速度陈示,每张字表陈示三次,20张字表在20名学生被试中轮转使用。)正如可以意料到的,"联想值"平均是格拉兹实验中相同的音节的联想值的约一半,因为格拉兹的被试是在找寻被暗示的意义,而赫尔的被试则是在学习音节的先后次序。这两个实验中相同的音节的联想值之间的相关并不高——改正以后也只有0.63——而赫尔的每组由10名被试构成的两个小组之间的相关也只有 0.64。这说明一个音节的暗示性是有不少个别差异的。不过,所得到的关于许多不同音节的联想值可以用来制成具有相等的总联想值的成对音节,并且用这种成对音节来制成从头到尾相当一致的字表。赫尔(1935)发现,在这种由高值和低值的音节交错构成的字表中,高值的音节仅仅比低值的音节学习得稍许快一点。在学习一个字表时,音节的顺序亦许比个别的音节的暗示性有更大的作用。但是,当我们要用相等困难的几个字表的时候,最好还是从格拉兹、赫尔或黑尔格特的材料中选取音节,这样所有的字表的平均联想值就会接近相等。凡是和当地的土语、普通的牌号或新的政府机关的缩写相同的音节都要去掉。

其他的无意义材料 由于看到 3 个字母的音节的限度,甘布(1909,1927)曾采用 4 个字母的音节,本书的第一位作者(伍德沃斯)也曾采用过这种材料(在实验班上)。开头或结尾的辅音是双重的,或者元音是用两个字母表示的,或者用一个结尾的无声 e 以指出前面的元音是"长音",如在 tade 中那样。在英语的口语中有不少元音和双元音,因此有可能来制成至少包括 15 个音节的字表,而没有两个音节含有相同的元音或双元音,并且所有的音节都是容易发音的。例如

meev	goje
jish	hool
glet	fape
crad	kise
lerm	roif
sark	twic
thog	bune
chuz	nowk
daux	whab

按照这一方法(参看本书第一版),可以造成 10000 个以上的四字母音节,其中有些是英文字。

也有可能制成很多无意义的双音节或假字。从国家研究会议的人类学和心理学组所制备的 43200 个双音节中[邓拉普(K. Dunlap),1933],下面举少数几个例子:

babab	gokem	medon	runil
defig	kupod	nigat	tarup
fimur	latuk	polef	zuzuz

当然,我们也可以采用数字的组合,但它们是很难学习的。我们以后会看到简单的几何图形,无意义图形,也是很有用的。

仪器

艾宾浩斯(1885)仅仅把一个无意义音节的字表放在自己面前并照每项 0.4 秒的速度阅读,用一个节拍器或用自己的表的嘀嘀声作时间标准。对于这个简单的程序,一种较早的反对意见是:在视野中同时呈现几个项目会造成在别种情况下不可能造成的联系,例如倒转的联系。但这种反对意见后来证明并不是很严重的。缪勒和叔曼(1894)避免了这种反对,并把字表贴在一个鼓形体的周围而使鼓形体在一个小屏后面旋转,在一定时间内从屏上的小窗中只呈现出一个音节,这样把实验的程序标准化起来了。有些被试觉得阅读这种转动中的音节容易使眼睛疲劳。鼓形体需要用跳跃式或分步的转动而每一跳或一步之后是一段停止时间,并且就在每次停止的时间内呈现一个音节。这种间歇的运动也可以用冉施堡(P. Ranschburg)的卡片变换器(1901)或维尔斯(W. Wirth)的记忆器(1903)来获得。在这种记忆器中有一条长带条上附有音节,用钟表的构造来转动并用由节拍器控制时间的电磁铁一次一次地使它停止,并且间歇的运动也可以很方便地以李普曼(O. Lipmann)的记忆器(1904,1908)来获得。在这种仪器中用一种传导装置使一个鼓形体间歇地转动而全部仪器是独立自主的并且是机械性的。这些装置曾由较晚近的制造者予以改进(图 23-1)。为了用成组的被试做实验,采用一种投射的记忆装置较为方便。这是相当容易制成的,只要用一个减速的马达附加在一个玩具电影放映器上就成了,放映器最好是 35 毫米的。

图 23-1　记忆器,照盖尔伯兰德(R. Gerbrands)的设计。从李普曼的仪器改制,用一个定速电马达发动而不用钟表构造。全部装置以一个铝片屏遮蔽起来,使被试不能看到;从一个小窗中,他每次可以看到一行材料。图的右边表示,上有"课文"的纸条附着在鼓形体的周围。当鼓形体装在轴上的时候,一个小轮上的钉子制约着鼓形体的齿而把它每次很快地推动一下,因而使其次一行材料呈现出来。上面所显示的减速装置使起推动作用的轮子每 3 秒钟转一下,这 3 秒钟也就是当轮子上只插上一根钉子时每两次陈示之间的时距。假如插上两根或三根钉子,就可以得到较快的速度。图中的鼓形体附有一张成对联项的字表,是准备应用于用提示法的学习的。例如,当被试看到"umbrella"(洋伞)这个字的时候,就试图说出它的联项而不等到下一次陈示的提示。

识 记

用很简单的材料和程序,如在数字广度的测验中那样,就可以表明几种引人思索的事实。数字广度可以增加到6、8或10个数字的这个事实就意味着有某种综合的领会过程。记忆广度是有限的这个事实则表现出某种不易理解的事情:因为假如你在听到6个数字之后能立刻把它们背出来,为什么你不能记住再增加6个的数字,并把全数12个字都背出来呢?假如把12个数字的一个数字表反复看几遍,你就能把它整个地背出来。这种重复的效果是第三种需要加以解释的事实。第四种事实是这个字表在几分钟或几小时以后的遗忘,而第五种事实是重新学习这种材料所费的时间和努力比原来的学习所需要的为少的可能性。这几个基本的事实曾在种种方面被详加探讨和量化。

学习时间对于材料数量的依赖

记忆广度就是某种材料在一次阅读以后能复现出来的多少的衡量。不同年龄的记忆广度(修订的史丹福-比纳量表)如下:

$2\frac{1}{2}$ 岁时,2个数字

3岁时,3个数字

$4\frac{1}{2}$ 岁时,4个数字

7岁时,5个数字

10岁时,6个数字

高等学校学生不经过事先练习的平均数也不超过8。幼儿园儿童经过78天的集中训练以后,他们的平均广度从4.4增加到6.4,因此提高到10岁儿童的水平。在没有再练习的一个长的假期以后,他们的平均数是4.7,差不多降低到他们原来的水平,并且大概不会比它可以用成长来说明的更高一点[盖茨和泰勒(A. I. Gates & G. A. Taylor),1925]。高等学校学生在集中练习以后的记忆广度增加了约20%,最大的增加是10~14个数字。虽然后来并没有测验他们的这种技能是否巩固,大概有一部分是保留下来的,因为这种技能是依赖于一种把数字组合起来的技术的[马丁和芬伯格(P. R. Martin & S. W. Fernberger),1929]。图23-2表现出一个不应该忘记的事实,就是个人的记忆广度并不是一个固定的数量而是一次和一次不同的。它也因材料的联系性而改变,可以一直增加到约15个字,假如用的是有意义的句子而在听到读一遍以后完全照原文背出来[马尔克斯和杰克(M. R. Marks & O. Jack),1952]。

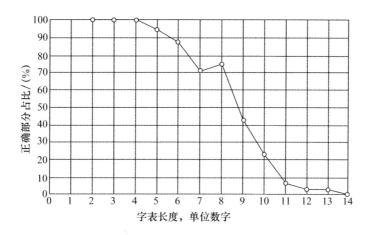

图 23-2　一个人的记忆广度的变化[照奥伯利(H. S. Oberley),1928]。被试在听到用单调的声音照每秒一个数字的速度读出来的一个数字表以后,就试着把它写下来。为了记分,他的复现必须是正确的。在 5 次实验的过程中,他对于每个长度试了 50 个字表。本图表示他对于 2～4 个数字的字表的复现每次都是完全正确的,而正确反应的百分数因字表的加长而减少。曲线中间那段不规则的部分大概没有什么重要性,很可能是可以修平的。在曲线经过 50% 的横线之处我们得到所指出的"中数广度",而在它经过 25% 和 75% 的横线之处我们得到"四分值"广度。按照固定刺激法所计算出来的这个被试的"平均数"是 8.5 个数字,而标准差是 2.8 个数字。所测验的 100 名学生中个人的"平均数"是从 6～12 或 13 个数字,而总的平均数是 9 个数字。不管字表的长度是逐步增加的还是不同长度的字表是照杂乱的次序陈示的,结果都很少差别。

超过记忆广度的字表

假如被试在一次阅读中(或在 8 秒钟内)学习 8 个数字的一个数字表,那么他需要多少次(或多少时间)学习 16 个数字的一个字表呢?这个问题不能照简单的比例来解答,因为事实上,当超过了记忆广度的时候,识记所需要的时间就会表现一个突然的跳跃。假如 8 个数字阅读一次就够了,学习 9 个数字可能需要阅读三次或四次。一组 160 个未经练习的高等学校学生的平均数字广度是 8,但当在数字表中有多于 8 个数字陈示的时候,能复现的数字就降到平均 6 个。被试中只有 5% 能够在所陈示的数字超过平均广度的时候仍保持他们的广度(盖茨,1916)。数字可算是一种特别的材料,因为它们是那么少并且是那样经常地使用。当字表是由不连贯的有意义的字所组成的时候,结果就不同。比内和昂利(1894)用一名被试所得结果如下:

陈示 5 个字 …………… 复现 5 个字

陈示 10 个字 …………… 复现 7 个字

陈示 49 个字 …………… 复现 17 个字

陈示 100 个字 …………… 复现 25 个字

所复现的绝对字数因字表中的字数而增加,但百分比则降低。用成对联项时也得到类似的结果,并且在再认实验中也是如此[伍德沃斯(R. S. Woodworth),1915b;斯特朗,1912]。

学习包含许多项目的一个字表所需要的总时间显然地一定随字表的长度而增加,因为每次阅读需要更多的时间。所有的问题是:每个项目的时间(或阅读的次数)是否因字表的长度而增加? 当项目的数目较大的时候,在每一项目上是否需要花较多的劳力? 如图 23-3 和 23-4 所示,事实确是如此。从艾宾浩斯以来,用无意义音节的许多实验都得出同样的普遍结果——即字表中的项目数增加时,每个项目的学习时间也增加,虽然不同的被试所需要的绝对时间有很大的差别。韩蒙(V. A. C. Henmon,1917)的两个经过练习的被试所得到的每个音节的平均时间如下:

当字表包含 10 个音节时,12 秒

当字表包含 20 个音节时,20 秒

当字表包含 30 个音节时,29 秒

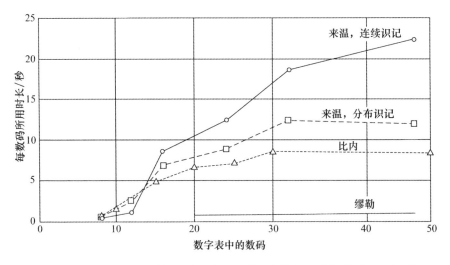

图 23-3 (几种不同来源的综合材料)表示当数字表的长度增加时,每个项目的识记时间的增加。每个项目的时间似乎是较长的字表所引起的较大的困难的最好衡量,每个字表的时间可以从图中把每个项目的时间和项目数相乘而得。

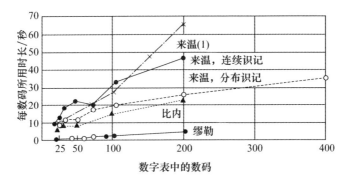

图 23-4 和图 23-3 同,尺寸缩小,但包括字表的全部长度。横方尺寸比竖方尺寸缩小更多,结果使曲线显得比较陡。在比较这两个图的时候,要注意到这个差别。

在这几个实验中的被试大概都是非常善于识记的,因为只有这种被试才会被招来识记很长的字表。但这几个实验结果所表现的难度对于字表长度的一般关系在寻常的人也一定会看到。在这群被试中,最缺乏练习的是标记着"来温(1)"的那个。她是来温(1917)所选择出来的假定为善于识记的约 20 岁的 14 名学生中最好的能手,并且是花了 1 小时 49 分来学习有 200 个数字的一个字表而能坚持到底的唯一的被试。来温自己是一个对识记有练习的人,并在连续学习中作出和这个学生大略相同的成绩("来温,连续")。当每天阅读一次时("来温,分布"),他的时间就显然少得多,并且他能识记有 400 个数字的一个字表,那可能是由于疲劳、厌倦或者努力的低落而为一个在连续学习时所不能掌握的。比内(1894)和缪勒(1911)的材料是从两名"敏捷的计算者"所得来的。比内的被试是一名专职的人,而缪勒的被试是一名对于数目特别熟练的数学家并自儿童时期起就对于数目的关系具有异常的兴趣。在所有这些实验中,数字表是通过视觉陈示的,把每个字表全部摆在被试的面前。

每个项目的时间增加的速度因不同的字表而异。但色斯通(L. L. Thurstone,1930)指出很多字表差不多都符合于每个项目的时间照项目的数目(超过记忆广度的)的平方根而增加这个说法。

对于有意义的材料,如散文或诗,就会遇到例外,这时学习较长的一段所需要的阅读次数可以和较短的一样少;但整个看来,仍可以说同一个规律在这里也和在学习由一些项目构成的字表时是一样适用的。下面的材料是从来温书中(1917)摘取来的,他识记几段散文,每天阅读一次:

每段字数	总时间/分	每 100 字的时间/分
100	9	9
200	24	12
500	65	13
1000	165	16.5
2000	350	17.5
5000	1625	32.5
10000	4200	42
15000	5475	36.5

假如我们问为什么对于较长的字表每个项目必须花较多的时间,答案也许可以从几个项目之间的某种干扰或混淆中找到;字表愈长,混淆起来的项目会愈多,而把它们搞清楚也就要花较长的时间。不过这种常识的说法仅仅是找寻更基本的因素的起点,因此让我们即转移到识记过程的研究。

识 记 过 程

记忆实验所要解答的最迫切的问题是:如何?材料是如何识记起来的呢?恰当的解答会既能提供一种科学的了解,又能提供在某几种重要的学习中的实用的效率规则的依据。

对于这个问题的实验研究有几条途径。最显然的途径是通过内省。被试应该能够告诉我们他所经过的程序的某些情况。我们不能希望内省能看到动态过程的底细,但它所揭露的事实有时是重要的并且是不能加以严重的怀疑的。例如接近在一起的两个音节 viz 和 hus 使被试想起"vicious"这个字并且很快就学好了,但在重复几次以后这个"联想"就消失而这成对的音节本身就成立了。在记忆实验中这样的报告是常见的[里德(H. B. Reed),1918;奥伯莱恩(F. J. O'Brien),1921]。

为了问题的客观研究,实验者可以把学习或者回忆的条件加以变化。例如他可以把陈示的速度加快到每秒 2 个或者 3 个音节,以设法防止"联想"的利用。这样,被试就来不及找到何种联想,除非是那种最显然的联想。在快的速度之下,识记是会受到一些扰乱的;被试感觉到紧张并需要较多的次数来学习,但不一定需要较多的总时间。他的学习并不完全降低到所谓机械的水平[奥格登(R. M. Ogden),1903;甘布,1909,1916]。

缪勒(G. E. Müller,1911)曾作过一个关于从事识记的人所用以便利他们工作的自发联想或助力的详细研究。他同时利用内省的报告和好几种巧妙的客观方法。下面列出他所发现的几种所使用的助力:

(1)熟悉的项目或序列。假如一个字表中有一个无意义音节暗示一个熟悉的字,它就能很快地被学习好并在字表中突出得好像一个地区标志。假如数字的一种序列构成一个熟知的年代,如 1492,数字表的这一部分就是一种地区标志。

(2)在一个字表中所看出关系和结构会使它从混沌的一团变成某种比较清晰的东西。那结构可以是视觉的,如两个相连的音节 dag yob 的轮廓;或者是听觉的,如数字组 507 和 811 的韵律。在数字构成的任何字表中都一定会有算术上的关系,这种关系会吸引一个对数目有兴趣并对平方和立方以及质数知道得很多的被试的眼睛;他可以立刻看出 169、324 是一对平方并因此有某种明确的东西可以记住。

（3）居间的连接物。从事识记的人对于他能加在所要学习的不相联系的项目之上的任何联系都是很注意的。他可以把tall（高的）作为连接物插在cedar（杉木）和captain（将领）之间；或者把slow（慢的）作为连接物插在simmer（慢慢煮沸）和tarry（逗留）之间。实验者很难凑成一个无联系的字的字表而使被试不能用某种类似的方法结合起来。

在识记的时候这种助力自然是被试所欢迎的，但实验者则希望把它们去掉。它们使学习的任务比较不平均并且使数量的结果包含有变化性和不可靠性。此外，实验者要研究的是新的联合的形成而不是被试对于旧的联合的巧妙利用。

联合的不同意义

在记忆的研究中应用得很多的联合这个字，至少有三种意义。当被试讲到在一个音节的字表中找到有帮助的联合的时候，他是指某种有意义的联系而说的。但关于联合的心理学定义要广泛得多，它包括一个项目和另一个项目之间或刺激和反应之间的一切有效的联系。不过有两种心理学的意义要加以区分：

（1）事实的意义。假如一件事物使你想起另一件事物，这两件事物就说是联合起来了。并没有理论牵涉在里面。假如我们在事实上看到项目 A 作为一种刺激而引起作为一种反应的 B，我们就可以说 A 和 B 之间存在一种联合。

（2）解释的概念。严格的联合理论把 $A—B$ 间的联系看做某种最后的东西，并不依赖于 A 和 B 之间任何已看到的关系或者任何包括 A 和 B 在内的完整的整体。别的理论则把已看到的关系或完整的整体看做是原始的，而联合则是次生的。某些实验的结果曾对于这个困难的问题有所说明，暂且我们将试图用纯粹事实的意义来讲到联合。

顺次的联合，直接的和隔离的

当一个字表已经学习到能直接地从头到尾按照正确的次序背出来的时候，已经形成哪些联合了呢？一系列在每个项目和次一个项目之间的直接联系就会有这样的作用。但当字表仅是部分地学习好的时候，项目的回忆就带有一些省略和次序的变换。这时，我们是否就必须否认在非相邻的项目之间有联合存在呢？照由于接近而产生联合的（解释性的）法则，我们可以推断在非相邻的项目之间也具有某种（事实上的）联合，但这种联合应该因接近愈不密切，即项目在字表中分开愈远，而愈薄弱。艾宾浩斯（1885）把这个推断用节省法的一种巧妙的变式来加以考验。他的实验分成许多个由两天构成的单元。为了每个这样的单元的使用，他从他的储备材料中抽取6组而每组为16个的无意义音节，并且他用每组材料制成音节相同而次序不同的两个字表。这两个字表中的一个称为原来的字表,在第一天学习;而另外的一个是变化的或者重行排列的字表,在第二天学习,这样来表明由于前一天学习了次序不同的同样音节可以得到多少节省。第二天的字表是从原来的字表用跳过1个音节,跳过2个,跳过3个等等,或把原来的次序倒转过来这几种方法变化而得的。用1～16的数目按照原来的次序代表所有的音节,那么有些变化得来的字表的排列如下:

跳过一个:1,3,5,7,9,11,13,15,2,4,6,8,10,12,14,16。

跳过二个:1,4,7,10,13,16,2,5,8,11,14,3,6,9,12,15。

跳过三个:1,5,9,13,2,6,10,14,3,7,11,15,4,8,12,16。

倒转过来:16,15,14,13,12,11,10,9,8,7,6,5,4,3,2,1。

于是艾宾浩斯在第一天学习6个原来的字表而在下一天学习6个变化的字表。识记6个原来的字表需要约21分钟的集中努力。对于每种变化的字表,实验是由17个两天的单元构成的,因此在下面的表中每一个记录是从17×6=102个字表而每个字表有16个音节所得到的平均数。每个字表首先照原来的次序识记,而下一天则照变化的次序识记。全部工作是由单独的一个经过很好的练习的被试所做的(关于倒转的次序,字表的数目只有60)。时间是照每6个字表构成的单元所需要的秒数计算的。

如 PE(机误)的数值所指出的,是学习一个系统地变化而得的字表所节省的时间:

	时间/分				
	学习原来字表的时间	学习变化的字表的时间	学习变化的字表时节省的时间	节省的时间的 PE	节省部分占比/(%)
重学原来的字表	1266	844	422	15	33.3
跳过一个	1275	1138	137	16	10.8
跳过二个	1260	1171	89	18	7.0
跳过三个	1260	1186	73	13	5.8
倒转过来	1249	1094	155	15	12.4
搅乱的字表	1261	1255	6	13	0.5

比在学习一个搅乱的字表时要可靠地高一些,而比在重行学习原来的字表时要可靠地少一些。几个变化而得的字表之间的差别,在所节省的时间方面,并不是可靠地有不同的,虽然所指出的事实是节省的时间因跳过的音节的增加而减少。

在学习搅乱的字表时并没有节省,这也许看起来是奇怪的,我们也许要指望仅仅和原来字表中各别的音节的熟悉就会便利它们照任何次序的学习。毫无疑问,对于一个刚刚和无意义音节相接触的被试是会这样的。但我们必须记住,艾宾浩斯曾首先准备了并写下他的2300个无意义音节,并且他在一些为时很久的实验的过程中会反复地应用了同样的音节。

这些结果要看做含有这样的意义:就是在原来的对于一个由音节构成的字表的学习过程中不仅形成了把每个项目和它前面的一个接连起来的直接的顺次联合,并且也形成了把不相邻的项目接连起来的隔离的联合,而同时也形成了倒向的联合;倒向的联合比顺向的联合弱,而隔离的联合也比直接的联合弱。艾宾浩斯把他的结果[照儒哥和布赛纽(H. Ruger & C. E. Bussenius),1913的翻译]概括为:

当重复阅读一系列的音节时,不仅各别的项目和它们直接随后的项目联合起来,并且在每个项目和随它之后的几个项目之间也建立了联系。……这种联系的强度因间隔的(音节)数目而减弱。……项目之间的某种联系……确实是在倒转的方向和在向前的方向一样地形成起来的。不过倒转的联系的强度……要此向前的联系的强度弱得多。

虽然这项先驱的研究具有显著的优越性,但艾宾浩斯的结论是超过了他的证据的。他说:"在每个项目和随它之后的几个项目之间建立了联系。"但他的结果也可以一样好地由假定某些项目而不是所有的项目都这样联系起来来解释。关于用"跳过一个"的方法变化得来的字表也可以有一定的节省,假如在学习来的字表的时候只形成了下面几个隔离的联合的话,即 1—3,5—7,9—11,13—15,而别的同样的间隔项目可以完全不要联合起来。所用的方法是概而括之的,它衡量了整个字表的时间节省而没有衡量分别的部分的节省。

组合的效果

从艾宾浩斯以来的每一个从事识记实验的人,假如他要用一种迅速的速度阅读或背诵一个无意义音节的字表时,就不可避免地采用了韵律的方式来做或者至少用了某种抑扬和间歇的方式。最早的一项研究,即缪勒和叔曼(1894)的研究,曾提出这一个问题,即这样的组合是否在联合的形成中起任何作用。假如你用抑扬的短的间歇的方式有韵律地阅读一个音节字表像下面那样:

zut′pam /bip′seg /ron′yad /lus′vob /kij′wof,

那么每一"韵脚"就成为一种单元了。假如这些单元在学习过程中起一种作用,我们可以推断:

(1)在同一韵脚内的项目之间的联合要比在不同韵脚的邻近项目之间的联合为强。

(2)每一韵脚作为整体来看时,在前后韵脚之间或者在前后韵脚的重读音节之间也会有联合。

缪勒和叔曼用变化而得的字表的方法的几种巧妙的变式(在本书第一版有

较详细的说明)证实了这些推断。

在缪勒和皮尔才克(1900)后来的一项研究中,用较简单的方法也得到同样的结果。被试首先学习一个12个音节的字表一直到有一次正确的背诵。在短时间的休息以后,把字表中各个单独的音节作为刺激陈示给被试,并要求他每次把第一个想到的音节反应出来(自由联想法)。假如刺激是韵脚中的第一项,被试最倾向于用第二项作反应。但假如用韵脚中的第二项作为刺激,最普通的反应是同一韵脚中的第一项,即字表中在前面的一个而不是在后面的一个音节。反应时间是和这些倾向一致的,就是韵脚内的联想的反应时间比韵脚之间的联想为短。

当识记成对的联项的时候,每一对必然是被看做一个单元,因为被试要在陈示第一项的时候说出第二项来作反应。但假如由许多对的联项构成的字表照同样的次序重复地陈示的时候,在任何一对的第二项和随后一对的第一项之间就会有不少"接近"的效果。然而假如我们推断说用一对中的第二项作为刺激来测验一下就会常常引起随后一对的第一项作反应,那么我们的推断就会一点也得不到证实(伍德沃斯,1915a;里德,1918;黄翼,1944)。桑代克(1931,1932a)的大量实验清楚地表现出同样的负的结果。他研究了各种分组方式对于联合的方向的影响。有一个例子可以作为讲课中一个可靠的表演:先对班上说大家要记好教师将要说的什么;然后他说,"约翰·史密斯(John Smith)是一个心理学者。亨利·琼斯(Henry Jones)是一个天文学者。华尔脱·霍奇(Walter Hodge)是一个生物学者。"

现在假如要求班上把心理学者的姓名说出来,大多数人会说出"约翰·史密斯",虽然这个联合和直接的顺向的联合"亨利·琼斯"比较起来,既是倒向的又是隔离的。当然,没有人会对这个结果感到很大的惊异,因为句子的构造是把姓名和职业从属在一起的。桑代克称这个原理为从属性原理,并且指出这个原理常常凌驾于单纯的接近之上而成为联合的决定因素。大概接近对于联合的建立是一个需要的条件而不是一个充分的条件。

位置联合

显然地,被试也能够掌握由许多项目构成的一个字表,并把它照正确的次序背出来,而不必对先后的衔接有任何学习,只需他能把每一项目和它在字表中的位置牢固地联合起来就行。他可以把陈示的项目编成号数,而把每一个项目和它的号数联合起来。他可以把项目想象为排成横的一行,或者两行,其中一行是字表的前一半;另一行是后一半,然后把每一项目和它在这个图形中的地位联合起来。他可以给字表加上一种节奏的结构而每一项目在这个结构中有它自己的地位。他大概会把字表中的第一个项目和开头的位置联合起来,而把最后的项目和末尾的位置联合起来。他大概会在少数几次阅读以后更进一步而把首先的几个项目和它们的一定位置联合起来，并且可能把最后几个项目也同样做，虽然我们也许会指望他从开头处顺向比从末尾处倒向做得多一点。余下的项目也会在起初的时候颇为模模糊糊地和字表的中部联合起来。我们不必作出未必真实的假定说，被试确实能学习一个字表，而无需学习其中的任何顺序，但我们至少可以把位置联合看做学习中的一个可能因素而作出某些推断。我们可以推断对字表的掌握将从两端向中间进行，但从开头处前进要比从末尾处前进得快一些，因此掌握得最慢的部分将不是字表的恰恰中间处，而是稍许接近于末尾的。简略地说，我们能差不多推断出图23-5中那样的曲线，这种曲线从1902年艾宾浩斯的一个研究以来已为大家所熟悉了。

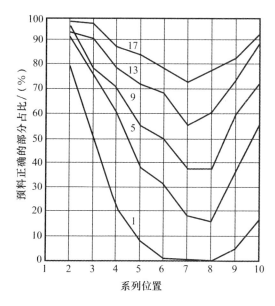

图23-5　在识记一个由10个三位数构成的数字表的时候，系列位置的影响（罗宾森和布朗，1926）。共有8个数字表和11名被试，而曲线上的每一点代表88次试图把一个数目在它出现之前用背诵的方法"预料"出来的成功百分数。数字表中的数目以每2秒钟一个三位数的速度陈示。标着"1"的曲线表示数字表在第一次陈示后的结果，标着"5"的曲线表示在5次陈示后的成功情况，其他类推。每个三位数必须完全复现出来才能算做一次成功的预料，部分的分数是不给的。从"1"到"17"来看这些曲线，我们得到一个对于数字表从两头向中间逐渐掌握的印象。数字表中第一个项目，每次是作为一个提示来陈示的，因此结果中没有关于这个位置的分数。其他实验指出它的分数从第一次尝试起就会接近于100%。

字表的开头、中间和末尾部分的相对难度

除了位置联合以外的其他因素,在图 23-5 的曲线的说明中已提到。里普利(W. M. Lepley,1934)所建议而为赫尔(1935)所发挥,并为赫尔和他的同事(1940)所修正的一种解释是根据条件作用的原理的。艾宾浩斯所说的隔离的顺向联合是假定有的,而同时也有类似于巴甫洛夫的"延缓抑制"的那种对抗的抑制倾向。延缓抑制把延缓条件反应(CR)阻止住直到强化的正规时间来到,而在学习一个字表的过程中也假定产生类似的抑制把一个音节的说出约束住以抗拒隔离的顺向联合。假如字表中的每一项目都有一种积极的倾向唤起所有后来的项目,并且假如这种积极的倾向有一种抑制的倾向和它相平衡,那么抑制的总量应该从字表的开头向中间而增加,并且从中间向末尾而减少。

字表中部的困难较大,这是在学习的所有阶段都表现出来的(图 23-5),并且无论在集中的或分布的学习都可以看到,虽然在分布学习时候较不显著[巴腾(E. F. Patten),1938;霍夫兰得(C. I. Hovland),1938]。后面这种结果是和抑制学说相符合的,因为分布的尝试使抑制有时间消散。但是,分布的有利影响并不限于一个成系列的字表的中部。麦克莱利和亨特(J. W. McCrary & W. S. Hunter,1953)把过去许多的系列位置曲线照字表中的位置所占总错误数的百分比重画出来,于是他们发现所有的曲线都基本上显出同样的形状。此外,他们也发现这些曲线就所有错误在字表上从头到尾的相对分配来看是很相

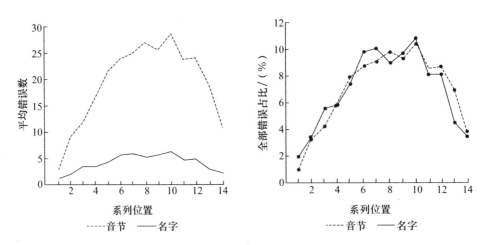

图 23-6 在 14 个无意义音节构成的字表和 14 个熟见的名字构成的(较容易的)字表中系列位置的影响(麦克莱利和亨特,1935)。左边照错误的绝对数画成的图似乎显示出在较难的字表的中部错误累积得更是突出(和抑制学说颇相符)。但是当每个系列位置的错误数用它在整个字表的错误总数的百分比来表示的时候,这两条曲线就显得一样了。(注意,这里的曲线是用错误数作成的,因此和 23-5 中用正确反应数作成的曲线相比就变成上下颠倒了。)

似的,不论那系列学习的任务是容易还是困难的(图 23-6),也不论学习的人是敏捷还是迟缓的。很难理解基于像延缓抑制那样单独原则的一个学说如何能解释所有这些曲线的类似形状。麦克莱利和亨特作出结论说,需要某种多因素学说来处理系列位置影响的弓形曲线。

识记中的泛化和辨别

记忆和条件作用实验的另一个互相联系的地方是通过巴甫洛夫的泛化的(泛化的意思就是无分化)。如吉布森(E. J. Gibson)所指出的(1940,1942),"文字学习的一个主要的要求在所学习的项目之间形成辨别",或者说"每一项目必须成为独特的,可以和别的项目分别开来,以便正确的连接能够形成。"当学习过程开始时,无意义音节或别种陌生的项目的泛化是很不少的。它们愈类似,它们就愈互相"泛化",并且须要对于它们做愈多的工作来使它们变成独特并能形成明确的联合。在她的 1942 年的实验中,这个作者提出把文字学习和巴甫洛夫的结果联系起来的很好的根据。这是用成对的联项的一个实验,刺激是无意义图形,每个图形和一个无意义音节相配成对。在标准的或低泛化的字表中,12 个刺激图形是很不相似的,但在高泛化的字表中只有 4 个标准图形,其他图形都是这几个标准图形的变形。如她所推断的,高泛化的字表比标准的字表要难于学习,它们需要足足两倍那样多的尝试次数。在学习过程的初期,类似的图形常常得到相同的反应(刺激泛化),但是由于错误的反应得不到强化,它们终于消失了。

读者可以有理由反对说,所用卡片,由于采用了类似的刺激图形,是制作得有利于泛化学说的。这个学说怎样能应用于平常的制作,使每一项目尽可能不同于其他项目的无意义音节的字表呢?至少有一点,它们的没有意义本身就是一个类似之处;BAP 和 ZOT 似乎比它们之中任何一个和 PIN 或 TUB 更为相似①。此外,音节在周围环境方面也是类似的;它们在同一个记忆鼓上并在同一个房间中陈示,而同时被试也采取一定不变的姿势。在字表中部的项目,在所在位置方面和字表的任何一端的项目相比较是更类似的。所有这些共同的因素在学习的最初阶段把整个字表的项目或者大部分项目混合成混淆的一团。但当项目之间的辨别形成的时候,这些同一的因素就把字表结合在一起并有助于顺利而统一的作业。

如我们从记忆实验中常担任被试的年轻成人所看到的那样,学习是一种很主动而有变化的过程——远不是一种对刺激的被动接受,而只让它们的先后排列留下一个印象。然而形成一种痕迹和建立一种联合的基本过程,很可能是

---

① BAP 和 ZOT 是两个无意义音节,PIN 和 TUB 是两个有意义的字——译者注。

"机械的",并且是在直接的理智控制的水平以下的。理智的学习者对此所能做的是提供一种有利于建立痕迹和联结的生理过程的、由一些组合和意义以及统合的整体所构成的原模(matrix)。对于较高水平的控制的进一步了解,可以从视觉的以及其他的"形象"的学习而得到。

关于文字的学习,本书的第一版曾讨论到一些和我们已讲过的研究大体上相似的实验,并且在霍夫兰得(1951)文中及麦吉阿和易里安(J. A. McGeoch & A. L. Irion,1952)的书中还可以找到更多。我们也将从本书后面的"迁移和干扰"以及"学习与作业的经济"几章中得到对识记过程的进一步的了解。

视觉形象的学习

假如把我们关于人类记忆的理论完全根据于用文字材料的实验,那将是一种错误。许多日常的学习并不是属于文字的,例如幼龄儿的显然情况就告诉我们,他在开始说话之前已认识许多人和事物。与其说形状和颜色组合是通过某种言语的,不如说是通过视觉的过程而学习到的。

图 23-7 关于视觉形象的学习和保持的实验中所用的许多种图形中的三个。

在这里的最方便的实验方法是再认法,但一种复现法可以更适用于把学习的初期阶段揭露出来。作为一个初步的实验,读者可以把这里所列出来的三个图形中之一察看一下,然后把书掩上,并且用铅笔在纸上把它复现出来。原来的和复现的图形之间的差别,一部分是由于不完全的知觉,一部分是由于在这个短时间内的遗忘,而一部分则是由于描画的困难。要探索一个图形的学习过程,可以一遍一遍迅速地看它一下,而在每看一遍以后,把它画下来。要探索遗忘的过程,可以把复现推迟 1 小时、1 天或 1 星期。

可以用更复杂的图形(图 23-8),或者用一种速示器使陈示时间极为短促来使任务的难度增加。

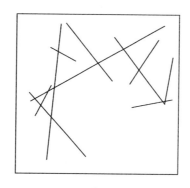

图 23-8 在皮埃朗[(H. Piéron),1920]关于学习和保持的实验中所用的无意义图形的样本。这样一个图形学习起来要比一个由 10 个数字构成的字表困难：它需要和一个由 20 个数字构成的字表同样长的时间来学习。在每次 5 秒的陈示以后，复现是照正确度记分的。这种材料的学习曲线以及遗忘曲线，是和数字表的学习曲线和遗忘曲线，差不多属于同样的形状的。

一个图形的学习是否是一种"照相的"过程？

我们说"感觉印象"以及从一个物体"得到一个印象"，并且似乎要把应接受的过程理解成和照相类似——好像当看一个物体的时候，我们是把它照下一张照片。记忆的意象应该是这种照片的重新显现。当最初企图识记一个图形以便从记忆中把它复现出来的时候，被试可能试图对于图形形成一种视觉的意象，但他很快会发现，他不能依靠他的意象来得到正确的复现。结果他凭借一种更主动的识记方式，在这方式中他把陈示的图形加以分析（皮埃朗，1920）。

对陈示的图形的探察 因为告诉他要把一个图形从记忆中复现出来，被试就会把它的种种特点仔细考察以便能把它记起来。两条主要的研究途径曾被采用，并曾由不同的实验者予以不同的名称。库尔曼（F. Kuhlmann,1906）曾区分为一种直接的和一种间接的着手方法：直接的着手方法是把整个图形加以仔细的研究，注意一些细节并往往给以名称；间接的着手方法是问"这个像什么？"我们可以称它们为：① 图形分析和② 实物化。巴特列特（F. C. Bartlett,1932）发现，一个熟悉的图形仅仅给以一个名称，而一个不熟悉的图形则被看做或是有些像一个所知道的物体，或是一个具有一定结构的花样。在这两种情形之下，都有一种"搜求意义的努力"。格拉涅（R. Granit,1921）也分别出两种掌握无意义图形的方式，即把图形要略化和"照类似性进行联想"。幼儿差不多完全采用后一种方式：一个图形对于他们必须是"某种事物的图形"，而唯一的问题是"什么事物的图形呢？"，他们找寻或想象和一种事物的某种相似之处。成人是比较具有几何学头脑的，他们注意对称、节奏或等同部分的重复。

有校正的略图(Schema with correction) 一个无意义图形,照定义说,是不会和任何熟悉的事物十分相似的,它也不会和任何简单的几何形状恰相符合。假如把它看做像一个事物,同时必须注意它和那事物的不同之处。假如把它看成一种几何形状,也必须对于它的特异之处有适当考虑。在这两种情形下,所有的过程都归结为略图加上校正。新的就等于旧的附加上校正。在吸收新的经验时,一般的着手途径似乎就是这样的。这一种学习过程曾被用无意义图形进行研究的好几位实验者所观察到。库尔曼(1906)对于它曾做过报告:他的被试对于某一个图形能找到的最好的略图都必须加以某种校正。例如某一个图形是被看做"一个正方形而右边有一个缺口"。皮埃朗的被试把某几条长线(图23-8)看做是一个架子;而较短的线则装配在架子上,但有时候所采用的略图显得是太简单,以致不能容纳所有的细节,于是这种略图就得加以修改。一个恰好符合于一种熟知的几何形状,或者一个熟悉的事物的轮廓的图形,当然是容易学习的;但一个不能用一种容易明确的方式而与熟知的形状或轮廓符合的图形,即所需要的校正是容易的一个图形,也是如此。

图23-9 李泊(R. Leeper,1935)所用的隐藏图形的例子[斯屈特(R. F. Street),1931]。有些图形是很容易的,有些图形则相当困难。每一图形先照它的难易呈现20~180秒,要求被试尽快予以辨认。整套图形再呈现一次,每个图形都加以说明。几个星期以后,每个图形都仅呈现半秒钟,假如它曾被"正确地"知觉了的话,实际上总是(930次的97%)被再认出来的。找出隐藏的对象的典型过程"是图形会作为一个整体从一个模样变成另一个模样……一种看法会出现,但不是很满意……图形在下一次会改变自己……直到最后,正确的图形也许看到了;但有意味的,是一种组合一经得到之后,即使被试认为它是显然不正确的,也会觉得难于把这种组合排除掉而看到别的什么。"

学习一个图形的阶段 把一个不熟悉的图形变成熟知,要经过一个花费时间的过程。是否它首先从部分开始,然后把部分结合成为一个整体而变成熟知的呢,还是它首先作为一个整体而后来找出其中的部分而变成熟知的呢?这两个事先假定的非彼即此的论点是由于没有适当考虑到知觉的反应性特性而提出来的。不熟悉的图形提供一个要解决的问题,并且假如它果真是困难的话,我们可以预料到会有疑问,尝试和放弃错误的指引以及最后因得到某种知觉结果而感到满意这几个阶段。这种过程的尝试错误的性质在找寻"隐藏的图象"的那种消遣中很清楚地表现出来了(看图23-9)。

一个图形的学习过程的阶段曾经用重复显现的方法来加以研究。翟德和考令(C. H. Judd & D. J. Cowling,1907)用每次显现10秒的时间来陈示一个相当困难的图形,而在每次显现以后要求被试复现。有些被试从部分达到全体,而别的被试则从全体达到部分。有些被试井然有序地从左边做到右边,先掌握少数几段,而在后来的显现中再加上新的段。别的被试首先抓住大体的要领,然后集中注意于还是模糊的部分。后面这个方法似乎和前面的至少一样有效。

费惹(E. V. Fehrer,1935)曾从被试在先后几次极短促的显现以后对于一个图形所做的复现来探索学习的经过。他看到实际过程的极多变化,而并不是事情有任何固定的次序。所有的情况可以归类如下:

各种情况	占比/(%)
复杂度增加	32
复杂度减少	27
二者交替	25
复杂度无变化	16

在"复杂度无变化"的情况下,部分图形的正确数目在第一次复现中就已得到,但有一些错误剩留下来要加以改正。按照费惹的意见,学习一个图形的经过的最一般的公式可以区分出三个阶段:

(1)一种不准确和不稳定的开始状态。

(2)一种不成熟的、不适当的稳定化。

(3)一种逐渐的或者突然的对于经常的错误的排除。

我们可以说:先是一个疑问的阶段,然后一个错误的答复,这个错误的答复倾向于坚持自己,但最后被抛弃,而代之以一个能使学习的人满意的答复。

因此我们看到,被试比被动地坐在那里并让陈示的形象"在自己的记忆中留下它的印象"要做多得多的事情。他是在从事一种积极的试图来把材料按一种可以满意的方式组织起来。这种过程似乎太复杂,并且太充满着努力的成分,而不能描写成为一种趋向于平衡和"好的图形"的自动倾向。我们在讲到关于遗忘的格式塔学说和其他学说的时候,将再回到关于形象的记忆问题。

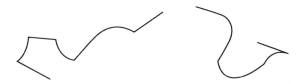

图 23-10　翟德和考令(1907)所用的无意义图形。

故事和事件的记忆

当你读一篇故事,或者看到一系列所发生的事情的时候,如由后来的回忆所证明的,你也在学习,但你的学习更像学习一个图形而比较不像学习一个无意义音节的字表。你有更大的幅度来从材料中得出符合于你自己的偏好的意义。巴特列特(1932)对于寻常的记忆实验抱着严厉的批判态度,因为它们对于日常生活的记忆缺乏现实意义。他用对于学习的人有某种内在的兴趣的材料来进行较有现实意义的记忆实验,他采用了图形、画片、故事以及讨论。他希望看到被试如何把材料加以组织和吸收。在他的一个故事中,两名年轻印第安人来到水上,和一队坐着小船的战士相遇,这些战士要他们去参加一次袭击。其中一个请求走开,而另一个则去了,并在作战中受了伤。把他送回家后,他活了一夜,到日出时就死了。这个颇明白的故事形式的材料很快就被掌握,并且保持得很好,而许多细节则丧失了或者被改变了。原来的故事讲了一点鬼魔,但对于做这个实验的英国被试学生来说,似乎是一个偶然的节目。但假如了解得正确,这个故事是以鬼魔为中心的,并且具有和刚才所说的合于常识的纲要颇不同的一种构思或意义。真正的构思并没有看出来,而鬼魔就倾向于从故事中消失。阅读故事的时候,被试照他自己的方式反应,形成他自己的概念;在再现这个故事的时候,他省略、修改或者加上一些细节,因此而增进他的故事的一致性。不过也通常有某些突出的细节保留下来,即使它们并未和大体的概略适合得很好的。

要决定关于一件事情的记忆错误有多少,是要归咎于保持和回忆的缺点,而多少则是在原来的知觉中产生,那往往是困难的。我们能够容易地证明(用一个简单的"见证"实验),一般人会把事物看成像他们预期于它们的那样。例如一名教师平常总是带着一个黑色的文件包到班上来,而有一天却用一个栗色的来代替,他可以先告诉班上密切注意他,然后从他的文件包中取出一些表演用的材料,但他的大多数学生仍然无犹豫地坚持说,那文件包是黑色的。有不少属于这个一般类型而更为复杂的实验,曾被几位作者叙述过[克罗斯兰(H. R. Crosland),1921;豪森(L. Hausen),1933;路易斯(F. H. Lewis),1933;李普马恩,1933]。观察中的这种不正确,特别当把注意有意地吸引到错误的东西上去的时候,是台上的魔术家得到成功的一个秘密。对于一件事情的几个见证人之间的不相符合是法庭上的一个为大家所熟悉的问题。

但我们不能把记忆的一切错误都归咎于不好的最初印象,那些错误常常因时间的经久而变得更坏。在保持的经过中可能产生细节的丧失,但当被试试图把材料复现的时候,他一般仍能说出一个前后一致的故事。假如有一个项目失落了,或者有一点模糊了,他就把它填补上并和他所了解的全篇故事相一致。

在以后的一节中,我们对于这个问题还将有更多的要讲,但在这里我们可以提到阿尔波特和普斯特曼(G. W. Allport & L. Postman, 1947)的几个战时实验。他们有意地发动几个谣言,然后注意这些谣言在传播中的变化。当然,在传播连锁中的每一个人都加上一些他自己在知觉和回忆中的错误,使那谣言的故事有可能相当自由地传播开来,因此那实验也就复杂化起来了。阿尔波特和普斯特曼强调指出这样的事实,就是谣言的变化是和传说的人所在地区的恐惧和愿望一致的,而这在关于记忆的比较不那样戏剧性的研究中无疑也是如此。

回　忆

在时间的次序上,回忆和再认是在保持之后的,但我们有某种理由把它们先加以研究,因为它们是用来作为保持的指标的。我们可以使我们的研究简略一些,因为我们对于这两种过程比对于学习过程知道得较少。学习过程看来是比较容易加以实验控制的。不过,关于回忆,我们也有不多的一些零散的知识。有些相关联的研究结果,将在"倒摄抑制"的题目下和在"联想"及"思维"的两章中予以介绍。

当我们把回忆这个名词应用得这样广,以至包括在已学习好之后重新引起的全系列活动的时候,我们并没有严格遵守日常的用法。有时复现这个词更为合适,并且现今是常常被选用来代表可以客观地观察到的那种回忆的(虽然心理学者也常随便地讲到"复现的观念")。

这样,在回忆这个题目之下,可以包括作出过去已学习好的反应的一切情况,而这种情况有着种种的不同。

(1) 过去已学习好而现在有意要记起来的任何一种字表、项目、事实或材料的回忆。

(2) 任何已学好的动作的执行。

(3) 感觉意象的唤起。

(4) 遐想或"自由联想",没有任何回忆的意图——"一个观念唤起另一个观念"。

(5) 在做加法、阅读或者会话中产生的那种控制联想。这里的意图是指向除了仅仅回忆之外的某种结果的。在做加法时,意图是要找出一行数字的和;在阅读时,要了解一件新闻的意义。但所有的过程大半是由数字组合和字义的回忆构成的。

(6) 思维,如在问题的解决和新情况的掌握中所表现的。回忆给思维提供素材。

直接的和间接的回忆

这里"直接"的意思并不一定指着快,而是指没有迂回和居间的东西。间接的回忆也叫做"中介的"回忆。项目 A 和 B,如在成对的联项实验中那样,已联合起来之后,把 A 作为刺激陈示并要求被试把和它成对的项目说出来作为反应,并且把内省所能觉察到的中介于刺激和反应之间的过程报告出来。有时候并没有什么东西可以报告,但有时候有语词、意象、思想或情感介于刺激和反应之间;而有时候这些居间的东西显然地引到反应。

米绍和波替赤(A. Michotte & Th. Portych,1914)陈示许多对有联系的词,如"数学—代数","史诗—英雄","狮—王"等。由 12 对构成的一个字表只陈示一次,每对陈示 4.5 秒。在当时的一天以后的或一周以后的回忆测验中,把每对中第一个词用作刺激。由于比较少量的学习,直接的回忆是不多见的:在当时的测验中,约有 1/5 的正确回忆是被报告为直接的;在后来的测验中,当记忆已变成不清楚的时候,直接回忆的例子也就更少了。

在所报告的种种居间的东西中,有两类是具有特殊意味的。当在学习一对联项时所曾注意到的一种有意义的关系,在回忆正确的反应词的过程中实现出来的时候,我们就有一种显然有用的居间东西。这里的回忆遵循着在学习那对联项时所曾利用过的相同的途径。所有的途径并不总是引导到目标的;居间的东西可能是太一般,而不足以引起所需要的恰好的词。当被试遇到为难的时候,就常有另外一种居间的东西显现出来:作刺激的词暗示一些意象观念,虽然在学习那对联项的时候并没有使用它们。这里我们看到被试是在从事于搜寻反应的词,并试图从刺激词得到某种提示——正好像在试图回忆一个姓名时,我们再看一下那个人,并回想我们遇到他时的情境一样。

搜寻名字是很值得研究的一种回忆过程。詹姆斯(William James,1890,I)曾提供一个生动的内省描写:

假定我们试图加快一个已遗忘的名字。我们的意识状态是显得特别的。在这里有一个空缺,但并不是仅仅的空缺。它是一个剧烈地活跃着的空缺。这里仿佛有一种属于这个名字的鬼魂,在从某一方向召唤我们,使我们有时候产生一种接近的感觉,而又让我们掉回来,对于所求的项目空无所得。假如错的名字向我们提示了出来,这个奇特的明确的空缺就立刻起作用来否定它们。它们是不能和它的模子相适合的。并且一个字的空缺和另一个字的空缺也不是有同样的感觉的。一个失落掉的字的节奏可以在那里,但缺乏一种声音作它的外衣;或者关于构成那开头的元音或辅音的某种东西的恍惚感觉可以把我们捉弄得动摇不定而并不渐渐变得清楚。

在这样一种搜寻中显现出来的错的名字也对于回忆的过程的性质提供某种客观的线索。这种错的名字,特别是第一个显现出来的,对于正确的名字显得有或此或彼的一种类似性。温兹尔(A. Wenzl,1932,1936)曾收集许多例子,并看到类似性有时在于开头的音,有时在于整个名字的节奏(音节的数目,重音的所在),并有时在于名字的气氛(文雅、贵族气、普通、黯淡、外国气味等)。温兹尔建议一条回忆的规律,即回忆一个名字的过程是从那名字的一般特点开始而走向特殊的特点的。伍德沃斯从另外许多例子中得到类似的结论。下面几个例子可以显示出首先回忆的名字和所要寻求的名字相似的种种情形。

首先回忆的名字	正确的名字
Rogers	Richards
Schniermann	Spranger
Picquard	Lapicque
Casenaugh	Ranelagh
Walliston	Warburton
Stevens	Stowell
Cheshire	Cheddar
Ferguson	Gallagher
Hirschberg	Fishberg
Cobb	Todd
Corduroy	Gabardine
Aspasia	Azalea
Sycamore	Sassafras
Philena	Ophelia
Council Bluffs	Cedar Rapids

在你得到对的名字之前,你先得到对的一种名字——在某一方面是对的。当然,对的名字也常常直接就得到。

回忆的速度

回忆时间是反应时间的一种形式,是激发回忆的刺激和运动反应(通常是言语的)之间的时距。在成对联项的实验中,回忆时间可以粗略地用一个马表来量,或者较精确地用一个计时器来量,并用一个语音键把被试的反应记下。回忆时间是有变化的,最快的回忆需要半秒左右;而慢的回忆需要好几秒或一个无定限的时间。回忆的速度有一大部分决定于新近性。在米绍和波替赤(1914)的实验中,正确反应的平均时间如下表所列:

不同情况	正确反应的平均时间/秒
直接在学习之后	1.5
在学习一天之后	2.4
在学习一周之后	3.0

缪勒和皮尔才克(1900)用无意义音节做了实验。一个字表阅读了许多遍,等到24小时以后才测验,而另一个字表只阅读了少数几遍并随即测验。学习得较久较好的课文,得出足同样多的正确的回忆,但这些回忆比较从新近学习的课文所得到的反应要慢。较久建立的反应要来得慢些,除非新近温习过;新形成的联合则是快的。阅读和会话的流利程度是依赖于在当时的背景下有利的一些作用迅速的暂时联合的。

准备状态

一个名字仿佛"在舌尖上",但说不出来——它暂时是在"回忆的阈限"之下的。它已部分地被触发起来,已处于半激动状态,这可以由那种特别的接近感觉,以及在正确方向的稍许一点外加助力就会引起完全的回忆这个事实来证明。假定 A 和 B 已联合起来,而在后来什么时候把 A 陈示但没有能回忆起 B,然而它却使 B 变成比较容易被回忆或重新学习。它把 B 安放在一种准备状态中,这种准备状态的真实性已在种种不同的实验中得到证明[艾宾浩斯,1885;缪勒和叔曼,1894;缪勒和皮尔才克,1900;欧姆斯(H. Ohms),1910;梅耶尔(H. W. Meyer),1914]。我们在这里只引证欧姆斯(Ohms)的实验。在实验中由被试学习了无意义字并在以后的时间用相配的联项加以测验。当一个字回忆不起来的时候,就把它通过一个坏的电话器向被试说出或者以1秒的很小的一部分的时间陈示于被试的视觉。这种听觉的或视觉的陈示并不足以使被试认清无意义字,但当引起一个无意义字的回忆的刺激刚刚给他的时候,他就常常能认清这个字。假如一个名字仿佛"在你的舌尖上"并且有什么人把它模糊地向你说出,这个外加的助力就可以是够把那个名字提高到回忆阈限以上来。那反应是在这样一种准备状态中,以致它能被一个否则是不适当的刺激所引起。

记忆意象

近代实验心理学的一个突出的特点是它对于客观实验的强调。记忆的领域对于这个规则也不例外。如我们刚才已看到的,这种对于客观性的依赖忽视了回忆的活动的某些方面。一个这样的方面是意象的存在。对于许多人来说,回忆一个人就意味着"在心理的眼睛中"看到他。也可能有听觉的意象,如在回忆一段乐曲的开始几节时那样。从内省方面看,这类意象似乎是整个过程的很重要部分。例如,在记忆广度的实验中被试可以把一列数字视觉化起来,并把它们从视觉的意象中高声读出来。不过意象是这样一种流动的东西,以致很不容易加以研究。有几种方法曾在这方面应用过。

(1) 问卷法。盖尔顿(F. Galton,1880)要求许多人回忆当天早晨早餐桌上的情况,并告诉所有的东西是否很清楚,明度是否可以和原来的景象相比,颜色是否分明和自然。这个先驱的研究给人带来了一些惊讶,例如指出学者和科学家们常常缺乏这样的意象这个事实。有一些后来的研究者继续了盖尔顿的研究,并得出结论说,每一个人都有一种特殊类型的强的意象,如视觉意象、听觉意象、运动意象等等。贝兹(G. H. Betts,1909)所做的一个很细心的研究,用了盖尔顿的问卷法的一种扩充形式,得到令人十分信服的证据,证明意象在一种形式中占优势的人也有在其他形式中占优势的倾向。

(2) 联想法。这个方法包括把似乎属于每一感觉模式的联想词的数目加以计数。或者给被试 5 分钟来说出具有几种特殊颜色的物体,并另给他 5 分钟来说出具有几种特殊声音的物体。

(3) 风格的分析。假如一位作家用了许多词来描写声音或发出声音的东西,我们就把他假定属于听象型。同样,很多关于景色的描写就会使他成为一个视象型的人。

(4) 用眼睛或耳朵学习。被试是通过阅读学习得较快,还是通过静听而学习得较快呢?记忆广度可以用来作为意象测验,比如,我们假定一个有强的视觉意象的人会把通过视觉陈示的数字比口头说给他的数字回忆得较好。本书作者之一(施洛斯贝格)曾用这个方法在实验班上得到相当好的结果:在视觉记忆广度比在听觉记忆广度上为好的被试,宁愿阅读而不愿听讲;但有时候有人会成为一个显然的例外,例如,一个女孩有很好的视觉意象,但在听觉记忆广度上表现得更好。这个矛盾现象的理由证明是简单的:当她听到数字时,她把它们视觉化起来,但通过视觉陈示的数字模糊了她的意象(对于两个感觉模式所用数字都是按系列陈示的)。

(5) 扰乱法。当被试学习一个字表时,使他在不同的感觉模式方面受到扰乱。在理论上,一个噪音应该使利用听觉意象的人感到麻烦,而把舌头固定在上下齿之间应该对于利用运动意象的人有扰乱的影响。

(6) 拼字。有好的视觉意象的人应该能把字倒过来拼而少有困难。但照费纳尔德(M. R. Fernald,1912)的实验结果,字母的视觉意象并不足够"稳定",因而没有多大用处。

(7) 字母方块。同样的推论也大部分在这里应用。被试学习 9、16 或 25 个字母或数字构成的方块,在横的方向一行一行地阅读。然后要求他在纵的方向一列一列地把它们回忆出来。

(8) 描写一张画片。视觉意象应该有助于最完全的描写,但结果表明,被试在测验中可以做得很好,假如他在察看画片的时候对其中的物件都给以名字,然后只把那些名字回想起来(费纳尔德,1912)。

安吉尔(J. R. Angell,1910)和费纳尔德(1912)都曾对这些客观的意象测验法中的大多数加以验证,并发现它们只有相当低的效度。它们并不和被试关于自己的意象的直接报告相关得怎样好,而直接的报告显然是关于意象存在的仅有的可靠指标。关于这个问题的研究曾继续了若干年[戴维斯(P. C. Davis),1932;包尔斯(H. Bowers),1932],但近来似乎没有动静了,因为缺乏适当的实验方法。

遗觉意象 有些人在观察了一张画片以后,并当其要求把他们关于画片的意象投射在一个灰色屏上的时候,表现得好像他们仍然实际上看到那张画片,并能把它描写很详尽。这样一种"遗觉的"意象,有时候被看做一种特殊的意象,它几乎和照片相似。扬士(E. R. Jaensch,1920)做了最多的努力来使人注意到这一现象。这一现象在儿童中相当普通,但在成人中却是少见的。它也许和个性特征有关。但是我们对这种遗觉意象的实际性质知道得很少,虽然已有了很多篇的研究。很好的摘要可以在阿尔波特(1924)和克留沃(H. Klüver,1926,1928,1932)的著作中找到。现在我们还不能说明有遗觉意象的儿童是如何形成他们的这种意象的,或者这种意象是否在实质上和许多人所有的一般的强烈视觉意象有所差别。

再 认

由于回忆这个题目可以扩大到包括联想和意象,因此也可以使再认包括关于对象的知觉。一个对象被"再认"为一个个别的东西或人,它被"知觉"为属于某一类的一个对象。在两种情形下都利用过去的经验,虽然也许并未有意识地联系到过去。

再认的过程和回忆的过程在作用上有一点不相同:再认从既定的对象出发,而回忆则要找到对象。在回忆时,A 是作为刺激,而另外一些对象,B,被回忆起来;在再认时,A 是既定的,而对这同一个 A 予以再认。这样看来,似乎再认是比较简单的过程。假如如此,再认就不能用回忆来解释。

回忆和再认常常相连在一起。一个事实被回忆起来,并且知道是属于一个人的过去的一个事实。它可以在一个人的过去中或多或少明确地被定出日期和地点,例如你回忆一个景色,并知道在何时、何地曾看见过它的情形就是如此。当你回忆乘法表的一部分的时候,就没有这样明确的再认。无意识的抄袭即为只有回忆而没有再认的明显例子。

再认的难易

不能回忆起来的一个面貌或名字，当它出现在面前的时候就可以很快地被再认。因此，就一种意义说，再认要比回忆容易。在一个由字或别的项目所构成的字表陈示了以后，用保持成分法的一次回忆测验，可以把一定数量的那些项目再取回来。现在假如把所有那些项目和一些"新的"项目混杂在一起而陈示给被试，原来没有被回忆的旧项目中有一些也被再认出来了。阿奇里斯（1920）曾用类似的方法进行了一个实验：但他在回忆和再认的测验中用了不同的项目的字表，因而避免了那种反对，就是认为试图的回忆，由于使项目处于"准备"之中，曾对接着在后面的再认给以一种不应有的帮助。实验是把有 25 个项目的一个字表摆在被试的面前并且让他有 50 秒的时间去学习；然后要求他立即把他所能回忆的项目都写下来，或者把由 25 个"旧"项目和 25 个新项目混杂在一起所构成的共有 50 个项目的一个字表给他看，并要求他在每个项目的前面按照他认为是旧的还是新的而写下"是"或"否"。所用字表的内容有的是无意义音节，有的是不相联系的字，有的是谚语。回忆和再认的分数和除去了错误的影响的分数如下（96 名被试的平均数）：

	占比/(%)		
	无意义音节	字	谚语
回忆的分数	12	39	22
再认的分数	42	65	67

这里，再认的分数大大超过回忆的分数。但再认的优势一部分依赖于测验的恰当形式。一种再认测验可以因为应用了和旧项密切相似的新项目而使它变成很困难。

按照相似程度的再认

在雷曼（1888—1889）的一个实验中，把白和黑以相等的比例在色盘上（各如 180°）混合起来而产生一种灰色。30 秒钟以后，或是把同一的灰色或是把一种比较白到某一程度的灰色陈示给被试，而使他判断和刚才的灰色相同还是不同。结果列于下表：

	两个灰色之间的差别量					
	60°	45°	35°	20°	12°	8°
再认部分占比	87%	90%	70%	63%	20%	17%

当旧的和新的变成极其相似的时候，辨别就失败而再认的分数接近于零。

在西瓦德（G. H. Seward, 1928）的实验中，30 张用种种花纹和颜色的花纸陈示给被试，每张显示 2 秒，而空白的间隔时间是 4 秒。当这套材料陈示完毕后,被试从事10分钟的一种字汇测验,接着就接受再认的测验,后者包括10张原来的花纸、10张颇相似的纸、10张稍许相似的纸和10张花纹很不同的纸。当每一个样本陈示的时候,被试判断它是否曾在原套材料中存在并且按两个电键中之一,以作出正的或负的反应,这样他的反应时间也能够记录下来。他也估量一下每次判断的自信程度。每名被试的自信估量和反应时间都变换到一个相对的量表中去,在这个量表中100代表他的反应的最高速度或自信。一共有108名学生被试,而在下面的表中每一纵行都综括了1080个判断。在表中所显示的所有趋势都是统计上可靠的。

从第一纵行的数字向下看,我们看到对于一个等同的样本的反应在71%的情况中是正的再认,而在29%的情况中是负的再认。正的再认的平均自信是63(在0～100的量表上),而平均速度是51(在相似的量表上)。对等同刺激的负反应,即无再认,是较少自信并且较慢的。

	刺 激			
	等同的	相似的	稍许相似的	不相似的
正反应				
次数	71	54	27	8
自信	63	57	43	26
速度	51	46	38	38
负反应				
次数	29	46	73	92
自信	48	50	60	71
速度	37	36	46	56

当我们在表中从左向右看的时候,又可以看到正的反应变成更少正确,而负的反应变成更多正确。次数、自信和速度都依随着正确度方面的这种变化,虽然并不是步调一致的。如果我们比较两组完全正确的反应,即对等同刺激的正反应和对不相似刺激的负反应,可以看到后者在所有的方面都是优胜的。对于一个完全不同的刺激的"不"的反应,虽然形式上是负的,但在意义上是确定而断然的。对于新的或不一类的东西的印象和对于熟悉的东西的印象是同样充分清楚的。

这些结果可以容易地用"概括化"来重行予以说明。这样改变一下,会不会使它们更科学一些呢?

保 持

如我们在前面说过的,保持只能间接地加以研究;被试在学习终了时所能做的和他在一段没有练习的时间后在一次测验上所能做的,这两者之间的差别就告诉我们保持的多少。作为保持的一种测验,我们可以用几种方法的任何一种,如再学法、保持成分法、再认法或重构法。但这些方法的每一种都得出不同的结果。这个事实在第十八章中已指出并举例说明过,但我们叙述一下陆志韦(1922)的实验来明确这一点,也许是适当的。他要求他的被试学习无意义音节的字表并用几种不同的方法测量保持。他的结果如图23-11所示。显然,对于少量的保持,再认法是最灵敏的测量方法,而再学法的结果在开始时的急剧降落之后相当好的。实际上对于直接的回忆有两种测量的方法,即书写的复现和在第一次重学时预料出来的音节数目。回忆法得到较低的分数,这是典型性的。但要注意,五条曲线都有大体相同的形式;这就意味着我们可以取其中的任何一条作为对保持期间的描写,只要我们在叙述一个实验时留意说明我们测量保持的方法。因为假定实验者甲报告在2天之后的保持是70%,而实验者乙在相等的时间以后只看到10%。我们也许会假定实验者乙用了一群呆子作为被试,直等到我们看到实验者甲用了再认法来测量保持,而实验者乙是用预料法的。

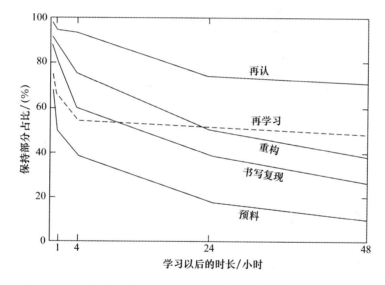

图23-11 无意义音节的保持曲线,用五种方法测量的结果(陆志韦,1922)。参看本文的说明。

遗 忘 曲 线

在艾宾浩斯包括在他关于记忆的先进著作(1885)中的许多实验中,最常被引证的一个是他关于因时间的经过而产生的保持的丧失的数量研究。面对着关于遗忘的原因的几种学说,他认为其中没有一种是很完善的,并且相信对于一个实验者的最好的打算是暂时把那些学说放在一边而积累起关于任何学说所必须解释的事实的知识。他的特殊问题是这样说明的(照儒吉尔和布赛纽

1913 的译文):"假如,用默记把某一种音节系列学习好,然后听其自然,那么当只有时间或时间内的日常生活事件发生影响时,遗忘的过程会怎样进行呢?"他的研究程序是,学习由无意义音节构成的一些字表,把它们摆在一边经过一定的时间,再重新学习它们,并记下由于先前学习的效果的部分保持而得到的时间上或阅读上的节省。在这项研究的进程中,他学习了 1200 以上的字表,每一字表包括 13 个无意义音节。一次的学习时间是 8~20 分钟,而在这段时间内,他学习了 8 个这样的字表。他先取出第一个字表并按照每 2/5 秒(0.4 秒)一个音节的稳定速度把它一遍又一遍地阅读,直到能把它背诵两遍而没有迟疑并且感觉到是正确时为止。在休息 15 秒以后,再学习另一个字表,这样继续下去,直到 8 个字表都学习完毕。学习这 8 个字表的总时间是这个研究单位的原学习时间。在经过了一定时间以后,把这同一组字表再重新学习而达到同一的标准。即使经过了 31 天以后,重学一组的 8 个字表也总是和原来的学习比较起来要表现出一定的节省。如果对于 8 个字表的原来学习需要 1010 秒,而在 31 天以后需要 803 秒来重学它们,那么所节省的时间是 207 秒,即原时间的 20.5%。

学习的效率可以因在一天之内的不同时间而有所不同。艾宾浩斯看到在他的情况中也是如此。他在下午 6~8 点钟之间识记一个字表,比在上午 10~11 点之间要多花 12%的时间。因此当他要确定在 8~9 小时之后的保持丧失了多少的时候,原来的学习是在一天中的有利时间内的,而再学习是在不利时间内的。所以在计算节省的多少之前,把再学的时间减去 12%。

对于每一间隔时间,所学习的字表是不同的。例如在 8 小时以后,然后在 24 小时以后,并且又在 2 天以后都重学相同的字表,那是完全不行的。这个办法将得出一条练习曲线,而不是一条遗忘曲线,因为同一字表每重学一次,它就印记得更强。在几次重学之后,它可以经过相当长的时间仍保持得没有显著的损失。

艾宾浩斯的结果可以在图 23-12 和图 23-13 中看到。从来没有任何人怀疑艾宾浩斯的工作是非常透彻而精密的,至于说它只代表一个人的保持曲线这样的反对意见,现在已由好几个研究的结果得到答复了,因为这几个研究都得出和艾宾浩斯的曲线的一般形状相符合的结果。就是斯特朗(1913)用再认法所进行的研究也得到基本上与之相同的曲线。它的主要特点是直接在学习之后有一个迅速的降落;而当间隔时间延长的时候就逐渐平坦下来。遗忘是因时间的逐渐过去而成为愈来愈缓慢的。

在某些曲线中,保持是对着时间的对数而画出来的;长和短的间隔时间因此能画入同一个图中,而不致使短的间隔时间挤在一起——这是实际上的好处。此外,保持也是差不多按着时间的对数的比例逐渐下降的,而图使我们一目了然——一眼就看出所有数据怎样密切地符合于这个遗忘的对数定律。如

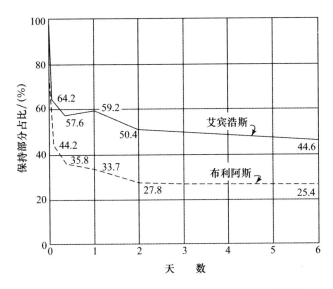

图 23-12 用节省法测定的关于无意义音节的字表的保持曲线[根据艾宾浩斯,1885 和布利阿斯(T. Boreas),1930 的研究资料]。艾宾浩斯的曲线是从一名 40 岁左右的被试得到的,他学习并重学了 1200 个以上的由 13 个音节构成的字表。布利阿斯的曲线是 20 名学生的平均结果,每名学生在每个间隔时间学习了一个由 15 个音节构成的字表。这两条曲线的继续部分包括在图 23-15 中。

把艾宾浩斯的较详细材料摘引如下:

间隔时间	实验数	节省百分数的范围/(%)	节省百分数的中数	中数机误
$\frac{1}{3}$ 小时	12	45～64	58.2	1
1"	16	34～54	44.2	1
8～9"	12	28～48	35.8	1
24"	26	15～46	33.7	1.2
2 天	26	12～46	27.8	1.4
6"	26	3～40	25.4	1.3
31"	45	7～44	21.1	0.8

要完全符合,数据的各点必须都在一条直线上。

假如我们采用表示保持(R)和间隔时间(t)的关系的最简单的对数等式,即为

$$R = A - B \lg t$$

我们就对于每条曲线有两个常数 A 和 B 要予以确定。我们可以用最小平方法(或者借助于把一根线绳通过并介乎各数据点之间拉直,粗略地凭眼睛在对着对数横坐标画下一条线来确定它们的数值),这样来密切配合所有的点,就像用一条直线能做到的那样。当 $t=1$ 时,$\lg t=0$,而常数 A 就具有 R 的对应值。因

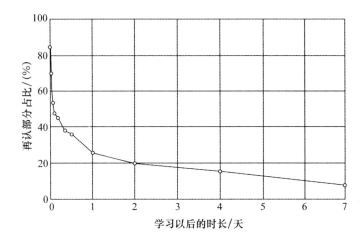

图 23-13 用再认法测定的保持曲线(斯特朗的资料,1913)。实验用材料是由《标准字典》中还不超过三个音节的"所有普通常用字"所构成。把包括 20 个字的字表通过视觉陈示给被试,由他出声阅读,但"慢得足够能理解字的意义,而又快得足以使其不能在字与字之间形成联想"。在每个字表的下边是一个短的算术题,要求被试在读完字表后随即用心算加以解答,这样来防止任何一种对刚读过的字的随即温习。在再认测验中,把读过的字随即温习;在再认测验中,把读过的 20 个字和其他的 20 个字混合在一起,要求被试指出那些他有把握认为是在原字表中的字。这里的图所根据的分数就是这些被试有自信的再认的分数,其中对于新字的错误再认的影响已除去。被试在一个时候只学习一个字表,而对每个字表的再认测验是在学习任何其他字表之间给予的。共有 5 名被试,并且在学习和测验之间的每一个间隔时间内共用了 15 个字表。

此,假如时间是用分钟计算的,A 就是在 1 分钟之后的节省百分数;它就是画成配合的直线在 $t=1$ 之处的纵坐标。要得到 B 的数值,我们看一下在 t 的某一个别的数值时 R 的数值。这样,假如 $t=10$ 个时间单位,那么 $\lg t=1$,而 $B=A-R$;就是说,B 是保持从 1~10 分钟的丧失量。假如我们用小时计算经过时间,而不用分钟计算,那么 A 就要是在 1 小时之后的保持,B 则是从 1~10 小时的保持丧失量。那个等式仅仅是说,在经过的时间 t 之后的保持等于在 1 分钟(或小时)之后的保持减去 $\lg t$ 乘 1 和 10 分钟(或小时)之间所产生的保持丧失量。①

---

① 对着 $\lg t$ 所作出的某些保持曲线似乎和一条直线有重要的差别。艾宾浩斯考虑到自己的曲线时,不采用上面所说的直线性的对数等式,而宁可采用在对着 $\lg t$ 作图时容许某种曲度的另一种等式,即

$$保持的百分数 = \frac{100k}{(\lg t)c + k}$$

当 $k=1.84$ 而 $c=1.25$ 时,这个等式对于他的实验资料能配合得很好;但这些参数再一次地仍没有特殊合理的意义。

这里的"参数"A 和 B 并没有特殊的意义,因为它们并不是从关于遗忘过程的何种理论推断出来的[参看约翰逊(H. M. Johnson),1932]。

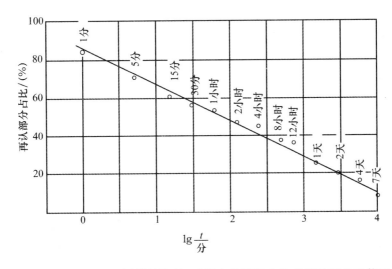

图 23-14　和图 23-13 同样的资料,而把实验所得分数对着时间的对数画出。仅凭视觉画出的那条直线是配合得相当好的,而推论是,保持正差不多和时间的对数齐步地递降或是说,遗忘(保持的丧失)因时间的对数而递增。

一个方便的 A 参数是在 24 小时后的保持量,因为这个量通常是直接地予以测定的,并且因为学习和再学习的条件在这时是可以比较的,无需由于在一天中的不同时间的学习效率不同而做何种校正。下表列出不同的实验研究者曾对于在 24 小时之后的保持的百分数得到的颇为不同的数值:

			占比/(%)
斯特朗	用单字,	用再认法	26
克留格(W. C. F. Krueger)	用单字,	用回忆法	27
艾宾浩斯	用音节,	用节省法	34
陆志韦	用音节,	用节省法	52
芬肯宾德(E. O. Finkenbinder)	用音节,	用节省法	58
布利阿斯	用音节,	用节省法	59
布利阿斯	用诗,	用节省法	75
拉多萨伏尔捷维奇(P. R. Radosavljevich,1907)	用诗,	用节省法	80

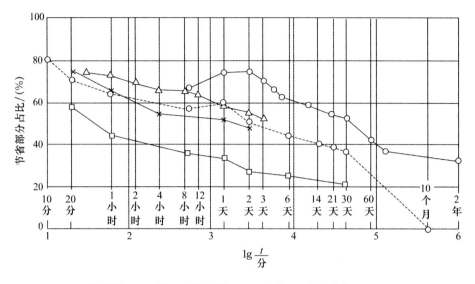

◇ 波里斯,1930,诗　　□ 波里斯,1930,音节　　△ 芬肯宾德,1913
× 陆志韦,1922　　○ 艾宾浩斯,1885

图 23-15　在对数的横坐标上画出的几条保持曲线。一条直线可以和它们中的任何一条配合得相当好,除了在8小时之处当没有对周日变化加以校正时有一个突出的降落,并除了在10个月之处也有一个突出的降落,后者意味着对仅仅学好的无意义材料的保持到最后的全部丧失。所有的学习材料都是音节字表,除了最上面的曲线,那是从20个学生得来的,他们对诗的高度保持可能一部分是由于在学习到保持测验的间隔时间内有意或无意的温习。

影响遗忘速度的因素

有理由可以假定,遗忘速度的不同,依赖于两个一般的因素,即痕迹的最初强度(学习的程度,印记的深度)和对消除痕迹起作用的因素的强度。除了在这两方面都可以意料到的个别差异之外,也会有依赖于学习和保持的条件的差异。分歧的实验结果有时候可以归因于进行实验时的不同情况。

有关痕迹的最初强度的某些因素会用实验方法研究出来。

低度学习和过度学习

一种学习材料假如学得没有达到一次完全的背诵的标准,就说它是低度学习的;但当它在达到标准以后仍继续往下学习,就说它是过度学习的。在进行外加的学习时,必须给予和以前一样密切的注意;仅仅对于学习材料的不注意的阅读,就不能算是过度学习。当满足了这样的要求时,一种过度学习了的材料是比刚刚学好的材料要保持得好一些,并且一般说来,保持是和原学习的分量是大致成比例的(艾宾浩斯,1885;克留格,1929)。但除非被试经过很好的训练,否则结果就不可靠[陆志韦,1922;科夫(N. B. Cuff),1927]。

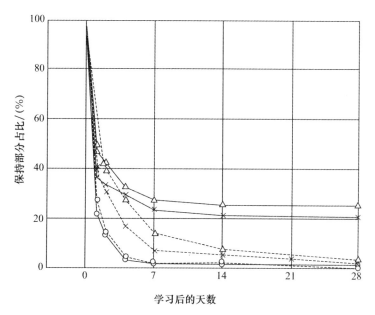

——节省成绩----回忆成绩　△△100％过度学习
××50％过度学习　○○无过度学习

图 23-16　过度学习后的保持(克留格的资料,1929)。由 12 个单音节的名词的字构成的字表用旋转鼓照每字 2 秒的速度陈示给被试。就平均而论,陈示了四遍或五遍以后,被试就能预料出字表中所有的字。在每次实验时,把达到这个标准所需要的陈示遍数记下,并且在某些情况下,学习就到此为止;但在其他情况下,又给予被试外加的陈示,直到总的遍数比达到上述标准所需要的遍数多 50％或 100％。在一天或更多的间隔时间以后,被试对字表重新学习,并达到同样的标准,并且因此得到两种保持的分数,即寻常的节省分数和在第一次重学时正确的预料数所代表的"回忆分数"。每个由 20 名学生构成的不同的组,在不同的间隔时间以后重行学习。在每种间隔时间的情况下,采用相同的几张字表,并把它们在每组的被试中轮流使用,这样来避免由于字表所可能有的不相等而产生的错误。作图所用的平均数具有高度的可靠性。在图中"100％的过度学习"就意味着外加的陈示遍数相等于达到学习标准所需要的遍数。

分布的和重复的学习

对一个字表或一节诗或(可能的)任何材料的学习,是否集中在连续的几次之中,还是分散于互相隔开的几次,二者间是有差别的。学习材料通常能在较少的次数中学好,假如学习是分布的而不是集中的,并且分布学习之后的保持也是确定地比较好的。许多实验的一般结果都是如此,其中的第一个乃是艾宾浩斯的实验(1885):他在相继的几天之内,学习并重学了无意义音节的一些字表和拜伦作品《唐璜》中的一些诗节——都达到一次完全的背诵的水平——并发现所需要的阅读次数一天天减少,也就是说学习材料逐渐保持得更好,如下表所列(并看图 23-17):

日子的次序	1	2	3	4	5	6
12 个音节构成的字表	16.5	11	7.5	5	3	2.5
80 个音节构成的字表	7.8	3.8	1.8	0.5	0	0

诗节虽然比无意义音节字表长得多,但学习得较快并保持得较好——好得如此之多,以致在第四天之后不需要再学习了。

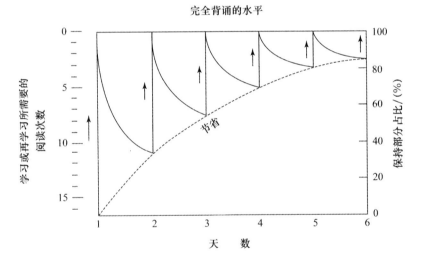

图 23-17 重复学习相同的材料,使遗忘愈来愈慢(艾宾浩斯的资料,1885)。这里所用的"材料"是 12 个无意义音节所构成的一个字表,或者更恰当地说,是一套 9 个这样的字表,在一次约 15 分钟的实验中,紧接着先后学习,并一天又一天地重学,每次都达到一次正确背诵的水平。学习(重学)的遍数逐天减少,节省逐天增加,保持则愈来愈好。箭头指示每天把掌握升到背诵水平的学习。下降曲线表示在相继的每段 24 小时的时间内遗忘的可能经过。所用资料是学习并重学 63 个字表的平均结果。

这是一个得到最有实际意义的结果的记忆实验:我们希望能在长时间内保持的材料就需要学习并再学习。所得的结果似乎是可以理解的。但经过仔细考察之后,就显然有一种令人迷惑的地方。在先后相继的每天中,被试都学习而达到一次完全的背诵的同样标准。在每天的末了,他达到了相同的程度的掌握。那么,为什么遗忘不照相同的速度而进行呢?我们不得不作出这样的结论,就是记忆痕迹由于每次的重学而变得愈来愈巩固。在每天的学习终了时,成为相同的东西,并不是记忆痕迹,而是紧跟着的关于学习材料的可背诵性或可回忆性;而回忆显然不仅依赖于忘记痕迹,并且也依赖于当时的准备状态。准备状态在很大程度上是依赖于印记的新近性的。

艾宾浩斯的这项研究以及他自己的一些类似的实验的结果由约斯特(1897)概括成为以下的定律:假如两个联合的强度相等而新旧不同,旧的联合会因时间的前进而较慢地丧失其强度。

约斯特所说的联合的强度,其意义是和学习材料的可利用性或可复现性相同的。由于可利用性是由在测验的当时的回忆而表现出来的,我们可以称其为回忆值,并把上面的定律改述如下:假如新旧不同的两个联合(或已学好的材料)现在具有相等的回忆值,那么旧的一个具有较大的保持值,并在将来会保持得较好。保持值和记忆痕迹的强度是相同的。

约斯特的这个定律甚至可以从保持曲线的一般形状推断出来。当一种学习材料经过较久的时间时,它就在曲线上接近于某一较平坦的部分,而它的进一步下降会变得更慢。所以,一种新学习的材料虽然和一种学习得较早的材料暂时具有相同的保持水平,但它是处于曲线上一个较陡的部分的,并且必然要下降得较快些。

约斯特实际上是宣布了两个定律,其中还没有讲到一个通常称为约斯特定律,那就是:假如两个联合是强度相等而新旧不同,继续的学习对于较旧的一个有较大的价值。这个定律虽然和保持曲线是一致的,但似乎不能从保持曲线推断而得。他设立这个定律原来是作为一种假说来说明分布的学习和集中的学习相对比之下所具有的优越性的,由于他看到这种优越性不能是因为在集中学习中产生了疲劳或降低了注意。在探寻其他可能的因素时,约斯特得到这样的看法,认为旧的联合也许比新的联合从重复或练习获得较多的好处。为了验证这个假说,他用了12个无意义音节构成的一些字表。一个所谓"旧的"字表是在前一天曾阅读了20~30遍,而今天得到9%的回忆分数的字表(分数是两名被试的平均数,用成对联项法进行了测验,用单数的音节作为刺激)。一个所谓"新的"字表是曾阅读了4~6遍,并且在1分钟之后就予以测验而得到40%的回忆分数的字表。因此条件是偏向于对假说不利的方面的,然而旧的学习材料比新的学习材料还是重学掌握得较快。两名被试的平均结果是:

旧的字表,回忆的分数为9%,在阅读10遍后重行掌握
新的字表,回忆的分数为40%,在阅读14遍后重行掌握

约斯特的数据要据此建立一个"定律"是颇不够的,但有些较近来的实验可

以引证来作为佐证,特别是犹次(A. C. Youtz,1941)的结果。

所有这些关于学习的分布和关于保持、回忆以及重学的相互关系的实验结果都彼此符合得很好,并且无疑地体现着某种基本的定律,即使还并未能用何种恰当的方式把那定律陈述出来,我们有理由相信所有这些实验结果所约略指示出来的定律在学习的生理学中是基本的。极为类似的关系可以在肌肉对于操练和休息的反应中找到。

学习材料的长度对保持的影响

许多实验者都一致承认,当较长的和较短的材料都学习而达到同样的一次或二次正确的背诵的标准时,往后的保持都是较长的材料较好。艾宾浩斯的原来结果都实际上被后来的许多实验者所重行取得。他学习了不同长度的字表,并在 24 小时之后把它们重行学习,所得到的节省如下:

音节数	原来的学习阅读次数	节省部分占比/(%)
12	17	35
24	45	49
36	56	58

初想起来,较难的材料却保持得较好,这是令人惊异的;但当我们注意到较难的材料需要较长时间的学习的时候,疑难就得到解答了。较强的保持是较多的学习的结果,并且是和前面讨论过的结果是一致的。要把一种长的学习材料提高到正确背诵的水平,许多部分必然要有较多的过度学习。当应用节省法的时候,还有另外一种因素:一个长的字表需要超出比例的长时间去学习,因此在重学时有较多的机会能节省时间(霍夫兰得,1951)。用字作为成对联项时,伍德沃斯(1915b)发现较长的学习材料,即使读的遍数并没有多,也保持得较好。一种短的材料可以不要特别的努力就学习好,但当一个机敏的人面临着一种长的学习材料的时候,他会被激发起来而利用种种联系和意义把材料组织起来,把不同的项目结合起来。这样形成起来的强的结构比为了随即复现一个短的字表所需要的较松懈的结构是更经久的[参考桑德(M. C. Sand),1939]。

不同种类的材料的保持

需要较多阅读的材料也保持得较好这个说法并不是普遍正确的。有意义的材料虽然学习得快,但比无意义的材料要保持得较好。这种例子在图 23-15 的布利阿斯曲线中可以看到。像打字所包含的那种运动技能曾被发现可以经过很长的时间而保持很少的丧失。我们要记住,这样一种操作和实验室中所用的音节字表相较,是大量地过度学习了的。

但过度学习并不是解释的全部,因为利威特和施洛斯贝格(H. J. Leavitt

&H. Schlosberg,1944)发现追踪旋转器的作业比无意义音节能保持得好得多,虽然练习的分量会仔细地使之相当。他们指出两种作业中几种可能的差别,这种差别也许可以解释所得的结果。一种可能性是追踪旋转器的操作是比无意义音节的学习组织得较好。范·杜森(F. Van Dusen)和施洛斯贝格(1948)验证了这个可能性:方法是把具有同样类型的,即成对联项的组织的一种文字的和一种运动的作业的保持相比较。文字的和"运动"的习惯在任何间隔时间之后的保持都没有何种重要的差别。附带说一句,有意义材料的较好组织可能是它之所以比无意义音节保持得较好的一个理由。并且我们将怎样解释条件反射(CR)的良好保持呢?[黑尔格德和洪弗瑞斯(E. R. Hilgard & L. G. Humphreys),1938b]。

鲜明性

鲜明的印象比"平凡事物"的印象保持得较好。这个普通的观察值得提一下,即使只是为了补偿我们(为实验结果所支持的)对于多次性和新近性的强调。在寻常生活中,要完全弄明白鲜明性的效果是困难的,因为鲜明的印象持续不易消退,并且得到温习,因此在其原来的鲜明性之外也获得了多次性。但是,我们可以正当地把有意义材料的良好保持的某一部分,归因于它和无意义材料对比之下的鲜明性。几位实验者[卡尔金斯,1894,1896;杰尔斯德(A. T. Jersild),1929]都证实了在一个字表中的一个鲜明的项目是在随即的回忆中占优势的,并且范·布斯吉尔克(W. L. VanBuskirk,1932)也对于较迟的回忆和重学证实了同样的事实。他的被试学习了两个由9个音节构成的字表。在第一个字表里,所有的音节都是用一致的字母写成的,黑字写在白纸上;在第二个字表中,占据字表的最不利的地位的(由第一个字表的实验结果所指明的)一个音节,是用大的红字母在绿背景上写成的。这个音节很快就学好,它在一个或两个星期以后的一次测验中被大多数被试所回忆起来,并且当不能即刻回忆起来的时候也很快就重学好[参考柯勒和冯·雷斯托夫(W. Köhler & H. von Restorff),1935]。

(潘菽 译)

第二十四章

迁移和干扰

依据实验研究要求控制条件的基本原理,在一个关于学习或记忆的实验设计中,要能够看到全部情境(从实验者的眼光来看,而不必从被试的眼光来看),了解全部的重要因素,并且使整个实验尽可能地和参与者的日常生活隔离开来。实验者有时由于这种隔离主义而受到指责,而在实验者本人看来,这种隔离正是获得关于行为因素的确定知识的唯一途径。可是实验者也可以稍稍扩大他的实验的范围,即他可以引起两个学习过程,并观察它们是怎样地相互作用着。在一种工作上所学习到的某些东西,可能带到("迁移到")另外一种工作上,这种迁移,可能助长第二种工作的学习;或者也可以设想第一种工作具有一种抑制性效果,从而对于第二种学习起着干扰的作用。而且,第二种工作的掌握,也可能反过来对第一种工作的以后的成就有所助长或有所妨碍。在这里,不同的学习过程之间的相互作用乃是多种多样的。

显然,迁移和干扰乃是在各种教育上具有很大实践意义的重要事实。儿童教育是企图为儿童过成年人的生活作准备的,但是,教室中的情境既不会和他以后在生活中所遇到的情境一模一样;而且,在学校中所学习的工作也不会等同于成年人所要从事的工作。这样,就产生了一个问题,即成年人将从学校所学到的知识、技能和态度中获得多少助益。如飞行员在地面上所受的训练,对于他以后驾驶真正的飞机在天空中飞翔究竟能有多少助益,也是一个类似的实际问题。甚至在弗洛伊德(S. Freud)的心理学中,也有所谓的迁移。虽然乍一看来,它好像是属于和一般心理学家所说的迁移完全不同的范围内,它指的是儿童从他的父母那里所获得的情绪态度,在以后迁移到用来对待别人。一般说来,如果我们能从过去的经验中得到益处,这一定是由于以前的事实或情境对于以后多少不同的事实或情境的迁移所致;如果我们不能从过去的经验中得到益处,那么,这一定是因为迁移而受到了限制。

关于迁移和干扰的科学研究

个体的两种完全分离的脑的机制或操作系统之间,是不能够产生相互迁或干扰的作用的。让有机体去学习工作 A，以后又叫他去接触工作 B，如果他由于以前对工作 A 的掌握而使工作 B 得到了较好的成绩，我们就可以推知，在 A 和 B 这两个操作系统之间一定有一些什么共同的东西。假如我们发现了这些共同的东西是什么，那么，就能使我们对于这些操作系统有所了解。一种操作系统，可能在范围上是很广阔的，也可能是相当狭窄或专门的。而一种"官能"（faculty）则常常被看做是很广泛的，它似乎包括着全部记忆的操作，例如观察或审美欣赏。可以假定，一种官能能够通过对任何一种材料的练习而得到加强，并且能为应用到其他材料上去作准备。当把这种理论应用到教育上的时候，就是认为在诗歌或词汇的学习中得到训练的记忆力，将为从事于法律或商业工作的记忆工作作准备；在几何练习中得到训练的推理能力，将为科学或公共事务的推理做准备。对于这种理论，首先从实验上加以反对的是桑代克（E. L. Thorndike，1903）。桑代克认为：只有在操作中的"相同要素"（identical elements）能够从一种工作带到另一种工作上时，迁移才是可能的。很多后来的实验与这个反对的理论有关。

在科学理论的范围内争论比较少的，乃是在各种学习的研究上所常用的"迁移测验"。在迷津实验中有一些实例，例如白鼠学会了走一个装有浅水的迷津之后；当把水加深到它必须游泳时，白鼠仍然能够找到正确的通路。由这个迁移测验产生了在一个迷津中学习到了什么的问题。在研究位置学习（place learning）和潜伏学习（latent learning）时，也运用了类似的一些迁移测验。在辨别学习（discrimination learning）的情况下，发现了其他的例子：例如使一只猴子或白鼠首先学会按照一定的线索（cue）去获取食物，然后改变这个线索，看看这个新的线索与原有线索有多少"相同"时动物仍能获取食物；结果时常发现，动物所采用的线索与人类观察者所设想的有很大的差别。甚至把对刺激概括化和概括化程度所作的条件反射实验也可以看做是迁移实验，因为被试是首先学会了对一个特定的条件刺激物进行反应，然后再对另一个或多或少相似的刺激物去进行测验的。因此，这对于解释实现条件性活动的大脑机制带来了一线光明。

在动机中用一个迁移测验也可以说明二级强化（secondary reinforcement）的作用。例如，一只白鼠多次重复地在一个放在通路终点处的白色盒子中找到食物后，就可以用这同一个盒子作为唯一的诱因学会另外一个迷津，尽管这时这个盒子是空的、没有食物的。即便是条件反射实验的消退，也是一种迁移测验，因为它表示出巴甫洛夫的狗，例如说，并没有真的学会仅只对一个声音分泌唾液，而是学会了对经常有食物跟随出现的声音去分泌唾液。总之，我们可以说，迁移测验是用以解决学习到什么东西的问题的。

迁移和迁移效果

在上述的实验中,从第一个工作中把哪些反应带到了第二个工作中的问题是时常能够很容易地正确指出来的。但是在人类的训练迁移的实验中,有时虽然表现了显著的迁移效果,却很难说出究竟是哪些技能、知识、理解或情绪适应的因素得到了迁移。迁移和迁移效果这两个词之间的差别不是时常能够被发现的,但是从逻辑上来讲:迁移就是把一个动作或动作方法从一件工作带到另一件工作上去;而迁移效果是这个迁移在第二件工作的学习和完成上所发生的影响。迁移效果可能是正的或负的、有益的或有害的。"逆转线索"(reversed-cue)的实验提供了负迁移效果的例子。从一件熟习了的工作中带来的快速工作的习惯可能阻碍着对另一件工作的学习,这是一种正迁移而具有负迁移效果的明显情况。把这种情况称为一个"负迁移"(negative transfer)可能没有什么妨碍,但是我们要知道还有一些真正的负迁移的事例。例如,当一个青年人从军队复员回来以后,远不能够把在部队中已养成的敏捷与整齐的军事习惯带到平民的生活中来,他往往背叛原来的习惯特点并达到了另一极端。

迁移实验的设计

一般地运用着下列两种方法,虽然它们最初都是以人作为对象而进行的,但是前者更多地应用于人类实验室,后者更多地应用于动物实验室中。

起始测验和最终测验的方法

这是一种最先被采用的方法[弗勒克曼(A. W. Volkmann),1858],以后又被广泛地运用于人类实验。用 A 和 B 标明两种不同的工作。让被试练习工作A,而在练习开始以前和终了以后进行对于工作 B 的测验。问题在于工作 B 在起始的测验和最终的测验中间,是否表现出一定的进步(也可能是退步),并且这个进步是否由于中间的练习而产生。

这里可能具有不是由迁移而产生的进步。由于工作 B 在起始的测验中获得了一定程度的练习,因此在最终的测验中就必定有一定的进步。这个练习的效果也可能很大,因为在对于一件新工作进行练习的过程中,最初几次练习的进步常常发展得非常迅速。因此在实验中需要有一个控制组,这个控制组像练习组一样地进行起始的和最终的测验,只是不作中间的练习。从练习组所得到的进步中减去控制组的进步,我们就获得了由于迁移而引起的纯净收益(net gain)。见下列设计一。

设计一

练习组：做 B 的起始测验……………练习 A……………做 B 的最终测验

控制组：做 B 的起始测验………………………………………做 B 的最终测验

设计二

练习 A………………………做 B 的最终测验（A 和 B 是相等的工作）

设计三

一个个别组学习 A………………………学习 B（A 和 B 是相等的工作）

设计四

迁移组学习 A………………学习 B

控制组………………………学习 B（两组被试相等）

设计五

第一组学习 A………………学习 B

第二组学习 B………………学习 A（把 A 和 B 的材料聚合起来处理）

  练习组和控制组对于工作 B 的原有能力必须相等。为此可以拿起始测验的结果为基础而进行分组。我们必须设想这两组在迁移的效果之外，具有着相等的进步。但是我们知道，原有成绩低的被试们经常表现出更大的进步。如果我们运用一个成绩远远高于或低于练习组的控制组时，那么，我们所求得的"纯净收益"就会相应地过大或过小。

  有时候我们可以使两种工作相等来代替两组相等的方法，如设计二所表明那样，可以不用控制组和起始测验。在这里，因为工作是相等的，从测验分数来说，工作 A 的第一次练习就相当于工作 B 的起始测验。被选用的两种工作一般说是很相似的，如两种迷津、两种代替测验、两种卡片分类工作等等。

相继练习的方法

  起始测验和最终测验的方法具有一个缺点，即它只看到了在掌握工作的过程中一个个别阶段的迁移情况。因为我们所谓的工作 B 虽然在起始的测验中经过了少许的几次练习，但是在考查迁移效果的最终测验时，它仍然处于掌握工作 B 的早期阶段。把对于迁移的研究局限于这一个个别阶段，曾经遇到了很多反对的意见。为了给从一件工作到另一件工作的迁移提供充分的机会，我们把最终的测验改变为对于工作 B 的一系列的练习。

  关于继续练习实验的一般设计，是由同一组被试先学习 A 再学习 B。如果我们知道 A 和 B 难易相等，那么，我们只需了解后学的工作 B 是否比工作 A 更容易学习就可以了。虽然如此，以相等工作为依据是会过于限制迁移研究的范围的。如果我们用一个对偶的控制组只学习工作 B，把它的结果与先练习过 A、再学习 B 的迁移组进行比较研究，就可以无限地扩大研究的范围。假设这两组的水平相等,那么,工作 A 和 B 就可以按照我们的意愿使彼此毫不相似。另外一种设计是让一组被试先练习工作 A,再练习工作 B;另一组先练习 B 后,再练习 A,然后把两组材料加以聚合处理(pool),以求出第一次的学习和第二次的学习。在这种情况下,无论是两个工作或两组被试都不需要相等。在两个"起始测验和最终测验"的设计后面,我们增加了 3 个继续练习的实验设计(见设计三~五)。

为了分成两个相等的组别,有时运用一个起始的测验,也有时用另一种方法,即盖赛尔和汤姆逊(A. Gesell & H. Thompson,1929)所运用的"孪生控制"方法(cotwin control method)。应该随时考虑使不同组的工作条件,例如对提高或减低工作(或遗忘)的因素等方面都相等[易里安和古斯塔夫森(A. L. Irion and L. M. Gustafson),1952;金波尔(G. A. Kimble),1952]。在工作 B 中所产生的进步可能出自学习动机的迁移,而不是任何在练习工作 A 时所获得的学习能力的迁移[亨利(E. M. Henry),1951;费尔克劳(R. H.,Jr. Fairclough),1952]。

迁移效果的测量

我们应该不仅能够说明有迁移效果的存在,还能够测量迁移效果的大小,以便从数量上去比较不同的迁移情况。我们应该能够用从 0~100 的百分量表来表示迁移的大小。迁移效果等于 0 就意味着前一个训练(A)对于后一个工作(B)的学习没有任何帮助,对于 100% 的迁移效果应该如何理解呢?这就是说,前一个训练对于后一个工作的帮助非常之大,以致为了完全地掌握后一个工作,不需要再增加任何练习。

用一个控制组或直接练习组不作任何准备地学习后一个工作,直至达到最终的水平,可以提供出所求的 0 和 100% 的迁移效果。他们原有的成绩是 0,通过练习所达到的水平是 100%。与控制组(C)完全对偶的迁移组(T)具有了一些事前的训练或经验,然后再着手进行第二个工作。例如 T 组在对于后一个工作的第一次练习(或最初几次练习)中,得到了一个介乎 0~100% 中间的成绩,那么,这个迁移效果就是 50%。一般说来,测量迁移效果的公式为

$$\text{迁移效果的百分比} = \frac{T\text{ 组分数} - C\text{ 组原有分数}}{C\text{ 组最终分数} - C\text{ 组原有分数}} \times 100$$

这种方法,虽然还不具有方程式的形式,但已经被库克(T. W. Cook,1933、1934)广泛地采用了。这个公式是由戈内(R. M. Gagné)、福司特(H. Foster)和克劳雷(M. E. Crowley)在 1948 年所确定的,但是当时他们把"C 组最终分数"称为"可能达到的分数总合"。在某些工作上,可能达到的分数总合或最大数量可以预先陈述出来,例如,完全无误地记忆一组音节、成对的联想或是走一

个迷津。但是在很多情况下,这个可达到的分数的最大数量只能在实验中去确定。这就是练习的水平。例如,在戈内和福司特的研究中就是如此(1949)。

对于迁移效果的另一个良好的测量方法,就是在研究保持中广泛采用的节省方法。即求出由于前一个训练使得在后一个工作中节省了多少工作。让控制组(C)事先没有准备地学习后一个工作,在一定次数的练习中达到一定的练习水平。迁移组(T)在进行了对前一个工作的训练以后,开始做第二个工作也达到相等的练习水平。如果C组在后一个工作中用了20次练习,而T组只用了12次练习,那么,迁移效果的数量就是节省了20次之中的8次,或者说40%。

节省方法可以因运用一系列的连续标准而得到扩展,即在全部学习过程中计算C组和T组在达到每一个标准时所需要的练习次数,并求出T组为达到每一个水平所节省的百分数,这样就可以看到迁移效果在全部学习过程中的进展情况。

与理论的学习曲线有关的迁移测量 我们在讲"动机"一章中所用过的公式,在迁移的分析和测量中也是有用的。公式是以下列形式表现的:

$$Z - y = (1-F)^n (Z-A)$$

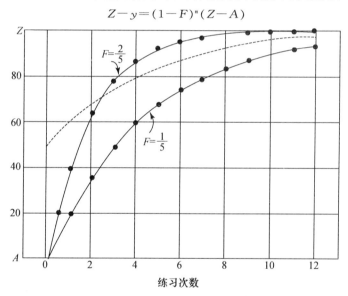

图 24-1 在学习曲线上可能产生的迁移效果。标明 $F=1/5$ 的曲线表示控制组的进步速率。标明 $F=2/5$ 的曲线是假设由于受到以前训练的迁移效果而提高了一倍的学习速度,它从同一条基线开始,但是在速度上提高一倍地达到了同样的最终水平。虚线假设为从被最初训练所中断的地方到最终水平的距离,虽然其进步速率 F 与控制组同样是 1/5。根据理论方程的计算,我们发现虚线为了达到每下一个水平或指标可以节省 3.1 次练习;而 $F=2/5$ 的曲线为了达到每一个水平只需要控制组所用的 44% 的练习次数。

Z 是学习者所达到的练习水平;A 是学习者在开始时的分数或水平,因此 $Z-A$ 就是从开始到最终的距离,也就是进步的范围;F 是进步的速率,即每一次练习所经过的部分距离;y 是第 n 次练习的分数。这里我们有着三个可能受到前一个学习的迁移影响的因素 A、Z 和 F。原有分数 A 可能由于下列原因而提高,例如,现有迷津的某些部分与已经掌握了的迷津的一部分相等;从一开始就避免了某些盲路,因此虽然进步的速率不变,所要走的距离 $Z-A$ 也可能缩短。或者,进步的速率 F 可能由于学习过去的迷津使走迷津的工作一般地变得容易而有所提高;此外,练习水平 Z 也可能由于激励的因素,即由于在其他迷津中得到奖励的过去经验而提高,或者是由于激励得到满足而降低。迁移组所得到的学习曲线可以在上述的任何一方面与控制组有所差别,而这个差别就可能给解决在特定情况下迁移的性质问题指出途径(图 24-1)。

交叉教育(cross education),从身体上一部分到另一部分的技能迁移

注意到我们的老朋友——心理生理学家们所开始的对于迁移的科学研究是有裨益的。韦伯定律的创始者,韦伯(E. H. Weber)曾经发现了有些儿童在学会了用右手写字以后,不需要再经过任何学习就能够用左手完成很好的反书。韦伯本人具有一种对于生物学教师非常有用的绘图技巧,他能够用两只手同时在黑板上画出一个两侧对称的动物机体略图来,这时他左手所画的正是右手所画图形的反象。韦伯当时并没有公布这些发现,只是在以后把它们告知了费希纳(G. T. Fechner),然后由费希纳在 1858 年把这些情况与他本人的近似发现一起公布了出来。

知觉技巧的迁移

费希纳的关于运动技巧的左右迁移的文章,后来被他的姻兄弗勒克曼增修为一篇较长的文章。弗勒克曼与费希纳曾经合作过一些关于两点的触觉辨别(两点阈限)的长期实验。弗勒克曼曾经指出了 3 个颇为显著的现象:① 在练习过的皮肤部位上感觉能力有显著的增加(两点阈限降低);② 在另一只手或手臂的相应部位上具有几乎相等的进步;③ 这样获得的感觉能力在几天不用之后就很快地消失。这种迁移并不普遍,而是限制在接受练习部位的相邻部位或对称部位。从一个指头的指尖到指根以及从一个指头到另一个指头都有很好的迁移效果,但是从指头到手臂却不能够迁移。弗勒克曼根据迁移效果推知由练习所产生的改变是发生在脑中,而不是在皮肤上。

德列斯拉(F. B. Dresslar)在 1894 年以手臂作为练习部位也获得了同样的

结果。两点阈限在练习部位和身体两侧对称的部位上都有极大的降低,但是这种降低并不发生在其他部位上。两名成年被试报告说,在练习以后,在练习部位和其他部位上,对于点的感觉有很大差别。根据关于两点阈限的其他工作[麦森哲(J. F. Messenger),1903;波令(E. G. Boring),1920],这种进步是完全可以理解的。在距离小到测验仪器的两个点不能够被清楚地感觉为两点时,仍然具有被试可以学习去正确说明的微小的感觉差异。对于感觉出是一点或两点的细微线索在结构不同的皮肤部位上必然有很大的差别,但是它们在左右对称的部位上可能近乎相等。

运动技巧的左右迁移

从许多实验中可以清楚地看出,在一个特定工作中用一只手练习所获得的技巧,时常能够带到另一只手上去,甚至能够带到脚上(有时如此,并不是每一次都如此)。

在斯威夫特(E. J. Swift,1903)的六名被试中有 5 个人表现了对于掷球运动从右手向左手的迁移。运用节省方法进行测量,得出了很大的迁移效果,其数量约等于在没有迁移时左手将进行练习的 2/3。在这个迁移效果中最显著的因素是掌握持球的有效方法、掷球时避免相撞,以及在掷坏了一次以后能够恢复控制。

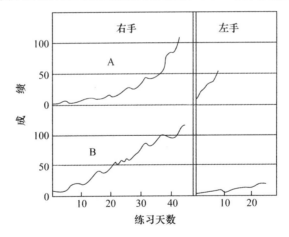

图 24-2 掷球运动从右手向左手的迁移(斯威夫特,1903)。继续练习的方法。被试练习用轮流掷起的方法使两个球能够保持不落在地上,当他没有能够接住一个球时就终止一次练习,他所掷出的次数就是练习的成绩。每天练习 10 次。图上的曲线表示已经修匀的平均数值。当右手能够达到平均 100 次的成绩时,就开始左手的练习。A 和 B 是两位惯用右手的人:A 的成绩表现了正迁移效果,因为他的左手练习比右手练习进步快得多;但是 B 的曲线没有表现出迁移的迹象,这可能是由于他虽然已经很熟练了,但是并没有对这项工作进行分析的缘故。

穆恩(N. L. Munn,1932)用练习组和控制组各50名学生做了下述的一个迁移实验,它的做法与掷球运动很相似,只是比较简单一些。两组被试最初都用左手进行50次练习作为起始的测验,然后迁移组用右手在1小时之内练习500次,这时控制组休息不做练习,最后两组都再一次用左手进行50次练习作为最终的测验(这个实验是一个个人实验,而不是集体实验)。迁移组在右手练习中所获得的收益是巨大的,从最初50次练习的73分达到最后50次练习的108分。这一组最初用左手得到了50分的成绩,在右手练习之后达到了78分,而控制组在两次测验中只从48分提高到57分。总的说来,个人的最初成绩愈低,他的收益就愈大,但是正迁移效果是表现在全部情况之中的。

	左手最初成绩/分				
	20以下	21~40	41~60	61~80	81~100
迁移组的收益	45	40	23	21	15
控制组的收益	14	9	14	6	−4

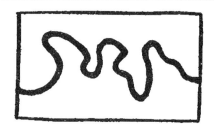

图24-3 库克(1934b)所运用的铁笔迷津(stylus maze)图。图上的粗线表示一条宽1/4、长48的沟槽。在沟槽的下面向外张开,一个小铁钱安在铁笔下端,小铁钱恰好含在沟槽下向外张开的部分,可自由沿沟槽移动,它使铁笔始终保持在沟槽之内。铁笔的上端安装一个手柄,如果是用脚做练习,就把铁笔连接在鞋底子上。用屏幕遮着,不使被试看见迷津,并告诉被试说这条沟槽一般地说来是由左向右进行的,它是曲折的,但是其间并没有盲路。被试应该力求做得迅速。

根据穆恩的被试们的自发解释,他们所学习到的并且从右手带到左手上去的东西主要是技巧特点。

在库克对于交叉教育所做的广泛研究中,一个主要的目的在于测验下列假设:从身体上一个工作部位到另一个工作部位的迁移,在身体的对称部位(手到手或脚到脚)间最大;在同侧部位间(右手到右脚或左手到左脚)其次;而在斜对的部位之间最小。这个论题已经被镜画(mirror tracing)以及遮着眼睛走不规则的通路(如图24-3)的实验所证实。这个实验的某些结果表现在图24-4中。在这个实验中,库克希望能够避免那些在掷球运动或镜画上非常重要,并且在用左手或右手去工作时都相同的、作为视觉线索的"相同要素",也避免那些对于使人们不走入盲路是有用的口头规则,甚至还避免对于整个实验室情境的情绪适应。但是这样做的结果仍然保留着一些"相同要素",由于

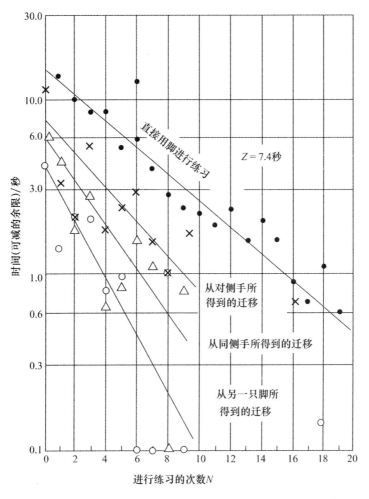

图 24-4 用一只脚使铁笔沿着一个看不见的沟槽行进时所得到的练习曲线(库克的材料,1934b)。沟槽的路线如图 24-3 所表示。标明"直接用脚进行练习"的斜线代表着 60 名学生事前不做准备地直接练习这个工作,直到达到一个近似练习水平的平均成绩,其中有一半学生用右脚,另一半学生用左脚。其他的三条斜线代表着 20 名学生先用另一只脚,或同侧的手,或对侧的手练习 20 次以后再用脚进行练习的平均成绩。由于这些斜线只是看起来大致地与原始材料相符合,因此我们不可能十分肯定它们的确切倾斜度或与 Y 轴的确切交点($N=0$ 处)。根据现有的线段,我们可以推知:① 全部迁移组在开始时都比事前不做准备的组有较好的成绩;② 迁移组进步得更加迅速;③ 迁移效果在身体对称部位间最大,斜对部位间最小。库克的关于向手部迁移的材料是比较不规则的,但是也表现了从身体斜对部位所得到的正迁移效果最小,从对称部位或同侧部位所得到的正迁移效果大约相等。这种计算迁移效果的方法,至少致力于利用全部材料。

通路在客观上相等,并且保持着相同的位置,因而当被试熟悉了这个图样之后,他就可以不论用身体的哪一部分都能得到比较好的结果。被试也学会了如何掌握走迷津用的铁笔,以便不使铁笔碰到沟槽任何一边产生过大的压力而妨碍自己的运动。这些因素应该看做是一些迁移,但是它们并不能够解释为什么在身体的对称部位之间迁移最大,而在斜对部位之间最小。这需要考虑到更加生理学的因素。

正如弥里森(R. Milisen)和范·利坡尔(C. van Riper,1939)所指出的,左手和右手的运动,除非它们彼此互为反象的情况下,并不是左右对称的:如果右手向右动,同时左手向左动,这种运动是对称的,也是易于完成的;如果右手按照顺时针方向做圆形运动,为了达到充分的左右对称,左手必须按照逆时针方向做圆形运动。这些作者们发现了在做对称性运动时具有最大的迁移。在他们的实验中,让被试尽量迅速地使铁笔沿着一个形如首蓿叶的轨迹运动。在起始的和最终的测验中测量他的左手在顺时针和逆时针两个方向的运动速度,而在这两次测验之间进行右手运动的练习。在最终的测验中,全组都表现了左手在两个方向的运动上全具有迁移的收益,但是在与右手练习方向相反的那一边所得到的迁移的收益肯定地更大一些。作者认为这个结果不能够只用技能和有关图样知识方面的"一般要素"去解释。肌肉运动的左右侧对称的调节起着一定的作用。

镜画中的迁移

在不直接看图形而是通过镜子去看图形时,用一支铅笔或铁笔按照星状的图形进行描绘,这是一个常用的能够产生巨大练习效果的实验室实验。通常的做法是把需要描绘的图纸平放在桌子上,而使镜子垂直地立在它的前面。在这个位置上镜子颠倒了图形的前后方向,但是左右保持不变。左右的线条要求正常的眼-手协调,对前后的线条却要把描绘颠倒过来;而在描绘一条斜线时,就要按照它的前后成分颠倒眼-手协调,又按照它的左右成分使它保持不变。初学者对于这件工作会感到巨大的困难,但是进步得很快。

斯塔奇(D. Starch,1910)所介绍的这个实验是迁移研究中一个很好的实验,在这里时常能够看到从一只手到另一只手的正迁移效果。爱瓦特(P. H. Ewert,1926)发现在原有的要求中有些是过分的,因为他们不能承受起始测验中所给予的练习。在他自己的实验中,当用一个控制组去比较时,仍然表现了一个出自迁移的纯净收益。库克(1933)运用把铁笔附着在鞋底上的方法,发现了从手到脚以及从脚到手有着相当大的迁移。

布雷(C. W. Bray,1928)不完全用镜画的方法,而是运用镜中瞄准的方法进行了一个迁移实验。在实验中被试不是去描绘星状图形,而是用拿在手中或系在脚上的铅笔去撞击一个目标。这个目标是一条位置于竖立在被试的手或脚前方的平行纸面上的垂直线,它被一个屏幕所遮蔽不能直接看到,只能从镜子里看到。镜子是立在旁边的,因此就颠倒了左右。让被试用节拍器掌握时间,每分钟撞击 36 次。在每次撞击之间校正瞄准时,他感觉受到镜中方向颠倒的消极影响,但是产生着进步。并且在从手到手之间和从手到脚之间都具有显著的迁移效果(图 24-5)。

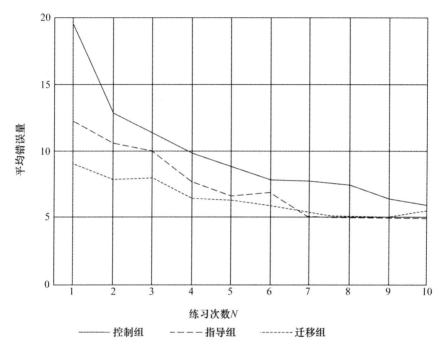

图 24-5 在有无来自手做练习的迁移的情况下,用脚做镜中瞄准的练习(布雷的材料,1928)。每一次练习包括 10 次对目标的撞击。控制组 24 名学生用脚做练习,事前并没有用手做过镜中瞄准的工作;迁移组 37 名学生在开始用脚练习以前,至少具有过 10 次用手做的练习;指导组 17 名学生没有经过事前的练习,但是他们很熟悉于这个仪器和镜子的效果,通过讲解给他们指出了一种改正错误和克服镜子影响的有效方法。正如曲线所表明的,这些指示对于用脚做练习是有一定帮助的,但是来自手做练习的迁移则具有更大的帮助。

布雷的被试们的内省报告,以及对于他们行为的观察,都给解决究竟从手到脚或从脚到手迁移了什么东西的问题提供了一条途径。

(1) 发现了减少镜子影响的一些方法。绝大多数的被试学会了除非在记录错误时不看镜中映像,只依靠动觉去校正他的瞄准。另外一个方法是作出相反的校正,即如果这次撞击显得偏左时,那么,他在瞄准时就更加偏左一些。此外还有一个方法,就是以镜框作为标准,在瞄准时注意是需要更接近或远离镜框。

(2) 被试学会了避免在早期练习中常常是一个有害因素的冲动性的矫枉过正。

(3) 被试失去了在开始练习时一般具有的神经过敏和忸怩不安。"在几次练习之后,神经紧张状态消失而代之以自信。但是这种自信并不经常能够带到另一肢所做的练习中去。"

左右迁移的神经学

任何练习效果都定位在大脑两半球上,并且练习会在神经结构或神经状态上面留下一定的变化,这似乎是已经肯定了的。在左右迁移的情况下,活动的机构具有着不同的大脑定位,因为身体的右侧更直接地与左半球相联系,左侧与右半球相联系。拉希莱(K. S. Lashley,1924)破坏了一只猴子的右侧中央前回,即左侧身体的运动区,使它优势的右手仍然保持完善的工作。在这种状态下让猴子学习开三个带门的盒子,它用右手拿门,左手只作为一个支柱。在进行第二次手术时破坏了猴子右手的运动区,这时右手变得软弱无力和僵直,而左手已经部分恢复成为比较好用的手了。用已经学过的同一个带门的盒子进行测验,猴子在开始的几次练习中尝试像学过的那样运用右手,但是只需要做很少的几次练习就转变到运用左手上去。显然,两个运动区都不可能是由练习所产生的神经变化的定位部分。从拉希莱对于动物行为的描述中,可以清楚地看出,对于作为物体的盒子的熟识是被保持下来了。在第二次手术以后,猴子运用正确的方法去开门,但是右手无力和笨拙,就径直地用身体上其他更适宜的部位作了代替。在最初的练习中它几乎没有发展新的动作协调,只是把旧有运动适应于它在视觉与把弄相结合时学习到的盒子与门的特点。这种学习的定位,根据我们对脑的理解,可能广阔地扩展在大脑皮质运动前区、顶叶区和枕叶区。迁移表明了任何一只手的活动对于处于同等高水平的大脑机制的运用都是有益的。

记忆的训练

虽然上面左右迁移实验的正效果引起了人们的惊异,但是当广义地提到迁移问题时,人们所期待着的正是这些正效果,而对于有时出现的负效果却表示怀疑。这是很奇怪的。对这种"形式训练"(formal discipline)的信仰是根深蒂固的。人们广泛地相信着记忆训练的效力,只有威廉·詹姆斯(William James)着重地对它提出了疑问。根据詹姆斯的观点,保持是一个随个人的体质、年龄、健康状况而改变,但是不受训练影响的生理特质。他尽力地用一些实验去测定他的假设(1890,I.),这就是除去那些教育实验以外最早的迁移实验。在他的实验中,首先测量人们学习一首诗的诗句的速度,然后训练他们去记忆其他的诗句,最后再回到第一首诗来,并且确定他们是不是能够比以前更快地记忆诗句。这些实验结果表现了很少迁移的效果,就是所发现的那些进步也是属于较好的记忆方法方面的,而不是保持上的进步。

在记忆一种特殊材料时的迅速进步

詹姆斯没有谈到他的被试们在练习中提高了多少,但是在另外一些实验中,即让被试们学习一位作者的诗篇的实验中,却肯定了是会产生巨大进步的。艾伯特和缪曼(E. Ebert and E. Meumann,1905)做了一个记忆无意义音节的练习实验,并在其中发现了很大的进步,这些进步大半属于较好的技巧方面。学习者尝试着利用各种方法去帮助记忆,抛弃那些不适用的方法,并且保持那些适用的方法。他们发现了韵律的组合是有帮助的。他们学习着不用牵强附会的"联想",最后他们自己很惊奇地发现了他们是能够记忆无意义音节的材料的,并且开始对这件工作获得了信心和兴趣。这时,他们消除了在进行生疏和困难的工作时所产生的困惑、紧张和不必要的肌肉紧张,他们变得"适应"于实验者和实验室条件。

对于记忆无意义音节的材料或斯宾塞(E. Spenser)的诗篇"仙后"(Faerie Queene),或任何其他特种课题的练习,使学习者能够对这一类课题的记忆在难易性和速度方面都提高很多。这种进步到底是一个迁移的效果?抑或单纯是一个练习的效果呢?由于在一组材料或诗篇中所建立的联想与在另一组材料或诗篇中所建立的联想并不相同,因此我们说它是一个迁移的效果。这是一个在狭窄限度之内的迁移。而有兴趣的问题在于:是否在练习一种课题时,有一种更普遍的记忆能力也获得了发展,并且能够迁移到其他一种课题呢?

从记忆一种课题到其他课题的不充分迁移

在上面谈过的著名实验中,艾伯特和缪曼对于广泛的迁移效果发生了兴趣:他们要求被试在进行学习无意义音节的练习以前和以后,去记忆字母、数字、不相联系的单字、词汇、散文的章节、诗歌和无意义的视觉图形。在最终的测验中,被试时常表现出比起始的测验有些进步。作者总结指出,这表明着一个广泛的迁移效果。他们实验的一个严重缺点就是缺乏控制组。第耳本(W. F. Dearborn,1909)在不用练习系列的情况下重复这一实验并证明了这一事实,他在最终的测验和起始的测验之间获得了同样多的进步。他在起始的测验中准备了对于各种测验材料足够的特殊练习,以致就是在练习系列中没有获得任何记忆能力的"开展"时,也能够产生相当的进步。里德(H. B. Reed,1917)用一个由8名学生组成的练习组和一个5名学生组成的控制组重复了艾伯特和缪曼的全部实验,结果虽然在无意义音节的练习系列中获得了很大的进步,但是其中只有很少数是纯粹来自迁移的进步和退步。这里确实没有关于获得的记忆能力的广泛开展的征象。

这些广泛迁移实验中所具有的一个困难,就是在全部起始的测验中获得一个与迁移组并进的控制组。斯雷特(W. G. Sleight,1911)的一个实验在这方面是适当的,并且或者可以认为是所有用年轻对象所做的实验中最好的一个(84 名学生,平均年龄为 12 岁 8 个月)。使被试在进行 10 种不同记忆工作的起始测验的基础上,分成 4 个相等的组,有 3 组练习记忆诗歌、散文的章节大意、或是度量表格以及类似的数量事实的表格。一个控制组进行起始的、中间的及最终的测验,但是让他们在其他组做记忆练习时从事于算术或其他功课。测验材料是经过细心准备的,并且在更替中注意到避免由于不相等的测验而引起的误差。

斯雷特的结果表现出练习的结果没有使记忆得到普遍的改进。练习组的纯净收益和损失的数量相等,并且其中很少数在统计上是有意义的。练习记忆诗歌和数量表格的两组在记忆无意义音节的系列时表现出很大正迁移效果,显然是由于运用了韵律的方法。在一个与这个相类似只是范围较小的对成年人进行的实验中,斯雷特发现了一个极大的、但是负的迁移效果,即成年的被试们在练习学习散文的章节大意之后,在记忆相对地无意义的材料时表现了纯净损失,因为他们说在练习期间进行了较有趣味的工作以后,再这样做是完全乏味的。在这些少数事例之外,纯净收益和损失是很小的,并且表现为一种机遇的分配(图 24-6)。

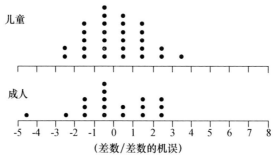

图 24-6 在记忆练习以后的最终测验中集体的纯净收益和损失的分布(斯雷特 1911 的材料)。儿童:3 个练习组 10 次测验共产生了 30 个纯净收益和损失,它们各以其差数的机误(PE_{diff})之和来表示。如果纯由机遇,则约有半数的差数位于 $\pm 1\ PE_{diff}$ 之间,而实际上则 30 个差数中的 13 个是在这个限度之内。这个分布除去本文中所谈到的两个大的收益以外,其结果可能产生于毫无迁移效果和偶然的变异。第二个分布图出自斯雷特对成人所做的相似实验,它表现了一个明显的负效果和一个似乎多余的微小的正效果。

有效的记忆方法的训练

谁尽自己最大的努力去学习某种材料,就会寻得对这种材料最相适宜的技巧。如果把它概括化,这些技巧可能对于其他材料也是适用的。不过,学习者常常只忙于他的特殊工作,没有尝试去概括化,因此,他的技巧就会停留在这一特定工作上而不产生迁移,但是一个指导者可以使它们比较容易被迁移。武卓(H. Woodrow,1927)对于这种可能性进行了测验。他把一班学生分成三组,其中控制组只作起始的测验及最终的测验。不加指导的练习组共用3小时(分为8次,分布在4周中)去努力记忆诗歌及无意义音节。训练组把总的时间分配在"记忆的正当方法"的训练上和对诗歌及音节的练习上。起始的和最终的测验中包括了记忆一系列和音、土耳其语-英语词汇、事件的日期、诗歌和散文的字句,以及报告条文的大意等。

在最终的测验中,练习组的成绩和控制组差不多相等,但是受指导的组在每一个测验中都超过其他各组很多。"总之,这个实验指出了:当一种训练方法——无指导的练习——产生的迁移效果有时是正的、有时是负的,并且数量很小时,另一种训练方法对于同一训练材料就能够引起效果很大的正迁移。"

在训练中这些"正当的记忆方法"究竟是什么呢?武卓指出了下列几项:

(1) 完整地学习;
(2) 运用主动的自我测验;
(3) 运用分组和韵律;
(4) 注意意义,并且利用表象和符号去把握意义;
(5) 头脑清醒和注意集中;
(6) 确信自己的记忆能力;
(7) 在一定情况下,例如在学习无意义音节时,运用补充的联想。

观察的训练

通过使一个人对于某些要求迅速和精确观察的事件进行紧张的观察练习,你能否把一个人训练成为一名好的观察者呢?桑代克和伍德沃斯(R. S. Woodworth,1901)把这个问题作为对于全部形式训练学说进行攻击的一个部分,提出来进行测验。有一个实验,其中观察练习是去估计面积10~100平方厘米的长方形,并且在每一次估计之后都把真实面积告诉给被试,这样他肯定地获得了进步。在这个特殊实验以前和以后,还要求被试对于其他长方形或三角形和其他各种图形的面积进行估计测验。对于长度和重量的估计也做了相似的实验。一般的结果是从起始的测验到最终的测验之间虽然时常有进步;但是不太可靠,并且也不像在练习的工作中所表现的进步大。根据作者所能发现的,迁移效果的产生是由于在练习中所用的特殊方法、观念或有用的习惯被带到最终的测验之中。例如,一名被试在练习中倾向于过大地估计小的面积,当他发现了这个错误以后,改正了他的估计并且把它带到估计其他大面积材料的测验中,结果就使他易于过小地估计面积。这里有时也会产生情绪调整的迁移,例如在起始的测验中,一个胆小和过度谨慎的人,通过很长的练习获得了信心,并且把这信心带到了最终的测验中。

上述的作者们很好地使用了删字测验的材料,这些材料提供了充分的机会去练习对一定的辨别力,然后对其他的辨别力进行迁移测验[参看下面马丁(M. A. Martin)后来的实验]。这些结果和刚才所谈的相似,它们的结论虽然在当时引起了很大的异议,但是这是合乎逻辑的。"没有任何内在的必要性去证明:一种功能,会由于练习的奇妙的迁移,使与之近似的其他功能也得进步……它们的进步似乎是由于特定的因素。"作者们时常把这些一定的因素称为共同要素或相同要素,后来,桑代克(1903,1913)曾说道:"当一种功能的变化改变了其他任何一种功能时,只能够是由于这两种功能具有相同要素的因素。"

在形式训练学说和相同要素学说之间,心理学讨论经常赞许后者,因为如果有两个工作,我们训练其中一个就在另一个上面也发生效果的话,似乎不可避免的必定是它们二者之间具有着某种共同的东西[詹姆斯(H. E. O. James),1930;卡托纳(G. Katona),1940]。并非所有心理学者都喜欢"相同要素"这个名词,因为它似乎有一种原子论的气息,而"共同要素"(common factor)是比较易于被普遍接受的。这个学说可以作为一个路标,指向着作为迁移原因的那些特定的具体的东西,而反对任何对于形式训练的接近。

在对于许多有关知觉训练的实验(其中有些是很新的)所作的一篇批判性评论中,吉布森(E. J. Gibson,1953)指出了迁移的问题乃是"知觉的改进怎样是可能的"这一普遍问题的一部分。

一个有关迁移的删字实验

在许多运用这种材料的迁移实验中,马丁(1915)的一个可以算是最完全的。他的对象是11~13岁的男孩,练习组36人,控制组40人。首先把所有男孩集合在一起,给以初步的测验,这个测验包括两次对于几种删字工作所进行的一分钟练习。练习组与控制组在这次测验中的成绩几乎相等,练习组稍许偏高一些。然后练习组在16天中每天用40分钟作一件单一的工作:即从对于这些男孩来说没有特殊兴趣的英文散文中,删除那些含有字母"a"及"t"的字。进步是很明显的。在练习开始时,平均每分钟删除了10.26个字;而在练习的末期平均每分钟删除 26.65 个字。其中最大的错误是忽略了应该删除的字,因此删除的正确性是用阅读材料中应该被删除的字数去除实际被删除的字数所得的商数来测量的。用这种方法求出的练习组的正确性在开始时是 79%,而在终了时逐步增加到 96%。当练习全部做完以后,再把两组男孩们集合在一起,像开始时一样地给以相同的测验。自练习组的起始测验到最终测验之间的进步中减去控制组的进步,其余数就是纯净收益或迁移效果。表中所指出的迁移效果与直接练习相比较,在速度方面进步了每分钟 16.39 个字,在正确性方面进步了 17%。

应该删除的字	速度方面的增长	机误	正确性的增长	机误
西班牙散文含有 a-t 的字	6.44 个字	0.38	1%	1.92
混合字母系列中的 a 和 t	4.91 个字母	1.25	6%	1.30
混合字母系列中的 A	3.99 个 A	1.39	−1%	0.62
混合字母系列中的 B	1.13 个 B	0.93	−3%	1.06
含有 4 及 7 的数字组	1.08 组	0.83	−7%	1.13
西班牙散文中含有 e-s 的字	0.02 个字	0.36	−16%	2.11
混合字母系列中的 e 及 s	−3.89 个字母	1.78	−3%	0.75

男孩们在他们删除英文中"a"及"t"的漫长而紧张的练习中所学习到的东西可以归纳如下:① 易于发现'a'及"t";② 关于包含或不包含这两个字母的英文单字的知识;③ 迅速作删除工作的习惯。在这三种迁移因素中,正如结果所指出的:第一种因素可能有助于表中前三个测验,而第一及第二种因素又可能干扰了最后两个测验的完成。速度习惯可以而且显然带到所有的最终测验中去,并使正确度的结果不好。这种类型的负的迁移效果是比较普遍的。正如当一个人快步地从宽阔大路进到小乡村的入口时,由于适应了很快的步伐不能够立即缓慢下来一样。

迷津学习中的迁移

无论对于人和动物对象来说,走迷津都是一种公开的和可观察的行为方式,因此,它提供了我们一个很好的机会去研究学习了什么,从一个学习过程到另一个学习过程迁移了什么。我们经常采用的方法是相继性练习,即先练习一个迷津,然后再练习另一个;这样做无论正的和负的迁移效果都能够表现出,并且有时还能够清楚地看到从一个迷津带到另一个迷津上的有益和有害的行为。

对于迷津学习中迁移的研究,起始于韦布(L. W. Webb,1917)。他利用白鼠和人作为对象,白鼠学习封闭迷津,而人学习与此形式相同的铁笔迷津。在这些迷津中有些形式是故意用来引起负迁移的(一个迷津上盲路恰好是另一迷津上真实通路的一部分等),但是结果除去迷津的一定部分外,并没有获得所期待的消极效果。迷津作为一个整体,永远表现积极的效果。以人为对象的迁移效果和白鼠的迁移效果完全同样良好。亨特(W. S. Hunter,1922)曾经利用另外一些迷津证实了韦布的发现,即从一个迷津到另一个迷津的迁移效果经常是积极性的。

威尔特班克(R. T. Wiltbank,1919)在同一个实验室[芝加哥大学,卡尔(H. Carr)的领导下],用不同的迷津重复了韦布的工作。他共用5个迷津,使每组白鼠按照不同的顺序学习这5个迷津,最后再重新学习起始的一个。各组都得到了正的迁移效果。联合各组的结果我们就得到相继的每一个迷津比第一个学习的迷津所节省的百分数:

迷津号数	比首个迷津的学习节省/(%)				
	2	3	4	5	1(重新学习)
练习次数的节省	42	41	54	52	71
错误次数的减少	70	79	82	82	94
时间的节省	83	87	91	90	92

总的讲来,正迁移效果累积到第四个迷津的学习,而对于第一个迷津的再次学习表现出某些对于最初学习的保留,虽然在这期间曾经进行了其他迷津的学习。对于这后一论点的证明,乃是表中最后一栏中练习和错误的减少次数的激增。研究者本人对于我们刚才所谈到的两个结论表示怀疑,因为他发现了很多例外的情况。但是总的说来,这个结论是被资料所证实的。

累积的迁移也在后来的实验中得到了证明。班赤(M. E. Bunch,1944)发现:当被试让学生去学习掌握一系列不同的打孔迷津(punch board maze)时,不论是一次学完或者是一天学一个,都可以维持被试学生们的兴趣。每天一个的学习分配中,相继的各迷津比最初一个迷津的学习节省如下:

迷津号数	比首个迷津的学习节省/(%)			
	2	3	4	5
练习次数的减少	30	38	50	56
错误次数的减少	43	51	61	69

如果一个铁笔迷津,在一种方位中学习过了以后,又从另一个新的方位中呈现出来,那么,还需要一定的学习,但是少于第一种方位。如果这种迷津连续地从四种方位出现,每一次都与前一次相差90°,那么,进步是逐渐提高的。在这里,迁移的效果累积起来了[喜金森(G. D. Higginson),1938;朗霍恩(M. C. Langhorne),1948]。

作为一个大型实验的一部分,马克斯(M. H. Marx,1944)把一组白鼠放进了一系列12个相似的水迷津中,并且发现虽然越到后来,迷津与迷津之间的进步越小,但是进步是在全系列中继续着的(图24-7)。

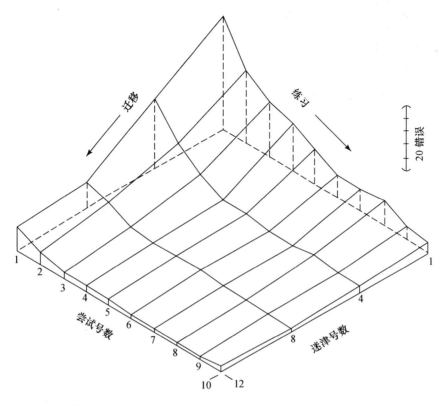

图 24-7　累积的正迁移效果(根据马克斯 1944)。25 只白鼠第一天在一个迷津做 10 次练习,第二天对另一个迷津做 10 次练习,这样共做 12 天,这些迷津都是图 21-4 所示的、构造相似的"T"形迷津,有的要往向前的方向走、有的要往相反方向走。对整个的组用迷津的平衡顺序消除了可能发生的难易差别。图上表示出对于第一、第四、第八及第十二个迷津进行每一次练习的平均错误量。由于迷津中充满着水,所以它们实际上是在迷津内游泳,作者的分析表明在全部 12 个迷津的整个系列中进步是连续不断的,虽然进步是典型的负加速度式的。

这个三维空间的作图用向右方下倾的线表示不同迷津的练习曲线,用向左方下倾的线表示从迷津到迷津之间的进步。这些迁移的曲线表示相继的各迷津的第一次、第二次等等练习的进步。整个面向两个方向都是下降的但逐渐变平缓。

这些累积的迁移实验能够为我们准备了一个所谓的常态迁移-学习曲线,即关于可迁移的技巧、知识和适应的常态习得曲线。这曲线所以称为"常态",是因为相继的任务在种类上相似,在难易上相等(这些任务是按平衡的顺序排列的)。这曲线有如一般的学习曲线是负加速度的,相继工作中的进步越来越小。为了得到这样的一个有规则的曲线,就必须采用一致的任务。对于记忆结构相似而且难易相等的无意义音节表的练习,也提供了一个平行的事实。这样得到的负加速度练习曲线能够很适当地称之为迁移-学习曲线。

和迁移-学习曲线同样的,也应该有一个迁移-遗忘曲线,但是它的形状不一定和经常的遗忘曲线相同,因为经常的遗忘曲线是要求去再学习已经学习过的东西,而迁移-遗忘曲线是要去学习一个新的、但是和已经学过的任务相似的任务。班赤(1941)对这问题进行了研究并得到了图24-8所表示的结果。迁移的效果比对于一个特定迷津的保持要更持久。在120天以后,这两种效果达到了大致相等的程度。如图中所表示的:在30天以后,学习过测验迷津的白鼠比只练习过相似迷津的白鼠成绩好得多;但是到120天时,这种优越性就消失了。原因乃是前者在这时关于特定迷津的细节部分已经遗忘了,所保留下来的仅仅是那些能够从一个相似迷津中所带来的东西。哈斯班德(R. W. Husband,1947)所做的关于人类迷津的研究也几乎获得了相同的结论。

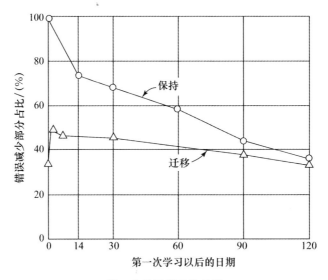

第一次学习以后的日期

图24-8 迁移和保持在原初学习以后的一段时间内的比较(班赤,1941)。白鼠的最后任务是从一个充满水的14单元的"T"式迷津中游出来。对于保持组的"第一次学习",是学习这同一个迷津,并且达到同样的指标(连续三次无误的尝试)。因此,保持曲线就是用错误来测量其节省的保持(或遗忘)的标准曲线。迁移组的"第一次学习"与这个相类似,只是迷津较短(5个单元)、细节上有不同,而且只给予三次尝试。保持和迁移的百分数都得自一个大控制组的平均数值,这个控制组从第一次学习之后,学习过14单元的迷津20.4次,产生了203个错误,用了1252秒的时间。表示尝试次数和时间减少量的保持和迁移曲线,与本图中表示错误减少量的曲线相类似。每一个学习系列中都利用了大量的尝试。曲线的每一点表示一个不同白鼠组的获得分数。

由于班赤在他的实验室中所获得的这些和其他的结果,促使他在1939和1941年阐明了迁移的两组因素间的一个重要区别。我们可以把这两组因素称为广阔的和狭窄的因素。广阔的因素包括了对于实验室仪器、测验情境、从事迷津的技巧和方法,或者在另外情况下,从事无意义音节的方法等的一般适应及情绪上的适应。这种因素能够在任何一个迷津或一组无意义音节上迅速地发展起来。当然在这里有一些因素是比较其他一些因素更广阔、即更能广泛适用的,但是总的说来,它们都区别于严格的狭窄的因素,例如,一个特定迷津的形式或某一组无意义音节的内容。在一个特定工作的学习中两种因素都起作用,并且相互得到支持,但是正如图24-8的曲线中所指出的:广阔因素比较狭窄因素保持得更好。一个狭窄的因素,例如在第一个选择点的左转弯,可能对其他实验没有帮助而被消退掉;但是一个广阔的因素,例如不害怕实验者,或受到工作的奖励,则能够适用于许多实验室情境而被保持下来。

一定的广阔迁移因素的真实性长期以来在实验室中是很明显的,当一只没有任何过去经验的白鼠被放在迷津的入口处时,它蹲伏在一个角落里,并且试着要从旁壁上逃出去,因此,它在迷津的学习中就进步得很慢。它的恐惧经常可以由于实验者的几次短期抚摸以及在迷津或类似仪器中给予食物而克服掉。在这里甚至一个问题箱也可以作为这种类似的仪器,如果一只白鼠曾经在一个箱子中找到食物并且学习了去打开它的机关,那么,当把它放在一个迷津中时,也可以表现出显著的正迁移效果[杰克森(T. A. Jackson),1932]。这时白鼠解除了它的恐惧,并且准备着积极的活动。

在迷津学习中所获得的完善的广阔技巧在于能够使白鼠避开盲路,并且在探测时丝毫不浪费时间。威尔特班克(1919)发现他的不同白鼠在这方面显示出很大差异,其中有些白鼠变得非常聪明,甚至在走一个新的迷津时,都一次也不进入那些盲路。由于在威尔特班克的迷津中所有通路都是直的和比较短的,这种技巧就可能是对于封闭的终点和开口的拐角的视觉辨别。在马克斯(1944)所用的迷津中,所有的盲路都是T形的(如图21-4所表示的),因此,白鼠在能够看到终点以前,必须深入到通路之中;但是就在一组这种迷津的经验中,马克斯发现,也能使白鼠越来越避开了对于道路的很远的终点的探察。达希尔(J. F. Dashiell,1920)也发现了白鼠能够获得一种不用到终点去探察而避免走进盲路的迁移能力。在多种形式的问题情境中,似乎是经验使得学习者能够找出广泛适用于指导进入或避开的线索。

我们已经谈到了很多从一个工作到另一个工作的相继性迁移的事例,但是应该补充指出:在两个迷津有很多共同点,因而我们预期着正迁移效果时,迷津实验有时也不产生迁移效果[黄翼和张楷(I. Huang and C. Chang),1935;琼斯和巴塔拉(H. E. Jones and M. Batalla),1944]。新的工作似乎作为一个整体而进行着,并且防止了从掌握前一个工作中所获得的"狭窄"能力的分析和适用。在前一个工作中,成功的特殊选择可能在第二个工作中应该给颠倒过来,例如,在一个简单的"T"式迷津中,白鼠首先要向左方取得食物,然后要向右方才能获得食物,这时原有习惯中的正迁移对于学习新的习惯提供了消极的影响。这一个消极的效果,对于白鼠来说,是不太难于克服的;但是在一个更复杂的情境中,这种迁移能够使白鼠长久地不能形成新习惯[卡麦卡尔(L. Carmichael),1938,1951]。

用刺激和反应的术语谈迁移

心理学者可能不去研究"能力"(ability)——无论广义的或狭义的——的迁移,而以更细致的分析态度去考虑特殊的刺激—反应单位。波芬伯格(A. T. Poffenberger,1915)就是这样想的。在掌握一件工作中建立巩固的那些单位,可能在第二件工作中是有帮助的,也可能是无用的,甚至于是有妨碍的。迁移的效果可能是正的、零或负的。为了表现出负的或等于零的迁移效果,实验者必须剔除对于实验室情境、仪器和测验材料的一般适应。因为这种适应肯定是会产生很大的正迁移效果的。因此,波芬伯格选择了已经熟悉实验室条件和测验材料的人作为被试。他运用了对偶联系(paired-associates)型的任务,因此其中就包括了刺激-反应单位。例如,在数日的练习中,迁移组用说出其反义词的方式对 50 个形容词的字表做了 100 次反应。在起始的和最终的测验中,这个迁移组和一个控制组用对每个形容词说出一个相当的名词的方式对相同的形容词字表进行反应。宽的这个刺激词在练习系列里要唤起狭的词的反应,而在起始的和最终的测验中就要唤起街道或鞋子的反应。因此,迁移组为了在最终的测验中反应正确,就需要去抑制已经建立了的反应。结果表现了预期到的负迁移效果,因为迁移组从起始的到最终的测验中没有得到任何进步,而控制组在速度方面增长了 20%。在其他实验中也获得了预期中的正迁移效果或零迁移效果。波芬伯格关于从学习一件工作到完成另一件工作的迁移效果的结论,主要表现为

(1) 如果相同刺激在两件工作中唤起相同反应,则迁移的效果是正的;

(2) 如果相同刺激在两件工作中唤起不同反应,则迁移的效果是负的;

(3) 如果刺激和反应二者都不相同,则迁移的效果等于零。

也可以用字母表征如下:

(1) S_1-R_1 之后,继之以 S_1-R_1,应产生正的迁移效果;

(2) S_1-R_1 之后,继之以 S_1-R_2,应产生负的迁移效果;

(3) S_1-R_1 之后,继之以 S_2-R_2,应产生零迁移效果。

当时没有研究到第四种可能性,就是不同的刺激唤起相同的反应。例如,在第一件工作中,令被试说出与下列各刺激词如:**慢、穷、少、近、善、强、便宜**等意义相反的词;而在第二件工作中令被试说出与下列刺激词如:**快、富、多、远、恶、弱、贵**等意义相同的词。

你想这里会出现什么样的迁移效果呢?

威列(H. H. Wylie,1919)考虑到这第四种情况,并且预期着一个正的迁移效果。他说当第二件工作要求与第一件工作的相同反应时,虽然刺激不同,其迁移效果也应该是正的。用字母表征为:

(4) S_1-R_1之后,继之以S_2-R_1,应产生正的迁移效果。

威列以白鼠为对象用继续练习的方法测验了他自己的假设。他所用的仪器(图24-9)包括了一个食物箱和一个与之相连的主要通路,从这个主要通路分出两条侧路通回到食物箱。他的步骤是:首先用在食物箱中给予一小片食物激动起白鼠,然后把它从食物箱中推出送到主要通路内,并使它从一边的侧路中找到回去的道路。每当白鼠进入到一个侧路中时,实验者有时在这条侧路中开亮电灯作为从这条侧路回到食物箱的门是关闭着;而从另一条侧路回去的门是打开着的信号,有时实验者又不给信号,而让白鼠进入的这条侧路的门打开。

经过长系列的练习后,白鼠学会了每次进入一个侧路时,先很快地扫视一周,看灯光是否亮了;如果没有亮灯,就继续前进。于是,学习到的对于灯光的反应,乃是转身跑向另一侧的侧路然后到达食物箱。当这种对灯光的反应已经学习到以后,实验者用一个声音,或者在另外一组用一个电击代替灯光;同样在其他组中先练习对于声音或电击的反应,然后再代之以其他刺激。以首先学习对于一个指定刺激进行反应的组作为控制组,以与在学习了对其他刺激作正确反应之后再转向到对指定刺激进行反应的组相比较。为了学习这种反应,所需要的练习次数如下:

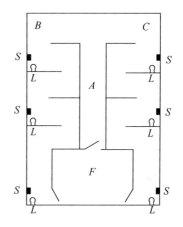

图24-9 威列(1919)所用的仪器图。F是食物箱,在其中白鼠最初得到一小片食物,然后被推出到通路A内,在这里白鼠可以找到两侧路B和C之一回到食物箱的通路。$S,S,\cdots$小的发声器,当白鼠进入"错误的"通路时发出轻敲声;$L,L,\cdots$相似用途的小灯。旁路地板上的铁栅为了相同的目的可以发出电击。

	练习次数
对声音信号的反应	
第一次学习	526
学习过对灯光的相同反应以后	152
学习过对电击的相同反应以后	313
对灯光信号的反应	
第一次学习	199
学习过对声音的相同反应以后	150
学习过对电击的相同反应以后	146
对电击信号的反应	
第一次学习	191
学习过对灯光的相同反应以后	158
学习过对声音的相同反应以后	124

显然,迁移不是即刻发生的和自动化的。当每一次信号改变时都需要很多次新的学习。但是由于带来了对于有信号和无信号产生的不同反应,就使新的学习变得比较容易了。因此,正如威列所预料的,第四种情况也将产生正的迁移效果。

布鲁司(R. W. Bruce, 1933)的实验为波芬伯格和威列的重要发现提供了一个坚实的证明。他的被试们首先学习一个无意义音节字表,然后学习第二个字表。在第二个字表中可能：① 包括全然不同的无意义音节；② 保留原来反应的音节但改用新的刺激音节；③ 保留原来刺激音节但改用新的反应音节。下表是布鲁司实验结果的一个样例：

原始的成对音节	改变了的成对音节	节省占比/(%)
① xal-pom	cam-lup	16
② lan-qip	fis-qip	37
③ req-kiv	req-zam	−9

这些未经过训练的被试们在学习第二个完全新的音节字表时所节省的16%乃是一般适应和记忆技巧的迁移。表中第二行表现出当原有反应与新刺激相联系时附加的正迁移效果；第三行与第一行相比较,表现出当一个新的反应必须与一个原有的刺激相联系时,产生了负的迁移效果。

这个由 S_1-R_2 跟随 S_1-R_1 所表示的后一事例,似乎不能作为负迁移效果的说明,没有经验的被试们经常由于适应和技巧的一般因素表现出进步,但是练习得很好的被试们就可能抛开第一件工作而把第二件工作当做完全新的工作去解决。根据[戈内、贝克(K. E. Baker)和福司特(H. Foster),1950]所讨论的,为了获得一个明显的负迁移效果,第二件工作应该呈现和第一件工作相同的刺激,并且唤起相同的反应,只是在刺激与反应的配合上作改变。如果第一件工作中的刺激反应配合是 $A\text{-}a$、$B\text{-}b$ 和 $C\text{-}c$；在第二件工作中就可以是 $A\text{-}c$、$B\text{-}a$ 和 $C\text{-}b$。这个预言被波特尔(L. W. Porter)和敦坎(C. P. Duncan)，在1953年用一个12对形容词的字表证实了。当对一个字表学习达到一次无误的成绩以后，把反应的词彼此作了调换然后再去学习，这时比以前学习得较慢并且错误加多(这是一个你自己可以试作的有趣实验：在对于第二个字表进行了几次练习以后，你能够对于一个刺激词发出两种反应，但是你还不能辨别在当前的字表中究竟哪一个反应是正确的)。

迁移中的相似因素

我们已经谈过的刺激和反应都是或者"相同"或者"不同"的。显然 S_1 和 S_2 可以有不同程度的差别，它们可以几乎相同，也可以极端不同。并且 R_1 和 R_2 也是如此的。对于刺激-反应间的迁移的彻底分析，必须考虑到相似性的程度，全部基本问题是在第一件工作中所学习到的刺激-反应单位究竟是会使第二件工作的学习变得更容易抑或妨碍着这个学习？当两件工作呈现相同刺激并且要求相同反应时，我们能够肯定地预期第二件工作在最大限度上变得更加容易(实际上我们只具有一个学习过程，而是在思想上把它分成了两个相继的部分)。当第二件工作呈现新刺激但是要求旧有反应时，其结果如上面所研究的表现出一定的助长，但不是最大限度的；现在如果新刺激只与旧有刺激稍有区别时，那么，第二件工作就比它们差别大时更为容易。与由 S_1 和 S_2 所代表的刺激间的相似性的逐渐增加相适应的，我们可以得到表示正迁移效果逐渐增加的各种不同等级。在由四种主要情况所作的图中，我们还可以得到其他变化的不同等级(图24-10)。

尤姆(K. S. Yum, 1931)对于从相似性程度不同的刺激到反应之间的迁移作了先驱的实验。他准备了数组无意义的图形，每组包括一个标准图和四个变形图，它们是根据一组评判者的排列按照相似性而配合起来的。以每一个"标准"图作为刺激(S_1)，与一个作为反应(R_1)的短词相配合，一共记忆了包括这样15对的一组材料。次日再一次呈现给被试15个图形，并且让他回忆出与它们相联系的词来，但是这里只有三个图形是"标准"图形，其他都是分别具有四种不同程度相似性的图形。以26名学生为对象，回忆，即原始反应(R_1)的百分数如下：

与"标准"相比较的新刺激	回忆的百分数
相同	85
非常相似	66
相似性较小	49
相似性更小	45
相似性最小	36

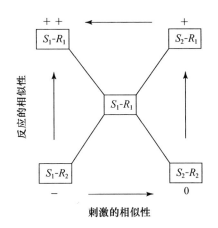

图 24-10 由刺激-反应间不同关系所推测出来的迁移的不同等级。第一件工作（迁移所由产生的）在中央由 S_1-R_1 表示，第二件工作（受迁移影响的）在由四种主要情况作为角柱的周围上任一处。我们已经谈过了，从 S_1-R_1 至 S_1-R_1 有很强的正迁移效果；从 S_1-R_1 至 S_2-R_1 是较弱的正迁移，因此正迁移增加的各不同等级就应该如箭头所指出的通过图顶端的中间部分，其他的箭头也同样指出正迁移效果增加的方向（或在图下端表示出负效果的减低方向）。因此，图左方指向上方的箭头意味着当第二件工作的刺激与第一个工作的相同，而相应反应的界限是从差别很大（R_2）到完全相同（R_1）时，迁移效果就会从负的逐渐向很强的正的方面转变。

这同一图表也可以用来预测被认为是双重迁移效果或反向作用的迁移效果的倒摄助长和倒摄抑制。首先学习 S_1-R_1，然后（假设）学习 S_1-R_2，最后再重新学习 S_1-R_1。显然，第二件工作会带给第一件工作相同的负效果，有如后者所带给前者的，而使我们得到了倒摄抑制。如果第二件工作是 S_2-R_1，我们就能够预期一些倒摄助长；如果第二件工作是 S_2-R_2，则倒摄的影响将和迁移效果同样等于零。我们以后将要多次回到这图。参看奥斯古德（C. E. Osgood, 1949）的类似分析。

相似性尺度的等级似乎不是相等的，但是反应的增减却与刺激的相似性一般地相适应。

相似性的量表 在说明相似性与迁移的任何关系以前，首先必须对于相似性具有独立的估计。这时你可以根据一组评判者所做的排列，用评分法，或其他精细的分等级方法获得相似性的量表。或者你可以以两个刺激愈相似则愈容易被混淆而给予相同的反应为理由。将你所要用的刺激做一个近似尤姆所做的实验，然后以其结果的百分数当做刺激相等或相似的量表。利用这种获得相似性的方法，吉布森（1941）做了有关迁移和干扰的一组研究。她不讲相似性量表，而是根据巴甫洛夫学说的意义引用了"概括化"级差（generalization gradient)。如果一个无意义图形的变形图从 60% 的被试那里获得了与相应"标准"图形联系着的反应词,吉布森就利用这个百分数来表示两个图形间混淆和概括化的程度①。

尤姆和吉布森的求刺激等值量表或概括量表的方式是不太令人满意的。因为被试没有得到关于当他看到呈现的一个与标准相似而不完全相等的图形时应该如何去做的指示,他不知道是应该说出"标准"的名称,或保持沉默,因此,这个方式看起来就不是客观的或纯粹行为方面的。运用再认实验中的标准指示似乎是比较合宜的,即首先指示给被试:当他相信呈现的图形在以前曾经出现过的时候,说"是";否则说"不是"。以此为基础,就可以得出一个刺激等值量表。

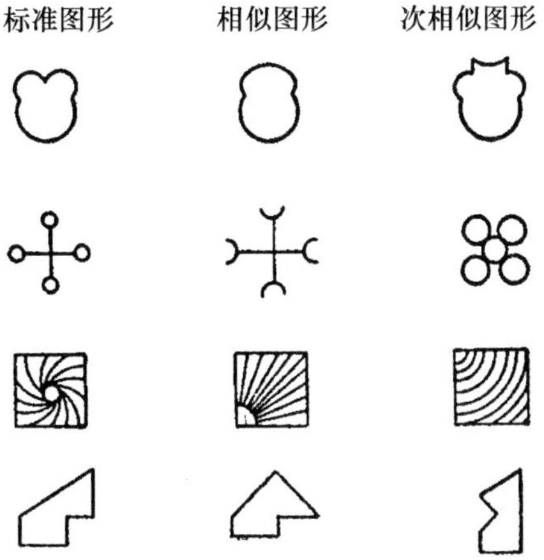

与刺激的相似性有关的迁移

从已经谈过的内容和图 24-10 中,我们可以推测当第二件工作要求与第一件工作相同的反应或适当不同的反应时,刺激的改变会得出相反的迁移效果。如果反应保持不变,就会产生正的迁移效果,并且第二件工作与第一件工作中的刺激越相似,正的迁移效果也越大(图的上部)。但是,如果反应改变了,迁移效果就是负的或等于零,并且新旧刺激越相似,负的迁移效果也越大(图的下部)。当然,负的迁移效果可能被情绪的适应和学习技巧的进步所掩蔽,但是这种不同等级的变化是可以预期的。

图 24-11 在研究迁移和倒摄作用的实验中所用无意义图形的样例[吉布森,1941;吉布森和汉密尔顿(R. J. Hamilton),1943]。对于每一个"标准"给予一个无意义的名称,并要求被试把它们结合成对地学习 5 次。次日呈现图形并且指示要尽可能地回忆它们的名称,但是在每一组 12 个图形中只呈现了 3 个或 4 个"标准",其余的刺激可能是相似的或次相似的图形。表明对于再次呈现的图形能够反应出原始名称的百分数如下:"标准"—85%;相似—41%;次相似—10%。

---

① "概括化"(generalization)一词的这个意义与日常在讲迁移时所常用的意义有很大的区别,例如,把对于一个特殊训练的不充分的迁移效果归之于学习者不会从特殊工作向更广阔地应用获得的能力进行概括。概括在这种通常的意义上是一种成就,但是在巴甫洛夫学说的意义上,不是成就而是行为的一种最初状态,它由于分化性的强化而逐渐脱离这一阶段。因此,巴甫洛夫的概括化可以称之为"尚未分化"(nondifferentiation)的"最初的概括"(primitive generalization)。

吉布森(1941)和汉密尔顿(1943)的相同实验包括了关于刺激的相似性的适当材料,他们运用了以无意义图形作为刺激的成对联想的材料,其结果(图24-12)恰好与我们的推测相符合。根据吉布森(1940)的重要分析,这两位作者

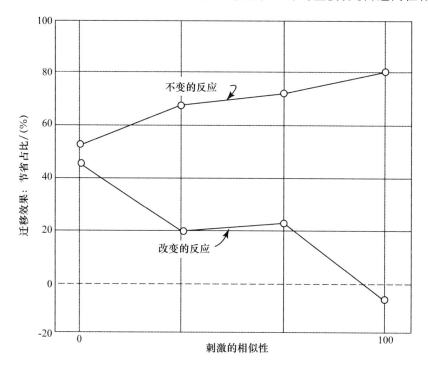

图24-12 刺激的相似性作为一个迁移的因素(材料引自吉布森,1941;汉密尔顿,1943)。无意义图形作为刺激与反应音节结合成对,首先学习一组12对材料(达到能够正确记忆8个的水平),这时刺激是"标准"图形。休息几分钟以后,学习第二组材料也达到相同的水平,但这时对于不同组的被试,所呈现的刺激不同,它们与"标准"图形具有着不同程度的相似性,如相同、很相似、次相似、不相似。在汉密尔顿的实验中,两组材料的反应音节相同;而在吉布森的实验中,第二组材料运用了新的音节。因此,呈现的刺激-反应单位:在第一组材料中是 S_1-R_2;在第二组材料中,汉密尔顿用的是 S_2-R_1,吉布森用的是 S_2-R_2。图中上面的曲线表示 S_2-R_1 的结果;下面的曲线表示 S_2-R_2 的结果。二者较大的不同程度的差别在统计上是可靠的。

记得谈到刺激反应关系作为发生影响的因素时,从 S_1-R_1 到 S_2-R_2 的迁移效果,在理论上等于零(图24-10)。我们可以认为下面曲线中所表现的正迁移效果比较更多地产生于情绪适应和学习技巧进步等的一般因素,它们在作为实验对象的没有经验的聪明女学生身上起很大的作用。这些一般因素,在两组实验中是同等强烈的。因此,我们可以把刺激反应间迁移等于零的水平定位于两条曲线相接近的图中左方;随着相似性的增加,表示改变反应的曲线从推测的零点逐渐向下方移动,而表示不变反应的曲线向上方移动。

断言这种结果是由于刺激的概括和辨别。如果要反应不同,第二组的刺激必须与第一组的辨别开;并且相似性越大,所需的辨别工作也越多。如果相似的刺激要求的是相同的反应,就不需要辨别的工作,并且最初的概括将不是妨碍,而是有助于第二组的学习。

与反应的相似性有关的迁移

这时工作 1 和工作 2 应该呈现相同的刺激,但是要求不同的反应,并且在第二件工作中所要求的新的反应或多或少地与第一件工作中的反应相似,正如图 24-10 左半面所表示的:第一件工作包括了一组 S_1-R_1 的单位,第二件工作包括了一组 S_1-R_2 的单位,并且 R_2 是在从不相似到相同于 R_1 的范围之内的。我们推测迁移效果也将在从消极到积极性很强的范围之内。在这种实验中可以用具有一定相似性的单字作为反应,如在图 24-13 下面所解释的。虽然全部迁移效果是正的,即便在新单字与旧单字很不相同时也没有产生负的效果,但是其结果是表现出我们所预期的各种不同等级的。在这种实验中很难获得一个明显的负效果,似乎也是由于前面所讲过的原因。

线索辨别的迁移

我们对于"有关刺激和反应的迁移"的讨论,直到目前是受着一定限制的。我们把刺激-反应视为一个最小的整体,并且我们只考虑到了简单的刺激-反应单位。在建立刺激与反应间的联想或"结合"之外,还可能对"刺激"或"反应"进行一些单独的学习,而这些学习也可能发生迁移,因此,当一个工作包括了一组刺激-反应单位(对偶的联系)时,就会发生混乱或"同组内部的概括化",从而妨碍了每一个反应和它的特定刺激的结合。

首先回忆一下过去曾经讲过的反应的准备性、反应的奋发(warmup),特别是在条件作用实验中的敏感化。曾经被敏感化的反应可能被从未与之联系过的刺激所引出。因此,这些在第一件工作中是活跃的反应,在第二件工作中,虽然遇到新刺激,也容易被引出,正如我们有关于 S_2-R_1 的迁移情况。一定有许多习得的动手的和口头的技巧,它们在新的情况下随时活跃起来。在知觉方面,同样也是在一种情况下熟悉了的刺激和客体,当他们在另一种情况下遇到时,就会比较容易学习。例如,如果先使学习者熟悉个别单音,以后对无意义音节的材料也就比较容易学习了[霍夫兰得和库尔兹(C. I. Hovland and K. H. Kurtz),1952]。

当一件工作中呈现两个或者更多的刺激,并且要求对每一个刺激作不同反应时,学习者的工作的一个重要部分就是区分和辨别刺激:如果刺激很相似,就需要仔细的注意去使每一个刺激和它的特定的反应相结合;甚至如果刺激不相

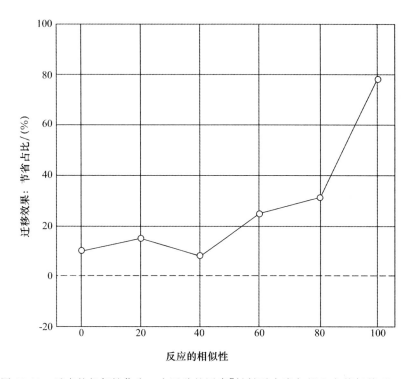

图 24-13 反应的相似性作为一个迁移的因素[材料引自摩尔根和安德伍德(R. L. Morgan and B. J. Underwood),1950]。用成对的形容词进行实验,每一对作为刺激和反应的形容词并无意义上的联系。首先学习包括 12 对的一组材料,在达到能够正确反应 7 个的水平以后再开始学习第二组材料,第二组具有相同的刺激形容词和不同的反应形容词,这些新的反应是根据哈根(C. H. Haagen,1949)所得出的相似性量表,或多或少地区别于原有反应的。图中的基线上所用的量表数量只是近似的,下面举出一些根据相似性的增加而排列起来的不同组的材料样例:

原有的成对材料	代替的成对材料
无声的—安静的	无声的—潜伏的
华丽的—活泼的	华丽的—敏捷的
胶粘的—悲惨的	胶粘的—沮丧的
向内生长的—生气的	向内生长的—恼怒的
自愿的—肮脏的	自愿的—不干净的
不能见的—相等的	不能见的—相等的

学习第二组材料时节省了学习的次数,也达到和第一组相同的水平。共有 24 名被试,每人轮流在各种条件下进行学习,以避免个别差异、练习效果以及在不同组的材料中可能存在的难易差别。

似,以它们的不同意义作为线索也将是难于学习的。我们的问题是:在一件工作中所获得的线索的辨别是否也能够带到另一件工作上,并且产生正的迁移效果?对于这个问题所进行的实验,必须注意到两件工作中的运动反应要完全不同,因为这样做才能够使迁移效果只属于对刺激的辨别方面。我们将引证一些这种实验。

　　白鼠首先学习按压斯金纳箱(Skinner box)的一个木门去获取食物。木门是在每一次练习以前插在箱子上的,到实验的第二个阶段中,使蜂鸣器在插木门之前发响作为不能获得食物的信号,蜂鸣器响——没有食物,蜂鸣器不响——有食物。经过这样长期练习以后,白鼠学会了在蜂鸣器发响时就不去压木门。这时给它一个跑路工作,使白鼠学会当起始箱的门打开时跑向食物箱;最后再使蜂鸣器发响作为箱中无食物的信号。这里没有观察到直接的迁移,但是白鼠用比较第一种情况要少的练习次数学会了不跑向食物箱,50%的节省表现了相当大的线索学习的迁移[格雷汉(F. K. Graham),1943]。应该补充说明,我们用半数的白鼠先学习跑路工作后、学习按压木门的实验,也获得了相同的结果(参考辨别学习中的有关材料)。

　　在戈内和贝克(1950)对于大学生所做的一个实验中,刺激是一个位于竖立着的呈示板顶端或下端的红色或绿色灯光。这样共有 4 个刺激,对于每一个刺激指定一个反应字母(例如上面的绿灯是 S,下面的红灯是 J)。用仪器呈现灯光 2 秒钟后呈现反应字母,要求被试尝试在字母呈现以前说出字母来。灯光依不固定的顺序呈现直到被试对每一刺激练习了 8 次为止。在这种最初的练习以后,用操作反应代替字母。桌子上放着 4 个开关,两个在被试的左方,管上方的灯;两个在右方,管下方的灯,其中各有一个管红灯,一个管绿灯。被试把手指放在一个中央钮上,当有一个灯光出现时,要尽快地作出反应,测量他达到正确开关的时间并且计算他的错误。因此,虽然刺激相同,而第二件工作中的运动反应却完全不同于第一件工作。问题在于:被试以这些刺激作为口头言语反应的线索的最初练习,能否更容易地把它们作为手动反应的线索呢?有 32 名被试的迁移组与一个同样大小的控制组相比较,具有着在速度方面 10%、错误方面 50% 的初步提高,并且在 60 次练习中保持了领先的地位。根据图 24-10 的表解,这种对于原有刺激改变反应的结果应该产生负的迁移效果,但是在当前这个事例中原有的口头反应丝毫并不干扰手的操作反应。被试能够在按开关时说出或"想起"字母,甚至运用已经学习好的口头反应作为指导操作反应的帮助。例如罗丝曼和戈斯(I. L. Rossman & A. E. Goss,1951)所做的类似实验。

　　虽然在这些实验中可以说最初的训练产生了辨别刺激的结果,但是以人作被试要分辨呈现板上的红绿或上下,肯定地并不需要特殊练习,白鼠也不需要特殊练习去分辨蜂鸣器响声和安静。我们最好说：被试所学习到的乃是去运用这些刺激作为行动的线索。他们需要去注意不同的刺激，而不是对它们产生消极的适应。要求对于有关刺激很好注意的工作最适合于最初训练的目的［季布兹(C. B. Gibbs)1951］。

学习如何进行学习

哈罗(H. F. Harlow,1949)和他的同事们所进行的广阔研究，指出了在掌握一组辨别工作中获得了经验的恒河猴和儿童都不仅仅学会了如何去做每一件工作，同时也学会了如何有效地去做相似的工作。他们获得了可以迁移的找出适当线索的技能。如图 24-14 中所描述的：首先用两种客体作为一件单独工作的线索，使猴通过多次练习能够坚持选择积极性的客体而不受其位置改变的影响；然后进行第二件工作，这时改为呈现其他两个客体，因此，学习需要重新开始。但是经过一长系列的这种工作以后，学习逐渐变得更加迅速；直到最后，每种工作的第一次练习就足以使被试找出这个工作的积极性线索。在新工作的第二次练习中所得到的正确反应结果如下：

最初几次工作——50%

完成 25 次工作以后——70%

完成 100 次工作以后——80%

完成 200 次工作以后——88%

完成 300 次工作以后——95%

对于这种进步因素所做的分析(哈罗,1950)指出，恒河猴学会了撇开位置的因素，运用客体作线索，并且学会了当最初的依据被证明不正确时立刻放弃。它甚至学会了少许社会心理学，即在实验室中人类行为的合法的和可信赖的特征。然而当实验者开始在工作中途掉换线索时，被试很快地学会去注意这个改变，并且调整它自己的选择反应。在瑞欧培里(A. J. Riopelle)1953 年所做的一个实验中，每天给予对辨别工作有经验的猴 6 个工作，其中最后一个与前面几个中的一个相同，但是线索相反。现在，令人兴趣的问题是：对于这件相反工作的第一次练习，猴是否将依照这一天中早先学习到方式去反应呢？当然，最初是如此的，但是在许多天以后它学会了把它当做一个新问题去处理，在第一次练习时，单纯去探查就如同对待新的线索客体一样。它学会了不去对一定线索进行特殊反应，而是把每件工作都当做新的独立于已经熟悉了的工作去处理。在幼年儿童和黑猩猩身上做了这种形式的长期的迁移实验，并且获得了相似的结果［黑兹(K. J. Hayes)、汤姆逊(R. T. Thompson)和黑兹(C. Hayes),1953］。

在人类的技巧中，线索对于控制与指导必要的运动是很重要的。在操作的进步过程中获得了大量的刺激——视觉的、听觉的、触觉的、和运动觉的。虽然

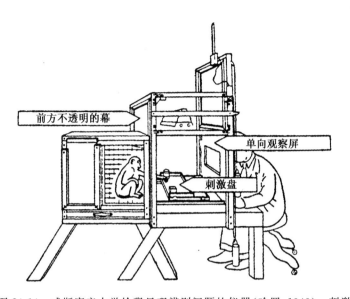

图 24-14 威斯康辛大学给猴呈现辨别问题的仪器(哈罗,1949)。刺激盘可以推到猴可及的范围之内,并且在它作了选择以后立刻拉回来。在刺激盘上面有两个食物槽,它们分别被带有积极性和消极性线索的东西所遮盖,并且以不定的次序彼此替换着。把食物放在积极性线索下面的食物槽内,然后把"前方不透明的幕"向上提起,使猴能够达到刺激盘。它的反应是打开一个食物槽,如果它选择正确就可以得到食物。用作线索的是几百种差别很大的小东西,因此对于每一个问题都可以呈现两个与其他问题完全不同的新线索。用单向观察屏防止了由实验者所无意发出的线索。猴预先被很好地驯服了。

其中有一些是多余的,甚至是有害的,但是其他刺激对于顺利、精准地完成工作却是重要的。在一个人开始去做某些工作时,例如将各部分集合成一个机器零件,可以让他根据自己的方法去做,并力求做得好和快。或者当做一种比较轻松的工作,给他有关发现线索和类似重要问题的指示,同时还进行练习。结果,从最初训练中所得到的迁移要比从无指导的练习中所得到的迁移好得多[科克斯(J. W. Cox),1933]。

倒摄作用

有如迁移意味着从第一个学习到下一个学习的推进作用,倒摄作用根据它的名称,就意味着从第二个过程对第一个过程的回溯作用。与迁移同样,倒摄作用的效果可以是正的或负的。如果倒摄作用的效果是负的,就叫做倒摄抑制或倒摄干扰。

我们谈到的两个学习过程并非同时进行,也不能像字面表示的那样相互影响,因此,并不是以前的学习过程,而可能是过去学习到的、并且仍旧保持着的东西在当前的活动中起着一定作用。这里我们可以用能力(ability)作为解释。我们涉及两种特殊的学习能力,过去获得的执行工作 A 的能力和现在获得的执行工作 B 的能力。能力 A 对于能力 B 的获得可能具有正的或负的迁移效果,而倒摄作用的问题就在于能力 A 是否由于新的学习而增加或减低了呢?["能力"一词似乎最适合于我们的目的,虽然它无可怀疑地会遭到一些反对,我们也可以说这是一种特殊的技巧、技能、知道如何做或能够做。赫尔(C. L. Hull)认为最好是用"习惯",但是它在日常用语中也带有一些不恰当的含义。]

倒摄作用的测量

我们所要测量的乃是在随后获得的能力 B 的影响下能力 A 的数量。由于能力无法直接观察,因此,我们让被试再作第一件工作,并且如果需要,还可以重新学习。倒摄实验的基本样例如下:

学习 A……学习 B……再学习 A

我们必须考虑到在学习 B 的时间内对于 A 不可避免地发生一些遗忘;因此,就需要运用一个控制组或始终进行保持的组也学习和再学习 A,但是在两次学习中间并不内插 B 的学习,而是在这时间内让被试从事一些有兴趣的并且相信不会对 A 发生倒摄效果的事儿。当我们这样做时,最好也准备一个关于"前摄作用"(proaction)的实验,即当不是在 A 的学习之后,而是在 A 的学习之前,进行 B 的学习时可能产生前摄作用。三个被试组即已够用:

控制组或保持组	学习 A	休息	再学习 A
倒摄作用组	学习 A	学习 B	再学习 A
前摄作用组	学习 B	学习 A	再学习 A

显然有几种变量需要处理:时间间隔、对于 A 与 B 的学习程度、A 与 B 的相似性,等等。

可以把第一次或前几次的再学习当做一个对于 A 的回忆测验,它经常比全部再学习表现出更多的倒摄作用或前摄作用。

惯常的测量把保持的数量作为 100%,并且根据它来决定倒摄作用(或前摄作用)组损失(或收益)数量的比例,即

$$倒摄作用的百分比 = \frac{保持分数 - 倒摄分数}{保持分数} \times 100$$

与迁移有关的倒摄作用

在学习第二件工作或其他内插工作以后再重新学习第一件工作,可以产生

迁移作用。就如同从 A 到 B 的迁移一样,也可以产生从 B 到 A 的迁移,并且可以运用图 24-10 推测出迁移的效果。由于在任何一种情况下 B-A 关系都与 A-B 关系相同,因此,B-A 与 A-B 的迁移应该也是相同的。让我们足够仔细地考虑重要情况,以揭露预期的倒摄迁移(back-transfer)。

在限制于两个相同工作的"＋＋"情况下,刺激-反应单位始终是 S_1-R_1,认为两方面的迁移效果都将是正的,并非一种轻率的推测。虽然如果最初的学习已经达到了一个高的水平,则倒摄迁移的效果将是很小的。

在最初学习 S_1-R_1,继之以 S_2-R_2 的内插学习,然后再学习 S_1-R_1 的情况下,当涉及刺激与反应的关系时,虽然由于情绪适应和一般技巧的因素可能产生进步,即一种倒摄助长,而迁移效果在两个方向上都将等于零。

当反应保持不变而刺激改变时(S_1-R_1,继之以 S_2-R_1,最后又是 S_1-R_1),对于反应的熟悉和准备性的增长,将引起倒摄助长。

在最有趣的情况下,即刺激保持不变,而反应先改变然后再改回时(首先 S_1-R_1,继之以 S_1-R_2,然后又是 S_1-R_1),我们可以根据图去推测出一个双重负迁移效果,就是倒摄抑制(retroactive inhibition)。

关于我们图解中顶端和底部的一些中间情况,吉布森(1941)和汉密尔顿(1943)实验得到了与图 24-12 相平行的结果。随着最初的字表和内插的字表中刺激的相似性的增长,如果在全部过程中反应保持不变,则倒摄助长也必增长起来;但是如果内插字表要求新的反应,则引起倒摄抑制的增长。

倒摄作用的定位

在产生倒摄作用时,具有着两个学习过程,倒摄可能产生于内插的学习 B,或重学最初的学习 A 上面。定位问题对于倒摄抑制特别重要。我们愿意知道,是否能力 B 的获得就包含了能力 A 的减低(当两件工作相矛盾时)?在学习 B 时你是否"不学习"A?姑且认为已经形成的 S_1-R_1 习惯阻碍着新的 S_1-R_2 习惯的形成,但是以后是否 S_1-R_1 习惯就必须被破坏或减弱呢(当你学习了用法文读"2×85＝170"以后,是否就失掉或损伤了你用英文去读它的能力呢?)在对于倒摄作用所做的标准回忆和再学习的测验中,能力 A 可能表现得不好,这是由于来自能力 B 的竞争,而不是它本身的任何微弱。这里对于实验者提出了要求:他需要用新的方法去表明,是否在 S_1-R_2 单位建立时 S_1-R_1 单位就弱化了。

侵犯 在重学工作 A(例如一系列无意义音节的字表)的过程中,尤其是在最初几次练习中,时常产生在工作 B(一个相似的字表)中所学习到的反应。如果只有 R_1 才是正确的,那么,这就是 R_2 的侵犯。也曾报告过有被压制的侵犯,那是被试在适当的时候制止了它们,并且用正确的 R_1 去代替。所有被压制的和公开的侵犯都阻碍着对于工作 A 的再学习,并使再学习的成绩下降。它们引起了倒摄抑制的作用,并且表示倒摄抑制的定位至少有一部分是在再学习过程中。可以把反应 A 与反应 B 的竞争看做为倒摄抑制的原因,至少是主要的原因。麦吉阿(J. A. McGeoch,1942)对于人类学习领域中这个及其他问题所作的重要分析里采取了这种看法;在麦吉阿和易里安(A. L. Irion,1952)关于同一工作的第二版中也支持了相同的结论。

但是,侵犯也发生在内插工作 B 的学习中。这就是工作 A 中的反应 R_1,现在它正处于被工作 B 的反应 R_2 所代替的过程中。当做了这种错误反应,而且发觉了错误时,或者当被试能及时制止它们时,它们便由于不强化而行将消退。于是在学习了 B 时,A 就"没学习",而且这种"没学习"对于一些倒摄抑制是负有责任的。因此,倒摄作用的定位是部分地位于内插学习中,也部分地位于再学习中[梅尔顿(A. W. Melton)与厄尔文(J. M. Irwin),1940;梅尔顿与拉库姆(W. J. von Lackum),1941]。

那么,我们是否可以说能力 A 在与之矛盾的能力 B 建立时,就被破坏或损伤了呢?也就是当新 S_1-R_2 联系形成时,最初的 S_1-R_1,联系就破坏了呢?旧的反应被消退了,但是我们知道,被消退了的反应是能够自发恢复的。因此,似乎应该认为,能力 A 是被搁置在一边而不是破坏了,或者是暂时不活跃了,而非永久弱化。

相互矛盾的工作的反复交替

利用一套纸牌和两套鸽舍式架子可以进行一个适合于研究干扰作用的运动性工作,做法是把这些纸牌进行分类,并且分别放在两个架子的不同格子中。这里我们可以推测出最大量的负迁移效果,因为这两件工作呈现相同刺激,要求相同反应,但只对于所有成对的纸牌改变着不同的工作。一个这种实验的结果(图 24-15)表现出显著的倒摄抑制。它们也表明了抑制效果是暂时的,我们所谓的能力 A 并未真实地被内插工作 B 所破坏或减低。在做一件与之相矛盾的工作之后,一个能力的原有水平的恢复,有时是在一天的间歇之后最完整,但是在达到原有水平之前,更时常需要少量的再学习。

路易斯(D. Lewis)和他的合作者们在知觉-运动技能的一些变量方面进行了这种一般式样的广阔研究。路易斯、史密斯(P. N. Smith)和麦克阿利斯特(D. E. McAllister,1952)以及麦克阿利斯特(1952)曾经运用了双手协调活动器。这是一种追踪作业,目标不规则地运动着,用两只手进行控制,使其能够停留在目标上面。先将工作 A 练习到能够在目标上停留一定时间的标准,然后将要求控制杆做相反运动的工作 B,也练习到一定的标准。最后再学习工作 A[①]。

[①] 原书似把 A 误写成 B——译者注。

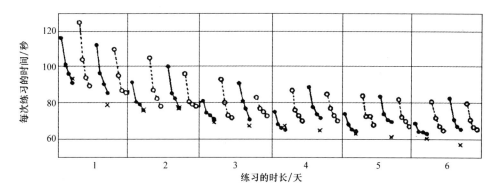

图 24-15 在纸牌分类上虽然有倒摄抑制存在,仍然获得了不断的进步[取自库勒(A. J. Culler,1912)的材料]。将一套 80 张纸牌,分成每种 8 张,放在 10 个鸽舍架的格子中,一共有两组鸽舍架,它们要求着完全不同的分牌法。包括 14 名青年的倒摄组,每天在先用分牌法 A 后改用分牌法 B,经过 4 次练习后,再改回原来的方式。每天共练习 16 次。控制组的 8 名青年每天只做 8 次分牌法 A 的练习,在练习与练习之间有半分钟的休息。黑点子表示倒摄组在分牌法 A 中的平均分数,白点子表示倒摄组在分牌法 B 中的平均分数,"×"号表示控制组每天第 4 次和第 8 次的分数,用以与倒摄组运用分牌法 A 的第 4 次和第 8 次练习进行比较。分析图表产生了下列结果:

倒摄抑制

(1) 每天第 4 个到第 5 个黑点子之间的跳跃以及白点子间的相应跳跃都证明了倒摄抑制的存在。A 的成绩被工作 B 的插入影响坏了,同样 B 的成绩也被工作 A 的插入影响坏了。

(2) 倒摄抑制在一夜之后就几乎全部消失。可以将每天最后的黑点子与下一天的最初一个点子相比较。

在有倒摄抑制的情况下所获得的连续进步

(1) 它表现在整个图的一般趋势中。

(2) 它在每天的第 4 个黑点子上面表现得最突出。这个成绩受倒摄作用的影响最小而受练习的影响最大。如果将第 4 个黑点子与和它接近的"×"号相比较,就会看到这两个成绩一天天地更趋于一致。

(3) 因此,倒摄组从他每天 8 次分牌法 A 的练习中获得了与控制组在其每天 8 次练习中所获得的同样多的收益。倒摄作用并不使能力 A 受到永久的损失。

为了再达到原有标准需要一些再学习,恢复不完全是"自发的"。但是所需要的再学习的量是比较小的。工作 A 的原有标准愈低,和工作 B 所达到的标准愈低,则再学习的数量就愈小。这些发现都具有一定意义。因为你在工作 A 中所获得的技巧越少,那么通过倒摄抑制所失掉的也越少。因此,为了重获原有水平所需要的再学习也就愈少。同样,你对工作 B① 掌握得越不完整,你在再学习工作 A 时所需要克服的矛盾就越少。虽然如此,在对于两个相矛盾的工作进行运动性实验或口头学习的情况下,即:如果对二者都学习得很完整,那么,当被试从其中一个到另一个地反复转换时,可能只发生很小的干扰作用。

可以把逆转线索实验扩展成为一个关于倒摄作用的实验。当一个辨别箱或一个简单"T"式迷津的线索被逆转为反面的意义以后,白鼠必定根据原来已形成的习惯行动,在最初几次练习中表现出负的迁移效果,但是随着时间的增进,它们获得逆转了的习惯。然后我们把线索再逆转回来,并且对原有的习惯进行再学习。这种转变的多次反复,将使再学习进步得更快。两个习惯在强度方面都有增长,但是彼此间很少有干扰性的影响[诺斯(A. J. North),1950;盖特令(F. Gatling),1952]。

对于倒摄作用的一种较广泛的看法

包含有相互矛盾的刺激反应单位的不相适合的工作,在日常生活中绝不是没有的,但是学生或任何学习者时常只注意一种比较泛泛的倒摄作用。他有两个课程需要学习,其问题是对于第二个课程的学习是否会把第一个"逐出头脑"以外?如果他在两门功课之间休息一下,是否会防止遗忘呢?我们经常把休息看做是一个"振奋前面工作的手段",但是倒摄作用的问题在于是否休息将不会给前面学习了的功课以"渗入"(soak in)的时间,以致使他能够在未来保持得更好呢?两门功课可能并非十分矛盾,不必为了学习第二个就必须不学习第一个,但是这里也可能有一些不很直接的倒摄效果。

关于倒摄抑制的各种不同学说

我们已经谈过了一个有关迁移的学说。在我们的举例中,工作 A 包含了 S_1-R_1 单位,工作 B 包含了 S_1-R_2 单位。在学习工作 B 的过程中,S_1-R_1 单位起侵犯作用并且以后被消灭;在再学习工作 A 的过程中,S_1-R_2 单位起侵犯作用并且阻碍着原有 S_1-R_1 单位的再建立。倒摄作用表现为一个向后又向前的迁移,倒摄抑制是一个双重的负迁移效果。虽然承认对于观察到的效果不能够用数量计算,但是这个迁移学说已经被广泛地采纳了。它又回到了德空(J. E. Decamp,1915)和韦布(1917)的看法。

对于倒摄抑制的最早发现和第一个学说是缪勒和皮尔才克(G. E. Müller & A. Pilzecker,1900)的工作所提出的。他们令被试们学习一组无意义音节,并且在 6 分钟以后进行回忆测验,这 6 分钟时间可以用于比较休息的或者奋发

---

① 原书似把 B 误写为 A——译者注。

的脑力工作。而在休息以后的回忆成绩要好很多。他们运用所谓坚持(perseveration)的事实,拟定了一个"渗入"或固结(consolidation)的学说。一个刚看到的面孔、一个刚听过的曲调、一个刚读过的词句或一个刚学过的无意义音节,很容易自发地"显现"(come up)出来。这个事实就指出了在强的学习活动以后跟随有一定程度的后继活动,特殊的脑活动过程仍旧保持活跃,并且进一步加强着所运用的联想。少许几分钟的松弛可以使这些联想固结起来,而奋发的脑力活动则将抑制这持续的活跃并且使固结过程中止。

如果固结学说能够被证实,它将具有很重大的实践意义。迁移学说确实是说明了一些事实,但是它并不需要排除固结。工作 B 的奋勉性、它的时间调节和它与工作 A 的相似性,无疑地是需要的实验变量。奋勉性的变量是实验者难于操纵的,而其他两个变量已经由一些有价值的实验尝试求出了。

工作的相似性　我们已经谈过了关于刺激相似性和反应相似性的特殊效果,当按照一定排列顺序学习一组材料时,其中每一项都是它前面一项的反应和它后面一项的刺激。如果两组材料包含有相似的项目时,则根据奥斯古德(1949)的分析,将发生效果上的混合,最后产生倒摄抑制的结果。许多实验都得到了明显的结果,证明工作 A 和工作 B 的相似性是倒摄抑制的一个重要条件。如果工作 A 呈现一组 4 位数字的材料,那么,在工作 B 也呈现 4 位数字的材料时,将产生最大的抑制;如果工作 A 是记忆 5 枚棋子在棋盘上的一定布局,那么,当工作 B 是记忆另一布局时,将产生最大的倒摄抑制[罗宾森(E. S. Robinson),1920;斯卡格斯(E. B. Skaggs),1925]。正如麦吉阿和麦克唐纳尔(W. T. McDonald,1931)用一些结果所表明的,倒摄抑制的数量随着工作之间的相似性而增加。他们的工作 A 是记忆一系列形容词,工作 B 是记忆另外一系列与形容词或者很不相像,或者多少有些相像的材料。不同的被试组对于这些内插工作进行了学习,然后在工作 A 的回忆和再学习中获得了下列的成绩:

内插的活动	回忆占比/(%)	再学习的练习次数
阅读笑话	45	5.17
学习		
三位数字	37	5.08
无意义音节	26	7.17
无关的形容词	22	6.67
原字的反义字	18	7.00
原字的同义字	12	9.08

回忆的较小的百分数和再学习中较多的练习次数都表现出更大的倒摄抑制。

有利于倒摄抑制的中间工作的相似性,可能表现在材料方面或做法方面。当最初的活动是学习成对的字音时,删除字音就是材料上的相似,学习成对的数字就是一个相似的做法。每一种相似性都要产生倒摄抑制,而当两件工作在两方面都相似时,就产生最大的倒摄抑制效果[吉布森和吉布森(J. J. Gibson),1934]。当两件工作都是呈现很长系列的形容词去学习,但是对于一组的词要求以后回忆,而对另一组的词要求再认时,倒摄抑制的作用要比两个工作都要求回忆或再认时为小,这是由于被试对于两件工作采取了不同的态度[詹金斯和普斯特曼(W. L Jenkins & L. Postman)。1949]。同样,当一组音节呈现于眼睛,另一组呈现于耳朵时,倒摄抑制的作用也比二者以同样方式呈现时为小[纳格(J. W. Nagge),1935]。当以白鼠作为被试时,工作 A 的内驱力是饥饿,在工作 B 中改变为口渴;而在再学习 A 时又改回为饥饿,这样所得到的倒摄抑制要比在全部过程中运用同一内驱力时为小[威庚斯、霍尔和黎德(D. D. Wickens,J. Hall and L. S. Reed),1949]。显然,任何有助于使每一个工作成为一个独立整体的条件,都同时有助于避免倒摄抑制。因此,在两段有意义的文章之间似乎很难获得抑制性效果。但是,如果一个人在记忆了一个故事以后,紧接着去看一幅表面上解释故事而实际上只部分与故事相符合的图画时,会使他对于故事的记忆发生错误[戴维斯和辛哈(D. R. Davis & D. Sinha),1950 a、b]。因为这种情况更偏重于混淆和不是分隔开两个工作或经验。

两个工作的时间调节 在理论上和实践上具有最大重要性的问题在于:是否在第一件工作学习终了以后立刻有一个短暂的休息可以使倒摄抑制减小呢?如果工作 B 紧跟着工作 A 必然妨碍"固结",那么,如果其间有一个很少几分钟的休息,是否就可能没有这种妨碍?另一方面,负迁移效果与时间的逝去无关,至少当工作 B 包含了 S_1-R_2 单位,需要对于工作 A 的"不学习"时是如此的。如果工作 B 只不过与工作 A 相似时,就很难作出任何肯定的预测。事实的真相怎么样?无论根据过去的或比较近代的实验者所得到的相互矛盾的结果,这点都不能够被说明[麦达(Y. Maeda),1951;石原(I. Isihara),1951;阿查尔和安德伍德(E. J. Archer & B. J. Underwood),1951;麦吉阿和易里安,1952]。

保持(或遗忘)的学说

随着时间的前进,遗忘也与之并进,但是人们认为时间并不是一个起任何作用的力量。遗忘的原因必定是在时间中所发生的一些事情。我们知道,安排得适当的复习,会防止遗忘,而不用(disuse),即不去复习,乃是遗忘的一个必要条件;因此"不用律"(law of disuse)在经验上和实践上都是有效的。但是仅只不用,例如空度时间,乃是一个消极的概念,它并不能告诉我们任何阻碍着我们长期保持曾经学习过的东西的实际原因。

遗忘一定是由于在机体内部进行着一些事实而产生的。机体内部有两种有机过程继续不断地进行着:一种是对付环境,我们可以称之为广义的行为;另一种维持着机体本身的生命和健康,为机体的生长、补偿和恢复疲劳与损伤的需要而服务,我们可以称之为营养。遗忘可能属于行为或营养的领域。在行为领域中,所谓不用一个行为,就意味着它被其他行为排挤到行动之外,旧习惯被新习惯所代替;由于新经验的不断侵入,而把旧经验给拭去了等等。这里可能在已经学习了的东西和还要去学习的东西之间发生为了存在的竞争。在营养的领域中也可能发生竞争,当一块肌肉经常锻炼时,它要求血液的流动,从而获得了营养,并且能够保持甚至发展了本身的状态;但是当它长期不活动时,它就不能够和其他器官的要求相竞争,因此就产生了一定的"由于不用而引起的萎缩"。关于神经系统的营养方面,虽然已经知道了一些适当的事实,例如大脑对于不断供给动脉血液的迫切需要等,但是总的说来,是了解得很不够的。当某一项活动的神经机制长期保持不活动时,那么,这个机制就很可能失去它原有的生理化学状态,而变得更少"有效",更缺少对于活动的准备性,甚至于它的精密细节并没有完全消失掉。实验心理学者在遗忘的原因方面较少注意生理学上的可能性,而在任何机会下都注意行为方面的工作,这是可以理解的。但是他们不应该对于生理的机体完全忽略。

遗忘的倒摄学说

心理学家对于倒摄抑制事实的印象特别深刻,因为在这些实验中他们可以制造出少许遗忘,有时用内插学习的方法也可以产生大量的遗忘。在以下任何一种情况下,即在学习工作 B 时,工作 A 不被学习,或者两件工作都被保持了,并且在随后完成工作 A 的尝试中,发生了竞争,工作 B 的学习都是对于工作 A 的遗忘的一个已知的和可以控制的原因。麦吉阿(1942)综览实验证据,作出了如下的结论:至少对于目前来说,干扰提供了最好的遗忘学说。并且他的这一观点已经被许多心理学家们接受了。虽然如此,当把它应用于一般的遗忘时,我们必须承认在证据链索中存在着一定的薄弱环节。

(1) 关于直接干扰的唯一真正清晰的例子,是在工作 B 对于工作 A 的原有刺激(或相似刺激)要求新的不同反应时获得的,即首先学习了 S_1-R_1 单位,再学 S_1-R_2 单位,但是有些倒摄抑制发生于两件工作仅仅相似而其间并无直接干扰的时候,这是一个薄弱环节。

(2) 在实验室的倒摄抑制和对于日常生活的遗忘之间,有一个由于相似性因素所致的薄弱环节。因为为了产生倒摄抑制,两个实验室工作必须相似,但是日间的杂乱活动并不相似于一个学习过的、并且在一天终了时被部分遗忘了的课文。

(3) 即使承认了在任何正常活动之间都具有少许相似性时,我们仍然对于遗忘曲线的特殊形态需要解释。为什么干扰在最初时候快,以后逐渐变慢呢?

它似乎可以看做是一个逐步下降的直线。又为什么一个有意义的语句比一组无意义音节要遗忘得慢呢？显然音节的材料要比语句更不相似于日常活动。

学习以后立刻睡眠的效果 根据倒摄抑制学说，在一段完全不活动的时间内就完全没有遗忘，在睡眠中只有很少的遗忘。当詹金斯和达仑巴赫(J. G. Jenkins & K. M. Dallenbach,1924)将这个推测置诸一个实验测验时，他们为这个学说获得了证明。在学习以后尽快地入睡对于保持有很大的益处。他们要求两名学生被试先记忆一组 10 个无意义音节的材料达到能够完满地背诵一次的标准，以后再测验能够保持的数目。学习和测验之间的时间可以用于日间的活动或睡眠。在不同时间间隔以后能够回忆的平均百分数如下：

时间间隔	能够回忆的平均占比/(%)			
	1 小时	2 小时	4 小时	8 小时
清醒	46	31	22	9
睡眠	70	54	55	56

根据这些百分数可以看出在睡眠的前两小时(部分用于入睡)中有一些遗忘，而在睡眠的以后 6 小时中完全没有遗忘。詹金斯和达仑巴赫作出了一个挑衅性的结论："遗忘并不完全是印象和旧联想的衰退，而是旧印象和旧联想被新印象和新联想所干扰、抑制或消灭。"

这个最早的实验以后被范·欧尔玛(E. B. van Ormer,1932)所继续，他运用了节省法，并对一日之中不同时间的学习效率做了必要的修正。首先在早晨或在将入睡时学习了音节材料，然后在清醒的或睡眠的时间间隔之后进行再学习。结果在睡眠之后的节省是相当大的，特别是在 8 小时的时间间隔时(图 24-16)。因此这位作者同意遗忘在睡眠时进行得较慢，遗忘的产生必然不仅是由于时间的逝去或"由于不用而衰退"，它乃是由于"已经学习了的材料被清醒的活动所消灭。"

根据这种观点，日间的活动会消除已经建立起来的痕迹。另一个可能的解释是在学习之后立刻睡眠有益于痕迹的"固结"，而这时候的活动会干扰这个过程。海涅(R. Heine,1914),用这第二种解释设计了她的实验。在正要入睡的时候或在这以前 2~3 小时记忆音节材料，在次日的相同时间后进行再学习。三名被试按照这种方式在 24 小时以后得到了下列平均节省的百分数：

时间间隔	平均节省的占比/(%)	
	晚间较早学习的	临睡前学习的
对象 L	34	44
对象 C	36	49
对象 W	35	42
平均	35	45%

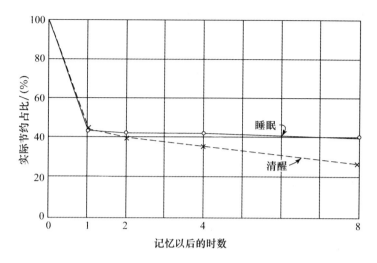

图 24-16　记忆以后立即睡眠的效果(根据范·欧尔玛的材料,1932 年)。两名训练得很好的成年被试,每次学习三组 12 个无意义音节的材料,达到能够正确背诵一次的标准,并且在睡眠或从事学生的日间活动中度过了 1、2、4 或 8 小时以后进行再学习。这些材料是在上午 9:30 或晚间 11:30 学习的。当记忆一组新材料时,在晚间 11:30 比上午 9:30 时需要更多的阅读次数,对于这两名被试多用了 11% 和 16%。同样地,确定出每一个再学习时间的记忆效率,并且通过校正使它们都归于上午 9:30 的标准。在做过全部校正以后,仍然存在睡眠具有较好的结果的差别,并且这个差别在 8 小时间隔的情况下具有统计学上的可靠性。图中每一点表示 2×8×3＝48 组材料学习和再学习的平均数。

其他的被试也在早晨和晚间学习,结果临睡前学习的材料表现了比较好的保持结果。我们不能够简单地得出结论说,在睡眠时遗忘较慢,因为在这个实验中,在学习和保持测验之间活动和睡眠的数量是相等的。只是学习之后立刻入睡表现得最为有利。

这些实验并不能解答一个学生从实践的观点上所能提出的全部问题。它们并没有指出在临睡前学习的课文将会很好地保持一个长时期,还是只保持一夜呢?因为我们都知道,次日的活动不久就会使得保持的数量下降。学生们应该考虑到他在一日之内不同时间的学习效率:如果在傍晚时学习效率处于一个低的水平,那么,在这以后的立即入睡也将失去它的益处。此外,这些无意义音节的实验对于有意义、有组织的材料的保持也不具有直接的意义。纽曼(E. B. Newman,1939)发现被试女大学生做进行简短故事的学习以后,虽然她们对故事的次要情节在日间遗漏较多,但是在 8 小时清醒状态以后能够把故事大意重现得和 8 小时睡眠以后同样的好。

有关人在睡眠中的保持实验不可能完全正确,因为人不可能在学习以后立即进入睡眠。南(H. Minami)和达仑巴赫(1946)发现蟑螂可以作为这种实验的较好的被试,因为如果使它进入到一个铺有柔软材料的窄管子内,它就会在其中停留几小时并处于一种不活动的近似睡眠的状态。在实验中,首先让蟑螂学习从一个亮的小路的黑暗的末端走出来,当其每次达到黑暗的末端时,就对其施一次电击,这样,它一般在受到平均15～18次电击以后就形成了逃避的习惯。然后立刻把它置诸睡眠或放在一个只能有轻微活动的圆笼子内。过一定时间以后再把它重新放在小路之中,并且用再学习的方法对其保持进行测验。图24-17指出了实验结果,表现于再学习过程中练习和电击的节省上面。这个实验的相当多的事实足够使两种情况下的差别具有很大的可靠性。

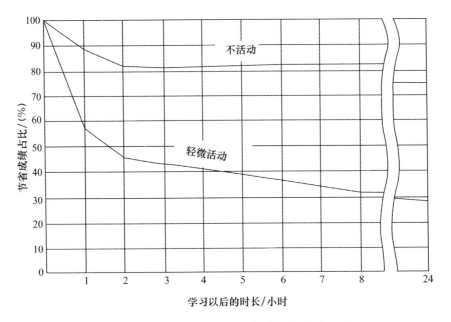

图24-17　被学习以后不活动所帮助的保持(南和达仑巴赫,1946)。

核对实验指出,蟑螂在睡眠和轻微活动以后的学习能力几乎相等:如果在刚要开始学习以前进行一段时间的"踏水车"的剧烈活动,会大大地减低学习能力;如果在刚学习终了以后进行,会大大减低对于学习活动的随后保持。

但是也有不能追溯于中间活动的遗忘,至少对于金鱼是这样。使一群金鱼在22℃的适宜温度中学习了水下迷津以后,次日在同一温度下进行再学习。在这中间的间隔时间内,把它们配对成组放在冷水(16°)或温水(28°)中并进行比较。冷水组虽然在这期间活动更多,但是表现出较好的保持结果[弗伦齐(J. W. French),1942]。作者因此推论说,必定有一种不依赖于倒摄抑制,而依赖于温度的遗忘,对它最好描述为"衰退"(fading)而不是干扰。

保持中的营养因素

在研究动机的引起时,习惯和执行之间的区别——已经学习了的能力和能力的活动之间的区别——是非常重要的。这个区别差不多等同于保持和记忆之间的区别("记忆"是一个内容广泛的词,它包括了回忆、重现、再认或一个学习了的动作的任何作业等)。保持了的东西包括能力、习惯、联想和痕迹;但是执行也依赖于动机的引起和身体条件。它依赖于对于脑的适当的血液供应,如果缺乏了血液供应,就会晕倒而再也没有什么行动。学习了的东西会暂时的丢失,然而既然它只是暂时地失去,就显然证明这不是保持的减少。每人都承认生理营养对于"记忆"是重要的——同样也对学习重要——但是怀疑是否营养在一般保持中,即对记忆痕迹的固结和坚持上也占重要的地位。对于坚持,主要的问题是那些不用的痕迹系统被保持在一定机能状态中,还是被机体内部的竞争所排出了呢?——这是实验心理学者捉摸不定的问题。但是对于固结,他发现了一些可做的工作。

大脑休克以后的倒摄遗忘 一名青年人在和朋友们一同爬山时跌倒碰伤了头部,首先失掉了知觉,然后又在昏迷状态中度过了2小时。这时我们不能够期待他对于在昏迷状态中所发生的事情有所回忆,但是有一个很令人惊奇的并且在心理学上非常重要的事实:他在这次意外事件出现以前15分钟的一段记忆变成了空白的并且永远空白下去(伍德沃斯曾经历过的个人经验)。现在医生们已经观察了几百个这种由于头部受到重大打击而产生"倒摄"(retrograde)遗忘的事例[罗素和纳赞(R. W. Russell and P. W. Nathan),1946]。当一个人的头部受到打击时,就会把事件发生以前的最少数秒钟或数分钟时间变成记忆上的空隙似乎是一件正常的事情。当一个病人在电休克治疗中,由于电流通过头部而引起暂时的痉挛时,病人经常在从昏迷状态中醒来后的数小时之内,不能回忆起刚刚在休克以前所记忆的材料,虽然对于其中一部分是可以再认的[族宾(J. Zubin),1948]。对倒摄遗忘空隙的形成可以作如下解释:在大脑由于头部痉挛或头部受到打击而处于不正常的生理化学状态以前缺乏"使痕迹固结"(consolidation of the traces)的时间。

将两个电极放在外耳上面,用很仔细定量的电流去通过白鼠的头部,也可以使白鼠产生相似的痉挛。这些动物实验似乎给电休克治疗为什么对于某类精神病患者有效的原因带来了一些启示。但是在已经做过的许多实验中,我们只能考虑到对很少的几个实验可以给倒摄遗忘或不能保持在痉挛以前很短期间内学习的东西的原因作一些解释。由于迷津学习和辨别学习都需要很多练习次数,并且时常分布在数天之中,因此就产生了一定的困难。很多次学习都

发生在休克以前很久,因而相对地就免除了休克的效果。这个困难可以用在每次练习以后不久就给一次休克的办法去克服,因为对于在每次练习中所学习到的东西的保持,对于练习与练习之间的进步是完全必要的。邓肯(1949)的实验步骤是这样的:两个房间由一扇小门相连接,一间是暗的房间,在地板上有一个铁片,另一间是"安全"但是明亮的房间。一只白鼠很自然地更喜爱黑暗房间,但是在其中停留10秒钟以后,脚上就受到一次电击。在一天一次的一系列练习中,它学会了很快地跑入明亮的房间以逃避电击。一个控制组在很少的几次练习中获得了这种逃避反应。对于大脑休克组,假如是在每次练习以后1小时或更多的时间再给予一次休克,就学习得同样快;如果是在每次练习以后15分钟或更少的时间内给予一次休克,就学习得比较慢;并且在每次练习以后越短的时间内(20秒,40秒,60秒,4分钟,15分钟)给予休克,学习就越慢。在20秒间隔时,实际上就没有产生进步。一个控制实验指出:对于大脑休克的惧怕,并不是一个主要因素;因为如果把电击不施加在头部而施加在后腿时,将引起更大的惧怕,但是却很少妨碍学习过程。作者因此得出结论,认为在这种情况下,固结过程一定是在学习以后1小时以内完成,但是不能够少于15分钟。

汉特和柏拉代(H. F. Hunt & J. V. Brady,1951)做了一个有关电休克对于运动活动的情绪抑制的保持有何影响的实验。有时保持的显著减少只被看做是运动的迟钝和没有效果,例如在电疗以后时常观察到这种情况,这个实验就对这种可能性进行了一次核对。白鼠首先学习用按压斯金纳箱上木门的办法去获得食物,然后在它按压木门的时刻,使发声器发响,并且在3分钟的响声终了时使地板给出电击,这样很少几次以后,就建立了对地板"呆立"的反应,抑制了对木门的按压,并且一般常排出大便,这是"不安"的表现。以后开始一系列的大脑休克,每天三次,共做7天;再经过两天休息,又重新回到斯金纳箱。按压木门的习惯仍然保持很好,但是发声器的声音不再引起白鼠的骚扰。它们并不"呆立",而是继续按压木门。虽然如此,这个抑制性情绪反应并没有永久地消失,因为它在白鼠受大脑休克治疗30天以后又在测验中出现了(柏拉代,1951)。虽然休克治疗并不是立即跟随着学习(有如邓肯的实验),但是如果延迟到在情绪条件作用的30天以后,它就不发生效力了。在条件作用以后一段长时间的休息,似乎可以使情绪反应固结起来(柏拉代,1952)。

还有其他适当的事实。白鼠能够学习一个新习惯,并且把它很好地保持,尽管在大脑休克以前的短时间内建立的习惯失掉了(敦坎、汉特和柏拉代)。在做电休克以前学习的容易工作(水迷津),以后能够保持得很好,虽然与它相似、但是比较难的工作会受到很大损失(罗素,1949)。尽管如此,如果对这件困难工作进行了非常多的过分学习,那么,在休克以后,对它的保持所受到的损失也比较小[布劳恩和阿尔比(H. W. Braun & G. W. Albee),1952]。如果白鼠是在因乙醚的作用而处于麻木的状态下受到大脑电流,就不表现一般的运动性痉挛,同时也没有倒摄遗忘——这种结果提示我们：保持的损失不是直接由于大脑中电流的通过,而可能是由于痉挛结果引起的大脑循环不良［波特尔和斯通(P. B. Porter & C. P. Stone),1947；汉特、杰恩伯和劳洛(H. F. Hunt, P. Jenberg & W. G. Lawler),1953］。事实上,由于按压白鼠胸部,使它1分钟之久不能够呼吸所引起的氧气缺乏,对于最近学习的习惯的保持也具有和电休克同样的效果［黑兹(C. Hayes),1953］。毫无疑问,对于电休克痉挛方面的生理学还有许多问题尚待发现。对于遗忘的原因,我们可以说,虽然习惯和记忆可能由于大脑休克而停止或暂时无效,但是学习得很好的东西的痕迹并没有被消灭掉；而任何刚刚在休克以前学习或经验过的东西,由于它们的痕迹还没有很好地建立起来,就能够丧失到不能恢复。

关于遗忘的格式塔学说

所有这些关于"习惯"和"刺激-反应单位"的讨论,都似乎是远远地离开了日常现实中的记忆和遗忘。例如,当你"记不起来是谁给你讲了这个故事"的时候,是失去了什么习惯呢？或者当你回忆一个物体的颜色或形状时,又是哪一个刺激-反应单位在起作用呢？格式塔派的心理学家们曾经从知觉方面作了关于记忆的研究。他们不相信关于一个客体的痕迹只包含一些无组织的连接。他们认为它一定具有一个与这客体的感觉印象一样的动力单位。感觉印象并不是一个被动的摄影,而是由观察者的兴趣以及最基本的由于他把对象当做一个整体去知觉的倾向所塑造出来的。对于整体的知觉比对于部分的知觉处于优势,并且使部分尽可能迅速地构成了关于整体的完形。如果完整的图形是圆的,那么,细微的不规则是看不出来的。这种使部分去构成整体的力量绝对不是观察者的随意动作：它并不是一个水平很高的心理过程,而是在一切知觉过程中所固有的。

从当前客体所得到的刺激复合是非常强有力的,它抗拒着知觉的统一力量。一些不规则的地方不能够完全被忽略。对客体的记忆痕迹是不太强烈的,结果它就被记忆得比最初知觉时更统一和更好地完形化。因此,格式塔学说能够与我们所讲过的那些理论共同前进。记忆痕迹可能由于生物学原因而衰退或由于倒摄抑制给排除掉。在任何一种情况下,它都变弱而且不可抗拒。考夫卡(K. Koffka,1935)认为进一步作出下列的假设是合理的,即记忆痕迹有着继续进行的下意识活动,其中整体继续对部分施与统一的压力,而部分就愈来愈好地构成整体的一般形式。

根据这个学说,可以得出下列推断：① 一个记忆的图形是一个比它最初被看到时"更好的图形"——更对称、更减少了不规则的地方和漏洞,总之,更统一了;② 随着时间的前进,图形就愈来愈好;③ 虽然它可能与其他记忆的图形相混,而再也不与它的最初知觉相一致,但是它永远不会被真正遗忘。

考夫卡以其实验室中由吴尔夫(F. Wulf,1922)所获得的关于图形记忆的结果,作为他的学说的证明。当一个图形——一般是一个不太规则或不对称的、也不代表任何一个熟识客体的图形——出现以后,过了一些时间令被试根据记忆把它画出来。重现的图形时常或多或少地区别于原有图形,吴尔夫就把这种改变区分为下列三类,即正规化(regularization)["划一"(1eveling)]、强调某些部分或特点["尖锐化"(sharpening)]和同化于熟识的形状或客体["正常化"(normalization)]。这里只有第一类与推断完全符合,但是其他两类改变是可以解释的。时常出现的同化于客体的改变[吉布森,1929;布朗(Warner Brown),1935]似乎是这样产生的:当原始图形使人想起了某一客体时,以后在他回忆图形时就会回忆起客体并且在某些地方离开了原有图形而转向客体,因此,图形的痕迹与客体的痕迹混淆起来。强调或夸张某一部分或特点是直接与理论推断相矛盾的,但是它似乎产生于当被试特别注意了原始图形的某些特点的时候。这时这个特点就作为一个本身具有一定组织力量的不完全整体(sub-whole)而起作用。有了这些全部都可接受的解释,对于这个学说的任何决定测验似乎都是不可能的了。以后的实验者们发现,要把全部重现都归纳在吴尔夫的三项分类中是有困难的,他们发现至少在最初呈现以后未经过很长间隔的时候,重现中有很大部分在实质上是正确的——一个似乎与理论直接矛盾的发现,因为理论预言在任何不对称的无意义图形的记忆中都具有一个系统的改变。根据统计结果,是存在一个增加对称性的而不是相反的倾向[费惹(E. V. Fehrer),1935;阿尔波特(G. W. Allport),1930]并且在 350 名 10~13 岁的小学生中发现了很强的这种倾向。他呈现了一个左右对称和一个不很对称的两个图形,结果发现不对称性在以后重现的很大百分比中消失了,而对称的图形并未表现有变成不对称的倾向。

早先研究中的有关结果

虽然吴尔夫和考夫卡的遗忘学说激起了这方面的工作兴趣,并且引发出许多后来的实验,但是他们并不是研究图形记忆的创始者。早先的试探性研究曾经得到了与近代实验非常相似的结果。例如,菲力普(J. Philippe,1897)曾使用"把图形不呈现给眼睛而给手去考查,然后用睁开眼睛去画"的办法进行重现,最后把记忆的错误或改变分成了下列三类:

(1) 细节部分失掉或变得模糊和混淆起来;

(2) 有新的细节部分做了代替;

(3) 最常出现的是重现接近于某一客体的典型形式——客体的同化作用。

库尔曼（F. Kuhlmann,1906）进行视觉呈现以后，发现重现中的大量错误可以归于下列两类：

（1）客体的同化作用；

（2）下列一些情况的正规化，如线条的相等、水平、垂直、对称等等，虽然在原刺激图形中只是近似如此，在重现中就更正规化了。

亨德森（E. N. Henderson,1903）在根据记忆去尝试重现一个故事时，也观察到了相似的改变。他认为对于某些多余的和不适合的细节的忽略以及对于某些细节的改变，都是为了形成故事的一般情节和意义。

方法论上的陷阱 在对于保持的研究中，我们希望尽可能地接近于记忆的痕迹。如果保持的材料是一个图形或故事，那么，重现的方法非常合适。但是当被试试图重现一个图形或故事时，特别是在经过了很长的时间间隔以后，他并不仅只依赖记忆。他不能够记忆全部细节甚至全部的重点，他的痕迹是不正确的。因此巴特列特（F. C. Bartlett,1932）根据他对于记忆所进行的广阔研究作出了如下的结论：被试在尝试重现一个故事时，实际上是在组织一个故事。他大致地保持了原始故事的一般形式和气氛以及它的某些细节，但是又吸取了他自己的一般观念和兴趣，然后共同组成了一个相符合的故事。重现只是很粗略地与原始故事的记忆痕迹相符合。库尔曼（1906）对于图形的重现具有相同的说法："永远不能把它称之为重现，这甚至没有一半的正确性。这是一个组织过程，而不是一个再组织过程，是一个对于在过去所得到的东西的组织过程，而远不是一个过去知觉的再组织过程。"简而言之，一个特殊图形的记忆痕迹仅只是尝试重现中的一个因素；被试的画图技巧很明显的也是一个因素，被试时常不能够在纸上画出他所希望表现的东西。如果他对于一个图形的记忆是模糊的，他很少知道如何去表现这种模糊性，并且感觉到不得不画一个具体的图形，虽然他也知道这与原始图形是有差别的。他可能感觉到把他自己不能很肯定的东西画得不正规化是荒谬的，因此，在他的尝试重现中就倾向于正规化。如果重现比原始图形更正规化，我们不能够说这是由于痕迹变得更正规化或者只是痕迹不够具体。

由图形的重现中所获得的结果，至少需要被其他方法所核对。再认不具有重现的某些复杂性，并且可能更接近于痕迹。为了这个目的，臧威尔（O. L. Zangwill,1937）和哈纳瓦尔特（N. G. Hanawalt,1937）提出了再认测验的多方选择形式，以后又被葛尔德梅尔（E. Goldmeier,1941）以及亥布和福尔得（D. O. Hebb & E. N. Foord,1945）做了一些修改。这种方法要求实验者做大量的事前准备工作。每一个原始图形都在一组和它或多或少相似的图形中同时呈现出来，因此，被试就要从其中选择出他认为最像原始图形的一个。如果原始图形是一个具有20°缺口的圆形轮廓，测验中就给他一组彼此间相差很少的图形去进行选择,其中每一图形具有一个界于近乎 0°～50°或 60°的缺口,这样规定是既为了趋合,又为了相反(亥布和福尔得,1945)。如果原始图形是一个略微不对称的图形,测验中就要提供许多相似的图形,其中有一个是对称的,其他都具有不同程度的不对称性,有如不同的被试在尝试重现原始图形时所画出来的样子。被试在尝试重现原始图形以后接受这种测验时,常常由他的选择可以表示出虽然他的重现错误,但是他的记忆痕迹仍然是近乎正确的(哈纳瓦尔特,1937)。

用心理物理学的常定刺激法加以改造,得出了一个要求较少准备工作的方法[厄尔文和赛登菲尔德(F. W. Irwin & M. A. Seidenfeld),1937]。先呈现一次具有一个小缺口的圆形,过一些时间以后,再把它重新呈现一次(两次是同一图形,但是暗示他缺口有小的差别),令被试判断这缺口比较原始图形的大或者小,如果他回答比以前大,那么,他的痕迹似乎是向趋合的方向改变。如果被允许,很多被试可能说"相等",但是其对于"大于"或"小于"的答案的选择,在一个材料很多的结果分配中将不会离开 50% : 50% 的机遇很远(哈纳瓦尔特,1952)。

记忆了的图形的改变是否随时间的前进而递增呢?对于吴尔孚和考夫卡所假设的学说非常重要的,乃是一个图形的记忆痕迹必定逐步改变为一个好的固定的图形,即逐步走向由于它的动力结构的内部压力所产生的方向。这个学说的这种含意被大家所承认,甚至是被这些作者们所强调的。这里我们似乎可以获得拥护或反对这个学说的最好证明。早先的结果被格式塔学派的追随者们认为对于这个学说非常有利。但是这些结果被哈纳瓦尔特在 1937 年指出由于方法上的错误而无效了。早先实验的方法是用相同的被试们先在短时间以后重现,然后再在越来越长的时间以后重现,因此"一旦被试已经重现过一次这个图形。他第二次的重现,就会受到比原始图形影响更大的第一次重现的影响。"如果在圆形的第一次重现中,把缺口重现得比原始图形的小,他的痕迹就将向这个方向改变,并且给第二次重现在这同一方向更多地发生误差提供了很好的机会。如果原始图形使他想起了一定的客体,他的第一次重现多半表现出向客体的同化,并且相应地改变了痕迹,因此第二次重现会更多地产生这种结果。如果我们希望获得遗忘的曲线或痕迹向"更好的图形"自然进展的曲线,那么,必须尽量使痕迹不受到影响,既不能由于继续运用而使它加强,也不能使它受到不良重现的破坏。我们不能够期望从一名被试身上的一个简单痕迹而得出结果而必须运用不同的被试组在不同的间隔时间以后进行重现,然后用统计学的方法去求出结果。如果我们运用厄尔文和赛登飞尔德的再认法和心理物理学方法,也需要这相同的注意。

哈纳瓦尔特用同时并进两组实验的方法,说明了这个方法论错误的严重性:在一组实验中,他用相同的被试们在所有需要的时间间隔以后进行重现;但是在另一组中,对于每一时间间隔都用一组新的被试。如果在以前没有进行过重现时,在较长的时间间隔(4周或8周)以后,遗忘整个图形或遗忘图形的形状及其部分的数目乃是非常普遍的事情。在没有复习的情况下,痕迹显然变得越来越不正确,但是很少具有向任何一定方向不断改变的象征(图24-18)。这位作者的结果和黑布与福尔得在1945年所做的相对简单的再认实验的结果,都为否决我们所讲过的学说作了辩护。实在地说,在知觉和痕迹的形成中我们越多强调格式塔因素,就越没有理由去假定在一段不受干扰的保持期间内,这相同要素在继续活动。

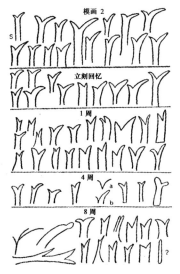

图24-18 根据模画和记忆所画的图画(哈纳瓦尔特,1937)。原始图形上注明S。第一组表现不同被试在看到原始图形时所画的图画。照样子画两次以后,每一名被试者只进行一次重现,不同组别分别在不同的时间间隔——立刻、1周以后、4周以后或8周以后去尝试重现。8周以后重现组的前三名人报告说图形使他们想起了其他东西,即"像树枝的图"、"树芽"和"树干";另一名被试说"像字母M"。这些重现不是经过选择的,它们包括了全部根据记忆所画的图画。

看着原始图形去进行"模画"具有两个目的:一方面以它作为出发点去测量记忆的改变;另一方面它表现出经常归诸记忆错误的改变是产生于知觉和画图过程中的。

对于遗忘的一个心理分析的学说

弗洛伊德和他的追随者们有时谈到,似乎他们相信全部遗忘都是由于有了要忘掉它的希望而产生的随意的遗忘。实际他们只是说那些具有犯罪或羞耻意义的事件才会这样遗忘的,并且这种遗忘不是由于失去了保持,而是由于对重现的抑制,这种抑制是可以被心理分析的处理给改变的。这些情况似乎不可能在实验室中重复;但是实验者可以操纵这样一些变量,例如,失败的情感、自我颓丧、预期到将要有对自我的威胁而不安等。如果实验者的工作做得很有信心,并且很坦然,他就能够在被试显然愚钝时用假装生气或表示遗憾来加强被试的自我颓丧。在以后的实验中,实验者可以告诉他实验的真实情况,使他不再自我颓丧;并让他成功地完成他过去所"失败"的事情,甚至由于出色的成绩而给以称赞。为了这个目的运用了蔡戈尼克(B. Zeigarnik)的中断作业实验和愿望水平实验以及被赛尔斯(R. R. Sears,1943,1944)和蔡勒(A. F. Zeller,1950a)所修正过的其他方法。

一个完备的压抑实验可以按照倒摄实验的方式进行,但是在其中增加两个步骤:首先学习一个课文,在紧跟着的一个工作里被试"失败",并且形成了非常自卑的状态。然后再测验他第一个课文的结果,发现他部分地遗忘了,这时再做内插工作,并且使被试"成功"和恢复自信。最后再一次测验他对于原始课文的记忆;结果发现(如果进行得很顺利)他比在中间的一次测验中记忆得较好。实验进程表解如下:

(1) 学习 A;

(2) 做 B 失败并引起自我颓丧;

(3) 测验对于 A 的遗忘(压抑);

(4) 再做 B,达到成功和自信;

(5) 测验对于 A 的恢复(压抑消除了)。

当然还应该有一个控制组,他们进行相同的程序,只是在工作 B 方面得到鼓励而不是沮丧。我们应该注意,不使有任何直接妨碍对 A 的记忆和使被试在工作中感觉自卑的事情发生。但是两件工作在时间和地点上都连接得很紧,是压抑的学说使得围绕着使被试感到羞耻或犯罪的行动的情境受到遗忘。

上面所谈到的实验设计是由蔡勒所提出的(1950a),并且被他(1950b)做了某些小的修改运用在一位大学生的实验中。他的工作 A 是无意义音节,工作 B(在其中被试的自我受到操纵)是需要立刻记忆的"诺克斯方块测验"(Knox cube test)。他获得了对于压抑和解除压抑的预期证明,虽然他承认也可以运用其他解释。区别对于在受屈辱以前所学习的东西的遗忘,和刚刚在这体验以后的不良学习(或再学习)效率是困难的。在一个设计比较简单的实验里(用 ABA 代替 ABABA),赛尔斯(1937)证明了在受屈辱以后记忆能力有一个暂时的暴落。就是在日常生活中对于一件害羞行动的情境的明显压抑可以是由不良的学习所引起,这时害羞者也倾向于把自己收缩起来暂时地不被周围所注意。

结 论

本章包括了广泛的材料,但是贯穿全部的一个问题就是对给定的少许学习所留下的痕迹会发生什么? 它们是帮助还是妨碍未来的学习呢? 痕迹是否被后来的学习所改变? 在痕迹和新学习之间很清楚地是有着相互作用的,这个相互作用对于两方面都发生影响,它既改变痕迹,也改变新的学习。这个相互作用的实际效果可能是帮助或阻碍,它依赖于两个工作中共同要素的数目以及它们在刺激-反应关系中所起的作用。这些事实指出所有遗忘都产生于新的学习对于早先学习的痕迹所发生的干扰,但是这个遗忘的倒摄学说并不是完全正确的,因为已经证明新陈代谢活动在遗忘中是占有一定地位的。最后,我们必须经常注意,防止把在学习和回忆时所发生的任何事情都归诸于保持时期。

(朱智贤、张厚粲　译)

第二十五章

学习与作业中的经济

我们依据学习的规律和学说,可为从事需要许多学习、依靠习得技能或任何一种记忆以进行工作的学生及其他人员,推论出一些实用的建议。在前面若干章里,我们可以获得不少有关记忆的技术和有利于保持的各种条件的实用的启示。

广义上的学习学说要强调"强化"(reinforcement)的重要性。人类学习者不需要用食物或满足任何机体需要去酬报。如果他承担去完成某种结果而得到成功,那就是一种强化。但他必须"知道结果"和达到目标的明确证据。如果目标太远,那么某些进展以及达到一个中间目标的迹象都会帮助他掌握这遥远的进程。

有一点在流行的学习学说里虽不突出,但在有关记忆的实验工作中却一样地显著,这就是意义的学习优于机械的学习。记忆一段有连贯性的文章,比记忆等量的无意义材料要快得多。这个原则或者可归结为一种强化的形式,但无论如何,它对学习的经济是有所启发的。

第三种一般性的考虑是与计时有关的问题。依据反应抑制(reactive inhibition)及餍足(satiation)现象看来,可以知道,重复学习同样材料而没有为恢复安排任何休息将会浪费许多时间和精力。

因此,一般学说将预示有关学习经济的某些法则,或至少能预示一些可在实验室内及像教室那样的实际情境下进行试验的可能的假设。但是在历史上,这一领域内突出的假设却不是从一般学说里推求出来的,而是在实验室的具体经验中获得的。

背诵是学习的一种帮助

为了识记任何一种你能复现的材料——一个无意义音节表,一首诗或一篇散文,一段琴谱,一张图画——你可以重复诵读、倾听或者阅读。当你学会一部分时,你还可尝试"背诵"或将材料复现出来。你可背给你自己听,一遇困难,你便感到有自由立刻恢复诵读等等。无疑地,灵敏的学生从荷马(Homer)时代起早已采用了这种方法。关于这个方法的实验工作,大约在威塔赛克(S. Witasek,1907)的时候就开始了。他发现远在全课文学会以前,尝试背诵是有益的。盖茨(A. I. Gates,1917)曾评论过这个实验以及其他几个早年的实验。实际上,几乎所有的实验都显示课文的背诵法比继续重复诵读法优越。盖茨自己也做过实验,想发现在学习过程中,什么时间开始背诵最为有利。他所细心设计的实验,使那些可能的干扰因素,如练习、功课的难度以及个别差异都相等(因为实验情境计有5种,所以设置了5组被试和5课书;按照预先排定的时间表,各组、各课书以及练习的各阶段轮流进行,使所有条件均能一致)。学习一课书的总时数保持不变,都各为9分钟,但这个时间在五种情况下,各按下表做不同的分配。

	无意义音节		传 记	
	第一次测验	第二次测验	第一次测验	第二次测验
所有时间用来诵读	35 分($\pm 1.3\%$)	15 分($\pm 0.9\%$)	35 分($\pm 1.2\%$)	16 分($\pm 0.6\%$)
$\frac{1}{5}$ 的时间用来背诵	50 分($\pm 1.4\%$)	26 分($\pm 1.6\%$)	37 分($\pm 1.5\%$)	19 分($\pm 0.8\%$)
$\frac{2}{5}$ 的时间用来背诵	54 分($\pm 1.4\%$)	28 分($\pm 1.2\%$)	41 分($\pm 1.2\%$)	25 分($\pm 0.8\%$)
$\frac{3}{5}$ 的时间用来背诵	57 分($\pm 1.4\%$)	37 分($\pm 1.4\%$)	42 分($\pm 1.2\%$)	26 分($\pm 0.9\%$)
$\frac{4}{5}$ 的时间用来背诵	74 分($\pm 1.8\%$)	48 分($\pm 1.8\%$)	42 分($\pm 0.8\%$)	26 分($\pm 0.8\%$)

发给每个被试以油印的课文,并指导他继续读下去,读完一遍又一遍,待他得到背诵的信号,他就不看课文,尽可能凭记忆背诵一遍又一遍,背不出时可自由查看材料。有两种功课:一种是 16 个无意义音节,另一种是 5 篇短而详细的传记。紧接着学习之后,进行一次回忆测验(看能回忆多少);数小时后,再进行一次。40 名八年级儿童所能回忆的平均百分数如上表[每个平均数之后便是它的 PE_M(平均数的机误)]。

从 9 岁儿童被试中,也得到类似结果。实验突出了下列三种事实:① 把一大部分学习时间用在背诵上者,其成绩最好;② 这个优越性在学习后数小时进行的测验中仍旧存在,因此背诵法不仅有利于学习效能,也有利于保持过程;③ 要求背诵在有意义的材料中的优越性,不及在无意义音节中显著。这大概是因为学习者当再读连贯成文的材料时,似乎就在尝试背诵或有所预测。甚至对一组无意义音节,专心的学习者即使在单纯诵读中也会尝试预测[斯卡格斯(E. B. Skaggs)、克罗斯曼(S. Grossman)、L. 克留格和 W. 克留格(L. Krueger & W. Krueger),1930]。

盖茨发现用成年学生做被试,开始背诵的最好时间大约为:

就20个无意义音节来说,(诵读4～6遍),2分钟后;

就26行诗来说,(诵读3～6遍),3～5分钟后。

最适宜的时间因人和课业而不同。尝试背诵过早,或已可背诵而仍继续读下去(往往不专心)都会在时间上造成损失。

以后的各种研究证实了这些结果。有一种背诵采用多方选择测验的方式,是在读完一篇600词的叙事文之后立刻举行的;像这样一种紧紧接着的测验,大大加强了材料的保持[斯皮兹尔(H. F. Spitzer),1939]。

霍夫兰得(C. I. Hoveland)、陆姆斯旦(A. A. Lumsdaine)和谢费尔德(F. D. Shefield)在1949年报告了一个同一途径的实验,但安排上则很不相同:在一个新兵招待会上,给各人一条活动电影片或软片看。这条影片是用来传授在军队信号中所用的"拼音字母"的,例如说"Able-Baker-Dog"而不说"A-B-D"。软片显示一些字母及其相应的音标。在看了头五个字母以后,就来一个复习计划。类似计划插在每几个字母之后,并在字母终了处,安排去复习2遍所有的字母。最后,举行一次测验,以各字母分别呈示,令被试尽量报告等值字。多组新兵做完了这个测验:有半数组的复习计划是在字母之后加上问号("A—?"和"B—?"),唤起等值字;其他各组就没有采用加上问号的办法,等值字随字母一同出现。结果用问号的组(即背诵组)较不用问号的组所得的成绩为好。

还引进了第二个实验变量:有半数组曾预先得到警告,说要准备接受测验;其他半数组则未曾得到这样的警告。把这四种情形的测验成绩列在一方块内,其平均数如下:

预 告	背 诵	
	未	曾
未	17.2个字母	21.9个字母
曾	21.2个字母	22.5个字母

既未受预告又未背诵的那个组与其他各组的差别是大而可靠的;其他各组差别都小。无论背诵或准备接受测验都加快了学习并增进了成绩。据作者的意见,这两个因素可能起同样作用,因为准备接受测验的人将采取积极态度,并进行一些背诵。

如果我们要问背诵怎样能使学习省力,可得到以下几种可能的回答:

(1)背诵是对测验的一个直接预备。当背诵时,被试就在进行以后所需要的一些活动。

(2)背诵部分地学会的材料可作为验证之用——使人知道已经取得的成果。它是已经学会的材料的一种强化。但是对研究学习的理论家来说,这里存在着一个引人探究的问题,因为有许多东西是未经背诵或在能做任何背诵以前就学会了的。理论家最后必须说明在单纯诵读课文时怎样产生了强化。

（3）如果学习者知道不久要试背，他就受到鼓励去组织材料，或注意材料是怎样组织的。在历史班上，有一名学生感觉到教师的讲授非常有趣，但因做笔记时有所遗漏而感到烦恼。他决定在听讲时不做笔记，而在头脑中默记讲授的大纲；等听完以后，在同一天内，把大纲写出来。这是项吃力的工作，但得到惊人的成功。钢琴家或其他音乐演奏者，在他手上有一繁重的识记工作。在这项工作里，初步分析歌曲的音乐结构是有一定帮助的[鲁宾-拉布森（G. Rubin-Rabson），1937]。

全部学习与分段学习

把一首诗或一篇演说词进行全部识记，是否比分段识记更为经济呢？所谓全部法就是你一遍一遍地全篇诵读，一直等到读熟为止；所谓分段法就是你把它分成若干段，在尝试背诵全诗之前，一段一段地识记。根据一般原理，我们就很难预测，因为根据不同的原理可以预测出不同的结果。一方面，全篇比各段更有意义，如果组织得很好，每段在全篇结构中都有它的地位；但当孤立时，它的意义可能很少。因此，就意义和组织来说，倾向于全部法。另一方面，你也许必须把全篇读过几遍或许多遍，你才似乎在识记上获得一些进步。背诵全篇是一个遥远的目标；识记一段是一个很快就可达到的目标，并产生一些满足和鼓励。因此，就强化原则来说，则倾向于分段学习。

学校练习倾向于分段法："一次学一样，并把它学好。"戏剧演员和音乐工作者有时偏爱全部法。斯蒂芬斯（Lottie Steffens，1900）为这问题做过实验：她首先观察了一些受过教育的成年人自发采用的方法，发现他们在识记一首九行诗句时全用混合法，但带有较多的分段学习；然后对五个成年和两个儿童进行了广泛的实验，要他们用分段法学习某些诗句和无意义音节，再用全部法学习其他同类材料。全部法所需要的时间较少。每名被试不管他所学的是诗句或音节都是如此。全部法的优越性达到2%～26%不等，平均约12%。这个优越性并非经常在开始时出现。被试在能有效地使用这个不习惯的全部法以前，往往需要一些练习。

对连贯性的语文材料的全部识记和分段识记

一些类似斯蒂芬斯的实验经常产生类似的结果。麦吉阿（G. O. McGeoch，1931b）在阅读了有关材料以后的一个评论里，指出了全部法是有利的，虽然把一课长文作为整体来处理是需要耐心、智力和练习的。皮施坦（L. A. Pechstein，1918）试过一种"循序渐进的分段法"。他相信这个方法优于严格的全部法和严格的分段法。当被试先行分别学会了各分段时，他就需要许多进一步的学习去把各分段联系起来。在循序渐进分段法里,你学习第一段,再学习第二段,然后把这两段联系在一起,接着学习第三段,把一、二、三段联系在一起,余则仿此进行。对大部分学生识记短诗来说,里德(H. B. Reed,1924)同意这是一个最好的方法。麦吉阿(1931a)用普通智力的及极高智力的9~10岁儿童为被试,对这三种方法进行彻底的试验。她预备了一些小册子,印着12行的诗句。为严格分段法用的是每页一行(但全诗印在最后一页),为循序渐进分段法用的是每页四行,为全部法用的是12行印在同一页上。被试一遍又一遍地诵读每页的材料,等到了规定的6分钟时间为止,在6分钟终了时,儿童写出他们所能记忆的一切。每名儿童用每种方法各学习一首诗,在各组内学习的次序取得平衡。较高智力组所能复现的,远比普通智力组为多,但由每种方法得出的成绩几乎一样。儿童对全部法是不习惯的。

詹吉瑞(T. Jonekheere,1939)煞费苦心地把诗分成若干段,每段两三行不等,其本身都各有意义。他用这些材料试验的结果,发现全部学习法或分段学习法都没有绝对的优越性。

豪斯金斯(A. B. Hoskins,1936)在一个实用基础上,比较了全部学习法和分段学习法。他的材料是有关政治及经济问题的演说词(各大学间的辩论),组成若干课,每课1500~15000字不等。被试为360名女大学生,按智力及阅读成绩分为等组。每课由两组来学习:其中一组诵读每节三遍之后再进行下一节;另一组从头到尾诵读全课三遍。在第二轮里,用适于比较的材料,全部学习组和分段学习组相互更换。被控制着的是阅读的遍数,而不是学习的时间。学习完毕后数小时内,用是非法及多方选择法举行事实测验,并要求被试对各论点的理解做一书面报告。两星期后,再测验一次。分析测验的资料,看出全部法或分段法都没有一贯的优越性。各比较组的测验成绩,就事实和理解、长篇和短篇说来,都差不多完全相等。

迷津的全部学习与分段学习

一个迷津好像一首诗,是一个有连贯性的课题,必须完全学会,全部"背出"。全部学习法用在迷津和诗上,有同样的利弊。皮施坦(1917)设计了一个迷津,可将其分成四个部分,分别学会,然后结合在一起。这个分成片断的学习法,据他试验白鼠和人的结果,比用全部法学习整个迷津来得经济些。但是在这里,不同的实验也产生了矛盾的结果。哈纳沃特(E. M. Hanawalt,1931, 1934),用白鼠和人做被试,发现全部学习法显然较为优越。因为在各部分分别学会以后,把各部分结合在一起,还需要大量的补充学习。人类被试在一个大型迷津里,同时只能看见一小段。他们以37%的时间用在学习迷津的4个分离部分上,63%的时间用在把各部分连合为一完整的行动上。

把一个迷津或一首诗的各个学会了的部分结合为一个整体,需要大量地补充学习——在这点上,许多不同的实验者并无矛盾的意见。分别学会了的各部分不能组合为一整体。因此在部分上需要解除其所学的一些。分别学会了一个迷津的第一部分的白鼠,知道在什么地方寻找食物,并在这一部分的终点把它吃掉;当它在那里找不到食物时,它便表现失败,这时它可能不向前进,反而倒退几步。第一部分的终点不再是目标,而第二部分的开始也不再是入口了。它只好选择一些新的线索,使它在第二部分内能有正确的开始。人在识记一首诗时也会发生同样情况。各部分当开始组成一个整体时,就会失去其原来的形象。

库克(T. W. Cook,1936,1937)曾用各种长度的迷津对人进行了一些实验,提出了另一重要的考虑。无论在全部或分段学习中,他都没有发现任何一般明显的优越性。主要的因素是整个迷津及其各部分的长度。如果某一部分太短,被试在这个部分内反复地走来走去就会浪费时间;但是,如果整个迷津太长,在他下一次试行途中,还没有达到沿路上他所要观察的那些标记的时候,他早已把它们忘记了。每名被试大约各有其最合适的学习单元,虽然这个单元在学习迷津或任何特殊材料中可以随着练习而增加。各个个体也许需要进行一些实验,以便为他自己找到最合适的学习单元。假如我们让各人自己选择学习方法,他往往会在应当采用全部法时,采用部分法;反之,在应当采用部分法时,他却采用了全部法[勤森和勒美尔(M. B. Jensen & A. Lemaire),1937]。

不连续的材料的全部学习和分段学习

因为终究必须把迷津当做一个整体去跑,或者把诗当做一个整体去背诵,故按逻辑来说,全部法似乎是最好的方法。但许多重要的记忆工作,并不需要建立一个统一的整体。在成对的联项(paired associates)记忆里,只要学习各对中组成部分的关系,无需学习上下各对之间的关系,例如无需把词汇当做有一定次序的材料去学习。自然,我们可以把它作为一个"整体"去学习,那就是说,从头到尾读了一遍又一遍;也可以一对一对地去学习,一次学几个字。说来也很奇怪,正是在这里,发现全部法具有极其一致的优越性[布朗(W. Brown),1924;麦吉阿,1931a;戴维斯和米内斯(A. J. Davis & M. Meenes),1932]。我们可以引证赛伯特(L. C. Seibert,1932)的词汇实验:她呈示若干组英、法语的同义词,要求被试学会以法语词来回答每个英语词;每组包括12对词,作为一个整体或分成若干较小的学习单元,呈示6遍。学习是在一节课开始时进行的,第一次测验是在这节课终了时举行的。44名学生的平均成绩,以占满分的百分数计算,列于下表:

学习单元	1对	4对	6对	12对
能记的百分数				
50分钟以后	35	39	44	49
2日以后	31	33	34	47

在这里差数的标准差约为4.5%,所以,12对或全部法确实比1对和4对分读法好些。

卡片分类是成对联合记忆的一个例子,每种卡片要投进某一指定的小格内。假如一个方盒内分9小格,每种卡片必须和它的指定位置联合记忆。在联系全副卡片以前,第一次练习用三种卡片,第二次用另外三种,然后用其余三种,那便是部分法。或者自始至终都用全副卡片,这个全部法却比较经济些[克拉夫兹(L. W. Crafts),1929],这可能因为小格的空间安排在整个学习上带来一定程度的统一性。为要除去这个完整的模型,同一作者在1930年改用一个交替学习:他准备好一个转译表,包括12个不同字母,每个字母和一个数字配成一对,要求被试把一张纸上的许多字母,一一移译为数字。全部法的优越性减少了,但没有完全丧失。把工作形成一个很好模型的机会愈少,则全部学习法的优越性也愈小。但还存在一些剩余的优越性,这或者是因为在全部学习法里,一个动作的重复,其相隔的时间安排得更好些。快速连续一遍又一遍地接着学习成对的词、迷津或诗篇的一小部分,这些反复学习在时间上就会显得太集中了。你不能同时既连续不断地一次又一次念"Sunday('星期日'——英语)Dimanche('星期日'——法语)"或"暮钟传报日西沉"的诗句,又集中注意它的意义,像你在停顿一会儿再重复同一活动时那样。下面我们就要讨论时间紧接及分隔的因素。

当全部学习要求对4个不同的刺激发生4个不同的反应时,初步练习其中的2个反应(初步练习的分量颇大,30～50次),将减少最后对全部学习的练习分量。但练习的总分量,包括初步及最后练习,毕竟比开始就采用全部法所需要的练习要大些[戈内和福斯特(R. M. Gagné & H. Foster),1949]。

双手协作的全部学习和分段学习

当两手参加一个作业时,在两手联合进行以前,先分开练习每一只手,这或者是可能的。问题是这种部分学习是否适当。为了解答这种问题,心理学家已经做过几个实验,结果是有时有利于部分法,有时有利于全部法。

钢琴练习为这个问题提供了一个研究的机会。因为右手和左手演奏的部分,在开始时可以分开练习,也可以结合着练习。在布朗(R. W. Brown,1933)的一个实验里,一位有经验的钢琴家用双手结合法学会3个新乐谱,又用双手分开学习法学会3个同样难度的乐谱,虽然在分开学习时,经常插入双手结合的练习以便使分开的部分逐步结合起来。节拍器控制的拍子开始时很慢,逐渐加快,达到各乐谱的标准时间为止。两种方法所取得的初期进步大约相等。但如欲取得更快的进步,则分手练习的价值很少;而双手结合法在学习时间上却较为经济,自然,在音乐上也较为悦耳。不过,在大学里学习音乐的学生各不相同,有的人觉得部分法比较优越[奥伯瑞恩(C. C. O'Brien),1943]。

柯赫(H. L. Koch,1923)设计了一个双手"手指练习课",在两个记录反应的打字机上进行练习。节拍器要求每分钟打140下,如果练习6次没有错误,就算达到标准了。由45名被试所组成的那一组是用双手结合法练习的。他们发现这个工作开始时很难,并很容易引起混乱,因为两手的各指头需要做各种不同的结合。在达到标准以前,两手先分别练习,然后结合起来的那一组,终究具有显著的优越性。自然,在这个双手作业中,除了满足于完成任务外,并没有音乐的或其他的价值。

比贝(C. E. Beeby,1930)研究了一个与弹钢琴十分不同的双手作业,在桌上平排地放着两个金属正方形,各约14厘米见方,它的界线是由1厘米宽的长条制成的。被试闭起眼睛,双手各持一根铜笔,同时沿着两个长条向逆时针方向移动,不要切断铜笔和长条金属物之间的接触。有一个成年人组从开始时就用双手结合练习,另一个组两手分别进行初步练习。第二组在试行双手作业时虽得有初步的胜利,但很快就失利了。在40次双手试验结束时,第二组的成绩较只用双手练习的那一组为差,因此证明了单手练习的时间完全浪费。全部法对这种特殊作业来说,显然是较为优越的。但类似的研究似乎还很少。自然,像用棍棒、斧头或扫帚的双手作业是不能很好地分裂成为单手部分的。

所有关于全部学习和部分学习的实验研究的总的结果就是这样的:部分是容易学习些,如果学习者开始按部分来学,他往往觉得愉快些,对作业并可作出更好的适应。他发现学会了的各部分如果重复结合起来,就需要大量补充的工作。开始按部分来学的人到最后有没有节省时间和精力,大半需视作业的总分量以及他的技能和耐心而定。在实际情况下,学习者最好制订出一个灵活的计划,以学习全部为始,但需注意到那些也许需要特殊注意的困难部分。

集中学习与间隔(或"分配")学习

有很多功课由于过长,不是单独一次阅读或复习所能掌握的,因此就发生了这样一个实际问题:各次复习之间不应有任何休息,还是在各次练习之间应经过一段时间休息?理论对这个问题的解答有什么指示呢?这里有两个大家知道的因素值得考虑,同时,还有两个其他因素,或许也有某种重要性。

遗忘 如果练习之间的相隔时间太长,以致把学会的一切都遗忘了,然后根据残余的记忆重新学习,这种学习步骤显然是不经济的。甚至局部的遗忘也需要重新学习,所以,紧密集中的练习也许可能解除这种额外的工作。

恢复 紧密集中的练习会产生疲劳、厌倦、工作减退或"反应抑制"等等,除非给以暂歇时间,作业就会失败。

没有充分或部分学会的材料的遗忘曲线开始时下降很快,以后就逐渐地平缓下来。缓和的工作减退的恢复多半在开始时来得快些,以后就平缓下来,在比较短时间内几乎完全恢复。这两个因素结合在一起,表明各练习之间的短促停顿会证实是最经济的办法。要得到正确的预见,我们必须知道遗忘和恢复的速度。这两个因素都会因所学习的"功课"的性质而不同。此外,还有两个其他因素也要计算在内。

上劲和劲头的消失 一个人往往在工作一会儿之后才干出劲来。在长期休息以后,他得干上劲来,才能达到他的最好成绩。劲头的消失,像遗忘一样,意味着暂歇的时间不宜太长。

有利的遗忘 有些遗忘可能帮助熟练及永久保持。这是通过下列两种方式进行的:

(1) 逃避干扰的反应。在读一系列无意义音节,或一篇演讲词,或一首诗的头几遍时,所形成的"远隔联系",妨碍全部依照一定次序排列的材料或一段作品的熟练。当试背你所读过的材料时,它会引起错误的预期反应。不过因为它要比直接联系弱,容易使人遗忘,所以学习者经过休息之后就可以避免这种情况。一位初学者在练习一个技能动作时,会作出一些粗笨而无效的运动,在集中练习时,会一次又一次地重复;但当他经过休息以后,重新开始学习时,就可以避免这种情况了。

(2) 不依靠原始(或直接)记忆。如果你查看一个电话号码,例如"西区4—6315",过了一会儿,你能很容易地背出,因为它落在你的原始记忆广度范围以内。如果你愿意将它保持下来以便后来应用,你把它不停地反复诵读,是不会得到好处的,因为你还是依靠原始记忆,而不是依靠任何持久的联系。经过5分钟后背出那个电话号码,就不是那么容易的了;如果你能背出的话,你必定是在利用和强化这些较持久的联系。

各次练习之间的遗忘的标志是作业的退步和技能或能力的明显的丧失,如图 25-1 中所示。在这种作业中,例如要按下一个电报键恰恰历时 0.7 秒,你会预期一些遗忘的产生。在心理物理学的实验中,如果要长时间地记住标准重量、音高或明度,类似遗忘的事例就很容易找到。虽有遗忘,图中仍显示逐日的进步。习得的能力被保持的分量,要比当天第一次练习中所保持的多些。那个存在于学习及作业之间的差别,在动机的实验里我们发现是重要的,在集中学习与间隔学习的研究里也具有同等的重要性。

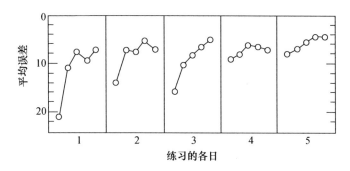

图 25-1 学习按压一个电报键（Morse key）延续 0.7 秒［麦克菲尔逊、蒂斯和格林德莱（S. J. Macpherson, V. Dees & G. C. Grindley），1949］。用一个电容器和电流计的装置，每次试验以后，使被试看到他接近"目标"的程度，也就是说，他在练习以后，立刻知道自己的成绩。每天试验 10 次，每次有 12 秒钟间隔。图上各点代表 10 名被试的平均误差，每名被试连续试验两次。每天开始时的损失，属于遗忘项下。所报告的误差，是由电流计测量出来的，所用的单位是任意决定的。图的绘法系以上升表示进步。

一个非常不同的作业隔夜遗忘，特别是关于间隔学习组的，可见图 25-2。在这里"遗忘"可能是劲头的丧失或是对作业的某些特殊条件适应的丧失，但这个图也显示集中组在头几天练习中的隔夜收获，和当天集中练习的损失并列。隔夜的收获，表示一个临时工作减退的恢复。在一系列集中练习里的表面损失，以及在休息时间的表面收获，是运动学习的特征——或者说得更妥当些，是知觉运动学习的特征，因为这两种作业，既需要准确，又需要迅速的工作。有一个显著的例子，已经在较早的一章内提出了。

我们既承认"学习曲线"实际上就是连续作业曲线，我们也承认在曲线上所显示的收获和损失不常是学会了的分量、才能、知识或赫尔（C. L. Hull）所谓"习惯力量"的改变（赫尔用 $_sH_R$ 这个符号标志那个力量，下文我们就把写在下面的小字母删去，只用字母 H 来指示任何一种习得的才能。）当我们说作业一定要有别于"学习"时，我们的意思是说，它一定要有别于"学会了的"（保持了的）东西。集中练习里的工作减退，不是 H 的损失；随后发生的恢复也不是 H 的收获。甚至隔夜的遗忘，也不是 H 的一个重要损失，因为我们知道，只要重新学习一下就可把作业恢复到以前的水平（图 25-1）。当集中练习在作业上显出下降时，学会了的才能甚至还在增加，而这个增加是可由休息后的收获表现出来的。

在集中练习里所常见到的工作下降，因为它不是 H 的损失，所以可以归之于抑制的积累。这个积累，我们可以采用赫尔的方法，用字母 I 来标志它，虽然在这里，我们不依从他的严格的定义。对于"反应抑制"的定义，他认为它影响了刚才做过的一个特殊运动。但在运动技能实验里,所做的运动是多种多样的,没有一种是立刻重复的(参阅我们以前对探究活动的讨论)。

条件抑制　赫尔(1943,1951)根据他的条件作用原理的一个逻辑推论,认为有一件事必然要发生的,那就是我们所称的"条件休息"。在继续工作期间,积累的反应抑制成为引向休息的动力。当休息来临时,这个动力就由于反应抑制的消失而"减弱"。现在让一个什么信号(条件刺激)在休息以前发生。休息反应,或至少是准备休息的反应,将和信号形成条件联系,并将因为要求休息的动力的随后减弱而加强起来。这个信号可以是外部的,好像讲演结束铃之前发出的(极其有效的)预备铃,它也可能是一种疲劳或厌倦的感觉。由遵从这样一个内部信号而得到暂时解放的习惯是不难形成的。好像其他条件反应,但不像反应抑制,这个抑制因素在休息期间内是不会消散,而会持续存在,使工作效率逐渐减退。

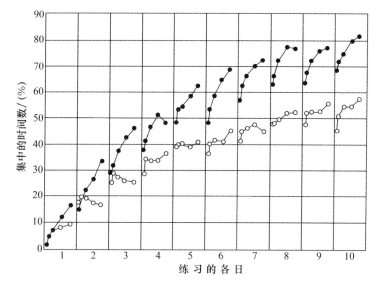

图 25-2　在一个追踪旋转器上做集中和间隔练习[据金波尔和沙特尔(G. A. Kimble & R. B. Shatel),1952]。这架机器旋转的速度是每分钟 78 周。一共两组,每组 10 名大学生,练习 10 天,每天 15 次,每次 50 秒钟。集中组在各次练习之间只有 5～10 秒的休息,间隔组则休息 65～70 秒。在这里,每天内的曲线,都经过我们修匀,只有每天的第一、第二及最后一次的练习除外。这几次的曲线分别图示,以便突出四点:① 每日工作从第一次到第二次练习跃进地上升;② 在跃进以后集中组的通常下降;③ 由这下降的隔夜恢复;④ 成绩上升了一天以后的隔夜损失。跃进及工作减退的情况虽使曲线复杂化,但学习的一般进程仍能看出。每天的第二次练习最能避免这些复杂情况。只要诸条件不变,照此标准,集中组在习得才能里,两天以后开始落后;间隔组确定地向着一个较高水平前进。由一些别的实验里得到证明:如果诸条件交换两天,两组能达到的水平也会交换(●——●间隔,○——○集中)。

条件抑制的概念,在集中与间隔练习的理论上,应当是有用的。虽然如此,但也有一些严重困难已经被安德伍德(B. J. Underwood,1953)指出了。关于如何产生条件抑制以及如何认识和测量工作效率的减退,实验者所需要知道的远较他已经知道的要多得多。为了产生条件抑制,他必须安排他的作息时间,去建立休息的需要,并且还要一次又一次地减弱这个需要。间隔的练习似乎是理想的安排——譬如一些半分钟的作业时间,其中安插一些半分钟的休息时间——在这一系列之后,就很少表示有工作减退的现象。至于完全集中的练习,由于没有休息,就不应该发展多量的条件抑制,除非我们同意金波尔(G. A. Kimble,1949a,b)的看法:认为集中练习正在进行时,不可避免地要产生许多不随意的小休息。如果这样,那么,在书写颠倒字母8分钟的集中工作以后,来一个10分钟的休息时间,就应该消除积累的反应抑制,而使条件抑制无所改变,因此,这次休息以后的工作速度,应当超过一个继续集中组的速度,但不及一个平行的间隔组的速度。实际情况是如此,但很可能是因为间隔组既然同时有了更多的成就,也就学习得更多些[瓦色曼(H. N. Wasserman),1951]。如果集中练习的后果使工作效率产生了永久性的减退,并损害将来所有同一作业的工作,那么,它的实际影响就非常严重了。

至少对作业来说,已经做过的许多运动技能实验已充分地显示了间隔法的价值,非集中法所能及。但这里还有几个专门问题需要解答。例如,休息时间究竟应多长;间隔法是否有利于学习和暂时作业;间隔法是否经常有利,或者仅在某些种类的工作上有利。最后,"记忆恢复"这一有趣的现象是和集中及间隔学习有密切的联系。

休息时间的最适宜的长度 要在一个班级实验里得到充分材料,那么,仿印刷体颠倒书写字母并强调其速率,是一个便利的作业。从图25-3里,可以看出:如果各段的工作时间是1分钟,这种学习作业的最适宜的中间休息时间约为45秒,更长的休息并没有更多的好处。较长的工作时间或许需要较长的休息时间以便消除增加的抑制。在一个追踪工作里采用一个摆动的靶子[特拉维斯(R. C. Travis),1937]和5分钟一节的工作时间,20分钟的休息产生了最快的进步;5分钟的休息产生的进步次于它;2天的休息,它的进步就慢了许多。在一个用白鼠作为被试的迷津实验里,[瓦登(C. J. Warden),1923]由12小时的休息所得到的成绩,胜过由6小时或24小时所得到的。最适宜的休息时间,大约随工作的种类以及工作时间的长短而有所不同。目前因为缺乏普遍可用的规律,所以每个实际情境都需要特殊的研究,以决定最适宜的工作时间和休息的时间。

单纯地提出集中对间隔的问题,一定会在某些情况中引起错误的回答。练习之间的短暂休息虽然毫无疑义地对工作有利,但如果间隔太宽,就不如集中

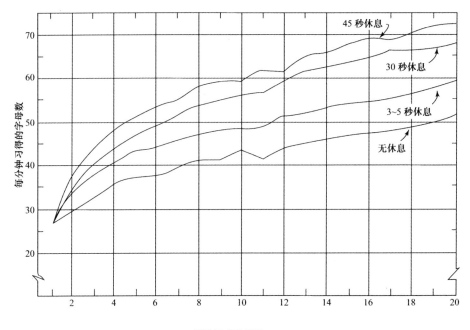

图 25-3 说明一个特殊的学习工作的最适宜的中间休息[据凯恩泽尔(M. J. Kientzle, 1946)的材料]。工作是仿印刷体颠倒书写大楷字母,每行由右至左,因此,如将写好的一页倒转过来,所有字母就将会有正常的方向和正常的字母次序。除了集中组以外,每一分钟的工作终了时,就叫停止下来给予休息,然后进行第二次练习。最下面的曲线,表示集中组91名学生连续的平均成绩;每次休息3或5秒钟的有115人,30秒的有56人,45秒的有42人;还有其他各组:每次休息10或15秒的,他们的曲线按适当的次序位置在代表3~5秒和30秒的两条曲线之间,但休息超过45秒的(直到7天)没有更多的进步。在旋转追踪练习里,工作22秒,休息1~2分钟,所得的成绩胜过更短或更长的休息所得到的[阿芒斯(R. B. Ammons,1950)]。

学习优越了[瑞利(D. A. Riley),1952]。有一些人发现:识记一系列无意义音节或数字[艾宾浩斯(H. Ebbinghaus),1885;皮埃朗(H. Piéron),1913;波金斯(N. L. Perkins),1914],或学习一段散文的主要内容[英格利施(H. B. English)、威尔勃恩(E. L. Welborn)和吉里安(C. D. Killian)1934],纵然休息一天或更长的时间,也胜过集中练习。

那些证明了集中学习比间隔学习更为有利的实验,其间隔是长久的,练习之间通常有一天或更多时间的休息。如果休息的时间是一两分钟,它就有可能成为最好的安排。我们至少可以这样说:在某些学习工作上,长久的间隔比其他学习更为不利。似乎特别受到长久间隔的害处的则有下列两种工作：

（1）简短的功课。莱昂(D. O. Lyon,1917)发现：在识记只有12个数字的一篇材料时，继续诵读法比每天读一遍来得经济些，总共所需要的时间较短些。识记较长的材料则以每天读一遍较为优越。如果是特别长的材料(100～200数字)，每天读一遍的学习法就显得非常优越了。对长短不同的迷津试验也有类似的结果：白鼠用集中法比用长久间隔练习法学习一个简短迷津所需要的练习次数为少；但学习一个长迷津，每天练习一次，则比集中学习省事[皮施坦，1921；库克(S. A. Cook),1928]。在这里一个重要的因素多半是：在迅速诵读一个简短功课几遍的时候，遗忘是微小的；但当练习之间的距离达到一天时，遗忘数量就加大了。另一方面，在反复集中诵读一个长篇功课时，抑制因素就显得重要了。

（2）需要很多次的探索去发现正确反应的功课。库克(T. W. Cook,1944)设计的一个"蜘蛛形迷津"，在每个需要选择的据点上，有6条走不通的窄路。库克的被试(人)用集中练习法学会迷津，比每天练习一次要快得多。库克又用一个"心理迷津"，在每个选择点上提供六种选择，得到同样的结果（被试要用尝试错误法在每一点上从1～6六个数目中找出一个正确的数目）。他以这一工作中的遗忘的严重后果的考虑为根据，预料到这样一个结果：如果休息超过24小时，被试就会经常忘掉正确的选择，并需要把它再度找出。盖雷特(H. E. Garrett,1940)和艾瑞克森(S. C. Ericksen,1942)都得到类似的结果。

有人在另一基础上，预料了集中练习的好处，在探索活动里，被试一遇到选择点，就有避免立刻重复同一选择的倾向。因此，集中学习对于全部探索和避免固定性的错误应当是有利的。总之，集中学习可以促进被试用不同的方法去解决问题。但只有当练习不附带更正时，这个预见才是合乎逻辑的。因为如果有了更正，则无论采用集中或间隔学习，在一次练习里，都会发生随时变化的进攻。在日常经验里，对一个困难问题的持续研究往往会固步自封，不能改变策略；结果我们发觉自己已经陷入了一个单调反复的泥坑中，只有暂时丢开这个特殊问题，才可能从这个泥坑中解放出来。集中和长久间隔似乎都可以引致不同的方法去解决一个困难的问题——集中由于抑制因素的作用，间隔学习则由于"有益的遗忘"因素。

集中法可以有害于作业但无害于学习

"动机"的一章（第二十二章）有一个惊人结果——作业随动因的增加而迅速上升，又随动因的减弱而下降；练习曲线似乎显示出学习因用较强大的动因而大大加速，但对改变了的动因的测验，则指明学习的速度并无变化。集中与间隔学习可能具有同样的情况：集中的作业可因抑制因素而降低，但学习仍能前进，好像在间隔学习里一样快。如果给集中组几次练习中间的休息，那么，他们的作业就可能进步得这样快，可见以往的学习和 H 比在集中练习期间表面所显示出来的为大。停止间隔组的休息，他们的作业水平就会降落，降落到和继续性的工作一样。这种结果都见图 25-4，虽然作业的变动还不够大，不能证明两组学习具有同等的速度。

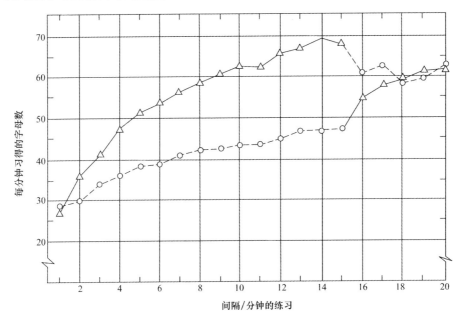

图 25-4　由集中到间隔练习或由间隔到集中练习的转移都可使作业随而改变（根据凯恩泽尔 1949 的材料）。工作和图 25-3 下面所叙述的一样。81 名大学生的那一组在练习中间采用了 1 分钟的休息，但在第 15 次练习以后就开始停止休息，作业立刻变为迟缓了。另一组（92 人）连续工作 15 分钟，当插入 1 分钟的休息时，他们就很快地进步起来。再有几次练习以后，两组的作业水平可能就互相交换了。至少，集中组所学得的东西比他们休息以前的作业所表现出来的要更多（△——△ 1 分钟休息以后，○-----○ 事先没有休息）。

还有其他方法解决这个最重要的问题：就是集中练习对不同于临时作业水平的学习来说，究竟是否有害处？有一个好方法，就是给两组被试一样多的练习时间，一组插入一些短暂的休息，一组没有，然后在一个较长时间的休息（例如 24 小时）之后，再对他们进行。两组测验条件当然必须一致。在图 25-2 里，每天工作的第一次练习满足了这些条件。在每天工作的时候，集中组远远落后于间隔组，因为有了由继续工作积累起来的抑制作用；在第二天开始时（头两次练习)抑制作用已被消除,集中组看起来到底落后不太远,不过它毕竟还是相当落后的。按照这个测验,集中学习比间隔学习要慢些,虽然不像作业曲线所指示的那样慢。亚当斯(J. A. Adams,1952)得到极其类似的结果,虽然他的曲线显示集中组胜过间隔组,并且在第 5 天工作开始时,几乎和它相等。这些研究都用了追踪旋转器。在一个电信符号学习实验里(图 25-5),间隔组在一单个练习进程中,自始至终都很远地领先于集中组;但在两星期以后举行的一个记忆保持测验里,发现集中组仅只稍逊于间隔组。

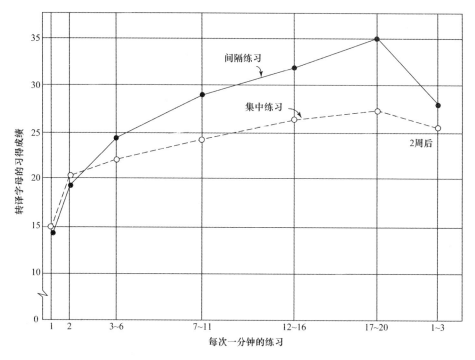

图 25-5 转译密码的练习[根据爱泼斯坦(B. Epstein),1949 的材料]。练习中间安排有休息和没有休息。每分钟要转译一节文字,用 g 来代替 a,t 代替 b 等等。密码保持一样,但测验小册有 20 页,每页有不同的段落。在每分钟终了时,实验者发出一个信号,被试翻转一页,立即用集中练习法进行下一页的转译。在间隔练习里,他会发现一页空白。等到 1 分钟的休息以后,展开下页。每组被试为 37~40 名大学生。间隔组远比集中组转译得快些。在保持测验的集中练习里,间隔组稍为领先($t=2.30$)。它在许多另加的练习里保持了这个成绩——一个公平的推论便是:在原有的 20 个练习里,间隔组虽然多学会了一点,但还不到表示产量曲线所指出的那样多。根特里(J. R. Gentry,1940)在同一作业里,虽然没有举行一个保持测验,也得到了差不多相同的曲线。这些结果和这个假定是一致的——就是,集中学习和间隔学习几乎是一样快的,虽然在集中练习时产量较为落后,因为它受到了积累抑制的影响。

在半小时连续工作(靶子追踪)中,在任何时候插进一次休息时间,将会使休息组远远跑到控制组(即连续工作而无任何休息的一组)的前面。这个优越性虽没有充分保持,但在半小时的终了,曾经一次休息过的那一组,仍稍领先于控制组[诺里斯(E. B. Norris),1953],休息似乎能使学习者更彻底地掌握工作。

学习的速度,可以由达到(或密切接近)练习水平或学习曲线的渐近线所需要的练习次数计算出来。正如在"动机"一章里所说,如果某些练习水平是经过一样多的练习次数而达到的;或更适当地说,如果 F 分数是一样的,我们就能判断在这两条曲线里的学习速度也是一样的。图 25-3 的 4 条曲线是用同样速度达到不同的练习水平,也许是用不同的速度达到同一的练习水平,集中学习的曲线比其他曲线都要慢些。为了能够作出一个决定,练习或者需要进一步做下去。斯宾塞(K. W. Spence)和诺里斯(E. B. Norris,1950)在各次练习之间,用不同时距的休息所得到的人类眼睑的条件反射曲线,同上述的情况是一致的:时距愈短,渐近线(是用条件反射频率表示的)也愈低,但不同的水平在一样多的练习次数里,差不多都达到了。亚当斯(1952)为旋转追踪学习而绘的一些曲线,看起来似乎集中组正在接近间隔组相同的练习水平,但速度则较慢。从这一类研究里所得到的证据是仍难作出最后的结论的。

如果要使学习达到同样一个标准:如对一组 12 个无意义音节的一次完全的背诵,则紧密集中的学习所需要的练习次数比在继续练习中间插进 2 分钟休息的学习为多。单独从这一项事实来看,我们还不能推论集中学习比间隔学习慢些。集中学习者或许要更彻底地掌握这个材料以便将它背诵出来,同时还负起积累抑制的担子。霍夫兰得(1940a)指明,假若如此,24 小时以后举行的一个记忆保持测验,那时抑制已经消除,应当给予集中组一个较高的回忆成绩。但结果适得其反,间隔组得到一个较高的保持成绩。所以从这个测验就可看出:一个集中练习使人真正学会的东西,不及事前有一短暂休息的练习。

我们从集中及间隔练习所做的各种学习测验里得出的逻辑结论似乎是:集中练习所积累的抑制会降低作业,并给人以一个学得不好的夸张的印象。但是间隔学习相对地避免了抑制因素,这就是它的一个积极的优点。研究本问题的许多学者在目前对于此解释或许不能取得一致的意见。但在这里我们要提醒大家注意一个被遗忘掉了的因素,那就是在"不依靠原始记忆"这一标题中所提到过的因素。在练习中间休息的时候,学习者会强迫自己去利用那些不十分活动和没有准备好的联想,并且去注意以后重复练习里会被忽视的线索。这些线索和联想,现在应当被利用和巩固起来,因为在以后记忆过程中用得着它们。约斯特定律(Jost's Law)能照样地被解释清楚。

如果学习功课是为了将来应用,那么,我们就可采用间隔学习法。这个方法虽不能普遍地加以应用,但它的用途还是很广泛的。如果我们采用集中学习法,是因为想在一次练习里获得愈多愈好的成就,我们就有理由盼望在休息以后充分解除了集中学习对抑制所产生的影响,集中学习比当时所表现的更为有效。虽然如此,在紧张学习期间,休息的短暂停顿经常是有益的。关于这一点,霍夫兰得(1938,1949),还有安德伍德和威特纳(R. O. Viterna)1951年的一个发现都值得我们考虑的。他们发现:在呈示一组学习材料时,增加每一项目的时间所给予的帮助,要远比重复练习之间的休息所给予的来得多些。例如在学习一组包括15项目的字汇,你可以允许每一项目呈现2秒钟,在重复练习中间休息30秒钟;你也可以允许每一项目呈现4秒钟,在重复练习中间没有休息。无论用哪种方法,练习一遍都需要1分钟。但第二个方法多半会节省你几分钟,因为这个方法会使你仔细注意重要的线索。

记 忆 恢 复

巴拉德(P. B. Ballard)在1913年发现了一个确实奇怪而且在学习和记忆学说上也许是一个重要的现象。他在重复的测验中,发现部分学熟了的诗篇的即刻回忆,不如过了一两天后的回忆好(图25-6)。他采用了一个旧词"记忆恢复"来称呼这种现象。他给它以一个新定义,把它当做遗忘的反面。因此,在某些情况下的遗忘曲线开始时是上升,而不是通常描绘的迅速下降。

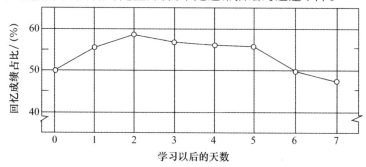

图25-6 记忆恢复(据巴拉德的材料,1913)。回忆成绩是相对的,以50点作为紧接学习以后的平均数。巴拉德的广泛实验是在伦敦小学举行的,被试的年龄为12岁左右。记忆诗篇是他们学校里的经常练习。产生这些特殊结果的诗篇对儿童来说是非常有趣味的;趣味较小的诗,产生较少的记忆恢复。年轻成人仅显露一点记忆恢复,而6岁儿童所显露的记忆恢复甚至比12岁儿童为多。韦廉姆斯(1926)对许多芝加哥小学儿童重复了这个实验,他发现年龄较小的各组(平均年龄9.7岁)有一些记忆恢复;但在年龄较大的各组里就没有这种恢复。尼古莱(1922)用非常不同的材料,得到肯定的结果。他呈示10个小物品历时10~15秒,要求儿童立刻报告这些物品。在做了1小时的别种学校工作以后,再要求他们报告一次。延迟一小时后所报告的比立刻报告的平均要多些:例如一组8名12岁儿童立刻报告的平均为7.2个物品;1小时以后,则为8.4个。

记忆恢复是否单纯地由于重复练习(rehearsal)

巴拉德深知有这个可能。实际上他发现许多儿童在立时测验和以后测验之间的一段时间内,温习了他们所能记忆的诗篇。他和尼古莱(F. Nicolai, 1922)都不相信记忆恢复是完全由于这种重复练习,但韦廉姆斯(O. Williams, 1926)则不相信还会有什么别的因素包括在内。麦吉阿(1935)下了一番工夫去了解这个可能性。在她的一些实验里,小学儿童学习5分钟的诗,立刻给他们一个回忆测验;24小时以后再进行一次测验。在完成所有测验以后,她问儿童在停顿期间有无回忆诗句的任何部分,并且告诉他们这种回忆是十分合法的。年龄较小的儿童(3~4年级)84%,较大的儿童(9~11年级)70%,报告了一些回忆。但是,十分奇怪,那些否认曾经有过回忆的儿童所显示的记忆恢复,并不少于那些承认回忆的儿童。因此,麦吉阿断定重复练习不是全部的解释。

重复练习所以能阻止一个随后的测验成绩的下降,这是很容易明白的。但它怎样能使这成绩上升呢?它只能巩固练习过的各行诗(或其他项目)的记忆。如果某一项目在立时测验中曾经回忆起来,过一会儿又加以练习,那么这个项目自然会得到巩固。但一个项目在第一次测验里并未回忆起来,又怎样能得到巩固呢?它必定是会在重复练习时浮现出来的。它本身可能就是记忆恢复了[英格利施和爱德华(H. B. English & A. L. Edwards),1941]!因此,记忆恢复仍未得到解释。我们必须寻求重复练习以外的别种因素。

回忆的起伏

布朗(1923)提出了一个很可能的解释。当我们学习了一首诗或一个无意义音节表,但还没有完全学会时,在一个时间内,某些项目会被回忆起来,在下一次尝试里丧失掉,以后又被回忆起来。赫尔等(1940)和赫尔自己(1951)在很久以后称这现象为"回忆阈限上的起伏"。自从早年记忆实验开始时,它就成为一种熟悉的现象了。在继续测验同一功课里,在第一次测验时没有被回忆起来的项目,有机会在第二次测验里浮现出来。布朗给一个很大班次的学生5分钟来根据记忆默写美国的48个州;随后他就讲授了半小时关于一个十分不同的题目;最后他再要求这班学生5分钟去回忆各州的名字。每名学生的平均结果如下:

	回忆出的州数
第一次测验	36.41
第二次测验(重复回忆的)	34.37
第二次测验(每人新加进的)	5.29
第二次测验总共成绩	39.66

平均每个学生在第二次测验里忘记了第一次测验所曾记得的2个州,但在第二

次测验里想起了他在第一次测验里所忘掉的5个州。他不大会忘记新近已经记得的一个项目,而且可能记起他在开始时漏掉了的一些项目,所以提高了他的总成绩,并且显示出记忆恢复的效应。

拉菲尔(G. Raffel,1934)指出了一个有关的因素:当被试正在尝试回忆一组项目,并记起了其中一些项目时,他就把联想的整个仓库搅动了,并且把其他项目带到更接近回忆的阈限——也就是把它们带入一个"准备状态"。如果你尝试回忆许久以前读过的一首诗,并且只抓住了几个字句,稍迟以后别的字句也可能出现,一直到全诗都可能在记忆中再现出来。

记忆恢复的测量

在研究了日常的记忆材料(例如一组项目)以后,记忆恢复的直接证据是:在第二次测验中,出现了一些在第一次测验里所没有忆起的项目。像这样的记忆恢复,已屡次得到了证明。为了要从前后测验的回忆总分中求得一个记忆恢复的测量,我们就必须有一条用以测量的基线。如果原来的学习终止于一定的练习次数以后,那么,最后一次练习的成绩就只能说明以往各次练习所学得的东西。紧随此后的练习(或测验)在正常的状态之下所显示出来的进步不是记忆恢复而只是另加的学习收获[班赤(M. E. Banch),1938]。但是如果原来的学习终止于每个被试达到一定的标准时(例如由一组12个项目中答对8个项目),那么紧随其后的测验就会正常地显示出一个损失,因为这个标准在起伏的一个暂时高峰上已经达到了[梅尔顿(A. W. Melton),1936]。总成绩虽然减少,但记忆恢复可能还存在着,这表现在新加项目的出现。这些困难可用等组法予以克服,这就是说,两组在原来的学习中受到相同的待遇,但有一组立刻(或不久)进行测验,另一组只在一个较长时间以后才举行测验[格雷(S. Gray),1940;巴克斯通(C. E. Buxton),1943;沃德(L. B. Ward),1937]。自然,这个等组法并不能揭露记忆恢复中的项目;因此,同一被试必须接受前后两次测验。

短时间的记忆恢复

对读者来说,记忆恢复对于学习(特别是集中和间隔学习)的经济有什么作用,或者还不清楚。早年研究记忆恢复问题的人没有涉及经济问题,但他们差不多必须采用集中学习——例如学习一首短诗5分钟。记忆恢复指明集中学习的成就要比立即所显示出来的为大。如果在休息了一天或更长时间以后,有了记忆恢复,那么,可能在几分钟(甚至半分钟)以后也有相同的情况。沃德(1937)得到了这个结果,并且把它当做一个记忆恢复的例子。他解释记忆恢复为"在某段时间内机能的增加,在这段时间内学习活动没有表面化的练习"(我们可以更好地说,"在没有表面化的练习时期之后的作业的改善")。这个定义被霍夫兰得(1938)和许多别的实验者所接受了,虽然他们怀疑一个记忆恢复在20分钟以内已经消失能否和那个由一天到两天之后得到增益的记忆恢复完全一样(图 25-6 和图 25-7)。

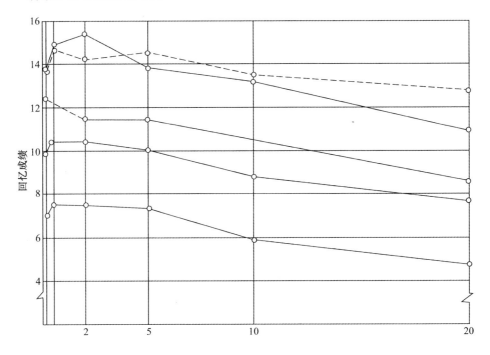

图 25-7 迅速的记忆恢复。一组无意义音节或形容词,重复呈示于一个鼓形记忆器或电影软片上,每一项目的速度为 2 秒钟,前后重复相隔 6 秒钟,直到被试达到一定标准;然后在下列不同时距: 6 秒、30 秒、2 分钟、5 分钟、20 分钟之后,举行一个回忆测验,每一组材料只举行一次回忆测验。图中自下而上的 5 条曲线代表如下的 5 个实验:

沃德(1937):学习 12 个音节一组的材料,达到能正确预料 7 个音节的标准。

沃德(1937):学习 12 个音节一组的材料,达到能正确预料 12 个音节的标准。

梅尔顿和斯通(G. R. Stone,1942):学习 16 个音节一组的材料,达到正确预料 12 个音节的标准。在这里 30 秒钟以后,没有回忆测验,也没有定量的记忆恢复。

巴克斯通(1949),断续线:学习 16 个形容词一组的材料,达到能正确预料 16 个形容词的标准。

巴克斯通(1949),实线:学习 16 个音节一组的材料,达到能正确预料 16 个音节的标准。

无论如何，我们可能进行一些简易实验，用预料法识记若干组音节或不相联系的单词。一个控制组或基线组要立即接受测验；一个实验组要在 2 分钟或其他短促休息时间以后举行测验。因为休息时间内的重复练习会混乱数量的结果，所以在这段时间内，要求被试从事于颜色提名测验或其他可能阻止重复练习而又不引致倒摄抑制的活动。一名知道他要在几分钟以内接受测验的被试会看透实验者的这种企图，毕竟要进行一些重复练习，而这些练习也许会提高他的成绩，也许不会提高他的成绩［威赛（S. Withey）、巴克斯通（C. E. Buxton）和爱尔金（A. Elkin），1949；罗热尔（J. H. Rohrer），1949；阿查尔（E. J. Archer），1953］。

姑且不问回忆如何能在停顿时间内得到进步，我们可以寻求使回忆成绩在集中学习以后立刻下降的抑制因素。有人曾经提出这样的两个因素，相当于巴甫洛夫外抑制和内抑制，也就是分别相当于干扰联想和反应抑制或工作减退。当你部分地学习了一组单词或音节，并且适当地熟悉它们，你也许会在一个不适合的时候把它们说出来，多半在这一组材料中说得太早了。但这些错误的反应倾向因为没有被强化，应当比那些强化了的正确反应忘记得快些。这种"分化性遗忘"会在一段休息时间以后提升正确反应的成绩［麦吉阿（J. A. McGeoch），1942］。霍夫兰得（1939，1951）曾经强调这种干扰因素，虽然他也承认反应抑制的存在［霍夫兰得和库尔兹（K. H. Kurtz），1951］。

麦克勒兰（D. C. McClelland，1942b）在一个新型记忆实验的基础上，对分化性遗忘提出一个严重抗议。他呈示了一对形容词，要求被试从中选择一个。若是他选了"正确"的一个，就发出一个铃声。有 20 对这样的材料，每对用 2.3 秒的速度呈现，重复这组材料之间的休息时间是 6 秒。各对的次序在每次重复里都有改变。当达到 15 个正确选择的标准时，有一组被试继续学习下去，没有休息；另一组在继续学习以前休息 2 分钟。在这里休息有很大的帮助。这里所发生的任何遗忘会减少正确选择（即部分学习过的），而不是减少错误选择（即代表某种原来优先的选择）。因此，我们可以假定，在休息期间的分化性遗忘，对错误选择有利，而对正确选择没有好处。无论如何，反应抑制很像是不休息的差学习的一个原因，因为加速进行的学习就会产生消耗性的活动。在学习时，如果每对呈现的时间增加了一倍，2 分钟的休息是没有益处的，并且也没有记忆恢复的迹象。

工作减退，由于被试对难以分化和难以组织的材料做斗争时所积累的抑制，现在似乎成为短时间记忆恢复的主要因素，而这个记忆恢复就是继续工作时的作业不能达到其全部收获的一个信号。虽然，我们必须承认，在文字学习中的短时间的记忆恢复是一个微不足道的效应，它可因实验而不同，并且常不存在。短时间的记忆恢复问题，曾在各种不同情形下被研究过，但这些实验都还不能确切说明在什么情形之下它会出现。

当我们转向运动学习时,我们发现一些很不相同的情况。如果把记忆恢复定义为短时间休息以后的增进了的作业,它便是一个巨大而极其可靠的效应。我们已经看到了几个好例证。在靶的追踪及其他运动学习的例子里,巨大的记忆恢复的效应,也就是巨大的工作减退的恢复。巨大的工作减退,多半起因于工作的严格继续性,或者同时起因于一般性的以及局部的真正肌肉疲劳。如果肌肉疲劳是工作逐渐减退的主要因素,例如表现于熟练了的被试的疲劳实验;那么休息以后的恢复,可使作业达到原来的标准,但不能超过它。如果在继续工作时,学习正在进步(例如在刚才引用的两个图里),记忆恢复显然不只是恢复,因为休息以后的作业突然提高,甚至超过以往练习开始时的标准。正如我们以前说过的,记忆恢复是一个重要现象,因为它证实在集中练习时所学得的东西,要比当时所显示出来的多些。

没有一个单独的学说能够解释一切类型的记忆恢复

如果我们考察我们对记忆恢复原先所下的定义,这句话的理由就可以明白了。简单地说,记忆恢复是遗忘曲线中的一个初步隆起,也就是在没有练习的期间,理应退步的作业所表现的一个短时间的进步。在某些事例中,这个隆起是人工制造的,因为第一次保持练习是与控制组的最后一次学习测验相比较,而不是与他在学习以后立刻举行的测验相比较的。在其他事例中,记忆恢复无疑地是由于保持期间未经计算在内的和非正式的练习。关于记忆恢复的最有趣味的事例包括在其中:疲劳、紧张以及其他有害因素,在学习期终了时曾经降低了作业;但在保持的初期,这些因素却已经消失了。习惯的力量,虽然可能有所损失(遗忘),但休息以后的作业还是有所增益的。

工作和疲劳

按疲劳这个词的通俗用法,读者无疑地注意到它和反应抑制有相类似的地方。事实上,赫尔(1943)把反应抑制当做一个消极的内驱力状态,相当于休息的需要(见论"动机"的一章,又金波尔,1949a)。这个定义可能同样适用于疲劳。这两个词的主要差别或者就在于反应抑制的意义更为狭窄:反应抑制是由形成条件反射和学习的那些相当专门的实验中产生的;疲劳则是一个极其广泛的名词,有 6 种不同的意义。在疲劳名称下,曾经进行过大量理论的和实用的科学研究。我们至少应当在这个领域上做一个迅速的考察。

肌肉疲劳

在前几页,我们曾用"肌肉疲劳"这个词语描述某种运动作业的集中练习所引起的工作大减退的一个可能的基础,这里指的是肌肉在继续或重复的收缩之后的能量的减弱。这自然是疲劳的经典注释了,即使如果不是经典的,至少也是 20 世纪早期在心理学和生理学思想中较占优势的解释。这种疲劳的最简单的说明,可以借助于神经肌肉样品,即从青蛙后腿切下来的并放在生理盐溶液中浸湿的一条肌肉及其相关联的运动神经。如果我们刺激神经,肌肉就会抽动,这时不难用适当的设备将收缩的力量记录下来:如果我们用每秒 50 个小电击刺激神经,那些抽动将累积成为一个平滑的收缩;但如果我们继续刺激 10 秒钟,收缩的高度将逐渐降落,最后将降到零度,肌肉完全疲劳了。在一个免除刺激的短时休息以后,肌肉将稍稍恢复它的收缩力,但仍可能显示出第一疲劳期所产生的后作用。

要完全了解这个简单实验,必须对肌肉收缩有关的过程具有极充分的知识。生理学家对这个课题的研究没有得到十分透彻的结果。但我们可以不严格地说:肌肉消耗了精力——工作过程用尽了燃料(例如肝淀粉),也可以说是储蓄的力量,但是工作过程也要使用氧气,产生像碳酸和乳酸一类的废物。疲劳可起因于燃料或氧气的缺乏,或废物的积累。燃料缺乏往往是暂时的,因为有小量储存物可立即予以供应。甚至在被割下的神经肌肉切片里,也有大量储蓄,可为局部补充之用,在完整无损伤的有机体中有完备的储存系统。但是氧气的储存在各级水平上都较欠充足,甚至如果让较少量的废物累积起来,也会阻塞肌肉收缩过程。在小块被割下的青蛙肌肉中,氧气和废物在肌肉浸入的盐溶液里容易互相交换;但在完整的有机体里,肌肉为了进行这种交换,就十分有赖于循环系统了。

平衡

疲劳是由于肌肉消耗燃料或氧气比补充为更快的结果,或者是由于积累废物比清除废物更快的结果。它像破产的原因一样,支出超过了收入。这个比喻说明了为什么像心脏这一类肌肉能继续不停地收缩几十年而没产生疲劳的迹象。这是因为精力的消耗和补充的速度保持了平衡。除心脏外还有许多种肌肉也能长期保持完满的收支相抵的情况。一个健康的人,只要他有发展好了的肌肉和能应付工作需要而不至于缺少的血液供应,他就能稳步行走若干小时而不觉疲劳。神经是特别能够抵抗疲劳的,因为神经冲动只消耗极少量的精力(但是可以测量的),而在神经纤维内则有大量的储蓄。但是我们如果用每秒 100 次的速度刺激神经,致使每个冲动在其前面一个冲动的相对不应期中通过,则也可证明神经疲劳的现象。每秒将仍有100次冲动,但每次都比正常冲动要小些。神经纤维用减少消费来保持其预算的平衡,使其和收入恰恰相抵。这个所谓平衡的概念是极其容易记忆的。和这十分相同的现象,在工人里也可以观察到。工人不知不觉地采用一种能在预定的工作时间内保持不变的掘地的速度。几乎任何一本应用心理学的书都会告诉你,在8小时工作日里,每小时的工作量要比10小时工作日的来得高些。换句话说,多半只在实验室的试验里、体育运动比赛里以及罕有的意外紧急事件里,一处肌肉或整个有机体会达到疲劳的终点,即所谓"衰竭"。相反地,在工作一天以后,去寻求疲劳的客观证据或外部行为的证据,经常是很困难的。关于这一点,我们将在下面看到。

疲劳测量器

神经肌肉切片是很有教育价值的,但作为心理学者,我们却喜欢研究整个人体的工作。我们所能找到最接近于神经肌肉切片的东西就是单个肢体的运动。例如,我们能安排一个搁手板,除了中指以外,使其他各手指都不能活动,然后要求被试重复弯曲中指去拉一个重锤。自然,还需要一个记录针和转动的记纹鼓去记录各次的拉动。这样一件仪器叫做疲劳测量器。图25-8展示着莫叟(A. Mosso,1890)所改进的最著名的,也是使用最广的一个款式。除了记录针以外,还往往有一个连续记录的纸条,记载重锤被举起的总距离。在某一指定时间内,完成的工作量是用重锤的重力去乘总距离计算的,往往用标准制的单位表示(例如若干千克力·米)。将一系列拉动都记录在一张慢慢移动、可供记录的平面上。由这个记录形成的曲线形状是同样有用的。疲劳测量的结果

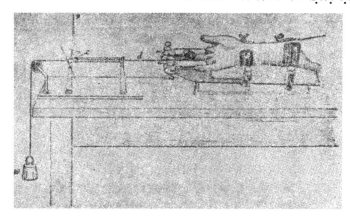

图25-8 莫叟疲劳测量器[根据豪威尔(Howell),1900]。注意搁手板,它是为限制中指运动而设计的。由中指到重锤的一条金属线是连接在轨道内的一个车上;由这个车向上伸出的指针在一个记纹鼓上(不在图内)记载所有笔画。

或工作曲线都见图 25-9(又见"动机"一章)。

莫叟疲劳测量器在实际使用上有一点显得笨重。例如,很难把不用的手指和手绑得这样牢靠,以便可以使被试在中指用尽气力时,也不能使它们动一下,甚至不能使整个手臂拉动一点。再者,不动员不用的手指就会阻碍自由手指的正常协调动作。爱士(I. Ash, 1914)发现,当别的手指从绑扎中解放出来时,中指就会立刻由"衰竭"中得到恢复。如果用一个小型装置,连同一个便于紧握的手枪式的把柄,还有一个便于重复拉动的扳机或一条皮带和可以使用大拇指和另一手指合作拉动的搁手指的板,这样,就多半更会令人满意了。若是用一个弹簧代替重锤,用一支笔代替较旧式的熏烟鼓,那么,整个仪器就可装置在一个轻便的板上。若是被试想用手臂的动作代替手指,这个器具就将滑到桌子的对面

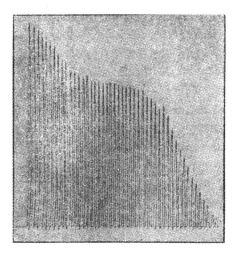

图 25-9 疲劳测量结果的一个样本。由高度举起到零度举起的突然降落,往往发生于用重锤的疲劳测量中。

去。有人为身体的其他部分制造了别种疲劳测量器,例如为腿用的脚踏车疲劳测量器,还有一种为手臂用的健身房中"扩胸器"(chest-weight)的改良装置[犹车尔逊(S. Yochelson),1930]。

"肌肉"疲劳的位置

肌肉疲劳看起来显然必定发生在肌肉内,但实际上这只是就狭义来说才是真实的。早年实验似乎已指明疲劳衰竭发生于神经系统的较高部位。让我们再来研究神经肌肉切片吧。当肌肉不再对神经的刺激发生反应以后,我们还可能直接在肌肉上使用电极去获得一个普通收缩,还可能证实神经仍起作用。所以衰竭必定是发生于神经和肌肉的交接处。这里,我们可不必管它是神经细分支上的疲劳,还是一个特殊交接处的组织上的疲劳,或者是那个对神经冲动不相协调的肌肉的疲劳[福勒顿(J. F. Fulton),1926]。同样地,我们也不难证明被试在十分相信他完全不能再运动手指肌肉以后,但是他的手指肌肉却还能够将重锤举起。远在 1890 年,莫叟观察到,一个"衰竭"的手指当其肌肉或运动神经受到电刺激的时候(通过皮肤),也能发生反应。这个结果的含义是:疲劳发生在神经系统内较高级的部位,但这并不就是说高级中枢的某些联系由于新陈代谢的改变而失去作用。更可能的是这种看法——反应由肌肉本身发出的感

觉冲动所抑制了。桑代克(E. L. Thorndike)在1941年提出的看法就有一些像上面所说的。那时他指出,工作到令人厌倦、不能忍受时,效能就会降低。任何一个曾在疲劳测量器上工作的人——或在任何产生显著疲劳的情境下——都知道,在某一定阶段之后,如果还要继续做下去,就会受到损害[伍德沃斯(R. S. Woodworth),1903]。正如罗宾森(E. S. Robinson,1934)正确指出的,如果被试坚持去拉重锤,继痛苦阶段而起的是麻痹,但抑制性冲动或仍旧由肌肉流向低级中枢。实际上,这种反射抑制已经有了一些生理的证据[马休斯(B. H. C. Matthews),1933;赛法斯(H. Seyffarth),1940]。抑制性冲动多半是由于疲劳时肌肉中的化学改变的刺激所致——或者是由于废物的积累,因为循环受到损伤时,强迫肌肉作出收缩,就会增加抑制冲动。所以整个有机体内的疲劳不是由于肌肉或控制它的神经通路的任何被动地丧失作用的结果,而是由于保护肌肉过劳的一个主动的"反馈"作用的结果。这个一般性原则甚至可以适用于"精神"疲劳;的确,桑代克最初提出他的学说时,他正是想到计算这一类的工作。

工作曲线的形状

所有疲劳测量记录都以强有力的笔画开始,而以微弱的笔画或简直不能提举重锤而终结。但在这两个极限以内可以有各种变化。在曲线的头一段或者有一个小的升起,即我们所熟悉的上劲期;或者在终结处稍有升起,特别是当被试知道他快要达到工作时间的终点时,即所谓末尾飞跃。最早几个强有力的笔画显示出一个开端飞跃。当被试察觉他开始有一点热心过度、难以保持时,他的工作曲线就显示出一个迅速的降落。练习的后果在工作曲线内是应该排除的。我们已有大量的科学研究用以探索导致这些不同现象产生的条件[罗宾森,1934;比尔斯(A. G. Bills),1948]——工作的速度和性质、实验前的说明以及各种诱因都有关系。但是其中最重要的变量之一就是被试的人格,这是较难控制的。莫叟本人已注意到被试之间的个别差异。疲劳测量记录中的个性,无疑地已为多数研究它的人所注意了,但却为了一般性原则,常把它看做是应该免除的一个不幸的变量(比较犹车尔逊,1930)。

实际上,要求得到各时间的以及各人的可以比较的疲劳测量记录是很难的。这个困难就严重地限制了这个方法的使用,这是近年较少使用疲劳测量器的一个原因。一名被试在开始时有一个"开始的飞跃",然后显出一个迅速的降落,等到刚刚觉得不舒服的时候就停下来;而另一名被试以中等水平开始,但在长时间内保持这个水平——实际上,有些被试似乎达到能保持平衡的阶段,继续拉重锤,直至套手指的皮带使手指生出水泡为止,而不是由"疲劳"而停止。施洛斯贝格(H. Schlosberg)在大学本科实验室内,喜欢预测一名学生的疲劳测量记录的形状。根据各人在疲劳测量器上的工作习惯和这位作家自己的预测研究之间有时有惊人的符合之处,似乎意味着这个方法或许可用做一个人格测验的基础。

工作和休息时间的长短 虽然有一切可使图示复杂化的变量,但是工作产量从疲劳测量记录的开始到末尾,确仍显示出一个逐渐减退的情况。如同我们在上文看到的,这个减退似乎是由于手臂和手指肌肉中疲劳产物的积累而产生的抑制冲动的结果。一个不活动的时间将使循环系统移去这个积累。由此可以推论:在大肌肉组以及在强烈和继续费劲之后,疲劳的恢复将要慢些,曼泽(C. W. Manzer,1927)研究了这个问题。他用了六项工作,并按其所涉及的身体范围排列,从动用一个手指的疲劳测验器起到改造过的摇船机器为止,这最后的一项工作,是要动用身体大部分肌肉的。被试都有很好的练习,并且能按拍节器的时间顺利工作。基本方法是要被试在一定的作业上工作,直到他不能再做到一个收缩为止;然后有一个 5、10 或 20 分钟的休息时间,接着在同一作业上进行另一段时间的工作。恢复是拿比较第二时间和第一时间的产量来计算的,用百分数表示结果。图 25-10 显示包括一切的结果,一个平滑的负加速的曲线在超过 20 分钟多一些的时候就接近完全恢复。但这个平滑曲线是有一点引人误会的,因为它结合了所有被试的所有作业,熨平了许多变异性。甚至还有这样的一些暗示:似乎短休息比长休息好。

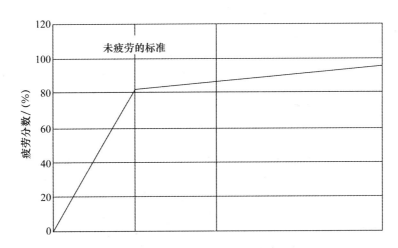

图 25-10 在各种休息时间以后的疲劳恢复(曼泽,1927)。5、10 或 15 分钟休息以后的总共工作产量是拿休息前疲劳时间的产量的百分数表示的。数字是根据几处不同的肌肉组,由测量手指疲劳到摇船为止所得出的平均记录。见本文。

曼泽使两名被试先工作而后休息,重复循环了若干次,得到了相当稳定的曲线。这些曲线显示出:每个工作时间的最后四分之一阶段所完成的工作是极少的,可见疲劳时继续工作等于浪费。因此,有关工业心理学及讨论效能的书常常主张,无论何时只要工作曲线开始表示显著的减退,就应该插进一段休息时间,以避免疲劳并保持一个最适当的产量。在马格尤拉(A. Maggiora,1890)的实验里,我们可以看到这种措施的极端例子。他发现如果中间有 10 秒钟的休息,手指收缩就能无限制地继续下去;但如果把反应做到衰竭的地步,那么工作期间就需要 2 小时的休息才能恢复。依照曼泽的想象,如果他采取马格尤拉的极端间隔法,他就能从他的一些被试得到 14 倍多的工作产量!说来也许是一种偶合,用我们在"平衡"一节里所提出的比喻来说,这种间隔显然不过是允许被试减低精力支出以配合收入,达到一个预算的收支相抵。

脑力工作

到现在为止,我们所讨论的工作只包括特殊肌肉的重复收缩,这种收缩可望引起较粗大的局部变化,从而产生工作的减退或疲劳。现在让我们转到另一个极端,就是脑力工作。的确,我们无需把脑力工作当做仅仅是限于在脑内回旋的神经冲动,因为我们已有证据证明有些肌肉也包括在思维过程中。或者我们应当用安定的工作这一名称来代替脑力工作[瑞安(T. A. Ryan),1947],但如罗宾森所指出的,思维包括的一些反应都是小型的、多样性的、很少是能导致疲劳的。因此就引起这样一个问题:在思维里究竟是否有疲劳?

在这个领域里,最著名的研究是阿里亚(T. Arai,1921)做的。她继续 11 小时做过四位数乘四位数的"心算",说来奇怪,并没有引起减退。在头 6 小时内,她的工作产量诚然比其原来价值降落 50%;但在以后 5 小时就没有再降落了。虽然不像有很多人能够重演阿里亚的作业[比较派恩特(W. S. Painter),1916],但是究竟有许多脑力工作曲线表明减退很少。例如图 25-11 说明罗宾森和比尔斯(1926)

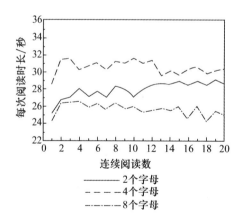

图 25-11 阅读 100 个字母的卡片的工作曲线(罗宾森与比尔斯 1926)。这三条曲线各相应于 2、4 和 8 个不同字母的卡片。

的实验的结果。在这个实验里,18 位练习过的被试阅读了一些卡片,每张卡片印有 100 个字母。有一组卡片只印有两种不同的字母(abb aaaba……),第二组有四种(abcddcaba……),第三组有八种。除了第一次练习有过开端飞跃以外,这三条曲线通过2~20次练习,都是相当扁平的。虽然平均曲线没有明白指出速度上的丧失,但是,这种工作的个别曲线则常有疲劳的征象,表现为暂时阻碍。被试在一个短暂的时期内,不能用平常的节奏进行反应。这些阻碍在单调的工作中发生的次数远比在多样性的工作中为多。因此罗宾森(1941)强调,工作的单调是产生效能减退的主要因素之一。

但是我们现在要谈到包括一切的作业曲线:桑代克(1914,1917),霍令沃斯(H. L. Hollingworth, 1914b)和波芬伯格(A. T. Poffenberger, 1927, 1928, 1942)都曾报告在长时间脑力工作中,减退很少;甚至相反的,还有所增进。图25-12显示一组典型的结果,图中实线代表正在改变的工作量。我们要注意:在智力测验中,效能有增进(多半是由于练习的影响);在其他两个测验中没有改变,只是在加法上有明显的损失。这些结果和我们刚才提到的罗宾森的假定是一致的,因为加法是最单调的工作,智力测验则是最多样性的工作。所有这四种工作都显示出一个共同的变化,即所谓"疲劳感觉"的逐渐增加。这种感觉是根据工

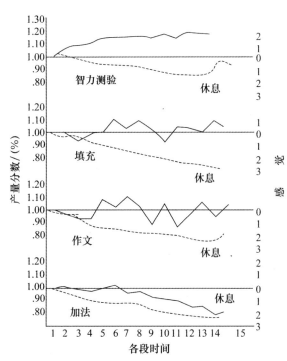

图25-12　在四种脑力工作中,产量和疲劳感觉的关系(波芬伯格,1942)。实线代表四种不同工作的产量:做一个智力测验,填充句子,评定文章及加法。工作时间是以大约20分钟作一单位来记录的,所以每条曲线代表约5.5小时的工作。虚线表示疲劳感觉,按照被试在每一工作时间终了时在一个量表上的估计。这个量表列为七级,从①极好⑦极端疲劳。所有曲线都是为显示出原来标准的变化而不是绝对价值的变化而绘制的。

作者经常作出的主观估计,是用虚线来表示的。工作量和主观报告之间的不符合情况,在许多其他研究里也找到了,并且引起了许多争论。有一组研究者主张,被试保持的产量是拿更大的努力做代价的。在做同量工作时,他支出更多的

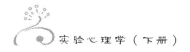

精力。波芬伯格就是这一组早年突出的代表。可惜,波芬伯格或任何他人都似乎没有充分证明这增加的精力消耗。巴特莱(S. H. Bartley)和朱特(E. Chute, 1947)代表另一极端。他们着重主观的报告,甚至解释疲劳为疲劳感觉的经验。他们依照这样的解释,强调了矛盾在产生疲劳中的重要作用,并且使用这样的词句:"属于整个人的一个包括一切的状态","从一个情境逃走或退出的一种企图"。因为对他们来说,疲劳既不是损伤,也不是损伤的一个简单函数,所以波芬伯格的曲线的矛盾性,并未引起巴特莱和朱特的任何不安。

或者我们不应当因巴特莱和朱特对疲劳一词的特别用法而受到太多的扰乱,因为许多心理学家认为这个词太含糊,含义过多,已经舍弃不用[穆休(B. Muscio),1921]——它在豪威尔的"生理学"最近版(福勒顿,1950)的索引内几乎不存在了。如果重新予以解释,那么巴特莱和朱特二人所提出的关于普通疲劳感觉和工作效能之间的区别或可有效,至少对那些不需要保持一定肌肉活动的工作来说。疲劳感觉可以很好地反映那些用以保持工作时间的姿势的肌肉的实际变化,但是对于实际所做的工作也许关系很少。工作效能减退的缺乏也许可作为平衡作用的另一例证。

其他工作情境

以上我们强调了一个连续事物的两端;但在疲劳测量器的集中肌肉工作与接受一个智力测验的"脑力"工作之间,还有许多工作是日常生活和工业生产中都更为常见的。我们不预备讨论这些工作,只需指出它们把我们上面所叙述的大部分现象都显示出来了。比尔斯的《效能心理学》(1943)和瑞安的《工作与努力》(1947)两书,总结了许多关于这些工作,特别是工业生产的科学研究。关于这个课题的较早期的应用心理学的论述,多数犯了这样一个错误,就是从疲劳测量记录上作出的推论太无限制了。例如,图 25-13 就是一个广泛使用的日常工作曲线图的翻版,上劲期和工作逐渐减退在这图上很清楚地显示出来了。但这些"典型"曲线是根据相当笨重的肌肉工作绘出的,可同图 25-14 的那些根据较轻工作的曲线形成对比。

近年来有一个日益增长的趋势,那就是承认单纯疲劳以外的其他变量的重要性。这个趋势的突出例子,可以在西部电气公司的研究中找到[波芬伯格、罗斯利斯伯格(F. J. Roethlisberger)和迪克逊(W. J. Dickson),1939]。他们为要决定工作情况,例如光线和休息时间的效应,在一间隔开的房子里安排了一小组工作者。这一组稳定地增进了它的产量,无论各种情况如何改变。研究者立即明白其中重要的变量是所谓士气——工作者因作为一个接受特殊注意的集团而感到骄傲。虽然士气和他种动机因素对实际情境中的工作产量的决定有重要的意义(例如在疲劳测量器中),但是工业心理学家如果由此走得太远,

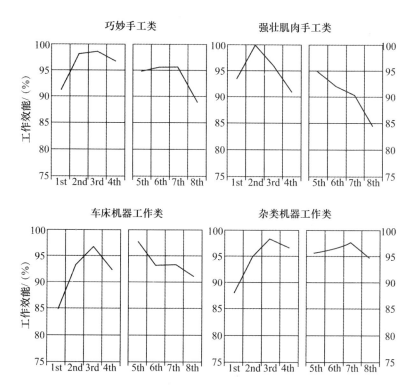

图 25-13　两个金工厂每小时作业的混合曲线[哥德马克(M. O. Goldmark)，霍布金斯(P. S. Hopkins)，弗洛伦斯(L. Florence)和李(F. S. Lee)，1920]。纵坐标以 100 为能够达到的最高产量。必须注意，不管工作日的长短，午饭前 1 小时以及最后 1 小时的作业都显著降落。

可能效能的极限(100)＝能够达到的最高产量，假如组成某组的所有操作在同一小时内都达到最高的限度。

以致忘记了有机体所固有的较低级的变量，那也是很危险的。

工作质量的改变

除了每个单位时间在完成的工作数量上有些变化以外，可能还有其他一些变化。早在 1927 年，威恩兰得(J. D. Weinland)就指出了笔画幅度的变化在整个疲劳测量记录内都有稳定性的增加。有时在平均作业没有减退时，这个变化也有显著的增加[见查潘尼斯(A. Chapanis)、戛纳(W. R. Garner)和摩尔根(C. T. Morgan)，1949]。

巴特列特(F. C. Bartlett)和他的同伴用一系列实验很好地说明了这个事实——工作的质量可以给疲劳一个极其灵敏的指标。他们的基本论点是：为肌

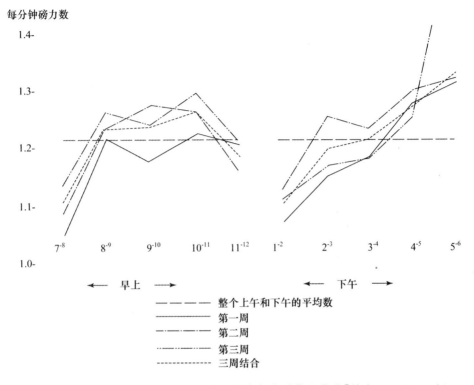

图 25-14 在连续几周内,视觉检查弹药筒外壳每小时作业曲线[林克(H. C. Link),1919]。注意下午有一末尾跃进,以代替重工作中所发现的降落(图 25-13)。

肉工作而设计的那些方法,如果应用于高级技巧作业,例如一个飞行员或炮手所需要的那些作业,都不能令人满意。因此他们安置了一个复杂的操纵板,装满了工具和控制器,令被试工作 2 小时,对时刻改变的指针所表示的度数和信号作出适当的调整。当工作者产生疲劳时,其最显著的变化就是指针度数上"不关心区"的增加。似乎被试降低了他的标准,以致在未校正指针以前,让它远远离开了正确的位置。被试并未察觉他的工作有这样的变化,他反以为自己在实际上正在进步。这种变差的情况,只在保持复杂的工作上出现,在只用一个指针的继续工作上没有发生。在复杂工作中,疲劳的其他表示是:不能正确按时调节各部分,一般倾向于丧失工作的"整体性",以致被试孤立地对各部分作出反应(巴特列特,1943)。为研究许多有关效能的因素,如伴随年龄的增加而引起的改变,这种一般的研究方法似乎还是有结果的[威尔福特(A. T. Welford),1951]。

一般化的疲劳

到现在为止,我们只论及所谓特殊疲劳,即在一定课题中继续工作所引起的作业的变化。但是我们兼有理论和实际的理由,去追问这个疲劳对其他工作究竟有多大影响。在理论方面,它可告诉我们一些有关疲劳的性质。是否一切疲劳都是局部的,因此,一个工作的效能只在另一个包括共同成分的工作上显露出来呢(罗宾森,1934)或者是疲劳散播到整个系统,降低所有行为的效能呢?在实际方面,直接从正在疲劳的工作里,例如开汽车,去测验效能往往是有困难的,我们能否在这种事例中,在工作以后用一组测验去衡量疲劳的数量呢?

一般说,在这个领域内的科学研究是十分令人不满意的。为了说明方法,我们将叙述下列一个实验。瑞安和华纳(M. Warner,1936)令 6 名被试去开汽车,有几天他们驾驶 300 英里,但在控制日中只驾驶 1 小时。这两种安排轮流更换,一共经过约 24 天,每天早晚举行了成套测验。控制日早晚测验之间的损失,可用来作为驾驶日损失的一个参考基础。一切测验都显示出一些损失,即驾驶的结果,用百分法计算,以错误分数而论,最大损失是在颜色提名和一个长的手稳定测验上;心算加法和姿势摇摆测验损失了约 10%;以时间分数而论,颜色提名、视觉效能和短的手稳定测验,只有微小损失。此外还包括了一个生理测验——皮肤被抓以后,需要多少时间使红纹消失,这一测验也显示了一个疲劳的效应。

这项研究用测验方法去找出疲劳的证据是异常成功的。它计划得很周密,但是我们要注意在每名被试身上必须施行许多次实验才可抵消差异。因此那时只有六名被试,或者不足为全人数的一个有代表性的取样;同时还要记得那件疲劳工作是艰苦的。在 1936 年,每天驾驶 300 英里,这就远非一个轻松的午后驾车出游所可比拟了。根据这些考虑以及他们所得到的一些比较小的变化看来,为了测量日常活动所产生的疲劳,成套测验法是不切合实用的。实际上,用许多成套测验去寻求工作效能的减退已经是屡次失败了。巴特莱和朱特为什么宁愿用主观的语句去解释疲劳,这便是一个原因。

为什么成套测验很少显示出疲劳呢?对这个问题的一个明显的答案就是:有许多工作所产生的疲劳,远较我们所期待的为小。这甚至在用工作曲线法的时候也是明白的。在运用这个方法时,我们看见被试经常调整他的产量,使之适合于在指定时间内所能保持的速度。工作效能的减退多半见于被试被迫保持实验者所规定的速度时,例如在疲劳测量器上或在巴特莱的模拟飞机驾驶舱里。对工业生产部门的抗议之一,也就是工人不能安排自己的工作速度。这对老年的工人来说则是尤其残酷的(威尔福特,1951)。

对我们的问题的第二个答案是可以用动机的语句说明的。被试可用增加的努力去补偿减少的工作能力。例如:如果实验者鼓励他,他就能在疲劳测量记录的末端产生一次跃进。仿此,当大考将临的时候,学生似乎能工作很长的时间而不使效能有过多的损失。按照这个推理,短时间的测验所以不能发现疲劳,其原因是由于人有短期加劲付出额外辛勤的能力。我们要注意,在上述驾驶的实验中,愈长而愈难的两手稳定测验也愈加有效。

为了要使这个答案受到一个实验的考验,学者曾进行过多次尝试,企图获得一个对于增加的努力的客观测量法。因为我们以前已经用好几页的篇幅去讨论这个一般性的问题,现在只想提醒读者,瑞安·科特利尔(C. L. Cottrell)和比特尔曼(M. E. Bitterman,1951)曾经断言:肌肉电位可用以为视觉工作中的注视努力的一种测量。

紧张在学习和作业中的作用

重读前面讲肌肉紧张的若干文字里,就可以看出它和本章内容的许多关系。例如,在部分地分配练习之下,追踪旋转器上学习曲线的形状(图25-2)如何可用普遍的和局部的肌肉紧张的改变样式予以解释,便是一个有趣的练习。阿梦斯(R. B. Ammons,1947a,1947b,1950)提出了一个小型设计,借以预测在这个作业上的工作与休息分配改变的效果。他利用了三个配合部分,即上劲期、暂时性的工作减退和永久性的工作减退。金波尔(1949a,1949b,1949c),对得自倒写字母以及运动工作的曲线进行了略为类似的分析[金波尔和霍闾斯坦(B. R. Horenstein),1948;金波尔和比娄丢(E. A. Bilodeau),1949]。他把这两种工作减退分别看做反应抑制和条件抑制。这两种工作减退,很可能是由于妨害任务执行时的过度紧张。必须记得,为了保持追踪旋转器与移动靶子的电路,一个人要动用眼和手以外的许多力量,这件工作是在对抗一个极其复杂的包括全身肌肉收缩的姿势下进行的。学习一件困难工作的最初阶段,特别容易显示出过度的姿势紧张。这个紧张是在练习中形成的,这就说明了暂时性工作减退的原因。一次休息将会使紧张降低,改进了下一次练习开始时的作业;但集中练习则又可使紧张继续形成。永久性的工作效能减退是可以用继续集中训练所产生的习惯性的过度紧张来解释的。在前面的讨论里,我们曾经叙述了上劲和紧张之间的关系。

这里不预备提出一个完满的学说,哪怕是关于追踪旋转器的学说,同时也不为这样的一个学说总结现有的证据。我们的目的只是指出:研究肌肉紧张的程度和分配,有助于对学习和作业的了解,也有助于使情绪和动机的问题更加明了。

技能的有效训练

在第二次世界大战的时候,极其需要很快地选择和训练人去掌握许多颇为困难的技能。除了日常生活的技能外,还有新的工作,如驾驶飞机、旋转雷达机以瞄准射击的靶子以及其他工作等等。心理学家终日忙于发展和制订选择和训练计划。不用说,他们应用了本书,特别是本章所提到的那些原理。这项工作有一部分大纲见于查潘尼斯、戛纳和摩尔根的著作(1949)。布雷(C. W. Bray,1948)报告了一大批在文教机关中服务的心理学家为了各项业务需要而进行的科学研究。空军部队发表了 19 个专题报告[弗拉纳干(John C. Flanagan)等等 1947—1948]。其他一些总结见于《心理学通报》(*Psychological Bulletin*)。详细报告则散见于流传很广的官方刊物。许多科学研究是指向实际问题,在战时紧急需要下进行的。但在这些广博的文献中,或许也蕴藏着大量的基本科学知识。问题就是要从那些仅具有狭窄和暂时价值的发现中,找出具有一般性和永久重要性的材料。但为了满足我们现在的目的,我们将要选择一种实用的技能——关于接收国际摩斯电信符号(International Morse Code)的学习,来看看心理学家对它有什么贡献。在急迫需要无线电通讯的战事中,对这项技能的要求几乎是难以完全满足的。

电信符号学习的创始的研究

1897 和 1899 年,伯瑞安(W. L. Bryan)和赫特(N. Harter)报告了一些有关训练学生成为专业电信员进步情况的研究。接收电信符号的曲线是最早的一些学习曲线,也几乎是在心理学文献中最著名的曲线。实际上,它们从很早起就作为示范高原期的标准。在原始研究中,这些学生都得到稳定性的进步,一直到他们差不多达到接收信号的可以容许的最低速度为止;然后他们就平坦下来几个星期,没有继续进步;最后,这条曲线又开始上升,继续不断,直到远远地超过最低标准。伯瑞安和哈特采用习惯的等级或水平来解释这些高原期。初学者在开始学习接收字母、收听复合声音嘀嗒(·—)并说出这是 A,或嘀嘀嘀(···)这是 S,等等。他逐渐地学习连合这些成分使之成为较大的组合,把它们听成单字而不是单个字母。结果,他学会一种妙法,就是,"等待"发来的信号,使其发展为较大的意义,正如一名有训练的朗诵者,让他的声音落后于他的眼到之处约半行左右。伯瑞安和哈特认为,当这个学生达到一名低级习惯所允许的最高速度时,就产生高原期;这时还没有发展足够的熟练,去形成较高一级或更复杂的习惯。

为了检验这个假定,他们用不连续的字母、不连续的单字和连续的语句测验了另一个学生。从图 25-15 中可以看出:只有在代表连续语句的曲线上,高原期才显示出上升——或者我们应当说:所有三条曲线都落在代表最低速度的主要线下,只有代表连续语句的那一条曲线才再度上升。他们用这个结果证明他们的假定,而这整个实验看起来似乎是如此整洁,以致在教科书上得到广泛的报导。随后,布克(W. F. Book,1908)在打字实验上作出一个可略加以比较的说明,从而发展了一些教学方法,去免除由一个习惯过渡到一个较高的习惯时所产生的困难。

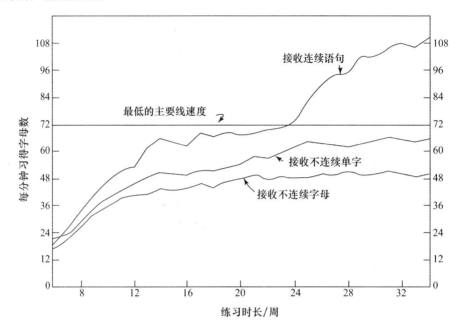

图 25-15 某大学生的学习曲线(据伯瑞安和哈特,1899)。他在第一次每周测验之前,已经开始学习了约 6 周。三条曲线在接收工作上显示出进步:下面曲线代表不连续字母,中间曲线代表不连续单字,上面曲线代表连续的语句。

大家已承认,高原期在学习曲线上并不普遍。伯瑞安(W. L. Bryan)和哈特(N. Harter)在发送电信中就找不到它——(关于产生高原期的条件的其他较早的证据,可阅本书原文第一版),只就接收电信而言,则高原期的地位并无变动。一直到 1943 年,泰勒(D. W. Taylor,1943b)才发表了一篇书报评论,包括一般美国心理学家所不知道的许多研究。泰勒的评论对高原期,甚至对习惯的等级都表示了怀疑。巧得很,在泰勒的评论发表了一个月以后,出现了里德和秦泽尔(H. A. Zinszer,1943)的一个实验,他们发现,在 43 名具有高度动机的大学生学了战时学期的电信学后的成绩记录中,长期高原仍是相当例外的。其他晚近的研究也指明,这种学习过程中的高原期是没有必然性的[温德尔(C. D. Windle),1952]。应当注意的是:这许多战时电信生并未达到迅速而有意义的通讯水平。他们的责任就是又快又正确地接收字母组成的文字,因为他们要接收的信息是有双重意义的密电码。

一个教电码的有效方法

当战事动员正在进行的时候,有很多大学设置了一些科目,以便准备学生履行军事义务。电信符号班的吸引力很大,许多心理学家抓紧机会在这个传统的课题上进行科学研究。在这些研究中规模最大的也许首推凯勒尔(F. S. Keller)及其同伴的研究。他们终于创立了一种方法,被陆军部普遍采用(布雷,1948)。

凯勒尔在1943年曾叙述他的方法。这个方法综合了这几章里已经提到的几个原则。它是成对的联项记忆法的一个变式,包括常规的强化。教师给学生以如图25-16所示的工作纸。信号发出后,命令学生在3秒钟内在第一个空白中仿印刷体写下一个相应的字母。3秒终了时,教师宣告正确的字母,如果学生写对了,他就让他的原答案下面的地位仍为空白;如果答错了或没有答,就在这空白里把正确答案填进去。然后发出第二个信号,依此进行。图中第一个长方格说明这些可能:譬如第一信号是S(…),但被呼为O(---),第二信号A,是被叫对了。这个学生对第三信号Z没有作答,还错叫了以下两个。

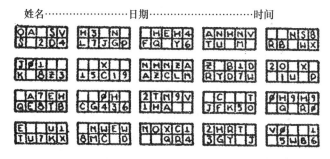

图25-16 电码声音法的练习纸(凯勒尔,1943)。解释见本文。

除了立刻强化每个反应外,这个"电信符号声音法"还有其他好处。工作纸的格式便于登记成绩和绘画学习曲线。我们知道:了解工作的结果是推动工作的一个有利因素。如原来用过了的一样,此方法开始就采用了所有36个符号(26个字母,10个数字),它有资格被称为一个"全部"法。这个方法还应用了另一普通原则——组成每个字母的几个声音的时间距离,保持了真正发电报一样的最高速度始终不变。换句话说,每个字母是用正常速度发出的,虽然字母与字母之间有长时间的停顿。

凯勒尔认为如果比照正规电信学校所能提供的关于采用旧的教学方法的成绩的报告,那么他的学生就取得了极高速度的进步。但是其他大学的实验家(里德和秦泽尔,1943;泰勒1943a)也评论了他们的学生的优越的学习速度。实际上,泰勒独立地试验了凯勒尔方法的三个特点(如立刻强化、全部法以及用标准速度呈现信号等）。被试分成三个实验组，每组单独用一个特点进行实验。没有一个实验组胜过他的控制组，因此我们不能确定凯勒尔的方法是否真正优于传统的方法。或者凯勒尔的学生受到了什么鼓励，或者他们在开始的时候已经比别人强。还有一个可能：传统的50分钟一堂的课使他们不得不在时间上做一些间隔练习，这样做就会使他的学生学得更快些。但是这些实验都是在战时做的，因此就没有机会立刻把各个变量单独地进行实验。这个方法在军营中做了试验。看起来似乎有效，并且优于当时通用的标准法。

关于这个方法的后来研究也有写成科学报告的，只是不容易在大学图书馆里找到。在布雷（1948）著作里可找到一个简短的总结和几种参考书目。在温德尔（1952）著作里可找到一个更完备的论述。我们只再提出另一实验以证明间隔练习的利益。学生在电信学校学习了8周。一般地，在头5周内他们每天要练习电信符号7小时；在最后3周内，学习其他功课。凯勒尔以为这种集中练习可能是浪费，所以他就把电信符号教学分布到8周内，每天学习电信符号4小时，其余时间学习其他功课。他发现在头5周结束时，4小时组虽然练习时数较短，但同平常7小时组学得一样好。自然他们仍有3周练习电信符号，因为他们是把电信符号和其他功课配合起来学习的。结果他们远胜过集中组。偶然看来，好像每天学习的时数和这成绩有关，于是他又把每天4小时的连续学习划分为每天4个单独的1小时，但没有得到更多的进步。

电信符号学习的其他方面

自然，要学习接收也要学习发出电报。因为发出电报比较容易学习，所以不大为人所注意，虽然如此，关于这个问题也有过几种研究。选择有希望的学员是另一重要问题，因为在学习电信符号的能力上是有极大的个别差异的。许多精力是用在发展一些电信符号能力倾向的测验上，但这个问题不在本书范围以内。读者如有兴趣，可再参考布雷（1948）、温德尔（1952）的著作。我们还要对另一问题说几句话，那便是信号混乱问题。这基本上是一个泛化和分化的问题，在别处我们已经讨论过。

接收电报的错误可有两种：或者简直认不出是什么字母，或者形成一个错误的认识。这两种错误分析到最后可能是由于同一机制，那便是对两个类似刺激的反应之间的干扰，因此F（··—·）容易和L（·—··）相混。有几个早年报告曾经涉及这些错误的分析［斯普拉格（S. D. S. Spragg），1943；凯勒尔和陶布曼（R. E. Taubman），1943；凯勒尔和绍恩菲尔德（W. N. Schoenfeld），1944］。关于哪些错误是严重的，研究者的意见大致相同；关于怎样克服混乱，则尚较欠一致。我们还不能确定哪个方法好些，把类似的符号排在一起呢，还是用全部法按照字母的次序学习呢？

幸而大半错误在大约 10 小时练习以后就消除了，但有一类叫做小点子错误的则继续存在(凯勒尔和绍恩菲尔德，1944；凯勒尔，1953)。这类错误起于对小点的过低估计，在三个文字数目组内特别严重。每组的一个信号会被人误叫为它下面的信号。

  6 是　．．．．　　　5 是．．．．．　　　4 是．．．．—
  B 是—．．．　　　H 是．．．．　　　V 是．．．—
  D 是—．．　　　　S 是．．．　　　　U 是．．—

这一类错误是这样地持久，所以如果学生在训练的初期就过分地犯这一类错误，那么，最好免去他们的学习资格(凯勒尔和绍恩菲尔德，1944)，或者改进电信符号本身，用新信号代替每组的中间符号(B、H 和 V)。已经学会现行电信符号的人会坚决反对这改变，但正如凯勒尔(1953)所指出的，国际摩斯电信符号原来就是从与旧式稍有不同的美国摩斯电信符号改变过来的。

  总之，我们能看出这一点：当心理学家要解决训练电信人员的问题时，他们把他们的一般原则和方法应用到人员的选择、训练过程，甚至基本工作本身上。大概地说，这些话也适用于其他许多技能，虽然在电信符号上所进行的科学研究规模最大，而且在这一方面的报告也较易掌握。从一个科学的观点来看，许多战时科学研究的一个主要缺点，就是没有采用控制组去证明某些被推荐的练习的功效。在我们论述电信符号工作的时候，我们也曾指出这个趋势。但是这种研究不是在实验室内从容进行的，军事要求迅速的答案，心理学家的战时研究已经给出相当好的答案了。

（张耀翔　译）

第二十六章

问题解决：思维

假如实验家能够指示我们怎么样才会思想得清楚,以及怎么样才会把我们的问题解决得成功而迅速,那么,他对社会的贡献就是很大了。假如实验家在这个部门也能够像他在相关的学术部门已经做的和即将做的做得那么好,那么,这种贡献就很大了。到目前为止,实验家觉察到解决问题这一方面是比较难下工夫的。但是其所做的开头,所设计的实验,以及所得到的结果,都是很值得注意的。假如我们可以远离实验室而把逻辑学家和其他对人类理智的成败感兴趣的人所做的许多理论上和实际上的提议加以估价,那么,我们将会找到好多东西可供讨论。我们甚至不必提到我们的较近的同行——因素分析家(factor analysts)要认出并测量在推理和创造性思维中共同起作用的那些基本能力的企图[斯皮尔曼(C. Spearman),1927;色斯通(L. L. Thurstone),1938;斯替芬森(W. Stephenson),1947;吉尔福特(J. P. Guilford)及其他,1951,1952]。最后,实验家在设计能够指示出改进学生推理能力的迁移实验的工作中,也许会发现"因素"(factors)有用处。

对名词下初步的定义可能是消耗时间的过程,但我们要把这个过程缩短。我们可以说,当被试的活动有一个目标,但没有明显的或已学会的到达目标的途径时,就有一个问题存在。他必须试探以找到一个途径。当他找到一个途径时,他是得到了一个解决,虽然不一定是最好的解决。例如,在一个迷津内,他可能要做几回尝试,才能免除一切多余运动。要给"思维"(thinking)下个满意的定义,更是困难,但是我们可以说,当被试的试探超出直接给予的情境之外而利用记忆和从前成立的概念时就有思维发生。假如他的汽车抛锚,不能再开动,那么,他就想到各种可能的原因,以及检查出这些原因的方法。问题也可以用语言提出,让被试去想象出那个情境,并且完全以思维找到解决途径。就是全部情境在他眼前摊开,他也可以用细细思想来考察这个情境,并且他的有些思想也许会在自言自语中泄露出来。

两个主要类型的实验

因为解决问题要占用颇多的时间,显而易见,实验者的一个工作是要发现在这个时期内进行着什么事情。假如我们把问题叫做刺激,把解决叫做反应,那么,实验者的工作就是要穷究发生于 S(刺激)和 R(反应)之间的过程。这就是由 S—O—R 这个公式所提示的那个类型的实验。$R=f(S,A)$ 这个公式提示另一类型的实验。在这种实验中,实验者引进确定的实验变量(variables)而观察这些变量对被试的反应的影响,即对他的解决企图的成功和形式的影响。实验变量可以是一个 S 因素,即这个问题的一个系统性变化;或者可以是一个 A 因素,即事先条件,例如迁移实验中的从前学习的一种变化。在心理学的其他部门,如知觉、学习以及动机的引起,$R=f(S,A)$ 型的实验取得了很多成果;在对于问题解决的研究上,我们需要更多这类实验[海德伯莱德(E. Heidbreder),1948b]。在历史上,比较多的兴趣和争论主要是集中在前一类型的实验;对于这一类型问题,我们要首先讨论。

过程追踪的实验

一个正在思维的人可能端坐不动,也许两眼闭住,但是过了一会儿,他可能得出对一个问题的适当答案。虽然他确乎好像没有感觉性的或运动性的活动,但是在他的头脑中,或者,无论如何,在他的机体内,有件事在进行着,并且这件事是一种很有效的活动,有时是一种强烈的活动,因为他会告诉你说他刚才在"苦思"。这个内部活动可能与感官知觉或肌肉动作相近似。它也许由被试能报告的对物体和事变的记忆像或是由实验者通过微细肌肉收缩的仪器已记录表示出来。这里存在着对早期实验者的一种挑战,就是说,他们是否能得到关于在思维过程中发生的并显然起着重要作用的意象或肌肉活动的满意证据呢?

内省的"思想实验"

1900 年稍后,有几位在不同的实验室的研究者设计了一种实验。这种实验确然是直截了当地并且是很明白的。他们请被试解决简单问题,然后要求他把由接受问题起到得以解决止的有意识的经验叙述出来。他们指示被试要描写他的经验而不是要说明它。被试的职责在于提供原料以备实验者后来去分析和阐明。实验的技术主要在于要使被试觉得自在,要了解他的报告,以及选用那些会引起真正思想并可以很快解决,因而被试能在对经验的记忆还鲜明时做内省报告的问题。被试用以获得解决的时间,可以用马表或是计时器测量。

在一个主要点上,各不同实验室所得的结果是很相符合的。一切被试都报告,他们想到我们广义地叫做对象(objects)的,包括东西、人、事变和事态。简言之,他们的报告是像你请一个人报告他在一个实在情节或实在事件情境中所看见的那种报告一样。有些想到的对象可能是想象的,有些可能是相当抽象的,例如想到作为一种动物的"狗"类,或是想到遗传与环境在使人们变成不同的作用上的相对重要性。

可是当问到被试他们对这些对象有什么样的心理形象(mental images)时,他们的报告会表现出很大的不一致。这是我们从关于意象的研究中所发现的很大个别差异,应该预期到的。有些人报告视觉的意象,有些报告听觉的意象,有些报告动觉的意象,有些报告语言的意象。有些人报告生动的意象,有些报告大多数是模糊而残缺的意象。有些人坚持当心里忽然思想闪亮那顷刻,他们绝没有真正的意象,只有对某一种关系或其他我们广义地所谓"对象"的一种感觉。许多心理学家不肯接受这种证据,他们认为,这如此种种一定是因为被试的内省不完善。这样就掀起"无象思维"(imageless-thought)的争论,这个争论喧闹了几年而终成僵局。对这件事更详细的叙述可以在这本书的第一版,以及铁钦纳(E. B. Titchener,1909)和洪弗瑞(G. Humphrey,1951)的书中找到。

我们不应该让关于意象的不一致使我们看不到关于对象的思想的一致。在后一方面,老的思想实验的结果是完全可以预见的。在思想与感官知觉之间有个明显的近似。你两眼睁开就看见对象;两眼闭上就想到对象。

思维中的肌肉运动

华生(J. B. Watson,1914)由无象思维的争论达到不同的结论。在他看来,这个争论似乎使内省法失去了信用并且为思维的运动性之说扫清道路。他提议把思维过程看成微细的肌肉运动,特别是(但不单是)语言运动。这样说,思维绝大部分就是"无声言语"(subvocal talking),并且思维过程的最好记录就是由把灵敏的记录仪器放在言语器官上而得来。早期由把气鼓或杠杆系统放在舌头上所得的记录,结果使人相当为难;因为在有些但不是一切的无声言语时发生微细的言语运动,又因为只是"思想到"的短语的模式并不重复同一短语在低语时的模式。可是这些记录仪器不够灵,动作也不够快,不能记下实际言语运动的迅速相伴的动作——况且无声言语比这个还要更快[麦克斯(L. W. Max),1934]。

由肌肉接引来的动作电流,用一个迅速的电流计扩大并记录下来,这是对微细运动性活动更为灵敏的指标。用这个方法需要克服一些困难,如会由邻接的肌肉漏进电流来,并且正要研究的肌肉可能处在不断易变的状态中。实验的方法是使被试躺下,并且训练他松弛。然后给他这种工作,如默默背诵一篇已熟记的诗,或是在心里做加法和乘法。动作电流有时出现于舌头和嘴唇——有时出现于其他地方。假如叫她想象一个手臂的运动,那么,动作电流就出现于手臂的肌肉;假如要他想象一个看得见的东西,电流就出现于眼睛的区域[贾克布森(E. Jacobson),1932;萧氏(W. J. Shaw)1940;阿瑟任斯基和克莱特曼(E. Aserinsky and N. Kleitman);1953]。

用手指说话的聋人,其言语肌肉是在前臂中,在那里可以很容易地由放在皮肤上的电极引出电流(麦克斯,1937)。像阅读一个新闻节目这种通常无需前臂肌肉参加;但是牢记这个新闻节目这种更难的工作则通常引起动作电流,虽然没有任何看得见的手指动作。容易的加法或乘法通常不出现电流,但是比较困难的加法、乘法则通常有一些电流出现。比较机灵的并且受教育程度较好的被试表现很少的前臂活动,而其他被试就表现多得多。假如任何一个聋人开始怕自己算错,那么,他就表现更多的前臂活动。最后这个事实,假如单独来看,就会暗示:一切这些前臂动作电流代表散漫的肌肉紧张而不代表言语动作。可是用听觉正常的被试做控制实验,在他们解决问题时所表现的前臂参与就比较少。

然而在思索一个困难的问题时的确会产生散漫的肌肉紧张。在戴维斯(R. C. Davis,1937,1938)的有些实验里,由前臂和脖子的动作电流经过高度扩大引到电子示波器:最初给被试5分钟,让他进入松弛的状态,然后开始牢记一段由勃劳宁(Browning)集中选出的难记的诗,或是"在头脑中"用两位数乘三位数。在工作期间动作电流大为增加,而在后来的休息期间逐渐复原。个人彼此间差异颇大,并且较为成功完成工作时,大体说,在工作期间,肌肉电流增加比较少。对同类的问题继续练习,肌肉电流也会减少。因此,肌肉电流不是脑力工作效率的指标,而是这种工作费力或所经验的困难的指标。我们记得植物性神经系的交感部分在脑力工作时,尤其是遇着困难时,是活动的[赛尔斯(Richard Sears),1933]。肌肉紧张和皮肤电反射的增加,两者大概都指示被试的力量在动员;但是到底这个额外能力对解决问题是否有帮助还不怎么明确。从稳定计(stabilimeter)实验[格林斯特(A. D. Grinsted),1941]得到一些证据指出,被试在作有效思维时,有往往几乎不动(虽然也许紧张)而在其一小段思维完结时便开始更自由地走动的倾向——正像在你散步时,心中突然涌出一个有兴趣的思想,你会短暂地静立不动一样。

指明在思维时总是有言语运动的证据是没有说服力的。说服力更大的,是指示有某一种内部语言的内省证据:内部语言,在有些人,的确是听觉的而不是运动性的——并且我们必须记得言语是一种运动性行为,但也是一种与听觉有关的事(儿童在自己能说话之前已经能够了解他所听见的话)。然而,显然有些积极思维并没有任何种内部语言也会发生。例如,在无象思维实验中,有好多报告是这样写的:"我心里像闪光似地突现了一个富于启发性的思想,但其初完全没有任何词语。"哈达马(J. Hadamard,1949)引用爱因斯坦(A. Einstein)的话,证明爱因斯坦是以数学方式思维,以符号和意象思维,而不是以词语思维。哈达马说他自己也是一样,并且他也与盖尔顿(F. Galton)一致:盖尔顿发现他自己很难把思想翻译成词语——这一个困难,我们中好多人的确有时也经验到。梅耶尔斯(R. Meyers,1948)发现患言语困难的(dysphasic)人,虽然由于大脑损伤语言能力受了严重的损失,但对于解决耶克斯(R. M. Yerks,1921)所设计的多重选择型(multiple-choice type)的非言语性问题上,其表现并未明显地不如正常人。

问题解决中的尝试与错误

我们还要问,在刺激与反应之间,在问题的提出与解决的达到之间发生着什么事情。我们从前对感觉意象或对言语运动的追究,要求对这种过程的细微的,几乎是显微镜式的考查;但是我们也许由比较广大的对事变全程的检阅可以学到更多的东西。从刺激到反应是一种直线式前进呢,还是一会儿从这个方向,一会儿从另一方向地追求有希望的苗头呢?如果到达目标的途径从一开始就是完全清楚的,那么,就没有什么要解决的问题了;假如所给予的是一个真正的难题,那么,就必须进行一些试探活动。这些活动的数量或多或少,它所需的智力水平或高或低。

常用的短语、尝试与错误,按照逻辑应该指与试探或追求目标相同的事情。这个短语不应该带有任何贬抑的意味,但是它往往做这样用法,意思是说解决问题的人不是在尽力工作,不是预先计划并利用一切可以利用到的知识。尝试与错误,作为一个纯粹描写的名词,没有任何贬义,很适用于任何水平的解决问题。在心理学史上,这一名词为培因(Alexander Bain,1855,1864,1870)最先使用。他在分析"建设性的理智"(constructive intellect)时,用这个名词。照培因的意见,发明家或艺术家需要有对其所用的材料的娴熟,对"要服务的目的有所体会",以及会判断那个目的在何时是满意地达到了的能力。发明的过程是一种"暗中摸索和试验"的过程。"在一切难以达到目的或结果的工作中,尝试与错误的规则是重大和最后的凭借。"皮尔斯巴瑞(W. B. Pillsbury,1910)也把推理作用描写为一种观念上的尝试与错误过程。

"尝试与错误"这个名词由罗意德·摩尔根(C. Lloyd Morgan,1894)介绍到动物心理学中来,他用以描写他的狗学习某一种把戏的过程,例如用嘴顶起门闩开门,或是把一头是球状的棍子在接近重心的地方咬住而将它带走。这是个需要好多回尝试的逐渐的过程,并且似乎不含有对因果关系的任何明白领会。

迷箱问题 此问题由摩尔根的带头,很快为桑代克(E. L. Thorndike,1898)所追随。桑代克设计几种问题箱,这些箱的门需要转一个门钮,或是按一个杠杆,或是拉一条系在外面门闩上的绳才能打开。他用的被试大多数是小猫。他对这些被试的行为概括地描写如下：

除了第 11 号和第 13 号之外,一切猫的行为实际是一样的。当把猫放进箱子里去,它会明显地表现不舒服,并且有要逃脱关闭的冲动的表征。它企图从任何孔隙挤出去；它抓、咬棍子或金属线；它把爪从任何空隙伸出去并且把每件够得到的东西都抓抓；当它碰到任何松的或摇动的东西会继续努力；它还会抓箱内的许多东西。……它会不断地抓、咬、挤出,这样做,8 分或 10 分钟之久。至于第 13 号,一只老的猫(18 个月),和第 11 号,一只非常迟缓的猫,行为就不同。这两只猫并不是使劲地或不断地奋斗。……无论是哪一种情形……奋斗的冲动……大概会使猫成功地走出箱子。在箱内到处抓的猫,在它作冲动性奋斗时,大概会抓到弄开门的线、绳圈或钮进而把门打开了。并且一切其他不成功的冲动会逐渐地被消除,而引到成功的行动的那个特殊冲动会被固定下来。……

曾经观察到行动有力,动作繁多,就造成个别猫彼此间的差异。……行动有力的作用是使最初的时间缩短,即猫的行动还是出于偶然的那些时间。……注意,往往是与缺乏行动有力相关联的,它使猫在开始行动之后更快地建立联系。第 13 号在相当程度内表现了这种情形：因为缺乏一阵来势汹汹的活动,所以它更能意识到自己所做的事情。

因为动物解决问题是逐渐的而不是突然的,所以桑代克推论出动物没有"看穿这个情境"；理由在于,假如动物经过一些时间之后达到顿悟(insight),那么,尝试与错误的行为自然就会忽然停止,并且个别动物的学习曲线在每次尝试的时间上会出现突然减少——但实际上这样的情形很罕见(桑代克的一条曲线,见图 18-6)。

猫的尝试与错误行为不是与环境无关的混杂动作,而是对于各项对象的操纵反应。这点,从桑代克的简括描写就看得相当明白,并且从重复某些同样实验的亚丹斯(D. K. Adams,1929)的详细记录看得更明白。而且动物的活动不久就成了只针对附近门口和食物的东西。这些话也适用于鼠类[拉希莱(K. S. Lashley)1935],并且尤其适用于猴子,这是我们已经看到的。

就是在一个猫把一个谜箱掌握得相当好之后,虽然它的活动已经是集中在某一区域,或某一个门闩、某一条绳等等,但它的动作还是在每次尝试中变化无规。可是假如把箱子布置得使猫总要从同一方向接近关键性的东西,那么,就会观察到猫的行为表现相当高度的刻板性[古斯里和霍顿(E. R. Guthrie & G. P. Horton),1946]。放在装有一条长棍的斯金纳箱(Skinner box)内的白鼠,只要食丸不断供给,它就越来越在同一地点按这条棍子。在一系列消退实验中,它的反应分散得很厉害；但再开始强化之后,反应又刻板化了[安托尼替斯（J. J. Antonitis），1951]。也许我们可以用下列的话把这些结果总结起来，就是说，动物先学到操纵某些东西，然后逐渐养成固定的动作模式。

非迷式问题（Nonpuzzle problems） 迷箱像迷津一样，对动物而言，是一种暗中摸索的情境。迷箱并不是在开始就全部显露可供视察，因此尝试与错误的行为是不可避免的。假如能够把问题设计得是全部摊开的，没有任何重要东西是掩蔽看不见的，那么，也许动物会看到手段与目的之关系而发现不需要任何尝试与错误的行动。霍布豪斯（L. T. Hobhouse，1901）就有这样想法，他设计了几个问题，后来在关于顿悟与尝试错误的研究中被使用得很多。他所设计的问题举例如下：

（1）拉线。食饵（lure）系在一条线上；动物拉这条线就可以得到赏品。

（2）辨别几条线。食饵系在两三条线中的一条上；动物看得见食饵是系着。问题在于它会不会去拉那一条对的线。

（3）拨棒。动物的爪若没有帮助是够不到食饵的，要用拨棒才能把它拨过来。

（4）两条棍子。给动物两条棍子，一条长些，一条短些，它要用短棍去拨到长棍，再用长棍以够到食饵。

（5）障碍物。把一只箱子或是其他障碍物拦在动物的路上，问题在于它会不会把障碍物移开。

（6）管子和棍子。食饵放在管子里，可以用棍子把它推出来或拉出来。

（7）凳子。在食饵下面放一张凳子或一只盒子，动物要把它挪动才能够得到食饵。

霍布豪斯用这些问题试验猫、狗、水獭、象、一只猴子和一只黑猩猩。其中有些动物学会这些把戏，但并非无需尝试与错误。他发现困难在于使动物注意重要的东西。例如，一只猫看见一块肉放在一张卡片上，这张卡片放在架上，卡片系着一条线，这条线垂到地板上。猫最初显然没有看到这条线，但最后当它看见了就立刻做适当的反应。假如不止一条线在那里，那么，其甚至猴子也不总是能够细心观察，使得它能看出哪一条线是系在奖品上的（图26-1）。

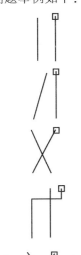

图26-1 试验恒河猴的式样，以及错误的百分比[哈罗与塞特拉（H. F. Harlow & P. H. Settlage），1934]。用10只猴子，每只对每种这些式样做了100次尝试。

尝试错误的把弄有时是必要的 柯勒（W.

Köhler,1917,1924)在他那闻名的对黑猩猩智力的研究里,坚决反对谜箱这一类型的问题。他坚持,假如要表现顿悟而避免尝试错误的行为,那么,问题的一切主要条件必须全部显露出来以便让动物视察,因此他用了与霍布豪斯相类似的问题。可是他的黑猩猩通常不是由于单纯视察而得到问题的解决,它们比猫或猴子更审慎,但仍有不先来全面考察情境就行动的倾向;它们会尝试注定要失败的求达目标的方法,这是观察者很容易看到的。例如,在一种用凳子的问题中,一根香蕉由一间屋子的天花板上吊下来,房间的墙壁是平滑的,不能爬上去,并且房里有一只箱子,但不在食饵下面。所有黑猩猩企图用跳跃去拿到香蕉。可是这一群黑猩猩中对一切试验表现得最聪明的苏尔丹(Sultan)不久就停止跳跃,走来走去,忽然在箱子前面直立不动,很快地把箱子挪近食饵,爬上去,从箱子向上跳,拿到香蕉。单只箱子的问题解决了之后,就给被试两只箱子,并且把香蕉挂得更高些。苏尔丹把一只箱子搁在食饵下面,用眼睛估计距离,但不爬上去;过了一会儿,它把另一只箱子拿来,但是不把它放在第一只箱子上面而放在第一只箱子的旁边,又把第二只箱子举在空中,靠近食饵,诸如此类的动作还有很多。这一天的尝试以失败告终。经实验者的帮助又试了几回之后,苏尔丹开始把一只箱子放在另一只箱子上面,但是在做了好多次盲目试验之后,它才能把上面的箱子稳定地平放在下面箱子上。在另一实验里,绳子的末端有个绳圈挂在墙上的一个钩子上;但是这些黑猩猩不把绳圈提到离开钩子而忙于做各种硬拉和打绳子的动作。图26-2指出另一个使人惊讶的例子:这种行为不像它看起来那么愚笨;因为重量、稳定性、摩擦、弹性以及物体的许多这类特性不是通过看,而是需要通过将物体把弄才能学到的。

物体的立体形状这个特性往往也是不能够单单靠视察而不需把弄就能发现的。三维空间的运动特别难以知觉或想象得准确。这就是为什么时时流行的那些机械智

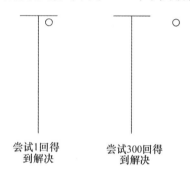

图 26-2 锄形杖实验的设计[凯洛格(L. A. Kellogg)与凯洛格(W. N. Kellogg),1933]。在一个关于一个小孩和一只幼小黑猩猩的早期发展比较研究中,锄形杖第一次呈现是当小孩15个月而黑猩猩稍小一些,但约在同一发展阶段之时。一片苹果放在地板上,在一架铁丝网围屏后,围屏没有够到地板,还留一个空隙,可以让锄形杖穿过去。在最简单的实验里,只要把锄形杖拉过来就行,两名被试都立刻成功。可是当苹果放得稍为靠边时,被试的反应还是直着把锄形杖拉过来。两名被试都这样行动,只有在一系列的练习之后,才掌握解决的方法。

慧玩具难于解决也难于了解。儒吉尔(H. Ruger,1910)用这种智慧玩具对成人解决问题的过程做了深入研究。他请被试细心视察一个智慧玩具但不用手拨弄而试着把它解决,可是他们用这个方法始终不能达到完满的解决,他们大多数觉得这种方法很使人厌烦。在被试已经"在原则上"把一个智慧玩具解决了之后,他还要工作好久,才能熟练地摆弄这个玩具;并且在获得熟练的过程中,他碰到次要问题,这些问题最初是看不出的,只在由实际摆弄而很熟悉这个玩具之后才看得出来。这里我们提出几个理由说明为什么尝试与错误是这么常见并且在实际上不可避免(见图26-3)。

对假设的检验作为一种尝试错误 在丹克(K. Duncker,1935,1945)的实验中,他请"有文化"的成人解决算术上和几何学上的问题,以及简单的物理学问题。例如,一个钢球掉在钢板上,这个撞击使球顷刻被打平,然而当球在回跳上去时又恢复原状。怎么能够证明球是当真被打平呢?要解决任何这种问题——或是任何问题——你必须把所给予的和所要求的加以分析。你必须从两头起工作,直到你能把两头间的缺口做个桥梁连起来。但是在考虑所给予的条件时你可能忽视某些要求;而在考虑所要求的时候,你又会忘记所给予的的确是什么。因此,你就得到不完满的解决。每个这种解决,以及结束你的寻求的那个满意解决都可以叫做一个假设;并且解决问题的过程大部分是产生假设和检验假设的工作。你不能够说出你的假设恰好是怎么样产生的;这是丹克,也是克拉帕瑞(E. Claparède,1934)所遗留下而没有完满答案的难题。克拉帕瑞的研究与丹克的有些类似,不过提出问题的类型不同。两个研究者都认为过去的经验和从前形成的概念由于当前课题的困难而复活起来。

在海德伯莱德做得很多的关于解决问题的实验中,被试的任务是要以尝试错误法发现一种游戏的规则。她的突出的结果是:有旁观行为(spectator behavior)的存在。更常见的参加行为(participant behavior)就是检验假设。关于旁观行为,被试没有要检验的假设;他的一切猜测都已经被证明都是错误的,此刻他只能做杂乱的反应,等候有个新的假设出现,往往过了一会儿,会有新假设出现。旁观行为也许可以对假设怎么发生这个疑问给予回答。接受的态度可能恰恰就是要让当前情境中有些到此刻为止还未被注意的方面起作用所必需的。

不必要的尝试与错误 有时需将愚笨的错误与聪明的错误区别开,或是将鲁莽的假设与那些尽管不适当但相当合理的假设区别开。这种差别只是程度上的差别。被试在努力要解决一个困难的建造性智慧玩具时做了好多错误的步骤;但是这些步骤都是"全在近理的范围内……被试所反应的只限于当前情境中他觉察到是有一种意义的那些成分。"(摩尔根,1934)另一位根据很多实验得出同样结论的是库勃(Y. Kubo,1933)。

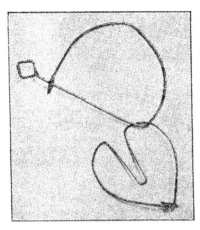

图 26-3 儒吉尔(1910)所用的"心脏与弓"的智慧玩具。问题是要把"心脏"从"弓"分出来,一名被试的记录如下:

尝试的序数	解决的时间/秒	被试的报告
1	351.0	"我完全不知道我怎么做的。我记得我把心脏的围环在棍子的末端的附近处移动,而这两件忽然分开了。我想第二回我可以做得更快,不是因为我知道刚刚是怎么做法,而是因为我记得在第一回成功时这个玩具中我所挪在一起的那些部分。"
2	256.4	"还不知道要做什么动作。"
3	155.0	"成功大部还是偶然的。除了我知道这玩具有一定的部分应该可操纵之外,我并未预见什么,把心脏拿在右手,弓拿在左手。把心脏的围环挪动,使它通过弓的末端。我不能够描写其他动作,其余是偶然的。我想下回我会知道它。"
4	27.0	
5	33.0	
6	50.0	
7	49.6	
8	28.0	
9	13.6	
10	13.7	
11	6.0	"使心脏的围环从弓的下面走,更容易。以前这样做过,但刚刚才觉悟到它的重要性。"
12	9.5	
13	8.0	"注意到弓在垂直位置时,在上边的棍应该在横平位置,使围环从下面通过,并且用一种扭转动作使棍的末端通过心脏的围环。"
14	5.0	"照预见的做成功。觉得我了解怎么解决这个玩具了。"
15	3.6	
16	4.8	
17	3.6	

可是有好多错误的念头可以立刻被抛弃,往往"尝试与错误"是指这一类的错误。赛克利(L. Székely,1947)提出这个问题:"这里有 32 根火柴,每堆四根,这些堆排成一个正方形,如下:

    4 4 4
    4   4
    4 4 4

要解决的课题是:拿去 4 根,再把其余火柴改排,使这个正方形每边都是 12 根。"有一名被试从一角拿去那 4 根,但又把它放回原处,然后从另一角拿掉 4 根。他不曾考虑第二步要做什么,就做第一步。另一名被试也遵守"一次一步"的格言,进行到这样排列,

    5 3 4
    2   2
    4 3 5

他不能够再前进,因为他不肯打乱已经满足要求的那两个横边。第三名被试由于以推理想到一切的边应该同样看待,得到更好的开头。第四名做得还要更好,因为他一开始就提出这个问题:"一共只有 28 根,怎么样能使这 28 根排成每边都是 12 根的 4 边呢?"就是他,也"在他头脑里"做了一些次要的尝试错误,才达到完全解决。

  魏尔太墨(M. Wertheimer,1945),在他的重要的创造思维(produetive thinking)研究中,坚持:一切必需的资料一经到手,就能够完全避免尝试与错误,并且也应该避免。照他的格式塔原则,必需的条件是:要对整个问题以虚心的接受的态度加以检阅,始终着眼于全体并且只把部分作为全体的成分来考察。因此,使当前情境成问题的那个缺口就会显现出来,然后以组织的力量将它合拢。他承认,就是全体看法也可能中心错误,因此可能必须"改建中心"(recentering);可是他以为这种在观点上的变迁是很合理的,不能认为同尝试错误一类。可是,假如任何出现的而被检验过(或彻底想过)的念头随后证明是"此路不通",那么,这是尝试与错误,不过是无贬抑意义的尝试错误罢了。从他自己的思维所引出的例子中,有这种错误的念头;大概碰着困难问题总会有这种错误引头的。至于比较简单的问题(如图 26-4 所含的),曾发现有些实例,它们虽只是逐渐接近,却是颇为直接地走向问题的解决。

  我们不能轻视尝试与错误行为,认为它是精明人不应有的,只是浪费的动作。这种行为使被试把那些似乎很有希望而结果证明是此路不通的念头抛开。它提供不能够由单纯地视察当前情境所能得到的资料。它使必须处理材料的人熟悉这种材料。至少它使要做点事的冲动倾向得出路,因而使思索者不致睡着,或是以其他方式离开这个场面[比伯(B. Biber)等人,1942]。打趣的态度

有时比硬邦邦地决心顺一定的（可能是个错误的）路线前进的做法更易产生成果。

问题解决中的顿悟

显然尝试与错误不会导致问题的解决，除非有检核错误的方法。成功或失败，强化或不强化，提供一种检核。可是问题在于：到底对事情发生的顺序的知觉起不起作用——是否被试在一个场合知觉到什么阻碍了他的前进，而在另一场合又是什么帮助他接近目标。如我们已经见到的，桑代克（1898）由逐渐的学习过程推论到认为他的猫并没有知觉到手段与目的的关系。耶克斯（1916）用黑猩猩做实验，从好多次由尝试错误行为忽然过渡到正确反应这个情形中发现有顿悟的证据。顿悟的其他证据是：正确反应过一回就能保持（retention）得很好，以及正确反应可以迁移到改变颇大的情境中。柯勒（1917，1924）也采用指明动物有顿悟的这三个标准。前者，儒吉尔（1910）已经在他对成人解决问题的研究中使用过；这些成人也提出明显的口头的顿悟标志，例如他们惊呼："啊，我现在看出来了！"随即报告他们所看出来的结果。人类的顿悟，绝不是不全则无的事情，是有程度差异的，最低级的是儒吉尔所谓的"地点的分析"（locus analysis）。正像猫不久就学到在迷箱的门上用工夫，人也可能只看到智慧玩具中成功发生的地点或部分。这种顿悟在第一次发生时是事后见识（hindsight），但在下一次尝试就起预见（foresight）的作用，能免除许多次多余的尝试与错误。顿悟往往是一阶段一阶段地前进，如图26-3下的报告所表示的。现从哥德沙尔特（K. Gottschaldt，1933）对儿童的实验中再引一个例子：他给予一名八岁男童60根细长积木，要求他盖一座要碰到天花板的楼。

这名男童开始有很大信心，他先把这些积木平放，但发现这样盖，积木不够碰到天花板。他拆掉这第一个结构，尝试用积木头碰头地连成单个柱子，但是这个结构太不稳定，不能盖得很高。他现在停止了，好像在思索，再从"拱门"开始，拱门是由两根直柱和一根横梁盖成的，他向垂直方向往上重复盖拱门。他发现这个结构不稳，又把积木放在旁边支撑它，又在地板上盖第二个拱门，与第一个平行。然后，显然没有进一步的预见，他在两拱门彼此之间放上两个横梁把它们连起来。正是在这一顷刻，他似乎见到怎么样可以解决这个问题。他继续在每层盖两个平行的拱门，用两个横梁把它们连起来。可是这个第一次企图失败了，但是他不改变方法，只是把积木安置得更加准确些。

顿悟的阶段和程度 丹克（1935）在柯勒和魏尔太墨的柏林实验室工作时，发现了对复杂问题的解决是一步一步地进行的，一个部分顿悟跟着另一个部分顿悟。当被试看到他能把一个从前学过的规则应用于新的问题时，他表现了较低级的顿悟；但是被试必须见到这个规则的理由才能有较高级的顿悟。魏尔太墨(1945)在他最后的书中没有引用丹克的这个广博的工作成绩,显然他认为丹克的低级顿悟完全不是顿悟。照魏尔太墨的意思,人必须撇开规则与公式而考察具体情境本身才算是真正的顿悟。只有当过去的经验含有顿悟,它才能在现在的顿悟中起作用。然而你一回见到为什么三角形的诸角的和等于两直角,你用不着以后见到怎么应用这个原理于新的几何学问题时,每回都需要记起这个理由。并且当儿童"看出"怎么样按墙上的开关以开亮电灯,我们能否承认他有一闪的顿悟吗?没有能把物理过程或是心理过程彻底理解的顿悟。

过去经验在现在顿悟中的作用　各种各样实验提供好多关于有顿悟地利用从前学过的规则与原理的例证。多尔金(H. E. Durkin,1937)曾对这个问题做特别研究。她的材料是平扁的建造性智慧玩具,证明对解决问题的研究有几个便利。一切东西都看得到,没有必须由摆弄才能知道其的潜伏特性。片块容

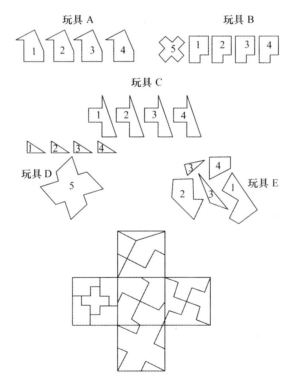

图 26-4　平扁的拼合智慧玩具(多尔金,1937)。玩具 A 要求由 1,2,3,4 这四块合成一个正方;其他的玩具 B,C,D,E 有同样要求全部十字要由所有这些排乱的块合成。下面是对大十字的一种解决过程的记录,这是一个前已解决过那 5 个小正方块的被试的解决过程。

易认清,因此"出声地思维"以及"回忆解决的过程"比较容易。并且能够用草图或照片把过程的关键性阶段的事态作出客观的记录。5 个小正方分开地给被试;在每个小正方经过一回解决之后,把构成一切小正方的片块乱排起来给被试看,要求他用所有的片块构成一个正形十字。有些被试是没有构成小正方的过去经验,就给他们这个最后的问题。

有一名在有了对小正方的经验之后解决大形十字的被试,他的记录提供了生动的关于"心头忽然一亮"的经验(flash experience)的例证(图 26-4)。显而易见,这个顿悟或突然改组的要素是依靠着利用在解决小正方时所获得的知识。不止如此,这个"忽然一亮"实际就是悟到这个知识现在能够利用了。在没有对小正方的过去经验就要解决大十字的被试的记录中,没有出现这种突然改组,不过其中有些人在用一种作者所谓"逐渐分析"(gradual analysis)的过程解决大十字问题。在这种过程中,被试将与问题有关的关系一个一个地发现出来。

柏尔赤(H. G. Birch,1945b)提供依靠从前经验的顿悟的另一个例证。对于过去没有任何摆弄棍子经验的幼小黑猩猩,第一次要求它们伸手抓棍子,它们完全失败。可是在几天有机会以伸手抓之外的方式摆弄棍子之后,它们能立刻解决这个问题。

问题解决与迁移的关系

在本章前一些所讨论的研究中,实验者是在这个条件之下考察解决问题的过程的,就是:他不企图用任何确定的实验因素去促进或阻碍这种过程。但也可能做另一种实验。实验者可以提出一些困难:他可以用特种方式提出问题,以使被试有所迷惑,或是暗示一个错误的念头;或是给被试以事先的训练,使所提出的问题变成容易的;或给他错误训练,使问题变难。把困难的来源加以系统的研究是很值得做的一件事,并且事实上在这一方向已经做了很多。我们可以把这些多样的实验与我们的 $R = f(S, A)$ 公式相联系,实验变项属于 S 类或 A 类。S 变项存在于所提出的问题内;A 变项存在于事先的条件,例如在初步训练、指令或动机的引起之中;R 变项是一种表示被试企图解决问题的成败程度的指标。他的解决可以比较适当或比较不适当,并且他处理问题的方式可以是比较有效或比较无效的。现在要讨论的实验可以相当适宜地归为三类:迁移,定势以及所给予的和所利用的资料。一般的问题在于:实验者是否不能够加入那些可以预断会使问题易于解决或难于解决的控制。

排成功的全部十字智慧玩具

被试的步骤	被试的说明
1. 察看整个的板,两眼动得很快,把好多块触弄,特别是 D_5(观察)	1. 好像是所有我前者曾用过的板块——我要知道是不是全部都在这里。(回忆,但与现在目标无关)
2. 捡起 D_5	2. 从大十字(D_5)开始是合逻辑的。(含蓄的分析)
3. 触弄 B_5	3. 也许这小十字会把事搞得纷乱。(分析)
4. 把 D_5 放在底部中心,使它像一个十字,但不成一个正方。	4. 没有现成的解决,但要从这个(D_5)开始。
5. 把这些板块照分类的顺序堆起来。	5. 把一切同类的板块放在一起,这样假如一块行,一切都行。
6. 把一切板块周围察看,并且触弄小十字。	6. 也许把小十字做中心——。这个必须比在中心的这些叉支(arm)更阔得多。(分析)
7. 触弄 B_5	7. 也许这个小十字应该从正方开头,因为这许多块需要一个大的中心。(分析)
8. 捡起 B_5——停住,迟疑,并且很安静一会儿——	8. (提高声音,激动地说)。这是一个好的,真正的解决最后一下子碰到了。排 5 个正方,这个可以作为中心。
9. 排 5 个正方,只犯一次错误,并且把这 5 个正方合成正形十字。	

积极的与消极的迁移作用

虽然我们刚才的说法好像前者讨论的实验不加入任何实验因素;但就另一方面看,这些实验其实是加入了,因为这些实验有时提出一系列问题而注意到迁移作用。桑代克(1898)看到,对一种迷箱的经验有时使另一种迷箱更容易解决。已经学会拉一个挂在迷箱的某一部分的绳圈的猫,就容易学会拉挂在另一部分的相类似的绳圈,甚至对不相似的绳圈也是一样。稍后些时,金纳曼(A. J. Kinnaman,1902)对恒河猴的迁移作用做了系统的研究:猴子要进到箱子去取食物,每只箱子关闭的机关是不同的。猴子的经验大大增加了它处理这些机关的直接性。在早期的实验问题中,猴子在箱子外面四周浪费工夫,触弄箱子的边和角;但是后来,它就把努力集中在探索门的机关上。

在儒吉尔(1910)对人类解决智慧玩具的实验中有好多消极的迁移作用的例证。他使两个智慧玩具含有同一基本原理,但细节不同,因而要求稍微不同的摆弄方法。因为被试企图把同样的摆弄方法由一种玩具搬到另一种,他就陷于困难。也许他假如从来没有学过第一种玩具会更好些。

"角锥形智慧玩具"(pyramid puzzle),也叫做"中国塔",是提供这种困难的一个好的例子。有几位实验者,特别是席绍尔(R. H. Seashore,1938)发现它很有用。这个游戏可以用5枚大小不同的钱币来玩。在一张纸上的三个地方写上 A,B,C 的记号,这三个地方成为三角形;把钱在 A 这地方堆成角锥形,最小的钱放在顶尖。这个游戏的要求是:要把钱改排在 C 地方,堆成同样的角锥形。你如有必要,可以利用 B 地方;但你一回只可以移动一枚钱,并且始终不可以把较大的钱放在较小的钱上面。假如你一开始就搬弄5枚钱,你大概会发现这个问题很难。假如你只从堆里的两枚钱开始,一步一步进到较大的钱堆,你可能会遇到刚才所说的消极迁移作用。可是要看出一个会引导你顺利地解决整个系列的问题的原理或行动指南,则是可能的。

原理的迁移或理解的迁移

前者我们曾经发现,假如训练不完全是重复练习而大部是细心注意有效的工作方法,那么,迁移就可靠得多。我们可以预期在解决问题中也会有类似的结果:对某一个问题的一个原理了解得更好,这个原理就更会被利用在另一问题上[巴特列特(F. C. Bartlett),1951]。

"找出毛病"(Trouble shooting) 一种重要的实用问题是:在一架机器或它的作用出毛病时,寻找毛病的原因在哪里。一个普通适用于这种问题的指导原理是:"把这个情势和毛病的症状分析,做到任何可能的原因都不被疏忽过去。"这个告诫可以在讲演中被强调,但是假如随同一个难解决的问题直接联系来讲授,它使人铭心刻骨的效力就最大[马尔斯(M. R. Marts),1951;法余与梅奇(N. A. Fattu & E. V. Mech),1953]。

智慧测验(Intelligence tests) 赛尔兹(O. Selz,1935)发现,用直接教练不可能使11~13岁的迟钝儿童的成绩提高,但是,如让这些儿童互相批评彼此的错误就能提高其成绩。这种训练限于一种填空测验(completion test)(一个有些字是空白的故事)。一名儿童把他填完了的句子写在黑板上,其他儿童就指出其错误;并且假如第一个儿童要为他自己的填法辩护,就让这些儿童把这件事争辩一番。这个故事的第一句是:"在一个炎热的夏日,我坐在莱因河的岸上,在一棵树的凉的……中。"有一名儿童填"太阳光",他是模糊地对这个情境的一般气氛作反应;其他儿童立刻指出这个反应有我们所谓缺乏准确性的毛病,并且最好用把这故事一直念完的方法来检核自己的反应。只花了2小时做这个练习;但是显而易见,儿童们开始看到需要准确和照顾全体,因为在一个事后测验(after-test)里,他们与一个配对的(matched)控制组相比,不单在填句子空白上,而且在类推和接写数字系列(analogies and number-series continuation)上地表现相当大的进步。

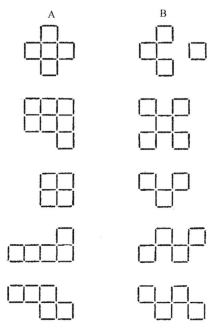

图 26-5 火柴棍问题（选自卡托纳，1940）。只把 3 根火柴移动（在最下面的一对，只要移动 2 根），就可以将 A 类图形变成与它相对的 B 类图形，反之亦然。卡托纳只提示一个 A 类图形（有时只提示一个 B 类图形），指令被试说："这里有 5 个相等的正方形，课题是：变换三边的位置而把这 5 个正方形变成 4 个相似的正方形。"为要暗示"算术的"原理，他可以提第一个 A 类图形，指出它由 16 根火柴构成，假如不让任何一根两用，作为两个正方形的一边，就只够做 4 个正方形。这个暗示只说一回。为要暗示"完形的"原理，可以先提示用 5 个纸制正方形构成的最上边的那个 A 类图形，然后把一个纸正方形挪开；随后用火柴构成同一图形，使得挪去其中一个正方形，就只有 4 个正方形。显然是让被试自己发现，这个正方形的一边可以照旧不动，所以只需挪去 3 根。自然，这两个原理是暗示给不同组被试的，不是对同一组做两个暗示。

一个物理学原理 另一实验是在很不同的智力水平上进行的：两组学生受了一些关于旋转惯量（moment of inertia）的教练，一组听了一个对这个题目的正式讲演；另一组受了实物授课，就是他们尝试预断扭摆（torsion pendulum）的作用而发现他们的预断不对。几天之后，给他们这么一个问题：有两个球，大小、外形以及重量都一样，但一个是轻金属的实心球，而另一个是重金属的空心球。你能否用滚动它们的方法来区别这两个球呢？由实物授课的迁移比由正式讲演的迁移好得多（赛克利，1950）。

火柴的几何问题 卡托纳（G. Katona，1940）从格式塔观点来考察原理的迁移。他要被试用改排一定数目的火柴的方法来增加或减少正方形的数目，如图 26-5 所示。他对被试暗示两种原理，一种是算术的，另一种是几何的或完形的。前者可以用如下的课题来介绍：用 7 根火柴构成 2 个正方形，用 10 根构成 3 个正方形，然后由这 10 根拿去 2 根，剩下 2 个正方形。同一根火柴可以作为两个相邻接正方形的公共边。因此，要由一定数目的火柴构成最大数目的正方形，必须使正方形相邻接；要减少正方形的数目就必须不让正方形互相邻接。卡托纳用比较抽象的方式提出这个算术原理，但是带有一个例子。完形原理的暗示是使被试注意整个模式：这个模式可以是紧或松的，松的模式含有一些空缺,或是在角的空缺或是在边的空缺。要减少正方形的数目就要开空缺;要增加正方形的数目,就要关上空缺。卡托纳不用语言提出这个原理,但提示了意在引导被试从这个观点看这些图形的例子。他发现,虽然完形原理与算术原理都比意在引导被试去把一个或两个问题所需要的特别步骤记住的重复练习更好;但在被试要解决同类的新问题时,完形原理比算术原理迁移得更好一些。

大概最好的教法是要把算术性暗示与完形性暗示结合起来,像黎德(J. W. Reid,1951)在提出一个闻名的火柴问题时所做的那样。问题是:用6根火柴构成4个三角形,这三角形的每边都是一根火柴那么长。在35名大学生中,10个人没有任何帮助就解决了这个问题。然后给以一个算术的暗示:只有6根火柴可以用来构成4个三角形,所以每根必须同时作为两个三角形的边。有8名被试不再需要帮助就解决了这个问题;最后,给予被试几何的暗示,说明布置必须是紧凑的,位于这边和那边的三角形必须用一种法子把它们归到一起,使三角形变成互相邻接并且每根火柴都必须成为两个三角形的公共边。有了这些帮助,又有10名被试成功了,剩下7个人还不能解决。这个问题的重大困难是因为被试默认一切三角形都要在一个平面上,平放在桌子上面这个假定。我们不久将要在"定势"这个题目之下,再讨论这种固定的假定。

教育的实验 从上述的实验可以看出,解决问题的能力一部分是有关于原理、进程和技术的,这些原理、进程和技术可以教,可以学,而后应用于一定部门内的新问题——虽然还不清楚这种迁移能伸延到多么远。学校应该能够在对于学生当时和后来生活很重要的部门内在这个方向做些成绩。大概好多学校的实验,曾经试图发现能得到这种结果的可靠的方法。可以引一两个这种实验。赛利斯巴瑞(R. Salisbury,1934)用了从几个年级中的每年级选出的对配组,教给他们细心准备的关于如何作一般读物提纲的课程;他从实验组发现在某些学科和在了解读物及推理能力方面有一种积极的迁移作用。这种改进,小学第七年级有,并且在中学更加显著。布雷姆贝克(W. L. Brembeck,1949)用了大学生的对配组,给他们讲授辩论的课程,并且在事前事后测验他们批判的思维能力,他得到积极的迁移作用。桑代克(R. L. Thorndike,1950)指出学校能教授解决问题的原理和技术的几个方法,他注重坚持性、灵活性、在未得到证据之前对悬案不预决断、对资料的来源采取批判态度以及把所达到的结论加以检核的习惯等等。可是没有任何单一的学校科目确然能教会这些原则。例如,威斯曼(A. Wesman,1945)将桑代克的一些较早的实验,比如关于中学年龄的智力发展是不是依赖于所学的学科的重要问题重做了一下,材料要好得多;可是,他跟桑代克一样,不能够证明一门学科比另一学科有明显的优胜之处。大概,更多是依赖于怎么教一门学科以及怎么学它为转移。

定势作为问题解决的一个因素

反应时控制联想,对所举重量的判断,以及或许在前几章其他地方的资料,都证明了作为要执行一个任务的准备性协调的"定势"因素是实在的。往往定势表现为预备好的姿势,是看得见的,例如赛跑进入准备很快起跑的姿势。在从外表看不出特别姿势的场合,行为主义者由于说起有一种假定的肌肉紧张的内部姿势就能够避免心灵主义的(mentalistic)含义。可是,我们知道,定势主要是由于它对行为起促进和抑制的作用;定势使被试准备做的反应更为容易,并且有抑制任何与它竞争的反应的倾向。定势作为加入的变项,是与在"输出"方面这些作用相联系的;而在"输入"方面它是与实验者的指令,如条件刺激之类的信号或是与被试所面对的情境的明显的要求相连的。在有些种类的实验中,定势是一个可靠的 A 变项。

冯·克莱斯(von Kries,1895)在一个对 Einstellung(定势的德文名词)的先驱性的讨论中,提供了好多例子:对于决定否则意义含混的字的意义的上下文的定势,对于决定印刷乐谱上的某一音符应按钢琴上的某一个黑键或白键的乐调的定势,对于在游戏中决定第二步动作的游戏情况的定势,以及对于在现有的空间上或社交上的情境的定势。

不幸,英语 set(定势)这个字,在其许多用法中,确实有些暗示固定和不灵活的含义;但在标准的心理学用法中,则绝无这些含义。准备好的姿势转变为实际动作,并且在再做同样动作之前是不会恢复的。我们需要一个更好的字,但这样的字还没有被介绍出来。"Adjustment"(调整的意思)有时可以用,但它在心理学中有其他意义;"Readiness"(准备好的意思)含有恰当的意义,但用起来很不方便。

定势,即准备状态的利益

定势的积极价值在于它会促进适当的反应而抑制不适当的反应;当因为定势不是对一定情境或目标作适当的定向而起了相反的作用时,它的不利之处就现出来了[约翰逊(D. M. Johnson),1944b;哈罗,1951]。有些实验指示出定势的利益,也有些指示出它的害处。但是无论它是有利或有害,两种实验都证明定势的动力是实在的。

控制联想中的定势 最成功的早期对思维做实验研究的企图之中,有一个是瓦特(H. J. Watt,1905)的工作。虽然他把联想的反应时也利用了些,但他的方法大部分是内省的。他用词作刺激并且指定这种任务,例如,全体到部分或是部分到全体、下级的或上级的概念(subordinate or supraordinate concept)。他的实验手续是:先指定一个任务,在过了短时的前期(foreperiod)

之后显示一个刺激词。在被试反应之后,他要求被试对他的经验做内省的报告。这种内省报告指明,假如任务是相对地新鲜和不熟悉的,被试在这个前期所做的事如下:他用语言的、视觉的或动觉的方式使自己心里明白这个任务。他限定这个关系,或是找一个例子,或是想象出象征这个关系的一个图解或手势。当刺激词来到时,有时反应自动地随之而来,有时在等候或寻找一会儿之后才出现,有时在错误的反应被抑制下之后才发生。只是在这最后的场合,在中期(main period)才又出现确定的对这个任务的意识,通常这种意识只在前期才有。

当被试继续对一系列的刺激词进行了同一任务的时候,就是在前期,他对这个任务的意识就冲淡了,只剩下一种准备好的感觉。准备,作为一个意识状态,失去了它的特殊性;但作为一种协调,并没失掉,因为它还保证正确反应。经过练习之后,定势立刻变得比较无意识,并且更为有效率。

瓦特的主要结果是:对任务的准备或定势有效力,以及这种准备是在前期已经完成这件事实。定势起作用是由于预先选择。定势并不是在中期才从刺激词所引起的几个反应中选择一个,而是预先把对刺激词反应的范围限制住,做到通常只有适合于任务的反应才被引起。

梅(M. A. May,1917)把瓦特的这种实验重做并加以扩大,他以几种方式使条件变化并且更多地应用客观的结果。他设计了能以视觉的方式体现任务和刺激词,并且能照实验者或被试的意思改变前期的时间长短的仪器。在被试控制这个仪器时,他自己揭露指定任务的词,然后一觉得准备好就揭露刺激词。有了练习,他的前期就缩短,他需要来准备做这个任务的时间少些了。当实验者控制前期的长短,使它在零到半秒之间变化,这样,前期如越长,也就是说,被试准备得越完满,他的反应时就越短。

对于练习使对准备的意识过程降低水平的作用,很好的例证是一名被试的报告:他开始有全套的运动性方案或调整,对每个需要反应的关系都有一个方案。这种方案或调整,他最初明确地觉得是肌肉的,但是,按他的说法,"渐渐失去了肉体或肌肉的方面而变成'更神经的'。后来在他看来这个神经过程似乎渐渐消失",变成只是空间性图解,这个又渐渐消失,变成了准备好的态度,最后就只剩下一种完全自动的过程。"我们在这里有一系列的渐降过程,系列越往下降,前期的时间就越来越短。"

关于做准备的过程和准备好了的状态的内省报告有相当的真实性。因为这些报告与以客观方法测量来的前期和反应的历时长短相应。这些实验提供三种证据,指明定势的真实性:被试自觉在做准备并自觉准备好了,时间记录和练习作用,以及反应的正确。

在问题解决中的方向 梅尔(N. R. F. Maier,1930)所谓"方向"是一种重要的定势。被试很可能假定目标是在某一方向,是当真的或是比喻的。假如他的假定错误,那么,他必须这样或那样地改变他的方向才能够解决问题。梅尔的问题之一(图26-6)要求被试构造两个摆,这两个摆要这样挂着,使其在摆动时在地板上的一定地点划上记号。可以利用的材料是:木条,夹钳,金属线,彩色粉笔和一张不许移动的很重的桌子,还有房间的墙壁和低的天花板。对于大学生,如没有一些帮助,这个问题是极难的。次

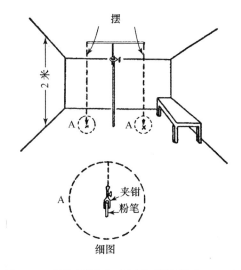

图 26-6 摆的问题,解决了的情况(梅尔,1930)。

要的问题或"部分"由实验者说明:① 他指示如何把夹钳连在金属线上做成一条垂直线;② 他指示如何把两根短木条用夹钳夹在一起做成一根长条;③ 他指示如何把一个双重木条横平地顶在敞开的门上。假如这三个办法适当地结合起来,整个问题就会解决。可是全数被试学生都假定必须利用桌子或墙壁;除非实验者说过只要天花板上有一些钉子,这个问题就容易。这样引起学生们注意天花板,他们都没有想到天花板。指示了这个方向以及上述各"部分"之后,相当大部分被试学生达到如图26-6所表示的被认可的解决;可是没有方向这一个组织因素时,几乎没有一名被试得到完全成功。

维沃尔和麦登(H. E. Weaver & E. H. Madden,1949)重复这个实验。他们的结果与梅尔在这个程度内不同,就是,他们发现有些被试没有经过实验者暗示适当的方向,而自己发现了它。这些被试的解决方式是如图26-7中D项左方所示,这个解决的确同画在它旁边的那个被认可的解决一样地好,如果不是因为它更容易建筑,而要算做更好一点的话。完全没得到帮助的被试几乎毫无成绩;但是其他一些人取得了一些成绩,不过他们的建筑好多是太不稳定,不能让摆自由摆动,或是摆太短,不能在地板上的指定地点做记号。他们一经在一定方向开始,并看到有些成功的希望时,他们似乎不愿把已经开始的毁弃掉而从新起头。

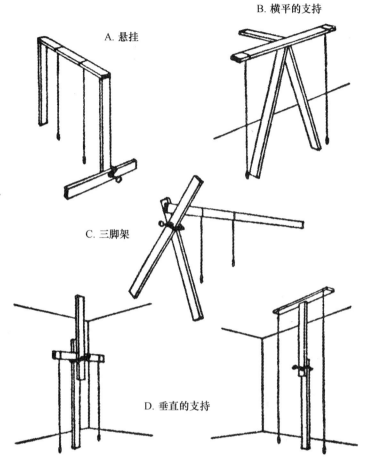

图 26-7　对两摆问题的四种处理方式（维沃尔和麦登，1949）。A 式结构，虽然有嵌在地板上的木条，但是不稳，因为可利用的木条长短不同；B 式结构意在用倚靠墙壁的方法得到一些稳定性；三角脚，即 C 式结构，比较稳定，但是横向太短，只有两种 D 式结构由于用一条连接木条撑在地板和天花板中间得到稳定性，因而成功地满足一切要求。A 式、C 式和 D 式设计差不多同样常见。

定势的不利之处

要设计一定会把人引入歧途的问题是可能的。这样的问题或是使被试从一个错误的方向开头；或是引诱他坚持一种开头是对的，但随后必须改变的解决路线。

反向的迂回　如柯勒曾经说过的，任何问题都要求某一种迂回，因为假如到达的目标的途径是完全清楚而直接的，那就没有什么问题了。可是有些迂回特别难。例如，从离目标方向180°开始，就是很不合情理的。对于人猿和猴子，这种困难就由"棍子迂回"(stick detour)的问题显现出来。这个问题是这样：被试解决了简单的伸手抓棍问题之后，实验者把食饵放在一只箱子或抽屉内，这个抽屉的上面和远端是开的，但在其近端和两边是搁住的，因此动物必须先把食饵推得离它更远——这就是180°的迂回。柯勒发现，对于黑猩猩，这是一个困难的问题。吉尔劳姆和梅尔森(P. Guillaume & Meyerson, 1930)也发现是如此。他们的最聪明的被试动物先尝试一切别种的可能：移动抽屉，把香蕉从抽屉一边的上面拨出去(这是90°的迂回，不是180°的迂回)，用棍子刺香蕉，或是把香蕉打烂，从棍子尖尝尝香蕉味。最初"正确"反应的发生，部分是由于偶然，情形是这样：另一种尝试方式使香蕉弄到靠近抽屉的开着的那一头，然后动物把它推出去，又绕弯拨过来。得到解决的过程是逐渐的。这个问题显然是一只很聪明的卷尾猴(Cebus monkey)的能力所不能解决的[克留沃(H. Klüver), 1937]。

哥特沙尔德(1933)对幼儿的实验之一是这样：把一根短棍子放在幼儿的游戏栏内，栏外边还有一根长棍和一根中等长的棍子；但是只有长棍才能够到远处的食物。正常的6岁幼儿会不管那根多余的中等长的棍子，他用短棍子拨来长棍子，然后用长棍子去拨到奖品。假如奖品几乎是短棍子够得到的，那么，他的成绩就不那么好。当几乎能够用一个容易的方法解决问题时，采用更难的方法的企图会遇着非常大的阻碍；对于迂回的抵抗力太大了，朝向奖品的"向量"(vector)太强[莱温(K. Lewin), 1935]。过度渴望得到奖品会造成同类的阻碍，使被试对一个问题不能得到头等成绩，例如柏尔赤(1945a)对于不同饥饿程度的黑猩猩的实验结果。

有各种各样难题，要求一种反向的迂回，一种与人预期向目标一直地前进的自然倾向不相容的来回运动。这种难题，被成年人倾向于认为是"取巧的难题"(trick puzzle)，例如下面所述：

一位队长带领50个人来到河边，发现只有一条小船，有两名小孩在上面玩，但这条船小到只能坐上一个人，就是再加一名小孩也不行。这个队长要怎么样设法才可以把他所有的人都渡过河去？

另一个取巧的难题：

你只有一只4夸脱(qt, 1夸脱=1.1365升)的水桶和一只9夸脱的水桶可以量水，怎么样可以恰好由河里取出6夸脱的水？

还有一个：

一个人暂住在一家旅馆里，钱用完了，要过23天才再有钱。旅馆主人不相信他,但是他有一串 23 环的重金链条,旅馆主人同意每过一天接收一金环抵账,并且在收到现钱时还他金链条。问题是:有这串金链条的人要割断几环才能履行他的定约? 答案是:2 环。

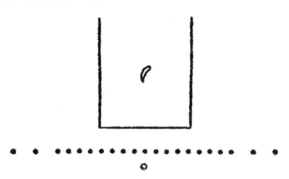

图 26-8 抽屉迂回问题。一扇细目的铁丝网使动物不能由它的笼子里直接够得到抽屉里头。它有一根棍子,用这根棍子,可以把香蕉从抽屉的远的一头推出去,然后从抽屉旁边拨到够得到的地方。

自然,对于喜欢"跟着鼻子走"看着目标,向着看到的地方走的人(或白鼠)来说,迂回是可厌的。他(它)必须学习,并且多少会一般地学习到的是迂回的功用。

"功能的固定性"(functional fixity)　这个由丹克(1935,1945)使用的名词是指定势的一个不利之处;这一个不利之处,与上述的不同,是由于学习和迁移或干扰。一个有一种惯有的功能的东西,不容易把它看做适用于另一个完全不同的功能。不容易把头发刷看成可能的泥抹子。把由 S_1-R_1 到 S_1-R_2 的消极迁移回忆一下。丹克指明这个因素如何会干扰数学的思维,也干扰对简单机械问题的解决过程。我们将要引述他的比较简单的实验之一,是经亚当姆森(R. E. Adamson,1952)重复过的。问题是:把三支燃着的小烛安在一个垂直的墙壁或围屏上面。在一张桌子上散置杂项物品,除了三只厚纸片做的盒子外没有可以供眼前用途的东西,这三只盒子大小不同,其中有一只装着小蜡烛,另一只装着火柴,第三只装着图钉。假如把盒子倒空,用图钉把它钉在墙上,那么,用烛上熔化出来的一点蜡就可以把这些小烛安在盒子上。可是,这些盒子,照它提供出来的状况,它的功能是作为容器,因此被试必须把盒子的这种功能解除掉,才会把它用做安烛的工具。可是,对于一个控制组的被试,盒子一开头就是空的,因此这些盒子作为容器的功能不那么突出。在 20 分钟的时间限度内,大学生中控制组的 28 名被试中有 24 人解决了这个问题,而实验组的 29 名被试中却只有 12 人成功——这是一个可靠的差异。

柏尔赤和拉宾诺威兹(H. S. Rabinowitz,1951)利用梅尔的问题之一做了一个不同设计的实验。两条绳子由天花板吊到地板上,被试的任务是要把这两条绳子系起来,可是这两条绳子离得很远,他抓住第一条时就够不到第二条。解决的方法在于用一种像圆锤之类的重东西把其中一条绳子变成一个摆动的摆。在这一个特定实验中,被试手边有两件重东西,一个是电开关,另一个是继电器。被试学生对这些东西不很熟悉,但在初步安装电线的工作中认识其中一个或另一个。大多数被试在想到摆之前需要实验者暗示一个"方向",可是在实验者装做"偶然"擦过一条绳子,使它摆动之后,所有被试都很快解决了这个问题。要点在于:19名被试中有17人利用他们在过去未曾用做电器的东西做摆锤。分明是电器的东西与他们要一个重物的定势不相符合。

还有指明"功能的固定性"的简单例子是谜画①(puzzle pictures)或是字排列乱了的句子②,如:"Till midnight no in there was at the money"。

复合的任务和定势 在起跑标记上的赛跑者,不持有迅速起跑的定势,而且也有另一个定势:就是假如是短距离赛跑,就立刻转换到最高速度;假如是长距离赛跑,就立刻换到中等速度。学习的人进入一个看得见的迷津时,不持有作第一个步骤的定势,而且也有向前察看和避免死路的定势。小柳(K. Koyanagi,1953)用来研究12岁儿童的一个迷津或迂回的问题要求用一根棍子使一个圆球从一些斜路滚下去。快到目标的地方有一个孔洞,除非被试预先准备好用一个手边可方便地拿到的合用工具把这个孔洞盖住;否则,这个球就一定会掉进去。只有聪明的儿童很快学到完善的行为模式;智力在平均以下的儿童快乐地将球摆动在迷津的大部分,最后却免不了把球陷到孔洞里,好像他们的单一阶段定势干扰了他们,使他们不能获得完全的两阶段定势。

杰尔斯德(A. T. Jersild,1927)对迅速将两个任务来回轮作做了特别研究,例如轮作提供反义词和减3,刺激单子如下表。大学生丝毫没有受到干扰,他们对于轮作任务反而比对于那更单调的工作更喜欢做,并且假如任务和刺激是不同类的,实际他们把联合的任务做得更快些(对于轮作加3与减3,或是轮作提供形容词的反义词与动词的反义词,都有速度上的损失)。杰尔斯德的主要结果是:证明有高级的定势存在,就是被试准备做两个或两个以上类型的反应的定势。

---

① 谜画是这么一个图画,才看显然是一种内容,但其中隐藏着另一种内容,要人去寻找出来;但因为明显的内容"先入为主",就使人不容易看出隐藏的内容来——译者注。

② 字排列乱了的句子,英文原句,译出来失了意义。以中文为例,可以用由这几个字"写信他我不会"组成的句子,原句是:"我不信他会写",因为写信的"信"字与不信的"信"意义不同,就使人不容易想出原句来——译者注。

提供反义词	减 3	轮作提反义词和减 3
最后的	64	昂贵的
多话的	72	41
危险的	47	怯懦的
欢娱的	30	59
宽阔的	49	陈腐的
过去的	35	26
秘密的	43	易摇动的
尖利的	56	38
纯洁的	62	风暴的
男性的	35	50
有用的	44	节俭的
浅的	51	93

绍得尔和罗特(H. M. Schroder & J. B. Rotter,1952)不像上述实验指定应如何轮作,他们给予被试以学到轮作的机会。任务要求被试将某些卡片照它上面的图案或色彩分类,分类的标准常常变换,这样被试学到准备要变换而且很快地转变他的处理方式。

太坚持的定势使人"盲目"的作用 当任务要求对一系列中的每个刺激做同种反应的场合,这个任务的定势在整个系列持续着,使被试能迅速地顺利地前进,完成这个系列。这一个系列可以是含着字谜,即一些乱排的字母组合,每组要改排成一个单字。萨琴特(S. S. Sargent,1940)描写有文化的成人解决字谜的正常手续如下:"一切被试最初几秒钟都以典型方式利用一种'全体处理法'(whole approach);随后,假如'立刻的改组'不出现,他们就转变到一种'部分处理法'(part appfoach),这个处理法的特征是把字母作尝试错误式排列。"这个手续绝不是刻板的,并且一般的字谜定势只是指向从每组字母找到一个字,但是可以使定势朝着比较特殊的方向。利斯和伊斯列(H. J. Rees & H. C. Israel,1935)给被试多组字母,每组 5 个字母,是这样排的,使每组可以用同一规则解决,这个规则是:把所给予的字母照 34521 这个顺序改排,例如"lecam"变成"camel"。并不对被试说到任何这种规则,并且被试的学生大多数始终没有明白地想出这个公式,可是他们不久就对这个一律的顺序成立了条件反应,很快前进,完成这个系列。在一系列中含有 30 项,头 15 项只可以用上述规则解决;但最后 15 项也可以有其他解决法,例如"pache"可以改排成"cheap"或"peach"。问题在于:定势会不会坚持下去,使被试盲目,看不到另一种可能的解决。对这一点,结果是肯定的:被试遵守这个规则一直到做完全系列为止,只有几回产生另一种解决(这个实验,加以改动或不加改动均是实验课程中受欢迎的实验;上引论文含有一些系列的字谜)。

我们刚才讨论的定势是准备按某一种手续做,准备把所给予的字母按某一顺序安排。也可以引起要排成某一类的字,例如植物与花的名字的定势。被试做过一个长的这种系列之后,他易于把这个定势移用到另一种试验的系列,而这另一个系列字谜可以用同一方式或其他方式解决。利斯和伊斯列的这个结果后来得到马茨曼和莫利赛特(I. Maltzman & L. Jr. Morrisett,1953)的证实。准备照某一种字母顺序的定势自然比较有效,因为它从一开始就指导被试的进程。

陆钦斯(A. S. Luchins,1942)以为定势的这种抑制的或使人盲目的作用是很不利的。他发现量水难题很适合于用来对这种作用做动人的表演。他请被试解决一些要求以某些量壶量定量的水的"数字问题",量壶和要量出的水量指定如下:

问题的序数	给予的量壶			要求量出的水量/夸脱
	A	B	C	
1	29	3		20
2	21	127	3	100
3	14	163	25	99
4	18	43	10	5
5	9	42	6	21
6	20	59	4	31
7	23	49	3	20
8	15	39	3	18
9	28	76	3	25
10	18	48	4	22
11	14	36	8	6

在被试对初步的给予两个壶的问题思索几分钟之后,对他做如下说明:"把29夸脱的壶装满水,再从它倒出3夸脱的水,这样倒三回;29－3－3－3＝20。"随后提出第二个问题,在工作3分钟之后向他做说明:这个问题以及除开第九题的一切随后的问题都可以用 $B-A-2C$ 这个公式,就是要想象先把最大的壶装满水,然后把 A 壶倒满一次,再倒满 C 壶两次。可是从第六题起,一切问题可以不用最大的壶而更简单地解决。问题在于:到底被试用三只壶量水的定势会不会那么坚强,使他盲目而看不到可以更直接地用两壶量法的机会。结果证明实际上大多数被试具有坚强的用三壶量法的定势,由小学被试一直到大学毕业生被试的水平都是这样。对于控制组被试,只给以最初那个两壶问题,就跟着解决第7～11题,这一组人通常继续用两壶量法,可是学过遇必要就用三壶量法的实验组通常坚持地用这个量法做完这全系列的问题而忽视更简单的可能量法。作者企图用各种方法维护他的被试,使他们避免这种可怜的盲目,但是不

很成功。

　　也许这种盲目毕竟不那么可怜。照所提出的方式，这些问题的确是缺乏现实性(设想你自己企图由 127 夸脱那么大的壶倒水)。可是，即便是当实验者让数字代表立方厘米，不代表夸脱，并且供给被试适当的小容器和水，执行实际操作，使问题有一些现实性，被试还是最倾向于集中注意算术方面而不注意具体情境，还用三壶量法[陆钦斯和陆钦斯(E. H. Luchins, 1950)。被试学生们往往坚持用三壶量法：因为他们要表示大壶水满了，怎么样能够倒出恰恰剩得所需要的水量。儿童被试们则倾向于把这个实验看成只是又一种学校练习，要求他们学到解决某一类型的算术问题的规则并应用它。也许其实正如魏尔太墨(1945)所极力主张的，学校儿童过多地被训练去盲目地遵守权威性的规则。

　　后来对于学习学说和人格特征的研究利用了陆钦斯这个类型的实验。犹茨(R. P. Youtz, 1948)发现：增多用一种手续解决得成功的问题的数目，就是增多强化这种手续的次数，也增加这种手续对于在后来问题要求第二种手续时消退的抵抗力。肯得勒(H. H. Kendler)、格林伯(A. Greenberg)和瑞赤曼(H. Richman, 1952)的结果表明：密集的尝试(massed trials)使一种固定的手续容易巩固起来。他们也改进了实验的布置，用豆子而不是用水，并且用真正的标明立方英寸数目的容器。罗卡赤(M. Rokeach, 1950)用个人坚持一种固定的手续作为"硬板性"(rigidity)的指标；顾兹寇(H. Guetzkow, 1951)把个人的定势力量与他会克服一个定势而用新方法处理一个问题的能力区别开。

克服一个特定的定势

　　与在一系列问题中对一个又一个小题坚持一种定势这件事十分不同的事情，是那些往往妨碍单个问题解决的固定假定。这种假定像一条在迷津中长而复杂的死路，你几乎花无限时间在那里来回试探，而始终不能确定它是死路。儒吉尔(1910)在他用智慧玩具的实验工作中，特别注意这个困难来源。他发现有些被试过分固执地守住一种处理方法，虽然不断失败还是不改。他找到两种反抗这个 O 因素的方法：① 他请被试把自己解决智慧玩具的企图所根据的假定明说出来，然后再考虑什么其他假定也可能。在有些实例，被试由于这样做了，才第一次知道成功的处理方法。这个技术使无结果的重复停止，并且事实证明这是"一个很有价值的促进解决问题的效率的方法"。② 当被试在那里到处乱试而没有进步时，实验者请他将智慧玩具放在一边搁置一会儿。"在有些实例中，被试在同一天内再来重弄这个智慧玩具时，他几乎立刻就把它解决了。这个变化已经把特殊的意识定势打破了，而新观点的来到，就成为可能的了。还有一些同类的问题，被试在早上刚刚睡醒就把问题解决的动人实例。"

　　从这里，我们得到对解决问题的实验工作的引头——这些引头在实验室内没有得到很多的推广。可是我们有大量的得自创造性思想家的证据,指明把一个难解的问题搁置一会儿往往是唯一达到满意解决的途径。我们将在下一段里引述一点这种证据。

"孵育"——把一个问题搁置作为导致解决的一个步骤

孵育(incubation)这个词可以作为有用的口号,虽然它隐含着一个我们不同意的学说,我们更愿意接受刚刚摘引的儒吉尔的话所暗示的学说,这就是说:把一个问题搁置是破除错误的定势或"方向",因而使正确的方向有机会出现的途径。

亥姆霍兹(H. V. Helmholtz)是一个出色的兼涉几个科学部门(包括心理学以及生理学和物理学)的发明家和发现家,他在庆祝他70岁生日的宴会上借机会报告了一些关于他对创造性问题的工作方法的情况(1896)。他报告说:

我必须说:对于那些无需依赖幸运的偶然事情和"碰巧的思想"(happy thoughts)领域的工作,我渐渐感到越来越愉快。可是因为我曾经颇为多次地处于要等待碰巧思想来到的这种不舒服的处境中,我所得到的对于这些碰巧思想在什么时候、什么地方来到我心上这个问题的经验也许对别人有用处。……就我经验的范围内说,这种思想从来没有来到疲倦的头脑中,也从来没有在写字台上来到。首先,始终必须把问题在一切方面翻来覆去地考虑过,弄到我"在头脑里"掌握了这个问题的一切角度和复杂方面,能够不用写出来而自如地从头想到尾。通常,没有长久的预备劳动而要达到这一地步是不可能的;然后,在由于这样的劳动而发生的疲劳过去之后,必须来一个身体完全健旺并且安闲自在的时刻,好的意思才会到来。往往在早晨当我醒来时就有了,正如常被引述的歌德(Goethe)的那些诗句中所说的,以及高斯(Gauss)也曾有一次提到的那样。但是这种思想特别会当我在晴天在有树林的山上从容散步的时候出现。喝一点点酒似乎就会把这种思想吓跑了。

如果亥姆霍兹是在提出一个学说,那么,他这个学说是根据疲劳和疲劳恢复来解释的。照他的学说,充分的准备工作是这个过程的一个主要部分。卡潘特(W. B. Carpenter,1876),系一位早期的心理学家,曾提出在休息期间发生"无意识的大脑作用"(unconscious cerebration)这个学说。他从发明家、艺术家和诗人中收集到了好多实例,说明他们把一个问题搁置了,在睡觉或娱乐之后,他们所需要的解答就恰好"来到他们的头脑里"。并且卡潘特同意赫谟兹(Oliver Wendell Holmes)和其他思想家的意见,认为在有意识地注意别的事情时,脑必定曾经对这个问题进行过工作。

大数学家庞卡瑞(H. Poincaré,1908)复活了这个无意识工作的学说,他在他自己身上观察到:把一个问题搁置,等待解决后才出现,往往是稳妥的办法。

可是，无意识的工作必须"在它以前和以后有一个时期的有意识工作才能有成果。这些突然的灵感远不会产生……除非经过几天的有意努力而显似绝对无结果之后……要把这个灵感的结果阐发……使它得到证实，必须有……第二期的有意识的工作。"

瓦拉斯(Graham Wallas,1926)随着亥姆霍兹和庞卡瑞推进，区别"创造性思想的四个阶段"，他把这四个阶段叫做准备、孵育、洞明和证实(preparation, incubation, illumination, verification)。他承认在好多实例中，这些阶段在时间上是部分重叠的。

由发明家和科学家得来的资料　由罗丝曼(J. Rossman,1931)和梅内克(G. Meinecke,1934)从发明家收集来的，以及由普拉特和贝克(W. Platt & B. A. Baker,1931)从化学家收集来的丰富证据指明：这"四个阶段"是好多创造性思想家亲身经验过的事。他们把收集一切可得到的知识，并强烈地工作以求很快得到解决这个做法作为一个规则；有时在这个第一次努力中就成功了。可是往往必须暂时抛开，等待排难解纷的意思出现。有时这种意思在与别人讨论时来到；可是有时在奇怪的时候，如当人在休闲而完全没有想到这个问题的时候出现，例如当时在走路或骑马，或是在穿衣服、搞园艺、打高尔夫球、钓鱼、听音乐或做礼拜，在幻想，或是在睡着之前或醒来之后躺在床上时出现。

发明家中大多数人似乎都采用这个简易的无意识工作的假设作为洞明阶段的说明。有一位曾经对这件事的心理作用考虑得更深刻些的化学家提出另一个假设，以及一些新的事实：

这个作用似乎涉及到两个因素：第一是对这个问题和有关资料研究得那么彻底，弄到你的心思完完全全浸透着这个题目；第二是一个时期的暂停或休息，然后在你不是正式对这个问题花工夫并且没有纸张在你面前时，一个显然的解决或是适当的处理方法来到你心上了。……我记得有一天早上，我洗澡，剃胡子，又洗澡，在伸手去拿干毛巾的顷刻，忽然觉悟到这是我第二回洗澡，并且我的心思已经深深地集中在一个问题上有半个钟头了。……我举这个作为例子……因为它对所发生的事情提供一个鲜明的图画。头脑是活泼的；它那么充满着这个问题，因为无需参考什么东西，并且它是深深地集中的。……有了浸透有关问题资料的头脑休息了而且又深深地集中，我预期，只要一个人是能够解决这个问题的，此时他就会把它解决。

就必须对一个问题做广泛工作，并随后把这个问题搁置这一点说，这许多观察似乎很值得接受。最后的引文引起关于洞明"忽然一亮"这个重要问题。假如这个忽然一亮是一个短时期很剧烈的工作的最高峰，那么，就不需要在孵育期有无意识的工作这个假设了。

由诗人和画家得来的资料　巴特里克(C. Patrick,1935)对55位现存的抒情诗人进行调查,发现四阶段的创造过程是典型的;她对50名画家做同类的调查,也得到同样结果(1937)。虽然其中少数人惯于即席赋诗——或是对他们偶然看见的景物作素描——但是诗人中的72%和画家中的76%都报告有个孵育阶段。下面是两个例子:

我看见月亮由云里出来,使我想起一只白色的猫头鹰。我把那个意思挂在心上几天,最后才把它写成一首诗。

我往往把一个意思挂在心上几星期,然后才画出来,不过有时还要再等长久些。我去年夏天得到意思,现在才画。这些意思时时在我做别的事情时重现于心上。

虽然巴特里克承认四阶段是对创造过程的一个真实的轮廓,但是她补充了一个重要点,就是在孵育阶段,并非完全没有对问题的有意识的思索。"在孵育时期,被孵育的意思或心情时时重现。在这个意思重现时,有机会对它做一些工作。"可是当孵育期对问题的工作不是认真地针对主要目标,"一到心情或意思转变到明确地针对一个特殊目标时,我们就有了第三个阶段的洞明或灵感。"

巴特里克继续察看,能不能在实验的情境中找到四个阶段的缩影。她得到惊人的成功:被试在实验者眼前做一首抒情诗或画一幅画,并口头报告在这个过程中发生的思想。她用一幅山景画作为抒情诗的刺激;用一首诗作为绘画的刺激。她要求被试从刺激材料找到任何一种他所喜欢的暗示,并且在他的写作上随便用多少时间都可以。平均,大约用20分钟,但变化很大。

从这些诗人和画家提出的证据,以及从他们的作品很好,有些作品后来发表了这件事指明:他们并未受到实验条件的阻碍。

从记录中很容易认清准备、洞明和修正这三个外显阶段。最初发生了各种各样印象和回忆,但是通常并没有写在纸上什么。过了一个时期之后,一个决定出现了,画图就很快地粗粗画出轮廓,或是有几行诗句被粗粗地写出来。虽然这三个外显阶段在时间上有所重叠,大体看来它们是照通常顺序发生的。暗示有早就来到的倾向,第一个画稿或诗稿有在中期来到的倾向,修正有在快到完成期的倾向。"假如一个意思在报告中很早出现,又重现一次或几次,最后作为诗或画的主要题目出现。"这就指示有孵育。按这个标准,64%的诗人和84%的画家确有孵育。

有一种相类似的实验[安德侯芬和威纳克(J. E. Eindhovan & W. E. Vinacke),1952;威纳克,1952],实验者请些画家在实验室内画一幅某一首诗的插画,要画得可以发表。实验者观察他们的行为,每5分钟做一次记录。准备、洞明和证实(或批评的修正)这三阶段重叠得那么多,因此这些实验者作出这样的结论:认为所谓"阶段"应该叫做"过程"更好些。结果并不证明有个与其他阶段分清的孵育阶段。

当然，要在一次实验里，来检核把一个难的问题完全搁置到可以达到最后解决的一个重要步骤这个话对不对，是困难的。

对孵育的各种学说 无意识的工作，无论认为是心理的或大脑的，这个容易见到的学说，应该只在其他更容易检核的假设失败了之后，作为剩余下的假设而被采用[斯金纳（B. F. Skinner），1953a]。上文曾提示了几个其他假设。

因为在孵育期问题是时时有意识地重现，虽然对问题没有做努力的工作，但仍可能得到部分的解决。

假如是在对问题高度集中注意了一个或长或短的时期之后才来到洞明，那么，就没有必要假定前者有无意识的工作。

似乎为洞明来到所必需的活泼或没有脑力疲劳，可以作为一个足够的说明。

与创造过程相似但更为简单的事例是：要回忆一个名字，尝试无结果，把这事放下，后来会记起来。这个事例暗示：洞明的一个重要因素是没有在准备阶段中阻止进步的干扰。假如思想家做了错误的开头，那么，他就会不知不觉地钻到牛角尖里去，并且当时不能够逃出来。他陷入一定的假设，这些假设限制了他试探活动的范围，并且在他继续积极工作的全部时间，他不能够摆脱这些假定，像他假如休息之后再回到这个问题往往就能摆脱那样。有几位发明家注意到一件支持这种解释的事实：愉快的意思的简单性在来到之时使他们大为惊讶，他们原来以为必须有更复杂的解决法。依据这方面的证据，孵育期只是使错误的定势有时间渐归消灭，让思想家可以自由地对他的问题采取新的看法。

推理是利用情报

解决问题通常需要收集足够的情报并利用所有的情报来支持结论。解决问题的可能没有收集充分的情报，可是即便他把一切必需的情报都拿到手，他也可能不能够把这些资料配合——把它组织起来——做到可以揭露各项目的相互关系，使它们能支持结论。对于提到他面前的一个侦探案，他也许见不到怎么能"把小麦从糠中筛出来"——把有用的从多余的和迷误人的情报中提出来。他也许跟着已得的情报问起不必要的问题而迷失路途，例如在 20 个问题的游戏中那样[泰勒和福斯特（D. W. Taylor & W. L. Faust），1952]。在他当陪审员时，他可能因为证据有利于嫌疑犯而向一方面动摇，又因其不利于嫌疑犯而向另一方面动摇[威尔德和丹吉格（H. P. Weld & E. R. Danzig），1940]。

给予未来的演绎的推理者以一定的有限情报，他可能在两种错误之中犯一个。或是他没有利用全部给予的情报，或是他推出超过所给予的情报之外的结论。实验者能够操纵所给予的情报，把它作为他的实验变项，S 因素，而对于不审慎的推理者布下圈套,因而指明推理过程的各种难处。

不能利用情报

一种新的旨在引起一种非正式的推理过程的任务是包括一个短的故事。故事要进展到一个最高峰,但要被试把它完结[巴特列特(F. C. Bartlett),1939]。这个实验给予不同教育水平的英国被试以及一些爱斯基摩人(Eskimos)。在一切被试组中,都发现很少人不偏不倚地利用全部情报。通常,故事的最高峰是由某些细节或是社会团体的某一种社会习例所决定的。

要对推理做数量的研究,最好能准确地知道被试可以利用的情报有多少,以及他怎样充分地利用这个情报。惠特菲尔德(J. W. Whitfield,1951)研究了这一点。他提出一个配对问题:要把8件东西放在成一系列的8个地点,要用尝试错误法去发现正确的排列,在被试每次尝试之后,告诉他哪些东西排对了。这是一个"理性的学习"问题,与要把 $A \sim H$ 这些字母照一种未知的顺序对每字母指定 $1 \sim 8$ 中的一个数字一样。假定在被试做了第一次尝试之后,告诉他说他已经把 D 字母的数目指定对了,但其余都不对;被试第二次尝试的任务是要给 D 以前已指定的数目,把一切其他字母都要重新给以与前不同的数目,以免重犯错误。大多数被试都采用一种计划,例如使不对的数目顺着同一的循环次序而在每次尝试比前一次再进一步。这样他们利用了一切可用的肯定的和否定的情报,因为除开已定的数目之外,一种排列与另一种排列大概可能对的程度是一样的。

逻辑的排除

给被试一定数目的金币,这些金币是同一单位的、同一样子的,但已知道其中有伪的,因此它比其他的较轻些。只给被试一架简单的天秤,要求他尽可能以最少次数的称重去确定哪一枚金币是假的[西梅尔(M. L. Simmel),1953]。不久就会明白,必须把同一数目的钱币放在天秤的每个盘上,并且被试倾向于把任何双数的钱币的一半放在每个盘上。可是他在这样做时往往没有从一次称币取得一切可能的知识。按逻辑,天秤有三个盘,这从三枚钱币的这个基本的例子可以看出来。在天秤的每边放一枚钱币;假如这两枚是一样重,那么,第三枚钱币一定是假的。根据这个关系,你可以证明:任何数目的钱币,一直到9,称两次就够了;任何数目一直到27,称三次就够了;任何数目,一直到81,称四次就够了。

威尔赫和朗(L. Welch & L. Long,1943)用一个简单得多的逻辑问题试验幼年的儿童。问题是这样:一个女孩因为吃了甲、乙、丙三种食物之一而生病。在她把甲、乙一起吃时,她生病;把乙、丙同吃,不生病;把甲、丙同吃,也生病。

是哪一种食物使她生病呢(这个资料中有的是多余的)?这个问题对于智力年龄为 5.5 岁的正常儿童是太难了,就是对于再大两岁的儿童也是相当难的。

伯尔特(C. Burt,1919,1921)在他的很多对于智力发展的研究中很好地利用一种非正式的逻辑难题。他提供一切必要的资料,要求儿童推出结论,例如:

7 岁水平:一切香罗兰都有 4 瓣;这个花有 3 瓣。它是不是香罗兰?

10 岁水平:这里有 4 条路,我由南边来,要到麦尔顿(Melton)去;右边的路是到一个别的地方。

前头一直走只会走到农场;

麦尔顿是在哪个方向——是北,是南,是东,还是西呢?

每题都是单打在一张卡片上,放在被试面前,在他反应了之后,要求他说出理由。比较容易的与难的题目,发现了一些发生困难的因素。形式上的逻辑结构关系区别不大,更重要得多的是所提供的资料的种类和数量。在种类方面,资料必须在儿童的知识范围内,不然,他就不会对这些资料作正确的推理;在数量方面,必须相当成熟,才能够运用大量的资料。

排行型的三段式(the linear type of syllogism)把另一种困难表现得很清楚,这种困难主要是把三个名词排队的困难。下面是一个例子:

三名男童一排坐着:哈立(Harry)坐在威利(Willie)左边,佐治(George)在哈立左边。哪一个坐在当中?

9 岁儿童有 50% 能通过这个题目;只要把这两个前提对调位置,就有 61% 的 9 岁儿童能做这个题目。下列题目有同类的困难:

伊狄司(Edith)比奥利弗(Olive)白,但她比莉莉(Lily)黑。谁更黑,是奥利威,还是莉莉?

这个题目用这个形式提出来,8 岁儿童有 46% 会做;可是把它在语言上作些微的变换(如下),百分数就增加到 72。

莉莉比伊狄司白,伊狄司比奥利弗白。谁最白,莉莉还是奥利弗?

对第一形式成功的儿童报告说:他们必须把第一个前提倒转过来,才能看出答案。假如同一关系用两个相反的词表示,年龄大得多的被试也感到困难。这一类三段式,用条直线画一个图解就容易把它弄明白。斯透灵(G. Störring)和他的学生在他们对三段式推理的内省研究内揭露了成年被试企图应付这种和别种困难的几个方法。

超出所给予的资料之外的结论

好多错误的推理在于由所给予的资料并不含有的某些资料推出结论。有时错误是因为推理的人没有看出所给予的资料的确是什么,他隐隐假定他有了比实际有的资料更多。在其他场合,他的错误是由于他的成见和偏好,他在思维过程中受了不包在所给予的资料中的因素的影响。我们将要先讨论错误的第一种来源。

极使人感兴趣的逻辑这个科学,虽然它绝不是推理过程的心理学,但对实验者是有用的,因为它提供一个检核结论是否有根据的方法。逻辑把所给予的资料分析为确定的命题,即"前提",并且指出恰恰由这些前提能够有根据地推出什么结论。

一个命题含有由系词(copula)联系着的两个名词,如说"天是蓝的",一个否定命题包含有"非"字或一个其他功用相等的词。还有,也许有一个如"一切"或"有些"这样限数量词,限制作为命题的主词的名词。"有些"(some)在这里意思是"至少有些"(at least some),并不含有"不是全体"(not all)的意义。由"一切 X 是 Y",你可以推断"有些 X 是 Y"。

所以一个命题可以是肯定的或否定的,并且它也可以是一个"一切"的命题或"有些"的命题。因此有四个类型的命题,通常用字母代表:

  A. 一切 X 是 Y——普遍的,肯定的——一切是的命题。

  E. 没有 X 是 Y——普遍的,否定的——一切非的命题。

  I. 有些 X 是 Y——特殊的,肯定的——有些是的命题。

  O. 有些 X 不是 Y——特殊的,否定的——有些非的命题。

单个命题的换位(conversion)　　我们熟悉这个警告:一个真实命题的换位不必定是真实的。逻辑的分析指明什么时候一个换位命题是真实的,什么时候不是。一个命题换位就是它的主词与谓语(predicate)对换位置。除开在某些场合之外,换位的命题不是有根据的。就是,原有命题并不隐含着换位命题。一个 E 命题的换位命题必定是有根据的:假如没有 X 是 Y,显而易见,也没有 Y 是 X。一个 I 命题的换位命题必定是有根据的。可是一个 A 命题,没有把一切改为有些,就不能够换位;而一个 O 命题就完全不能换位。由"有些 X 不是 Y",我们无从知道到底是:一切 Y 是 X,有些 Y 是 X,或是没有 Y 是 X。可是爱登斯(H. Eidens,1929)发现:受过高度教育,但没有逻辑科学训练的人愿意接受一切四型命题的简单换位命题。这种错误是由于命题的语言形式;如果资料以图解提供出来,就不会犯这种错误了。

欧拉氏圆圈(Euler's circles)　　远在18世纪,伟大的瑞士数学家欧拉曾函授逻辑,他的学生是一位德国公主。他因为希望可以把逻辑的难解之处的有些部分免除掉,就发明了一套图解;这些图解,结果说明对后代的学生是个巨大的帮助。这些图解是根据包括与除外两种关系的:假定一切 X 都包括在一个圆圈内,一切 Y 包在另一个圆圈内;假设 X 圈是包在 Y 圈内,我们就看到一些 X 是 Y,并且,从换位关系说,有些 Y 是 X;假如 XY 两圈完全分离,那些没有 X 是 Y,并且,从换位来说,没有 Y 是 X。

只要我们紧跟着这些图解,我们对换位不会有困难。可是在我们试图把平常的命题翻成图解时,我们会发现我们的资料时常是不够的。E 命题是没有疑义的,它的意义像图 26-9 最后的图解一样。可是 A 的意义可是第一图或第二图,I 的意义可以第 2 图～第 4 图中的任何一个,O 的意义可以是第 3 图～第 5 图中的任何一个。把平常命题的互相部分重叠的图解意义表示出来,我们需要三个命题:有些 X 是 Y,有些 X 不是 Y,有些 Y 不是 X。

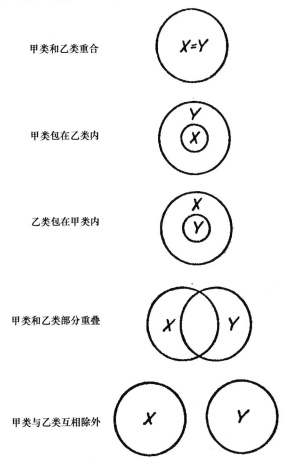

图 26-9 欧拉氏图解,与同义的语言表达。下列命题可以简单地换位:假如 $X=Y$,那么,$Y=X$;假如 X 把 Y 除外,那么,Y 把 X 除外;假如 Y 部分重叠于 Y,那么,Y 部分重叠于 X;假如 X 是包于 Y 内,那么,Y 包括 X;假如 X 包括 Y,那么,Y 是包于 X 内。

推论所犯的错误大部分是因为逻辑的标准命题意义含混。可是这些命题也就是常言语所用的那样子。通常言语的含糊性,与图解的清晰相对比,本身看起来就可以成为反对认为思维主要是无声言语这个学说的有力论证。往往我们要离开言语,才能思维得清楚。

要把一个三段式作图解,我们需要三个圆圈。假如加上两类是包括在 Y 类这个命题,那么,我们就要见到:在第 1,3,5 图,X 与 Z 的关系是明白的;而在第 2,4 图,X 与 Z 的关系就是含混的。假如我们只知道 X 与 Z 都包在 Y 内,那么,我们就不能对 X 与 Z 的关系再说什么。在好多其他场合,这种图解会把通常命题中不明白的关系弄得明白。

三段式作为推理的问题　一个三段式有两个前提和一个结论。这 3 个命题中的第一个都含有两个名词,但是整个三段式只含有 3 个名词,因为在两个前提有的所谓"中名词"(middle term),在结论中就没有了。中名词是作为其他两个名词的桥梁或是连锁。第一前提把两个其他名词之一与中名词连锁起来,第二前提把余下那个名词与中名词连锁起来,最后中名词就被排除了,只剩下两个其他名词在结论中互相连锁。可是这种排除,除了在一定条件之下是禁不起逻辑检验的。考察下列这个三段式,"M"代表中名词:

一切 X 是 M;

一切 Y 是 M;

因此一切 X 是 Y。

这个三段式,用这种符号的形式表示,很会被接受。假如你把爱斯基摩人代入 X,把"非洲人"代 Y,把"黑发的"代 M,那么,你就看出结论是错误的。假如你以霍屯督人(Hottentots)代爱斯基摩人,结论就是真实的。可是在前一个三段式与后一个三段式,结论是一样无根据或是一样荒谬的。符号的表达法有一个利益,就是它不涉及真实与虚妄的问题(这是与逻辑无涉的);而具体的表达法可以代替图解,把那些关系明白地表示出来。

威尔金斯(M. C. Wilkins,1928)对 81 名大学生做一个实验,她提出逻辑上等同的三段式,但有的用符号名词,有的用词语名词,为的是要知道:到底是比较抽象的材料,还是比较具体的材料得到更正确的处理。她准备的材料是用纸笔的测验。被试翻开测验小本子,就面对诸如下列的一系列问题:

一切好的芭蕾舞蹈家都有多年训练;在这个音乐喜剧里的舞蹈家有些人有多年训练;因此

(1)在这个音乐喜剧里的有些舞蹈家是好的芭蕾舞蹈家。

(2)一切好的芭蕾舞蹈家都出现在这个音乐喜剧里。

(3)在这个音乐喜剧里的有些舞蹈家不是好的芭蕾舞蹈家。

或是,同样的内容而用符号表示:

一切 a 是 b;有些 c 是 b;

因此

(1)有些 c 是 a。

(2)一切 a 是 c。

(3) 有些 c 不是 a。

指定的任务是："在你确知必然可以由所给予的前提得到每个结论前面写一个加号……

在不是必然由所给予的前提得到的每个结论前面写一个减号。假如从所给予的前提不能推出任何结论，就在每个结论前面写一个减号。"

主要的结果是：以符号名词提出的三段式困难更大。对以符号表达的三段式，平均成绩是 76% 正确；对以熟悉词语表达的三段式，平均成绩是 84% 正确。差异虽然不很大，但在统计上是可靠的。在这个测验里得到 50% 正确的成绩只是偶然。

为什么大学生会接受这么多的无根据的结论呢？错误的一大部分可以认为是由于有些这个词的意义含混。在逻辑这个词是说至少有些，而在通常用法，常常有不是全体这个含义。假如事实是一切兵都打死了，那么，说"有些兵打死了"，就通常情形看，是颇易使人误会的。好多学生，按照平常用法，相信从"有些 X 是 Y"可以因此推断"有些 X 不是 Y"。可是对实验结果细心研究就能揭露另一个错误来源。

"气氛作用"（atmosphere effect）　伍德沃斯和赛尔斯（R. S. Woodworth & S. B. Sells，1935）曾提出一个假设，以为前提的囫囵印象或"气氛"是错误推理的一个重要因素。"前提的肯定的气氛使人容易接受肯定的结论，诸如此类。"单个前提的气氛使人容易接受它的换位命题，如爱登斯所发现的那样。假如两个前提同是 A 命题，或同是 E，或同是 I，或同是 O，那么，气氛就与之相应；假如两个前提不同类，那么，气氛就是混杂的。在这种场合，要预见对推理者的影响，就需要有补充的假设。下列的补充假设似乎是合理的：

（1）一个否定的前提造成否定的气氛，甚至当另一前提是肯定的，也是这样。

（2）一个特殊的（"有些"）前提造成一种有些的气氛，甚至当另一前提是普遍的也如此。

气氛假设，连同这些补充假设，赛尔斯（1936）曾加以严格检验。他用来检验的材料如下：

	绝对真实	大概真实	不确定	绝对假的	
①	(AT)	(PT)	(I)	(AF)	假如一切 X 是 Y；并且假如一切 Z 是 X；那么，一切 Z 是 Y。
②	(AT)	(PT)	(I)	(AF)	假如没有 X 是 Y；并且假如一切 Z 是 Y；那么，有些 Z 是 X。

每个结论要认定它是"绝对真实"，是"大概真实"，是"不确定"，或是"绝对虚

妄",而在左边的相当项下划一记号。允许被试有很多时间。为了避免由于对"有些"字样的误会而引起的错误把结果混乱不清,就预先对被试说明"有些"在逻辑中的意义。被试是 65 名受过教育的、但未经过形式逻辑训练的成人(熟悉逻辑的规则会使你能够立刻抛弃好多结论。所提出的结论中,好多都违反了从两个否定的前提不能得任何有根据的结论这个规则)。

一共有像上列那样的 180 项,其中只有 52 项是有根据的三段式。那 128 项无根据的三段式包含着 A,E,I,O 这些命题的每个可能配合的两个例子。被接受的无根据结论的百分数见于下表。

被提出的 前提	气氛对之有利 的结论	被提出的不正当的结论			
		A	E	I	O
AA	A	58	14	63	17
EE	E	21	38	25	34
II	I	27	9	72	38
OO	O	14	16	38	52
AE	E	11	51	13	63
EA	E	8	64	12	69
AI	I	33	4	70	32
IA	I	36	15	75	36
AO	O	15	26	42	76
OA	O	13	33	28	75
EI	O	8	40	22	62
IE	O	11	42	22	63
EO	O	13	29	29	44
OE	O	15	31	24	48
IO	O	12	19	31	64
OI	O	11	23	33	71

因为这些结论都是无根据的,所以它们之所以被接受是由于非逻辑的因素。这些资料,与气氛作用,即囫囵印象,是一个强有力因素这个假设完全符合。无根据的结论,假如气氛对它有利,就更常被接受。

赛尔斯要求被试对一个已说出来的结论下判断,除了她这个测验方式之外,还能够用其他方式证明有气氛作用。可以给被试一个空格的结论,让他填补,例如:

没有 M 是 X;

没有 Y 是 M;

因此……Y 是 X。

或者,可以对被试提供 5 个结论,让他选择一个,这 5 个结论是 A,E,I,O 以及"照逻辑,显然不能得到任何结论"这个判断。摩尔根和莫吞(J. J. B. Morgan

& J. T. Morton,1944）用这个最后方式从一大群大学生得到强的气氛作用。他们也证实了威尔金斯的发现——假如以有意义的词语代替仅是符号式的名词,推理就更逻辑一些。

气氛作用并不只限于三段式。使用有语尾变化语言的人,在说话或写文字时,倾向于把动词的数适合于主词短语的单数或多数的气氛,而不与文法上的主词相适应①。

气氛怎么起作用呢? 可以假定人很快地成立了合乎所给予的资料的囫囵印象的定势,并且照这个定势反应。准确的推理要求对所给予的资料加以分析,分析时细心注意资料各细目间的相互关系,并且要求把其全部化为前后一致的模式。

题外的知识、信仰或情感偏向的闯入

显而易见,最好就在逻辑的结论显然是虚妄的或不能接受时也完全从前提推出结论。否则科学家怎么能够把一个提出的假设的后果演绎出来而加以检验呢? 可是我们不总是那么合乎逻辑的。心理学家要想彻底地证明并测量成见或其他情感因素的作用,就必须估计到气氛作用以及纯粹符号式前提使人迟钝的作用。他不能只把被试接受的结论与逻辑上有根据的结论相比;他必须把可能为成见所歪曲的结论与在用有意义但不动情感的名词时的结论相比。摩尔根和莫吞(1944)所用的"情感的"三段式是根据战时的希望和恐怖而制成的。他们用多重选择式测验(前面已提到),找出合乎逻辑、合乎气氛、合乎战时关切的选择的百分数,以及一个余下的由于未知原因的百分数。这些百分数列于下表:

	选择的部分占比/(%)			
	逻辑	气氛	偏向	未知原因
符号式名词	27	44	—	29
中性名词	33	46	—	21
战时关切	20	26	36	18

在这里,偏向作用十分强烈,往往超过气氛作用,不过应该说这些三段式很难——所提出的资料颇为复杂。

戈登(R. L. Gorden)用一组大学生做被试,并要求他们需在选择结论上合乎逻辑的动机很强。他发现,这些学生赞成或反对俄国的偏见的作用小得颇

---

① 原文有两句英文句子的示例。因为中文不是有语尾变化的语言,译出来没有意义,故从略——译者注。

多;所提出的三段式是无根据的。但是由于如"往往"或"在大程度上"[①]这一类限制词语把不确定的气氛引到前提中,因而在大多数被试看来似乎作出缓和的 I 和 O 的结论是稳妥的。在大多数的例子,所选的结论是为气氛所支配,但在颇多的例子表现偏见的作用。还有其他对三段式推理的研究是另外几位实验者做的,例如让内斯和弗利克(I. L. Janis & F. Frick,1943)的实验、利弗德(A. Lefford,1946)的实验和希斯尔司威特(D. Thistle thwaite,1950)的实验。他们用了不同的布置和统计处理法,但是都找到有强度或多或少的偏见作用。常人由语言的资料去推理的企图牵连着一切这些因素——逻辑、气氛、偏见以及阅读能力或对口头陈述的了解——要对这些因素进行完全的测量是项困难的任务。可是,实验家不单在这方面取得进步,而且在解决问题这个研究部门的全部也有所进步。

现在回顾全章,我们不会不看到:解决问题的行为在几个重要方面是可以预见的。当然,这种行为是多变化和可探讨的,但是曾经发现了具有颇大的实用价值的规律。这些从事于这个部门的心理学家不必感觉抱歉;反之,他们有理由劝导比较年轻的工作者们,出来和他们共同在将来大有前途的部门内工作。

(唐钺 译)

[①] 原文这一行误排在下二行之上,现已改正——译者注。